पूर्वमध्यकालीन भारत

[लगभग 550-1200 ई.]

पूर्वमध्यकालीन भारत

[लगभग 550-1200 ई.]

डॉ. प्रशान्त गौरव

एम.ए., पी-एच.डी
प्राध्यापक, इतिहास विभाग
गवर्नमेंट कॉलेज,
पंजाब विश्वविद्यालय
चंडीगढ़

राजकमल प्रकाशन

ISBN : 978-81-267-1744-6

मूल्य : ₹ 750

पहला संस्करण : 2009
दूसरा संस्करण : 2016

प्रकाशक : राजकमल प्रकाशन प्रा. लि.
1-बी, नेताजी सुभाष मार्ग, दरियागंज
नई दिल्ली-110 002

शाखाएँ : अशोक राजपथ, साइंस कॉलेज के सामने, पटना-800 006
पहली मंजिल, दरबारी बिल्डिंग, महात्मा गांधी मार्ग, इलाहाबाद-211 001
36 ए, शेक्सपियर सरणी, कोलकाता-700 017

वेबसाइट : www.rajkamalprakashan.com
ई-मेल : info@rajkamalprakashan.com

मुद्रक : बी.के. ऑफसेट
नवीन शाहदरा, दिल्ली-110 032

PURVA MADHYAKALEEN BHARAT
by Dr. Prashant Gaurav

भूमिका

इस पुस्तक में पूर्वमध्यकाल की ऐतिहासिक अवधारणा और इतिहासकारों के विचार को प्रस्तुत किया गया है। इस काल के रचित ग्रन्थों, ग्रन्थकारों, अभिलेखों और विदेशी यात्रियों के विवरण दिए गए हैं। इनसे पूर्वमध्यकाल में हुए परिवर्तनों को स्पष्ट रूप से जाना जा सकता है। प्राचीनकाल से मध्यकाल में संक्रमण का विश्लेषण तीसरे अध्याय में किया गया है। काँची के पल्लव राजवंश की सांस्कृतिक विशेषताओं पर प्रकाश डाला गया है, ताकि पूर्वमध्यकाल के नवीन तथ्यों को समझा जा सके। पल्लव काल में निर्मित मन्दिरों की शैलियों और भौगोलिक परिवेश से इन शैलियों के सम्बन्ध को भी बताया गया है।

इस काल में हुए राजनीतिक विखंडन को समझने के लिए मौखरी, वाकाटक, हर्षवर्द्धन एवं अन्य लघु राजवंशों पर प्रकाश डाला गया है। इस काल का समाज सामन्ती माहौल से प्रभावित था और राजवंशों के बीच सदा युद्ध का वातावरण बना रहता था। इसके फलस्वरूप एक नवीन संस्कृति विकसित हुई। पाल राजवंश ने बंगाल और बिहार में नवीन धार्मिक माहौल को प्रसारित किया।

धर्म और दर्शन में परिवर्तन हुए। भक्ति आन्दोलन, शंकराचार्य का दर्शन, उत्तर भारत में वैष्णव धर्म, शैवमत, गीता-दर्शन, पंचरात्र और दक्षिण भारत में वीर शैव, आलवार, नायनार तथा तन्त्रवाद जैसी विशेषताएँ देखने को मिलने लगीं। विज्ञान एवं प्रौद्योगिकी में नवीन बदलाव आए। वाग्भट्ट, ब्रह्मगुप्त, यशोधर, सोमदेव, गोविन्द पाद, भास्कराचार्य द्वितीय, लल्ल, आर्यभट्ट द्वितीय जैसे वैज्ञानिकों का नवीन समूह उभरा।

राजपूत शब्द को लोकप्रियता मिली। चोलों की स्थानीय प्रशासनिक-व्यवस्था, स्थापत्यकला और सामुद्रिक गतिविधियों के लिए पूर्वमध्यकाल प्रसिद्ध रहा। बादामी के चालुक्य, कल्याणी के चालुक्य, मालखेड के राष्ट्रकूट आदि राजवंशों का उदय इस काल में हुआ। इन छोटे-बड़े राजवंशों के बीच पाए गए आन्तरिक राजनीतिक तनाव के परिणामस्वरूप अरब और तुर्क-शक्तियों का प्रभुत्व भारत में किस प्रकार कायम हुआ, इसका स्पष्ट चित्रण इस पुस्तक में किया गया है। अन्त में शब्दावली है जिसके द्वारा संक्षेप में ऐतिहासिक स्थानों, घटनाओं एवं शब्दों को समझा जा सकता है।

दो शब्द

पूर्वमध्यकाल का इतिहास सम्पूर्ण भारतीय इतिहास का सर्वाधिक विवादास्पद, रुचिपूर्ण और अत्यधिक महत्त्वपूर्ण चरण है। अध्ययन की सुविधा के लिए 600 ई. और 1200 ई. के बीच के काल को परिपक्व पूर्वमध्यकाल कहते हैं। गहराई से देखने पर पता चलता है कि पूर्वमध्यकाल की प्रमुख विशेषताओं का जन्म गुप्तकाल में ही हो चुका था। इस काल को सामन्तवाद, नगरों का पतन और उत्थान, नवीन सामाजिक-व्यवस्था का काल, क्षेत्रीय भाषा और क्षेत्रीय धर्म का काल अथवा मन्दिरों का युग के नाम से भी जाना जा सकता है। पूर्वमध्यकाल की अधिकांश विशेषताओं को समझने के लिए रामशरण शर्मा *(भारतीय सामन्तवाद),* आर.एन. नन्दी *(प्राचीन भारत में धर्म के सामाजिक आधार),* बी.डी. चट्टोपाध्याय *(The Making of Early Medieval India),* ओमप्रकाश प्रसाद *(Decay and Revival of Urban Centres in South India 600-1200)* और प्रशान्त गौरव *(ब्रह्मवैवर्तपुराण में समाज एवं धर्म)* की पुस्तकें उपयोगी हैं।

यह काल स्थानीयकरण की भावना से प्रभावित है। दक्षिण भारत में विशाल मन्दिरों का निर्माण इस काल में हुआ। देवदासियों की नवीन परम्परा विकसित हुई। भारतीय दर्शन में नवीन तत्त्व देखे जाने लगे। भक्ति, तन्त्र-मन्त्र और जादू-टोना का महत्त्व बढ़ा। शंकराचार्य के दर्शन को नवीन शैली में लोकप्रियता प्राप्त हुई। क्षेत्रीय शासकों, क्षेत्रीय धर्म एवं क्षेत्रीय भाषा की संख्या बढ़ी। प्रशासनिक एवं धार्मिक केन्द्रों की संख्या बढी और व्यापारिक नगरों की संख्या नगण्य रही। जातियों एवं उपजातियों की संख्या सौ से अधिक हो गई। छोटे-बड़े और काले-गोरे देवी-देवता पाए जाने लगे। जनसमुदाय की आर्थिक दशा संकटपूर्ण रही। क्षत्रिय के बदले राजपूत पाए जाने लगे। राजाओं के बीच हमेशा युद्ध का माहौल बना रहता था। इनकी आपसी अनेकता से विदेशी शक्तियों ने लाभ उठाया। सबसे पहले अरबों के आक्रमण हुए और उसके बाद गोरी और गजनी के आक्रमणों ने भारत में मुस्लिम शासन की नींव डाल दी।

इन सभी तथ्यों पर इस पुस्तक में प्रकाश डाला गया है। गुप्तकाल के पतन के बाद से लेकर गोरी-गजनी के आक्रमण और उनके प्रभाव तक को इसमें विवेचना की गई है। केन्द्रीय प्रतियोगी परीक्षाओं, प्रान्तीय प्रतियोगी

परीक्षाओं और दिल्ली तथा पटना विश्वविद्यालय के पाठ्यक्रम को ध्यान में रखते हुए प्रस्तुत पुस्तक लिखी गई है। बिहार के विश्वविद्यालयों एवं झारखंड के पाठ्यक्रम को भी ध्यान में रखते हुए इस पुस्तक के अन्त में विस्तृत शब्दावलियाँ दी गई हैं। इन शब्दावलियों में से कुछ-न-कुछ शीर्षकों पर सभी प्रकार की प्रतियोगी परीक्षाओं में भी प्रश्न पूछे जाते हैं। उत्तर भारत में सभी हिन्दीभाषी क्षेत्रों के छात्रों के लिए यह पुस्तक उपयोगी सिद्ध होगी। इस पुस्तक को तैयार करने में पत्नी अनु और भतीजी ऋचा का जो सहयोग मिला इसके लिए मैं उन्हें धन्यवाद देता हूँ।

–प्रशान्त गौरव

1009 B, Sector 41-B
चंडीगढ़
31 मार्च, 2009

अनुक्रम

1

पूर्वमध्यकाल और इतिहास लेखन
(Early Medieval Period and History Writings)

1.1 पूर्वमध्यकाल की विशेषताएँ

भारतीय इतिहास काल को अध्ययन की सुविधा के लिए सर्वप्रथम अंग्रेज इतिहासकार जेम्स मिल ने तीन भागों–प्राचीनकाल, मध्यकाल और आधुनिक काल को माना। 1960 के पश्चात् जेम्स मिल का यह काल विभाजन भारतीय जागरूक इतिहासकारों जैसे, देवराज चानना, डी.डी. कोसाम्बी, रामशरण शर्मा, रोमिला थापर, ललन जी गोपाल, बी.एन.एस. यादव, बी.पी. मजुमदार, डी.एन. झा, आर.एन. नन्दी, बी.डी. चट्टोपाध्याय, एस.के. मैती, पुष्पा नियोगी, ए.एन. बोस, इरफान हबीब, सतीशचन्द्र आदि ने नहीं माना क्योंकि जेम्स का यह विभाजन एक राजा के मरने और दूसरे को गद्दी पर बैठने पर आधारित था। इतिहास सम्पूर्ण समाज की आर्थिक, सामाजिक, राजनीतिक, सांस्कृतिक एवं धार्मिक अवस्थाओं का प्रतिनिधित्व करता है, राजा-रानी को वह कई तत्त्वों में से एक तत्त्व मात्र के रूप में मानता है। अतः सामाजिक, आर्थिक आदि परिवर्तनों को ध्यान में रखते हुए प्राचीन एवं मध्य के बीच पूर्वमध्यकाल के अस्तित्व को उपर्युक्त विद्वानों ने स्वीकारा।

पूर्वमध्यकाल शब्द का प्रयोग उस काल के लिए किया जाता है जो प्राचीन एवं मध्यकाल के बीच का युग है। ईसा की सातवीं शताब्दी को पूर्वमध्यकाल का आरम्भ तथा तेरहवीं सदी को उसका अन्त माना जाता है। सातवीं सदी के आसपास भारत के सामाजिक जीवन में कई दृष्टिकोणों से परिवर्तन हो रहे थे। इन परिवर्तनों ने तत्कालीन भारतीय सामाजिक जीवन के अनेक पक्षों को प्रभावित किया। जीवन के राजनीतिक एवं आर्थिक पक्षों पर उनका प्रभाव पड़ा। सामाजिक नियम, धर्म, भाषा, कला, नगर, भूमि, मन्दिर आदि जीवन के सभी क्षेत्रों को इन परिवर्तनों ने प्रभावित किया।

जिस प्रकार एक व्यक्ति एक माह या वर्ष में अचानक नहीं बदल जाता, उसी प्रकार समाज भी अल्प समय में नहीं बदलता, बल्कि समय लगता है। नए विचारों से समाज के सभी व्यक्ति एक साथ प्रभावित नहीं होते। यों तो भारत के इतिहास में कुछ परिवर्तन गुप्तकाल से ही शुरू हो गए थे लेकिन समाज इन परिवर्तनों से काफी बाद में चलकर प्रभावित हुआ। गुप्तकाल से ही प्राचीन भारत की सामाजिक, आर्थिक, राजनीतिक एवं धार्मिक स्थितियों में परिवर्तन होने लगे थे। गुप्तकाल के समय ही उत्तर भारत का प्रशासनिक

केन्द्र पाटलिपुत्र नहीं रहा। व्यापार में कमी, नगरों का पतन, भूमिदान, सिक्कों का स्थानीय व्यापारिक महत्त्व, स्थानीय भाषाएँ, अभिलेख—नए स्रोत के रूप में, केन्द्रीय शक्ति कमजोर, उत्तर भारत की तुलना में दक्षिण भारत का महत्त्व बढ़ना, मन्दिरों का निर्माण, नवीन देवी-देवता, उत्तर-पूर्वी भारत का राजनीतिक महत्त्व आदि बातें हम पाते हैं जो तेरहवीं सदी तक लगातार किसी-न-किसी रूप में दिखाई देती हैं जिनके आधार पर इस काल को पूर्वमध्यकाल कहना अनुचित नहीं।

वर्तमान भारतीय भाषाओं का विकास सातवीं सदी से ही शुरू हुआ और बाद में उसमें कुछ-न-कुछ परिवर्तन होते रहे। प्राचीन भारतीय इतिहास की जानकारी के लिए साहित्य एवं पुरातत्त्व प्रमुख हैं, जबकि पूर्वमध्यकाल की जानकारी के लिए अभिलेखों का महत्त्व काफी बढ़ जाता है। आठवीं से तेरहवीं शताब्दी तक की अनेक सूचनाएँ हमें अभिलेखों से ही मिलती हैं। ये अभिलेख ताम्रपत्रों एवं शिलालेखों के रूप में सारे भारत के गाँवों एवं मन्दिरों में मिलते हैं। इस तरह प्राचीनकाल से सातवीं सदी के बाद का काल कम प्रभावित है, अतः उसे उत्तर-प्राचीनकाल नहीं कहकर पूर्वमध्यकाल कहना उचित है।

पूर्वमध्यकाल में हमें उत्तर भारत की तुलना में दक्षिण भारत में शक्तिशाली राज्यों की संख्या काफी देखने को मिलती है। एक तरफ उत्तर भारत में हर्ष का राज्य, बंगाल में पालवंश, कश्मीर का राजवंश, शाही वंश, कन्नौज के गुर्जर प्रतिहार, दिल्ली तथा अजमेर के चौहान, सिन्ध के शासक, गुजरात के चालुक्य, मालवा के परमार, जैजाकभुक्ति के चन्देल, मुंज, कलचुरि आदि अनेक छोटे-बड़े राज्य एवं शासक मिलते हैं तो दक्षिण भारत में पल्लव, चोल, चालुक्य, कदम्ब आदि शक्तिशाली राज्यों की जानकारी होती है।

सामाजिक, आर्थिक, राजनीतिक एवं धार्मिक दृष्टिकोण से भारतीय इतिहास में सातवीं सदी एक परिवर्तन बिन्दु है। जैन एवं बौद्ध धर्म, व्यापार, शहर, केन्द्रीय प्रशासन, सिक्के, विदेशी व्यापार आदि के क्षेत्र में जहाँ हमें एक तरफ पतन का आभास पुरातात्त्विक सामग्रियों एवं देशी-विदेशी लिखित स्रोतों तथा अभिलेखों से मिलता है वहीं ब्राह्मण धर्म (वैष्णव एवं शैव), मन्दिर, देवदासी, स्थानीय स्वशासन, स्थानीय अर्थव्यवस्था, कृषि उत्पादन में वृद्धि, भूमि पर दबाव, भूमिदान आदि में विकास की प्रक्रिया हम पाते हैं। उपर्युक्त पतन के कब्र पर विकास की प्रक्रिया शुरू होती है। दूसरे शब्दों में हम कह सकते हैं उपर्युक्त सारे तत्त्व एक-दूसरे से जुड़े हुए हैं।

जहाँ तक जैन और बौद्ध धर्म में सातवीं सदी से पतन का प्रश्न है, आर्थिक दृष्टिकोण से हम पाते हैं कि इन दोनों धर्मों के भिक्षु और भिक्षुणियाँ आर्थिक दान को बहुत पहले से ही स्वीकारने लगे। इन दोनों धर्मों के सच्चे उपासकों—दिगम्बर और हीनयान की संख्या कम होती गई। कुछ लोग तो एकान्तवास पसन्द करने लगे। शहरों और गाँवों से सटकर रहनेवाले भिक्षुओं की आर्थिक स्थिति (दान पाने के परिणामस्वरूप) इतनी अच्छी हो गई कि भिक्षाटन के लिए इन्हें घूमने की आवश्यकता नहीं रही। परिणामस्वरूप इनमें संयमता और कठिन परिश्रम का अभाव होने लगा। लोगों के बीच जाने की प्रवृत्ति में कमी होने से इन दोनों धर्मों का प्रभाव कम होने लगा।

अच्छी आर्थिक स्थिति ने इन भिक्षुओं को सामाजिक रूप से भ्रष्ट बना दिया। भिक्षुओं का ध्यान समाधि से हटकर सम्भोग की ओर होने लगा। भिक्षुणियों में भी चरित्रहीनता में

बढ़ोत्तरी और संयमता का अभाव पाया जाने लगा। वेश्याओं के समान कामी औरतें इन धर्मों में सम्मिलित होने लगीं क्योंकि आर्थिक स्थिति सुदृढ़ होने से इनका शारीरिक उपयोग न केवल भिक्षुओं के द्वारा किया जाता था, बल्कि दूर-दूर से आनेवाले व्यापारियों के ठहरने पर आर्थिक लाभ के लिए भिक्षुणियों को वेश्याओं के रूप में व्यापारियों की सेवा में रात्रि समय भेजा जाता था। भिक्षुणियाँ समाज में हेय दृष्टि से देखी जाती थीं। जहाँ, छठी-पाँचवीं ई.पू. में बौद्ध धर्म का समर्थन एवं शरण पाने के लिए स्त्रियाँ काफी प्रयत्नशील रहतीं वहाँ गाँव या शहर में भिक्षुणियों को देखते ही लोग व्यंग्य करते थे। इसकी विशद् चर्चा हमें जैन एवं बौद्ध स्रोतों में मिलती हैं।

अनेक जैन एवं बौद्ध भिक्षुओं का (आर्थिक लाभ पाने की लालच में) गुप्त एवं सामान्य सम्बन्ध राजपरिवारों से होने लगा। ये लोग राजनीति में भी भाग लेने लगे। इसका मुख्य कारण यह था कि राजकीय संरक्षण इन्हें पूर्वकाल की तुलना में अब बिलकुल कम मिलने लगा। सातवीं सदी के पूर्वकाल से ही अनेक विदेशी जातियों का आक्रमणकारी के रूप में भारत में आगमन हुआ जिनके लिए एक ऐसे धार्मिक संरक्षण की आवश्यकता थी जो भारतीय संस्कृति में उन्हें घुला-मिला सके। इसके लिए ब्राह्मण धर्म उन्हें ज्यादा अनुकूल लगा।

धार्मिक दृष्टिकोण से इन दोनों धर्मों के पतन की बात हम इस दृष्टिकोण से पाते हैं कि वैसी कई ब्राह्मण धर्म सम्बन्धी बातें जिनके विरुद्ध इन दोनों धर्मों का विकास हुआ, अब इन दोनों धर्मों में स्वयं पाई जाने लगीं। धार्मिक दृष्टिकोण से ब्राह्मणों के समान दान ग्रहण करने के अलावा महावीर जैन एवं गौतम बुद्ध की मूर्तियाँ बनाकर पूजा-पाठ होने लगा। अहिंसा का सैद्धान्तिक महत्त्व रहा लेकिन व्यवहार में नहीं। मदिरा पान करते हुए भिक्षु एवं भिक्षुणियों को नालन्दा विश्वविद्यालय से निकालने की जानकारी बौद्ध स्रोतों से होती है।

सिक्कों, अभिलेखों, साहित्यिक स्रोतों एवं पुरातात्त्विक सामग्रियों के अध्ययन से व्यापार में सातवीं सदी से गिरावट की जानकारी होती है। बड़े पैमाने पर व्यापार नहीं होने से व्यापारिक शहर उजड़ने लगे। इस स्थिति में केन्द्र की आय में कमी हो गई। आय में कमी होने से केन्द्र के विशाल खर्च को चलाना राजा के लिए सम्भव नहीं रहा। फलतः सैनिकों और अधिकारियों की संख्या में कमी की गई। इसके परिणामस्वरूप सीमावर्ती क्षेत्रों में हुए विद्रोहों को दबाने में सैनिकों के अभाव में राजा ने कठिनाई महसूस की। और इस सीमावर्ती सफल विद्रोह ने अन्य आन्तरिक विद्रोहों को उत्साहित किया। केन्द्रीय कार्यालय एवं राजदरबार षड्यन्त्रों का केन्द्र हो गया। हर्षवर्द्धन के काल से वेतन के रूप में भूमिदान के प्रमाण हमें स्पष्ट रूप से मिलने लगते हैं। व्यापारिक क्षेत्र और सामान्य रूप से सिक्कों का उपयोग नहीं के बराबर रह गया। बड़े पैमाने पर विदेशों में व्यापार का पतन हर्ष के समय तक हो चुका था।

इस वातावरण में कुछ वैसे तत्त्वों की उपस्थिति हम पाते हैं जिन्हें विकास का स्वरूप कई विद्वानों द्वारा बताया गया है जो गलत है। विकासशील तत्त्वों में से पहला तत्त्व है मन्दिर। जैन एवं बौद्ध धर्मों के पतन के साथ-साथ इस काल में ब्राह्मण धर्म का उदय हुआ। देवी-देवताओं को विशाल मन्दिरों में स्थान मिला। मन्दिरों को जमींदारों, राजाओं एवं अन्य भूमिपतियों तथा व्यापारियों द्वारा बड़े पैमाने पर भूमिदान दिए गए। मन्दिरों को बनाने की प्रक्रिया में कला एवं स्थापत्य का विकास स्वाभाविक था। मन्दिरों से शक्ति के रूप में सम्भोग का गहरा सम्बन्ध

स्थापित हुआ और देवदासियाँ पाई जाने लगीं। मन्दिरों में नृत्य का सिलसिला शुरू हुआ और भरतनाट्यम नृत्य का विकास दक्षिण भारत के मन्दिरों में सातवीं सदी में हुआ। मन्दिरों से सम्बन्धित एक नई अर्थव्यवस्था शुरू हुई।

व्यापारिक पतन की कब्र पर स्थानीय अर्थव्यवस्था का विकास हुआ। उत्पादक वर्ग के द्वारा उतना ही अतिरेक पैदा करने में दिलचस्पी ली गई जिसकी खपत स्थानीय लोगों के बीच हो सके क्योंकि निर्यात करने का कोई बाजार नहीं था। उजड़े हुए शहर के अधिकांश निवासी अपने-अपने गाँवों की ओर लौट चले। गाँवों का कृषक परिवार अपना गुजर-बसर जहाँ साल में एक बार अनाज पैदा करके कर लेता था वहाँ परिवार में संख्या बढ़ जाने के कारण साल में तीन-तीन फसलें पैदा की जाने लगीं। इसके परिणामस्वरूप देखने में तो पैदावार की मात्रा बढ़ी लेकिन उससे अधिक मात्रा में ग्रामीण आबादी। भूमि की उर्वरता तेजी के साथ कम होती गई। केन्द्रीय शक्ति के अभाव में भूमि को अधिक उपजाऊ बनाने के लिए राजकीय प्रयास से सिंचाई की व्यवस्था होना सम्भव नहीं था। पैदावार की कमी ने कृषक परिवारों में आर्थिक संकट को जन्म दिया और इस संकट ने आन्तरिक तनाव को। छोटी-छोटी जमीनें भी अब परिवार के सदस्यों के बीच कई भागों में बँटने लगीं। परिणामस्वरूप जमीन मापने के लिए नए-नए औजारों का विकास हुआ। आर्थिक संकट ने अनाज तौलने के छोटे-छोटे बाटों को भी विकसित किया।

कला, स्थापत्य, उत्पादन में वृद्धि, तौलने और मापने के नए-नए औजार एवं बटखरे जो हमें देखने को मिलते हैं उसे विकास की प्रक्रिया का एक रूप हम उसी हालत में मान सकते हैं जब सामन्तवादी वातावरण के प्रति हमारी सहानुभूति हो, लेकिन यह व्यवस्था समाज के अधिकांश लोगों के लिए आर्थिक रूप से हानिकारक रही, अतः इसे पतन के स्वरूप से सम्बन्धित बताना केन्द्रीय शक्ति को ध्यान में रखते हुए ज्यादा उपयुक्त लगता है। पूर्वमध्यकाल अर्थात् सातवीं सदी की शुरुआत उपर्युक्त तत्त्वों के वातावरण में होती है जिसमें केन्द्रीय शक्ति का टुकड़ों में विभाजन, बड़े पैमाने पर व्यापार का अभाव, नगद सिक्कों के प्रयोग में कमी, व्यापारिक शहरों का पतन, स्थानीय अर्थव्यवस्था का विकास, युद्ध और विलासमय जीवन का वातावरण, मन्दिरों का निर्माण, कला और स्थापत्य में विकास, नई नृत्य शैली, देवदासियों का मन्दिर में आगमन, भूमि पर भार आदि तत्त्वों को ध्यान में रखकर हमें सातवीं से तेरहवीं सदी तक के भारतीय इतिहास के सामाजिक, आर्थिक, राजनीतिक, धार्मिक आदि तत्त्वों को समझना होगा। इन सारे तत्त्वों को समझने के लिए हम स्वतन्त्र रूप से सिक्कों, अभिलेखों, शहरों, पुरातात्त्विक सामग्रियों, आर्थिक गतिविधियों के दृष्टिकोण से समझ सकते हैं। चूँकि इन उपर्युक्त सारे तत्त्वों का सम्बन्ध राजा-रानी, मन्त्री, सामन्त, जमींदार, उच्च अधिकारी, व्यापारी, कृषक, मजदूर, कर्मकार, पुजारी आदि से है इसलिए इनके माध्यम से ही हमें इन छह-सात सौ वर्षों के सामाजिक, आर्थिक एवं धार्मिक इतिहास को समझना होगा।

प्राचीन भारतीय समाज को मध्यकालीन समाज के रूप में परिवर्तित कर देने के पीछे जो केन्द्रीय कारक है, वह है भूमि-अनुदानों का अभ्यास। यह अभ्यास कैसे शुरू हुआ? शासन-पत्रों के अनुसार दान देनेवाले अर्थात् राजा-महाराजा इसके माध्यम से धार्मिक श्रेय प्राप्त करना चाहते थे। और दान पानेवाले अर्थात् भिक्षु और पुजारी, अपने धार्मिक कर्मकांडों को निभा

पाने के लिए धन चाहते थे। लेकिन वस्तुतः यह अभ्यास एक गम्भीर संकट के कारण आ पाया। इस संकट ने प्राचीन सामाजिक-व्यवस्था पर प्रभाव डाला। वर्णाश्रम धर्म की व्यवस्था किसानों और मजदूरों के कृषि उत्पादन के कार्यकलापों पर आधारित थी। किसानों और वैश्यों से जो कर राजा वसूल करते उसी से पुजारियों को दान-दक्षिणा मिल पाती और उसी से राजा अपने भोग-विलास के लिए महाजनों और कारीगरों से विलास की सामग्री खरीद पाते थे। लेकिन ईसा की तीसरी-चौथी शताब्दी में इस व्यवस्था को एक गम्भीर दारुण संकट ने हिलाकर रख दिया। उस जमाने के पुराणों आदि में लिखा मिलता है कि ऐसी परिस्थिति हो गई है कि विभिन्न वर्णों के लोग अपने कर्तव्य का पालन नहीं करते, अपने वर्णाश्रम धर्म का निर्वाह नहीं करते, निम्न वर्गों के लोग उच्च वर्णों का स्थान प्राप्त करना चाहते थे। दूसरे शब्दों में कहें तो कह सकते हैं कि उन्होंने कर देने और मजदूरी करने से इनकार कर दिया। इससे वर्णसंकर अर्थात् विभिन्न वर्णों का आपसी मिलन शुरू हो गया। वर्णों के बन्धन को तोड़ने का काम इसलिए हुआ कि उत्पादन करनेवाले लोगों को करों के भारी बोझ से दबा दिया गया था और राजाओं ने उन लोगों की रक्षा करना छोड़ दिया था। इस प्रकार की स्थिति को तीसरी-चौथी शताब्दी में लिखे गए पुराणों में कलियुग की संज्ञा दी गई है।

इस संकट को समाप्त करने के लिए कई काम किए गए। लगभग उसी काल में लिखी गई *मनुस्मृति* इस बात का विधान प्रस्तुत करती है कि वैश्यों और शूद्रों को उनके कर्तव्य से विमुख होने की अनुमति नहीं दी जानी चाहिए। यह रास्ता जोर-जबर्दस्ती की ओर ले जा सकता था। लेकिन, इस स्थिति से बचने का एक और महत्त्वपूर्ण तरीका यह निकाला गया कि पुजारियों और राज अधिकारियों को वेतन के बदले भूमि अनुदान दिए जाएँ। इस प्रथा से एक लाभ यह था कि कर वसूल करने की झंझटों और शासन द्वारा शान्ति बनाए रखने की जिम्मेदारी को बड़ी आसानी से लाभ-भोगियों के कन्धों पर खिसकाया जा सकता था। गड़बड़ करनेवाले किसानों को स्थानीय लाभ-भोगी दबाकर रख सकते थे। इस प्रथा से एक यह भी लाभ था कि जोत की सीमा में और भी भूमि आ जाती। साथ ही यह बात भी थी कि कबीलों से छीनी गई जमीन पर ब्राह्मणों का शासन ला देने से, वहाँ के लोगों में ब्राह्मण धर्म पद्धति का प्रचार हो जाता। और ब्राह्मण धर्म पद्धति के अनुसार राजा की आज्ञा मानना और कर देना धर्मसंगत बात थी।

भूमि अनुदान देने की प्रथा पाँचवीं शताब्दी ई. से काफी प्रचलित हो गई। इस प्रथा के अनुसार ब्राह्मणों को कर-मुक्त गाँव अनुदान में दिए जाते थे। इन गाँवों से राजा द्वारा वसूल किए जानेवाले सारे कर ब्राह्मणों को हस्तान्तरित कर दिए जाते थे। इसके अतिरिक्त लाभ-भोगियों को दान में प्राप्त गाँवों के निवासियों पर शासन करने का अधिकार दिया गया। सरकारी अधिकारियों और राजकीय परिबारों को दान दिए गए गाँवों में घुसने की अनुमति नहीं थी। पाँचवीं सदी तक चोरों को सजा देने का अधिकार शासक सामान्यतः अपने पास ही रखते थे, परन्तु बाद में चलकर लाभ-भोगियों को ही सारे अपराधियों को दंड देने का अधिकार दे दिया गया।

इस प्रकार ब्राह्मणों ने किसानों और दस्तकारों से न केवल कर वसूले, बल्कि अनुदान में प्राप्त गाँवों में कानून और व्यवस्था भी कायम रखी। ब्राह्मणों को गाँव हमेशा के लिए दिए जाते थे जिससे गुप्तकाल की समाप्ति के समय से निर्धारण और वसूली राजा के प्रतिनिधि

करते थे। कानून और व्यवस्था वे ही बनाए रखते थे। परन्तु भूमि-अनुदानों के फलस्वरूप ऐसे छोटे-छोटे इलाकों का उदय हुआ जो राजकीय नियन्त्रण से मुक्त था।

सरकारी अधिकारियों को भूमि-अनुदानों द्वारा भुगतान की प्रथा से राजकीय नियन्त्रण और भी घट गया। मौर्यकाल में सबसे बड़े से लेकर सबसे छोटे अधिकारियों तक को नकद भुगतान किया जाता था। यह प्रथा कुषाण काल में भी प्रचलित रही। कुषाणों ने बड़ी संख्या में ताँबे और सोने के सिक्के जारी किए। यह प्रथा गुप्तकाल में भी किसी प्रकार चलती रही। परन्तु ऐसा लगता है कि छठी शताब्दी ई. से स्थिति बदल गई। उस शताब्दी की स्मृतियों ने सिफारिश की कि सेवाओं का पुरस्कार भूमि के द्वारा दिया जाए। इसलिए हर्षवर्द्धन के काल से सार्वजनिक अधिकारियों को भू-राजस्वों के लिए भुगतान किया गया। एक चौथाई राजकीय आय को बड़े सार्वजनिक अधिकारियों के भरण-पोषण के लिए अलग रख दिया जाता था। राजपालों, मन्त्रियों, दंडाधारियों और अधिकारियों को अपने व्यक्तिगत अनुरक्षण के लिए भू-भाग दिए जाते थे। इन सबके कारण राजकीय सत्ता के मत्थे निहित स्वार्थ उत्पन्न हो गए।

कृषि अर्थव्यवस्था में महत्त्वपूर्ण परिवर्तन पाते हैं। भूमिवाले लाभ-भोगी न तो स्वयं खेती कर सकते थे, न ही वे अपने आप भू-राजस्व वसूल कर सकते थे। वास्तविक खेती किसानों या बटाईदारों के जिम्मे दे दी गई जो जमीन के साथ तो जुड़े हुए थे मगर जिनका जमीन पर अधिकार नहीं था। चीनी तीर्थयात्री इत्सिंग बताता है कि अधिकतर भारतीय मठ अपनी जमीन पर खेती नौकरों तथा अन्य लोगों के जरिए करवाते थे। ह्वेनसांग शूद्रों को कृषक बताता है। इससे संकेत मिलता है कि वे अब मुख्यतः दासों और खेतिहर मजदूरों के जरिए खेती नहीं करवाते थे। सम्भवतः उनका जमीन पर अस्थायी रूप से कब्जा हो गया था। प्रत्यक्षतः ऐसा उत्तर भारत के पुराने बसे हुए क्षेत्रों में हुआ।

जब कबीलाई क्षेत्रों में गाँव अनुदान के रूप में दिए गए तब कृषक, धार्मिक लाभ-भोगियों, विशेषकर ब्राह्मणों के नियन्त्रण में कर दिए गए। ब्राह्मणों को पाँचवीं-छठी शताब्दी से बड़े पैमाने पर भूमि अनुदान दिए जाने लगे। छठी शताब्दी से बटाईदारों और कृषकों को पिछड़े और पहाड़ी क्षेत्रों जैसे उड़ीसा, दक्कन आदि में लाभ-भोगियों को अनुदान में दी जानेवाली भूमि से ही जुड़े रहने के लिए खासतौर पर कहा गया। इन क्षेत्रों में यह प्रथा गंगा की घाटी में फैली, उत्तर भारत में भी दस्तकारों और किसानों को उन गाँवों को न छोड़ने के लिए कहा गया जो लाभ-भोगियों को अनुदान में दिए गए थे। इसलिए वे एक गाँव से दूसरे गाँव में नहीं जा सकते थे। उन्हें ऐसे ही गाँवों में रहना पड़ता था जिससे वे उसकी सभी सम्भव आवश्यकताओं को पूरा कर सकें।

छठी शताब्दी ई. से व्यापार का ह्रास होने लगा। रोमन साम्राज्य के पूर्वी भाग के साथ व्यापार तीसरी शताब्दी में समाप्त हो गया, और ईरान तथा विजेंटियम के साथ रेशम का व्यापार छठी शताब्दी के मध्य में बन्द हो गया। चीन और दक्षिण-पूर्व एशिया के साथ भारत का कुछ वाणिज्य चलता रहा, परन्तु उसका लाभ अरबों को मिला जो बिचौलियों के रूप में काम करते थे। पूर्व-मुस्लिम काल में अरबों ने भारत के निर्यात व्यापार पर लगभग एकाधिकार कर लिया। छठी शताब्दी के बाद 300 वर्षों से भी अधिक समय तक व्यापार के ह्रास का स्पष्ट प्रमाण है देश में सोने के सिक्कों का करीब-करीब अभाव। बंगाल में सातवीं और पन्द्रहवीं सदी के बीच किसी भी हिन्दू राजा द्वारा जारी किए गए सिक्कों के बारे में सूचना नहीं मिली है।

व्यापार के ह्रास के कारण नगरों का पतन हुआ। सातवाहनों और कुषाणों के शासनकाल में पश्चिमी तथा उत्तरी भारत में नगर फूले-फले। कुछ नगर गुप्तकाल में भी फूलते-फलते रहे, परन्तु उत्तर गुप्तकाल में उत्तर भारत के अनेक पुराने व्यापारिक नगर बर्बाद हो गए। खुदाइयों से स्पष्ट है कि हरियाणा और पूर्वी पंजाब के कई नगरों, पुराना किला (दिल्ली), मथुरा, हस्तिनापुर (मेरठ जिला), श्रावस्ती (उत्तर प्रदेश), कौशाम्बी (इलाहाबाद के पास), राजघाट (वाराणसी), चिरान्द (सारण जिला), वैशाली और पाटलिपुत्र का ह्रास गुप्तकाल में आरम्भ हुआ तथा इनमें से अधिकतर उत्तर गुप्तकाल में लुप्त हो गए। चीनी तीर्थयात्री ह्वेनसांग बुद्ध के साथ सम्बन्ध के कारण पवित्र समझे जानेवाले कई नगरों में गया, परन्तु उसने उन्हें लगभग उजाड़ या जीर्ण-शीर्ण पाया। भारतीय निर्यातित वस्तुओं के लिए बाजार सीमित हो जाने के कारण इन शहरों में रहनेवाले दस्तकार और सौदागर गाँवों में इकट्ठे हो गए तथा खेती करने लगे। पाँचवीं शताब्दी के अन्त में पश्चिमी समुद्र तट से रेशम बुनकरों का एक समूह मन्दसौर (मालवा) आया। उसने रेशम की बुनाई का काम छोड़कर अन्य पेशे अपनाए। व्यापार और नगरों के पतन के कारण गाँववालों को तेल, नमक, मसाले, कपड़े आदि की अपनी आवश्यकताओं को पूरा करना पड़ा। इससे उत्पादन की अपेक्षाकृत छोटी इकाइयों का उदय हुआ। हर इकाई अपनी आवश्यकता आप पूरा कर लेती थी।

छठी शताब्दी से आगे समाज के ढाँचे में कुछ परिवर्तन हुए। उत्तर भारत की गंगा घाटी में वैश्यों को स्वतन्त्र किसान माना जाता था, परन्तु भूमि अनुदानों ने किसानों और राजा के बीच जमींदारों को ला दिया, जिससे वैश्यों की हालत भी शूद्रों जैसी हो गई। इस दृष्टि से पुरानी ब्राह्मण-व्यवस्था में कुछ परिवर्तन हुआ। यह परिवर्तित समाज-व्यवस्था उत्तर भारत से बंगाल और दक्षिण भारत पाँचवीं से सातवीं शताब्दियों में, उत्तर भारत से लाए गए ब्राह्मणों को भूमि-अनुदान देने के कारण फैल गई। बाह्य क्षेत्रों में हम केवल दो वर्ण—ब्राह्मण और शूद्र पाते हैं।

बार-बार सत्ता हथियाने तथा भूमि-अनुदानों के फलस्वरूप भूमिधर लोगों की कई कोटियों का उदय हुआ। जब कोई व्यक्ति भूमि और सत्ता हथिया लेता था, तब वह स्वाभाविक रूप से समाज में ऊँचा स्थान चाहता था। हो सकता है कि वह निम्न वर्ग का हो, परन्तु उसे अपने मालिक से उदारतापूर्ण भूमि-अनुदान मिल सकते थे। इससे कठिनाइयाँ उत्पन्न हो जाती थीं क्योंकि आर्थिक दृष्टि से सम्पन्न होने पर भी सामाजिक दृष्टि से उसकी स्थिति निम्न थी। धर्मशास्त्रों के अनुसार उस समय तक समाज में स्थान मुख्यतः वर्ण-व्यवस्था के द्वारा निश्चित होता था। लोग चार वर्णों में बँटे हुए थे। ब्राह्मण सबसे उच्च और शूद्र सबसे निम्न वर्ण थे। किसी व्यक्ति के आर्थिक अधिकारों का निर्धारण उसके वर्ण द्वारा होता था, इसलिए नए भूमिधर वर्गों की स्थिति को मान्यता देने के लिए लिखित मूल पाठों में कुछ परिवर्तन करने पड़े। छठी शताब्दी का वाराहमिहिर नामक एक खगोलशास्त्री पुरानी प्रथा के अनुसार वर्ण के अनुकूल मकानों के आकार निश्चित करता है। परन्तु वह शासक सरदारों के विभिन्न वर्गों के क्रमानुसार आकार भी निर्धारित करता है। इस प्रकार पहले समाज में सब चीजें वर्णों के अनुसार क्रमबद्ध थीं, परन्तु अब उनका भी निर्धारण व्यक्ति विशेष की भू-सम्पत्ति के अनुसार होने लगा।

सातवीं शताब्दी के बाद असंख्य जातियों का जन्म हुआ। आठवीं शताब्दी का एक पुराण बताता है कि छोटी जातियों के पुरुषों के साथ उच्च वर्ग की औरतों के सम्बन्ध के फलस्वरूप

हजारों मिश्रित जातियों का जन्म हुआ। इसका अर्थ है कि शूद्र और अछूत असंख्य उपजातियों में बँटे हुए थे। इसी प्रकार ब्राह्मण और राजपूत भी उपजातियों में बँटे हुए थे, जो सातवीं शताब्दी के आसपास भारतीय राजशासन और समाज में एक महत्त्वपूर्ण कारक थे। जातियों की संख्या कमजोर अर्थव्यवस्था के स्वरूप के कारण भी बढ़ी। इस अर्थव्यवस्था में लोग एक जगह से दूसरी जगह नहीं जा सकते थे। भारतीय राजशासन और समाज में एक महत्त्वपूर्ण कारक थे। जातियों की संख्या अर्थव्यवस्था के स्वरूप के कारण भी बढ़ी। इस अर्थव्यवस्था में लोग एक जगह से दूसरी जगह नहीं जा सकते थे। यद्यपि विभिन्न क्षेत्रों में रहनेवाले लोग एक ही व्यवसाय में लगे थे तथापि अपने क्षेत्र के अनुसार वे उपजातियों में बँट गए। इसके अतिरिक्त अनेक कबीलाई लोगों को, आदिवासी क्षेत्रों में ब्राह्मणों को भूमि-अनुदान दिए जाने के कारण, हिन्दू समाज में शामिल कर लिया गया था। इनमें से अधिकतर लोगों को शूद्र और मिश्रित जाति का माना गया। प्रत्येक कबीले को हिन्दू समाज में एक पृथक् जाति का दर्जा दिया गया।

छठी-सातवीं शताब्दी के आसपास उपराष्ट्रीय इकाइयों, जैसे आन्ध्र, असम, बंगाल, गुजरात, कर्नाटक, महाराष्ट्र, उड़ीसा आदि का निर्माण आरम्भ हुआ। उपराष्ट्रीय समूह के व्यक्तित्व को विदेशी और भारतीय दोनों स्रोतों ने मान्यता दी है। चीनीयात्री ह्वेनसांग ने कई जनगणों का उल्लेख किया है। छठी शताब्दी के आसपास के एक लेखक विशाखदत्त के अनुसार विभिन्न क्षेत्रों में विभिन्न रीति-रिवाजों, वस्त्रों और भाषावाले जनगण निवास करते थे। आठवीं शताब्दी के उत्तरार्द्ध के जैन ग्रन्थों ने अठारह प्रमुख जनगणों का उल्लेख किया है। वे सोलह जनगणों के शारीरिक नाक-नक्शों का वर्णन करते हैं और उनकी भाषा के नमूने प्रस्तुत करते हैं तथा उनके अक्षरों के सम्बन्ध में भी बताते हैं।

छठी-सातवीं शताब्दियाँ संस्कृत भाषा के इतिहास में भी समान रूप से महत्त्वपूर्ण हैं। द्वितीय शताब्दी ई. से शासक वर्ग संस्कृत का प्रयोग करता रहा। शासकों के शान-शौकत से रहने के कारण उनकी भाषा शब्दाडम्बरपूर्ण और अलंकृत हो गई। संस्कृत गद्य और पद्य की अलंकृत शैली सातवीं शताब्दी से प्रचलित हो गई। परम्परागत संस्कृत पंडित अब भी इसी शैली में लिखना पसन्द करते हैं। गद्य में लफ्फाजी का सबसे अच्छा उदाहरण बाण की रचनाओं में मिलता है। यद्यपि बाण के गद्य की नकल करना आसान नहीं है तथापि वह मध्यकालीन संस्कृत लेखकों के लिए मॉडल का काम करता रहा।

सातवीं शताब्दी ई. से हम भारत के भाषायी इतिहास में एक महत्त्वपूर्ण परिवर्तन पाते हैं। पूर्वी भारत की बौद्ध रचनाएँ बंगला, असमिया, मैथिली, उड़िया और हिन्दी की अस्पष्ट शुरुआत का संकेत देती हैं। इसी प्रकार तत्कालीन जैन प्राकृत कृतियाँ गुजराती और राजस्थानी के प्रारम्भ का संकेत देती हैं। ऐसा लगता है कि एक-दूसरे से अलगाव के कारण प्रत्येक क्षेत्र ने अपनी अलग भाषा का विकास किया। गुप्त साम्राज्य के पतन के बाद कई स्वतन्त्र रजवाड़ों का उदय हुआ, जिससे स्वभावतया देशव्यापी सम्पर्कों और संचार सम्बन्धों में बाधा पड़ी। व्यापार के पतन का अर्थ या विभिन्न क्षेत्रों के बीच संचार का अभाव और इसके क्षेत्रीय भाषाओं के विकास को प्रोत्साहन मिला।

क्षेत्रीय लिपियाँ सातवीं शताब्दी ई. से अधिक सुस्पष्ट हो गईं। मौर्य से गुप्तकाल तक लिपि में परिवर्तनों के बावजूद सारे देश में कमोवेश एक ही लिपि प्रचलित रही। इस प्रकार

गुप्तकाल की लिपि में दक्षता प्राप्त करनेवाला व्यक्ति देश के विभिन्न भागों के तत्कालीन अभिलेखों को पढ़ सकता है। परन्तु सातवीं शताब्दी से हर क्षेत्र की अपनी अलग लिपि हो गई, और इसीलिए जब तक कोई व्यक्ति कई लिपियों को न जाने तब तक वह देश के विभिन्न भागों में पाए गए उत्तर गुप्तकालीन अभिलेखों को नहीं पढ़ सका।

मूर्तिकला और मन्दिरों के निर्माण में सातवीं-आठवीं शताब्दियों से प्रत्येक क्षेत्र में सबकी अपनी पृथक् शैली हो गई। विशेषकर दक्षिण भारत पत्थर के मन्दिरों की भूमि बनाने लगा। मुख्यतः पत्थर और काँसे को ही देवताओं की मूर्तियों को बनाने के लिए प्रयोग में लाया गया। कांस्य प्रतिमाओं का निर्माण बड़े पैमाने पर होने लगा। यद्यपि ये प्रतिमाएँ काफी संख्या में हिमालय के प्रदेशों में भी पाई गई हैं तथापि ब्राह्मणवादी मन्दिरों में इस्तेमाल के कारण दक्षिण भारत और बौद्ध मन्दिरों तथा विहारों में प्रयोग के कारण पूर्वी भारत में उनकी प्रधानता रही। यद्यपि देशभर में एक ही देवी-देवताओं की पूजा होती थी तथापि प्रत्येक क्षेत्र की जनता उनकी अपनी पृथक् मूर्तियाँ बनाती थी। उत्तर गुप्तकाल में हम कुछ धार्मिक परिवर्तन भी देखते हैं। हिन्दू देवताओं को देवी क्रम परम्परा के अनुसार रखा गया। जिस प्रकार धार्मिक कृत्यों, भू-सम्पत्ति, सैनिक शक्ति, आदि के आधार पर समाज असमान वर्गों में विभाजित था, उसी प्रकार देवता भी असमान कोटियों में बँटे हुए थे। विष्णु, शिव और दुर्गा का उदय सर्वोच्च देवताओं के रूप में हुआ। वे अन्य अनेक देवी-देवताओं के प्रधान बन गए, जिन्हें परिचरों और सेवकों के रूप में निम्न स्थान दिए गए। कई छोटे देवी-देवताओं की तुलना में सर्वोच्च मातृदेवी को विशेष रूप से प्रभुत्वपूर्ण मुद्रा में दिखाया गया। यह भाव कला और साहित्य दोनों में व्यक्त हुआ। जैनों, शैवों, वैष्णवों आदि के मठ-संगठन भी लगभग पाँच कोटियों में बँट गए। सर्वोच्च कोटि में आचार्य होते थे, जिनका अभिषेक राजा की तरह ही होता था।

सातवीं शताब्दी से भक्ति सम्प्रदाय सारे देश में फैल गया। खासकर दक्षिण भारत में। भक्ति का अर्थ था कि लोग देवताओं को सब प्रकार के चढ़ावे भेंट करें और बदले में प्रसाद प्राप्त करें। इसका अर्थ था कि भक्तों ने अपने देवता के आगे अपने को पूरी तरह समर्पित कर दिया। इस प्रथा की तुलना भू-स्वामी पर रैयत की पूर्ण निर्भरता से की जा सकती है। जिस प्रकार रैयत स्वामी को अपनी भूमि समर्पित करते और उसकी विभिन्न प्रकार से सेवा करते थे और बदले में प्रसाद के रूप में भूमि तथा रक्षा का आश्वासन पाते थे, उसी प्रकार का सम्बन्ध व्यक्ति और उसके देवता के बीच स्थापित हो गया।

छठी शताब्दी के आसपास से भारत के धार्मिक क्षेत्र में एक अत्यन्त महत्त्वपूर्ण बात थी तन्त्रवाद का प्रचार। पाँचवीं शताब्दी में अनेक ब्राह्मणों को नेपाल, असम, उड़ीसा, मध्य भारत और दक्कन में जमीन मिली और इसी काल के आसपास तान्त्रिक ग्रन्थों, धार्मिक स्थलों तथा प्रथाओं का भी उदय हुआ। तन्त्रवाद ने अपने सम्प्रदाय में औरतों और शूद्रों, दोनों को प्रवेश करने की अनुमति दी तथा जादू-टोना सम्बन्धी अनुष्ठानों पर बहुत जोर दिया। कुछ अनुष्ठान प्राचीनकाल में भी प्रचलित रहे होंगे, किन्तु छठी शताब्दी ई. के आसपास से उन्हें व्यवस्थित कर लिखा जाने लगा। उनका उद्देश्य भक्तों की धन-दौलत की भौतिक इच्छाओं को सन्तुष्ट करना तथा आम बीमारियों और मनुष्यों तथा पशुओं का इलाज करना था। स्पष्टतया तन्त्रवाद का उदय ब्राह्मण समाज में बड़े पैमाने पर आदिवासियों को शामिल करने के फलस्वरूप हुआ। ब्राह्मणों ने अनेक कबीलाई अनुष्ठानों और सम्मोहनों को अपना लिया।

उन्होंने उनको अधिकृत रूप से संकलित, प्रवर्तित तथा विकसित किया। कालक्रम में ब्राह्मणों और पुरोहितों ने अपने समृद्ध यजमानों के हितों को साधने के लिए उन्हें तोड़ा-मरोड़ा। तन्त्रवाद जैन धर्म, बौद्ध धर्म, शैव मत और वैष्णव मत में व्याप्त हो गया। सातवीं शताब्दी से लेकर पूरे मध्यकाल में वह जमा रहा। देश के विभिन्न भागों में पाई गई अनेक मध्यकालीन पांडुलिपियाँ तन्त्रवाद और फलित ज्योतिष के विषय में हैं। तन्त्रवाद और फलित ज्योतिष दोनों पूरी तरह घुलमिल गए।

इस प्रकार छठी और सातवीं शताब्दियों में हम राजशासन, समाज अर्थव्यवस्था, भाषा, लिपि और धर्म में कतिपय महत्त्वपूर्ण परिवर्तन देखते हैं। इससे स्पष्ट है कि भारतीय इतिहास का प्राचीनकाल समाप्त हो रहा था तथा साथ ही मध्यकाल जन्म ले रहा था।

1.2 इतिहास लेखन

समाज की प्राचीन घटनाओं का अध्ययन इतिहास के अन्तर्गत किया जाता है। ये घटनाएँ प्रायः शासकों की विजयों और पराजयों तथा उनके वैभव और अत्याचारों से ही सम्बन्धित रही हैं। बाद में चलकर अनुभव किया जाने लगा कि वास्तविक इतिहास में शासकों के क्रियाकलापों का उल्लेख मात्र न होकर जन साधारण की संस्कृति और जीवन की गतिविधियों का निष्पक्ष लेखा-जोखा होना चाहिए। इतिहास मनुष्य के अतीत पर विचार करता और वर्तमान एवं भविष्य को सँवारने का प्रयास करता है।

पूर्वमध्यकालीन ऐतिहासिक स्रोतों के प्रत्यक्ष दर्शन अथवा इन्हें पढ़-समझकर तत्कालीन तथ्यों को आसानी से समझ पाना सामान्य लोगों के लिए सम्भव नहीं है। विद्वानों द्वारा किए गए इतिहास लेखन के आधार पर ही इतिहास के मूल्यवान पक्षों को समझ पाना सम्भव होता है। 500 से 600 ई. के बीच का काल एक ऐसा मोड़ है जहाँ प्राचीनकाल का अन्त और पूर्वमध्यकाल का प्रारम्भ होता है। इस समय से कई प्रकार के नवीन तथ्य पाए जाने लगते हैं। इतिहासकारों ने काल-क्रमानुसार इतिहास लेखन का कार्य जारी रखा और नए-नए पक्ष उभरते रहे। इतिहास लेखन का आधुनिक रूप अंग्रेज इतिहासकारों ने प्रदान किया। दूसरे चरण में राष्ट्रवादी इतिहासकारों ने लेखन-कार्य सम्पन्न किया। तीसरे चरण में 1960 के आसपास से पूर्वमध्यकाल पर मार्क्सवादी इतिहास लेखन की बात पाते हैं। इस लेखन का प्रारम्भ डी.डी. कोसाम्बी ने किया। भारतीय राजनीति, प्रशासन और संस्कृति पर मुख्य रूप से प्रकाश डालने का काम अंग्रेज इतिहासकारों ने किया। राष्ट्रवादी इतिहासकारों ने प्राचीन भारतीय इतिहास का गौरवशाली गाथा प्रस्तुत किया और बताया कि आर्यों ने ज्ञान का प्रकाश सम्पूर्ण विश्व में फैलाया। मार्क्सवादी इतिहासकारों ने जनजीवन को समझने का प्रथम प्रयास किया।

यूरोपियन विद्वानों ने भारत के अतीत पर इतिहास लेखन अठारहवीं सदी में आरम्भ किया। इस लेखन-सिलसिले में बदलती व्याख्याओं की एक ज्ञानवर्द्धक शृंखला दिखाई देती है। करीब 600 से 1200 ई. के बीच के इतिहास को जेम्स मिल ने 1817 में अपनी पुस्तक *(History of British India)* में लिखा। इस काल को उसने अपरिवर्तनशील बताया। विंसेंट आर्थर स्मिथ ने 1909 में *(Early History of India)* लिखा। इसमें प्रथम बार गुप्तकाल और

मुगल शाहंशाह शाहजहाँ के काल को स्वर्णकाल बताया गया। 600 से 1200 ई. के बीच के इतिहास को नकारा गया। आर.जी. भंडारकर ने 1894 में *(The Early History of the Deccan)* और 1920 में *(A Peep into the Early History of India)* नामक पुस्तकें लिखीं। इसमें 600 ई. और उसके बाद के राजवंशों पर प्रकाश डाला गया, किन्तु इनमें नई दृष्टि का अभाव स्पष्ट रूप से दिखाई देता है।

1920 और 1930 के बीच के भारतीय इतिहासलेखक राष्ट्रीय आन्दोलन से प्रभावित थे। एच.सी. राय चौधरी *(The Political History of Ancient,* 1923), के.पी. जायसवाल *(Hindu Polity,* 1924), आर.के. मुकर्जी *(Harsh,* 1926) और एच.सी. ओझा *(राजपूताना का इतिहास,* 1925-41) की पुस्तकें छपीं जिनमें गुप्तकाल के बाद के इतिहास पर प्रकाश डालने का प्रयास किया गया। इन विद्वानों ने मुख्य रूप से प्राचीनकाल के इतिहास को ही गौरवान्वित करने का प्रयास किया। 1925 में आर.सी. मजुमदार की पुस्तक *(The Early History of Bengal)* और 1934 में ए.एस. अल्तेकर की पुस्तक *(The Rashtrakutas and their Times)* प्रकाशित हुई। नीलकंठ शास्त्री ने कुछ पुस्तकें *(The Pandyan Kingdom, The Cholas and A History of South India)* लिखकर दक्षिण भारत के इतिहास के सम्बन्ध में एक नई चेतना उत्पन्न की।

पाश्चात्य शिक्षा प्राप्त करनेवाले भारतीयों के समक्ष साम्राज्यवादी इतिहासकारों के ये भारत विरोधी विचार एक चुनौती थी। उन्नीसवीं सदी के अन्त और 20वीं सदी के प्रारम्भ में भारतीय इतिहासकार स्वाभाविक रूप से भारतीय राष्ट्रीय आन्दोलन से प्रभावित होते थे। वे स्वयं को राष्ट्रवादी इतिहासकार नहीं कहते थे, किन्तु भारतीय इतिहास की जो वे व्याख्या करते थे, वह आमतौर से राष्ट्रवादी दृष्टिकोण से प्रभावित होती थी। वे ज्यादातर विदेशी विद्वानों की रचनाओं का सहारा लेते थे। राष्ट्रीय इतिहासकारों द्वारा प्राचीन भारतीय इतिहास पर नवीन ढंग से विचार किया जाने लगा। अपने अतीत के प्रति राष्ट्रवादी दिलचस्पी पैदा होने से राष्ट्रीय आन्दोलन को बल मिला और राष्ट्रीय इतिहासकारों के नवीन विचारों को लोकप्रियता मिली। अब प्राचीन भारत की आलोचना करनेवालों को राष्ट्रवादी ध्येय पर हमला करनेवाला समझा जाने लगा। राष्ट्रवादी इतिहासकारों द्वारा राजनीतिक और राजवंशीय इतिहास का अध्ययन जारी रहा। इसे पाश्चात्य विद्वानों ने अपने पक्ष में पसन्द किया।

भारतीय प्राचीन इतिहास के महत्त्व को बढ़ाने में राष्ट्रवादी इतिहास लेखन की भूमिका महत्त्वपूर्ण रही।

रामकृष्ण गोपाल भंडारकर का जन्म 1837 में हुआ और 88 वर्ष की आयु में उनका देहावसान 1925 में हुआ। वे महान समाज-सुधारक थे। जाति-प्रथा और बाल-विवाह के विरोधी थे। उन्होंने एक लेख में बताया कि प्राचीनकाल में कन्याओं का विवाह पूर्ण यौवन प्राप्त करने के बाद होता था, विधवा-विवाह प्रचलित था और सामान्य वर्णों के बीच खान-पान वर्जित नहीं था। 1917 में बी.आर. अम्बेडकर ने भी बताया था कि रंगभेद के पूर्वाग्रहों से ग्रस्त विदेशी लेखकों ने जाति-प्रथा में रंगभेद की भूमिका पर अनुचित बल दिया है। सातवाहन राजवंश का भंडारकर ने इतिहास लिखा। उन्होंने वैष्णव तथा अन्य धार्मिक सम्प्रदायों पर ऐतिहासिक लेख लिखे।

विश्वनाथ काशीनाथ राजवाड़े का जन्म 1869 में हुआ था। उन्होंने संस्कृत के कई पांडुलिपियों की खोज की। 22 खंडों में उन्होंने *मराठों का इतिहास* लिखा। 1926 में उन्होंने मराठी में *विवाह-प्रथा* नामक अद्भुत पुस्तक की रचना की। उनका देहावसान 1926 में हुआ।

भारतीय राष्ट्रीय कांग्रेस की स्थापना के 5 वर्ष पूर्व अर्थात् 1880 में पांडुरंग वामन काणे का जन्म हुआ। संस्कृत के वे प्रकांड पंडित और समाज-सुधारक थे। उन्होंने *हिस्ट्री ऑफ धर्मशास्त्र* लिखा जो हिन्दी में 6 जिल्दों में अनुवादित है। इस ग्रन्थ के माध्यम से उन्होंने पश्चिमी विद्वानों को प्राचीन भारतीय धर्म एवं दर्शन के गहरे ज्ञान से परिचित कराया। उनका देहावसान 1972 में हुआ।

हमारे पूर्वजों को प्रशासन की अच्छी जानकारी थी। इस तथ्य को देवदत्त रामकृष्ण भंडारकर ने प्रमाणित किया। उन्होंने प्राचीन भारतीय प्रशासनिक-व्यवस्था पर पुस्तक लिखी। वे रामकृष्ण गोपाल भंडारकर के पुत्र थे। उनका जन्म 1875 में हुआ था। अभिलेखों का उन्हें अच्छा ज्ञान था। अशोक के अभिलेख पर उन्होंने बहुत कुछ लिखा। उनका देहावसान 1950 में हुआ।

हेमचन्द्र रायचौधरी का जन्म 1892 में हुआ था। यूरोपीय इतिहास के वे अच्छे जानकार थे। उन्होंने प्राचीन भारत का राजनीतिक एवं सांस्कृतिक इतिहास लिखा। प्राचीन भारतीय इतिहास के पुनर्निर्माण में वी.ए.स्मिथ का जो योगदान था उससे रायचौधरी प्रभावित थे। उनका देहावसान 1957 में हुआ।

काशीप्रसाद जायसवाल (1881-1937) इंग्लैंड में शिक्षा प्राप्त की थी। वे अंग्रेजों की साम्राज्यवादी नीति से परिचित थे। विंसेंट आर्थर स्मिथ ने कुषाणों के पतन तथा गुप्तों के उदय के बीच के समय को अन्ध-युग (ऐसा युग जिसके बारे में ज्ञान नहीं है) बताया। स्मिथ के विचारों को काटते हुए जायसवाल महोदय ने बताया कि वह अन्ध-युग (dark-age) नहीं, बल्कि हिन्दू साम्राज्यवाद का युग था। उस काल में भारशिव-नागों का उदय हुआ, जिन्होंने 10 अश्वमेध करके हिन्दू स्वतन्त्रता तथा प्रभुसत्ता की परम्परा को पुनर्जीवित किया। अंग्रेज विद्वानों के विचारों को काटते हुए उन्होंने बताया कि ई.पू. छठी शताब्दी में ही भारत में गणतान्त्रिक-व्यवस्था का परिपक्व अस्तित्व था।

साम्राज्यवादी इतिहासकारों के विचारों को काटने और प्राचीन भारतीय इतिहास की एक स्वतन्त्र छवि बनाने में राष्ट्रवादी इतिहासकार काफी सीमा तक सफल रहे। के.ए. नीलकंठ शास्त्री (1892-1975), आर.सी. मजुमदार (1888-1980), यू.एन. घोषाल (1886-1969) आदि राष्ट्रीय इतिहासकार थे। राष्ट्रवादी इतिहासकारों ने पश्चिमी इतिहासकारों द्वारा बताए गए आर्य नस्ल को स्वीकारा और आर्यों के समाज की मुक्त कंठ से की जानेवाली अंग्रेज प्रशंसा से खुश रहे। उन्हें यह जानकर खुशी हुई कि अंग्रेज और वे एक ही प्राचीन आर्य नस्ल की सन्ततियाँ हैं।

जो इतिहास लेखन किसी भी परिवर्तन का कारण आर्थिक मानता और समाज के निम्न-से-निम्न एवं गरीब-से-गरीब लोगों का प्रतिनिधित्व करता हो उसे मार्क्सवादी विचारधारा से प्रभावित इतिहास लेखन कहते हैं। भारत का इतिहास अति गौरवशाली रहा है, किन्तु इसे इतिहास की वैज्ञानिक विधि से अथवा व्यवस्थित ढंग से प्रस्तुत करने का हमारे पूर्वजों ने प्रयास मात्र किया। विश्व के ऐतिहासिक रंगमंच पर इसे गर्व के साथ प्रस्तुत करने का प्रयास उन्नीसवीं शताब्दी में ही सम्भव हो सका।

इतिहास लेखन की नींव भारत में प्राचीनकाल में ही पड़ चुकी थी। अंग्रेजों ने इस नींव पर एक बेढंगा भवन खड़ा किया। राष्ट्रवादी इतिहासकारों ने इस निर्मित बेढंगे भवन में काफी तोड़-फोड़ की और एक ठोस एवं सुन्दर रूप देने में सफल रहे।

राष्ट्रवादी इतिहास लेखन अंग्रेजों के इतिहास लेखन से अलग अपना स्वतन्त्र अस्तित्व मुश्किल से बना सका क्योंकि जेम्स मिल ने भारतीय इतिहास का जो काल विभाजन किया उसका अस्तित्व बना रहा। जेम्स मिल ने भारतीय इतिहास के काल को 3 भागों में बाँटा—(1) प्रारम्भ से 1206 तक प्राचीनकाल, (2) 1206 से 1707 तक मुस्लिम काल और (3) 1707 से आगे का काल आधुनिक काल। मिल ने भारतीय इतिहास को इस तरह हिन्दू काल, मुस्लिम काल और ब्रिटिश काल नहीं, बल्कि आधुनिक काल में विभाजित किया। यह विभाजन एक राजा के मरने और दूसरे को गद्दी पर बैठने अर्थात् राजनीतिक घटनाओं पर आधारित था। इस विभाजन में अंग्रेजों की साम्राज्यवादी चाल निहित थी। राजनीतिक घटनाओं से विशिष्ट लोगों का सम्बन्ध होता है न कि सामान्य जनता का। पुनः प्राचीन भारत की जो विशेषताएँ सिन्धु से गुप्तकाल तक पाई गईं उनकी धीरे-धीरे अनुपस्थिति होने लगी। उदाहरण के लिए, अधिकांश प्राचीन नगरों का पूर्व गौरव प्रायः समाप्त हो गया; यज्ञ विधि के बदले वैष्णव, शैव, शाक्त और मन्दिरों की प्रधानता बढ़ गई; वर्ण-व्यवस्था के बदले जाति-व्यवस्था और इसी तरह कई बदलाव होते गए।

इन परिस्थितियों में पूर्वमध्यकाल की अवधारणा विकसित हुई। मार्क्सवादी इतिहास लेखन की भी पृष्ठभूमि यही रही। भारतीय सन्दर्भ में मार्क्सवादी विचारधारा को इतिहास लेखन में स्थान दिलाने का श्रेय डी.डी. कोसाम्बी (1907-1966) को है। वे गणित के जानकार थे। भारतीय इतिहास को उन्होंने वैज्ञानिक ढंग और मार्क्सवादी चश्मे से देखा। इतिहास को परिभाषित करते हुए वे बताते हैं कि इतिहास का अर्थ केवल प्रमुख महत्त्वाकांक्षी लोगों के नामों और बड़ी-बड़ी लड़ाइयों की अगर सूची है तो भारतीय इतिहास लिखना कठिन होगा। किन्तु यदि जनसमुदाय के राजा का नाम जानने के बजाय यह जानना अधिक महत्त्वपूर्ण समझा जाए कि उसके पास हल था कि नहीं, तो भारत का इतिहास सम्भव है। ''उत्पादन के साधनों और सम्बन्धों में क्रमिक परिवर्तनों का कालक्रम से विवरण'' को उन्होंने इतिहास बताया।

कोसाम्बी ने यह बताया कि वेदों की भाषा शुद्ध आर्य भाषा न थी। इसमें अनार्य तत्त्वों का घालमेल है। कोसाम्बी का यह विचार भाषा विज्ञान की दृष्टि से सत्य साबित हुआ। राष्ट्रीय इतिहासकारों ने गुप्तकाल को हिन्दू पुनरुत्थान का स्वर्ण युग बताया। कोसाम्बी इससे बिलकुल सहमत नहीं और लिखते हैं—''गुप्तों ने राष्ट्रवाद का उत्थान नहीं किया, बल्कि सच तो यह है कि राष्ट्रवाद ने गुप्तों का पुनरुत्थान किया।'' हाल के अनुसन्धानों से गुप्तकाल का स्वर्णयुग वाला विशेषण कुछ अर्थों में झूठा सिद्ध हुआ है। कोसाम्बी ने भारतीय इतिहास को इस रूप में प्रस्तुत किया जिसमें इस प्रश्न का उत्तर ढूँढ़ा जा सके कि भारतीय समाज किस प्रकार और क्यों ऐसा हो गया जो आज वह है।

मार्क्सवादी विचारधारा का प्रारम्भ कोसाम्बी ने की और रामशरण शर्मा आदि विद्वानों ने अपनी रचनाओं में इसका विस्तार किया। रामशरण शर्मा आर्थिक स्थिति को इतिहास में बदलाव का प्रमुख कारण मानते हैं। वे बताते हैं कि सभ्यता का सम्बन्ध शहर से होता है।

वैदिक काल में शहर नहीं हैं, अतः यह काल सभ्यता नहीं, बल्कि संस्कृति का द्योतक है। संस्कृति में जीविका का साधन कृषि और सभ्यता में जीविका का प्रमुख आधार व्यापार होता है। अपनी पुस्तकों *भारतीय सामन्तवाद* (1965) और *नगरों के पतन* (1987) में वे बताते हैं कि भारत में 300 ई. के आसपास से आर्थिक पतन का एक ऐसा सिलसिला प्रारम्भ होता है जिससे नगर, गाँव और भारत के अधिकांश लोग प्रभावित होने लगे। नगर वीरान होने लगे और गाँवों की आबादी बढ़ गई। फलतः कृषि उत्पादन में वृद्धि होने के बावजूद गाँव में पारिवारिक तनाव बढ़े और आर्थिक भार भी। *Urban Decay and Revival of Towns in Medieval South India* में ओमप्रकाश प्रसाद ने कर्नाटक और उसके आसपास स्थित शहरों का महत्त्वपूर्ण एवं शोधपूर्ण तस्वीर प्रस्तुत किया और बताया कि कैसे करीब 600 और 1000 के बीच के शहर छोटी जिन्दगीवाले रहे; इनका व्यापारिक महत्त्व नगण्य रहा। दूसरी तरफ 1000 और 1200 के बीच जो नगर पाए गए वे लम्बी जिन्दगीवाले थे और उनमें से अधिकांश का व्यापारिक महत्त्व था।

1817 में अपनी पुस्तक *History of British India* (London, 1817) में जेम्स मिल ने लिखा कि भारत सदा से अपरिवर्तनशील रहा। ब्रिटिश सरकार के प्रशासक विद्वानों का विश्वास था कि अंग्रेजी प्रशासन ही भारत की सामाजिक-आर्थिक ढाँचे को बदलने में समर्थ थी। मार्क्स ने लिखा कि किसी प्रशासन से सामाजिक-आर्थिक ढाँचे को ठीक नहीं किया जा सकता, बल्कि निजी भू-स्वामित्व एवं आत्मनिर्भर ग्रामीण-व्यवस्था की प्रभुता से ऐसा सम्भव था।

बंगाल में बी.एन. दत्त आतंकवादी आन्दोलनकारी थे। वे स्वामी विवेकानन्द के भाई थे। उनकी रचनाओं में मार्क्सवादी प्रभाव अधिक स्पष्ट रूप से दृष्टिगोचर होता है। अपनी पुस्तक *Studies in Indian Social Polity* (Calcutta, 1944) में जाति की उत्पत्ति एवं विकास की चर्चा करते हुए प्राचीन भारत में वर्ग-संघर्ष एवं सामन्तवाद के विकास का संक्षिप्त निरूपण किया। अपनी दूसरी पुस्तक *Dialectics of Land Economics in India* (Calcutta, 1952) में उन्होंने वैदिक काल से लेकर ब्रिटिश काल के अन्त तक भूमि एवं उसको जोतनेवाले के इतिहास को प्रस्तुत किया। अपनी पुस्तक *India from Premitive Communism to Slavery* (Bombay, 1949) में लिखा कि दास समाज का आविर्भाव उत्तर वैदिक काल में हुआ। दत्त और डांगे की रचनाओं में कई कमियाँ थीं; इसके बावजूद ये रचनाएँ परम्परावादी राष्ट्रवादी रचनाओं की लीक से हटकर थीं।

मार्क्सवादी इतिहास लेखन की कड़ी मजबूत करने में रोमिला थापर का विशेष रूप से महत्त्वपूर्ण स्थान है। साम्राज्यवादी इतिहास लेखन और राष्ट्रवादी इतिहास लेखन के कमजोर पक्षों से वे पूर्ण परिचित हैं। अपनी रचना *आदिकालीन भारत की व्याख्या* (दिल्ली, 1998) में वे लिखती हैं कि राष्ट्रवादियों की कल्पना में प्राचीन संस्कृति एक पवित्र वस्तु रही है। अपनी इस कल्पना को सही साबित करने के लिए उन्होंने संस्कृत ग्रन्थों को आधार बनाया। उन लोगों ने बौद्ध ग्रन्थों और पुरातात्त्विक सामग्रियों पर ध्यान नहीं दिया। फलतः भारतीय इतिहास की राजनीतिक एवं सांस्कृतिक पहलुओं तक सीमित रहे। मार्क्सवादी इतिहास लेखन के आधार पर यह जानना सम्भव हो सका कि नगरीकरण के प्रथम चरण अर्थात् सिन्धु काल में जितने नगर पाए गए उनसे अधिक नगर नगरीकरण के द्वितीय चरण अर्थात् ई.पू. छठी

शताब्दी के दौरान पाए गए। अमलानन्द घोष ने 1973 में भारतीय नगरों पर प्रथम बार स्वतन्त्र शोध कार्य किया और पुस्तक प्रकाशित कराई। यज्ञदत्त शर्मा ने 1953 और 1964 में प्राचीन शहरों के अवशेषों का सर्वेक्षण किया। रामशरण शर्मा ने लिखा कि व्यापार के इतिहास के साथ शहरों के विकास और पतन का घनिष्ठ सम्बन्ध रहा है। पुरातात्त्विक सामग्रियों और बौद्ध ग्रन्थों का अध्ययन करने के बाद ही इसे जाना जा सका। रोमिला थापर इसी पुस्तक में बताती हैं कि अतीत का प्रत्येक संस्करण जो हम तक पहुँचा है उसका वर्तमान में अपना महत्त्व है। उन्होंने पुराणों में वर्णित सामाजिक एवं धार्मिक बातों की ऐतिहासिक व्याख्या की है। वी.एन.एस. यादव, वी.डी. चट्टोपाध्याय, आर.एन. नन्दी आदि विद्वानों ने भी प्राचीन इतिहास की मार्क्सवादी व्याख्या की है। भारतीय इतिहास मार्क्सवादी इतिहास लेखन से प्रधान रूप से प्रभावित है।

प्राचीन एवं पूर्वमध्यकाल भारतीय इतिहास लेखन में आज रामशरण शर्मा और रोमिला थापर, मध्यकाल में इरफान हबीब एवं सतीशचन्द्र और आधुनिक काल में विपिन चन्द्र और सुमित सरकार प्रसिद्ध मार्क्सवादी इतिहासकार हैं। मार्क्सवादी इतिहास लेखन के कारण ही भारत में आज नगरीकरण, विज्ञान एवं प्रौद्योगिकी की पढ़ाई होती है। कर्मकार एवं शिल्पकार तथा कृषकों के सम्बन्ध में भी पढ़ाई इन्हीं लोगों के कारण सम्भव हो सकी। मार्क्सवादी इतिहास लेखन के कारण ही प्राचीन भारत का काल विभाजन प्राचीन (प्रारम्भ से करीब 600 ई. तक), पूर्वमध्यकाल (लगभग 600 से 1200 तक) और मध्यकाल (1200 से 1750 तक) एवं आधुनिक काल (1750 से आज तक) में हुआ। उत्तर मध्यकाल और पोस्ट मॉडर्निज्म में भी भारतीय इतिहास का काल विभाजन हुआ है ताकि इतिहास के महत्त्व को बढ़ाया जा सके और इसके सहारे हमें नई-नई जानकारियाँ होती रहे।

ब्रह्मवैवर्त पुराण, वामन पुराण, वराह पुराण, कूर्म पुराण आदि के आधार पर वी.एन.एस. यादव, रामशरण शर्मा और आर.एन. नन्दी आदि विद्वानों ने 600 ई. से 1200 ई. के सामाजिक एवं आर्थिक इतिहास पर प्रकाश डाला है। इन पुराणों के अध्ययन से पता चलता है कि इस काल में नगर-सभ्यता का ह्रास और ग्राम-आधारित निर्वाह-व्यवस्था की संवृद्धि, जाति-व्यवस्था में आया विबन्धन (कठोर नियमों में बँधना) और विशाखन (अनेक जातियों-उपजातियों में बँटना), वर्णसंकर सन्तानों का आधिक्य, आवश्यक और उपयोगी कलाओं के काम में लगे दस्तकारों को 'अपवित्र' और 'अस्पृश्य' घोषित कर उनकी भर्त्सना करना, नगरवासी ब्राह्मणों के एक महत्त्वपूर्ण अंश का ग्रामीणी-भवन (गाँवों में जा बसना), सामाजिक असुरक्षा, राजनीतिक अराजकता, मन्दिर केन्द्रित उपासना या पूजा पद्धति पर आधारित लोकधर्म का प्रसार, भक्ति सम्प्रदाय का प्रचलन आदि विशेषताएँ दिखाई देती हैं।

छठी से तेरहवीं सदी तक के उपलब्ध साहित्यिक स्रोतों का सर्वेक्षण करते हुए आर.एन. नन्दी *प्राचीन भारत में धर्म के सामाजिक आधार* (दिल्ली, 1998, पृ. 23) ने लिखा कि इन कृतियों में नगरों और शहरी जीवन का जो चित्र प्रस्तुत किया गया है उनसे पता चलता है कि छठी से दसवीं सदी तक के लेखकों के पास नगरों तथा शहरी जीवन के बारे में लिखने को कुछ नया नहीं था। इस काल के पुरालेखों में नगरों को पुर, दुर्ग, राजधानी और स्कन्धावार कहा गया। ग्यारहवीं और बारहवीं शताब्दी के अभिलेखों में नगर को पट्टण, नगर,

महापट्टण, बनजुवट्टन और महानगर जैसे नामों से पुकारा गया है। बी.डी. चट्टोपाध्याय की पूर्वमध्यकालीन विशेषताओं पर एक स्वतन्त्र पुस्तक ऑक्सफोर्ड प्रेस से प्रकाशित हुई है।

1.3 बाणभट्ट

मध्यकालीन जीवन-चरित (आख्यायिका) का प्रतिनिधि बाण का *हर्षचरित* (सातवीं शताब्दी) है जो उसने अपने समकालीन पुष्यभूति (कुल के) हर्ष पर लिखा जो कि कान्यकुब्ज में उत्तर-भारत के सम्राट की पदवी पर प्रतिष्ठित हुआ। यह सार्थक बात है कि बाण एक भार्गव था और इसी कारण उसकी प्रवृत्ति इतिहास की ओर वंश-परम्परा से रही होगी, अथवा हर्ष ने उसे उसकी कुल-क्रमागत गुण-सम्पन्नता के कारण, राजकीय इतिहासलेखक के रूप में अपना प्रसाद पात्र बनाया होगा। परन्तु उसका चरित-काव्य एक कलात्मक कृति है, सीधे प्रकार से इतिहास नहीं, और यह साहित्य की उस शाखा से सम्बन्ध रखती है जिसे काव्य (साहित्य एक कला के रूप में) कहा जाता है जिसमें रसात्मक आदर्श और शैली सर्वोपरि होती हैं।

कम-से-कम प्रथम शताब्दी से लेकर और सम्भवतः किसी सीमा तक इससे भी बहुत पहले, काव्य शैली के साहित्य ने **इतिहास** के पूर्वकालीन क्षेत्र में प्रवेश आरम्भ कर दिया था। परम्परागत वीर-गाथाओं का स्थान, एक ही कवि के, जैसे कि अश्वघोष के महाकाव्यों ने, नाटकों (नाटक भी काव्य की एक शाखा माना जाता था), आख्यायिका (गद्य में लिखी जीवनी) ने, यहाँ तक कि उपन्यास (यह भी काव्य ही है) ने ले लिया था। इतिहास लेखन के लिए इसके परिणाम बहुत महत्त्वपूर्ण थे, क्योंकि काव्य की परिभाषा निश्चित करने के अधिकतम प्रयत्न इस निष्कर्ष पर पहुँचते हैं कि यह विचार व्यक्त करने की बहुत-सी अन्य विधाओं से भिन्न है क्योंकि यह वक्र, सालंकार, उद्देश्यमुक्त और निश्चित रूप से रस-निष्पत्ति की भावना से रचित किया हुआ होता है, न कि तथ्यों के वर्णन के लिए, यद्यपि इसमें सदाचार शिक्षण का समावेश किया जा सकता है। राजा अपने-आपको नाटकों, महाकाव्यों तथा अन्य ऐसी रचनाओं के नायकों के रूप में देखकर प्रसन्न होते थे जिनके साहसपूर्ण कार्य उनके अपने जीवन से बहुत कम समानता रखते थे, परन्तु जिनमें विलक्षण तथा प्रशंसापरक संकेत विद्यमान रहते थे, जिनको समकालीन श्रोता समझ सकें। जहाँ तक आनेवाली पीढ़ियों तथा कवियों की रचनाओं द्वारा एक प्रकार के अमरत्व की प्राप्ति की आशा जो निश्चित रूप से बँधी रहती थी, की बात है, कभी-कभी ऐसा लगता है कि विजयी नायक का अमरत्व, उसके सेनानियों की अपेक्षा, उसके कवियों के कौशल पर अधिक निर्भर रहता था यद्यपि उनके पास आधार का कुछ आभास अवश्य रहा होगा जिस पर वे (रचना का) कार्य करते थे। चाहे जो भी हो लेखक की अपनी प्रतिभा का उन्मेष तथा चमत्कार ही, भावी पीढ़ियों के हृदयों में उनकी स्मृति को नवीनता प्रदान करने की सम्भावना प्रस्तुत करता था। इस प्रकार उन रचनाओं के अतिरिक्त जिनको दूसरी श्रेणी का इतिहास लेखन कहा है, और जिनमें प्राचीन इतिहास के उद्धृत कहानियों का प्रयोग महाकाव्य, नाटक इत्यादि की सामग्री के रूप में किया जाता था, तथा ऐतिहासिक तथ्य का स्थान साहित्यिक तथ्य ले लेता था, प्रथम श्रेणी का इतिहास लेखन भी, कला को ही प्रथम स्थान प्रदान करता है।

बाण का दृष्टिकोण देखने में आकस्मिक घटनाओं के एक क्रम का वर्णन करना नहीं, जैसे कि वे घटी होंगी, परन्तु इसके स्थान पर, वह नायक द्वारा एक विशेष ध्येय की प्राप्ति उन घटनाओं सहित जिनका यह निश्चित परिणाम थी, दिखाना चाहता था। हर्ष को सम्राट बनना ही था यद्यपि उसके जन्म के समय इसकी किंचित्मात्र आशा भी नहीं की जा सकती थी, क्योंकि वह मौखरि सम्राट के एक सामन्त मात्र का कनीयान् पुत्र था। परन्तु उसके पूर्वज पुष्यभूति को स्वयं लक्ष्मी (श्री) का वरदान मिल चुका था कि वह एक ऐसे राजकुल की स्थापना करेगा, जिसमें हर्ष नाम का एक राजा सम्राट बनेगा और वह उसकी परिचारिका होगी। **काव्य** साहित्य में ऐतिहासिक तथा काल्पनिक कथाओं दोनों में ही अन्त में नायक का एक विशेष स्त्री से संयोग, प्रायः उसके अन्तिम ध्येय की संलब्धि का प्रतीक होता है। क्योंकि आधिपत्य को लक्षणा से विशेष रूप में लक्ष्मी-देवी अथवा राज्य-श्री (श्री) माना जाता था, इसलिए श्रीदेवी के साथ अथवा पार्थिव स्त्री के साथ जो किसी प्रकार लक्ष्मी का प्रतिनिधित्व करती थी, संयोग हो जाने को नायक द्वारा लक्ष्मी की प्राप्ति दिखाया जा सकता था। *हर्षचरित* में नायक की भगिनी लक्ष्मी की प्रतीक है, क्योंकि वह मौखरि सम्राट से विवाह करती है, और इस प्रकार सम्राट और सामन्त[1] के परिवार की मैत्री को सुदृढ़ बनाती है। बाण के अनुसार उसका वास्तविक नाम राज्यश्री था, जिसकी पर्याप्त सम्भावना है, विशेषतः इसलिए क्योंकि उसके भ्राताओं में बड़े की संज्ञा राज्यवर्धन थी, और यह कोई असाधारण प्रथा नहीं थी कि भ्राताओं और भगिनियों को समान रूपवाले नाम दिए जाएँ।

आख्यायिका का केन्द्रीय भाग इस प्रकार है, कि साम्राज्य पर गौड़ (मगध) और मालव (अवन्ती) संगठन द्वारा आक्रमण किया जाता है। यह तथ्य इस बात का द्योतक है कि मौखरि सम्राट अधिक शक्तिशाली नहीं थे। स्वयं सम्राट की हत्या हो जाती है, और राज्यवर्धन जो कि अभी-अभी अपने पिता की मृत्यु के पश्चात् राजा बन चुका है, उसका (अपने पिता का) प्रतिशोध लेने के लिए अभियान करता है और मारा जाता है। क्योंकि मौखरि सम्राट का कोई दामाद नहीं था, साम्राज्य का आधिपत्य उसी पर संक्रान्त होगा जो सामर्थ्यपूर्वक अपना अधिकार स्थापित कर सके। हर्ष सेना लेकर शत्रुओं को खदेड़ने के लिए अभियान करता है, परन्तु युद्ध का संचालन अपने सेनापतियों को सौंपकर, स्वयं अपनी भगिनी के त्राण के लिए चला जाता है, जो कि आक्रमण के पश्चात् जंगल में निष्क्रमण कर गई थी। बाण युद्ध के विस्तृत वर्णन में कोई दिलचस्पी नहीं लेता (यह सत्य है कि उसके पाठकों को यह ज्ञान था कि उसकी सेना ने विजय प्राप्त कर ली थी। इसलिए लेखक का यह विषय नहीं था कि वह उनको इस सुविदित तथ्य से परिचित करवाए)। वह, हर्ष और उसकी अभागिनी भगिनी राज्यश्री के मिलन तथा राज-लक्ष्मी की प्राप्ति पर अपने वर्णन को समाप्त कर देता है। इस प्रकार और सम्भवतः ऐतिहासिक सत्य का भी अत्यधिक अपक्रमण न करके, बाण अपने पाठकों को यह स्पष्ट कर देता है कि हर्ष वैध रूप से साम्राज्य का उत्तराधिकारी बना। यही उसका मूल ध्येय था।

---

1. मूल लेखक A.K. Warder ने राज्य के पिता प्रभाकरवर्द्धन को यहाँ सामन्त कहा है। हमारे विचार में यह एक भ्रान्ति है। हर्ष के मधुवन तथा बाँसखेड़ा से उपलब्ध ताम्रपत्रों में प्रभाकरवर्द्धन को परम भट्टारक महाराजाधिराज की उपाधि दी गई है। बाण ने भी *हर्षचरित* में ही उसे राजाधिराज कहा है। अतः उसे मौखरियों का सामन्त कहना भूल प्रतीत होती है (अनुवादकर्ता—जगन्नाथ अग्रवाल)

1.4 क्षेमेन्द्र

पूर्वमध्यकालीन इतिहास लेखन में जो महत्त्व बाण एवं कल्हण का है उतना महत्त्व क्षेमेन्द्र को नहीं दिया गया है, किन्तु क्षेमेन्द्र की रचनाओं को देखने से पता चलता है कि पूर्वमध्यकालीन समाज एवं अर्थव्यवस्था की जर्जर दशा के अध्ययन के लिए उसकी रचनाएँ काफी महत्त्वपूर्ण हैं। तत्कालीन समाज की कुरीतियों, अन्धविश्वासों, धार्मिक पाखंडों, राज-दरबार के षड्यन्त्रों और वीभत्स यौनाचारों का उसने स्पष्ट चित्रण प्रस्तुत किया है। *दशावतारचरित, कलाविलास, समयमातृका, दशोपदेश* तथा *नर्ममाला* उसकी संस्कृत में प्रमुख रचनाएँ हैं।

क्षेमेन्द्र का जन्म एक धनी परिवार में सम्भवतः 990 ई. में और मृत्यु 1065 के आसपास हुई। उनके दादा का नाम सिन्धु था। प्रकाशेन्द्र उनके पिता का नाम था जो दानी प्रवृत्ति के और शैव धर्म के अनुयायी थे। क्षेमेन्द्र का यौवन बड़े ही आराम से बीता। उनके जीवन का अधिकांश समय सुसंस्कृत जनों के सम्पर्क में बीता। वह संगीतप्रेमी और कला का पारखी था। क्षेमेन्द्र जन्म से ही शैव था। उसके गुरु का नाम अभिनवगुप्त था जो प्रसिद्ध दार्शनिक, टीकाकार तथा शैवमत के अनुयायी थे। बाद में सोमभागवत के प्रभाव में आकर क्षेमेन्द्र का झुकाव वैष्णव धर्म की ओर हो गया। एक सच्चे तत्त्वदर्शी की हैसियत से उसने बौद्ध धर्म का अध्ययन किया। जीवन के अन्तिम दिनों तक उनकी वैदिक धर्म पर आस्था थी। अपने जीवन के अन्तिम दिनों में उसने वानप्रस्थ स्वीकार कर लिया और त्रिपुरेश पर्वत के एक आश्रम में रहने लगा और 1065 ई. के आसपास *दशावतार* की रचना की। धार्मिक होने के बावजूद क्षेमेन्द्र ने पूर्वमध्यकालीन धर्मों की कमजोरियों पर खुलकर प्रकाश डाला। भारतीय संस्कृति के अनेक उपेक्षित अंगों का, जिनकी ओर दूसरे लेखकों ने दृष्टिपात नहीं किया, क्षेमेन्द्र ने बड़ी बारीकी से अध्ययन किया। 1025 ई. के आसपास उसने *नर्ममाला* की रचना की। गुणाढ्य की *बृहत्कथा* के आधार पर उसने *बृहत्कथामंजरी* लिखी। इसके बाद *भारतमंजरी* और *रामायणमंजरी* की रचना उसने की। कश्मीर में प्रचलित ज्ञान-विज्ञान की उसे गहरी जानकारी थी। गणित, ज्योतिष, वैद्यक, शल्यशास्त्र, राजनीति, कामशास्त्र, भारतीय दर्शन, बौद्ध धर्म और मन्त्रशास्त्र का उसे ज्ञान था। तत्कालीन आर्थिक अवस्था और व्यापार से वह पूरा परिचित था। उसका व्यंग बड़ा तीखा होता था। *दर्प-दलन* में उसने मनुष्य की दुर्वासनाओं की खबर ली है। *कलाविलास, दशोपदेश, नर्ममाला* तथा *समयमातृका* में उसने तत्कालीन समाज में व्याप्त बुराइयों का वर्णन किया है। धार्मिक पाखंड एवं छलकपट, राजकर्मचारियों के अत्याचार, अन्धविश्वास, यौनाचार, व्यापारियों की कतरब्योंत इत्यादि पर आलोचनात्मक प्रकाश डाला है।

क्षेमेन्द्र ने भारत के कई भागों में यात्रा की थी। उसे काबुली, तुर्क, चीनी इत्यादि लोगों के रीति-रिवाजों की जानकारी थी। कश्मीर का भूगोल उसे पूर्णरूप से मालूम था। उसने लिखा कि वाराणसी एक पवित्र धार्मिक स्थल था और कश्मीर के पंडित वहाँ आते-जाते रहते थे। जयापीड के मन्त्री दामोदर गुप्त ने *कुट्टनीमतम्* की चरित्रस्थली वाराणसी ही मानी है।

अलबरूनी ने लिखा है कि महमूद गजनवी के धावों के बाद हिन्दू धूल के कणों की तरह चारों ओर बिखर गए और लोगों के मुँह में उनकी याद किसी प्राचीन कहानी की तरह रह गई। हिन्दुओं के बचे हुए भागों में मुसलमानों के प्रति विद्वेष की आग भड़क उठी और यही कारण

---

1. सचाउ : *अलबरूनी*, भाग 1, पृ. 22

था कि भारतीय ज्ञान-विज्ञान मुस्लिम विजित प्रदेशों से हट उन प्रदेशों में, जैसे, कश्मीर, बनारस इत्यादि में पहुँच गए जहाँ मुसलमान नहीं पहुँच सके। इन प्रदेशों में राजनीतिक और सामाजिक क्षेत्रों से विदेशियों के प्रति विद्वेष की भावना को प्रोत्साहन मिलता रहा।[1]

पूर्वमध्ययुग में वाराणसी चाहे मुसलमानों के प्रतिरोध का केन्द्र भले ही बन गई हो पर इसमें भी सन्देह नहीं कि हिन्दू धर्म और समाज की कमजोरियों का वह अड्डा भी बन गई थी। क्षेमेन्द्र ने हिन्दू धर्म और समाज की जिन बुराइयों की निन्दा की है उन्हीं बुराइयों का कृष्ण मिश्र ने *प्रबोधचन्द्रोदय*[1] में खुलकर विरोध किया है। *प्रबोधचन्द्रोदय* और क्षेमेन्द्र रचित ग्रन्थों का तुलनात्मक अध्ययन करने से दो बातों का पता चलता है—प्रथम तो यह है दोनों ने ही धार्मिक दुराचारों का भंडाफोड़ करते हुए उनसे सावधान रहने को कहा है। दूसरी बात यह है कि कृष्ण मिश्र ने उन दुराचारों से बचने का एकमात्र उपाय विष्णु भक्ति माना है। क्षेमेन्द्र द्वारा, जो जन्मना शैव थे, वैष्णव धर्म स्वीकार किया जाना भी ग्यारहवीं सदी में वैष्णव धर्म की श्रेष्ठता की ओर इशारा है।

प्रबोधचन्द्रोदय की चरित्रभूमि वाराणसी है। दूसरे अंक में महामोह ने दम्भ को सूचना दी कि तीर्थों में लोगों को सुधारने के लिए विवेक ने शम दम इत्यादि को भेजा था। उसके इस प्रचार को रोकने के लिए दम्भ को मुक्तिक्षेत्र वाराणसी जाना आवश्यक था। वहाँ पहुँचकर दम्भ ने चतुराश्रमों के कर्तव्यों में गड़बड़ी मचा दी। वहाँ दिवाधूर्त सर्वज्ञ, दीक्षित, अग्निहोत्री, ब्रह्मज्ञ और तापस होने के बहाने से वेश्याओं के घरों में उनकी आसव के गन्ध से भरे मुखों का तथा चाँदनी भरी रात में कामोत्सव का मजा उठाकर लोगों को ठगते थे। दम्भ ने वहाँ अभिमान से जलते हुए, वाग्जाल से मानो भर्त्सना करते हुए, अपनी प्रज्ञा से मानो हँसी उड़ाते हुए एक जन को देखा। उसे देखते ही दम्भ ने अनुमान किया कि दक्षिण राढ़ से आया हुआ वह अहंकार था। यहाँ बंगाल के पंडितों पर स्पष्ट रूप से छींटाकशी है। उसने आते ही ललकारा—न तो लोगों ने प्रभाकर पढ़ा, न कौमारिल दर्शन का अभ्यास किया, न तो प्रभाकर के शिष्य शालिक के तत्त्वज्ञान की चर्चा ही की। वाचस्पति की तो बात ही क्या। महोदधि के सूक्त-ज्ञान से उन्हें मतलब नहीं, न ही उन्हें महाव्रत से ही सरोकार है। ऐसे नर-पशुओं के आधार पर सूक्ष्म विचार धारणा कैसे खड़ी रह सकती है। अहंकार ऐसे लोगों को वेद-विदूषक कहता है। ये केवल भिक्षा मात्र के लिए सिर मुंड़ाते हैं तथा पंडिताई के अभिमान से वेदान्त छाँटते हैं। उनकी बात सुनने में भी पाप है। बिना न्याय ज्ञान के शैव पाशुपत पूरे पशु हैं, उन्हें देखने में भी पाप है। ये त्रिदंड पर ही जीवित द्वैत और अद्वैत मार्ग से परिभ्रष्ट हैं। गंगातीर शीतला शिला पर गद्दी पर बैठे कुशमंडित महादंड-करंडवाले माला के मनके गिननेवाले ये केवल धनियों को लूटते हैं।[2]

अहंकार द्वारा आश्रम वर्णन में, क्षेमेन्द्र द्वारा *कला-विलास* में वर्णित दम्भ के रूप का खासा दर्शन हो जाता है। आश्रम के द्वार पर बाँसों पर कपड़े सूख रहे थे, कृष्णाजिन बिछे हुए थे, खलों में समिधा कूटी जा रही थी तथा यज्ञधूम से आकाश भरा था। यहाँ अग्निहोत्री का दर्शन होता है। गंगा की मिट्टी के तिलक उसके ललाट, भुज, उदर-कंठ, ओष्ठ, चिबुक, उरू और जानु पर लगे थे तथा चूड़ाग्र, कान, कटि और हाथ में दर्भांकुर था।[3] अहंकार के

1. कृष्ण मिश्र : *प्रबोधचन्द्रोदय*, सांबशिव शास्त्री द्वारा सम्पादित, त्रिवेन्द्रम, 1936
2. *प्रबोधचन्द्रोदय*, 2.5
3. वही, 2.6

अभ्यर्थना करने पर उसने केवल एक हुंकार भरी, साथ-ही-साथ आश्रम बटुक ने उससे पैर धोकर आश्रम में घुसने को कहा। इस पर अहंकार ने नाराज होकर कहा—क्या मैं तुर्क देश में हूँ जहाँ गृहस्थ अतिथियों का आसन पाद्य इत्यादि से स्वागत नहीं करते? दम्भ ने यह सुन बटुक को इशारा किया और वह बोल उठा—आराध्यपाद कहते हैं कि दूर देश से आए आर्य के कुल-शील का हमें पता नहीं। अहंकार ने जवाब दिया—वाह, क्या हमारे कुल-शीलादि की परीक्षा चाहिए? सुन, "गौड़ राष्ट्र में निरुपम राटापुरी है। वहीं भूरि श्रेष्ठिक नामक मेरे पिता बसते हैं। उनके महाकुलीन पुत्रों को सब जानते हैं, पर अपनी प्रज्ञा, शील, विवेक, धैर्य और विनयाचार से मैं उनमें सबसे उत्तम हूँ।"[1]

दम्भ ने फिर बटुक की ओर देखा और उसने ताँबे के घड़े से अहंकार के पैर धुलाने का आग्रह किया और उसे वैसा ही करना पड़ा। फिर दाँत भींचकर दम्भ ने बटुक की ओर देखा और उसने अहंकार को इसलिए दूर खड़े रहने को कहा क्योंकि उसके पसीने की बूँदें हवा के झोंकों से फैल रही थीं। अहंकार ने आनाकानी की पर बटुक ने फटकार बतलाई और अहंकार समझ गया कि दम्भ के सामने उसकी चलने की नहीं थी। जब उसने आसन पर बैठने की इच्छा प्रकट की तो बटुक ने यह कह उसे रोक दिया कि पूजनीय दम्भ के सामने दूसरा बैठने का अधिकारी नहीं था। इस पर अहंकार अपने कुलीन होने की बात कहकर गरज उठा। यह देखकर दम्भ ने अपना मौन तोड़ते हुए कहा—यह ठीक है पर आपको मेरी बात का पता नहीं। एक दिन मैं ब्रह्मा के यहाँ पहुँचा। सभा में सारे ऋषि अपने आसन छोड़कर खड़े हो गए। ब्रह्मा ने तब मेरी खुशामद करके अपनी गोद को गोबर से लीप-पोतकर मुझे उसमें बैठाया।[2] कलाविलास के प्रथम सर्ग में दम्भ द्वारा ब्रह्मा की भी पवित्रता का ढोंग दिखलाने की कथा कुछ ऐसी ही है। यह सुनकर अहंकार ने कहा—अरे इन्द्र और ब्रह्मा की बात मत कर, उनकी चाल सब जानते हैं। मेरे तपोबल से सैकड़ों इन्द्र हाजिर हो सकते हैं और सैकड़ों ब्रह्मा और मुनि मँडरा सकते हैं। अब एक ने दूसरे को पहचाना। अहंकार के यह पूछने पर कि मोह द्वारा वाराणसी घेरने का क्या कारण था, दम्भ ने कहा—विद्या और प्रबोध की जन्मभूमि ब्रह्मपुरी वाराणसी उसके कुल का नाश करना चाहती है। उसी की रोकथाम के लिए मैं उसे लूटपाट कर खतम कर देना चाहता हूँ।[3]

इसके बाद महामोह का प्रवेश होता है और वह आते ही लोगों की बेवकूफी पर हँसता है। देह से अतिरिक्त आत्मा की स्थिति, मृत्यु के बाद कर्मयोग, जो नहीं है उसकी कल्पना, नास्तिकों की हँसी, इत्यादि सब बातें उसमें आ जाती हैं। इसके बाद वह लोकायत धर्म की तारीफ करता है जिसमें प्रत्यक्ष ही प्रमाण है, अर्थ और काम ही पुरुषार्थ है, परलोक नहीं है इत्यादि। इतने में चार्वाक का एक शिष्य के साथ प्रवेश होता है और वह वेद, स्वर्ग, यज्ञ और श्राद्ध का खंडन करता है। शिष्य के यह पूछने पर, अगर खाने-पीने में ही पुरुषार्थ है तो तीर्थिक क्यों संसार-सुखों को त्यागकर मासोपवास, सप्ताह का उपवास, तीन दिन के उपवास के बाद रात्रि भोजन से अपने शरीर को कष्ट देते हैं, चार्वाक ने कहा कि यह धूर्तों द्वारा प्रणीत आगमों का फल था। शिष्य के यह पूछने पर कि तीर्थिक दुख मिश्रित सांसारिक सुखों को क्यों

1. *प्रबोधचन्द्रोदय*, 2.7
2. वही, 2.10
3. वही, 2.12

त्याज्य मानते हैं, चार्वाक ने उत्तर दिया कि विषय-सुख जन्मजात होता है। उसे दुख मिश्रित मानकर छोड़ना मूर्खता है। इसके बाद चार्वाक और महामोह की भेंट होती है। बातचीत में चार्वाक ने कहा कि विष्णु भक्ति नाम की महायोगिनी ने कलि द्वारा रोक ली जाने पर भी उनके काम में अड़चन डाल दी थी। महामोह ने फौरन काम, क्रोध, लोभ, मद, मात्सर्य इत्यादि को विष्णु भक्ति से मोर्चा लेने की आज्ञा दी। यह समाचार पाकर कि शान्ति धर्म को फुसला रही थी, महामोह ने उसे और उसके साथियों को रोकने के लिए काम की सहायता चाही।

प्रबोधचन्द्रोदय के तीसरे अंक में अनेक ऐसे पात्र आए हैं जिनका उल्लेख क्षेमेन्द्र ने भी किया है। अपनी माता से विलग शान्ति को सांत्वना देती हुई करुणा को एक दिगम्बर भिक्षु दीख पड़ा। उसका शरीर मलपूर्ण था, केश लुंचित थे तथा मोर पंख की पिच्छिका उसके हाथ में थी। दिगम्बर भिक्षु आकाश भाषित से अपने मध्यकालीन विकृत सिद्धान्त का प्रतिपादन करता है—श्रावकों, सारे जल से भी मलमय पुद्‌गल पिंड कैसे शुद्ध हो सकता है। विमल स्वभाव आत्मा को जानने का साधन केवल ऋषि-परिचारण है। भिक्षु को देखते ही उसे नमस्कार करके सत्कार करना चाहिए और मीठा भोजन कराना चाहिए। ऋषियों द्वारा स्त्री-गमन देखकर भी ईर्ष्या न करना चाहिए। अपने अनुरूप श्रद्धा का आवाहन करके उसने हिदायत की—देख, श्रावकों को एक क्षण भी मत छोड़ना।

शान्ति और करुणा सौगतालय में श्रद्धा की खोज में गईं। वहाँ पुस्तक हाथ में लिए भिक्षुक रूप बौद्धागम का प्रवेश होता है और वह विज्ञानवाद की मोटी-मोटी बातें यथा सर्व क्षणिक, सर्व दुख, सर्व विलक्षण और सर्व शून्य की बात कहता है तथा बौद्ध धर्म को सुख और मोक्ष का कारण मानता है। मनोहर लेणों में आवास, अभिप्राय के अनुकूल बनियों की स्त्रियाँ, ठीक समय पर बढ़िया भोजन, गद्दीदार पत्थर की सेज, श्रद्धापूर्वक उपासिका युवतियों द्वारा अंगदान तथा चाँदनी रात में मौज, ये बातें बौद्ध भिक्षुओं को उपलब्ध हैं।[1] बौद्ध भिक्षु ने पुस्तक पढ़ते हुए उपासकों को उपदेश दिया—उपासकों और भिक्षुओं, बुद्ध का वाक्यामृत सुनो। मैं दिव्यचक्षु से मनुष्यों की सुगति-दुर्गति देखता हूँ, सब संस्कार क्षणिक हैं। आत्मा का अस्तित्व नहीं है, इसलिए स्त्रियों से सम्बन्ध रखनेवाले भिक्षुओं से ईर्ष्या नहीं करना चाहिए। ईर्ष्या चित्त का मल है। उसके आवाहन पर तामसी श्रद्धा उपस्थित हो गई तथा भिक्षुओं और उपासकों को भेंटा। इसके बाद बौद्ध भिक्षु तथा दिगम्बर में बहस छिड़ गई जिससे तत्कालीन शास्त्रार्थ पद्धति पर प्रकाश पड़ता है। दिगम्बर ने पूछा—क्षणिकवादी होने पर भी तू व्रत क्यों करता है। उत्तर मिलने पर कि मोक्ष के लिए, दिगम्बर ने कहा—अरे निर्लज्ज, मोक्ष तो किसी मन्वंतर में मिलेगा, फिर इस क्षण के नष्ट होने से क्या फायदा। तुझे इस धर्म का किसने उपदेश दिया, उत्तर मिलने पर कि बुद्ध ने, दिगम्बर बोल उठा—अगर केवल आगम प्रमाण से ही बुद्ध सर्वज्ञ हैं तो मैं भी सब जानता हूँ। तेरे सात पुरखे मेरे दास थे। भिक्षु के नाराज होने पर उसने कहा—मैंने तो दृष्टान्त कहा। अब तू बुद्धानुशासन छोड़कर दिगम्बर बन जा।

बौद्ध भिक्षु और दिगम्बर के इस बहस-मुबाहिसे के बीच, वहाँ श्मशानवासी नरास्थि की माला पहने, नर कपाल में भोजन करनेवाला तथा योगांजन में सब कुछ देखनेवाला कापालिक आ उपस्थित हुआ। दिगम्बर के यह पूछने पर कि मोक्ष का साधन क्या था, उसने

---

1. *प्रबोधचन्द्रोदय,* 3.5-9

कहा—नरमांस से होम, ब्रह्म कपाल से सुरापान तथा गले की नस काटकर बहते हुए रक्त से महाभैरव की पूजा।[1] यह सुनकर भिक्षु और दिगम्बर घबराए। दिगम्बर के यह कहने पर कि कापालिक धर्म पाप था, कापालिक ने क्रोध से जलते हुए कहा—मैं बड़े-बड़े देवताओं को बुला सकता हूँ, नक्षत्रों की गति रोक सकता हूँ तथा संसार का सारा जल सोख सकता हूँ। उसकी शेखी को दिगम्बर द्वारा इन्द्रजाल कहे जाने पर कापालिक ने तलवार खींच ली। बेचारा दिगम्बर अहिंसा की दुहाई देने लगा और भिक्षु ने भी उसे मजाक की बात कहकर टाला। कापालिक का क्रोध शान्त होने पर दिगम्बर ने उससे मोक्ष की कल्पना के बारे में पूछा। जवाब मिला—बिना विषय भोग के सुख नहीं, जीवन की स्थिति ही मुक्ति है। बात बढ़ती देख कापालिक ने नरास्थिमंडित श्रद्धा का आवाहन किया तथा उसके आलिंगन से बौद्ध भिक्षु और दिगम्बर सोम सिद्धान्त और महाभैरव के अनुयायी बन गए। इसके बाद श्रद्धा ने सुरापात्र कापालिक को दिया और उसने जूठी शराब दिगम्बर और भिक्षु को दे दी। पहले वे दोनों शंकित हुए, इस पर कापालिक ने जूठी शराब कपाल-वनिता को पिलाकर और यह कहकर कि स्त्री मुखस्तु सदा शुचि, वही शराब उन दोनों को पिला दी और वे सुख की महिमा गाने लगे तथा कापालिक और कापालिनी को नाचते देख नाचने लगे। दिगम्बर कापालिक को कापालिक, आचार्यराज, कुलाचार्य कहकर सम्बोधन करने लगा। बाद में सब हालचाल सुनकर कापालिक ने धर्म और श्रद्धा को पकड़ने के लिए महाभैरवी का आवाहन किया।

चौथे और पाँचवें अंकों में विष्णु भक्ति और उसके साथियों द्वारा महामोह की सेना के परास्त होने का वर्णन आता है। बौद्ध सिन्धु, गन्धार, पारसीक, मगध, अंग, बंग, कलिंग में भागे तथा पाषंड दिगम्बर और कापालिक पांचाल, मालव, अभीर, आनर्त और सागरानूप जैसे असंस्कृत प्रदेशों में घुस गए।

कृष्ण मिश्र ने ग्यारहवीं सदी के मध्य में उत्तर भारत की जैसी अवस्था देखी थी, वैसी ही उन्होंने वाराणसी को केन्द्र-बिन्दु मानकर उसका वर्णन कर दिया। क्षेमेन्द्र काशी गए थे अथवा नहीं, इस पर तो प्रकाश नहीं पड़ता पर *कलाविलास* की कथा का क्षेत्र उन्होंने वाराणसी के पड़ोसी पाटलिपुत्र को माना है। जिन ठगहारियों, पाखंडों और धार्मिक आचारों का वर्णन उन्होंने *कलाविलास* में किया है उनसे *प्रबोधचन्द्रोदय* में वर्णित धार्मिक अवस्था का इतना मेल खाता है कि यह मानने में कोई आपत्ति न होनी चाहिए कि क्षेमेन्द्र को उत्तर भारत की धार्मिक और सामाजिक गतिविधियों का पूरा ज्ञान था। इतना ही नहीं देश और विदेश के लोगों के चारित्रिक अवगुणों से भी वे परिचित थे। *कलाविलास* में एक ऐसा ही प्रकरण आया है। दम्भ की हँसी उड़ाते हुए कहा गया है कि ब्रह्मा का मानसपुत्र दम्भ स्वर्ग से मृत्युलोक में आकर चारों ओर विचरने लगा और अन्त में उसने गौड़ में अपनी विजय पताका फहरा दी। वाह्लीकों के वचन में, प्राच्य और दक्षिणात्यों के व्रत-नियम में, कीर (काँगड़ा) के अधिकार में तथा गौड़ों की सब बातों में वह घुस गया।[2] वाराणसी के बारे में सीधे दो उल्लेख हैं। बूढ़ी वेश्या कहती हैं—मैं तो वाराणसी चली जाती पर उसमें एक बड़ी तकलीफ है। वहाँ बिना प्याज के मैं जिऊँगी कैसे।[3] एक जगह मृत कायस्थ शिव से कहता है—स्नान, जप, व्रत में निरत तीर्थ हवन

1. प्रबोधचन्द्रोदय, 3.10-13
2. *कलाविलास*, 1.86-87
3. दशोपदेश, 3.45

करते हुए सब शास्त्रों का अध्ययन करके भागीरथी में अपना शरीर छोड़कर मैं आपके पद को प्राप्त हो गया। इस लोक में काशी में शास्त्रों के अध्ययन, व्रत इत्यादि तथा अन्त में भागीरथी में डूबकर प्राण देने की प्रथा का उल्लेख है।[1] एक जगह उन धूर्तों का उल्लेख है जो पितरों के तारने के बहाने लोगों से पैसे वसूल कर केवल घूमने-फिरने के लिए काशी और गया की यात्रा करते थे।[2]

क्षेमेन्द्र के विस्तृत भौगोलिक ज्ञान का परिचय समयमातृका से मिलता है। काव्य की चरित्रस्थली प्रवरपुर अथवा आधुनिक श्रीनगर है।[3] इसे प्रवरसेन ने बसाया था। इसके विलासपूर्ण जीवन का उल्लेख है।[4] कंकाली नाम की कुटनी के साहसिक जीवन वृत्त में कश्मीर तथा देश के और दूसरे भागों के नाम आए हैं। वह परिहासपुर[5] में, जिसकी पहचान वितस्ता के बाएँ किनारे पर स्थित परस्पोर उदर से की जाती है, रहनेवाली एक भटियारिन थी। जवान होने पर वह शंकरपुर, जिसकी पहचान श्रीनगर-बारामूला सड़क पर स्थित पटन नामक गाँव से की जाती है, पहुँची।[6] कुछ समय बाद वह प्रतापपुर में, जिसकी पहचान श्रीनगर-बारामूला सड़क पर स्थित तापर नामक गाँव से भी की जाती है,[7] एक डामर की रखैल बन गई। वहाँ से विधवा के वेष में वह सुरेश्वरी पहुँची। इसकी पहचान डल झील के किनारे स्थित इशबर नामक ग्राम[8] से, जहाँ आज दिन भी सुरेश्वरी दुर्गा का मन्दिर है, की जाती है। वहीं शतधारा[9] में, जिसकी पहचान सुरेश्वरी के नीचे एक चश्मे से की जाती है, वह पितृतर्पण करने लगी। अनेक साहसिक कृत्यों के बाद वह विजयेश्वर, जिसकी पहचान वितस्ता पर स्थित विजब्रोर से की जाती है, पहुँची।[10] घूमती-घामती वह कृत्याश्रम नामक बौद्ध विहार में पहुँची। कृत्याश्रम की पहचान चीनीयात्री ऊ-कोङ् के की-चे से की जा सकती है। कृत्याश्रम बारामूला के नीचे पाँच मील दूर वितस्ता के बाएँ किनारे पर कित्सहोम नामक स्थल[11] है। घूमघामकर अवन्तिपुर पहुँची। अवन्तिवर्मन (855-883) द्वारा स्थापित इस नगर की पहचान वुलर परगना में वितस्ता के दाहिने किनारे पर स्थित वान्तिपोर से की जाती है।[12] वहाँ से घूमती हुई वह शूरपुर पहुँची। शूरपुर की पहचान रमब्यार की घाटी में स्थित हुरपोर से की जाती है। जिसकी स्थिति पीर पंजाल, दुरहल और रूपरी के दर्रों की ओर जाती सड़क पर है।[13] वहीं वह लवणसरणि नामक सड़क पर मेहनत-मजदूरी करने लगी। स्टाइन की राय में लवणसरणि से शायद, लवणोत्स का

---

1. *कलाविलास*, 5.47
2. वही, 9.66
3. स्टाइन : राजतरंगिणी, 3.339-349, फुटनोट
4. *समयमातृका*, 1.4
5. राजतरंगिणी, भा. 2, परिशिष्ट, नोट एफ; *समयमातृका*, 2.3
6. वही, भा. 1, 5.156; *समयमातृका*, 2.13
7. वही, 4.10; *समयमातृका*, 2.21-29
8. वही, 5.40
9. वही, भा. 2, पृ. 455; *समयमातृका*, 2.52
10. वही, भा. 1, 1.38; *समयमातृका*, 2.61
11. स्टाइन : राजतरंगिणी, भा. 1, 1.147; *समयमातृका*, 2.76
12. वही, 5.44; *समयमातृका*, 2.90
13. वही, भा. 2, पृ. 291; *समयमातृका*, 2.91

तात्पर्य है जो श्रीनगर से एक दिन की दूरी पर एक ऊँची सड़क पर स्थित है।[1] पीर पंजालवाला रास्ता शूरपुर से आरम्भ होकर राजपुरी में क्रमशः क्रमवर्त, हस्तिवंज, पंचालधारा, पुष्याण नाड और भैरव ताल को जाता था। यही क्षेमेन्द्र की लवणसरणि है क्योंकि प्राचीनकाल में इसी रास्ते से होकर पंजाब और कश्मीर के बीच नमक का व्यापार चलता था।[2] कंकाली की इस यात्रा में पंचालधारा (स.मा. 2।92) का उल्लेख इस मत की पुष्टि करता है। अपनी इस लम्बी भाग-दौड़ में वह केदार, गया और काशी गई अथवा नहीं यह तो नहीं कहा जा सकता, पर लोगों से बहाना वह यही करती थी (स.मा. 2। 97)। जो भी हो, क्षेमेन्द्र का तो कहना है कम्बोज, तुरुष्क, चीन, त्रिगर्त (जलन्धर), गौड़, अंग, बंग इन सब स्थानों से उसका सम्बन्ध था (स.मा. 2। 104)।

नर्ममाला में क्षेमेन्द्र ने कश्मीर के राजा अनन्त (1028-63) के विक्रम, पुरुषार्थ, दुष्ट नियोगियों के दमन इत्यादि की प्रशंसा की है।[3] *राजतरंगिणी* से पता चलता है कि अनन्त एक वीर पुरुष थे और समय-समय पर उन्होंने डामरों का डटकर मुकाबला किया था। उनके जीवन पर उनकी धर्मपरायण रानी सूर्यमती का पूरा प्रभाव था। पर साथ-ही-साथ उनकी अपनी चारित्रिक कमजोरियाँ भी थीं। घोड़ों के प्रति उनका इतना आकर्षण था कि अस्तबल के अधिकारी उसके मित्र बनकर लूटपाट मचाने लगे। डल्लक नामक एक विदूषक उसका मुँहलगा बन गया। पद्मराज नामक मैदान का एक बारी, जो कश्मीर में पान मँगवाता था, अनन्त की पान के प्रति अनुरक्ति का लाभ उठाकर उसे लूटने लगा। उसी के मार्फत मालवराज भोज ने बहुत-सा सोना भेजकर कपाटेश्वर (अछबल से दो मील आधुनिक कोथेर) में एक जलद्रोणि बनवाई। राजा भोज का प्रण था कि वे नित्य पापसूदन के जल से मुख प्रक्षालन करेंगे। पद्मराज बराबर वहाँ का जल काँच के पात्रों में भरकर भोज के पास भेजा करता था।[4] राजकार्य के सम्पादन में उसें मन्त्री हलधर से बड़ी सहायता मिली। लोगों के पास जमा सोने की राज्य द्वारा खोजबीन की प्रथा हटा दी गई, अस्तबल के अधिकारियों को सजा दी गई, देव मन्दिर पुनः चमक उठे और ब्राह्मणों को अनेक अग्रहारों का दान दिया गया।

लगता है क्षेमेन्द्र के समय मालवराज भोज की काफी ख्याति थी। एक जगह एक विट नशे में गप्पें मारते हुए कहता है—मैंने भोज की चिकित्सा की। दूसरी जगह बनिये के लड़के को धता बताने के लिए कुटनी कहती है—कलावती के लिए दक्षिण के राजा भोज तक ने दूत भेजे हैं।[5]

क्षेमेन्द्र ने जिन सामाजिक और धार्मिक व्यवस्थाओं का चित्रण किया है, उसी का परिवर्धित रूप कल्हण की *राजतरंगिणी* में मिलता है। पर जहाँ कल्हण का लक्ष्य कश्मीर के अधीश्वर, उनके चाटुकार मुसाहब और राजकर्मचारी हैं वहाँ क्षेमेन्द्र का लक्ष्य देश का विशाल जनसमूह है। कल्हण के इतिहास की पृष्ठभूमि सामन्तशाही है और इसी राजनीतिक-व्यवस्था

---

1. स्टाइन : राजतरंगिणी, भा. 1, 1.329; *समयमातृका,* 2.92, 97 एवं 104
2. अर्ली हिस्ट्री एंड कल्ट ऑफ कश्मीर, पृ. 113, कलकत्ता, 1957
3. *नर्ममाला,* 1.3-4
4. राजतरंगिणी, 7.190-93
5. समयमातृका, 7.46 एवं 8.23

के अनुरूप जनता एक तरफ राजाओं और सामन्तों की लड़ाइयों और दूसरी ओर कायस्थ के अत्याचार और जबर्दस्ती वसूलियों के बीच पिस रही थी। यह अवस्था उत्तर-मध्यकाल तक ही सीमित नहीं थी। आठवीं सदी में ललितादित्य के समय भी जनता की यही अवस्था थी। उसका आदेश था—बराबर ऐसी कार्रवाई करनी चाहिए कि ग्रामीण जनता के पास उनकी जरूरतों के ऊपर खाने के लिए अन्न और खेत जोतने के लिए बैल न बचें। अगर उनके पास जरूरत से अधिक सम्पत्ति रही तो सम्भव है कि वे एक ही वर्ष में घोर डामर बनकर राजाज्ञा का उल्लंघन करने लगें।[1] जहाँ मुसाहबों के लिए भुने गोश्त और बरफ से ठंडी तथा पुष्पों से सुगन्धित शराब उपलब्ध थी, वहीं साधारण जनता को केवल चावल और शाक पर ही गुजारा करना पड़ता था।[2] लगता है बौद्ध धर्म के प्रभाव से आठवीं सदी के कश्मीर में वर्ण-व्यवस्था ढीली पड़ गई थी। *राजतरंगिणी* के अनुसार प्राचीनकाल में असवर्ण विवाह तथा अछूतों के प्रति उदारता के अनेक उदाहरण हैं। पर यही उदारता बाद में चलकर अछूतों के प्रति गहरी घृणा में परिणत हो गई।

1.5 कल्हण

प्राचीन भारतीय साहित्य में विशुद्ध ऐतिहासिक वृत्तान्तों का अभाव है, किन्तु कश्मीर के प्रसिद्ध कवि कल्हण द्वारा रचित *राजतरंगिणी* को अवश्य ही हम ऐतिहासिक वृत्तान्त की संज्ञा दे सकते हैं। कल्हण संस्कृत का महान विद्वान था और उसने *राजतरंगिणी* में कश्मीर का क्रमबद्ध इतिहास प्रस्तुत किया है। सातवीं शताब्दी ई. तक का वृत्तान्त बहुत विश्वसनीय प्रतीत नहीं होता क्योंकि यह मुख्यतः किंवदन्तियों पर आधारित है। परन्तु सातवीं से बारहवीं शताब्दी तक का इतिहास काफी अंशों में विश्वसनीय है क्योंकि इसमें लेखक ने अभिलेखों तथा दानपत्रों से प्राप्त जानकारी का समावेश किया है। स्वयं ब्राह्मण होते हुए भी उसने बौद्ध दर्शन की स्वस्थ परम्पराओं को सराहा है और पाखंडी शैव कापालिकों एवं तान्त्रिकों की निन्दा की है। इसके अतिरिक्त कल्हण ने तथ्यों का विवेचन निष्पक्ष इतिहासकार के दृष्टिकोण से किया है।

कल्हण कश्मीर के राजा हर्षदेव (1086-1101 ई.) के मन्त्री चम्पक का पुत्र तथा प्रसिद्ध संगीतज्ञ कनक का अग्रज था।

कल्हण का ध्येय आदिकाल की दन्तकथाओं से आरम्भ करके अपने समय तक, कश्मीर का एक सविस्तार इतिहास लिखने का था। उसने इतिहास की प्राचीन परम्परा का पालन किया और उत्तरकालीन महाकाव्य के कलापरक अनुरोधों की ओर बिल्हण आदि लेखकों की अपेक्षा बहुत ही कम ध्यान दिया। इसके साथ ही उसने अपने इतिहास की पुष्टि, समकालीन लेखों जिनमें राजकीय शासन, दान-पत्र, पुराभिलेख, मुद्राएँ शामिल थीं, तथा प्राचीन स्मारक भवनों जैसे, भूतकाल की सूचना के स्रोतों के पूर्ण अन्वेषण द्वारा की। उसने इतिहासकार के लिए पक्षपात से रहित होने के आदर्श का निर्देश किया, और कश्मीर के इतिहास पर लिखे गए पूर्वकालीन असंख्य ग्रन्थों का आलोचनात्मक अध्ययन किया जिनमें से *नीलमत पुराण* जो कि एक स्थानीय *पुराण* है अर्थात् *स्थलपुराण* है जो कि कश्मीर की उत्पत्ति तथा इतिहास के

1. राजतरंगिणी, 8.866-67
2. वही, 5.49

विषय पर लिखा गया है—उसको छोड़कर शेष सब लुप्त हो गए हैं। (इस प्रकार वह हमें एक मध्यकालीन भारतीय राज्य में इतिहास लिखने की परम्परा की एक झाँकी प्रदान करता है जो कि इसलिए बहुत ही मूल्यवान है क्योंकि प्राचीन साहित्य का अधिकतम भाग नष्ट हो गया है) उदाहरण के लिए, उसने सुव्रत की लोकप्रिय रूपरेखा की कड़ी आलोचना की है, यद्यपि यह कश्मीर के प्रारम्भिक राजाओं के बृहत्काय इतिहासों का संक्षेप बनाकर लिखी गई थी। (कल्हण का दोष-निरूपण) केवल साहित्यिक शैली के आधार पर था। इसके विपरीत क्षेमेन्द्र ने अपनी *नृपावलि* में जो कि एक संक्षेप है, नितान्त असावधानी से कार्य किया है।

तथापि कल्हण भी काव्य की ही रचना कर रहा है, और उसका लक्ष्य साहित्यिक सौन्दर्य तथा ऐतिहासिक सत्य का समन्वय करना है। यद्यपि वह उत्तरकालीन महाकाव्यों की आदर्श प्रथा के विपरीत अपने-आपको केवल एक सरल छन्द (के प्रयोग) तक सीमित रखता है और अलंकृत भाषा की पेचीदगी तथा काव्यात्मक वर्णन का विस्तार करने से दूर रहता है, तथापि वह काव्य के मूल सिद्धान्त अर्थात् पाठक के हृदय में रस-निष्पत्ति के ध्येय को सामने रखता है। महत्त्वाकांक्षी पुरुषों के प्रायः निष्फल पुरुषार्थों पर विमर्श करने के फलस्वरूप शान्त रस के सृजन को इतिहास की मुख्य शिक्षा के रूप में देखते हुए, वह शान्त रस को ही अपने पाठकों में प्राथमिक प्रभाव के रूप में उत्पन्न कर देना ही पसन्द करता है। साहित्यिक सौन्दर्य की सच्चाई को ऐक्यप्रदान करनेवाला यह सिद्धान्त उसकी सम्पूर्ण रचना में व्यापक है। उसके द्वारा एकत्रित की गई घटनाओं की अपरिमेय विविधता और उसके साथ वे भिन्न-भिन्न रस जो ये प्रसंगवश उत्पन्न करेंगी, यथा—करुण, रौद्र, कभी-कभी शृंगार अथवा हास्य, वीभत्स तथा वीर, भयानक तथा अद्भुत (जो विरल हैं), ये सब अन्त में संसार की रंगीनियों के प्रति वैराग्य की भावना उत्पन्न करते हैं, और मानसिक शान्ति की ओर ले जाते हैं। एक ऐतिहासिक ग्रन्थ में, इस साहित्यिक सौन्दर्य के सिद्धान्त के लिए कल्हण महाभारत का ही प्रमाण प्रस्तुत करता है। वहाँ पर युधिष्ठिर, वस्तुतः ही, मनुष्यों के इतने प्राण-पण से विजय प्राप्त करता है कि वह कठिनाई से अपने ही कर्मों के साथ समझौता कर पाता है और अन्त में अपने साम्राज्य और संसार का त्याग कर देता है और हिमालय में विश्राम लेता है। इस साहित्य-सौन्दर्य के ध्येय के अनुसार कल्हण ने अपने काव्य की रचना इस प्रकार की है, जिससे कि उन उपाख्यानों को प्राधान्य प्रदान किया जा सके जो विशेषतः इतिहास की शिक्षा का है, विवरण तथा ऐसा विवरण तथा प्रवर्तन करते हों जैसा वह समझता है। कल्हण एक ब्राह्मण था, और यह तर्क किया जा सकता है कि बिल्हण की भाँति भार्गवों की सारस्वत शाखा का था क्योंकि कश्मीर के सब ब्राह्मण अपने-आपको इसी पितृकुल का मानते हैं। संध्याकरनन्दी की भाँति वह एक अमात्य का पुत्र था, और इसी कारण, राजनीतिक कार्यों तथा राजनीतिज्ञों के चरित्र से सुपरिचित था, परन्तु वह ब्राह्मणेतर कायस्थ जाति के राजकर्मचारियों का कटु आलोचक था, क्योंकि उसका विश्वास था कि वे अपने निजी स्वार्थ की पूर्ति के लिए दूसरों का सर्वनाश कर देते हैं। (उसके पूर्ववर्ती क्षेमेन्द्र ने कायस्थ राजकर्मचारी श्रेणी का निन्दागर्भित कटु वर्णन हमारे लिए उपस्थित किया है)।

कल्हण की *राजतरंगिणी* कश्मीर का सर्वांगीण इतिहास है, केवल एक ही राजवंश का इतिहास नहीं। वस्तुतः वह स्पष्ट कर देता है कि उसने कुछ पूर्ववर्ती राजवंशों के इतिहास-ग्रन्थों का प्रयोग स्रोतों के रूप में किया है। वह कश्मीर की सृष्टि से आरम्भ करता है, और अपने

वृत्तान्त की कड़ी वैवस्वत मनु के पौराणिक इसकी तिथि के साथ जोड़ देता है। क्योंकि पुराणों की कालगणना जैसा कि हम देख चुके हैं, पहले से ही अशुद्ध थी, और कल्हण अपनी कालगणना का समन्वय इसके साथ करता है, इसलिए ऐसा करने के लिए उसे कश्मीर की वंशावलियों को बढ़ाना पड़ा है। यह एक तथ्य है कि पूर्वकालीन अवधियों में कुछ राजाओं तथा राजसमूहों को जिनके विषय में पुरातन स्रोत अनुमानतः अधूरे और शान्तिपूर्ण थे, द्विगुणित कर दिया गया है। यह बहुत सम्भव है कि एक ही वंश के अथवा उसी वंश के कुछ अंशों के वृत्तान्तों की पहचान नहीं की जा सकी और उनका इकट्ठा वर्णन करने के स्थान पर उनको एक अनुक्रम में रख दिया गया है यदि इस विषय में उसको सन्देह होता, तो अनुमानतः कल्हण पुराणों में निश्चित किए गए इतिहास के ढाँचे को पूर्ण करने के लिए अपने (ग्रन्थ में) राजाओं की संख्या बढ़ाने के लिए प्रोत्साहित होता। प्रतीत होता है कि हूण शासन के विषय में हमारे पास एक (अथवा निरन्तर अनुक्रम में दो) के स्थान पर कम-से-कम चार विभाग हैं। क्योंकि भारतीय राजाओं के प्रायः कई नाम और उपाधियाँ होती हैं इसलिए यदि एक इतिहास-लेखक उनकी पूरी पहचान कर सकने में असफल हो तो इस पर आश्चर्य नहीं करना चाहिए। हाँ, यह आवश्यक है कि उसने यथासम्भव प्रयत्न किया हो कि जितने राजाओं को प्रकाश में ला सकता हो, लाकर एक पूर्ण इतिहास की रचना की है। कल्हण इस मतभेद का उल्लेख करता है कि कलियुग का आरम्भ भारत युद्ध के साथ हुआ अथवा इससे 653 वर्ष पहले। उसने उत्तरोक्त मत को अपनाया है।

मातृगुप्त को कश्मीर के राजसिंहासन पर प्रतिष्ठित करनेवाले विक्रमादित्य द्वितीय के समय से आरम्भ करके आगे तक कल्हण का इतिहास उचित मात्रा में यथार्थ प्रतीत होता है। बहुत प्राचीनकाल में, पहले हमारे सामने कुछ अप्रसिद्ध पुरातन-कथाओं में उल्लिखित राजाओं के नाम आते हैं जो अंशतः *नीलमत पुराण* से लिए गए हैं, और युधिष्ठिर के समय से आगे तक राज्य करते रहे हैं। तत्पश्चात् मौर्य सम्राट अशोक तथा उसका पुत्र और फिर कुषाणों में से कुछ (राजाओं के नाम)। इनके तथा मातृगुप्त के बीच बहुत से दूसरे राजाओं के नाम प्रक्षिप्त कर दिए गए हैं और उनको हूणों में मिला दिया गया है, यद्यपि ये राजा हूणों के भारत में आने से दीर्घकाल पूर्व में दिखाए गए हैं। निश्चित सत्य यह है कि एक स्वतन्त्र राज्य के रूप में कश्मीर के इतिहास का आरम्भ मातृगुप्त के साथ होता है। उसके राज्यकाल से पूर्व यह कुषाण साम्राज्य का एक भाग था तथा इससे भी पहले यह मगध के मौर्य साम्राज्य में सम्मिलित था। कश्मीर के इतिहासकार स्थानीय देशभक्ति से प्रेरित होकर इन तथ्यों को धुँधला बनाने तथा अपने राजाओं के वंशों का उद्गम सीधा भारत युद्ध के वीरकाल में खोजने के लिए बाध्य हो गए हैं। कल्हण, विक्रमादित्य (प्रथम) (पीछे से उसके पास एक और उपाख्यानों के साथ, जिसके समय में कश्मीर की उपत्यका जो पूर्ववर्ती काल में एक सरोवर थी, जल से रिक्त की गई मानी जाती है, तथा भारत युद्ध और भी है) की तिथि ई.पू. 78 देता है। इस संवत्सर को शक कहते हैं—यह भूल इतनी गम्भीर नहीं जितनी कि प्रायः (ई.पू. 58) में स्वीकार किए जानेवाले विक्रम संवत् की। यह धारणा की जा सकती है कि यह संवत्सर शकों की पराजय को अंकित करता था। इसके तथा विक्रमादित्य (चन्द्र द्वितीय) की तिथि के बीच 300 वर्ष की खाई को भरने के लिए, कल्हण को अपने स्रोतों में एक राजा की असाधारण दन्तकथा मिली, जिसका राज्यकाल 300 वर्ष था।

मातृगुप्त तथा उसके उत्तराधिकारी के पश्चात् हूण आक्रमणों का आकुलतापूर्ण समय आया जब कश्मीर पर हूण शासन स्थापित हो गया और अनेक भारतीय राजा उनके विरुद्ध युद्ध करने लगे। सातवीं शताब्दी के आरम्भ में दुर्लभवर्धन के साथ, जो कार्कोट वंश का प्रथम राजा था, और जिसका नामकरण उस नाग के नाम पर हुआ है जो कि इसके प्रथम राजा का पिता माना जाता है, (पाल राजाओं के उद्भव से तुलना कीजिए। कश्मीर के असंख्य नाग इसके सरोवरों और चश्मों में रहते थे) हम स्थिर ऐतिहासिक धरातल पर आ पहुँचे हैं। यह कार्कोटों का अतिविस्तीर्ण तथा घटनापूर्ण तथा उनके उत्तरवर्ती राजाओं का (जो सब उसी वंश में सीधे क्रम से अथवा व्यवधान से उत्पन्न हुए) इतिहास ही है जो कल्हण की कृति को अद्वितीय रोचकता प्रदान करता है, तथा इस काव्य के अधिकांश की पूर्ति करता है। निसर्गतः सर्वाधिक घटनाएँ कश्मीर में ही घटती हैं, परन्तु कभी-कभी कश्मीरी अपने राज्य से बाहर भी अभियान करते हैं, और तब भारत के लिए, अधिक व्यापक अर्थपूर्ण विषयों की ओर भी ध्यान दिया जाता है। उदाहरण के लिए गन्धार के शाहियों के दीर्घकालीन संघर्ष जो तुर्कों की निरन्तर बढ़ती हुई शक्ति के साथ हुआ, और जिसको 'तुर्क-संग्राम-सन्तति' की संज्ञा दी जाती है, एक ऐसे शत्रु के विरुद्ध जो अपूर्व रुधिरप्रिय, धर्मान्ध तथा विध्वंसकारी था और जिसका लक्ष्य एक देश को जीतना ही नहीं था अपितु एक सभ्यता का अस्तित्व ही मिटा देने का था। (कल्हण ने) इस संघर्ष की दीर्घ यातना का थोड़ा-सा वर्णन किया है। इतिहास के वृत्तान्त को अद्यपर्यन्त बनाने के लिए कश्मीर के उत्तरवर्ती इतिहासलेखकों ने कल्हण के ग्रन्थ के परिशिष्टों के रूप में कुछ रचनाएँ कीं। इनमें सबसे अधिक महत्त्व की रचना, पन्द्रहवीं शताब्दी के मध्य में जोनराज की है। उसका अनुकरण उसके शिष्य श्रीवर ने किया, जिसने जैनोल्लाभदीन के राज्यकाल से (ई.पू. 1420) आरम्भ करके वर्णन को थोड़ा आगे तक पहुँचाया। फिर सोलहवीं शताब्दी के अन्त में प्राज्यभट्ट तथा शुक ने 1586 में अकबर की विजयपर्यन्त (इस वर्णन को) जारी रखा।

1.6 भौगोलिक परिवेश

भौगोलिक परिस्थितियाँ मानव-जीवन की महत्त्वपूर्ण गतिविधियों को निर्धारित करती हैं। मनुष्य अपना सिर आकाश में चाहे कितना ही उठा ले, परन्तु उसके पैर सदैव धरती पर ही टिके रहेंगे। भौगोलिक परिस्थितियाँ जनसंख्या को प्रभावित करती हैं। खराब भौगोलिक दशावाले इलाके की आबादी कम होती है। गंगा-सिन्धु के उपजाऊ मैदान में देश की कुल आबादी के 39 प्रतिशत से अधिक लोग रहते हैं, जबकि इसके समान क्षेत्रफल के हिमालय क्षेत्र में केवल लगभग 2 करोड़ व्यक्ति ही रहते हैं। औद्योगिक एवं राजनीतिक कारण भी बहुत महत्त्वपूर्ण होते हैं। उदाहरणार्थ, भिलाई पहले एक गाँव ही था, परन्तु वहाँ इस्पात का कारखाना बन जाने से अब बहुत अधिक आबादी हो गई है। राजस्थान की राजधानी बनने के बाद जयपुर की आबादी बहुत अधिक बढ़ गई है।

तमिलनाडु, केरल और बंगाल के लोग चावल अधिक खाते हैं; क्योंकि उनके प्रदेश में चावल ही अधिक उत्पन्न होता है। मैदानों और नगरों के लोग गेहूँ, समुद्र-तीर के लोग मछली, पहाड़ों के लोग मांस, फल, आलू आदि अधिक खाते हैं। फ्रांस और इटली में अंगूर की अधिक

पैदावार होने के कारण उसकी खपत अधिक है। लेकिन आजकल आवागमन के साधनों के विकास के फलस्वरूप अब मनुष्य इतना अधिक प्रकृति पर निर्भर नहीं रहा कि अपने क्षेत्र में उत्पन्न वस्तुओं को ही खाए। अब दूर देशों से खाद्य पदार्थ मँगाए जाते हैं और उनका उपयोग किया जाता है। इसके अतिरिक्त फैशन, दिखावे और संस्कृति का भी प्रभाव भोजन पर पड़ता है। यह भी देखा जाता है कि एक ही भौगोलिक क्षेत्र में गरीब और अमीर लोगों के भोजन में अन्तर होता है।

ठंडे प्रदेशों के लोग ऊनी मोटा कोट, ऊनी लबादे, ऊनी पाजामे और कानों को ढकनेवाली टोपियाँ पहनते हैं; क्योंकि ऊन वहाँ बहुत पैदा होती है और साथ ही वहाँ की अधिक सर्दी से बचने के लिए इसका उपयोग करना अनिवार्य होता है। गर्म प्रदेश के लोग सूती वस्त्र पहनते हैं। बहुत अधिक गर्म मुल्कों के लोग सिर को भयंकर धूप से बचाने के लिए सफेद सूती साफे या टोपियाँ पहनते हैं। लेकिन आजकल विश्व के किसी भी भाग में बनाए जानेवाले वस्त्र दूसरे किसी भाग में भेजा जा सकता है। रेशम, टेरिलीन और नाइलोन के बने कपड़े संसार भर में पहने जाते हैं, चाहे वह किसी भी क्षेत्र में बनाए जाते हों या नहीं। इसके अतिरिक्त एक ही जलवायु और भौगोलिक क्षेत्र में रहनेवाले गरीबों-अमीरों तथा विभिन्न व्यवसायों के लोगों के वस्त्रों में अन्तर होता है।

जहाँ लकड़ी अधिक पैदा होती है वहाँ लकड़ी के मकान बनाए जाते हैं। बिहार, उड़ीसा आदि क्षेत्रों में बाँस की पैदावार खूब होती है, अतः वहाँ बाँस के मकान अधिक बनाए जाते हैं। मैदानी भागों में पत्थर के अभाव के कारण ईंटों के मकान बनाए जाते हैं।

मैदानों में चरागाह अधिक होते हैं, अतः वहाँ दुधारू पशु अधिक पाले जाते हैं। पहाड़ों के लोग भेड़ अधिक पालते हैं। समुद्र के तटीय क्षेत्रों के लोग मछली अधिक पकड़ते हैं। जहाँ जंगल अधिक होते हैं, वहाँ के लोग अधिकतर लकड़ी काटने और शिकार का व्यवसाय अपनाते हैं। जहाँ खानें अधिक होती हैं, वहाँ खानों में काम करना प्रमुख व्यवसाय बन जाता है। अहमदाबाद में कपड़े की मीलें, हिमाचल प्रदेश में लकड़ी चीरने के कारखाने और मैसूर में चन्दन के तेल और साबुन बनाने के कारखाने अधिक होने का कारण भौगोलिक ही है।

केवल भौगोलिक परिस्थिति से ही व्यवसाय और सभ्यता प्रभावित नहीं होती। न्यूजीलैंड और तिब्बत की जलवायु लगभग एक सी है, परन्तु दोनों देशों के व्यवसायों में बहुत अन्तर है।

अनेक विद्वानों का मत है कि जलवायु का अपराधों के प्रकारों पर प्रभाव पड़ता है। गर्म मुल्कों में अधिक गर्मी के दिनों और सर्द मुल्कों में अधिक सर्दी के दिनों में आत्महत्याएँ अधिक होती हैं। जो स्थान बहुत कम उपजाऊ होता है, तथा जहाँ के लोगों को खाने-पीने की तकलीफ रहती है, वहाँ चोरी, डकैती आदि अधिक होती है। अरब के रेगिस्तान, थार के रेगिस्तान व चम्बल घाटी में डाकू अधिक पाए जाने का कारण भौगोलिक पर्यावरण ही है। परन्तु आधुनिक अध्ययनों के फलस्वरूप अब यह स्वीकार कर लिया गया है कि वास्तव में भौगोलिक परिस्थितियों का अपराधों पर कोई विशेष प्रभाव नहीं पड़ता है। आत्महत्या और कत्ल के सामाजिक कारण अधिक होते हैं। अनेक भारतीय परिवारों में पति-पत्नी के बीच भली प्रकार सामंजस्य न होने के कारण स्त्रियों में आत्महत्या की प्रवृत्ति देखी जाती है।

सामाजिक और आर्थिक विषमताएँ अपराधों के लिए अधिक उत्तरदायी होती हैं, न कि भौगोलिक अवस्थाएँ।

भौगोलिक परिस्थितियाँ धार्मिक भावनाओं, रीति-रिवाजों और उससे सम्बन्धित संकेतों और उत्पादनों को बहुत अधिक प्रभावित करती हैं। गंगा, यमुना, नर्मदा आदि नदियों की पूजा होती है। भारत में वर्षा की अनिश्चितता के कारण वरुण और सूर्य की पूजा की जाती है। जो भौगोलिक पर्यावरण एक प्रदेश के निवासियों को कष्ट देता है वह नरक की कल्पना का आधार बन जाता है। जो पर्यावरण लोगों को सुखदायी होता है, उसे वह स्वर्ग की कल्पना का आधार बना लेते हैं। अरब और भारत के लोग स्वर्ग में शीतल जलवायु और नदी-नाले होने की तथा नरक में धूलभरी झुलसानेवाली आँधी के तूफानों की कल्पना करते हैं। इसके विपरीत नार्वे और अन्य पश्चिमी पहाड़ी मुल्कों के लोगों की कल्पना में स्वर्ग गर्म होता है और नरक में घना कोहरा और हाड़ कँपा देनेवाली सर्दी होती है।

भारत के मैदानों में पीपल और बड़ की अधिक पूजा होती है। आसाम में बाँस की पूजा होती है। तिब्बत में ऐवरेस्ट की चोटी की पूजा विशेष महत्त्व रखती है—इन सबका आधार भौगोलिक ही है।

मानव ने विज्ञान के माध्यम से कई भौगोलिक कारकों पर अधिकार कर लिया है। अब वह पहले की भाँति भौगोलिक परिस्थितियों पर उतना निर्भर नहीं है, जितना पहले था। इसीलिए आजकल वरुण, सूर्य और अग्नि की अधिक पूजा नहीं होती।

हिन्दू धर्म भारत के प्रत्येक प्रदेश में माना जाता है, चाहे वहाँ की भौगोलिक परिस्थितियाँ कैसी भी क्यों न हों।

अनेक समूहों में विवाह की प्रणाली भौगोलिक परिस्थितियों से प्रभावित होती है। भारत में हिन्दू विवाह का प्रमुख उद्‌देश्य अधिकाधिक सन्तानों की उत्पत्ति माना गया है; क्योंकि हमारा देश आरम्भ से ही कृषि प्रधान रहा है। यह देखा गया है कि जिन प्रदेशों में भौगोलिक वातावरण बहुत निम्न स्तर का होता है, वहाँ वर-पक्ष वधू-पक्ष को बहुत-सा धन कन्या-मूल्य के रूप में देता है। राजस्थान की कई जनजातियों में यह प्रथा पाई जाती है। पहाड़ी प्रदेशों में जहाँ जीवन बहुत कठिन है, ऐसी विवाह की प्रथा पाई जाती है, जिसमें होनेवाले दामाद को अपने ससुर के घर रहकर कुछ अवधि तक उसकी सेवा करनी होती है। देहरादून क्षेत्र की खस जनजाति में यह प्रथा प्रचलित है। मणिपुर की पुरुष और कूफी जनजातियों में भी यह प्रथा है। भीलों में गोल-गथेड़ी विवाह की जो प्रथा पहले प्रचलित थी, उसका आधार भी भौगोलिक बतलाया जाता है। भारत में पहले खूब धन-धान्य पैदा होता था, अतः हमारे यहाँ बारात को कम-से-कम तीन दिन (और अधिक भी) ठहराने का रिवाज था, जबकि पहाड़ी प्रदेशों में बारात बहुत कम समय बाद ही प्रायः दूसरे दिन ही विदा कर दी जाती थी।

विवाह के प्रकारों और रीति-रिवाजों पर इस प्रकार के कुछ भौगोलिक प्रभाव हो सकते हैं, परन्तु वास्तव में सामाजिक और सांस्कृतिक परम्पराएँ अधिक प्रभाव डालती हैं। एक ही भौगोलिक वातावरण में कई प्रकार के विवाह होते हैं। सभ्य और शिक्षित लोगों की विवाह-प्रणाली पर भौगोलिक परिस्थितियों का बहुत ही कम अथवा नगण्य-सा प्रभाव पड़ता है।

मानव जीवन पर भौगोलिक परिस्थितियों का बहुत प्रभाव अप्रत्यक्ष रूप से ही पड़ता है। शरीर के लक्षण, शरीर का ढाँचा और प्रजाति की विशेषताओं पर ऐसा ही प्रभाव देखा जा सकता है। उष्ण कटिबन्ध के लोगों की खाल का रंग धूप के कारण काला हो जाता है। जिन प्रदेशों में चावल अधिक खाया जाता है, वहाँ के लोगों के शरीर में कैल्शियम की कमी हो जाती है और वे दुबले-पतले होते हैं। एस्कीम लोगों के नाक के नथुने छोटे, तिरछे और सिकुड़े हुए होते हैं, जिससे ठंडी हवा एकदम नाक में प्रवेश न कर सके। आइसलैंड, सार्डिनिया आदि ठंडे मुल्कों में बौने कद के कमजोर घोड़े पाए जाते हैं; क्योंकि उनके लिए वहाँ पोषक भोजन का अभाव होता है। जब उन्हीं घोड़ों को अमरीका ले जाया जाता है, तो उनके कद में अन्तर पड़ने लगता है। पहाड़ी लोगों में अधिक ताकत देखी जाती है, जबकि मैदानी लोगों में अधिक आलस्य। मनुष्य की बुद्धि पर भी भौगोलिक प्रभाव अप्रत्यक्ष रूप से पड़ता है। कहते हैं कि इंग्लैंड, अमेरीका, भारत आदि देशों में विशेष प्रतिभावान व्यक्ति अधिक पैदा हुए हैं, अफ्रीका में बहुत कम। इन बातों की आलोचना से यह कहना होगा कि भौगोलिक पर्यावरण का प्रभाव आरम्भ में मानव के लक्षणों पर पड़ा होगा, लेकिन अब यह प्रभाव काफी कम हो गया है। एक ही भौगोलिक वातावरण में भिन्न-भिन्न नस्लों और भिन्न-भिन्न कदों के लोग देखे जाते हैं। विशेष प्रतिभावान लोगों का वितरण भौगोलिक परिस्थितियाँ नहीं करतीं। शिक्षा और विज्ञान से अब मनुष्यों ने भौगोलिक शक्तियों पर बहुत सीमा तक अधिकार कर लिया है, अतः अब वह उनके हाथ की कठपुतली मात्र ही नहीं रह गया।

2

पूर्वमध्यकालीन स्रोतों का सर्वेक्षण
(Survey of the Early Medieval Sources)

2.1 साहित्य

600 से 1200 ई. के दौरान साहित्यों की संख्या में विशेष वृद्धि हुई। *महाभारत* और *रामायण* के अधिकांश हिस्सों के अलावा *वायुपुराण, ब्रह्मपुराण, मत्स्यपुराण, आदिपुराण,* वराहमिहिर द्वारा रचित *पंचसिद्धान्तिका, वृहत्संहिता, वृहज्जातक,* बाण द्वारा रचित *हर्षचरित* एवं *कादम्बरी,* जयादित्य द्वारा रचित *पाणिनी की अष्टाध्यायी* पर काशिका, कुमारिल का *तन्त्रवार्तिक, अग्निपुराण, गरुणपुराण, पराशरस्मृति, शंखस्मृति, देवलस्मृति,* शंकराचार्य का *अद्वैतवाद,* विश्वरूप द्वारा रचित *याज्ञवल्क्यस्मृतिटीका,* मेधातिथि द्वारा रचित *मनुस्मृति टीका,* विज्ञानेश्वर का *मिताक्षरा,* गोविन्दराज द्वारा रचित *मनुस्मृतिटीका,* लक्ष्मीधर का *कल्पतरु* या *कृत्यकल्पतरु,* जीमूतवाहन द्वारा रचित *दयाभोग, कालविवेक* एवं *व्यवहारमातृका,* भवदेवभट्ट द्वारा रचित *प्रायश्चितप्रकरण याज्ञवल्क्यस्मृति टीका,* भास्कराचार्य द्वारा रचित *सिद्धान्तसिरोमणि,* सोमेश्वर द्वारा रचित *मानसोल्लास,* कल्हण की *राजतरंगिणी,* अनिरुद्धभट्ट द्वारा रचित *हारलता, पितृदयिता,* श्रीधर का *स्मृत्यर्थसार,* कुल्लूक का *मनुस्मृतिटीका,* हरदत्त का *गौतमटीका* एवं *आपस्तम्भटीका,* देवणभट्ट की *स्मृतिचन्द्रिका,* हेमाद्रि की *चतुर्वर्गचिन्तामणि,* वरदराज का *व्यवहारनिर्णय, अभिज्ञान-शाकुन्तलम, रघुवंश, मेघदूत,* राघवभट्ट का *शकुन्तला की टीका, भरत नाट्यशास्त्र, सुभाषितावली, हयग्रीव-वध, काव्यालंकारसूत्रवृत्ति, काव्यादर्श, कौमुदीमहोत्सव, जयारव्य-संहिता,* श्रीकंठ चरित, *राघवापाण्डवोय,* भामह का *काव्यालंकार, नामलिंगानुशासन, न्यायसूत्र, परमार्थसप्तति, सांख्यशास्त्र, पदार्थसंग्रह,* बौद्ध साहित्य जैसे, *सूत्रालंकार, मध्यान्त विभाग, धर्मधर्मता विभाग, महायान उत्तरतन्त्र, गाथासंग्रह, नितिसार* जैन ग्रन्थ *वाक्यामृत, कुवलयमालाकहा, मचुमचारिड, भागवतीसूत्र,* हर्षवर्द्धन द्वारा रचित *प्रियदर्शिका, नागानन्द* एवं *रत्नावली,* दंडिका का *दशकुमारचरित,* पल्लव नरेश महेन्द्रवर्मन द्वारा लिखित *मत्तविलास-प्रहसन,* पालकालीन संध्याकरनन्दी द्वारा रचित *रामचरित,* चन्देल शासक राहिल द्वारा रचित *राहिलसागर,* विल्हण द्वारा रचित *विक्रमांकदेवचरित,* वात्स्यायन द्वारा रचित *कामसूत्र, अपराजितपृच्छा,* भोज द्वारा रचित *समरांगणसूत्रधार, ब्रह्मवैवर्तपुराण,* नल्लकार्जुन का *सूक्तिसुधारणवम,* सोमेश्वर का *विक्रमांगभ्युदयम,* सोमदेव का *यशशतिलकचम्पू,* विल्हण का *विक्रमांगदेवचरित* दुर्विनीत का *शब्दावतार* (व्याकरण), जैन मुनि पूज्यपाद का जैनेन्द्र व्याकरण, सोमदेवसूरि का *नीतिवाक्यमृत,*

राष्ट्रकूट राजा नृपतुंग का राजकवि, तम्बलूराचार्य का *चूड़ामणिटीका*, हरिषेण का *हरिवंश*, माणिक्यनन्दिन का *अष्टशती टीका* और *अष्टसाहस्त्रीटीका* तथा *परीक्षामुखशास्त्र*, प्रभाचन्द्र का *न्यायकौमुदी*, मल्लवादिन का *न्यायविन्दु टीका*, शकटायन का *अमोघवृत्ति*, वीराचार्य का *गणितसार-समुच्चय*, राजा अमोघवर्ष का *कविराजमार्ग*, पम्प का *आदिपुराण* और *विक्रमार्जुनविजय*, पोन्न का *शान्तिपुराण*, मन्त्री और जैन सेनापति चामुंडराज का *चामुंडरायपुराण*, रण्ण का *अजिपुराण* और *गदायुद्ध*, जैन कवि शान्तिनाथ का *सुकुमारचरित*, नागवर्म का *छन्दोम्बुद्धि* और *कर्नाटक-कादम्बरी*, दुर्गसिंह का *पंचतन्त्र*, चन्द्रराज का *मदनतिलक*, श्रीधराचार्य का *ज्योतिष*, मल्लिनाथ का *मल्लिनाथपुराण*, नागचन्द्र का *रामचन्द्रचरित पुराण*, कुमुदचन्द्र का *रामायण*, नृपसेन का *धर्मामृत*, कर्णपर्य का *नेमिनाथपुराण*, नागवर्म द्वितीय का *काव्यावलोकन*, हरिश्वर का *पम्पाशतक*, *गिरिजा कल्याण* और *शिवगण-दरगलेगलु*, नन्नेचांड का तेलुगु में *कुमारसम्भव*, हेमाद्रि का *चतुर्थचिन्तामणि*, *कालनिर्णय*, *तिथिनिर्णय*, *आयुर्वेदरसायन*, *दानावाक्यावली*, *पर्जन्यप्रयोग*, *त्रिस्थलीविधि* तथा *अर्थकांड*, काकतीय युग में अनेक लेखकों द्वारा लिखित *रामायण* (रंगनाथरामायण, भास्कर-रामायण), इसी काल में नन्नयभट्ट आदि द्वारा *महाभारत* की रचना एवं *शैवपुराण* आदि सैकड़ों ग्रन्थों की रचनाएँ सातवीं से तेरहवीं शताब्दी के काल में अनेक राजवंशों के काल में लिखी गईं। इस काल के साहित्यों का महत्त्व तत्कालीन इतिहास के लिए अद्वितीय है। इन साहित्यों की अनेक रुचिपूर्ण विशेषताएँ हैं। अधिकांश साहित्यों में सम्बन्धित शासकों एवं सामन्तों का गुणगान अलंकारिक शब्दों में किए गए हैं। राजमहलों में रहनेवाली रानियों, राजकुमारियों एवं दासियों द्वारा गुप्त रूप से किए जानेवाले शारीरिक एवं प्रेम सम्बन्धों की आश्चर्यजनक तस्वीरें देखने को मिलती हैं। राजाओं एवं सामन्तों को *परमदेवता*, *परमभट्ठारिका*, *परभट्टारिकाराज्ञी महादेवी*, *परमदेवता*, *परमभट्टारक*, *महाभट्टारक*, *राजाधिराज*, *महाराजाधिराज*, *सामन्ताधिपति*, *महासामन्ताधिपति*, *देव*, *एकाधिराज*, *पृथ्वीपाल*, *सम्राट*, *चक्रवर्ति*, *चक्रकर्तिन*, *नरपति*, *महादेवी*, *परमेश्वर*, *महापरमेश्वर* आदि बनावटी उपाधियों से विभूषित कर अनेक लेखकों ने राजकीय संरक्षण प्राप्त कर लिया। अनेक लेखकों को भूमिदान मिले। कुछ साहित्यकारों की स्थिति ज्ञान के अभाव या स्वतन्त्र दृष्टि रखने के कारण खराब भी रही। अनेक छोटे-बड़े मन्दिरों, धार्मिक सम्प्रदायों एवं देवी-देवताओं की जानकारी के लिए इन साहित्यों का महत्त्व है। उत्तर भारतीय लेखक वात्स्यायन एवं कालिदास की रचनाओं से प्रभावित होकर दक्षिण भारतीय अनेक लेखकों ने प्रेम प्रसंग, कामलीला और विलासमय वातावरण को आधार बनाकर साहित्यों की रचनाएँ इस काल में किया। प्रशासन, आर्थिक, सामाजिक एवं युद्ध कला की जानकारी के लिए भी इन साहित्यों का महत्त्व है। चित्रकला एवं वास्तुकला से राजा एवं सामन्तों के रहन-सहन की जानकारी होती है। व्यापक रूप से ब्राह्मणों की स्थितियों की जानकारी होती है क्योंकि बौद्ध, जैन, शासक, मन्त्री, रानी एवं उच्चाधिकारियों द्वारा जितनी साहित्यों की रचना विशेषकर दक्षिण भारत में की गई उनकी तुलना में ब्राह्मण लेखकों की संख्या विशेषकर उत्तर भारत में ज्यादा रही। इसका मुख्य कारण यह था कि उत्तर और दक्षिण भारत के सामाजिक बनावट में कुछ भिन्नता रही। अनेक छोटे-मोटे व्यक्तियों ने युद्ध के सहारे गद्दी प्राप्त कर अपने को क्षत्रिय कहना शुरू किया और यह बिना धार्मिक क्रियाकलापों के सम्भव नहीं था। इसका परिणाम यह हुआ कि ऐसी उपाधियाँ और राजाओं एवं सामन्तों की वंशावलियाँ बनानेवाले ब्राह्मण वर्ग

की आर्थिक स्थिति काफी मजबूत हो गई। नवीन पूजा-विधियों एवं देवी-देवताओं की संख्या में वृद्धि करने का इनके द्वारा किए गए प्रयास की जानकारी भी तत्कालीन साहित्यों से होती है। अनेक राजकवियों ने अपने-अपने राजाओं एवं सामन्तों को विभिन्न देवी-देवताओं का रूप देकर ग्रन्थों की रचना की और काल्पनिक तथा अनैतिहासिक बातों को इन साहित्यों में व्यापक स्थान मिला।

साहित्य के क्षेत्र में इस युग में भी पूर्ववत् उन्नति होती रही, किन्तु उसमें कहीं-कहीं मौलिकता का अभाव बुरी तरह खटकता है। अनेक राजपूत राजा और नरेश उच्चकोटि के साहित्यकारों, मेधावी विद्वानों और प्रतिभाशाली कवियों को अपने दरबार में रखकर उन्हें आदर-मान, मूल्यवान पुरस्कार और जागीर आदि प्रदान करते रहते थे। इस प्रकार इस युग में राजाश्रय और राजकीय प्रोत्साहन पाकर साहित्य समृद्ध बन रहा था।

इस काल में राजा भोज के समय में हलायुध ने *पिंगल छन्द सूत्र,* अमित गति ने *सुभाषित रत्न संग्रह,* धनंजय ने *दशरूपक* और पद्मगुप्त ने *नव सहसांक चरित* नामक रचनाएँ प्रस्तुत कीं। स्वयं राजा भोज ने भी *शब्दानुशासन, व्यवहार समुच्चय, मुक्ति कल्पद्रुम* और *आयुर्वेद सर्वस्व* नामक ग्रन्थों की रचना की। सातवीं शताब्दी में संस्कृत के महाकवि भारवि ने एक काव्य ग्रन्थ *किरातार्जुनीयम्* प्रस्तुत किया। माघ और श्रीहर्ष भी संस्कृत साहित्य रूपी आकाशमंडल के उज्ज्वल नक्षत्र थे। माघ का *शिशुपाल वध* नामक महाकाव्य और कन्नौज के सम्राट जयचन्द के राजकवि श्री हर्ष का *नैषधचरित* महाकाव्य अद्वितीय थे। महाकवि भट्टी ने इस काल में *रावणवध* लिखा। माघ ने *शिशुपाल वध* लिखा। श्रीहर्ष ने *नैषधचरित* लिखा। पद्मगुप्त ने *कावसाहसांकचरित* लिखा। दामोदरगुप्त ने कुल्तनिर्माता लिखा। दंडिन् ने *दशकुमारचरित* लिखा। धनपाल ने *तिलकमंजरी* और *याशस्तिलक* लिखे। सुबन्धु ने *वासवदत्ता* लिखा। भवभूति ने *मालतीमाधव, महावीरचरित* और *उत्तररामचरित* लिखे। कहा गया है कि भवभूति का स्थान केवल कालिदास के बाद है। शैली की शक्ति और आवेग तथा विन्यास की अद्वितीय कुशलता में तो भवभूति ने कालिदास को भी मात किया है। आनन्दवर्धन ने *प्रबोधचन्द्र* नाटक लिखा। भट्ट नारायण ने *वेणीसंहार* लिखा। मुरारी ने *अनर्घराघव* लिखा। विल्हण ने *विक्रमांकचरित* लिखा। सन्ध्याकारन्दित ने *रामचरित* लिखा जो पालवंश का इतिहास है। जयनाथ ने *पृथ्वीराजविजय* लिखा। हेमचन्द्र ने कुमारपालचरित लिखा। क्षेमेन्द्र ने *वृहत्कथामंजरी* लिखी। जयादित्य ने *काशिकावृत्ति* लिखी। भर्तृहरि ने *पतंजलि के महाभाष्य पर टीका* लिखी। सर्ववर्मा ने व्याकरण पर कान्त पुस्तक लिखी। हेमचन्द्र, यादवभट्ट, पुरुषोत्तमदेव और भट्क्षीरस्वामी ने *शब्दकोश* लिखे। वात्स्यायन के कामसूत्रों पर भाष्य लिखे। कोक पंडित ने एक नई पुस्तक *कोकशास्त्र* की रचना की। शृंगदेव ने संगीत पर अपनी पुस्तक *संगीत रत्नाकर* लिखी। हेमचन्द्र ने दर्शन और जैन धर्म पर *प्रमाणमीमांसा* लिखी। धर्मकीर्ति ने बौद्ध दर्शन पर न्यायविन्दु लिखा। उद्दोत्त कर, उदयनाचार्य और अन्य लेखकों ने न्याय पर भाष्य लिखे। श्रीधर *वैशेषिक दर्शन* पर और वाचस्पति मिश्र ने *सांख्य दर्शन* पर एक-एक पुस्तक लिखी। दर्शन पर मौलिक रचना शंकराचार्य ने लिखी। विज्ञानेश्वर ने *मिताक्षरा* लिखा जो हिन्दू विधि पर एक टीका है। बाणभट्ट एक प्रसिद्ध वैद्य था और भास्कराचार्य ने नक्षत्र-विज्ञान पर *सिद्धान्त शिरोमणि* लिखा। माधवकर ने चिकित्सा पर *माधवनिदान* लिखा।

अलबरूनी के वर्णन से स्पष्ट है कि इस काल में शिक्षा का खूब प्रचार था। राजा लोग दिल खोलकर शिक्षण-संस्थाओं को दान देते थे। शिक्षा-प्रचार का अधिक श्रेय बौद्ध मठों को था। यद्यपि बौद्ध धर्म नष्टप्रायः हो रहा था; फिर भी उसके मठ शिक्षा के क्षेत्र में सराहनीय कार्य कर रहे थे। नालन्दा का प्रसिद्ध विहार इस युग तक विद्यमान था। बंगाल के शासक धर्मपाल ने विक्रमशिला के विद्यालय की स्थापना की। सोमपुरी (बंगाल), उदन्तपुरी (पटना), विक्रमपुर (पूर्वी बंगाल) और जगदल (उत्तरी बंगाल) की शिक्षा-संस्थाएँ अधिक प्रसिद्ध थीं। काशी, कन्नौज आदि शिक्षा के महत्त्वपूर्ण केन्द्र थे। राजा भोज ने धार में एक महान विश्वविद्यालय का निर्माण कराया था। दक्षिण भारत में भी शिक्षा का खूब प्रचार था।

हर्षवर्द्धनकालीन इतिहास को जानने के लिए उपलब्ध स्रोतों को हम कई भागों में बाँट सकते हैं। लिखित सामग्रियों के आधार पर हर्ष की जानकारी मिलती है। हर्ष के दरबारी कवि बाणभट्ट द्वारा रचित *हर्षचरित* (अनुवाद बम्बई, 1912) से हर्षकालीन ऐतिहासिक वैसी बातों की जानकारी होती जिसे बाणभट्ट ने स्वयं लिखा था। बाणभट्ट हर्ष का दरबारी कवि था। इसलिए हर्ष की प्रशंसा में आधारहीन बातों को भी बड़े ही अलंकारिक शब्दों में लिखा है। लेकिन उसके कुछ तथ्यों की सत्यता पर विश्वास किया जा सकता है क्योंकि उसके द्वारा वर्णित ऐतिहासिक बातों की पुष्टि समसामयिक चीनीयात्रियों के विवरण एवं तत्कालीन अभिलेखों से होती है। सुधाकर चट्टोपाध्याय ने हर्ष के ऐतिहासिक महत्त्व को स्वीकार न करते हुए भी उसके उपयोग का समर्थन अपनी पुस्तक में किया है। बाण ने *हर्षचरित* में जो कुछ विवरण दिया है उसके आधार पर चिन्तामणि विनायक वैद्य महोदय ने महाराज हर्ष की ठीक-ठीक जन्मतिथि निश्चित करने की चेष्टा की है। उनके कथानुसार ज्येष्ठ वदी द्वादश शक संवत् 511 (589 ई.) को 10 बजे रात्रि के समय चन्द्रमा कृत्तिका नक्षत्र में था और ज्येष्ठ वदी द्वादशी शक संवत् 512 (590 ई.) में भी चन्द्रमा उसी नक्षत्र में स्थित था। इन दोनों संवतों में से शक 512 अधिक सम्भव प्रतीत होता है, क्योंकि शक संवत् 512 में द्वादशी तिथि सूर्योदय के पश्चात् प्रारम्भ हुई थी।

बाणभट्ट की इस रचना का द्वितीय अध्याय महत्त्वपूर्ण है, जिसमें बाणभट्ट द्वारा हर्ष का पाए गए निमन्त्रण की चर्चा है। हर्ष शील और विद्वता का प्रेमी था, जिसके कारण बाणभट्ट को उसने पसन्द किया। तृतीय अध्याय में श्रीकंठ जनपद और थानेश्वर की चर्चा बाणभट्ट ने की है। इस अध्याय में शैव संन्यासी भैरवाचार्य के पारस्परिक सम्बन्धों पर भी उसने प्रकाश डाला है। चौथे अध्याय में हर्षवर्द्धन और राजश्री के बाल्यावस्था तथा राजश्री का कन्नौज के शासक ग्रहवर्मा से शादी के सम्बन्ध में वर्णन किया है। इस काल में हूण आक्रमण के सम्बन्ध में बाणभट्ट ने हर्षचरित में प्रकाश डाला है। प्रभाकर वर्मन के मरने की जानकारी इसी अध्याय से होती है। राज्यवर्द्धन द्वारा भिक्षु जीवन अपनाने की इच्छा, ग्रहवर्मा के मारे जाने का समाचार, कन्नौज की रक्षा के लिए मालव राज्य के विरुद्ध राज्यवर्द्धन का सैनिक अभियान तथा उसके द्वारा मालव राज्य के युद्ध में हारकर मारे जाने एवं शशांक द्वारा राज्यवर्द्धन की हत्या छल से किए जाने की चर्चा छठे अध्याय से होती है। इसी अध्याय में हर्ष को इन घटनाओं की सूचना और सभी शत्रुओं से बदला लेने की उसकी प्रतिज्ञा का वर्णन है। *हर्षचरित* के सातवें अध्याय में हर्षवर्द्धन की दिग्विजय-यात्रा और आठवें अध्याय में राजश्री की खोज तथा इसी सिलसिले में विन्ध्य के जंगलों में बौद्ध भिक्षु दिवाकर से भेंट-विवरण है।

इस अध्याय से पता चलता है कि इन्हीं बौद्ध भिक्षु की मदद से हर्ष को खोई हुई राजश्री मिल गई। *हर्षचरित* का अन्त अचानक होने से हर्ष से सम्बन्धित अन्य बातों की जानकारी नहीं हो पाती है। इस ग्रन्थ से हर्ष के सम्बन्ध में केवल अच्छी बातों की जानकारी मिलती है। सामाजिक एवं आर्थिक पहलुओं पर इस ग्रन्थ के माध्यम से बाणभट्ट ने सन्तोषप्रद प्रकाश नहीं डाला है। घटनाओं के वर्णनों में तिथियों का उल्लेख नहीं किया गया है। ऐतिहासिक तथ्यों को खोजने में काफी कठिनाइयों का सामना करना पड़ता है। इस ग्रन्थ की अपूर्णता पर कीथ *(हिस्ट्री ऑफ संस्कृत लिटरेचर)* ने प्रकाश डाला है।

हर्षचरित के अलावा बाणभट्ट द्वारा रचित *कादम्बरी* (एम.आर. काले, *कादम्बरी ऑफ बाण,* बम्बई, 1928) हर्षकालीन सामाजिक सभ्यता एवं धार्मिक परिस्थिति पर प्रकाश डाला है। सामन्ती वातावरण की जानकारी हमें इस ग्रन्थ से होती है। राजा ताड़पीड़ के प्रासाद के अन्तःपुर का वर्णन करते हुए बाण ने इस ग्रन्थ में लिखा है कि द्वार-प्रकोष्ठ पर सैकड़ों महाभोगी उपस्थित थे।

कादम्बरी में पराजित राजाओं द्वारा जो निश्चय ही सामन्त बना लिए गए थे, राजा को प्रणाम करने के चार तरीकों का उल्लेख हुआ है। इनमें से एक है सिर झुकाना; दूसरा, सिर झुकाकर सम्राट के चरणों का स्पर्श करना; तीसरा, सिर झुकाकर सम्राट के तलवों का स्पर्श करना (जिसे *हर्षचरित* में पराजित सामन्त द्वारा सम्राट की चरणधूलि लेना कहा गया है) और चौथा तरीका है, सम्राट के चरणों के निकट मस्तक से धरती का स्पर्श करना। सामन्तों की स्थितियों पर *कादम्बरी* में वर्णन है कि जो चीज स्पष्टतः अपमान जैसी लगती है उसी को वे अपना सौभाग्य समझते थे। द्वारपाल से वे बार-बार पूछते कि सम्राट के दर्शन कब होंगे? (वासुदेव शरण अग्रवाल, *कादम्बरी एक सांस्कृतिक अध्ययन,* वाराणसी, 1958, पृ. 127-28, 216)।

हर्षवर्द्धन स्वयं एक कवि, नाटककार एवं लेखक था। उसके द्वारा लिखित *नागानन्द, रत्नावली* और *प्रियदर्शिका* आज भी उपलब्ध है। इन पुस्तकों से हमें हर्षकालीन जनजीवन, समाज की दशा एवं धार्मिक स्थिति की जानकारी होती है। इन तीनों रचनाओं से सातवीं सदी के राजमहल का वातावरण, रहन-सहन और वैभव पर प्रकाश पड़ता है।

नागानन्द एक नाटक है जो पाँच अंकों में लिखा गया है। बौद्ध धर्म के सम्बन्ध में इस नाटक के अन्तिम दो अंक से हमें जानकारी मिलती है। इस नाटक में भगवान बुद्ध की विस्तृत चर्चा की गई है।

रत्नावली नाटक में दिग्विजय की चर्चा है। कौशाम्बी के राजा वत्स ने सम्पूर्ण संसार का सम्राट बनने के लिए ही हर्षवर्द्धन के समान प्रतीक्षा की थी। चार अंकों में समाप्त होनेवाली यह नाटिका *प्रियदर्शिका* के समान है। इस नाटिका में लंका के राजा की पुत्री रत्नावली को डूबते हुए समुद्री जहाज से कौशाम्बी के एक व्यापारी द्वारा जान बचाने की चर्चा है। इस आधार पर सातवीं सदी में भारत का लंका के साथ व्यापारिक सम्बन्ध की जानकारी मिलती है।

प्रियदर्शिका (कोलम्बिया यूनिवर्सिटी सीरिज) नामक नाटिका में हर्ष के राज्य के सामन्तों और उनके प्रदेशों की चर्चा है। इस तथ्य की पुष्टि अभिलेखों एवं चीनीयात्री के विवरणों से होती है।

त्रावणकोर राज्य के प्रसिद्ध पंडित महामहोपाध्याय गणपति शास्त्री ने *आर्य मंजूश्रीमूलकल्प* (त्रिवेन्द्रम संस्कृत सीरिज, संख्या 84, त्रिवेन्द्रम, 1925) को प्रकाशित कराया। एक हजार

श्लोकों के इस ग्रन्थ का विस्तृत अध्ययन काशी प्रसाद जायसवाल ने अपनी पुस्तक *इम्पीरियल हिस्ट्री ऑफ इंडिया* में किया और बताया है कि यह ग्रन्थ अनेक अशुद्धियों के बावजूद हर्षवर्द्धनकालीन ऐतिहासिक तथ्यों को जानने के लिए उपयोगी है।

2.2 चोल साहित्य

तत्कालीन वैसे साहित्यों का अभाव है जिनमें ऐतिहासिक तथ्यों पर ध्यान दिया गया है, फिर भी कुछ संगम साहित्यों के अलावा बुद्धमित्र द्वारा रचित एक तमिल व्याकरण *वीरशोक्तियम्* है जिसकी रचना वीर राजेन्द्र के शासनकाल में हुई थी। इससे पूर्व जैन लेखक अमित सागर ने *याप्परुंगलम्* और *याप्परुंगलक् कारिकै* की रचना की थी जो व्याकरण की एक शाखा और छन्दशास्त्र के ग्रन्थ हैं। बाद में चलकर इन तीनों ग्रन्थों पर टीकाएँ लिखी गईं। इन टीकाओं में कुछ ऐसी ऐतिहासिक बातों की चर्चा है जिनकी पुष्टि अभिलेखों से हो जाती है। जयगोंडार कृत *कलिंगत्तुप्परणि* 'परणि' शैली का एक वीर काव्य है। कुलोत्तुंग प्रथम के प्रसिद्ध सेनापति करुणाकरत्तोंडैमान की कलिंगविजय इस काव्य का मुख्य विषय हैं। औट्टकूत्तन ने एक पौराणिक कथा के आधार पर *तक्कयागप्परणि* नामक काव्य की रचना की जिसमें *कलिंगत्तुप्परणि* की ही शैली का अनुसरण किया गया है। *कलिंगत्तुप्परणि* में काल्पनिक और अलौकिक तत्त्वों की भरमार होने के बावजूद इससे चोलों की वंशावली और कुलोत्तुंग की कलिंगविजय के सम्बन्ध में जानकारी हो जाती है। इस ग्रन्थ से उस मार्ग की जानकारी भी होती है जिससे होकर चोल सेनाएँ कलिंग गई थीं। ओट्टकूत्तन ने उला की भी रचना की। इसमें कुलोत्तुंग प्रथम के तीन उत्तराधिकारियों की चर्चा है। *परणि* और *उला* भी एक साहित्यिक शैली है। इसमें राजा की कल्पना एक ऐसे व्यक्ति के रूप में की गई है जिसने राज्य के आन्तरिक एवं बाह्य, सभी समस्याओं से मुक्त होकर सुखी जीवन बिताया और राजपरिवार के साथ नगरभ्रमण किया। *उला* के शुरू में राजा और उसके पूर्वजों की चर्चा है। राजदरबार के प्रमुख व्यक्तियों की भी विस्तृत चर्चा है। ओट्टकूत्तन ने कुलोत्तंग पर 'कुलोत्तुंग शोलंपितलै स्तमिल' नामक एक बाल कविता की रचना की जो सुन्दर भाव और वाक्पटुता के लिए प्रसिद्ध है। इतिवृत्तों और स्थलपुराणों की रचनाओं के क्षेत्र में कन्नड़ और तेलुगु रूपों में प्राप्त वीर शैवों का *नवचोल चरित*, संस्कृत में *बृहदीश्वरमाहात्म्य* अथवा *चोलवंशचरितम्* प्रसिद्ध हैं। *चोलवंशचरितम्* का तमिल अनुवाद मैकेंजी के हस्तलिखित ग्रन्थों के संग्रह में उपलब्ध है। *कोंगुदेशराजाक्कल* की भी हस्तलिखित प्रति उसी के संग्रह में है लेकिन इनकी ऐतिहासिक महत्ता पर फ्लीट महोदय ने शंका व्यक्त की है।

2.3 राष्ट्रकूट साहित्य

राष्ट्रकूटों के ताम्रपटों से विदित होता है कि उनके दरबार में पर्याप्त संख्या में विद्वान थे जो सुबन्धु और बाण जैसे लेखकों की शैली का सफलता से अनुगमन कर सकते थे। यह बात केवल कुमारिल, वाचस्पति और लल्लम पर लागू नहीं है, अपितु परवर्ती स्मृतिकारों जैसे, कात्यायन, अंगिरस और यम पर भी लागू है। ये सभी राष्ट्रकूट काल में हुए, किन्तु इनकी जन्मभूमि का ठीक-ठीक पता नहीं। राजशेखर (900 ई.) मूलतः महाराष्ट्र के थे, किन्तु उनके

जीवन का अधिकांश भाग उत्तर भारत में बीता। *मलचम्पू* के लेखक त्रिविक्रम दसवीं सदी के प्रारम्भ में हुए। इन्होंने लंगुआ के ताम्रपट्ट के लेख की रचना की थी। हलायुध कृष्ण तृतीय के दरबार में थे। उन्होंने *कवि-रहस्य* की रचना की थी। वस्तुतः यह तो धातुपाठ का एक ग्रन्थ है, किन्तु एक ही धातु के विभिन्न रूपों का प्रदर्शन करते हुए उन्होंने अपने आश्रयदाता की छन्दोबद्ध प्रशस्ति भी लिख डाली।

इस काल में जैन साहित्य की पर्याप्त प्रगति हुई। अवलंक और विद्यानन्द ने इसी काल में *आप्तमीमांसा* पर *अष्टशती* और *अष्टसास्त्री* नामक टीकाएँ लिखीं। आठवीं शती के उत्तरार्द्ध में माणिक्यनन्दिन ने न्यायशास्त्र के प्रसिद्ध ग्रन्थ *परीक्षामुखशास्त्र* की रचना की, जिस पर पचास साल बाद एक टीका लिखी थी। प्रभाचन्द्र ने *न्यायकौमुदी चन्द्रोदय* नामक एक स्वतन्त्र ग्रन्थ की रचना की। एक अन्य समकालीन जैन लेखक मल्लवादिन था। मजेदार बात है कि उसने एक बौद्ध विद्वान द्वारा रचे गए न्यायशास्त्र के एक अन्य ग्रन्थ की टीका भी लिखी थी जिसका नाम *न्यायुबिन्दुटीका* है।

हरिषेण ने 783 ई. में *हरिवंश* की रचना की थी। उसने अपने प्रसिद्ध ग्रन्थ *आदिपुराण* का प्रारम्भ नौवीं शती में किया, किन्तु वह यह ग्रन्थ पूरा न कर सका। यह कार्य उसके शिष्य गुणचन्द्र ने सन् 893 ई. में किया। अमोघवर्ष प्रथम के ही शासनकाल में व्याकरण के प्रसिद्ध ग्रन्थ *अमोघवृत्ति* की रचना शकटायन ने और गणित के प्रसिद्ध ग्रन्थ *गणितसार समुच्चय* की रचना वीशमार्ग ने की थी। स्वयं अमोघवर्ष कन्नड़ में काव्यशास्त्र के प्रथम ग्रन्थ *कविराजमार्ग* के रचयिता के रूप में प्रसिद्ध हैं।

सोमदेव ने *यशस्तिलक चम्पू* की रचना की। उन्होंने राजनीति के प्रसिद्ध ग्रन्थ *नीति-वाक्यामृत* की भी रचना की थी।

कन्नड़ साहित्य में आज जितने ग्रन्थ उपलब्ध हैं उनमें सबसे पुराने राष्ट्रकूट काल के हैं। अमोघवर्ष प्रथम द्वारा रचित *कविराजमार्ग* कन्नड़ में काव्यशास्त्र का सबसे प्राचीन ग्रन्थ है। इन्होंने मुलनाड के चालुक्यों के दरबार में भी अनेक कन्नड़ ग्रन्थों की रचना की। ये राष्ट्रकूटों के सामन्त थे। इन्हीं के दरबार में दसवीं सदी में पम्प हुआ जो कन्नड़ का आदि और सर्वश्रेष्ठ कवि माना जाता है। *आदिपुराण* और *विक्रमार्जुनविजय* आदि उसकी प्रसिद्ध रचनाएँ हैं।

इसी काल का एक अन्य प्रसिद्ध कवि पोत्त हुआ है जो दसवीं सदी के उत्तरार्द्ध के प्रथम चरण में हुआ था। कृष्ण तृतीय ने उसे उभयकवि चक्रवर्ती की उपाधि दी थी क्योंकि वह संस्कृत और कन्नड़ दोनों भाषाओं में समान रूप से रचना करता था। उसके प्रमुख ग्रन्थ का नाम *शान्तिपुराण* है।

गंगवाडी के राजा मारसिंह द्वितीय के मन्त्री और जैन सेनापति चामुंडराय ने दसवीं सदी के तृतीय चरण में *चामुंडरायपुराण* नामक ग्रन्थ की रचना की थी। यह गद्य रचना का अच्छा उदाहरण है। *अजितपुराण* और *गद्यपुराण* का रचयिता रण्ण उसका समकालीन था। इन लेखकों में अधिकांश जैन थे।

राष्ट्रकूट काल के अन्तिम भाग में मराठी भाषा का भी उदय हो रहा था। किन्तु सम्भवतः तब तक इस भाषा में किसी ग्रन्थ की रचना नहीं हुई थी। मराठी राष्ट्रकूटों की मातृभाषा न थी।

2.4 कन्नड़ साहित्य

रण्ण, पम्प और पोन्न को कन्नड़ का 'रत्नत्रय' कहते हैं जिन्होंने कन्नड़ साहित्य का उन्नयन किया था। रण्ण के कथनानुसार ही पम्प और पोन्न राष्ट्रकूट काल में हुए थे, जबकि वह चालुक्य काल में हुआ था। *कविराजमार्ग* के लेखक राष्ट्रकूट राजा अमोघवर्ष प्रथम (815-77 ई.) के अनुसार कावेरी से गोदावरी तक फैला भू-भाग कन्नड़ है। उसमें किसुवोलल, कोपन, पुलिगेरे तथा ओंकुन्द की भाषा शुद्ध कन्नड़ है। पम्प और रण्ण भी पुलिगेरे (बेलवोल) की भाषा को श्रेष्ठ मानते हैं। और वे इस बात में गर्व का अनुभव करते हैं कि उनकी रचना वहीं की भाषा में है। रण्ण का जन्म मदुवोलल (जामखंडी 70) में चुड़िहारों के एक परिवार में 949 ई. में हुआ था। किन्तु उन्नति करते-करते उसने तैलप के दरबार में 'कवि-चक्रवर्ती' का पद पाया और उसे स्वर्ण के दंड, चमर, हाथी, छत्र आदि का सम्मान प्राप्त हुआ। उसने 993 ई. में *अजितपुराण* की रचना की थी। यह एक चम्पू है। इसमें 12 'आश्वास' हैं। इसमें दूसरे 'तीर्थंकर' का चरित वर्णित है। कवि ने अपने ग्रन्थ को 'काव्य-रत्न' और 'पुराण-तिलक' की संज्ञा दी है। ग्रन्थ की पुष्पिका के अनुसार 'दान-चिन्तामणि' के कहने से कवि ने इस ग्रन्थ की रचना की थी। यह उपाधि दंडनायक नागवर्मन की पत्नी अत्तिमब्बे दी थी। पति की मृत्यु के बाद काफी समय तक यह महिला जीवित रही और उसने अपना शेष जीवन जैन धर्म की सेवा में बिताया था। रण्ण की एक दूसरी रचना *साहसभीमविजय* अथवा *गदायुद्ध* है। यह भी चम्पू ही है। इसमें दस 'आश्वास' हैं। इसमें *महाभारत* की ही कथा का अनुधावन है। विशेष वर्णन भीम और दुर्योधन के अन्तिम गदायुद्ध का है। रण्ण ने अपने आश्रयदाता इरिवबेडंग सत्याश्रय को 'साहस भीम' की उपाधि दी है। इस प्रकार इस ग्रन्थ में *महाभारत* की कथा के बहाने सत्याश्रय के युद्धों और उसकी सफलताओं का वर्णन किया गया है। ग्रन्थ में स्वाभाविक ही वीररस की प्रधानता है। कवि की शैली इसी रस के अनुकूल है। इस ग्रन्थ की रचना 982 ई. मानी जाती है। इस प्रकार यह *अजितपुराण* से पहले की रचना है। *रण्णकन्द* नामक एक 'निघंटु' को इसी कवि की कृति माना जाता है। इसके सभी छन्दों के अन्त में 'कवि-रण्ण' की छाप है। *अजितपुराण* में रण्ण की दो अन्य रचनाओं के भी नाम दिए हैं। वे हैं : *परशुराम चरिते* और *चक्रेश्वरचरिते*। किन्तु ये ग्रन्थ अप्राप्य हैं। कहा जाता है कि *चक्रेश्वरचरिते* में कवि ने अपने आश्रयदाता गंग सेनापति चावुंडराय का चरित लिखा था। चावुंडराय जन्मना ब्रह्म-क्षत्रिय था और गंग राचमल्ल का सामन्त था। श्रवणवेलगोल में गोमटेश्वर की महामूर्ति बनवाने के उपलक्ष्य में चावुंडराय को राचमल्ल से राय की उपाधि मिली थी। उसने 978 ई. में *चावुंडराय पुराणम्* की रचना की थी। यह कन्नड़ में गद्य का सबसे पुराना ग्रन्थ है। इसमें जैनों के 24 'तीर्थंकरों', 12 'चक्रवर्तियों', 9 'बलभद्रों', 9 'नारायणों' और '9 प्रतिनारायणों', कुल मिलाकर 63 के आख्यान हैं। उसने इस ग्रन्थ को *त्रिषष्टिलक्षण-महापुराण* भी कहा है।

चावुंडराय के आश्रय में नागवर्म प्रथम भी था। वह भी अजित सेन का शिष्य था। वह कोंडिन्य ब्राह्मण था। पम्प की भाँति वह भी अपने वंश का आदि स्थान वेंगिपलु बतलाता है। नागवर्म ने 'छन्दोम्बुधि' की रचना की थी। कन्नड़ में छन्दशास्त्र का यह सबसे पुराना ग्रन्थ माना जाता है। ग्रन्थ के अनुसार इस विषय का सबसे पहले ईश्वर ने उमा को व्याख्यान किया था। पिंगल इसे इस पृथ्वी पर लाए। अब नागवर्म इसे अपनी पत्नी को बतला रहा है। इसी

लेखक ने *कर्नाटक-कादम्बरी* नामक एक अन्य ग्रन्थ की भी रचना की थी। इसका आधार बाण की *कादम्बरी* है। किन्तु इसकी रचना चम्पू में है। ग्रन्थ प्रसाद-गुण से पूर्ण है और इसकी शैली सरस है। इस प्रकार यह कन्नड़ कवियों में उच्च स्थान का अधिकारी है। नागवर्म नामक एक दूसरा व्यक्ति इसके 150 साल बाद हुआ था। प्रायः इन दोनों में घालमेल कर दिया जाता है। पर यह अनुचित है। दोनों अलग-अलग व्यक्ति थे।

इसके बाद दुर्गसिंह का नाम आता है। दुर्गसिंह जयसिंह द्वितीय जगदेकमल्ल का 'महासन्धि-विग्रहि' था। इनके ग्रन्थ का नाम *पंचतन्त्र* है। यह एक चम्पू है। पाँचों प्रकरणों के शीर्षक क्रमशः 'भेद', 'परीक्षा', 'विश्वास', 'वचन' और 'मित्रकार्य' हैं। दुर्गसिंह ने ग्रन्थ की उत्पत्ति की एक दन्तकथा दी है जिसमें इसका सम्बन्ध गुणाढ्य की *बृहत्कथा* से जोड़ा गया है। यह एक प्रौढ़ रचना है। यह पंडित-लभ्य और 'अनुप्रासों' से भरी है। दुर्गसिंह ने अपने पहले के और समकालीन अनेक कवियों का नामोल्लेख किया है। किसी 'मादिराजमुनि' ने *पंचतन्त्र* को पढ़कर उसमें संशोधन किए थे। इस ग्रन्थ में *मलवीमाधव* के रचयिता कर्णपार्य (कन्नभटय), एक नीति (राजनीति) ग्रन्थ के रचयिता *कविता-विलास* और कामशास्त्र की एक पुस्तक *मदनतिलक* के रचयिता चन्द्रराज के उल्लेख हैं। चन्द्रराज अनेक शास्त्रों का पंडित और वाजिगोत्र का ब्राह्मण था। वह बड़ी नम्रता से बतलाता है कि वह सभी 'व्याकरणों', अर्थशास्त्र', 'गणित', 'अलंकार', 'काव्य', 'नाटक', 'वात्स्यायन', 'नृत्य', 'गीत', 'हयशास्त्र', 'अद्वैत', 'गान्धर्व', 'तर्क', 'कवीन्द्रागम', 'वैद्य' और 'शकुन' का जानकार है। जयसिंह द्वितीय का एक 'सामन्त' माच उसका आश्रयदाता था। *मदन-तिलक* माच और उसकी पत्नी के संवाद के रूप में लिखा गया है। यह एक चम्पू है जिसमें 18 'अधिकरण' और 500 छन्द हैं। इसकी शैली कृत्रिम है, किन्तु दुरूह नहीं है। ग्रन्थ मनोरंजक है। लेखक ने दावा किया है कि उसने अपने समय की नवीनतम भाषा (पोस-कन्नड़) का प्रयोग किया है। अपनी कृति में उसने उस विषय में प्रचलित मतभेदों में समन्वय स्थापित करने का प्रयत्न किया है।

श्रीधराचार्य एक जैन ब्राह्मण कवि थे जिन्होंने आहवमल्ल सोमेश्वर प्रथम के शासन के प्रारम्भ में अपने ग्रन्थों की रचना की है। इन्होंने कन्नड़ में 'ज्योतिष' के प्रथम ग्रन्थ की रचना का दावा किया है। इन्होंने *जातक तिलक* 1049 ई. में लिखा था। इसमें फलित ज्योतिष और गणित ज्योतिष दोनों का विवेचन है। यह 'शास्त्र-कविता' कवि के सामर्थ्य का सूचक है। श्रीधर ने अपनी काव्य-कविता का परिचय *चन्द्रप्रभचरिते* में दिया था, किन्तु यह ग्रन्थ उपलब्ध नहीं है। जातक-तिलक में 24 'अधिकरण' हैं। कवि को 'गद्य-पद्य-विद्याधर' की उपाधि प्राप्त थी जो गद्य और पद्य दोनों विधाओं पर उसके समान अधिकार का द्योतक है।

2.5 नागचन्द्र

अगला महान लेखक नागचन्द्र था। उसे अभिनव पम्प भी कहते हैं। उसके जन्म और परिवार आदि के बारे में कुछ भी ज्ञात नहीं है। किन्तु वह साधन सम्पन्न व्यक्ति रहा होगा क्योंकि उसने विजयपुर (बीजापुर) में मल्लिनाथजिनालय का निर्माण कराया था। उसने उन्नीसवें 'तीर्थंकर' मल्लिनाथ के चरित के रूप में *मल्लिनाथ-पुराण* की रचना की थी। यह एक 'चम्पू'

है जिसमें चौदह 'आश्वास' है। यह कवि की वर्णन क्षमता का द्योतक है। उसके 'गुरु' का नाम बालचन्द्र मुनि था। एक अनुश्रुति के अनुसार होयसल बल्लाल प्रथम के दरबार में उसका एक जैन कवयित्री कन्ति के साथ शास्त्रार्थ हुआ था। नागचन्द्र की सबसे प्रसिद्ध कृति *रामचन्द्रचरित पुराण* या *पम्प रामायण* है। इसमें राम की कथा का जैन रूप मिलता है। यह भी एक चम्पू है जिसमें सोलह आश्वास हैं। किन्तु मुख्य कथा तीसरे 'आश्वास' से ही शुरू होती है। यह काव्य पम्प के 'भारत' का ही पूरक है। इसी ग्रन्थ की रचना के कारण कवि को 'अभिनवपम्प' की उपाधि प्राप्त हुई थी। यह उच्चकोटि की रचना है। इसमें प्रवाह है। वर्णनों में सौष्ठव है। इसकी कथा के अनुसार 'जिन-दीक्षा' लेकर राम मुनि हो जाते हैं और अन्त में उन्होंने 'निर्वाण' प्राप्त किया। *रामायण* के अन्य जैन रूप भी ज्ञात हैं। किन्तु वे इस काल के नहीं हैं; तथापि, नरसिंहाचार के अनुसार सम्भवतः एक अन्य विद्वान वादि कुमुदचन्द्र ने भी एक *रामायण* इससे पहले लिखी थी। वही बीजापुर के अभिलेख का भी लेखक रहा होगा। इस अभिलेख में कतिपय छन्द उसी की रचना के अंश बतलाए जाते हैं।

2.6 नयसेन

नयसेन ने *धर्मामृत* की रचना शाके 1034 (1112 ई.) में मुलगुन्द में पूरी की थी। इस ग्रन्थ में जैन धर्म की मुख्य शिक्षाएँ हैं। इसकी शैली बड़ी प्रवाहपूर्ण है। इसमें 14 आश्वास हैं। आठ आश्वासों में 8 गुणों, 5 में पाँच 'अनुव्रतों' का और अन्तिम 'आश्वास' में महापुरुषों का वर्णन है, जो पूर्व के अध्यायों में वर्णित गुणों-अनुगुणों के उदाहरण थे। नयसेन उन लोगों में सम्भवतः पहला व्यक्ति था जिसने कन्नड़ में संस्कृत के शब्दों के अति प्रयोग का विरोध किया था। वह शुद्ध कन्नड़ का पक्षपाती था। नागवर्मन द्वितीय के 'भाषाभूषण' में कन्नड़ व्याकरण के सम्बन्ध में नयसेन के मतों का उल्लेख है। यदि वे सचमुच इसी नयसेन के हैं तो हमें यह मानना होगा कि उसने कन्नड़ व्याकरण की भी कोई पुस्तक लिखी होगी।

1145 ई. के आसपास कर्णपार्य ने बाईसवें 'तीर्थंकर' का चरित *नेमिनाथपुराण* लिखा था। यह एक चम्पू है जिसमें चौदह 'आश्वास' हैं। इसमें कृष्ण और *महाभारत* की कथा भी बड़ी चतुराई से कह दी गई है। इनके आश्रयदाता का नाम लक्ष्मीधर था जिसकी पहचान नहीं हो पाई है। यह 'पुराण' बड़ी मर्मस्पर्शी शैली में लिखा गया है और साहित्य की दृष्टि से यह एक उच्चकोटि की रचना है। *काव्यावलोकन* का रचयिता नागवर्म द्वितीय भी बारहवीं शाके 1051 तदनुसार 1129-30 ई. का वर्ष बीत रहा था। इससे ग्रन्थ के रचनाकाल के बारे में हमें अच्छा प्रमाण मिल जाता है। इस पुस्तक के 100 अध्याय हैं। कुल पुस्तक 5 खंडों में विभाजित है। प्रत्येक खंड में 20 अध्याय हैं। पहले खंड में राज्य की लब्धि का, दूसरे में लब्धि के रक्षण का, तीसरे में राजसुख का वर्णन है। अन्तिम दो खंडों में अवकाश के क्षणों में राजाओं के योग्य क्रीड़ाओं और कौतुकों का वर्णन है। यह ग्रन्थ विश्वकोश जैसा है। लेखक ने वैद्यक, इन्द्रजाल, पशु चिकित्सा, रत्नों, मोतियों आदि के मूल्य निरूपण, दुर्ग निर्माण आदि तकनीकी विषयों के प्राचीन ग्रन्थों से अपने ग्रन्थ की सामग्री एकत्र की है। विषयों का चयन या विन्यास उच्चकोटि का नहीं है। इनके निरूपण में भी कोई खास मौलिकता या रोचकता के दर्शन नहीं होते। इसका मूल्य इस बात में है कि उससे एक राजा की बौद्धिक क्षमता और उसकी

वैयक्तिक रुचि की झाँकी मिलती है और इसमें उन अनेक ग्रन्थों की सामग्री मौजूद है जो आज लुप्त हो चुके हैं।

2.7 विल्हण

विल्हण कृत *विक्रमांकदेवचरित* एक उच्च कोटि का महाकाव्य है। संस्कृत के सर्वोच्च काव्यों में इसकी गिनती हो सकती थी, पर यह उनसे कुछ ही नीचे की कृति है। विक्रमादित्य षष्ठम् के कश्मीरी 'विद्यापति' विल्हण ने सम्राट के शासन के प्रारम्भिक काल में इसकी रचना की थी। इसमें 18 सर्ग हैं। इसमें विक्रमादित्य का चरित वर्णित है। विक्रमादित्य के दरबार में पहुँचते समय कवि वृद्ध हो चुका था। पुस्तक के अन्तिम दो अध्यायों में उसने अपनी ही जीवनयात्रा का वर्णन किया है। इस प्रकार के वर्णन सभी 'चरितों' में मिलते हैं जो इन अर्ध ऐतिहासिक ग्रन्थों की विशेषता है। विल्हण को अपनी जन्मभूमि कश्मीर से प्रेम था। स्वयं अपनी कहानी कहने से पूर्व उसने साठेक छन्दों में कश्मीर के राजाओं के पराक्रम का वर्णन किया है, जिन पर उसे गर्व था।

विल्हण का जन्म विद्वान ब्राह्मणों के परिवार में हुआ था जो मध्यदेश से कश्मीर में गया था। वहाँ उन्हें गोपादित्य ने बुलाया था। अपने भाइयों की भाँति विल्हण भी 'वेदों' और 'शास्त्रों' में निष्णात था। वह एक सुकवि भी था जिसकी ख्याति शीघ्र ही उन देशों में भी फैल गई थी जिनकी उसने यात्रा की थी और जहाँ उसने शास्त्रार्थ किए थे। उसकी यात्राओं में मथुरा और उसके आसपास के प्रदेशों, कान्यकुब्ज (कन्नौज), प्रयाग, बनारस, डाहल, अयोध्या, धारा, सोमनाथ आदि का विशेष तौर पर उल्लेख हुआ है। दक्षिण के कतिपय देशों से होकर, जिनका नाम उसने नहीं दिया है, वह अपने जीवन की संध्या में कल्याणी के चालुक्य राजा विक्रमादित्य के दरबार में पहुँचा था। इस राजा ने उसे अपना प्रधान पंडित नियुक्त कर दिया। नील छत्र और मस्त हाथी अब उसके पद के प्रतीक चिह्न थे। कर्नाटक के राजा के प्रेम से वशीभूत हो उसने इस ग्रन्थ की रचना की। ब्यूलर ने हिसाब लगाया है कि लगभग 1085 ई. में उसने *विक्रमांकदेवचरित* की रचना की थी। विल्हण की अन्य रचनाओं को अनेक काव्य-संग्रहों और अन्यत्र भी उद्धृत किया गया है। इससे अनुमान है कि उसने और ग्रन्थों की भी रचना की थी। इनमें *पंचाशिका* नामक शृंगार रस के एक ग्रन्थ की भी गणना की जाती है। किन्तु इसका रचयिता विल्हण ही था, इस सम्बन्ध में कोई पुष्ट प्रमाण उपलब्ध नहीं है। उसकी भाषा निर्दोष है और शैली में प्रवाह है तथा वह प्रसाद गुण सम्पन्न है। वह वैदर्भी रीति का अच्छा उदाहरण है। इस शैली के कवियों में कालिदास का स्थान सर्वोपरि है।

2.8 विज्ञानेश्वर

महान न्यायशास्त्री विज्ञानेश्वर भी विक्रमादित्य की सभा में वर्तमान थे। उन्होंने *याज्ञवल्क्यस्मृति* पर *मिताक्षरा* नाम की प्रसिद्ध टीका लिखी थी। यह एक टीका मात्र नहीं है, बल्कि एक स्वतन्त्र ग्रन्थ ही है जिसमें लेखक ने प्रत्येक विषय पर सभी महत्त्वपूर्ण 'स्मृतिकारों' के मत उद्धृत कर अन्त में अपना स्वतन्त्र मत दिया है। यह बाद के निबन्धों का अग्रदूत है, किन्तु

विषय प्रतिपादन, निर्णयों की प्रौढ़ता, और अभिव्यक्ति की संहति की दृष्टि से यह उन सबसे बढ़-चढ़कर है। ग्रन्थ के ये गुण उसकी प्रत्येक पंक्ति में मुखर हैं। अतः यह अकारण नहीं कि हिन्दू धर्मशास्त्र के क्षेत्र में आज भी यह प्रमुख ग्रन्थ माना जाता है।

याज्ञवल्क्य पर एक दूसरी टीका भी उसी काल में लिखी गई, जिनका लेखक अपरार्क था। अपरार्क कोंकण का शिलाहार राजा (1115-60 ई.) था। इस टीका का क्षेत्र यद्यपि *मिताक्षरा* से विस्तृत है तथापि इसका उतना प्रभाव नहीं है। अपरार्क एक प्रसिद्ध नैय्यायिक भी था। उसने भासर्वज्ञ के *न्यायसार* पर *न्यायमुक्तावलि* नामक टीका भी लिखी थी।

2.9 भास्कराचार्य

भास्कराचार्य, जिसे 'सर्वज्ञ' अर्थात् 'सर्वज्ञाता' तथा 'विद्यासद' अर्थात् 'विद्या की देवी का आवास' की उपाधियों से विभूषित किया गया था, सांख्य और वेदान्त दर्शनों में पारंगत था। उसका पुत्र लक्ष्मीधर तथा पौत्र चंगदेव, क्रमशः जैतुगि एवं सिंहण के दरबारी ज्योतिषी थे। भास्कराचार्य का भ्रातृ-पौत्र अनन्तदेव भी सिंहण का आश्रित था; उसने वराहमिहिर की कृति *वृहज्जातक* तथा ब्रह्मगुप्त के ग्रन्थ *ब्रह्मस्फुट सिद्धान्त* के सातवें अध्याय पर टीकाएँ लिखीं।

सिंहण के दरबार में सारंगदेव द्वारा रचित *संगीतरत्नाकर*, संगीत कला का ग्रन्थ है। यह एक महत्त्वपूर्ण पुस्तक है, जिसमें दक्षिणी और उत्तरी भारत के संगीत का विस्तृत परिचय मिलता है। संस्कृत पद्यों के संग्रह *सूक्तिमुक्तावली* की रचना 1258 ई. में यादव दरबार में ही हुई थी। इसकी भूमिका में कहा गया है कि इसकी रचना राजा कृष्ण के हस्तिसमूह के नेता जल्हण ने की थी। किन्तु इसके परिशिष्ट में स्पष्ट रूप से कहा गया है कि इसका संकलन चिकित्सक भानु ने जल्हण के लिए किया था, जो सम्भवतः उसका संरक्षक था।

यादव युग का सबसे प्रसिद्ध संस्कृत लेखक निस्सन्देह हेमाद्रि था। वह यादवों के हाथियों की सेना का सेनापति था, जिस पद पर वह सम्भवतः जल्हण का उत्तराधिकारी था। बाद में लगभग 1263 ई. में महादेव ने उसे सरकार का मुख्य सचिव बना दिया। इस पद पर वह लगभग 1285 ई. तक कार्य करता रहा।

2.10 हेमाद्रि

हेमाद्रि संस्कृत के अनेक प्रसिद्ध ग्रन्थों का लेखक था। इनमें से मुख्य ये हैं : *चतुर्वर्गचिन्तामणि, कालनिर्णय, तिथिनिर्णय, आयुर्वेदरसायन, दानवाक्यावली, पर्जन्यप्रयोग, त्रिस्थलीविधि* तथा *'अर्थकांड।* यह तथ्य सन्देहपूर्ण है कि एक व्यस्त मन्त्री, जो अपने पद के कार्यभार के अतिरिक्त राज्य द्वारा संचालित हाथियों की टुकड़ियों की भी अध्यक्षता करता था, इन सभी महाकाय ग्रन्थों की रचना कर सका हो। यह सम्भव है कि उनमें से कुछ की रचना हेमाद्रि के नेतृत्व एवं निर्देशन में हुई हो तथा बाद में उसके आश्रितों ने लेखक के रूप में उसी का नाम दे दिया हो, जैसा कि *सूक्तिमुक्तावली* के सन्दर्भ में भानु ने किया था।

इन ग्रन्थों से *चतुर्वर्गचिन्तामणि* को संगत रूप से तत्कालीन धार्मिक दृष्टिकोण एवं विश्वासों का प्रतिनिधि मान सकते हैं। यह उस युग के धार्मिक जीवन तथा प्राचीन वैदिक धर्म

को स्थानच्युत करनेवाले विभिन्न अनुष्ठानों एवं व्रतों का सजीव चित्र प्रस्तुत करता है। इसमें सन्देह नहीं कि इनमें से अधिकांश प्रथाओं का यादवों के शासनकाल में सामान्य जनता के अधिकांश लोगों द्वारा सक्रिय रूप से पालन किया जाता था।

बारहवीं शताब्दी के उत्तरार्द्ध में वीर शैव सम्प्रदाय के उदय ने कन्नड़ साहित्य को प्रेरणा प्रदान की। इसके अनुयायियों द्वारा कन्नड़ ग्रन्थों की रचना की गई। तेरहवीं शताब्दी के सभी महान कवि, जैसे : जन्न, मल्लिकार्जुन, केशिराज आदि होयसल दरबार में पल्लवित हुए थे। यादवों के काल में कन्नड़ साहित्य उतना समृद्ध न हुआ जितना वह राष्ट्रकूटों तथा परवर्ती चालुक्यों के काल में हुआ था। इसका कारण ढूँढ़ना कठिन नहीं है। स्वयं यादव नरेश मराठी बोलते थे तथा उनकी राजधानी भी देवगिरि थी, जो महाराष्ट्र के ठीक मध्य में थी। अतः यादवों का युग मराठी साहित्य के इतिहास में अत्यन्त महत्त्वपूर्ण है, क्योंकि इसका उदय इसी काल में हुआ था। कुछ यादव अभिलेखों में उनके औपचारिक अंश मराठी भाषा में लिखे जाने लगे। इस काल का सबसे प्राचीन अभिलेख, जिसमें मराठी का अंश मिलता है, 1187 ई. का परेल शिलालेख है, जिसमें मराठी भाषा में शाप दिया गया है। 1200 ई. के पाटण अभिलेख में नागरिकों के ऐच्छिक दानों का उल्लेख करनेवाली अन्तिम पंक्तियाँ भी मराठी में ही हैं। यद्यपि हमारे पास इस प्रारम्भिक काल के ग्रन्थ प्राप्त नहीं हैं, फिर भी हम यह उचित रूप से अनुमानित कर सकते हैं कि ग्यारहवीं और बारहवीं शताब्दी के दौरान, विचारों एवं साहित्य के प्रसार के लिए मराठी के प्रयोग का आरम्भ हो गया था। किन्तु साहित्य के माध्यम के रूप में भाषा का परिपक्व विकास, जो मुकुन्दराय और ज्ञानेश्वर के ग्रन्थों में देखने को मिलता है, कम-से-कम दो शताब्दियों की साहित्यिक गतिविधियों की अग्रकल्पना करता है।

2.11 मुकुन्दराय

अब तक ज्ञात प्राचीनतम मराठी कवि, मुकुन्दराय, बारहवीं शताब्दी के उत्तरार्द्ध में पल्लवित हुआ। बल्लाल का पुत्र, जोगइ का राजा जयन्तपाल, जो उसका शिष्य कहा जाता है, अब तक निर्धारित नहीं किया जा सका है, किन्तु हम जानते हैं कि मुकुन्दराय ने *विवेकसिन्धु* की रचना 1188 ई. में की थी। इस ग्रन्थ में उसने शंकर के मतों पर आधारित अद्वैत दर्शन की व्याख्या की है।

2.12 ज्ञानेश्वर

तेरहवीं शताब्दी के उत्तरार्द्ध में महान ज्ञानेश्वर पल्लवित हुआ, जिसने अपनी युवावस्था में ही 1290 ई. में *गीता की ज्ञानेश्वरी* नामक अमर टीका की रचना की। मराठी में लिखनेवाला लगभग प्रथम साहित्यकार होते हुए भी, ज्ञानेश्वर को अत्यन्त गूढ़ विचारों तथा सर्वाधिक प्रतारणापूर्ण एवं कोमल मनोभावों को भी अभिव्यक्त करने में इस भाषा की क्षमता पर पूर्ण विश्वास था। उसने पहले ही यह कह दिया था कि उसकी रचना, अपने पाठकों के लिए अमृत से भी अधिक मधुर सिद्ध होगी तथा उसकी रचना को सभी अध्ययनशील व्यक्तियों की

प्रशंसा प्राप्त होगी। वस्तुतः उसकी भविष्यवाणी पूर्ण रूप से सही उतरी है। वास्तव में *ज्ञानेश्वरी* मराठी की प्रथम महत्त्वपूर्ण कृति है तथा काव्यात्मक कृति अथवा धर्म एवं दर्शन की कृति के रूप में किसी भी उत्तरकालीन ग्रन्थ की तुलना इससे नहीं की जा सकती। ज्ञानेश्वर प्रतिभाशाली कवि, विद्वान, मौलिक तथा अत्यन्त चिन्तक धार्मिक व्यक्तित्व था। मराठी भाषा के अन्य किसी भी लेखक में इन सभी गुणों का इतना सम्पूर्ण सम्मिश्रण नहीं मिलेगा। यद्यपि प्रत्यक्षतः *ज्ञानेश्वरी* गीता की टीका समझी जाती है, किन्तु वास्तव में यह एक स्वतन्त्र दर्शन ग्रन्थ है।

2.13 नामदेव

नामदेव एवं जनाबाई ज्ञानेश्वर के अवर समकालीन तथा उनके भक्तिप्रधान मराठी गीत अपनी सुन्दरता में अद्वितीय तथा धार्मिक उत्साह में अतुलनीय हैं। नामदेव ने पैदल ही सम्पूर्ण भारत का भ्रमण किया तथा उत्तर में भी कुछ स्थानों पर अपने मठों की स्थापना की। उन्होंने पंजाब में भी कुछ वर्ष व्यतीत किए, जहाँ गुरदासपुर जिले में धोमन नामक स्थान पर एक मठ स्थापित किया, जो आज भी विद्यमान है। इस तरह हम नानक के *ग्रन्थ साहब* में उनके गीत के सम्मिलित किए जाने के कारण समझ सकते हैं।

2.14 चक्रधर

यादवकाल में महानुभाव सम्प्रदाय के उदय से मराठी साहित्य के हित को और अधिक प्रोत्साहन मिला। इस सम्प्रदाय को सर्वप्रथम चक्रधर ने महत्त्वपूर्ण बनाया। वह इस बात पर विशेष बल देता था कि उसके अनुयायी संस्कृत की अपेक्षा मराठी में ही लिखें तथा इस प्राथमिकता के परिणामस्वरूप नवीन सम्प्रदाय की साहित्यिक गतिविधियों से मराठी साहित्य अत्यन्त समृद्ध हुआ। स्वयं चक्रधर की कोई साहित्यिक कृति उपलब्ध नहीं, किन्तु उसके एक दर्जन से भी अधिक शिष्यों ने मराठी भाषा में ग्रन्थ लिखे, जिनमें से अधिकांश धार्मिक विषयों पर थे। इनमें से भानुभट्ट कृत *शिशुपाल वध* (1273 ई.), दामोदर पंडित कृत *वत्सलाहरण* (1278 ई.), नरेन्द्रपंडित कृत *रुक्मिणी स्वयंवर* (1288 ई.), केशवराज कृत *सिद्धान्त-सूत्रपाठ* (1288 ई.), नृसिंहकेसरि द्वारा रचित *नलोपाख्यान*, महेश्वरपंडित के *रिद्धिपुरवर्णन* (1373 ई.) तथा महेन्द्र कृत *लीलाचरित्र* का यहाँ उल्लेख किया जा सकता है। इनमें से कुछ ग्रन्थ, समकालीन इतिहास की घटनाओं पर महत्त्वपूर्ण प्रकाश डालते हैं।

2.15 पुराण

करीब 500 से 900 ई. के बीच *वामनपुराण, वराहपुराण, कूर्मपुराण, भागवतपुराण* और *वृहन्नारदीयपुराण* में वर्णित अधिकांश बातों की रचना हुई। इन पुराणों के अध्ययन से नगर-सभ्यता का ह्रास और ग्राम-आधारित निर्वाह-व्यवस्था की संवृद्धि, जाति-व्यवस्था में आया विबन्धन (कठोर नियमों में बँधना) और विशाखन (अनेक जातियों-उपजातियों में

बँटना); वर्णशंकर सन्तानों का आधिक्य, आवश्यक और उपयोगी कलाओं के काम में लगे दस्तकारों को 'अपवित्र' और 'अस्पृश्य' घोषित कर उनकी भर्त्सना करना, नगरवासी ब्राह्मणों के एक महत्त्वपूर्ण अंश का ग्रामीणी-भवन (गाँवों में जा बसना); सामाजिक असुरक्षा और राजनीतिक अराजकता, मन्दिर केन्द्रित उपासना या पूजा पद्धति पर आधारित लोकधर्म का प्रसार, भक्ति सम्प्रदाय का प्रचलन आदि विशेषताएँ दिखाई देती हैं।

पुराण संस्कृत साहित्य की एक मान्य विधा है। इसमें जहाँ तक इतिहास लिपिबद्ध है, वह अन्तर्निहित इतिहास से वाह्यीकृत इतिहास का प्रारम्भ में संक्रमण था। इसका सम्बन्ध वीरगाथा परम्परा से था। सूत और मागध इसके आदि रचनाकार बताए जाते हैं। वेदों में सूत राजा का निकटवर्ती तथा बड़ी प्रतिष्ठावाला व्यक्ति था, किन्तु मानव धर्मशास्त्र के काल तक आते-आते वह संकीर्ण जाति के रूप में बदल गया। कलियुग में ब्राह्मणों ने पुराणों पर अपना एकाधिकार स्थापित कर लिया था। ब्राह्मणों ने अतीत को मौखिक परम्परा में सुरक्षित रखने का महत्त्व भलीभाँति समझ लिया था।

2.16 अभिलेख

महत्त्व—साहित्य जहाँ दुर्बोध है वहाँ पुरातत्त्व से सहायता लेकर इतिहास तैयार किया जा सकता है। इतिहासकार लिखित सामग्रियों पर निर्भर करता है, परन्तु पुरातत्त्व हजारों वर्ष पुराने खँडहरों को खोदकर इतिहास उपस्थित करता है। कौटिल्य रचित *अर्थशास्त्र* में उल्लिखित बातों को मूर्तिमान या स्पष्टीकरण में अशोक के लेख कितने सहायक सिद्ध हुए हैं, यह किसी विद्वान से छिपा नहीं है। कालिदास विरचित *रघुवंश* में विजययात्रा की पुष्टि हरिषेण लिखित समुद्रगुप्त के प्रयाग स्तम्भ लेख से होती है। इसी तरह हर्ष के लेखों से (मधुवन तथा बाँसखेड़ा) बाण के कथन की पुष्टि होती है। अभिलेख में हर्ष के हस्ताक्षर के परीक्षण से राजाज्ञा की प्रामाणिकता की बातें जानी जाती हैं। अभिलेखों के अध्ययन के फलस्वरूप प्राचीन भारत का इतिहास वैज्ञानिक ढंग पर लिखा गया है। भारतीय संस्कृति की प्रामाणिक रूपरेखा इन्हीं प्रशस्तियों तथा लेखों की सहायता से सामने आई है।

ऐतिहासिक अनुसन्धान में अभिलेखों ने अधिक सहायता की है। छोटे-छोटे लेखों में अमूल्य ऐतिहासिक सामग्री मिली है। उदाहरणार्थ—मास्की लेख के आधार पर ही मौर्य सम्राट का व्यक्तिगत नाम 'अशोक' प्रकाश में आया अन्यथा उसे प्रियदर्शी की संज्ञा दी गई थी जो अन्य सभी लेखों में पाया जाता है। अशोक के रूम्मनदेई स्तम्भ लेख से बुद्ध का जन्म स्थान तथा मौर्य सम्राट द्वारा तीर्थ-यात्रा के पश्चात् भूमि कर को घटाने का वर्णन पाया जाता है।

प्रकार—अभिलेखों को कई श्रेणियों में विभाजित करते हैं। अधिकतर लेख राजाज्ञा से खोदे जाते थे तथा उनका एक ध्येय होता था। शासन सम्बन्धी लेखों में राजनीति की चर्चा मिलती है। दान देने के उपलक्ष्य में उत्कीर्ण लेख दान सम्बन्धी अनेक बातों पर प्रकाश डालते हैं। प्रतिमा पर खुदे लेख राजा की धार्मिक भावना का परिज्ञान कराते हैं। राजा के विजय यात्रा का वर्णन से राज्य-विस्तार का ज्ञान हो जाता है। कई लेखों में शासक की दिग्विजय का विवरण पाया जाता है। यदि लेखों का अध्ययन किया जाए तो पता चलता है कि

प्रशस्तिकार अपने संरक्षक या आश्रयदाता की प्रशंसा में कुछ अतिशयोक्ति के साथ लेख उत्कीर्ण कराता था। इसलिए लेखों के अध्ययन करते समय सम्यक् रूप से विचार करना जरूरी है।

लेखों का वर्गीकरण : अभिलेखों को निम्न श्रेणियों में बाँटा जा सकता है—

1. **धार्मिक लेख :** ऐसे अभिलेखों में बहुधा धार्मिक चर्चा की गई है। प्रसंगवश अन्य बातों का उल्लेख मिल जाता है। उसका उद्देश्य धार्मिक कार्य का प्रसार माना जा सकता है, जैसे अशोक के धर्मलेख।
2. **प्रशंसामय अभिलेख :** शासक की प्रशंसा ही इसका उद्देश्य होता है। घटनाओं का उल्लेख इस तरह किया जाता है कि उससे शासक के जीवन पर प्रकाश पड़ता है। यशोधर्मन का मन्दसौर लेख, समुद्रगुप्त का प्रयाग स्तम्भ-लेख, हरहा तथा अयहोल की प्रशस्तियाँ इसके उदाहरण हैं।
3. **स्मारक-लेख :** अशोक का लुम्बिनी लेख। शासक ने किसी घटना के स्मारक में अभिलेख खुदवाया हो।
4. **आज्ञा-पत्र :** दामोदरपुर (उत्तरी बंगाल) तथा नालन्दा के ताम्रपत्र।
5. **दान-पत्र :** बराबर का गुहा लेख।

सातवीं सदी से 90 प्रतिशत ताम्रपत्र दान-पत्र के रूप में उत्कीर्ण हैं। बाण ने हर्ष का चरित लिखा तो हर्षवर्द्धन के मधुवन तथा बाँसखेड़ा के लेख राजा के जीवन की घटनाओं को प्रकाश में लाते हैं। ह्वेनसांग का विवरण अयहोल के लेख से पुष्ट किया जाता है कि हर्षवर्द्धन को द्वितीय पुलकेशी ने परास्त किया था। हरहा का लेख मौखरिवंश का अद्वितीय इतिहास वर्णित करता है। लेखों का अध्ययन यह बतलाता है कि कन्नौज के लिए धर्मपाल ध्रुव तथा वत्सराज में युद्ध हुआ था। तीनों शासक क्रमशः बंगाल, दक्षिण तथा राजपूताना की ओर से आकर महोदय (कान्यकुब्ज) पर प्रभुत्व स्थापित करने के लिए लड़ गए। कान्यकुब्ज पूर्वमध्य युग का प्रधान नगर था। वह प्राचीन पाटलिपुत्र के सदृश विख्यात था। देवपाल का नालन्दा ताम्रपत्र अपने ढंग का अकेला दानपत्र है जिसमें राजा के उदार हृदय की चर्चा चरितार्थ की जा सकती है। पाल शासक ने जावा के राजा बालपुत्रदेव की प्रार्थना पर पाँच गाँव दान में दिया था, जिस कार्य से उसके विश्वप्रेम की झलक मिलती है।

दक्षिण भारत के दो विशिष्ट लेख हैं जिनका स्थान प्रमुख समझा जाता है। एक लेख तंजौर के समीप नालूर से तथा दूसरा मद्रास के समीपवर्ती उत्तर मेरूर नामक स्थान से मिला था। इनके अध्ययन से यह ज्ञात हो जाता है कि मध्ययुग के आरम्भ में ग्राम शासन किस ढंग से होता था। सभा ग्राम के सारे कार्य की देख-रेख करती थी। धार्मिक, आर्थिक तथा स्थानीय विषय को सभा पूर्ण रीति से सम्पन्न करती थी। उत्तर मेरूर का लेख अपने ढंग का अकेला अभिलेख है जो सभा की विभिन्न उपसमितियों, सदस्यों का चुनाव तथा कार्यशैली पर प्रकाश डालता है। नालूर का लेख नौवीं सदी से तेरहवीं सदी तक प्रचलित चोल शासन का विवरण उपस्थित करता है। विशेषकर वर्णन आता है कि राजराज प्रथम के समय में व्यापारी द्वारा मन्दिर को भूमिदान दी गई थी, उसकी प्रबन्ध-समिति की बैठक नालूर के राजराजन सभामंडप में हुआ करती थी।[1] उसमें यह भी कहा गया है कि जो व्यक्ति ग्राम या मन्दिर सम्बन्धी कार्य

1. South Indian Inscriptions, जिल्द 2, संख्या 322, 1910

का विरोध करेगा वह ग्राम द्रोहिन समझा जाएगा और उसे समाज के अधिकार से वंचित किया जाएगा। अधिकतर लेख मन्दिर की दीवार पर खुदे हैं, इस कारण उनमें धार्मिक चर्चा, दान आदि की प्रधानता है। इसी तरह नौवीं सदी के नालूर लेख में ग्राम से सम्बन्धित विषयों की चर्चा मिलती है।

उत्तर मेरूर लेख का अध्ययन प्रजातान्त्रिक ढंग की शासन पद्धति पर प्रकाश डालता है। समिति का रूप, उस समिति का चुनाव, चुनाव-टिकट तथा उम्मीदवार सम्बन्धी विशद् विवेचन उन प्रशस्तियों में किया गया है। उससे पता चलता है कि उस भू-भाग के निवासी राजनीतिक अधिकार तथा चुनाव संस्था की ओर विशेष ध्यान देते थे। न्याय तथा तार्किक विचारें का आश्रय लेकर अपना कार्यक्रम स्थिर करते थे। उत्तर मेरूर के लेखों में पल्लव शासन (नौवीं सदी) से लेकर तेरहवीं सदी तक चोल साम्राज्य की अवनति काल तक ग्राम शासन प्रणाली का विवेचन किया गया है। विभिन्न वंशों का शासन होने पर भी तथा राजनीतिक परिस्थितियों के परिवर्तन होने पर भी ग्राम सभा के कार्य में कोई भेद नहीं आ सका। हर एक युग में सभा ने समान कार्य किया था। दसवीं सदी में चोल राजा राजराज प्रथम के समय सभा तथा उपसमितियाँ निर्विघ्न रूप से काम करती रहीं। उत्तर मेरूर के अभिलेखों से स्पष्ट प्रकट होता है कि ग्राम सभा के नियमों में विभेद न था तथा सदैव नियमित समझा जाता था। केन्द्रीय सरकार तथा सभा के कार्य का विवेचन करते समय ग्राम के नियमों को आदर मिलता था, यदि सभासद किसी सार्वजनिक कार्य के लिए ऋण लेता तो भविष्य में चुने जानेवाले सदस्य या उपसमिति को मान्य होता था। उसके संलग्न कार्य को पूरा करना, ऋण को वापस करना तथा सूद देना आदि सभी बातें नई उपसमिति को मानना आवश्यक था। लेख में वर्णित सभा की शक्ति का अनुमान एक उदाहरण से स्पष्ट हो जाता है। जब सभा ग्राम के सड़कों की मरम्मत करती या तालाब खुदवाती तो अपने कोष से जमीन खरीद कर उस कार्य को पूरा करती। पेयजल के प्रबन्ध के लिए किसी प्रदत्त धन की आय से 15 फीसदी भाग व्यय किया जाता और तालाब उपसमिति उसकी निगरानी रखती थी। कहने का तात्पर्य यह है कि नालूर तथा उत्तर मेरूर के लेखों में अमूल्य ऐतिहासिक सामग्री भरी पड़ी है विशेषकर ग्राम शासन का ऐसा सुन्दर सजीव तथा विस्तृत विवरण अन्यत्र कहीं नहीं मिलता।

अभिलेखों में संयुक्त शासन का भी वर्णन आता है। इस प्रसंग में लेखों के आधार पर नारी शासकों का वर्णन अप्रासंगिक न होगा। कश्मीर सिक्कों में एक मुद्रा लेख (दि क्षेमगुप्त) के आधार पर यह कहा जाता है कि रानी दिद्दा क्षेमगुप्त के साथ शासन करती थी और बाद में स्वतन्त्र रूप से राज्य करने लगी। इसलिए पिछले मुद्रा लेख में 'दिद्दा देव्या' लिखा गया। पर कश्मीर की प्रशस्ति में उसे 'राजन' कहा गया है। (पुरुषवाचक शब्द राज्य करने के कारण प्रयुक्त हैं)। दक्षिण आन्ध्र प्रदेश में काकतीय, रानी रुद्रम्बा को 'रुद्रदेवे महाराज' लेखों में कहा गया है। राजपूताना में प्रचलित मध्ययुग के सिक्के पर 'सोमल देवी' का मुद्रालेख उत्कीर्ण है जो राजपूत रानी के शासन का द्योतक है। इस प्रकार विभिन्न प्रकार की राजनीतिक बातें अभिलेखों के अध्ययन से विदित होती हैं।

प्रतिहार शासक महेन्द्रपाल की राजमुद्रा से उस वंश के राजा तथा रानी का क्रमबद्ध नाम मिलता है। उसका अनुवाद निम्न प्रकार है—"परम वैष्णव देवराज रानी भूमिकादेवी,

उसके पुत्र परममाहेश्वर वत्सराज, रानी सुन्दरीदेवी, उसके पुत्र परमभागवती भक्त भागभट्ट, रानी इष्टादेवी, उसके परमादित्य भक्त रामभद्र, रानी अप्पादेवी, उसके पुत्र परमभागवत भोज; रानी चन्द्रभट्टारिका देवी, उसके पुत्र परमभागवत महेन्द्रपाल, रानी देहनागादेवी'' के नाम मिलते हैं। इस दिशा में ज्ञानवर्द्धक राजमुद्राओं में नालन्दा तथा वसाढ़ की मुद्राओं का उल्लेख किया जा सकता है। उनसे कई संस्थाओं तथा पदाधिकारियों के नाम मिलते हैं। इसी रूप में मौखरि नरेश ईशान वर्मा के हरहा प्रशस्ति का नाम लिया जा सकता है। उसमें पूरे वंश का उल्लेख करते समय सर्ववर्मन मौखरि का नाम आता है जिसके सम्बन्ध में अन्य साधनों से कुछ ज्ञात नहीं है। हर्षवर्द्धन के बाँसखेड़ा ताम्रपत्र में नरवर्द्धन से हर्षवर्द्धन तक शासकों तथा रानियों के नाम मिलते हैं। इस रूप में दक्षिण के राजा गुर्जर प्रतिहार के जोधपुर प्रशस्ति में, अयहोल की प्रशस्ति में, चालुक्य वंश तथा राष्ट्रकूट वंशी भोर संग्रहालय ताम्रपत्र में समस्त राजाओं के नाम उल्लिखित हैं। बंगाल के पाल वंश के राजाओं के विषय में खालीमपुर ताम्रपत्र विशेष उल्लेखनीय है। इस तरह प्राचीन लेखों के अध्ययन से अनेक भारतीय शासकों के वंश वृक्ष का ज्ञान सरलता से हो जाता है।

छठी सदी के राजा यशोधर्मन के मन्दसौर लेख बतलाता है कि स्कन्दगुप्त के बाद हूणों का आधिपत्य मध्य भारत में हो गया था। तोरमाण का एरण लेख[1] तथा मिहिरकुल की ग्वालियर प्रशस्ति[2] इसके प्रमाण हैं कि हूण नरेश ग्वालियर के भू-भाग में शासन कर रहे थे। यशोधर्मन ने पुनः उन्हें परास्त किया जो उसकी प्रशस्ति से स्पष्ट हो जाता है।

ये भुक्ता गुप्त नार्थेत्रे सकल वसुधा क्रान्ति दृष्ट प्रतापै
त्राज्ञा हूणांधिपानां क्षितिपति मुकुटाद्धयासिनी यान्प्रविष्ठा

इस तरह उल्लेखों से युद्ध की कहानी ज्ञात हो जाती है।

मध्ययुग के आरम्भ से ही उत्तर तथा दक्षिण के शासकों की युद्धगाथा उनकी प्रशस्तियों में मिलती है। हरहा लेख में ईशान वर्मा मौखरि की विजय कथा मिलती है तो कमौली के ताम्रपत्रों में गोविन्द चन्द्रदेव की चर्चा है। अयहोल के लेख में द्वितीय पुलकेशी द्वारा अनेक राजाओं के अतिरिक्त कन्नौज नरेश हर्षवर्द्धन के पराजय का वर्णन मिलता है। भोर संग्रहालय ताम्रपत्र में राष्ट्रकूट नरेश दंत्तिदुर्ग, कृष्ण तथा ध्रुव आदि के युद्धों का विवरण पाया जाता है।

श्री काँची पति गंगवेगीकुयता ये मालवेशादयः
प्राज्याना नयतिस्म तान् क्षितिभृतो यः प्रातिराज्यानपि

पाल राजा धर्मपाल के साथ युद्ध की सूचना निम्न पंक्ति से मिलती है—

गंगा यमुनयोर्मध्ये राज्ञो गौडस्य नश्यतः
लक्ष्मी लीला विन्दानि स्वेत छत्राणि यो हरत्।

पूर्वी भारत में बंगाल का शासक धर्मपाल भी एक विजयी नरेश था। उसके विजय का वर्णन खालीमपुर ताम्रपत्र पर उल्लिखित है। कन्नौज के राजा इन्द्रायुध को परास्त कर

1. *कार्पस इंसक्रिप्शन इंडिकेरम*, जिल्द 3, पृ. 159
2. वही, पृ. 162

चक्रायुध को गद्दी पर बैठाया जिस कार्य को अनेक शासकों ने स्वीकार किया। बारहवें पद्य में लिखा है–

भोजैरमस्यैः समद्रैः कुरु यदुयवन अवत्ति गान्धार किरैर भूपति,
व्यालौल मौलि प्रणति परिणतैः साधू संगीर्यमानः
हृस्यति पंचाल वृद्धो धृतकनकमय स्वाभिषेकोदकुम्भो
दत्तः श्री कान्यकुब्ज सललित चलित भ्रूलता लक्ष्मयेन।

इस प्रकार अनेक उदाहरणों द्वारा यह प्रमाणित किया जा सकता है कि लेखों के अध्ययन से विभिन्न शासकों के युद्ध व विजय का वृत्तान्त प्राप्त होता है।

मौखरि वंश का लेख हरहा (बाराबंकी जिला) तथा नागार्जुनी गुहा (गया जिला) से मिले हैं जो सिद्ध करते हैं कि गया से अवध तक मौखरि वंश का प्रभाव फैला था। पालवंशी राजा धर्मपाल के अभिलेख तथा अन्य कई लेखों से यह प्रमाणित होता है कि धर्मपाल ने गुर्जर प्रतिहार तथा राष्ट्रकूट अधिकार हटाकर कन्नौज पर शासन स्थापित किया। उत्तरी बिहार तथा मगध में (मुंगेर, भागलपुर व नालन्दा आदि पालवंशी लेख बिहार प्रान्त को पाल राजाओं के अधीन घोषित करते हैं। यह स्थिति बीसवीं सदी तक बनी रही जबकि 1912 ई. में बंगाल से बिहार का प्रदेश पृथक् किया गया।

यदि पूर्वमध्ययुग के आरम्भ से ही ताम्रपत्रों का अध्ययन किया जाए तो प्रकट होता है कि राजा सरकारी कर्मचारियों को दान की सूचना देते समय सबको सम्बोधित करता रहा और इसीलिए बाँसखेड़ा, खालीमपुर, नालन्दा, मुंगेर आदि ताम्रपत्रों में अनेक पदाधिकारियों का उल्लेख किया गया है। निम्नलिखित सूची से तत्कालीन स्थिति का पता लग सकता है–

राजा राजानक राजपुत्र, राजामात्य, सेनापति, विषयपति, भोगपति, षष्टाधिकृत, दंडशक्ति दंडपाशिक, चौराद्धरणिक, दौहसाधसाधनिक, दूत, खोल गमागमिक अभित्वरमाण, हस्तश्वगोमहिष्यजाविकाध्यक्ष, नौकाध्यक्ष, बलाध्यक्ष, तारिक, शौल्किक, गुल्मिक, आयुक्तक, चाट, भट्ट, ज्येष्ठ कायस्थ, महामहत्तर दशग्रामिक, विषय व्यवहारिन (खालीमपुर ताम्रपत्र), महाप्रभातर, महासामन्त महाक्षपटलिक, रणाधिकृत आदि पदाधिकारियों के नाम। विषय के अन्तर्गत अनेक ग्राम थे जिसका मुखिया महत्तर कहलाता और ग्राम की इकाई स्वतन्त्र थी।

इन्दौर के ताम्रपत्र में सर्वप्रथम गुप्त सम्राट के लिए परमभट्टारक महाराजाधिराज की उपाधि मिलती है और उस समय से यह प्रचलित होकर पूर्वमध्यकाल की प्रशस्तियों में प्रयुक्त है। हर्षवर्द्धन तथा मौखरि लेखों में राजा के लिए महाराजाधिराज की पदवी ही मिली है लेकिन पिछले गुप्त तथा अन्य समकालीन राजाओं के लिए उससे भी महान पदवी 'परमभट्टारक महाराजाधिराज परमेश्वर' का उल्लेख कर और उनकी रानियों के लिए भी परमभट्टारिका लिखकर महान राजा होने का व्यर्थ दावा किया गया है। पूर्वमध्यकाल में सारा देश छोटे-छोटे राज्यों में बँटा था, अतः उन छोटे शासकों के लिए बड़ी उपाधि अर्थहीन सिद्ध होती है। केवल पदवी धारण करने से महान सम्राट नहीं बन सकते। इसी कारण लेखों में उल्लिखित पदवियाँ निरर्थक हैं, उदाहरणार्थ परमभट्टारक महाराजाधिराज परमेश्वर जीवित गुप्त ऐसे छोटे राजा के लिए प्रयुक्त है। बल्लभी दानपत्र में साधारण शासक की पदवी परममाहेश्वर परमभट्टारक

महाराजाधिराज परमेश्वर चक्रवर्ती उल्लिखित है। गुप्त राजाओं के वास्तविक सम्राट होने पर भी इस महान उपाधि के धारण करने का अवसर न मिल सका जिसको छोटे-छोटे राजाओं ने ग्रहण किया था।

पाल नरेश धर्मपाल के खालीमपुर लेख से विदित होता है कि उसके पिता गोपाल ने 'मात्स्यन्याय' को समाप्त कर बंगाल में शान्ति की स्थापना की। इसीलिए जनता ने उन्हें चुनकर पालवंश का शासक बनाया।

मात्स्यन्यायमुपोहितुं प्रकृतिभिः लक्ष्माः कर ग्राहितः
श्री गोपाल इति क्षितिश शिरशा चूड़ामणि तत्सुत।

इन सब विवरणों से राजा के प्रजाहित चिन्तन तथा आदर्श राजशासन की बातों का परिज्ञान होता है।

इसकी पुनरावृत्ति की आवश्यकता नहीं है कि पूर्वमध्ययुग से ताम्रपत्रों में पदाधिकारियों के अधिक नाम मिलते हैं। इसका एकमात्र कारण यह था कि दान करते समय अग्रहार पर राजकीय अधिकार दानग्राही को सौंप दिया जाता था और दान भूमि से प्रत्येक प्रकार का कर दानग्राही ग्रहण करता। इसलिए यह आवश्यक था कि सभी अधिकारियों को दान भूमि के सम्बन्ध में सूचना मिल जाए और कालान्तर में उस क्षेत्र से कर ग्रहण करने का प्रबन्ध न किया जाए। इसी प्रसंग में दानकर्ता शासक की पदवियाँ उल्लिखित हैं तथा पदाधिकारियों की चर्चा आज्ञा प्रदान करते समय की गई है।

2.17 विदेशी विवरण

जिस प्रकार चन्द्रगुप्त मौर्य का इतिहास जानने के लिए मेगस्थनीज और विक्रमादित्य का इतिहास जानने के लिए फाह्यान का विवरण बहुत उपयोगी सिद्ध हुआ है, उसी प्रकार हर्षवर्द्धन का इतिहास जानने के लिए ह्वेनसांग[1] के विवरण से बहुत सहायता मिलती है। वह एक चीनीयात्री था जो 630 ई. में भारत आया था। उसका उद्देश्य यहाँ बौद्ध धर्म का विस्तृत ज्ञान प्राप्त करना और बौद्धधर्म के ग्रन्थ एकत्रित करना था। इस काम के लिए वह यहाँ करीब पन्द्रह वर्षों तक रहा। इतने लम्बे अरसे में उसने जो कुछ देखा उसका हाल अपनी पुस्तक सीयूकी में लिखा। इससे हमें न केवल उस समय की सामाजिक और धार्मिक बातों की जानकारी होती वरन् राजनीतिक और आर्थिक स्थिति का भी बहुत कुछ पता चलता है। भारत को उसने ब्राह्मणों का देश कहा। भारतीय लोगों के जीवन, रीति-रिवाज और भौगोलिक विवरण तथा राजनीतिक घटनाओं की चर्चा है। कन्नौज के इतिहास के बारे में इस ग्रन्थ से विस्तृत जानकारी होती है। नालन्दा के बौद्ध विश्वविद्यालय में वह पढ़ा और पढ़ाया। ह्वेनसांग बताता है कि पूर्व की ओर हर्ष ने वैसे राज्यों पर आक्रमण किया जिन्होंने उसकी अधीनता मानने से इनकार कर दिया। इसके पश्चात् सेना को बढ़ाया और बिना युद्ध के तीस वर्षों तक शान्तिपूर्वक राज्य किया। ह्वेनसांग ने कजंगल, बंगाल के पवना, रंगपुर और ढाका के फरीदपुर तक साम्राज्य-विस्तार बताया है। उसके अनुसार शशांक के

1. *ऑन वांगच्वांग्स ट्रेवल इन इंडिया,* ए.डी. वाटर्स, लन्दन, 1904; एस. बिल, *लाइफ ऑफ ह्वेनसांग वीथ द समन ह्वी ली,* लन्दन, 1911; वही, सी यूकी बुद्धिस्ट रिकॉर्डस ऑफ दी वेस्टर्न वर्ल्ड, लन्दन, 1883

मरने के बाद उसका राज्य हर्षवर्द्धन के अधीन हो गया। नेपाल के कुछ क्षेत्रों में स्त्रियों के राज्य की चर्चा ह्वेनसांग ने किया है। 18 फीट ऊँची रजत की बनी बुद्ध की मूर्ति की इसने चर्चा की है।

सामन्ती वातावरण पर भी ह्वेनसांग कुछ प्रकाश डालता है। उसके अनुसार हर्ष सरकार की नीति इतनी उदार थी कि प्रशासन कार्य बहुत कम अधिकारियों से चल जाता था। परिवारों का पंजीयन नहीं होता था। हर्ष के समय में भूमिदान बड़े पैमाने पर प्रचलित थी। अधीनस्थ अधिकारियों को ह्वेनसांग के अनुसार राज्य की सेवा के बदले नकद वेतन नहीं दिया जाता था। क्योंकि एक-चौथाई राजस्व बड़े-बड़े अधिकारियों के खर्च के लिए सुरक्षित था। एक स्थल पर ह्वेनसांग साफ शब्दों में बताया है कि निजी खर्च चलाने के लिए प्रत्येक गवर्नर, मन्त्री, मजिस्ट्रेट और अधिकारी को जमीन मिली हुई थी। ह्वेनसांग ने कूथा, इसीक्कूल, ताशकन्द, समरकन्द, काबुल तथा पेशावर होता हुआ भारत आया था। चीन से भारत आने में उसे लगभग एक वर्ष लगे थे।

ह्वेनसांग के यात्रा-विवरण से स्पष्ट है कि पूर्वमध्यकाल में अधिकांश प्राचीन नगर गाँवों में बदल चुके थे या उनका अस्तित्व समाप्त हो चुका था। पाटलिपुत्र जैसे प्रसिद्ध नगर अपना गौरवशाली अस्तित्व खो चुके थे। चोरी, डकैती, अपहरण आदि का प्रकोप बढ़ गया था।

इत्सिंग नामक चीनी बौद्ध यात्री सातवीं सदी (671-695 ई.) में भारत आया। इत्सिंग का यात्रा-विवरण चीनी भाषा में जिसका अनुवाद एक जापानी विद्वान तककुसु ने *ए रेकॉर्ड ऑफ द बुद्धिस्ट रेलिजन,* (ऑक्सफोर्ड, 1986) के नाम से किया। भारत में पवित्र और अपवित्र भोजन के बीच किए गए भेदभाव को बताया गया है। व्यापारिक दृष्टिकोण से इत्सिंग बताता है कि ताम्रलिप्ति में उतरकर सीधे पश्चिम दिशा में चला तो कई सौ व्यापारी उसके साथ बोधगया तक गए थे। इस तथ्य को सातवीं सदी के एक अभिलेख *(एपिग्राफिया इंडिका,* जिल्द 2, पृ. 345) समर्थन करता है। भारतीय शिक्षा का महान ज्ञानी बल्लभी के इस सम्बन्ध में चीनीयात्री ने विस्तृत प्रकाश डाला है।

2.18 अरब के यात्री

सुलेमान ने अपना *यात्रा-विवरण* करीब 857 ई. में लिखा। व्यापार के उद्देश्य से ईरान की खाड़ी से होकर हिन्दुस्तान और चीन में वह कई बार भ्रमण कर चुका था। उसने लिखा है, "मैंने जितनी पृथ्वी देखी उसमें 4 श्रेष्ठ राजा पाए—1. बेबिलोन का खलीफा, 2. चीन का, 3. कुस्तुनतुनिया (ग्रीक) का और 4. बल्हारा का। चारों में बल्हारा सर्वश्रेष्ठ है।" बल्हारा कौन-सा था और उसकी राजधानी मानकिर कहाँ थी, इसके सम्बन्ध में इलियट का मानना है कि 'बल्लभराय' शब्द का अरबी अपभ्रंश बल्हारा और समुद्रतट से दूरवर्ती 'मान्यखेट' का अपभ्रंश मानकिर है जो राष्ट्रकूटों की राजधानी थी। उस समय राष्ट्रकूटों के राज्य का विस्तार समग्र दक्षिण प्रान्त में हो गया था और वह बड़ा प्रबल राज्य था, यह तत्कालीन लेखों से ही सिद्ध होता है। राष्ट्रकूट दक्षिण के सार्वभौम थे। सुलेमान लिखता है—"हिन्दुस्तान के राजा किसी का सार्वभौमत्व स्वीकार करने पर भी अपना राज्य प्रबन्ध स्वतन्त्र रूप से किया करते

थे। वल्लभराज की सेना में गजसेना और अश्वसेना की अधिकता थी। उसके राज्य में तातारिया दीनार चलते थे। उन पर वही संवत् छपा रहता था, जिस संवत् में वल्लभराज के पूर्वजों को गद्दी मिली थी। अरबों की तरह वे किसी अन्य सन्-संवत् को नहीं मानते थे।'' लेखक का यह वर्णन विचित्र प्रतीत होता है क्योंकि राष्ट्रकूटों के लेखों में शकमान-पद्धति का प्रयोग किया गया है। सिक्कों पर राज्यारोहण का संवत् होना सम्भव है। ''बल्हारों के राज्य में अरबों का आदर है और वहाँ के प्रजाजन अरबों के साथ मित्रता का भाव रखते हैं। 'बल्हार' वहाँ के राजवंश की उपाधि है।''

''जुर्ज के राजाओं के साथ बल्हारा राजा की बराबर स्पर्धा चलती है।'' इससे प्रतीत होता है कि राष्ट्रकूटों की तरह उस समय कन्नौज का भी बड़ा महत्त्व था। जुर्ज ही गुर्जर—कन्नौज के गुर्जर थे। ''कन्नौज की सेना में घुड़सवारों की संख्या अधिक होती है। वैसे अच्छे घुड़सवार अन्य सेना में नहीं दिख पड़ते। घोड़े भी बड़े सुन्दर होते हैं। सेना में उष्ट्रदल भी विपुल है। यह सब होते हुए कन्नौजपति अरबों से मित्रता नहीं रखता। उसके राज्य का आकार तिकोना (जिह्वाग्र के समान) है।'' इससे ज्ञात होता है कि कन्नौज का राज्य काठियावाड़ तक फैला हुआ था। ''उस देश में लेन-देन सोने-चाँदी के टुकड़ों से (सिक्कों से नहीं) होता है।'' भोजराज ने 'आदिवराह द्रम्म' सिक्के पहले पहल चलाए, यह पहले कहा जा चुका है। ''इस देश में चोर-डाकुओं का बिलकुल भय नहीं है।'' इससे सिद्ध होता है कि वर्तमान अंग्रेजी शासनकाल में ग्वालियर, बुन्देलखंड आदि प्रान्तों में जिस प्रकार चोरों, लुटेरों आदि का भय है, उस प्रकार एक हजार वर्ष पूर्व—जब उक्त प्रान्त कन्नौज के अधीन थे—नहीं था। सर्वत्र शान्ति और समृद्धि का साम्राज्य था।

सुलेमान ने 'ताफिक' राज्य का उल्लेख किया है। वह कहता है—''इस राज्य का विस्तार अधिक नहीं है; किन्तु वहाँ जैसी गोरी और सुन्दर स्त्रियाँ हिन्दुस्तान में अन्यत्र नहीं दिख पड़तीं।'' ताफिक राज्य कहाँ था, यह नहीं कहा जा सकता। इलियट के मत से वह राज्य औरंगाबाद में था। परन्तु यह मत ठीक नहीं जँचता, क्योंकि एक दूसरा अरबी प्रवासी लिखता है कि वह राज्य पर्वतश्रेणियों में बसा हुआ है। वह सम्भवतः हिमालय के असपास कहीं रहा होगा। यह भी समझ में नहीं आता कि ताफिक शब्द किस हिन्दुस्तानी नाम का अपभ्रंश है। हो सकता है कि वह पंजाब का कोई राज्य हो अथवा तक्क या जालन्धर का राज्य हो। औरंगाबाद परगने की स्त्रियाँ गोरी और सुन्दरी नहीं होतीं, यह तो सबको विदित ही है।

इसके पश्चात् रहमी के राज्य का वर्णन है। दुर्भाग्यवश इस राज्य के सम्बन्ध में भी कुछ निश्चय नहीं किया जा सकता। ''तीनों राज्य जुर्ज के आसपास के प्रदेश में हैं और उनका जुर्ज के राज्य से सदा वैर-भाव बना रहता है।'' इस वाक्य से अनुमान होता है कि रहमी का राज्य बंगाल का राज्य होगा। अन्य लेखकों ने भी लिखा है कि इस राज्य का विस्तार बंगाल के उपसागर तक था। रहमी शब्द किस शब्द का अपभ्रंश है, इसका भी पता नहीं चलता। ''रहमी के राजा के पास पचास हजार गजदल था।'' इस अत्युक्तिपूर्ण वर्णन से भी यही अनुमान दृढ़ होता है कि वह बंगाल का ही राज्य था, क्योंकि उस समय मगध और गौड़ में विपुल हाथी पाए जाते थे। ''इस देश में इतना नरम और महीन एक प्रकार का वस्त्र बुना जाता है कि वैसा अन्यत्र कहीं नहीं दिख पड़ता। उसका बना अंगा अँगूठी से पार किया जा सकता है। यह वस्त्र

कपास का ही होता है और हमने स्वयं देखा है।'' इस वर्णन से प्रतीत होता है कि उस समय भी बंगाल (ढाके) के मलमल की बहुत प्रसिद्धि थी।

इसके बाद भारत के सीमाप्रान्त के तीन राज्यों का वर्णन दिख पड़ता है, यथा— 1. 'कशबिन' का राज्य। ''यहाँ के लोग गोरे होते हैं।'' इस वर्णन से ज्ञात होता है कि यह राज्य हिमालय में कहीं था। 2. 'किरंज' का राज्य और 3. 'सेरन्दीब' (सिंहलद्वीप) का राज्य। सुलेमान ने अपना प्रवास-वृत्तान्त ई.स. 850 (वि. 907) में लिखा और इसमें सन्देह नहीं कि उसमें तत्कालीन भारतीय राजनीतिक परिस्थिति का यथार्थ वर्णन किया गया है। उस समय राष्ट्रकूट, प्रतिहार और पाल ये तीनों क्रमशः दक्षिण, मध्यदेश और बंगाल के वैभव सम्पन्न राजा था। सुलेमान के प्रवास वर्णन में तत्कालीन सामाजिक और धार्मिक परिस्थिति का भी दिग्दर्शन किया गया है।

इब्न खुर्दादबा नामक प्रवासी ने भी इसी समय को लक्ष्य कर अपना प्रवास वर्णन लिखा है। पता चलता है कि इब्न खुर्दादबा का देहान्त ई.स. 912 (वि. 969) के आसपास हुआ। वह लिखता है—''हिन्दुस्तान में सर्वश्रेष्ठ राज्य बल्हारा का है। जाबाल (जावा), ताफन, जुर्ज, रहमी, कामरून (कामरूप) आदि और भी अनेक राज्य हैं। अन्य प्रान्तों के साथ रहमी राज्य का व्यापारिक लेन-देन जहाजों द्वारा होता है। उस राज्य में पचास हजार हाथी हैं और वहाँ कपास, कपड़ा तथा अलोवुड (एक प्रकार की सुगन्धित लकड़ी) बहुत होता है।'' इस वर्णन से भी रहमी राज्य बंगाल का ही राज्य सिद्ध होता है। उक्त लेखक ने भारत की सात जातियों का वर्णन किया है।

अल-मसूदी नामक प्रवासी के ई.स. 953 (वि. 1010) में लिखे प्रवास-वृत्तान्त में भारत का बहुत सूक्ष्म वर्णन मिलता है। अपने समय से पहले की भारतीय इतिहास सम्बन्धी दन्तकथाओं का वर्णन कर वह लिखता है—''कोरेश राजा (श्रीहर्ष) के पश्चात् साम्राज्य का संघटन टूट गया। सिन्ध, कन्नौज और कश्मीर अलग-अलग हो गए और उनकी रीति-नीति, समाज-व्यवस्था तथा शासन-प्रणाली में बहुत अन्तर पड़ गया। मानकिर में बल्हारा राज्य करने लगा। सर्वत्र भिन्न-भिन्न भाषाएँ प्रचलित हैं और उन राज्यों में परस्पर युद्ध भी हुआ करते हैं। बल्हारा राजा सबमें श्रेष्ठ है। कश्मीर, ताफन जैसे राज्य समुद्र से बहुत दूर पर्वतश्रेणियों में स्थित हैं। बल्हारा के पास पैदल सेना अधिक है; क्योंकि उसकी राजधानी पहाड़ी प्रदेश में है। उसके पास गज सेना भी है, किन्तु पैदल सेना की संख्या अगणित है। समुद्र से सुदूर प्रान्त में बसा हुआ विख्यात 'बाउरा' का राज्य है और उसका स्वामी कन्नौज का भी अधिपति है। कन्नौज के सभी राजाओं को 'बाउरा' कहते हैं और उसकी सेना पश्चिम, दक्षिण, पूर्व और उत्तर में रहती है।''

'बाउरा' शब्द किस शब्द का अपभ्रंश है, समझ में नहीं आता। विदेशी लोग इस देश के शब्दों को तोड़-मरोड़कर विलक्षण रूप दे देते हैं। उनके मूल रूप का पता लगाना बड़ा कठिन है। बीजापुर के 'आदिलशाह' को पोर्तुगीज 'इदिलकाव' कहते थे, परन्तु इस शब्द से 'आदिलशाह' का अर्थ निकालना जरा कठिन ही है। अस्तु, अन्य अरब लेखकों ने भी अपने लेखों में 'बाउरा' का उल्लेख किया है। 'बाउरा' कन्नौज के प्रतिहार ही थे। 'बल्हारा' (वल्लभराय) इस शब्द से स्पष्ट है कि, 'रा'—'राय'-वाचक शब्द है। 'बाउरा' शब्द को 'प्रतिहार' का अपभ्रंश मानने से ही उसकी चरितार्थता हो सकती है और उससे प्रतिहार राय (पडिहार रा) शब्द बन सकता है।

"मिहिरान नदी (सिन्धु) सिन्ध प्रान्त के उत्तर के ऊँचे भू-भाग से निकलकर कन्नौज, कश्मीर, कन्दहार और ताफन राज्य में प्रवाहित होती है।" इससे जान पड़ता है कि कन्नौज साम्राज्य का विस्तार पंजाब तक हो गया था और ताफन का राज्य हिमालय के ही आसपास कहीं था।

"कन्दहार के राजा को 'हाहज' कहते हैं। वास्तव में सभी राजाओं की उपाधि 'हाहज' है। कन्दहार रहबूदों (राजपूतों) का देश कहा जाता है। कश्मीर के राजा की उपाधि 'राय' है और वह सिन्ध प्रान्त का ही एक भाग है।" 'हाहज' क्या है, कहा नहीं जा सकता। परन्तु इस अवतरण से सिद्ध होता है कि उस समय कन्दहार में राजपूतों का राज्य था। 'कश्मीर सिन्ध प्रान्त का ही एक भाग है,' लेखक के इस कथन से उसकी अनभिज्ञता प्रकट होती है। सम्भव है, सिन्ध प्रान्त पर अधिकार कर लेने पर अरबों ने कश्मीर के लोभ से उसकी ओर रुख फेरा हो।

"कन्नौज के राजा की विशाल सेना चारों दिशाओं में सदा सन्नद्ध रहती है। हर एक दिशा में कम-से-कम सात से आठ लाख तक सेना रहती है। उत्तर की सेना मुल्तान के राजा और सीमाप्रान्त के मुसलमानों से तथा दक्षिण की सेना मानकिर के बल्हारा राजा से साम्राज्य की रक्षा करती है।" इस वर्णन से सिद्ध होता है कि कन्नौज की धाक सब राज्यों पर जमी हुई थी। कन्नौज जब तक वैभव के शिखर पर था, तब तक उसने अपने साम्राज्य पर किसी का प्रभाव जमने नहीं दिया। अरबों से दक्षिण के राष्ट्रकूटों की मित्रता थी और दोनों मिलकर कन्नौज पर चढ़ाइयाँ किया करते थे; किन्तु कन्नौज की समृद्धि के समय में उसके आगे किसी की दाल नहीं गली। उक्त प्रवासी के वर्णन से उस समय के हिन्दुओं की मूर्खता और भोलेपन की भी कल्पना हो जाती है। वह लिखता है—"धर्मभ्रष्ट मूर्तिपूजक जब मुल्तान पर चढ़ाई करने की तैयारी करते हैं और मुल्तानी लोग उनसे लड़ना नहीं चाहते; तब वे मूर्तिपूजकों को सूर्य देवता की मूर्ति तोड़ डालने की धमकी देते हैं। इसका परिणाम यह होता है कि मूर्तिपूजक अपनी सेना को लौटा ले जाते हैं।" हिन्दुओं के भोलेपन का इससे बढ़कर प्रमाण और क्या मिल सकता है?

अल-मसूदी ने अन्त में रहमी राज्य का वर्णन किया है। "रहमी राज्य का विस्तार समुद्र के तट तक है। रहमी राज्य का सीमाप्रान्त के जुजों और बल्हारा राजा से सदा युद्ध होता रहता है। इस राज्य की दूसरी सीमा पर कामन राज्य है; वहाँ के प्रजाजन बहुत ही सुन्दर हैं; उनमें कानों को छेदने की चलन है।" 'कामन' राज्य कामरूप अर्थात् आसाम का राज्य, समझना चाहिए। इस राज्य के सब निवासी धार्मिक हिन्दू ही हैं।

अलइस्ताखरी नामक प्रवासी ई. स. 951 (वि. 1008) के लगभग हिन्दुस्तान में आया था। उसने अपने प्रवास वर्णन में लिखा है—"कमबाया (खम्बायत) से सेमूर (चेऊल) तक बल्हारा का राज्य फैला हुआ है।" इससे ज्ञात होता है कि दक्षिण-मध्य गुजरात और कोंकण प्रान्त का अधिकांश राष्ट्रकूटों के अधिकार में था। "बल्हारा राजा के बहुत से सामन्त हैं।" अर्थात् बल्हारा के सम्राट होने पर भी मांडलिकों के राज्य उन्हीं के शासन में रहते थे, साम्राज्य में मिला नहीं लिए जाते थे। इन मांडलिकों में लाट अर्थात् गुजरात के मांडलिक की भी गणना होती है। "यहाँ के लोग काफिर हैं; किन्तु राज्य के एक भाग में मुसलमान भी बसे हैं और उन पर बल्हारा की ओर से मुसलमान ही शासन करते हैं। वहाँ उन्होंने मस्जिदें भी बनवा ली

हैं।" इससे प्रतीत होता है कि दक्षिण के हिन्दू कन्नौज और मध्य भारत के हिन्दुओं की अपेक्षा अधिक परमत-सहिष्णु थे अर्थात् वे कट्टर हिन्दू नहीं थे।

इब्न हौकल के प्रवास-वृत्तान्त का समय ई. स. 976 (वि. 1033) है। वह लिखता है–"कम्बायत (खम्बायत) से सैमूर (चोल) तक बल्हारा राज्य का विस्तार है और उसमें अनेक मांडलिक राजा राज्य करते हैं। बल्हारा की राजधानी मानकिर है; कम्बायत से सैमूर तक सिलसिलेवार ग्राम बसे हैं और काफी जमीन में खेती होती है।" इस वर्णन से स्पष्ट है कि राष्ट्रकूटों के समय में गुजरात और कोंकण प्रान्त पूर्ण समृद्ध थे।

3

प्राचीन से मध्यकाल में संक्रमण

(Transition from Ancient to Medieval)

3.1 परिवर्तन के नए चरण

सामाजिक, आर्थिक, राजनीतिक, धार्मिक एवं सांस्कृतिक क्षेत्र में व्यापक एवं परिपक्व बदलाव 600 ई. से पाए जाने लगते हैं। वैदिक वर्ण-व्यवस्था में ह्रास पहले से होने लगा था, किन्तु 600 ई. से इसका पूर्ण लोप हो गया। 600 ई. के आसपास से समाज जातियों एवं उपजातियों में विभाजित हो गया। वैदिक वर्ण-व्यवस्था में शिल्पकारों एवं गैर पशुपालकों तथा गैर कृषकों को कोई स्थान नहीं मिला था, किन्तु 600 ई. के आसपास सोनार, लोहार, बढ़ई आदि शिल्पकार जाति का रूप प्राप्त कर लिए। वैश्य एवं स्त्रियों को शूद्र बताया गया। आर्थिक दृष्टि से अधिकांश व्यापारिक नगरों का पतन हो गया। अधिकांश लोग रोजी-रोटी की तलाश में इधर-से-उधर आ-जाकर बसने लगे। पुश्तैनी पेशा बदलकर लोग दूसरे का पेशा अपनाने लगे। लम्बी दूरी के व्यापार बन्द हो गए। स्वर्ण सिक्कों का व्यापार में प्रयोग प्रायः बन्द हो गया। राजनीतिक बिखराव पाए जाने लगे। साम्राज्य की अवधारणा समाप्त और भारत छोटे-छोटे सैकड़ों राज्यों में विभाजित हो गया। राजा का पद बेचा जाने लगा। अधिकारी सामन्त (कर देनेवाला राजा) बन गए। प्रशासनिक पद वंशानुगत होने लगे। योग्यता का महत्त्व नियुक्ति में नहीं रहा। विशाल मन्दिर पूरे भारत में निर्मित हुए। मन्दिरों में देवदासियाँ पाई जाने लगीं। गैर ब्राह्मण ब्राह्मण का पेशा अपना लिए। बौद्धधर्म एवं जैनधर्म का महत्त्व उतना नहीं रहा। तन्त्र-मन्त्र और जादू-टोना का प्रभाव बढ़ा। भूमिदान पाकर ब्राह्मणों द्वारा राजा का देवता के रूप में गुणगान की परम्परा प्रारम्भ हुई और राजा एवं विभिन्न धर्मों की प्रशंसा में सैकड़ों ग्रन्थ लिखे जाने लगे। क्षेत्रीय भाषाओं का विकास हुआ।

इस तरह करीब 600 और 1200 ई. के बीच भारत में सामाजिक, आर्थिक, राजनीतिक एवं सांस्कृतिक दृष्टि से कुछ ऐसी नवीन विशेषताएँ पाई जाने लगती हैं जिनकी गुप्तकाल और पूर्व-गुप्तकाल में प्रायः अनुपस्थिति रही। यह तथ्य तत्कालीन पुरातात्त्विक सामग्रियों का अभाव, लिखित साहित्यों में वृद्धि, हजारों अभिलेखों, व्यापार में सिक्कों का कम प्रयोग, भारत का लगभग 40 छोटे-बड़े राज्यों में बँटना, विकसित विलासमय जिन्दगी, मन्दिरों के निर्माण में वृद्धि, विभिन्न देवी-देवताओं, नग्न प्रतिमाओं, देवदासियों, बौद्धधर्म का पतन, भूमि पर दबाव, उत्पादन में स्थानीयकरण, गाँवों, धार्मिक, राजनीतिक और युद्ध शिविर (स्कन्धावार)

वाले नगरों में वृद्धि, व्यापारिक नगरों की संख्या में गिरावट, ग्रामीण आबादी में वृद्धि और नगरों की आबादी में गिरावट, तीर्थस्थलों का उदय, विदेशी व्यापार में कमी, जातियों एवं उपजातियों का उदय एवं विकास, छोटे-छोटे राजाओं एवं सामन्तों द्वारा अपने को बड़ी-बड़ी उपाधियों से अलंकृत करना, मात्र भूमि से प्राप्त आय में निश्चितता, दरबारी एवं अन्य कवियों एवं लेखकों द्वारा राजा का गुणगान, व्यापक रूप से भूमिदान आदि से प्रमाणित किया जा सकता है।

उपर्युक्त तथ्यों पर अगर विचार करें तो पाते हैं कि तक्षशिला, संघोल, धुरम, सुनेट, सुघ, अगरोहा, राजा कर्ण का किला, पुराना किला, हस्तिनापुर, अतिरंजिखेड़ा, अहिछत्र, सोंख, मथुरा, जजमउ, श्रावस्ती, शृंगवेरपुर, भीटा, कौशाम्बी, राजघाट, मसोन, मांझी, चिरान्द, लौरिया-नन्दनगढ़, वैशाली, कटरागढ़, सोनपुर, चम्पा, शिशुपालगढ़, चन्द्रकेतुगढ़, वानगढ़, संभर, विराटनगर, रंगमहल, त्रिपुरी, मल्हार कैथा, वेसनगर, वलभी, अमरेली, कारवाँ, वादनगर, अरनी, कुन्दपुर, भोकरदान, बहल, नासिक, ब्रह्मपुरी, नेवासा, ब्रह्मगिरि, कोल्हापुर, गोवा, बनवासी, चन्द्रवल्ली, पेड्डकुर, बंलीकट्टा, येलेश्वरम, कोंडपुर, सतनी कोटा, सालीहुंडम, धरनीकोटा, नागार्जुनकोंडा, अरिकामेडु, उरैयुर, कावेरीपट्टम, तीरुकम्बुलीधुर आदि प्राचीन ऐतिहासिक स्थलों का पतन चौथी-पाँचवीं शताब्दी तक हो चुका था क्योंकि खुदाई से प्राप्त सामग्रियाँ यहाँ नहीं मिलतीं।

3.2 समाज

इस काल की अन्य विशेषताओं में से एक मुख्य विशेषता व्यापक रूप से अभिलेखों का पाया जाना है। मौर्य शासक अशोक के काल से अभिलेख पाए जाने लगते हैं। लेकिन गुप्तकाल से पूर्व इनकी संख्या नगण्य है। उत्तर-गुप्तकाल से अभिलेखों की संख्या में अपार वृद्धि हो जाती है जिनका मुख्य सम्बन्ध भूमिदान से है। सामन्तवाद के विकास में भूमिदान का सिलसिला एक महत्त्वपूर्ण तत्त्व रहा। भूमिदान के मुख्यतः तीन कारण पाए जाते हैं। विशेषरूप से गुप्तकाल के उत्तर चरण से भूमिदान राजा द्वारा सर्वप्रथम वैसे अधिकांश अधीनस्थ अधिकारियों को दिया जाने लगा जिन्हें नगद वेतन देने में राजा असमर्थ रहा। नगद वेतन देने में राजा उसी समय समर्थ होता जब राजस्व के रूप में उसे नगद रकम प्राप्त होता। तत्कालीन पुरातात्त्विक सामग्रियाँ, अभिलेख एवं साहित्यों से अनेक कारणवश कमजोर अर्थव्यवस्था और जर्जर व्यापार एवं व्यापारिक केन्द्रों की जानकारी होती है। इस स्थिति में नगद राजस्व प्राप्त होना बिलकुल कम हो गया। दूसरी ओर काफी संख्या में प्रशासन एवं सेना से जुड़े लोगों को नौकरी से निकालने के बावजूद सरकारी लोगों की संख्या इतनी अधिक रही कि उन्हें नगद वेतन देना राजा के लिए सम्भव नहीं रहा। भूमिदान का दूसरा प्रमुख कारण यह रहा कि सीमावर्ती क्षेत्रों पर होनेवाले वाह्य आक्रमण, आन्तरिक विद्रोह और बाढ़, महामारी तथा सूखा जैसे प्राकृतिक प्रकोपों से प्रजा को मुक्ति दिलाने या सुरक्षा प्रदान करने में राजा असमर्थ हो गया क्योंकि आर्थिक स्थिति खराब होने के कारण प्रशासन एवं सेना से सम्बन्धित लोगों के कमी होने से दूर-दूर तक राज्य को सुरक्षित रखना अब मुश्किल-सा हो गया। अतः सीमावर्ती क्षेत्र पड़ोसी राज्यों के साथ मिलने लगे या स्वयं को किसी राजनीतिक नेता के नेतृत्व में

स्वतन्त्र करने लगे। इससे राज्यसीमा में संकीर्णता की विकट समस्या न खड़ी हो जाए, यह सोचकर सीमावर्ती समस्याओं के समाधान के लिए धर्मरूपी औजार का प्रयोग शुरू हुआ। ऐसा प्रयोग कोई नवीन या पहली बार नहीं था। प्रत्यक्ष रूप से यह औजार वैदिक, बौद्ध, मौर्य और कुषाण काल में भी उपलब्ध था और सर्वोच्च शक्ति द्वारा इसका प्रयोग भी किया गया। लेकिन पूर्वसामन्तवादी चरणों में इस औजार को सर्वाधिक महत्त्वपूर्ण स्थान नहीं मिला। गुप्तकाल के बाद धर्मरूपी औजार सर्वाधिक महत्त्वपूर्ण हो गया। पृथ्वी पर रहनेवाले मनुष्य और स्वर्ग में रहनेवाले देवताओं के बीच सम्बन्ध स्थापित करनेवाला ब्राह्मण वर्ग धार्मिक प्रक्रियाओं का सबसे अधिक महत्त्वपूर्ण तत्त्व हो गया। समाज पर इनका प्रभाव रहना स्वाभाविक था। ऐसे ही में से कुछ शिक्षित एवं अनुभवी ब्राह्मणों को भूमिदान राजा द्वारा इस शर्त पर दी गई कि सीमावर्ती क्षेत्रों में होनेवाले विद्रोहों को ग्राम अनुदान प्राप्त करनेवाला ब्राह्मण शान्त करेगा। इस तरह विद्रोहरूपी आग को बुझाने के लिए ग्रामदान देकर राजा ने ब्राह्मणरूपी जल को सीमावर्ती क्षेत्रों में भेजा। सीमावर्ती क्षेत्रों में ग्रामदान प्राप्त कर विद्रोहियों एवं आर्थिक समस्याओं से परेशान समाज को शान्ति और सन्तोष, पुण्य और पाप, स्वर्ग और नरक, लोक-परलोक, पूर्वजन्म और पुनर्जन्म आदि का पाठ पढ़ाने के लिए वहाँ के ब्राह्मणों ने अनेक धर्मग्रन्थों को लिखा जिनमें अनेक धार्मिक क्रियाकलापों एवं अन्धविश्वासों को प्रधान स्थान मिला।

भूमिदान का तीसरा कारण मान-प्रतिष्ठा और परलोक बना। सामाजिक मान-प्रतिष्ठा और परलोक में स्वर्ग की आशा प्रधान रूप में मन्दिरों से की गई। अतः राजाओं, अधिकारीगण, राजमहिलाओं, सामन्तों, धनाढ्यों एवं यथासम्भव जनसाधारण द्वारा मन्दिरों को दानस्वरूप अनेक वस्तुएँ भेंट की गईं जिनमें सर्वप्रमुख रहा भूमिदान।

भूमिदान ने अनेक प्रक्रियाओं और चरणों को जन्म दिया जिसके कारण केन्द्र की शक्ति में सैद्धान्तिक एवं व्यावहारिक दोनों दृष्टियों से कमी हुई। प्रथम चरण में भूमिदान इस शर्त पर दिया गया कि दान प्राप्तकर्ता राजा का अनुगृहीत रहेगा। भूमि का वास्तविक मालिक राजा ही होगा और वहाँ से प्राप्त राजस्व मात्र से अपना एक निश्चित हिस्सा लेकर शेष राजस्व राजा को प्राप्त हो जाएगा। वहाँ की जनता का प्रत्यक्ष सम्बन्ध दानप्राप्तकर्ता से नहीं, बल्कि स्वयं से रखने का भी शर्त रखा था। कुछ दिनों के बाद राजा की यह योजना पूर्णतः धराशायी हो गई क्योंकि कोई-न-कोई चाल चलकर विशेष रूप से सेनापतियों, मन्त्रियों एवं अन्य उच्चाधिकारियों ने अपनी स्थिति स्वयंभू की बना ली। धर्म के नाम पर प्राप्त ब्राह्मणों की भूमि को वैसे ही अग्रहार बताकर कर-मुक्त कर दी गई। अधिकारियों ने प्रथम चरण में राजा को यह बताकर कि बाढ़, सूखा आदि के कारण ग्रामीण निश्चित प्रतिशत लगान को देने में असमर्थता जाहिर कर रहे थे, कर का दर बढ़ाने या सामान्य स्थिति में पुनः घटा देने का अधिकार केन्द्र से प्राप्त कर लिया। दूसरे चरण में अपनी सेनाएँ उन्होंने यह बताकर तैयार कर लिया कि बिना डर के ग्रामीण कर देने के लिए तैयार नहीं थे। इसी सिलसिले में कर नहीं देनेवाले कुछ लोगों को दंड देने का अधिकार भी इन्हें प्राप्त हो गया। इतने अधिकारों को प्राप्त कर ये अधिकारी अपने-अपने क्षेत्र के सामन्त (कर देनेवाला राजा) या मालिक बन गए। अपनी-अपनी भूमि सीमा में इनकी सम्प्रभुता स्थापित हो गई। इसके बावजूद राजा कानूनी रूप से जमीन का स्वामी बना रहा, अतः किसी-न-किसी राज्योत्सव के

अवसर पर ये सामन्त दरबार में उपस्थित होते और राजा को उपहारस्वरूप कुछ रकम या कीमती वस्तुएँ भेंट करते। इस तरह से सामन्त यह प्रमाणित करने में सफल हो जाते कि अभी भी राजा के अधीन वे प्रशासन में कार्यरत थे। अन्तिम चरण में राजा से अत्यधिक लाभ उठाने में अधिकांश प्रभावशाली मन्त्री एवं अधिकारी सफल हो गए। अब नहीं चाहने के बावजूद अनेक पदों को राजा द्वारा वंशानुगत बना दिया गया। इस अवसर पर भेंट में कुछ प्राप्त कर राजा भी सन्तुष्ट हो जाता क्योंकि ऐसी विकेन्द्रीकरण की स्थिति को सँभालने की स्थिति में वह नहीं रह गया था।

भूमिदान से सम्बद्ध इन तथ्यों की ठोस जानकारी साहित्यों से ज्यादा अभिलेखों से होती है। अभिलेख प्रायः मन्दिरों के दीवारों, शिलाखंडों, ताम्रप्लेटों, मुहरों आदि पर पाए गए। भूमिदान से सम्बन्धित प्रथम अभिलेख सातवाहन नरेश गौतमीपुत्र सातकर्णी के काल का मिला है। भूमिदान से सम्बन्धित अभिलेख 13-14वीं शताब्दी तक पाए गए। इसके पश्चात् तुर्कों ने कागज का प्रचलन शुरू किया और अभिलेखों में प्रशस्तियाँ लिखने का सिलसिला शुरू हुआ।

संघर्षमय वातावरण और कमजोर आर्थिक स्थिति ने स्थानीयकरण (Localization) की स्थिति पैदा की। व्यापार में स्वर्ण सिक्कों का प्रयोग नगण्य हो गया। विनिमय प्रणाली (Exchange System) का महत्त्व बढ़ा। समुद्र यात्रा करनेवाले व्यापारियों को म्लेच्छ कहकर उन्हें शूद्र की श्रेणी में रखा गया। लूटपाट और असुरक्षा की स्थिति से मजबूर होकर उत्पादक वर्ग उतना ही उत्पादन करता जिसकी खपत आसपास के क्षेत्रों में हो जाए। लम्बी दूरी तय कर व्यापार करना मुश्किल हो गया क्योंकि प्रत्येक छोटे-बड़े राज्यसीमाओं पर टैक्स देने के कारण व्यापारियों की वस्तुएँ महँगी पड़तीं जिन्हें खरीदनेवाले अब कम मिलते और स्थानीय वस्तुओं से ही काम चला लेते थे। व्यापारियों को सुरक्षा नहीं प्रदान की जाती। इस तरह बाजारों और उत्पादन का स्थानीयकरण हो गया।

स्थानीयकरण के कारण समाज की गतिशीलता में कमी आई। इस स्थिति में पेशा जन्म से ही निर्धारित होने लगा। वर्ण का विभाजन वर्ग, जातियों, उपजातियों एवं जन-जातियों में होने लगा। अनेक निम्न जातियों ने दक्षिण भारत में मात्र गोत्र पाकर ब्राह्मण कहलाने लगे। नई जाति राजपूत का उदय सातवीं सदी में हुआ। इनमें से अपने को कुछ तो सूर्यवंशी और कुछ ने चन्द्रवंशी बताना शुरू किया। चालुक्य, चन्देल, पाल आदि स्थानीय जातियों ने अपने को क्षत्रिय कहना प्रारम्भ कर दिया। आठवीं शताब्दी के *विष्णुधर्मोत्तर पुराण* के अनुसार वैश्य, स्त्री एवं शूद्रों को एक ही निम्न श्रेणी का बताया गया। स्वर्णकार, मालाकार, ताम्बूलिक, शंखाकार, चित्रकार आदि को मिश्रित जातियाँ कहकर अपमानित किया गया। बौद्ध धर्म 18 और जैनधर्म 7 सम्प्रदायों में विभाजित हो गए।

स्थानीयकरण ने मराठी, गुजराती, बंगला, असमी, उड़िया, भोजपुरी, मैथिली, मागधी आदि स्थानीय भाषाओं को जन्म दिया। स्थानीय भाषाओं के साथ-साथ देवी-देवताओं की संख्या उसी अनुपात में बढ़ी।

भूमि पर दबाव बढ़ने के कारण कृषकों की खराब स्थिति और खराब हो गई। प्राक्-सामन्तीकाल के समान इनके लिए सिंचाई की व्यवस्था नहीं की गई। बाढ़ एवं सूखा की स्थिति में इन्हें मदद पहुँचाने की रुचि और आर्थिक क्षमता राजा के पास नहीं थीं।

युद्ध में व्यस्त रहने के कारण राजा को कृषकों की समस्याओं पर ध्यान देने की फुर्सत भी नहीं थी।

3.3 आर्थिक दशा

लगभग एक समान बातों की जानकारी उन अभिलेखों से होती है जो प्रायः 600 ई. से 1000 ई. के बीच उत्कीर्ण या लिखी गईं। छोटी आयुवाले, कमजोर आर्थिक स्थिति से प्रभावित प्रशासनिक केन्द्रों और धार्मिक स्थलों की संख्या इस काल में ज्यादा रहा। इन्हें छोटा शहर या कस्बा कहा जा सकता था। ऐसे स्थानों के लिए प्रायः पुर, पुरम, महापुरम, स्कन्धावार, विजयस्कन्धावार, तीर्थ, महामंडल, मंडल, राजधानी आदि शब्दों का प्रयोग किया गया है। इनकी बनावट, प्रशासन, विशेषताएँ एवं पतन के कारणों पर भी प्रकाश डाला गया है। इस काल में व्यापारिक नगरों की चर्चा नहीं के बराबर मिलती। इस काल में पाए गए अनेक शहरों का अस्तित्व 1000 ई. के बाद अभिलेखों के अनुसार समाप्त हो गया। इनमें से कुछ शहरों का अस्तित्व बना भी रहता है लेकिन उनके लिए नया शब्द नगर, महानगर, पट्टण, महापट्टण, राजधानीपट्टणम् आदि शब्द पाए जाते हैं। नवीन नगरों का योजनाबद्ध ढंग से निर्माण और व्यापारियों को बसने के लिए प्रोत्साहित करने की जानकारी व्यापक रूप से 1000 ई. के बाद के अभिलेखों में मिलती है। व्यापारियों की संख्या में वृद्धि, व्यापारिक संगठनें, नवीन नगर, कर वसूलनेवाले एवं अन्य अधिकारियों की संख्या में वृद्धि की बात 1000 ई. के बाद के अभिलेखों में ज्यादा पाते हैं। अरब व्यापारियों की चर्चा 600 से 1000 के बीचवाले अभिलेखों में कम और बाद के अभिलेखों में ज्यादा है। उत्पादन एवं खरीद-बिक्री तथा शासकवर्ग द्वारा व्यापार को सुरक्षा प्रदान और उन्हें प्रोत्साहित करने की बात 1000 ई. से पूर्व के अभिलेखों में उतना नहीं जितना 1000 ई. के बाद के अभिलेखों में है। इस तरह सामन्तवादी काल में नगरों के दो चरण दिखाई देते। प्रथम चरण जिसका अन्त 1000 ई. में होता जिसमें व्यापारिक और बड़े नगरों की संख्या कम और धार्मिक तथा प्रशासनिक स्थलों की संख्या ज्यादा है। विकसित व्यापारिक नगरों ने बाद में चलकर सामन्तवाद के पतन में महत्वपूर्ण भूमिका निभाई। तत्कालीन साहित्यों का अध्ययन करने से भी इसी तरह की बात देखने को मिलती है। 1000 ई. से विकसित नवीन आर्थिक स्थिति ने सामन्तों को धनी बना दिया। इसीलिए अनेक विशाल मन्दिरों का निर्माण, देवदासियों की संख्या में वृद्धि, सम्भोगरत प्रतिमाओं से प्रभावित खजुराहो (मध्य प्रदेश), कोणार्क (उड़ीसा), ऐहोल, बादामी आदि स्थानों में मन्दिरों का निर्माण, सामन्तों के जीवन-स्तर में विकास, घोड़ा का आयात, व्यापार से प्राप्त राजस्व के महत्त्व की बात 1000 ई. के बाद व्यापक रूप से पाई जाने लगी। इस तरह सामन्तवाद के विभिन्न चरणों एवं रूपों की जानकारी अभिलेखों से होती और अभिलेखों को सामन्तवादी विशेषताओं की श्रेणी में इसीलिए रखा गया है।

उपर्युक्त नगरों के पतन के साथ-साथ कुछ अन्य व्यापारिक नगरों के पतन की जानकारी अभिलेखों एवं साहित्यों से होती है। इसी के साथ-साथ हमें कुछ वैसे धर्मस्थलों या तीर्थस्थलों की जानकारी साहित्यिक स्रोतों से मिलने लगती है जिनका वर्णन धर्मग्रन्थों में काफी बढ़ा-चढ़ाकर इस प्रकार किया गया है मानो वे अति विशाल नगर हों लेकिन पुरातात्त्विक सामग्रियों से

पता चलता है कि कुछ पुराने उजड़े नगरों का अस्तित्व तीर्थस्थलों के रूप में हो गया और कुछ नवीन स्थानों का महत्त्व तीर्थ के उद्देश्य से बढ़ गया लेकिन इनका अस्तित्व साधारण कस्बों के समान रहा क्योंकि वर्ष में कुछ ही दिनों के लिए वहाँ भक्तों को जाने की बात धर्मशास्त्रों में है। प्रयाग, पुष्कर, पृछुदक, कोकामुख, बदरिकाश्रम, केदार, गया, पंढरपुर, हरिद्वार, वाराणसी, (वाराणसी को काशी, अविमुक्त, आनन्दकानन, श्मशान या महाश्मशान कहा गया है।), अयोध्या, काँची, जगन्नाथपुरी, रामेश्वरम्, अवन्तिका (उज्जयनी), वैद्यनाथ, कुरुक्षेत्र, व्यासस्थली, अस्थिपुर, राजगीर, गोवर्धन, वृन्दावन, भुवनेश्वर, कोणार्क, जाजपुर, गंगा, यमुना, नर्मदा, गोदावरी, पंचवटी, अक्षवाल, अगस्त्याश्रम, अमरकंटक, अलकनन्दा, इसुमती, इन्द्रप्रस्थ, कनकेश्वर, कपिशा, कपटेश्वर, कान्यकुब्ज, कामगिरि, कामाक्षा, किष्किन्धा पर्वत, कावेरी-संगम, कालेश्वर, कावेरी, कोल्हापुर, कौशाम्बी, गोकर्ण, चन्द्रपुर, चिदम्बर, चम्पा, चम्पकारण्य, चित्रकूट, तक्षशिला, जयपुर (कश्मीर में स्थित), ताम्रपर्णी, तुंगभद्रा, त्रिपुरेश्वर, दंडकारण्य, दुर्गा (विन्ध्यपर्वत से निकलनेवाली नदी), नन्दा, हस्तिनापुर, पंचनद (पंजाब), ब्रह्मगिरि, भरुकच्छ, विजयेश्वर, विन्ध्यवासिनी, विदिशा, श्रीनगर, श्रावस्ती, शोणितपुर, सिद्धपुर, सोमनाथ आदि सैकड़ों तीर्थस्थलों की चर्चा धार्मिक ग्रन्थों में है। भक्तों को आकर्षित करने के लिए तीर्थस्थलों के बारे में बताया गया है कि प्रत्येक समस्या का समाधान तीर्थयात्रा से निश्चित है। अधिकांश तीर्थस्थलों की चर्चा उत्तर-गुप्तकाल से मिलती है। प्रथम शताब्दी से पहले किसी भी स्थान को तीर्थस्थल नहीं कहा गया है। अनेक तीर्थस्थलों का उदय बर्बाद नगरों के कब्र पर हुआ। इन तीर्थस्थलों को नगर नहीं कहा जा सकता। अधिकांश तीर्थस्थलों का महत्त्व आर्थिक दृष्टिकोण से साधारण रहा। अधिकांश तीर्थस्थल भक्तों की भीड़ जुटाने में असफल रहे। अनेक मन्दिरों का निर्माण तीर्थस्थलों के उदय के बाद हुआ। आठवी-नौवीं शताब्दी में निर्मित अनेक मन्दिरों ने तीर्थस्थलों के महत्त्व को घटाया। बिना किसी छुआछूत का भेदभाव रखे सभी लोगों को तीर्थयात्रा के लिए अनुमति प्रदान करने की बात धर्मग्रन्थों में पाते हैं। तीर्थस्थल छोटे पैमाने पर और मन्दिर बड़े पैमाने पर ब्राह्मणों के धनोपार्जन के साधन बने।

पतनोन्मुख व्यापार ने व्यापारिक नगरों को बुरी तरह प्रभावित किया। व्यापारी अपनी पूँजी व्यापार में लगाना नहीं चाहते क्योंकि व्यापार से निश्चित आय की आशा नहीं की जा सकती थी। निश्चित आय की आशा में अपनी पूँजी को वे जमीन खरीदने में लगाने लगे। व्यापारिक नगर उजड़े और बेकारी बढ़ी। लोग अपने-अपने गाँवों की ओर लौट चले। परिणामस्वरूप ग्रामीण जनसंख्या में वृद्धि हुई। कृषकों द्वारा जहाँ एक फसल से वर्षभर काम चल जाता वहाँ अब वर्ष में दो-तीन फसलें पैदा की जाने लगीं। पैदावार में इस तरह वृद्धि हुई लेकिन वैसी वस्तुएँ पैदा की जातीं जो प्रायः भोजन के रूप में प्रयोग किया जा सके। व्यापारिक वस्तुओं की पैदावार बाजार एवं सुरक्षा के अभाव में आवश्यक नहीं समझा गया। भोजन से सम्बन्धित वस्तुओं की पैदावार में जिस मात्रा में वृद्धि हुई उससे अधिक मात्रा में ग्रामीण जनसंख्या में वृद्धि हो चुकी थी। भोजन का अभाव अर्थात् कमजोर अर्थव्यवस्था की स्थिति बनी रही। इससे संयुक्त ग्रामीण परिवार में तनाव बढ़ा और सदस्यों के बीच जमीन का बँटवारा होने लगा। अनाज तौलने और जमीन नापने के छोटे बाट एवं अन्य नवीन नाप पाए जाने लगे। अधिक पैदावार के कारण खेत की उर्वरता शक्ति घटती गई। इसके लिए

खाद और सिंचाई की उचित सुविधा की आवश्यकता थी लेकिन राज्य के तरफ से इस ओर विशेष ध्यान नहीं दिया गया। व्यक्तिगत प्रयास से सिंचाई की व्यवस्था और उर्वरताशक्ति बढ़ाने के लिए खाद का इन्तजाम करना सम्भव नहीं था। संयुक्त परिवार द्वारा मिल-जुलकर खेती नहीं करने के कारण बंजर और उजाड़ भूमि में वृद्धि हुई। इसके परिणामस्वरूप कृषकों की स्थिति दिनानुदिन खराब होती गई। गरीब कृषकों को श्राद्ध और विवाह जैसे अवसरों पर जमीन बेच या गिरवी रख देनी पड़ी या कर के रूप में सामन्तों को दे देनी पड़ी। गरीब कृषक मजदूरी करने लगे। नौकरों एवं दासों की संख्या में वृद्धि होना इस स्थिति में स्वाभाविक था। ग्यारहवीं शताब्दी के अन्तिम चरण से कृषि लायक भूमि खरीदकर भूमिहीन कृषकों से व्यापारियों ने अपने खेतों में काम कराने लगे। बारहवीं शताब्दी में बंगाल में पान की खेती और जामुन तथा नारियल के पेड़ व्यापक रूप से लगाने की शुरुआत हुई। कुछ दिनों के बाद सन्तरे के पेड़ लगाए गए। स्थानीय प्रयास से सिंचाई के साधनों में वृद्धि की गई। विशाल चरखी से जल निकालकर खेतों तक पहुँचाया जाने लगा। गाँवों के समान छोटे-छोटे शहरों में भेजे जाने लगे, इससे साप्ताहिक बाजार लगने लगे। युद्ध से सम्बन्धित घोड़े और औजारों की खरीद सामन्तों द्वारा किए जाने से भारत-अरब व्यापार में सम्बन्ध गहराया। भरतनाट्यम शैली जैसी नृत्य शैली का विकास तो सातवीं-आठवीं शताब्दी में ही हो गया था। अनेक पुराणों एवं साहित्यों की रचनाएँ इस काल में हुई। इन उपलब्धियों का आधार बना कमजोर अर्थव्यवस्था, सामाजिक स्थानीयकरण और केन्द्रीय बिखराव।

3.4 धर्म

मन्दिर निर्माण की प्रक्रिया सामन्तवाद की एक महत्त्वपूर्ण विशेषता रही। इस समय वैदिक धार्मिक स्वरूप बदल गए। अवतारवाद (ईश्वर का मनुष्य के रूप में स्वर्ग से पृथ्वी पर आना) के कारण मूर्तिपूजा का प्रचलन शुरू हुआ। हिन्दू धर्म का उदय हुआ जिसमें इस्लाम और ईसाई धर्म नहीं माननेवालों को समेट लिया गया। गौतम बुद्ध को विष्णु का अवतार बताया गया। मानव रूप में देवी-देवताओं की प्रतिमाएँ बनने लगीं और इन्हें जहाँ स्थापित किया गया वही स्थान मन्दिर (घर, आराम) का रूप लेने लगा। ईंट पर ईंट रखकर योजनाबद्ध मन्दिरों का निर्माण छठी शताब्दी से होने लगा। राज्य का प्रतिष्ठा प्रतीक मन्दिर बन गया। हिन्दू धर्म बाहर से एक था लेकिन आन्तरिक रूप से इसका विभाजन अनेक उप-धर्मों में हो चुका था। अपनी-अपनी प्रसिद्धि के लिए अलग-अलग देवी-देवताओं की मूर्तियाँ अलग-अलग क्षेत्रों में बनने लगीं। सामाजिक, आर्थिक एवं भौगोलिक कारणों से आसाम में काली, बंगाल में दुर्गा, तमिलनाडु में कार्तिक, महाराष्ट्र में गणेश, बिहार एवं उत्तर प्रदेश में महावीर एवं कृष्ण तथा अन्य क्षेत्रों में विष्णु एवं शिव प्रधान देवी-देवता बन गए। मूर्तिपूजा का महत्त्व बढ़ा। दक्षिण भारत में भक्ति सम्प्रदाय का विकास हुआ जिससे उत्तर भारत प्रभावित हुआ। सफलता प्राप्त करने और तत्कालीन समाज में व्याप्त समस्याओं के निराकरण के लिए देवी-देवताओं के नाम पर राजा, रानियों, अधिकारियों, सामन्तों एवं जनसाधारण द्वारा चढ़ावा ब्राह्मणों को मिलने लगे। धीरे-धीरे मन्दिरों को काफी संख्या में ग्राम दान मिले। ये ग्राम करमुक्त होते और अग्रहार कहलाते। पत्थरों की प्रचुरता एवं कड़ी मिट्टी के कारण सर्वाधिक

विशाल मन्दिरों का निर्माण दक्षिण भारत में हुआ। उत्तर भारत भी छोटे-बड़े मन्दिरों से भर गया। धार्मिक विश्वास में कट्टरता आई। अनेक प्रकार की पूजा की प्रक्रिया शुरू हुई। विष्णु की पूजा सत्यनारायण् के रूप में होने लगी। इसकी विस्तृत जानकारी *विष्णुपुराण* से होती है। यह प्रथा दक्षिण से उत्तर पहुँची। हल्दी, पान, सुपारी, अक्षत (वैसा चावल जो काफी कुटाई के बाद भी टूटा न हो), पीला वस्त्र आदि वस्तुओं का धार्मिक महत्त्व शुरू में दक्षिण भारत में रहा क्योंकि इनका उत्पादन दक्षिण भारत में ही शुरू होता था। बाद में इनका धार्मिक महत्त्व उत्तर भारत में भी वैष्णव भक्तों के बीच बढ़ा। पान की खेती तेरहवीं शताब्दी में बंगाल में शुरू हुई। और उसके बाद पश्चिमी भारत में भी पान पैदा किया जाने लगा। लेकिन सर्वप्रथम इसका उत्पादन दक्षिण भारत में ही होता था। धार्मिक लाभ के लिए दान आवश्यक आधार बना। पुराणों में बताया गया कि जो जितना अधिक दान देगा, मरने के बाद स्वर्ग में उसे उतना ही आराम मिलेगा।

स्वर्ग में स्थान पाने के लिए मन्दिर निर्माण में हिन्दू समाज ने काफी रुचि दिखाई। धर्म के नाम पर सेवा करनेवालों को भी स्वर्ग में स्थान देने का लोभ दिया गया। परिणामस्वरूप कम-से-कम खर्च में विशाल मन्दिरों के निर्माण होने लगे। पल्लव एवं चोलों के काल में अनेक शैलियों में विशाल मन्दिरों का निर्माण दक्षिण भारत में हुआ। राजस्थान, गुजरात, मध्य प्रदेश, उत्तर प्रदेश एवं उड़ीसा में विशाल मन्दिरों का निर्माण हुआ। उड़ीसा तो आज भी 'मन्दिरों की नगरी' के रूप में प्रसिद्ध है। मन्दिरों में प्रारम्भिक चरणों में देवी-देवताओं को स्थान मिला। राजा को जब ईश्वर, पिता और मालिक का दर्जा ब्राह्मणों द्वारा प्रदान किया गया तो राजा-रानी की मूर्तियाँ देवता-देवियों के रूप में मन्दिरों में स्थापित किया जाने लगा। शिव एवं विष्णु के रूप में राजाओं की भी पूजा की जाने लगी। अनेक शैलियों में शिव एवं विष्णु की मूर्तियाँ स्थापित की जाने लगीं। आठवीं शताब्दी में सभी देवी-देवताओं को विष्णु या ईश्वर का अवतार बताया गया। दुर्गा एवं काली की मूर्तियाँ बनने लगीं। धार्मिक आदान-प्रदान के फलस्वरूप आठवीं शताब्दी से पिरामिडनुमा आकार में कई देवी-देवताओं को एक धार्मिक मंच पर ला खड़ा कर दिया गया। आज भी बंगाल या बिहार में दुर्गा-पूजा के अवसर पर हम देखते हैं कि सबसे ऊँचा स्थान दुर्गा को मिला। उससे नीचे लक्ष्मी और सरस्वती को तथा उससे भी नीचा स्थान गणेश एवं कार्तिक को मिला। इसी के साथ-साथ यह भी पाते हैं कि उत्तर भारत में निम्न स्थान पानेवाला कार्तिक या गणेश तमिलनाडु और महाराष्ट्र में सर्वोच्च देवता का स्थान पाया था, अर्थात् अपने-अपने क्षेत्र में छोटा देवता भी ईश्वर या विष्णु से कम नहीं होता। तत्कालीन सामन्तवादी-व्यवस्था में राजा के बाद सामन्त और उससे नीचे उपसामन्त होता था। इस सामन्ती बनावट को स्वीकारते हुए तत्कालीन समाज छोटे-बड़े सभी सामन्तों के प्रति समान रूप से आदर-भाव रखे। इसके लिए इस व्यवस्था को धार्मिक रूप प्रदान करना तत्कालीन वातावरण में आवश्यक समझा गया। सभी हिन्दुओं को एक बताने और राजा का सन्तान (प्रजा) बताने के लिए सभी देवताओं को एक ही ईश्वर का अनेक रूप बताना आवश्यक समझा गया लेकिन वास्तविक स्थिति ऐसी नहीं थी। हिन्दू समाज में ऊँच-नीच और गरीब-अमीर के बीच गहरा भेदभाव था। इस स्थिति को ब्राह्मणवादी-व्यवस्था के नेताओं ने समझा और इसे भी धर्म में स्थान दिया। इसीलिए भारतीय देवी-देवताओं में गोरा; जैसे, विष्णु और काला; जैसे, शिव

और वस्त्र पहने हुए; जैसे, विष्णु, दुर्गा आदि तथा निर्वस्त्र; जैसे, शिव, काली आदि देवी-देवताओं को पाते हैं। ब्राह्मण वर्ग ने इस अन्तर को समझा लेकिन सामान्य जनता इस पहलू को नहीं पकड़ पाई। देवी-देवताओं के बीच इन भिन्नताओं के फलस्वरूप वैष्णव, शैव एवं शाक्त धर्मों के अनेक उप-सम्प्रदायों का उदय हुआ। तत्कालीन सामाजिक तनाव एवं संघर्ष के समान धर्म के नाम पर ब्राह्मणों के बीच भी इस काल में संघर्ष के अनेक प्रमाण मिलते हैं।

इस काल में अनेक राजाओं को पाते हैं जिनका मूल वह नहीं था जो ब्राह्मणों ने भारी रकम प्राप्त करने के बदले उन्हें प्रदान किया। राजपूत शब्द तो एक ऐसी उपाधि हो गई जिससे अलंकृत होना प्रत्येक राजा के लिए आवश्यक हो गया। राजा का पुत्र बताने के लिए अनेक राजाओं ने ब्राह्मणों से अपनी झूठी वंशावलियाँ तैयार करा लिए। दक्षिण भारतीय लगभग सभी राजाओं के साथ यह बात पाई जाती है।

राजा एवं राजपरिवार की कन्याओं द्वारा किए गए अनेक कुकर्मों को सामाजिक प्रश्न नहीं बनाने के उद्देश्य से अनेक राजवंशों को मन्दिरों की शरण में जाने की आवश्यकता महसूस की गई। इस वातावरण ने कृष्ण द्वारा अनेक गोपियों के साथ रासलीला को धार्मिक दृष्टिकोण से वैध बताया गया। दुर्गा एवं काली की पूजा स्त्री-प्रधान समाज का प्रतीक माना जाता है। परिणामस्वरूप मिथिला में प्रथम बार कृष्ण का चित्र मिला जिसमें उनकी पत्नी राधा खड़ी है। दोनों की ऊँचाई एक समान है जो इस बात का प्रतीक है कि मिथिला, बंगाल, आसाम आदि क्षेत्रों में पुरुषों से कम सामाजिक महत्त्व स्त्रियों का नहीं था। इतना ही नहीं, ब्रिटिश म्यूजियम में रखी एक चित्र को देखने से पाते हैं कि राधा का पैर कृष्ण दबा रहे हैं। यह भी स्त्री-प्रधान समाज का द्योतक है। बारहवीं शताब्दी में प्राप्त प्रथम बार राधा-कृष्ण की मूर्तियों को रोमिला थापर प्रजनन-क्रिया का प्रतीक मानती हैं। दूसरी तरफ विष्णु की पूजा पुरुष-प्रधान समाज से शुरू हुई और इसीलिए लक्ष्मी द्वारा विष्णु का पैर दबाने की चर्चा पुराणों में पाते या चित्रों में देखते हैं। साँवले और निर्वस्त्र शिव की गोरी पत्नी पार्वती द्वारा अपने पति का पैर दबाने की चर्चा शिवपुराण में कहीं नहीं पाते। उनके प्रत्येक कार्य को करने से पूर्व शिव अपनी पत्नी पार्वती से राय लेता और प्रायः उसे साथ लेकर जाता, इसकी व्यापक चर्चा पाते हैं।

इस काल में स्त्री-प्रधान समाज अर्थात् बंगाल और आसाम के क्षेत्रों में तन्त्र-मन्त्र, जादू-टोना एवं सिद्धि का उदय हुआ। तन्त्रवाद को कई विद्वानों ने वैदिक मान्यताओं का सरल रूप बताया है। तन्त्रवाद में सिद्धि का महत्त्व था। इसकी उपासना में सभी वर्गों के स्त्री-पुरुष भाग ले सकते थे। तन्त्रवाद में प्रार्थना, रहस्यमयता, जादुई मन्त्रों, प्रतीकों तथा एक विशिष्ट देवता की उपासना पर विशेष बल दिया जाता। माता की धारणा को तन्त्रवाद में विशेष सम्मान दिया जाता। इसका कारण यह था कि माँ के गर्भ से सृष्टि हुई थी। तन्त्रवाद का सम्बन्ध शाक्त-शक्ति सम्प्रदाय से भी था। इस सम्प्रदाय के अनुसार किसी भी सिद्धि के लिए स्त्री की सर्जनात्मक शक्ति का होना अनिवार्य था। सामन्तवादी-व्यवस्था से प्रभावित तान्त्रिकों ने सिद्धि से सोना बना देने का झूठा दावा किया। सिद्धि के लिए पंचतत्त्व—मांस, मदिरा, मछली, चावल और सम्भोग आवश्यक बताया गया। जनन क्षमता सम्प्रदाय में देवी माता की पूजा इसीलिए विशेष रूप से प्रचलित हुई।

शासकों द्वारा व्यतीत किए गए विलासमय जीवन का विरोध सामाजिक स्तर पर नहीं हो इसके लिए नग्न प्रतिमाओं से अलंकृत अनेक मन्दिरों का निर्माण खजुराहो, कोणार्क, ऐहोल, बादामी, हलेविद, वेलूर, लरकान, कुपगल्लुगुफा (कर्नाटक), चन्द्रकेतु आदि के मन्दिरों में पाते हैं। कामावस्था में पाई गई इन प्रतिमाओं का तालमेल कालिदास के *कुमारसम्भव* और वात्स्यायन द्वारा रचित विश्व प्रसिद्ध साहित्य *कामसूत्र* से बैठ जाती है। वैसा कोई स्रोत नहीं मिलता जो ऐसी प्रतिमाओं से प्रभावित मन्दिरों के विरुद्ध कुछ कहता हो। बारहवीं सदी के *ब्रह्मवैवर्तपुराण* (अनु, तारणीश झा, प्रयाग 1976, पृ. 294) के अध्ययन से पता चलता है कि इस काल में होनेवाले युद्धों में राजा की विजय हो और उन्हें स्वर्ग में स्थान मिले इसके लिए पूजा एवं तन्त्र-मन्त्र के माध्यम से ब्राह्मण ईश्वर से प्रार्थना एवं सिद्धि करते और फीस के रूप में सोना, चाँदी एवं पशु के अलावा हजारों की संख्या में अतिसुन्दर कन्याएँ प्राप्त करते थे। हजारों कन्याओं का उपयोग इनके लिए क्या था? निश्चित ही मन्दिरों में विकसित देवदासी प्रथा को अधिक विलासमय बनाने में इन कन्याओं का उपयोग होता था। देवी-देवताओं को खुश करना ही इन देवदासियों का काम था। मन्दिर से सम्बन्धित सारे लोगों को देवी-देवता का अंग माना जाता और उन्हें भी खुश और सन्तुष्ट करना पड़ता था। जीवनभर अविवाहित रहनेवाली इन देवदासियों ने मन्दिर में भक्तों की संख्या बढ़ाने में महत्त्वपूर्ण भूमिका निभाई। प्रतिदिन नृत्य-संगीत का कार्यक्रम देवी-देवताओं के मनोरंजन के लिए होता जिसे देखने के लिए राजा, सामन्त, अधिकारीगण एवं धनाढ्य लोग प्रतिदिन मन्दिर जाते। देवदासियों ने मन्दिरों की आय बढ़ा दिए। नृत्य-संगीत के वातावरण में नवीन नृत्य शैलियों का विकास हुआ। मन्दिर तन्त्र-मन्त्र एवं सिद्धि से गहरे रूप में प्रभावित हो चुके थे। परिणामस्वरूप सिद्धि के लिए मन्दिरों में भी अन्न, शराब, मांस, मछली और सम्भोग का महत्त्व बढ़ गया।

पूर्वमध्यकाल में सामाजिक एवं धार्मिक दृष्टिकोण से **मन्दिरों का महत्त्व** काफी बढ़ गया। मन्दिरों को दान से प्राप्त गाँवों के निवासियों पर मन्दिरों का अधिकार होता। इन ग्रामीणों को मन्दिर के नाम पर अनेक प्रकार से शोषण किया जाता। मन्दिर में हजारों की संख्या में नौकर होते जिनका काम आभूषण बनाना, वस्त्र बनाना, साफ करना, मन्दिरों की मरम्मत करना आदि था। संगीतज्ञ, ढोलकवादक, माली, झाड़ू लगानेवाले, खाना बनानेवाले, परोसनेवाले, मुख्य पुजारियों की सेवा करनेवाले, दासी, देवदासी, नर्तकियाँ आदि भी मन्दिर के अंग थे। मन्दिरों में निर्मित नग्न मूर्तियों की भाँति ही नर्तकियों को नृत्य करना पड़ता। नृत्य को प्रोत्साहित करने के लिए मन्दिरों में अनेक विद्वानों को प्रश्रय मिला। धर्म के नाम पर सामाजिक एवं आर्थिक शोषण की पृष्ठभूमि मन्दिरों में विशेष रूप और नवीन ढंग से तैयार हुई।

3.5 राजनीतिक दशा

कुषाण काल और सातवाहन साम्राज्य के पश्चात् सम्पूर्ण भारत में केन्द्रीय शक्ति अपना पूर्वगौरव खोने लगी। इस प्रक्रिया की शुरुआत गुप्तकाल से होती लेकिन इसका परिपक्व रूप लगभग 600 से 1200 ई. के बीच देखने को मिलता है। वाकाटक वंश, बादामी एवं कल्याणी

के चालुक्य राजवंश, राष्ट्रकूट, पल्लव, गुर्जर-प्रतिहार, पूर्वी चालुक्य, यादव राजवंश, बारंगल के काकतीय, गोवा के कदम्ब, पांड्य, चोल, पुष्यभूति वंश, कान्यकुब्ज राज्य, कश्मीर के राजवंश, गौड़राज्य, पाल राजवंश, उड़ीसा के शैलोद्भव राजवंश, सेन राजवंश, कामरूप, गाहडवाल राजवंश, जैजाकभुक्ति के चन्देल राजवंश, चाहमान राजवंश, गुजरात के चौलुक्य, धारा के परमार, कलचुरि राजवंश, मेवाड़ के गुहील राजवंश, शाही राजवंश, जयद्रथ राजवंश, चावोत्कटक राजवंश, वानस्थली के आभीर राजवंश, अन्हिलपाटक के चाप राजवंश, कच्छपघाट के कछवा राजपूत राजवंश, धिल्लिका (दिल्ली) के तोमर राजवंश जैसे छोटे-बड़े 40 राज्यों की जानकारी होती है।

इन चालीस राज्यों के बीच यह पता लगाना मुश्किल था कि कौन राज्य अधिक या कौन कम शक्तिशाली था। लगभग सभी राज्यों की जय-पराजय बराबर होती रहती थी। इनके बीच उपलब्ध शक्तिसन्तुलन ने अपनी-अपनी शक्ति को प्रदर्शित करने के लिए सदा प्रोत्साहित करता रहा। प्रत्येक राज्य अपने दुश्मन को कमजोर समझता था। युद्ध की स्थिति ने इन राज्यों की आयु घटा दी। आम आदमी की जिन्दगी एवं सम्पत्ति असुरक्षित रही। इसी संघर्षमय वातावरण ने दिल्ली सल्तनत की स्थापना की नींव तैयार की। मुस्लिम सेनाएँ जहाँ पड़ाव डालतीं वहाँ के व्यापारियों से आवश्यक वस्तुएँ वे धन या व्यापारिक वस्तुएँ देकर खरीदते। परिणामस्वरूप भारत के उत्पादन वर्ग एवं व्यापारियों का उन्हें अप्रत्यक्ष रूप से समर्थन मिला और इनका प्रत्येक आक्रमण सफल रहा। दूसरी तरफ हर्षवर्द्धन के काल से ही हम पाते हैं कि हिन्दू सेनाएँ जहाँ पड़ाव डालतीं वहाँ लूटपाट मचाकर स्थानीय लोगों से यथासम्भव आवश्यक सामग्रियाँ प्राप्त करतीं। इसका परिणाम यह हुआ कि कृषकों, व्यापारियों एवं अन्य उत्पादक वर्गों के दिलों में हिन्दू सैनिकों के प्रति घृणा के भाव जागृत हुए। पहले से सामन्तों द्वारा किए गए शोषण से वे परेशान थे ही, अतः उत्तर भारत में हिन्दू राजा हो या मुस्लिम राज्य स्थापित हो, इसमें उनकी विशेष रुचि नहीं रही। मुख्य रूप से राजपूत राजवंशों को ही मुस्लिम आक्रमण से मुकाबला करने की विशेष चिन्ता रही लेकिन जनसाधारण के बीच स्थिति सामान्य बनी रही। कभी-कभी धर्म के नाम पर सामान्य हिन्दुओं द्वारा मुसलमानों का विरोध करने की बात विशेष रूप से उत्तर भारत में पाते हैं।

उपर्युक्त बिखराव और आपसी संघर्ष से सम्बन्धित कारणों पर विचार करने के लिए दूसरे तथ्य का महत्त्व बढ़ जाता है। जितने बड़े पैमाने पर कुषाण-सातवाहन काल में देशी-विदेशी व्यापार विकसित था, अनेक कारणोंवश उसमें गिरावट आई। चोलों के काल में पूर्वी घाट से विकसित व्यापार, जो निश्चय ही भारत-रोम व्यापार की तुलना में कम था, ने दक्षिण में राज्यों की संख्या घटाने में महत्त्वपूर्ण भूमिका निभाई लेकिन उत्तर भारत में ऐसी स्थिति नहीं थी। उत्तर भारत के राज्यों द्वारा सामुद्रिक व्यापार करने के लिए अनुकूल वातावरण नहीं मिला। उत्तर-पश्चिम स्थल मार्ग से अरब के साथ व्यापार का मार्ग आठवीं शताब्दी में होनेवाले अरब आक्रमण के कारण बन्द हो गया। अतः अरब के व्यापारी भी सामुद्रिक यात्रा कर ग्यारहवीं शताब्दी से पश्चिमीघाट के साथ व्यापारिक सम्बन्ध स्थापित करना ज्यादा सुरक्षित समझे। दक्षिण भारत की स्थिति राजनीतिक एवं आर्थिक दृष्टिकोण से उत्तर भारत की तुलना में सामन्तवादी काल में भी अच्छी रही। दूसरी तरफ मात्र

कन्नौज पर अधिकार करने के लिए गुजरात से लेकर बंगाल तक के शासक सैकड़ों वर्षों तक युद्ध में व्यस्त रहे। उन्हें कन्नौज स्वर्णखान से कम नहीं लग रहा था।

3.6 निष्कर्ष

ग्यारहवीं शताब्दी के अन्तिम चरण से विकसित व्यापार और नवीन नगरों के विकास की पृष्ठभूमि भारतीय वातावरण में पहले से ही बननी शुरू हो गई थी, लेकिन शासकों ने इसमें रुचि नहीं दिखाई। अन्तिम चरण अर्थात् 1000 ई. के बाद होनेवाले मुस्लिम आक्रमणों ने उनका ध्यान आन्तरिक संघर्ष से हटाकर विदेशियों से लड़ने की ओर केन्द्रित किया। आपसी संघर्ष में हुई जानमाल की क्षति से अब उनकी आर्थिक स्थिति भी चरमराने लगी थी। मुस्लिम आक्रमणकारियों का मुकाबला करने के लिए उन्हें आपसी एकता, शक्तिशाली सेना और धन की आवश्यकता थी लेकिन ऐसा पूर्णतः हो नहीं पाया। मुस्लिम सफलता के अनेक परिणामों में से सामन्तवाद से सम्बन्धित एक परिणाम यह हुआ कि अरब व्यापारी भारत के पश्चिमी तट तथा अन्य भागों में आते तो ग्यारहवीं सदी के अन्तिम चरण से उन्हें परेशान करने में भारतीय शासक डरने लगे। घोड़ा के अलावा अन्य वस्तुएँ भी अब वे काफी मात्रा में बेचने और भारत से मसाला, वस्त्र, चीनी आदि खरीदने लगे। इस आयात-निर्यात ने भारतीय व्यापारिक नगरों की संख्या बढ़ा दी। अब स्थानीय अधिकारियों एवं सामन्तों को कर के रूप में काफी धन प्राप्त होने लगा जो लूटे हुए धन से काफी ज्यादा था। इस स्थिति में व्यापार की सुरक्षा की ओर शासकों का ध्यान जाना स्वाभाविक था। बन्दरगाहों की संख्या और व्यापार में वृद्धि ने अतिरेक को प्रोत्साहित किया। व्यापार से सम्बन्धित एवं व्यापारियों की सुरक्षा के लिए नए-नए नियम बनाए जाने लगे। कुषाण-सातवाहनकालीन कुछ विशेषताएँ दिखाई देने लगीं। सिक्कों का प्रयोग बढ़ा। केन्द्रीय शक्ति को शक्तिशाली बनाने में व्यापारियों ने रुचि दिखाई क्योंकि इसी में उनकी भावी भलाई थी। मजबूत केन्द्रीय शक्ति ने सामन्तवादी-व्यवस्था को समाप्त करना चाहा। सामन्तों का गहरा सम्बन्ध भूमि से था और भूमि से प्राप्त राजस्व घटने, युद्ध तथा ऐशोआराम में ज्यादा खर्च करने के कारण अधिकांश शासकों की स्थिति जर्जर होने लगी। ये सारी बातें बारहवीं-तेरहवीं शताब्दी में देखने को मिलती हैं और इन शताब्दियों में सामन्ती-व्यवस्था का दबदबा था। सामान्य तौर पर यह विरोधाभास के समान लगता है लेकिन ऐसी बात नहीं थी। व्यापारिक उन्नति ने छोटे-छोटे सामन्तों को समाप्त कर दिया लेकिन शक्तिशाली सामन्त और शक्तिशाली होकर नवीन राजवंशों के रूप में उभरने लगे जिनपर करारी चोट की दिल्ली सल्तनत का प्रथम सुल्तान कुतुबुद्दीन ऐबक ने। इसके बावजूद अनेक हिन्दू राजवंश भारतवर्ष विशेषकर दक्षिण भारत में फलते-फूलते रहे लेकिन सामन्तवादी-व्यवस्था का पुराना रूप समाप्त हो चुका था।

इस तरह लगभग 600 से 1200 ई. के बीच भारत के अधिकांश भागों में एक सामन्तवादी-व्यवस्था की उपस्थिति रही जिसमें कला एवं स्थापत्य में विकास, विशाल मन्दिरों का निर्माण, भूमि मापने के नवीन तरीके, छोटे-छोटे बाट-बटखरे, जाति एवं उपजातियों की संख्या में अपार वृद्धि, नवीन स्थानीय भाषाओं का जन्म, भूमि दान, अनेक साहित्यों की

रचना, देवदासी प्रथा का उदय और विकास, नवीन नृत्य शैलियाँ, राजा को शिव या विष्णु के रूप में मानना और उनके आदमकद मूर्तियों को मन्दिरों में स्थापित करना, नग्न एवं सम्भोगरत प्रतिमाओं से मन्दिरों को अलंकृत करना, बौद्ध धर्म का पतन, हिन्दू धर्म का उदय, स्थानीय देवी-देवताओं की संख्या में वृद्धि, भूमिदान से सम्बन्धित हजारों अभिलेख आदि की उपस्थिति रही। कमजोर केन्द्र, महानगरों का पतन, विशाल पैमाने पर होनेवाले देशी एवं अन्तर्देशीय व्यापार में कमी, व्यापारियों की जर्जर स्थिति, स्वर्ण सिक्कों का अभाव, निर्धन कृषक एवं बेकार दस्तकारों एवं कर्मकारों की उपस्थिति ने उपर्युक्त सामन्तवादी विशेषताओं को जन्म दिया।

4

काँची के पल्लव
(Pallavas of Kanchi)

पल्लव राजवंश का विवरण भारतीय इतिहास एवं संस्कृति में एक महत्त्वपूर्ण अध्याय है। सातवाहनों के पश्चात् कृष्णा और गोदावरी नदियों के मुहानों पर ईसा की तीसरी शताब्दी में इक्ष्वाकु राजवंश की स्थापना हुई। इक्ष्वाकुओं को हराकर पल्लवों ने दक्षिणी आन्ध्र प्रदेश और उत्तरी तमिलनाडु के क्षेत्रों में अपना राज्य स्थापित किया। पल्लव राज्य की राजधानी काँची या आधुनिक काँचीवरम् थी।

4.1 पल्लव कौन?

'पल्लव' शब्द का अर्थ पत्ता होता है। साड़ी का पल्लू या दरवाजे का पल्ला पल्लव शब्द से ही बना है। 'आम का पल्लव' (अर्थात् आम के पेड़ का पत्ता) आज भी उत्तर भारत में 'सत्यनारायण भगवान' की कथा-पूजा के अवसर पर पंडितों द्वारा उपयोग किया जाता है। तमिल शब्द **टोंडाई** का अर्थ पत्ता या पल्लव होता है। इसी भाषा में पल्लव का अर्थ 'डाकू' भी बताया गया है। *मणिमेखलै* नामक संगम साहित्य के आधार पर सी. रसनयगम मुदालियर[1] कहते हैं, पाताल-लोक की एक राजकन्या से एक राजकुमार को प्रेम हो गया। अनेक बार मिलने के पश्चात् राजकुमार अन्तिम विदा लेने गया और राजकुमारी से कहा, "यदि तुम होनेवाले बच्चे के शरीर पर लता या पल्लव बाँधकर छोड़ दोगी तो तुम्हारे बताए बिना भी मैं अपने पुत्र को पहचान लूँगा और अपने राज्य का उत्तराधिकारी बना दूँगा।" राजकन्या ने ऐसा ही किया और राजकुमार ने उसे पल्लव वंश का संस्थापक बना दिया। इस कहानी से पल्लवों को विदेशी होने का अनुमान लगाया जा सकता है जिनकी उत्पत्ति एक दूरदर्शितापूर्ण विवाह का परिणाम था। नाग सरदार को स्थानीय सत्ता का प्रतीक माना जा सकता है। ऐसी कथा कम्बोडिया के खमेर राजाओं के सम्बन्ध में भी प्रचलित है। सम्भवतः पल्लवों के बाद ही यह कहानी कम्बोडिया में फैली।

एल. राइस[2] और वी. वेंकैया ने पल्लवों को विदेशी अर्थात् फारस के आसपास का

1. सी. रसनयगम मुदालियर, 'द ओरिजिन ऑफ द पल्लवाज,' *इंडियन एंटीक्वैरी,* 1923, पृ. 78-80)
2. एल. राइस, *मैसूर एंड कुर्ग इंशक्रिप्शंस,* पृ. 53

बताया है। वी.ए. स्मिथ[1] और आर. गोपालन[2] के अनुसार, "इंडोपार्थियन (पहूलव=पल्लव) कन्धार और सीस्तान के मूल निवासी थे। ईसा की प्रथम शताब्दी में पश्चिमी पंजाब और निचले सिन्ध होते हुए सातवाहन काल में कृष्णा और गोदावरी के मुहाने पर आन्ध्र जनपद में बस गए और ईसा की तीसरी शताब्दी में काँची पर इनका अधिकार हो गया।" स्मिथ और गोपालन के विचारों को काटते हुए एस.के. आयंगर अपने शोध लेख[3] में बताते हैं कि व्याकरण के अनुसार 'पहूलव' और 'पल्लव' शब्द में व्युत्पत्तिक सम्बन्ध की स्थापना गलत है। 'पहूलव' का 'ह्' 'ल' में परिवर्तित नहीं हो सकता। वी.ए. स्मिथ[4] ने अनुमान किया है कि पल्लवों की एक प्रजाति थी जो तमिलनाडु के उत्तर में वेंगी जनपद (कृष्णा और गोदावरी नदियों का मुहाना) में बसी हुई थी। सातवाहनों के काल में ही यह प्रजाति राजनीतिक दृष्टि से महत्त्वपूर्ण हो चुकी थी। इनका रक्तसम्बन्ध सम्भवतः नागवंश से था। पुनः स्मिथ महोदय ने पल्लवों को लंका का मूल निवासी बताकर यह बताना चाहा कि पल्लव जाति अनेक जातियों की एक सम्मिश्रण थी जिसमें भारतीय और अभारतीय जनतत्त्व थे। एस. कृष्णास्वामी आयंगर[5] ने स्मिथ की मूलभावना को स्वीकारते हुए पल्लवों का मूलस्थान तोंडमंडलम् बताया है। दसवीं शताब्दी का लेखक राजशेखर ने अपनी रचना *काव्यमीमांसा* के 'भुवनकोश' में 'पल्लव' और पहूलव की चर्चा दो भिन्न प्रजातियों के रूप में की है।

काशी प्रसाद जायसवाल[6] के अनुसार, "कुषाणों का उन्मूलन करने के बाद भारशिव नाग सम्पूर्ण देश में छा गए और उनका अधिकार आन्ध्र जनपद में भी स्थापित हो गया। उनके बाद वाकाटकों ने उनका राज्य प्राप्त किया और वे 'विन्ध्यक' कहलाए। उनके अनेक शाखा-वंशों में से एक थे 'पल्लव'। पल्लव वंश के प्रथम राजा का नाम या उपाधि 'कूर्च' या 'वीर कूर्च' थी। वीर कूर्च ने नागकन्या से विवाह किया और आन्ध्र जनपद पर अपना प्रभुत्व स्थापित किया। जायसवाल के इस विचार को अधिकांश विद्वानों ने नहीं माना है, क्योंकि पल्लवों के इतिहास से सम्बन्धित अनेक स्रोतों के आधार पर जायसवाल का विचार सही नहीं। जेब्यू ड्यूवरेल[7] के अनुसार, "पल्लव राजवंश नागवंश से सम्बन्धित था। सातवाहनों का एक सन्तान था जिसका नाम स्कन्दनाग था। वह शिवस्कन्दनाग चुटुकुल का अन्तिम शासक था। आरम्भिक पल्लव नृप इसी चुटुकुल के समकालीन थे। प्रथम पल्लव राजा ने नागराज की कन्या से विवाह कर राजस्व प्राप्त किया था।"

उपर्युक्त अनेक विचारों के आधार पर कोई निश्चित निष्कर्ष पर पहुँचना आसान नहीं, फिर भी इतना स्वीकार किया जा सकता है कि पल्लवों का मूलस्थान तोंडमंडलम् था। उनका उद्भव एक रोमन शासक के रूप में मौर्यकाल में हो चुका था। तोंडमंडलम् का केन्द्र काँची था। काँची मौर्यों के अधीन था। सातवाहन काल में तोंडमंडलम् का अस्तित्व एक आहार के रूप में रहा। सातवाहनों के बाद तोंडमंडलम् पर नागों का प्रभुत्व स्थापित हुआ जिनका

1. वी.ए. स्मिथ, *अर्ली हिस्ट्री ऑफ इंडिया,* तृतीय संस्करण, पृ. 348
2. आर. गोपालन, *हिस्ट्री ऑफ पल्लवाज ऑफ काँची,* पृ. 15-18
3. एस.के. आयंगर, 'द हिस्ट्री ऑफ द पल्लवाज ऑफ काँची', *जनरल ऑफ इंडियन हिस्ट्री,* भाग 2, खंड 1, पृ. 25-26
4. वी.ए. स्मिथ, *अर्ली हिस्ट्री ऑफ इंडिया,* चतुर्थ संस्करण, पृ. 423
5. एस. कृष्णास्वामी आयंगर, *द पल्लवाज ऑफ काँची,* पृ. 25-26
6. काशी प्रसाद जायसवाल, *हिस्ट्री ऑफ इंडिया,* पृ. 179-85
7. जेब्यू ड्यूवरेल, *ऐंसेंट हिस्ट्री ऑफ द डेकन,* पृ. 47

उन्मूलन कर पल्लवों ने काँची को राजधानी बनाकर पल्लव राजवंश की स्थापना की। डी.सी. सरकार का अनुमान है कि पल्लवों का राजनीतिक उदय दूसरी शताब्दी में हुआ।

पाँचवीं शताब्दी के **'तालगुंड अभिलेख'** के अनुसार पल्लव क्षत्रिय थे। रोमिला थापर[1] के अनुसार, "पल्लवों के प्राचीनतम विवरण प्राकृत से मिलनेवाले शिलालेख हैं। उसके बाद के शिलालेख संस्कृत और अन्ततः संस्कृत एवं तमिल दोनों भाषाओं में उपलब्ध हैं। जिस समय प्राकृत शिलालेख लिखे गए उस समय पल्लव एक स्थानीय राजवंश मात्र था, जो काँचीपुरम पर शासन करता था। बाद के शिलालेख उस समय अंकित किए गए जिस समय यह राजवंश तमिलनाडु पर शासन करता था और सच्चे अर्थों में तमिल राजवंश बन गया था।"

4.2 पल्लव शासक

प्रारम्भिक पल्लव शासकों के बारे में हमें ठोस जानकारी नहीं मिल पाती है। प्राकृत अभिलेख के अनुसार वीरकूर्चवर्मन और कुमारविष्णु के बाद शिवस्कन्दवर्मन सम्भवतः तीसरा पल्लव शासक था। उसके पिता का नाम वप्पदेव था। उसका राज्य-विस्तार तोंडमंडलम् एवं आन्ध्र देश में था। उसने **धर्ममहाराज** की उपाधि धारण की थी। अनेक प्रदेशों को जीतने के उपलक्ष्य में उसने अश्वमेध, वाजपेय और अग्निस्तोमयज्ञ किया। कृष्णा और तुंगभद्रा की घाटी और कुन्तल में अपने राज्य का विस्तार करने के पश्चात् शिवस्कन्दवर्मन ने मैसूर का दक्षिणी भाग गंगवंश के राज्यों से छीन लिया। इक्ष्वाकुओं के अधिकार से कृष्णा-गंटूर का इलाका छीनने में भी वह सफल रहा। उसके काल में मुख्य राजनीतिक केन्द्र काँची था।

शिवस्कन्दवर्मन का उत्तराधिकारी स्कन्धवर्मन बना। इसके पश्चात् विष्णुगोप शासक बना, जिसे उत्तर भारतीय गुप्त शासक समुद्रगुप्त ने गहरी क्षति पहुँचाई थी। विष्णुगोपादि के मरने के बाद नन्दिवर्मन पल्लव शासक बना। इसके बाद सिंहवर्मन गद्दी पर बैठा। इन सारे शासकों के सम्बन्ध में कुछ विशेष बताना मुश्किल है।

4.3 सिंहविष्णु (लगभग 575-600 ई.)

सिंहवर्मन के बाद हम पल्लव शासक के रूप में सिंहविष्णु की चर्चा पाते हैं। उसने अपने राज्य की सीमा दक्षिण में बढ़ाई। चोलमंडलम् में वह घुसपैठी करने लगा। चोलों के जनपद को छीनकर उसने कावेरी घाटी को पल्लव राज्य का अंग बनाया। कावेरी का मुहाना सिंहविष्णु के नियन्त्रण में आ गया। एक अभिलेख[2] के अनुसार सिंहविष्णु का संघर्ष चोल, पांड्य, मालव और कलभ्र से हुआ था। मालव की सही पहचान नहीं हो पाई है। पांड्य-पल्लव संघर्ष की जानकारी अन्य स्रोतों से नहीं हो पाती। सिंहविष्णु द्वारा लिखवाया गया कोई अभिलेख उपलब्ध नहीं है। वैष्णव धर्म का समर्थक सिंहविष्णु कलानुरागी भी था। मामल्लपुरम् में स्थित आदिवराह स्वामी के मन्दिर में स्वयं सिंहविष्णु की एक प्रतिमा मिली है जिसमें अगल-बगल में वह अपनी दो रानियों को बैठाए हुए है। यह मन्दिर सिंहविष्णु के काल में निर्मित हुआ था।

---

1. रोमिला थापर, *भारत का इतिहास*, दिल्ली, 1975, पृ. 141
2. *साउथ इंडियन इंसक्रिप्शंस*, भाग 2, खंड 3, पृ. 324-61

4.4 महेन्द्रवर्मन (लगभग 600-630 ई.)

सिंहविष्णु के बाद महेन्द्रवर्मन 600 ई. में गद्दी पर बैठा। इस शासक का नाम महेन्द्रविक्रम भी था। मत्तविलास, गुणभर, शत्रुमल्ल, ललितांकर, अवनिभाजन, विचित्रचित आदि उपाधियाँ उसने धारण की थी। महेन्द्रवर्मन ने संस्कृत भाषा को विशेष संरक्षण प्रदान किया। प्रसिद्ध कवि **भारवि** इसी काल का था। **उत्कीर्ण एकाश्मक** मन्दिरों की शैली का उदय हुआ। राजनीतिक दृष्टि से पल्लव राज्य की नींव सही माने में महेन्द्रवर्मन के काल में पड़ी। चोलराज्य उसे प्राप्त हुआ। राज्य-विस्तार के प्रश्न को लेकर महेन्द्रवर्मन का चालुक्यों और पांड्यों से संघर्ष हुआ। इसी समय से चालुक्यों और पांड्यों के साथ पल्लवों की एक लम्बी दुश्मनी शुरू हुई।

पुलकेशिन द्वितीय को महेन्द्रवर्मन अपना सबसे बड़ा विरोधी मानता था। अपने विजय-अभियान के सिलसिले में पुलकेशिन द्वितीय ने कदम्बों को हराकर वेंगी पर कब्जा कर लिया। कदम्बों का पल्लवों के साथ अच्छा सम्बन्ध था। पल्लवों के संरक्षण में ही कदम्बों का स्वतन्त्र राज्य स्थापित था। चालुक्यों का अधिकार वेंगी पर होने के कारण गंगवंशीय नरेशों पर नियन्त्रण रखना पल्लवों के लिए मुश्किल हो गया। पहले पल्लवों के मित्र कदम्ब नरेश पल्लव-दुश्मन गंगशासकों पर नियन्त्रण रखे रहता था, लेकिन चालुक्यों ने जब कदम्बों को हराया तो गंगनरेशों से पल्लवों को खतरा बढ़ गया। इसके अलावा गंगों ने चालुक्यों से मित्रता स्थापित कर ली। यह बात भी पल्लवों के विरुद्ध जाती थी। इस तनावपूर्ण स्थिति में चालुक्यशासक पुलकेशिन द्वितीय का आक्रमण पल्लवों पर हुआ। शक्तिशाली पुलकेशिन के आक्रमण को रोकना महेन्द्रवर्मन के लिए सम्भव नहीं था। वह हारा और काँची के दुर्ग में छिप गया। पल्लव राज्य का कुछ हिस्सा चालुक्यों के अधिकार में चला गया।

कुछ दिनों पश्चात् महेन्द्रवर्मन ने अपनी स्थिति सँभाल ली। काँची और कावेरी की घाटी पर चालुक्यों का अधिकार नहीं हो सका। पुलकेशिन और महेन्द्रवर्मन के बीच दुश्मनी चलती रही। पुलकेशिन ने पल्लवों के विरुद पांड्य, चोल और केरल राज्यों से मित्रता स्थापित कर ली। इसके बाद महेन्द्रवर्मन पल्ल्वराज्य की स्थिति सुदृढ़ करने में सफल रहा।

महेन्द्रवर्मन स्वयं एक कलाकार था और साहित्यप्रेमी भी। उसने मत्तविलास प्रहसन की रचना की। उसका विरुद चित्रकारप्पुलि काफी लोकप्रिय था। अपनी बहुमुखी प्रतिभा के कारण वह **विचित्रचित्त** कहलाया। प्रथम चरण में महेन्द्रवर्मन जैनधर्म का पक्का समर्थक था। दूसरे चरण में वह वैष्णव एवं शैव धर्मों का समर्थक बन गया। ब्रह्मा, विष्णु और महेश का एकाश्मक मन्दिर उसने दक्षिण अर्काट में स्थित मंडगपट्टू में बनवाया। सार्वजनिक उपयोग के लिए उसने महेन्द्रबाड़ी में एक विशाल तड़ाग का निर्माण करवाया।

4.5 नरसिंहवर्मन प्रथम (लगभग 630-668 ई.)

महेन्द्रवर्मन के पश्चात् पल्लव राज्य का शासक नरसिंहवर्मन प्रथम बना। अपने पिता द्वारा स्थापित पल्लव गौरव को बरकरार रखने में नहीं, बल्कि उसे विकसित करने में नरसिंहवर्मन प्रथम की भूमिका अतिमहत्त्वपूर्ण रही। अपने असाधारण व्यक्तित्व के कारण वह महामल्ल कहलाया।

नरसिंहवर्मन प्रथम को राजनीतिक सफलता काफी मिली। पल्लव नरेश महेन्द्रवर्मन और उत्तर भारतीय शासक हर्षवर्द्धन को पराजित करनेवाले चालुक्य शासक पुलकेशिन द्वितीय को

उसने पेरियाड, मणिमंगलम् और शूरमार के युद्धों में परास्त कर दिया। इस भारी सफलता के बाद नरसिंहवर्मन प्रथम ने एक प्रतिक्रियात्मक अभियान की योजना बनाई। 'परमज्योति' के नाम से प्रसिद्ध शिरुत्तोंड उसका सेनापति था जिसके नेतृत्व में एक सेना नरसिंहवर्मन ने चालुक्यों की राजधानी वातापी में विजय के लिए भेजी। चालुक्यों की हार हुई और शिरुत्तोंड ने वातापी को जीत लिया और काँची लौट आया। इस युद्ध में पल्लवों को लूट में काफी धन मिला। इस जीत की याद में काँची में एक कीर्तिस्तम्भ स्थापित किया गया। वातापी में स्थित मल्लिकार्जुन मन्दिर में भी एक प्रस्तर अभिलेख शिरुत्तोंड ने उत्कीर्ण करवाई।

चालुक्यों पर विजय के पश्चात् नरसिंहवर्मन प्रथम वातापीकोंड अर्थात् वातापी का अपहर्त्ता कहलाया। अब चालुक्य राज्य का पूर्ण गौरव समाप्त हो गया। पल्लवों की राज्य-पताका सम्पूर्ण दक्षिणापथ और तमिल जनपद में लहराने लगी। भारत के अन्य राज्यों पर नरसिंहवर्मन का प्रभाव बढ़ा।

वातापी-विजय के पश्चात् नरसिंहवर्मन ने अपना ध्यान श्रीलंका की ओर दिया। **बौद्धग्रन्थ महावंश** के अध्ययन से पता चलता है कि लंका नरेश मानवर्मा राजच्युत हो गया था और राजत्व प्राप्ति में मदद प्राप्त करने के लिए पल्लवों की राजधानी काँची आ गया। अपने व्यवहार से नरसिंहवर्मन प्रथम का वह कृपापात्र एवं विश्वासी बन गया। चालुक्यों को हराने में उसने पल्लवों का साथ दिया था। अतः नरसिंहवर्मन ने मानवर्मा को विशाल सैनिकों के साथ काँची से श्रीलंका भेजा और मानवर्मा वहाँ शासक बन गया। जब पल्लव सेना काँची लौट आई तो कुछ ही दिनों के बाद मानवर्मा पुनः गद्दी से उतार दिया गया। मानवर्मा पुनः काँची आ गया। एक विशाल सेना और मानवर्मा को साथ लेकर स्वयं पल्लव नरेश नरसिंहवर्मन महाबलीपुरम् तक गया जहाँ उसकी सेना और मानवर्मा श्रीलंका (सिंहल) पहुँचे। पल्लवों की नौसेना भी सुदृढ़ थी। प्रसिद्ध बन्दरगाह महाबलीपुरम् पल्लव राज्य का अंग था। यहाँ से व्यापारी हमेशा जहाजों द्वारा श्रीलंका जाते रहते थे। यह बन्दरगाह बीस मील में फैला था। मानवर्मा स्थायी रूप से सिंहल नरेश बना। नरसिंहवर्मन के सहयोग से कशकडी अभिलेख का कवि इतना प्रभावित हुआ कि नरसिंहवर्मन की तुलना उसने लंका-विजयी राम से कर दी।

वास्तुकला का विकास नरसिंहवर्मन प्रथम के काल में व्यापक रूप से हुआ। स्तम्भ-रचना शैली में मामल्ल शैली का जन्म हुआ। स्तम्भों पर सिंह की मूर्ति स्थापित की जाने लगी। इस शैली का जन्मदाता नरसिंहवर्मन प्रथम ने अपने को चूँकि **महामल्ल** (अर्थात् सिंह के समान वीर) की उपाधि से अलंकृत किया था, अतः उसके काल में विकसित नवीन स्तम्भ रचना शैली **मामल्ल शैली** कहलाई। सिंहस्तम्भ की यह परम्परा नरसिंहवर्मन के बाद भी प्रचलित रही। इतना ही नहीं, दक्षिणी भारत में निर्मित बाद के सभी मन्दिरों पर इस शैली की छाप रही। सम्भवतः सात अश्वों से जुड़ा रथ—**सप्तरथों** का निर्माण इसी काल से शुरू हुआ। महाबलीपुरम् को एक बन्दरगाह बनाने का श्रेय विद्वानों ने नरसिंहवर्मन प्रथम को दिया है। पल्लव समृद्धि को विकसित करने के पश्चात् नरसिंहवर्मन प्रथम 668 ई. में मरा।[1]

1. नरसिंहवर्मन प्रथम की जानकारी एस. वील द्वारा लिखित पुस्तक *बुद्धिस्ट रिकॉर्ड्स ऑफ द वेस्टर्न वर्ल्ड,* भाग 2, पृ. 228-230, जी. गाइल्स द्वारा सम्पादित बौद्ध ग्रन्थ *महावंश,* अध्याय 47, *साउथ इंडियन इंशक्रिप्शंस,* भाग 1, पृ. 144; भाग 2, खंड 3, पृ. 342-61; भाग 2, खंड 5, पृ. 508; भाग 11, खंड 1, 1 संख्या 1; *इंडियन एंटीक्वैरी,* भाग 9, पृ. 199 आदि से होती है।

4.6 महेन्द्रवर्मन द्वितीय (668-670 या 672 ई.)

नरसिंहवर्मन की मृत्यु के पश्चात् 668 ई. में पल्लव राज्य का शासक महेन्द्रवर्मन द्वितीय बना। इस शासक की जानकारी अनेक स्रोतों[1] से मिलती हैं। इस शासक ने शान्तिपूर्वक राज्य किया। बाह्य आक्रमणों से पल्लव राज्य मुक्त रहा। राज्य की आर्थिक स्थिति अच्छी हुई। सभी धर्मों को इसने समान भाव से संरक्षण प्रदान किया। इसने सम्भवतः दो-चार वर्षों तक शासन किया। इस शासक के शासनकाल के अन्तिम चरण में चालुक्य शासक विक्रमादित्य प्रथम ने पल्लव राज्य पर आक्रमण कर दिया। महेन्द्रवर्मन द्वितीय ने उससे मुकाबला किया लेकिन चालुक्य सेना राजधानी काँची में प्रवेश कर गई। काँची में तोड़-फोड़ एवं लूट-पाट करने के साथ-साथ चालुक्य सेना महामल्ल परिवार अर्थात् महेन्द्रवर्मन द्वितीय के परिवार को बर्बाद कर दिया। अपने पूर्वज पुलकेशिन द्वितीय के अपमान और पराजय का पल्लवों से बदला लेने में विक्रमादित्य प्रथम सफल रहा।

पल्लव अभिलेखों से पता चलता है कि कुछ ही दिनों पश्चात् पल्लव शासक ने चालुक्यों को पेरुवडनल्लूर में बुरी तरह हरा दिया। मामल्लपुर का गणेश मन्दिर इसी शासक के काल में बना।

4.7 नरसिंहवर्मन द्वितीय (लगभग 700-728 ई.)

पल्लवकालीन संस्कृति का सर्वोत्तम विकास नरसिंहवर्मन द्वितीय के काल में हुआ। उपनाम 'राजसिंह' के नाम से इस शासक ने काँची में कैलाशनाथ मन्दिर का निर्माण करवाया। यह मन्दिर राजसिंहेश्वर के नाम से भी प्रसिद्ध है। काँची में ही ऐरावतेश्वर का मन्दिर और महाबलीपुरम् में शोर मन्दिर का निर्माण इसी शासक के काल में हुआ। साहित्यप्रेमी इस शासक के काल का विद्वान दंडिन था जिसने *दशकुमारचरितम्* की रचना की। कुछ विद्वानों का कहना है कि भास के नाटकों की रचना नरसिंहवर्मन द्वितीय के ही शासनकाल में हुई। पल्लव राजदूत चीन गए और चीन से पल्लवों की मित्रता स्थापित हुई।

4.8 परमेश्वरवर्मन द्वितीय (728-30 या 31 ई.)

नरसिंहवर्मन द्वितीय का पुत्र परमेश्वरवर्मन द्वितीय था। सिंहविष्णु परम्परा का वह अन्तिम शासक था। *कशाकुडीदानपत्र*, छन्द 26,[2] के अनुसार "परमेश्वरवर्मन द्वितीय ने धर्मपूर्वक शासन किया और कलि-दोषों से शासन को मुक्त किया।" इसके शासनकाल में चालुक्यों से शत्रुता बढ़ी। गंगवंश और चालुक्य नरेशों ने एक साथ परमेश्वरवर्मन द्वितीय पर आक्रमण किया। परिणामस्वरूप युद्ध में यह पल्लव नरेश मारा गया।

परमेश्वरवर्मन द्वितीय की मृत्यु से काँची की राजनीतिक तथा प्रशासनिक स्थिति कमजोर हो गई। आन्तरिक कलह के कारण परमेश्वरवर्मन द्वितीय का पुत्र चित्रमाय शासक नहीं

1. एस. वील, *बुद्धिस्ट रिकॉर्ड्स ऑफ द वेस्टर्न वर्ल्ड,* भाग 2, पृ. 228-30; *एपिग्राफिया इंडिका,* भाग 10, पृ. 101; *साउथ इंडियन इंशक्रिप्शंस,* भाग 1, पृ. 144-145; भाग 2, खंड 5, पृ. 508
2. *साउथ इंडियन इंशक्रिप्शंस,* भाग-2, खंड 3, पृ. 357

बन सका। पल्लवों का राजसिंहासन सिंहविष्णु के अनुज भीमवर्मन के उत्तराधिकारियों के हाथों में चला गया।

4.9 पल्लवमल्ल नन्दिवर्मन द्वितीय (732-लगभग 795 ई.)

एक अभिलेख[1] के आधार पर सी. मीनाक्षी बताती हैं कि परमेश्वरवर्मन द्वितीय के मरने के बाद उसके सामन्तों, मन्त्रियों और व्यापारियों द्वारा सामन्त हिरण्यवर्मन प्रथम से एक सुयोग्य शासक की प्रार्थना की गई। अन्त में हिरण्यवर्मन प्रथम का बेटा पल्लवमल्ल 12 वर्ष की आयु में शासक बना। राज्याभिषेक के पश्चात् पल्लवमल्ल नन्दिवर्मन द्वितीय के नाम से वह पल्लव राज्य पर शासन करने लगा। उसका शासनकाल काफी लम्बा था, किन्तु राज्य में अशान्त वातावरण बना रहा। परमेश्वरवर्मन द्वितीय का पुत्र चित्रमाय अधिकारी होने के बावजूद गद्दी पर नहीं बैठ पाया था। गद्दी प्राप्त करने के लिए वह पांड्य, चालुक्य और गंग से मिल गया और पल्लवमल्ल नन्दिवर्मन द्वितीय को युद्ध में फँसाए रखा। इन शक्तियों के आक्रमणों से नन्दिवर्मन द्वितीय 740 ई. तक काफी परेशान रहा। इसके पश्चात् काँची से उसने चालुक्यों को मार भगाया। उसने गंगराज्य पर आक्रमण कर गंगराज को पराजित किया और धन प्राप्त किया।

शासनकाल के अन्तिम वर्षों में नन्दिवर्मन द्वितीय को राष्ट्रकूटों से टकराना पड़ा। राष्ट्रकूट शासक दन्तिदुर्ग ने पल्लवों की राजधानी काँची पर अधिकार कर लिया। बाद में दोनों शक्तियों के बीच मित्रता स्थापित हो गई और नन्दिवर्मन द्वितीय 795-96 ई. तक शासन करता रहा।

नन्दिवर्मन द्वितीय को एक कुशल शासक मानना पड़ता है क्योंकि अनेक खतरनाक समस्याओं से टकराते हुए लगभग साठ वर्षों तक वह पल्लव नरेश बना रहा। उसने काँची में मुक्तेश्वर मन्दिर और वैकुंठ पेरुमाल मन्दिर का निर्माण करवाया। राज्य में अन्य मन्दिर भी निर्मित हुए। वह वैष्णव था। तिरुमेंगै आलवार सन्त के नेतृत्व में वैष्णव धर्म का काफी प्रचार हुआ। उसने सम्भवतः अश्वमेध यज्ञ भी किया था।

4.10 दन्तिवर्मन (796-846 ई.)

दन्तिवर्मन का पिता नन्दिवर्मन द्वितीय था। 796 ई. में वह गद्दी पर बैठा। वह एक कुशल व्यक्तित्ववाला व्यक्ति था। राष्ट्रकूट कन्या रेवा दन्तिवर्मन की प्रधान रानी थी। उसकी दूसरी रानी का नाम अग्गलनिम्मती था जो कदम्बवंश की कन्या थी। पल्लवों के अधीन कदम्बवंश एक सामन्ती राज्य था। राजवंश में वैवाहिक सम्बन्ध के बावजूद पल्लवों और राष्ट्रकूटों के बीच का सम्बन्ध तनावपूर्ण रहा। राष्ट्रकूट शासक गोविन्द तृतीय ने 804 ई. में काँची पर आक्रमण किया। दन्तिवर्मन की हार हुई और राष्ट्रकूटों को कर देने को बाध्य होना पड़ा। सम्भवतः काँची के आसपास के क्षेत्रों पर पल्लवों का नहीं बल्कि पांड्यों का आधिपत्य था। पल्लवों की राजनीतिक स्थिति खराब थी।

---

1. *साउथ इंडियन इंसक्रिप्शंस,* भाग 2, खंड 3, पृ. 12

दन्तिवर्मन को भारद्वाज गोत्र का बताया गया है। मद्रास के पास स्थित त्रिप्लीकेन नामक स्थान में उसने पार्थसारथि मन्दिर का पुनर्निर्माण कराया। उसे **पल्लवकुलभूषण** कहा गया है।

4.11 नन्दिवर्मन तृतीय (846-859 ई.)

लगभग तेरह वर्षों तक शासन करनेवाला पल्लव नरेश नन्दिवर्मन तृतीय दन्तिवर्मन का पुत्र था। वह एक कुशल योद्धा था और उसने पांड्यों को हराकर पल्लव राज्य का विस्तार किया। तमिल कवि और सन्त पेरुन्देवनार को संरक्षण प्रदान कर उसने अपनी शैक्षणिक रुचि का परिचय दिया। उसी के काल में कवि पेरुन्देवनार द्वारा भारतवेणवा नामक ग्रन्थ की रचना की गई। उसकी रानी शंखा का पिता राष्ट्रकूट शासक अमोघवर्ष प्रथम था। नन्दिवर्मन तृतीय के काल में पल्लवों पर राष्ट्रकूटों ने एक बार भी आक्रमण नहीं किया। इससे पल्लवों और राष्ट्रकूटों के बीच अच्छे सम्बन्ध का अनुमान किया जा सकता है। नन्दिवर्मन को **अवनिनारायणन्, वरतुंगन् और उग्रकोपन्** कहा गया है। वह **'तेल्लारु संग्राम का विजेता' और तेल्लारारिंड** भी कहलाया। वह **शत्रुनिहन्ता** था।

नन्दिवर्मन के पिता के शासनकाल में पांड्य शासक ने पल्लवों के बहुत से क्षेत्रों को अपने अधीन कर लिया था। नन्दिवर्मन तृतीय के काल में पांड्यों ने पुनः आक्रमण किया। काँची के पास स्थित तेल्लारु नामक स्थान में नन्दिवर्मन पांड्य सेना को रोक दिया। युद्ध नहीं हुआ और पांड्यों के पैर उखड़ गए। नन्दिवर्मन का उत्साह बढ़ा और उसने पडचारु, बेल्लारु, नल्लारु तथा कोरुगोडु नामक स्थानों में भी पांड्यों को हराया। नन्दिवर्मन की धाक जम गई। पल्लव राज्य पर आक्रमण करने का साहस अब किसी राज्य ने नहीं किया। नन्दिवर्मन ने गंगवंश को भी अपनी अधीनता स्वीकार करवाई। कावेरी नदी की घाटी और कोंगुदेश पर नन्दिवर्मन का आधिपत्य हो गया। काँची, मल्लै (महाबलीपुरम्) और मैयले (मयलपुर) पल्लव राज्य के प्रमुख प्रशासनिक एवं सांस्कृतिक केन्द्र थे।

4.12 नृपतुंग (859-899 ई.)

अपने पिता नन्दिवर्मन तृतीय के समान नृपतुंग एक कुशल और वीर शासक था। अपनी कुशलता के कारण वह लगभग 30 वर्षों तक शासक बना रहा। बाह्य आक्रमणों से पल्लव राज्य को बचाते हुए उसने आन्तरिक स्थिति भी मजबूत की। बाण राजवंश ने नृपतुंग की अधीनता स्वीकार की। पांड्यों से तनावपूर्ण सम्बन्ध बना रहा, लेकिन पल्लव राज्य पर आक्रमण करने की हिम्मत पांड्य शासक में नहीं थी। दानी और विद्याप्रेमी नृपतुंग ने एक शिक्षा केन्द्र को दान में तीन गाँव दिए। उस शिक्षा केन्द्र में वेद, पुराण, न्याय, मीमांसा आदि की पढ़ाई होती थी।

4.13 अपराजित (899-903 ई.)

पल्लव राज्य का अन्तिम महान शासक अपराजित था। गद्दी पर बैठते ही उसने पांड्यों पर आक्रमण कर अपनी युद्ध कुशलता का परिचय दे दिया। गंग शासक पृथ्वीपति प्रथम ने इस

युद्ध में अपराजित को सैनिक मदद की थी। वह स्वयं अपराजित की तरफ से पांड्यों के विरुद्ध मैदान में गया था। चोल शासक आदित्य ने भी अपराजित को सैनिक सहायता की थी। अपराजित और आदित्य के बीच कुछ दिनों पश्चात् तनाव पैदा हो गया। आदित्य काँची को जीतकर वहीं से शासन करना चाहता था। इस स्थिति में अपराजित के साथ उसका युद्ध होना स्वाभाविक था। इस युद्ध में अपराजित मार डाला गया।

4.14 नन्दिवर्मन चतुर्थ (904-926 ई.)

पल्लव नरेश अपराजित के मरने के पश्चात् नन्दिवर्मन चतुर्थ 904 ई. में शासक बना। इस शासक की टकराहट चोल नरेश कम्पवर्मन के साथ हुई। पल्लव राजवंश का यह अन्तिम ज्ञात शासक था।

4.15 वास्तुकला

स्रोतों से पता चलता है कि प्रारम्भिक पल्लव शासकों ने वास्तुकला में रुचि नहीं ली। वास्तुकला में रुचि लेने का अभूतपूर्व सिलसिला महेन्द्रवर्मन प्रथम के समय में शुरू होता है। उसके काल में मंडप प्रकार की वास्तुशैली का उदय हुआ। पल्लवकालीन वास्तु शैली के विकास क्रम को विद्वानों ने चार प्रकारों में बाँटा है।

महेन्द्र शैली (610-640 ई.)

वास्तुकला की प्रथम शैली महेन्द्र शैली कहलाती है जिसका निर्वाह आठवीं शताब्दी तक होता रहा। इस शैली का विकास तीन चरणों में हुआ। प्रथम चरण (610-640 ई.) में शिलाओं को उत्कीर्ण कर गुफा-मंडपों का निर्माण महेन्द्र ने कराया। चालुक्यों के गुफा-मन्दिरों की अपेक्षा महेन्द्र शैली के गुफा-मंडप अधिक संकीर्ण, पृथु, अलंकरणयुक्त और प्रतिमा-नियोजन में सन्तुलित हैं। मंडप के सामने स्तम्भयुक्त बरामदा होता था। मंडप के पीछे तथा अगल-बगल में गर्भगृह होता था। अधिकतर मंडपों का मुख पूर्व की ओर है। कुछ ही मंडप वैसे मिले जिनके मुख पश्चिम, उत्तर या दक्षिण की ओर हैं। शैव मंडप के गर्भगृहों में शिवलिंग और वैष्णव मंडपों में विष्णु आदि देवताओं की मूर्तियाँ थीं। बरामदा में जो स्तम्भ बनते उनकी ऊँचाई प्रायः 7 फीट है। इसके तीन भाग हैं। निचले और ऊपरी छोर पर दो-दो फीट का आयत है। स्तम्भ का मध्यभाग अष्टकोणात्मक है। स्तम्भों के निचले तथा ऊपरी छोर पर अमरावती शैली की परम्परा के आधार पर अर्द्धखिलित कमल से अलंकृत होता था। महेन्द्र शैली के मंडप प्रायः सादे थे। आरम्भिक महेन्द्र शैली के मंडप सादे हैं।

मामल्ल शैली (640-674 ई.)

महेन्द्र शैली में बने गुफा-मंडपों के निर्माण में नरसिंहवर्मन प्रथम ने पारम्परिक रुचि ली। मामल्ल शैली में मंडप अधिक अच्छे ढंग से बनाए गए। मंडपों की निर्माण-शैली में जटिलता

आ गई। प्रस्तर, कपोत, कुडु, शाला तथा द्वार शैलियों में नवीन मंडप अलंकृत होने लगे। इस शैली की मुख्य विशेषता यह है कि स्तम्भ पतले और लम्बे बनाए जाने लगे। गर्भगृह और मंडपों के अन्य तत्त्व जैसे; अधिष्ठान, सोपान, प्रस्तर आदि ज्यादा आकर्षक बनने लगे। स्तम्भों को कलश आदि से सजाया गया। इस शैली के सभी मन्दिर महाबलीपुरम् में अवस्थित हैं। यहाँ सप्तरथों का भी निर्माण हुआ। नरसिंहवर्मन द्वारा विकसित शैली को उसका पुत्र महेन्द्रवर्मन द्वितीय ने भी प्रोत्साहित किया। कोनेरी मंडप महेन्द्र शैली और मामल्ल शैली दोनों से प्रभावित है। मामल्ल शैली का उदाहरण महिषमर्दिनी मंडप है। मूर्ति-सज्जा के लिए यह मंडप ज्यादा प्रसिद्ध है। मामल्ल शैली के विकसित रूप में आदिवराह मंडप का निर्माण हुआ, जिसमें सिंहाधार स्तम्भ पाया गया। पाली मंडप की शैली का विकास राजसिंह के शासनकाल में हुआ। मामल्ल शैली में निर्मित मन्दिरों में देव मूर्तियाँ पाई जाने लगीं।

पत्थर के विशाल खंड के अनपेक्षित अंश को निकालकर रथ का स्वरूप उत्कीर्ण करने की मामल्ल शैली विकसित हुई। रथमन्दिरों के निर्माण में समसामयिक सभी वस्तु नमूनों को आदर्श माना गया। रथमन्दिर बनाते समय शिल्पकार पत्थर के विशाल खंड को ऊपर से नीचे काटता और तराशता था। इस काल के रथमन्दिरों में प्रमुख हैं द्रौपदी रथमन्दिर, गणेश रथमन्दिर, अर्जुन रथमन्दिर, नकुल-सहदेव रथमन्दिर, दक्षिण एवं उत्तर पहाड़ी रथमन्दिरें आदि। द्रौपदी रथमन्दिर को छोड़ शेष सभी रथ-अनुकृतियाँ बौद्ध वास्तुकला से प्रभावित हैं। उनका शिखर नागर अथवा द्रविड़ शैली का है। द्रौपदीरथ एक तल्ला, अर्जुनरथ दो तल्ला और धर्मराज रथ तीन तल्ले का है। गणेश रथ का शिखर **बेसर शैली** में है।

राजसिंह शैली (674-800 ई.)

राजसिंह अथवा नरसिंहवर्मन द्वितीय के काल में निर्मित मन्दिरों में पत्थर और ईंट का प्रयोग व्यापक रूप से शुरू हुआ। राजसिंह शैली में निर्मित मन्दिरों का गर्भगृह चतुरश्र और छोटे आकार का था। इस शैली के मन्दिरों का शिखर द्रविड़ शैली (विमान शैली) में है। गोपुर का निर्माण गर्भगृह के सम्मुख होने लगा। महाबलीपुरम् का तटीय शिवमन्दिर (शोर टेम्पुल) राजसिंह शैली का ज्वलन्त उदाहरण है। राजसिंह शैली में निर्मित मन्दिरों की भीतरी भित्तियों को उत्कीर्ण चित्रों से सजाया जाने लगा। गर्भगृह का भीतरी भाग सादा होता था। स्थापित शिवलिंग में छह पहलें हैं। गर्भगृह के चारों ओर प्रदक्षिणापथ है। मन्दिर के दीवारों को गणेश, हाथी, स्कन्द आदि की मूर्तियों से सजाया गया।

अपराजित शैली (800-900 ई.)

काँची के मुक्तेश्वर, मातंगेश्वर, ऐरावतेश्वर, कालीश्वर आदि मन्दिरों का निर्माण अपराजित शैली में हुआ। इसे **नन्दिवर्मन शैली** भी कहते हैं। इस शैली के अन्तर्गत मन्दिरों के लिंग ऊपर की ओर पतले और शिखरों की गर्दन पहले की अपेक्षा अधिक मोटी पाई गई। पल्लव वास्तु शैली का स्थायी प्रभाव चोल शैली पर पड़ा।

4.16 शासन-पद्धति

भारत के प्राचीन इतिहास में काँची के पल्लवों का युग चिरस्मरणीय है। पल्लव राजाओं ने पेनंग और तुंगभद्रा के दक्षिण प्रथम विशाल राज्य की स्थापना की और लंका तक अपने प्रभाव का विस्तार किया। उनके समय में दक्षिण भारत की बड़ी उन्नति हुई।

पल्लवों के अनेक ताम्रपत्रों से उनकी शासन-पद्धति पर प्रचुर प्रकाश पड़ता है। विरहदगल्ली ताम्रपत्र से यह स्पष्ट सूचित होता है कि तीसरी शताब्दी के मध्य में ही पल्लव शासकों ने एक सुव्यवस्थित शासन-प्रणाली को जन्म दिया था, जिसका प्रधान राजा स्वयं था। प्रान्तीय गवर्नर तथा विभागीय-अमात्यगण इस शासन-प्रणाली के अन्य स्तम्भ थे। कुछ मन्त्रियों के सार्वजनिक उद्योगों, स्नानागारों तथा अरण्यों से सम्बन्धित विभागों का काम सौंपा जाता था। गोपालन की सम्मति में पल्लवों की शासन-व्यवस्था कुछ बातों में मौर्यों और कुछ विषयों में गुप्तों की शासन-प्रणाली का स्मरण दिलाती है। कृष्णास्वामी आयंगर का मत यही है कि प्रारम्भिक पल्लव राजाओं की शासन-व्यवस्था मौर्यों की शासन-प्रणाली से काफी मिलती-जुलती है।

केन्द्रीय शासन

पल्ल्वों की शासन-व्यवस्था उन्नत थी। राजा शासन का केन्द्र होता था। अभिलेखों में उसे 'महाराजा' तथा 'धर्ममहाराज' कहा गया है। पल्लवों का शासन-प्रबन्ध सुव्यवस्थित और योग्य था और शासन में राजा का महत्त्वपूर्ण स्थान था। विभिन्न विभागों में राजा को सहायता के लिए मन्त्री हुआ करते थे। राजा की आज्ञा उसका निजी मन्त्री (प्राइवेट सेक्रेटरी) लिखा करता था। प्राचीन प्रणालियों के अनुसार अनेक अध्यक्षों और राजपुरुषों के अधीन सारा केन्द्रीय और प्रान्तीय शासन संगठित था। अभिलेखों से मुख्य अधिकारियों के नाम इस प्रकार मिलते हैं–राजकुमार-युवराज (प्रान्तीय शासक), अमात्य या राजा के उच्च अधिकारी, राष्ट्रिक (प्रान्त अथवा जिले के अधिकारी), देशाधिकृत (स्थानीय संरक्षक), ग्राम भोजक (गाँव का मुखिया), गोल्मिक (सेनानायक या जंगल का अधिकारी), दूतक (सन्देशवाहक), रजरन्तक (गुप्तचर), भट्ट-मनुष्य (सैनिक) इत्यादि।

प्रान्तीय शासन

शासन की सुविधा के लिए सारा साम्राज्य कई प्रान्तों में विभक्त था, जिन्हें राष्ट्र या मंडल कहते थे। शासन की इससे छोटी इकाइयाँ **कोहमू** और **ग्राम** थे। प्रान्तों पर राजवंश या सामन्तवंश के लोग शासन करते थे। राष्ट्र और मंडलों पर **राष्ट्रिक** और **मांडलिक** शासन करते थे। ग्राम का मुख्य अधिकारी मुखिया था। ग्रामसभा को स्थानीय न्याय, रक्षा और सार्वजनिक हित के काम करने का अधिकार था। राज्य को भूमि, उद्योग-धन्धों और व्यापार से आय होती थी। भूमि की माप, व्यवस्था और सिंचाई का प्रबन्ध सरकार करती थी। ब्राह्मणों और शिक्षकों को राज्य से वृत्ति मिलती थी। धार्मिक कृत्यों और दान के लिए अच्छी व्यवस्था होती थी। उनका सैनिक-संगठन बहुत अच्छा होता था। गाँव से अठारह प्रकार के कर उगाहे जाते थे।

4.17 कला

कला के क्षेत्र में पल्लवों की देन महत्त्वपूर्ण है। स्थापत्य तथा मूर्तिकला के क्षेत्र में तो पल्लव-युग विशेष रूप से स्मरणीय है। इस काल में मन्दिर-स्थापत्य की चार स्पष्ट शैलियाँ विकसित हुईं। पहली शैली 'महेन्द्र शैली' कहलाती है। इसका प्रवर्तक महेन्द्रवर्मन प्रथम था। इस शैली के मन्दिर सादगी के लिए प्रसिद्ध हैं। ये ठोस चट्टानों को खोखला करके बनाए गए हैं। इनमें सामने एक बरामदा और भीतर खम्भों पर सधा हुआ हॉल होता था। उनके लिंग, द्वारपाल, प्रभातोरण, स्तम्भादि सभी एक विशिष्ट शैली के हैं। नरसिंहवर्मन प्रथम ने एक नई शैली चलाई जो 'मामल्ल' कहलाती है। यह महेन्द्र शैली से अधिक भिन्न नहीं है। अन्तर केवल इतना है कि इस शैली के मन्दिरों में स्तम्भ अधिक सुन्दर और दीवारें उभरी मूर्तियों में सुशोभित हैं। इस प्रकार के मन्दिर त्रिचनापल्ली और पुद्दू कोटा में पाए जाते हैं। सबसे सुन्दर मन्दिर वे हैं जो 'रथ' कहलाते हैं। ठोस पत्थर के टुकड़ों को काट-छाँटकर मन्दिर बनाए गए हैं। एक मन्दिर एक पत्थर के टुकड़े का ही बना है, उसमें जोड़ नहीं हैं। तीसरी 'राजसिंह शैली' थी। इस शैली के मन्दिर ईंट और पत्थर के हैं ; जिनमें काँची का कैलाश मन्दिर अधिक प्रसिद्ध है। चौथी 'अपराजित शैली' कहलाती है। इस शैली के मन्दिरों के लिंग ऊपर की ओर पतले होते गए हैं और शिखरों की गर्दन पहले की अपेक्षा अधिक मोटी हैं।

4.18 साहित्य

पल्लव-राजाओं के शासनकाल में साहित्य की बड़ी उन्नति हुई। पल्लव राजा विद्या-प्रेमी तथा साहित्यानुरागी और तमिल-भाषा के स्थान पर संस्कृत को ही प्रोत्साहन देते थे। थोड़े-से अभिलेखों के अतिरिक्त पल्लव-राजाओं के आरम्भ के सभी अभिलेख संस्कृत में हैं। कालान्तर में जब तमिल का प्रयोग होने लगा तब भी उसका प्रशस्ति-भाग संस्कृत में होता था। पल्लव की राजधानी काँची साहित्य का केन्द्र बन गया और दूर-दूर से विद्वान वहाँ ज्ञानार्जन के लिए जाने लगे थे। पल्लव-राजाओं की राजसभा बड़े-बड़े विद्वानों से भरी रहती थी। कवि-सम्राट भारवि, अलंकार के रचयिता दंडिन् तथा प्रसिद्ध विद्वान मातृदत्त पल्लव राजाओं के साहित्य-सम्राट थे। पल्लव-राजा महेन्द्रवर्मन स्वयं उच्च कोटि का साहित्यकार था। उसने *मत्तविलास प्रहसन* की रचना की थी।

4.19 शिक्षा

पल्लवों के शासनकाल में शिक्षा की भी उन्नति हुई थी। काँची शिक्षा का प्रमुख केन्द्र था। काँची के विश्वविद्यालय में सभी धर्मों, शास्त्रों और ज्ञान-विज्ञान की शिक्षा का प्रबन्ध था। वेदों के अध्ययन पर विशेष बल दिया जाता था। संस्कृत भाषा की शिक्षा का प्रचार अधिक था। राज्य की ओर से शिक्षा-प्रचार को पर्याप्त प्रोत्साहन दिया जाता था। राजकीय आज्ञाएँ संस्कृत में लिखी जाती थीं। देवालयों में सेठ-साहूकारों और धनवान व्यक्तियों की सहायता से वेदों की शिक्षा की समुचित व्यवस्था की गई थी।

4.20 धर्म

इस युग में वैष्णव और शैव धर्म की प्रधानता थी, परन्तु बौद्ध और जैन धर्म को भी प्रोत्साहन मिलता था। दस हजार भिक्षुओं का उल्लेख ह्वेनसांग करता है। धर्मपाल काँची का रहनेवाला था। विभिन्न शैव सम्प्रदायों का जन्म भी दक्षिण में इसी समय हुआ। शैव धर्म की प्रधानता बढ़ती गई। शंकराचार्य इसी युग में हुए थे। सन्त अरुयर और तिरुज्ञान सम्बन्दर ने दक्षिण में शैवधर्म का बड़ा प्रचार किया। आलवार वैष्णव सन्तों के प्रसार से वैष्णवधर्म भी फला-फूला। वे धर्म के भावपक्ष को व्यक्त करते थे। शंकराचार्य का जन्म मालावार तट पर हुआ था। उन्होंने भारत की अगणित जनता के बीच शिवोपसना को प्रिय बनाने के लिए बहुत कुछ किया। वे उत्कृष्ट वेदान्ती और अद्वैत सिद्धान्त के प्रवर्तक थे। उन्होंने मैसूर में शृंगेरी, काठियावाड़, पुरी और हिमालय में बदरीनाथ मठ की स्थापना की।

4.21 सांस्कृतिक देन

इक्ष्वाकुओं और चुटुओं को अधिकारच्युत कर पल्लवों ने चौथी शताब्दी में नवीन राजवंश की स्थापना की। काँचीपुरम इनका प्रशासनिक, राजनीतिक एवं सांस्कृतिक केन्द्र और साम्राज्य विस्तार पेन्नार से कावेरी की उपत्यका तक था। पल्लव लोग निम्न जंगली जाति के और अपने सिरों में पल्लव (वृक्ष का पत्ता) का प्रयोग आभूषण के समान करते थे। बाद में चलकर इन्होंने सैनिक वृत्ति अपना लिया। पाँचवीं सदी के तालगुंड अभिलेख में इन्हें क्षत्रिय कहा गया है। ब्राह्मणों की मदद से इस राजवंश के सभी 20 शासकों ने अपने को क्षत्रियों की श्रेणी में ला खड़ा किया और भारद्वाज गोत्रीय ब्राह्मण कहलाए। (राजा के देवत्व की कल्पना का प्रारम्भ ई.पू. 1000 के आसपास से प्रारम्भ हुआ जब नृपतन्त्र का विकास हुआ। राजा को अवतार मानने या देवता की सन्तान मानने के अधिकांश उल्लेख उस काल के हैं, जब अज्ञात कुल गोत्र व्यक्ति अपने बाहुबल से राजा बने। जो परिवार शक्तिशाली हो जाते थे, वे अपने लिए ऊँची-ऊँची वंशावलियाँ बनवा लेते थे, जिनमें उनके कुल को क्षत्रिय या ब्राह्मण की हैसियत मिल जाती थी। अगर बहुत जरूरी हुआ तो प्राचीन राजवंशों से भी उनके सम्बन्ध जोड़ दिए जाते थे। नवीन व्यवसायवाले जाति का रूप ग्रहण कर लेते थे।) अभिलेखों में उन्हें अश्वत्थामा का वंशज बताया गया है। पल्लवों की एक प्रजाति को कृष्णा और गोदावरी नदियों के पास का निवासी बताया गया है। दूसरी शताब्दी में नागों को तोंडमंडलम से निकालकर पल्लवों ने अपना प्रभुत्व स्थापित किया। ये सभी तथ्य एस.के. आयंगर *(Origin and the early History of the Pallavas of Kanchi)*, डी.सी. सरकार *(Successors of the Satvahanas)*, बी.भी. कृष्णाराव *(Early Dynasties of Andhradesh)*, बेंकट के. राव *(Early Dynesties of Andhradesh)* एवं के.पी. जायसवाल[1] द्वारा लिखित पुस्तकों पर आधारित है। गोपालन *(History of the Pallavas of Kanchi)* का मत है कि पल्लव राजवंश के आदि पुरुष का नाम वप्पदेव था, जिसने दक्षिण भारत में काँची (काँजीवरम) और धान्यकटक (धरणीकोटा) नामक दो राजधानियाँ स्थापित कर पल्लव राज्य की नींव डाली थी।

1. *अन्धकारयुगीन* भारत (अनु.), काशी, 1932

वप्पदेव के बाद उसका पुत्र शिवस्कन्दवर्मन और फिर विष्णुगोप उत्तराधिकारी हुए। विष्णु गोप ने गुप्तशासक समुद्रगुप्त को आत्मसमर्पण किया था। इन तीनों पल्लव शासकों का काल तीसरी से छठी शताब्दी के बीच था।

सिंहविष्णु (575-600) नामक एक सामन्त ने नया पल्लव वंश प्रतिष्ठित किया। महेन्द्रवर्मन प्रथम, नरसिंहवर्मन प्रथम, परमेश्वरवर्मन प्रथम, नरसिंहवर्मन द्वितीय, नन्दिवर्मन और अपराजितवर्मन इस राजवंश के प्रमुख शासक थे। यह राजवंश नौवीं शताब्दी तक चला।

मन्दिर-निर्माण

लूंगहर्स्ट द्वारा लिखित पुस्तक *(Pallava Architecture)* के अध्ययन से पता चलता है कि मन्दिर-निर्माण के माध्यम से वास्तुशैली में अद्वितीय विकास हुआ। मन्दिर-निर्माण की प्रथम शैली **महेन्द्र शैली** (610-640) (महेन्द्रवर्मन प्रथम के नाम पर) थी। इस शैली की मन्दिरें सादगी के लिए प्रसिद्ध हैं। इसमें एकाश्म मन्दिरों का निर्माण ब्रह्म, ईश्वर और विष्णु के लिए किया गया। इस शैली में मन्दिरों का निर्माण चट्टानों को खोदकर किया जाता था। मन्दिर में एक बरामदा और एक कक्ष होता था जो स्तम्भों पर टिका रहता था। नरसिंहवर्मन प्रथम मामल्ल (महामल्ल) (640-674) के नाम पर दूसरी **मामल्ल शैली** कहलाई। इस शैली के अन्तर्गत मन्दिर को थोड़ा अधिक कलात्मक बनाया गया और दीवारों को उभरी हुई मूर्तियों से सुशोभित किया गया। सिंह स्तम्भ की मामल्ल परम्परा बाद में चलकर दक्षिण भारत में मन्दिर-निर्माण की महत्त्वपूर्ण शैली के रूप में लोकप्रिय हुई। इस शैली की मन्दिरें त्रिचनापल्ली और पुदुकोट्टा में देखने को मिलती है। रथ मन्दिरों का विकास इसी काल में हुआ जो ठोस शिलाखंडों को काट-छाँटकर निर्मित किया जाता था। ऐसे मन्दिरों में किसी प्रकार के जोड़ नहीं पाते हैं। तीसरी, **राजसिंह शैली,** (674-800) थी, जिसमें मन्दिरों का निर्माण ईंट और पत्थरों की सहायता से की गई जो अपनी शैलीगत विशेषताओं की दृष्टि से विशेष महत्त्वपूर्ण सिद्ध हुईं। इस शैली का प्रथम मन्दिर महाबलीपुरम् का तटीय शिवमन्दिर है। महाबलीपुरम् के ही ईश्वर और मुकुन्द मन्दिर, उत्तरी अर्काट का मनमलय मन्दिर, कैलाशनाथ और कुछ अन्य मन्दिरों की बनावट राजसिंह शैली में है। अन्तिम और चौथी शैली **नन्दिवर्मन शैली** (800-900) कहलाई, जिसके अन्तर्गत मन्दिरों के लिंग ऊपर की ओर पतले और शिखरों की गर्दन पहले की अपेक्षा अधिक मोटी पाई गई। इस शैली के मन्दिर में काँची के मुक्तेश्वर, मातंगेश्वर, ऐरावतेश्वर, कालीश्वर आदि हैं। चोलकला इन्हीं शैलियों से प्रभावित हैं।

काष्ठ मन्दिरों की परम्परा को समाप्त कर शिलाखंडों से निर्मित मन्दिरों का यह प्रथम काल रहा। आर्थिक गतिविधियों का केन्द्र इस समय से मन्दिर भी हो गए। मन्दिरों में स्थापित मूर्तियों में सजीवता एवं स्वाभाविकता दिखाई देती है। भाव-भंगिमा पर विशेष ध्यान देने की परम्परा की शुरुआत हुई। आभूषणों से देवमूर्तियाँ अलंकृत की जाने लगीं। मन्दिरों में प्रशिक्षित नर्तकियाँ रखी जाने लगीं।

मन्दिर-निर्माण के लिए शासकों, सामन्तों, व्यापारियों एवं अन्य धनाढ्यों द्वारा दिए गए दानों की चर्चा करीब 117 में से 53 अभिलेखों में मिलती है।

अधिकांश पल्लव-मन्दिरों का निर्माण भारत के दक्षिण-पूर्वी भाग में सूर्य मन्दिरों के रूप में हुआ। इसका कारण सम्भवतः यह था कि सूर्य की किरणें पूर्वी समुद्री तटों को सबसे पहले स्पर्श करती थीं। ऐसा लगता मानो सूर्य भगवान किरणरूपी सैकड़ों लगाम को पकड़े कई घोड़ोंवाले रथ पर बैठे चले आ रहे हों। इस क्षेत्र में आसानी से उपलब्ध शिलाखंड मन्दिर-निर्माण कला में महत्त्वपूर्ण सहायक तत्त्व रहे। मन्दिर-निर्माण में तकनीकी विकास की बात पाते हैं। विशाल मन्दिरों को बनाने के लिए अनेक विशाल शिलाखंडों को ऊपर चढ़ाना पड़ता था। इसके लिए चारों तरफ से ढलुआ आकार में मिट्टी का ढेर लगाया जाता और सैकड़ों मजदूरों द्वारा इन शिलाखंडों को ढकेलकर ऊपर पहुँचाया जाता था। इस तकनीक ने भविष्य में नवीन विचारों को जन्म दिया।

अभिलेखों में संस्कृत भाषा का प्रयोग किया जाने लगा। भारवि *(किरातार्जुनीयम्)*, दंडिन् *(दशकुमार चरित)* मातृदत्त पल्लव आदि इस काल के प्रसिद्ध विद्वान थे। महेन्द्रवर्मन स्वयं *मत्तविलास प्रहसन* एवं *भागवदज्जुक* नामक साहित्य का रचनाकार था। तमिल भाषा विकसित हुई। नन्दिवर्मन तृतीय के काल में *नन्दिक्कलमक्कम* नामक तमिल साहित्य की रचना हुई। भास और शूद्रक गके नाटकों का संक्षिप्त संस्करण तमिल में नरसिंहवर्मन द्वितीय के शासनकाल में तैयार किया गया। काँची विश्वविद्यालय धर्मशास्त्र एवं ज्ञान-विज्ञान के अध्ययन का प्रसिद्ध केन्द्र बना। यहाँ वेदों की पढ़ाई होती और तमिल एवं संस्कृत भाषा में शिक्षा दी जाती थी। मन्दिर भी शिक्षा के केन्द्र होते।

वैष्णव, शैव, जैन एवं बौद्ध धर्मों को राजकीय संरक्षण प्राप्त हुए। काँची में 10 हजार बौद्धभिक्षुओं की चर्चा ह्वेनसांग ने की है। वैष्णव धर्म की शाखा आलवार सन्तों को राजकीय संरक्षण मिला। पल्लव शासकों द्वारा अश्वमेध और वाजपेय यज्ञ आयोजित किए गए।

इस काल का धर्म सभी धर्मों का सम्मिश्रण था। तत्कालीन समाज को एकसूत्र में बाँधने के लिए धर्म की भूमिका महत्त्वपूर्ण रही। इस एकता का अस्तित्व विजयनगर काल तक बना रहा। पल्लवों ने दक्षिण भारत को तक्षण और स्थापत्य से सुशोभित किया। पवित्र आर्यभूमि से बाहर मानी जानेवाली काँची नगरी को उन्होंने 'दूसरा काशी' बना दिया।

पहले आर्यावर्त और दक्षिणापथ—दोनों एक-दूसरे से बिलकुल अलग माने जाते थे, पर अब उनका एक ही संयुक्त नाम 'भारतवर्ष' हो गया। लोगों का दृष्टिकोण आर्योंवाला न रहकर अब भारतीय हो गया और भारती सन्तति पद का प्रयोग किया जाने लगा।

नृत्य-अभिनय मुद्रा में प्रथम मूर्ति इसी काल की मिली है। संगीत में सरगम स्वरलहरी की प्रथम चर्चा पल्लव-स्रोतों में है। संवंदर विख्यात स्वर संगीतज्ञ थे। नील नीलकंठ वाद्य संगीत के ज्ञाता थे। कटु-नृत्य (ग्रामीण-नृत्य) लोकप्रिय था। सनूमिका अभिनय, इष्ट अभिनय और चांडव नृत्य पल्लवकालीन नाट्यशालाओं की मुख्य उपलब्धि थी। उत्तरभारतीय गुप्तकालीन शासकों के काल में विकसित नागर शैली के समान दक्षिण भारत में द्रविड़ शैली को विकसित करने का श्रेय इसी राजवंश को है। भारतीय सन्दर्भ में इसी समय प्रथम बार 'सामन्त' शब्द का प्रयोग हुआ। राजा 'धर्म महाराज' की उपाधि धारण करता और बाह्य तथा आन्तरिक विपत्तियों से रक्षा करने के बदले उपज का छठा भाग कर के रूप में लेता था।

5

मौखरी, वाकाटक एवं हर्षवर्द्धन
(Maukharies, Vakatakas and Harshavardhan)

5.1 मौखरी

मौखरियों का इतिहास बहुत पुराना है। उनकी एक शाखा ईसा पूर्व की दूसरी सदी में गया क्षेत्र में रहा करती थी। यह तथ्य एक मौर्यकालीन सील जिस पर ब्राह्मी लिपि में 'मोखलिनाम' उत्कीर्ण है, से सिद्ध होता है। इनकी एक अन्य शाखा राजपूताना क्षेत्र में रहती थी। तीसरी शाखा, जिसमें सुप्रसिद्ध ईश्वरवर्मन हुआ स्पष्टतः उत्तर प्रदेश के बाराबंकी, फैजाबाद और जौनपुर क्षेत्र में रहा करते थे। महाराजा हरिवर्मन को इस मौखरी वंश का संस्थापक माना जाता है। *हर्षचरित* के अनुसार मौखरी कन्नौज से सम्बद्ध थे। प्रो. आर.एस. त्रिपाठी तथा अन्य विद्वानों का मत है कि कन्नौज प्रारम्भ से ही ईश्वरवर्मन के वंश की राजधानी थी। प्रो. डी.सी. सरकार का विचार है कि प्रारम्भ में मौखरी लोग गुप्त सम्राटों की ओर से गौड़ शासकों के विरुद्ध लड़ा करते थे। किन्तु छठी सदी के मध्य तक गुप्त साम्राज्य ढह गया और इसी अवस्था में मौखरियों ने बिहार तथा उत्तर प्रदेश के विस्तृत क्षेत्रों पर अपना प्रभुत्व स्थापित कर लिया।

मौखरी वंश का प्रारम्भ-काल छठी सदी की द्वितीय दशाब्दी है। इस समय सम्पूर्ण उत्तर भारत में श्वेत हूणों के आतंककारी आक्रमणों से घोर अव्यवस्था व्याप्त थी। इस प्रकार यह स्पष्ट है कि ईश्वरवर्मन के काल तक मौखरी तथा उत्तर गुप्त साथ-साथ शान्ति व सद्‌भावना के साथ रहा करते थे।

किन्तु, ज्योंही ईश्वरवर्मन ने स्वयं को **महाराजाधिराज** घोषित किया, उत्तर-गुप्तों की स्पर्द्धाजनित प्रतिद्वन्द्विता प्रारम्भ हो गई। इस संघर्ष में उत्तर-गुप्त कमजोर साबित हुए और उन्हें अपने भाग्य के साथ समझौता करके मौखरियों की प्रभुता स्वीकार करनी पड़ी।

स्पष्ट है कि उत्तर-गुप्तों ने अपना राजनीतिक जीवन गुप्त-सम्राटों के अधीन प्रारम्भ किया था और कालान्तर में उन्हें मौखरियों के अधीन आ जाना पड़ा। मौखरियों तथा उत्तर-गुप्तों के बीच आपसी सम्बन्धों को लेकर अभी तक अनिश्चितता बरकरार है। इनके बीच इस दीर्घ संघर्ष की बात अफसद अभिलेख से प्रकाश में आती है। किन्तु यह बात पूर्णतः सच नहीं है। वस्तुतः यह संघर्ष ईश्वरवर्मन के समय तक ही सीमित था, जिसने गुप्त साम्राज्य के ध्वंसावशेष पर खड़े होकर स्वयं को महाराजाधिराज घोषित किया था। हर्ष के 554 ई. के अभिलेख से यह मत प्रमाणित होता है। अतः यह प्रतीत होता है कि गुप्त के पतन के बाद

उत्तर-गुप्तों ने अपनी स्वतन्त्र सत्ता स्थापित करनी चाही, किन्तु हारकर सर्ववर्मन तथा अवन्तिवर्मन जैसे मौखरियों की अधीनता स्वीकार कर लिए।

अपने अन्तिम समय में गुप्त साम्राज्य पूर्व की ओर से होनेवाले आक्रमणों और विद्रोहों से त्रस्त था। अतः मौखरी व उत्तर-गुप्त उनकी ओर से संघर्ष में कूद पड़े। हर्ष के अभिलेखानुसार ईश्वरवर्मन आन्ध्र शासकों को पराजित करके सत्ता में आए थे। पुनः तृतीय उत्तर-गुप्त शासक जीवित-गुप्त के सम्बन्ध में अफसड अभिलेख में वर्णित है कि वह अत्यन्त पराक्रमी था तथा अपने शत्रुओं के छक्के छुड़ा दिया करता था। इससे स्पष्ट है कि ईश्वरवर्मन के प्रारम्भिक काल तक मौखरी व उत्तर-गुप्त साथ-साथ गुप्त सम्राटों की ओर से समुद्रतटीय शत्रुओं से लड़ रहे थे। बाद में जीवित गुप्त प्रथम कामरूप के भूतिवर्मन से अकेले लड़ा। इस प्रकार मौखरी व उत्तर-गुप्त प्रारम्भ में तो साथ-साथ बंगाल के साथ लड़े किन्तु बाद में जब उत्तर-गुप्त कामरूप में युद्ध करने चले गए तब अवसर का लाभ उठाकर मौखरियों ने ईश्वरवर्मन के नेतृत्व में अपने मगध के गुप्त सम्राट को उखाड़ फेंका और स्वयं महाराजाधिराज की उपाधि धारण कर लिया। स्पष्टतः उत्तर गुप्त इस बलपूर्वक अधिकार से अत्यन्त क्षुब्ध हुए और संघर्ष का एक सिलसिला चल पड़ा।

ईश्वरवर्मन का साम्राज्य पूर्व की ओर कहाँ तक फैला था, यह कह पाना मुश्किल है। सिरपुर प्रस्तर अभिलेख में वर्णित है कि सूर्यवर्मन नामक मौखरी शासक उस वंश का था जो वर्मन वंश मगध पर अपने प्रभुत्व के कारण सुप्रसिद्ध था। यह सूर्यवर्मन, हर्ष के अभिलेख में उल्लिखित इसी नाम के एक राजकुमार से पहचाना जाता है जो ईश्वरवर्मन का पुत्र था। यह सिद्ध करता है कि ईश्वरवर्मन के काल में ही मगध मौखरियों के अधीन आ गया था तथा उत्तर-गुप्त उनके अधीनस्थ हो चुके थे। किन्तु उत्तर-गुप्तों ने हार नहीं माना, उन्होंने संघर्ष जारी रखा। अफसड अभिलेख के अनुसार जीवितगुप्त प्रथम के पुत्र कुमारगुप्त ने युद्ध में ईश्वरवर्मन को पराजित किया और प्रयाग तक चढ़ आया। इस विजय के तुरन्त पश्चात् वह प्रयाग में युद्धभूमि में ही सूखे गोबर के ढेर में लगी आग में फँसकर मर गया।

इस दुर्घटना के बाद कुमारगुप्त का पुत्र दामोदरगुप्त सिंहासन पर बैठा। उसने अपने नाम से सिक्के जारी किए जिनमें उसने अपना चेहरा दाहिनी ओर मोड़ रखा था। ऐसा मौखरियों के प्रति विरोधभाव को प्रदर्शित करने के निमित्त था क्योंकि मौखरी शासक अपने सिक्कों पर बाईं ओर मुख मोड़े रहते थे। किन्तु उत्तर-गुप्तों की यह विजय और स्वतन्त्रता बहुत थोड़े समय तक रह सकी। अफसड अभिलेख के अनुसार उत्तर-गुप्त राजा, हूणों को पराजित करनेवाली मौखरियों की हस्ति सेना से लड़ता हुआ पराजित हुआ और मारा गया।

अब प्रश्न यह उठता है कि यह मौखरी शासक था कौन? सामान्यतः यह स्वीकार किया जाता है कि दामोदरगुप्त पाँचवाँ उत्तर-गुप्त शासक था। अतः उससे पराजित होकर मरनेवाला मौखरी शासक सम्भवतः सर्ववर्मन रहा होगा, जो पाँचवाँ मौखरी शासक था। ये दोनों वंश एक ही साथ सत्ता में आए थे। डी.सी. सरकार का मत है कि अफसड अभिलेख में ईश्वरवर्मन अपने वंशानुगत नाम से अभिहित है अतः सर्ववर्मन के सम्बन्ध में ऐसा कुछ उल्लिखित नहीं है। किन्तु सरकार के विचार अभिलेख की भाषा से मेल नहीं खाते हैं। मौखरियों ने सम्भवतः गुप्त सम्राट बलादित्य की ओर से हूणों के विरुद्ध युद्ध किए थे। अफसड अभिलेख मौखरियों के लिए दोहरी उपलब्धि का जिक्र करते हैं। प्रथम, दामोदरगुप्त की पराजय और द्वितीय, हूणों

की पराजय। इस विजय के परिणामस्वरूप मगध पर मौखरियों की पकड़ मजबूत हो गई जो आगे दो पुश्तों तक कायम रही।

नालन्दा सील अभिलेख से विदित होता है कि सर्ववर्मन के पश्चात् उसका पुत्र *महाराजाधिराज* अवन्तिवर्मन सिंहासन पर बैठा। उसका पुत्र गृहवर्मन थोड़े समय के लिए शासन कर पाया तथा 606 ई. में मालवा के दुष्ट अधिपति द्वारा मार डाला गया। उसके शासनकाल में दूरगामी परिणामवाली घटनाएँ घटीं। यह इस तथ्य से प्रमाणित होता है कि महासेनगुप्त के पुत्र हर्षवर्द्धन के समकालीन थे। सर्ववर्मन के काल में उत्तर-गुप्तों ने कुछ समस्याएँ नहीं खड़ी कीं। दोनों वंशों के बीच सौहार्द बना रहा। महासेनगुप्त ने मौखरियों के झंडे तले लोहित नदी तक विजयाभियान किए थे। चूँकि वह अवन्तिवर्मन के अधीन था। अतः उसके नाम के साथ हम महाराजाधिराज की उपाधि नहीं पाते हैं। अवन्तिमवर्मन के अधीन मौखरी साम्राज्य अपने शिखर पर पहुँचा। किन्तु उसी के काल में उत्तरी भारत पर विभिन्न दिशाओं से आक्रमण प्रारम्भ हुए, जिसके फलस्वरूप मौखरी राज्य सिमटकर एक स्थानीय सत्ता मात्र रह गया।

5.2 वाकाटक

भारत के सांस्कृतिक निर्माण में जिन राजवंशों का ऐतिहासिक योगदान रहा, उनमें वाकाटकों का नाम उल्लेखनीय है। इस वंश के मूल में रंगमंचीय सम्बन्ध में पर्याप्त सामग्री उपलब्ध नहीं है। मध्य भारत में उसने लगभग तीसरी शती से छठी शती तक शासन किया। उसके सर्वप्रथम शासक का नाम *वायुपुराण* में 'विन्ध्यशक्ति' उल्लिखित है। 'विन्ध्यशक्ति' उसकी पदवी या उपाधि प्रतीत होती है, जो कि उसको विन्ध्यवासी होने के कारण प्राप्त हुई होगी। उसका कोई भी अभिलेख उपलब्ध नहीं है। ऐसा प्रतीत होता है कि तीसरी शती के मध्य में शक्तिशाली सातवाहन साम्राज्य के क्षीण पड़ने एवं विघटित हो जाने के बाद जिन छोटी-बड़ी शक्तियों का उदय हुआ, वाकाटक वंश उन्हीं में से एक था। विन्ध्यशक्ति इस वंश का संस्थापक था।

उसके पुत्र प्रवरसेन ने इस वंश की प्रतिष्ठा को बढ़ाया। प्राप्त अभिलेखों से ज्ञात होता है कि उसने दक्षिण (आन्ध्र) तक अपने राज्य का विस्तार किया। उसने मालवा, गुजरात और काठियावाड़ पर अधिकार किया। अश्वमेध यज्ञ सम्पन्न करके उसने वैदिक परम्परा को उजागर किया और अपने राज्य को साम्राज्य में परिणत कर 'सम्राट' की उपाधि धारण की। उसका स्थितिकाल चौथी शती ई. का पूर्वार्द्ध था।

प्रवरसेन के बाद चौथी शती ई. में उसका पौत्र रुद्रसेन उत्तराधिकारी नियुक्त हुआ। आरम्भिक शासनकाल में वह बाहरी तथा भीतरी विपत्तियों के कारण अशान्त वातावरण में कार्य करता रहा। उसका चाचा सर्वसेन उसका प्रबल विरोधी था। विकट परिस्थितियों पर विजय प्राप्त कर उसने अपने पितामह की भाँति दक्षिण-पश्चिम तक अपने राज्य का विस्तार किया। पिता द्वारा विजित प्रदेशों की रक्षा करने में उसने अपनी सारी शक्ति लगा दी थी। चम्पक ताम्रपत्र[1] से ज्ञात होता है कि उसके नाना भारशिव, महाराज भवनाग ने उसकी पर्याप्त सहायता की थी।

1. एपि. इं., भाग 3, पृ. 236

उसका पुत्र पृथ्वीषेण प्रथम हुआ, जिसने कुन्तल राज्य को जीतकर दक्षिण भारत में भी अपने शासन का विस्तार किया। पृथ्वीषेण के प्रभावशाली तथा प्रतापी व्यक्तित्व के कारण गुप्त सम्राट चन्द्रगुप्त द्वितीय ने उसके पुत्र रुद्रसेन द्वितीय के साथ अपनी पुत्री प्रभावती का विवाह किया। गुप्तों से वैवाहिक सम्बन्ध स्थापित हो जाने के कारण वाकाटक वंश का सम्मान तथा गौरव बढ़ा। अनेक विजय-अभियानों में भी उनका पारस्परिक सहयोग बना रहा। चन्द्रगुप्त द्वितीय द्वारा काठियावाड़ विजय के समय दामाद रुद्रसेन द्वितीय का भी सहयोग रहा।

रुद्रसेन की आकस्मिक मृत्यु हो जाने के कारण उसकी पत्नी प्रभावती ने अपने अवयस्क पुत्रों की संरक्षिका बनकर राज्य का संचालन किया। उसके पिता चन्द्रगुप्त द्वितीय का सहयोग उसको प्राप्त होता रहा। वयस्क हो जाने पर दामोदरसेन गद्दी पर बैठा। किन्तु उसके शासनकाल की कोई उल्लेखनीय घटना नहीं है। वस्तुतः वाकाटक वंश की समृद्धि प्रवरसेन से पृथ्वीसेन तक ही बनी रही। लगभग पाँचवीं शती ई. में हरिषेण वाकाटक वंश का उत्तराधिकारी बना। वह बड़ा शक्तिशाली शासक था। उसने अपने पूर्वजों की भाँति अपने साम्राज्य का विस्तार किया। अजन्ता की दूसरी गुफा से प्राप्त हरिषेण (475-500 ई.) के अभिलेख में उसे कुन्तल, अवन्ति, लाट, कोसल, कलिंग और आन्ध्र का विजेता कहा गया है। उसके बाद छठी शती के मध्य तक वाकाटक वंश की स्थिति बनी रही, किन्तु इस अवधि की कोई भी उल्लेखनीय घटना उपलब्ध नहीं है।

5.3 सांस्कृतिक उपलब्धि

वाकाटक वंश के शासनकाल में संस्कृति, कला और साहित्य की उल्लेखनीय प्रगति हुई। ऐसा प्रतीत होता है कि सातवाहनों के आदर्शों पर वाकाटकों ने भी प्राकृत भाषाओं को अधिक प्रश्रय दिया था। वाकाटक सम्राट प्रवरसेन स्वयमेव काव्यकार और कला का अनुरागी था। *सेतुबन्ध* या *रावणवहो* महाकाव्य उसकी काव्य-दक्षता और लोक भाषानुराग का परिचायक है। गद्यकार दंडी ने इस महाकाव्य को *'सागर : सूक्तिरत्नानाम्'* कहकर प्रशंसा की है। वे वैदिक आचारों के अनुयायी थे। उनके अभिलेखों से विदित होता है कि उन्होंने अश्वमेध जैसे दिग्विजयी सम्राटों की परम्परा के विशाल वैदिक यज्ञ का अनुष्ठान किया था।

वाकाटक शासक कलाप्रिय और कलाओं के संरक्षक थे। उनके समय में सातवाहनों के परम्परागत कला-विकास का तारतम्य पूर्ववत् बना रहा। उनके संरक्षण में वास्तु, मूर्ति और चित्रकला, इन तीनों कलाओं की प्रगति हुई। नाचना का प्रसिद्ध मन्दिर उन्हीं के समय बना। इसके अतिरिक्त उदयगिरि, देवगढ़ और अजन्ता के भव्य मन्दिरों एवं वहाँ की मूर्तियों में तत्कालीन स्थापत्य तथा मूर्तिकला का प्रौढ़ रूप प्रकाश में आया। चित्रकला के विश्वविख्यात कला-केन्द्र अजन्ता के निर्माण में भी वाकाटकों का योगदान रहा। अजन्ता की 1, 2, 16 और 17 संख्यक गुफाओं का निर्माण तथा उनकी चित्रकारी वाकाटकों के ही समय में हुई।

वाकाटकों से पूर्व दक्षिण के शुंगों तथा सातवाहनों ने और उनके बाद उत्तर-पश्चिम में कुषाणों ने जिस सांस्कृतिक समन्वय का अभियान चलाया था, वाकाटकों ने उसका प्रवर्तन किया। उनके शासनकाल में जो कला-केन्द्र और मन्दिर निर्मित हुए, वे दक्षिण तथा उत्तर की

सांस्कृतिक परम्पराओं के संगम कल्पित हुए। अपने ढाई-तीन सौ वर्षों के शासनकाल में उन्होंने राजसी वैभव की अपेक्षा आचारनिष्ठ सामाजिक जीवन और सांस्कृतिक उत्थान की दिशा में विशेष प्रयत्न किया।

5.4 हर्षवर्द्धन

हूणों के आक्रमण ने गुप्त साम्राज्य के पूर्व गौरव को समाप्त कर दिया। लगभग 500 ई. और 800 ई. के बीच अनेक शासकों ने विशाल राज्य स्थापित करने का प्रयास किया, लेकिन सफलता नहीं मिल सकी। उत्तर-भारत अनेक छोटे-छोटे राज्यों में बँट गया। मध्यकाल की सारी प्रमुख विशेषताएँ पाई जाने लगीं। छठी शताब्दी के अन्तिम चरण में उत्तर भारत में तीन बड़े राज्य थे। प्रथम राज्य गौड़ों का था, जिसका विस्तार उत्तरी तथा पश्चिमी बंगाल तक था। दोआब और गंगा नदी के मध्यवर्ती प्रदेशों में दूसरा बड़ा राज्य मौखरियों का था। मौखरी राज्य की राजधानी कन्नौज थी। ऊपरी दोआब और आधुनिक दिल्ली तथा सरहिन्द के आसपास के प्रदेशों पर पुष्यभूति राज्य स्थापित था। इसकी राजधानी थानेश्वर (स्थानेश्वर) थी। इन तीनों राज्यों में आपस में लगातार लड़ाई-झगड़े चलते रहते थे। गौड़ के शासक शशांक ने मगध को और पश्चिम में प्रयाग तक के सारे इलाकों को जीत लिया और पूर्व में महेन्द्रगिरि तक के इलाकों (वर्तमान उड़ीसा) को अपने राज्य में मिला लिया। मालवा के शासक के साथ उसने मौखरियों के विरुद्ध मित्रता स्थापित कर ली। मौखरियों ने पुष्यभूतियों के साथ मेल कर लिया, किन्तु युद्ध में पराजित हो गए। पुष्यभूति राजा राज्यवर्द्धन के वध के बाद उसका छोटा भाई हर्षवर्द्धन (हर्ष, 606-647) सिंहासन पर बैठा। सामन्तकालीन भारतीय इतिहास में वह एक प्रमुख स्थान रखता है। हर्षवर्द्धन के सम्बन्ध में विस्तार से जानने के पूर्व उसके सम्बन्ध में बताए गए स्रोतों पर प्रकाश डालना आवश्यक हो जाता है।

स्रोत

राजा प्रभाकरवर्द्धन और रानी महादेवी यशोमती के संयोग से जन्मा थानेश्वर और कन्नौज नरेश हर्षवर्द्धन का जन्म बाण द्वारा रचित *हर्षचरित* के अनुसार शक संवत् 512 अर्थात् रविवार, 4 जून, 590 ई. को हुआ था। लगभग 16 वर्ष की अवस्था में वह एक स्वतन्त्र शासक के रूप में शासन करने लगा और अनेक विकट समस्याओं से मुकाबला करते हुए उसने लगभग 40 वर्षों तक शासन किया।

हर्षवर्द्धन की जानकारी अभिलेखों और साहित्यों से होती है। इस काल के अध्ययन के स्रोतों को दो भागों में विभाजित किया जा सकता है। प्रथम श्रेणी में पुरातात्त्विक और दूसरी श्रेणी में साहित्यिक स्रोतों को रख सकते हैं। *पाषाण-मूर्ति, ताम्रपत्रादि* को पुरातत्त्व की श्रेणी में रखते हैं। साहित्यिक स्रोतों को दो—देशी और विदेशी—भागों में अध्ययन की सुविधा के लिए बाँटा जा सकता है। बाणभट्ट द्वारा रचित *कादम्बरी* और *हर्षचरित*, हर्षवर्द्धन द्वारा रचित *प्रियदर्शिका, नागानन्द* और *रत्नावली* एवं बौद्धग्रन्थ *आर्यमंजूश्रीमूलकल्प* नामक ग्रन्थों को देशी स्रोत की श्रेणी में रखा जा सकता। विदेशी स्रोतों की श्रेणी में चीनीयात्री ह्वेनसांग और इत्सिंग

के *यात्रा-विवरण* आते हैं। ह्वेनसांग के यात्रा-विवरण का मूल नाम *सि-यु-की* है। इन उपर्युक्त स्रोतों को एक साथ मिलाकर जागरूक दृष्टिकोण से तुलनात्मक अध्ययन करने पर हर्षवर्द्धनकालीन इतिहास की जानकारी चन्द्रगुप्त मौर्य और सम्राट अशोक को छोड़ किसी अन्य राजा से कहीं अधिक बढ़ जाती है।

हर्षवर्द्धनकालीन चार अभिलेख मिले हैं। भूमिदान को अंकित करनेवाले ताम्रपत्रों पर दो अभिलेख संस्कृत भाषा में उत्कीर्ण हैं। शेष दो अभिलेख मुहरों पर पाए गए हैं। इन चारों में से पहला अभिलेख बाँसखेड़ा का ताम्रपतलकाम्भि लेख है। 1894 ई. में उत्तर प्रदेश के शाहजहाँपुर में यह अभिलेख मिला था। इसके अनुसार राजा हर्ष ने आरिधभुक्ति के अंगीदीपा का मार्कटसागर नामक गाँव सभी करों एवं अन्य भारों से मुक्त कर भारद्वाज गोत्री ब्राह्मण बालचन्द्र और भट्टस्वामी को दान दिया। इस अभिलेख में हर्षवर्द्धन के मूल पुरुष पुष्यभूति की चर्चा नहीं है लेकिन नरवर्द्धन से लेकर राज्यवर्द्धन तक की सम्पूर्ण वंश-परम्परा राजमाताओं के नाम के साथ मिलती है। प्रशासनिक इकाइयों के नाम, अधिकारियों के पद और दानवाले गाँव पर लगाए जानेवाले राजकीय करों की चर्चा इस अभिलेख में है। मालवा के राजा देवगुप्त तथा अन्य राजाओं को राज्यवर्द्धन ने हराया और उनका वध कर दिया। हर्ष के पूर्व शासकों के विभिन्न आराध्य देवताओं और उनके धार्मिक विश्वासों की चर्चा भी इसी अभिलेख में है।

हर्ष संवत् 25 अर्थात् 631 ई. का *मधुवन ताम्रपत्राभिलेख* मधुवन से प्राप्त हुआ। यह स्थान आजमगढ़ जिला (उत्तर प्रदेश) में स्थित है। इस अभिलेख में वर्णित सारी बातें बाँसखेड़ा अभिलेख से मिलती-जुलती है। दान दिया जानेवाला ग्राम का नाम सोमकुंडा है। यह गाँव श्रावस्ती भुक्ति के कुंडधानी विषय में स्थित था। उसे हर्षवर्द्धन नामक ब्राह्मण के नकली अधिकार से छीनकर सामर्निगोत्री भट्टवाल स्वामी और विष्णुवृद्ध गोमी भट्टदेव शिवदेव स्वामी को अग्रहार के रूप में दिया था।

नालन्दा से प्राप्त *मुहर अभिलेख* हर्षवर्द्धन से सम्बन्धित विशेष जानकारी नहीं देता।

चौथा अभिलेख अर्थात् दूसरा मुहर अभिलेख दिल्ली के निकट स्थित सोनीपत से प्राप्त हुआ है। तत्कालीन ऐतिहासिक सामग्री की दृष्टि से यह स्रोत भी उपयोगी नहीं है। ये दोनों मुहरें गोलाकार ताँबे की हैं। सम्भवतः दोनों मुहरें ताम्रफलकों के साथ लगी थीं, लेकिन फलक अभी तक मिल नहीं पाए हैं। सोनीपत मुहर के ऊपर राजवर्द्धन से हर्षवर्द्धन तक की वंशावली अंकित है। इस पर सभी राजाओं की रानियों के नाम भी अंकित हैं।

हर्षवर्द्धन के समकालीन राजाओं के कुछ अभिलेखों में हर्षवर्द्धन की चर्चा है। बादामी का चालुक्य शासक पुलकेशिन द्वारा हर्षवर्द्धन को पराजित करने की चर्चा 633-34 ई. के *ऐहोल अभिलेख* में है। उत्तर-गुप्तकालीन शासक आदित्यसेन के *अपहसद अभिलेखानुसार* हर्षवर्द्धन मालवा के राजकुमार माधवगुप्त से मित्रता का इच्छुक था। *गंजाम ताम्राभिलेख* में हर्षवर्द्धन द्वारा उड़ीसा पर किए गए आक्रमण का उल्लेख है।

हर्षवर्द्धन द्वारा लिखित *रत्नावली, नागानन्द* एवं *प्रियदर्शिका* नामक तीन नाटक-ग्रन्थों के अध्ययन से तत्कालीन समाज, अर्थव्यवस्था एवं धर्म की जानकारी होती है। राजसी ठाट-बाट का भी वर्णन है। तत्कालीन आर्थिक स्थिति की सीमा दरबार और दरबारियों तक सिमटकर रह गई थी। व्यापारिक नगरों का वर्णन इन तीनों नाटकों में कहीं देखने को नहीं मिलता।

राजकवि बाणभट्ट द्वारा लिखित *हर्षचरित* और *कादम्बरी* महत्त्वपूर्ण साहित्यिक स्रोत हैं। इन दोनों साहित्यों में से हर्षचरित का अधिक महत्त्व है। हर्ष के जन्मदिन की चर्चा हर्षचरित में ही है। राजश्री के विवाह और हर्ष के राज्याभिषेक की जानकारी इसी ग्रन्थ से होती है। राजश्री का विद्याध्ययन, सैनिक प्रशिक्षण, नृत्य एवं संगीत का सीखा जाना उस समय की स्त्रियों की दशा को दर्शाता है। हर्ष को बौद्ध धर्म में रुचि थी। इन बातों की जानकारी इसी ग्रन्थ से होती है। यह ग्रन्थ हर्षवर्द्धन के साम्राज्य-विस्तार पर प्रकाश डाला है। सती प्रथा की चर्चा भी इस ग्रन्थ में है। हर्ष की धार्मिक नीति, केन्द्रीय, प्रान्तीय, जिला एवं ग्राम प्रशासन, मन्त्रियों की भूमिका, सामन्त, कानून, समाज में ब्राह्मणों की स्थिति, क्षत्रिय, वैश्य एवं शूद्रों की दशा, विवाह प्रथा एवं प्रकार, अछूत वर्ग, विधवाओं की स्थिति, कई पत्नियों को रखने की प्रथा, पहनावा, शिक्षा आदि की जानकारी *हर्षचरित* से होती है।

बाण ने *कादम्बरी* में जाति-भेद पर प्रकाश डाला है। इस ग्रन्थ में चांडाल कुमारी सुग्गे से कहती है कि "आपत्तिकाल में ब्राह्मण नीच का भोजन ग्रहण कर सकता है। जमीन पर डाला हुआ जल तथा नीच-से-नीच द्वारा लाए हुए फल तो सदा पवित्र रहते हैं।" अन्तर्जातीय खानपान में स्पष्टतः प्रतिबन्ध लगे हुए थे, किन्तु यह प्रतिबन्ध इतने कड़े न थे जितने अन्तकाल में हो गए। सन्तान की इच्छा से स्त्रियाँ धार्मिक अनुष्ठान करतीं। शकुन विद्या जाननेवालों का सम्मान करतीं। वे जादुई ताबीज पहनतीं ताकि बुरी शक्तियों से बच सकें। पीपल वृक्ष और शिव की पूजा सन्तान-प्राप्ति के लिए करतीं। शाम के समय मांसपिंडों को सियारों के समक्ष फेंकतीं। इस समय शतरंज तथा पासे के खेल प्रचलित थे। राजपुत्रों के लिए व्यायाम करना आवश्यक बताया गया है। *कादम्बरी* में बाण ने कामरूप, उड़ीसा, आन्ध्र प्रदेश तथा धन्यकटक के समाज पर प्रकाश डाला है। उज्जयिनी नगर का वर्णन इस ग्रन्थ में है। बौद्ध भिक्षुणियों पर इस ग्रन्थ ने महत्त्वपूर्ण प्रकाश डाला है। शैव और दिगम्बर जैनों का विस्तृत वर्णन इसमें है। *कादम्बरी* के अध्ययन से यह पता चलता है कि शक्ति-सम्प्रदाय का विकास इस काल में तेज गति से हो रहा था। इस तरह हर्षकालीन सामाजिक, धार्मिक एवं आर्थिक स्थितियों को समझने के लिए *कादम्बरी* एक महत्त्वपूर्ण स्रोत है।

आर्यमंजुश्रीमूलकल्प नामक महायान बौद्ध धर्मग्रन्थ कुषाणों से लेकर नौवीं शताब्दी तक की स्थितियों पर संक्षिप्त प्रकाश डालता है। इस ग्रन्थ में वर्णित अधिकांश बातों को काशी प्रसाद जायसवाल ने नहीं माना है। फिर भी हर्षकालीन कुछ बातों को इस ग्रन्थ के सहारे जाना जा सकता है। इस ग्रन्थ (श्लोक 725-27) के अनुसार हर्षवर्द्धन ने शशांक के राज्य तक अपना साम्राज्य विस्तार किया। हर्ष के विरोधी शशांक को बौद्ध मूर्तिभंजक बताया गया है। इस ग्रन्थ ने हर्ष को वैश्य जाति का बताया है।

हर्षकाल का अध्ययन करने के लिए चीनीयात्री ह्वेनसांग का *यात्रा-विवरण* महत्त्वपूर्ण विदेशी स्रोत है। *मंजुश्रीमूलकल्प* के समान ह्वेनसांग ने भी हर्ष को वैश्य जाति का बताया है जिसे कनिंघम ने नहीं माना, लेकिन विद्वान वाट्र्स ने इसे सच माना है। इस ग्रन्थ में तत्कालीन सामाजिक जीवन, रीति-रिवाज और भौगोलिक विवरण पर ठोस प्रकाश डाला गया है। शशांक द्वारा राजवर्द्धन की हत्या, हर्षवर्द्धन द्वारा कन्नौज की राजधानी प्राप्त करना, राज्य-विस्तार, सैन्य शक्ति, कन्नौज की धार्मिक सभा और प्रयाग का महामोक्ष परिषद् आदि विषयों की इस ग्रन्थ से विस्तृत जानकारी होती है। *हर्षचरित* और ह्वेनसांग के *यात्रा-विवरण* के अभाव में हर्ष

की जानकारी मात्र एक-चौथाई ही हो पाती। नालन्दा विश्वविद्यालय पर पर्याप्त प्रकाश डाला गया है। हर्षवर्द्धन 606 ई. में गद्दी पर बैठा और छह वर्षों तक निरन्तर युद्ध में व्यस्त रहा। 612 ई. में उसकी स्थिति मजबूत हो गई। इसकी जानकारी ह्वेनसांग ही देता है। हर्षवर्द्धन को उसने बौद्ध-धर्म का पक्का समर्थक बताया है। इस यात्री के अनुसार राज्य की आय का प्रधान साधन राज्यभूमि की उपज का छठा भाग था। राजकीय भूमि का विस्तृत ब्योरा इसने दी है। वेतन के रूप में मन्त्रियों एवं कर्मचारियों को जागीर दी जाती थी। परिपक्व सामन्तवादी-व्यवस्था की बात हम सोच सकते हैं। मुकदमे एवं दंड के प्रकारों की जानकारी, जानमाल की असुरक्षा, ब्राह्मण को दान, ब्राह्मण का महत्त्व, क्षत्रिय, शूद्र, सती प्रथा, स्त्रियों की स्थिति, भोजन, मकान, मनोरंजन के साधन, कमजोर अर्थव्यवस्था, बौद्धधर्म एवं नगरों का पतन, शिक्षा, साहित्य आदि की जानकारी ह्वेनसांग के *यात्रा-विवरण* से होती है।

हर्ष के दरबार में **लीउ-त्याओं** नामक एक चीनी राजदूत 643 में आया। उसके साथ **वैउग-हूवान शे** नामक एक चीनी अधिकारी आया था। इन दोनों ने हर्षकालीन भारत के सम्बन्ध में कुछ लिखा, लेकिन कुछ कोई ठोस जानकारी हमें नहीं हो पाती है।

चीनीयात्री **इत्सिंग** 695 ई. में भारत पहुँचा। उसने चीनी भाषा में एक पुस्तक लिखी। इस पुस्तक का अंग्रेजी में अनुवाद एक जापानी विद्वान तककुसु ने किया जो 1896 में ऑक्सफोर्ड से छपा। *ए रेकर्ड ऑफ द बुद्धिष्ट रिलिजन* नामक इस पुस्तक में वर्णित अनेक बातों का तालमेल बाण एवं ह्वेनसांग दोनों ने की है। उदाहरण के लिए पवित्र एवं अपवित्र भोजन की चर्चा इत्सिंग और ह्वेनसांग दोनों ने की है। इत्सिंग ने ह्वेनसांग के समान भोजनगर में एक हजार श्रमणों का वर्णन किया है। ताम्रलिप्ति और गया का वर्णन इत्सिंग करता है। इत्सिंग के मार्ग-वर्णन से पता चलता है कि हर्ष-युग में अनेक चीनीयात्री जलमार्ग से भारत आते-जाते थे। ह्वेनसांग के समान इत्सिंग ने महायान का विशद् वर्णन किया है। नालन्दा विश्वविद्यालय, वलभी के आचार्य, योगाचार शास्त्र आदि पर भी उसने प्रकाश डाला है!

उपर्युक्त स्रोतों में थोड़ी-थोड़ी पाई गई बातों को एक साथ मिला देने पर हमारे समक्ष वैसी सामग्रियाँ इकट्ठी हो जातीं जिनके आधार पर हर्षकालीन इतिहास का अध्ययन किया जा सकता है।

5.5 भारत की राजनीतिक अवस्था

हर्षवर्द्धन से पूर्व छठी शताब्दी ई. के मध्यकाल की भारतीय राजनीतिक अवस्था अत्यन्त शोचनीय थी। गुप्तों के साम्राज्य के धराशायी हो जाने पर उत्तरी भारत में पुनः एक बार राजनीतिक विकेन्द्रीकरण प्रवृत्तियाँ सक्रिय हो उठीं और देश कई छोटे-छोटे टुकड़ों में विभक्त हो गया। गुप्त साम्राज्य के पतन के बाद उत्तरी भारत का इतिहास विघटन और छोटे-छोटे राज्यों के पारस्परिक संघर्ष का इतिहास है। स्कन्दगुप्त के मरने के बाद से ही गुप्त साम्राज्य की प्रतिष्ठा कम होने लगी थी और प्रान्तीय राज्य अपनी स्वतन्त्रता की घोषणा करने की प्रतीक्षा में बैठ गए थे। परवर्ती गुप्त सम्राटों ने विघटनकारी प्रवृत्तियों को दबाने का यत्न किया, पर वे सफ़ल नहीं हो सके और देश में विभिन्न राजवंशों की स्थापना हो गई। इस काल में जिन नवीन राज्यों की स्थापना हुई, उनका वर्णन इस प्रकार हैं—

गुप्त राज्य—छठी शताब्दी के मध्यकाल में मगध में एक नवीन गुप्त वंश की स्थापना हुई। 530 ई. में गुप्त शासकों की मूल शाखा का अन्त हो जाने पर उन्हीं की एक अन्य शाखा ने मगध में अपना राज्य स्थापित किया। इस शाखा का संस्थापक कृष्णगुप्त था। उस काल के अभिलेख से ज्ञात होता है कि इस वंश में आठ राजा हुए थे। उन राजाओं के नाम क्रमशः इस प्रकार हैं—(1) कृष्णगुप्त, (2) हर्षगुप्त, (3) जीविगुप्त, (4) कुमारगुप्त, (5) दामोदरगुप्त, (6) महासेनगुप्त, (7) माधवगुप्त और (8) आदित्यगुप्त। इन गुप्त शासकों का कन्नौज के मौखरियों तथा बंगाल के गौड़ शासकों के साथ भारी संघर्ष चलता था। अन्त में आदित्यगुप्त के उत्तराधिकारियों के दुर्बल पड़ जाने पर बंगाल के गौड़ नरेशों द्वारा इस वंश का अन्त कर दिया गया।

हूण साम्राज्य—छठी शताब्दी ई. के अन्त तक भारत के बहुत-से उत्तर-पश्चिमी इलाकों पर हूणों का अधिकार हो गया था। उनका साम्राज्य काफी विशाल और अफगानिस्तान, काबुल, गान्धार आदि देशों तक फैला हुआ था। भारत में उन्होंने गुप्त सम्राटों से उनके राज्य का उत्तर-पश्चिमी भाग छीन लिया था। उनकी राजधानी स्यालकोट थी। तोरमान और मिहिरकुल उनके प्रसिद्ध शासक थे। परन्तु मिहिरकुल की मृत्यु के पश्चात् उनकी शक्ति बिलकुल खत्म हो गई।

मालवा—आरम्भ में मालवा गुप्त साम्राज्य का अंग था। परन्तु अन्तिम गुप्त सम्राटों की शक्ति क्षीण होने पर वहाँ के शासक यशोवर्धन ने गुप्त राज्य से अपना सम्बन्ध-विच्छेद कर एक स्वतन्त्र राज्य की स्थापना की। यशोवर्धन का सबसे महत्त्वपूर्ण कार्य हूण शासक मिहिरकुल से युद्ध कर उसकी शक्ति को नष्ट करना था। मन्दसौर के स्तम्भ-लेख से उसके राज्य-विस्तार की जानकारी होती है। उससे पता चलता है कि मालवा का राज्य महेन्द्र पर्वत से लेकर ब्रह्मपुत्र तक फैला हुआ था।

वल्लभी—भारत के पश्चिम में वल्लभी में मैत्रक राजकुल का उदय हुआ था। सौराष्ट्र का एक सेनापति भट्टारक इस राजकुल का संस्थापक था। भट्टारक और उसके कुछ उत्तराधिकारी भी अपने को सेनापति कहते रहे, किन्तु इस वंश के कुछ राजाओं ने **महाराज** की उपाधि धारण की थी। इस वंश में शीलादित्य, धरसेन तृतीय, ध्रुवसेन द्वितीय और धरसेन चतुर्थ प्रसिद्ध राजा हुए। ध्रुवसेन द्वितीय एक शक्तिशाली राजा हुआ। वह हर्ष का समकालीन था और इन दोनों में मुठभेड़ भी हुई थी। धरसेन चतुर्थ के बाद वल्लभी राज्य में कमजोरी आने लगी। लगभग ढाई सौ वर्षों (509-770) के पश्चात् अरब आक्रमणकारियों ने वल्लभियों के राज्य को समाप्त कर दिया। मैत्रक राजकुल के समय में वल्लभी की आर्थिक समृद्धि होती रही और यह शिक्षा एवं संस्कृति का भी प्रमुख केन्द्र था। वहाँ के विश्वविद्यालय में उदार वातावरण प्रचलित था।

मौखरी वंश की सत्ता—कन्नौज में मौखरी वंश की सत्ता का उदय हुआ। इस वंश की स्थापना ईशानवर्मन नाम के एक सामन्त ने की थी जो आरम्भ में गुप्त सम्राट का सामन्त रहा होगा और बाद में अवसर पाकर स्वतन्त्र बन बैठा होगा। वह एक सफल सेनापति और साहसी एवं वीर विजेता था। उसने कई प्रदेशों को विजय करके अपने राज्य की सीमा बढ़ाई। उसका गुप्त राजाओं के साथ संघर्ष हुआ। आरम्भ में मौखरी वंश का मगध के गुप्त वंश के साथ मित्रतापूर्ण सम्बन्ध था। उन्होंने मगध शासकों को बंगाल के गौड़ वंश के विरुद्ध भारी सैनिक सहायता प्रदान की थी। किन्तु मौखरी वंश की कीर्ति, शक्ति, वैभव और राज्य की सीमाओं में निरन्तर होनेवाली वृद्धि ने गुप्त शासकों को उनकी ओर से शंकित कर दिया। फलतः दोनों

में युद्ध छिड़ गया। किन्तु मौखरी वंश की बढ़ती हुई शक्ति के कारण परवर्ती गुप्त सम्राट डर गए और दोनों में संघर्ष अनिवार्य हो गया। मौखरी और पुष्यभूति वंशों में वैवाहिक सम्बन्ध स्थापित हुआ। इससे हूणों तथा गुप्तों का सामना करने में मौखरी वंश के राजाओं को विशेष सुविधा प्राप्त हुई।

ईशानवर्मन के बाद उसका पुत्र सर्ववर्मन राजा हुआ। उसने गुप्तवंशीय राजा दामोदरगुप्त को युद्ध में परास्त करके सम्भवतः उसका वध भी कर डाला। उसके समय में मौखरी वंश के साम्राज्य का बहुत विस्तार हो चुका था। इस वंश में गृहवर्मन दूसरा प्रसिद्ध राजा हुआ। वह प्रभाकरवर्द्धन का दामाद और हर्षवर्द्धन का बहनोई था। इसी के समय में (सातवीं सदी का आरम्भ) बंगाल नरेश शशांक और मालव नरेश देवगुप्त ने संगठित होकर कन्नौज पर आक्रमण किया था और गृहवर्मन का वध भी कर डाला था। इसके बाद कन्नौज थानेश्वर के राज्य में सम्मिलित हो गया।

सिन्ध का राज्य—इन दिनों सिन्ध में एक नया राजवंश शासन कर रहा था। ह्वेनसांग के कथनानुसार यहाँ का राजा शूद्र था। सम्भवतः शूद्र गणतन्त्र के स्थान पर इस राज्य की स्थापना हुई थी। यह अत्यन्त छोटा राज्य था और इसका अस्तित्व अत्यन्त आपत्तिग्रस्त था।

वाकाटक वंश—बरार में वाकाटक वंश का राज्य था। तीसरी शताब्दी ई. में दक्षिण के सातवाहनों की शक्ति नष्ट होने पर वहाँ कई छोटे-छोटे राज्य स्थापित हो गए। उन्हीं में से एक वाकाटक वंश का राज्य था, जिसने छठी शताब्दी ई. के मध्य तक शासन किया। इस वंश का पूरा इतिहास विद्वानों को मालूम नहीं है। **पुराणों** से पता चलता है कि अपने उन्नत काल में वाकाटक राज्य बरार, मध्य भारत, बुन्देलखंड तथा दक्षिण के उत्तरी भाग तक फैला हुआ था।

वाकाटक वंश का संस्थापक विन्ध्यशक्ति था, जिससे 255 से 275 ई. तक राज्य किया। उसका राज्य केवल एक-दो जिले तक ही फैला हुआ था, परन्तु उसके पुत्र प्रवरसेन के समय में वाकाटकों ने बहुत उन्नति की। उसके समय के कुछ ताम्रपत्र मिले हैं जिनसे उसके शासनकाल की कुछ महत्त्वपूर्ण घटनाओं का पता चलता है।

प्रवरसेन के पश्चात् उसका पौत्र रुद्रसेन 335 ई. में शासक बना। रुद्रसेन ने 335 से 360 ई. तक राज्य किया। वह समुद्रगुप्त का समकालीन था और उसने गुप्त सम्राट की अधीनता भी स्वीकार कर ली थी। रुद्रसेन के पश्चात् उसका पुत्र पृथ्वीसेन सिंहासन पर बैठा। वह विक्रमादित्य का समकालीन था। विक्रमादित्य ने अपनी लड़की प्रभावती की शादी पृथ्वीसेन के पुत्र रुद्रसेन द्वितीय के साथ कर दी थी, जिससे दोनों राज्यों में मित्रता का सम्बन्ध स्थापित हो गए थे। उसके राज्य में वाकाटक राज्य ने बहुत उन्नति की और लोग बड़े समृद्ध हो गए। पृथ्वीसेन की सबसे बड़ी सफलता कुन्तल (दक्षिणी महाराष्ट्र) की विजय थी। रुद्रसेन द्वितीय ने 385 से 390 ई. तक शासन किया। उसके बाद वाकाटक वंश के अन्य प्रतापी राजा प्रवरसेन द्वितीय, नरेन्द्रसेन, देवसेन, हरिसेन आदि हुए। उस समय गुप्त साम्राज्य की शक्ति दिन-प्रतिदिन क्षीण होती जा रही थी। वाकाटक वंश के शासकों ने उनकी इस निर्बलता का पूरा-पूरा लाभ उठाया और अपनी शक्ति को खूब बढ़ा लिया, परन्तु हरिसेन की मृत्यु के पश्चात् इस वंश का पतन होने लगा और हर्ष के समय तक उनकी शक्ति पूर्णतया लुप्त हो गई।

दक्षिण के राज्य—वर्धन राज्य के उत्थान के समय दक्षिण भारत कई स्वतन्त्र राज्यों में विभक्त था। चोल, पांड्य, चालुक्य, पल्लव आदि अनेक राज्य थे, जो निरन्तर एक-दूसरे के

साथ लड़ते रहते थे। इसलिए उत्तर की भाँति दक्षिण में भी राजनीतिक एकता का अभाव था और लोगों में बड़ी अशान्ति फैली हुई थी।

दक्षिण का सबसे प्रसिद्ध चालुक्य राज्य महाराष्ट्र में था। इसकी स्थापना छठी शताब्दी ई. के मध्य में हुई थी। फिर भी यह उस समय का सबसे शक्तिशाली राज्य था। इस वंश का सबसे महत्त्वपूर्ण और प्रतापी पुलकेशिन द्वितीय था। उसने अपने बाहुबल से चालुक्य राज्य को बहुत विस्तृत और सुदृढ़ बना लिया था। उसने हर्षवर्द्धन को पराजित किया था, जब वह दक्षिण में साम्राज्य विस्तार के लिए आया था।

दक्षिण में दूसरा प्रमुख राज्य पांड्य था, जिसे मलकूट देश भी कहा जाता था। पांड्य राज्य के उत्तर में पल्लव राज्य था। यह सुदूर दक्षिण के द्रविड़ प्रदेश में स्थित था। पल्लवों का चालुक्य और चोल शासकों के साथ बराबर संघर्ष होता रहता था। मैसूर के नजदीक गंगवाड़ी और कोंकणपुर में कदम्ब लोगों का शासन था। इस प्रकार दक्षिण की राजनीतिक अवस्था भी अच्छी नहीं थी।

पश्चिमोत्तर के राज्य—उत्तरी भारत के पश्चिमी भाग में भड़ौंच तथा भिनमल के दो स्वतन्त्र राज्य थे। इन दोनों राज्यों पर गुर्जर लोगों की दो अलग-अलग शाखाएँ शासन करती थीं। भड़ौंच के गुर्जरों का सम्बन्ध उत्तर की अपेक्षा दक्षिण के राजतन्त्रों से अधिक था। इन गुर्जरों की दूसरी शाखा भिनमल में शासन करती थी जो आमू के उत्तर-पश्चिम में पचास मील की दूरी पर स्थित है। यहाँ के गुर्जर बड़े ही उपद्रवी थे।

बंगाल—वर्धन-राज्य की उन्नति के समय बंगाल में **गौड़ वंश** का राज्य था, जो काफी शक्तिशाली था। इस वंश का प्रसिद्ध शासक शशांक था जो हर्ष का समकालीन था। उसने मालवा के शासक देवगुप्त के साथ मिलकर कन्नौज के शासक गृहवर्मन पर आक्रमण कर दिया था। युद्ध में गृहवर्मन मारा गया। बाद में हर्षवर्द्धन ने शशांक से अपने बहनोई और भाई की मृत्यु का बदला लिया।

आसाम—हर्ष के समय आसाम अथवा कामरूप में भी एक स्वतन्त्र राज्य स्थापित हो चुका था। उस समय असम का शासक भास्करवर्मन था। शशांक के साथ उसकी घोर शत्रुता थी। वह हर्ष का मित्र था।

थानेश्वर का राज्य—गुप्त साम्राज्य के खँडहरों पर स्थापित होनेवाला एक और महत्त्वपूर्ण राज्य थानेश्वर था। थानेश्वर में वर्धन वंश का शासन था। इस वंश का सबसे महत्त्वपूर्ण शासक हर्षवर्द्धन था जिसने भारत को फिर से एक बार राजनीतिक एकता प्रदान की। उसे भारत का अन्तिम महान हिन्दू सम्राट माना जाता है।

इस प्रकार छठी शताब्दी ई. में अथवा वर्धन-राज्य के उत्थान के समय सारा भारत कई छोटे-छोटे स्वतन्त्र राजनीतिक इकाइयों में बँटा हुआ था, जिसके कारण देश में बड़ी अशान्ति और अराजकता फैली हुई थी।

5.6 हर्ष का राज्य-विस्तार

हर्षवर्द्धन (606-647) के राज्य-विस्तार की जानकारी मुख्य रूप से बाण द्वारा रचित *हर्षचरित*, ह्वेनसांग का यात्रा-विवरण और अभिलेखों से होती है। इन स्रोतों में वर्णित राज्य-विस्तार इतना

आलंकारिक है कि विद्वानों में इस विषय को लेकर काफी मतभेद है। मूल तथ्यों को पकड़ने के लिए सर्वप्रथम यह जानना आवश्यक हो जाता है कि हर्षवर्द्धन से पूर्व पैतृक राज्य कहाँ तक विस्तृत था। दूसरा प्रश्न उठता कि स्वयं हर्ष ने सैन्य शक्ति के बल पर किन-किन राज्यों पर विजय प्राप्त की। अन्त में यह जानना भी आवश्यक हो जाता है कि कन्नौज से तत्कालीन राज्यों का सम्बन्ध कैसा था।

हर्ष के पिता प्रभाकरवर्द्धन के राज्य-विस्तार की जानकारी हर्षचरित एवं मधुवन आदि अभिलेखों से होती है। *आर्यमंजुश्रीमूलकल्प* ने भी इस विषय पर प्रकाश डाला है। इन स्रोतों पर पूर्णतः विश्वास करना कठिन है। विद्वान बुहलर (Buhlar) ने प्रभाकरवर्द्धन का राज्य थानेश्वर दिल्ली प्रान्त से बाहर नहीं माना है। ह्वेनसांग के अनुसार प्रभाकरवर्द्धन का राज्य उत्तर भारत से पश्चिम भारत के हूणों के प्रदेश तक विस्तृत था। पूर्वी भारत में उसके राज्य का विस्तार मौखरियों की राज्यसीमा और दक्षिण-पश्चिम में राजपूताना एवं पंजाब तक विस्तृत था। ह्वेनसांग के विचार का समर्थन कनिंघम ने भी किया है।

बाणभट्ट, ह्वेनसांग एवं अभिलेखों से हर्ष के सैनिक शक्ति की जानकारी होती है। भाई राज्यवर्धन के मरने के पश्चात् हर्ष थानेश्वर की गद्दी पर बैठा। मौखरी राज्य का सिंहासन खाली था, अतः वहाँ के मन्त्रियों ने हर्ष को राजधानी कन्नौज की गद्दी पर बैठा दिया। सारे राज्य का प्रशासनिक कार्य हर्ष ने कन्नौज से सँभालनी शुरू की।

ह्वेनसांग बताता है कि हर्ष छह वर्षों तक लगातार युद्ध में व्यस्त रहा। उसने पाँच भारतों—सारस्वत मंडल, गौड़ (बंगाल), कान्यकुब्ज, मिथिला और उत्कल को जीत लिया। उसने शशांक को मारकर अपने भाई का बदला ले लिया। इन सारी विजयों की विस्तृत जानकारी ह्वेनसांग से नहीं मिलती।

स्रोतों से पता चलता है कि अपने भाई की हत्या का बदला लेने के लिए हर्ष ने गौड़ शासक शशांक पर आक्रमण किया। शशांक का विरोधी कमरूप का शासक भास्करवर्मन था। अतः हर्ष ने सहयोग प्राप्त करने के लिए भास्करवर्मन से मित्रता स्थापित कर ली। शशांक और हर्षवर्द्धन के बीच हुए युद्ध की जानकारी नहीं मिलती। गंजाम अभिलेख से पता चलता है कि गौड़ (आधुनिक बंगाल) का शासक शशांक था।

हर्ष ने चालुक्य शासक पुलकेशिन द्वितीय पर आक्रमण किया। लेकिन वह हार गया। सिन्ध पर आक्रमण कर उसे प्राप्त करने में हर्ष सफल रहा। कुन्तल, काँची और सुदूर दक्षिण के प्रदेशों पर उसे आक्रमण करनेवाला बताया गया है लेकिन प्रमाण का अभाव है।

बाँसखेड़ा एवं **मधुवन अभिलेखों** के अनुसार हर्ष ने श्रावस्ती एवं अहिक्षेत्र पर सफलतापूर्वक आक्रमण किया। चालुक्य एवं राष्ट्रकूट शासकों के अभिलेखों में हर्ष को *सकलोतरापथनाथ* कहा गया है। इसका अर्थ हुआ *सर्वचक्रवर्तीनाम धौरेय* अर्थात् 'राजाओं का राजा'। आधुनिक विद्वान बाण की इन उक्तियों को सही नहीं मानते।

हर्ष के राज्य-विस्तार पर ह्वेनसांग का विचार तुलनात्मक दृष्टि से अधिक ठोस है। वैसे ह्वेनसांग के *यात्रा-विवरण* का राजनीतिक महत्त्व उतना नहीं है क्योंकि एक बौद्ध भिक्षु के रूप में वह भारत आया था, फिर भी तत्कालीन कमजोर एवं प्रमाणहीन स्रोतों के कारण उसके *यात्रा-विवरण* का महत्त्व बढ़ जाता है। हर्ष के समकालीन स्वतन्त्र राज्यों की चर्चा ह्वेनसांग ने की है। भड़ौच, महाराष्ट्र, कामरूप, जालन्धर, वराट, कश्मीर, कपिशा, मथुरा, मणिपुर,

सुवर्णगोत्र का देश, सिन्धु, महेश्वरपुर, नेपाल, वल्लभी, गुजरात आदि को उसने स्वतन्त्र राज्य बताया है। इन राज्यों की राजनीतिक स्थिति पर ह्वेनसांग कुछ नहीं बताता है। अतः कुछ विद्वानों के अनुसार ये राज्य हर्ष के अधीन थे। हर्ष के अधीन होनेवाले प्रदेशों में मुख्य थे—हिरण्यपर्वत, चम्पा, कजंगल, पुंड्रवर्द्धन, समतट, ताम्रलिप्ति, कर्णसुवर्ण, गौड़, कुलु, ब्रह्मपुत्र (गढ़वाल और कुमाऊँ), गोविरुन (काशीपुर, रामपुर और पीलीभीत के वर्तमान जिले), अहिच्छत्र (पूर्वी रुहेलखंड), विल्लड़, हथमुख, कौशाम्बी, श्रावस्ती, रामग्राम, कुशीनगर, वाराणसी, गाजीपुर, वैशाली, मगध, मुंगेर, भागलपुर इत्यादि।

हर्षकालीन स्वतन्त्र राज्यों में भारत के उत्तर-पश्चिम भाग में **कपीसा** एक स्वतन्त्र राज्य था। इसके अधीन अफगानिस्तान का पूर्वी भाग—लम्पा, काबुल घाटी के कुछ भाग, नागपुर, गन्धार और बर्मा जिला थे। कन्नौज के साथ इस राज्य का कोई सम्बन्ध नहीं था। स्वतन्त्र राज्य **कश्मीर** के अधीन तक्षशिला, सिंहपुर, राजपुर इत्यादि क्षेत्र थे। राधाकुमुद मुकर्जी ने कश्मीर को हर्षराज्य का अंग माना है। वे बताते हैं कि कश्मीर के शासक ने बुद्ध के कुछ दाँतों को अपने पास रखा था। जब हर्ष को इसकी जानकारी हुई तब बुद्ध दन्त को देखने और पूजा करने की अनुमति चाही, लेकिन कश्मीर शासक ने इसके लिए हर्ष को अनुमति नहीं दी। सैनिकों के बल पर हर्ष ने बुद्ध दन्तों को छीन लिया और कश्मीर शासक को हर्ष की अधीनता स्वीकारनी पड़ी। इतिहासकार मुकर्जी के इस विचार को काटते हुए रमाशंकर त्रिपाठी बताते हैं कि जिस शासक का शासन कश्मीर पर था उसे एक पुत्र था जिसका नाम हर्ष था, लेकिन कान्यकुब्जाधीश महाराज हर्ष को कोई पुत्र नहीं था। ह्वेनसांग ने भी कश्मीर को एक स्वतन्त्र राज्य माना है।

आर.सी. मजुमदार, मुकर्जी, ब्यूलर, स्मिथ आदि विद्वानों ने यमुना के पूर्व में स्थित नेपाल को एक स्वतन्त्र राज्य बताया है। नेपाल शासक अंशुवर्मा के अभिलेखों में हर्ष नामक एक सामन्त का उल्लेख है जिसे वह अपना स्वामी मानता था। नेपाल वंशावली के अनुसार अंशुवर्मा के शासक बनने से पूर्व हर्ष ही विक्रमादित्य के नाम से नेपाल गया और अपनी **संवत्** की स्थापना की थी। बाणभट्ट के अनुसार हर्ष ने दुर्गम पर्वतीय प्रदेश नेपाल से कर वसूला था। विद्वान सिसवांलेवी का कहना है कि ह्वेनसांग 637 ई. में नेपाल गया था। उस समय अंशुवर्मा मर चुका था। इससे पता चलता है कि अंशुवर्मा के लेखों का समय हर्ष संवत् में नहीं है। अंशुवर्मा शक् संवत् (45 + 606 = 651 ई.) में मरा। अगर इसे हर्ष संवत् माना जाए तो इसका अर्थ हुआ कि वह 651 ई. में मरा, क्योंकि हर्ष संवत् 606 ई. से शुरू होता है। लेकिन ह्वेनसांग के अनुसार 637 से पहले ही अंशुवर्मा मर चुका था। इस तरह नेपाल हर्ष के अधीन नहीं था। पुनः नेपाल की वंशावली अनेक प्रकार की अनैतिहासिक बातों से प्रभावित है। इस बात की जानकारी भी नहीं मिलती कि हर्ष कभी विक्रमादित्य के नाम से जाना जाता था। उसकी उपाधि **शिलादित्य** थी। नेपाल तुषार शैली का अर्थ अस्पष्ट है। इसके बारे में विद्वानों में मतभेद है। जिस शब्द का अर्थ मुकर्जी महोदय कश्मीर बताते हैं उसी शब्द का अर्थ भगवानलाल इन्द्रजी नेपाली बताते हैं। नेपाल वंशावली के आधार पर रमाशंकर त्रिपाठी बताते हैं कि हर्ष ने किसी पर्वतीय राजकुमारी से वैवाहिक सम्बन्ध स्थापित किया था, लेकिन इससे यह प्रमाणित नहीं होता कि नेपाल पर उसका अधिकार था। इस बात का ठोस प्रमाण है कि नेपाल पर तिब्बत का पूर्ण प्रभाव था। ह्वेनसांग जब नेपाल गया तो तिब्बत के शासक ने उसे ठहरने के लिए विशेष सुविधा प्रदान की थी।

जहाँ तक कामरूप पर हर्ष के आधिपत्य का प्रश्न है, राधाकुमुद मुकर्जी बताते हैं कि कामरूप का शासक भास्करवर्मन गौड़ ने शासक शशांक से भयभीत होकर हर्ष से मित्रता कर ली और कुछ ही दिनों के पश्चात् कामरूप हर्ष राज्य का अंग बन गया। ह्वेनसांग के *यात्रा-विवरण* के अनुसार कामरूप शासक भास्करवर्मन की राज्यसभा में ह्वेनसांग था, जिसे आसानी से नहीं भेजने पर हर्ष ने भास्करवर्मन को दंडित करने की धमकी दी। इसका परिणाम यह हुआ कि ह्वेनसांग को साथ लेकर वह स्वयं हर्ष के दरबार में उपस्थित हुआ। भास्करवर्मन को कुछ विद्वानों ने हर्ष का सामन्त माना है। उनके अनुसार इसीलिए वह हर्ष के कन्नौज और प्रयाग की राज्यसभा में उपस्थित हुआ था। उनके कथन में वजन नहीं है क्योंकि प्रयाग की धार्मिक सभा में हर्ष के अनेक मित्र राज्य सम्मिलित हुए थे। मित्रवत् व्यवहार के कारण ही भास्करवर्मन को ह्वेनसांग ने हर्ष के पास पहुँचाया था। इस छोटी बात के लिए वह हर्ष से झंझट मोल लेना नहीं चाहता था। अतः यह नहीं कहा जा सकता कि कामरूप हर्ष के अधीन था।

ह्वेनसांग की बात को यदि हम सच मानें कि उज्जैन, ग्वालियर, बुन्देलखंड, मालवा, गुजरात, सिन्ध आदि स्वतन्त्र राज्य थे तो निष्कर्ष यही निकलता कि बंगाल, बिहार, उत्तर प्रदेश और मगध के कुछ भाग मौखरी राज्य के अधीन थे, जिसके शासक गृहवर्मन के मरने पर हर्ष शासक बना। श्रावस्ती तथा अहिच्छत्र पर हर्ष के अधिकार की जानकारी **बाँसखेड़ा** और **मधुवन** अभिलेखों से होती है। *यात्रा-विवरण* से पता चलता है कि जब ह्वेनसांग वापस जा रहा था तो हर्ष ने जालन्धर के राजा को उसे सीमा तक पहुँचाने की आज्ञा दी थी। पूर्वी भारत की यात्रा करते समय हर्ष काजंगल में एक तृणाच्छादित अस्थायी महल बनवाकर अपना दरबार लगाया। इस तरह जालन्धर और काजंगल के क्षेत्र हर्ष-राज्य में थे। रमाशंकर त्रिपाठी एवं आर.सी. मजुमदार के अनुसार सुवर्णकर्ण भी हर्ष के अधीन था क्योंकि हर्ष ज्योंही मरा त्योंही भास्करवर्मन ने उस पर पुनः अधिकार स्थापित कर लिया।

ह्वेनसांग बताता है कि हर्ष ने उड़ीसा प्रदेश के बौद्ध विद्वान जयसेन को नगरों का लगान दान स्वरूप दिया। इससे उड़ीसा पर हर्ष के आधिपत्य की जानकारी होती है। शशांक के मरने के बाद मुंगेर और चम्पा पर हर्ष का अधिकार हो गया था। नालन्दा पर हर्ष के प्रभुत्व की जानकारी इस बात से होती है कि वहाँ उसने पीपल के पत्तों से छाया हुआ एक विहार बनवाया था। प्रयाग उसके राज्य का हिस्सा था। प्रत्येक पाँच वर्ष पर हर्ष प्रयाग में दान वितरित किया करता था।

निष्कर्ष रूप में हम कह सकते हैं कि हर्ष का राज्य-विस्तार उत्तर प्रदेश (मणिपुर और मथुरा को छोड़कर), बिहार, बंगाल, गंजाम प्रदेश और उड़ीसा तक था। उत्तर भारत के अन्य हिन्दू राज्यों की तुलना में हर्ष का राज्य अधिक विस्तृत था।

5.7 हर्ष का प्रशासन

हर्षवर्द्धन (606-647) के बारे में ह्वेनसांग का यात्रा-विवरण, हर्ष की रचनाएँ (*प्रियदर्शिका, रत्नावली* और *नागानन्द*), बाणभट्ट की रचनाएँ, बाँसखेड़ा और मधुवन अभिलेख, चीन के सरकारी लेखा, कन्नौज और प्रयाग की सभाओं में बाँटे हुए सिक्कों आदि से जानकारी होती है।

अपने साम्राज्य को चलाने के लिए हर्षवर्द्धन ने एक अच्छी शासन-व्यवस्था का वातावरण तैयार किया, जिसमें राजा का स्थान सर्वोच्च था। उच्च पदाधिकारियों की नियुक्ति वह स्वयं करता था। वह आज्ञापत्र एवं घोषणापत्र निकलवाता था। सेना का प्रधान नेतृत्वकर्ता और सर्वोच्च न्यायाधीश वह स्वयं था। वह राजकर्मचारियों पर पूर्णतः निर्भर करनेवाले शासकों में नहीं था। प्रशासनिक कार्यों एवं प्रजा का सुख-दुख जानने के लिए वह स्वयं राज्य के विभिन्न भागों में राजसी ठाटबाट से दौरा किया करता था। इस यात्रा में उसके सामन्त एवं गुप्तचर साथ रहते थे। वर्षा ऋतु में यात्रा बन्द रहती थी।

राज्य का सर्वोच्च अधिकारी होने के नाते हर्ष आय-व्यय की देख-रेख, सैन्य संगठन एवं सेना का निरीक्षण करता था।

प्रशासन की सुविधा के लिए केन्द्रीय शासन कई विभागों में बँटा हुआ था, जिनकी देखभाल अलग-अलग मन्त्रियों द्वारा की जाती थी। हर्ष के निजी अधिकारियों में प्रतिहार, विनयानुसार, स्थापति, प्रतिनर्तक, दूतक, लेखक आदि थे।

राजा की मदद के लिए एक मन्त्रिपरिषद् होती थी। हर्ष का प्रधानमन्त्री अवन्ती था। मुख्यमन्त्रियों में पुरोहित, प्रधानमन्त्री, सन्धि-विग्रहीक, अक्ष पटलाधिकृत, सेनापति आदि थे।

साम्राज्य का विभाजन प्रशासनिक दृष्टिकोण से कई इकाइयों में हुआ था। सारे साम्राज्य की भूमि को राज्य, राष्ट्र, देश अथवा मंडल कहते थे, जो कई प्रान्तों (भूक्ति या प्रदेश) में और भूक्ति जिलों में तथा जिला पटक और पटक ग्राम में बँटे हुए थे। प्रान्तों के अधिकारी उपरीक, महाराज्य, गोपता, भोगपति, राज्य स्थानीय, राष्ट्रीय, राष्ट्रपति आदि कहलाते थे। इनकी नियुक्ति सम्राट स्वयं करता था। प्रान्तों तथा जिलों की सहायता के लिए पुलिस कर्मचारियों की व्यवस्था की गई थी।

महत्तर नामक पदाधिकारी गाँव के सभी मामलों की देख-रेख करता था। यह पदाधिकारी गाँव का सम्मानित व्यक्ति होता और राज्य की ओर से इसे वेतन दिया जाता था। बाणभट्ट के अनुसार दान दी गई भूमि का प्रबन्धक आग्रहारीक कहलाता था। ग्राम शासन का प्रमुख पदाधिकारी **ग्रामीक** (मुखिया) होता था।

दंड के दृष्टिकोण से राजद्रोही को हमेशा के लिए राज्य से बाहर निकाल दिया जाता था। सामाजिक नैतिकता के विरुद्ध आचरण करनेवालों तथा माता-पिता की आज्ञा नहीं माननेवालों को अंगछेद की सजा दी जाती थी। अपराधियों को जंगलों में छोड़ दिया जाता था। अग्नि, जल एवं विष-परीक्षा की भी व्यवस्था थी।

साम्राज्य की सुदृढ़ता सम्राट के व्यक्तित्व तथा सैन्य बल पर ही निर्भर था। ह्वेनसांग के अनुसार पैदल फौजों के अलावा हर्ष की सेना में साठ हजार हाथी तथा एक लाख घुड़सवार थे। संकट काल में अधीन सामन्त भी अपनी सेनाएँ लेकर सम्राट की सेवा में उपस्थित होते थे। सिन्ध, अफगानिस्तान तथा ईरान से घोड़े खरीदे जाते थे। सैनिकों का चयन सार्वजनिक घोषणा द्वारा किया जाता था जिसमें वेतन निर्धारण की बात पहले ही कर ली जाती थी।

ह्वेनसांग के अनुसार, राज कर्मचारियों का वेतन उपज अथवा जागीर के रूप में और भर्ती सैनिकों को नकद वेतन दिया जाता था। उपज का छठा भाग कर के रूप में वसूला जाता था। नदी के तटों तथा नगरों के फाटकों पर बाहर से आने-जानेवाले मालों पर चुंगी लगती थी। सरकारी आय का एक-चौथाई भाग बड़े-बड़े पदाधिकारियों के पास भेंटस्वरूप चला जाता था।

दूसरा भाग सरकारी तथा धार्मिक कार्यों में व्यय होता था। सार्वजनिक निर्माण-कार्यों में काम करने के लिए लोगों को बाध्य किया जाता, किन्तु उन्हें मजदूरी मिलती थी।

हर्ष का शासन **लोकहितकारी कार्यों** से भरपूर था। उसने सड़कें बनवाईं, पेड़ लगवाए, कुएँ खुदवाए और सड़कों को सुरक्षित किया; किन्तु हर्षकाल में सुरक्षा उतनी नहीं थी जितनी सुरक्षा गुप्त और मौर्यकाल में थी। हर्ष के राज्य में धार्मिक तथा शिक्षण संस्थाओं को आर्थिक सहायता तथा गरीब छात्रों को छात्रवृत्ति दी जाती थी। विद्वानों, लेखकों और कवियों का हर्ष संरक्षक था। नालन्दा विश्वविद्यालय को काफी धन देकर उसने उसकी उन्नति में भारी योगदान किया।

हर्ष कूटनीतिज्ञ भी था। सिंहासन पर बैठते ही उसने कामरूप के राजा भास्करवर्मन से सन्धि स्थापित की जो बाद में चलकर हर्ष के लिए काफी लाभदायक सिद्ध हुआ। वल्लभी के शासक ध्रुवभट्ट से मित्रता स्थापित करने के लिए हर्ष ने अपनी पुत्री की शादी ध्रुवभट्ट से कर दी। चीन से मित्रता स्थापित करने के लिए उसने एक ब्राह्मण राजदूत को चीन भेजा।

निष्कर्ष के रूप में हम कह सकते हैं कि गुप्त साम्राज्य के पतन के बाद भारत में विकेन्द्रीकरण की स्थिति बन गई थी, जिसे हर्ष ने कुचल दिया। दिग्विजय की नीति के आधार पर उसने एक विशाल साम्राज्य की स्थापना की। हर्ष सफल योद्धा ही नहीं, बल्कि वह एक कुशल शासक तथा कला और धर्म का प्रेमी भी था। साम्राज्य को सुचारु रूप से चलाने के लिए उसने एक अच्छी शासन-व्यवस्था का उदाहरण प्रस्तुत किया।

5.8 हर्ष की महानता एवं उपलब्धियाँ

हर्षवर्द्धन (606-647) का आगमन उत्तर भारत के ऐतिहासिक मंच पर वह बिन्दु है जहाँ से प्राचीनकाल का निश्चित अन्त और मध्यकाल की परिपक्व शुरुआत होती है। इस तथ्य को अनेक जागरूक इतिहासकारों ने स्वीकार किया है। इस काल की जानकारी का मुख्य आधार लिखित सामग्रियों जैसे, *हर्षचरित, कादम्बरी* और ह्वेनसांग का *यात्रा-विवरण,* हर्ष द्वारा लिखित *नागानन्द, रत्नावली, प्रियदर्शिका* एवं अन्य बौद्धिक स्रोत हैं।

ह्वेनसांग के *यात्रा-विवरण* से हमें हर्षवर्द्धन की उपलब्धियों की जानकारी होती है। दूसरा महत्त्वपूर्ण स्रोत अभिलेख है। हर्ष के चार अभिलेख मिले हैं जिनमें दो ताम्रपत्रों पर संस्कृत भाषा में हैं और दो मुहरों पर पाए गए हैं। इन उपर्युक्त सारे स्रोतों के आधार पर राधा कुमुद मुकर्जी और दिल्ली विश्वविद्यालय की प्रो. देवाभूति ने सबसे अच्छी पुस्तक लिखी हैं जिनके अध्ययन से पता चलता है कि मात्र सोलह वर्ष की अवस्था में हर्ष ने थानेश्वर की गद्दी को एक बड़ी नाजुक अवस्था में सँभाला। थानेश्वर इस समय एक ओर हूण लोगों के आक्रमण तथा दूसरी ओर मालवा और गौड़ के गठबन्धन से घिरा हुआ था। हर्ष का सम्बन्ध अपने शक्तिशाली पड़ोसियों से अच्छा नहीं था। बहुत दिन नहीं बीते थे कि हर्ष को अपने बड़े भाई राजवर्द्धन का सहयोग भी खोना पड़ा क्योंकि उसे गौड़ के राजा शशांक ने मार डाला।

किन्तु हर्ष ने इन कठिनाइयों का हिम्मत से मुकाबला किया। कुछ ही वर्षों में उसने थानेश्वर को उत्तरी भारत का सबसे बड़ा राज्य बना दिया।

सर्वप्रथम हर्ष ने हूण आक्रमण को रोक डाला और दूसरी ओर अपने पड़ोसी कन्नौज के मौखरी राज्य को मालवा और गौड़ के शिकंजे से छुटकारा दिला दिया। उसके शीघ्र बाद हर्ष ने

क्षेत्र-विस्तार करने की नीति अपनाई। गुप्त साम्राज्य के पतन के बाद उत्तरी भारत में कई छोटे-छोटे राज्य स्थापित हो गए। उनके विरुद्ध हर्ष ने कई सैनिक अभियान किए। निःसन्देह उसके कई एक आक्रमण विफल हो गए, फिर भी उसने राज्य के क्षेत्र को काफी विस्तृत कर लिया। हर्षवर्द्धन के साम्राज्य में अब कई बड़े-बड़े राजा भी आ गए, जैसे—कन्नौज, मिथिला, गौड़ और उत्कल।

इस क्षेत्र को प्राप्त कर हर्ष अब उत्तरी भारत का एकाधिपति हो गया। जो राज्य उसके अधीन नहीं थे वे भी उससे भयभीत रहने लगे और उससे मित्रता की आकांक्षा रखते थे। इस बात का प्रमाण हमें तब मिलता है जब हम देखते हैं कि प्रयाग के धार्मिक सम्मेलन में अनेक स्वतन्त्र राजाओं ने भी अपनी उपस्थिति दी।

गुप्त साम्राज्य का पतन हो जाने के बाद उत्तरी भारत में राजनीतिक असन्तुलन था। हर्ष ने इस स्थिति का अन्त कर पुनः इस क्षेत्र को राजनीतिक एकता प्रदान की। फलस्वरूप उत्तरी भारत में शान्ति और सम्पन्नता की स्थिति बन गई।

हर्ष एक महान राजनीतिज्ञ, कूटनीतिज्ञ और सूझ-बूझवाला शासक था। अपने इस गुण का प्रदर्शन उसने शक्तिशाली राज्यों से व्यवहार द्वारा किया।

सर्वप्रथम हर्ष ने कामरूप के राजा भास्करवर्मन के साथ एक मैत्री सन्धि की। बलभी के राजा के साथ भी हर्ष ने अपने व्यवहार में काफी बुद्धिमानी दिखाई। बलभी का राज्य हर्ष के क्षेत्र और उसके दक्षिणी प्रतिद्वन्द्वी पुलकेशिन द्वितीय के राज्य के बीच पड़ता था। बलभी का राजा ध्रुवसेन द्वितीय पुलकेशिन द्वितीय का मित्र था। हर्ष ने सबसे पहले बलपूर्वक इस राज्य को जीतने का प्रयत्न किया। परन्तु असफलता मिलने पर उसने तुरन्त ही अपनी नीति को बदल दिया और बलभी के साथ समझौता कर लिया। इस सन्धि को और भी दृढ़ बनाने के लिए हर्ष ने अपनी बेटी की शादी ध्रुवसेन से कर दी। इस सन्धि से हर्ष का दक्षिणी मार्ग खुल गया।

जब हर्ष को इस बात की जानकारी मिली कि उसका प्रतिद्वन्द्वी पुलकेशिन द्वितीय ने फारस के राजा के साथ विदेशी सम्बन्ध स्थापित कर लिया है तो उसने अपना पक्ष मजबूत बनाने के लिए चीन के साथ मैत्री सम्बन्ध स्थापित करने का प्रयत्न किया। 641 ई. में हर्ष ने अपने एक दूत को चीन भेजा और चीन से आए दूतमंडल का स्वागत किया। हर्ष और पुलकेशिन की विदेश नीति में सन्तुलन स्थापित हो गया।

हर्ष की कन्नौज नीति से उसकी राजनीतिक सूझ-बूझ का पता चलता है। यद्यपि कन्नौज को वह बड़े आसानी से मिला सकता था, कन्नौज की मालवा से मुक्ति के बाद शीघ्र ही उसने ऐसा नहीं किया। उसने बड़ी बुद्धिमानी और धैर्य के साथ इस अवसर की तब तक प्रतीक्षा की जब तक मौखरी राज्य के मन्त्रियों ने स्वयं वहाँ की गद्दी उसे सुपुर्द नहीं की। आरम्भ में हर्ष ने कोई पदवी नहीं धारण की, उसने केवल **'कुमार'** की पदवी धारण की। राजधानी को उसने कन्नौज में स्थानान्तरण तब तक नहीं किया जब तक उसने अपनी स्थिति को थानेश्वर और कन्नौज में पूर्ण रूप से मजबूत नहीं बना लिया।

5.9 हर्ष अन्तिम हिन्दू महान सम्राट था?

हर्षवर्द्धन (606-647) के बारे में ह्वेनसांग का *यात्रा-विवरण,* हर्ष की रचनाएँ (*प्रियदर्शिका, रत्नावली* और *नागानन्द*), बाणभट्ट की रचना (*हर्षचरित* और *कादम्बरी*), बाँसखेड़ा और

मधुवन अभिलेख, चीन के सरकारी लेख, कन्नौज और प्रयाग की सभाओं में बाँटे हुए सिक्कों आदि से जानकारी होती है।

प्रभाकरवर्द्धन के दो पुत्र थे—राजवर्द्धन और हर्षवर्द्धन। राजवर्द्धन जिसका जन्म 587 ई. में और हर्षवर्द्धन का जन्म लगभग 590 ई. में हुआ। तीसरी सन्तान एक पुत्री थी, जिसका जन्म लगभग 597 ई. में हुआ। उसका नाम था राजश्री। राजश्री की शादी मौखरी शासक अवन्तीवर्मन के लड़के गृहवर्मन से हुई थी।

बीमारी से प्रभाकरवर्द्धन मर गया और उसकी पत्नी यशोमति सती हो गई। इसी समय राजश्री का पति गृहवर्मन मार डाला गया। राजश्री आत्महत्या के लिए कारागार से निकलकर जंगल में भाग गई। राजवर्द्धन भी मार डाला गया। ऐसी विषम परिस्थिति में हर्ष, जिसकी आयु मात्र सोलह वर्ष थी, थानेश्वर की गद्‌दी पर बैठा। उसने अपनी बहन राजश्री की खोज करवाई। कन्नौज की गद्‌दी सँभालने का भार उसी के सिर आ पड़ा। गौड़ का राजा शशांक हर्षवर्द्धन से डरकर कन्नौज छोड़कर बंगाल भाग गया। अपनी प्रारम्भिक कठिनाइयों पर विजय प्राप्त करने के बाद हर्ष ने थानेश्वर को छोड़ और कन्नौज को अपनी राजधानी बनाकर अपनी शक्ति का विस्तार किया।

गद्‌दी पर बैठने के साथ ही आई हुई समस्याओं पर विजय पाने की बात यह स्पष्टतः प्रमाणित करती है कि वह एक कुशल सैनिक, सुयोग्य राजनीतिज्ञ तथा प्रजा का शुभचिन्तक था। अपने काल की राजनीतिक अराजकता को समाप्त कर इसने उत्तरी भारत में, मात्र सात वर्ष की छोटी-सी अवधि में, एक विस्तृत साम्राज्य की स्थापना की। अनेक राजाओं ने उसके प्रभुत्व को स्वीकार किया। फिर भी इसकी तुलना गुप्त शासक समुद्रगुप्त से करना उचित नहीं होगा, क्योंकि हर्षवर्द्धन पुलकेशिन से युद्ध में पराजित हो गया था।

अपनी प्रजा की शान्ति-सुव्यवस्था-समृद्धि प्रदान करने तथा प्रजा की वास्तविक दशा को जानने के लिए हर्ष अपने राज्य में भ्रमण किया करता था। सेवा तथा त्याग उसके जीवन का प्रधान आदर्श था।

इस महान शासक के काल में भारतीय सभ्यता तथा संस्कृति का विदेशों में खूब प्रचार हुआ। तिब्बत से भारत का घनिष्ठ सम्बन्ध बढ़ा। चीन से धार्मिक सम्बन्ध स्थापित हुआ। इसके अलावा इसके काल में दक्षिण-पूर्व एशिया के द्वीप-समूहों में भारतीय सभ्यता एवं संस्कृति फैली।

धार्मिक दृष्टिकोण से वह सभी सम्प्रदायवालों के प्रति उदारता प्रदर्शित करता था। प्रारम्भ में हर्ष ब्राह्मण धर्म का समर्थक और शिव तथा सूर्य का भक्त था, लेकिन बाद में वह बौद्ध धर्म का समर्थक हो गया। इसके वावजूद प्रयाग की पंचवर्षीय सभा में वह सभी धर्मों तथा जातियों के लोगों को बिना किसी भेद-भाव के दान देता रहा। इस तरह हर्ष अशोक के समान उदार तथा धार्मिक था। समुद्रगुप्त की तरह उसने भारत को राजनीतिक एकता के सूत्र में संगठित किया।

गरीबों, दुखियों, अपाहिजों, छात्रों, विधवाओं को अशोक की भाँति हर्ष ने आर्थिक सहायता दी। जीव-हिंसा के विरुद्ध उसने कठोर आज्ञा निकाली। अशोक की भाँति वर्ष में आठ-नौ महीनों तक हर्ष साम्राज्य के भिन्न-भिन्न भागों में यात्रा कर लोकहितकारी कार्यों में व्यस्त रहा।

अशोक की भाँति हर्ष ने चिकित्सा के लिए औषधालय, यात्रियों के लिए सड़कों के किनारे वृक्ष, पानी के लिए कुआँ और आराम के लिए कुछ-कुछ दूरी पर आरामगृह बनवाए।

प्रशासनिक दृष्टिकोण से विद्वानों ने गुप्त शासक समुद्रगुप्त की तरह हर्षवर्द्धन को भी महान विजेता माना है। ह्वेनसांग के अनुसार छह वर्षों तक लगातार युद्ध करके हर्ष भारत में अपना साम्राज्य स्थापित करने में सफल रहा। कुछ युद्धों में या तो उसकी हार हुई और नहीं तो अधिक समय लगा। इसके बावजूद उसके जीवनपर्यन्त किसी भी शत्रु ने उसके सामने सफलतापूर्वक सिर उठाने का साहस नहीं किया।

ह्वेनसांग ने हर्षकाल के अनेक बौद्ध मठों की चर्चा की है जो कन्नौज, गया, मुंगेर आदि स्थानों में स्थित थे, जहाँ मेधावी छात्रों को शिक्षा दी जाती थी। नालन्दा का विहार समस्त एशिया में प्रसिद्ध था।

हर्ष की उपर्युक्त उपलब्धियों ने विद्वानों को काफी प्रभावित किया। अनेक विद्वानों ने हर्ष को न केवल महान और चक्रवर्ती सम्राट बताया, बल्कि हिन्दू शासकों में महान अन्तिम शासक कहा। कई विद्वानों ने उसकी तुलना अशोक, समुद्रगुप्त एवं अकबर से करने का प्रयास किया है। कुछ वैसे भी विद्वान हैं जो हर्षवर्द्धन को इतना अधिक महत्त्व देने के पक्ष में नहीं हैं। आर.सी. मजुमदार ने हर्षवर्द्धन को हिन्दू काल का अन्तिम महान साम्राज्य-निर्माता नहीं माना है, क्योंकि हर्ष के बाद भी कश्मीर में ललितादित्य, कन्नौज में मौखरिवंशी यशोवर्मन तथा पाल और प्रतिहार वंश के साम्राज्य, कलचुरि के गंग और कर्ण के साम्राज्य, राष्ट्रकूट, चालुक्य, चोल आदि वंश के साम्राज्य हर्ष की तुलना में अधिक बड़े थे।

देवाहुति ने अपनी पुस्तक में हर्ष को तो हिन्दू शासक माना ही नहीं है। 'हिन्दू' शब्द भारत में अरबों के आक्रमण (712 ई.) के पश्चात् प्रचलित हुआ और हर्ष इसके पूर्व का था। अतः उसे बौद्ध शासक कहना ज्यादा तार्किक होगा। बहुत हद तक जैसा कि कुछ विद्वानों का मत है कि उसे सम्राट कहना भी न्यायोचित नहीं, क्योंकि उन्हीं शासकों के लिए सम्राट शब्द का प्रयोग उचित लगता है जिन्होंने बड़े पैमाने पर युद्ध (समर) करके सफलतापूर्वक अपने साम्राज्य का विस्तार बड़े पैमाने पर किए हों। प्रारम्भ में हर्षवर्द्धन ने कुछ सफलता पाई लेकिन बाद में वह हार गया और उसका क्षेत्र उत्तर प्रदेश और उसके आसपास के कुछ आधुनिक प्रान्तों तक ही सीमित रहा। मौर्य साम्राज्य के समान सम्पूर्ण भारत में उसकी विजय-पताका नहीं फहर सकी। अतः हर्षवर्द्धन एक उदार, विद्यानुरागी एवं धार्मिक सहिष्णु शासक था, किन्तु अन्तिम हिन्दू सम्राट नहीं।

6

हर्षोत्तर भारत : लघु राजवंशों का उदय

(Post Harshvardhanas India : Origin of Small Rajvansas)

6.1 प्रस्तावना

गुप्तोत्तरकाल से भारत की आर्थिक दशा कमजोर होने लगी। अधिकांश प्राचीन व्यापारिक नगरों का पतन हो गया। कमजोर अर्थव्यवस्था से राजनीतिक विखंडन का अनुकूल माहौल बनने लगा। छोटे-छोटे शासकों में प्रतिद्वन्द्विता और भीषण संघर्ष होने लगे। इससे देश का राजनीतिक विखंडन हुआ। 510 ई. में भी हूण राजा तोरमाण को भानुगुप्त (बालादित्य) ने पराजित किया था, जो वह अन्तिम गुप्त शासक है, जिसके बारे में विश्वसनीय सूचना उपलब्ध है। लेकिन फिर भी 530 ई. के आसपास तक मिहिरगुल (मिहिरकुल) के अधीन हूण केवल उत्तर-पश्चिमी भारत ही नहीं, बल्कि मालवा और गंगा-यमुना घाटी में वर्तमान ग्वालियर तक के प्रदेश पर शासन करने लग गए थे। ऐसा लगता है कि मिहिरगुल अत्यधिक क्रूर और निर्दयी विजेता था। आखिर उत्तरी भारत के भारतीय राजा अपनी शक्तियों को एकजुट करने में सफल हो गए और 533 ई. के आसपास उन्होंने मिहिरगुल को बुरी तरह पराजित किया।

हूण आक्रमण के समय भारत आकर यहाँ बस जानेवाले कबीलों ने देश के आगामी इतिहास के दौर पर गहरा प्रभाव डाला। कुछ हूण कबीले उत्तर-पश्चिमी भारत में बस गए और वहाँ के रहनेवालों के साथ उनका अन्तःमिश्रण हुआ। इन्हीं कबीलों के साथ गुर्जर भी आए, जो पंजाब, सिन्ध और राजपूताना में बस गए—इनमें से कुछ बाद में मालवा और देश के उस भाग तक भी जा पहुँचे, जो कालान्तर में उन्हीं के नाम से गुजरात कहलाया। हूणों तथा गुर्जरों और स्थानीय आबादी में घनिष्ठ सम्पर्कों और अन्तर्विवाहों के परिणामस्वरूप एक नया जातीय समूह पैदा हुआ, जो बाद में राजपूत के नाम से विज्ञात हुआ।

सातवीं शती में ही देश के इस भाग में सामन्ती सम्बन्ध जड़ पकड़ने लग गए। आठवीं सदी में राजपूत गंगा घाटी और मध्य भारत के समृद्ध प्रदेशों में पहुँच गए। भारतीय इतिहास में राजपूत सदियों तक एक घनिष्ठतः ऐक्यबद्ध जातीय समूह बने रहे हैं। उनके इलाकों में जड़ जमानेवाले सामन्ती सम्बन्ध कुछ बातों में और जगहों से भिन्न थे। राजपूतों में सामन्ती सोपान अपेक्षाकृत अधिक जटिल था और सामन्ती सेवा या जागीरदारी की परम्पराओं की जड़ें ज्यादा गहरी थीं।

छठी शताब्दी के अन्त में उत्तरी भारत में सबसे बड़े राज्य ये थे—गौड़ (उत्तरी तथा पश्चिमी बंगाल), मौखरी राज्य (दोआब और गंगा का मध्यवर्ती प्रदेश), जिसकी राजधानी कन्नौज थी और पुष्यभूति राज्य (ऊपरी दोआब और आधुनिक दिल्ली तथा सरहिन्द के असपास का प्रदेश), जिसकी राजधानी स्थानेश्वर (थानेश्वर) थी। इन तीनों राज्यों में आपस में लगातार लड़ाई-झगड़े चलते रहते थे। गौड़ के शासक शशांक (राज्यकाल छठी सदी के अन्त से सातवीं सदी के चौथे दशक तक) ने मगध को और पश्चिम में प्रयाग तक के सारे इलाकों को जीत लिया और पूर्व में महेन्द्रगिरि तक के इलाकों (वर्तमान उड़ीसा) को अपने राज्य में मिला लिया। उसने मालवा के शासक के साथ मौखरियों के विरुद्ध सहबन्ध बना लिया। मौखरियों ने पुष्यभूतियों के साथ मेल कर लिया, किन्तु वे युद्ध में हार गए। पुष्यभूति राजा राज्यवर्धन के वध के बाद उसका छोटा भाई हर्षवर्द्धन (हर्ष) सिंहासन पर बैठा।

लोकश्रुति के अनुसार हर्ष ने बीस हजार अश्वारोहियों, पचास हजार पैदलों और पाँच हजार हाथियों की शक्तिशाली सेना जुटा ली थी। छह वर्ष की अवधि के भीतर, जिसमें इतिवृत्तकार बाण के अनुसार, “न हाथियों के साज उतारे गए और न सैनिकों ने अपने शिरस्त्राण उतारे,” हर्ष ने लगभग सारे ही उत्तर भारत को जीत लिया। लेकिन दक्कन पर आक्रमण करने के उसके प्रयास का पश्चिमी चालुक्यवंशी शासक पुलकेशी द्वितीय के हाथों नर्मदा के तट पर पराजय में अन्त हुआ प्रतीत होता है। तथापि पुलकेशी ने भी उत्तर की तरफ बढ़ने का कोई प्रयत्न नहीं किया। शशांक की मृत्यु के बाद हर्ष ने मगध और बंगाल पर अधिकार कर लिया। उसने अपने जीवन के अन्तिम वर्ष विजित प्रदेशों की आर्थिक-व्यवस्था तथा प्रशासन सुधारने में व्यतीत किए।

हर्ष का राज्य तेरहवीं सदी के आरम्भ तक देश के एक बड़े भाग को एक विशाल साम्राज्य में संयुक्त करनेवाला अन्तिम राज्य था। तथापि साम्राज्य के विभिन्न भागों में सम्बन्ध गुप्तकाल की अपेक्षा कमजोर थे। साम्राज्य के छोटे से भाग पर ही केन्द्र का प्रत्यक्ष शासन था, उसके अधिकांश पर अधीनस्थ राजाओं का राज था, जिन्हें आन्तरिक मामलों में काफी अधिकार प्राप्त थे। इसके अलावा साम्राज्य के सीमान्त उत्तरी भारत के आगे नहीं जाते थे और मालवा तथा राजपूताना के कुछ भाग स्वतन्त्र ही बने रहे थे।

हर्ष के कारनामों के बारे में मुख्यतः बाण द्वारा रचित प्रशस्ति *हर्षचरित* और उसके राज्यकाल में भारत की यात्रा करनेवाले चीनी बौद्ध तीर्थयात्री ह्वेनसांग के लिखे *यात्रा वृतान्त* की बदौलत जानकारी प्राप्त की जा सकती है। बाण के अनुसार हर्ष के साम्राज्य में लगान उपज का छठा भाग था। इसके अलावा राजकोष में कई आन्तरिक शुल्कों और बाजार महसूलों से भी धन आता था।

यद्यपि हर्ष के पूर्वज शैव थे, पर वह स्वयं बौद्ध था। बौद्ध विहारों के निर्माण पर उसने काफी शक्ति और साधनों का व्यय किया। उसके राज्यकाल में नालन्दा (पटना के निकट) के विराट बौद्ध विहार तथा विश्वविद्यालय की ख्याति भारत के सीमान्तों के बाहर भी दूर-दूर तक फैल गई थी, जिसमें हजारों विद्यार्थी रहते और शिक्षा प्राप्त करते थे। इस विश्वविद्यालय के बहुमंजिला शैक्षिक तथा आवास भवन अत्यन्त विस्तृत क्षेत्र पर फैले हुए थे। लेकिन उस समय बौद्ध धर्म का प्रभाव स्पष्टतः उतार पर था और शिव, विष्णु तथा सूर्य जैसे ब्राह्मण देवता अधिक प्रतिष्ठा प्राप्त कर चुके थे।

हर्ष का साम्राज्य कोई तीस वर्ष तक बना रहा। उसकी मृत्यु के बाद साम्राज्य विच्छिन्न हो गया और उसके बाद सदियों तक भारत नानासंख्य राज्यों में बँटा रहा। इनमें से कुछ ख़ासे बड़े थे, किन्तु उनमें से किसी में भी देश का बहुत बड़ा भाग शामिल नहीं था, जैसा कि मौर्य तथा गुप्त साम्राज्यों के मामले में था। ये आपस में निरन्तर लड़ते और फिर भिड़ने के पहले अल्पकालिक संश्रय बनाते रहते थे। इस काल के घटनाक्रम के नानारूप और निरन्तर बदलते चित्र का वर्णन करना अत्यन्त कठिन है, इसलिए सबसे प्रसिद्ध नामों और घटनाओं का संक्षिप्त विवरण प्रस्तुत करना ही सबसे उपयुक्त रहेगा।

दक्षिणी भारत में आपस में निरन्तर युद्धरत राज्यों में वातापि के चालुक्यवंशियों का राज्य, जिन्होंने अपने शासक पुलकेशी द्वितीय की हर्ष पर विजय के बाद प्रमुखता प्राप्त कर ली थी और पल्लव तथा पांड्य राज्य मुख्य थे। पुलकेशी ने सम्राट की उपाधि ग्रहण की थी और उसके भाई, जो गुजरात तथा पूर्वी दक्षिणापथ (दक्कन) के शासक थे, उसके प्रभुत्व को स्वीकार करते थे। लेकिन बाद में चालुक्यों पर पल्लवों (जिनकी राजधानी काँचीपुरम थी) और पांड्यों (जिनकी राजधानी मदुरई थी) ने आक्रमण कर दिया। पांड्यों ने धीरे-धीरे एक शक्तिशाली जंगी बेड़ा बना लिया था, जिसकी बदौलत उन्होंने अस्थायी अवधियों के लिए श्रीलंका को भी अपने नियन्त्रण में ले लिया था। पल्लवों ने 640 ई. में चालुक्यों को बुरी तरह पराजित किया। पुलकेशी द्वितीय मारा गया और उसकी राजधानी को घेरे में ले लिया गया। तथापि पुलकेशी के उत्तराधिकारियों ने उसके राज्य के अधिकांश को अक्षत बनाए रखा और कई बार तो दक्षिण की तरफ बढ़कर नए प्रदेशों को जीतने में भी सफलता प्राप्त की।

पल्लवों ने भारतीय संस्कृति पर काफी प्रभाव डाला—महाबलिपुरम में समुद्रतट पर चट्टान को काटकर पाँच रथमन्दिरों का निर्माण किया गया और यहाँ प्रयुक्त वास्तुशैली कालान्तर में सारे ही दक्कन में फैल गई, जिसमें लगभग पूरा-का-पूरा मन्दिर ही तक्षित तथा निम्न-उद्भृत मूर्तियों के समूहों से आच्छादित है। इस शैली ने दक्षिण-पूर्वी एशिया की कला-शैलियों पर भी अपना प्रभाव डाला, क्योंकि पल्लव राज्य बड़े पैमाने पर समुद्रपार व्यापार करता था—आज के इंडोनेशिया और कंपूचिया में उस समय दक्षिणी भारतीय व्यापारियों की बड़ी-बड़ी बस्तियाँ थीं। पश्चिमी चालुक्य राज्य आठवीं शताब्दी के मध्य तक बना रहा, जब चालुक्य शासक कीर्तिवर्मा (कीर्तिवर्मन) द्वितीय को महाराष्ट्र के राष्ट्रकूटों ने पराजित किया। इसके बाद कोई दो सदी दक्कन पर राष्ट्रकूटों का प्रभुत्व बना रहा। ऐलोरा (वर्तमान औरंगाबाद के निकट) में चट्टान को तराशकर बनाए गए विख्यात कैलाश मन्दिर के रूप में राष्ट्रकूट अपने राज्यकाल का स्थायी स्मारक खड़ा कर गए हैं।

अपने चरमोत्कर्ष काल में राष्ट्रकूटों ने उत्तर भारत पर कई धावे बोले। उन्हें मुख्यतः बिहार तथा बंगाल के पाल शासकों और गुर्जर प्रतिहारों (जिनकी राजधानी कन्नौज थी) के विरोध का सामना करना पड़ा। इन तीनों राज्यों में संघर्ष का मुख्य क्षेत्र गंगा और यमुना का उपजाऊ दोआब था। उत्तरी भारत में भी इस समय कई छोटे-बड़े राज्य थे, यथा चन्देलवंशी, जिन्होंने खजुराहो के विश्वप्रसिद्ध मन्दिरों का निर्माण करवाया था और तोमर, जिनकी राजधानी धिल्लिका (वर्तमान दिल्ली) थी।

दसवीं सदी में उत्तरी भारत की ये तीनों शक्तियाँ उतार पर थीं। छोटे अधीनस्थ रजवाड़े बलवान होते जा रहे थे, अपने प्रदेशों का प्रसार कर रहे थे और धीरे-धीरे अपने भूतपूर्व

स्वामियों का स्थान लेते जा रहे थे। उदाहरण के लिए, गुर्जर प्रतिहार राज्यक्षेत्र में परमारों, चन्देलों, गहलोतों, चौहानों (चाहमानों) और सोलंकियों (चालुक्यों) के स्वतन्त्र राज्य पैदा हो गए। पाल राज्य कई छोटे प्रदेशों में विभक्त हो गया, जिनमें सबसे शक्तिशाली सेन राज्य था। चौहानों का पूर्वी तथा मध्य राजस्थान और गुजरात के कुछ भाग पर शासन था, परमारों का, जिन्होंने राजस्थान, गुजरात और दक्कन पर कई धावे बोले, केन्द्र स्थल मालवा था। तथापि ग्यारहवीं शताब्दी के मध्य तक परमार राज्य कमजोर हो चुका था। बुन्देलखंड चन्देल राज्य का केन्द्र बन गया, मगर दोआब का कुछ भाग, वाराणसी और बिहार के कुछ भाग भी उसके अधीन थे। मध्य भारत में कलचूरि (हैहय) वंश ने, जिनका प्रदेश पहले राष्ट्रकूटों का अधीनस्थ था, अपना स्वतन्त्र राज्य (चेदि) स्थापित कर लिया, जो तेरहवीं सदी तक स्वतन्त्र बना रहा। उत्तरी गुजरात में सोलंकी राजवंश (चालुक्यवंशियों) ने मजबूती के साथ अपनी जड़ें जमा लीं।

पल्लवों और पांड्यों में शत्रुता ने दोनों ही राज्यों की शक्ति का तलोच्छेदन किया। उरायूर के आसपास छोटे से इलाके पर शासन करनेवाले तमिलभाषी चोल राज्य ने अब प्रमुखता प्राप्त कर ली। 893 की लड़ाई में चोलों ने पल्लवों को निर्णायक रूप से पराजित किया और 915 में पांड्यों को भी बुरी तरह परास्त करने के बाद उन्होंने लगभग उस सारे प्रदेश को अपने शासन के अन्तर्गत ऐक्यबद्ध कर लिया, जो अब तमिलनाडु के नाम से जाना जाता है। चोलों से लगातार युद्धों और उत्तरी भारत पर प्रभुत्व को बनाए रखने के लिए अपेक्षित निरन्तर प्रयासों ने राष्ट्रकूटों को कमजोर कर दिया और 973 में चालुक्य शासक तैलप (तैल) द्वितीय ने अन्तिम राष्ट्रकूट शासक कवर्क द्वितीय को परास्त करके नए अथवा उत्तर चालुक्य (कल्याणी के चालुक्य) वंश के राज्य की स्थापना की। शक्तिशाली राष्ट्रकूट वंश के पतन के परिणामस्वरूप चोलों के लिए दक्षिण भारत पर अगले दो सौ वर्ष अपना प्रभुत्व बनाए रखना सम्भव हो गया। ग्यारहवीं शताब्दी में चोल उत्कर्षमान थे। राजराज प्रथम (985-1015) तथा राजेन्द्र प्रथम (1015-1044) के राज्यकालों में चोलों का वेंगी के पूर्वी चालुक्यों के साथ दीर्घकालिक संघर्ष चला, जिन्हें उन्होंने अन्त में अपना करद बना लिया, किन्तु पूर्णतः अधीनस्थ न कर सके। लेकिन दूसरी तरफ, चोल श्रीलंका को अपने अधिकार में ले लेने में सफल हो गए और वहाँ उन्होंने मजबूती के साथ और काफी समय के लिए अपनी जड़ें जमा लीं। श्रीलंका की वर्तमान आबादी का कुछ भाग आज भी तमिल मूल का ही है। इसके अलावा चोलों का श्रीविजय राज्य के साथ भी युद्ध चला, जिसका केन्द्र सुमात्रा था और जावा तथा मलक्का प्रायद्वीप के कुछ भागों पर भी नियन्त्रण था। चोलों ने 1025 में श्रीविजय राज्य के कुछ प्रदेश पर अधिकार जमा लिया, पर उन्हें बाद में वहाँ से निकाल दिया गया। स्वयं भारत में चोल राज्य वर्तमान कर्नाटक तथा केरल राज्यों के प्रदेश पर फैला हुआ था। चोलों ने कल्याणी के चालुक्यों को कई बार पराजित किया और उड़ीसा तथा बंगाल में दीर्घकालिक सैन्य अभियान चलाया, जिसके दौरान—लोकश्रुति के अनुसार—वे गंगा नदी तक जा पहुँचे।

अपनी शक्तिशाली सेना, सुसज्जित बेड़े और श्रीविजय तथा अरब सागरीय देशों के साथ अपने व्यापारिक सम्बन्धों की बदौलत चोल खूब फूले-फले और अत्यन्त धनवान बन गए। उन्होंने अनेक भव्य मन्दिरों का निर्माण करवाया (उदाहरण के लिए चिदम्बरम में)। उनके राज्यकाल में असंख्य कांस्य देव प्रतिमाएँ बनाई गईं। 1070 में चोल तथा वेंगी के पूर्वी चालुक्य वंश संयुक्त हो गए और इस प्रकार एक नए चालुक्य-चोल वंश की स्थापना हुई। बारहवीं

शताब्दी के आरम्भ तक चोल राज्य में कृष्णा तथा तुंगभद्रा नदियों के नीचे सारा दक्षिणी भारत शामिल हो चुका था और पूर्व में वह गोदावरी तक फैला हुआ था। तथापि सामन्तवाद की विकास प्रक्रिया के चलते रहने से अन्त में चोल साम्राज्य विखंडित हो गया। साम्राज्य के सीमान्तक प्रदेशों में स्वाधीन रजवाड़े पैदा हो गए, जो औपचारिक रूप में चोल आधिपत्य में होने पर भी व्यवहार में केन्द्रीय सरकार की पूर्णतः उपेक्षा करते थे और आपस में अपनी मरजी के मुताबिक लड़ाइयाँ और सन्धियाँ किया करते थे। धीरे-धीरे दक्षिणी भारत में द्वारसमुद्र के होयसल, देवगिरि के यादव और वारंगल के काकतीय वंशों ने और पांड्यों ने, जिन्होंने तमिलनाडु के दक्षिणी भाग में प्रभुत्व स्थापित कर लिया था, प्रामुख्य प्राप्त कर लिया। बारहवीं सदी के अन्त में चोल राजाओं के अधिकार में तंजावूर (तंजौर) क्षेत्र में एक नगण्य राज्य ही रह गया था। सिंघण के राज्यकाल (1200-1247) में यादव अपने उत्कर्ष के शिखर पर पहुँच गए थे। कृष्णा तथा नर्मदा नदियों के बीच का सारा दक्कन उनके राज्य का अंग था।

उत्तरी भारत में तो और भी प्रचंड विखंडीकरण हो रहा था। यहाँ चौहानों (जिनकी राजधानी कभी अजमेर, तो कभी दिल्ली रहती थी) और गहड़वालों (जिनके राज्य में आधुनिक उत्तर प्रदेश और बिहार आते थे) में भयंकर संघर्ष चल रहा था। लेकिन बाद में जब खुरासानी सेनाओं का आक्रमण हुआ, तो ये राज्य उसे न झेल सके। बारहवीं सदी में उत्तरी भारत में ख़ासे बड़े आकार का बस एक ही राज्य रह गया था और वह था बंगाल में सेन वंश का राज्य।

ग्यारहवीं सदी के शुरू से भारत पर उत्तर से मुसलमानों के हमले होने लग गए। बारहवीं सदी के अन्त में उन्होंने बड़े-बड़े भारतीय प्रदेशों पर अधिकार करना शुरू कर दिया और इसके परिणामस्वरूप भारत में सर्वथा नई परिस्थिति उत्पन्न हो गई।

6.2 सामन्ती माहौल

इधर राजनीतिक मंच पर निरन्तर बदलते राज्यों और राजाओं के आने-जाने और उनके बीच लड़ाइयों और सन्धियों का सिलसिला चल रहा था और उधर भारतीय समाज के सामाजिक-आर्थिक जीवन में सामन्तीकरण की एक लम्बी तथा क्रमिक प्रक्रिया भी चल रही थी। यह प्रक्रिया दो स्तरों पर चल रही थी। एक तरफ तो ऐसी जमीनों को कि जिनसे लगान की प्राप्ति होती थी, अधिकाधिक अनुदानों या माफियों की तरह बाँटा जा रहा था। अनुदानग्राही-माफीदार—केन्द्रीय सरकार के सन्दर्भ में और अपने अधीन निवासियों के सन्दर्भ में भी अधिकाधिक अधिकारों का उपभोग करने लगे। दूसरी तरफ, स्वयं ग्राम समुदाय में भी ग्रामाधिकारी—विशेषकर मुखिया लोग—ग्रामवासियों के मुकाबले लगातार अधिक अधिकार प्राप्त करते गए, अपने गाँव के भीतर लगान के वितरण से सम्बन्धित उनके अधिकार का महत्त्व बढ़ गया। इसका मतलब यह था कि जहाँ पहले उनके सरोकार का मुख्य विषय ग्राम समुदाय के हितों की रक्षा करना था, वहाँ अब राजकीय तन्त्र के अंग, ग्राम प्रशासकों के नाते उनकी भूमिका ने सर्वाधिक महत्त्व ग्रहण कर लिया। महत्त्वपूर्ण सामुदायिक मामलों और गाँव की उपयोगी जमीन के प्रयोग में लाए जाने के ढंग पर अपने नियन्त्रण, स्वयं भूसम्पत्ति का अर्जन करने और अन्य ग्रामीणों की निःशुल्क सेवाओं के उपयोग के जरिए कुछ मुखिया धीरे-धीरे व्यवहार में छोटे सामन्तों जैसे

बन गए थे और कालान्तर में उनकी हैसियत को राजाज्ञाओं द्वारा विधिक मान्यता भी प्रदान कर दी गई। लेकिन ऐतिहासिक दस्तावेजों से काश्तकारों की कतारों से नए सामन्तों के इस प्रकार उदित होने की प्रक्रिया की बहुत ही कम जानकारी मिल पाती है।

इस काल (छठी से बारहवीं शताब्दी) के अधिकांश अभिलेखों में शासक की धर्मपरायणता पर जोर देने के लिए ब्राह्मणों को दिए भूमि अनुदानों का ही उल्लेख मिलता है। ये 'सनातन' अनुदान थे और इन्हें टिकाऊ सामग्री पर—आमतौर पर ताम्रपत्रों पर—अभिलिखित किया जाता था। लेकिन सामान्य नागरिकों को जो कुछ अनुदान दिए गए थे और जिन्हें नाशवान ताड़पत्र (दक्षिण भारत में उस समय प्रयुक्त सामान्य लेख सामग्री) पर नहीं, वरन् ताम्रपत्र पर अभिलिखित किया गया है, वे ब्राह्मणों को दिए अनुदानों से मिलते हैं, यद्यपि यह सम्भव है कि उस समय सेवा काल के लिए सीमित अनुदान भी होते थे।

सामान्यतः—और विशेषकर बंगाल में—ये अनुदान सामन्तों द्वारा दिए जाते थे। लेकिन उत्तरी भारत में, गुर्जर प्रतिहार राज्य में, इस प्रकार के अनुदान केन्द्रीय प्रशासनांगों की सहमति से, या उनकी जानकारी के बिना भी, ऐसे अधीनस्थ सामन्तों द्वारा दिए जाते थे, जिनके इलाके सीमान्त प्रदेशों में स्थित थे। दसवीं सदी में बड़े राज्यों के अपकर्ष के बाद इस प्रकार के अनुदानों का दिया जाना ख़ासकर आम हो गया।

अभिलेखों में उल्लिखित विभिन्न सत्ताधारियों—राजाओं, प्रान्तपतियों, जिलाधीशों आदि—की उपाधियाँ सुविकसित सामन्ती प्रशासनतन्त्र के अस्तित्व की ओर इंगित करती हैं, विशेषकर बंगाल में। उत्तर में प्रशासनिक पदों की संख्या काफी कम थी, जिससे यही प्रतीत होता है कि वहाँ स्थानीय सामन्तों को अधिक स्वतन्त्रता प्राप्त थी।

भू-अनुदान प्राप्त करनेवाले अधिकाधिक प्रशासनिक तथा विधिक उन्मुक्ति प्राप्त करते गए। उन्हें अपने इलाकों में रहनेवालों की उस समय अदालतों द्वारा मान्य 'दस अपराधों' के सिलसिले में सुनवाई करने का अधिकार था। राज्याधिकारियों का सामान्यतः इस तरह की माफियों में प्रवेश वर्जित था। इसका मतलब यह था कि काश्तकार माफीदारों के अधिकाधिक अधीन होते चले गए। राज्य आमतौर पर गम्भीर अपराधों का, जिनमें मृत्युदंड द्रिया जा सकता था, विचार करने का अधिकार ही अपने लिए रक्षित रखता था। अक्सर—और ख़ासकर बारहवीं सदी के बाद से—जागीरों के स्वामी ही सामुदायिक लगान के भी प्रभारी बन गए।

इस जमाने के अभिलेखों में उन करों का भी उल्लेख है, जिनसे माफीदारों को छूट मिली हुई थी। करों की सूची आमतौर पर बढ़ती ही जाती थी, विशेषकर दसवीं शताब्दी से। उल्लिखित करों में विवाह कर, सन्तानहीनता कर, त्यौहार कर या भूस्वामी के पारिवारिक उत्सवों-समारोहों के अवसर पर कर भी हैं। राजाज्ञाओं की प्राप्ति पर अथवा गाँव के आनेवाले अधिकारियों के स्वागत-सत्कार तथा आवास पर जमा किए जानेवाले शुल्कों, न्यायालयों द्वारा किए जुर्मानों, महसूलों आदि का भी उल्लेख है। इस उलझाव को 'सुधारने', अर्थात् इन वसूलियों को एक ही बुनियादी कर में संयुक्त करने के भी कई प्रयास किए गए। लेकिन देर-सवेर नए-नए कर लगाए ही जाते रहते थे और इससे हालत फिर पूर्ववत् हो जाती थी। इससे लोगों के बढ़ते वित्तीय उत्पीड़न और ग्रामीणों की अधिकाधिक पराधीनता का प्रतिबिम्बन होता है। राजस्व की भारी माँगों के बोझ के मारे ग्राम समुदायों के सदस्य व्यवहार में अपनी निजी स्वतन्त्रता से वंचित होते जा रहे थे।

करों के साथ-साथ बेगार की किस्में भी बढ़ती गईं, जो अनिवार्य सेवा का ही एक स्वरूप थी। किसानों को पुलों और सड़कों के रख-रखाव का ध्यान रखना होता था, गाँव आनेवाले अधिकारियों की जरूरतों का ध्यान रखना होता था और विभिन्न प्रकार के निर्माण कार्यों में भाग लेना होता था। लेकिन यह कहना कठिन है कि उन्हें माफीदार (सामन्त) के खेतों पर भी काम करना पड़ता था या नहीं। अभिलेखों में यही कहा गया है कि अनुदानग्राही को 'जमीन को जोतने या उसे जुतवाने' का अधिकार था, किन्तु यह स्पष्ट नहीं है कि इसमें बेगार (अनिवार्य खिदमत) सन्निहित है या यह बटाईदारी के आरम्भ का परिचायक है। तथापि इसमें कोई सन्देह नहीं कि ग्रामीणों की बेगार का व्यापक उपयोग किया जाता था।

वास्तविक शासकों को छोड़कर सामन्ती संस्तर में सबसे सम्पन्न निस्सन्देह 'सामूहिक स्वामी'—हिन्दू मन्दिर और मठ-विहार ही थे। उस समय धार्मिक संस्थाओं को दिए जानेवाले अनुदानों और पुरोहितों तथा साधुओं को दिए जानेवाले अनुदानों में अन्तर था, जब जमीनों, गाँवों अथवा गाँवों के हिस्सों का अलग-अलग ब्राह्मणों को अथवा ब्राह्मणों के समूहों को अनुदान किया जा सकता था, जो प्राप्त लगान को आपस में बाँट लेते थे। ब्राह्मणों को दिए इस तरह के गाँवों के प्रशासन सम्बन्धी सभी प्रश्न ब्राह्मण सभा द्वारा निपटाए जाते थे। यह सभा लगान के बँटवारे से सम्बन्धित प्रश्नों का भी निर्णय करती थी—और ऐसा वह आमतौर पर सदा-सदा के आधार पर ही करती थी।

ब्राह्मण सभा और ग्राम समुदाय अथवा पंचायत में यह भेद था कि सभा में केवल भूस्वामी ही होते थे, यद्यपि कभी-कभी ब्राह्मणों की ये माफियाँ वंशजों में इतनी बार बँट चुकी होती थीं कि उनके और अन्य ग्रामीणों के सामान्य खेतों के आकारों में कोई अन्तर नहीं रहता था। धार्मिक संस्थाएँ अपनी सम्पत्ति को विभाजित नहीं करती थीं, बल्कि इसके विपरीत धर्मभीरु राजाओं, सामन्तों और ग्राम समुदायों से प्राप्त दानों और भेंटों से और जमीन की खरीद तथा रहन, आदि के जरिए उसकी वृद्धि ही करती रहती थीं। धार्मिक संस्थाओं को दी गई माफियाँ सामान्यतः लगान से मुक्त होती थीं और इसके अलावा उन्हें तरह-तरह की छूटें और उन्मुक्तियाँ मिली होती थीं।

उपलब्ध अभिलेखों से यह अनुमान लगाया जा सकता है कि आरम्भ में केवल अकृष्ट भूमि का ही अनुदान किया जाता था। मन्दिर को देने के लिए राजा अथवा सामन्त को सबसे पहले जमीन को खरीदना होता था, क्योंकि देवभूमि (मन्दिर की जमीन) का राजस्व सम्बन्धी दायित्वों से मुक्त होना आवश्यक था। मध्ययुगीन भारत में जमीन-और विशेषकर अब तक काश्त में न लाई गई—को अक्सर ख़रीदा-बेचा जाता था, यद्यपि इसके लिए हर मामले में ग्राम पंचायत की अथवा ऐसे किसी भी अन्य समूह की अनुमति प्राप्त करना आवश्यक था कि जिसका उस पर स्वामित्व होता था। तेरहवीं-चौदहवीं सदी के बाद जमीन के क्रय-विक्रय से सम्बद्ध प्रतिबन्ध बढ़ा दिए गए। इसकी सम्भावना है कि अपनी माफी की जमीनों पर मन्दिरों और मठों ने खेती शुरू कर दी हो, जिसमें मठवासियों के अलावा दासों और बटाईदारों तथा उजरती मजदूरों के श्रम का भी उपयोग किया जाता था। छठी-आठवीं सदियों से मन्दिरों का माफी में पूरे-के-पूरे गाँव भी पाना आम हो गया, जिनके निवासी पुरोहितों अथवा महन्तों के लिए जमीन को काश्त किया करते थे। यह एक ज्ञात तथ्य है कि सातवीं-आठवीं सदी में मन्दिर जिंस-रूप लगान वसूल किया करते थे। खाद्य पदार्थों के अलावा ग्रामीणों को मन्दिर की

पूजा-उपासना के लिए आवश्यक धूप, तेल, घी, फूल और हार तथा वस्त्र जैसी सभी चीजें प्रदान करनी पड़ती थीं।

आमतौर पर देवभूमियों का प्रबन्ध ब्राह्मणों और अन्य जातियों के प्रमुखों की परिषदें करती थीं। मन्दिरों में बहुत से लोग काम किया करते थे–लिपिक, शिल्पकार, गायक, संगीतज्ञ, नर्तकियाँ आदि। दक्षिणी भारत में मन्दिरों की भूसम्पदाएँ विशेषकर बहुत बड़ी-बड़ी और सुव्यवस्थित तथा सुप्रशासित थीं।

यद्यपि जमीनें मन्दिरों को 'यावच्चन्द्रदिवाकरौः' दी जाती थीं और अभिलेखों में ऐसी जमीन का अतिक्रमण करनेवालों को अभिशप्त किया गया है, फिर भी ऐतिहासिक सामग्री से यह प्रकट होता है कि बहुधा, और विशेषकर उथल-पुथल के समयों पर, जब एक राजवंश का दूसरा तख्ता उलटता था, या जब स्थानीय आबादी को विदेशी विजेताओं के आक्रमण का सामना करना होता था, तब न केवल सामन्त ही, बल्कि ब्राह्मणों और मन्दिरों की जायदादें भी राज्य द्वारा जब्त कर ली जाया करती थीं। उस काल में राजकीय स्वामित्व की जमीन और अलग-अलग सामन्तों की जमीन के अनुपात के लगातार बदलते रहने के मूल में यही कारण है।

लेकिन इन सभी बातों के बावजूद भारत में ग्राम समुदायों के सदस्यों ने अपने अधिकारों--केवल वैयक्तिक स्वतन्त्रता के ही नहीं, बल्कि कुछेक अन्य अधिकारों तथा विशेषाधिकारों–को बनाए रखा। भूमि-अनुदान सारी स्थानीय आबादी–निम्नतम जातियों सहित–की उपस्थिति में किए जाते थे। (बंगाल के बारे में यह बात विशेषकर लागू होती है)। दानपत्रों में 'महत्तरों'–समुदाय के प्रतिष्ठित लोगों–का विशेष उल्लेख किया जाता था, जिनमें प्रकटतः मुखिया और पटवारी भी होते थे।

दक्षिणी महाराष्ट्र के एक दानपत्र में लगान से उन्मुक्त एक भूखंड का उल्लेख है, जिस पर गाँव के मुखिया का स्वामित्व था। जैसा कि मध्ययुगीन साहित्यिक कृतियों से प्रकट होता है, गाँवों के मुखिया–ग्रामीण–अपनी सत्ता का उपयोग करके अक्सर रिश्वतें लिया करते थे, अपने गाँववालों से आदर और भेंटों की अपेक्षा करते थे और ग्राम समुदाय के अन्य सदस्यों के मुकाबले काफी सम्पन्न होते थे और उनका प्रभाव अक्सर गाँव की सीमाओं के बाहर तक भी फैला होता था। मध्ययुगीन राजवंशों में से कम-से-कम एक–राष्ट्रकूट वंश–का उदय तो ग्रामीणों के इसी तबके से हुआ था, जैसा कि उसके नाम से प्रकट होता है। सिंहासनारूढ़ होने के बाद राष्ट्रकूटों ने अपने ग्राम्य मूल के बारे में लज्जा का अनुभव किए बिना ग्राम समुदाय में अपनी स्थिति पर आधारित अपनी उपाधि को ही अपना कुलनाम बना लिया।

मध्य युग में ग्राम समुदाय एक शक्तिशाली संगठन था और केवल सामाजिक तथा आर्थिक भूमिका ही नहीं, बल्कि राजनीतिक भूमिका भी अदा करता था, विशेषकर दक्षिणी भारत में। उत्तर में शायद ग्राम पंचायतें आकार में छोटी और कम प्रभावशाली थीं, किन्तु यहाँ भी उनमें कई-कई ग्रामों अथवा छोटी इकाइयों, यथा कोण, पटक (अर्धग्राम)–का समावेश था। प्रत्येक समुदाय में 'प्रमुख सदस्यों' (पंचों) की समिति होती थी, जो जमीन की व्यवस्था करती थी और सभी स्थानीय विवादों तथा मुकदमों का निपटारा करती थी। दक्षिण भारत में समुदाय की परिधि में पूरा-का-पूरा जिला (नाडु) तक आ सकता था। कर्नाटक में बड़े ग्राम समुदायों को व्यक्त करने के लिए भोगोलिक नाम के साथ एक संख्या लगा दी जाती थी, जैसे बेलवोला-300

अथवा चिरापी-12। विद्वानों में अभी इसके बारे में सहमति नहीं हो पाई है कि ये संख्याएँ क्या दिखलाती थीं, परन्तु बहुत सम्भव है कि समुदाय के क्षेत्राधिकार में आनेवाले खेतों की संख्या अथवा उसमें सम्मिलित स्थानीय ग्राम पंचायतों की संख्या को व्यक्त करती हों।

पंचायतें अपने प्रशासन और प्रतिरक्षा, किसानों में पारस्परिक सहायता और सिंचाई साधनों के निर्माण की स्वयं व्यवस्था करती थीं और स्थानीय सामन्तों की लड़ाइयों में भी हिस्सा लेती थीं। वे अपने आदेशों को प्रस्तर शिलाओं पर उत्कीर्ण करवाती थीं, जिन्हें बहुधा मन्दिरों की दीवारों में लगवा दिया जाता था। इस तरह के कामों के लिए धन सामुदायिक शुल्कों के रूप में एकत्र किया जाता था, जो कभी-कभी लगान से कम नहीं होते थे। धीरे-धीरे, सामन्तीकरण की प्रक्रिया की प्रगति के साथ-साथ ये बड़े समुदाय अपनी स्वायत्तता को गँवाते गए और सामान्य प्रशासनिक इकाइयों में परिणत होते गए, जो शनैः-शनैः केन्द्रीय सत्ता द्वारा नियुक्त स्थानीय अधिकारियों के नियन्त्रण में आ गए। बड़े ग्राम समुदायों का एक-एक, दो-दो गाँवों की इकाइयों में अन्तिम विखंडन सम्भवतः तेरहवीं-चौदहवीं सदियों में हुआ होगा।

6.3 कश्मीर

भारत का धुर उत्तरवर्ती सीमाप्रान्त। इसके पश्चिम में पाकिस्तानी सीमा प्रदेश, उत्तर-पश्चिम में अफगानिस्तान, उत्तर-पूर्व में चीन का सिनकियांग प्रान्त और पूर्व में तिब्बत है। कश्मीर अपनी प्राकृतिक सुषमा तथा स्वास्थ्यप्रद जलवायु के लिए विख्यात है, सामरिक दृष्टि से भी इसकी स्थिति महत्त्वपूर्ण है। यह उत्तर-पश्चिम से भारत में आनेवाले मार्ग की रक्षा करता है। इसकी सीमाएँ अफगानिस्तान, तुर्किस्तान तथा चीन की सीमाओं से मिली हुई हैं। इसका 1006 ई. तक का इतिहास कल्हण की *राजतरंगिणी* में, 1006 ई. से 1420 ई. तक का जोनराज की रचना में, 1420 ई. से 1489 ई. तक का श्रीवर की रचना में तथा 1489 ई. से 1586 ई. तक का प्राज्ञ भट्ट की *राजावलि-पताका* में मिलता है। ये सभी ग्रन्थ संस्कृत में हैं। परम्परा से यह विश्वास प्रचलित है कि कश्मीर मूल रूप में एक सरोवर (झील) था तथा कश्यप मुनि के उद्योग से इस झील के पानी के लिए निर्गम मार्ग बनाया गया और उन्होंने ही इस भूमि पर ब्राह्मणों को बसाया। *महाभारत* में 'कस्मीरज' के लोगों को क्षत्रिय बताया गया है, अशोक के द्वारा भेजे गए भिक्षुओं ने इस देश में बौद्ध धर्म का प्रचार किया और वह द्वितीय शताब्दी ई. में कुषाण राज्यकाल तक फलता-फूलता रहा। परन्तु, हिन्दू धर्म इस क्षेत्र का प्रधान धर्म बराबर बना रहा और सातवीं शताब्दी ई. में दुर्लभवर्धन ने कर्कोटक राजवंश (दे.) की स्थापना की। 855 ई. में कर्कोटक वंश को उत्पल वंश ने उखाड़ फेंका। बाद में तन्त्री सैनिक नेताओं, यशस्कर तथा पर्वगुप्त के वंशजों ने क्रमिक रीति से शासन किया। क्षेमगुप्त की विधवा रानी दिद्दा ने 1003 ई. तक शासन किया। इसके बाद कश्मीर लोहरवंशी राजाओं के शासन में आ गया।

6.4 काकतीय

दक्षिण भारत में चालुक्य वंश के पतन के उपरान्त बारहवीं शताब्दी ई. में काकतीय वंश का अभ्युदय हुआ। वरंगल इनकी राजधानी थी, यही कारण है कि इन्हें वरंगल के काकतीय भी

कहा जाता है। इस राजवंश का प्रथम ऐतिहासिक शासक प्रोलराज द्वितीय चुालक्यों का सामन्त था। इसी वंश ने 1155 ई. के लगभग कृष्णा तथा गोदावरी नदियों के कुछ भागों पर अधिकार कर लिया। उसका राज्य दक्षिण में समुद्र, उत्तर में गोदावरी तथा पश्चिम में हैदराबाद तक विस्तृत था। प्रताप रुद्रदेव प्रथम की मृत्यु 1199 ई. में हुई। तीसरा शासक गणपति इस वंश का प्रसिद्ध शासक था। उसने चोल, कलिंग, यादव, कर्णट, लाट तथा यलान्दु के शासकों को हराया। अपने राज्य की सीमा सुदूर काँची तक विस्तृत कर दी थी। आन्ध्र देश पर 1209-1210 ई. में उसने अधिकार किया। उसने नेल्लूर के तेलुगु-चौड़ों, छूदपट्ट तथा कर्नूल के कायस्थ शासकों को अधीनता स्वीकार करने को बाध्य किया।

1261 ई. में उसकी मृत्यु के बाद उसकी पुत्री रुद्रम्मा सिंहासनारूढ़ हुई। वेनिस निवासी मार्कोपोलो ने उसके शासन की भूरि-भूरि प्रशंसा की है। रुद्रम्मा के बाद प्रताप रुद्रदेव गद्दी पर बैठा, उसने 1326 ई. तक राज्य किया। दिल्ली के सुल्तानों ने चौदहवीं सदी के प्रारम्भ में इस राज्य की शक्ति समाप्त कर दी जो अगले कुछ वर्षों में (1325-26) पूर्णतया समाप्त हो गई।

1310 ई. में इस वंश के अन्तिम महान शासक प्रतापरुद्रदेव द्वितीय को अलाउद्दीन खिलजी के सेनापति मलिक काफूर ने परास्त किया तथा काफी धन प्राप्त किया। गयासुद्दीन तुगलक (1310-1325 ई.) ने काकतियों को परास्त कर अपने राज्य में मिला लिया। दक्षिण में बहमनी शासकों ने काकतीय राज्य को पूर्णतया समाप्त कर दिया।

6.5 चौहान वंश

चौहान लोग अजमेर के निकट साँभर (शाकम्भरी) नामक स्थान पर आठवीं शताब्दी ई. से शासन कर रहे थे। इस वंश के सबसे प्रतापी राजा विग्रहराज द्वितीय (973 ई.) ने चौहानों के स्वतन्त्र राज्य की स्थापना की थी। उसके बाद पृथ्वीराज प्रथम, अजयमाल तथा अर्णोराज (1139 ई.) ने राज्य किया। अजमेर नगर की स्थापना अजयराज ने की थी। अर्णोराज ने पंजाब के मुसलमानों को हराया। विग्रहराज चतुर्थ (1153-1164 ई.) इस वंश का प्रतापी शासक था। उसने यमुना और सतलुज के तटवर्ती प्रदेश तथा तोमरों (तँवर) से दिल्ली छीनी। 'ललितवितूहराज' नाटक का प्रणेता सोमदेव उसी के दरबार में था। 'हरिकेलि' नाटक में उसके यश का बखान किया गया है।

इस वंश का सबसे प्रसिद्ध राजा पृथ्वीराज चौहान (तृतीय) था। उसके यश का वर्णन चन्दबरदाई कृत *पृथ्वीराज विजय* तथा *पृथ्वीराज रासो* में मिलता है। उसने 1182 ई. में चन्देल राजा परमाल से महोबा छीना। 1187 ई. में गुजरात पर आक्रमण किया, पर बाद में सन्धि कर ली। कन्नौज के शक्तिशाली राजा जयचन्द्र की पुत्री को वह भगाकर लाया था। जयचन्द्र उसका घोर शत्रु था। पृथ्वीराज ने मुसलमान आक्रमणकारियों के विरुद्ध भारतीय राजाओं का एक संघ बनाया था। इन राजाओं ने तराईन के प्रथम युद्ध (1190-1191 ई.) में मुहम्मद गोरी को बुरी तरह हराया। पर तराईन के द्वितीय युद्ध (1193 ई.) में पृथ्वीराज को बन्दी बनाकर मौत के घाट पर उतार दिया। गोरी ने उसके पुत्र को गद्दी दी। इस वंश के अवशेषों को अलाउद्दीन खिलजी ने समाप्त कर दिया।

6.6 पश्चिम के गंग

पश्चिमी गंगों का राज्य आधुनिक मैसूर के दक्षिणी भाग में स्थित था। उस समय यह गंगवाड़ी के नाम से प्रसिद्ध था। इस देश का संस्थापक दिदिग अथवा कोंगनिवर्मन (लगभग 400 ई.) था। इस वंश ने द्वितीय शताब्दी ई. से ग्यारहवीं शताब्दी ई. तक राज्य किया। कोंगनिवर्मन का पुत्र माधव (425 ई.) था। इसके उपरान्त आतयवर्मन ने राज्य किया। यह विद्वान, साथ ही पराक्रमी भी था। इस वंश का बारहवाँ शासक श्री पुरुष (728-788 ई.) एक योग्य शासक था। उसने पल्लव और राष्ट्रकूट राजाओं का सफलतापूर्वक सामना किया। इसके उत्तराधिकारी शिवमार (788-810 ई.) को राष्ट्रकूट राजा ने हराया और बन्दी बना लिया। इस वंश के राजकुमार दीर्घकाल तक सामन्तों के रूप में रहे। बारहवीं शताब्दी ई. में होयसल नरेश का मन्त्री गंग राजा था।

गंग शासकों का सांस्कृतिक दृष्टि से विशेष महत्त्व है। साहित्य तथा कला के ये उपासक थे। कन्नड़ भाषा का जनक उन्हें ही माना जाता है। गंग शासक शिवमार तीन भाषाओं का ज्ञाता था। दुर्विनित ने इन्हीं के काल में *बृहत्कथा* का संस्कृत रूपान्तर तथा न्यायशास्त्र पर एक ग्रन्थ की रचना की थी। ऐरेप्पा संगीतज्ञ तथा व्याकरणाचार्य, मारूल कवि तथा टीकाकार नरेश नरसिंह इसी वंश की देन है। इस वंश के शासक जैन धर्म के माननेवाले थे। श्रवण बेलगोल का मन्दिर तथा गोमतेश्वर विशाल प्रतिमा इसी वंश के शासकों ने बनाई थी।

6.7 पांड्य साम्राज्य

सुदूर दक्षिण के तमिल राज्यों के सबसे पुराने राज्यों में यह एक था। *महाभारत* में पांड्य देश का उल्लेख है। 150 ई. के लगभग टालेमी ने भी इसका उल्लेख किया है।

इस राज्य का प्रथम ऐतिहासिक राजा नेडुंचलियन था, जिसकी राजधानी मदुरा थी। यह शिक्षा का एक बहुत विख्यात केन्द्र था। इसकी प्राचीन शिक्षा अकादमी (संगम) ने उच्च कोटि के साहित्य का निर्माण किया। संगम में ही तिरुवल्लुवर के *तिरुक्कुरल* की रचना की गई। इस राज्य का कुछ स्पष्ट इतिहास छठी तथा सातवीं शताब्दी से होता है। ह्वेनसांग ने अपने विवरण में लिखा है कि इसकी राजधानी मदुरा के लोग मोती का व्यापार करते थे। उसके समय में यहाँ पर बौद्ध धर्म का ह्रास हो चुका था। यहाँ पर अनेक हिन्दू मन्दिर थे। जैन-धर्म के दिगम्बर सम्प्रदाय के अनुयायी भी यहाँ पाए जाते थे।

पांड्य राजाओं के पल्लव राजाओं से निरन्तर युद्ध होते रहे। रणधीर पांड्य (लगभग 700-730 ई.) सिंहासन पर बैठा। उसने अपने पड़ोसियों के विरुद्ध युद्ध किया और पांड्य शक्ति को कोंगु नदी तक विस्तृत किया। नौवीं शताब्दी के आखिरी चरण में पांड्यों ने चोलों से मिलकर पल्लव शासकों को बुरी तरह युद्ध में हरा दिया। लंका से भी उनके युद्ध होते रहे। ग्यारहवीं शताब्दी में चोलों ने उन्हें परास्त कर अपने अधीन कर लिया। लगभग दो सौ वर्षों तक यह राज्य चोलों की अधीनता में रहा।

तेरहवीं शताब्दी में राजा सुन्दरपांड्य (1251-1272 ई.) ने पांड्य राज्य को स्वतन्त्र करवा दिया। वह एक प्रतापी राजा था। उसने राज्य का विस्तार किया और अपनी शक्ति को

मजबूत किया। इसके बाद सुन्दरपांड्य और वीरपांड्य इन दोनों भाइयों में परस्पर झगड़े शुरू हो गए। सुन्दरपांड्य शासक की धर्मज सन्तान था, पर वीरपांड्य अवैध सन्तान। नीलकंठ शास्त्री के अनुसार वीरपांड्य पांड्य शासक की प्रिय रानी से पैदा हुआ था और उसी को वह शासक बनाना चाहता था। वीरपांड्य ने सिंहासन पर अधिकार कर लिया और सुन्दरपांड्य को मदुरा से खदेड़ दिया। सुन्दरपांड्य ने 1310 ई. में दिल्ली-सुल्तान से सहायता की याचना की थी। इसी समय मलिक काफूर एक विशाल सेना लेकर दक्षिण की ओर बढ़ा और पांड्य राज्य का अन्त कर दिया।

तेरहवीं सदी में तमिल प्रदेश में पांड्य एक शक्तिशाली राज्य था। इसकी अन्तर्राष्ट्रीय व्यापार के केन्द्र के रूप में प्रसिद्धि थी। काफूर के बाद कुछ दिनों यह मुस्लिम साम्राज्य का भाग रहा, फिर विजय नगर राज्य का भाग बना।

6.8 पूर्वी गंग

इन्हें कलिंग नगर के पूर्वीय गंग भी कहा जाता है। ये अपने को कामणदेव का वंशज बताते थे, जिन्होंने महेन्द्रगिरि के निकटस्थ क्षेत्र पर विजय की थी। इस वंश की स्थापना आठवीं शताब्दी ई. में हो चुकी थी, पर ग्यारहवीं शताब्दी से इस वंश के शासकों के विषय में अधिक सूचना मिलती है। इस वंश का संस्थापक वज्रहस्त पंचम (1038-1068 ई.) था, जिसने अपने को चोल राजा राजेन्द्र प्रथम की अधीनता से मुक्त किया। उसका अधिकार आधुनिक गंजाम और विशाखपट्टम जिलों में था। उसके उत्तराधिकारी राजराज प्रथम ने राजेन्द्र चोल प्रथम की पुत्री राजसुन्दरी से विवाह किया।

अनन्तवर्मन (1078-1148 ई.) इसी राजकुमारी राजसुन्दरी के गर्भ से उत्पन्न हुआ था। इसने पूर्व की ओर अपने राज्य का विस्तार किया। उसने योग्यतापूर्वक 70 वर्षों तक राज्य किया। उसके सौ से अधिक अभिलेख उसके विस्तृत राज्य का आभास देते हैं। बंगाल के सेन, कलचुरियों तथा चोल शासकों पर उसने विजय प्राप्त की थी। उसने तेलुगु और संस्कृत भाषा को संरक्षण दिया। ज्योतिष पर 'भास्वती' नामक ग्रन्थ शतानन्द ने उसी के काल में लिखा। पुरी में जगन्नाथ के प्रसिद्ध मन्दिर का निर्माण अनन्तवर्मन ने किया था। मुखलिंगम् में राजराजेश्वर का मन्दिर इसी वंश के शासकों ने बनवाया। इस वंश का अन्तिम शासक नरसिंह चतुर्थ (1384-1402 ई.) था जिसको मुसलमान शासकों ने परास्त किया। इस वंश के शासक वैष्णव धर्मानुयायी थे।

6.9 भोज परमार

मालवा के परमार अथवा पँवार वंश का यशस्वी राजा, जिसने 1018-60 ई. तक शासन किया था। उसकी राजधानी धार थी। उसने 'नवसाहसाक' अर्थात् 'नव विक्रमादित्य' पदवी धारण की। जनश्रुति है कि उसने पुरुष्कों (तुर्कों) को भी पराजित किया। वह विद्या का पोषक, कवियों का संरक्षक और स्वयं भी बहुमुखी विद्वान था। उसने संस्कृत में छन्द, अलंकार, योगशास्त्र, गणित, ज्योतिष तथा वास्तुकला आदि विषयों पर गम्भीर पुस्तकें लिखी थीं। उसने

भोजपुर में विशाल सरोवर का निर्माण कराया, जिसका क्षेत्रफल 250 वर्ग मील से भी अधिक विस्तृत था। यह सरोवर पन्द्रहवीं शताब्दी तक विद्यमान था, जब उसके तटबन्धों को कुछ स्थानीय शासकों ने काट दिया। अपने शासनकाल के अन्तिम वर्षों में उसे पराजय का अपयश भोगना पड़ा। गुजरात के चालुक्यराज तथा चेदि-नरेश की संयुक्त सेनाओं ने लगभग 1060 ई. में उसे पराजित कर दिया। इसके बाद ही उसकी मृत्यु हो गई।

6.10 यादव राजवंश

यादव राजवंश का प्रवर्तन भिल्लम द्वारा 1191 ई. में हुआ। उसने देवगिरि (दौलताबाद) को अपनी राजधानी बनाया। भिल्लम का पौत्र सिंघण इस वंश का सबसे प्रतापी राजा था। वह 1210 ई. में सिंहासन पर बैठा। उसने गुजरात और पास-पड़ोस के अन्य राज्यों को जीता और कुछ समय के लिए यादव वंश का प्रताप चालुक्यों से भी बढ़ गया। किन्तु उनका यह उत्कर्ष अधिक दिनों तक स्थिर न रह सका। 1294 ई. में जब यादव राजा रामचन्द्रदेव शासन कर रहा था, सुल्तान अलाउद्दीन खिलजी ने उसके राज्य पर आक्रमण कर दिया। उसने राजधानी देवगिरि को लूटा और राजा से छह सौ मन मोती, दो सौ मन हीरे, माणिक्य, मरकत, मणियाँ, नीलम, बहुत-सा स्वर्ण और बहुत-से हाथी उपहार में प्राप्त करके उसकी जान बख्श दी।

1309 ई. में अलाउद्दीन के सेनानायक मलिक काफूर के नेतृत्व में मुसलमानों ने फिर यादव राज्य पर आक्रमण किया। रामचन्द्रदेव ने, जो उस समय भी राज्य कर रहा था, सुल्तान की अधीनता स्वीकार करके अपने प्राणों की रक्षा की। वह यादव वंश का अन्तिम स्वतन्त्र शासक था। उसकी मृत्यु के बाद उसके जामाता और उत्तराधिकारी हरपालदेव ने 1319 में दिल्ली के सुल्तान के विरुद्ध विद्रोह कर दिया, परन्तु वह परास्त हुआ। उसे जीवित पकड़कर बन्दी बना लिया गया। सुल्तान ने जीते जी उसकी खाल खिंचवा ली और सिर काट दिया। उसकी मृत्यु के साथ यादव वंश का अन्त हो गया। यादव वंश के राजा हिन्दू धर्म, संस्कृत भाषा तथा साहित्य के संरक्षक थे। प्रसिद्ध धर्मशास्त्रकार हेमाद्रि राजचन्द्रदेव के काल में ही हुआ।

6.12 मेवाड़ राज्य

पश्चिमोत्तर भारत में, राजपूतों ने जिस क्षेत्र पर अधिकार कर लिया वह राजकुमारों का स्थान अर्थात् राजस्थान कहलाया। मेवाड़ के यशस्वी राजवंश में बप्पा रावल का नाम सर्वप्रमुख है। उदयपुर से 14 मील उत्तर में उसने नागदा नामक नगर पर अधिकार कर लिया। चित्तौड़ दुर्ग पर कब्जा करने में वह सफल रहा। जुनैद नामक अरब सेनापति के आक्रमण का उसने सफलतापूर्वक सामना किया। अपने पुत्र को गद्दी सौंपकर शैव बन गया। बप्पा के वंशज खुमाण द्वितीय (812-36) ने गुजरात के शासक से मिलकर अरबों के प्रवेश को रोका।

मेवाड़ पर गुहिलोतों का शासन भी रहा। उन्होंने अपनी नवीन राजधानी अहाड़पुर में स्थापित की जो उदयपुर के निकट था। गुहिलोतों को हराकर चौहान राजा वाक्पतिराज द्वितीय ने अहाड़पुर पर अधिकार कर लिया। गुहिलोतों ने सरलता से समर्पण नहीं किया और अपनी शक्ति में वृद्धि करते रहे। मुहम्मद गोरी द्वारा पृथ्वीराज चौहान की पराजय और गुजरात तथा मालवा के राज्यों की दुर्बलता से जयत्रसिंह (1213-61) को अपनी शक्ति संगठित करने का अवसर मिला। उसने तुर्कों का प्रसार रोका, किन्तु इल्तुतमिश से हार गया। इल्तुतमिश ने नागदा को नष्ट कर दिया। मजबूर होकर जयत्रसिंह ने चित्तौड़ में अपनी राजधानी स्थापित की।

1303 में अलाउद्दीन ने चित्तौड़ पर आक्रमण किया। हमीर (1326-64) में चित्तौड़ पर अधिकार कर लिया और चौहानों को हटाकर वहाँ सिसोदिया शासन की नींव डाली। उसने अपने पुत्र क्षेत्रसिंह के लिए एक सशक्त राज्य छोड़ा। क्षेत्रसिंह 1394 में गद्दी पर बैठा। अजमेर, जहाजपुर, मांडलगढ़ तथा छप्पन को हराने के बाद हाड़ावती के हाड़ाओं को भी अपने अधीन कर लिया।

चित्तौड़ के राजा लाखा (1382-1421) ने मारवाड़ के पर्वतीय क्षेत्र पर अधिकार कर लिया। उसके शासनकाल में जावर में चाँदी तथा सीसे की खानें खोज निकाली गईं। इससे राज्य की आर्थिक दशा काफी सुदृढ़ हुई। प्रसिद्ध संस्कृत कवि झोटिंग भट्ट तथा ध्यानेश्वर भट्ट उसके दरबारी कवि थे।

लाखा का ज्येष्ठ पुत्र चूंड़ा उसका उत्तराधिकारी बना, किन्तु स्वेच्छा से मेवाड़ के राजसिंहासन का त्याग कर दिया। चूंड़ा का छोटा भाई मोकल 1421 में गद्दी पर बैठा। उसने राजपूत कला की भव्य स्मृति चित्तौड़ में समीधेश्वर के मन्दिर का जीर्णोद्धार किया। प्रसिद्ध मूर्तिकार माना, फन्ना तथा विसाल मेवाड़ के शाही संरक्षण में फले-फूले। वानीविलास योगेश्वर और विष्णु भट्ट उसके दरबारी विद्वान थे। ब्राह्मणों के वेदाध्ययन के लिए उसने एक गुरुकुल की स्थापना की।

1433 में मोकल का पुत्र राणा कुम्भा उसका उत्तराधिकारी हुआ। उसने मेवाड़ राज्य को विस्तृत और सुदृढ़ किया। कुम्भा विद्वान, धर्मशास्त्री, कवि और विद्या का संरक्षक था। तर्कशास्त्र, गणित, व्याकरण, तत्त्व मीमांसा आदि का वह गहरा जानकार था। उसे *गीतगोविन्द* पर *रसिकप्रिया* नामक टीका तथा *एकलिंगमाहात्म्य* के अन्तिम भाग का रचयिता बताया जाता है। वह संस्कृत, प्राकृत, कन्नड़ तथा मराठी भाषाओं का ज्ञाता था। वह संगीतशास्त्र का ज्ञाता और कुशल वीणावादक था। उसने *संगीत राज, संगीत मीमांसा, सुदप्रबन्ध* और *संगीत रत्नाकर* नामक पुस्तकों की रचना की।

उसने बसन्तपुर फिर से बसाया और अनेक भवन, मठ एवं विद्यालयों का निर्माण किया। सिंचाई के लिए अनेक तालाब और पानी सुरक्षित रखने के लिए बावड़ी और तालाब बनवाए गए। चित्तौड़ में उसके द्वारा निर्मित कीर्तिस्तम्भ स्थापत्यकला का बेहतरीन नमूना है। शृंगार चोरी कुम्भश्याम तथा चतुर्मुख विहार नामक मन्दिर उसके द्वारा बनवाए गए। उसने चित्तौड़ की किलेबन्दी सुदृढ़ कराई और उसके 7 द्वार तथा पहाड़ी पर जानेवाली सड़क का निर्माण कराया। राज्य द्वारा जो शिल्पकार नियुक्त किए गए उनमें जैता, नापा, पुंजा, दीपा आदि प्रसिद्ध थे। राज्य का मुख्य शिल्पी **मानदान** था जो वास्तुकला तथा मूर्तिकला पर पुस्तकों का

महान लेखक भी था। कुम्भा की हत्या उसके अत्याचारी पुत्र उदा ने कर दी और 1468 में सिंहासन पर बैठा। 1473 में बिजली गिरने से उदा की मृत्यु हो गई और उसका भाई रायमल 1473 में ही शासक बना। जयसिंह को अपना उत्तराधिकारी मनोनीत कर 1508 में रायमल मर गया।

1508 में रायमल की मृत्यु के पश्चात् मेवाड़ का भविष्य संग्रामसिंह प्रथम के हाथों में आ गया जो राणा सांगा के नाम से प्रसिद्ध है। उसका मुकाबला बाबर से हुआ और वह हार गया। 30 जनवरी, 1528 ई. को राणा सांगा ने अन्तिम साँस ली। राणा सांगा राजस्थान का अत्यन्त महान राजा था। उसने राजस्थान में मेवाड़ की सर्वसत्ता स्थापित कर मालवा तथा गुजरात पर भी अपनी श्रेष्ठता की धाक जमाई। सांगा आज भी भारतीय हितों का समर्थक तथा उसकी सभ्यता का संरक्षक माना जाता है।

6.13 चन्देल वंश

अस्पष्ट साक्ष्यों के कारण चन्देलों की उत्पत्ति के सम्बन्ध में निश्चित शब्दों में कुछ कहना मुश्किल है। अधिकांश अभिलेखों में चन्देलों को चन्द्र और उसके पुत्र चन्द्रात्रेय का वंशज माना गया है। अभिलेखों में उन्हें सीधे चन्द्रमा से उद्भूत कहा गया है। **महोबाखंड** के अनुसार काशी के गहड़वाल राजा इन्द्रजीत के हेमराज नामक पुरोहित की हेमवती नामक अति सुन्दरी कन्या सोलह वर्ष की आयु में विधवा हो गई। एक बार जब वह रात्रि में रति तालाब में नग्न स्नान कर रही थी तो उससे मोहित होकर चन्द्रमा ने उसका आलिंगन कर लिया। लोकलांछन से डरकर हेमवती चन्द्रमा को जब शाप देना चाही तो चन्द्रमा ने कहा—"नाराज मत हो। तुम्हारा पुत्र राजा होकर सारे विश्व पर शासन करेगा और उससे हजारों शाखाएँ निकलेंगी।" विन्सेंट स्मिथ के अनुसार, "चन्देल मूलतः मध्य प्रदेश के आदिवासी गोंडों अथवा भरों की सन्तान थे। आज भी चन्देल मनियागढ़ में स्थित मनियादेवी की पूजा समान रूप से करते हैं।" स्मिथ के इस विचार का तालमेल तत्कालीन अभिलेख, पुरातत्त्व या साहित्य से नहीं बैठ पाता। वे सम्भवतः चन्द्रवंशी क्षत्रिय थे।

खजुराहो, कालंजर, महोबा, अजयगढ़ तथा कर्णवती नदी के पास का क्षेत्र आरम्भ से ही चन्देलों के अधीन रहा। चन्देल क्षेत्रों का प्रारम्भिक नाम जेजाकभुक्ति या जेजाभुक्ति था। चन्देलों का प्रभाव क्षेत्र उत्तर-पूर्व में गंगा, पश्चिम में चम्बल, दक्षिण में नर्मदा नदी एवं कैमूर तथा मेकल की पहाड़ियों तक पड़ते थे।

प्रथम चन्देल शासक का नाम नुन्नुक (831-45) था। वह नृप और महीपति के नाम से भी जाना जाता था। स्वतन्त्र राजा न होकर सम्भवतः प्रतिहार शासक द्वितीय नागभट्ट के अधीन वह एक सामन्त सरदार मात्र था। धंग के खजुराहो अभिलेख ने उसे सामन्त नहीं, बल्कि शासक बताया है। धंग के दो अभिलेखों के अनुसार नन्नुक का उत्तराधिकारी उसका ज्ञानी और वीर पुत्र वाक्पति (845-870) हुआ। अपने पिता के अधिकृत क्षेत्र में उसने विस्तार किया। वाक्पति के दो बेटों—जयशक्ति और विजयशक्ति (870-900) ने शासन कार्य सँभाला और अपने पूर्वजों के क्षेत्रों को प्रसारित किया। दोनों युद्ध में मारे गए और 900 ई. में विजयशक्ति का पुत्र राहिल अपने पिता के समान प्रतिहारों के सामन्त रूप में एक गौण

शासक बना। वह युद्ध प्रेमी और मित्रों का शुभचिन्तक था। अजयगढ़ में एक मन्दिर और कुछ जलाशयों का निर्माण कराकर इतिहास में स्थान पा लिया। *राहिल सागर* उसकी प्रमुख कृति थी। अपने नाम पर एक नगर भी उसने बसाया।

राहिल के बाद उसका पुत्र हर्ष (915-930) शासक बना जो प्रतिहार नरेश महीपाल का समकालीन था। चन्देल सत्ता के उत्कर्ष में हर्ष की भूमिका अतिमहत्त्वपूर्ण रही। कलचुरियों को अपना सम्बन्धी और राष्ट्रकूटों से मित्रता स्थापित करने में हर्ष सफल रहा। चाहमान वंश की कन्या कंचुका से विवाह कर हर्ष ने पश्चिमोत्तर दिशा में मैत्री सम्बन्ध का विस्तार किया। आवश्यकतानुसार राष्ट्रकूटों के विरुद्ध प्रतिहार शासक महीपाल को सैनिक सहायता कर उसे भी प्रभावित करने और अपनी ओर मिलाने में वह सफल रहा। चन्देल राज्य निर्माण की नींव ठोस रूप में रखने का श्रेय हर्ष को रहा।

चन्देल राज्य को विस्तृत और सुदृढ़ करने में हर्ष के बाद यशोवर्मा ने महत्त्वपूर्ण भूमिका निभाई। अपनी राजधानी खजुराहो के बगल में स्थित प्रदेश कालंजर को जीतने के पश्चात् यशोवर्मा ने कमजोर पड़ोसी राज्यों को हराना शुरू किया। कलचुरि शासक चेदिराज को परास्त कर उसने महाकौशल (मध्य प्रदेश के छत्तीसगढ़, रायपुर, विलासपुर और सम्भलपुर का क्षेत्र) पर अपना प्रभुत्व स्थापित किया। प्रतिहारों की स्थिति अप्रत्यक्ष रूप से उसने कमजोर कर दी। यशोवर्मा की बढ़ती हुई शक्ति से मालवराज आतंकित था। प्रतिहार राज्य की कमजोरी से यशोवर्मा सर्वाधिक लाभान्वित रहा। प्रथम महीपाल के बाद के शासकों के समय ढहते हुए कन्नौज राज्य को चोट देने में चन्देल सबसे आगे रहे। यमुना पार गंगा के किनारे यशोवर्मा ने सैनिक शिविर स्थापित किया। गंगा-यमुना दोआब चन्देल प्रशासन का अंग बन गया। प्रयाग को अपने राज्य का अंग यशोवर्मा पहले ही बना चुका था। कश्मीर के दक्षिण में स्थित राजापुरी और लोहरा के दुर्गों के बीच स्थित सेनाओं से यशोवर्मा ने सफलतापूर्वक मुकाबला किया।

यशोवर्मा ने पूर्व में मिथिला और बंगाल पर अपना प्रभुत्व स्थापित किया। पालवंश इस समय बुरे दिनों का मुकाबला कर रहा था। इस विजय से चन्देल राज्य की सीमाओं में वृद्धि तो नहीं हुई लेकिन प्रतिष्ठा में काफी वृद्धि हुई। स्वस्थ, सुगठित और सफल प्रशासन के सहारे इन उपर्युक्त सफलताओं को प्राप्त करने में यशोवर्मा सफल रहा। प्रजा का उसे पूर्ण समर्थन मिला। वास्तुक्षेत्र में खजुराहो के विश्व प्रसिद्ध मन्दिरों का निर्माण इसी शासक के काल से शुरू हुआ। देवपाल से उसने बैकुंठ की प्रसिद्ध मूर्ति छीनी थी और उसे खजुराहो के मन्दिर में स्थापित करवाया। तडागार्णवम् नामक महान झील का वह निर्माणकर्ता था।

यशोवर्मा का पुत्र और चन्देल शासक धंग के काल में चन्देल राजसत्ता का विस्तार कालंजर, भास्वत, कालिन्दी (यमुना नदी), चेदिदेश की सीमा और गोपाभिधानगिरि तक था। धंग ने ग्वालियर का किला जीत लिया। इस विजय के परिणामस्वरूप प्रतिहार शासकों के नियन्त्रण से चन्देल राज्य पूर्णतः मुक्त हो गया। कन्नौज शासक विजयपाल को हराने के बाद धंग ने प्रतिहारों से एक दुर्ग छीन लिया और धंग के हाथों से पुनः प्रतिहारों ने छीन लिया। कुछ दिनों के बाद कालंजर का दुर्ग धंग ने जीत लिया। तोप की जानकारी नहीं होने से कालंजर दुर्ग अपनी मजबूती के लिए काफी प्रसिद्ध था। काशी में भट्टयशोधर को उसने

युक्ति नामक गाँव दान में दिया। 100 वर्ष की आयु में धंग ने प्रयाग के संगम में धार्मिक विधि से जल-समाधि लेकर प्राण-त्याग किया। प्राण-त्याग से पूर्व कोसल, क्रथ, सिंहल और कुन्तल पर धंग के अधिकार की जानकारी खजुराहो अभिलेख से होती है। काँची, आन्ध्र, राढ़ और अंग के राजाओं को पराजित करने की भी जानकारी होती है। अगर धंग इन क्षेत्रों पर अधिकार नहीं किया तो भी इतना तो मानना पड़ेगा कि वह एक सफल शासक रहा और चन्देल राज्य को विस्तृत किया। एक लाख घुड़सवारों के साथ उसने 1001 में महमूद के आक्रमण का मुकाबला किया। घुड़सवारों की यह बड़ी संख्या निश्चय ही धंग सेना की थी।

धंग ने मन्दिर-वास्तु की उत्तर शैली को और अधिक विकसित किया। खजुराहो के मन्दिरों में धंगकालीन वास्तुकला को आज भी देखा जा सकता है। हिन्दू देवताओं में उसकी सर्वाधिक भक्ति शिव के प्रति थी। भट्ट यशोधर जैसे अनेक विद्वान ब्राह्मणों को ग्राम दान दिया और राजकीय पदों पर नियुक्त किया। प्रभास नामक ब्राह्मण धंग का मुख्यमन्त्री था। प्रभास की तुलना मौर्यकालीन मन्त्री कौटिल्य से की गई है।

वह एक सफल राजनीतिज्ञ था। बैकुंठनाथ मन्दिर का निर्माण कर उसमें मरकतमणि से बना शिवलिंग स्थापित किया। जैनियों को संरक्षण प्रदान किया और जैन मन्दिरों के निर्माण में आर्थिक सहयोग किया। सभी धर्मों के लोग उसके राज्य में रहते और उनके प्रति कोई भेदभाव नहीं रखा जाता था। नग्न एवं कामातुर स्त्रियों के विभिन्न रतिमुद्राओं से अलंकृत खजुराहो की मन्दिरों को देख तत्कालीन कामाचार की जानकारी होती है। लगभग 55 वर्षों तक शासन करनेवाला धंग धार्मिक सहिष्णुता का प्रतीक था।

गंड (1003-17) वृद्धावस्था में शासक बना क्योंकि उसका पिता धंग 100 वर्षों तक जिन्दा रहा। चन्देल राज्य का विस्तार वह नहीं किया, लेकिन अपने पिता के राज्य को बरकरार रखा। गंड का पुत्र विद्याधर (1018-29) अपने दादा के समान वीर और कुशल शासक था। काफी समझदारी के साथ विद्याधर ने महमूद के चुनौतियों का सामना किया। इब्न-उल-अतहर बताता है कि विद्याधर राज्य सीमा की दृष्टि से भारत का सबसे बड़ा राजा था। कन्नौज के राय राज्यपाल पर उसने इसलिए आक्रमण कर दिया कि राज्यपाल महमूद से डरकर भाग गया था। राज्यपाल को मारने के बाद विद्याधर भारत का सर्वप्रमुख शासक (**परमेश्वरपरमभट्टारक महाराजाधिराज**) हो गया। विद्याधर का प्रभाव अब पंजाब तक हो गया।

1019 ई. में महमूद ने भारत पर पुनः आक्रमण किया तो विद्याधर पुनः युद्ध के मैदान में 36000 घोड़ों, 145000 पदाति और 390 हाथियों की विशाल सेना के साथ आ डटा और घमासान युद्ध कर महमूद को गजनी लौटने पर मजबूर कर दिया। विद्याधर से सफलतापूर्वक मुकाबला करने के लिए 1022 ई. में महमूद ने पुनः आक्रमण किया। महमूद इस बार काफी सावधान था। उसने पहले ग्वालियर के किले पर चढ़ाई कर उसे जीत लिया। ग्वालियर विद्याधर के राज्य का अंग था। इसके बाद महमूद ने चन्देल राजधानी कालंजर की घेरेबन्दी की और अन्त में विद्याधर को महमूद से सन्धि करनी पड़ी जो महमूद के पक्ष में रही। इसके बावजूद विद्याधर इस दृष्टि से सफल रहा कि जहाँ महमूद के आक्रमण से सभी भारतीय राजे-महाराजे उड़ गए वहाँ विद्याधर अकेला स्तम्भ की तरह खड़ा रहा।

विद्याधर ने प्रतिहार शासक त्रिलोचनपाल से अपनी अधीनता स्वीकार कराई। उसका राज्य-विस्तार पंजाब से गंगा-यमुना दोआब तक हो गया। ग्वालियर नरेश कीर्तिराज को वह परास्त कर चुका था। इस शासक के रहते भोज को उत्तर दिशा में सफलता नहीं मिल सकी। कलचुरि राजा गांगेयदेव अब विद्याधर के सामने सिर नहीं उठा सकता था।

विद्याधर लगभग 1029 ई. में मरा और 1030 ई. में उसका पुत्र विजयपाल बीस वर्षों के लिए चन्देल शासक बना। विजयपाल अनुभवहीन और कमजोर शासक था। उसके पिता के समय के कमजोर पड़ोसी राज्य अब शक्तिशाली होने लगे थे। काशी को विजयपाल से गांगेयदेव ने छीन ली, कलचुरि राज्य का विस्तार चन्देलों की राजधानी महोबा के पास तक हो गया, ग्वालियर स्वतन्त्र होने का प्रयास करने लगा। दूबकुंड का कच्छपघातवंशी राजा अर्जुन विद्याधर का सामन्त था, लेकिन विजयपाल की कमजोरी से लाभ उठाकर चन्देलों के विरुद्ध और परमार राजा भोज के पक्ष में हो गया।

विजयपाल का बेटा देववर्मा 1060 ई. में शासक बना। इस समय चन्देलों की शक्ति क्षीण हो चुकी थी। कलचुरि राजा कर्ण ने देववर्मा को युद्ध में हरा दिया। अतः देववर्मा का छोटा भाई कीर्तिवर्मा ने चन्देल की राजगद्दी हथिया ली। कलचुरियों का यह उत्कर्षकाल था। कलचुरि राजा कर्ण ने कीर्तिवर्मा को युद्ध में परास्त कर दिया लेकिन कीर्तिवर्मा चन्देल राज्य को विपत्ति से मुक्त करने में लगा रहा। उसने अपनी सफल युद्धनीति के बल पर कर्ण को बाद में हराया और बिलहरी नगर पर अधिकार कर लिया। कीर्तिवर्मा की यह विजय उसके सामन्तों के सहयोग के कारण हुई थी।

1100 ई. में कीर्तिवर्मा का पुत्र सल्लक्षणवर्मा या हल्लक्षणवर्मा चन्देल की राजगद्दी पर बैठा। इस शासक के समय प्रशासन में न तो कोई ढिलाई आई और न उसकी राज्य सीमाओं में कोई ह्रास हुआ। इस शासक का बेटा जयवर्मा 1115 ई. में शासक बना। उसे गोविन्दचन्द्र गाहड़वाल से हार खानी पड़ी। जयवर्मा के बाद उसका चाचा पृथ्वीवर्मा 1120 ई. में शासक बना क्योंकि जयवर्मा को कोई पुत्र नहीं था। पृथ्वीवर्मा की कोई भूमिका नहीं रही और 1129 ई. में वह मर गया। पृथ्वीवर्मा का बेटा मदनवर्मा 1129 ई. में चन्देल शासक बना। उसके काल के 15 अभिलेख और अनेक स्वर्ण सिक्के एवं चालीस से अधिक रजत सिक्के उसकी राजनीतिक प्रतिष्ठा और आर्थिक समृद्धि की बात बताते हैं। विद्याधर के बाद मदनवर्मा ही ऐसा चन्देल शासक बना जिसने राज्य की प्रतिष्ठा में वृद्धि की। उसने चेदियों को हराया और दक्षिण-पूर्व में कैमूर की पहाड़ियों तक अपने राज्य का विस्तार किया। बुन्देलखंड और बघेलखंड के कुछ हिस्से पर अपना अधिकार स्थापित किया। उसका अधिकार क्षेत्र काली सिन्धु के निचले कांठोंवाले परमार क्षेत्र तक विस्तृत हो गया। मालवा के शासक को उसने हराया। अपने शासनकाल के अन्तिम दिनों में मदनवर्मा को दुश्मनों के आक्रमण का शिकार होना पड़ा। इसके बावजूद उसने चन्देल राज्य की खोई हुई प्रतिष्ठा को प्राप्त किया और चन्देल राज्य का विस्तार किया। मदनवर्मा के बाद कमजोर उत्तराधिकारियों के कारण चन्देलों की स्थिति पुनः खराब होने लगी।

मदनवर्मा का पुत्र यशोवर्मा द्वितीय एक-डेढ़ वर्ष की आयु में शासक बना लेकिन नाममात्र के लिए। 1165-66 में परमर्दिन चन्देल गद्दी पर बैठा। उसे तृतीय पृथ्वीराज के नेतृत्व में चाहमानों और कुतुबुद्दीन ऐबक के नेतृत्व में तुर्कों के दो आक्रमण सहने पड़े। इस

स्थिति में चन्देल राज्य की स्थिति खराब होती गई। परमर्दिन एक कमजोर शासक था। चाहमानों ने चन्देल पर आक्रमण किया। परमर्दिन पकड़ा गया और स्वाभाविक रूप से उसकी मृत्यु हो गई। इल्तुतमिश ने कालंजर का किला चन्देलों से छीन लिया। परमर्दिन का पुत्र त्रैलोक्यवर्मा (1203-47) कालंजर पर कुछ दिनों के लिए अधिकार किया लेकिन इल्तुतमिश ने उस पर पुनः अधिकार कर लिया। चन्देलों का शासनकाल लगभग 1300 ई. तक चलता रहा लेकिन उनकी सत्ता सीमित और कमजोर रही।

निष्कर्ष के रूप में कह सकते हैं कि चन्द्रवंशी क्षत्रिय चन्देल शासकों ने सैकड़ों वर्षों तक उत्तर भारतीय राजनीति में महत्त्वपूर्ण भूमिका निभाई। उत्तर भारत में इनके काल के अन्तिम चरण में स्वर्ण एवं रजत सिक्कों का पाया जाना अतिविकसित अर्थव्यवस्था को दर्शाता है। खजुराहो की नग्न प्रतिमाओं के आधार पर इस राजवंश ने भारत को विश्व में लोकप्रिय बना दिया। चन्द्रवंशी क्षत्रियों की शुरुआत सम्भवतः इसी काल से हुई। आन्तरिक विद्रोह की बात तत्कालीन स्रोतों में नहीं मिलता। इससे सुदृढ़ प्रशासनिक-व्यवस्था की बात हम सोच सकते हैं।

7

हर्षोत्तरकाल में समाज एवं संस्कृति
(Society and Culture during Post-Harshavardhan Period)

7.1 सामन्ती समाज

यूरोप में सातवीं सदी से तेरहवीं सदी के मध्य हुए कमजोर केन्द्र, व्यापार एवं नगरों का पतन, धार्मिक केन्द्रों की अतिप्रभावशाली भूमिका आदि विशेषताओं को ध्यान में रखते हुए प्रथम बार 'सामन्तवाद' शब्द का प्रयोग किया गया। इसी काल में भारतीय परिप्रेक्ष्य में भी यूरोपीय सामन्तवादी-व्यवस्था पाते हैं। पूर्वमध्यकाल को भारत में सामन्तवाद की संज्ञा दी गई। प्रसिद्ध इतिहासकार दिनेश चन्द्र सरकार, भक्त प्रसाद मजुमदार, बी.डी. चट्टोपाध्याय, हरवंश मुखिया आदि विद्वानों के अनुसार भारत में सामन्तवादी-व्यवस्था नहीं थी। दूसरी तरफ रामशरण शर्मा, बी.एन.एस. यादव, आर.एन. नन्दी, रोमिला थापर आदि जागरूक विद्वानों ने ऐतिहासिक प्रमाणों के आधार पर यूरोप के समान भारत में भी सामन्तवादी वातावरण के तथ्यों की उपस्थिति को माना है और अनेक शोध लेखों एवं प्रकाशित पुस्तकों के आधार पर वे इसे प्रमाणित करने में सफल रहे हैं। सामन्तवाद का सन्तोषप्रद अध्ययन रामशरण शर्मा द्वारा लिखित पुस्तक[1] और डी.एन. झा द्वारा सम्पादित पुस्तक[2] से किया जा सकता है।

उपर्युक्त दोनों पुस्तकों के अध्ययन के आधार पर कहा जा सकता है कि सामन्तवाद भूमि से सम्बन्धित एक ऐसी प्रक्रिया थी जिसमें सेवा के लिए अपने अधीनस्थ अधिकारियों को राजा नकद वेतन देने के बदले कुछ शर्तों पर भूमि देता था।

तत्कालीन पुरातात्त्विक सामग्रियाँ, अभिलेखों, सिक्कों एवं साहित्यिक स्रोतों के अध्ययन से पता चलता है कि गुप्तकाल के अन्तिम चरण से भारत के अधिकांश हिस्सों में राजनीतिक दृष्टिकोण से केन्द्रीय शक्ति समाप्तप्राय होने लगी। सातवीं-आठवीं सदी में भारत का राजनीतिक विभाजन 40 से अधिक राजाओं के बीच हो चुका था। कमजोर केन्द्रीय शक्ति का प्रथम परिणाम राजनीतिक विभाजन था।

सामन्तवाद की दूसरी विशेषता की जानकारी हमें उस समय हो जाती है जब हम केन्द्र की कमजोर हुई स्थिति के कारणों का पता लगाते हैं। विद्वानों ने इसका सबसे प्रमुख कारण

1. *भारतीय सामन्तवाद,* दिल्ली, 1973
2. *फ्यूडल सोशल फॉरमेशन इन अर्ली इंडिया,* दिल्ली, 1987

आर्थिक ह्रास बताया है। मौर्य, कुषाण एवं सातवाहन काल में विदेशों के साथ भारत का जिस बड़े पैमाने पर व्यापारिक सम्बन्ध था, कालान्तर में उसमें काफी गिरावट आ गई।

7.2 निर्धनता

पूर्वमध्यकाल के प्रथम चरण में पाई गई आर्थिक गिरावट की जानकारी नगर, सिक्के और व्यापारिक सामग्रियों के आधार पर हो सकती है। उपलब्ध स्रोत सामग्रियाँ बताती हैं कि सामन्तवादीकाल में छोटी जिन्दगीवाले प्रशासनिक केन्द्र और धार्मिक शहर काफी मात्रा में पाए गए। प्राक्-सामन्तकाल की तुलना में पूर्वमध्यकाल में व्यापारिक नगरों की संख्या नगण्य रही। अन्तर्देशीय व्यापार में हुई कमी ने व्यापारिक नगरों के पूर्व गौरव को समाप्त कर दिया। इस काल में कुछ भारतीय राज्यों जैसे; चोल राज्य का कई देशों के साथ व्यापारिक सम्बन्ध रहा जिसके आधार पर सामन्तवाद-विरोधी विद्वानों ने इस काल को आर्थिक विकास का काल माना है। यह मान्यता अपने-आप में स्वतन्त्र रूप से सच हो सकती है लेकिन तुलनात्मक दृष्टि से अध्ययन करने से पता चलता है कि प्राक्-सामन्तीकाल में मात्र रोम के साथ भारत का व्यापारिक सम्बन्ध जिस बड़े पैमाने पर था, उस हिसाब से सामन्तीकाल में कई देशों (चीन, अरब आदि) के साथ व्यापारिक सम्बन्ध होने के बावजूद रोमन व्यापार की तुलना में भारत को आधा मुनाफा भी नहीं हो पाता था। सामन्तीकाल में अगर व्यापार की स्थिति अच्छी रहती तो केन्द्रीय शक्ति कमजोर नहीं हो पाती। इस सम्बन्ध में महत्त्वपूर्ण तथ्य यही हो सकता है कि व्यापार किसी भी काल में बन्द नहीं हो सकता, बल्कि मात्रा में ही अन्तर हो पाता है।

7.3 कृषक एवं व्यापारी

प्राक् सामन्तीकाल में पाए गए स्वर्ण सिक्कों का व्यापार में प्रयोग बड़े पैमाने पर व्यापारिक वस्तुओं की खरीद-बिक्री को दर्शाता है। सामन्तीकाल में भी स्वर्ण-सिक्के मिले हैं लेकिन इनका प्रयोग व्यापारिक वस्तुओं की खरीद-बिक्री में न होकर घूस, दान या दहेज के रूप में ही ज्यादा हुआ। इस काल के सिक्कों में मिलावट की मात्रा अधिक और वजन कम है। व्यापारिक पतन न केवल व्यापारिक नगरों को समाप्त किया, बल्कि उत्पादन कार्य में लगे लोग गाँवों की ओर लौटने लगे। फलस्वरूप ग्रामीण आबादी में वृद्धि हुई। निश्चित आय की आशा में व्यापारियों ने कृषि में ही अपनी पूँजी व्यय करना उचित समझा। अधिक आबादी के कारण फसलों में वृद्धि हुई। बारहवीं सदी में बंगाल में पान की खेती होने लगी और जामुन तथा नारियल पैदा किया जाने लगा। स्थानीय प्रयास से सिंचाई के साधन भी बढ़े जिसके आधार पर पुनः कुछ विद्वानों ने सामन्तवाद के अस्तित्व को आधारहीन बताया लेकिन सम्पूर्ण उत्पादन एवं उपभोग पर जब हम ध्यान दें तो पाते हैं कि कृषि-उत्पादन में जितनी वृद्धि हुई उससे अधिक संख्या गाँवों में खानेवालों की रही और निष्कर्षतः ग्रामीण आर्थिक स्थिति खराब ही बनी रही। व्यापारिक बाजारों में कमी के कारण व्यापारिक वस्तुओं के अत्यधिक उत्पादन पर विशेष ध्यान नहीं दिया गया। गाँवों की आर्थिक समस्याओं के परिणामस्वरूप परिवार के सदस्यों के बीच भूमि का बँटवारा होने लगा जिसके कारण तौलने एवं भूमि मापने के नवीन

औजार मिलने लगते हैं। इसके कारण भी सामन्तवाद-विरोधी विद्वानों ने इस काल को तकनीकी उन्नति का काल बताया है। गहरी नजर डालने पर तकनीकी आविष्कारों की प्रशंसा करने के साथ-साथ इस तथ्य को भी स्वीकार करना पड़ेगा कि न तो केन्द्रीय स्थिति को मजबूत करने में ये सामन्त कारगर सिद्ध हुए और न तो आर्थिक स्थिति को सुदृढ़ करने में ही सफल हुए।

भूमि के विभाजन और बाजार के अभाव में आवश्यकता से अधिक उत्पादन नहीं किया गया। उत्पादक वर्ग ने इसमें कोई रुचि नहीं दिखाई और स्थानीय अधिकारियों ने भी इसे प्रोत्साहित नहीं किया। परिणामस्वरूप बाजारों एवं उत्पादनों का धीरे-धीरे स्थानीयकरण होने लगा। अब कोई भी गाँव प्रायः उतना ही अन्न पैदा करता जितने की उसे जरूरत होती। शहरों में रहनेवाला व्यापारिक समूह एवं शिल्पकार भी उतना ही माल बनाते जितने की खपत स्थानीय स्तर पर की जा सके। स्थानीयकरण ने स्थानीय भाषाओं को जन्म दिया और बंगला, मराठी, उड़िया, गुजराती आदि भाषाओं का विकास हुआ। इस काल में अधिक उत्पादित वस्तुएँ प्रायः टैक्स के रूप में वसूल कर ली जातीं और सुरक्षा नहीं प्रदान की जाती। इतना ही नहीं, सातवीं-आठवीं शताब्दी में हमें अनेक स्रोत मिलते हैं जिनसे पता चलता है कि सुरक्षा के बदले सैनिक अपने मालिकों के इशारे पर गाँवों एवं व्यापारियों को लूट लिया करते थे।

आपसी युद्ध तथा विलासमय जीवन में सामन्तों की विशेष दिलचस्पी रही, जिसके कारण सामन्तों ने राष्ट्रीय स्तर पर कुछ भी सोचने-समझने से ज्यादा बेहतर स्थानीय स्तर पर और निजी लाभ के लिए सोचना आवश्यक समझा। इसका बुरा आर्थिक परिणाम यह हुआ कि व्यापारियों का थोड़ा-सा माल भी एक स्थान से दूसरे स्थान पर सुरक्षित नहीं पहुँच पाता था और अगर पहुँच भी जाता तो स्थानीय अधिकारियों द्वारा पुनः कर वसूला जाता। परिणामस्वरूप देश के अन्दर एक व्यापारी को कई बार कर देने से उसका माल किसी भी दूसरे राज्य में महँगा पड़ता और जनता बाहर से आई वस्तुओं को महँगी दर पर खरीदने से ज्यादा उचित स्थानीय माल को खरीदकर किसी प्रकार अपनी आवश्यकताओं की पूर्ति करना समझती। युद्ध से सम्बन्धित औजार और घोड़े तथा विलासमय सामग्रियाँ प्रायः सामन्तों द्वारा खरीदे जाते जिससे कुछ ही व्यापारियों को लाभ हो पाता।

व्यापारिक ह्रास और स्थानीयकरण ने कृषकों एवं शिल्पकारों की स्थिति खराब कर दी। अनेक प्रयत्नों के बावजूद तत्कालीन अनेक समस्याओं ने विवेक शक्ति को पंगु बना दिया और धर्म में लोगों का विश्वास बढ़ा। योजनाबद्ध ढंग से मन्दिरों का निर्माण होने लगा। मन्दिरों को बड़े पैमाने पर दान प्राप्त होने लगा क्योंकि प्रतिष्ठा का यह सूचक हो गया। राजा, रानी, मन्त्रिगण, अधिकारी, व्यापारी आदि ने बड़े पैमाने पर दान दिया। फलस्वरूप पुजारीवर्ग ने समाज में एक धनाढ्य तथा प्रतिष्ठित वर्ग के रूप में अपना स्थान बनाया। जैन एवं बौद्ध धर्मों का पतन हुआ और इसी के साथ हिन्दू धर्म का विकास होने लगा। नए-नए देवी-देवताओं की संख्या नई शैली में बढ़ने लगी और सामन्तवादी प्रक्रिया के समान इन्हें ऊँचा और नीचा स्थान मिलने लगा। उदाहरण के लिए सातवाँ सदी से अनेक देवताओं के रूप में विष्णु की पूजा होने लगी। आठवीं सदी से उत्तर-पूर्व भारत में दुर्गा की पूजा शक्ति के रूप में प्रचलित हुई और इसी देवी के साथ लक्ष्मी, सरस्वती, कार्तिक, गणेश आदि की पूजा होने लगी। उड़ीसा के क्षेत्र में सर्वप्रथम विष्णु के रूप में राम की पूजा होने लगी। बिहार में दसवीं सदी में राम के रूप

में महावीर की पूजा प्रारम्भ हो गई। बारहवीं सदी में बंगाल में सर्वप्रथम कृष्ण को गोपियों के साथ रासलीला करते हुए दिखाया गया। चौदहवीं सदी में सर्वप्रथम राधा को कृष्ण की पत्नी के रूप में चित्रित किया जाने लगा और इन देवताओं को मन्दिरों में स्थान मिला। सामन्तों के द्वारा व्यतीत विलासमय जीवन को कानूनी रूप देने के लिए नग्न एवं सम्भोगरत प्रतिमाएँ मन्दिरों में बनीं। देवदासी प्रथा शुरू हुई जिसके माध्यम से मन्दिरों में वेश्यावृत्ति बढ़ी। *ब्रह्मवैवर्तपुराण*[1] के अनुसार पाप से मुक्ति प्राप्त करने और स्वर्ग में स्थान दिलाने के लिए ब्राह्मण सोना, अन्न एवं पशु के अलावा कमल नयन और स्वर्णाभूषणों से लदी सैकड़ों सुन्दर अविवाहित कन्याओं को दान में लेने लगे। विलासी जीवन में यह एक प्रमुख सहायक तत्त्व बना। ऐयाशों के लिए मन्दिर कुछ प्रमुख केन्द्र हो गए और बदले में इन्हें बड़े पैमाने पर भूमिदान मिला। उपर्युक्त वातावरण से प्रभावित अनेक विशाल मन्दिर आज भी दक्षिण और उत्तर भारत में हैं। मन्दिरों में बड़े पैमाने पर प्रचलित नृत्यों के कारण अनेक नृत्य-शैलियाँ जैसे, **भरतनाट्यम** आदि सातवीं-आठवीं सदी में विकसित हो गईं। अधिकांश पुराणों एवं अन्य साहित्यों की रचना इसी काल में प्रारम्भ हुई।

दानस्वरूप काफी भूमि मन्दिरों को मिली और मन्दिर काफी धनी हुए। व्यापार की खराब स्थिति ने शासकों को मजबूर कर दिया कि वे प्रशासनिक अधिकारियों, सैनिकों एवं कर्मचारियों को वेतन के रूप में भूमि दें। सीमावर्ती क्षेत्रों में बाढ़, सूखा एवं महामारी में राजा सहायता करने में असमर्थ रहा। अभिलेखों तथा अन्य स्रोतों के अनुसार वहाँ के क्षेत्र उन दलाल ब्राह्मणों को दिया गया, जिन्होंने वहाँ राजा का गुणगान करते हुए उसे ईश्वर, मालिक और पिता का रूप बताया। उन्होंने यह भी बताया कि प्रजा को दुख एवं आर्थिक समस्याओं का कारण लौकिक नहीं, बल्कि अलौकिक था। चूँकि पूर्व जन्म में उन लोगों ने पाप किया था, इसीलिए इस जन्म में उन्हें कष्ट भोगना पड़ रहा था।

उपर्युक्त सामाजिक, आर्थिक एवं धार्मिक वातावरण का मुख्य कारण विद्वानों ने कमजोर केन्द्र को बताया है। सामन्तीकाल में सबसे अधिक मात्रा में अभिलेख मिले हैं जो मुख्य रूप से भूमिदान से सम्बन्धित हैं। अभिलेखों से ही कमजोर केन्द्र और केन्द्र विभाजन की जानकारी प्राप्त होती है। पुरातात्त्विक सामग्री तो नगण्य है क्योंकि अधिकांश खुदाई प्राचीन नगरोंवाले स्थलों की हुई है और सामन्तीकाल में ये नगर अपना पूर्व गौरव खो चुके थे।

सामाजिक दृष्टि से इस काल में एक गतिहीन समाज पाते हैं और अधिकांश का पेशा जन्म से ही निर्धारित होने लगता है। पेशा के आधार पर अनेक नवीन जातियों का विकास होने लगा। अनेक जातियों के साथ-साथ स्थानीयकरण के कारण अनेक नवीन भाषाओं का विकास हुआ। कृषकों की स्थिति अत्यधिक खराब हुई और छोटे कृषक भूमिहीन किसान हुए अथवा मजदूर या नौकर का काम करने लगे। इसकी जानकारी *सुभाषितरत्न-कोष, वृहन्नारदीय पुराण, हर्षचरित* आदि साहित्यिक ग्रन्थों से होती है। प्रारम्भिककाल में भूमिदान पानेवालों को भूमि का उपभोग मात्र करने का अधिकार था। आठवीं सदी से उन्हें भूमि का पूर्ण मालिक बना दिया गया और यह स्थिति बारहवीं सदी में अपने चरमसीमा पर पहुँच गई।

निष्कर्षतः छठी-सातवीं से लेकर बारहवीं-तेरहवीं शताब्दी तक भारत में सामन्तवादी-व्यवस्था की उपस्थिति रही। इस काल में कला एवं स्थापत्य में विकास, मन्दिरों का निर्माण, भूमि मापने

1. *ब्रह्मवैवर्तपुराण*, अनुवादक, तारणीश झा, हिन्दी साहित्य सम्मेलन, प्रयाग, 1976, पृ. 294

के नवीन तरीके, अनाज तौलने के छोटे-छोटे औजार, जाति-प्रथा का विकास, बड़े पैमाने पर भूमिदान, नवीन भाषाओं का जन्म, अनेक साहित्यों की रचना, देवदासी-प्रथा, नृत्यशैली का विकास, जैन एवं बौद्ध धर्मों का पतन, हिन्दू धर्म का विकास आदि हुआ। इन उपर्युक्त विशेषताओं की उपस्थिति के कारण भारत में व्यापारिक गिरावट, नगरों का पतन, स्वर्ण सिक्कों का अभाव, कमजोर केन्द्र, गरीब कृषक एवं कारीगरों का विकास सम्भव हुआ।

7.4 धर्म

मध्ययुग में मनुष्य का विश्व-दृष्टिकोण अपने को उसके धार्मिक विश्वासों में अभिव्यक्त करता था। भारत में धर्म की भूमिका अत्यधिक महत्त्वपूर्ण थी। प्रसंगाधीन काल बौद्ध धर्म के पतन का और हिन्दू धर्म के प्रभुत्व के समारम्भ का युग था। विद्वानों में इस परिघटना में अन्तर्निहित कारणों के बारे में सहमति नहीं है। कुछ विद्वानों की मान्यता है कि भारत में बौद्ध धर्म क्षत्रियों के प्रभुत्व के साथ जुड़ा हुआ था, जो विशाल साम्राज्यों के सर्वेसर्वा थे। अन्य लोग यह मानते हैं कि विहारों और भिक्षुओं की अपनी अत्यन्त बहुशाखी-व्यवस्था के कारण बौद्ध धर्म में अपने को प्रारम्भिक मध्ययुग के अधिक संकीर्ण आर्थिक ढाँचे के अनुरूप ढालने की क्षमता नहीं थी। किसी भी सूरत में महायान सम्प्रदाय के रूप में बौद्ध धर्म का अन्तिम उत्कर्ष काल हर्ष के साम्राज्य में आया था, जब नालन्दा विश्वविद्यालय में विभिन्न बौद्ध देशों से हज़ारों छात्र अध्ययन करने के लिए आते थे। बंगाल के पाल वंश ने भी बौद्ध धर्म को संरक्षण प्रदान किया था। वहाँ आबादी का खासा बड़ा हिस्सा बारहवीं सदी तक भी बौद्ध धर्म का ही अनुगामी बना रहा। दक्षिणी भारत में बौद्ध धर्म का अपकर्ष आठवीं सदी में ही शुरू हो गया था।

किन्तु धर्म में इस परिवर्तन से जीवन प्रणाली में कोई परिवर्तन नहीं आया। हिन्दू धर्म में नाना सम्प्रदाय और धाराएँ हैं, जिनमें उपास्य देवताओं तथा धार्मिक और उपासना विधि-विधान एवं रीति-रिवाज, दोनों ही की दृष्टि से बहुत भेद है। फिर भी कुछेक प्रथाएँ और विचार सभी में सामान्य हैं। धर्म की अवधारणा को बहुत महत्त्व दिया जाता है, जिसमें जातिगत दायित्वों का निष्पादन भी सन्निहित है। हिन्दू धर्म यह विचार पोषित करता है कि समाज का जातियों में विभाजन पूर्वनियत है, जातियाँ अनिवार्य हैं और जातीय ढाँचे में प्रत्येक व्यक्ति की स्थिति उसके पूर्वजन्म के कर्मों द्वारा निर्धारित होती है। मनुष्य की मृत्यु के बाद उसकी आत्मा नहीं मरती, वरन् नए शरीर में चली जाती है और अगला जन्म पूर्वजन्म के कृत्यों तथा आचरण पर निर्भर करता है।

अहिंसा की अवधारणा भी सभी हिन्दुओं में सामान्य थी। इसके अलावा कई पशुओं को विशेष स्थिति प्राप्त है--गाय को पवित्र तथा उपास्य माना जाता था। जन्म से लेकर मृत्यु तक किए जानेवाले शास्त्रविहित कृत्य-संस्कार भी सभी की सामान्य परम्परा के अंग थे, यद्यपि उनके निष्पादन की तफसीलों में अन्तर हो सकता था। सभी हिन्दुओं के लिए बलिदान आवश्यक था--पशुबलि का भी प्रचलन रहा, किन्तु इसमें धूप, पुष्पादि का चढ़ाया जाना भी उतना ही महत्त्वपूर्ण था। सभी से ब्राह्मणों, मन्दिरों और साधु-संन्यासियों को दान-दक्षिणा और भेंट-उपहार देने की अपेक्षा की जाती थी। अपने जातिगत अनुष्ठानों, संस्कारों, दायित्वों और निषेधों के पालन को भी आवश्यक और देवोपासना के समान ही महत्त्वपूर्ण माना जाता था।

सबसे अधिक पूजे जानेवाले देवता विष्णु और शिव थे। शिव की उपासना के साथ शिव-पत्नी की उपासना भी जुड़ी हुई थी, जो देश के विभिन्न भागों में पार्वती, दुर्गा, उमा, शक्ति, काली आदि नामों से जानी जाती थी। जहाँ काली को रक्तमय बलि की अपेक्षा करनेवाली विकराल देवी माना जाता था, वहाँ पार्वती और उमा की स्नेहमयी जननी के रूप में कल्पना की गई थी। यह स्पष्ट है कि इन रूपों में अनेक भिन्न-भिन्न पन्थों की परम्पराओं का संलयन था।

शक्ति की उपासना का व्यापक प्रचलन हो गया। शक्ति को महाशक्तिशाली शिव से उद्भूत माना जाता था और शक्ति की इस उपासना ने शाक्त अथवा तन्त्र सम्प्रदाय के रूप में अपने को हिन्दू धर्म की अन्य धाराओं से बिलकुल अलग कर लिया। इस सम्प्रदाय के अनुयायी नारी को शक्ति का प्रतीक मानते हैं और अपने विशेष विधि-विधान तथा अनुष्ठानों से उसकी पूजा करते हैं। तन्त्र में अभिचार तथा मन्त्रादि को विशेष महत्त्व दिया जाता है और पारम्परिक हिन्दू धर्म द्वारा सामान्यतः निषिद्ध विधि-विधान तथा प्रथाओं का भी पालन किया जाता है (मद्य, मांस, मैथुन, आदि का विधान)। उस समय तन्त्र का सबसे अधिक निम्न जातियों और अनार्य कबीलों से उद्भूत जातियों में प्रचलन था।

ग्यारहवीं, बारहवीं और तेरहवीं सदियों में शंकर के केवल 'वरेण्यों' को ही बोधगम्य विचार अपनी लोकप्रियता गँवाने लगे। रामानुज (ग्यारहवीं शताब्दी) ने वेदान्त दर्शन की अवधारणाओं को सुगम बनाकर सर्वसाधारण के लिए बोधगम्य बनाया। रामानुज के अनुसार ईश्वर ने जगत की अपने से अलग तीन सत्वों—भूत, काल और आत्मा—से सृष्टि की है। ईश्वर का सामीप्य-लाभ करने के लिए धर्मग्रन्थों का गहन ज्ञान आवश्यक नहीं है, ईश्वर की भक्ति कहीं अधिक महत्त्वपूर्ण है और उसी से ईश्वर का सामीप्य-लाभ करने--मुक्ति प्राप्त करने--का वास्तविक ज्ञान प्राप्त हो सकता है। भक्ति अथवा उपासना में भक्त की जाति से कोई अन्तर नहीं आता। रामानुज की शिक्षा में ईश्वर को जगत के निरपेक्ष सृष्टा के रूप में नहीं, प्रत्युत प्रत्येक व्यक्ति की नियति से संलग्न सर्जक की तरह प्रस्तुत किया जाता है—वह मनुष्य की प्रार्थना और पुकार को सुनता है और उसकी नियति को बदल सकता है। रामानुज का दर्शन अनेक वेदान्ती सम्प्रदायों के मत का आधार है।

मध्ययुगीन भारत में वैज्ञानिक ज्ञान ने प्राचीनकाल में डाली नींवों के आधार पर महती प्रगति की। गणित, ज्योतिष (खगोल) और चिकित्सा (आयुर्वेद) के क्षेत्रों में, जो कृषि, निर्माण-कार्य तथा चिकित्सा में लगे लोगों के व्यावहारिक अनुभव से सम्बद्ध थे, जबरदस्त सफलताएँ प्राप्त की गईं।

7.5 भाषा एवं साहित्य

छठी से तेरहवीं शताब्दी की अवधि में भारत के अधिकांश भागों में स्थानीय भाषाओं में साहित्य ने विकास किया, यद्यपि बहुत से कवि अब भी 'देववाणी'—संस्कृत—में ही रचना कर रहे थे। संस्कृत साहित्य अधिकाधिक क्लिष्ट और राजानुग्रहाकांक्षी होता जा रहा था। सन्ध्याकर नन्दी द्वारा, जो बंगाल के राजा रामपाल (1077-1119) का राजकवि था, रचित *रामचरित* इसका एक सजीव उदाहरण है। इस रचना की प्रत्येक पंक्ति दोहरा अर्थ रखती है

और उसे *रामायण* के नायक राम और राजा रामपाल—दोनों में से प्रत्येक से सम्बद्ध किया जा सकता है, और इस प्रकार कवि ने संरक्षक के कारनामों को *रामायण* के राम के कारनामों के समतुल्य कर दिया है। इस जमाने की कृतियों में जयदेव द्वारा रचित *गीतगोविन्द* (बारहवीं सदी) को बहुत लोकप्रियता प्राप्त थी, जिसमें कृष्ण के लिए राधा के अनुराग का वर्णन किया गया है, जो मनुष्य की आत्मा की ईश्वर साधना का प्रतीक है। *गीतगोविन्द* की मनोवैज्ञानिक सूक्ष्मता और सजीव कल्पना ने लगभग सब ही नई भारतीय भाषाओं में कविता के विकास पर महत्त्वपूर्ण प्रभाव डाला और रागात्मक अनुराग के इस प्रकार के रहस्यवादी निर्वचन का आगे चलकर भक्तिमार्गी काव्य में व्यापक प्रचलन हुआ।

स्थानीय भाषाओं में साहित्य के विकास ने अपने को केवल संस्कृत से महाकाव्यों के अनुवादों में ही—उदाहरण के लिए तेरहवीं सदी में बुद्ध रेड्डी द्वारा *रामायण* के तेलुगु में अनुवाद में ही—अभिव्यक्त नहीं किया, वरन् मौलिक साहित्य का सृजन भी होने लगा।

यद्यपि मध्य युग में सबसे उल्लेखनीय प्रगति मुख्यतः काव्य की विधा में ही हुई, फिर भी बारहवीं-तेरहवीं सदियों में संस्कृत में गद्य रचना भी हुई, जिनकी कथाओं की विषयवस्तु सामान्य थी। बाण द्वारा रचित *कादम्बरी,* जो दो प्रेमियों के दो रूपों में पृथ्वी पर दो बार के जीवन की कथा है, और दंडी की रचना *दशकुमारचरित,* जिसमें राजाओं, राजपुरुषों, संन्यासियों और देवताओं तक की खिल्ली उड़ाई गई है, इस प्रकार की गद्यकृतियों के उदाहरण हैं। इसी प्रकार की एक और रचना सातवीं-आठवीं सदियों में हरिभद्र द्वारा प्राकृत में लिखा *खलाख्यान* है।

दक्षिणी भारत में सबसे विकसित साहित्य तमिल साहित्य था। तमिल में सर्वप्रथम कृतियाँ ईस्वी संवत् की पहली सदियों में ही रची जा चुकी थीं, किन्तु विद्वान तिरुवल्लुवर द्वारा रचित कुरल और *शिलपद्दीकारम* तथा *मणिमेखलै* जैसे महाकाव्यों को दूसरी से छठी सदियों के बीच की मानते हैं। आठवीं-नौवीं सदियों में भक्तिमार्गी काव्य का प्रभाव बढ़ने लगा, जिसने आत्मा और परमात्मा के संयोग को युवक-युवती के प्रेम के रूप में सराहा। गहन गेयता से परिपूर्ण आलवारों और नयनारों (भक्तिमार्ग के वैष्णव तथा शैव प्रतिपादकों) के भजन लोकगीतों की तरह दूर-दूर तक फैल गए।

उत्तरी भारत में वीरकाव्य के रूप में स्थानीय भाषाओं में एक नई विधा का प्रादुर्भाव होने लगा। इसका एक उदाहरण चन्दबरदाई (1126-1196) का *पृथ्वीराज रासो* है, जिसमें पृथ्वीराज चौहान के मुसलमान आक्रमणकारियों के विरुद्ध संघर्ष का प्रशस्तिगान किया है।

7.6 वास्तुकला

वास्तु तथा मूर्तिकला इस काल में कला के सर्वाधिक विकसित रूप थे। छठी और आठवीं सदियों के बीच मुख्यतः गुहा मन्दिरों (ऐलोरा, एलिफेंटा और कुछ बाद में अजन्ता) अथवा महाबलिपुरम या कोणार्क के चट्टानों को तराशकर बनाए गए मन्दिरों और रथों का ही निर्माण किया गया। इसमें सम्भवतः बहुत जटिल प्रविधियाँ अपेक्षित नहीं थीं—चट्टान को तराशकर भवनों का निर्माण करना पत्थर को काटने, उसे दूर-दूर ले जाने और उससे ऊँची और टिकाऊ इमारतों को बनाने से आसान था। अजन्ता के गुहा मन्दिर बौद्धों के थे, जबकि

ऐलोरा में बौद्ध गुहा मन्दिर और हिन्दू तथा जैन मन्दिर अगल-बगल हैं। गुहा मन्दिर निम्न उद्भृतों, मूर्तियों अथवा भित्तिचित्रों से अलंकृत हैं। इनमें से सबसे प्रसिद्ध नाना आकृतियों से युक्त गंगावतरण (सातवीं शताब्दी, महाबलिपुरम) और कैलासकम्पी रावण (ऐलोरा, जिवमें शिव और पार्वती को पर्वत पर बैठा दर्शाया गया है) जैसे विराट निम्न उद्भूत चित्र हैं।

नौवीं सदी में काटे हुए पत्थर से मन्दिरों का निर्माण किया जाने लगा। उत्तरी भारत में मन्दिर पारवलयिक होते थे और उनका शिखर कमलाकार होता था, जबकि दक्षिण में वे आयताकार पिरामिड जैसे होते थे। मन्दिरों के भीतर के कमरे अँधियाले और नीची छतोंवाले होते थे—गर्भगृह में हर कोई प्रवेश नहीं पा सकता था। अधिकांश आराधक तो मन्दिर के बाहर प्रदक्षिणा करके ही सन्तोष कर लेते थे। इन मन्दिरों के प्रांगणों में और उनकी दीवारों पर भी मूर्तियाँ होती थीं, जिनके द्वारा महाकाव्यों के दृश्यों का या मन्दिर से सम्बद्ध देवता विशेष की उपासना के प्रतीकों को चित्रित किया जाता था। कालान्तर में और विशेषकर दक्षिण में मूर्तियों का इतना बाहुल्य हो गया कि स्वयं मन्दिर तो उनका निमित्त अथवा आधार मात्र प्रतीत होने लग गए—दीवारें छत तक मूर्तियों, उच्च और निम्न उद्भृतों से परिपूर्ण हैं। इस बाहुल्य के कारण आदमी की आँखों के लिए अलग-अलग मूर्तियों अथवा दृश्यों को चीन्ह पाना भी कठिन हो गया। खजुराहो के मन्दिरों (954-1050 के आसपास के) के मामले में और कोणार्क (तेरहवीं सदी का मध्य) के मामले में, जहाँ मन्दिर फर्श से छत तक इतने जटिल और सूक्ष्म शैल्पिक अलंकरण से आच्छादित है कि प्रत्येक पत्थर एक अनुपम आभूषण जैसा प्रतीत होता है, यही बात देखने में आती है। बाद में इस विराट वास्तु तथा मूर्तिकला में जबरदस्त अपकर्ष आया। चौदहवीं सदी के बाद से सिर्फ इक्के-दुक्के शैल्पिक नमूने ही देखने में आते हैं—पूर्ववर्ती काल की विविधता और सजीवता का लोप होने लगता है। इधर तमिल देश में लघु कांस्य प्रतिमाओं को ढालने की कला अत्यधिक विकसित हो जाती है, जिनमें सजीव मुद्राभिव्यक्तियाँ और छलकता यथार्थ लक्षित होता है। इन मूर्तियों के श्रेष्ठतम उदाहरणों में से एक नटराज की मूर्ति है, जिसकी अनुकृतियाँ—मामूली परिवर्तनों और सुधारों के साथ—बाद में सारे दक्षिण भारत में मिलने लगीं।

अजन्ता के गुहा मन्दिरों जैसे भित्तिचित्र आठवीं सदी के बाद से देखने में नहीं आते। इस जमाने के लगभग और कोई चित्र प्राप्य नहीं हैं। दक्षिण भारत के मन्दिरों में शास्त्रीय नृत्य की कला धार्मिक अनुष्ठानों और पूजा-पाठ की विधियों के साथ अपने संयोग के कारण बनी रही।

7.7 तन्त्र-मन्त्र

आठवीं शताब्दी में तन्त्रवाद भारत में भलीभाँति सुदृढ़ हो चुका था। हर्षवर्द्धन के काल का विद्वान बाणभट्ट बताता है कि हिन्दू तन्त्र से सम्बद्ध मद्य एवं मांस के साथ चन्द्रिका की पूजा प्रचलित थी। हिन्दू तन्त्र में पुरुषतत्त्व शिव और स्त्रीतत्त्व देवी है। बौद्ध तन्त्र-मन्त्र में प्रज्ञा अर्थात् स्त्री और उपाय अर्थात् पुरुष—दो तत्त्व हैं। शाक्त सम्प्रदाय सातवीं सदी से बंगाल और आसाम में काफी विकसित था। जनसमुदाय का एक छोटा-सा अंश सदा ऐसा रहता था जिसे जादू-टोना, प्रजनन सम्बन्धी अनुष्ठान और गुप्त आदिवासी उपासना-विधियाँ, आवश्यक लगती थीं। जिन लोगों को 'सभ्य' धर्म से सन्तुष्टी नहीं थी, वे इस विश्वास से इन गुप्त

अनुष्ठानों को सीखते और करते रहते थे कि इससे उन्हें कोई विशेष शक्ति प्राप्त होगी। तन्त्र सम्प्रदाय में प्रायः स्त्रियों और शूद्रों की दीक्षा की व्यवस्था थी।

तन्त्र-मन्त्र के माध्यम से सिद्धि प्राप्ति के लिए बहुत से आदिवासी चन्द्रिका को नर-मांस चढ़ाते थे। इसका विशद् वर्णन **कादम्बरी** में है। नौवीं सदी में शाक्त धर्म काफी प्रबल हो गया। तन्त्र साहित्य में शिव को शबर और शक्ति को मातंगी कहा गया।

मगध, उड़ीसा, बंगाल, असम तथा नेपाल की बौद्ध पृष्ठभूमि में **वज्रयान तन्त्र** का उदय हुआ। मध्य प्रदेश में तन्त्र सम्प्रदाय **पंचरात्र** के रूप में उदित हुआ। कश्मीर, मध्य प्रदेश, आन्ध्र तथा तमिलनाडु के अर्ध-हिन्दू क्षेत्रों में शैव पंथतन्त्र का प्रभाव रहा। कर्नाटक, महाराष्ट्र तथा गुजरात में जैन तन्त्र भी तन्त्र सम्प्रदाय से प्रभावित हुआ।

आर्थिक एवं सामाजिक आवश्यकताओं की पूर्ति के लिए तन्त्रवाद को शूद्रों एवं स्त्रियों ने विशेष प्रोत्साहन प्रदान किया। जनजातियों को भी इसमें शामिल किया गया। तन्त्रवाद आपसी मेल-मिलाप और एकता स्थापित करने का प्रयास था। वर्ण, लिंग आदि किसी प्रकार के भेदभाव को इसमें स्थान नहीं दिया गया। ब्राह्मणों ने इसमें भी अपना वर्चस्व स्थापित किया। सातवीं शताब्दी के बाद सामन्तवादी काल में इसे विशेष प्रोत्साहन मिला। मन्दिर भी तन्त्र-मन्त्र से प्रभावित हुए।

7.8 आलवार

दक्षिण भारत में वैष्णव धर्म के अनुयायियों को आलवार कहा गया। दसवीं-ग्यारहवीं शताब्दी में तमिल साहित्य में ज्ञान और भक्ति के समुद्र में गोता लगानेवाले व्यक्तियों को आलवार कहा गया। तमिल प्रदेश में आलवार नामक सन्तों ने विष्णु-भक्ति का प्रचार किया। अधिकतर आलवार सन्त निम्न जातियों के थे। उन्होंने ऊँच-नीच के भेदभाव का डटकर विरोध किया। अपने विचारों को व्यक्त करने के लिए उन्होंने अनेक तमिल पदों की रचना की। इनका संकलन *दिव्य प्रबन्धम्* नामक ग्रन्थ में है।

पोयगै आलवार, भूतत्तालवार, पेयू आलवार, तिरुमलिसै आलवार, नम्म आलवार, मधुर कवि, कुलशेखर, विष्णु चित्त (पेरिय आलवार), आंडाल, तोंडरडिप्पोडि, तिरुप्पाण आदि प्रमुख आलवार सन्त थे।

सातवीं और दसवीं शताब्दी के बीच आलवार सन्तों ने दक्षिण भारत में तमिल में भक्तिपूर्ण पदों की रचना की। इनके भक्ति प्रचार के प्रभाव ने पन्द्रहवीं-सोलहवीं शताब्दी में विशाल भक्ति आन्दोलन का रूप धारण किया। उन्हीं की प्रेरणा से *श्रीमद् भागवतपुराण* की रचना हुई।

7.9 नायनार

दक्षिण भारत में शैव सम्प्रदाय के अनुयायियों को **नायनार** कहा गया। ग्यारहवीं शताब्दी में रचित *तेवारम्* (भक्ति गीत) और सेक्किलर के *पेरिय पुराणम्* में नायनार सन्तों का वर्णन है। नायनारों के मठों की स्थापना और सामन्तवादी-व्यवस्था का प्रारम्भ दक्षिण भारत में एक साथ

हुआ। नायनार संगठन का मानना था कि सभी वर्गों को समान रूप से धार्मिक कार्य करने का अधिकार मिलना चाहिए। इस संगठन पर ब्राह्मणवादी-व्यवस्था का वर्चस्व था, अतः इस संगठन को अपने लक्ष्य में उतनी सफलता नहीं मिली। जैनों के 63 पुरातनों की परम्परा तमिलनाडु की नायनार परम्परा से प्रभावित है। नायनार परम्परा भी जैन परम्परा से प्रभावित लगती है। आठवीं सदी की रचना *आदि पुराण* में जिसकी रचना जिनसेन ने की, 63 **श्लाका** पुरुषों की चर्चा है।

ज्ञानसम्बन्धर, अप्पर और सुन्दरमूर्ति प्रसिद्ध नायनार धार्मिक कवि थे। इनमें से प्रथम दो सातवीं सदी और अन्तिम आठवीं सदी के थे। ये कवि गायक थे। एक शैव मन्दिर से दूसरे शैव मन्दिर वे घूमते रहते थे। वे भक्ति गीत गाते और शिव मूर्ति के समक्ष नृत्य करते थे। उनके अनुयायियों की संख्या काफी थी। वे जैन आगमों पर निर्भर नहीं करते, बल्कि महाकाव्यों एवं पुराणों का उपयोग करते और अपने सम्प्रदाय की परम्परागत पवित्रता एवं भक्ति को अभिव्यक्त करते थे।

नायनार सन्त प्रेम के दीवाने थे। शिव के प्रति प्रेम की भावना से वे दौड़ रहे थे। इनके गान रहस्यवादी हैं। वेद-विरोधी आन्दोलन के कारण हिन्दुत्व का शुद्ध रूप उत्तर भारत से खिसककर दक्षिण भारत चला गया था। शैव सिद्धान्त नायनार भक्तों की अनुभूतियों से बढ़कर दर्शन के स्तर पर पहुँच गया। नायनारों में 63 भक्तों के नाम हैं और इनकी प्रतिमाएँ दक्षिण के शैव मन्दिरों में पूजी जाती हैं।

7.10 भारतीय संस्कृति का विदेशों में प्रसार

कुछ समय पहले तक विद्वानों का यही कहना था कि प्राचीन भारतीय लोग विश्व के अन्य देशों से हमेशा अलग रहे हैं। अलबरूनी जैसे लेखकों का भी यही कहना है कि वे कभी समुद्री यात्राएँ नहीं करते थे। किन्तु नई खोजों के आधार पर हम पाते हैं कि हड़प्पा में ही भारत का सांस्कृतिक सम्बन्ध मिस्र और मेसोपोटामिया से था। ऋग्वैदिक काल की ग्रामीण अवस्था में विदेशों से भारत के सम्बन्ध की चर्चा हमें देखने को नहीं मिलती है। उत्तर-वैदिककाल और बौद्ध एवं जैन काल में भी आन्तरिक अर्थव्यवस्था के विकास में भारत को हम व्यस्त पाते हैं।

मौर्यकाल से भारतीय सभ्यता एवं संस्कृति का विकास भारत के समीपवर्ती एशियाई देशों में देखने को मिलता है। पश्चिम एशिया, उत्तरी अफ्रीका और दक्षिणी-पूर्व यूरोप के साथ भारत का सम्बन्ध अफगानिस्तान, मध्य एशिया, चीन, बर्मा तथा दक्षिण-पूर्व एशिया के देशों के साथ था। जिन भारतीयों ने विदेशों के साथ सम्बन्ध स्थापित किए उन्हें हम तीन वर्गों में बाँट सकते हैं—व्यापारी, उपनिवेशक और धर्म प्रचारक।

धन कमाने के उद्देश्य से भारतीय व्यापारी पश्चिम में सिकन्दरिया और पूरब में चीन के समुद्र तक व्यापार के लिए जाया करते थे। टॉलेमी से पता चलता है कि भारत का रोम के साथ व्यापारिक सम्बन्ध था। इस बात का समर्थन *पेरिप्लस ऑफ दि एरीथ्रियन सी* नामक पुस्तक से होता है कि रोम में भारतीय मलमल की बड़ी माँग थी। रोम को भारत से मसाले, सूती कपड़े, रेशमी वस्त्र और बहुमूल्य पत्थर निर्यात किए जाते थे जिनका उपयोग बड़े पैमाने

पर रोमन स्त्रियाँ करती थीं। उपर्युक्त सामानों के बदले भारत को इतना अधिक सोना प्राप्त होता था कि रोम के शासक को यह कानून बनाना पड़ा कि भविष्य में कोई रोमन नारी भारतीय मलमल तथा विलासमय वस्तुओं का प्रयोग नहीं करेगी। बिन्दुसार ने भी सीरिया के राजा एंटिओकस से मीठी शराब और अंजीर मँगाई थी। उन दिनों जावा, सुमात्रा, बर्मा, मलाया आदि प्रदेश स्वर्णद्वीप या स्वर्णभूमि के नाम से प्रसिद्ध थे क्योंकि लोगों का ऐसा विश्वास था कि इन स्थानों पर सोने की खानें थीं और इसीलिए भारतीय व्यापारी वहाँ गए। इस प्रकार इनकी आचार-व्यवस्था, आचरण आदि का प्रभाव विदेशियों पर पड़ा।

उपनिवेश तथा अपनी राज्य-संस्था स्थापित करने के लिए उपनिवेशक विदेशों में जाया करते थे। भारतीयों ने दूसरी शताब्दी में हिन्द-चीन में चम्पा नामक राज्य की स्थापना की। कुछ विद्वानों की यह धारणा है कि उत्तर बिहार के लोगों ने अंगराज्य की राजधानी चम्पा के नाम पर इस उपनिवेश की स्थापना की। चम्पा की राजधानी अमरावती में वहाँ के राजाओं ने मन्दिरों एवं बौद्ध चैत्यों का निर्माण किया तथा मंगोलों और कम्बोज के आक्रमणों का वीरता से सामना किया। चम्पा से भारतीय संस्कृति का अन्त इस्लाम के प्रचार के बाद हो गया। कम्बोज की राजधानी आठवीं शताब्दी से चौदहवीं शताब्दी तक स्थिर रहा। यह राज्य फूनान के अधीन था। भाववर्मा नामक साहसी शासक ने उसे स्वतन्त्र राज्य बना दिया। भारतीय सभ्यता एवं संस्कृति का यह राज्य प्रमुख केन्द्र रहा। यहाँ के निवासी अपना नाम भारतीयों के समान रखते थे। *रामायण, महाभारत,* पौराणिक कथा, शैव-वैष्णव, हिन्दू देवी-देवता और बौद्ध धर्मों का धार्मिक महत्त्व यहाँ काफी था।

भारतीयों ने प्रथम शताब्दी में फूनान नामक उपनिवेश कम्बोडिया और उसके आसपास के प्रदेशों में बसाया था। दक्षिणी भारत के कौंडिन्य नामक ब्राह्मण ने वहाँ हिन्दू राज्य की स्थापना की तथा जनता को सभ्यता का पाठ पढ़ाया। यहाँ पहले शैव धर्म की प्रधानता थी। बाद में वैष्णव तथा बौद्ध धर्मों का काफी प्रचार हुआ। संस्कृत भाषा बोली तथा लिखी जाती थी। वहाँ की स्थापत्यकला, चित्रकला तथा मूर्तिकला भारतीय गुप्तकालीन कलाओं से प्रभावित थीं। मलाया प्रायद्वीप में हिन्दू राज्य की स्थापना शैलेन्द्र नामक व्यक्ति ने की। इस प्रायद्वीप में जावा, सुमात्रा, बोर्नियो, बाली आदि द्वीप भी सम्मिलित थे। मलाया की राजधानी विजयनगर थी। शैलेन्द्र वंश के शासक बौद्ध धर्म की हीनयान शाखा के अनुयायी थे। उन लोगों ने मन्दिरों, स्तूपों तथा मूर्तियों का निर्माण करवाया। बोराबुदुर के विशाल मन्दिर तथा प्रसिद्ध स्तूप के निर्माता शैलेन्द्र शासक ही थे।

दक्षिण-पूर्व एशिया के देशों में जावा एक विशाल द्वीप है जहाँ प्रथम शताब्दी में भारतीयों का प्रमुख उपनिवेश स्थापित हुआ था। फाहियान के अनुसार पाँचवीं सदी में यहाँ हिन्दूधर्म का बोलबाला था और ब्राह्मणों का काफी सम्मान हुआ था। सुमात्रा में अति प्राचीनकाल में ही भारतीय उपनिवेश की स्थापना हो चुकी थी। चौथी शताब्दी में विजय नामक शासक के वंश का राज्य आरम्भ हुआ जो सातवीं सदी तक चला। जावा से भागकर आए हुए एक हिन्दू सामन्त ने मलक्का में हिन्दू राज्य की स्थापना की।

बोर्नियो द्वीप में संस्कृत के अनेक लेख उपलब्ध हुए हैं जिनसे यह प्रमाणित होता है कि उस द्वीप में भी हिन्दुओं ने अपने राज्य स्थापित किए थे। आठवीं सदी में हिन्देशिया में शैलेन्द्र नामक एक वंश के राजा ने आसपास के राज्यों को जीतकर एक विशाल साम्राज्य की स्थापना

की जिसमें मलय, सुमात्रा, जावा, बाली, बोर्नियो, सेलीविज, फारमूसा का कुछ भाग तथा लंका शामिल था।

बर्मा में हिन्दू उपनिवेश पहली शताब्दी से पहले स्थापित हो चुका था। कहा जाता है कि यह सम्बन्ध बुद्ध के समय से था। व्युस और भाल्लुक नाम बर्मा के दो व्यापारी बुद्ध के प्राथमिक शिष्य बने। अशोक के प्रचारकों ने भी यहाँ बौद्ध मत का संचार किया। बर्मा में अनेक संस्कृत अभिलेख पाए गए हैं जिनमें हरिविक्रम, सूर्यविक्रम और सिंहविक्रम के नाम आए हैं। स्याम का राज्य भी हिन्दुओं के प्रभाव से अछूता नहीं रहा। पहले हिन्दू धर्म और बाद में बौद्ध धर्म वहाँ प्रबल हो गया। कहते हैं, लंका का घनिष्ठ सम्बन्ध रामायण के रामचन्द्र के ही काल से है। प्रामाणिक तौर पर लंका में भारतीय उपनिवेश की स्थापना छठी शताब्दी ई.पू. में काठियावाड़ के राजा विजय के नेतृत्व में की गई थी। अशोक ने अपने पुत्र-पुत्री को बौद्ध धर्म के प्रचार के लिए लंका भेजा। लंका को पाली भाषा एवं ब्राह्मीलिपि का ज्ञान भारत से ही हुआ।

इस तरह व्यापारियों, उपनिवेशकों और धर्मप्रचारकों के कठिन एवं सफलतापूर्ण प्रयास के फलस्वरूप हिन्दू संस्कृति एवं सभ्यता का विकास न केवल उपर्युक्त देशों में हुआ, बल्कि स्थायी प्रभाव आज भी हमें देखने को मिलते हैं। इन उपनिवेशों के साथ भारतीय सम्बन्ध का पतन अरब एवं मंगोल आक्रमणकारियों तथा इस्लाम धर्म के कारण हुआ।

8

पाल राजवंश और त्रिगुटीय संघर्ष
(Pala Dynasty and Tripartite Struggle)

8.1 स्रोत

पाल राजवंश की जानकारी *एपिग्राफिया इंडिका* में संकलित अनेक अभिलेखों से होती है। इस वंश के प्रथम शासक गोपाल की जानकारी उस अभिलेख से होती है जो *एपिग्राफिया इंडिका* के जिल्द 4 में संकलित है। *इंडियन हिस्टोरिकल क्वाटर्ली*[1] के अनुसार यह राजवंश क्षत्रिय था। गोपाल के जन्म की कहानी की जानकारी बु-स्तोन नामक एक तिब्बती इतिहासकार ने बताई है जिसकी चर्चा एशियाटिक सोसायटी, बंगाल से प्रकाशित *मेम्वायर्स* नामक पत्रिका में है। इसकी चर्चा बनर्जी महोदय ने बांगलार **इतिहास**[2] में भी की है। आर.सी. मजुमदार[3] और बी.पी. सिन्हा[4], *खालिमपुर अभिलेख* के आधार पर बताते हैं कि गोपाल की रानी का नाम देद्दादेवी था। महामहोपाध्याय हरप्रसाद शास्त्री और योगेशचन्द्र घोष ने पाल राजवंश की उत्पत्ति पर प्रकाश डाला है। इस राजवंश का अध्ययन करने के लिए *अष्टसाहस्त्रिका प्रज्ञापारमिता* नामक बौद्ध ग्रन्थ उपयोगी है। *आर्यमंजुश्रीमूलकल्प* और *वल्लालचरित* ने गोपाल को दासकुल का बताया है। पालों का अध्ययन करने के लिए काशी प्रसाद जायसवाल की पुस्तक *इम्पीरियल हिस्ट्री* उपयोगी है।

पालों का मूलक्षेत्र जानने के लिए तत्कालीन *अभिलेख* काफी महत्त्वपूर्ण हैं। *एपिग्राफिया इंडिका*[4] के *कमौली अभिलेख,* मिहिरभोज की *ग्वालियर प्रशस्ति*[5], *एपिग्राफिया इंडिका*[6], *इंडियन हिस्टारिकल क्वाटर्ली*[7], *एपिग्राफिया इंडिका*[8] आदि से पालों का मूलस्थान और वंश के बारे में जाना जा सकता है। बु-स्तोन[9], प्रमोद पाल, संध्याकर नन्दी *(रामपालचरित)* आदि विद्वानों ने पालों के मूल पर प्रकाश डाला है। *उदय सुन्दरी कथा* के अनुसार पालों को बाद में क्षत्रिय माना गया।

1. जिल्द 16, पृ. 221-22
2. जिल्द-एक, पृ. 164
3. *हिस्ट्री ऑफ बंगाल,* जिल्द-1, पृ. 99
4. *डिक्लाइन ऑफ द किंगडम् ऑफ मगध,* पृ. 327
5. जिल्द 2, पृ.350
6. जिल्द 18
7. जिल्द 12, 16, 19
8. जिल्द 4 और 11
9. *हिस्ट्री ऑफ द किंगडम ऑफ मगध,* पृ. 445

गोपाल का अधिकार मगध पर था कि नहीं, इस सम्बन्ध में डी.सी. सरकार[1] ने प्रकाश डाला है। धर्मपाल के शासनकाल की जानकारी *एपिग्राफिया इंडिका*[2], *मंजुश्रीमूलकल्प*[3], (लेखक, काशी प्रसाद जायसवाल), *डिक्लाइन ऑफ द किंगडम ऑफ मगध*[4], (लेखक, विन्देश्वरी प्रसाद सिन्हा) आदि से होती है।

एपिग्राफिया इंडिका[5] से धर्मपाल की दिग्विजय की जानकारी होती है। इस राजा की दिग्विजय के लिए आर.सी. मजुमदार, वी.पी. सिन्हा, नलिनिनाथ दासगुप्त की प्रकाशित पुस्तकों का अध्ययन आवश्यक हो जाता है।

पाल शासक देवपाल की विजयों की जानकारी के लिए सर्वाधिक महत्त्वपूर्ण स्रोत अभिलेख है। *एपिग्राफिया इंडिका*[6] में संकलित अभिलेख इस काल के लिए महत्त्वपूर्ण स्रोत हैं। विन्देश्वरी प्रसाद सिन्हा, हरप्रसाद शास्त्री, कीलहॉर्न, राम प्रसाद चन्द्रा, आर.सी. मजुमदार, आर.एस. त्रिपाठी आदि विद्वानों ने देवपाल की जीवनी और कार्यों पर प्रकाश डाला है। बाणभट्ट द्वारा रचित *हर्षचरित* भी देवपाल के सम्बन्ध में बताता है।

पाल शासक विग्रहपाल प्रथम की जानकारी मजुमदार, सिन्हा, हेमचन्द्रराय आदि विद्वानों की प्रकाशित पुस्तकों से होती है। *एपिग्राफिया इंडिका*[7] में संकलित कुछ अभिलेखों से विग्रहपाल प्रथम की जानकारी मिलती है।

उपर्युक्त स्रोतों के अलग-अलग पृष्ठों से पाल राजवंश के अन्य शासकों की जानकारी होती है।

शक्तिशाली केन्द्रीय-व्यवस्था का अन्त कुषाण-सातवाहन काल के बाद होने लगा। अनेक स्वतन्त्र राज्यों का अस्तित्व कुषाण-सातवाहन काल में भी था लेकिन अनुकूल वातावरण के कारण सम्पूर्ण भारत में आर्थिक विकास की गति काफी तेज थी और छोटे-बड़े सभी राज्य एक-दूसरे राज्यों के साथ मिलकर इस विकास से लाभ उठाने में लगे थे। व्यापारिक नगरों की काफी संख्या इस काल में रही। गुप्तकाल से आर्थिक पतन की एक ऐसी प्रक्रिया शुरू होती है जिसके कारण बड़े-बड़े साम्राज्यों का अन्त और छोटे-बड़े राज्यों, जैसे पाल, हर्ष, प्रतिहार, चोल, चन्देल, चहमान, गहड़वाल, चालुक्य, पल्लव, परमार आदि पाए जाने लगते हैं। मुख्य रूप से अर्थ प्राप्ति के लिए इन राज्यों के बीच व्यापक युद्ध का वातावरण बनने लगा। उत्तरी भारत में कन्नौज के लिए कई राजाओं द्वारा किए गए युद्ध इसके ज्वलन्त उदाहरण हैं। रामशरण शर्मा, रोमिला थापर, आर.एन. नन्दी, बी.एन.एस. यादव, वी.डी. चट्टोपाध्याय आदि विद्वानों ने इस संघर्षमय वातावरण को **सामन्तीकाल** के नाम से पुकारा है।

ताम्रलिप्ति के पतन के साथ आधुनिक बंगाल का इलाका सैकड़ों वर्षों के लिए अपना पूर्व गौरव खो चुका था। इतिहास के रंगमंच पर बंगाल को एक बार पुनः ला खड़ा करने का श्रेय पाल राजवंश को जाता है।

आर.सी. मजुमदार[8] के अनुसार पाल वंश के प्रमुख शासक गोपाल (750-770), धर्मपाल (770-810), देवपाल (810-850), विग्रहपाल प्रथम (850-854), नारायणपाल (854-908),

1. *इंडियन कल्चर,* जिल्द 7, पृ. 183
2. जिल्द 4, पृ. 366
3. *इम्पीरियल हिस्ट्री,* पृ. 48
4. *डिक्लाइन ऑफ द किंगडम ऑफ मगध* पृ. 336
5. जिल्द 4, पृ. 102, 248; जिल्द 15, पृ. 305; जिल्द 20, पृ. 187; जिल्द 21, पृ. 255, 259
6. जिल्द 2, पृ. 160; जिल्द 15, पृ. 305; जिल्द 17, पृ. 310; जिल्द 23, पृ. 290
7. जिल्द 18, पृ. 307; जिल्द 2, पृ. 161; जिल्द 14, पृ. 162-65
8. आर.सी. मजुमदार, *द हिस्ट्री ऑफ बंगाल; द एज ऑफ इम्पीरियल कन्नौज; द स्ट्रगल फॉर एम्पायर।*

राज्यपाल (908-940), गोपाल द्वितीय (940-960), विग्रहपाल द्वितीय (960-988), महीपाल प्रथम (988-1038), नयनपाल (1038-1055), विग्रहपाल (1055-1070), महीपाल द्वितीय (1070-1075), शूरपाल (1075-1077), रामपाल (1077-1120) और कुमारपाल (1120-1125) थे।

शशांक की मृत्यु के पश्चात् बंगाल की बिगड़ी हुई राजनीतिक अवस्था ठीक करने के लिए वहाँ के लोगों ने गोपाल को राजा चुना। इस तरह पालवंश की स्थापना हुई जिसका प्रथम शासक गोपाल था। गोपाल के पिता का नाम वप्यट और दादा का नाम दयितविष्णु था। इन पिता और दादा का राजनीतिक महत्त्व कुछ भी नहीं था। गोपाल की माँ के सम्बन्ध में कहा जाता है कि वह क्षत्रियकुलोत्पन्ना थी और एक वृक्ष देवता से सम्भोग करने के पश्चात् गोपाल को उसने पुंड्रवर्धन नामक स्थान पर जन्म दिया था। कुछ विद्वानों के अनुसार गोपाल एक दासकुल में जन्मा, किन्तु जब शासक बन गया तो क्षत्रिय कहलाने लगा। बाद में चलकर पालवंश का वैवाहिक सम्बन्ध राष्ट्रकूट तथा हैहय जैसे राजपरिवारों में होने लगा।

निश्चित रूप से यह पता नहीं चल पाता कि गोपाल ने बंगाल के किस भाग पर अपना राज्य स्थापित किया। आर.सी. मजुमदार के अनुसार गोपाल का मूल राज्यक्षेत्र पूर्वी और दक्षिणी बंगाल (बंग) में था। मजुमदार के इस विचार को अधिकांश विद्वानों ने नहीं माना है।

सम्भवतः गोपाल ने अपने राज्य का विस्तार मगध के पूर्वी सीमावर्ती क्षेत्र में किया। नालन्दा में उसने एक बौद्ध विहार की स्थापना की। पाल काल के काफी अभिलेख मगध से प्राप्त हुए हैं लेकिन कहीं भी गोपाल का मगध से कोई सम्बन्ध नहीं दिखाया गया है। कुछ अभिलेखों में उसे बहुत बड़ा विजेता बताया गया है। निश्चित रूप से कहना मुश्किल है कि गोपाल ने कामरूप को जीता। मात्र इतना कहना ज्यादा बेहतर होगा कि गोपाल ने बंगाल की अस्तव्यस्तता और शासनाभाव की स्थिति को समाप्त कर पाल राज्य की नींव डाली।

8.2 धर्मपाल

गोपाल का पुत्र धर्मपाल लगभग 770 ई. में शासक बना। पालवंश को गौरवान्वित करने में धर्मपाल की भूमिका महत्त्वपूर्ण रही। उत्तर भारत में शक्तिशाली शासक का इस समय अभाव था और कन्नौज एक ऐसा क्षेत्र था जिसका आर्थिक महत्त्व काफी था। राजनीतिक दृष्टि से कन्नौज पर अधिकार किए बिना सम्पूर्ण उत्तरी भारत पर राज्य स्थापित करना सम्भव नहीं था। इस क्षेत्र पर आधिपत्य स्थापित करने के लिए पालों को गुर्जर प्रतिहार से युद्ध हुआ और गुर्जर प्रतिहार शासक नागभट्ट विजयी रहा। आधुनिक बिहार और उत्तर प्रदेश पर अपना आधिपत्य स्थापित करने के लिए राष्ट्रकूट भी व्याकुल थे। अतः पाल, प्रतिहार और राष्ट्रकूट के बीच युद्ध का वातावरण बना रहा। पाल और प्रतिहार को बारी-बारी से पराजित करने में राष्ट्रकूट शासक सफल रहे। राष्ट्रकूटों का इरादा सम्भवतः यह नहीं था कि कन्नौज पर स्थायी रूप से अधिकार कर वे सम्पूर्ण भारतवर्ष का राजनीतिक और सैनिक नियन्त्रण सँभाल लें। राष्ट्रकूट और गुर्जर प्रतिहार के बीच संघर्ष का मुख्य कारण यह था कि दोनों की सीमाएँ मालवा के पास मिलती थीं। राष्ट्रकूटों का आक्रमण उस समय हुआ जब पाल और प्रतिहार आपसी युद्ध में व्यस्त थे। दोनों की सैनिक स्थिति डाँवाँडोल थी। इसी समय राष्ट्रकूटों का उद्‌देश्य पाल और प्रतिहार को इतना कमजोर बना देना था कि वे भविष्य में खतरनाक साबित न हो सकें। अपने पैतृक क्षेत्रों की रक्षा की चिन्ता राष्ट्रकूटों को इतनी थी कि कन्नौज पर अधिकार कर

सम्पूर्ण उत्तर भारत पर शासन करने की बात वे नहीं सोचते थे। राजनीतिक सन्तुलन बनाए रखने का प्रयास राष्ट्रकूटों का था और इसीलिए द्विकोणात्मक संघर्ष को उन्होंने त्रिकोणात्मक संघर्ष बना दिया। राष्ट्रकूटों ने पाल राज्य का क्षेत्र हड़पने का प्रयास नहीं किया। कन्नौज तक पहुँचने के बावजूद राष्ट्रकूटों ने प्रतिहारों के क्षेत्र को नहीं हड़पा। अवन्ति-बुन्देलखंड तक ही उन्होंने अपने को सीमित रखा। त्रिकोणात्मक संघर्ष का कोई परिणाम नहीं निकल सका।

धर्मपाल कन्नौज पर स्थायी शासन नहीं कर सका लेकिन उत्तर भारतीय राजनीति का वह केन्द्र बना रहा। गुर्जर प्रतिहार और राष्ट्रकूट शक्तियों से वह कई बार लड़ा। चक्रायुध को हराकर उसने कन्नौज पर भी कुछ प्रभुत्व स्थापित किया। बंगाल और बिहार पर उसका प्रभुत्व था। उसके राज्य का विस्तार हिमालय की तलहटी में उत्तर-पूर्वी पंजाब से उत्तर-पश्चिमी पंजाब तक था। सिन्ध, मालवा और विदर्भ के सामन्तों ने उसके प्रभुत्व को स्वीकार किया। ग्यारहवीं शताब्दी का संस्कृत कवि सोढ्ढल ने धर्मपाल को *उत्तरापथस्वामी* कहा है। सोढ्ढल गुजरात का कवि था। 785 से 800 ई. के बीच धर्मपाल उत्तर भारत का एक महत्त्वपूर्ण शक्ति था।

धर्मपाल का उपर्युक्त प्रभुत्व स्थायी नहीं रहा। कुछ विद्वानों ने उसे इतना वीर एवं प्रतापी नहीं माना है। राष्ट्रकूट शासक गोविन्द तृतीय ने धर्मपाल को बुरी तरह पराजित किया। तृतीय गोविन्द से पराजित होने के बाद भी धर्मपाल सैनिक और राजनीतिक यन्त्रों को नियन्त्रित किए रहा। कन्नौज के शासक चक्रायुध को उसने संरक्षण प्रदान किया। अपने शासनकाल के 32वें वर्ष में भी पाल राज्य को संरक्षित करने में वह सफल रहा। वृद्धावस्था में उसकी मुठभेड़ किसी तिब्बती राजा से हुई जिसने धर्मपाल को झुका दिया। इस तिब्बती राजा से उसने मधुर सम्बन्ध स्थापित कर लिया। नालन्दा अभिलेख में धर्मपाल को *परमभट्टारक, परमेश्वर* और *महाराजाधिराज* कहा गया है। धर्मपाल ने अपने छोटे भाई को सेनापति बनाया था। उसका मन्त्री गर्ग नामक ब्राह्मण था। नारायणपाल के भागलपुर अभिलेख में उसे 'उचित कर लगानेवाला' कहा गया है। इसी अभिलेख से पता चलता है कि वह प्रजा के साथ समता का व्यवहार रखता था। बौद्ध धर्म का अनुयायी होने के बावजूद धर्मपाल ने सभी धर्मों को एक समान संरक्षण प्रदान किया। उसने विक्रमशिला विश्वविद्यालय की स्थापना की। आधुनिक बंगाल के राजशाही जिले में उसने वारेन्द्री नामक प्रसिद्ध विहार का निर्माण करवाया। तारानाथ के अनुसार धर्मपाल का शासनकाल 64 वर्षों का रहा। खालिमपुर अभिलेख के अनुसार उसने 32 वर्षों तक शासन किया। अगर खालिमपुर अभिलेख को ही सच मानें तो इतने दीर्घकाल तक शासन करना स्वयं में एक महत्त्वपूर्ण बात है।

8.3 धर्मपाल की जीवनी एवं उपलब्धियाँ

लगभग 750 ई. में गोपाल ने बंगाल में पाल राज्य की स्थापना की। पाल राजवंश सैकड़ों वर्षों तक रहा। इसमें अनेक शासक हुए लेकिन प्रसिद्धि जिन कुछ शासकों को मिली उनमें प्रथम नाम धर्मपाल का है।

धर्मपाल लगभग 770 ई. में शासक बना और 810 ई. तक शासन किया। इस शासक की जानकारी आर.सी. मजुमदार, वी.पी. सिन्हा, वी.ए. स्मिथ, के.पी. जायसवाल, विनयचन्द्र सेन, हेमचन्द्र राय, नलिनिनाथ दासगुप्त, ए.एस. अल्तेकर, आर.एस. त्रिपाठी आदि विद्वानों की प्रकाशित पुस्तकों से होती है। इन पुस्तकों का मुख्य आधार तत्कालीन साहित्य एवं अभिलेख हैं।

अपनी योग्यता एवं वीरता के बल पर धर्मपाल ने जिस तरह अपना राज्य-विस्तार किया वह अपने-आप में अति प्रशंसनीय है। धर्मपाल जिस समय शासक बना उस समय उत्तर भारत में हम कुछ विशेष राजनीतिक घटनाओं का अभाव पाते हैं। कन्नौज पर अधिकार करने के लिए राजपूताना-मालवा के गुर्जर प्रतिहार, दक्षिण के राष्ट्रकूट और बंगाल में पाल प्रयत्नशील थे। कन्नौज आर्थिक दृष्टि से सम्पन्न क्षेत्र था। इन तीनों शक्तियों के बीच एक-डेढ़ सौ वर्षों तक संघर्ष का वातावरण बना रहा। प्रथम दौर में गुर्जर प्रतिहार का कन्नौज पर अधिकार हो गया। फिर पालों से दोनों शक्तियों का संघर्ष अपनी-अपनी प्रभुता उत्तर प्रदेश और बिहार की सीमाओं की रक्षा के लिए होता रहा। राष्ट्रकूटों ने पालों और प्रतिहारों को पराजित किया लेकिन कोई क्षेत्र हड़प नहीं सके। धर्मपाल पराजित रहा लेकिन कन्नौज प्राप्त करने के लिए वह प्रयत्नशील रहा। 871 ई. के सजान ताम्रफलकाभिलेख के अनुसार ध्रुव की सेनाओं ने धर्मपाल को हराया था। ध्रुव ने वत्सराज को भी हराया। डॉ. भंडारकर के अनुसार ध्रुव को पराजित करने के लिए धर्मपाल ने वत्सराज से सम्बन्ध स्थापित किया, परन्तु ध्रुव को हरा नहीं सका। धर्मपाल ने दोआब पर चढ़ाई की लेकिन वत्सराज से जीत न सका। दुबारा आक्रमण कर धर्मपाल जीत गया और उसने दोआब पर अधिकार कर लिया।

कुछ दिनों पश्चात् वत्सराज राजपूताना भाग गया। धर्मपाल को राज्य-विस्तार का अच्छा मौका मिला। खालिमपुर अभिलेख के अध्ययन से पता चलता है कि धर्मपाल कान्यकुब्ज पर अधिकार कर लिया लेकिन स्वयं वहाँ का राजा नहीं बना, बल्कि उसने चक्रायुध को राजा बनाया। इस तरह अप्रत्यक्ष रूप से कन्नौज पर धर्मपाल का अधिकार रहा। वत्सराज को धर्मपाल ने हरा दिया था। धर्मपाल द्वारा कन्नौज में आयोजित दरबार में विवश एवं प्रणत होकर वत्सराज को उपस्थित होना पड़ा था। खालिमपुर अभिलेख से पता चलता है कि कन्नौज के दरबार में धर्मपाल के अधीन शासक के रूप में चक्रायुध का जब अभिषेक हुआ तो उसमें उन्हीं राजाओं ने भाग लिया जिन्होंने धर्मपाल की अधीनता स्वीकार की थी। दूसरी तरफ विद्वान त्रिपाठी महोदय का मत है कि चक्रायुद्ध के अभिषेक के अवसर पर विभिन्न राजाओं का उपस्थित होना एक राजनीतिक शिष्टाचार था। इस बात की जानकारी स्रोतों से नहीं हो पाती कि उन पर सचमुच सैनिक विजय हुई थी या डरकर उन्होंने अधीनता मान ली थी।

अन्य राजाओं के क्षेत्रों का अगर हम अध्ययन करें तो धर्मपाल के अधिसत्तात्मक प्रभाव की सीमाओं का अनुमान किया जा सकता है। इस स्थिति में कन्नौज, मत्स्य, यदु, अवन्ति, कुरुदेश, इन्द्रप्रस्थ, यवन, गन्धार, कीर और भोज क्षेत्रों को काफी छोटा बना दिया। अन्तिम अवस्था में धर्मपाल को तिब्बती राजा की अधीनता स्वीकारनी पड़ी। बिहार और बंगाल तक धर्मपाल की राज्य सीमा रह गई। इसके बावजूद धर्मपाल की वीरता और कुशलता को अस्वीकार नहीं किया जा सकता। अपने पिता से राज्य के नाम पर बंगाल का छोटा-सा भाग उसे मिला था लेकिन अपनी कुशलता और वीरता के बल पर उसका राज्य-विस्तार कन्नौज से भी पश्चिम के क्षेत्रों तक हुआ। उत्तर भारतीय शक्तिशाली राज्यों से उसे टकराना पड़ा और इसके बावजूद वह अन्तिम घड़ी में बिहार और बंगाल तक पाल राज्य को बढ़ाने में सफल रहा। नालन्दा अभिलेख के अनुसार इस शासक ने परमेश्वर, परमभट्टारक और महाराजाधिराज की उपाधियाँ ग्रहण की। अपने छोटे भाई वाकपाल को उसने सेनापति के पद पर नियुक्त रखा जबकि भारतीय इतिहास भाइयों की हत्या कर देने की घटनाओं से भरा पड़ा है। वह अपने

भाई की अच्छी सलाहों को सदा ऊँचा स्थान देता रहा। नारायणपाल के भागलपुर अभिलेख में उसे *समकरः* अर्थात् उचित कर लगानेवाला कहा गया है। बौद्ध धर्म का समर्थक होने के बाद भी उसने सभी धर्मों का आदर किया। विक्रमशिला विश्वविद्यालय में उसने एक विहार की स्थापना की। उसके द्वारा वारेन्द्री में सोयपुर विहार की स्थापना की गई। तारानाथ के अनुसार 64 वर्षों और खालिमपुर अभिलेख के अनुसार धर्मपाल ने 32 वर्षों तक शासन किया। उसके बाद ही नागभट्ट उसे पराजित कर सका और उसकी राज्य-सीमा घट गई। फिर भी उसका राजत्वकाल 40 से 50 वर्षों के बीच तक था। इतने वर्षों तक शासन करना साधारण शासक के लिए आसान नहीं। नालन्दा अभिलेख और खालिमपुर अभिलेख में एक विजेता और कुशल प्रशासक के रूप में धर्मपाल की सराहना है।

इस तरह पाल शासकों में धर्मपाल अति प्रसिद्ध रहा। उसकी तुलना अशोक और औरंगजेब से नहीं की जा सकती क्योंकि पाल शासकों का काल सामन्तवादी वातावरण से प्रभावित था। तत्कालीन शासकों से अगर हम तुलना करें तो निश्चित ही उसे एक महान उत्तर भारतीय शासक स्वीकारना पड़ेगा। बंगाली संस्कृति आज सारे भारतवर्ष में अपनी मिठास और आकर्षण के लिए प्रसिद्ध है। इस संस्कृति को विशेष रूप से विकसित करने का श्रेय धर्मपाल को है। कलात्मक दृष्टि से यह काल सर्वोत्तम था। गुप्त और पाल कलाएँ भावात्मक दृष्टि से एक नहीं हैं लेकिन गुप्तकालीन कला-शैली को विकसित करने का श्रेय धर्मपाल को है। पाल कला की मुख्य विशेषता उसकी रहस्यात्मक प्रकृति है। धर्मपाल ने जिस तान्त्रिक क्रिया को विकसित करने में सहयोग दिया उसमें सम्भोग की प्रधानता थी। उसके काल में विष्णु और गणेश की अनेक मूर्तियाँ अति कलात्मक ढंग से विकसित हुई। उसने बौद्ध विहारों का निर्माण भी करवाया। उसके काल में छोटी-छोटी मूर्तियाँ बनाई जाने लगीं। धातु विज्ञान को विकसित करने में धर्मपाल ने काफी सहायता प्रदान की। तिब्बत से उसके काल में सम्बन्ध विकसित हुआ। उसके काल में पूर्वी द्वीप समूह, नेपाल और तिब्बत में पाल कला का विस्तार हुआ। धर्मपाल ने अपने समय में नालन्दा विश्वविद्यालय को काफी सहायता प्रदान की, जिस कारण नालन्दा विश्वविद्यालय अन्तर्राष्ट्रीय स्तर का विश्वविद्यालय हो गया। धर्मपाल के काल में ही महायान बौद्ध शिक्षा का काफी विकास हुआ।

8.4 देवपाल

धर्मपाल का बेटा देवपाल गद्दी पर बैठा। उसने विन्ध्यगिरि और कम्बोज तक विजय-अभियान किया। सुदूर दक्षिण में रामेश्वरम् से आगे तक की भूमि पर उसके द्वारा शासन करने की बात बताई गई है। अपने मन्त्री केदार मिश्र की कुशाग्रबुद्धि की सहायता से उसने उड़ीसा पर अधिकार किया। हूणों, द्रविड़ और गुर्जर राजाओं पर उसने सफलता प्राप्त की। इस तरह आसाम से लेकर कश्मीर तक के क्षेत्रों पर अर्थात् सम्पूर्ण उत्तर भारतीय क्षेत्रों पर उसका अधिकार हो गया। देवपाल ने सिन्धु से ब्रह्मपुत्र के ऊपरी कांठों तक, हिमालय से विन्ध्याचल पर्वत तथा सुदूर दक्षिण तक सैनिक-अभियान किया। त्रिपाठी और कीलहॉर्न ने देवपाल के द्वारा की गई उपर्युक्त विजयों को कल्पना पर आधारित बताया है। सामान्य तौर पर तत्कालीन भारतीय राजनीतिक स्थिति का हम अध्ययन करें तो त्रिपाठी और कीलहॉर्न का

विचार सही लगेगा। इस काल मे हमें वैसे अनेक भारतीय राजा मिलते हैं जिन्होंने अपने को सम्पूर्ण भारत का शासक घोषित किया और राजकीय संरक्षण प्राप्त करनेवाले विद्वानों से ऐसी ही अलंकारिक बातों को लिखवाया।

प्रतिहार शासक रामभद्र एक कमजोर शासक और देवपाल का समकालीन था। इस प्रतिहार शासक को शायद देवपाल का आक्रमण सहना पड़ा था। इस बात की चर्चा भोज के बराह अभिलेख और दौलतपुर अभिलेख में की गई है। अतैथिक ग्वालियर अभिलेख के अनुसार देवपाल ने भोज की पत्नी को अपना रानी बना लिया। देवपाल के चचेरे भाई जयपाल ने प्रारम्भ के राजा को झुका दिया। पालों की अधीनता स्वीकार कर प्रालम्भ ने अपने कामरूप राज्य की आन्तरिक स्वतन्त्रता की रक्षा की। उड़ीसा पर देवपाल द्वारा कई आक्रमण किए गए लेकिन कहाँ तक सफलता मिली, इसकी ठोस जानकारी नहीं मिल पाती। राष्ट्रकूटों पर आक्रमण कर देवपाल को कुछ सफलता प्राप्त हुई। तत्कालीन समय में राष्ट्रकूट अपनी आन्तरिक समस्याओं से परेशान थे। देवपाल ने काँची के पल्लवों पर आक्रमण किया था। इसकी जानकारी मुंगेर अभिलेख से होती है। विन्ध्य, उड़ीसा और सुदूर दक्षिण में देवपाल का आक्रमण इसीलिए हुआ ताकि राष्ट्रकूट बंगाल की ओर बढ़ने की बात नहीं सोचें।

अभिलेखों में अनेक शासकों के समान देवपाल का भी काफी गुणगान किया गया है। इन अभिलेखों में देवपाल से सम्बन्धित बातों में अगर थोड़ी भी सच्चाई है तो हम कह सकते हैं कि पालवंश का वह सबसे बड़ा विजेता था। पाल राज्य को उसने सुरक्षित रखा और कुछ नवीन क्षेत्रों को अपनी प्रभुता में लाया। उसके अभियान कार्यों ने उसे काफी प्रसिद्ध बना दिया। आसाम, उड़ीसा और मध्य प्रदेश के इलाके तक अपना प्रभुत्व स्थापित करने में वह काफी हद तक सफल रहा। धर्मपाल के काल में उसका क्षेत्र गुर्जर प्रतिहारों और राष्ट्रकूटों द्वारा अनेक बार रौंदा गया लेकिन इन दोनों शक्तियों में से किसी एक का भी आक्रमण देवपाल के समय नहीं हुआ।

देवपाल एक सफल प्रशासक था। उसके काल में राज्य की आन्तरिक स्थिति सुदृढ़ रही। केदार मिश्र उसका योग्य मन्त्री था। उसका चचेरा भाई जयपाल एक कुशल सेनापति था। धार्मिक दृष्टि से देवपाल अपने पिता धर्मपाल की तरह बौद्धधर्म का समर्थक था। नालन्दा और विक्रमशिला के विहारों का अपूर्व विकास हुआ। अनेक बौद्ध मन्दिरों और विहारों को उसने दान दिया। तारानाथ ने देवपाल को 'बौद्ध धर्म का पुनर्संस्थापक' कहा है। उसके काल के लगभग 12 अभिलेख मिले हैं।

8.5 विग्रहपाल प्रथम : शूरपाल

विग्रहपाल का पिता जयपाल था। देवपाल का चचेरा भाई और सेनापति जयपाल था। देवपाल के पुत्र राज्यपाल को मारकर विग्रहपाल शासक बन गया। देवपाल के बाद पाल राज्य की स्थिति खराब हो गई थी। दरबार षड्यन्त्रकारियों का अड्डा बन गया था। जयपाल सेनापति था और राजा देवपाल को मार देना उसके लिए मुश्किल नहीं था। पालवंश के सैकड़ों वर्ष पूर्व सेनापति पुष्यमित्र शुंग ने भी मौर्य साम्राज्य के अन्तिम शासक वृहद्रथ को मारकर गद्दी प्राप्त की थी।

देवपाल के बाद पाल नरेश कौन हुआ, इस पर तत्कालीन स्रोत एकमत नहीं हैं। भागलपुर अभिलेख के अनुसार देवपाल के पश्चात् विग्रहपाल राजा बना। बादाल स्तम्भ अभिलेख के अनुसार देवपाल के बाद शूरपाल राजा बना। परन्तु विद्वानों ने यह बताया है कि विग्रहपाल का ही नाम शूरपाल था। विग्रहपाल-शूरपाल का शासनकाल मात्र चार वर्षों का रहा। उसने **राजसूय यज्ञ** किया था। प्रशासनिक योग्यता का उसमें अभाव था। धर्म में वह ज्यादा रुचि लेता था।

8.6 नारायणपाल

नारायणपाल का पिता विग्रहपाल था। विग्रहपाल के जीवितावस्था में ही नारायणपाल राजा बन गया। केदार मिश्र का पुत्र नारायणपाल का मन्त्री था। नारायणपाल अपने पिता के जैसा ही स्वभाववाला था। नारायणपाल ने कोई सैनिक अभियान नहीं किया। वह एक कमजोर शासक था। पाल राज्य के पूर्व गौरव को बनाए रखने की क्षमता उसमें नहीं थी। गुर्जर प्रतिहारों ने उसके काल में उत्तरी बंगाल और बिहार को हथिया लिया। नारायणपाल को गद्‌दी पर बैठते ही राष्ट्रकूटों का दबाव सहना पड़ा। वह अंग और मगध पर किसी प्रकार अधिकार स्थापित किए रहा। बाद में गुर्जर प्रतिहार शासक मिहिरभोज और महेन्द्रपाल ने पाल राज्य के कई क्षेत्रों को अपने अधिकार में कर लिया। अपने शासनकाल में अन्तिम दिनों में सम्भवतः नारायणपाल अपनी पैतृक सम्पत्ति प्राप्त कर लेने मे सफल रहा।

8.7 राज्यपाल

नारायणपाल के पश्चात् उसका पुत्र राज्यपाल शासक बना। राज्यपाल की पत्नी भाग्यदेवी राष्ट्रकूट के शासक तुंगदेव की पुत्री थी। वैवाहिक सम्बन्ध के आधार पर पालों का सम्बन्ध राष्ट्रकूट शासकों के साथ सुधरा। अपने शासनकाल में राज्यपाल ने मन्दिरों एवं तालाबों का निर्माण करवाया। पाल राज्य में शान्ति का वातावरण रहा।

8.8 द्वितीय गोपाल

राज्यपाल का बेटा द्वितीय गोपाल पालों का राजा बना। इस राजा की जानकारी नालन्दा, बोधगया और जानिलपाड़ा (उत्तरी बंगाल) आदि स्थानों में प्राप्त अभिलेखों से होती है। इन अभिलेखों से पता चलता है कि गोपाल का राज्य-विस्तार उत्तरी बंगाल और बिहार में था। उसने 17 वर्षों तक शासन किया।

8.9 विग्रहपाल द्वितीय

द्वितीय गोपाल के बाद उसका पुत्र विग्रहपाल द्वितीय गद्‌दी पर बैठा। इस शासक के बारे में ठोस जानकारी नहीं मिलती है। उसने कोई सैनिक अभियान नहीं किया। पालों की स्थिति उसके काल में खराब रही।

गोपाल और विग्रहपाल के काल में कम्बोजवंशी शासकों का आक्रमण बंगाल पर हुआ। तिब्बत, भूटान और हिमालय की तलहटी में कम्बोजों का शासन था। बंगाल के कुछ भागों पर भी इसका आधिपत्य स्थापित हो गया था। इस समय अंग, बंग और मगध में स्वतन्त्र स्थिति हो गई थी।

8.10 महीपाल प्रथम

विग्रहपाल द्वितीय का पुत्र महीपाल प्रथम शासक बना। इसके शासन से पूर्व पाल राज्य की स्थिति बिलकुल खराब हो चुकी थी। अपनी सैनिक योग्यता और कार्यकुशलता के बल पर महीपाल ने पाल राज्य को पुनः गौरवशाली राज्य बना दिया। उसके अभिलेखों से पता चलता है कि पाल राज्य का विस्तार बनारस तक हो गया था। बानगढ़ (उत्तरी बंगाल) से प्राप्त अभिलेखों के अनुसार अपने शासनकाल के नौवें वर्ष में महीपाल ने पैतृक राज्य पर कब्जा कर लिया। महीपाल ने कम्बोजवंश के शासकों से उत्तरी और पश्चिमी बंगाल को छीन लिया। बघौरा अभिलेख बताता है कि उसने आधुनिक बंगलादेश के कोमिल्ला जिले में एक मूर्ति स्थापित की। उसने त्रिपुरा को अपने अधीन कर लिया। समस्त गौड़, वारेन्द्र उत्तरी राढ़ तथा बंग-समतट पर पुनः महीपाल ने अधिकार कर लिया।

जहाँ तक महीपाल की धार्मिक प्रवृत्ति का प्रश्न है, नालन्दा से प्राप्त अभिलेख के अनुसार वह बौद्ध धर्म का समर्थक था। उसने एक प्राचीन बौद्ध मन्दिर की मरम्मत कराई। *अष्टसाहस्त्रिका प्रज्ञापारमिता* नामक बौद्ध ग्रन्थ के अनुसार महीपाल का नालन्दा बौद्ध केन्द्रों से घनिष्ठ सम्बन्ध था। उसे स्रोतों में *परमभट्टारक, महाराजाधिराज, परमेश्वर* और *परमसौगत* कहा गया है। उसके काल की एक कांस्यमूर्ति मिली है। सम्पूर्ण बिहार पर उसका आधिपत्य था। उसकी जानकारी तितरवा (बिहार) से प्राप्त अभिलेख से होती है। इस तथ्य का बिहार के दो अन्य अभिलेखों ने भी समर्थन किया है। सारनाथ के एक अभिलेख से पता चलता है कि बनारस में महीपाल ने अनेक मन्दिरों का निर्माण कराया। महीपाल का अधिकार बनारस पर अधिक दिनों तक नहीं रहा। दक्षिण-पश्चिम से कलचुरियों ने बनारस पर आक्रमण करना शुरू कर दिया था।

चोल आक्रमण का सामना भी महीपाल को करना पड़ा। दंडनाथ के सेनापतित्व में चोल सेनाएँ पाल राज्य में प्रवेश कीं। महीपाल मुकाबला करने में असफल रहा। चोल सेनाओं को काफी धन प्राप्त हुआ। चोलों का आधिपत्य उड़ीसा और महाकोसल क्षेत्रों में हो गया। स्रोतों से पता चलता है कि महीपाल का आधिपत्य सम्पूर्ण बंगाल पर भी नहीं था। चोल सेनाएँ जब लौटीं तो महीपाल अपनी पूर्वस्थिति में आ गया। चोल आक्रमण अस्थायी रहा लेकिन चोल संस्कृति से पाल प्रभावित हुए। कर्णाट के अनेक सरदार बंगाल में स्थायी रूप से बस गए।

सफल-असफल युद्धों के पश्चात् महीपाल द्वारा पाल राज्य को गौरवान्वित करने की जानकारी मिलती है। उसके पूर्वजों ने पाल राज्य के जिन हिस्सों को खोया, महीपाल ने उन्हें पुनः प्राप्त कर लिया। दक्षिण से आनेवाली समस्याओं के कारण उत्तर भारतीय राजनीति में महीपाल विशेष हिस्सा नहीं ले सका। गांगेयदेव कलचुरि का आक्रमण पाल राज्य पर महीपाल के समय में ही हुआ था। सांस्कृतिक क्षेत्रों में महीपाल की भूमिका प्रशंसनीय रही। नालन्दा,

बोधगया, सारनाथ और बनारस में उसने अनेक बौद्ध विहारों एवं हिन्दू मन्दिरों की मरम्मत कराई। अनेक नवीन बौद्ध विहार और मन्दिरों की स्थापना भी उसके द्वारा कराई गई। अपने नाम पर उसने **महीपुर** नामक नगर बसाया। **महीपालदीघी** नामक तालाब का निर्माण उसने दिनाजपुर में कराया।

8.11 जयपाल और पालों का पतन

वर्षों तक महीपाल ने शासन किया। उसके पश्चात् उसका बेटा जयपाल गद्दी पर बैठा और उसने 15 वर्षों तक शासन किया। उसके काल में कलचुरि कर्ण का आक्रमण हुआ। राजा कर्ण ने पाल सैनिकों को हराया और अनेक बौद्ध स्थलों को हानि पहुँचाई। जयपाल ने किसी तरह स्थिति सामान्य की। दीपंकर श्रीज्ञान (अतीश) नामक बौद्ध विद्वान ने दोनों पक्षों को समझा-बुझाकर शान्त कर दिया। जयपालकालीन अभिलेखों से पता चलता है कि पाल राज्य का विस्तार मगध और उत्तरी बंगाल तक था। पूर्वी और दक्षिणी बंगाल स्वतन्त्र हो चुके थे।

8.12 विग्रहपाल तृतीय

1055 ई. में विग्रहपाल तृतीय गद्दी पर बैठा। कलचुरियों से मित्रता स्थापित करने में वह कुछ सफल रहा लेकिन राज्य-विस्तार नहीं कर सका। इसके काल में चालुक्य शासक विक्रमादित्य षष्ठ का आक्रमण हुआ। विक्रमादित्य ने गौड़ और कामरूप के राजाओं को 1068 ई. में हरा दिया। इस काल में अनेक कर्णाट सरदार बंगाल में बस गए। इन्हीं सरदारों के वंशज राढ़ा के सेन और सिंहपुर के वर्मन शासक हुए। उड़ीसा के शासकों का गौड़ पर आक्रमण इसी समय हुआ। बंगाल पालों के हाथ से निकल गया। मगध के कुछ भागों पर भी पाल-विरोधी शक्तियों का आधिपत्य हो गया।

8.13 महीपाल द्वितीय

गद्दी पर बैठते ही महीपाल द्वितीय ने अपने दो छोटे भाइयों शूरपाल द्वितीय और रामपाल को कारागार में डाल दिया। पाल राज्य की आन्तरिक कलह का यह लक्षण था। राजदरबार में परस्पर अविश्वास की स्थिति उत्पन्न हो गई। दिव्योक (दिव्य) नामक कैवर्त्त सरदार ने महीपाल द्वितीय की हत्या कर दी और वारोन्द्री में एक स्वतन्त्र राज्य की स्थापना कर ली।

8.14 रामपाल

अपने पैतृक राज्य की प्रतिष्ठा प्राप्त करने के लिए रामपाल ने कैवर्त्तों को दबाने का प्रयास किया। वारोन्द्री पर आक्रमण करने के लिए उसने महाप्रतिहार राष्ट्रकूट शिवराज के नेतृत्व में एक सेना भेजी। रामपाल स्वयं भी युद्ध-क्षेत्र की ओर चला। वारोन्द्री पर रामपाल का अधिकार हो गया। उसने अपने राज्य का विस्तार बंगाल तथा उड़ीसा में भी किया। कुछ दुश्मन राजाओं को मित्र बनाने में वह सफल रहा। इसके बावजूद पाल राज्य पर कल्याणी में

चालुक्य और कन्नौज-काशी में गाहड़वाल शासकों का दबाव पड़ रहा था, लेकिन रामपाल का राज्य बना रहा। उसने **रामवती** नामक एक नई राजधानी बसाई। इस नगर को हिन्दू और बौद्ध मन्दिरों से सजाया गया। तारानाथ के अनुसार रामपाल साठ वर्षों तक शासन किया।

रामपाल की उपर्युक्त सफलताओं के बावजूद पाल राज्य का पतन होता रहा। रामपाल के चार पुत्र थे लेकिन कोई शासक नहीं बन पाया। असम से पालों की अधिसत्ता समाप्त हो गई। पूर्वी बंगाल में सेनवंश अपनी सत्ता स्थापित करने लगा और कुछ ही दिनों पश्चात् उसने सम्पूर्ण बंगाल को अधिकृत कर लिया। पटना तक के क्षेत्र कन्नौज-काशी के गाहड़वालों के अधीन हो गए। अपने शासन के अन्तिम दिनों में पाल नरेश मदनपाल बिहार के मध्य और पूर्वी भागों को एक छोटे प्रदेश का शासक मात्र रह गया। मदनपाल के मरने पर गोविन्दपाल राजा बना। वह पालवंश का अन्तिम शासक था। इसके काल में इस वंश ने अपना अस्तित्व पूर्णतः खो दिया।

धर्मपाल, देवपाल तथा महीपाल प्रथम को छोड़कर शेष पाल शासक कमजोर, अनुभवहीन और संकीर्ण विचारवाले थे। बाह्य आक्रमणों तथा विजय अभियानों में उल्लेखनीय प्रदर्शन ये नहीं कर सके। दुश्मन की कमजोरी से लाभ उठाने उन्हें नहीं आता था। प्रतिहार और राष्ट्रकूटों को कई बार समस्याओं के जाल में बँधना पड़ा था। ये दोनों शक्तियाँ पाल-विरोधी थीं। पाल-शासकों को चाहिए था कि उनकी कमजोरियों का लाभ उठा लें, लेकिन ऐसा नहीं कर सके। अनेक पाल शासकों द्वारा दुश्मनों के समक्ष आत्मसमर्पण का ही परिणाम था कि उड़ीसा तथा कामरूप के सामन्तों ने स्वतन्त्र राज्य स्थापित कर लिए। अपनी कमजोरियों को छिपाने की क्षमता के अभाव में गोपाल द्वितीय के काल में कम्बोजवंशी राजाओं का अधिकार उत्तरी बंगाल पर हो गया। उत्तर भारत की खराब स्थिति से लाभ उठाने के उद्देश्य से चोलों का आक्रमण हुआ और इसका खराब असर पालों पर भी पड़ा। इसी समय कलचुरियों के आक्रमण का सामना पाल राज्य को करना पड़ा।

योग्य शासकों के अभाव में पाल राज्य की आन्तरिक स्थिति खराब होती गई। दुर्बल शासकों ने कमजोर सामन्तों को भी शक्तिशाली और महत्त्वाकांक्षी बना दिया। परिणामस्वरूप जहाँ मौका मिला सामन्त अपने को स्वतन्त्र घोषित करते गए। पाल शासकों में से अधिकांश को कूटनीति के महत्त्व की जानकारी नहीं थी। पड़ोसी राज्यों से मित्रता स्थापित करने या मधुर सम्बन्ध बनाने की योग्यता होती तो इतनी तेज गति से पाल राज्य की बर्बादी नहीं होती। पाल राज्य का आर्थिक महत्त्व ऐसा नहीं था कि उस क्षेत्र पर पड़ोसी राज्यों की उतना ध्यान जाता। कुछ महत्त्वाकांक्षी पाल शासकों ने राज्य-विस्तार की योजना बनाई। इनकी योजनाएँ जिस सीमा तक सफल रहीं उसे भविष्य में भी सफल बनाने के लिए योग्य पाल शासकों की आवश्यकता थी। परन्तु योग्य शासक नहीं निकल पाए। इस स्थिति में राज्य-विस्तार की योजना सफल होने की गुंजाइश नहीं थी। बात इस बिन्दु पर ही रुक जाती तो यह पाल राज्य के पतन में ही रहता। पाल राज्य-विस्तार के लिए योग्य राजाओं ने पड़ोसी राज्यों को दुश्मन बना लिया। बाद के कमजोर शासकों के लिए आवश्यक था कि वे इन पड़ोसी राज्यों से मधुर सम्बन्ध स्थापित कर लेते, लेकिन ऐसा हुआ नहीं। पालों की स्थिति इतनी कमजोर हुई कि उनके राज्य के सामन्त ही स्वतन्त्र होने लगे। इस स्थिति में पड़ोसी राज्यों की कूटनीति इसी बात की अनुमति देती थी कि वे पाल राज्य का जितना शोषण कर सकते हों करें।

भारत पर महमूद गजनवी का आक्रमण हुआ। उससे मुकाबला करने के लिए अनेक राज्यों का एक संघ तैयार हुआ। इस संघ में शामिल होने का अवसर पाल नरेश महेन्द्रपाल को मिला, लेकिन वह संघ में शामिल नहीं हुआ। परिणामस्वरूप उसने उत्तर भारतीय राजाओं की सहानुभूति खो दी। इतना ही नहीं, बारी-बारी से जब आक्रमण होने लगे तो किसी ने उसका पक्ष नहीं लिया। इस स्थिति में सामन्तवादी तत्त्वों का सिर उठाना स्वाभाविक था।

8.15 प्रशासन

तत्कालीन उत्तर भारतीय राजाओं से पालों की प्रशासनिक-व्यवस्था भिन्न थी। *द एज ऑफ इम्पीरियल कन्नौज* (पृ. 242) में आर.सी. मजुमदार बताते हैं कि तत्कालीन आन्तरिक स्थिति और प्रमुख अधिकारियों ने पाल राज्य के संस्थापक गोपाल को अराजकता की बाढ़ को रोकने के लिए शासक नियुक्त किया। इस स्थिति में वास्तविक राज्य की नींव पड़ना सम्भव नहीं था। कोई विधिवत् तथा स्थायी रूप से निर्मित मन्त्रिपरिषद् नहीं थी। पालों की प्रशासनिक-व्यवस्था पूर्णतया व्यक्तिगत राज्य का प्रतिरूप थी। राजा के अधिकारों पर किसी संवैधानिक नियन्त्रण का प्रश्न नहीं था।

तत्कालीन अभिलेखों से पता चलता है कि प्रशासन में राजा सर्वोच्च था। अनेक पाल शासकों ने *परमेश्वर, परमभट्टारक, महाराजाधिराज* आदि उपाधियों से अपने को अलंकृत किया था। राजा का पद वंशानुगत होता था। एक केन्द्रीय शासन-प्रणाली यहाँ विकसित हो चुकी थी। इसी के साथ सामन्तवादी परम्परा भी प्रचलित थी। सामन्तों को *राजन, राजन्यक, सामन्त, महासामन्त* आदि नामों से पुकारा जाता। खास अवसरों पर राजा अपना दरबार लगाते जिसमें अधीनस्थ शासक तथा सामन्त एकत्रित होते और राजा के समक्ष सम्मान प्रकट करते थे। जन-कल्याण के कार्य और धार्मिक सहिष्णुता के कारण अनेक पाल शासक काफी लोकप्रिय रहे। न्याय और धर्म में राजा अन्तिम निर्णय देता।

राजा के मरने के पश्चात् उसका ज्येष्ठ पुत्र अर्थात् **युवराज** शासक बनता। युवराज की घोषणा राजा अपने मरने से पूर्व भी कर दिया करता था। जीवितावस्था में राजा कभी-कभी गद्दी त्याग देता। ऐसा प्रायः धार्मिक कृत्यों के लिए होता। उस स्थिति में युवराज को शासक बना दिया जाता। राजा के छोटे भाई अगर होते तो गद्दी के लिए युवराज और राजा के भाई या भाइयों के बीच संघर्ष की स्थिति उत्पन्न हो जाती। आन्तरिक कलह का वातावरण बना रहता। चाचा-भतीजा के युद्ध से सामन्तों को नाजायज लाभ उठाने का अवसर मिलता। ऐसे ही वातावरण में महीपाल द्वितीय की हत्या सामन्तों द्वारा कर दी गई। इन सामन्तों ने शूरपाल तथा रामपाल को शासक बनाया था। रामपाल के मरने के बाद उसके बेटों के बीच गद्दी के लिए संघर्ष हुआ था।

प्रशासन अनेक इकाइयों में बँटा था। **भुक्ति, विषय, मंडल** तथा **पाटक** प्रमुख इकाई थे। कुछ समय तक राजा का प्रत्यक्ष प्रशासनिक नियन्त्रण बंगाल, बिहार तथा असम पर था। पुंड्रवर्धन, वर्धमान और दंड नामक तीन भुक्तियों में बंगाल का प्रशासन विभाजित था। बिहार दो भुक्तियों—**तीर** तथा **श्रीनगर** में बँटा था। असम में प्रागुज्योतिस भुक्ति थी। भुक्ति अनेक विषयों और मंडलों में बँटे होते थे।

प्रशासन चलाने के लिए मन्त्रिपरिषद् होती जिसका प्रधान मुख्यमन्त्री या सचिव कहलाता। मुख्यमन्त्री का पद राजा के समान ही वंशानुगत होता। राजा पद के लिए जिस तरह आपसी संघर्ष होता मुख्यमन्त्री पद के साथ ऐसी बात हम नहीं पाते हैं। इस पद पर प्रायः ब्राह्मणों को नियुक्त किया जाता। पाल शासकों ने बौद्ध धर्म का समर्थन किया लेकिन मुख्यमन्त्री के पद पर सदा ब्राह्मणों को रखा। पाल शासक धर्मपाल तथा नारायणपाल का मुख्यमन्त्री गर्ग था। गर्ग के पुत्र का नाम दर्भपाणि था जो देवाल का मुख्यमन्त्री था। विग्रहपाल तृतीय का मुख्यमन्त्री योगदेव था। कुमारपाल के शासनकाल तक वही मुख्यमन्त्री का पद सँभालता रहा। कुछ मन्त्रियों को कई कार्य सौंपे जाते। कुमारपाल का मन्त्री बैद्यदेव राजा को सलाह देता और सेनापति का पद भी सँभालता था। इसी बैद्यदेव ने पाल शासकों की कमजोरियों का लाभ उठाकर कामरूप में स्वतन्त्र सत्ता स्थापित कर ली। मन्त्रीपद को वंशानुगत बनाने की परम्परा पालों ने गुप्तों से ग्रहण की।

आर.सी. मजुमदार[1] ने अभिलेखों के आधार पर बताया है कि प्रशासन चलाने के लिए एक केन्द्रीय कार्यकारिणी समिति होती थी जिसका अध्यक्ष स्वयं राजा होता था। इस समिति में राजपुत्र, मुख्यमन्त्री, युद्ध एवं शान्तिमन्त्री, राजामात्य अर्थात् उपमन्त्री, महाकुमारमात्य, दूत, अमात्य, अंगरक्षक, राजस्थानीय अर्थात् प्रान्त का प्रशासक, अध्यक्ष आदि होते थे। इस समिति का काम राज्य से सम्बन्धित सभी पहलुओं पर विचार करना था।

प्रशासन ठीक से चले और नियमित रूप से राजस्व प्राप्त हो इसके लिए एक **राजस्व विभाग** होता था। इस विभाग में उपरिक, विषयपति, दशग्रामीक और ग्रामपति होते थे। इनकी नियुक्ति प्रशासनिक इकाइयों के अनुसार होती थी। राज्य को जिन स्रोतों से आय होती उनमें प्रमुख थे भाग, भोग, कर, हिरण्य, उपरिकर आदि। राजस्व का छठा भाग वसूल करनेवाला अधिकारी षष्टाधिकृत कहलाता था। चौरोधरनिक, शैल्किक, दाशाप्राधिक और तरिक आदि नामक कुछ वैसे अधिकारी होते जो कर उगाने का काम करते थे।

लेखा-विभाग का अधिकारी *महाअक्षपटलिक* कहलाता था। इस अधिकारी का एक सहायक होता जो ज्येष्ठ कायस्थ कहलाता था। क्षेत्रपाल वह अधिकारी कहलाता जो भूमि का सर्वेक्षण करवानेवाला विभाग चलाता था। भू-सर्वेक्षण विभाग से सम्बन्धित एक और अधिकारी होता जिसे **प्रमात्रि** कहते थे। **महादंडनायक** को **धर्माधिकारी** भी कहते थे। यह अधिकारी न्याय विभाग का प्रमुख होता था। पुलिस-विभाग कई उपविभागों में बँटा था। **महाप्रतीहार, दंडिका, दंड-पाशिक तथा दंडशक्ति** नामक चार प्रकार के अधिकारी पुलिस विभाग से सम्बन्धित थे। गुप्तचर विभाग का अधिकारी खोल कहलाता।

सेना-विभाग प्रशासन का महत्त्वपूर्ण और आवश्यक अंग था। इसका प्रधान सेनापति या महासेनापति कहलाता था। सेना-विभाग कई उपविभागों में बँटा था। स्थल सेना, अश्व सेना, हाथी सेना, ऊँट सेना तथा जल सेना के अलग-अलग उपविभाग होते, जिनके लिए अलग-अलग अधिकारी होते थे। दुर्गों का अधिपति **कोट्टपाल** कहलाता था। **प्रान्तपाल** नामक अधिकारी सैनिक पड़ाव से जुड़ा होता था। सैनिक विभाजन जाति के आधार पर भी किया गया था। खस, मालव, कुलिक, कर्णाट, हूण, गौड़, लाट, चोल आदि जातियों की अलग-अलग सेनाएँ थीं।

1. द *हिस्ट्री ऑफ बंगाल,* पृ. 278

खंडरस नामक अधिकारी की जानकारी होती है जो भवन-निर्माण का कार्य देखता था। पुराने भवनों की मरम्मत करानेवाला अधिकारी भी वही होता था। इस अधिकारी का सम्बन्ध प्रायः सरकारी निर्माण-कार्य से ही था।

अपराधों के लिए जुर्माना करनेवाला अधिकारी **दाशापराधिक** कहलाता। **गौल्मिक** नामक अधिकारी होता जिसके अधीन 1 हाथी, 1 रथ, 27 घोड़े तथा 45 पैदल सैनिक होते थे। गाँवों की समस्याओं को सुलझाने के लिए प्रत्येक गाँव में एक **मुखिया** होता था। जलयानों का अधिकारी **नौकाध्यक्ष** कहलाता था। जिला स्तर के न्यायिक मामले को सुलझानेवाला एक अधिकारी होता जिसे जिलाधीश कहते थे।

इस तरह पाल प्रशासन में अलग-अलग कार्य के लिए अलग-अलग अधिकारी होते थे। पाल प्रशासन पर गुप्त और गुर्जर प्रतिहार प्रशासनिक-व्यवस्था की छाप थी।

8.16 त्रिगुटीय संघर्ष

उत्तरी भारत में साम्राज्य विस्तार करने के लिए आठवीं तथा नौवीं शताब्दी में तत्कालीन तीन प्रमुख शक्तियों के बीच काफी संघर्ष हुआ जिसे **त्रिगुटीय संघर्ष** कहते हैं। इस समय प्रतिहार, राष्ट्रकूट और पाल तीन प्रमुख शक्तियाँ थीं। इन्हीं तीनों शक्तियों के बीच कन्नौज पर अधिकार स्थापित कर साम्राज्य विस्तार की नीति ने त्रिगुटीय संघर्ष का वातावरण बनाया।

700 ई. के आसपास कुछ राज्यों का जन्म पश्चिमी और उत्तर-दक्षिण में भी हुआ। उत्तर और दक्षिण भारत के बीच ये 'सेतु' राज्य थे। पश्चिमी और उत्तर-दक्षिण राज्यों को 'सेतु' बनने से परेशानी बढ़ भी गई। उन्हें दोनों भागों की राजनीति में उलझना पड़ा। उत्तर और दक्षिण भारत के बीच जब कोई विशेष सम्बन्ध नहीं था तो सातवाहन साम्राज्य का उदय दक्षिण में हुआ। सातवाहनकाल आर्थिक विकास का महत्त्वपूर्ण चरण था।

इस काल की व्यापारिक स्थिति ने उत्तर और दक्षिण भारत के सम्बन्ध को गहरा किया। धार्मिक एवं दार्शनिक विचारों ने भी दक्षिण और उत्तर भारत के सम्बन्ध को शान्तिपूर्ण बनाए रखने में महत्त्वपूर्ण भूमिका निभाई। लेकिन वाकाटक राज्य को उत्तर भारत के साथ रहना पड़ता या दक्षिण भारत के साथ। वाकाटक शासकों ने उत्तर भारत के साथ रहना पसन्द किया। क्योंकि उत्तर भारत के शासक दक्षिण से अधिक शक्तिशाली थे। अपनी स्वतन्त्र स्थिति बनाए रखने में चालुक्य शासक किसी तरह सफल रहे। राष्ट्रकूट शासक काफी महत्त्वाकांक्षी थे और अनेक समस्याओं के जाल में फँसे रहे। मगर वे सीमित राष्ट्रकूट महत्त्वाकांक्षी रहते तो दक्षिण भारत में एक शक्तिशाली राज्य स्थापित करने में सफल होते। लेकिन ऐसी बात थी नहीं। एक सेतु राज्य के रूप में राष्ट्रकूटों ने उत्तरी तथा दक्षिणी दोनों किनारों पर आधिपत्य स्थापित करना चाहा। इस उद्देश्य से उन्होंने अपनी शक्ति बढ़ानी शुरू कर दी। इस बीच उत्तर और दक्षिण के बीच संचार-व्यवस्था काफी विकसित हो चुकी थी। अतः राष्ट्रकूट जहाँ अपना विस्तार उत्तर और दक्षिण दोनों भागों में करना चाहते वहाँ अब उलटे उन पर उत्तर और दक्षिण का राजनीतिक दबाव बढ़ने लगा। इस कारण राष्ट्रकूट एक शक्तिशाली और विस्तृत राज्य स्थापित करने में असफल रहे।

आठवीं शताब्दी में उत्तर भारतीय राजनीतिक महत्त्वाकांक्षाओं का लक्ष्य कन्नौज पर विजय प्राप्त करना था। हर्ष और यशोवर्मन ने कन्नौज को साम्राज्यिक सत्ता का प्रतीक बना दिया था। राष्ट्रकूटों, प्रतिहारों और पालों के बीच संघर्ष का कारण कन्नौज बन गया। कुछ वर्षों के लिए ये तीनों राज्य अपनी-अपनी शक्ति का पूर्ण प्रयोग कन्नौज के लिए करने लगे। 'कन्नौज किसने पाया किसने खोया' से ज्यादा महत्त्वपूर्ण परिणाम यह निकला कि कन्नौज रूपी इस सुन्दर कन्या ने इन तीनों शक्तियों को निढाल कर दिया। इन तीनों की स्थिति अब बाहरी शक्तियों से लड़ने की नहीं रह गई। इतना ही नहीं, इनके राज्यों के भीतर रहनेवाले सामन्तों की स्थिति स्वभावतः काफी बढ़ गई। अब एक पाल राज्य में कई छोटे-छोटे प्रादेशिक राज्य स्थापित हो गए। यही स्थिति राष्ट्रकूट और प्रतिहार राज्यों की रही।

त्रिकोणात्मक संघर्ष का विस्तृत ब्योरा यह है कि गुर्जर प्रतिहार शासक ने पाल शासक धर्मपाल को पराजित कर दिया। पाल-प्रतिहार और राष्ट्रकूट के बीच संघर्ष का यही प्रथम बिन्दु था। 783-84 में वत्सराज ने उज्जैन (मालवा) और राजपूताना पर अपना अधिकार स्थापित कर लिया। उसके पश्चात् वह उत्तर भारत पर शक्ति-विस्तार का प्रयास करने लगा। धर्मपाल भी अपने राज्य की सीमा आधुनिक बिहार और उत्तर प्रदेश की ओर विस्तृत करने का प्रयास कर रहा था। इस स्थिति में दोनों के बीच संघर्ष अवश्यम्भावी था। प्रतिहार शासक ने धर्मपाल के 'दो श्वेत छत्रों' को जीत लिया। धर्मपाल पर वत्सराज की यह विजय अस्थायी सिद्ध हुई। इन दो 'श्वेत छत्रों' को राष्ट्रकूट शासक ध्रुव ने जीत लिया। वत्सराज राजपूताना लौट गया। धर्मपाल को ध्रुव की सेनाओं ने हराया।

वत्सराज ने कन्नौज-नरेश इन्द्रायुध को अपने अधीन कर लिया और वह कन्नौज का वास्तविक पति बन बैठा। धर्मपाल काफी नाराज हुआ और कन्नौज प्राप्त करने के उद्देश्य से प्रतिहार शासक वत्सराज पर धावा बोल दिया लेकिन हार गया। कुछ दिनों पश्चात् धर्मपाल ने झाँसी के करीब वत्सराज को हरा दिया। राष्ट्रकूट शासक ध्रुव ने तुरन्त धर्मपाल पर आक्रमण किया और हरा दिया। वत्सराज और धर्मपाल को कई बार हराने में ध्रुव सफल रहा, लेकिन कन्नौज को अपने अधीन कर उत्तर भारत में अपना शासन नहीं स्थापित कर सका। वत्सराज तो राजपूताना की ओर भाग गया और सम्भवतः ध्रुव को हराकर धर्मपाल स्वयं कान्यकुब्ज के शासक के रूप में अभिषिक्त हुआ। मिहिरभोज की ग्वालियर प्रशस्ति के अनुसार चक्रायुध ने कन्नौज में धर्मपाल द्वारा राज्याभिषिक्त होकर उसकी प्रभुता स्वीकार की। इतिहासकार त्रिपाठी[1] ने धर्मपाल की इस वीरता को नहीं स्वीकारा है क्योंकि इस विजय की चर्चा मात्र धर्मपाल के ही अभिलेखों में है। धर्मपाल का राज्य-विस्तार आधुनिक बिहार तक ही था। राष्ट्रकूटों को वह चुनौती नहीं दे सका। 785 से 800 ई. के बीच प्रतिहारों की स्थिति खराब रही और राष्ट्रकूट दक्षिण की ओर लौट गए। इसी समय कन्नौज पर धर्मपाल का सैद्धान्तिक (न कि वास्तविक) शासन स्थापित हुआ तो आश्चर्य नहीं।

राष्ट्रकूट शासक तृतीय गोविन्द और प्रतिहार शासक द्वितीय नागभट्ट ने बारी-बारी से धर्मपाल को हराया। आर.सी. मजुमदार के अनुसार धर्मपाल पर पहला आक्रमण नागभट्ट का हुआ और वह विजयी रहा। पाल राज्य को इस पराजय से कुछ विशेष क्षति नहीं पहुँची। इसी समय तृतीय गोविन्द ने पालों पर आक्रमण कर दिया। इतिहासकार त्रिपाठी के अनुसार

1. *हिस्ट्री ऑफ कन्नौज*, पृ. 216-17

नागभट्ट ने गोविन्द और धर्मपाल को एक-एक करके हरा दिया और कन्नौज पर अधिकार कर वह सम्पूर्ण उत्तर भारत पर शासन करने लगा। त्रिपाठी के इस मत का समर्थन अन्य अनेक स्रोत करते हैं।

पाल नरेश धर्मपाल और कन्नौज नरेश चक्रायुध को गोविन्द तृतीय के समक्ष झुक जाने की जानकारी मिलती है। इसका कारण यह था कि नागभट्ट से भविष्य में मुकाबला करने के लिए धर्मपाल तृतीय गोविन्द की सहायता प्राप्त करना चाहता था। धर्मपाल की यह एक राजनीतिक चाल थी। दरअसल वह नागभट्ट को उत्तर भारत से निकाल देना चाहता था।

उत्तर भारत पर स्थायी शासन करने की स्थिति में गोविन्द तृतीय नहीं था। कन्नौज को मात्र वह जीत लेना चाहता था। पाल शासक धर्मपाल को उसने विशेष क्षति नहीं पहुँचाई। दूसरी तरफ नागभट्ट अपने साम्राज्य को उत्तर भारत में स्थापित कर कन्नौज के राजसिंहासन पर से शासन करना चाहता था। इसके लिए उसने अच्छी तैयारी की और कन्नौज नरेश चक्रायुध को हरा दिया। चक्रायुध को हराने का उद्देश्य यही था कि उसने धर्मपाल की अधीनता स्वीकार की थी। कन्नौज पर कब्जा करने के पश्चात् नागभट्ट ने चक्रायुध को, जो पाल राज्य में भाग गया था, पकड़ना चाहा। अतः नागभट्ट ने पाल राज्य में प्रवेश किया। धर्मपाल से उसका युद्ध हुआ और भोज की ग्वालियर प्रशस्ति के अनुसार नागभट्ट विजयी रहा। नागभट्ट और धर्मपाल के बीच यह युद्ध मुंगेर (मुद्गगिरि) में लड़ा गया। जोधपुर शाखा के प्रतिहार शासक कक्क, उत्तरी गुजरात के चालुक्य सामन्त बाहूकधवल और गुहिलवंशी शंकर गण ने नागभट्ट की तरफ से युद्ध में भाग लिया था। ये लोग नागभट्ट के सामन्त थे।

राष्ट्रकूट और गुर्जर प्रतिहार के आक्रमणों से धर्मपाल की प्रतिष्ठा पर आघात पहुँचना स्वाभाविक था। गोविन्द तृतीय के कारण वह बंगाल नरेश बना रहा। लेकिन उसका राज्य छोटा हो गया। किसी तिब्बती राजा ने भी इसी समय पालों पर आक्रमण किया था।

इस तरह, अरब आक्रमणकारियों का सफलतापूर्वक सामना करने के बाद प्रतिहारों ने पूर्व की ओर ध्यान दिया और आठवीं शताब्दी के अन्त तक उनका शासन राजस्थान, उज्जैन और कन्नौज पर स्थापित हो गया।

कन्नौज के लिए पालों और राष्ट्रकूटों ने भी संघर्ष किया। आठवीं शताब्दी के अन्तिम चरण में धर्मपाल ने कन्नौज पर सफलतापूर्वक आक्रमण किया। राष्ट्रकूट और प्रतिहार शासकों ने धर्मपाल पर आक्रमण कर दिए। धर्मपाल पराजित हुआ। कन्नौज पर राष्ट्रकूटों का अधिकार हो गया। प्रतिहारों ने राष्ट्रकूटों को हराकर कन्नौज प्राप्त कर लिया। कन्नौज के लिए 916 ई. में राष्ट्रकूटों ने प्रतिहारों पर आक्रमण किया। कन्नौज पर राष्ट्रकूटों का अधिकार हो गया। 1018 ई. के आसपास प्रतिहारों का पतन हो गया। तुर्की सेना ने कन्नौज को लूटा। प्रतिहारों के पतन से पालों को अपने राज्य का विस्तार करने का मौका मिला। तुर्की आक्रमणों से भारत का उत्तर-पश्चिमी भाग परेशान रहा। पाल बनारस तक पहुँच गए। पालों के विस्तार के इस सिलसिले को चोल शासक राजेन्द्र ने रोका। महिपाल के पश्चात् पाल वंश का लगभग पतन हो गया।

प्रतिहार, पाल और राष्ट्रकूट राज्यों का एक साथ पतन होना आश्चर्य की बात नहीं। ये तीनों लगभग एक समान शक्तिशाली थे। इनके राज्यों का आधार सुसंगठित विशाल सेना था। विशाल सेनाओं का खर्च चलाने के लिए इन तीनों शक्तियों के पास केवल एक

स्रोत—राजस्व—था। इन तीनों राज्यों के विशाल सैनिक खर्च का भार केवल राजस्व से प्राप्त आय सहन करने की स्थिति में नहीं थी। आय में वृद्धि का नवीन उपाय ढूँढ़ने का इन तीनों राज्यों ने कोई प्रयास नहीं किया। कन्नौज की प्राप्ति में ये इतने व्यस्त रहे कि आन्तरिक समस्याओं के प्रति इनका ध्यान नहीं रहा, परिणामस्वरूप इन राज्यों के छोटे-बड़े सामन्तों ने अपने को स्वतन्त्र कर लिया। मुस्लिम आक्रमण, दक्षिण की शक्तियों का उत्तर भारत में राज्य-विस्तार की नीति और सामन्तों की अवज्ञा ने उत्तरी भारत की रही-सही एकता को भी नष्ट कर दिया।

8.17 त्रिपक्षीय संघर्ष (संक्षेप में)

अरबों के आक्रमण के पश्चात् तीन प्रमुख शक्तियों—गुर्जर प्रतिहार, राष्ट्रकूट और पाल के बीच 200 वर्षों तक चलनेवाला संघर्ष **त्रिपक्षीय** या **त्रिगुटीय संघर्ष** कहलाया। इस संघर्ष का मुख्य कारण था कि हर्ष के मरने के बाद ये सभी राजवंश समृद्ध गंगा की घाटी का स्वामित्व प्राप्त करना चाहते थे। इस संघर्ष का लक्ष्य कन्नौज को प्राप्त करना था।

त्रिपक्षीय संघर्ष में गुर्जर प्रतिहार की तरफ से वत्सराज, नागभट्ट द्वितीय, रामभद्र, मिहिरभोज और महेन्द्रपाल ने संघर्ष में भाग लिया। ध्रुव, गोविन्द तृतीय, अमोघवर्ष प्रथम और कृष्ण द्वितीय नामक राष्ट्रकूट शासकों ने इस संघर्ष में हिस्सा लिया। तीसरी शक्ति पालों की थी। इस पक्ष से धर्मपाल, देवपाल, विग्रहपाल और नारायणपाल नामक शासकों ने त्रिगुटीय संघर्ष में भाग लिया।

संघर्ष के प्रथम चरण में गुर्जर प्रतिहार शासक वत्सराज, राष्ट्रकूट शासक ध्रुव और पालशासक धर्मपाल आपस में टकराए। इस युद्ध में वत्सराज ने धर्मपाल को पराजित कर दिया लेकिन बाद में राष्ट्रकूट शासक ध्रुव ने वत्सराज को हरा दिया। वत्सराज जब धर्मपाल को पराजित कर लौटा तो रास्ते में ध्रुव से मुठभेड़ हो गई। इसमें वत्सराज हारा और मारवाड़ के मरुस्थल की ओर भाग गया। धर्मपाल से वत्सराज द्वारा छीने गए श्वेत राजछत्र ध्रुव को मिला। वत्सराज को हराने के बावजूद उत्तर भारत में पल्लव-विजेता ध्रुव की विजय स्थायी नहीं रह सकी। इसका प्रथम कारण यह था कि राष्ट्रकूट एक लम्बी दूरी तय कर उत्तर पहुँचे थे। दूसरा कारण यह था कि राष्ट्रकूट राज्य में आन्तरिक संघर्ष की स्थिति उत्पन्न हो गई थी। अतः राष्ट्रकूट नरेश ध्रुव की अल्पकालीन सफलता का यह प्रथम चरण था।

ध्रुव ने वत्सराज को कमजोर बनाया लेकिन वह उसे समाप्त नहीं कर सका था। पाल नरेश धर्मपाल ने राष्ट्रकूटों के आन्तरिक तनाव से लाभ उठाना चाहा। दूसरी तरफ विरोधी शक्तियों को दबाकर राष्ट्रकूट शासक गोविन्द तृतीय शासक तो बन गया था लेकिन गंगनरेश का विरोधी अभी भी बना हुआ था। राष्ट्रकूटों को कन्नौज पाने के प्रयास से पीछे हटकर आन्तरिक समस्याओं को सुलझाने में लग जाना पड़ा। दूसरे चरण में इस तरह दो ही शक्तियाँ बंगाल का धर्मपाल और गुर्जर प्रतिहार का वत्सराज कन्नौज पाने के लिए संघर्ष करती रहीं।

पाल शासक धर्मपाल ने कुछ वैसी व्यवस्था की ताकि गौड़ प्रदेश पर वत्सराज पुनः आक्रमण नहीं कर सके। कन्नौज क्षेत्र में आयुध वंश के दो भाई आपस में संघर्षरत थे। इस स्थिति में कोई भी आक्रमणकारी पश्चिम से बंगाल आसानी से पहुँच सकता था। इस स्थिति

में अपनी स्थिति सुदृढ़ करने के लिए धर्मपाल कन्नौज को प्राप्त करना आवश्यक समझा। आयुध वंश का शासन कन्नौज पर पाल नरेश के संरक्षण के कारण था। गुर्जर प्रतिहार की भूमिका की जानकारी इस दूसरे चरण में नहीं मिल पाती।

त्रिगुटीय संघर्ष के प्रथम चरण के समान **तृतीय चरण** का वातावरण रहा। धर्मपाल के सहयोग से कन्नौज की गद्दी पर चक्रायुध बैठा। प्रतिहार शासक नागभट्ट के लिए यह बात असहनीय थी। इस सामन्तवादी काल में राजनीतिक गठबन्धन काफी परिवर्तनशील होते थे। एक शक्ति का अधिक समय के लिए अपनी प्रभुसत्ता बनाए रखना मुश्किल था। नागभट्ट ने कलिंग, विदर्भ, सिन्ध, आन्ध्र और गौड़राज धर्मपाल को परास्त किया। कन्नौज की गद्दी से चक्रायुध को उतारकर उसने इन्द्रायुध को बैठा दिया। जिस तरह चक्रायुध धर्मपाल का कठपुतली था उसी तरह नागभट्ट के इशारे पर नाचनेवाला इन्द्रायुध था। कीरात, तुरुष्क, वत्स, मालवा, आनर्त आदि को हराकर वत्सराज जब उत्तरी भारत में अपनी स्थिति सुदृढ़ कर रहा था, उसी समय दक्षिण से राष्ट्रकूट नरेश गोविन्द तृतीय ने गुर्जर शासक नागभट्ट द्वितीय पर आक्रमण कर दिया।

त्रिपक्षीय युद्ध का अन्त अभी शेष था। **चौथा चरण** विवादास्पद है। राष्ट्रकूट राज्य के उत्तर-पश्चिम में स्थित क्षेत्रों पर नागभट्ट कब्जा करना चाहता था। इसकी सूचना गोविन्द तृतीय को जब मिली तो वह बेचैन हो गया। गंगाघाटी में प्रतिहारों की शक्ति को रोकने की समर्थता राष्ट्रकूटों में इस समय थी क्योंकि राष्ट्रकूट शासक गोविन्द तृतीय अपने साम्राज्य में आन्तरिक दृष्टि से काफी मजबूत था। स्तम्भ, कर्क, सुवर्गवर्ष और इन्द्र नामक भाइयों की ओर से गोविन्द तृतीय के विरुद्ध हंगामा मचाने की सम्भावना नहीं थी। भाई इन्द्र तो गोविन्द तृतीय की सहायता ही कर रहा था। स्तम्भ को उसने किसी तरह शान्त किया था। संजान ताम्रपत्र अभिलेखों के अनुसार उसके 12 सहयोगियों को परास्त कर गोविन्द तृतीय ने गुर्जर, मालवा, कोसल, कलिंग, बंग और ओद्रक प्रदेशों को जीता था। संजान ताम्रपत्र अभिलेखों पर पूर्णतः विश्वास तो नहीं किया जा सकता लेकिन इतना सच अवश्य है कि उसने कुछ प्रतिहार नरेशों से कुछ प्रदेश छीना था। 810-11 ई. में गोविन्द ने केरलों, पांड्यों, चोलों और पल्लवों को पराजित किया। उसकी मृत्यु लगभग 813 ई. में हुई। 814 ई. में अमोघवर्ष शासक बना। अगर उपर्युक्त विशाल प्रदेशों को गोविन्द तृतीय जीता होता तो त्रिपक्षीय संघर्ष का प्रश्न नहीं था लेकिन ऐसी बात नहीं। जिस तरह प्रतिहार शासक ध्रुव को आन्तरिक मामलों के कारण लौटना पड़ा, उसी तरह गोविन्द तृतीय भी अधिक समय तक गंगा घाटी में नहीं ठहर सका। अमोघवर्ष के काल में भी उसके विरुद्ध राजधानी में षड्यन्त्र हो रहा था।

पाँचवें चरण में त्रिपक्षीय संघर्ष का मैदान उतना गतिशील नहीं था। नागभट्ट द्वितीय के पश्चात् रामभद्र शासक हुआ, किन्तु वह एक शक्तिशाली प्रतिहार शासक नहीं था। उसकी प्रशासनिक निर्बलताओं की जानकारी इस बात से भी होती है कि उसने भूमिदान का अनुमोदन पुनः कर दिया। राष्ट्रकूट शासक अमोघवर्ष अल्पवयस्क था। उसके समक्ष अनेक कठिनाइयाँ थीं। राष्ट्रकूटों के विरुद्ध चालुक्य शक्ति का उदय हो रहा था। चचेरे भाई भी उसे परेशान करने लगे थे। इन परिस्थितियों में गंगा घाटी की ओर ध्यान देना उसके लिए मुश्किल था। अमोघवर्ष को अध्यात्म और वैराग्य में विशेष विश्वास था। युद्ध उसका प्रिय मनोरंजन नहीं था। अतः गंगाघाटी को प्राप्त करने में उसने विशेष रुचि नहीं दिखाई।

राष्ट्रकूटों एवं प्रतिहारों की उपर्युक्त समस्याओं से पाल शासकों धर्मपाल एवं देवपाल ने विशेष लाभ उठाया। धर्मपाल के मरने के पश्चात् देवपाल बंगाल का शासक बना। उत्तर भारत में उसका राज्य काफी विस्तृत था। पाल वंश के विस्तार के लिए उसने प्रयत्न भी किया। उसने उत्कलों, हूणों, द्रविड़ों और गुर्जरों को कुचला और 40 वर्षों तक राज्य किया। सम्पूर्ण उत्तर भारत अर्थात् असम से कश्मीर और हिमालय से विन्ध्य तक उसकी शक्ति को चुनौती देनेवाला कोई नहीं था।

पालवंश को ऐसा सुअवसर अधिक दिनों तक प्राप्त नहीं रहा। त्रिपक्षीय संघर्ष का वातावरण बना रहा। इसका अन्त गुर्जर प्रतिहारों की विजय से हुआ। संघर्ष का यह छठा और अन्तिम चरण था। प्रतिहारों ने पालों और राष्ट्रकूटों की स्थिति से उसी तरह लाभ उठाया जिस तरह इससे पहलेवाले संघर्ष में पालों ने राष्ट्रकूटों और प्रतिहारों की स्थिति से उठाया था। देवपाल के बाद विग्रहपाल थोड़ी अवधि के लिए पाल शासक बना। इसी समय से पालवंश अपना पूर्व गौरव खोने लगा। 866 ई. के नीलगुंड अभिलेख तथा 940 ई. के देवुली अभिलेख के अनुसार बंगाल पर राष्ट्रकूटों का प्रभाव बढ़ने लगा था। राष्ट्रकूट शासक अमोघवर्ष के लम्बे शासनकाल के बाद 880 ई. में कृष्ण द्वितीय शासक बना। उसके विरुद्ध राष्ट्रकूट राज्य में विद्रोह का वातावरण बना था। आन्तरिक तनाव के अतिरिक्त चालुक्य, गुजरात के राष्ट्रकूट गंग एवं नोलम्ब ने कृष्ण द्वितीय को चुनौती दी थी। इस स्थिति से प्रतिहारों ने लाभ उठाया। इनकी साम्राज्यिक सत्ता स्थापित होने लगी। मिहिरभोज एवं महेन्द्रपाल जैसे कुशल प्रतिहार शासकों ने इस समय प्रतिहार राज्य के विस्तार में महत्त्वपूर्ण भूमिका निभाई।

शुरू में मिहिरभोज को देवपाल ने हरा दिया। गुजरात के राष्ट्रकूटों को हराने में भी मिहिरभोज को सफलता नहीं मिली। कुछ ही दिनों पश्चात् उसने सामन्त चेदियों की मदद से गौड़ राज्य को परास्त कर दिया। करनाल जिला उसके राज्य का हिस्सा बन गया। सौराष्ट्रमंडल पर उसने अपनी प्रभुता स्थापित की। उसने अपने राज्य का विस्तार सिन्धु तक कर लिया। राष्ट्रकूट शासक कृष्ण द्वितीय को उसने पराजित किया। मिहिरभोज की शक्ति को और अधिक संगठित करने में उसका उत्तराधिकारी महेन्द्रपाल सफल रहा। उसके काल में प्रतिहार-साम्राज्य हिमालय से विन्ध्यपर्वत तक विस्तृत था।

इस उपर्युक्त वातावरण में कन्नौज तीन महान शक्तियों के पारस्परिक संघर्ष का मुख्य बिन्दु था। राष्ट्रकूट, प्रतिहार और पाल—ये तीनों शक्तियाँ पूर्वमध्यकालीन उत्तर भारतीय इतिहास के रंगमंच पर उभरकर एक साथ आईं और एक साथ लुप्त भी हो गईं। राष्ट्रकूट, प्रतिहार और पाल राज्यों का अस्तित्व 914 ई. के बाद भी बना रहा लेकिन पतन की ओर ये जाने लगे थे। इन तीनों राज्यों के पतन के पश्चात् राजनीतिक बिखराव की गति और तेज हो गई। स्वतन्त्र सामन्ती राज्यों की संख्या में अपार वृद्धि हुई। त्रिगुटीय संघर्ष में अन्तिम विजय गुर्जर प्रतिहारों की रही लेकिन कमजोर आर्थिक वातावरण में इस विजय की आयु लम्बी नहीं रही।

8.18 पालों की उपलब्धियाँ

आठवीं शताब्दी के लगभग पाँचवें दशक में भारत के तीनों कोनों में शक्तिशाली राजवंशों—दक्षिण में राष्ट्रकूट, उत्तर-पश्चिमी भारत में गुर्जर प्रतिहार और पूर्व में पालों का उदय हुआ। शशांक

की मृत्यु के बाद बंगाल की स्थिति लगभग सौ वर्षों तक काफी असन्तोषप्रद रही। उसी असन्तोष ने आठवीं सदी के लगभग पाँचवें दशक में पाल वंश के साम्राज्य को स्थापित किया जिसका प्रथम शासक गोपाल (750-770) नामक व्यक्ति था।

बौद्ध धर्म का समर्थक इस शासक ने बंगाल के आन्तरिक असन्तोष को समाप्त किया और यहाँ के सामन्तों से मदद पाई। तिब्बती इतिहासकार तारानाथ का मत है कि बोगरा जिले में स्थित पुंड्रवर्धन नामक स्थान के एक क्षत्रिय परिवार में गोपाल का जन्म हुआ था। समकालीन अभिलेखों में इस वंश के आरम्भिक शासकों को बंगपही और गौणेश्वर कहा गया है। विद्वानों का ऐसा मत है कि इन लोगों ने पूर्वी और पश्चिमी बंगाल के दोनों राज्यों पर शासन किया था।

गोपाल के बाद धर्मपाल, देवपाल, महिपाल प्रथम, नयपाल आदि कुछ प्रमुख शासकों की चर्चा हम पाते हैं। इस वंश के बाद के शासकों के काल में पाल वंश की स्थिति अच्छी नहीं रही क्योंकि इस काल के शासकों में कूटनीति का ज्ञान एवं शासन करने की अन्य योग्यताओं का अभाव रहा और इसीलिए हम पाते हैं कि राष्ट्रकूटों और प्रतिहारों के आक्रमण के कारण पाल साम्राज्य कई टुकड़ों में बँट गया था। सामन्तों के भी विद्रोह शुरू हो गए थे। बारहवीं शताब्दी में पाल वंश का अन्त हुआ।

पालवंश का शासनकाल भारतीय इतिहास में महत्त्वपूर्ण स्थान रखता है। इस वंश के शासक महान विजेता, विद्वान और कवियों के संरक्षक तथा कला प्रेमी थे। अतएव भारतीय सभ्यता एवं संस्कृति के विकास में उन्होंने पूरा योगदान दिया। उपर्युक्त राजनीतिक वातावरण में पाल वंश के शासकों ने बंगाल की राजनीतिक तथा सांस्कृतिक उन्नति का ऐसा मार्ग प्रशस्त किया जो लगभग 400 वर्षों तक फलता-फूलता रहा।

धार्मिक दृष्टि से इस काल में बौद्ध धर्म की काफी उन्नति हुई। आधुनिक बिहार प्रान्त का प्रदेश पाल शासकों के काल में बौद्ध धर्म का बहुत बड़ा केन्द्र था। पालों के काल की बुद्ध एवं बोधिसत्व की मूर्तियाँ काफी संख्या में पाई गई हैं। बौद्ध धर्म की वज्रयान शाखा का विकास इन्हीं के काल में हुआ। पाल शासकों के बीच हमें धार्मिक कट्टरता देखने को नहीं मिलती है क्योंकि इस काल में वैष्णव धर्म, भागवत धर्म, शैव, शाक्त, नागपूजा आदि धर्मों की भी काफी सन्तोषप्रद स्थिति रही। ब्राह्मणों और मन्दिरों को इन शासकों ने बड़े पैमाने पर जमीन और धन दान में दिए। नारायणपाल के काल में लगभग सैकड़ों शैव मन्दिरों का निर्माण हुआ।

शिक्षा के क्षेत्र में शैक्षणिक संस्थाओं जैसे नालन्दा, विक्रमशिला, उदन्तपुरी ने देश-विदेश में नाम कमाया। इन शैक्षणिक संस्थाओं में देश-विदेश के विद्यार्थी पढ़ते थे। नालन्दा विश्वविद्यालय के खर्च को चलाने के लिए देवपाल ने पाँच गाँव दान में दिया था। स्वर्णद्वीप के बलपुत्रदेव नामक शासक ने नालन्दा में एक विहार निर्मित किया। गोपाल ने उदन्तपुरी में एक विहार की स्थापना करवाई थी। धर्मपाल ने भी विक्रमशिला में एक विहार की स्थापना करवाई। कुछ विद्वानों के अनुसार देवपाल ने ही विक्रमशिला को स्थापित किया था। विक्रमशिला भागलपुर के समीप था। इसमें विदेशी विद्यार्थी भी पढ़ने आते थे। इसका महत्त्व नालन्दा से कम नहीं था। इसमें 109 पंडितों का उल्लेख मिलता है। यहाँ के सर्वश्रेष्ठ विद्वान दीपंकर श्री ज्ञान अतीश थे, जिन्हें निमन्त्रण पर तिब्बत बुलाया गया था, जहाँ उन्होंने लगभग

70 ग्रन्थों की रचना की थी। इन शिक्षण-संस्थाओं में कला-कौशल, तन्त्र, दर्शन, व्याकरण एवं कई धर्मों की शिक्षा दी जाती थी। विद्यार्थियों की अनुशासनशीलता पर काफी जोर दिया गया और संस्कृत भाषा का भी यहाँ विकास हुआ।

पाल काल में साहित्य की काफी प्रगति हुई। *गौड़ीयरीति* नामक संस्कृत साहित्य की रचना इसी काल में हुई। संध्याकर नन्दी, चक्रपाणिदत्त, भवदेवभट्ट, हरिभद्र आदि साहित्यकारों को इसी वंश ने संरक्षण प्रदान किया। इन साहित्यकारों ने अनेक प्रकार की साहित्यिक रचनाएँ कीं। प्रसिद्ध ऐतिहासिक काव्य *रामचरित* की रचना चक्रपाणिदत्त ने की। इस काल के प्रसिद्ध कवियों में हरिभद्र था। विद्वानों की श्रेणी में भवदेवभट्ट ऊपर में स्थान पाया था। जिमूतवाहन नामक विधि वेत्ता इसी काल का था जो हिन्दू कानून दाय-भाग विभाग का जन्मदाता था। बज्रदेव एक बहुत बड़ा बौद्ध कवि था जिसने *लोकेश्वर शतक* की रचना की। बंगला लिपि, भाषा एवं जनभाषा का विकास पालों के काल में हमें देखने को मिलता है। उस समय जन भाषा में बौद्ध विचारकों ने *चर्यापदों* की रचना की। यह उस समय समस्त पूर्वी भारत की भाषा थी। नई-नई पांडुलिपियाँ इस काल में तैयार हुईं।

प्रशासन के क्षेत्र में पालों की देनें काफी सराहनीय हैं। निरंकुशता से प्रभावित न होकर पाल शासकों ने ऐसी शासन-प्रणाली की स्थापना की जिससे आम जनता को सुख मिले और शिक्षा तथा साहित्य का विकास हो सके। राजधर्म के पालन पर विशेष जोर दिया गया। ऐसी बात मौर्यों के बाद हमें शायद इतने बड़े ठोस रूप में देखने को नहीं मिलती।

शासन करने के लिए पालों ने प्रशासन के अनेक विभागों को चुस्त-दुरुस्त किया। प्रशासन के क्षेत्र में इनकी बहुत बड़ी देन प्रशासनिक इकाई **भुक्ति** थी। विद्वानों का ऐसा मत है कि इनकी राजधानी शायद मुंगेर के आसपास थी और साम्राज्य छह भुक्तियों में—तीर भुक्ति, नगर भुक्ति, पुंड्रवर्धन भुक्ति, वर्द्धमान भुक्ति, दंड भुक्ति और पराग-ज्योतिष भुक्ति में बँटा था। कुछ अन्य इकाइयाँ जैसे विषय, वीथी, मंडल एवं ग्राम आदि की चर्चा पाल शासकों के काल में देखने को मिलती है जो प्रशासन के क्षेत्र में आज भी बहुत बड़ी देन मानी जाती है।

पाल शासकों ने जल सेना का भी विकास किया लेकिन पैदल सैनिकों की संख्या ही अधिक थी। युद्ध-शिविरों (विजय स्कन्धावार) को इस काल में काफी महत्त्व मिला। यह बड़ा ही महत्त्वपूर्ण तथ्य है, जैसा कि कुछ विद्वानों का कहना है, यहाँ के कुछ अधिकारियों को वेतन के रूप में नकद रकम दी जाती थी। उदरिकर, चौरोद्धरण, भोगकर, हिरण्य आदि राज्य करों की चर्चा हमें इस समय मिलती है। खुदाई से प्राप्त बर्तन और मूर्ति से कलात्मक देन की जानकारी होती है। ग्रामीण अर्थव्यवस्था के वातावरण में पाल शासकों ने प्रशासनिक वातावरण को जिस प्रकार उपर्युक्त तरीकों से बनाए रखा वह निश्चय ही काफी प्रशंसनीय है।

कला के क्षेत्र में इस शासन की महत्त्वपूर्ण देन है। **मूर्तिकला** की एक विशिष्ट शैली का जन्म एवं विकास इसी काल में हुआ। बुद्ध की अनेक मूर्तियाँ कला की नई शैली का ज्वलन्त उदाहरण हैं। नालन्दा, बोधगया आदि स्थान कला के मुख्य केन्द्र बने और पत्थर एवं धातुओं की नई-नई मूर्तियाँ यहाँ निर्मित की गईं जो अपनी सुन्दरता के लिए आज भी प्रसिद्ध हैं। कसौटी पत्थर या काले बसाल्ट की बुद्ध की मूर्तियाँ इस काल में बनीं और अष्टधातु से मूर्तियों का निर्माण किया गया। बुद्ध के अलावा अन्य देवताओं की मूर्तियाँ भी इस काल में हमें देखने

को मिलती हैं। इस काल के शिल्पकार धीमन और उसका पुत्र वितपाल पत्थरों की मूर्तियाँ बनाने की दुनिया में पूरे भारत में काफी प्रसिद्ध रहे। चित्रकला, मूर्तिकला और धातुओं को ढालने में इन्होंने पर्याप्त यश प्राप्त कर लिया था। पाल काल की कला ने न केवल भारत बल्कि दक्षिण-पूर्वी एशिया की कलाओं को भी प्रभावित किया। तिब्बत का प्रथम विहार उदन्तपुर की स्थापत्यकला के आधार पर तथा दक्षिण-पूर्व एशिया में बहुत सारे विहार सोमपु विहार के आधार पर बने थे। यहीं से चित्रकला का प्रसार तिब्बत में हुआ। इस काल की चित्रकला के अवशेष बंगाल की एशियाटिक सोसाइटी, कैम्ब्रिज के पुस्तकालय और ब्रिटिश म्यूजियम में आज भी सुरक्षित हैं।

पांडुलिपियों पर चित्रकारी करने की कला का विकास पालों के ही युग में हुआ। विशेष प्रकार के निर्मित चित्रों से चित्रित पांडुलिपियों, जैसे, अष्टसहर्षि का प्राग्यप्रमित पंचश्च्छ आज भी सुरक्षित हैं।

तन्त्र-मन्त्र से प्रभावित **बौद्ध चित्रकारियाँ** इस काल में सबसे ज्यादा देखने को मिलती हैं जिसका विकास बाद में चलकर तिब्बत में भी हुआ।

नवलागढ़ एवं जयमंगलागढ़ से पत्थरों की अनेक मूर्तियाँ तथा दूसरी वस्तुएँ मिली हैं जो पाल-शासकों की देनों को दर्शाती हैं। कहलगाँव के पास पहाड़ में कटा हुआ एक मन्दिर इस काल का मिला है जो स्थापत्यकला की विकसित अवस्था को बताता है। अभिलेखों से पता चलता है कि नयपाल ने गदाधर तथा जनार्दन के मन्दिरों का निर्माण करवाया। विग्रहपाल के काल में बटेश्वर तथा पितामेश्वर के मन्दिर बने। कहते हैं, गया में स्थित विष्णुपद मन्दिर का आधा मंडप इसी युग का है। पालों द्वारा विकसित कला का प्रसार जावा, सुमात्रा, कम्बोडिया, चीन, नेपाल और तिब्बत में हुआ जो प्रमाणित करता है कि उस काल की कला निश्चित की काफी प्रभावशाली थी।

उपर्युक्त तथ्यों के आधार पर कहा जा सकता है कि 400 वर्षों के बीच पाल राजाओं ने अपने-आप को न केवल राजनीतिक रूप से संगठित किया, बल्कि प्रशासन के क्षेत्र में भी इन्होंने काफी विकास किया। शिक्षा, साहित्य और कला के क्षेत्र में पालों की देनें अविस्मरणीय हैं।

9

धर्म एवं दर्शन
(Religion and Philosophy)

9.1 भक्ति

भक्त, भक्ति तथा भागवत—ये सभी शब्द भज् धातु से बने हैं। वैदिक साहित्य में **भज्** शब्द का प्रयोग विभाजित करना, वितरण करना, देना, नियत करना, भाग लेना तथा साझीदार बनना के अर्थ में हुआ है। *ऋग्वेद* में **भग** शब्द ऐश्वर्य, भाग तथा शुभ भाग के अर्थ में प्रयोग किया गया है। **वत्** शब्द का अर्थ स्वामित्व या आधिपत्य होता है। इस तरह **भगवत्** का अर्थ 'भौतिक ऐश्वर्य का स्वामी, अधिपति या ऐश्वर्यवान' होता है। (भगवत् विष्णु शब्द का प्रथम उल्लेख *मैत्रि उपनिषद्* में है।)

भक्ति शब्द का प्रारम्भिक अर्थ अंश या भाग था और भक्त का अर्थ था—जो अधिन्यस्त या समर्पित, वितरित अथवा बंटित हो। बाद में चलकर भक्त शब्द का अर्थ 'वितरित धन' के अलावा यह उस व्यक्ति का भी बोधक बन गया जिसे धन का वितरित भाग प्राप्त हो चुका हो। भक्ति एवं भक्त शब्दों का प्रयोग इस तरह ऐसी वस्तु के लिए किया जाने लगा जिस पर किसी का स्वामित्व हो।

भगवत् अर्थात् भग् का अधिपति नारायण था जो जाति के सामूहिक सत्व का प्रतीक था। भक्त उस भगवत् का एक सदस्य होता, जिसे 'भग' का अपना अंश प्राप्त होता था। प्रारम्भिक अवस्था में जातीय सम्पत्ति का तात्पर्य भौज्य पदार्थ से था। यही कारण है कि 'भक्त' शब्द के प्रारम्भिक प्रयोग 'भोजन' के अर्थ में मिलते हैं। जब इंडोआर्य संस्कृति ऐसी अवस्था में पहुँची जब चावल प्रधान भोजन हो गया तो 'भक्त' शब्द का अर्थ 'भात' का पर्याय बन गया। सभ्यता के विकास के साथ 'भागवत' पदवी का प्रयोग उन देवताओं के लिए होने लगा, जो भौतिक ऐश्वर्य के अधिष्ठाता माने गए तथा जो अपने उपासकों को उसका भागी बनाने में समर्थ थे।

ऋग्वेद में भगवत् शब्द 'भग' के अधिपति के लिए प्रयुक्त है, जिसका दाता भी वही है। भग देवता का वर्णन भगवान के रूप में हुआ है तथा उनसे यह याचना की गई है कि वे अपने अनेकानेक उपासकों को 'भगवन्तः' अर्थात् धनवान बना दें। इस तरह *ऋग्वेद* में **भगवत** एक सामान्य शब्द है जो देवताओं और मनुष्यों, दोनों के लिए 'भौतिक ऐश्वर्य के अधिपति' के अर्थ में प्रयुक्त है। प्रारम्भ में यह शब्द मनुष्य के लिए प्रयुक्त होता था क्योंकि उसके

सौभाग्यावस्था की कल्पना उस भाग अथवा हिस्से से सम्बद्ध थी जो उसे 'उस शक्ति (भग रूपी देवता की) कृपा से प्राप्त होता था जो भौतिक ऐश्वर्य की स्वामिनी थी और उसका भाग करके उसे बाँटती थी। इस तरह 'भगवत' शब्द का तात्पर्य वह आदिम जनजातीय समूह था जो समस्त जनजातीय सम्पत्ति का स्वामी होता था, भक्ति का अर्थ उस सम्पत्ति का एक भाग या हिस्सा था और भक्त का अर्थ था—वह व्यक्ति, जिसे वह भाग प्राप्त होता था। आगे चलकर भगवत को एक देवता या भगवान के रूप में माना जाने लगा और भक्त को, जो उस जनजाति का एक सदस्य होता था, उसके आश्रित तथा उपासक के रूप में माना जाने लगा। भगवत् एवं नारायण की धारणा का एक-सा विकास और परवर्ती ग्रन्थों का साक्ष्य जिनमें नारायण को 'भगवत' तथा उनके उपासकों को 'भागवत' कहा गया है, इस बात की पुष्टि करता है कि 'भगवत्' एवं 'भक्ति' की कल्पना का जन्म सर्वप्रथम नारायण के उपासकों के बीच हुआ और उन्हीं के उपासक पहले-पहल 'भगवत्' के रूप में विख्यात हुए।

महाभारत (शान्ति 12.271.52-61) में विष्णु से अलग सर्वोच्च देव नारायण का वर्णन छह लक्षणों से युक्त भगवान के रूप में हुआ है और उसमें यह भी बताया गया है कि केशव (वृष्णियों का नायक) भगवान के अष्टांग मात्र हैं। इससे स्पष्ट है कि भगवान शब्द सर्वोच्च देव नारायण विष्णु का ही विशेषण था। गुप्तकालीन अभिलेखों में 'भगवान' शब्द का प्रयोग विशेषण के रूप में नहीं, बल्कि संज्ञा के रूप में होने लगा तो इसका अर्थ नारायण विष्णु हो गया।

पाँचवीं सदी से यज्ञ के स्थान पर तपस्या के धार्मिक महत्त्व पर बल दिया जाने लगा। वैदिक यज्ञ से प्राप्त शुल्क से जीविका चलानेवाले मात्र श्रोत्रिय ब्राह्मणों ने यज्ञ कर्म के स्थान पर तपस्या की शुरुआत को 'धार्मिक उल्लंघन' कहा, किन्तु बदलते हुए परिवेश में इस विरोध का कोई विशेष असर समाज पर नहीं पड़ा। परम्परागत ब्राह्मण समुदाय को कई वर्गों में विभाजित होने का यह परिपक्व लक्षण था। यज्ञों से जुड़े रहनेवाले ब्राह्मणों को **स्मार्त** कहा जाने लगा। स्मार्तों ने प्राचीन संस्कार-प्रधान कर्मकांडों से प्राप्त होनेवाले शुल्क के स्थान पर नए दान-प्रधान अनुष्ठानों को स्वीकार नहीं किया। लोक-प्रचलित नई पूजा-पद्धतियों से ये नहीं जुड़ पाए। ऐसे ही स्मार्तों ने पुराणों की रचना की और उनमें दान-प्रधान अनुष्ठानों से जुड़े ब्राह्मणों की निन्दा की। *गृह्य सूत्रों* में भी ऐसे ब्राह्मणों की निन्दा पाते हैं। पाँचवीं सदी से पूर्व प्रायः श्रोत्रिय ब्राह्मणों को भूमि दान दी जाती थी, किन्तु इसके बाद स्थापत्यकला से अलंकृत मन्दिरों के पुजारियों को भूमिदान ज्यादा मिलने लगा। उन्हें ग्रामदान भी दिया जाने लगा। श्रोत्रिय ब्राह्मणों को पाँचवीं सदी के बाद भूमिदान काफी कम मिलने लगा। वैदिक शिक्षा प्राप्त विद्वान ब्राह्मणों और लोक पूजा पद्धतियों में सहायता देनेवाले ब्राह्मणों के बीच तनाव बढ़ने लगे। अपनी स्थिति मजबूत करने के लिए लोक पूजक ब्राह्मणों ने बौद्धिकता का बाना पहनने के खातिर भक्ति मार्ग अपना लिया। अब भक्ति सम्प्रदाय स्थापित किए गए। अपनी विशिष्ट पूजा पद्धति को दार्शनिक स्वरूप प्रदान करने के उद्देश्य से ग्रन्थ लिखे गए। प्रारम्भ में दो भक्ति सम्प्रदाय—शैव और वैष्णव—काफी लोकप्रिय हुए। इन दोनों सम्प्रदायों ने अपने-अपने मूर्तिपूजा केन्द्रित और देवालय केन्द्रित सम्प्रदायों के प्रचार-प्रसार के लिए उपलब्ध पुराणों का भरपूर उपयोग किया। अपने हितों की सही पूर्ति के लिए इन सम्प्रदायों ने साहित्यों की रचना की। लोकजीवन की ओर रुझानवाली नवीन यजमानी सेवा पद्धति प्रारम्भ हुई जिसमें कीर्तन और गायन पर अधिक ध्यान दिया जाने लगा। मन्दिर-आधारित इन सम्प्रदायों

ने स्थानीय भाषाओं को महत्त्व दिया। इसके फलस्वरूप इनका सामाजिक आधार और अधिक विस्तृत तथा पुष्ट हुआ और लोकप्रियता बढ़ी। श्रोत्रिय ब्राह्मणों ने जिन कर्मों को यज्ञविहीन कहा उन पौरोहित्य कर्मों की लोकप्रियता इतनी बढ़ी कि धर्म का नवीन रूप ही तैयार हो गया।

आरम्भिक भक्ति आन्दोलन के प्रचार-प्रसार में श्रीरंगम् स्थित रंगनाथ स्वामी की प्रमुख भूमिका रही। परम्परागत वैष्णव सम्प्रदाय के मन्दिरों से आलवार जुड़े रहे। आलवार परम्परा के अन्तिम 7 आलवारों का सम्बन्ध श्रीरंगम् के मन्दिर से रहा। इस मन्दिर में आलवार सन्तों के उपदेशों का सम्पादन और संकलन हुआ जो *नालायिर प्रबन्धम्* के नाम से प्रसिद्ध है। इस ग्रन्थ के रचनाकार वे ही नाथमुनि माने जाते हैं जो श्री वैष्णव पन्थ के संस्थापक गुरु रहे थे और जिनका जन्म दसवीं सदी के पूर्वार्द्ध में हुआ था। दक्षिण भारत से भक्ति उत्तर भारत में कैसे आई, इस सम्बन्ध में *भागवत* (1.48-50) में लिखा है–"मैं (भक्ति) द्रविड़ देश में उत्पन्न हुई, कर्नाटक में विकसित हुई, महाराष्ट्र में कुछ-कुछ पोषित हुई और गुजरात में जाकर वृहत् हो गई। वहाँ पाखंडियों द्वारा सताए जाने पर दुर्बल हो गई। पुनः वृन्दावन पहुँचकर स्वस्थ और सुन्दर बन गई।"

9.2 भक्ति आन्दोलन

भक्ति का अर्थ आराध्य देव तथा गुरु के प्रति सम्पूर्ण समर्पण होता है। ब्राह्मणवाद में अधिक-से-अधिक यज्ञ, पशुबलि और मन्त्र पर बल डाला जाता था। इस कर्मकांड से लोग तंग आ चुके थे। केवल कर्म मार्ग ही मोक्ष प्राप्ति का एक साधन नहीं था। भक्ति और ज्ञान मार्ग को भी मोक्ष प्राप्ति का साधन माना गया। आठवीं शताब्दी दो संस्कृतियों एवं विचारधाराओं के परस्पर संघर्ष का युग था। एक तरफ हिन्दू संस्कृति अपनी प्राचीन परम्परा की रक्षा करनी चाहती थी और दूसरी ओर मुस्लिम संस्कृति अपनी प्राचीन परम्परा की रक्षा करनी चाहती थी। वराहमिहिर का *वृहत्संहिता* और ह्वेनसांग का *यात्रा-विवरण* दर्शाता है कि कमजोर अर्थव्यवस्था, राजकीय संरक्षण का अभाव और धार्मिक शोषण से हिन्दू ऊब गए थे। अतः वे भाग्यवादी होने लगे।

विश्वास, पूजा और प्रीति भक्ति-भाव के मूलाधार हैं। इसमें तर्क, विश्लेषणात्मक बुद्धि और वैज्ञानिक दृष्टि को कोई स्थान नहीं दिया गया है। भक्ति का अस्तित्व सार्वमांगलिक एवं सार्वभौमिक है। भक्ति के व्यापक स्वरूप और भक्त की परम निष्ठा का प्रथम वर्णन *भगवद्गीता* के 'भक्तियोग' नामक बारहवें अध्याय में देखने को मिलता है। *भागवद्गीता* को संक्षेप में *गीता* कहते हैं। इसकी रचना तीसरी शताब्दी के अन्तिम चरण में हुई मगर उसे कृष्ण द्वारा कहा हुआ बताया जाता है। बाद में इसे *महाभारत* के साथ जोड़ दिया गया। कृष्ण ने कुरुक्षेत्र के युद्ध क्षेत्र में अर्जुन को गीता का उपदेश दिया था।

गीता की असाधारण सफलता का कारण है उसका भक्ति का नया सिद्धान्त, एक ऐसे ईश्वर में अटूट आस्था जिसका बहुत-कुछ शंकास्पद व्यक्तिगत जीवन में आड़े नहीं आने दिया गया। यह सामन्ती विचारधारा के सर्वथा अनुकूल था। भक्ति ही कृषिदास और परिचर को सामन्ती स्वामी के साथ, सामन्त को ड्यूक के साथ और ड्यूक को राजा के साथ एक सुदृढ़ शृंखला में एक साथ जोड़े रखती है। दासों की भक्ति के वास्तविक मानवीय पात्र चाहे जितने

प्रेरणाहीन और चरित्रहीन हों—सामन्ती समाज का वैचारिक आधार यही है। *गीता* की जितनी भक्ति की जाती है उतनी वह पढ़ी नहीं जाती, और जितनी पढ़ी जाती है उससे कहीं कम समझी जाती है। (भौतिक यथार्थ की पक्की पकड़ पर आधारित सुस्पष्ट चिन्तन द्वारा ऐसे मिश्रित विचारों के हट जाने के बाद ही *गीता* अपनी सशक्त अभिव्यक्ति और विचित्र सौन्दर्य के लिए कुछ सौन्दर्यमूलक आनन्द अवश्य देती रहेगी।)

गीता में कहा गया है—'जो अविनाशी, अवर्णनीय, अव्यक्त, सर्वव्यापी, अचिन्त्य, अविकारी और नित्य उस परम कृपालु परमात्मा को भजते हैं, और इन्द्रियों का निग्रह करके सर्वत्र, समान बुद्धि से सबके साथ मित्रता और करुणा-भाव का व्यवहार करते हैं; जो निष्काम, पवित्र और कर्तव्यविरत रहते हैं, जो शत्रु-मित्र के साथ मानापमान, शीत, उत्ताप और सुख-दुख में समरस हैं, जो निन्दा और स्तुति में समान बुद्धि रखते हैं और शान्ति तथा सन्तोष को धारण करते हैं, वे ही वास्तविक भक्त हैं।

भागवतगीता में अध्याय सात के श्लोक 16 में भक्तों के चार प्रकार बताए गए हैं—1. **अर्थार्थी,** अर्थात् धन अथवा लाभ की दृष्टि से भजन करनेवाले, 2. **आर्त,** अर्थात् दुख निवारण के लिए भजन करनेवाले, 3. **जिज्ञासु,** अर्थात् भगवान के स्वरूप को जानने की इच्छा से भजन करनेवाले और **4. ज्ञानी,** अर्थात् भगवान के स्वरूप से साक्षात्कार कर उनका चिन्तन करनेवाले। **अर्थार्थी, आर्त, जिज्ञासु** और **ज्ञानी**—भक्तों के इन चार प्रकारों से भक्ति के विकास की परम्परा की जानकारी होती है। भक्तों ने भक्ति की परम्परा को मथुरा, वृन्दावन, राजस्थान, गुजरात, महाराष्ट्र, कर्नाटक तथा तमिल तक फैलाया। श्रीकृष्ण को अब विष्णु का अवतार मान लिया गया। भागवत धर्म नरदेहधारी वासुदेव श्रीकृष्ण में केन्द्रित होकर भारतीय जनमानस में व्याप्त हुआ।

आराध्य की विभिन्न कोटियों को लक्ष्य बनाकर भक्ति के अनेक रूपों की धाराएँ पुराणों से ही प्रवाहित हुईं और भागवत धर्म को पूर्ण प्रौढ़ता प्राप्त हुई। भक्ति का लक्षण प्रस्तुत करते हुए *भागवत पुराण* (7.5.23-24) में भक्ति के मार्ग बताए गए हैं—श्रवण, कीर्तन, स्मरण, पैर सेवन, अर्चन, वन्दन, दास्य और आत्मनिवेदन। *भागवतपुराण* भागवत धर्म का एकमात्र प्रामाणिक एवं मान्य ग्रन्थ है।

भक्ति का उदय किस प्रकार हुआ, इस सम्बन्ध में **भागवतपुराण** में अध्याय एक के श्लोक 48-50 में, भक्ति स्वयं कहती है—"मैं वही (जो मूलतः यादवों की एक शाखा के वंशजों द्वारा लाई गई थी) द्रविड़ देश में (रागालिका भक्ति के रूप में) उत्पन्न हुई, कर्नाटक में विकसित हुई, महाराष्ट्र में भी कुछ पोषित हुई और गुजरात में जाकर वृहत् हो गई। वहाँ घोर कलियुग (म्लेच्छबाधा) के सम्पर्क से पाखंडियों द्वारा खंडित अंगवाली मैं दुर्बल होकर बहुत दिनों तक अपने पुत्रों (ज्ञान-वैराग्य) के साथ मन्दता को प्राप्त हुई। तदुपरान्त वृन्दावन (ब्रज-मंडल) में पहुँचकर नवीना, स्वरूपिणी, युवावस्थासम्पन्न एवं सुन्दर बन गई।" भक्ति के विकास का यह इतिहास बताता है कि ब्रज-मंडल में श्रीकृष्ण के स्वरूप में उसकी अन्तिम परिणति हुई।

भागवत में ज्ञान और वैराग्य को भक्ति के पुत्र बताए गए हैं। किन्तु ज्ञान और वैराग्य के कारण भक्ति का विकास न होकर मन्दता एवं क्षीणता ही हुई। अतः भगवद्-भक्तों में ज्ञान-वैराग्य को कोई महत्त्व नहीं दिया गया है। भक्तिमार्गी वैष्णव सम्प्रदाय में भक्ति को

मुक्ति से श्रेष्ठ माना गया है। भक्तजन मुक्ति को प्राप्त कर उस आनन्दमयी स्थिति को नहीं चाहता, जिसमें कि उसे श्रीकृष्ण के सान्निध्य से वंचित होना पड़े। भक्त तो श्रीकृष्ण के पैरों में ही सेवारत रहना चाहता है।

भगवान अपने भक्तों को मुक्ति देना चाहते हैं। ज्ञान की पूर्णावस्था में मुक्ति की उपलब्धि स्वतः हो जाती है। इस मुक्ति को भगवान अपने भक्त को बिना ज्ञान-प्राप्ति के सहज ही देना चाहते हैं। किन्तु भक्ति की प्राप्ति तो कठिन है, भक्ति की प्राप्ति तो भगवान की कृपा पर निर्भर है। वह सबको सुलभ नहीं होती। ज्ञान के द्वारा भक्ति लाभ प्राप्त कर ब्रह्मानन्द की अनुभूति की जा सकती है, किन्तु भक्ति द्वारा जिस अलौकिक रसानन्द की उपलब्धि होती है, वह नीरस ब्रह्मानन्द की अपेक्षा श्रेष्ठ है। भागवत की यह भक्ति साधनरूपा नहीं बल्कि सिद्धरूपा प्रेमभक्ति है।

भक्ति को भगवत्प्राप्ति का साध्य और साधन, दोनों माना गया है। भक्ति वास्तव में एक भाव है, एक धारणा एवं निष्ठा है। उसमें ज्ञान और कर्म दोनों का पर्यवसान है। कर्म और ज्ञान दोनों ही भक्ति की उपलब्धि के साधन हैं और भक्ति भगवान की प्राप्ति का साधन है।

भक्ति की यह परम्परा वैष्णव धर्म या भागवत् धर्म में निरन्तर समृद्ध होती गई। *नारदभक्तिसूत्र, शांडिल्यभक्तिसूत्र, भक्तिरसामृतसिन्धु, ज्ञानामृतसागर* आदि भक्ति ग्रन्थों की रचना की गई।

वैष्णवधर्म की परम्परा में लगभग सातवीं-आठवीं शताब्दी तक भक्ति का निरन्तर विकास होता गया। किन्तु आठवीं शताब्दी में शंकराचार्य के अद्वैतवेदान्त तथा शैवों और शाक्तों के प्रभाव के कारण भागवत् धर्म की परम्परा में कुछ रुकावटें आईं। परन्तु भक्ति मार्ग की परम्परा सर्वथा अवरुद्ध तथा विखंडित नहीं हुई। शैव-शाक्तों पर भक्ति-भाव का असर पड़ा। शंकराचार्य ने भी अद्वैत ब्रह्म को प्राप्त करने के लिए उपासना का आधार बनाया। *ब्रह्मसूत्र-शंकर भाष्य* में उपासना के पाँच प्रकार बताए गए हैं—1. अभिगमन, 2. उपादान, 3. इज्या, 4. स्वाध्याय और 5. योग। उपासना के ये पाँच प्रकार भक्ति के ही रूप हैं। उनमें एकनिष्ठ रहता हुआ उपासक या भक्त भगवान से साक्षात्कार करता है।

शंकराचार्य के अद्वैतमत के विरोध में अनेक वैष्णवाचार्यों का उदय हुआ, जिन्होंने भागवत-धर्मानुरूप वेदान्त-मत का बहुमुखी विकास किया। भागवत धर्म का यह पुनरुत्थान पूर्वमध्यकाल के दसवीं शताब्दी से होने लगा। श्रीनारायण और जगजननी महालक्ष्मी की भक्ति-परम्परा दक्षिण में शठकोप स्वामी, नाथमुनि, पुंडरीकाक्ष स्वामी और राममिश्र स्वामी से प्रवर्तित होती हुई यमुनाचार्य तक पहुँची। ये सभी तमिल आलवार वैष्णव भक्त थे। *भागवत पुराण* में तमिल देशवासी द्रविड़ों को भगवान वासुदेव का परम भक्त बताया गया है। अनेक विद्वानों का मत है कि *भागवत पुराण* के वर्तमान स्वरूप की रचना तमिल देश में हुई। तमिल आलवार भक्तों ने समस्त दक्षिण भारत में वैष्णव भक्ति का व्यापक प्रचार-प्रसार किया।

आलवार, नाथमुनि और यमुनाचार्य समसामयिक थे, जो दसवीं शताब्दी में हुए। श्रीवैष्णव सम्प्रदाय के संस्थापक ये दोनों आचार्य दक्षिण भारत में हुए और उत्तर भारत में आकर उन्होंने भागवत धर्म के पुनरुत्थान का सूत्रपात किया। शंकरमत के बढ़ते हुए प्रभाव को उन्होंने कम किया। नाथमुनि ने वृन्दावन में निवास कर अपने *आगमप्रमाण* नामक गम्भीर ग्रन्थ की रचना

कर शंकराचार्य के मायावाद का खंडन किया। यमुनाचार्य ने भक्ति परम्परा को अधिक सशक्त ढंग से आगे बढ़ाया। भक्ति द्वारा भगवत् अनुग्रह प्राप्त करने के नए मार्ग की स्थापना कर यमुनाचार्य ने शंकराचार्य के अद्वैतवाद में परिवर्तन कर उसे भागवत धर्म के साथ संयुक्त किया और **विशिष्टाद्वैत** नाम से सरल एवं सुगम दार्शनिक मत का प्रवर्तन किया। उन्होंने ज्ञान और कर्म दोनों को भक्ति का उपादान सिद्ध किया और भक्ति को ही ईश्वर-प्राप्ति का एकमात्र साधन बताया। ग्यारहवीं शताब्दी में रामानुजाचार्य ने भक्ति का अपना नया दृष्टिकोण प्रस्तुत किया। उन्होंने आद्य विष्णु के राम तथा कृष्ण अवतारों का महत्त्व बताकर भक्ति की भावधारा को आगे बढ़ाया। उनके मत से राम और कृष्ण दोनों अवतार हैं और वे करुणामय तथा भक्तों को प्यार करने के कारण भक्तों के उद्धार हेतु अवतार धारण करते हैं। भक्तों को चाहिए कि वह सभी नियमों को त्यागकर भगवान के प्रति सर्वस्व समर्पण कर दे। यही 'शरणागति' है।

निम्बार्काचार्य (बारहवीं शती), विष्णु स्वामी (तेरहवीं शती), माधवाचार्य (तेरहवीं शती), रामानन्द (तेरहवीं शती), बल्लभाचार्य (पन्द्रहवीं शती) और चैतन्य महाप्रभु (पन्द्रहवीं शती) भक्ति को भगवत्प्राप्ति का आधार माननेवाले प्रसिद्ध वैष्णवाचार्य थे।

वैष्णव भक्ति के उदय और विकास की जो स्थिति उत्तर भारत की रही, उसकी अपेक्षा दक्षिण भारत और गुजरात में उसका महत्त्व तथा प्रभाव कम रहा। संस्कृत के अलावा अन्य भारतीय भाषाओं के साहित्य भी भक्ति रचनाओं से समृद्ध हुए। महाराष्ट्र में भागवत धर्म के अनुयायी ऐसे बहुसंख्यक भक्त, कवि तथा आचार्य हुए, जिन्होंने बहुमूल्य रचनाओं का सृजन कर उसकी परम्परा को उजागर किया।

9.3 शंकराचार्य

बृहत् शंकरविजय, शंकरविजय, शंकरविजय-विलास, शंकराभ्युदय, शंकरदिग्विजयसार, कूर्मपुराण, सौरपुराण आदि मूल ग्रन्थों से अद्वैतवाद के प्रवर्तक शंकराचार्य की जानकारी होती है। गोपीनाथ कविराज *(शंकरभाष्यानुवाद की भूमिका)* हरिमंगल मिश्र *(स्वामी शंकराचार्य का जीवनचरित)*, उमादत्त शर्मा *(शंकराचार्य)*, शरत्चन्द्र शास्त्री *(शंकराचार्य चरित)*, एस.एस. सूर्यनारायण शास्त्री *(शंकराचार्य)*, टी.एस. नारायण शास्त्री *(द एज ऑफ शंकर)* आदि विद्वानों ने अपने प्रकाशित ग्रन्थों में शंकराचार्य पर प्रकाश डाला है।

लगभग 788 ई. में शंकर का जन्म केरल प्रान्त के कालडी ग्राम में हुआ था। शंकर के माता-पिता पन्नियूर ग्राम के निवासी थे जिसका उल्लेख **शशल** ग्राम के नाम से भी मिलता है। पीछे वे लोग कालडी में आकर बस गए। शंकर की माँ 'पजुर-पन्नै इल्लम्' नामक नम्बूदरी ब्राह्मण कुटुम्ब की थी। शंकर के पिता का नाम शिवगुरु था। वे एक अच्छे तपोनिष्ठ वैदिक थे। शंकर का जन्म उस समय हुआ जब उनके पिता का एक कदम वृद्धावस्था में पहुँच चुका था, अतः पिता की मृत्यु उस समय हुई जब शंकर बिलकुल बच्चे थे।

प्रतिभासम्पन्न शंकर ने तीन वर्ष की आयु में अपनी मातृभाषा मलयालम भलीभाँति सीख ली। पाँचवें साल में शंकर का उपनयन संस्कार विधिवत् किया गया तथा वेदशास्त्र के अध्ययन के लिए वे गुरु के पास गए। अपनी प्रतिभा और सूक्ष्म अर्थ को ग्रहण

करनेवाली बुद्धि, कठोर अनुशासन तथा विशुद्ध चरित्र से शंकर ने अपने गुरु को खुश कर दिया। गुरुकुल में रहते समय ही शंकर के कोमल हृदय का परिचय सभी लोगों को मिल गया था।

शंकर मातृभक्त थे। माता की इच्छा थी कि शंकर का विवाह शीघ्र कर दिया जाए लेकिन शंकर निवृत्ति मार्ग का अवलम्बन कर संन्यास लेने की चिन्ता में थे। संन्यास लेने का संकल्प शंकर ने कर तो लिया लेकिन माता के समक्ष अपनी भावना प्रगट करने की उनमें शक्ति नहीं थी। विधवा माता के जीवन का आधार शंकर को छोड़कर दूसरा नहीं था। कुछ दिनों तक शंकर ने मानस युद्ध की उपेक्षा की लेकिन आगे चलकर अपना अभिप्राय माता से कह सुनाया। विधवा के हृदय पर गहरी चोट पड़ी और हजार समझाने पर भी इसके लिए शंकर को अनुमति नहीं दी। इसके बावजूद आठ वर्ष की आयु में शंकर ने आपत्-संन्यास ले ली और विधिवत् संन्यास के लिए योग्य गुरु की तलाश में घर छोड़ने का निर्णय ले लिया। अपनी सम्पत्ति उन्होंने कुटुम्बियों में बाँट दी और माता के पालन-पोषण का भार उन्हें सुपुर्द कर दिया। 32 वर्ष की आयु अर्थात् लगभग 820 ई. में शंकराचार्य की मृत्यु हो गई। अपने गुरु गोविन्द योगी से ज्ञान प्राप्त कर शंकराचार्य ने *शंकर भाष्य* की रचना की। *उपनिषद्* और *गीता* पर भी उन्होंने भाष्य लिखी।

सिद्धान्त

नर्मदा नदी के किनारे स्थित ओंकारनाथ में शंकर की भेंट अपने गुरु गोविन्दाचार्य से हुई। गुरु ने शंकर को **अद्वैतवाद** की शिक्षा दी। अद्वैतवाद के अनुसार (1) ब्रह्म ही सत्य है। (2) जगत् मिथ्या है। (3) जीव ब्रह्म है। (4) जीव ब्रह्म से कथमपि भिन्न नहीं है।

अद्वैत वेदान्त का मूलमन्त्र है परमार्थ सत्ता-रूप ब्रह्म की एकता तथा अनेकात्मक जगत की मायिकता। इस तथ्य को हृदय में स्थान देने के लिए कुछ मौलिक-सिद्धान्तों से परिचित होना आवश्यक है। अद्वैत-वेदान्त का एक मौलिक सिद्धान्त है—**आत्मप्रत्यय की स्वयंसिद्धता**। इसके अनुसार जगत अनुभूति पर अवलम्बित है। अनुभव के आधार पर विश्व के समस्त व्यवहार प्रचलित होते हैं। इस अनुभूति में आत्मा का सत्य रूप उपस्थित रहता है। विषय विशेष से सम्बन्धित अनुभव के भीतर चेतना की सत्ता स्वयं सिद्ध है, क्योंकि आत्मा की ज्ञातरूपेण उपलब्धि के अभाव में विषय का ज्ञान कभी ठीक नहीं हो सकता। प्रत्येक अनुभव की प्रक्रिया में अनुभवकर्ता को अपनी सत्ता का अनुभव निश्चित ही स्वयं होता है।

आत्मा प्रमाण आदि सकल व्यवहारों का आश्रय है, अतः इन व्यवहारों से पहले ही आत्मा की सिद्धि है। आत्मा का निराकरण नहीं हो सकता। निराकरण होता है आगन्तुक (बाहर से आनेवाली) वस्तु का, स्वभाव का नहीं। जिस तरह उष्णता अग्नि से अलग नहीं की जा सकती उसी प्रकार ज्ञाता में परिवर्तन असम्भव है। "वर्तमान को इस समय जानता हूँ," "अतीत वस्तु को मैं जानता हूँ," "अतीत वस्तु को मैंने जाना" तथा "अनागत (जो अभी तक नहीं जाना गया) वस्तु को मैं जानूँगा"—इस अनुभव-परम्परा में ज्ञातव्य वस्तु का ही परिवर्तन दृष्टिगोचर होता है, परन्तु ज्ञाता का स्वरूप उसी रूप से परिवर्तित नहीं होता क्योंकि वह हमेशा अपने स्वरूप से वर्तमान रहता है।

शंकराचार्य के अद्वैतवाद के अनुसार इस तरह ऐसा कोई भी व्यक्ति नहीं जो विश्वास करे कि "मैं नहीं हूँ।" **आत्मा** ज्ञान रूप और ज्ञाता भी है। ज्ञाता वस्तुतः ज्ञान से पृथक् नहीं होता। ये दो भिन्न-भिन्न वस्तु नहीं हैं। ज्ञेय-पदार्थ का आविर्भाव होने पर ज्ञान ही ज्ञात रूप से प्रकट हो जाता है। परन्तु ज्ञेय के न होने पर 'ज्ञाता' की कल्पना ही नहीं उठती। एक ही ज्ञान कर्त्ता तथा कर्म से सम्बद्ध होने पर भिन्न-सा प्रतीत होता, परन्तु वास्तव में वह एक ही अभिन्न पदार्थ है। प्रत्येक विषय के अनुभव में दो अंश होते हैं—एक तो होता है अनुभव करनेवाला आत्मा और दूसरा होता है अनुभव का बाहरी पदार्थ। यथार्थवादी की दृष्टि में जीव और जगत दो पृथक् स्वतन्त्र वस्तुएँ हैं, परन्तु गहराई से विचार करने पर आत्मा ही एकमात्र सत्ता सिद्ध होता है। जगत् की सत्ता (अस्तित्व) केवल लोकव्यवहार की सिद्धि के लिए मानी गई है। अतः वह परमार्थ रूप से सत्य न होकर व्यवहार रूप से सत्य है। जगत की व्यावहारिकता सिद्ध करने के अवसर पर शंकराचार्य कहते हैं—"ज्ञाप्ति (ज्ञान) आत्मा का स्वरूप है तथा नित्य है। चक्षु आदि द्वारों से परिणत होनेवाली बुद्धि, रूप, रस आदि विषयों को ग्रहण करती है। ये अनुभूतियाँ आत्म-विज्ञान के विषय होकर ही उत्पन्न होती हैं, अतः वे आत्मज्ञान के द्वारा व्याप्त होती हैं। इसलिए जगत की कोई भी वस्तु ऐसी नहीं है जो आत्मज्ञान के द्वारा व्याप्त न होकर उत्पन्न होती हो। जगत के पदार्थ कार्यरूप हैं जिनका कारण स्वयं ब्रह्म है। वे अपनी किसी भी अवस्था में ब्रह्म को छोड़कर टिक नहीं सकते। ब्रह्म की सत्ता से जगत के पदार्थों की सत्ता है। नामरूप से जगत के पदार्थ विभिन्न भले प्रतीत हों, परन्तु उनके भीतर चैतन्य रूप से एक ही आत्मा झलक रहा है। कोई भी पदार्थ ऐसा नहीं जो आत्मा से व्याप्त न हो। वही भीतर है और वही बाहर भी है। कर्ता भी है और कर्म भी।" इसलिए शंकर का कथन है कि विश्व में एक ही सत्ता सर्वत्र लक्षित है। वह अखंड है। उसे खंडित नहीं किया जा सकता। यही सत्ता नाना रूपों से हमारी दृष्टि के समक्ष आती है। जिसे हम घट के नाम से पुकारते, वह वस्तुतः इस सत्ता का एक उन्मेषमात्र है। वह स्वतन्त्र कोई भी वस्तु नहीं है। शंकर के **अद्वैत वेदान्त** का यही रहस्य है।

शंकर से पूर्व अद्वैत वेदान्त की चर्चा **वेदों** एवं **उपनिषदों** में है। जगत् के काल्पनिक रूप को प्रमाणित करने के लिए शंकर ने माया के सिद्धान्त को स्वीकारा। ऐसा विचार उनके दादा गुरु गौडपाद ने पहले ही प्रतिपादित किया था। माया के सिद्धान्त का समर्थन करने के बावजूद उन्होंने कर्मठ-जीवन व्यतीत किया। विलासी जीवन उन्होंने पसन्द नहीं किया।

अद्वैतवाद के प्रचार कार्य के लिए शंकराचार्य ने काशी, बदरीनाथ, केदारनाथ, हरिद्वार, प्रयाग, माहिष्मती नगरी, पंढरपुर (महाराष्ट्र), श्रीपर्वत (मद्रास), गोकर्ण क्षेत्र (महाराष्ट्र), हरिशंकर, मूकाम्बिका, श्रीवलि, शृंगगिरि, केरल, अनन्तशयन, अयोध्या, इन्द्रप्रस्थपुर (दिल्ली), उज्जैनी, कर्नाटक, काँची, नेपाल, कामरूप, कुरु, गया, चिदम्बरम, जगन्नाथपुरी, नैमिष, पांचाल, वाह्लीक (पश्चिमी-उत्तरी सीमा), भवानी नगर, मध्यार्जुन (आन्ध्र प्रदेश), मरून्धपुर, मल्लपुर, मागधपुर, मायापुरी, रामेश्वरम्, यमप्रस्थपुर, वक्रतुंडपुरी, वासुकिक्षेत्र, कश्मीर, विज्जलबिन्दु, विदर्भनगर, वेंकटांचल, वैकल्यगिरि, रुद्धपुर आदि स्थानों की यात्रा की और इस तरह सम्पूर्ण भारतवर्ष में उनके शिष्यों की संख्या असंख्य हो गई। विभिन्न मतों के ज्ञानी पुरुषों से वाद-विवाद कर उन्हें परास्त किया। अनेक मन्दिरों में धर्म के नाम पर होनेवाले कुकर्मों का उन्होंने सफलतापूर्वक विरोध किया। अनेक राजाओं ने उन्हें राजकीय सम्मान दिया। नेपाल

में पशुपतिनाथ की पूजा को लोकप्रिय बनाया। कश्मीर के शारदापीठ में भगवती उपासना को लोकप्रिय बना दिया। बौद्धधर्म पर उनकी पूर्ण विजय हुई। शारदामठ (द्वारिका), गोवर्धनमठ (जगन्नाथपुरी), ज्योतिमठ (ज्योतिर्धाम) और शृंगेरीमठ (रामेश्वरधाम) को स्थापित करने में शंकराचार्य की भूमिका अद्वितीय रही।

अपने शिष्यों को विभिन्न मठों में मठकार्य निरीक्षण के लिए भेज शंकर बदरीनारायण की ओर चले गए। भगवान नारायण की पूजा कर कुछ दिनों पश्चात् कहते हैं, वे कैलाश पर्वत पर गए और लगभग 820 ई. में अपना स्थूल शरीर छोड़ सूक्ष्म शरीर में विलीन हो गए।

शंकराचार्य का मानव जीवन आदर्श गुणों से परिपूर्ण था। संन्यासी होकर भी उन्होंने अपने हाथों माता का संस्कार किया। गुरुभक्ति उनमें भरी थी। उनका प्रधान लक्ष्य वैदिक धर्म की प्रतिष्ठा तथा प्रचार था। अपने आलोक सामान्य पांडित्य के आधार पर अवैदिक या अर्धवैदिक सिद्धान्तों की उन्होंने धज्जियाँ उड़ा दीं। उनसे पहले किसी आचार्य ने समस्त प्रस्थानत्रयी पर भाष्य ग्रन्थों की रचना नहीं की थी। अद्वैत साहित्य का जन्म देकर शंकर ने ऐसा प्रबन्ध किया कि देश की सारी जनता उनके प्रचारित धर्म का मर्म समझ सके। उन्होंने उन्हीं मतों का खंडन किया जिनकी जानकारी उन्हें विशेष रूप से थी। पांडित्य के साथ-साथ उनमें कवित्व का अनुपम सम्मेलन था। मन्त्रशास्त्र के वे महान मर्मज्ञ विद्वान थे। इसकी जानकारी उनके **सौन्दर्य लहरी** तथा **प्रपंचसार** से होती है। साधना-साम्राज्य के वे सम्राट थे। भगवती त्रिपुरा सुन्दरी के अनन्य भक्त थे। वर्णाश्रम-धर्म की मर्यादा अक्षुण्य बनाए रखने तथा उसकी नींव दृढ़ करने के लिए शंकराचार्य को अपना कार्य स्थायी बनाना था और इसके लिए उनकी व्यवस्था अति सफल रही। उनके विरोधियों को भी उनके उदात्त चरित्र, परम सात्विक जीवन के प्रति नतमस्तक होना पड़ता है।

9.4 वैष्णव धर्म

वैष्णव धर्म विष्णु की भक्ति-उपासना पर आधारित है। उसमें विष्णु के व्यापक स्वरूप की अभिव्यंजना हुई है। भारत की धार्मिक परम्परा में विष्णु को महत्त्वपूर्ण स्थान प्रदान किया गया है। उन्हें जगत्पालक कहा गया है और जगत्संहारक सदाशिव के साथ आद्यदेवता के रूप में उनकी पूजा की जाती है। ये दोनों देवता ऐसे हैं, जिनके प्रति भारतीयों में आदिकाल से अब तक समान श्रद्धा एवं भक्ति रही है। भारतीय संस्कृति भी उनसे प्रभावित है। विष्णु एवं सदाशिव, दोनों का उत्तर वैदिक युग में मानवीकरण हुआ और इस रूप में उनकी देवोपासना प्रारम्भ हुई। शिव का मानवीरूप शिवोपासना के रूप में और विष्णु का मानवी स्वरूप वैष्णवोपासना के रूप में प्रचलित हुआ। इस प्रकार भारत के धार्मिक इतिहास में शैव सम्प्रदाय और वैष्णव सम्प्रदाय, परवर्तीकालीन समस्त धार्मिक सम्प्रदायों के मूल उत्स या उद्गम स्रोत बने।

वैदिक साहित्य में विष्णु को सात्वत लोगों ने वासुदेव भक्ति के रूप में और ब्राह्मणादि ग्रन्थों ने नारायण भक्ति के रूप में प्रचलित किया। आगे चलकर पुराणों में विष्णु के अनेक अवतारों की कल्पना हुई, जिनमें कृष्ण और राम प्रमुख हैं; और इस प्रकार इन अवतारों के

भी नए धार्मिक सम्प्रदाय बने। पुराणों में विष्णु को प्रथम स्थान का देवता माना गया है, जबकि वैदिक साहित्य में विष्णु का स्थान इन्द्र, वरुण, अग्नि के बाद चतुर्थ है। *ऋग्वेद*[1] में विष्णु को इन्द्र का योग्य सहायक बताया गया है।

'विष्णु' शब्द की व्युत्पत्ति विद्वानों ने दो प्रकार से की है। प्रथम व्युत्पत्ति के अनुसार 'सतत क्रियाशील (विष) रहनेवाले तथा सौर स्वरूप' होने के कारण उन्हें 'विष्णु' कहा गया; और दूसरी व्युत्पत्ति के अनुसार 'विश्व की उत्पत्ति (विश) करने के बाद उसको व्यापक करने' के कारण 'विष्णु' कहलाए, जैसा कि *विष्णुसहस्रनाम* की टीका में भी लिखा गया है—चराचरेषु भूतेषु वशनात् विष्णुरुच्यते।

ऋग्वेद[2] में ऐसा उल्लेख हुआ है कि अपने तीन पगों में विष्णु ने पृथ्वीलोक, द्यूलोक और अन्तरिक्षलोक को नाप लिया था। *ऋग्वेद*[3] के अन्य मन्त्रों में कहा गया है कि तृतीय पद विष्णु का परम पद है। उसे विद्वज्जन आकाश में सदा दृष्टि लगाकर देखा करते हैं। विष्णु के उस परम पद में आनन्द रस का स्रोत विद्यमान है।

ऋग्वेद[4] में कहा गया है कि विष्णु अत्यन्त पराक्रमी, विधि-नियमों के पालनकर्ता और उन नियमों के प्रेरक भी हैं। ब्राह्मण-ग्रन्थों में विष्णु को इन्द्र तथा अग्नि से बढ़कर माना गया है।[5] *'शतपथ ब्राह्मण'*[6] में विष्णु को यज्ञ में अन्य देवताओं से बढ़कर काम करनेवाला बताया गया है। वे समस्त भूलोक में विचरण करनेवाले अलौकिक शक्ति-सम्पन्न देवता हैं।

ऋग्वेद और ब्राह्मण-ग्रन्थों के उक्त सन्दर्भों की समीक्षा करने पर ऐसा प्रतीत होता है कि ब्राह्मण काल में इन्द्र से देवराज का पद विष्णु को प्राप्त हो गया था और विष्णु की महत्ता को प्रतिपादित करने के लिए 'इन्द्रसूक्त' की भाँति 'विष्णुसूक्त' की भी रचना की गई। इतना ही नहीं, अपितु अनेक सन्दर्भों से यह भी विदित होता है कि हरि, केशव, वासुदेव, वृष्णीपति, वृषभ तथा वैकुंठ आदि जो पर्याय इन्द्र के थे, वे विष्णु के पर्याय के रूप में प्रयुक्त होने लगे थे।

हिन्दू धर्म के दो मुख्य सम्प्रदायों में से पहले—वैष्णव मत—का उदय मौर्यकाल के भी पहले ही हो चुका था, किन्तु गुप्त शासकों के राज्यकाल में ही वह व्यापक बन पाया। पुराने ग्रन्थों में वैष्णव मत के मुख्य देवता विष्णु को नारायण कहा गया है, जो सम्भवतः उत्तरी भारत के देशज निवासियों द्वारा पूजित देवता रहा होगा। ब्राह्मण ग्रन्थों में भी उसे एक शक्तिशाली देवता कहा गया था और कहीं-कहीं तो उत्तर-वैदिक देवता प्रजापति से भी ऊँचे स्थान पर रखा गया है।

कालान्तर में नारायण विष्णु के, जो आदित्य का एक रूप था, बहुत से नामों में से बस एक हो गया। विष्णु नाम स्थानीय मूल का ही प्रतीत होता है। बाद में इस देव को सिर्फ विष्णु ही कहा जाने लगा और उसे देवाधिदेव माननेवाला सम्प्रदाय वैष्णव सम्प्रदाय के नाम से जाना जाने लगा।

---

1. *ऋग्वेद,* 1.22.9
2. *वही,* 1.22.18
3. *वही,* 1.22.20
4. *वही,* 1.155.5, 165.1
5. *ऐतरेय ब्राह्मण,* 1.1.1
6. *शतपथ ब्राह्मण,* 14.11, 1.2.5

भारत में इस सम्प्रदाय की जबरदस्त लोकप्रियता का कारण काफी हद तक हिन्दू धर्म की इस शाखा की विभिन्न स्थानीय धार्मिक विश्वासों और विधि-विधान का आत्मसात्करण करने की सचमुच अद्भुत क्षमता है। इसे व्यूहों और अवतारों की सुपरिष्कृत प्रणाली ने सम्भव बनाया है। व्यूह की धारणा का सार यह है कि सर्वशक्तिमान विष्णु अपने को निरन्तर चार भिन्न रूपों में प्रकट करता है। इसके परिणामस्वरूप कई लोकप्रिय स्थानीय देवताओं का विष्णु की अवधारणा में समावेश करना सम्भव हो गया, जिनमें एक वासुदेव भी था, जो उत्तरकालीन वैष्णव साहित्य में लगभग स्वयं नारायण से भी अधिक महत्त्वपूर्ण हो गया था। मध्य युग में कल्पित विष्णु के बहुत से लक्षणों के उद्गम को सीधे वासुदेव से जोड़ा जा सकता है, जो अन्य विशेषताओं के अलावा दिव्य गरुड़ पक्षी से भी सम्बद्ध है। वासुदेव की, और बाद में विष्णु की पूजा में संकर्षण की उपासना भी समाविष्ट हो गई, जिसकी कृषिजीवी कबीले पूजा करते थे।

विष्णु की उपासना में एक और देवता—कृष्ण—का भी समावेश हो गया, जो जल्दी ही सबसे अधिक लोकप्रिय देवताओं में एक हो गया। कृष्ण को गोपियों के साथ लीला में रत युवा के रूप में चित्रित किया जाता है। इस प्रकार व्यूह प्रणाली ने वासुदेव और कृष्ण का वैष्णव मत में समावेश करना सम्भव बना दिया।

अवतार के विचार से जुड़ी वैष्णव मत की समन्वयवादी प्रवृत्ति तो अपने प्रभाव और परिणामों की दृष्टि से और भी अधिक महत्त्वपूर्ण है। प्रारम्भिक धार्मिक साहित्य में विष्णु के चार अवतारों का उल्लेख आता है, किन्तु बाद में तो उनकी संख्या चौबीस तक चली गई है। भिन्न-भिन्न उपासना पद्धतियों का एक ही धर्म में समावेश कर सकने के इस सिद्धान्त ने नाना प्रकार के धर्मों के नाना प्रकार के देवताओं का वैष्णव मत में अंगीकरण सम्भव बना दिया। विष्णु के तीन अवतार पशुओं का रूप लेते हैं—वराह, मत्स्य और कच्छप। वराह रूप लेकर उसने पृथ्वी का उद्धार किया था, मत्स्य रूप धारण करके प्रलय काल में मानवाधिपति मनु की नौका को बचाया था और कच्छप शरीर अंगीकार करके समुद्र मन्थन में भाग लिया था। राम का अवतार लेकर वह सीता से विवाह करता है और राक्षसराज रावण का नाश करता है, जिसकी कथा आगे चलकर वाल्मीकि की प्रसिद्ध कृति *रामायण* की विषयवस्तु बनी।

प्रारम्भिक वैष्णव मत के इतिहास के सन्दर्भ में प्राचीन साहित्यिक स्रोतों से प्राप्य तथ्यों और कालनिर्धारित पुरालेखी अभिलेखों से उपलभ्य सामग्री की तुलना बहुत रोचक है।

पाणिनि (पाँचवीं अथवा चौथी सदी ई.पू.) के व्याकरण में वासुदेव की उपासना का उल्लेख आता है, जिसे परम्परानुसार एक वीर क्षत्रिय, वृष्णियों (जिनमें वासुदेव कुल को प्रमुखता प्राप्त थी) का एक नायक माना जाता था। पतंजलि (ई.पू. दूसरी शती) ने अपनी कृति में इन दोनों ही विचारों का उपयोग किया है—उसमें वासुदेव एक क्षत्रिय के रूप में और उपास्य के रूप में भी प्रकट होता है। दूसरे विचार का *भगवद्गीता* में विशेष विस्तार के साथ निरूपण किया गया है, जिसमें वासुदेव भगवान के एक अवतार के रूप में प्रकट होता है।

मेगस्थनीज के वृत्तान्त में 'भारतीय हेराक्लीज' के उल्लेख आरम्भिक मौर्यकाल में वासुदेव उपासना के प्रसार के परिचायक हैं। यूनानी राजदूत ने वासुदेव को एक वीर योद्धा और राक्षसों का विजेता कहा है। भारतीय स्रोत ग्रन्थों के अनुसार वासुदेव की उपासना मथुरा में विशेषकर लोकप्रिय थी, और यह हेराक्लीज के प्रसंग में मेगस्थनीज भी कहता है। यह

अनुमान किया जा सकता है कि यूनानी लेखक वैष्णव मत के उस प्रारम्भिक काल का वर्णन कर रहा है, जिसमें वासुदेव उपास्य तो हो गया था, पर अभी तक कृष्ण का समानार्थक नहीं बना था।

बेसनगर में हेलियोडोरस द्वारा स्थापित प्रसिद्ध गरुड़ध्वज (ई.पू. दूसरी शताब्दी) पर उत्कीर्ण लेख में देवाधिदेव वासुदेव का उल्लेख है और इस लेख के आधार पर कहा जा सकता है कि इस काल में केवल भारतीयों ही नहीं, बल्कि उत्तर-पश्चिमी भारत में रहनेवाले यूनानियों में भी वासुदेव की उपासना व्यापक रूप में प्रचलित थी।

ई.पू. पहली सहस्राब्दी के अन्त के अन्य पुरालेखीय साक्ष्यों के आधार पर यह निष्कर्ष निकाला जा सकता है कि उस समय विष्णु, नारायण तथा वासुदेव पन्थ आपस में मिलकर एकाकार हो गए थे। वैष्णव देवताओं (विष्णु, वासुदेव तथा संकर्षण) के मन्दिरों का निर्माण होना शुरू हो चुका था, जो मध्ययुगीन हिन्दू धर्म का एक चारित्रिक लक्षण है। संकर्षण के सम्मान में निर्मित मन्दिरों का अन्यत्र भी उल्लेख मिलता है, उदाहरण के लिए, *अर्थशास्त्र* में।

हिन्दू धर्म को केवल ब्राह्मण धर्म ही नहीं, वरन् अधिकांश अन्य धर्मों से भी स्पष्टतः अलग करनेवाला एक लक्षण यह है कि उसमें एक नहीं, प्रत्युत तीन देवताओं की उपासना सन्निहित हैं, जिनमें से प्रत्येक अन्य दोनों के बराबर हैं। देवत्रयी का यह शुद्धतः भारतीय रूप त्रिमूर्ति के नाम से जाना जाता है। ये तीनों देवता हैं सृष्टिकर्ता ब्रह्मा, पालनकर्ता विष्णु और संहारकर्ता शिव। इनमें से पहले—ब्रह्मा—को वैदिक देवकुल से लिया गया था। कालान्तर में वह स्वयं एक पृथक् देवता के बजाय सृष्टि के वास्तविक विचार का प्रतीक ही माना जाने लगा। ब्रह्मा के सम्मान में मुश्किल से ही कुछ मन्दिरों का निर्माण किया गया होगा, जबकि इसके विपरीत विष्णु तथा शिव के लिए बहुत बड़ी संख्या में मन्दिर बनाए गए। (और मातृदेवी—शक्ति—के लिए भी, जिसने आगे चलकर हिन्दू देवी-देवताओं में एक प्रमुख स्थान ग्रहण कर लिया), यद्यपि धार्मिक ग्रन्थों में ब्रह्मा का उल्लेख अक्सर आता है। इन तीनों देवताओं में से प्रत्येक साथ ही मानो जगत को समूचे तौर पर प्रतिबिम्बित करता था। विष्णु के उपासकों के लिए वह विश्व का रक्षक अथवा पालनकर्ता ही नहीं, वरन् उसका सृष्टिकर्ता और संहारकर्ता भी था। इन तीनों कृत्यों को शिव द्वारा ग्रहण किया जा सकता था। हिन्दू धर्म की इस विशेषता ने अनिवार्यरूपेण धार्मिक सहिष्णुता को पोषित किया और साथ ही इस परम्परा के भीतर विभिन्न धार्मिक तथा दार्शनिक धाराओं के सहअस्तित्व को भी सम्भव और सुगम बनाया।

अवतार—विष्णु के अवतारों के सम्बन्ध में वेदों में प्रायः कुछ नहीं कहा गया है। किन्तु ब्राह्मण ग्रन्थ और पुराणों में विष्णु के विभिन्न अवतारों का उल्लेख किया गया है। *'महाभारत'*[1] में विष्णु के दस अवतारों का उल्लेख हुआ है। उनके नाम हैं—1. वाराह, 2. नरसिंह, 3. वामन, 4. परशुराम, 5. राम दशरथि, 6. वासुदेव कृष्ण 7. हंस, 8. कूर्म, 9. मत्स्य और 10 कल्कि। *वायुपुराण* तथा *वाराहपुराण* में विष्णु के दस ही अवतार बताए गए हैं। किन्तु उनमें कुछ नामान्तर हैं। *महाभारत* काल में देवताओं में विष्णु का सर्वाधिक महत्त्व बताया गया है। उन्हें सृष्टि का नियन्ता एवं शास्ता माना गया है। इस युग में नारायण, विष्णु और वासुदेव, तीनों

1. *महाभारत*, शान्तिपर्व, 326.825

देवता एकरूप हो गए थे और उनकी उपासना सम्मिलित रूप में की जाती थी। *महाभारत*[1] में विष्णु को बहुधा परमात्मा के रूप में माना गया है और नारायण तथा वासुदेव उन्हीं के स्वरूप बताए गए हैं।

महाभारत के 'नारायणीय उपाख्यान' में नारायण की उपासना का विस्तार से उल्लेख हुआ है। नारायण ने अपने एकान्तिक धर्म का कथन सर्वप्रथम महर्षि नारद को किया था। उसी को नारायण ने राजा जनमेजय को उपदेश देते समय 'हरिगीता' में कहा था। यह उपदेश इससे पूर्व कृष्ण-रूपधारी नारायण ने महाभारत युद्ध के समय अर्जुन को दिया था। वह उपदेश सात्वत धर्म का था। इस सात्वत धर्म के उपदेश में यज्ञमार्ग और तपस्या-मार्ग का परित्याग कर निर्लिप्त भक्ति को श्रेष्ठ कहा गया है। इसी सम्प्रदाय के अधिष्ठान श्रीकृष्ण थे, जो कि नारायण अथवा वासुदेव के अवतार कहलाए। नारायण के इसी कृष्ण अवतार ने *भगवद्गीता* का प्रणयन कर वैष्णव धर्म का पुनरुत्थान किया।

पुराणों में सत्वगुणप्रधान देवता विष्णु को जगत का संचालक एवं पालक बताया गया है। विभिन्न युगों में नानाविध अवतार धारण कर उसने दुष्टों का संहार किया और पृथ्वी की रक्षा की। वह विश्वात्मा का विश्व रूप सात्विक तत्त्व है। उसका मुख्य कार्य संयोजन, धारण, केन्द्रीयंकरण तथा संरक्षण है। वह सर्वत्र व्याप्त है। समस्त पृथ्वी का स्वामी है और विध्वंसक शक्तियों का दमन करता है। सभी शक्तियों पर उसका प्रभुत्व है, इसीलिए वह 'विष्णु' है।

जब विष्णु देवता शयन करता है, तो सम्पूर्ण विश्व अपनी अव्यक्तावस्था में पहुँच जाता है। व्यक्त सृष्टि के अवशेष का नाम ही 'शेष' है, जो कुंडली मारकर अनन्त जलराशि पर तैरता रहता है। शेषशायी विष्णु नारायण कहलाते हैं, जिसका अर्थ है 'नार', जल पर आवास करनेवाला, अथवा जिसमें समस्त मनुष्यों का आघान (आवास) है। विष्णु चतुर्हस्त हैं और चारों हाथों में शंख, चक्र, पद्म तथा गदा धारण किए हुए हैं।

9.5 शैव मत

वैष्णव मत के साथ-साथ शैव तथा शाक्त मतों ने भी बहुत लोकप्रियता प्राप्त की। ब्राह्मण साहित्य में शिव वैदिक देवता रुद्र का समानार्थक है। लेकिन शिव और रुद्र का यह समीकरण बहुत बाद की मंजिल में हुआ होगा। वास्तव में यह ब्राह्मण धर्म में एक स्थानीय देवता के समाविष्ट किए जाने का प्रश्न था, जिसकी उपासना प्रत्यक्षतः इस उपमहाद्वीप के दक्षिणी भाग के निवासियों के धार्मिक विश्वासों के साथ उसी प्रकार जुड़ी हुई थी कि जिस प्रकार देश के उत्तरी भाग की आबादी के धार्मिक विश्वासों से नारायण-विष्णु की पूजा जुड़ी हुई थी।

शिव की उपासना भावविभोरता और समाधि के साथ सम्बद्ध है। शिव श्मशानों में नाचता है, शरीर पर भस्म मलता है और फूलों के हार के स्थान पर मुंडमाला पहनता है। जब वह निर्धन संन्यासी के रूप में धरती पर आता है, तो मानव कपाल को भिक्षापात्र की तरह उपयोग में लाता है। उसकी वेशभूषा के अन्य अंग भी उसकी विकराल शक्ति और सामर्थ्य के द्योतक हैं—वह बाघंबर पहनता है, त्रिशूल, धनुष-बाण और परशु धारण करता है। किन्तु

1. *महाभारत*, शान्तिपर्व, 43

संहार उसके कार्य-कलाप के दो रूपों में से एक ही है। शिव वैराग्य का और बलि का देवता है, वह दैनन्दिन जीवन में मनुष्य का रक्षक भी है।

मगध, मौर्य तथा शुंग कालों में शैव मत के प्रसार का प्रमाण पाणिनि, पतंजलि और मेगस्थनीज की कृतियों से पाया जा सकता है। पाणिनि अपने व्याकरण में शिव के गणों के बारे में लिखता है और पतंजलि उसके सम्मानार्थ स्थापित शिवलिंगों का उल्लेख करता है। मेगस्थनीज के 'भारतीय डायनीसियस' के उल्लेख स्पष्टतः शिव से सम्बन्धित हैं। उसे पर्वतवासियों का प्रिय देवता बताया गया है (भारतीय जनश्रुति के गिरिपति से तुलना कीजिए), जो उसकी पूजा के लिए विशेष समारोह करते थे, जिनमें ढोल बजाए जाते थे और बलि दी जाती थी (बहुत कुछ शिवोपासना की तरह ही)।

शिव को कुषाण सिक्कों पर अक्सर अंकित किया गया है। गणेश और स्कन्द उसके सदा के संगी हैं, और ऐसा प्रतीत होता है कि वे पहले स्वयं भी स्वतन्त्र देवता रहे होंगे। गणेश को, जिसकी संकल्पना सम्भवतः बहुत ही प्राचीन मूल की है, यहाँ मनुष्य के शरीर और हाथी के सिर के साथ दिखलाया गया है (जैसा कि अब भी दर्शाया जाता है) और उसके पास ही उसका वाहन चूहा है। शैव देवकुल में उसका समावेशन एक कृत्रिम समन्वय है, जो बहुत बाद में किया गया था।

शिवपुत्र स्कन्द को प्रेम के रहस्यों से अनभिज्ञ अकलुषित कुमार के रूप में दर्शाया गया है, जिसकी कोई जननी नहीं है (पौराणिक परम्परा के अनुसार स्कन्द को शिव ने स्वयं, माता के बिना, उत्पन्न किया है)। वह शक्तिशाली देव सेना का नायक है और इसलिए राक्षसों के विरुद्ध उसके संघर्ष ने उसके जीवन से सम्बन्धित कथाओं में विशेषकर महत्त्वपूर्ण स्थान ग्रहण कर लिया है। स्कन्द हिन्दू परम्परा के जटिलतम चरित्रों में एक है।

नारायण-विष्णु और शिव के पौराणिक चरित्रों के आत्मसात् किए जाने के बाद ब्राह्मण धर्म में भारत भर में प्रचलित मातृदेवी के नानासंख्य और नानारूप पन्थों के अंगीकरण का दौर आया। तात्त्विक रूप में इस प्रक्रिया का पुरुष देवताओं को उपास्य बनाने के साथ ही समारम्भ हो चुका था, जिन्हें हिन्दू धर्म ने उनकी अर्धांगिनियों—लक्ष्मी (विष्णु की पत्नी) और उमा अथवा पार्वती (शिव की पत्नी)—के साथ-साथ ही स्वीकार किया था।

हिन्दू कर्मकांड और विधि-विधान ब्राह्मण अथवा वैदिक कर्मकांड और विधि-विधान से तत्त्वतः भिन्न था। यह आरम्भिक मध्य युग में उत्पन्न हुआ और आज तक सनातनी ब्राह्मण लगभग बिना किसी परिवर्तन के उसका पालन करते आए हैं। अधिकांश मामलों में हिन्दू धर्म ने बस पुराने देवताओं की समूचे भारत को अपनी परिधि में लेनेवाले धर्म के नए उपास्यों से प्रतिस्थापना ही की। उदाहरण के लिए, प्रजापति को ब्रह्मा के और किसी सीमा तक नारायण के समान बना दिया गया।

लेकिन साथ ही कुछ मूलतः नए तत्त्वों का समावेश भी किया गया। पुराने धर्म को उपासना के लिए अलग भवनों की आवश्यकता नहीं थी, न वह देवताओं के विभिन्न रूपों में भौतिक प्रतीकों से ही परिचित था। हिन्दू धर्म ने इस नई अवस्था में अपने को सर्वोपरि उपासना के अन्य रूपों में अभिव्यक्त किया—मन्दिरों को देवगृह माना जाने लगा, पुजारियों का कार्य अपने संरक्षकों के कल्याण के लिए निरन्तर प्रार्थना करना ही रह गया, मूर्तियाँ सम्बद्ध देवता की वैयक्तिक उपस्थिति को प्रकट करने लगीं—हर सुबह मूर्ति को विधिवत् स्नान

करवाया जाता था, उस पर सुवासित जल छिड़का जाता था, सड़कों पर उसकी यात्रा निकाली जाती ताकि देवता अपने भक्तों को देखकर प्रसन्न हों और फिर उसे मन्दिर में वापस ले जाया जाता था, जहाँ उसका भजनों, गीतों और नृत्यों से, जिन्हें सामान्यतः देवदासियाँ प्रस्तुत करती थीं, मनोरंजन करवाया जाता था।

9.6 भगवद्गीता

महाभारत में भगवद्गीता चाहे उसके भीष्मपर्व का एक छोटा-सा प्रकरण मात्र है, किन्तु भारत के धार्मिक जीवन में उसका अपरिमित महत्त्व है। हिन्दू धर्म के सभी प्रमुख विद्वानों ने गीता पर अपनी टीका लिखना या कम-से-कम उसमें प्रतिपादित शिक्षा के बारे में अपने विचारों को प्रकट करना आवश्यक समझा है। यूरोपीयों का गीता से उसी समय परिचय हुआ कि जब भारतविद्या का उदय हो ही रहा था और इस प्रकार भारत में इस विषय पर विद्यमान टीकाओं तथा भाष्यों के महासागर में यूरोप में रचित अनेक शास्त्रीय विवेचन भी सम्मिलित हो गए।

इस अनुपम कृति की विषयवस्तु को संक्षेप में इस प्रकार प्रकट किया जा सकता है—महाकाव्य में कौरवों तथा पांडवों के वैमनस्य के वर्णन में, जिसका अन्त कुरुक्षेत्र के महासमर में होता है, एक छोटा-सा प्रकरण यह है कि पांडव बन्धुओं में से एक, अर्जुन, अपने स्वजनों को भ्रातृघातक युद्ध में उतरने के लिए तैयार खड़ा देख रणविमुख हो जाता है और अपने सारथी तथा शिक्षक कृष्ण से सलाह माँगता है। कृष्ण उसे बताता है कि क्षत्रिय के कर्तव्य यह अपेक्षा करते हैं कि वह युद्ध करने से इनकार नहीं कर सकता। अर्जुन कृष्ण की राय को सही मानकर स्वीकार कर लेता है और लड़ाई के मैदान में उतर आता है। तथापि स्वयं गीता में *महाभारत* की मुख्य विषयवस्तु से सम्बद्ध घटनाओं का केवल आरम्भ में ही उल्लेख है। मुख्यतः यह मनुष्य के लक्ष्य, नैतिकता के सार और लौकिक तथा पारलौकिक के सम्बन्धों के बारे में संवाद है। कृष्ण, जो इस महाकाव्य में अनेक चरित-नायकों में एक हैं, यहाँ भगवान के पार्थिव अवतार के रूप में प्रकट होता है। उसकी मन्त्रणा युद्ध के औचित्य-अनौचित्य के प्रश्न का कोरा उत्तर ही नहीं है, वरन् एक विलक्षण दार्शनिक प्रबोधन, एक सम्पूर्ण धार्मिक तथा दार्शनिक सिद्धान्त है। गीता की विषयवस्तु का अन्त अर्जुन की ज्ञानप्राप्ति के साथ होता है, वह अपने को मात्र योद्धा, क्षत्रिय और कौरवों के विरोधी के रूप में ही नहीं, वरन् एक नए पन्थ के उत्साही अनुगामी के रूप में देखता है, जिसे भगवत् ने स्वयं कृष्णावतार लेकर दीक्षित किया है।

इस काव्यात्मक कृति में जिस शिक्षा का निरूपण किया गया है, उसने ऐसे समय में रूप लिया था कि जब उपनिषदों के ब्राह्मण अथवा वैदिक धर्म, बौद्ध धर्म, जैन धर्म, आजीवक पन्थ, आदि जैसे अत्यधिक भिन्न-भिन्न धर्म और धार्मिक-दार्शनिक सम्प्रदाय साथ-साथ ही विद्यमान थे और जब दर्शन में सांख्य तथा योग जैसे पन्थों का उदय हो रहा था। इन धाराओं के साथ अन्योन्यक्रिया करने और उनके कुछ मतों को आत्मसात् करने के साथ-साथ गीता एक पूर्णतः स्वतन्त्र और कई बातों में मौलिक विचार समष्टि का भी प्रतिनिधित्व करती है। यह एक प्रकार से पुरातन परम्परा के ढाँचे के भीतर वैदिक विचारों को सुधारने का एक प्रयास था, ताकि भारी सामाजिक तथा आध्यात्मिक परिवर्तन की अवस्थाओं में उसे

सुदृढ़ किया जा सके। इसलिए गीता की शिक्षा के वास्तविक स्वरूप को उसकी उपनिषदों में निरूपित विचारों और विभिन्न सुधारोन्मुखी धाराओं के विचारों से तुलना करके ही समझा जा सकता है।

पाठ-विश्लेषण से यह सिद्ध हो गया है कि गीता का लेखन प्रारम्भिक उपनिषदों (सातवीं-पाँचवीं शताब्दी ई.पू.) के बाद और तथाकथित मध्य उपनिषदों (दूसरी शती ई.पू.-चौथी शती ई.) के समय के आसपास का है। यह सातत्य गीता के रचयिताओं ने जान-बूझकर बनाए रखा है। यह अनेक मतसम्बन्धी सिद्धान्तों की समानता और समान शब्दावली के उपयोग में ही नहीं, बल्कि लगभग शाब्दिक समानता में भी प्रतिबिम्बित होता है।

गीता के रचयिता सांख्य तथा योग दर्शनों के प्रारम्भिक स्वरूपों की अपनी सुविज्ञता को छिपाते नहीं (गीता इन दर्शनों की उत्पत्ति के बारे में अमूल्य सामग्री प्रदान करती है)। गीता तथा प्रारम्भिक बौद्ध ग्रन्थों में समान शब्दावली और दार्शनिक प्रस्थापनाओं के कितने ही उदाहरण मिलते हैं, यद्यपि इन दोनों शिक्षाओं का समग्र स्वरूप स्पष्टतः बहुत भिन्न है। गीता में समाविष्ट धार्मिक तथा दार्शनिक सिद्धान्त धार्मिक तथा दार्शनिक चिन्तन की अन्य धाराओं की उपलब्धियों को ध्यान में रखते हुए पुरोहितवर्ग के पारम्परिक वैदिक सिद्धान्तों को नए युग की अपेक्षाओं के अनुरूप ढालने के प्रयासों का परिणाम हैं।

यह नया मत भी अन्य भारतीय धर्मों की ही भाँति अपना मुख्य कार्यभार अपने अनुगामियों को मुक्ति के सर्वोच्च धार्मिक लक्ष्य की सिद्धि पर ले जाने के पथों की खोज तथा निरूपण ही मानता है। गीता का विशिष्ट लक्षण यह है कि वह (उदाहरण के लिए, उपनिषदों के विपरीत) मुक्ति लाभ करने के मार्गों को स्वीकार ही नहीं करती, वरन् तीन मार्गों—ज्ञानमार्ग, कर्ममार्ग तथा भक्तिमार्ग—का निरूपण भी करती है। गीता में इसका कोई असंदिग्ध संकेत नहीं है कि इन तीनों मार्गों में से सबसे महत्त्वपूर्ण कौन-सा है। उन्हें जिस क्रम में प्रस्तुत किया गया है, उसके मूल में यह कारण हो सकता है कि यह सारा ही काव्य जिस धार्मिक कारुण्य से ओतप्रोत है, वह भक्ति के प्रकरण में अपने चरम पर पहुँच जाता है। यह तथ्य भी कम महत्त्वपूर्ण नहीं है कि गीता के रचयिताओं का भगवान कृष्ण की उपासना को सम्पुष्ट करने का सारा प्रयास भक्ति की धारणा से प्रत्यक्षतः जुड़ा हुआ है।

ज्ञानमार्ग के प्रस्तुतीकरण में जहाँ गीता की उपनिषदों से बहुत समानता है, वहाँ उसमें कर्ममार्ग की धारणा पूर्णतः मौलिक है। निष्काम कर्म की प्रस्थापना इस काव्य की एक आधारिक प्रस्थापना है, जो निर्वाण अथवा मोक्ष को ही मानव जीवन का एकमात्र लक्ष्य घोषित करनेवाले अन्य भारतीय धार्मिक तथा दार्शनिक सम्प्रदायों से गीता को एकदम अलग कर देती है। यह धारणा पूर्ववर्ती ग्रन्थों में नहीं पाई जाती है—इसे उत्तरवर्ती हिन्दू धर्म द्वारा अंगीकार किया गया था और भारत की आत्मिक परम्परा में गीता का योगदान माना जाता है।

यहाँ तपस्या पर आधारित शिक्षा की इस पारम्परिक दुविधा कि मनुष्य को संसार में रहना चाहिए या उसका त्याग कर देना चाहिए, के स्थान पर एक-दूसरे ही प्रश्न को प्राथमिकता दी गई है और वह है भक्तिमार्ग पर चलना चाहनेवाले के कार्य का स्वरूप। गीता इस प्रश्न का जो उत्तर देती है, वह अत्यधिक सरल है—मनुष्य जब निष्काम भाव से कर्म करता है, अर्थात् जब वह कार्य को निरासक्त होकर, किन्तु अपना अनिवार्य कर्तव्य मानकर करता है, तो कार्य उसके लिए बन्धन नहीं रहता। जब व्यक्ति ऐसी निष्काम वृत्ति की सिद्धि

कर लेता है, तो आत्मस्वार्थ का लोप हो जाता है, कार्य द्वारा कुछ भी अर्जित करने की लालसा जाती रहती है। इसके अलावा अपने विभिन्न कर्म करता हुआ ऐसा व्यक्ति किसी भी प्रकार अपने अहं को जताने का आकांक्षी नहीं होता—वह अहंकार से मुक्त हो जाता है।

दूसरे शब्दों में उपनिषदों में उद्घोषित व्यक्ति के सांसारिक जीवन के बन्धनों तथा अहंकार से मोक्ष पाने के आदर्श के अपने निरूपण में गीता इस आदर्श के लिए सर्वथा भिन्न संकल्पनात्मक अभिव्यक्ति प्रदान करती है। गीता की सारी विषयवस्तु तत्त्वतः इस केन्द्रीय विचार का ही स्पष्टीकरण करती है।

गीता में भक्तिमार्ग को एक सिद्धान्त की तरह विकसित किया गया है। निश्चायक अर्थों में भक्ति का वर्णन ही इस काव्य की परिणति है—उपनिषदों में निरूपित आत्मा की द्वैधवृत्ति तथा अहंतत्त्व के परित्याग के आदर्श को कृष्ण की उपासना में अभिव्यक्ति मिलती है, जो मानवरूप देवता होने के साथ-साथ सार्विक परब्रह्म का प्रतीक भी है।

काव्य की अन्तर्वस्तु का सामाजिक पक्ष उसमें प्रतिपादित धार्मिक तथा दार्शनिक सिद्धान्त का ही अंग है। संसार के अस्तित्व और परमसत्य की सिद्धि करने के मार्गों से सम्बद्ध प्रश्नों की व्याख्या में अवैदिक मतों के कई विचारों और वैदिक (ब्राह्मण) धर्म के परिष्कृत रूप के प्रभाव को दर्शाने के साथ-साथ गीता वर्ण संगठन का जो नमूना प्रस्तुत करती है, वह वैदिक काल की पुरातन धारणाओं के ही अनुरूप है। बल्कि और भी अधिक अनम्य तथा दृढ़ वर्ण-व्यवस्था का आधार प्रदान करके वह इस दिशा में और भी आगे चली जाती है, जिसने उत्तरकालीन हिन्दू धर्म द्वारा विहित 'शास्त्रसंगत' जाति-व्यवस्था के स्वरूप को निर्धारित किया।

तथापि गीता की अन्तर्वस्तु का यह 'विशुद्धतः सामाजिक पक्ष' कई बातों में भावी पीढ़ियों के लिए प्रासंगिक नहीं रह गया था। गीता को परिष्कृत ब्राह्मण धर्म की और आगे चलकर सामान्य रूप में हिन्दू धर्म की विचारधारा की केन्द्रीभूत अभिव्यक्ति माना जाने लगा। बड़े-बड़े विचारक भी गीता की अन्तर्वस्तु के इस या उस पक्ष पर जानबूझकर जोर देते हुए अपनी निजी, पूर्णतः मौलिक धारणाओं के मूल को उसी से जोड़ने लगे। हाल के वर्षों में भी इस काव्य में विद्यमान विचारों का भाँति-भाँति के सिद्धान्तों में समावेश किया गया है, जिनमें से कुछ तो एक-दूसरे के सर्वथा विरोधी हैं। बीसवीं सदी में बाल गंगाधर तिलक, महात्मा गांधी और अरविंद घोष (अरविंद ने रहस्यवादी दार्शनिक नहीं, राजनीतिक नेता के नाते) जैसे प्रमुख व्यक्तियों ने गीता के विचारों का सहारा लिया है। जवाहरलाल नेहरू ने गीता के विचारों के अध्ययन के महत्त्व पर जोर दिया है। इस प्रकार भगवद्गीता समस्त भारतीय संस्कृति का एक तात्त्विक अंग, उसके प्राचीनतम मूल्यों और बादवाली शताब्दियों के विकास को जोड़नेवाली परम्परा के सातत्य का शाश्वत प्रतीक बन गई है।

9.7 पंचरात्र

महाभारत के नारायणीय खंड में सर्वोच्च देव नारायण विष्णु वासुदेव के उपासकों का वर्णन सात्वत, भागवत, पंचरात्र तथा एकान्तिक के रूप में हुआ है। नारायण के उपासकों की उपाधि के रूप में पंचरात्र शब्द का प्रथम प्रयोग नारायणीय में हुआ है। इसमें नारायण को भी

पंचरात्रिक कहा गया है। इस उपाधि का अर्थ पंचरात्र यज्ञ का कर्ता है। भगवान ने जिस धर्म की शिक्षा शांडिल्य, औपगायन, मौंजायन, कौशिक तथा भारद्वाज—इन 5 ऋषियों को क्रमशः 5 दिन 5 रात दी, वही धर्म **पंचरात्र** कहलाया। रात्रि का अर्थ अज्ञान और पच् धातु से व्युत्पन्न पंच शब्द का अर्थ पकानेवाला या 'नाश करनेवाला' है। जिस प्रकार सूर्य रात्रि को दूर भगा देता है उसी तरह यह अन्य 5 दर्शनों—योग, सांख्य, बौद्ध, जैन एवं पाशुपत को छिन्न-भिन्न कर देता है। ज्यादातर विद्वानों का मत है कि नारायण का **पंचरात्र** पुरुषमेध या नरबलि था जो 5 दिनों तक चलता था। इसमें बलि की अवधि की गणना पिछली रात्रि से होती थी, जिसके लिए 'रात्र' शब्द प्रयुक्त है। *अथर्ववेद* के 'वैतान सूत्र' में भी नरमेध पाँच दिवसीय आयोजन के रूप में वर्णित है। प्रारम्भ में पंचरात्र का तात्पर्य उस नरबलि के अनुष्ठान से था जिसके साथ नारायण का सम्बन्ध था। बाद में चलकर नारायण के चरित्र में परिवर्तन हुआ और अनुष्ठानिक नरबलि की प्रथा का परित्याग कर दिया गया, किन्तु देवताओं में सर्वोच्च एवं सर्वाधिक प्राचीन नारायण के अनुयायियों के साथ यह नाम जुड़ा ही रहा। पंचरात्र अवैदिक थे, बाद में इस सम्प्रदाय को वैदिक शिक्षाओं के अनुरूप बनाया गया।

9.8 वीर शैव

भगवान शिव की अनन्य भक्ति करनेवाले वीर शैव या वीर माहेश्वर कहलाते हैं। यद्यपि ये लोग स्वयं को माहेश्वर कहते हैं, पाशुपत नहीं, तथापि उनकी समस्त धार्मिक परम्पराएँ *महाभारत* के पाशुपत सिद्धान्त पर आधारित है। शैव मत के अन्तर्गत जिन सात शाखाओं का उदय हुआ, उनमें वीर शैव मत का विशेष स्थान है। वस्तुतः शैव मत की परम्परा को अन्य शाखाओं की अपेक्षा, वीर शैव शाखा ने प्रभावी ढंग से प्रवर्तित किया। वीर शैव मत को 'लिंगायत' या 'जंगम' भी कहते हैं। लिंगायतों के भी दो वर्ग हैं—एक तो लिंगधारी और दूसरे अलिंगी। लिंगधारी ही लिंगायत कहलाते हैं, जो मद्य-मांस आदि का सेवन करते हैं। उनके वीर, नन्दी, भृंगी, वृषण और स्कन्ध नाम से पाँच गण या गोत्र हैं। इस मत के अनुयायियों के एकमात्र उपास्यदेव परम शिव हैं। सृष्टि को वे शिवमय कहते हैं और शिवलिंग धारण करते हैं। शिव ही सृष्टि के निमित्त और उपादान कारण हैं।

वीर शैव शाखा की उत्पत्ति के सम्बन्ध में मतान्तर है। परम्परानुसार यह सम्प्रदाय पाँच संन्यासियों द्वारा स्थापित हुआ, जो भिन्न-भिन्न युगों में शिव के मस्तिष्क से उत्पन्न हुए थे। कुछ विद्वानों का मत है कि वीर शैव शाखा के संस्थापक का नाम वसव था, जो कि कर्नाटक (कल्याण) के राजा बिज्जल (बारहवीं शती ई.) का प्रधान अमात्य था। पुरातत्त्वज्ञ विद्वान डॉ. फ्लीट का कथन है कि चालुक्य के राजा बिज्जल का अमात्य या प्रधानमन्त्री वसव न होकर अव्लुर एकान्तपद रामाय्य था, जिसकी पुष्टि उपलब्ध शिलालेख से होती है। वे ही दक्षिण में वीर शैव मत के संस्थापक थे। वसव उसका पुनरुद्धारक हो सकता है।

वीर शैव मत का उदय कर्नाटक के समुद्र तट पर बारहवीं शती ई. में हुआ, इसमें कोई सन्देह या द्विविधा नहीं है। उसके प्रवर्तन में वसव का महत्त्वपूर्ण योगदान रहा। उसी के नाम से लिंगायतों की यह वीर शैव शाखा 'वसव' के नाम से प्रचलित हुई। कर्नाटक की पुरातन धार्मिक परम्परा वीर शैवों तथा दिगम्बर जैनों से आरम्भ होती है।

वीर शैवों की इस वसव शाखा के सम्बन्ध में *वसवेश्वर पुराण* में कहा गया है कि जब इस पृथ्वी पर वीर शैव मत का ह्रास हो रहा था, तब देवर्षि नारद की प्रार्थना पर स्वयं परमेश्वर शिव ने अपने गण नन्दीश्वर को पृथ्वी पर भेजा। नन्दीश्वर ने बागेबाड़ी में जन्म-धारण किया और वसव नाम से कहे जाने लगे। 'वसव' अर्थात् वसह या 'वृषभ' (नन्दी)। उन्हें सूर्य की उपासना स्वीकार नहीं थी। अतः उन्होंने यज्ञोपवीत धारण नहीं किया। वे कुछ समय बाद बागेबाड़ी से कल्याण आए। उस समय वहाँ बिज्जल नामक चालुक्य राजा राज्य कर रहा था, जिसका प्रधान अमात्य वसवेश्वर का मामा बलदेव था। जब मामा की मृत्यु हो गई तो उस प्रधान अमात्य पद पर वसवेश्वर नियुक्त हुआ।

उक्त प्रकरण में आगे कहा गया है कि वसवेश्वर वीर शैवों का पक्षपाती तो था ही। अतः उसने वीर शैवों को पर्याप्त सुविधाएँ प्रदान की और उनके उत्थान पर राज्य का राजस्व व्यय किया। वसवेश्वर के इन पक्षपातपूर्ण कार्यों से राजा असन्तुष्ट हो गया। फलस्वरूप राजा-मन्त्री का युद्ध छिड़ गया। युद्ध में राजा की पराजय हुई और दोनों की सन्धि हो गई। पुनः मन्त्रिपद पर अधिष्ठित होने के बाद वसवेश्वर ने राज्य में वर्णेतर विवाह-सम्बन्धों का प्रचार किया और ब्राह्मण तथा चमार परिवारों में विवाह-सम्बन्ध स्थापित किए। इस पर राजा ने हरलाइया चमार और मधुवइया ब्राह्मण की आँखें निकलवा दीं। वसव ने इस घटना को असह्य अनुभव किया और अवसर पाते ही राजा का वध करवा दिया।

वसवेश्वर पुराण के इस वर्णन पर विद्वानों का मतभेद है। इस पुराण-ग्रन्थ की मूल रचना तेलुगु में हुई है और पुनः उसका अनुवाद कन्नड़ में हुआ। इसका मूल रचयिता पालकुर्की सोमनाथ तेरहवीं शती ई. में हुआ। उसके कन्नड़ अनुवाद का नाम 'भीमचन्द' था। आधुनिक विद्वानों ने इस ग्रन्थ की प्राचीनता पर सन्देह किया है। किन्तु वसव वीर शैव लिंगायतों का मूल आचार्य एवं इस मत का संस्थापक तथा प्रवर्तक था, इसमें सन्देह नहीं है।

वसव वस्तुतः विख्यात संघटनकर्ता, परम योगी और सिद्ध महापुरुष थे। उन्होंने एक ऐसे सार्वभौम धर्ममार्ग का प्रवर्तन किया, जिसके द्वारा सामाजिक सुधार की दृष्टि से महत्त्वपूर्ण कार्य हुए। उन्होंने एक ऐसे सामाजिक संगठन को जन्म दिया, जिसमें समानता तथा बन्धुत्व की भावना निहित थी। उनके इस धर्म-संगठन में ऊँच-नीच, जाति, धर्म, वर्ण, वर्ग तथा सम्प्रदाय का भेद भाव नहीं था। उन्होंने आचार-विचारों की पवित्रता पर बल दिया।

प्रसार

वीर शैव या लिंगायत आन्दोलन इस तरह एक असरदार शैव आन्दोलन था। परम्परागत ब्राह्मणवाद का, जिसने विशेषकर समाज को कठोर जाति वर्गों में बाँटकर रख दिया था, विरोध करना इस आन्दोलन की प्रथम विशेषता और दूसरी विशेषता मूर्तिपूजा का सार्वजनिक विरोध करना था। कर्नाटक और आन्ध्र प्रदेश के कई हिस्से इस आन्दोलन के प्रभावशाली इलाके थे। पुरोहित, व्यापारी, किसान और दस्तकार वीर शैव सम्प्रदाय के प्रमुख अनुयायी थे। इनका प्रमुख व्यवसाय उपदेश देना और आत्मा की शान्ति के लिए सहायता देना था। कुछ अनुयायी व्यापारी एवं दुकानदार भी थे। कंपिलिनगर का वासी लिंगायत गुरु दो दुकानों का मालिक था। उज्जिनि मठ का मुख्य धर्माध्यक्ष लेन-देन के व्यापार में गुप्त तरीके से लिप्त रहता था।

ये लोग मृत शरीर को गाड़ते थे। ब्राह्मणवादी-व्यवस्था ने बढ़ई, दर्जी, सुनार, तेली, लोहार, जुलाहा और कलाल को घृणित दस्तकारों की सूची में रख दिया था। धारवाड़ जिला में बारहवीं-तेरहवीं सदी में छह टकसालें थीं और इन क्षेत्रों में इसी समय वीर शैव आन्दोलन का माहौल रहा। सम्भवतः परम्परावादी ब्राह्मण-व्यवस्था आर्थिक विकास मार्ग में बाधक तत्त्व प्रमाणित हो रही थी। बीजापुर और बेलगाम जिलों में भी वीर शैव की संख्या काफी थी। अवकाशभोगियों द्वारा वास्तविक उत्पादक वर्गों की दशा शूद्रों के समान कर दी गई थी। इनके साथ गुलामों जैसा व्यवहार किया जा रहा था। अतः वीर शैव सम्प्रदाय का जब जन्म हुआ और अधिकांश उत्पादक वर्ग जब उसके अनुयायी बन गए तो उन्होंने महसूस किया कि उन्हें अपनी पुरानी दलित स्थिति से मुक्ति मिल गई हो।

वीर शैव को धनी व्यापारियों का समर्थन प्राप्त था। इसका कारण सम्भवतः यह भी था कि अरब से व्यापार करने में हिन्दू व्यापारियों को परम्परावादी ब्राह्मण-व्यवस्था अच्छी नजर से नहीं देखता था। बीजापुर जिले के प्रसिद्ध नगर शोलापुर का निवासी सिद्धराम को वीर शैव सम्प्रदाय के आरम्भिक नायकों में काफी ऊँचा स्थान था। इनके जीवन का गुणगान *सिद्धरामपुराण* में किया गया है। कल्याण नगर में वसव ने वीर शैव समाज को संगठित किया। वसव द्वारा प्रवर्तित आचार-पद्धति के सम्बन्ध में *वसवेश्वर पुराण* में जो उल्लेख हुआ है, तदनुसार इस मत में लिंगधारण परम्परा को अधिक पुष्ट किया गया और शैव मत-परम्परा के विपरीत वर्णाश्रम धर्म का खंडन किया गया; ब्राह्मणों, वेदों तथा देवी-देवताओं को नहीं माना गया। प्रायश्चित, तीर्थयात्रा, अंत्येष्टि-कर्म तथा शौचाशौच आदि कर्मकांड के संकीर्ण आडम्बरों को मिथ्या घोषित किया गया। सगोत्र तथा वर्णेतर विवाहों को विहित बताकर विधवा विवाह को उचित ठहराया गया।

सामाजिक समुदाय के लिए उनके द्वारा किए गए कार्य विशेष रूप से उल्लेखनीय हैं। वसव द्वारा प्रवर्तित 'धर्म-मार्ग' में सवर्ण तथा असवर्ण जाति के बहुसंख्यक लोग अनुयायी बने और उनके समय में दक्षिण भारत में इस उदारतावादी धर्म-शाखा का अत्यधिक प्रचार-प्रसार रहा।

वसव के बाद यद्यपि उनके अनुयायियों ने स्वयं को वीर शैव लिंगायत कहा; किन्तु आचार-विचार तथा धार्मिक परम्पराओं की दृष्टि से वीर शैवों या पाशुपत शैवों से लिंगायत शैवों की मान्यताओं में बहुत अन्तर दृष्टिगोचर हुआ।

वसव मत के अनुयायियों को 'वचनकार' कहा गया है। उन्होंने परम्परागत समाज-सुधार की उदार मान्यताओं को तो ग्रहण किया, किन्तु आचार-विचार सम्बन्धी नियमों की नई परिपाटी को प्रचलित किया। इन वचनकारों ने वेद, उपनिषद्, गीता और अष्टादश शैवागमों का सार लेकर सर्वप्रथम कन्नड़ी भाषा में उनका संग्रह किया और अपनी धार्मिक सहिष्णुता से समाज में अपना सम्मान्य स्थान बनाए रखा। परमेश्वर की अनुग्रह-प्राप्ति के लिए उन्होंने भक्तिपरक सरल पूजा-अर्चना तथा ध्यान-आराधना की नई पद्धति का प्रचलन किया। ईश्वर-प्राप्ति के लिए उन्होंने ज्ञान तथा कर्म की आवश्यकता पर बल दिया, किन्तु भक्ति को सर्वोपरि स्थान पर माना। इस प्रकार बारहवीं शती से सोलहवीं शती तक कर्नाटक, महाराष्ट्र, आन्ध्र तथा तमिल क्षेत्रों में लिंगायत शैवों का निरन्तर प्रचार-प्रसार बना रहा।

इस प्रकार वीर शैव मत वास्तव में उदार, सहिष्णु तथा सार्वभौम धर्म बन गया और उसने व्यक्ति के अन्तःकरण की पवित्रता तथा सद्व्यवहार और उन्नत आध्यात्मिक जीवन व्यतीत करने का मार्ग प्रशस्त किया। उसमें सामाजिक सुधारवादी भावना की भी प्रधानता रही और एकता तथा बन्धुत्व के उन्नयन पर बल दिया गया। इस रूप में वीर शैव मत के अनुयायियों द्वारा धार्मिक, सामाजिक तथा नैतिक एकता स्थापित करने का सत्प्रयास किया गया। उनके साहित्य और सिद्धान्तों का व्यापक प्रचार-प्रसार वर्तमान भारत के सामाजिक जीवन के कल्याण, श्रेय तथा मंगल के लिए आज भी आवश्यक है।

मूर्तिपूजा का विरोधी होने के कारण वीर शैव के अनुयायियों ने मन्दिरों में वृत्तिभोगी पुजारियों और अन्य सेवाकर्मियों की बड़े पैमाने पर भरती को प्रोत्साहन नहीं दिया। इस सम्प्रदाय के साधुओं या उपदेशकों को दान में भूमि नहीं दी जाती थी और इस स्थिति में सम्पन्न वर्गों पर आर्थिक रूप से पूरी तरह आश्रित रहने के अतिरिक्त उनके लिए और कोई चारा नहीं था। वीर शैवों का सम्बन्ध कई स्मार्त ब्राह्मणों (अल्पसंख्यक ब्राह्मण जो वेद विहित यज्ञों से ही जुड़े रहना पसन्द करते थे।) के साथ था। स्मार्त ब्राह्मणों को अपने शास्त्रीयज्ञान पर बहुत गर्व था और वे अपने को उन गैर-बौद्धिक अथवा शास्त्रीय-ज्ञानशून्य पुजारियों-पुरोहितों से बहुत ऊँचा समझते थे, जिनका सम्बन्ध केवल लोकधर्म से था। स्मार्त ब्राह्मण उन पुजारियों-पुरोहितों को बहुत हेय दृष्टि से देखते थे और सदा उनके लिए अपभाषा का प्रयोग करते थे जो या तो मन्दिरों में पूजा-पाठ का काम किया करते या **गण याग** में भाग लेते थे। वीर शैवों ने भी ऐसे ब्राह्मणों के प्रति निष्ठा प्रदर्शित की। जंगम पहले कर्नाटक के मन्दिरों में छोटे पुजारियों या सेवकों के रूप में काम करते थे और इन्हें वीर शैवों ने कई प्रकार के लालच दिखाकर अपने सम्प्रदाय में दीक्षित कर लिया था। पुरोहित वर्ग के ये ही लोग जंगम के नाम से जाने जाते और वीर शैवों के अनुयायी थे।

9.9 वीर शैवों के मठ-मन्दिर-तीर्थ

वीर शैवों के समस्त धर्मानुयायियों को समान धार्मिक अधिकार प्राप्त है। सभी का सम्बन्ध मठों एवं मठाध्यक्ष गुरुओं से होता है। वीर शैवों के भारत में पाँच प्रधान मठ हैं और प्राचीनता की दृष्टि से उनका अपना महत्त्व है। इन पाँच मठों के अलग-अलग पाँच प्रधान, महन्त, गुरु या आचार्य हुआ करते हैं। इन आचार्यों की परम्परा के सम्बन्ध में *सुप्रबोधागम* आदि ग्रन्थों में कहा गया है कि कलियुग के आरम्भ में पाँच शिवाचार्य हुए तथा प्रत्येक मठ के शिवलिंग से एक-एक गुरु या आचार्य का आविर्भाव हुआ और उन्हीं की शिष्य-परम्परा में उन-उन मठों के अधिष्ठाता होते गए। इन प्रमुख पाँच मठों का विवरण इस प्रकार है—

मठ	प्रदेश	प्रथम आचार्य
केदारनाथ	गढ़वाल (उ. प्र.)	एकोराम
श्रीशैल	**तैलंग प्रदेश** (दक्षिण)	पंडिताराध्य
बलेहल्ली	**पश्चिम मैसूर**	रेवणाध्य
उज्जयिनी	**बेलारि** (म. प्र.)	मरुल
वाराणसी	उत्तर **प्रदेश**	विश्वाराध्य

इन पाँच प्रमुख मठों के अतिरिक्त विभिन्न गाँवों तथा नगरों में लिंगायत वीर शैवों ने मठों की स्थापना की। किन्तु उन समस्त उप मठों का सम्बन्ध किसी-न-किसी प्रधान मठ से होता है। मठों तथा मन्दिरों की स्थापना का यह प्रचलन बहुत प्राचीनकाल से चला आ रहा है। इन मठ-मन्दिरों की प्राचीनता को दृष्टि में रखकर भारत में सहज ही शैव सम्प्रदाय की प्राचीनता का पता चलता है। उनमें से अनेक प्राचीन शैव मठ विनष्ट हो चुके हैं, किन्तु अनेक अभी भी वर्तमान हैं और प्रत्येक के साथ परम्परागत लोक-अनुश्रुतियाँ जुड़ी हुई हैं।

इसी प्रकार का एक प्राचीन मठ या शैव तीर्थ कर्नाटक प्रदेश में गोवा के निकट स्थित है, जिसे गोकर्ण क्षेत्र के नाम से कहा जाता है। यह शैव तीर्थ लंकेश्वर रावण द्वारा स्थापित बताया जाता है। इस क्षेत्र के आसपास अनेक अन्य तीर्थ-स्थान हैं। गोकर्णनाथ को मिलाकर इस क्षेत्र में आज भी पंचलिंगों का महत्त्व बना हुआ है। शेष चार शैव तीर्थ हैं—देवली के पास सरोवर के तट पर देवेश्वर महादेव, भीटा स्टेशन के पास गढ़ेश्वर महादेव, बाबर गाँव में बटेश्वर महादेव और सुनेश्वर गाँव में पश्चिम के स्वर्णेश्वर महादेव।

इसी प्रकार उज्जैन या अवन्तिका (म.प्र.) में ज्योतिर्लिंग महाकाल का मन्दिर भारत के प्रसिद्ध शैव तीर्थों में से एक है। यह द्वादश ज्योतिर्लिंगों और पाँच शक्तिपीठों में गिना जाता है। दक्षिण भारत के चिदम्बरम में शिव के पंचतत्त्व लिंगों में से आकाश लिंग विराजमान है। इस मन्दिर में तांडव नृत्य करती हुई नटराज की भव्य एवं बहुमूल्य स्वर्ण-प्रतिमा स्थापित है। इस मन्दिर को धर्म तथा कला का अनन्य संगम माना जाता है। पतितपावनी नर्मदा नदी के मध्य में मान्धाता द्वीप पर ओंकारेश्वर भगवान का लिंग स्थापित है। इस शैव तीर्थ की गणना द्वादश ज्योतिर्लिंगों में है। पश्चिम भारत के सौराष्ट्र प्रदेश में प्रभास नामक पौराणिक पवित्र तीर्थ है, जो कि शैवों तथा वैष्णवों का धार्मिक समन्वय का संगम-स्थल है। यहाँ पर भगवान सोमनाथ का भव्य मन्दिर है, जो कि द्वादश ज्योतिर्लिंगों में प्रथम गिना जाता है। यह लकुलीश पाशुपतों का महातीर्थ है। धर्मद्रोहियों द्वारा इसे कई बार नष्ट किया गया।

इसी प्रकार राजस्थान में उदयपुर-नाथद्वारा के बीच ऐतिहासिक हल्दीघाटी के निकट घोर जंगल में चतुर्मुख एकलिंग महादेव का मन्दिर है। काशी में भगवान विश्वनाथ का मन्दिर भारत के सभी धर्मानुयायियों का प्रमुख तीर्थ है। वीर शैवों का एक मठ जंगमबाड़ी के नाम से भी कहा जाता है। शैवों के एक महान तीर्थ काठमांडू (नेपाल) में भगवान पशुपतिनाथ का मन्दिर है। इसकी गणना द्वादश ज्योतिर्लिंगों में है।

भारत में जहाँ भी वीर शैवों के मठ-मन्दिर और देवी-देवता हैं, उनका पूजन-अर्चन-दर्शन का प्रकार सगुणोपासकों के समान है। किन्तु उनमें शिवलिंग का सर्वाधिक महत्त्व है। अन्य प्रदेशों की अपेक्षा तमिलनाडु (आन्ध्र प्रदेश) में शैव मन्दिरों के प्रति जन-भावना अधिक व्यापक है। वहाँ के शिव मन्दिर स्मार्त, वैष्णव, शैव, लिंगायत आदि सभी धर्मावलम्बियों के पवित्र स्थल हैं। यहाँ के मन्दिरों के पुजारी प्रायः ब्राह्मण हुआ करते हैं। किन्तु कुछ मन्दिरों में अब्राह्मण पुजारी भी हैं, जिन्हें पन्दरम् कहा जाता है।

गुरुपद की मान्यता और दीक्षा

वीर शैवों में प्रत्येक लिंगायत का सम्बन्ध किसी एक मठ से होता है और प्रत्येक मठ का एक गुरु होता है। यह गुरुपद सभी को प्राप्त नहीं होता है। जंगम जाति के लिंगायत ही उस पर

अभिषिक्त होते हैं। जंगमाभ्यास करनेवाला व्यक्ति ही गुरुपद का अधिकारी होता है। अभ्यासी जंगम आजीवन ब्रह्मचारी का कठिन व्रत धारण करता है और किसी प्रधान मठ की आचार-पद्धति के अनुसार उसकी विधिवत् शिक्षा-दीक्षा होती है। गुरुपद-प्राप्त जंगमों की दो श्रेणियाँ हैं। एक श्रेणी के अभ्यासी जंगम वे हैं, जो गुरुस्थल (मुख्य मठ) से पारिवारिक संस्कारों को सम्पादित कराने की शिक्षा-दीक्षा लेकर गुरुपद धारण करते हैं और दूसरी श्रेणी के विरक्त जंगम वे हैं, जिनके लिए विशेष मठ होते हैं और जिन्हें मठों का अन्तेवासी बनकर सम्प्रदाय की तात्त्विक दीक्षा दी जाती है। ये गुरुपद जंगम की तत्त्वचिन्तक एवं एक प्रकार के आध्यात्मिक गुरु हैं। इस तात्त्विक शिक्षा में उन्हें शिवतत्त्व से एकता स्थापित करने हेतु षडांगिक साधना का उपदेश दिया जाता है। साधना के ये षडंग हैं—भक्ति, महेश, प्रसाद, प्राणलिंग, शरण और ऐक्य। अन्तिम ऐक्य साधना शिव के साथ भक्त या आराधक की तादात्म्य या मोक्ष की अवस्था है। गुरुदीक्षा के समय उक्त छह अवस्थाओं का नियमतः पालन करना बताया गया है। भक्ति, जो प्रथम आचार है, उसका बड़ा महत्त्व बताया गया है। विरक्त या संन्यासी जंगमों में यह प्रथा प्रचलित है कि जब बालक आठ वर्ष का होता है, तभी उसको शिवदीक्षा दी जाती है।

इन दो श्रेणियों के अभ्यासी या गुरुपद जंगमों के अतिरिक्त कुछ साधारण जंगम होते हैं, जो विवाह करके साधारण गृहस्थों की भाँति जीवन-यापन करते हैं। ये गृहस्थ जंगम वर्णाश्रम धर्म के अनुयायी होते हैं और अपने गोत्र या गण के अन्तर्गत विवाह-सम्बन्ध स्थापित करते हैं। दीक्षा के समय उन्हें जो शिवलिंग दिया जाता है, उसकी वे त्रिकाल पूजा करते हैं।

प्रत्येक लिंगायत परिवार में बाल्यकाल में ही बालक को सम्प्रदाय में दीक्षित कर लिया जाता है। जब किसी गृहस्थ के घर में बालक का जन्म होता है तो गुरु को आमन्त्रित किया जाता है। सर्वप्रथम गुरु नवजात शिशु पर शिवलिंग बाँधता है, रुद्राक्ष की माला पहनाता है और शरीर पर विभूति लगाता है तथा अन्त में उसके कान में 'ओम् नमः शिवाय' इस षडक्षरी मन्त्र का उच्चारण कराता है।

9.10 आलवार

तमिल प्रदेश में वैष्णव सन्त का सामान्य अर्थ आलवार है। आलवार का अर्थ 'भगवद्भक्ति रस में लीन व्यक्ति' या 'अध्यात्मज्ञान रूपी समुद्र में गहरा गोता लगानेवाला व्यक्ति' होता है। श्रीनिवास देशिकन् ने अपनी पुस्तक *Grains of Gold* में आलवार शब्द का अर्थ 'भगवत् प्रेम सागर में डूबनेवाले अर्थात् ईश्वरीय ज्ञान के मूल तत्त्व तक पहुँचकर उसके ध्यान में मगन रहनेवाले बताया है। परमात्मा का साक्षात्कार करके उसके सौलभ्य, परत्व गुणों के अनुभव को व्यक्त करनेवाले ये आलवार भारतीय चिन्तनधारा के आधार स्तम्भ माने जाते हैं।

आलवारों ने भक्ति का मार्ग सर्वसुलभ बताया और कहा कि इसमें ब्राह्मण और शूद्र, पुरुष तथा स्त्री, बालक तथा वृद्ध सबको निर्बाध अधिकार है। ये विष्णु के विशुद्ध प्रेम में लीन थे और सम्पूर्ण समाज को इसी मार्ग पर अग्रसर करने के लिए निरन्तर संलग्न थे। आचार्यों ने तर्क और युक्ति का आश्रय लिया और इसी भक्ति मार्ग की प्रतिष्ठा का प्रयास किया। माया का खंडन, ज्ञान की अपेक्षा भक्ति की सरलता का प्रतिपादन उनका मुख्य लक्ष्य रहा।

आलवारों की भक्ति धारा बहती जाती है और जो कुछ सामने आता है उसे तुरन्त बहाकर अलग फेंक देती है। आचार्य अपने भक्ति की सत्ता जमाए रखने के लिए रुकावट डालनेवाले विरोधी पदार्थों से लड़ती-झगड़ती आगे बढ़ जाती है। आलवारों के जीवन का एकमात्र आधार था विशुद्ध भक्ति किन्तु आचार्यों के जीवन का एकमात्र सार था भक्ति तथा कर्म का मिला-जुला रूप। आलवार शास्त्रों के महान विद्वान न होकर भक्ति रस से सिक्त थे। आचार्य वेदान्त के पारंगत विद्वान थे एवं तर्क तथा युक्ति के सहारे प्रतिपक्षियों को चुप करा देनेवाले पंडित थे। आलवारों में हृदय पक्ष की प्रबलता थी तो आचार्यों में बुद्धिपक्ष की दृढ़ता थी।

आलवार भक्त का प्रेम सतत, नित्य रूप में रहनेवाला है। जब यह प्रेम सघन रूप धारण करता है तब उसकी संज्ञा अनिर्वचनीय हो जाती है। इस प्रगाढ़ प्रेम की अवस्था में भक्त मूक हो जाता है। यह प्रेम तीन अवस्थाएँ प्राप्त करता है—स्मरण, मूर्च्छा एवं अनन्त विराम। स्मरण में प्रभु की कृपा से प्राप्त आनन्द की अवस्था का भक्त के हृदय में बार-बार जागरण होता रहता है। मूर्च्छा में भक्त उस आनन्द की स्मृति से आत्मविभोर हो उठता है। अनन्त विराम में उसकी अवस्था एकदम स्तब्ध हो जाती है। उस समय बाह्य रूप से उसमें और जड़ ठूँठ में विशेष अन्तर नहीं रहता।

आलवारों की रचनाएँ दीर्घकाल तक प्रचलित रही। आलवारों की रचनाओं को *दिव्य-प्रबन्धम्* अथवा *अरुलिचेयल* अर्थात् *अनुग्रहपूर्ण दान* के नाम से जाना जाता है। नाथमुनि ने 825 में *दिव्य प्रबन्धम्* को सम्पादित किया, किन्तु आलवार पहले से पाए जाते हैं। आलवार साहित्य में मायोन् (विष्णु) अथवा कन्नन् (कृष्ण) से सम्बन्धित कथाओं में उनकी प्रधान प्रेमिका नप्पिनै का उल्लेख है। तमिल में जहाँ कहीं भी कन्नन् का वर्णन मिलता है, वहाँ नप्पिनै विद्यमान है। समाज में उनकी प्रेम लीलाओं की कथाओं का प्रचलन था। सम्भव है कि 'मायोन' की बाल लीलाओं के वासुदेव कृष्ण के साथ मिलने पर गोपाल कृष्ण का रूप स्थिर हुआ, तब मयोन की प्रेमिका नप्पिनै और उन दोनों की प्रेमक्रीड़ाओं का सम्बन्ध स्थापित करने के लिए एक स्त्री की कल्पना हुई होगी और उसका नाम बाद में 'राधा' पड़ा होगा। कृष्ण और राधा की जो प्रेमलीलाओं की कथाएँ बाद के संस्कृत ग्रन्थों में मिलती है, वही कन्नन् और नप्पिनै की कथाओं के रूप में प्राचीन तमिल साहित्य में और बाद में आलवार साहित्य में मिलती है।

नालायिर प्रबन्धम् तमिल वैष्णवों की उपासना पद्धति से सम्बन्धित एक अत्यन्त महत्त्वपूर्ण कृति है। इसमें करीब चार हजार श्लोक संगृहीत हैं। इन श्लोकों की रचना सातवीं और नौवीं सदी के बीच आलवार भक्त गायकों ने की थी। पौयूगै आलवार (जन्मस्थान—काँचीपुरम), भूतत्तु आलवार (महाबलीपुरम्, चेन्नई), पेयूआलवार (मयिलापुर, चेन्नई), तिरुमलिशै आलवार (तिरुमलिशै), नम्मालवार (आलवार तिरुनगरी), मधुर कवि आलवार (तिरुक्कोइलूर), कुलशेखर आलवार (वंचिक्कलम्), पेरियालवार (श्री विल्लिपुत्तूर), आंडाल् (श्री विल्लिपुत्तूर), तोंडर अडिपोडिआलवार (तिरुमंडङ्गुडि), तिरुप्पाणालवार (उरैयूर, तिरुचिरापल्ली) और तिरुमँगैयालवार (तिरुवाली निरुनगरी या कुरयैलूर) प्रसिद्ध आलवार सन्त थे। पोयगै आलवार, भूतत्तु आलवार एवं पेयूआलवार को संयुक्त रूप से **मुदलालवार** (तीन आलवार) कहकर वर्णित किया जाता है। पोयूगै आलवार इनमें से प्रथम अथवा आदिकवि माने जाते हैं। ऐतिहासिक प्रमाणों के आधार पर इनका जन्म छठी शताब्दी के निकट माना जा सकता है। तीनों को क्रमशः विष्णु के शंख (पांचजन्य), गदा (कौमोदकी) और खड्ग (नन्दक) के अवतार मानते हैं। भगवान

नारायण की प्रशंसा में तीनों ने सौ-सौ पदों की रचना की जिन्हें क्रमशः **मुदल तिरुवंतादि, इरंडाम् तिरुवंतादि** और **मूनूराम् तिरुवंतादि** के नाम से जानते हैं। इन कुल तीन सौ पदों को *नालायिर प्रबन्धम्* में स्थान मिला। *नालायिर प्रबन्धम्* तमिल वैष्णवों की उपासना पद्धति से सम्बन्धित एक अत्यन्त महत्त्वपूर्ण कृति है। इसमें करीब चार हजार श्लोक संगृहीत हैं। इन श्लोकों की रचना सातवीं और नौवीं सदी के बीच आलवार भक्त गायकों ने की थी। इन श्लोकों ने लोकप्रिय भक्ति गीतों का रूप लिया और इनकी सहायता से दक्षिण भारत में वैष्णव धर्म का प्रचार-प्रसार हुआ।

मुदल आलवार इस वेदान्तिक अवधारणा से बड़े प्रभावित थे कि सच्चे ज्ञान की प्राप्ति से मोक्ष निश्चय ही प्राप्त होता है। मुदल आलवार के क्रम में **तिरुमलिशै** आलवार चौथा प्रसिद्ध गायक था। सबसे कम आयु के इस आलवार ने विष्णु के 'नारायण' रूप की महिमा का गायन और जैन, बौद्ध, शैव आदि की तुलना में वैष्णव-भक्ति की श्रेष्ठता का प्रतिपादन किया। तिरुमलिशै के भक्ति गीतों में सच्चे ज्ञान (शुद्ध ज्ञान) और पुण्य कर्मों के स्थान पर ईश्वर के प्रति आत्मसमर्पण की भावना को प्रमुख माना गया है। वह मानता था कि जो व्यक्ति अपने-आपको ईश्वर की इच्छा के आगे समर्पित करने का पक्का इरादा कर ले, वही सबसे बड़ा भक्त है। ऐसे भक्त के सामने उच्च कुल में जन्म लेने, आध्यात्मिक उन्नति के प्रयत्न करने और वैदिक शिक्षा में निष्णात होने का तनिक भी महत्त्व नहीं है।

आर.एन. नन्दी[1] ने लिखा है कि शुद्ध ज्ञान और पुण्य कर्मों के परम्परागत मार्ग से हटकर आत्मसमर्पण प्रधान भक्ति मार्ग को चुनना तत्कालीन आवश्यकता के अनुरूप था। पूर्वमध्यकालीन सामन्तवादी समाज में सामाजिक सम्बन्धों को व्यक्त करनेवाला सबसे मुख्य आधार यही था कि सर्वोच्च सत्ता की अधीनता स्वीकार की जाए और उसके प्रति पूर्ण श्रद्धा व्यक्त की जाए। परम्परागत मार्ग से विचलित होकर नए भक्ति मार्ग पर चलने का उद्देश्य इसी दैवी अनुग्रह-प्रदर्शन के विचार को अपनाना और फैलाना था। दैवी अनुग्रह के प्रति श्रद्धानत होने की सार्थकता यही है कि इससे तत्कालीन समाज में सर्वोच्च सत्ता के सामने समस्त जनसमुदाय की आकांक्षारहित निष्ठा की पुष्टि होती थी और यही पूर्ण निष्ठा आगे चलकर उस जनसमुदाय को अधीनता की बेड़ियों में सदा-सदा के लिए जकड़ रखने में सहायता कर सकती थी। परमेश्वर और उसके दैवी अनुग्रह के प्रति पूर्णतः आत्मसमर्पण करने की इस सिद्धान्त ने आगे चलकर और विस्तार ग्रहण किया। आत्मसमर्पण से शुरू होकर अनुग्रह सिद्धान्त के रूप में विकसित और विस्तारित हो जानेवाली यह भावना उस **तिरुविरुत्तम्**[2] के समस्त श्लोकों में व्याप्त है जिसे नम्मालवार की रचना माना जाता है। दैवी अनुग्रह अनायास या स्वतःस्फूर्त होता है क्योंकि इसके लिए भक्त को अपनी ओर से किसी प्रकार का

1. *प्राचीन भारत में धर्म के सामाजिक आधार* (अनु.), नई दिल्ली, 1998, पृ. 83-84
2. नम्मालवार ने *तिरुवायूमोलि, तिरुविरुत्तम्, तिरुवासिरियम्* और *पेरिय तिरुवन्तादि* ग्रन्थों की रचना की। *तिरुविरुत्तम्* में विरहिणी आत्मा-नायिका की परमात्मा-नायक की कामना, मधुराभक्ति और लौकिक से अलौकिक की व्यंजना का वर्णन है। सन्त के मुख से निकली दिव्यवाणी, भक्ति, उपदेश, गुरुकृपा, शरणागति तथा दार्शनिक विवेचन पर तिरुवायूमोलि ने प्रकाण डाला है। *तिरुवासिरियम्* में प्रभु के साक्षात्कार की आनन्दभूति का वर्णन है। प्रभु के स्वरूप, गुण, विभूति, भक्ति, शरणागति इत्यादि का वर्णन *पेरिय तिरुवन्तादि* में है।

यत्न नहीं करना पड़ता अर्थात् अनुग्रह की वर्षा करने के लिए ईश्वर को उत्प्रेरित करने की आवश्यकता नहीं है। हाँ, उलटे ईश्वर और उसका मानवीय प्रतिनिधि चाहे तो अपने अनुग्रह के कृपापात्रों को चुनने में सावधानी बरत सकता है। ईश्वर के अनुग्रह प्राप्त करने के लिए किसी प्रकार के मानवीय प्रयत्न या स्वावलम्बन की आवश्यकता नहीं होती अर्थात् ऐसा प्रयत्न करना व्यर्थ सिद्ध होगा।

ईश्वर अपने किस पात्र को अनुग्रह के उपयुक्त समझता है? कैसे वह अपने कृपापात्र की तलाश करता है? भक्ति की परम्परा में इस दृष्टिकोण पर इसलिए बल दिया गया ताकि इस दृष्टान्त के माध्यम से इस बात को ठीक-ठीक स्पष्ट किया जा सके कि अनुग्रह प्राप्ति के प्रसंग में अनुग्रह पानेवाला व्यक्ति सदा आशक्त होता है और इसीलिए मनुष्य और ईश्वर के बीच सम्बन्ध,स्थापित करानेवाले बिचौलिए अर्थात् मध्यस्थ की आवश्यकता पड़ती है। यह मध्यस्थ और कोई नहीं, मनुष्य के रूप में प्रकट होनेवाला ईश्वर ही है, जो अपने कुछ प्रिय लोगों पर दैवी कृपा करने के लिए पृथ्वी पर आता है।

तिरुविरुत्तम् के श्लोकों में बताया गया है कि मनुष्य में एक स्वाभाविक कमजोरी यह होती है कि वह अपने प्रयत्नों से ईश्वर की 'कृपा' पाना चाहता है। जबकि ईश्वर अनन्त अनुग्रह का भंडार होता है और वह अपना अनुग्रह बिना माँगे ही बाँटता रहता है। ईश्वर मनुष्य की उपर्युक्त स्वाभाविक (अन्तर्निहित) कमजोरी को पूरी तरह से पहचानता है और इसीलिए वह विपत्तिग्रस्त प्राणी की मदद करने के लिए धरती पर अवतरित होता है। मध्यकालीन 'गुरुवाद' के स्रोत के रूप में अवतारवाद की कल्पना की गई। *तिरुविरुत्तम्* के श्लोकों में जीवात्मा की सहायता करनेवाले मध्यस्थ के महत्त्व को स्वीकार किया गया है क्योंकि इसी मध्यस्थ के अनुग्रह से भक्त दैवी 'कृपा' की प्राप्ति करता है।

आलवार भक्त 'कृपा' प्राप्त करने में असफलता के परिणामस्वरूप उत्पन्न शोक की भावना को शान्त करने के लिए श्रद्धालु जीवात्माओं के सुखद सान्निध्य की कामना करता है, भक्त उन व्यक्तियों के सामने गिड़गिड़ाता है जिन्हें ईश्वर का सान्निध्य प्राप्त है कि वे उस पर अनुग्रह करें और इस तरह से भक्त ईश्वर में विलीन हो जाता है। इस तरह, काफी होशियारी के साथ जीवात्मा की सहायता करनेवाले मध्यस्थ की अदृष्ट उपस्थिति का *चिरुविरुत्तम्* में वर्णन किया गया है। यही मध्यस्थ आगे चलकर पूर्वमध्यकाल में वह गुरु कहलाया जो अपने अनुयायियों से निर्विवाद निष्ठा की अपेक्षा रखता था। जीवात्मा को मुक्ति दिलानेवाले मध्यस्थ के महत्त्व पर बल देने के अतिरिक्त *तिरुविरुत्तम्* के भक्ति गीतों में विष्णु की कृपा प्राप्त करने के लिए कुछ सरलतम और सामान्य विधियाँ भी बताई गई हैं—ईश्वर के ध्यान में मग्न हो जाना और ओंकार नाम का जप करना। ये विधियाँ ऐसी थीं जिन्हें कोई भी शूद्र बड़ी आसानी से अपना सकता था और इनके लिए ब्राह्मणों द्वारा शूद्रों को किसी तरह की छूट देने की आवश्यकता भी नहीं पड़ती थी। इन विधियों को अपना लिए जाने पर शूद्रों को मन्दिरों में जाने या मन्दिर-परिसर में आयोजित देव प्रतिमा-केन्द्रित सेवा-अर्चना के कार्यों में शूद्रों की सशरीर उपस्थिति आवश्यक नहीं रही।

आर.एन. नन्दी[1] लिखते हैं कि अपने-अपने आराध्य देव के सम्मुख पूर्णतः आत्मसमर्पण की अनिवार्यता बतानेवाला सिद्धान्त कदाचित् इसलिए आवश्यक माना गया कि इसके माध्यम

1. *प्राचीन भारत में धर्म के सामाजिक आधार पर* (अनु.), नई दिल्ली, 1998, पृ. 84-85

से अनिवार्य वस्तुओं के उत्पादनकर्ता यजमानों की अधीनता का 'नैतिक' आधार तैयार हो जाता था। यह सिद्धान्त उस सामाजिक स्थिति का भी परिचायक है जो इस प्रकार की अधीनता के लिए अपेक्षित थी। पुजारियों के नाम माफी की जमीनें करना एक तरह से ग्रामीण उत्पादकों का शोषण करने और उनके साथ गुलामों जैसा व्यवहार करने के लिए शासकीय छूट देना था। यह प्रथा वस्तुतः अपने-अपने पूजागृहों या मन्दिरों में स्थित आवासों में पुजारियों की ओर से सामाजिक अधिशेष को संचित कर लेने के वृहत्तर प्रयत्न का ही एक अंग थी। इसीलिए सातवीं सदी से इस प्रथा के फलस्वरूप भूस्वामी पुजारियों का जमींदारों जैसा वर्ग तैयार हो गया और ये जमींदार पुजारी अपने-अपने निहित अधिकारों की रक्षा करने और उन्हें चिरस्थायी बनाने के प्रयत्नों में जुट गए। इसी समय भक्ति सम्प्रदाय का जन्म हुआ था। पूर्ण आत्मसमर्पण के सिद्धान्त की प्रासंगिकता इस तथ्य से और भी उजागर हो जाती है कि ये नए ज़मींदार न केवल निहत्थे थे वरन् दान में मिले अपने गाँवों में तब अजनबी भी थे और इसी कारण पूर्ण आत्मसमर्पण के सिद्धान्त के बलबूते पर वे अपने अधीनस्थ हुए उत्पादकों पर सामाजिक नियन्त्रण स्थापित करने की आशा रख सकते थे।

भक्ति सम्प्रदाय में शूद्रों का प्रवेश कभी स्वेच्छापरक नहीं रहा; जब और जहाँ रहा भी वह केवल इसलिए कि शोषणकर्ताओं की संख्या में कमी महसूस की गई और इसलिए भी कि उन्हें 'देवतुल्य' लोगों के सम्पर्क में लाया जाए जिनकी कृपा से उनका उद्धार हो सके। लम्बी-चौड़ी जमींदारी के स्वामी परम्परागत वैष्णव सम्प्रदाय के मन्दिरों से आलवारों का जुड़ा रहना एक ऐतिहासिक तथ्य है। इसीलिए, उनके लिए स्वाभाविक ही था कि वे मन्दिर आधारित जमींदार पुजारियों की संगठनात्मक एकता के लिए काम करते या कि उनकी सहानुभूति में गीत गाते। मुदल आलवारों के कार्यकलाप काँचीपुरम, कुम्भकोणम् आदि में स्थित विष्णु मन्दिरों में केन्द्रित थे। इन मन्दिरों की स्थापना पल्लव वंश के शासकों ने की थी। पल्लव नरेश राजासिंह द्वितीय के राजकाल में काँचीपुरम के विष्णु मन्दिर की नींव पड़ी थी। बाद में चलकर इस भक्ति आन्दोलन का केन्द्र श्रीरंगम् स्थित रंगनाथस्वामी का मन्दिर बन गया। इस मन्दिर में संस्कृत शिक्षा प्राप्त पुजारी नियुक्त होते थे, जिन्हें राजपरिवारों से संरक्षण प्राप्त था। धीरे-धीरे इन पुजारियों का वर्चस्व बढ़ता गया और वे उपदेशक बन बैठे तथा भक्तों को उद्धार का मार्ग भी बताने लगे। ग्यारह आलवारों और यदि मधुर कवि को भी सम्मिलित किया जाए तो बारह आलवारों में से सात इसी काल में अर्थात् नौवीं सदी में हुए।

यह सत्य है कि आलवार भक्तों में कुछ शूद्रकुलोत्पन्न व्यक्ति भी सम्मिलित थे, किन्तु यह भी सत्य है कि आरम्भिक भक्ति मार्ग के प्रचारकों का मुख्य लक्ष्य सम्भ्रान्त वर्ग के व्यक्तियों को ही उत्प्रेरित करना रहा था। शूद्र आलवारों के भक्ति गीतों को बाद में जाकर *नालायिर प्रबन्धम्* में संकलित किया गया। मन्दिरों में शूद्रों के प्रवेशाधिकार को कभी मान्यता नहीं मिली। किसी भी शूद्र नम्मालवार ने मुख्य मन्दिर में प्रवेश कर विष्णु प्रतिमा के स्पष्ट और सामने से दर्शन किए हों—ऐसा कभी नहीं हुआ। विष्णु-पूजा के लिए संस्कृत भाषा का प्रयोग होता था और शूद्रों को उस पूजा-प्रक्रिया में भाग नहीं लेने दिया जाता था। नम्मालवार ने एक जगह स्वयं माना है कि विद्वान ब्राह्मण को छोड़कर अन्य किसी व्यक्ति को गर्भगृह में प्रवेश कर देव प्रतिमा के चरण स्पर्श करने का अधिकार नहीं था। शूद्र कुलोत्पन्न तिरुप्पनालवार के सम्बन्ध में कहते हैं, देवताओं के आदेशानुसार विष्णु मन्दिर के पुजारी इस आलवार को

अपने कन्धों पर उठाकर मन्दिर में लाए थे। गर्भगृह में प्रवेश के बाद वह आलवार देव प्रतिमा में समा गया और इस तरह फिर मन्दिर से बाहर नहीं निकला। ब्राह्मणों को पृथ्वी पर देवताओं की संज्ञा दी गई।

इस तरह *नालायिर प्रबन्धम्* का संकलन मुख्यतः ब्राह्मणों द्वारा अपने हितों को ध्यान में रखकर किया गया था और इसीलिए उसमें सामाजिक विरोध का स्वर गूँजता दिखाई नहीं पड़ता। बारह आलवार सन्तों में से केवल दो अर्थात् नम्मालवार और तिरुप्पनालवार शूद्र कुलोत्पन्न थे।

उत्तर भारत में फैलने से पूर्व कृष्ण-भक्ति के सिलसिले में राधा-भक्ति का प्रथम प्रचार दक्षिण में हुआ और इसके प्रचारक आलवार भक्त थे। पाँचवीं से लेकर नौवीं शताब्दी तक दक्षिण में आलवार भक्ति का बोलबाला रहा। भक्ति आन्दोलन पर प्रथम ग्रन्थ *नालायिर प्रबन्धम्*[1] था। दूसरी-तीसरी सदी से प्रचलित कविताएँ भी इसमें संकलित हैं। उत्तर भारत से पूर्व ही भक्ति आन्दोलन का जन्म दक्षिण भारत में हुआ।

9.11 नायनार

शैव सम्प्रदाय से सम्बन्धित जो आरम्भिक मठ स्थापित हुए उनमें सबसे पहला और प्रमुख संगठन **नायनार सन्तों** का माना जाता है। ग्यारहवीं शताब्दी में रचित *तेवारम्* (भक्ति गीत) और सेक्किलर के *पेरिय पुराणम्* में इन सन्तों का उल्लेख है। सी.वी.एन. अय्यर[2] एवं आर.एन. नन्दी[3] ने नायनारों पर महत्त्वपूर्ण प्रकाश डाला है।

नायनार सन्तों और उनके स्थापित मठों की स्थापना में सामन्तवादी-व्यवस्था की भूमिका रही। नायनारों के मठों की स्थापना और सामन्तवादी-व्यवस्था का प्रारम्भ एक साथ हुआ। समान्ती समाज-व्यवस्था की नींव तो चौथी-पाँचवीं सदी में ही पड़ चुकी थी। इसी समय से नगर-केन्द्रित बाजार-व्यवस्था के स्थान पर कृषि-निर्वाह-अर्थव्यवस्था की स्थापना हो गई। दक्षिण भारत के विशाल क्षेत्र में कृषि-पैदावार में वृद्धि के लिए सिंचाई तकनीकों में सुधार, खेती लायक भूमि में विस्तार और निजी खेतों के लिए दास-मजदूरों में बढ़ोत्तरी की गई। फलस्वरूप अतिरेक (अधिशेष) में वृद्धि हुई। इस अतिरेक को बढ़ाने में स्थानीय भूमिपतियों की भूमिका रही। इस वर्ग ने अपने लाभ के लिए विशेष ध्यान दिया। उत्पादक वर्ग इनके अधीन रहने को बाध्य हुआ। इससे समाज में कई नई विचारधाराएँ विकसित हुईं, धर्म भी प्रभावित हुआ।

नए-नए धार्मिक अनुष्ठान किए जाने लगे और ब्राह्मण पुरोहितों ने नए-नए भक्तों, ग्राहकों या यजमानों की तलाश शुरू की। दक्षिण भारत में आम आदमी से दान या भेंट ग्रहण करने के लिए नए-नए तरीके विकसित हुए। शैव मत के समर्थक जनता से भिक्षा ग्रहण करने के लिए गाने-बजानेवाले शैव भिक्षुओं की जमातें बन गईं। ये घुमक्कड़ शैव भिक्षु बाद में चलकर सुनसान इलाके में एक साथ रहने लगे और ये मठ का रूप से लिए। शैव सम्प्रदाय से सम्बद्ध जो आरम्भिक मठ स्थापित हुए उनमें सबसे पहला और प्रमुख संगठन नायनार

1. रामधारी सिंह दिनकर, *संस्कृति के चार अध्याय*, इलाहाबाद, 1997, पृ. 314-15
2. *Origin and Early History of Shaivism in South India, Madras, 1936*
3. प्राचीन भारत में धर्म के सामाजिक आधार, (अनु.), दिल्ली, 1998

सन्तों का था। *पेरिय पुराणम्* से नायनार भक्ति सम्प्रदाय के सभी सामाजिक पहलुओं की जानकारी होती है। इसमें 63 नायनारों (शैव सन्तों) की सूची दी गई है।

नायनारों का जीवनगाथा चमत्कारपूर्ण कथाओं से भरा पड़ा है। इन कथाओं के माध्यम से नायनार सम्प्रदाय की श्रेष्ठता को प्रमाणित करना था। इन सन्तों के जो चित्र बनाए जाते या उकेरे जाते उनके आधार पर नायनारों का लक्ष्य था कि किसानों, दस्तकारों और मजदूरों को इस बात के लिए उकसाया जा सके कि वे अपनी सेवाएँ और धन शैव संस्थाओं और भिक्षाजीवी शिव भक्त सन्त-महात्माओं को निःशुल्क अर्पित करें। कुछ शैव सन्त कथाओं में कहा गया कि चाहे उनका जीवन घोर गरीबी से त्रस्त हो, फिर भी उन्हें सदा सन्त-महात्माओं को दान देना चाहिए।

नायनार शब्द का प्रयोग किसी जाति विशेष के लिए नहीं होता था, सभी जातियों और काम-धन्धों में लगे लोगों के लिए होता था। किन्तु नायनार संगठनों में ब्राह्मणों का ही वर्चस्व रहता था। नायनार संगठन का मानना था कि सभी वर्गों को समान रूप से धार्मिक कार्य करने का अधिकार मिलना चाहिए। इसमें इसको उतनी सफलता नहीं मिली। इसने अधिकांश भूस्वामियों, छोटे व्यापारियों, बेल्लाल किसानों और अनिवार्य वस्तुओं के उत्पादन कार्य में लगे कृषि-औद्योगिक कामगारों को इस बात के लिए प्रेरित किया कि वे ईश्वर-भक्तों तथा आत्मोद्धारकर्ताओं की सहायता के लिए आगे आएँ तथा मठों की स्थापना के लिए संसाधन जुटाएँ। बाद में चलकर ऐसे कई बड़े-बड़े मठ स्थापित हो गए।

मठों और मन्दिरों से भक्ति की अवधारणा को प्रोत्साहन मिला। मठों और मन्दिरों में परम सत्ता के प्रति सेवा और पूर्ण निष्ठा का सिद्धान्त विकसित हुआ। मठ के सम्बन्ध में बताया जाने लगा कि परमसत्ता मठ के धर्माध्यक्ष में निहित होती थी। मठ के पास अपार भूमि और असीम राशि होती थी। इन पर मठाध्यक्ष का निर्विरोध एकाधिकार होता था। मठ के खेतों में काम करनेवाले मजदूर एवं किसान मठ-सम्पत्ति के अंश थे, अतः वे कहीं अन्य जगह नहीं जा सकते थे।

आठवीं से दसवीं सदी के बीच कृषि-भूमि में काफी विस्तार हुआ और आवश्यकता से अधिक (अर्थात् अतिरेक) कृषि-उत्पादन में काफी वृद्धि हुई। इस स्थिति में खेतिहर मजदूरों की अधीनता अनिवार्य थी। यह भी महत्त्वपूर्ण तथ्य है कि इस स्थानीय-ग्रामीण माहौल में नौवीं सदी के प्रारम्भ से हिन्दू मन्दिरों का ग्रामीणीकरण शुरू हुआ, अर्थात् ग्रामीण क्षेत्रों में अब अधिकांश मन्दिर बनने लगे। दसवीं सदी से इसमें तेजी आने लगी। इसी सदी से मठ मन्दिरों के अविभाज्य अंग बन चुके थे।

मन्दिरों के अविभाज्य अंग—मंठों को बौद्धिक आधार की भी आवश्यकता थी, अतः *शैव आगमों* से सम्बद्ध साहित्य की रचना हुई। ऐसे साहित्य की सहायता से मन्दिर से जुड़े मठों और पुरोहित वर्गों को स्थायी वैधता प्राप्त हो गई। इससे पूर्व मठों के पुरोहितों का स्थान काफी नीचा माना जाता था। *शैव आगमों* में मन्दिर निर्माण, देव प्रतिमा स्थापन तथा विविध अनुष्ठानों से सम्बन्धित विस्तृत विधि-विधान बताए गए हैं। इसने **भक्ति** सम्बन्धी विचारधारा को साम्प्रदायिक और बौद्धिक आधार प्रदान किया।

स्मार्त कहे जानेवाले ब्राह्मण मन्दिर-पूजा, स्नान-ध्यान, प्रतिमा-सफाई और गैर श्रोत्रिय ब्राह्मणों को दान-दक्षिणा देने के विरोधी थे। उन्हें पूर्वमध्यकालीन धर्म-कर्म में विश्वास नहीं

था। वे प्रचार करते थे कि ऐसे धरम-करम में लगे लोगों का बहिष्कार किया जाना चाहिए। उनका कहना था कि *मनुस्मृति* एवं *विष्णुस्मृति* मन्दिर के पुजारियों को श्राद्ध-भोजन के लिए आमन्त्रित करने की अनुमति नहीं देती। उशनस् ने तो पाशुपत और पंचरात्र मतावलम्बियों सहित सभी प्रकार के पुजारियों को दुष्ट व्यक्ति कहा है। फलतः तमिल नायनार भक्ति गीतों में स्मार्तों को, उनकी मन्दिर विरोधी और पुजारी वर्ग विरोधी विचारधारा के कारण, अस्वीकार करने का प्रयत्न किया गया। बड़े स्पष्ट शब्दों में कहा कि ब्राह्मणों को दान देने की अपेक्षा शिवभक्तों को संरक्षण प्रदान करना कहीं अधिक पुण्य का काम था। नायनारों के बाद कालामुखों ने शैव उपासना विधि को पुनः व्यवस्थित करने का भार उठाया। ये लोग भी मध्यकालीन मन्दिर पूजा और पुरोहितों के खिलाफ रहनेवाले स्मार्तों के प्रति पूरी तरह जागरूक थे।

श्रोत्रिय ब्राह्मणों द्वारा रचित साहित्य में देवालयों के पुजारियों की भर्त्सना मिलती है तो पूर्वमध्यकाल के सम्प्रदाय विशेष से सम्बन्धित लेखकों ने भी अपने विरोधियों को नीचा दिखाने या कोसने में किसी तरह की कोताही नहीं बरती। नायनार भक्ति परम्परा के त्रिमूलर नाम के एक विख्यात व्यक्ति ने डंके की चोट पर यह कहा था कि शैव भक्ति सम्प्रदाय के किसी अदने से सदस्य को यदि केवल मुट्ठी भर अन्न दान में दिया जाए तो उसका धार्मिक महत्त्व वैदिक शिक्षा प्राप्त ब्राह्मण को सौ गाँव दान में दिए जाने से कई गुना अधिक होगा।[1]

पल्लव युग में, जब तमिलनाडु के वैष्णव आलवारों और शैव नायनारों ने अपने-अपने वृत्तिभोगी वर्ग स्थापित कर उनके अलग-अलग नियम-उपनियम बना लिए और मर्यादाएँ स्थापित कर लीं तथा उन्हीं के अनुरूप क्रमशः विष्णु और शिव से सम्बन्धित साम्प्रदायिक प्रचार-प्रसार शुरू कर दिया तो भू-स्वामियों के संरक्षण में पल रहे स्मार्तों[2] ने इन नव पल्लवित सम्प्रदायों की लोकप्रियता को कम करने के उद्देश्य से उनका खंडन करना शुरू किया। लगभग इसी युग में **पंचायतन** पूजापद्धति शुरू हुई जरूर, किन्तु एक तरह से यह **स्मार्तों** के परम्परागत गृह प्रधान अनुष्ठानों और वैष्णव-शैव सम्प्रदायों के मूर्तिपूजा प्रधान व्यवस्थित सार्वजनिक उपक्रमों के बीच की लम्बी दूरी को कुछ सीमा तक ही पाटने या कम करने में सफलता प्राप्त कर सकी। इस काल में जो धार्मिक साहित्य रचा गया उसमें और विशेष रूप से नायनारों के भक्ति गीतों में स्मार्त ब्राह्मणों को दिए जानेवाले भूमिदानों की तथा अन्य प्रकार के दान-कर्मों की काफी निन्दा की गई है, पर साथ ही इन गीतों के रचयिता अपने श्रोताओं को यह बताने से भी नहीं चूके थे कि शैव पुरोहितों और वृत्तिभोगी पुजारियों को दिया जानेवाला संरक्षण शिवनिन्दक वैदिक यज्ञकर्ता ब्राह्मणों को दिए गए प्रोत्साहन से उनके लिए कई गुणा हितकर सिद्ध होगा।

---

1. आर.एन. नन्दी, 'आरिजन एंड नेचर ऑफ शैवाइट मोनेस्टिसिज्म', *इंडियन सोसायटी : हिस्टारिकल प्रोविंग्स*, नई दिल्ली, 1974, पृ. 197-98)
2. **स्मार्त** शब्द उन अधिकांश कट्टरपन्थी ब्राह्मणों के लिए प्रयुक्त होता है जो ईसा की आरम्भिक छह सदियों के दौरान धीरे-धीरे असुविधाजनक श्रौत यज्ञकर्मों से विरत हो गए क्योंकि उनके धनी यजमानों के बीच कर्मकांड अपनी लोकप्रियता खो चुके थे। इनके स्थान पर इन लोगों ने **गृह्यसूत्रों** में प्रतिपादित गृहस्थों के लिए सरल कर्मकांडों को अपना लिया। साथ ही, अब ये लोग **गृह्य** कर्मकांडों के साथ-साथ कुछ लोक देवताओं की भी पूजा करने लगे।

जैनों के तिरेसठ पुरातनों की परम्परा तमिलनाडु की नायनार परम्परा से प्रभावित है। पुरातनों की सूची में कुछ नायनारों के नाम भी सम्मिलित हैं। नायनार परम्परा भी, जिसका विवरण ग्यारहवीं सदी में रचे गए सेक्किलर के *पेरियपुराण* में उपलब्ध है, उस पूर्ववर्ती जैन परम्परा से प्रभावित लगती है जिसका उल्लेख आठवीं सदी के आसपास रचे गए जिनसेन के *आदिपुराण* में तिरेसठ **श्लाका** पुरुषों के रूप में हुआ है।

ज्ञानसम्बन्धर, अप्पर और सुन्दरमूर्ति प्रसिद्ध नायनार धार्मिक कवि थे। इनमें से प्रथम दो सातवीं सदी और अन्तिम आठवीं-नौवीं सदी के थे। ये कवि-गायक थे। वे एक शैव मन्दिर से दूसरे शैव मन्दिर को घूमते थे और भक्तिगीत गाते तथा शिवमूर्ति के समक्ष नृत्य करते थे। ये शिव की भक्ति से अति ओतप्रोत थे और अपने भजन-गान गाते तथा नृत्य मुद्रावाले शिव एवं उनकी प्रेमिका उमा की मूर्तियों के समक्ष भाव-विभोर होकर नृत्य करते और इस अवसर पर वे अपने अनुयायियों की भीड़ से घिर जाते थे। ये आगमों पर निर्भर नहीं करते थे, यद्यपि सुन्दर आगमों की चर्चा करता है, किन्तु वे **महाकाव्यों** एवं **पुराणों** का उपयोग करते और अपने सम्प्रदाय की परम्परागत पवित्रता एवं भक्ति को अभिव्यक्त करते थे। उनके केवल कुछ ही भजनगान अंग्रेजी में अनुवादित हुए हैं।

इस तरह नायनार सन्त प्रेम के दीवाने थे। शिव के प्रति प्रेम की भावना से वे दौड़ रहे थे। इनके गान रहस्यवादी हैं। वेद-विरोधी आन्दोलनों के कारण हिन्दुत्व का शुद्ध रूप उत्तर भारत से खिसककर दक्षिण भारत चला गया था। शैव सिद्धान्त नायनार भक्तों की अनुभूतियों से बढ़कर दर्शन के स्तर पर पहुँच गया। नायनारों में तिरेसठ भक्तों के नाम हैं और इनकी प्रतिमाएँ भी दक्षिण के शैव मन्दिरों में पूजी जाती हैं।

9.12 तन्त्रवाद-उदय, विकास एवं प्रभाव

सामान्यतः लोग तन्त्रों से तात्पर्य लगाते हैं शक्ति अर्थात् काली देवी की पूजा, मुद्राएँ, मन्त्र, मंडल, पंचमकार, दक्षिण मार्ग, वाम मार्ग एवं ऐन्द्रजालिक क्रियाएँ, जिनके द्वारा अलौकिक शक्तियाँ प्राप्त की जाती हैं। तीन प्रकार के तन्त्र हैं—बौद्ध, हिन्दू एवं जैन। *अमरकोश* के अनुसार तन्त्र का अर्थ है 'प्रमुख विषय का भाग', सिद्धान्त (अर्थात् मत, तत्त्व, वाद या शास्त्र), करघा (कपड़ा बुनने का यन्त्र) या सामग्री या उपकरण।

ऋग्वेद में ऐसे जादूगरों का उल्लेख मिलता है जो अधिकांश में अनार्य कहे गए हैं और उन्हें अदेव, अनृतदेव (झूठे देवों की पूजा करनेवाले), शिश्नदेव (या लम्पट) कहा गया है।[1] वैदिककाल में ऐसी कल्पना थी कि कुछ दुष्ट लोग माया, मन्त्र आदि से लोगों और पशुओं आदि को मार सकते हैं या उन्हें बीमार कर सकते हैं। *ऋग्वेद* में जादू के लिए **यातु** शब्द का प्रयोग किया गया है[2]। *अथर्ववेद*[3] में ऐसे सूक्त हैं जो क्रम से एक पुरुष एवं नारी द्वारा अपनी प्रेमिका एवं प्रेमी को वश में करने के लिए प्रयोग किए गए हैं। इस वेद[4] में ऐसे मन्त्र हैं जिनके द्वारा रोग उत्पन्न करनेवाले कीड़े एवं पिशाचों को नष्ट किए जाते थे[5]।

---

1. ऋग्वेद 7.21.5 और 10.99.3
2. पी.वी. काणे, *धर्मशास्त्र का इतिहास,* लखनऊ, 1984, जिल्द-ट, पृ. 4
3. अथर्ववेद 3.25 एवं 6.130
4. वही 2.30-31
5. वही 2.30-31 एवं 5.36

आर्थर अवालोन ने *महानिर्वाणतन्त्र*[1] में लिखा है कि तन्त्र भारत में चाल्डीया या शकद्वीप से आया। एन.एन. चौधरी[2] के अनुसार भारतीय तन्त्रवाद का मूल तिब्बत के बॉन धर्म में पाया जाता है। वे कहते हैं कि असंग ने पाँचवीं-छठवीं सदी में भारत में तन्त्रवाद चलाया। इस विचार का आधार उन्होंने तारनाथ को बताया है जिसने सत्रहवीं शताब्दी के प्रथम दशक में *भारत में बौद्धधर्म का इतिहास* लिखा।

पी.वी. काणे[3] का मानना है कि हिन्दू तन्त्रों और बौद्ध तन्त्रों का उदय एक ही काल में हुआ। आठवीं शताब्दी में तन्त्रवाद भारत में भली-भाँति सुदृढ़ हो चुका था। हर्षकालीन लेखक बाणभट्ट के ग्रन्थों में हिन्दू तन्त्र से सम्बद्ध मद्य एवं मांस के साथ चंडिका की पूजा प्रचलित थी। जिस प्रकार हिन्दू तन्त्रों में पुरुष तत्त्व एवं स्त्री तत्त्व क्रम से शिव एवं देवी हैं, उसी प्रकार बाद में बौद्धों ने **प्रज्ञा** (जो स्त्री है) और **उपाय** (पुरुष)—दो तत्त्व रखे हैं।

शाक्त शब्द का अर्थ है शक्ति (जगत्-शक्ति) का भक्त या पूजक। सातवीं शताब्दी में शाक्त सम्प्रदाय भारत के सभी भागों में, विशेषतः बंगाल एवं आसाम में फैल चुका था। शाक्त सम्प्रदाय की प्रमुख विशेषताएँ ये हैं—देव या इष्ट एक हैं और वह माँ के रूप में एवं संहार करनेवाली शक्ति के रूप में होती है और पूजा सम्बन्धी क्रियाएँ कुछ ऐसी हैं जो कभी-कभी बड़ा घृणित रूप धारण कर लेती हैं। बाणभट्ट ने *कादम्बरी* में पुत्र की इच्छा रखनेवाली रानी विलासवती की धार्मिक क्रियाओं का उल्लेख किया है—"चंडिका के मन्दिर में शयन करना, जहाँ लगातार गुग्गुल जल रहा था, राहों पर अमावस्या की रात्रि में स्नान करना, जहाँ जादूगरों द्वारा ऐन्द्रजालिक वृत्त खिंचे हुए थे, माताओं के मन्दिरों में जाना, रक्षाकरंड धारण करना जिसके भीतर भूर्ज पत्रों पर पीले रंग से मन्त्र लिखे हुए थे; और जब प्रसव का समय सन्निकट आ गया तो बिस्तर को अच्छे प्रकार की जड़ी-बूटियों एवं यन्त्रों अर्थात् चित्र या अंक से शुद्ध किया गया। *मालतीमाधव* नाटक में सौदामिनी का उल्लेख हुआ है जिसने श्रीपर्वत पर एक कापालिक के व्रतों अर्थात् नियमों का पालन किया और मन्त्रों के बल से अलौकिक शक्तियाँ प्राप्त की।

तन्त्र बहुत-से विषयों को, जिनमें तत्त्व एवं मन्त्र भी सम्मिलित हैं, विस्तारित करता और रक्षण देता है, अतः इसे **तन्त्र** कहा जाता है। **बौद्ध तन्त्र** में अधिकांश का उद्देश्य है बुद्धत्व-प्राप्ति के लिए योग-क्रियाओं द्वारा सरल मार्ग का अनुसरण करना तथा सिद्धियों अर्थात् अलौकिक शक्तियों को प्राप्त करना है। **हिन्दू तन्त्र** यह प्रदर्शित करने का प्रयास करते हैं कि *वेदों, आगमों, स्मृतियों* एवं *पुराणों* पर यह आधारित है।

दत्तात्रेयतन्त्र[4] में लिखा है—जिसने चारों वेद पढ़ लिए हैं, किन्तु कुल धर्मों से अनभिज्ञ है, वह चांडाल से भी अधम हैं, किन्तु वह चांडाल, जो कुलधर्मों को जानता है, ब्राह्मण से उच्च है। यदि यज्ञों, तीर्थयात्राओं एवं व्रतों को एक ओर रखा जाए तथा कुलधर्म को दूसरी ओर, तो कौल धर्म अर्थात् कुलधर्म भारी पड़ेगा। जीव, प्रकृति, दिक् काल, आकाश, क्षिति अर्थात् पृथ्वी, जल, तेज अर्थात् अग्नि एवं वायु—ये **कुल** कहे जाते हैं। जब व्यक्ति इन सभी के प्रति ब्रह्मबुद्धि से आचरण करता है तो वह **कुलाचार** कहलाता है। इससे चार पुरुषार्थों—धर्म, अर्थ, काम एवं मोक्ष की प्राप्ति होती है। कुल का तात्पर्य काली के उपासकों (पूजा करनेवालों) से

1. तृतीय संस्करण, 1953, पृ. 560
2. *मॉडर्न रिव्यू*, 1934, पृ. 150-56
3. पी.वी. काणे, *धर्मशास्त्र का इतिहास*, जिल्द-V, पृ. 7
4. डकन कॉलेज पांडुलिपि, सं. 962, 1887-91

है। कुल एक शक्ति है जो शिव से उदित होता है। वह व्यक्ति **कौलिक** है, जो यह जानता है कि मोक्ष की प्राप्ति शक्ति एवं शिव से होती है। शिव **अकुल** कहलाता है और शक्ति को **कुल** कहते हैं। जो लोग कुल एवं अकुल का ध्यान करते हैं वे **विज्ञ कौलिक** कहे जाते हैं। केवल मद्य, मांस, मैथुन, मंत्स्य एवं मुद्रा से की गई पूजा को **कुलाचार** कहा जाता है। कुलाचारी को कलियुग में कष्ट नहीं मिलता है। **परमात्मा** एक है, ईश्वर सात हैं—ब्रह्मा, विष्णु, शिव, सूर्य, गणेश, शक्ति और भैरव। **जीव** असंख्य हैं, **मार्ग** तीन हैं—दक्षिण, वाम एवं उत्तर। **दक्षिण मार्ग** वह है जो *वेद, स्मृतियों* एवं *पुराणों* में घोषित है। **वाम मार्ग** वेदों एवं आगमों द्वारा घोषित है और तीसरा मार्ग **उत्तर** वह होता है जिसे वेद के वचन एवं गुरु घोषित करते हैं। गुरु वाक्य अपने उस गुरु का होता है जो स्वयं **जीवनमुक्त** होता है और मन्त्रों की शिक्षा देता है।

अधिकांश तन्त्रों का कहना है कि गुरु एवं पंचमकारों द्वारा की गई पूजा से प्राप्त ज्ञान गुप्त रखना चाहिए, यदि उसका रहस्य अन्य लोगों को ज्ञात हो जाए तो नरक प्राप्त होता है।[1] अक्षरों से शब्द बनते हैं, शब्द मन्त्रों का निर्माण करते हैं और मन्त्र **शक्ति** के अवतार होते हैं। *कुलार्णव*[2] में लिखा है, "यदि मद्य पीने मात्र से सिद्धि प्राप्त हो जाती है तो सभी दुष्ट मद्यपों को सिद्धि प्राप्त हो जानी चाहिए। यदि नारी के संयोग से ही मोक्ष प्राप्त होता तो संसार में सभी लोग मुक्ति पा जाएँ। यदि मांस खा लेने से ही पवित्र लक्ष्य की प्राप्ति हो जाए तो सभी मांसाहारी व्यक्ति इस विश्व में पवित्र हो जाएँ। कुलमार्ग का अनुसरण करना तलवार की धार पर चलने के समान है, बाघ की गर्दन पर बैठने से तथा हाथ से साँप को पकड़ लेने से अधिक भयंकर है।"

तपस्वियों के जीवन पर आदिवासी चिकित्सक के कर्मकांड का अन्य प्रभाव कष्टमय प्रथाओं में था जैसे; काफी दिनों तक खाने-पीने का त्याग, प्राणायाम, अत्यधिक विकृत मुद्राओं में शरीर को साधे रखना। ये सारी निरर्थक क्रियाएँ असाधारण शक्तियाँ प्रदान करनेवाली समझी जाती थीं। ऐसा विश्वास था कि सच्चे साधकों को अदृश्य होने या इच्छानुसार हवा में उड़ने की सिद्धि प्राप्त हो जाती है। कड़ी धूप और वर्षा में तपस्या द्वारा शरीर को दंड देने की प्रथा केवल जैनों में नहीं, उस समय के बहुत-से अन्य शिक्षकों एवं सम्प्रदायों में थी। गोसाल भी नग्न रहता था। वह मद्यपान और उच्छृंखल यौनाचार से अनुष्ठान करता था जो निःसन्देह उस समय प्रचलित आदिमयुगीन प्रजनन-सम्बन्धी सम्प्रदायों से निकले थे। बाद के तान्त्रिक अनुष्ठानों का उद्गम भी यही था और प्रायः रहस्यात्मक व्याख्या और अहानिकारक प्रतीकात्मकता द्वारा उनका उदात्तीकरण हो जाता था। जनसमुदाय का एक छोटा-सा अंश सदा ऐसा रहता था, जिसे जादू-टोना, प्रजनन-सम्बन्धी अनुष्ठान और गुप्त आदिवासी उपासना-विधियाँ आवश्यक लगती थीं। आधिकारिक 'सभ्य' धर्म से असन्तुष्ट रहनेवाले लोग इस विश्वास से इन गुप्त अनुष्ठानों को सीखते और करते रहे कि उससे उन्हें कोई विशेष शक्ति प्राप्त होगी या परिपूर्णता का कोई सीधा रास्ता उन्हें मिल जाएगा।

तन्त्र सम्प्रदाय में सामान्यतः स्त्रियों तथा शूद्रों की दीक्षा की व्यवस्था है। ब्राह्मणवादी-व्यवस्था ने इन्हें उपनयन संस्कार का अधिकार नहीं दिया था। तन्त्र के प्रमुख प्रतिपादकों में स्त्रियों का स्थान अच्छा था। शूद्र आचार्य शूद्रों तथा चांडालों को दीक्षा दे सकते थे और कुछ यज्ञ

---

1. *तान्त्रिक टेक्ट्स,* जिल्द 8, 2.37-38
2. *कुलार्णव,* 2.117-19 एवं 22

भी सम्पादित कर सकते थे। तन्त्रों में सामान्य रोगों के साथ ही साँप, चूहे और विषैले कीड़ों के काटने तथा प्रेत-बाधाओं के निवारण के लिए अनेक अनुष्ठानों तथा उपचारों का विधान किया गया। मिथिला तथा नेपाल के तान्त्रिक भविष्यवाणी करते हैं और ग्रहों तथा त्यौहारों की तिथियाँ बताते हैं। वैद्यों तथा ज्योतिषियों के रूप में तान्त्रिक आम आदमी की सामाजिक एवं भावात्मक आवश्यकताओं की पूर्ति करते थे, और इस प्रकार वे विभिन्न आर्थिक एवं साम्प्रदायिक समूहों के लोगों के बीच आपसी मेल बढ़ाने में सहायता देते थे।

छठी शताब्दी में रचित **हयशीर्ष** नामक वैष्णव तान्त्रिक रचना में तन्त्र सिद्धान्त चतुर्वर्ग अर्थात् अर्थ, धर्म, काम एवं मोक्ष की प्राप्ति करनेवाला बताया गया है। जहाँ तक तन्त्रवाद के विकास के कारणों का प्रश्न है, वेबर का मत है कि तन्त्र के उद्भव का कारण ब्राह्मणों का लालच था। वे पुनः कहते हैं कि बौद्धों तथा जैनों के साथ स्पर्धा की भावना से प्रेरित होकर ब्राह्मणों ने ऐसा किया। हम जानते हैं कि तन्त्र से ज्यादातर शूद्र और स्त्रियाँ जुड़ी थीं, अतः ब्राह्मणों को लालच से प्रेरित होने का प्रमाण नहीं मिलता है। तन्त्रवाद का विकास पूर्वमध्यकाल में उस समय होता है जब बौद्ध तथा जैन धर्मों की स्थिति जर्जर हो चुकी थी, अतः वेबर का यह कहना सही नहीं कि बौद्धों तथा जैनों के साथ स्पर्धा की भावना से प्रेरित होकर ब्राह्मणों ने तन्त्र को विकसित किया। कुछ लोगों का मत है कि तन्त्र का उदय मनोलैंगिक कारणों से हुआ। कुछ का मत है कि इसका उद्भव और विकास विशुद्ध रूप से आध्यात्मिक तथा रहस्यवादी कारणों से हुआ। सबसे महत्त्वपूर्ण प्रश्न है कि तन्त्रवाद का उदय और विकास मुख्य रूप से पूर्ववैदिक काल में ही क्यों हुआ?

पूर्वमध्यकाल में पुरोहितों तथा मन्दिरों को बड़े पैमाने पर भूमिदान मिले। नवीन विजित क्षेत्रों से धार्मिक तथा वैचारिक समर्थन तथा अपनी सत्ता को प्रतिष्ठित करने के लिए भूमिदान को शासकों ने आधार बनाया। इससे शूद्रों और स्त्रियों के बदले अब ब्राह्मणों का महत्त्व बढ़ा क्योंकि यही प्रभावशाली वर्ग नवीन क्षेत्रों पर अधिकार किए गए शासकों के लिए सहायक हो सकते थे। ब्राह्मणों में बहुपत्नीत्व का चलन था, इसलिए सम्भव है कि उन्होंने अधिक बच्चे पैदा किए हों। प्रथम शताब्दी के आसपास चिकित्सा के बढ़ते ज्ञान के कारण उनकी सन्तानें दीर्घायु बनीं और ब्राह्मणों की आबादी बढ़ी। गुप्तकाल में आर्थिक दशा में गिरावट के लक्षण दिखाई देने लगते हैं। भूसम्पत्ति के विभाजन के कानून सर्वप्रथम गुप्तकाल में ही देखने को मिलते हैं। यह आर्थिक पतन का लक्षण था।

शहरों के पतन से ब्राह्मणों की आबादी गाँवों में बढ़ी। गाँवों की आर्थिक दशा उत्तर गुप्तकाल से अधिक खराब होती गई। फलतः ग्रामीण ब्राह्मणों की दशा भी बिगड़ी। रोजी-रोटी की तलाश में एक स्थान से दूसरे स्थान पर जाने या मातृस्थान छोड़ने की बृहत् जानकारी ह्वेनसांग के *यात्रा-विवरण, वृहत्संहिता* और अभिलेखों से होती है। भूमिदान प्रक्रिया से नवीन बस्तियाँ बसीं और नए लोग बसे। अपनी मातृसत्तात्मक परम्पराओं तथा पारिवारिक रीति-रिवाजों के साथ कबायली लोग बड़े पैमाने पर हिन्दू अर्थात् ब्राह्मणीय समाज में शामिल हो गए, जिसके कारण धर्मशास्त्रों के विवाह-सम्बन्धी नियमों में नई व्यवस्थाओं का समावेश करना पड़ा।

दक्कन के ब्राह्मण वर्ण के शासक परिवारों में मातृतान्त्रिक रीति-रिवाज प्रचलित थे, और उड़ीसा, दक्कन और गुजरात के पूर्वमध्यकालीन अभिलेखों में प्रशासन के विभिन्न स्तरों पर

स्त्रियों के उच्च स्थान को स्पष्ट रूप से मान्यता प्रदान की गई है, विधवा-विवाह की अनुमति दी गई है और स्त्री धन के दायरे को बढ़ाया गया है। स्त्रियों की अवस्था में ये तमाम परिवर्तन ब्राह्मणवादी भारतीय समाज में कबायली लोगों की बड़ी संख्या में शामिल होने के परिणाम जान पड़ते हैं। कबायली इलाकों में ब्राह्मणों के प्रवेश के फलस्वरूप शूद्र जातियों की संख्या में काफी वृद्धि हुई। ऐसे शूद्रों का ब्राह्मण-नियमों के अनुसार उपनयन संस्कार नहीं हो सकता था; वे यज्ञ सम्पादित नहीं कर सकते थे; वैदिक मन्त्रों का उच्चारण नहीं कर सकते थे। शूद्रों की यह नई स्थिति उनके पारम्परिक कर्मकांडी दर्जे से मेल नहीं खाती थी, इसलिए तान्त्रिक सम्प्रदायों में उनकी दीक्षा का द्वार खोलकर इस दर्जे में सुधार करना पड़ा।

जहाँ तक स्त्रियों का तन्त्र से सम्बन्ध का प्रश्न है, जनजातीय क्षेत्रों में, जहाँ मातृदेवी की पूजा का व्यापक प्रचलन था, उनकी अवस्था पुरुषों की तुलना में खराब नहीं थी। ब्राह्मण-व्यवस्था में उन्हें शूद्रों के समकक्ष स्थान दिया गया था, इसलिए स्वाभाविक था कि शूद्रों के कर्मकांडी दर्जे में स्त्रियों को स्थान दिया जाए। *कादम्बरी* में बाण लिखता है कि शबर लोग चंडिका को नर-मांस चढ़ाते हैं और उसकी पूजा रक्त तथा विभिन्न पशुओं के मांस से करते हैं। ब्राह्मण इसे पसन्द नहीं करते थे, किन्तु ये धार्मिक कृत्य मातृदेवी को प्रमुख स्थान प्रदान करनेवाले तन्त्र सम्प्रदाय के अभिन्न अंग बन गए। छठी शताब्दी में बौद्ध तथा ब्राह्मणीय—दोनों सम्प्रदायों में मातृदेवी की पूजा प्रमुख स्थान प्राप्त कर लिया। जनजातियों की मातृदेवी की पूजा शक्ति या बौद्ध धर्म की तारा के रूप में होने लगी। छठी शताब्दी में शाक्त तन्त्र उभरा और नौवीं सदी में वह प्रबल शक्ति बन गया। तन्त्र साहित्य में शिव को **शबर** कहा गया है। मध्य प्रदेश (के एक अभिलेख) में शक्ति को **मातंगी** कहा गया है, जिससे प्रकट होता है कि मूलतः यह देवी मातंग जनजाति की आराध्या थी। उसे चांडाली भी कहा गया है, जिससे मालूम होता है कि वह चांडालों की देवी थी। (सातवीं शताब्दी की रचना **कादम्बरी** से ज्ञात होता है कि) चंडिका के मन्दिर का प्रधान पुजारी द्राविड़ था।

नेपाल, असम, बंगाल, उड़ीसा तथा बिहार में स्थित मिथिला शक्ति पूजा के गढ़ थे क्योंकि छठी सदी के अन्त तक इन प्रदेशों में ब्राह्मण संस्कृति का पर्याप्त प्रचार नहीं हो पाया था, यहाँ तक कि बिहार में भी अंग, मिथिला तथा मगध के कुछ हिस्से ब्राह्मणों के गढ़ नहीं थे। मातृदेवी के मन्दिरों को छठी सदी में नियमित स्थान दिया गया। आज का कोई भी तन्त्र पीठ रामशरण शर्मा[1] के अनुसार, पाँचवीं-छठी सदी से पूर्व का नहीं है। तिरुपति के तन्त्र सम्प्रदाय से सम्बद्ध पद्मावती का मन्दिर आठवीं शताब्दी से पूर्व का है।

जनजातीय लोगों को वर्णसंकरों का हीन दर्जा देने और उनके भ्रामक मूल गढ़ने की ब्राह्मणों की चाल पहले से ही प्रचलित थी। परमेश्वरी (काली) की पूजा के लिए तेलियों तथा कुम्हारों के घर जाकर उनके सान्निध्य में पूजा करना आवश्यक बताया गया क्योंकि परमेश्वरी जनजातीय देवी थी। जिस प्रकार सातवीं-आठवीं सदी में ब्राह्मणों ने वंश वृक्षों के काल्पनिक मूलों की सृष्टि करके अपने समय के राजाओं को सूर्यवंशी और चन्द्रवंशी दिखाने की कोशिश की उसी प्रकार कुछ लेखकों ने तन्त्र सम्प्रदाय के सम्मानजनक मूल और आध्यात्मिक वंशावली गढ़कर इसे प्रतिष्ठा प्रदान करने का प्रयत्न किया। सभी तान्त्रिक ग्रन्थों की रचना दूरस्थ जनजातीय क्षेत्रों में ही हुई।

---

1. रामशरण शर्मा, *पूर्वमध्यकालीन भारत का सामन्ती समाज और संस्कृति,* दिल्ली 1996, पृ. 196

प्राचीनतम प्रजनन-सम्बन्धी अनुष्ठान थोड़ा नया रूप धारण कर सातवीं-आठवीं सदी में तन्त्र विद्या के रूप में प्रकट होकर बौद्ध, जैन एवं ब्राह्मण धर्म में प्रवेश किए। महायान बौद्ध धर्म में असाधारण सुन्दरी तारा और मातृदेवी हारिति को तन्त्र-मन्त्र की दृष्टि से स्थान मिला जो मूलतः शिशुभक्ष्य राक्षसी थीं। सर्पों और राक्षसों के विरुद्ध पढ़े जानेवाले धारणी (मन्त्र) भी धर्म-ग्रन्थों में स्थान पाने लगे। यद्यपि भक्ति का जन्म पहले हुआ तथापि भक्ति एवं तन्त्र दोनों ने निम्न वर्णों को विभिन्न देवी-देवताओं की पूजा का अवसर प्रदान किया। इससे निम्न वर्णों के उत्थान का अवसर मिला। भूमिदानों के कारण कबायली क्षेत्रों का ब्राह्मणीकरण हुआ। इस ब्राह्मणीकरण के फलस्वरूप मातृदेवी की पूजा के साथ तान्त्रिक ग्रन्थों का संकलन हुआ। सभी जगह एक ही प्रकार का तन्त्र-धर्म विकसित नहीं हुआ। मगध, उड़ीसा, बंगाल, असम तथा नेपाल की बौद्ध पृष्ठभूमि में **वज्रयान तन्त्र** का उदय हुआ। इस तन्त्र में नए जनसमूहों को स्थान दिया गया जो स्त्रियों और निम्न वर्गों के हक में थे। मध्य प्रदेश के कुछ हिस्सों में, जहाँ गुप्त और गुप्तोत्तर कालों के बहुत-सारे वैष्णव पुरावशेष तथा मातृदेवी की प्रतिमाएँ पाई गई हैं, तन्त्र सम्प्रदाय **पंचरात्र** के रूप में उदित हुआ और इसने वैष्णव पन्थ में मातृदेवी को शामिल करके उसे नई शक्ल दी। कश्मीर, मध्य प्रदेश, आन्ध्र तथा तमिलनाडु के अर्ध-हिन्दू क्षेत्रों में शैव पन्थ तन्त्र सम्प्रदाय से प्रभावित हुआ। कर्नाटक, महाराष्ट्र तथा गुजरात में जैन धर्म भी तन्त्र सम्प्रदाय से प्रभावित हुआ। छठी सदी तक इनमें से किसी भी प्रदेश का पर्याप्त रूप से ब्राह्मणीकरण नहीं हो पाया था। इस प्रकार भूमिदानों द्वारा जनजातीय क्षेत्रों के ब्राह्मणीकरण के कारण पूर्वमध्यकाल में अन्ततः तन्त्र धर्म एवं सम्प्रदाय का उद्भव हुआ। तान्त्रिक मठों तथा देवकुलों का स्वरूप उस श्रेणीबद्ध सामाजिक एवं प्रशासनिक संगठन के ढंग पर तैयार किया गया जो आठवीं सदी या उसके आसपास तक सामन्ती-व्यवस्था की विशेषता बन चुका था। अनेक तान्त्रिक रचनाओं में तन्त्र धर्म में दीक्षित लोगों की चार से सात श्रेणियाँ तक देखने को मिलती हैं। आचार्य के अभिषेक की व्यवस्था तो बिलकुल सामन्ती अभिषेक के विधि-विधानों के समान की गई है। इसी प्रकार तन्त्र धर्म से प्रभावित देवकुलों में पुराने देवताओं को सामन्तों, सेवकों, द्वारपालों, दिक्पालों आदि के रूप में गौण स्थान दिए गए, जबकि नई समाज व्यवस्था को प्रतिबिम्बित करनेवाले शिव तथा विष्णु प्रमुख देवता बन गए।

तन्त्र सम्प्रदाय के सबसे निम्न अनुष्ठानों में मैथुन को गिना जाता है। जनजातियों के मनोवैज्ञानिक अध्ययनों से पता चलता है कि कामानुष्ठान उनके कृषि-विषयक जादू-टोने का महत्त्वपूर्ण अंग था। ऐसी मान्यता थी कि कामानुष्ठान से धरती की उर्वरा शक्ति और लोगों की समृद्धि बढ़ती है। चूँकि खेती-बारी के काम की देख-रेख मूलतः और खासकर बागवानी वाली अवस्था में, स्त्रियाँ करती थीं, इसलिए इस कोटि में कामानुष्ठान का उद्भव और विकास उन्हीं के हाथों हुआ। देवी-देवताओं को प्रसन्न करने तथा भूत-प्रेतों को भगाने के बहुत-से उपाय जनजातियों से ही अपनाए गए। जंगली जड़ी-बूटियों का ज्ञान सम्भवतः इन्हीं से प्राप्त हुआ। किन्तु अन्य धार्मिक आन्दोलनों की तरह तन्त्र धर्म को भी अवकाश तथा सुख-सुविधा का उपयोग करनेवाले उच्च वर्गों ने हथिया लिया। उच्च वर्गों के हाथों में पड़कर यह तन्त्र धर्म उनकी वासनाओं की तुष्टि का साधन बनकर रह गया। इन्हीं तत्त्वों ने तन्त्र धर्म के सुधारवादी स्वरूप को बिगाड़कर रख दिया। सम्भोगरत प्रतिमाओं से अलंकृत खजुराहो

तथा कोणार्क की मन्दिरें खर्चीले शौक की देन हैं, इनका निर्माण सरदारों और भूमिपतियों के लिए ही सम्भव था।

निष्कर्षतः तन्त्रवाद का उदय पूर्वमध्यकाल की आर्थिक एवं सामाजिक आवश्यकताओं की पूर्ति के लिए हुआ। एक ओर उसमें स्त्रियों, शूद्रों एवं बाहर से शामिल होनेवाली जनजातियों को स्थान दिया गया और दूसरी ओर उसने उस समय के सामाजिक तथा सामन्ती श्रेणी को मान्यता दी। तन्त्रवाद सामाजिक मेल तथा एकता स्थापित करने का प्रयास था; वर्ण, लिंग आदि किसी प्रकार के भेदभाव को इसमें स्थान नहीं दिया गया। ब्राह्मणों ने इसमें भी अपना वर्चस्व स्थापित किया, इसके बावजूद तन्त्रवाद में वैचारिक एकीकरण के प्रयत्न सफल हुए।

10

विज्ञान एवं प्रौद्योगिकी
(Science and Technology)

10.1 उदय

भारत में अन्धविश्वास के साथ-साथ वैज्ञानिक दृष्टि के प्रमाण प्राक्सिन्धुकाल से मिलते हैं। *अथर्ववेद* पढ़ने से स्पष्ट हो जाता है कि खाद्य की खोज के लिए जंगलों में विचरण करते समय मानव का वनस्पति तथा प्राणि-जगत् से जो प्रथम परिचय हुआ, उसी सूत्र से वनस्पति-विज्ञान, जीव-विज्ञान, प्राणि-विज्ञान, चिकित्सा तथा शल्य-विज्ञान की उत्पत्ति हुई। मस्तक के ऊपर चन्द्र-सूर्य उद्भासित, नक्षत्रमय आकाश और पैरों तले कठिन, नीरस, क्षमाहीन पृथ्वी से परिचय के साथ ही ज्योतिष, भौतिकी, रसायन, भू-विज्ञान आदि प्राकृतिक विज्ञानों का सूत्रपात हुआ। इसीलिए विज्ञान का इतिहास वास्तव में मानव-विकास का ज्ञान है।

विज्ञान आधुनिक सभ्यता की मूल बुनियाद है। भौतिकवादी सभ्यता की भलाई-बुराई के बारे में अवश्य कुछ प्रश्न हैं। मानव समाज के लिए इसने जिन समस्याओं और जटिलताओं की सृष्टि की है, उनके कारण दुश्चिन्तता का अन्त भी नहीं है। अच्छी हो या बुरी, यह भौतिकवादी सभ्यता आज मानव-समाज के लिए परम सत्य है, इसका नियन्त्रणकर्ता विज्ञान है। विज्ञान के सहारे अमेरिका का एक साधारण नागरिक जिस प्रकार सुख-स्वच्छन्दता का जीवन व्यतीत करता है, उसकी कल्पना मिस्र का फराओ भी नहीं कर सकते थे।

किसी समय इस दुनिया के मुट्ठीभर बाशिन्दों को भोजन की तलाश में विश्वभर में जंगली जानवरों का पीछा करते हुए, अनेक दिन निराहार व्यतीत करने पड़े हैं। आज वही पृथ्वी अरबों मनुष्यों के शोरगुल और कार्यव्यस्तता से मुखरित है। विज्ञान की बदौलत मनुष्य जिस असीम शक्ति का अधिकारी हुआ है उसके दुरुपयोग से यदि किसी समस्या की उत्पत्ति हुई हो, तो उसकी रोकथाम का आयोजन करना ही हमारा कर्तव्य है।

बेब्सटर ने अपने *Dictionary* में Science का अर्थ सिद्धान्तों अथवा तथ्यों का ज्ञान बताया गया है। *Encyclopaedia Britanica* में सर विलियम सेसिल डेम्पियर ने नैसर्गिक घटनावली और उनके बीच के सम्बन्धों के सुसम्बद्ध ज्ञान को **विज्ञान** कहा है। आधुनिक विज्ञान की प्रधान विशेषता यह है कि यह परीक्षण और प्रेक्षण-सापेक्ष है। पन्द्रहवीं-सोलहवीं शताब्दी में इतालवी रिनेसां के अनुकूल वातावरण में धीरे-धीरे आधुनिक विज्ञान का जन्म हुआ।

भारत में विज्ञान से सम्बद्ध तथ्यों की उपस्थिति सिन्धुकाल से पाते हैं। वराहमिहिर, आर्यभट्ट, ब्रह्मगुप्त आदि विद्वानों ने पूर्वमध्यकालीन विज्ञान एवं तकनीक पर मूल्यवान प्रकाश डालते हैं। वैदिक, बुद्ध, मौर्य एवं कुषाण शासकों के काल में जिन क्षेत्रों में वैज्ञानिक उन्नति हुई उनमें पूर्वमध्यकाल के दौरान थोड़ा बदलाव पाया जाने लगता है। पूर्वमध्यकाल का विज्ञान एवं प्रौद्योगिकी प्रधान रूप से ज्योतिष, तन्त्र-मन्त्र आदि से प्रभावित रहे हैं। तत्कालीन समाज में व्याप्त आर्थिक संकट ने नवीन सामाजिक-व्यवस्था का परिपक्व माहौल तैयार किया। फलस्वरूप जिस मात्रा में प्राचीन अर्थव्यवस्था तत्कालीन विज्ञान एवं प्रौद्योगिकी का उपयोग किया उतना पूर्वमध्यकालीन विज्ञान और तकनीक का उपयोग तत्कालीन अर्थव्यवस्था नहीं कर सका। अवकाशभोगियों ने अपने लाभ एवं सुविधा की ओर ज्यादा ध्यान दिया; सामान्य जन ग्यारहवीं शताब्दी से पूर्व तक संकटजल में डूबता-उतराता रहा।

पूर्वमध्यकाल में गणित के क्षेत्र में काफी विकास हुआ। कई प्रकार के उच्च सिद्धान्तों का आविष्कार 600 ई. के आसपास हो चुका था। बीजगणित और अंकगणित—दोनों का विकास भारतीय परिवेश में हुआ।

10.2 विकास

सातवीं शताब्दी में ब्रह्मगुप्त ने *ब्रह्मस्फुट सिद्धान्त* की रचना की। इस ग्रन्थ का अरबी भाषा में *असिन्धहिन्द* नाम से अनुवाद हुआ। *खंड-खाद्यक* नामक उसके दूसरे ग्रन्थ का अरबी में *अल्अरकन्द* नाम से अनुवाद हुआ। गणित की दृष्टि से ये दोनों ग्रन्थ काफी महत्त्वपूर्ण हैं। आयुर्वेद से सम्बद्ध बाणभट्ट द्वारा रचित *अष्टांग संग्रह* और इसके बाद 800 ई. के आसपास रचित *अष्टांग-हृदय-संहिता* तथा इन्दुकर के पुत्र माधवकर द्वारा रचित *रुग्निनिश्चय* रोगों के निदान की जानकारी के लिए महत्त्वपूर्ण ग्रन्थ हैं। आठवीं सदी में लल्ल ने *आर्यभटीय* के आधार पर *शिष्यधीवृद्धिद तन्त्र* की रचना की जिसमें विशेष रूप से ज्योतिष पर प्रकाश डाला गया है। इस विद्वान ने *रत्नकोश* नामक मुहूर्तग्रन्थ की भी रचना की। वृन्द के *सिद्धियोग* में ज्वर आदि के समय विषों के परिणाम आदि पर अच्छा विचार किया गया है।

नौवीं सदी में आर्यभट्ट द्वितीय ने *महासिद्धान्त* की रचना की जो ज्योतिष और गणित दोनों के लिए विख्यात है। उसने संख्याओं को लिखने की विशेष पद्धति अपनाई जो *कटपयादि पद्धति* कहलाती है। इस ग्रन्थ में 18 अधिकार और करीब 625 आर्याछन्द हैं। गोलाध्याय नामक चौदहवें अध्याय में पाटीगणित के प्रश्न और पन्द्रहवें अध्याय में 120 आर्या हैं जिनमें पाटीगणित, क्षेत्रफल, घनफल आदि विषय हैं। 1060 ई. में बंगाल के चक्रपाणि दत्त ने सुश्रुत और चरक की टीका लिखने के अतिरिक्त सिद्धियोग के आधार पर *चिकित्सासार-संग्रह* नामक ग्रन्थ लिखा। 1150 ई. के आसपास 36 वर्ष की आयु में भास्कराचार्य द्वितीय ने *सिद्धान्तशिरोमणि* की रचना की। इस ग्रन्थ में 2 भाग हैं—गणिताध्याय और गोलाध्याय। इस वैज्ञानिक ने *लीलावती, बीजगणित* और *करणकुतूहल* की भी रचना की। *लीलावती* में पाटीगणित, क्षेत्रमिति आदि के प्रश्न रोचक ढंग से बताए गए हैं। गणितपाश (Permutations) पर भी इसमें एक अध्याय है। *करणकुतूहल* में ग्रहों की गणना की सरल विधियाँ बताई गई हैं।

लगभग 1200 ई. में शारंगधर ने *शारंगधर संहिता* लिखी जिसमें अफीम और पारे आदि औषधियों का वर्णन तथा नाड़ी-विज्ञान के नियम दिए गए हैं। पाल शासकों के काल में *गजचिकित्सा, गजायुर्वेद, गजदर्पण, गजपरीक्षा, गजलक्षण, गोवैद्यशास्त्र, अश्वचिकित्सा (जयदत्त), शालिहोत्रशास्त्र* (नकुल), *अश्वतन्त्र, अश्वायुर्वेद, अश्वलक्षण* आदि ग्रन्थ रचे गए। तेरहवीं शताब्दी में इनमें से कई ग्रन्थ फारसी में अनूदित किए गए।

भिक्षु गोविन्दपाद ने ग्यारहवीं शताब्दी में *रसहृदय* की रचना किरातदेश (भूटान के निकट स्थित) के राजा मदनरथ के आग्रह पर की। इस ग्रन्थ में बताया गया है कि सूत (पारा) कांजिक क्वाथ (Sour gruel) से प्रतिकृत करके पातन यन्त्र में उड़ाए जाने पर यह नाग एवं वंग दोनों से मुक्त हो सकता था। इसमें लवण के 6 प्रकार—शोरा, सैंधवक (rock salt), चूलिक (Salammoniac), सामुद्र (Sea salt), रोमक और कालानमक तथा क्षार के तीन प्रकार—सर्जिकक्षार, यवक्षार और टंकण बताए गए हैं।[1] भैरवपुर का सामन्त सोमदेव करवाल ने बारहवीं शताब्दी में *रसेन्द्रचूड़ामणि* नामक ग्रन्थ की रचना की जिसमें बताया गया है कि नन्दि नामक व्यक्ति ने उर्ध्व पातनयन्त्र एवं कोष्ठिकायन्त्र का आविष्कार किया। सोमदेव ने बताया कि 30 पल सीसा (नाग) को भानुदुग्ध (Calotropis gig) से रगड़कर इतना गर्म किया जाता कि कम होते-होते एक कर्ष रह जाता, तब इसे हजार बार आँच देने पर भी इसमें कमी नहीं आती थी। इसका अवशेष **चपल** कहा जाता था। जब पारे का स्वरूप (Physical properties) नष्ट हो जाता और इसमें बहने का गुण नहीं रह जाता तो इसे **नष्ट-पिष्ट** कहते थे। तेरहवीं सदी में यशोधर ने *रस प्रकाश सुधाकर* नामक तन्त्र ग्रन्थ की रचना की। इसमें वात, कफ, पित्त तीनों का नाश करनेवाला कर्पूररस बनाने की विधि का वर्णन है।

अमीर खुसरो पहला लेखक है जिसने 1255 में दिल्ली में कागज बनाने की चर्चा की है। सितार का इजाद (आविष्कार) उसने ही की।[2] मुहम्मद बिन तुगलक को तिब (चिकित्सा) में गहरा अनुभव था। कई रोगों का इलाज वह अच्छे ढंग से कर सकता था।[3] फैजी ने फारसी में *लीलावती* का अनुवाद 1587 में किया (अंग्रेजी में टेलर ने 1816 में *लीलावती* का, स्ट्रेची ने 1813 में *बीजगणित* का और 1817 में कोलब्रुक ने *लीलावती* और *बीजगणित* दोनों के अनुवाद किए)। तेरहवीं सदी में आन्ध्र प्रदेश और कर्नाटक में नारियल का तेल कोल्हू के माध्यम से निकाला जाने लगा। बारहवीं सदी में कर्नाटक में मशीन से गन्ने का रस निकालने की विधि वहाँ के लोग जानते थे। कर्नाटक में सोना निकालने का तकनीक और पारा से सोना को शुद्ध करने का तकनीक विकसित हो चुका था।

जैनुलआबिदीन के शासनकाल (1420-70) में कश्मीरियों को पहले बारूद का ज्ञान नहीं था, किन्तु हबीब नामक तोप ढालनेवाला कश्मीर में सर्वप्रथम बन्दूकें बनाईं; अपनी कला में वह अद्वितीय था। सुल्तान ने उसके सहयोग से बारूद पर प्रश्नोत्तर में एक पुस्तक लिखी।[4]

---

1. *रसहृदय,* पटल 2 एवं 9
2. *आदि तुर्ककालीन भारत* (1206-1290) अनु. सैयद अतहर अब्बास रिजवी, अलीगढ़, 1956, पृ. 283.
3. *तुगलककालीन भारत,* जिल्द 1, अनु. सैयद अतहर अब्बास रिजवी, अलीगढ़, 1956, पृ. 34.
4. *तबकाते अकबरी,* खंड 3 (अनुवाद) 657; हबीब एवं निजामी, दिल्ली *सल्तनत,* जिल्द 2, दिल्ली, 1978, पृ. 37.

कागज बनाना तथा पुस्तकों की जिल्द बाँधना लोग नहीं जानते थे, अतः सुल्तान ने दो व्यक्ति समरकन्द भेजे ताकि वे ये कला सीखें और उनके लौटने पर इस कला को विकसित किया गया। प्रत्येक विदेशी, जो ऐसी कला जानता था जो कश्मीर में नहीं थी, उसे यह देश छोड़ने से पूर्व अपनी कला एक-दो व्यक्तियों को सिखानी पड़ती थी जो निश्चय ही विज्ञान और तकनीक से सम्बद्ध होते थे। शाल बनाने की तकनीक कश्मीरी लोगों ने तिब्बतवालों से सीखा था।[1] मिर्जा हैदर दोगलत न केवल कवि और साहित्यकार था, बल्कि मुहर खोदना, सुनारी तथा जौहरी के काम, जीनसाजी, जिरहबख्तर निर्माण, वाण बनाना, भाले के फल तथा चाकू इत्यादि कलाओं का उत्तम शिल्पकार था। जैनुलआबिदीन के काल में कश्मीर में पत्थर घिसने, पत्थर तराशने, बोतलें बनाने, खिड़कियाँ काटने (ताबान तराशी) और सोने के पत्र बनाने का तकनीक विकसित था।[2]

अगर संगीत से भी वैज्ञानिक ध्वनि निकलने की बात स्वीकारी जाए तो गुजरात का शासक मुजफ्फरशाह द्वितीय (1511-1526) एक कुशल संगीतकार एवं गायक था। संगीतशास्त्र का वह ज्ञाता था। उसके दरबार में मुख्य नर्तकी बाई झाऊ विद्या की देवी सरस्वती का अभिनय संगीत, नृत्य तथा नाटक के माध्यम से प्रस्तुत करने में विख्यात थी। इस नाटक को प्रस्तुत करने के लिए सरस्वती का वाहन हंस को तैयार करने में छह मास लगे जो सम्पूर्ण सोने का बना था तथा उसमें बहुमूल्य रत्न जड़े थे।[3] मालवा का शासक महमूद खिलजी प्रथम (1404-1466) ने प्रजा के स्वास्थ्य के लिए मांडू में एक विशाल औषधालय स्थापित किया था जहाँ औषधियों का भंडार हमेशा रहता था। रोगियों को वहाँ उपचार के लिए ठहरने की व्यवस्था थी। पागलों के निवास की पृथक् व्यवस्था थी। इसका खर्च सरकार देती थी। शिक्षा में प्रगति के लिए उसने छात्रावास और शिक्षक-आवास के साथ एक महाविद्यालय की स्थापना की[4] पहले प्राप्ति सौर पंचांग और भुगतान चन्द्र पंचांग के अनुसार की जाती थी, किन्तु महमूद ने प्राप्ति और भुगतान दोनों के लिए चन्द्रपंचांग अपनाया।[5]

तराईन के मैदान में हुई लड़ाई के दौरान गोरी की सेना का सबसे महत्त्वपूर्ण उपकरण **करवा** नामक अस्त्र था। यह एक गिलाफ था जो बैलों के कच्चे चमड़े का बना होता था और उसमें दोनों ओर रुई या ऊन भरी होती थी। यह रक्षात्मक बचाव पैदल सेना की दीवार की भाँति करता था और कोई हथियार उसे काट नहीं सकता था।[6]

खगोलशास्त्रियों की सहायता से फिरोजशाह तुगलक ने तास घड़ियाल का आविष्कार किया। उसने तले में छिदा हुआ धातु का एक प्याला बनाया जिसे पानी के टब में रखे जाने पर भरने के बाद एक घड़ी अर्थात् 24 मिनट व्यतीत होते थे। जब ऐसा होता तो घंटा बजाकर

---

1. हबीब एवं निजामी, पृ. 37
2. वही, पृ. 37.
3. वही, पृ. 138.
4. यू. एन. डे. *मेडियवल मालवा,* दिल्ली, 1965, पृ. 204-5.
5. वही, पृ. 208-11.
6. *तबकाते नासिरी* (मिनहाजुस्सिराज), 56; मिनहाज (1259-60) का गोरिओं से घनिष्ठ सम्बन्ध थे। वह नासिरिया महाविद्यालय का प्रधान अध्यापक रह चुका था। हबीब एवं निजामी, *दिल्ली सल्तनत,* जिल्द 1, पृ. 165.

जनता को सूचित किया जाता। प्रत्येक 4 घंटे व्यतीत होने के बाद एक गजर या घंटा दुगुना बजाया जाता था। धातु के प्याले की भूल धूप घड़ी से ठीक की जाती थी। प्याला और टब, घंटा और धूप घड़ी फिरोजाबाद के महल के शिखर पर रखा गया था। समय जानने का यह ढंग बड़ा लोकप्रिय हो गया था।[1] फिरोज ने ही अशोक की दो लाटें (स्तम्भ) खोजी। बड़ा स्तम्भ दिल्ली से लगभग 90 करोह दूर पहाड़ियों की तलहटी में सालूरा और खिज्राबाद जिले के अन्तर्गत नावरिया ग्राम में है और छोटा स्तम्भ मेरठ नगर के निकट है। उसे ज्ञात नहीं था कि वे क्या थे, किन्तु उन्हें दिल्ली लाने का निश्चय किया। हजारों मजदूर, कारीगर और बड़े-बड़े अभियन्ता तक इस कार्य में लगाए गए। स्तम्भ (लाट) को टूटने से बचाने के लिए मजबूत खालें और सरकंडे स्तम्भ के चारों ओर लपेटे गए थे। नींव खोदने पर उन्होंने देखा कि स्तम्भ चौकोर पत्थर के छेद में दृढ़ता से लगाई गई थी। यह पत्थर भी खोदा गया और स्तम्भ के साथ लाया गया। स्तम्भ के निकट पेड़ के तने काटकर एकत्रित किए गए और ढेरों ऊन और कपास से ढका गया। स्तम्भ सावधानी से उन तनों के ढेर पर झुकाई गई और फिर तने एक-एक कर हटा दिए गए। स्तम्भ 42 पहियोंवाली गाड़ी पर रखी गई। 2 सौ व्यक्ति रस्सियों से प्रत्येक पहिया खींचते हुए यमुना के तट पर लाए। यमुना यातायात का एक प्रमुख साधन थी। उसके किनारे 2 हजार से 5 हजार मन अनाज ले जानेवाली नावें उपलब्ध थीं। बड़ी नावें एक साथ बाँध दी गईं और स्तम्भ फिरोजाबाद लाई गईं। यहाँ स्तम्भ के लिए एक नया ढाँचा बनाया गया था। स्तम्भ को सीधा खड़ा करने के लिए लकड़ी की चर्खियों का प्रयोग किया गया। जैसे-जैसे लाट ऊपर उठाई जाती थी भवन का निर्माण होता जाता था। अन्त में लाट भवन के शिखर पर रख दी गई। वह 32 गज लम्बी थी जिसमें 8 गज भवन के अन्दर और 24 गज उसके ऊपर थे। दूसरा स्तंभ पहाड़ी के ऊपर कूश्के शिकार में स्थापित की गई। जिन 5 खंडों में यह टूट गया था उन्हें अब एक साथ रख दिया गया है जो 32¾ फुट लम्बा है।[2]

जयपुर के महाराज सवाई जयसिंह द्वितीय (जन्म 1686)[3] ज्योतिष के विद्वान थे। उन्होंने टॉलमी के *अलमेजिस्ट,* मिर्जा उलूगबेग की *सारिणियों* और यूक्लिड के *रेखागणित* का अध्ययन किया था। ग्रहों का सूक्ष्म-से-सूक्ष्म गति का निर्णय करने के लिए उन्होंने बड़े-बड़े यन्त्रों का निर्माण कराया था, जो इनकी बनाई वेधशालाओं में जयपुर, दिल्ली, उज्जैन और काशी में अब तक विद्यमान है। टॉलमी द्वारा लिखित *अलमेजिस्ट* का उन्होंने संस्कृत में अनुवाद कराया और इस ग्रन्थ का नाम *सम्राट-सिद्धान्त* रखा। जयसिंह ने *जिजमुहम्मदशाही* नामक ज्योतिष सारिणी बादशाह मुहम्मदशाह के नाम पर बनवाई जिसमें अपने यन्त्रों के वेधों के अनुसार ध्रुवांक रखे थे। इसमें 48 नक्षत्रों की सूची है जो उलूगबेग की सूची में संशोधन करके बनाई गई है।

जयसिंह के वेधशालाओं में कुछ यन्त्र प्रचलित मुसलमानी यन्त्रों की नकल थे, परन्तु 3 यन्त्र नवीन थे—सम्राटयन्त्र, जयप्रकाश और रामयन्त्र। सम्राटयन्त्र के बीच में 2 समानान्तर

1. हबीब एवं निजामी, जिल्द 1. पृ. 500
2. *तारीखे फिरोजशाही* (शम्स सिराज अफीफ), 305-21 एवं 329-31; हबीब एवं निजामी, जिल्द 1, पृ. 502-3.
3. इसी वर्ष न्यूटन का *प्रिंसिपिया* प्रकाशित हुआ।

भीतियाँ बनी हुई हैं। जिनका ऊपरी छोर ठीक ध्रुव की ओर रहता है। अगल-बगल अर्धबेलनाकार सतहें बनी हैं, जिन पर धूप में भीत के छोर की परछाई पड़ती है। बेलनाकार सतहों पर चिह्न बने होते हैं, जिनसे दिन में तुरन्त ठीक समय का ज्ञान हो जाता है। दीवार की कोर भी अंकित है; बेलनाकार सतह के छोर पर आँख लगाकर और यह देखकर कि दीवार की ओर के किस बिन्दु की सीध में कोई तारा दिखाई देता है, तारे या ग्रह आदि की स्थिति भी जानी जा सकती है।

पूर्वमध्यकाल और उसके बाद विज्ञान और वैज्ञानिकों को राजकीय संरक्षण भी मिलने लगे। विज्ञान को विकसित करने में कई शासकों द्वारा प्रत्यक्ष रूप से रुचि ली गई। विज्ञान से सम्बद्ध संस्कृत ग्रन्थों का अन्य भाषाओं में अनुवाद करने से भारतीय विज्ञान का ज्यादा प्रसार सम्भव हो सका। किसी भी धर्म-विशेष-परिधि से बाहर रहकर सभी प्रकार के जागरूक लोगों के सहयोग से भारतीय विज्ञान और तकनीक विकसित हुआ। समाजार्थिक विकास का प्रधान आधार विज्ञान और तकनीक ही इस समय बना रहा।

10.3 वास्तु विज्ञान

वास्तु शब्द की उत्पत्ति वस्तु से हुई है। कोई भी निर्माण द्रव्य-काष्ठ, इष्टिका, पाषाण, धातु इत्यादि जब एक अभिनव निर्मित में परिणत होते हैं तो वास्तु की संज्ञा से व्यवहरित होते हैं। भवन से सम्बद्ध विज्ञान को वास्तु विज्ञान कहते हैं।

भवन-निर्माण से पूर्व वहाँ की भूमि की जाँच की जाती थी। भूमि के मध्य भाग में एक हाथ के प्रमाण में गड्ढा खोदा जाता और मिट्टी निकालकर उसी मिट्टी से गड्ढे को फिर भरा जाता, यदि वह मिट्टी गड्ढे के भरने से अधिक रह जाती तो भूमि को उत्तम और भवन बनाने के योग्य समझा जाता था। इस प्रक्रिया से भूमि की ठोसता की जानकारी होती थी। अगर गड्ढे से निकली मिट्टी पुनः गड्ढे को भरने के लिए डाली जाती और गड्ढा खाली ही रहता तो वहाँ भवन नहीं बनाए जाते थे। गड्ढा खोदने पर यदि मिट्टी के अन्दर मणि, शंख, प्रवाल आदि मिलते तो ठीक, किन्तु थोड़ा भी भूसी, बाल, कंकड़, अंगार, भस्म और हड्डियाँ मिलतीं तो वह भूमि मकान बनाने योग्य नहीं समझी जाती। मिट्टी की परीक्षा के सिलसिले में खुदे हुए गड्ढे को पानी से भरकर सौ पग चला जाता और लौटकर आने पर यदि उसमें उतना ही पानी रहता तो वह भवन निर्माण के योग्य समझा जाता था। अगर पानी कम हो जाता तो वह उतना अच्छा नहीं माना जाता था।

भूमि नापने के लिए ग्यारहवीं सदी के ग्रन्थों में 24 अंगुल का एक हस्त (हाथ) और 8 पर्वों (इंच) का एक हाथ बताया गया। हस्त नामक माप-औजार खदिर, अंजन और वंश आदि की लकड़ी जो सुन्दर, चिकनी और पक्की होती, बनाए जाते थे। छह कोस्टवाला, तीन कोनेवाला और 12 कोनेवाला भवन नहीं बनाए जाते थे। भवन-निर्माण के समय सबसे पहले भूमि पर योजनाबद्ध तरीके से 8 कील (खूँटा) 8 दिशाओं में गाड़े जाते। खूँटा सब प्रकार की लकड़ी से नहीं, बल्कि खादिर, अश्वत्थ, शाल, शाक, कदर, अशोक, चन्दन आदि विशेष प्रकार की लकड़ी से बनाए जाते थे। ग्यारहवीं शताब्दी के सामन्तवादी माहौल से सम्बद्ध ग्रन्थ *(समरांगणसूत्रधार)* प्रभावित है और इसीलिए ग्यारहवीं सदी में इसका लेखक राजा भोजदेव

लिखता है कि सामन्तों के लिए शाक एवं खदिर की लकड़ी से बना खूँटी हानिकारक किन्तु शाल और शिरीष वैश्यों के लिए शुभ एवं शूद्र जाति के लिए तिनिश और अर्जुन वृक्षों के कील शुभ थे। लोहा के हथौड़ा से यदि कील के मारने पर वह भूमि में धीरे से प्रवेश करता तो अच्छा, ठोकने पर पृथ्वी में प्रविष्ट नहीं करता तो खराब और आसानी से भूमि में प्रविष्ट हो जाता तो भी भवन निर्माण के अयोग्य माना जाता था।

श्मशान, ग्राम के मार्ग, तालाब के निकट उत्पन्न होनेवाले पेड़ों; कटु, अम्ल, तिक्त तथा लवण भूमियों में उगे हुए तथा गड्ढों से ढके हुए भूमि में उगे पेड़ों का प्रयोग मकान में नहीं किया जाता था। शीशम (सारद्रुम) की अवस्था 3 सौ वर्ष मानी गई है। 16 वर्ष से ऊपर डेढ़ सौ वर्ष तक के पुराने वृक्ष का मकान में प्रयोग करना ठीक माना जाता था। विद्युतपात, आँधी और नदियों से क्षत, गाँठोंवाले, रस बहानेवाले तथा भ्रमर और सर्पों से आश्रित, एक-दूसरे से सटे, एक ओर भ्रष्ट, मीठी वलियों या चींटी से आच्छादित, मांसाहारी पक्षियों से दूषित, मकड़ी के जालों से ढके हुए, जंगली जानवरों द्वारा तोड़े गए, हाथियों से क्षत, जड़ से बहुत बड़े तनावाले, अकाल में पुष्प तथा फल देनेवाले, रोगों से पीड़ित, उल्लुओं के वासवाले पेड़ों को भवन बनाने में प्रयोग नहीं किया जाता था। खदिर (खैर), बीजक, शीशम, महुआ, शाक, शिंशपा, सर्ज, अर्जुन, अंजन, अशोक, कदर, रोहिणी, विकंगत, देवदार, श्रीपर्णी—ये वृक्ष गृह-कर्म के लिए अच्छे थे। कड़ेल, धव, प्लक्ष, कपित्थ, विषमच्छद, शिरीष, गूलर, अश्वत्थ, शेलू, बरगद, चम्पक, नीम, कोविदार, अक्ष—इन वृक्षों को अशुभ माना गया।

चुनाई करने के लिए सबसे पहले क्षेत्रमान से दुगुने प्रमाण से डोरी बनाकर दोनों अन्त के भागों पर दो खूँटियाँ गाड़ दी जातीं और उनमें सूत्र बाँध दिए जाते थे; इसके बाद चुनाई कार्य प्रारम्भ किया जाता था। चुनाई में गारा बहुत नहीं देना अच्छा नहीं माना जाता था। चुनाई करते समय डोरी का स्पर्श नहीं किया जाता था। एक ही तरफ पूरी चुनाई नहीं की जाती, बल्कि सब ओर थोड़ी-थोड़ी करके उठाई जाती थी।

10.4 वाग्भट्ट

वाग्भट्ट सम्भवतः सिन्ध का निवासी था। सातवीं सदी में उसने *अष्टांग हृदय संहिता* की रचना की जिसमें 8 खंड, 120 अध्याय और कुल श्लोकों की संख्या 7 हजार 444 है। तत्कालीन समाज में व्याप्त रूढ़िवादिता के कारण नवीन ग्रन्थ रचना को प्रोत्साहन प्रदान नहीं किया जाता था। फलतः वाग्भट्ट ने लिखा कि अगर पुराने ऋषिप्रणीत ग्रन्थों में ही राग था तो चरक और सुश्रुत को भी छोड़ दो और केवल वेद आदि ग्रन्थों को पढ़ो! वस्तुतः जहाँ कहीं भी ठीक कहा गया हो, उसे ग्रहण करना चाहिए। उसने पुनः लिखा—चाहे ब्रह्मा ने कहा हो या ब्रह्मा के बनाए गए किसी मनुष्य ने, इससे अन्तर क्या पड़ेगा! परिणाम तो एक ही होगा।

10.5 ब्रह्मगुप्त

ज्योतिष का प्रधान विद्वान ब्रह्मगुप्त का जन्म लगभग 598 ई. में हुआ था। उसने करीब 628 ई. में *ब्रह्मस्फुट सिद्धान्त* की रचना की। इसमें वर्गमूल के लिए कृतिपद शब्द का

प्रयोग करनेवाला वह प्रथम विद्वान था। उसने *खंडखाद्यक* नामक ग्रन्थ की भी रचना की। *ब्रह्मस्फुट सिद्धान्त* में उसने बताया कि कई भिन्नों को एक कर लेने का नाम **कलासवर्णन** या **सवर्णन** या **समच्छेद विधि** है। भिन्नों को जोड़ और बाकी में इस परिकर्म का व्यवहार होता था। उसने समीकरण के लिए **समकरण** और **समीकरण**—दोनों शब्दों का प्रयोग *ब्रह्मस्फुट सिद्धान्त* में किया। *ब्रह्मस्फुट सिद्धान्त* में उसने लिखा, "आर्यभट्ट, श्रीषेण, विष्णुचन्द्र आदि की गणना से ग्रहों का स्पष्ट स्थान शुद्ध-शुद्ध नहीं आता, इसीलिए वे मान्य नहीं और ब्रह्मस्फुट सिद्धान्त मान्य है।" *खंडखाद्यक* में नक्षत्रादि की गणना के महत्त्वपूर्ण नियम दिए हुए हैं।

10.6 यशोधर

पद्मनाभ का पुत्र यशोधर ने तेरहवीं सदी में *रस प्रकाश सुधाकर* नामक ग्रन्थ की रचना की। इसके अनुसार, शुद्ध सूत (पारा), फिटकिरी, स्फटिक, लवणकाम्ल जल—इन सबको मिलाकर डमरूयन्त्र में आग पर गर्म करने से वात, कफ, पित्त—इन तीनों का नाश करनेवाला, सर्वरोगहर **कर्पूररस** तैयार होता था।

10.7 सोमदेव

सोमदेव ने बारहवीं-तेरहवीं शताब्दी में *रसेन्द्रचूड़ामणि* की रचना की। वह सम्भवतः भैरवपुर का अधिपति था। इस ग्रन्थ में वर्णित है कि नन्दि नामक व्यक्ति ने **ऊर्ध्वापातन यन्त्र** और **कोष्टिका यन्त्र** का आविष्कार किया। सोमदेव ने बताया कि 30 पल सीसा (नाग) को भाग्नुदुग्ध (Calotropis gig) से रगड़कर इतना गर्म किया जाता कि सीसा कम होते-होते एक कर्ष रह जाए। इसके बाद इसे कितना भी गर्म किया जाए, इसके वजन में कमी नहीं आ सकती थी।

यही क्रिया सीसा के साथ करने पर जो चपल बनता वह चाँदी जैसा मालूम पड़ता था।

10.8 गोविन्दपाद

भिक्षु गोविन्द या भगवद् गोविन्दपाद ग्यारहवीं शताब्दी में *रसहृदय* नामक ग्रन्थ की रचना किरात देश (भूटान के नजदीक) के राजा मदनरथ के आग्रह पर की। उसके दादा का नाम मंगलविष्णु और पिता का नाम सुमनोविष्णु था। *रसहृदय* में उसने पारे को सीसा (नाग) और वंग (टिन) से पृथक् करने के सम्बन्ध में लिखा कि सूत (पारा) कांजिक **क्वाथ** (Sour grnel) से प्रतिकृत करके **पातन यन्त्र** में उड़ाए जाने पर वह सीसा और वंग दोनों से मुक्त हो जाता था।

पातन यन्त्र में एक भांड पर दूसरा भांड औंधा करके रखा जाता ताकि एक का गला दूसरे के गले में आ जाए। दोनों के मुखों के जोड़ पर चूना, फाणित (राब) और मंडूर (लोहे का जंग) भैंस के दूध में सानकर लगा दिया जाता था।

विड बनाने में शोरा, कटुकत्रय (सोंठ, मिर्च और पीपल), फिटकरी, कसीस और गन्धक लेना पड़ता और शिग्रुरस की भावना देनी होती थी। गाय का मूत्र और बकरे की चर्बी के साथ यही योग करने पर सोने का भी शीघ्र जारण किया जा सकता था। वैक्रान्त, कान्त, सस्यक (तूतिया), मासिक (pyrites) विमल, अद्रि, दरद और रसक को **महारस,** गन्धक, गैरिक (गेरू), शिला, क्षिति, खेचर (अभ्रक), अंजन और कंकुष्ट को **उपरस** और ताम्र, तीक्ष्ण और कान्त को **वज्रलोह** एवं नाग और वंग को **पूतिलोह** कहा गया है।

10.9 भास्कराचार्य द्वितीय

लगभग 1114 ई. में जन्मे वैज्ञानिक भास्कराचार्य द्वितीय ने जो प्रसिद्ध ज्योतिषी महेश्वर का पुत्र था, 36 वर्ष की आयु में *सिद्धान्तशिरोमणि* नामक ग्रन्थ की रचना की जो दो भागों में है—गणिताध्याय और गोलाध्याय। इसी विद्वान ने *लीलावती बीजगणित* और *करणकुतूहल* नामक ग्रन्थों की रचना की। अपने ग्रन्थ *सिद्धान्तशिरोमणि* पर इसने स्वयं *वासनाभाष्य* नामक टीका लिखी। *लीलावती* में पाटीगणित, क्षेत्रमिति आदि के प्रश्न रोचक ढंग से बताए गए हैं। गणितपाश (permutations) पर भी इसमें एक अध्याय है। *लीलावती* पर अनेक टीकाएँ विद्यमान हैं। भास्कर के बीजगणित पर 'बीजनवांकुर' नाम से 'कृष्ण दैवज्ञ' (1602 ई.) की एक पुरानी टीका भी है। इस पर और टीकाएँ भी उपलब्ध हैं। *सिद्धान्तशिरोमणि* पर तो अनेक टीकाएँ हैं; जैसे गणेश दैवज्ञ की *ग्रहलाघवाकार,* नृसिंह की *वासनाकल्पलता* और *वासनावार्त्तिक* (1621 ई.) और मुनीश्वर या विश्वरूप की *मरीचि* (1557 शक या 1635 ई.)। *करणकुतूहल* में ग्रहों की गणना की सरल विधियाँ बताई गई हैं।

भास्कराचार्य के ग्रन्थों के अनुवाद अन्य भाषाओं में भी हुए। फैजी ने फारसी में *लीलावती* का अनुवाद 1587 ई. में किया और अताउल्लाह रसीदी ने 1634 ई. में *बीजगणित* का अनुवाद किया। अंग्रेजी में टेलर ने 1816 ई. में *लीलावती* का और 'स्ट्रेची' ने 1813 ई. में *बीजगणित* का और 'कोलब्रुक' ने 1817 में *लीलावती* और *बीजगणित* दोनों के अनुवाद किए।

सिद्धान्तशिरोमणि में भास्कराचार्य ने पृथ्वी के गोल होने और उसमें आकर्षक शक्ति होने के सिद्धान्तों का प्रतिपादन करते हुए लिखा, "गोले की परिधि का सौवाँ भाग एक सीधी रेखा प्रतीत होता है। हमारी पृथ्वी भी एक बड़ा गोला है। मनुष्य को उसकी परिधि का एक बहुत ही छोटा भाग दीखता है, इसीलिए वह चपटी दीखती है।"

"पृथ्वी अपनी आकर्षण शक्ति के जोर से सब चीजों को अपनी ओर खींचती है। इसीलिए सभी पदार्थ उस पर गिरते हुए नजर आते हैं।"

न्यूटन से कई शताब्दियों पहले ही भास्कराचार्य ने आकर्षण का यह सिद्धान्त (Theory of gravitation) इतनी उत्तमता से लिख दिया है कि उसे देखकर आश्चर्य होता है। इसी तरह उसने ज्योतिष के अन्य सिद्धान्तों का भी बहुत अच्छी तरह वर्णन किया है।

10.10 लल्ल

आठवीं सदी में लल्ल ने आर्यभट्टीय के आधार पर *शिष्यधीवृद्धिदतन्त्र* की रचना की। मात्र ज्योतिष से सम्बद्ध इस ग्रन्थ में श्लोकों की संख्या हजार हैं। *रत्नकोश* नामक मुहूर्तग्रन्थ का

भी वह रचनाकार था। लल्ल ने अपने *लल्ल सिद्धान्त* में आर्यभट्ट के भूभ्रमण के सिद्धान्त का विरोध करते हुए लिखा कि यदि पृथ्वी घूमती होती तो वृक्ष पर से उड़ा हुआ पक्षी अपने घोंसले पर फिर नहीं जा सकता। लल्ल को मालूम नहीं था कि पृथ्वी अपने को घेरे हुए वातावरण सहित घूमती है।

10.11 आर्यभट्ट द्वितीय

आर्यभट्ट द्वितीय को 950 ई. के आसपास का बताया जाता है। उसकी रचना *महासिद्धान्त* ज्योतिष और गणित दोनों के लिए विख्यात है। अयन चलन पर प्रकाश डालते हुए इस वैज्ञानिक ने अयनबिन्दु की वार्षिक गति 173 विकला बताई जो बहुत अशुद्ध है, किन्तु प्रयास प्रशंसनीय था। अयन की वार्षिक गति 0 से 173 विकला तक कोई भी हो सकती थी। आर्यभट्ट के समय अयन गति के सम्बन्ध में कोई सिद्धान्त निश्चित नहीं हो पाए थे। 932 ई. के आसपास मुंजाल ने अपनी रचना *लघुमानस* में अयन चलन के सम्बन्ध में बताया कि एक कल्प में अयनभगण 199669 होता था, [आर्यभट्ट (प्रथम) ने 578159 माना था] जो वर्ष में 59.9 विकला होता था।

आर्यभट्ट द्वितीय ने संख्याओं को लिखने की एक विशेष पद्धति बताई जिसे **कटपयादि** पद्धति कहते हैं। इस पद्धति में मात्राओं के लगाने से संख्या में कोई भेद नहीं माना जाता। किस संख्या के लिए कौन-कौन अक्षर प्रयुक्त होते—यहाँ दिया जाता है—

1	2	3	4	5	6	7	8	9	10
क	ख	ग	घ	ङ	च	छ	ज	झ	ञ
ट	ठ	ड	ढ	ण	त	थ	द	ध	न
प	फ	ब	भ	म					
य	र	ल	व	श	ष	स	ह		

उदाहरण के लिए—1 कल्प में चन्द्रमा के भगण = म थ थ म गग्ल भ न नु ना
= 5 7 7 5 333 4 0 0 0

आर्यभट्ट द्वितीय के *महासिद्धान्त* में 18 अधिकार हैं और लगभग 625 आर्याछन्द हैं। गोलाध्याय नामक चौदहवें अध्याय में पाटीगणित के प्रश्न हैं, पन्द्रहवें अध्याय में 120 आर्या हैं जिनमें पाटीगणित, क्षेत्रफल, घनफल आदि विषय हैं।

शुभ-अशुभ—सातवीं शताब्दी में उत्तर-पूर्वी बिहार और बंगाल में घर की लम्बाई-चौड़ाई समान रखना खराब माना जाता था। तुलसी का पेड़ लगाना कल्याणकारी माना जाता था। घर के पूर्व और दक्षिण में मालती, जूही, कुन्द, माधवी, केतकी, नागेश्वर, बेला, कंचन, मौलसिरी और अपराजिता के पुष्पों का उद्यान होते थे। भवन निर्माण में सेमर, इमली, हिंताल (जंगल खजूर) नीम, सिन्धुवार (म्यौड़ी), गूलर, धतूर, बरगद और रेड़ के वृक्षों का प्रयोग नहीं होता था।

भवन-निर्माण के सिलसिले में जिन-जिन तथ्यों को ध्यान में रखने की बात की गई है, उनका सम्बन्ध उत्तर-पूर्वी भारत से है। उदाहरण के लिए, 16 हाथ से ऊँचा घर बनाने को

अशुभ बताया गया है। मुलायम जलयुक्त मिट्टी पर ज्यादा ऊँचा घर बनाने से उसके गिरने की सम्भावना ज्यादा रहती थी। समुद्र के किनारे भवन निर्माण करते समय वृक्षारोपण एक महत्त्वपूर्ण कार्य माना जाता था। आश्रम में नारियल वृक्ष लगाने से गृही को धन प्राप्त होता था। नारियल बिकता था और उससे धन की प्राप्ति होती थी। घर के ईशान कोण (उत्तर-पूर्व) में और पूर्व दिशा में लगाया हुआ वृक्ष धन और स्वास्थ्य के लिए अच्छा माना जाता था। घर के पूर्व दिशा में आम का वृक्ष आर्थिक रूप से उपयोगी होता था। बेल, कटहल, जंबीरी नींबू और बेर के वृक्ष लगाए जाते थे। इन वृक्षों को घर के पूर्व दिशा में लगाने से इन्हें सूर्य की पहली किरणें मिलती थीं जिसके फलस्वरूप ये पेड़ काफी फल देते थे और स्वामी को आर्थिक लाभ होता था। ये पेड़ दक्षिण दिशा में लगाने से भी आर्थिक लाभ और गृहस्थ की उन्नति होती थी। जामुन, केला और आँवला के वृक्ष पूर्व में बन्धुप्रद तथा दक्षिण में मित्र की वृद्धि करनेवाले एवं शुभ-प्रद, पश्चिम में हर्षदायक और ईशान कोण में सुखद होता था। भूतल पर चम्पा का वृक्ष शुद्ध तथा सर्वत्र मंगलकारक होता था। लौकी, कोंहड़ा, आयाम्बु, पलाश, खजूर और कर्कटी के वृक्ष शिविर में मंगलप्रद होते थे। वास्तूक (बथुआ), बेल और बैगन के पौधे शुभप्रद माने जाते थे। फलवती लताएँ सर्वत्र शुभदायिनी थी। गाँवों, नगरों एवं आश्रमों में गन्ने का वृक्ष, अशोक, कदम्ब, शुभदायक होते थे। गाँवों तथा नगरों में हल्दी, अदरक, हरीतकी और आमलक के वृक्ष शुभदायिनी और कल्याणकारी माने जाते थे।

जंगली वृक्ष आश्रम और नगर में लगाना शुभ नहीं माना जाता था। शिविर में वटवृक्ष लगाने से चोर का भय रहता था। नगरों में वटवृक्ष लगाए जाते थे; क्योंकि उसका दर्शन पुण्य माना जाता था। आश्रम, नगर और गाँव में सेमर का पेड़ लगाना सर्वथा निषिद्ध था। राजाओं के लिए यह दुखप्रद माना जाता था। इमली का वृक्ष गाँवों में लगाना निषिद्ध नहीं, किन्तु शिविर में लगाना ठीक नहीं माना जाता था; क्योंकि इसे विद्या-बुद्धि का विनाशक तथा दुखप्रद माना जाता था। इससे पूजा और धन की हानि होती थी। शिविर में खजूर और काँटेदार वृक्ष लगाना अच्छा नहीं माना जाता था; क्योंकि ऐसे पेड़ विद्या-बुद्धि का विनाशक तथा दुखप्रद होते थे। आश्रमों में चने, धान आदि अन्नों एवं हल्दी, अदरक, हरीतकी और आमलकी के पौधों को लगाना सम्भवतः इसलिए ठीक नहीं बताया गया है कि इन्हें लोग चोरी कर लेते एवं पशु नष्ट कर डालते थे।

10.12 माधवकर और वृन्द (आठवीं-नौवीं शताब्दी)

इन्दुकर के पुत्र माधवकर *रुग्विनिश्चय* या *माधव निदान* (संक्षेप में केवल निदान) के रचयिता हैं। वे ईस्वी आठवीं या नवीं सदी में जीवित थे और बहुत अच्छे चिकित्सक के रूप में प्रसिद्ध थे। इनके ग्रन्थ *निदान* की प्रसिद्ध और जनप्रियता का एक प्रमाण तो यही है कि इसकी बहुत-सी टीकाएँ लिखी गईं और अरबी में इसका अनुवाद भी किया गया। गंडाल के ठाकुर साहब ने यह प्रमाणित करने की चेष्टा की है कि वेदों के प्रसिद्ध टीकाकार सायणाचार्य के कई माधवाचार्य और माधवकर एक ही व्यक्ति थे। किन्तु सायण और माधवाचार्य बारहवीं सदी (ई.) के व्यक्ति हैं अतः यह मत स्वीकार्य नहीं जान पड़ता। माधवकर शायद बंग देशवासी थे। माधवकर के ही समय में वृन्द नाम के एक सुचिकित्सक और रासायनिक का उल्लेख मिलता

है। इनका एक ग्रन्थ *सिद्धयोग* चिकित्सा-विषयक ही है। बहुत से विद्वानों का मत है कि *सिद्धयोग* और *निदान* में बहुत कुछ समानता है, अतः माधवकर और वृन्द शायद एक ही व्यक्ति के दो नाम हैं। असली नाम वृन्द होगा किन्तु माधुर्य के प्रेमी टीकाकारों ने इनको **माधव** नाम से ही पहचाना है।

10.13 चक्रपाणि दत्त (ग्यारहवीं सदी)

चिकित्सा सार-संग्रह के प्रणेता बंगदेशीय वैद्य और रासायनिक चक्रपाणि दत्त ने अपने बारे में लिखा है कि गौडेश्वर नरपाल (1030-1045) के समय लोध्रवली वंश में उनका जन्म हुआ था। इतिहासकार राखाल दास वन्द्योपाध्याय ने भी लिखा है : 'किनरपाल के शासनकाल में वैद्यों की बहुत उन्नति हुई थी। वैद्य ग्रन्थकर्ता चक्रपाणि दत्त के पिता नारायण नरपाल की पाकशाला के अध्यक्ष थे। जनार्दन मन्दिर की प्रशस्ति राजवैद्य सहदेव ने और गदाधर मन्दिर के प्रशस्ति वज्रपाणि ने लिखी थी। इन दोनों उत्कीर्ण लिपियों में शिल्पी की गलती से बहुत-सी भूलें होने पर भी इनके रचयिताओं की विद्या और साहित्यिक रचना-कौशल का पर्याप्त परिचय मिलता है।

चिकित्सा-सार-संग्रह एक उत्कृष्ट ग्रन्थ है जिसमें उस युग में प्रचलित चिकित्सा विधि और अनेक प्रकार की दवाओं का वर्णन है। यह अधिकांश में *सिद्धयोग* की तरह लिखा गया है। चक्रपाणि दत्त ने *सुश्रुत संहिता* की *भानुमती* नामक टीका और *चरकसंहिता* की टीका *चक्रतत्त्व दीपिका* भी रची थी। चक्रदत्त ने दवाओं पर एक और पुस्तक लिखी है जिसका नाम है—*मुक्तावलि*।

चक्रपाणि दत्त अच्छे रासायनिक भी थे। पारद-गन्धक-घटित लवण (मर्करी सल्फाइड) और कज्जली या रसपर्पटी को शायद सर्वप्रथम चक्रपाणि ने ही बनाया था। इस नई दवा के बारे में वृन्द के दावे की उपेक्षा नहीं की जा सकती। शायद चक्रपाणि ने ही सर्वप्रथम दवा के रूप में कज्जली का प्रयोग किया था।

10.14 डल्हण (11वीं या 12वीं सदी)

डल्हण का *निबन्ध संग्रह* सुश्रुत संहिता की ही एक टीका है। चक्रपाणि दत्त के बाद वे ही सुश्रुत के प्राचीन टीकाकार माने जाते हैं। *निबन्ध संग्रह* में डल्हण ने यह भी कहा है कि प्राचीन बृद्ध सुश्रुत कृत *सुश्रुत-संहिता* का वर्तमान रूप नागार्जुन द्वारा संशोधित रूप है।

10.15 शार्गंधर (13वीं सदी)

शार्गंधर मध्ययुग के एक विख्यात चिकित्सक और रासायनिक थे। शायद इनका कार्यकाल तेरहवीं सदी है, क्योंकि तेरहवीं सदी के अन्तिम भाग में बोपदेव नामक एक प्रसिद्ध चिकित्सक ने शार्गंधर संहिता पर टीका लिखी थी। शार्गंधर नाम के एक कवि चौदहवीं सदी में भी जीवित थे। किन्तु ये कवि शार्गंधर और चिकित्सक शार्गंधर एक ही व्यक्ति नहीं लगते हैं। मध्ययुग

में सारे पश्चिम भारत में *शार्गधर-संहिता* नामक चिकित्सा ग्रन्थ अत्यन्त जनप्रिय था। इसमें प्रधानतया सुश्रुत, चरक, वाग्भट्ट्ट और तान्त्रिक युग के कई रासायनिक ग्रन्थों के तथ्यादि से सहारा लिया गया है।

शार्गधर संहिता के तीन भाग हैं : (1) प्रथम भाग में भारतीय नाप-तोलन के नाना प्रकार या भेद, दवाओं के गुणावगुण, रोग निदान, रोगों के प्रकार भेद, श्रेणी विन्यास, रोगों पर विभिन्न ऋतुओं का प्रभाव, शरीर रचना विज्ञान (अनाटमी), शारीरवृत्त (Physilogy) इत्यादि की विवेचना है; (2) दूसरे भाग में कषाय, निषेक, चूर्ण, गोली आदि बनाने की विधि, स्वर्ण भस्म, धातवभस्म और पारद-घटित यौगिक प्रक्रिया आदि वर्णित है; (3) तीसरे भाग में सामान्यतः चिकित्साविधि पर प्रकाश डाला गया है। शार्गधर में नाड़ी परीक्षा के अत्यन्त विशद विश्लेषण और विवेचन हुए हैं, जो अन्यान्य प्राचीन चिकित्सा विषयक ग्रन्थों में प्रदत्त विवेचन से अधिक सुव्यवस्थित हैं। औषध सूची में अफीम (अहिफेन) का उल्लेख विशेष महत्त्व का है, प्रथम भारतीय ग्रन्थों में अफीम का शायद यही पहला उल्लेख है। अकराकरभ (bertram root) नामक और भी एक दवा जो लार पैदा करती है और उत्तेजक भी है, इस संहिता में भलीभाँति विवेचित है।

शार्गधर संहिता का महत्त्व यही है कि इसमें दवाओं के बहुत से व्यवहार्य रूपों (रासायनिक, यौगिक और मिश्रणों) के ऊपर विशेष जोर दिया गया है। इनमें विशेषतया उल्लेखनीय प्रयोग धातव, पारद और संखिया (आर्सेनिक) के हैं। उदय-चाँद दत्त ने अपने *मेटीरिया मेडिका ऑफ दि हिंदूज* में लिखा है कि सोना, चाँदी, लोहा, पारा, ताँबा, टिन, सीसा आदि धातुओं का भस्मीकरण और दवा के रूप में प्रयोग की अन्य प्रक्रियाएँ शायद *शार्गधर संहिता* में ही सबसे पहले बखानी गई है। किन्तु यह कथन ठीक नहीं है। चक्रपाणि, वृन्द, वाग्भट्ट्ट, नागार्जुन आदि चिकित्सा शास्त्रियों ने भी धातुओं को दवाओं के रूप में प्रयोग करने की विवेचना की थी और *शार्गधर संहिता* के मुख्य उपकरण इन सब पुरातन चिकित्सा विज्ञानियों और रासायनिकों के ग्रन्थों से ही संगृहीत हैं।

योरोप में दवाओं के लिए धातुओं के यौगिकों और पारद-घटित-लवण (साल्ट) आदि का प्रयोग सर्वप्रथम पैरासेल्सस (1493-1541) ने सोलहवीं सदी में किया था। स्पष्ट है कि पैरासेल्सस से बहुत पहले भारतीय वैद्य इस ओर प्रगतिशील थे। प्रोफेसर सार्टन ने यह माना है किन्तु इसे हिन्दुओं की मौलिक देन कहने में संकोच भी किया है। उनका मन्तव्य यह है कि हिन्दू लोग अनेक प्रकार के रासायनिक और औषध-द्रव्यों के प्रयोग में लातीनी योरोपियों से भले ही आगे रहे हों किन्तु वे अरबी और चीनी कीमियागरों के अगुआ नहीं थे। शार्गधर की आलोचना करते हुए वे लिखते हैं :

"To main quality of Sarangadhar's work was its emphasis upon the chemical side of materia medica. In this respect it may be considered an inticipation of the iatro-chemical reforms which were heralded in the centre of Europe many centuries later by Paracelsus, But even as early as Sarangdhar's time this was not a novelty in India. The study of rasa can be traced back many centuries before this time, though the uncertainties of Hindu chronology do not allow us to prove its existance in pre-Islamic times. Thus the question of India's priority in this matter is very doubtful. Remember that Dioscovides know many chemical preparations including mercury. The chinese alchemist, Ko Hung (First half of the 4th century) was familiar or with cinnabar, and in all probability, that substance had already been used during the Han dynasty. if not before, for making of red ins."[1]

रसायन शास्त्र में भारतीय हिन्दू और अरबी मुसलमान विज्ञानवेत्ताओं की पहल के बारे में इतना कहना ही पर्याप्त है कि *सुश्रुत संहिता, चरकसंहिता,* द्वितीय वाग्भट की *अष्टांग हृदय संहिता,* माधवकर के *निदान* और प्रसिद्ध भारतीय ग्रन्थ ज्ञान-विज्ञान में अरबी प्रतिभा के विकास से पहले ही अरबी भाषा में अनूदित हो चुके थे। खलीफाओं के बगदाद में कई हिन्दू चिकित्सक मौजूद थे।

भारतीय ग्रन्थों में वर्णित रासायनिक प्रक्रियाओं ने और उसकी मौलिक गवेषणा ने अरबी विद्वानों की विशेषतया प्रभावित किया; यह अस्वीकार नहीं किया जा सकता। यह भी सच है कि रसायन शास्त्र में अरबियों ने और मध्यपूर्व के मुसलमानों ने बाद में बहुत उन्नति की थी और मध्ययुग की योरोपीय जातियों ने रसायन विद्या उन्हीं से सीखी थी। किन्तु साथ ही यह भी याद रखना चाहिए कि अरबी मुसलमानों के विद्यानुराग और ज्ञान-विज्ञान में उनका उत्साह और प्रेरणा पश्चिम में यूनान और पूर्व में भारत से ही मिली थी।

तालीफ शरीफ के लेखक ने लिखा है, "सुम्बुल्खा (आर्सेनिक ऑक्साइड) नाम की संखिया-घटित दवा हिन्दू चिकित्सक निःशंक इस्तेमाल करते हैं किन्तु यूनानी चिकित्सक कभी इस तरह की तेज और संहारक दवा इस्तेमाल नहीं कराते। उनका ख्याल है कि इनसे जीवनी शक्ति घटती है। हिन्दुस्तानी हकीम हमेशा मरीजों को लोह-घटित दवाएँ देते रहते हैं किन्तु यूनानी हकीम यथासंभव इनके प्रयोग से बचते हैं।"

10.16 नरहरि

तेरहवीं सदी के ही और भी एक सुचिकित्सक और वैयाकरण नरहरि का नाम उल्लेखनीय है। इनका जन्म स्थान कश्मीर था। 1235-50 में नरहरि ने *राजनिघटु* अथवा *चूड़ामणि* नामक भैषज्य शास्त्र का कोष प्रस्तुत किया था।

1. *George Sartan, Introduction to the History of Science*, Vol. II, p. 667

11

राजपूत

(Rajput)

11.1 उत्पत्ति

राजपूत स्वयं को वैदिक आर्यों से सम्बन्धित सूर्य तथा चन्द्र वंश की सन्तान बताते हैं। राजपूतों की सभी शाखाओं ने किसी-न-किसी प्रकार अपना सम्बन्ध इन वंशों से स्थापित कर लिया है। प्रतिहारों ने अपने अभिलेखों में अपने को इक्ष्वाकुवंशीय या सूर्यवंशीय कहा है। भोज के **ग्वालियर अभिलेख** से पता चलता है कि प्रतिहार अपने को लक्ष्मण की सन्तान मानते हैं। एक अनुश्रुति से पता चलता है कि चन्देलों की उत्पति चन्द्रमा तथा एक ब्राह्मण गन्धर्व कुमारी से हुई थी। एक अनुश्रुति चालुक्यों को हारीति के कमंडल के जल से उत्पन्न बताती है। ह्वेनसांग ने पुलकेशिन द्वितीय को क्षत्रिय बताया है। *हम्मीर महाकाव्य* चौहानों के आदि पुरुष चाहमान को सूर्य का पुत्र बताता है। *पृथ्वीराज रासो* में गिनाए गए राजपूतों के सभी कुल या तो सूर्यवंशी या चन्द्रवंशी या यदुवंशी बताए गए हैं।

इस प्रकार अभिलेख, प्रशस्तिलेख तथा अनुश्रुतियाँ राजपूतों को वैदिक आर्यों से सम्बन्धित उच्च कुलीन क्षत्रिय सिद्ध करती हैं। परन्तु पाश्चात्य विद्वान तथा कुछ भारतीय विद्वान भी इनको विदेशी जातियों की सन्तान मानते हैं। इसका निर्णय करने के लिए सर्वप्रथम हम 'राजपूत' शब्द की उत्पत्ति पर प्रकाश डालते हैं।

'राजपूत' शब्द का अर्थ राजा का पुत्र होता है। यह शब्द संस्कृत के 'राजपुत्र' शब्द का विस्तृत रूप है। इसका प्रयोग प्राचीनकाल में राजपुत्रों, राजकुमारों तथा राजवंशियों के लिए होता था। *विराटपर्व* में बहुधा द्रौपदी को राजपुत्री, कुलीन क्षत्राणी आदि कहा गया है। इसी अर्थ में सातवीं शताब्दी में भवभूति ने कौशल्या को राजपुत्री कहा है। बाणभट्ट ने अपने *हर्षचरित* में राजपुत्र शब्द का प्रयोग एक क्षत्रिय सैनिक के लिए किया है। पुराणों में भी इस शब्द का उल्लेख मिलता है। चूँकि प्राचीनकाल में अधिकतर शासक क्षत्रिय वंश के होते थे, इसलिए राजपुत्र शब्द से अभिप्राय क्षत्रिय राजकुमारों से लिया जाने लगा। परन्तु सातवीं शताब्दी अर्थात् हिन्दू काल में इस शब्द का प्रयोग कभी भी किसी जाति विशेष के लिए नहीं हुआ। जब भारत पर मुसलमानों के आक्रमण होने लगे और वे यहाँ पर निवास करने लगे तो वे राजपुत्र के स्थान पर राजपूत शब्द का प्रयोग करने लगे, क्योंकि उनको 'पुत्र' शब्द कहने में कठिनाई होती थी। कालान्तर में राजपूत शब्द भारत की प्रसिद्ध एवं लड़ाकू

जाति के लिए प्रयोग होने लगा। इस प्रकार राजपूत शब्द से विद्वानों का आशय क्षत्रिय जाति से है।

11.2 अग्निकुल की कहानी

पृथ्वीराज के समकालीन तथा *पृथ्वीराज रासो* के रचयिता चन्दवरदाई के मतानुसार राजपूतों की उत्पत्ति अग्निकुल से हुई। संक्षेप में कहानी इस प्रकार है कि जब पृथ्वी राक्षसों या म्लेच्छों से क्लान्त हो उठी तो आबू पर्वत पर वशिष्ठ गुरु ने अग्निकुंड से चार योद्धाओं को क्रमशः पैदा किया। उन्होंने सर्वप्रथम परमार, चालुक्य तथा प्रतिहार को पैदा किया, परन्तु जब इनमें से कोई भी राक्षसों को नष्ट नहीं कर सका तो चाहमान को उत्पन्न किया। राक्षसों के साथ-साथ यह कहानी भी लोकप्रिय बनती चली गई और लगभग सभी राजपूतों ने इसे स्वीकार कर लिया।

ग्वालियर प्रशस्ति, ऐहोल अभिलेख, *हम्मीर महाकाव्य, नवसहसांकचरित, पिंगलसूत्रवृत्ति, कुमारपालचरित, वर्णरत्नाकर, पृथ्वीराज रासो* आदि अभिलेखीय एवं साहित्यिक स्रोतों से राजपूतों की उत्पत्ति के सम्बन्ध में जानकारी होती है। सातवीं से बारहवीं शताब्दी के काल को 'राजपूतकाल' भी कहते हैं। गहड़वाल, चन्देल, परमार, चौहान, गुर्जर प्रतिहार, राष्ट्रकूट, चालुक्य आदि को राजपूत राजवंश का बताया जाता है। संस्कृत शब्द **राजपुत्र** का अपभ्रंश है 'राजपूत' या 'रजपूत'। आठवीं शताब्दी के प्रथम चरण में एक जाति या वर्ण विशेष को राजपूत कहा गया। हर्षवर्द्धन या उसके पूर्व के काल में 'राजपुत्र' का अर्थ क्षत्रिय राजकुमार या राजवंश से सम्बन्धित व्यक्ति था। *महाभारत, अर्थशास्त्र, बुद्धचरित, हर्षचरित, कादम्बरी* आदि ग्रन्थों में राजपूत शब्द मिलता है। ह्वेनसांग ने राजपूत शब्द का प्रयोग नहीं किया, बल्कि क्षत्रिय किया है। राजपुत्र का अर्थ राजा का पुत्र होने के बावजूद नाडौल के चाहमानों के अभिलेखों के अनुसार राजपुत्र का अर्थ एक वंशज समूह है। निम्नश्रेणी के भू-स्वामियों तक को अभिलेखों में राजपुत्र कहा गया है।

कुमारपालचरित एवं *वर्णरत्नाकर* में 36 राजपूत कुलों की चर्चा है। 36 राजपूत कुलों की एक भिन्न सूची *राजतरंगिणी* में है। राजपूतों की उत्पत्ति से सम्बन्धित विषयों पर गुर्जर प्रतिहार चर्चा का मुख्य केन्द्र रहे हैं। कर्नल टाड ने राजपूतों को शक-कुषाण तथा हूण आदि विदेशी शासकों के वंशजों से सम्बन्धित बताया है क्योंकि राजपूत भी उपर्युक्त विदेशियों के समान अश्वमेध यज्ञ, घोड़ा तथा युद्ध औजार पूजा आदि करते थे। विलियम क्रुक तथा वी. स्मिथ के अनुसार राजपूत हूण के वंशज थे। और भारतीय समाज में क्षत्रिय के रूप में घुल-मिल गए। भारतीय परम्परा में उन्होंने अपना सम्बन्ध चन्द्रवंशी तथा सूर्यवंशी क्षत्रियों से स्थापित किया। स्मिथ पुनः कहते हैं कि निम्न स्तर के क्षत्रिय बाद में राजपूत शासकों के रूप में स्थापित हो गए। ईश्वरी प्रसाद मानते हैं कि भारतीय समाज में विदेशी मूल के काफी लोग मिल गए और इन्हीं में से राजपूतों का वर्ग निकला। डी.आर. भंडारकर ने कई प्रमाणों एवं तर्कों के सहारे चौहानों को खजर नामक विदेशी जाति के पुरोहित वर्ग का माना है। पं. गौरी शंकर हीरानन्द ओझा ने राजपूतों को प्राचीन क्षत्रियों का वंशज बताया है।

हर्षचरित में हूणों और गुर्जरों का उल्लेख अलग-अलग है। *महाभारत* के 'भीष्मपर्व' में हूणों का उल्लेख है, किन्तु प्रारम्भिक राजपूत गुर्जरों का नहीं। अभिलेखों और साहित्यों में गुर्जरों और हूणों का साथ-साथ वर्णन नहीं मिलना यह प्रमाणित करता है कि इन दोनों का आपसी कोई सम्बन्ध नहीं था। गुर्जरों की चर्चा छठी शताब्दी के स्रोतों में है, जबकि राजपूत जाति हर्ष के बाद। चन्दवरदाई के *पृथ्वीराज रासो* के अनुसार, "गौतम, अगस्त्य आदि मुनि आबू पर्वत पर यज्ञ कर रहे थे। दैत्यों को इन कामों से घृणा थी, अतः यज्ञ को अपवित्र करने के लिए उन्होंने मांस, रक्त, अस्थियाँ इत्यादि फेंकी। यज्ञ को दैत्यों से बचाने के लिए वशिष्ठ ने यज्ञाग्नि से तीन योद्धा निकाले, जिनके नाम थे—प्रतिहार, चालुक्य और परमार। इन तीनों को दैत्यों ने हरा दिया। यज्ञ कुंड से वशिष्ठ ने पुनः 'चाहुवान' नामक शक्तिशाली व्यक्ति निकाला जिसने दैत्यों को पाताललोक पहुँचा दिया।" लगभग इसी कहानी की चर्चा काव्यों एवं अभिलेखों में भी है। इस तरह विदेशियों को अग्नि से पवित्र करके हिन्दू-समाज में लिया गया। दशरथ शर्मा ने *पृथ्वीराज रासो* की तीन मूल प्रतियों का विवेचन किया और यह कथा किसी में नहीं है।

प्रतिहारों को राजपूत और राम के भाई लक्ष्मण (सौमित्र) का वंशज बताया गया। तर्क यह था कि जिस प्रकार रावण के विरुद्ध लक्ष्मण ने राम की रक्षा की थी उसी प्रकार गुर्जर प्रतिहारों ने विदेशियों के आक्रमण से भारत को बचाने के लिए द्वारपाल (प्रतिहार) की भूमिका निभाई थी। ऐसी बातों को कुछ सौ वर्ष पश्चात् अभिलेखों में भी स्थान मिला। बी.डी. चट्टोपाध्याय का सोचना है कि तत्कालीन सामाजिक एवं आर्थिक परिवेश में राजपूतों के मूल की तलाश करनी चाहिए। जब राजपूत राजनीतिक-व्यवस्था का उदय होने लगा उस अवधि में राजस्थान एवं पश्चिमी भारत के कई क्षेत्रों में कबायली समाज में बदलाव आने लगा था। इन कबायली बस्तियों के कब्र पर राजपूत शक्ति का उदय हुआ। इसी सिलसिले में **भेद** जैसे कई कबायली संगठन राजपूत स्तर को प्राप्त कर लिए। गोंड, भर, खरवार आदि जनजाति से स्मिथ के अनुसार चन्देल, राठौर तथा गहड़वाल आदि वंश की उत्पत्ति हुई। ऐसा मजबूत आर्थिक आधार के कारण हुआ।

जो विदेशी जातियाँ भारत में प्रवेश कीं वे क्षत्रिय तथा राजपूतों के समान ही युद्धप्रिय थीं। हूण जाति के शासकों को राजपूत जाति में बदलने के प्रमाण काफी मिलते हैं। राजपूतों में **बनस्फर** तथा **तोमर** को हूण शासक तोरमाण से जोड़ा जाता है। राजनीतिक उत्थान के लिए इन अलग-अलग कुलों में पारस्परिक विवाह होने लगे। अपनी सामाजिक मान्यता प्राप्त करने के लिए कुछ राजपूत ब्राह्मण कन्या से भी विवाह किए। *रामायण* के अनुसार, "क्षत्रिय विश्वामित्र द्वारा बलात् वशिष्ठ की गाय नन्दिनी के हरण का प्रतिरोध करने के लिए नन्दिनी के विभिन्न अंगों से पह्लव, द्रविड़, शक, यवन, शबर, सिंहल, खस, पुलिन्द, चीन, हूण आदि देशी-विदेशी जाति के सैनिक उत्पन्न हुए।" इस कहानी से ब्राह्मण-क्षत्रिय संघर्ष की जानकारी होती है। *मनुस्मृति* में शक, यवन, लिच्छवि, मल्ल, द्रविड़, चीन आदि जातियों को क्षत्रिय मानने के साथ-साथ इन्हें शूद्र स्तर का बताया गया है। इस बात से पता चलता है कि विदेशी जातियों को भारतीय समाज में किसी-न-किसी तरह स्थान मिल जाता था। सामाजिक, आर्थिक एवं राजनीतिक वातावरण में कर्म के अनुसार जाति-बदलाव सम्भव था। इसी परिवेश में राजपूत जाति की उत्पत्ति एक ऐतिहासिक सत्य है। राजपूत जाति की उत्पत्ति जैसी प्रक्रिया

जनजातीय चेतना का प्रतीक और मध्ययुग का आवश्यक हिस्सा था। मध्ययुगीन भारतीय शासन-परम्परा ने 'राजपूत संस्कृति' का निर्माण किया। इस 'संस्कृति' में राजपूतों की युद्धप्रियता, शौर्य, क्षमाशीलता, बहुविवाह, प्रशासन में कुशलता, बलिदान की भावना, लक्ष्य के प्रति निष्ठा, रीति-रिवाज, स्थापत्य, कला, खानपान, वेशभूषा आदि अनेक तत्त्व सम्मिलित थे। विदेशी आक्रमण के विरुद्ध लगातार युद्ध करने के कारण ये हिन्दू समाज के राजनीतिक नेता मान लिए गए। इस जाति की उत्पत्ति के प्रश्न को मात्र देशी या विदेशी कहकर नहीं सुलझाया जा सकता है। आठवीं शताब्दी से ग्यारहवीं शताब्दी के बीच अनेक सामाजिक दल के लोग इसमें सम्मिलित होते रहे और ग्यारहवीं शताब्दी से राजपूतों का उदय एक जबरदस्त सामाजिक नवीन तस्वीर बन गया।

इतिहासकारों ने चन्दवरदाई की इस कथा को काल्पनिक बताया है। डॉ. ईश्वरी प्रसाद का कथन है कि *पृथ्वीराज रासो* में अनेक कपोल-कल्पित कहानियाँ हैं जिन्हें ऐतिहासिक मानना हमारे अज्ञान का परिचायक होगा।

11.3 पाश्चात्य विद्वानों का मत

राजस्थान के प्रसिद्ध इतिहासकार टाड ने अग्निकुल की कहानी को स्वीकार करके उसके आधार पर राजपूतों को विदेशी ठहराया है। उनका मत है कि राजपूत सीथियन या शकों के वंशज थे जो छठी शताब्दी के लगभग भारत में प्रविष्ट हुए थे। इन्हीं विदेशी विजेताओं को, जब वे शासक बन गए, **अग्नि संस्कार** द्वारा पवित्र कर जाति-व्यवस्था के अन्तर्गत ले लिया गया। चूँकि वे शासक का कार्य करते थे, अतः उन्हें क्षत्रियों की श्रेणी में रखा गया और वे राजपूत कहलाए जाने लगे। अपने मत के समर्थन में उन्होंने राजपूतों तथा शकों के बीच निम्नलिखित समानता दर्शाई है–

1. अश्व पूजा।
2. अश्वमेध यज्ञ।
3. अस्त्र पूजा।
4. सुरापान।
5. शकुन विचार।
6. अन्धविश्वास।
7. युद्ध में प्रयुक्त होनेवाले रथ।
8. भाटों की प्रथा।
9. समाज में स्त्रियों का स्थान।
10. युद्धों का धार्मिक स्वरूप।

टाड महोदय द्वारा रचित *एनल्स ऑफ राजस्थान* के सम्पादक श्री विलियम क्रुक महोदय ने भी इसी मत का समर्थन किया है। उनका कहना है कि राजपूतों के कई वंशों का उद्‌भव शक या कुषाण आक्रमणों के समय में हुआ था। गुर्जरों ने, जो बादवाली जाति से सम्बन्धित थे, हिन्दू धर्म को अपना लिया। इन्हीं गुर्जरों के प्रमुख से राजपूतों के कुल उत्पन्न हुए।

स्मिथ महोदय भी इसी मत को स्वीकार करते हैं कि चन्देलों, राठौरों तथा गहड़वालों की उत्पत्ति गोंड, भार तथा खर्वों से हुई थी जो विदेशी थे।

11.4 क्या राजपूत गुर्जर थे?

कुछ विद्वानों का मत है कि राजपूत लोग गुर्जर थे। चूँकि वे विदेशी थे, अतः राजपूत भी विदेशी थे। डॉ. भंडारकर ने प्रतिहार, परमार, चालुक्य तथा चौहान चारों अग्नि कुलों को गुर्जर सिद्ध करने का प्रयत्न किया है। अपने मत के समर्थन में उन्होंने निम्नलिखित तर्क प्रस्तुत किया है–

1. राजौर के एक अभिलेख में आधुनिक जयपुर के दक्षिण-पूर्व में शासन करनेवाले प्रतिहारों की एक शाखा ने अपने को गुर्जर कहा है।
2. कन्नौज के प्रतिहारों एवं राष्ट्रकूटों को अरबों ने गुर्जर बताया है।
3. चलुक्यों ने जब गुजरात प्रदेश को जीता तो उस समय से इस प्रदेश का नाम 'गुजरात' पड़ा। इससे पहले यह 'लाट' कहलाता था। यदि चालुक्य गुर्जर नहीं थे तो लाट का नाम गुजरात कैसे पड़ा?

परन्तु वैद्य महोदय ने इन्हें गुर्जर न बताकर आर्यों की ही सन्तान माना है। उन्होंने भंडारकर महोदय के प्रत्येक तर्क का खंडन किया है।

11.5 क्या राजपूत विदेशी थे?

जैसा कि हम ऊपर देख चुके हैं पाश्चात्य एवं कुछ भारतीय विद्वानों ने भी राजपूतों को शक, कुषाण या गुर्जर की सन्तान माना है। चूँकि ये विदेशी थे, अतः राजपूतों को भी उन्होंने विदेशी बताया है। परन्तु श्री गौरीशंकर ओझा तथा श्री वैद्य महोदय ने इनके मतों का खंडन किया है और वे इस निष्कर्ष पर पहुँचे हैं कि राजपूत विदेशी नहीं थे, बल्कि प्राचीन आर्यों की ही सन्तान थे। राजपूतों ने स्वयं को भी विदेशी नहीं बताया है। इसके विपरीत वे अपनी उत्पत्ति सूर्य, चन्द्र या यदु वंश से बताते हैं। उनके रीति-रिवाज शकों या कुषाणों के आने से पहले भी भारत में प्रचलित थे। सूर्य की पूजा वैदिक काल में होती थी। अश्वमेध पहले से ही भारत में होते चले आ रहे थे। भारत में अस्त्र तथा अश्व-पूजा क्षत्रियों द्वारा हमेशा से की जाती रही। उनके गोत्र तथा प्रवर भी वे हैं जिनका उल्लेख वैदिक सूत्रों में मिलता है। वैदिक आर्यों की सन्तानों के अतिरिक्त विदेशी जातियों की सन्तानें भी वैदिक सभ्यता को सुरक्षित रखने के लिए इतनी वीरता नहीं दिखा सकती थी। इसके अतिरिक्त राजपूतों की लम्बी नासिका, लम्बे सिर तथा उनका डीलडौल यह स्पष्टतः सिद्ध करता है कि वे आर्यों की सन्तान थे, विदेशियों की नहीं। अतः हम इसी निष्कर्ष पर पहुँचते हैं कि राजपूत प्राचीन क्षत्रियों की ही सन्तान थे। यदि यह विचार मान लिया जाए तो एकाएक यह प्रश्न उठता है कि भारत की शक्तिशाली क्षत्रिय जाति का क्या हुआ? क्या यह जाति पूर्णतः नष्ट हो गई? यदि हाँ, तो कब तथा कैसे? वे विद्वान इस प्रश्न का कोई उत्तर नहीं देते जो राजपूतों को विदेशियों की सन्तान मानते हैं।

इसके अतिरिक्त राजपूतों में प्रचलित रीति-रिवाजों की विभिन्नता के आधार पर उन्हें विदेशी मानना न्यायसंगत न होगा। इतने बड़े देश के निवासियों में विभिन्न रीति-रिवाजों को पाया जाना स्वाभाविक है। अतः निष्कर्ष यही निकाला जा सकता है कि राजपूत प्राचीन क्षत्रियों की ही सन्तान हैं। यह भी सच है कि कुछ धनी क्षत्रियों ने ही इस वर्ग में प्रवेश पाया। गरीब क्षत्रियों का वर्ण परिवर्तित हो गया हो तो बहुत आश्चर्य नहीं। पूर्वमध्यकाल में हर्षवर्द्धन राजवंश गुर्जर प्रतिहार, पाल, चोल, चालुक्य आदि राजवंशों के बारे में यही मान्यता प्रधान है कि ये लोग निम्न वर्ग के थे और बाद में क्षत्रिय एवं राजपूत जैसी उपाधियाँ धारण कर इस श्रेणी में आ गए। यह भी महत्त्वपूर्ण तथ्य रहा है कि सैद्धान्तिक दृष्टिकोण से क्षत्रियों का काम शासन करना था। व्यावहारिक दृष्टिकोण से या वास्तविक स्थिति यही है कि मौर्य काल से लेकर कम-से-कम हर्षवर्द्धन काल तक पाए गए किसी भी शासक को निश्चित रूप से क्षत्रिय नहीं कहा जा सकता। दक्षिण भारत में अनेक अभिलेख मिलते हैं जिनके अध्ययन से पता चलता है कि धन प्राप्त कर ब्राह्मणों ने अनेक लोगों को राजपूत की उपाधि से विभूषित किया और यही उपाधि बाद में चलकर एक वर्ग और फिर जाति के रूप में विकसित होने लगी। कुछ लोग कहते हैं कि हर्षवर्द्धन वैश्य था लेकिन ह्वेनसांग ने राजपूत और बाणभट्ट ने उसे क्षत्रिय बताया। इस तरह ब्राह्मण आदर्शों पर गठित समाज में निम्न जाति के शासकों को क्षत्रिय वर्ण में सम्मिलित कर लेने की प्रथा चल पड़ी थी। निम्न स्तर के पुरुषार्थी व्यक्ति शासकवर्ग विरोधी प्रतिक्रिया का लाभ उठाकर या अपने धन के जोर पर सिंहासन प्राप्त कर लेते थे तो ब्राह्मण सिद्धान्तवेत्ता चतुराई से पुराने वंशवृक्षों में परिवर्तन करके उन्हें क्षत्रिय वर्ण में शामिल कर लेते थे। इस प्रक्रिया का तेज गति से आरम्भ सातवीं शताब्दी से हुआ। जहाँ क्षत्रियों की प्रमुखता के काल में राज्य का केन्द्रीकरण हुआ, ब्राह्मणों की प्रधानता के युग में सामन्तीकरण की प्रक्रिया प्रारम्भ हुई।

11.6 सामाजिक दशा

राजपूत जाति भारत की एक बहुत वीर एवं शक्तिशाली जाति थी। यह जाति कई उपजातियों में विभक्त थी, फिर भी उन सबमें सांस्कृतिक एकता थी। उनकी सामाजिक-व्यवस्था निम्न प्रकार की थी—

1. जाति प्रथा में विश्वास—राजपूत लोग जाति प्रथा में विश्वास रखते थे। वे लोग कई उपजातियों में विभक्त थे। इस जाति प्रथा के आधार पर उनमें भी ऊँच-नीच की भावनाएँ प्रबल हो गई थीं। ऊँची जाति के राजपूत अपने से छोटी जाति के साथ वैवाहिक सम्बन्ध जोड़ने में अपना अपमान समझते थे। इस ऊँच-नीच की भावना के कारण उनमें आपस में प्रेम भाव तथा सद्भाव की भावनाएँ जाग्रत न हो सकीं। फलस्वरूप उनका राजनीतिक संगठन अधिक दृढ़ न हो सका।

2. वैवाहिक-व्यवस्था—यद्यपि राजपूत लोग स्वजातीय विवाह पर अधिक जोर देते थे, फिर भी अन्तर्जातीय तथा अन्तर्धार्मिक विवाह प्रचलित थे। अनुलोम विवाह के अनेक उदाहरण उपलब्ध हैं। ब्राह्मण कवि राजेश्वर ने चौहान राजकुमारी अवन्ति सुन्दरी से विवाह किया था। 26 लाख राजपूतों में राक्षस विवाह अर्थात् कन्या को बलात् अपहरण कर ले जाना भी प्रचलित

था। राजकुलों में स्वयंवर की प्रथा थी। विवाह के अवसर पर धार्मिक संस्कार किए जाते थे और बड़ा उत्सव मनाया जाता था।

3. स्वतन्त्रता एवं स्वाभिमान की भावना–राजपूत लोग बड़े स्वतन्त्रता प्रेमी होते थे और अपनी मान-मर्यादा की रक्षा के लिए सबकुछ न्योछावर कर देते थे। देशभक्ति की भावना तो उनमें कूट-कूटकर भरी रहती थी। महाराणा प्रताप ने अपनी स्वतन्त्रता बनाए रखने तथा अपने आत्मसम्मान की रक्षा के लिए अनेक विपत्तियों को झेला। लेकिन उन्होंने कभी भी अकबर की अधीनता स्वीकार नहीं की।

4. राजपूत स्त्रियाँ–राजपूत स्त्रियाँ बहुत वीर होती थीं। पुरुषों की भाँति वे भी रणक्षेत्र में जाने से पीछे नहीं रहती थीं। अपने आत्मसम्मान की रक्षा के लिए उन्होंने अनेक बार जौहर व्रत किए और अपने प्राणों की बलि चढ़ाई।

समाज में अब भी स्त्रियों का स्थान उच्च था। कन्या के रूप में उनके पालन-पोषण तथा शिक्षा-दीक्षा का पूरा ध्यान रखा जाता था। राजकुल की स्त्रियाँ राजनीति तथा शासन-प्रबन्ध में भाग लिया करती थीं। अनेक स्त्रियों ने राजकुमारों की अल्पावस्था में संरक्षिका का कार्य किया और शासन का भार सँभाला था। बहुत-सी स्त्रियों ने प्रान्तीय शासकों तथा ग्रामों के मुखिया के रूप में शासन किया था। अभी तक स्त्रियों में परदे की प्रथा न थी। राजवंशों तथा कुलीन घराने में बहुविवाह की प्रथा प्रचलित थी। निम्न वर्ग के लोगों में विधवा विवाह का प्रचलन था, परन्तु उच्च वर्ग के लोगों में इसका निषेध था। उच्च वर्ण के लोगों में सती प्रथा अब आरम्भ हो रही थी। समाज में कुछ स्त्रियाँ आचरण भ्रष्ट हो गई थीं। उन्होंने वेश्यावृत्ति धारण कर ली थीं। देवदासी प्रथा का प्रादुर्भाव इसी काल में हुआ था।

उपर्युक्त गुणों के होते हुए भी राजपूतों के संगठन में निम्नलिखित कुरीतियाँ थीं–

1. पारस्परिक द्वेष–राजपूतों में पारस्परिक द्वेष की भावना बहुत तीव्र थी जिसके फलस्वरूप वे सदैव आपस में लड़ते-झगड़ते रहते थे।

2. अहंकार–राजपूत बड़े अहंकारी तथा स्वाभिमानी होते थे। उनकी इस भावना से उनके राजनीतिक संगठन को बड़ी ठेस पहुँचती थी। अरब के प्रसिद्ध विद्वान अलबरूनी ने लिखा है कि राजपूत लोग बड़े अहंकारी, दम्भी, स्वाभिमानी तथा हठी होते थे और वे अपना ज्ञान दूसरों को नहीं देते थे।

3. सती प्रथा–राजपूतों में सती प्रथा भी प्रचलित थी। राजपूत स्त्रियाँ अपने पति की मृत्यु के पश्चात् उसके शव के साथ चिता में जल जाती थीं।

4. बाल-विवाह–राजपूत काल में लोग बाल-विवाह की प्रथा से पूर्ण रूप से परिचित थे। वे लोग अपनी लड़कियों का विवाह बहुत ही छोटी उम्र में कर देते थे क्योंकि उनकी धारणा थी कि ऐसा करने से बहुत पुण्य होता है।

5. कन्या वध–राजपूत लोगों में कन्या वध की कुरीति भी प्रचलित थी। वे समझते थे कि कन्या का उत्पन्न होना बहुत बुरा है। इसलिए कन्या के उत्पन्न होते ही उन्हें मार दिया जाता था।

6. एकता का अभाव–राजपूतों में सबसे बड़ा दोष एकता का अभाव था। स्वाभिमानी तथा अहंकार के कारण वे लोग एक-दूसरे के सहयोग नहीं देते थे, जिसके फलस्वरूप उनकी राजनीतिक एकता क्षीण हो गई।

7. धर्म–राजपूतों के समय में जैन धर्म का ह्रास, बौद्ध धर्म का विनाश एवं ब्राह्मण धर्म का पुनरुत्थान हुआ। तीर्थस्थानों की यात्रा का बहुत प्रचलन हो गया था। रामानुज, शंकराचार्य तथा कुमारिल भट्ट ने हिन्दू धर्म की बुराइयों को निकालकर फिर से इस धर्म को लोकप्रिय बना दिया था। राजपूतों में कृष्ण तथा राम की जो विष्णु अवतार माने जाते थे, खूब पूजा होती थी। सूर्य देवता का काफी उच्च स्थान था। दुर्गा तथा काली की पूजा प्रचलित थी। ये लोग जादू, मन्त्र आदि में विश्वास रखते थे। इस प्रकार हिन्दू धर्म विभिन्न सम्प्रदायों में विभक्त था और नए-नए दर्शन तथा सिद्धान्त दृष्टिगोचर हो रहे थे।

11.7 संस्कृति

राजपूत काल में कला और साहित्य की बहुत उन्नति हुई। भवन-निर्माण कला, चित्रकला, शिल्पकला आदि कलाओं का खूब विकास हुआ।

भवन-निर्माण कला–राजपूतों के समय में बड़े सुन्दर-सुन्दर तथा विशाल भवन बने। अनेक राजमहल, जलाशय, किले, स्नानगृह आदि का निर्माण हुआ। चित्तौड़, ग्वालियर, जोधपुर, जयपुर तथा बुन्देलखंड आदि स्थानों के किले बहुत प्रसिद्ध हैं। इन स्थानों के भवन भी देखने योग्य हैं। उन्होंने बहुत से मन्दिरों का निर्माण कराया जिनमें सोमनाथ का मन्दिर, आबू पर्वत पर बना हुआ जैन मन्दिर, उड़ीसा प्रान्त में बना हुआ भुवनेश्वर का लिंगराज का मन्दिर, नाथद्वार का 'नाथाजी' का मन्दिर, मुल्तान में सूर्य मन्दिर, पुरी में जगन्नाथजी का मन्दिर, खजुराहो एवं कोणार्क का मन्दिर अपनी कला एवं सौन्दर्य के लिए सम्पूर्ण भारत में प्रसिद्ध हैं। इन मन्दिरों को देखने से पता चलता है कि उस काल में भवन-निर्माण कला ने कितनी उन्नति कर ली थी।

चित्रकला–दक्षिणी भारत में राजपूत काल की जो गुफाएँ प्राप्त हुई हैं उनसे यह सिद्ध होता है कि उस काल में चित्रकला में भी काफी उन्नति हुई थी। ग्वालियर राज्य में सातवीं शताब्दी के बने हुए कुछ रंगीन चित्र प्राप्त हुए हैं जो कि कला दृष्टि से बहुत सुन्दर हैं।

संगीत कला–गायन, वादन, अभिनय तथा नाट्य कला की इस काल में बड़ी उन्नति हुई। ये मनोरंजन के प्रधान साधन थे और इन कलाओं को राजकुलों का प्रोत्साहन प्राप्त था।

साहित्य की उन्नति–राजपूत काल में साहित्य की खूब उन्नति हुई। कुछ शासक बड़े विद्वान तथा साहित्य-प्रेमी होते थे। मुंज भोज तथा पृथ्वीराज जैसे राजपूत शासक साहित्य के महान पोषक थे। भवभूति, कल्हण, राजशेखर, चन्दवरदाई, जयदेव आदि इस युग के प्रसिद्ध साहित्यकार थे। भवभूति ने *मालतीमाधव, महावीरचरित* तथा *उत्तररामचरित* की रचना की। कवि कल्हण ने *राजतरंगिणी* नामक ग्रन्थ लिखा, जो ऐतिहासिक दृष्टि से एक उच्च कोटि का ग्रन्थ है। चन्दवरदाई ने *पृथ्वीराज रासो* नामक प्रसिद्ध ग्रन्थ लिखा।

जयदेव ने गीत *गोविन्द ग्रन्थ* लिखा जो अत्यन्त लोकप्रिय ग्रन्थ माना जाता है। धर्मशास्त्र पर शंकर, कुमारिल तथा रामानुज ने अनेक टीकाएँ लिखीं। व्याकरण, आयुर्वेद, गणित तथा संगीत पर अनेक उत्तम ग्रन्थ लिखे गए। इस युग में प्रायः सभी राजाओं के यहाँ चारण तथा

कवि रहते हैं जिन्हें राजा का आश्रय तथा प्रोत्साहन प्राप्त रहता था। ऐसी दशा में साहित्य का विकास होना स्वाभाविक ही था।

शिक्षा—राजपूत काल में शिक्षा का बहुत प्रचार हुआ। उस समय के मन्दिर तथा मठ शिक्षा देने का कार्य करते थे। उस युग का सर्वप्रसिद्ध विश्वविद्यालय नालन्दा का विश्वविद्यालय था। इस विश्वविद्यालय के अतिरिक्त काशी, उज्जैन, विक्रमशिला तथा काँची में भी उच्च कोटि के विश्वविद्यालय थे।

इस प्रकार हम देखते हैं कि राजपूतों की सभ्यता तथा संस्कृति बड़ी श्रेष्ठ थी और उनके समय में साहित्य तथा कला-कौशल की बहुत उन्नति हो रही थी।

12

चोल वंश

(Chola Dynasty)

रचनात्मक दृष्टि से दक्षिण भारत में चोलों का काल अति महत्त्वपूर्ण रहा है। सम्पूर्ण दक्षिण भारत को एक राजनीतिक ध्वज के अधीन करने का श्रेय चोल-राजवंश को रहा है। कला, धर्म, साहित्य, स्थानीय प्रशासन, सामुद्रिक गतिविधियाँ आदि के क्षेत्र में चोलों की देन अद्वितीय है। ठोस ऐतिहासिक स्रोतों के आधार पर चोलों का अध्ययन 1900 ई. के बाद ही प्रारम्भ हुआ।

चोलों की जानकारी पेरिप्लस, टॉलेमी, बौद्ध ग्रन्थ, संगम साहित्य, अभिलेख, मन्दिर, पौराणिक कहानियाँ, स्मारक, भवन, मुद्रा एवं तत्कालीन साहित्यों आदि से होती है। कहते हैं, चेरन, शोलन और पांडियन नामक तीन भाइयों ने चोल राजवंश की स्थापना की। 'चोल' शब्द का अर्थ चोलवंश द्वारा शासित देश और प्रजा दोनों बताया जाता है। कुछ विद्वानों ने इनका सम्बन्ध कोल आदिवासियों से जोड़ा है। तमिल भाषा में 'चोल' का अर्थ **बाजरा** (अनाज) होता है। संस्कृत में इस शब्द का अर्थ 'चोर' होता है। चोलों के लिए **किल्लि** शब्द अर्थात् खोदनेवाला का प्रयोग हुआ है। उनके लिए **बलवन** अर्थात् उर्वरत शब्द का प्रयोग होता है। उन्हें **गेम्बियन** अर्थात् शिबि भी कहा गया है। चोलों की चर्चा अशोक के अभिलेख में है।

12.1 विजयालय

चोल राजवंश का प्रथम शासक विजयालय चोल था। चोल शक्ति का पुनरुत्थान उरैयूर के आसपास के क्षेत्रों में हुआ। तंजौर पर आधिपत्य स्थापित कर उसने दुर्गा (निश्रुंभसूदिनी) मन्दिर की स्थापना की। विजयालय के अभिलेख काँचीपुरम एवं शुचीन्द्रम में पाए गए हैं। उसे **तंजै-कोंड परकेसरी** कहा गया। शासक बनने से पूर्व पल्लव राजा का सामन्त था। वह एक शक्तिशाली सामन्त था। पल्लव राज्य की कमजोर स्थिति से लाभ उठाकर वह शासक बन बैठा। इसने चोल राज्य को कावेरी के उत्तरी तट तक फैला दिया।

चोल शासकों ने अपनी वंशावली तैयार की और उनकी उत्पत्ति सूर्य से मानी गई। चोल वंशावली में विजयालय से पूर्व पन्द्रह शासकों के नाम दिए गए हैं। विजयालय ने उत्तर भारत

से श्रेष्ठ ब्राह्मणों को बुलाया तथा उन्हें अपने राज्य में बसाया। जंगल साफ करवाकर उसने सुपारी कुंज और फलों के बाग लगवाए।

12.2 पारन्तक प्रथम (907-955 ई.)

शासक बनते ही पारन्तक प्रथम पांड्यों पर आक्रमण कर **मदुरैकोंड** (मदुरै विजेता) की उपाधि धारण की। पांड्यों पर चोल शासक पारन्तक की विजय कई चरणों में हुई। बेल्लूर के युद्ध में पारन्तक ने पांड्य और लंका की सेनाओं को एक साथ पराजित किया। 915 ई. में पारन्तक को विजय मिली। पांड्य शासक भाग गया और पारन्तक के राज्य का अंग पांड्य प्रदेश बन गया। जिन-जिन प्रदेशों को पारन्तक ने जीता उनकी स्थिति मजबूत करने में वह कुछ दिनों तक व्यस्त रहा। उसके पश्चात् मदुरा में अपना राज्याभिषेक कराकर वह पांड्य राजचिह्न धारण करना चाहता था, लेकिन वह राजचिह्न लंका नरेश के पास था। पारन्तक ने उसे प्राप्त करने का प्रयास किया लेकिन सफलता नहीं मिली। पारन्तक को एक खास बात की जानकारी हुई कि लंका नरेश उदय चतुर्थ कठोर और आलसी स्वभाव का होने के कारण एक प्रसिद्ध शासक नहीं था।

केरल के राजा और बेलोर के सरदारों से पारन्तक का सम्बन्ध अच्छा रहा। इन लोगों ने पांड्यों के विरुद्ध चोलों का साथ दिया था। पारन्तक ने अपने पुत्र अरिकुलकेसरि का विवाह राजकुमारी पुडि आडिच्च पिडारि से किया जो काडुम्बालूर वंश के तेन्वन इलंगोवेलार की बेटी थी। पांड्य शासक राजसिंह को हराने के बाद परान्तक ने बंजि नगर को जलाकर नष्ट कर दिया और तंजै के राजा को नावल नामक स्थान में मार दिया। काफी कठिनाइयों के पश्चात् पारन्तक ने मदुरा राज्य को जीता था।

अपने साम्राज्य-विस्तार के उद्देश्य से पारन्तक ने दो बाण राजाओं को मारा और वैदुम्बों को जीता। चोल सिंहासन पर अपना प्रभुत्व स्थापित करने के लिए राष्ट्रकूट शासक कृष्णा तृतीय ने चोल राज्य पर आक्रमण किया। बाणों ने राष्ट्रकूटों का साथ दिया। 910-11 ई. में राष्ट्रकूटों और चोलों के बीच वल्लाल में घमासान युद्ध हुआ और राष्ट्रकूट हार गए। पारन्तक ने **वीरचोल** की उपाधि धारण की। छह-सात वर्षों में वाणों को परास्त कर पारन्तक ने **वाणाधिराज** की उपाधि धारण की। तेलुगु के वैदुम्बों ने पारन्तक की अधीनता स्वीकार कर ली। चालुक्यों के कुछ क्षेत्रों पर आधिपत्य स्थापित करने में पारन्तक सफल रहा।

940 ई. के आसपास पारन्तक के दुश्मनों की संख्या काफी बढ़ गई। राज्य के चारों दिशाओं से दुश्मनों का डर बन गया। जिन राजाओं के राज्य पारन्तक द्वारा विजित किए गए वे चोल-विरोधी कदम उठाने को तत्पर थे। चोलों की बढ़ती हुई शक्ति से राष्ट्रकूट और पूर्वी चालुक्य भी जल रहे थे। पारन्तक का विश्वासी सामन्त 940 ई. में मर गया। गंग देश स्वतन्त्र था। बाण और वैदुम्ब चोल-विरोधी खेमे में चले गए थे। राष्ट्रकूट नरेश कृष्ण तृतीय अपनी भरपूर जवानी पर था। चोल प्रदेशों में घुसने के लिए वह बेताब था। 949 ई. में उत्तर अर्काट जिले के तक्कोलम् नामक स्थान पर राष्ट्रकूटों और चोलों के बीच निर्णायक युद्ध हुआ। इस युद्ध में पारन्तक का पुत्र मार डाला गया।

पारन्तक जब गद्दी पर बैठा तो मैसूर के पठार और पश्चिमी तट की पट्टी छोड़ उत्तर में मद्रास और कालहस्ति से लेकर दक्षिण में कावेरी तक का सम्पूर्ण प्रदेश चोल राज्य का अंग था। चेर उसके मित्र रहे। पारन्तक ने पांड्यों की स्वतन्त्रता समाप्त कर दी। उसने राज्य की दक्षिणी सीमा का विस्तार कन्याकुमारी तक किया। लंका पर भी उसने आक्रमण किया। पारन्तक का मुकाबला राष्ट्रकूट राजा कृष्ण तृतीय से हुआ जिसमें पारन्तक का ज्येष्ठ पुत्र मारा गया और इस दुख ने पारन्तक की जान ले ली। पारन्तक के मरने के पश्चात् चोलों का अस्तित्व लगभग 30 वर्षों के लिए अस्त हो गया। दक्षिण के अधिकांश भाग पारन्तक के हाथों से निकल गया। चोल साम्राज्य का निर्माण फिर से करना पड़ा।

पारन्तक की पत्नियों की संख्या ग्यारह से अधिक थी। पारन्तक का ज्येष्ठ पुत्र राजादित्य था जिसे 'कोदंडराम' भी कहा गया है। उसकी माता का नाम कोक्किलान था। पारन्तक की एक पत्नी केरल की राजकुमारी थी। राजादित्य के अलावा गंडरादित्य, अरिकुलकेसरी, उत्क्तमशीलि और अरिंदिगै नामक पारन्तक के चार और पुत्र थे। भड़कीली उपाधियाँ पारन्तक को काफी प्रिय थीं।

उसने सभा की संवैधानिक-व्यवस्था की। सिंचाई के लिए अनेक नहरें खुदवाकर उसने उत्पादन में वृद्धि की। **होमगर्भ** और **तुलाभार** यज्ञों का उसने आयोजन किया और ब्राह्मणों को स्थायी दान दिया। वह शिव का भक्त था। चिदम्बरम के मन्दिर को उसने सोने से मढ़ दिया। दक्षिण भारतीय मन्दिर स्थापत्यकला के इतिहास में पारन्तक की भूमिका महत्त्वपूर्ण रही।

12.3 राजराज प्रथम (985-1014 ई.) के कार्य एवं उपलब्धियाँ

प्रशासनिक दृष्टि से दक्षिण भारत को एक सूत्र में बाँधने का प्रथम श्रेय चोल वंश को है। इस वंश के वैभव और यश की कहानी का प्रथम पात्र राजराज प्रथम या राजराज महान (985-1014 ई.) था। अपने 30 वर्षों के शासनकाल में राजराज ने चोलों की स्थिति सर्वोत्तम कर दी। अनेक अभिलेख और साहित्यों के आधार पर विद्वान के.ए. नीलकंठ शास्त्री ने अपनी पुस्तक *चोलवंश*[1] में सन्तोषप्रद प्रकाश डाला है।

जिस समय राजराज प्रथम गद्दी पर बैठा उस समय चोल राज्य राष्ट्रकूटों के आक्रमण से अति परेशान था। राजराज एक प्रभावशाली व्यक्तित्ववाला और अत्यधिक तीव्र बुद्धिवाला शासक था। 'मुम्मुडि चोल-देव' की उपाधि धारण करने के पश्चात् वह अपने राज्य को साम्राज्य में परिवर्तित करने के प्रयास में लग गया। सर्वप्रथम उसने केरल देश पर आक्रमण किया और कुछ ही दिनों में उसे अपने नियन्त्रण में ले लिया। उसने पांड्य और चेर शासकों को परास्त कर दिया। पांड्यों की राजधानी मदुरै पर उसने कब्जा कर लिया। इन दोनों राज्यों को परास्त करने के लिए उसने कई युद्ध किए। तुलुव, कोंकण और मलेय (मालावार) को अपने साम्राज्य में मिलाने के पश्चात् उसने श्रीलंका पर आक्रमण कर सिंहलों को परास्त कर दिया। वहाँ के शासक महिन्द पंचम ने पूर्ण रूप से राजराज का लोहा मान लिया। अपने

1. अनुवादक : मंगलनाथ सिंह, भारतीय इतिहास अनुसन्धान परिषद्, दिल्ली, 1979, पृ. 132-148

साम्राज्य का मंडल बनाकर राजराज ने श्रीलंका का नाम **मुम्मुडि-शोल-मंडलम** रखा। सम्पूर्ण लंका पर अधिकार कर लेने के उद्‌देश्य से राजराज ने अपनी राजधानी की एक सैनिक चौकी (विजय स्कन्धावर) पोलोन्नरुव में स्थापित की जो चोलों की राजधानी बन गई। वहाँ राजराज ने एक शिवमन्दिर बनवा दिया।

गंगपाडि, नोलम्बपाडि और तडिगैपाडि पर अधिकार कर राजराज ने मैसूर पर अधिकार कर लिया। इन तीन क्षेत्रों के अलावां मैसूर में ही स्थित शालै पर भी उसका अधिकार हो गया। नोलम्बों और गंगों को हराकर उसने तलैक्काडु, नोलम्बपाडि और पिरुदिगंगर-वलनाडु को अपने कब्जे में कर लिया। मैसूर के कोंगु क्षेत्र पर चोलों का पहले से ही अधिकार था। राष्ट्रकूटों का इस समय तक पूर्वगौरव समाप्त हो चुका था। अतः आधुनिक कर्नाटक प्रान्त के अधिकांश भाग पर अपनी सत्ता स्थापित करने में राजराज को विशेष कठिनाई का सामना नहीं करना पड़ा।

राजराज की मुठभेड़ चालुक्यों से हुई। 992 ई. के एक शिलालेख के अनुसार चालुक्य शासक तैलप द्वितीय ने राजराज को हराकर उससे 150 हाथी छीन लिए। कुछ दिनों के पश्चात् चालुक्य शासक से उसका कुछ खजाना हस्तगत करने में राजराज सफल रहा। चालुक्यों की स्थिति परमारों द्वारा किए गए आक्रमणों के कारण ठीक नहीं थी। इस स्थिति में राजराज को लाभ हुआ। 1003 ई. के एक अभिलेख के अनुसार राजराज ने साढ़े सात लाख देश रट्टपाडि पर तलवार के बल पर अधिकार कर लिया। चालुक्य सेनापति को राजराज ने बन्दी बना लिया। चालुक्यों की राजधानी मान्यखेट पर राजराज का अधिकार हो गया। अपने शासनकाल के अन्तिम समय राजराज ने गंग और वेंगी मंडलों के लिए एक महादंडनायक नियुक्त किया।

राजराज ने अपने शासनकाल के आरम्भ में एक सेना उत्तर की दिशा में भेजी। उसने तंजावूर कूर्रम में कारु-कुडि और पाकिनाडु को जीता। वेंगी की गद्‌दी पर राजराज ने लगभग 111 ई. में शक्तिवर्मन को बैठाया।

इस तरह अपने पिता की कल्पना को साकार करने में राजराज ने महत्त्वपूर्ण भूमिका निभाई। वह पहला तमिल शासक था जिसने अपने शासन की प्रमुख घटनाओं का आधिकारिक विवरण निश्चित शब्दों में निबद्ध करने के विचार को जन्म दिया। राजराज प्रथम ने अपनी प्रशस्ति की प्रस्तावना के कम-से-कम तीन रूपों का प्रयोग स्वयं किया। तिरुवालंगाडु ताम्रपत्रों ने राजराज प्रथम द्वारा लंका-विजय के सम्बन्ध में लिखा है—"राम ने बन्दरों की सहायता से, सागर के आर-पार एक सेतुमार्ग बनाया था और तब बड़ी कठिनाई से तीक्ष्ण वाणों से लंका नरेश का वध किया, लेकिन राजराज प्रथम राम से भी अधिक प्रतापी सिद्ध हुआ क्योंकि उसकी शक्तिशाली सेना ने जलपोतों से समुद्र को पार किया और लंका के राजा को जला दिया।" राजराज की दूरदर्शिता इससे झलकती है कि जनमानस को अप्रत्यक्ष रूप से प्रभावित करने के लिए उसने लंका में एक शिव का मन्दिर बनवाया। उसके शिलालेखों में उल्लिखित 1200 प्राचीन समुद्री द्वीपों की अन्तिम विजय मालदीव की थी। यह नौसेना-विजय इस बात को प्रमाणित करती कि नौसेना का संगठन उसी ने किया। अपने शासन के प्रथम चरण में राजराज प्रथम ने चेरों की नौसैनिक शक्ति समाप्त करने के लिए कान्दलूर पर आक्रमण किया था।

उसके द्वारा तंजौर ने निर्मित विशाल शिवमन्दिर उसके महान शासन की यादगार है। तमिल स्थापत्यकला का यह मन्दिर ज्वलन्त उदाहरण है। इस मन्दिर ने व्यापार को विकसित करने में महत्त्वपूर्ण भूमिका निभाई। मन्दिर के खर्च को चलाने के लिए उसने अनेक ग्राम दान दिए। मन्दिर की प्रशासनिक-व्यवस्था कुशल प्रशासनिक निर्देशक का संकेत करती है। यह पूर्णतया राजराज की नीति का परिणाम था कि तंजौर एक प्रसिद्ध तीर्थस्थल की श्रेणी में आ गया।

प्रशासनिक दृष्टिकोण से भूमिकर निर्धारित करने के लिए राजराज ने भूमि का ठीक-ठीक सर्वेक्षण कराया। यह व्यवस्था बाद के भारतीय शासकों के लिए एक उदाहरण बन गई। इस कार्य के लिए उसने अनेक नए अधिकारियों की नियुक्ति की। साम्राज्य की सुरक्षा के लिए उसने एक स्थायी शक्तिशाली सेना और एक विशाल नौसेना का निर्माण किया।

शिव का भक्त होने के बावजूद राजराज ने विष्णु मन्दिरों का निर्माण कराया। उससे उसकी धार्मिक सहिष्णुता की जानकारी होती है। उसके दबाव के कारण लंका नरेश ने नेगपतम में चूड़ामणि विहार का निर्माण कराया। राजराज ने इस बौद्ध विहार के लिए एक ग्राम दान दिया।

मुम्मुडिचोल, जयंगोड, अरुमलि, चोलेन्दसिंह, शिवपादशेखर, क्षत्रियशिखामणि, जगनाथ, निगरिलि-शोल, राजाश्रय, राजा-मार्तंड, नतयविनोद, पांड्य कुलाशनि, केरलांतक, शिंगलांतक, रविकुल माणिक्य आदि उपाधियों से राजराज ने अपने को अलंकृत किया। अनेक गाँवों, नगरों एवं बस्तियों के नाम अपने परिवार के सदस्यों के नाम पर रखे जाते थे।

राजराज की सम्भवतः 15 रानियाँ थीं। इनमें से प्रधान रानी दन्तिशक्ति विटंकि (लोक-महादेवी) थी। लोक महादेवी ने मन्दिरों को काफी दान दिया। एक पुत्र और तीन पुत्रियों का पिता राजराज ने दो स्मारक विशेष रूप से निर्मित कराया। इन दोनों स्मारकों में परिवार के प्रति अपने कर्तव्यों को पूरा करने की बात अंकित की गई है।

राजराज के काल में अनेक सामन्तों की चर्चा मिलती है जो अलग-अलग क्षेत्रों में शासन-कार्य चला रहे थे। इनको काफी अधिकार प्राप्त थे। इसने लंका में प्रचलित सिक्के की तरह का सिक्का प्रचलित किया। इस प्रकार के सिक्कों में एक भोंडी मानवाकृति है जो सीधी तथा खड़ी स्थिति और उल्टी तथा बैठी स्थिति में पाई गई है। राजराज के सिंहासनारूढ़ होने से पहले के चालीस वर्षों में चोलों की स्थिति काफी खराब थी, लेकिन राजराज के काल में चोल साम्राज्य अपने विकास के अन्तिम बिन्दु पर पहुँच गया था। आरूर में मरनेवाले राजा की स्मृति में उसने मेलापाडि में एक मन्दिर (पल्लिपदै) बनवाया। उसके सात्विक उत्तम स्वभाव और राजनीतिकपटुता की प्रशंसा अनेक स्रोतों में की गई है। सुयोग्य पुत्र और परिवार के अन्य सदस्यों का सहयोग एवं पारिवारिक एकता स्थापित करने में राजराज काफी सफल रहा।

राजराज ने मणिज की वीरता का सम्मान करते हुए उसे क्षत्रियशिखामणि कोंगालव की उपाधि और माणम्बि (कुर्ग) की रियासत प्रदान की। चोलों की मुख्य विजयें इसी काल में हुईं। कुम्बकोणम् के पास पलैयारु नामक जगह थी जहाँ अस्मोलिदेव-ईश्वर का मन्दिर था। इस मन्दिर का नाम राजराज के ऊपर पड़ा था। इस मन्दिर के पास राजराज का एक प्रिय महल था। तंजाबूर के प्रसिद्ध मन्दिर का निर्माण कार्य राजराज के समय सम्पन्न हुआ था। राजा द्वारा इस मन्दिर के लिए दिए गए दान की विस्तृत चर्चा मन्दिर के अभिलेखों में है।

पुरंबडि नामक नवीन नगर की योजना इसी शासक ने बनाई थी। दो नवीन सड़कों का निर्माण भी हुआ जो पूरब से पश्चिम की ओर जाती थीं। मन्दिर से सम्बन्धित गणिकाओं को उसने सहायता दी। उसने मन्दिर से संलग्न एक औषधालय का निर्माण भी कराया। सम्राट राजराज चक्रवर्तिगल और उदैयार कहलाया। उसका शैव गुरु 'देवर' था।

इस महान सम्राट पर *राजराजेश्वर-नाटकम्* और *राजराजविजयम्* की रचना हुई। *राजराजेश्वर-नाटकम्* तंजौर के महामन्दिर में उत्सवों के अवसर पर अभिनीत होता था। इससे राजराज की प्रसिद्धि की जानकारी होती है।

12.4 राजेन्द्र चोलदेव (1012-1044 ई.)

अपने पिता के शासनकाल के अन्तिम वर्षों में राजेन्द्र चोलदेव प्रथम 1012 ई. में युवराज घोषित किया गया। विरासत में उसे एक विशाल साम्राज्य मिला जिसका विस्तार मैसूर में कुछ भाग, मद्रास, आन्ध्र और लंका तक था। प्रशासनिक संगठन काफी परिपक्व ढंग से हो चुका था। एक शक्तिशाली नौकरशाही अस्तित्व में आ गई थी। वह नौकरशाही सामन्तवादी थी। इसका कर्तव्य साम्राज्य में शान्ति और व्यवस्था बनाए रखना था। साम्राज्य इतना विशाल था कि युवराज होने के बावजूद राजेन्द्र चोल का उत्तरदायित्व काफी बढ़ गया। मौर्य सम्राट अशोक के समान अपने बड़े भाइयों के होने के बावजूद अपनी अपूर्व योग्यता के कारण ही वह युवराज बनाया गया था।

अपने शासन के तीसरे वर्ष में राजेन्द्र चोल ने बनवासी पर अधिकार कर लिया। उसने चालुक्य शासक सत्याश्रम से अपने पुराने क्षेत्रों को छीन लिया। राष्ट्रकूटों की राजधानी मान्यखेट को राजेन्द्र चोल ने एक युद्धस्थल के रूप में बदल दिया था। तुंगभद्रा को पार कर लड़ते हुए राजेन्द्र चालुक्य देश के हृदय प्रदेश कल्याणी तक पहुँच गया। उसने श्रीलंका के राजाओं और रानियों के मुकुट और हार, जिन्हें पांड्य ने कुछ समय पूर्व उनके पास रखा था, छीन लिया और पारदर्शक सागर पर स्थित सम्पूर्ण ईल-मंडलम् पर भी अधिकार कर लिया। पारन्तक भी जिसे नहीं प्राप्त कर सका था, उसे राजेन्द्र ने प्राप्त कर लिया। 1018 ई. में उसने केरल नरेश का पुराना खजाना लूट लिया। अनेक प्राचीन द्वीपों पर उसका प्रभुत्व स्थापित हो गया। मदुरा में एक राजमहल को बनवाकर उसने वहाँ अपने पुत्र को वायसराय नियुक्त किया। अपने शासनकाल के चौबीसवें वर्ष में उसने शोलविण्णगर नामक मन्दिर को दानस्वरूप विशाल भूमि दी।

रट्ट देश पर अधिकार करने के लिए राजेन्द्र ने अपना अभियान काँचीपुरम से शुरू किया। जयसिंह भाग गया और रट्ट देश पर उसका अधिकार हो गया। मास्की के युद्ध के समय राजेन्द्र चोल के डर से वेंगी का राजा भाग गया। उड़ीसा देश और दक्षिण कोसल पर आक्रमण कर राजेन्द्र गंगा तक पहुँच गया।

इस तरह अनेक स्रोतों से पता चलता है कि राजेन्द्र के काल में चोल साम्राज्य का विस्तार सुमात्रा, श्रीविजय, पन्नै, मलैयूर, मायिरुडिंगम्, इलंगाशोकम्, मापप्पालम्, तलैत्तक्कोलम्, मा-दमालिंगम्, इलामुरिदेशम्, नक्कवारम्, कडरम् आदि क्षेत्रों में था।

तत्कालीन अभिलेखों से यह नहीं पता चलता कि चोल साम्राज्य का विस्तार अनेक आधुनिक विदेशों तक था। व्यापारिक दृष्टिकोण से चोलों का सम्बन्ध पूर्व के द्वीपों के साथ

था। राजेन्द्र चोल के काल में चीन से भारत का व्यापार काफी बढ़ा। चोलों को मलय देश तथा हिन्देशिया द्वीप समूह का पर्याप्त ज्ञान था।

राजेन्द्र के काल में चोल साम्राज्य में शान्ति का वातावरण कम ही रहा। बाद के वर्षों में होनेवाले युद्धों में सम्राट ने स्वयं हिस्सा लेना बन्द कर दिया। अपने पुत्रों को वह सदा अभियान पर भेजता रहा ताकि उनकी युद्धकला विकसित हो।

पांड्य और केरल के विद्रोहों को दबाने का प्रयास राजेन्द्र को करना पड़ा। इसके बावजूद विजयालय वंश के चोलों का इतिहास राजेन्द्र के शासनकाल में अति भव्य रहा। साम्राज्य का विस्तार होने के साथ-साथ सैनिक एवं नौसैनिक शक्ति में काफी वृद्धि हुई। परिवार के सदस्यों से उसे भरपूर मदद मिली।

राजेन्द्र ने **मुडिवोंइचोल** और **पंडित चोल** का विरुद्ध धारण किया। उसे 'वीरराजेन्द्र' भी कहा जाता है। उसकी नवीन राजधानी संस्कृति की तस्वीर थी। नगर विशाल भवनों से भरा था। सिंचाई के लिए नवीन सरोवरों का निर्माण हुआ। चोलों की नवीन राजधानी का नाम गंगैकोंडशोलपुरम् पड़ा। इसका अस्तित्व आज एक गाँव के रूप में है। वहाँ शिव का एक विशाल मन्दिर था।

राजेन्द्र की अनेक रानियाँ थीं जिनमें से वीनमादेवी नामक रानी सती हो गई। राजेन्द्र तीन पुत्रों—राजाधिराज, राजेन्द्र देव और वीरराजेन्द्र का पिता था। सम्भवतः कुछ अन्य पुत्र भी थे। राजेन्द्र की पुत्री का नाम अस्मोलि-नंगैयार या पिरानार था। उसने तिरुमलवाडि स्थित मन्दिर में मोतियों का छत्र उपहार में दिया। राजेन्द्र की दूसरी बेटी अम्मंगादेवी थी।

12.5 वीरराजेन्द्र (1062-1070 ई.)

राजेन्द्र के मरने के बाद लगभग बाईस वर्षों तक चोल साम्राज्य के शासकों की साफ तस्वीर नहीं उभर पाती। 1062-63 ई. में वीरराजेन्द्र प्रथम का राज्यारोहण हुआ। वीरराजेन्द्र की आरम्भिक लड़ाई पश्चिमी चालुक्यों के साथ हुई। पांड्यों को पराजित और केरल से खिराज वसूलने के अलावा लंका पर भी उसने सफलतापूर्वक अभियान किया। उसने **आहवमल्लकुलकाल** की उपाधि ग्रहण की। इससे चालुक्यों पर उसके द्वारा की गई विजय की जानकारी होती है। चिदम्बरम् के नटराज के मुकुट में लगाने के लिए उसने त्रैलोक्यसार नामक एक सुन्दर बहुमूल्य पत्थर लाल दान में दिया। चोल, तुंडीर, पांड्य तथा गंगवटि में उसने ब्रह्मदेव दिया। वीरराजेन्द्र की मृत्यु लगभग 1070 ई. में हुई।

12.6 कुलोत्तुंग प्रथम (1070-1120 ई.)

आठ वर्षों तक शासन करने के पश्चात् 1070 ई. में वीर राजेन्द्र मर गया। उसका उत्तराधिकारी अधिराजेन्द्र गद्दी पर बैठा। एक माह के भीतर ही वह मर गया और 1 जून, 1070 ई. को राजकेसरी कुलोत्तुंग चोल प्रथम शासक बना। चोल साम्राज्य के काल में एक नया युग प्रारम्भ करने का श्रेय विद्वानों ने कुलोत्तुंग को दिया है। शासक बनने से पूर्व 1063 से 1070 ई. के बीच अनेक युद्धों में भाग लेने के कारण कुलोत्तुंग की युद्ध-कुशलता काफी बढ़ गई थी।

कुलोत्तुंग के शासक बनने के समय पश्चिमी चालुक्यों की शक्ति काफी बढ़ गई थी। वहाँ के शासक विक्रमादित्य षष्ठ ने अपना साम्राज्य विस्तार वेंगी तक कर लिया था। नए मैत्री सम्बन्ध स्थापित कर कुलोत्तुंग ने अपनी स्थिति मजबूत की। चालुक्य शासक विक्रमादित्य षष्ठ और उसके भाई सोमेश्वर द्वितीय के बीच अच्छा सम्बन्ध नहीं था। कुलोत्तुंग ने विक्रमादित्य षष्ठ के विरुद्ध उसके भाई सोमेश्वर द्वितीय को मदद दी और उसके अधिकार को दिलाने के लिए विक्रमादित्य से प्रार्थना की। होयसल कदम्ब और देवगिरि के यादवों ने चालुक्य नरेश विक्रमादित्य का साथ दिया। युद्ध प्रारम्भ हो गया। शुरू में विक्रमादित्य चोल क्षेत्र में प्रवेश करता गया, लेकिन बाद में उसे पीछे हटना पड़ा। कुलोत्तुंग पश्चिमी सागर तक चला गया। कोंकण और कन्नड़ देशों पर उसका अधिकार हो गया। क्रोधित विक्रमादित्य ने अपने भाई सोमेश्वर द्वितीय को कारावास में डाल दिया।

दक्षिण की समस्याओं में कुलोत्तुंग को उलझा हुआ देख त्रिपुरी के हैहय शासक कर्णदेव ने वेंगी पर आक्रमण कर दिया, लेकिन कुलोत्तुंग ने उसे कुचल दिया। पांड्य देश ने चोल-प्रभुत्व को ठीक से कभी नहीं स्वीकारा था। उसके शासक चोल शासकों के लिए कठिनाई के स्रोत रहे। कुलोत्तुंग की आरम्भिक कठिनाइयों से पांड्यों ने स्वयं को स्वतन्त्र करने का प्रयास किया। दक्षिण के अन्य राज्यों की स्थिति भी यही रही। कुलोत्तुंग के लगातार प्रयासों के परिणामस्वरूप पांड्य एवं केरल देशों पर चोल प्रभुत्व स्थापित हो गया, लेकिन लंका स्थायी रूप से चोल नियन्त्रण से मुक्त हो गया। कुलोत्तुंग को यह सफलता 1177-78 ई. तक मिल चुकी थी।

पुनर्विजय और सीमा निर्धारण के 15 वर्षों के पश्चात् वेनाड के नेतृत्व में चोलों के विरुद्ध एक विद्रोह हुआ, लेकिन उसे दबा दिया गया।

1077 ई. के चोलों का एक दूतमंडल चीनी दरबार में गया और चीन से व्यापारिक सम्बन्ध स्थापित करने की अनुमति प्राप्त की। इससे भारत को काफी लाभ हुआ। पूर्वी द्वीपों से कुलोत्तुंग के सम्बन्ध अच्छे रहे। उसके शिलालेखों में विदेशी द्वीपों से बहुमूल्य भेंट-वस्तुएँ आने का उल्लेख है। वेंगी राज्य का प्रशासन उसने विजयादित्य सप्तम को, उसके जीवनकाल तक के लिए सौंप दिया। विजयादित्य जब मर गया तो कुलोत्तुंग ने अपने पुत्र राजराज मुम्मडि चोल को उपराज नियुक्त कर दिया। राजराज मुम्मडि का अभिषेक सम्भवतः 27 जुलाई, 1076 ई. को हुआ था। मुम्मडि को गद्दी से ज्यादा प्रेम अपने माता-पिता के साथ रहने में था, अतः एक वर्ष के बाद ही उसने पद छोड़ दिया और उसका छोटा भाई वरिचोल उपराज बना। 1084 से 1089 ई. तक राजराज चोलगंग उपराज रहा। वह भी कुलोत्तुंग का ही पुत्र था। सम्भवतः कुलोत्तुंग की कमजोर. पारिवारिक स्थिति की जानकारी इससे होती है।

वेंगी पर आक्रमण के परिणामस्वरूप कलिंग युद्ध हुआ। कलिंग देश का दक्षिणी भाग चोल साम्राज्य में मिल गया। कलिंग पर दूसरा चोल आक्रमण 1110 ई. में हुआ। इस युद्ध में चोल सेना ने वेंगी पार कर अनेक सेनापतियों को मार दिया। इस युद्ध का मुख्य कारण कलिंग द्वारा चोल सम्राट को खिराज नहीं दिया जाना था।

कुलोत्तुंग का साम्राज्य-विस्तार 1115 ई. तक पहले जितना ही बना रहा। लंका उसके हाथ से निकल गया और कुछ आन्तरिक विद्रोहों का उसे मुकाबला करना पड़ा था। चोल

साम्राज्य और पश्चिमी चालुक्यों की सीमा वहीं रही। कर्नूल, मैसूर आदि क्षेत्रों में उसका प्रभुत्व बना रहा। वेंगी पूर्ण रूप से उसके कब्जे में था। कलिंग पर उसका आक्रमण सफल रहा।

आन्तरिक स्थिति सुदृढ़ करने के साथ-साथ कुलोत्तुंग के काल में विदेशी सम्बन्ध कायम हुए। चोल कूटनीति का विस्तार उत्तर भारत के राज्यों तक हुआ। सूर्यपूजा पर अधिक बल दिया जाना यह प्रमाणित करता है कि गहड़वालों से उनका सम्बन्ध अच्छा रहा था। कम्बोज का राजा कुलोत्तुंग को एक विशेष प्रकार का पत्थर भेंट किया। चीन जाने के रास्ते में पड़नेवाला ख्मेर साम्राज्य एवं बर्मा से मित्रता की जानकारी होती है।

शक्तिशाली होयसलों ने चोलों से गंगवाडि प्रान्त छीन लिया था। कुलोत्तुंग सम्भवतः सम्पूर्ण गंगवाडि प्रान्त को प्राप्त करने में सफल नहीं रहा। वेंगी राज्य का आधा भाग उसके अधिकार से निकल गया।

कुलोत्तुंग को राजकेसरी, त्रिभुवन चक्रवर्तिन, परान्तक, पेर्मानडिगल, विक्रमचोल, कुलशेखर, पांड्य-कुलान्तक, विस्दराजमयंकर, अकलंक, अभय, जयधर, शुंगन दविर्त्तु इस्णीक्किउलगांड आदि कहा गया है।

उसने त्रिशूलम स्थित एक नए मन्दिर को ग्राम दान दिया। कुछ व्यापारिक वस्तुओं पर से उसने चुंगी समाप्त कर दी। जलपोतों और गाड़ियों में ले जाई जानेवाली वस्तुओं पर उसने कर (इरै) लगाया। उसने बन्दरगाहों पर आने-जानेवाली वस्तुओं पर कर लगाया। अपने शासनकाल के सोलहवें और चालीसवें वर्ष में उसने भू-सर्वेक्षण करवाया। इसके लिए अनेक अधिकारियों को उसने नियुक्त किया। राजधानी गंगापुरी या गंगैकोंड-चोलपुरम् को उसने काफी सुन्दर बनाया। काँचीपुरम से भी सुन्दर और महत्त्वपूर्ण यह नगर था।

कुलोत्तुंग की एक रानी का नाम त्रैलोक्य महादेवी था जिसने अपनी माता के पुण्यलाभ के लिए 1070 ई. में आर्पाक्कम् मन्दिर में एक दीपक दान दिया। उसके काल में अधीनस्थों एवं सामन्तों की चर्चा मिलती है। दो तमिल सेनापतियों ने दक्षिणी देशों और कलिंगम् की विजयों में प्रसिद्ध भूमिका निभाई थी। दक्षिण के युद्धों में नरकोलवीर की महत्त्वपूर्ण कार्यों की चर्चा तिरुवदि तथा चिदम्बरम् से प्राप्त शिलालेखों में है। उसकी महत्त्वपूर्ण भूमिकाओं का जिक्र पांड्य देश से प्राप्त शिलालेखों में भी है। मणबलि में नरकोलवीर की एक विशाल जागीर थी। चिदम्बरम् और तिरुवदि में स्थित मन्दिरों की उसने मरम्मत कराई। उसे जयधर का प्रधानमन्त्री कहा गया। कुलोत्तुंग के बाद भी वह चोल सेवा में रहा। करुणाकर तोंडैमान के नेतृत्व में कलिंग पर आक्रमण हुआ था। वह चोल सेनापति पल्लवों का वंशज था। उसे वंडैनगर का राजा भी कहा गया है। अभिलेखों में करुणाकर की जागीर का ब्योरा है। नरकोलवीर के समान करुणाकर ने कुलोत्तुंग के बाद भी चोल सेवा की।

12.7 विक्रमचोल (1118-1135 ई.)

विक्रमचोल 1118 ई. में चोल शासक बना। अपने पिता कुलोत्तुंग के शासनकाल में ही उसने शासन का अनुभव प्राप्त कर लिया था। 1118 ई. में विक्रमचोल को दक्षिण बुला लिया गया और वेंगी का प्रशासन चोड के हाथों में चला गया। चोड का पिता गोंक प्रथम था। विक्रमचोल की अनुपस्थिति से चालुक्य शासक विक्रमादित्य षष्ठ ने लाभ उठाकर अपना साम्राज्य विस्तार

वेंगी तक कर लिया। 1126 ई. में विक्रमादित्य षष्ठ मर गया और विक्रमचोल ने आधा वेंगी को अपने अधीन कर लिया। गुंटूर जिले में स्थित चेब्रोलु के स्वामी ने उसकी अधीनता स्वीकार कर ली। तेलुगु सरदारों ने विक्रमचोल के प्रभुत्व को स्वीकारा।

अपने पिता के समय छीने गए क्षेत्रों को पाने का उसने प्रयास किया, लेकिन उसे पूर्ण सफलता नहीं मिली। मैसूर के पूर्वी भाग में उसने चोल शक्ति की स्थापना की। 1124 ई. के लगभग बाढ़ के कारण गाँवों और फसलों का काफी विनाश हुआ। उत्तरी अर्काट में कर अदा करने के लिए उर द्वारा भूमि बेच दी गई। दक्षिणी अर्काट में भूमिकर देने के लिए महासभा ने सार्वजनिक भूमि बेच दी। बाढ़ से तबाह तिरुप्पेर नामक गाँव के सभी निवासियों ने ग्राम त्याग दिया। इस संकट से तंजौर जिला भी प्रभावित हुआ। 1128 ई. में विक्रमचोल ने वार्षिक आय का अधिकांश चिदम्बरम् के नटराज मन्दिर को देकर अपनी भक्ति का प्रदर्शन किया। मन्दिर का अधिकांश हिस्सा स्वर्ण से मढ़ दिया गया। बड़े-बड़े गोल मोतियों की अनेक लड़ियों से नटराज को सजा दिया गया। मन्दिर का विस्तार किया गया। नटराज मन्दिर के अलावा विक्रमचोल ने राम के मन्दिर और अन्य इमारतों को बनवाया। श्रीरंगम् में स्थित रंगनाथ के मन्दिर के चारों ओर पाँचवीं दीवार का निर्माण कराया।

राजधानी गंगैकोंड-चोलपुरम् में स्थित राजमहल के मुख्य फाटक पर एक सेनापति तैनात रहता था। विक्रमचोल साम्राज्य का दौरा किया करता था। वह कुम्बकोणम् के निकट वलैयार, आधुनिक चिंगलपट जिला में वषारु अपरनाम कुनिवलनल्लूर, दक्षिणी अर्काट और चिदम्बरम् में कुछ-कुछ दिनों तक ठहरा था। साम्राज्य के सभी प्रमुख नगरों में उसके राजमहल थे। युद्धकाल के दौरान विक्रमचोल ने जहाँ-जहाँ पड़ाव डाला वहाँ-वहाँ इमारतें बनीं। विक्रमचोल द्वारा अनेक स्थानों का दौरा करना उसके कुशल प्रशासन का परिचायक है।

उसने **त्याग-समुद्र, त्यागवाराकर, अकलंक** अर्थात् **निष्कलंक, कलिंगत्तुप्परणि** आदि उपाधियों को धारण किया।

तत्कालीन अभिलेखों में अनेक सामन्तों एवं अधिकारियों का उल्लेख है। कलिंग युद्ध में करुणाकर तोंडैमान की भूमिका महत्त्वपूर्ण थी। मुनैयर का सरदार शोलकोन ने कोंगों, गंगों और मरहठों के साथ हुए युद्ध में प्रसिद्धि पाई थी। महानदुर्ग का ब्राह्मण कण्णन अपने धनुष का कुशल प्रयोग करने में अद्वितीय था। पुराने अधिकारी नरलेकवीर ने विशाल इमारत बनवाई। काडव नामक गज सेनापति मजबूत किलेबन्दी का स्वामी था। प्रसिद्ध सेनापति अनन्तपाल ने 1121 ई. में तिरुवाडुत्तुरै में एक बड़ा दान दिया। वत्तव चेदी देश का राजा था। उसने चोलों की तरफ से कर्णाटों को परास्त किया। इसी तरह के अनेक अधिकारियों एवं सामन्तों की जानकारी मिलती है जिनमें से अधिकांश का स्वतन्त्र अस्तित्व था।

12.8 कुलोत्तुंग द्वितीय (1135-1150 ई.)

विक्रमचोल ने अपने पुत्र कुलोत्तुंग द्वितीय को 1133 ई. में ही युवराज बना दिया। विक्रमचोल का शासन उसके बाद लगभग दो वर्षों तक चलता रहा। कुलोत्तुंग द्वितीय का राज्याभिषेक चिदम्बरम् में हुआ जहाँ उसने अनेक सुधार करवाए। उसने मन्दिर और नगर की सुन्दरता बढ़ा दी। उसने नटराज मन्दिर में सात मंजिलोंवाले **गोपुरम्** का निर्माण करवाया और आहाते में

स्थित विष्णु प्रतिमा को हटा दिया। उसने मन्दिर को दानस्वरूप काफी सोना दिया। विद्वानों को उसने संरक्षण प्रदान किया।

कुलोत्तुंग द्वितीय के काल में युद्ध की जानकारी नहीं मिलती। चोल साम्राज्य की सीमाएँ वहीं रहीं। गंगैकोंड-चोलपुरम् का महत्त्व राजधानी के रूप में रहा लेकिन कुलोत्तुंग द्वितीय को चिदम्बरम् काफी पसन्द था। 1138 ई. में वह विक्रमशोलपुरम् में स्थित राजमहल में रहा। उसने **अनपाय** नामक सर्वाधिक विशिष्ट उपाधि धारण की। उसके काल में हमें बहुत-से प्रभावशाली एवं धनी सामन्तों की जानकारी मिलती है। कुलोत्तुंग द्वितीय ने 1150 ई. तक शासन भार सँभाला।

12.9 राजराज द्वितीय (1150-1163 ई.)

कुलोत्तुंग द्वितीय का बेटा राजराज द्वितीय 1146 ई. में युवराज और 1150 ई. में चोल शासक बना। उसके काल में केन्द्रीय शक्ति में निर्बलता बढ़ी। अपने शासनकाल के अन्तिम दिनों में पहले के समान राजराज द्वितीय युद्ध में भाग नहीं लेता। यश कमाने की उसे चिन्ता नहीं रहती। सार्वजनिक महत्त्व के कार्यों में उसकी रुचि नहीं गई। उसके काल में सामन्तों के अधिकार में वृद्धि हुई और केन्द्र के विरुद्ध उनका असन्तोष बढ़ा। पूर्वजों द्वारा सुनियोजित ढंग से निर्मित केन्द्रीकृत नौकरशाहीयुक्त प्रशासन की शक्ति उसके (राजराज द्वितीय के) काल में निर्बल पड़ गई।

राजराज द्वितीय के काल में गंगापुरी राजधानी बनी रही लेकिन वह आथिरत्तलि में भी निवास करता था। उसने सर्वाधिक उल्लेखनीय उपाधि चोलेन्द्र सिंह धारण की। उसने राजराज-उला, वीरधर, वीरोदय, राजगम्भीर, कंडन, एदिरिशोल, नेरियुडैच्चोल की उपाधियाँ भी धारण कीं। इस शासक के काल के सामन्तों ने मन्दिरों को दान दिया, मन्दिर बनवाया और अपनी स्वतन्त्र स्थिति मजबूत की।

राजराज द्वितीय के शासनकाल के अन्तिम चरण में उत्तराधिकार का प्रश्न खड़ा हो गया। पांड्य देश में इसके लिए गृहयुद्ध छिड़ा और चोल साम्राज्य से लंका अपना प्रभाव फैलाने लगा। चोलों ने लंका का विरोध किया। राजराज द्वितीय मरा और गृहयुद्ध का भी अन्त हुआ। राजाधिराज द्वितीय उत्तराधिकारी बना। वह राजराज द्वितीय का बेटा नहीं, बल्कि विक्रमचोल का पोता था। चूँकि वास्तविक उत्तराधिकारियों में योग्यता का अभाव था, अतः चोल-राजगद्दी पर बैठने के लिए राजाधिराज द्वितीय को चुना गया।

12.10 राजाधिराज द्वितीय (1163-1179 ई.)

युवराज चुने जाने के पश्चात् राजाधिराज द्वितीय ने सहायक रीजेंट के रूप में राजराज के साथ शासन किया। राजराज द्वितीय के शासनकाल के पश्चात् पांड्य देश में उत्तराधिकारी के लिए भयानक युद्ध छिड़ गया। गद्दी प्राप्त करने के लिए चोलों के एक दल सिंहल नरेश पराक्रमबाहु प्रथम की और दूसरे चोल दल चोल शासक से सहायता की याचना करने लगा। गृहयुद्ध ने पांड्य शक्ति को जन्म दिया जिसने दोनों राज्यों को निगल लिया। लंका ने

पांडिमंडलम् पर अधिकार कर कुलशेखर को मदुरा से बाहर निकाल दिया। लंका-सेना ने राजाधिराज के अनेक सामन्तों को पराजित कर तोंडि और पाशि के क्षेत्रों पर अधिकार कर लिया। पड़ोसी क्षेत्र लंका आक्रमण से डर गए। लंका से बचने के लिए अनेक राजाओं ने पूजा-पाठ करना शुरू कर दिया। लंका की सेनाओं ने रामेश्वरम् के मन्दिर को लूट लिया। चोलों की मदद से पांड्य देश लंका का एक प्रान्त बनने से रह गया। इसी समय लंका में राजगद्दी के लिए द्वन्द्व छिड़ गया। सात-आठ वर्षों तक राजाधिराज का ध्यान दक्षिण में युद्ध-संचालन पर केन्द्रित रहा। पांड्य गद्दी से राजशेखर को राजाधिराज ने हटा देने का आदेश दिया क्योंकि वह चोल राजा के प्रति राजद्रोह का दोषी पाया गया। चोल सेनापति अण्णन पल्लवरायन ने पराक्रम के पुत्र वीर पांड्य को मदुरा के सिंहासन पर बैठाया था। राजाधिराज के शासनकाल के अन्त तक यही स्थिति बनी रही।

राजाधिराज के नेतृत्व में चोल साम्राज्य अपनी पुरानी स्थिति में बरकरार रहा। यंग देश के एक भाग पर अभी भी चोलों का प्रभुत्व रहा। राजाधिराज ने **करिकाल** की उपाधि ग्रहण की। राजाधिराज के काल में सामन्तों की स्थिति सुदृढ़ रही। उनकी संख्या में वृद्धि हुई। केन्द्रीय प्रशासन पर सामन्तों का प्रभाव बढ़ा। इस स्थिति में प्रशासन पर केन्द्रीय नियन्त्रण का ढीला पड़ना स्वाभाविक था। केन्द्रीय नियन्त्रण से काफी क्षेत्र निकल गए और उनमें स्वतन्त्र राज्य स्थापित हो गए। जब तक केन्द्रीय शासन शक्तिशाली था, उस समय ग्राम-प्रशासन इकाइयाँ व्यवस्थित ढंग से काम करती थीं। शहरों में विभिन्न निगम अपना काम चलाते थे। स्थानीय इकाइयाँ और निगम पहले केन्द्र से सम्बन्धित थे, लेकिन सामन्तों की स्थिति जब सुदृढ़ हुई तो केन्द्र का नियन्त्रण स्थानीय इकाइयों एवं नियमों पर कम हो गया। सामन्तों ने अपनी सेना बना ली। वे निगमों, सभाओं और छोटे-छोटे लोकप्रिय संगठनों के कार्यों में हस्तक्षेप करने लगे। अनेक सरदार विस्तृत भू-भाग के स्वामी होते। यह भू-भाग वेतन या पुरस्कार के रूप में उन्हें केन्द्र से प्राप्त हुआ था। सम्राट ने उन्हें इस शर्त पर भी विस्तृत भू-भाग दिया कि युद्ध के समय वे सैनिकों की टुकड़ियाँ प्रदान करेंगे। सामन्तों की अधिकार वृद्धि से सम्राट के प्रशासनिक कार्यों में बाधा पड़ने लगी। साम्राज्य की आय में गिरावट हुई। सम्राट की प्रतिष्ठा में गिरावट आई। गाँव और केन्द्र के बीच का प्रत्यक्ष सम्बन्ध समाप्तप्रायः हो गया। लोकसंगठनों को अधिकतर उनकी स्थिति पर छोड़ दिया गया। अब स्थानीय सरदारों द्वारा ही लोकसंगठनों की समस्याओं पर विचार किया जाने लगा। निजी लाभ के लिए सरदारों में गुटबन्दी बढ़ने लगी और कुलीन वर्ग विकसित हुआ। गुटों की शक्ति-वृद्धि के लिए भयंकर जादू-टोनों का प्रयोग किया जाता। सामन्तों की स्थिति इतनी सुदृढ़ हो गई कि वे केन्द्र से सन्धि करने लगे। राजा के प्रति वफादारी दिखाने की उन्हें शपथ लेनी पड़ती। साम्राज्य छोटे-छोटे राज्यों में बँटने लगा।

12.11 कुलोत्तुंग तृतीय (1178–1217-18 ई.)

राजाधिराज की मृत्यु से पूर्व ही कुलोत्तुंग तृतीय को अगले राजा के रूप में मान्यता मिल गई थी। उसका सम्बन्ध सम्भवतः चोलों के मुख्य वंश से नहीं था। जिन विघटनकारी शक्तियों से चोल साम्राज्य प्रभावित होता जा रहा था उनसे मुकाबला करते हुए चोल राजसिंहासन पर

बैठना कुलोत्तुंग तृतीय जैसे योग्य एवं वीर पुरुष के लिए ही सम्भव था। कुलोत्तुंग जिस समय शासक बना पांड्यों के मामले उलझे हुए थे और सक्रिय युद्ध की आवश्यकता थी। कुलोत्तुंग ने शासक बनने के कुछ ही वर्षों पश्चात् अर्थात् 1182 ई. से पूर्व पांड्यों को आक्रमण कर परास्त कर दिया और मदुरा पर आधिपत्य स्थापित कर लिया। चोलों के विरुद्ध श्रीलंका नरेश ने पांड्यों का साथ दिया था। अतः कुलोत्तुंग का आक्रमण श्रीलंका पर भी हुआ। चोल सेना ने मदुरा की गद्दी पर से वीर पांड्य को हटाकर विक्रम पांड्य को गद्दी पर बैठाया। अपने वैभव को प्राप्त करने का प्रयास वीर पांड्य ने किया जिसके परिणामस्वरूप 1189 से पहले ही दूसरा युद्ध हुआ। इसमें वीर पांड्य पुनः पराजित हुआ। उसने केरल नरेश से चोलों के विरुद्ध मदद लेनी चाही लेकिन सफलता नहीं मिली। वीर पांड्य को कैदी के रूप में कुलोत्तुंग के दरबार में लाया गया। कुलोत्तुंग ने उसका राजचिह्न लेकर छोड़ दिया। उसी वर्ष उसने लंका नरेश को हराया। कुलोत्तुंग का पांड्यों पर तीसरा आक्रमण लगभग 1205 ई. में हुआ और इस विजय के पश्चात् उसने वीराभिषेक की उपाधि ग्रहण की।

कुलोत्तुंग के काल में काकतीयों का उत्थान हो रहा था। होयसल भी एक शक्तिशाली स्वतन्त्र राज्य के रूप में उदित हुए। वेलनाडु राजा चोलों के नियन्त्रण से मुक्त होने का प्रयास करने लगे। कुलोत्तुंग ने अनेक विरोधी सामन्तों को कुचला। सामन्तों की शक्ति में वृद्धि हो रही थी लेकिन अनेक कठिनाइयों के बावजूद अपनी विरासत को बनाए रखने में वह सफल रहा। कुछ दिनों के लिए काँचीपुरम उसके हाथ से निकल गया था।

अनेक इमारतों का निर्माण कुलोत्तुंग के काल में हुआ। स्थापत्यकला के विकास का यह सर्वोत्तम काल था। उसके काल में कम्पहरेश्वर की दीवार को अलंकृत किवाड़ों और सजावटी डिजाइनों से अलंकृत किया गया। रामायण के आधार पर मन्दिरों में अनेक मूर्तियों की स्थापना हुई। आध्यात्मिक ग्रन्थ सिद्धान्तरत्नाकर की रचना ईश्वर शिव ने इसी काल में की थी। उसके काल में चिदम्बरम् के मन्दिर में सभापति का **मुखमंडल,** गिरीन्द्रजा (शिवकामी) देवी का **गोपुर** और अहाते के चारों ओर का बरामदा निर्मित हुआ। काँचीपुरम के एकमेश्वर और मदुरा के हालाहलास नामक मन्दिरों में सुधार कार्य किए गए। राजराजेश्वर के मन्दिर एवं दो प्रसिद्ध शिव मन्दिरों को कुलोत्तुंग ने अपार राशि दान दी। एक सभा मंडल का निर्माण तिरवारुर में किया गया। वाल्मिकेश्वर का विशाल गोपुर उसी के काल में बना। 1202-3 में खाद्यान्न की भारी कमी होने से अकाल पड़ा। चावल का भाव चौगुना हो गया। अकाल से मुकाबला करने के लिए ग्रामीणों द्वारा अनेक तालाबों का निर्माण किया गया। तंजौर से प्राप्त एक शिलालेख के अनुसार दुर्भिक्ष के दौरान भोजन के अभाव में एक बेल्लाल और उसकी दो कन्याओं ने भुखमरी से बचने के लिए स्वयं को स्थानीय मठ को 110 काशुओं में गुलाओं के रूप में बेच दिया।

तत्कालीन अनेक समस्याओं पर विजय पाने में कुलोत्तुंग सफल रहा। साम्राज्य के विस्तार में बढ़ोत्तरी नहीं हुई तो कमी भी नहीं आई। अनेक स्थानीय मामलों को सुलझाने में केन्द्र की महत्त्वपूर्ण भूमिका की जानकारी होती है। ग्राम-सभाओं पर केन्द्र का सतर्क नियन्त्रण रहा। सामन्तों की स्वतन्त्रता बनी रही। प्रायः सैद्धान्तिक तौर पर सामन्तों का सम्बन्ध केन्द्र से बना रहा। कुलोत्तुंग के काल में कोलार का गंग सामन्त काफी शक्तिशाली था। उसके

पुत्र कालहस्ती में 1181 में एक दीप दान दिया। तमिल व्याकरण का एक विद्वान उसका आश्रयदाता था। पवणन्दिनामक जैन लेखक उसी के दरबार में रहता था। उसने *नन्नूल* नामक ग्रन्थ की रचना की।

मगदै-मंडलम् का शासक इस काल में वाण नामक सामन्त था। तिरुवण्णमलै के मन्दिर की छत पर वाण ने सोना मढ़वाया और पोनपरप्पिन मगदेशन कहलाया। सामन्त वाण के एक मन्त्री ने कोलूर में एक मंडप बनवाया। तिरुवण्णमलै में उसने कुछ दीप दान दिए। उसने श्रीकैलाश नामक एक पाषाण मन्दिर बनवाया और पोप्परिप्पिन ईश्वर नामक एक मूर्ति की स्थापना की।

उत्तरी और दक्षिणी चिंगलपेट तथा चित्तूर के क्षेत्र में शाम्बुवराय, काडवराय चिदिराय प्रमुख सामन्त थे। कुलोत्तुंग तृतीय के शासनकाल में इनके अधिकारों में काफी वृद्धि हुई। कुलोत्तुंग तृतीय के अभिलेखों में वर्णित सामन्तों की लम्बी सूची से प्रमाणित होता है कि केन्द्रीय प्रशासन कमजोर होता जा रहा था। स्थानीय नियमन और रक्षा के केन्द्र नहीं, बल्कि सामन्तों का सम्बन्ध जुड़ गया था। स्थानीय राजाओं की राजसत्ता में विकास होता गया।

12.12 राजराज तृतीय (1216-1260 ई.)

1216 ई. में राजराज तृतीय युवराज बना। वह सम्भवतः कुलोत्तुंग तृतीय का पुत्र था। राजराज तृतीय एक कुशल योद्धा था, राजनीतिज्ञ नहीं था। उसका राज्यकाल कठिनाइयों से भरा रहा। दक्षिण में पांड्य और पश्चिम में होयसल शक्तियों का उदय हो चुका था। चोलों के जीवित रहने का मुख्य आधार इन दोनों शक्तियों (पांड्य और होयसल) की आपसी प्रतिद्वन्द्विता थी। दोनों शक्तियाँ चोल राजधानी पर अधिकार करने के लिए आपस में युद्धरत रहीं। काकतीयों की स्थिति काफी मजबूत हो चुकी थी। चोल साम्राज्य के आन्तरिक सामन्त पहले से ही शक्तिशाली थे जिन्हें केन्द्र से ज्यादा अपने स्वार्थ की चिन्ता थी। ये लोग अपने लिए आपस में युद्ध करते रहते थे।

राजराज ने सन्धि की शर्तों को तोड़ा और पांड्य शासन मारवर्मन सुन्दर पांड्य प्रथम ने चोलों पर आक्रमण कर दिया। चोलों को सैनिक, घोड़ों और हाथियों की भारी क्षति हुई। चोल पटरानियाँ कैद कर ली गईं। **होयसलों** का आक्रमण भी चोलों पर हुआ। चोल सामन्त अरण्य तथा गोप्पष्य की सहायता से राजराज की जान बची।

उपर्युक्त प्रारम्भिक भयंकर आक्रमणों के पश्चात् राजराज ने अपनी स्थिति ठीक रखी। इसके लिए उसे न केवल अधीनस्थ सामन्तों, बल्कि होयसलों पर भी निर्भर रहना पड़ा। उसके काल में राजद्रोहों की संख्या में वृद्धि हुई। 1246 ई. में राजेन्द्र चोल युवराज बनाया गया। राजराज तृतीय 1260 ई. तक जीवित रहा। राजराज के शिलालेख सेलम, चित्रूर, कुदप्पा और नेल्लोर जिले से प्राप्त हुए हैं। इससे चोलों की प्रभुसत्ता की जानकारी इन क्षेत्रों में होती है। राजराज के काल में अनेक आन्तरिक सामन्त अपनी सुरक्षा के लिए बिना केन्द्र की आज्ञा से बाह्य शक्तियों से सन्धि करने की जानकारी होती है। एक राजद्रोही की चर्चा मिलती है जिसने एक रखैल को देवी का रत्न दे दिया। मन्दिर के धन का उसने दुरुपयोग किया और राज्यादेश का उल्लंघन किया।

पांड्यों के विरुद्ध चोलों की सहायता होयसलों ने चोल अस्तित्व को अधिक दिनों तक बनाए रखने में सहयोग किया। इसका परिणाम यह हुआ कि चोल साम्राज्य के कुछ प्रदेशों पर होयसलों का दबदबा स्थापित हो गया। अनेक सामन्तों ने चोलों की कमजोर सैनिक शक्ति को महसूस किया और उनमें अधिकतर स्वतन्त्र होने लगे। शक्तिशाली होयसलों के प्रभुत्व को रोकने में चोल शासक राजराज तृतीय असमर्थ रहा।

उपर्युक्त कमजोर स्थिति के बावजूद चोल साम्राज्य विस्तृत भू-भाग पर जमा रहा। अनेक सामन्तों के बगावतों को दबा दिया गया। साम्राज्य में राजनीतिक अशान्ति का वातावरण बना रहा। अनेक विपत्तियों के बावजूद लोगों के मन पर चोल साम्राज्य का गहरा प्रभाव रहा।

12.13 राजेन्द्र तृतीय (1260-1279 ई.)

1246 ई. में राजेन्द्र तृतीय युवराज बनाया गया। वह योग्य राजकुमार था। उसने अपने वंश के पुराने शासन को पुनः प्राप्त करने का प्रयास किया। सर्वप्रथम उसने पांड्य शासक को हराकर देश को लूटा। चोल प्रभुसत्ता को स्वीकारने के लिए राजेन्द्र ने पांड्य शासक को बाध्य कर दिया। होयसलों का पूर्ण प्रभुत्व चोलों पर स्थापित न हो सके इसके लिए राजेन्द्र ने होयसलों से दूर और तेलुगु-चोडों के करीब जाना शुरू किया। परिणामस्वरूप होयसलों से उसकी दुश्मनी बढ़ी। पांड्यों का नया शासक निर्बल निकला और चोलों के पक्ष में था। उत्तरी अर्कोट के शासक से अच्छा सम्बन्ध बनाए रखने में राजेन्द्र सफल रहा।

काँचीपुरम कुछ वर्षों से टिक्क के अधीन तेलुगु-चोड राज्य का भाग था। राजराज तृतीय के समय से ही काँचीपुरम पर चोलों का प्रभाव कम हो गया था। कुछ दिनों के लिए काँचीपुरम पर पांड्य अधिकारियों का आधिपत्य रहा। इस तरह काँची पर चोलों का पूर्ण आधिपत्य समाप्त हो गया था।

पांड्य सम्बन्धी नीति के मसले पर चोल और होयसल शासकों के बीच मतभेद रहा लेकिन पुनः मित्रता स्थापित हो गई। इसकी पुष्टि तत्कालीन अभिलेखों से होती है। चोलों और होयसलों के बीच मित्रता का प्रमुख कारण यह था कि पांड्य राज्य का दक्षिण में विस्तार था। जटावर्मन सुन्दर पांड्य प्रथम ने चोलों से खिराज वसूला और होयसलों को मैसूर के पठारी क्षेत्र में भगा दिया। तेलुगु-चोडों को भी उसने हराया। इस स्थिति में चोल और होयसल शासकों के बीच पांड्य शक्ति के विरुद्ध मित्रता स्थापित करना स्वाभाविक था।

राजेन्द्र तृतीय ने 1279 ई. तक शासन किया। उसका बेटा सम्भवतः पाड्य राज्य का सामन्त हो गया। पांड्य साम्राज्य अपने उच्चतम शिखर पर पहुँच चुका था। राजेन्द्र तृतीय के पश्चात् कोई अन्य चोल शासक की जानकारी नहीं मिलती है। बाद के कुछ सरकारों ने अपने को चोलों का वंशज होने का दावा किया।

12.14 प्रशासन

चोलों की शासन-प्रणाली भारतीय शासन-पद्धति में अपना एक विशिष्ट स्थान रखती है। चोलों ने अपना एक विशाल राज्य स्थापित किया था और उस पर शासन-प्रबन्ध भी बड़ी

कुशलता से किया था। उनका ग्राम शासन तो भारतीय शासन-पद्धति में असामान्य था। वास्तव में यदि यह पूछा जाए कि चोल इतिहास में सबसे महत्त्वपूर्ण पक्ष कौन-सा है तो यह उत्तर मिलेगा कि शासन-व्यवस्था का उत्तम संगठन और इसकी अपनी कुछ विशेषताएँ। चोलों की शासन-पद्धति की विशेषताएँ निम्नलिखित हैं–

केन्द्रीय सरकार–चोल-साम्राज्य की शासन-व्यवस्था प्रमुखतः राजतन्त्रात्मक थी। अतः शासन का केन्द्र राजा होता था। छोटे से राज्य से विशाल साम्राज्य में परिणत हो जाने से राजा का प्रभुत्व, ठाटबाट तथा सम्मान बहुत अधिक बढ़ गया था। उसकी एक से अधिक राजधानियाँ और राजसभा ऐश्वर्यमयी तथा तड़क-भड़क से परिपूर्ण होती थी। राजा अश्वमेध आदि यज्ञों का अनुष्ठान करता था, और ब्राह्मणों को विपुल धन दान स्वरूप देता था। चोल राजाओं की महानता के कारण विशेष मन्दिरों के नाम भी राजाओं के नाम पर रख लिए जाते थे; जैसे राजराजेश्वर मन्दिर और अन्य मन्दिरों में उनकी प्रतिमाएँ रखी जाती थीं।

सम्राट को शासन-प्रबन्ध के कार्यों में सहायता देने के लिए कई कर्मचारी होते थे। उनको नकद वेतन नहीं दिया जाता था, बल्कि भू-भाग के रूप में पारितोषिक दिया जाता था। अभिलेखों से स्पष्ट है कि चोल साम्राज्य में सिविल सर्विस का संगठन सुव्यवस्थित था। इस विभाग का अध्यक्ष सम्राट का प्राइवेट सेक्रेटरी होता था। उसकी आज्ञाओं को सेक्रेटरी लिखकर प्रान्तीय शासकों के पास भेज दिया करते थे। यह एक उल्लेखनीय बात है कि चोल शासन-पद्धति में कोई मन्त्रिमंडल नहीं होता था। परन्तु इस अभाव की पूर्ति योग्य कर्मचारी वर्ग द्वारा हो जाती थी। इस वर्ग के प्रमुख सदस्य सम्राट के निकट सम्पर्क में रहा करते थे और वे शासन-कार्यों में राजा को परामर्श देते थे। चोल नृपति अपने साम्राज्य का दौरा भी किया करता था, जिससे शासन-व्यवस्था शिथिल नहीं पड़ने पाती थी।

प्रादेशिक विभाजन–चोल साम्राज्य अनेक प्रान्तों में विभक्त था जिन्हें 'मंडलम्' कहते थे। ये कई प्रकार के थे–विजित, प्राचीन तथा सामन्तवर्गीय। यहाँ के शासक स्थानीय मांडलिक नृपति न थे, वहाँ राजकुल अथवा अन्य विशिष्ट कुलों से शासक नियुक्त किए जाते थे। मांडलिक नृपति अपने सामन्त राज्यों का शासन आप करते थे। परन्तु उन्हें वार्षिक कर देना पड़ता था। आवश्यकता पड़ने पर सम्राट को धन तथा जन से सहयोग करना पड़ता था। मंडल के अनेक भाग थे। नाडुओं के नीचे **ग्रामसमूह** थे। प्रत्येक समूह **कुर्रम** कहलाता था। शासन की सबसे छोटी इकाई **ग्राम** थी। ग्राम के शासन पर ही चोल शासन-विधान का गौरव अवलम्बित था।

12.15 स्थानीय स्वशासन

चोल काल की प्रमुख देन स्थानीय स्वशासन है। इसकी शुरुआत भारत में इसी समय से हुई। स्थानीय शासन की सबसे प्रमुख इकाई और नई चीज **ग्रामसभा** या **महासभा** थी जिसमें गाँव के बालिग पुरुष होते थे। ये सदस्य गाँव के बहुत-से झगड़ों को निबटाते और समयानुसार निर्णय में विद्वानों से मदद लेते हुए अपनी आवाज राजा तक पहुँचाते थे। इस सभा को सरकार द्वारा मान्यता मिली हुई थी। गाँव में एक और सभा थी जिसे **समुदाय**

कहा जाता था। इसका काम मन्दिर और व्यवसाय से सम्बन्धित था। ग्रामसभा और समुदाय सामूहिक रूप से खरीद-बिक्री एवं नाजायज लाभ उठानेवालों पर मुकदमा कर सकती थी। गाँवों में अन्य संगठन भी होते थे जिनका आधार प्रायः आर्थिक होता था, जैसे—व्यापारियों के **बलंजियर के संगठन** और **माणिग्रामम्**। ऐसे संगठन प्रायः अपना नाम निवास-स्थान के नाम पर रखते थे। जैसे—निरुपुरंगवियम के बलंजियर और आदित्यपुर के मणिग्रामम्।

इस काल में सबसे अधिक संगठनों की संख्या धर्म-सम्बन्धी थी। **मूलपरुडैयार** नामक संगठन द्वारा अलग-अलग स्थान के मन्दिरों का प्रबन्ध किया जाता था। कुछ वैसे संगठन बनते थे, जिनका उद्‌देश्य किसी मामले को सुलझाना होता था लेकिन सफलता नहीं मिलने पर या कुछ मामले के समाप्त हो जाने पर यह संगठन स्वयं समाप्त हो जाता था।

अनेक प्रकार के ग्रामीण प्रशासनिक समुदायों को दान भी मिलता था ताकि जरूरत पड़ने पर वे खर्च कर सकें। ग्रामसभा दो प्रकारों—**ऊर** और **सभा** में बँटी थी। **ऊर** अर्थात् पुर गाँव और शहर दोनों के लिए प्रयोग किया जाता था। यह सभा अपने प्रतिनिधियों को दस्तावेजों के मसौदे बनाने और उन्हें खुदवाने का आदेश देती थी। सभा प्रायः ब्राह्मण ग्राम से सम्बन्धित होती थी। ब्राह्मणों को भूमि दान में मिलने से अनेक बस्तियाँ ब्राह्मणों की बन गईं। ये ब्राह्मण सभा और इसकी कार्य-समिति के माध्यम से स्थानीय मामलों को सुलझाते थे।

स्रोतों में **नगरम्** नामक एक सभा की जानकारी होती है। यह सभी स्थानीय निवासियों की सभाएँ होती थीं, जो व्यापारिक नगरों से सम्बन्धित थीं। यह समिति अपने में स्वतन्त्र थी और सार्वजनिक कार्यों को करती थी। लेकिन कभी-कभी राजकर्मचारी इनके हिसाब की जाँच-पड़ताल करते थे।

वारियम नामक स्थानीय सभा प्रायः मन्दिरों, तालाबों, सोने की जाँच-परख, सदस्यों की चुनाव पर्चियाँ निकालना आदि काम ग्राम स्तर पर करती थी।

उपर्युक्त सभी सभाओं को आवश्यकता पड़ने पर एक-दूसरे को सहयोग करना पड़ता था। इस तरह गाँव अपने में एक छोटा गणतन्त्र ही होता था, जिसे स्वायत्तता प्राप्त थी। कर लगाने, करों में छूट देने, झगड़ों का निबटारा करने आदि का अधिकार इन्हें था, और ऐसी व्यवस्था सर्वप्रथम हम भारत में चोलों के काम में ही पाते हैं। इनका कुल चिह्न 'बाघ' था। सामान्य प्रशासन में अनेक प्रकार के कर एवं राजस्व वसूलने की व्यवस्था थी जिसका कुछ हिस्सा सार्वजनिक कार्यों में व्यय किया जाता था।

इस काल में सामाजिक संगठन का आधार जाति थी जिसका जन्म व्यवसाय के आधार पर हुआ। व्यावसायिक हितों की रक्षा के लिए यहाँ की जातियों ने संगठन बना लिया था। इन लोगों में आपसी मेल रहता था। व्यवसाय बदलने की स्वतन्त्रता थी। अनेक मिश्रित जातियाँ थीं। इसी समय दक्षिणबाहु और वामबाहु वर्गों का विकास हो चुका था। स्त्रियों को स्वतन्त्रता प्राप्त थी। उन्हें सम्पत्ति रखने और खर्च करने का भी रिवाज था। इस काल में सती प्रथा की बात हम नहीं के बराबर पाते हैं। इस काल की गणिकाओं की सामाजिक प्रतिष्ठा का अनुमान हम इसी बात से कर सकते हैं कि सामाजिक कार्यों के लिए इनके द्वारा बड़े पैमाने पर भूमि दान भी दी जाती थी।

12.16 सामुद्रिक गतिविधियाँ

विश्व में सामुद्रिक यात्राओं का जन्मस्थान हिन्द महासागर[1] है। ई.पू. 3 हजार वर्ष पहले से ही भारतीय नाविकों ने सामुद्रिक यात्राएँ करना प्रारम्भ कर दिया था। सिन्धु सभ्यता काल में लोथल[2] जैसे कई महत्त्वपूर्ण बन्दरगाह थे। इस काल में भारतीय नाविक मेसोपोटामिया और मिस्र की यात्राएँ करते थे। *वेद, महाभारत* एवं *रामायण* में सामुद्रिक यात्राओं की अनेक कथाएँ मिलती हैं। पुराने जमाने में समुद्री जलमार्ग अन्तर्राष्ट्रीय व्यापार का आधार था। दिशा का पता लगाने के लिए जब यान्त्रिक उपकरण की जानकारी नहीं थी उस समय सूर्य, चन्द्रमा, ग्रह और नक्षत्र आदि की मदद से दिशा का ज्ञान नाविक प्राप्त करते थे।

मौर्यकाल में भारत का पूरा व्यक्तित्व निखरकर सामने आया। इस समय व्यापारियों के पास निजी जहाज होते थे जिनसे वे समुद्री व्यापार करते थे। कुषाण काल में मानसूनी हवाओं की खोज की गई और इसके बाद रोमन जहाज भारत के पश्चिमी समुद्री तट तक सीधे आने लगे। यहाँ से वे पूर्वी तट को रवाना होते थे। पूर्वी तट पर कामारा[3] और पोडुका[4] प्रसिद्ध बन्दरगाह थे। गुप्तकाल के प्रारम्भिक चरण में पूर्वी और पश्चिमी समुद्रतट जबरदस्त व्यापारिक गतिविधियों वाले बन्दरगाहों से भर गए।

दक्षिण भारत के चोल, चेर और पल्लव जैसे राजवंशों के शासक जहाजरानी में गहरी दिलचस्पी लेने लगे। यहाँ के सौदागरों का मानना था कि सात समुद्र पार करके ही धन-दौलत कमाई जा सकती थी।[5] दक्षिण के राजराज प्रथम, राजेन्द्र प्रथम, राजेन्द्र द्वितीय आदि राजाओं के पास शक्तिशाली नौ-सैनिक थे। चोल शिलालेखों में 'अलाइ कदल नाडुविल पल कलन[6] चेलुथिया' और 'कन्तालुर सलई कलमारूथु अरूलि'[7] जैसे वाक्यों का प्रयोग देखने को मिलता है।

राष्ट्रकूटों और चालुक्यों के साथ सफल युद्धों के बाद चोल राजा सम्राट के पद पर पहुँचने में सफल हुए। 200 वर्षों से अधिक वर्षों तक उन्होंने तुंगभद्रा नदी के दक्षिण की ओर समूचे देश को एकता के सूत्र में पिरोए रखा। राजेन्द्र चोल प्रथम के शासन के 29 वर्ष पूरे होने पर तंजौर शिलालेख लिखा गया। इसमें लिखा है, "कन्तालुर सलई में जहाजों को तोड़-फोड़कर वह (राजेन्द्र चोल प्रथम) बड़ा प्रसन्न हुआ।...उसने सिंहलियों के इलामंडलम[8] नामक एक देश पर विजय प्राप्त की। इलामंडलम के पास साढ़े सात लाख इराट्टापादी और 12 हजार प्राचीन द्वीप[9] थे।"

---

1. एलेन विलियर्स, *द इंडियन ओशन,* म्यूजियम प्रेस, लन्दन, 1952, पृ. 95।
2. ज्वार के समय जहाज को बन्दरगाह के अन्दर लाने के लिए ईंटों की कृत्रिम नहर निर्माण विश्व में सबसे पहले लोथल के इंजीनियरों ने ही किया।
3. प्राचीनकाल में यह पुहार और आज कावेरीपट्टणम के नाम से जाना जाता है।
4. अरिकामेडू।
5. बलदेव सहाय, *पोर्ट्स ऑफ इंडिया,* दिल्ली, 1986, पृ. 21।
6. ऐसा व्यक्ति जिसने समुद्र के बीच में विभिन्न प्रकार के जहाज चलाए हैं।
7. कन्तालुर सलई में जहाज नष्ट करनेवाला।
8. लंका।
9. मालदीव।

नौसैनिक विजय, सामुद्रिक व्यापार, कूटनीतिक सम्बन्ध, सांस्कृतिक विस्तार आदि उद्देश्यों को ध्यान में रखते हुए चोलों ने सामुद्रिक गतिविधियों पर ध्यान दिया। चोलों ने अतिशक्तिशाली लड़ाकू बेड़ों का निर्माण किया। उनकी नौसैनिक शक्ति का विजयघोष समुद्रपार पूर्वी द्वीपों तक पहुँचा। नाविक शक्ति के द्वारा चोलों ने अपना साम्राज्य विस्तार श्रीलंका, लक्ष्यद्वीप, मालद्वीप, मलाया, सुमात्रा, जावा, अंडमान निकोबार आदि तक किया।

चोल शासक राजराज प्रथम के काल में चोलों की सामुद्रिक गतिविधियाँ उदित हुईं। नौसेना के बल पर उसने चेर शासक को हराया। चोल संस्कृति का प्रसार उसने सुदूर पूर्व में किया। चेरों की नाविक शक्ति को उसने कन्दाल्लूर के समीप नष्ट किया। मदुरा पर आक्रमण कर उसने पांड्य शासक को बन्दी बनाया। कोल्लम को जीतने के पश्चात् पश्चिमी घाट और मल्लनाडु के दुर्गों पर उसने विजय प्राप्त की। लंका नरेश महिन्द पंचम पराजित किया गया। अनुराधापुर बर्बाद कर दिया गया। उत्तरी लंका चोल साम्राज्य का अंग बन गया। कलिंग प्रदेश पर आधिपत्य स्थापित कर तंजौर अभिलेख के अनुसार उसने लक्कद्वीप और मालद्वीप को जीता।

वेंगी नरेश को वीर राजेन्द्र ने हराया। राजेन्द्र ने 1017 ई. में सम्पूर्ण लंका को जीत लिया। श्रीविजय नामक सामुद्रिक राज्य को परास्त करने के पश्चात् मलय प्रायद्वीप, सुमात्रा, जावा और पड़ोसी द्वीपों पर चोलों का अधिकार हो गया।

नौसेना और जलबेड़े ने चोलों को सामुद्रिक व्यापार में काफी मदद की। चीन, फारस और अरब के साथ उनका व्यापारिक सम्बन्ध बढ़ा। श्रीविजय के साथ भी चोलों का व्यापारिक सम्बन्ध काफी दिनों तक चला। ग्यारहवीं सदी में अनेक व्यापारिक समूहों का चीन आना-जाना हुआ। चोल व्यापारी कपूर, हाथी-दाँत, सुगन्धित धूप, सुहागा, लौंग, गुलाब-पल्लव आदि चीन ले जाते और बदले में सोना लाते। अरब के व्यापारी यहाँ घोड़ा बेचते और चोल व्यापारियों से अनेक वस्तुएँ ले जाते। फारस की खाड़ी पर स्थित नगर शिराफ एक प्रमुख व्यापारिक केन्द्र था जहाँ सम्पूर्ण हिन्द-महासागर, चीन, जावा और मलाया के व्यापारी पहुँचते थे। इनमें प्रमुख स्थान चोल व्यापारियों का भी था।

सामुद्रिक शक्ति में वृद्धि के फलस्वरूप विदेशों से चोलों के सम्बन्ध राजराज प्रथम के काल में एक दूत मंडली चीन भेजी गई जो 1015 में चीन पहुँची। भारतीय दूतमंडल बहुमूल्य उपहारों के साथ चीन गए और उन्हें काफी सम्मान मिला। राजेन्द्र प्रथम के काल में भी दूतमंडल चीन भेजे गए। कुलोत्तुंग के काल में भी दूतमंडल चीन भेजे गए। राजेन्द्र प्रथम स्वयं श्रीविजय गया था। श्रीविजय का दूतमंडल कुलोत्तुंग प्रथम के काल में आया था। कम्बोज के शासक से राजेन्द्र प्रथम ने उपहारस्वरूप एक कीमती पत्थर प्राप्त किया था। बर्मा और कम्बोडिया से भी सम्बन्ध स्थापित किए गए।

इस काल में भारतीय समुद्री जहाज से भारतीय व्यापारी फारस में सिराफ पहुँचते थे, जहाँ इनका काफी स्वागत होता था। कपड़ा, मसाला, औषधियाँ, बहुमूल्य पत्थर, हाथी-दाँत, आबनूस की लकड़ी, कपूर आदि यहाँ से निर्यात होता था। अगरु, चन्दन, सुगन्धित पदार्थों को भी बड़े पैमाने पर भारतीय व्यापारियों द्वारा बेचा जाता था। फारस से सुन्दर रूमाल, कपड़े की गुड़िया और मोती आदि आयात किए जाते थे।

कई सौ वर्षों के पश्चात् चीन से पुनः सम्बन्ध स्थापित करने का श्रेय चोलों को जाता है। चीन की आन्तरिक स्थिति चूँकि दसवीं शताब्दी के पहले अच्छी नहीं थी, इसलिए दसवीं शताब्दी के अन्त में भारत के साथ पूर्वी तट से चीन का व्यापारिक सम्बन्ध स्थापित हुआ। भारतीय व्यापारियों को चीन में प्रोत्साहित करने के लिए चीन द्वारा इन्हें विशेष लाइसेंस दिया गया। अनेक शिष्टमंडल चीन से भारत और भारत से चीन भेजे जाते थे। इन लोगों के साथ द्विभाषीय भी जाते थे।

सूती कपड़ा, मसाला, औषधियाँ, बहुमूल्य रत्न, अम्बर मूँगा, गैंडे की सींग, आबनूस, सौन्दर्य-सामग्रियाँ और इत्र यहाँ से चीन जाता। इसकी निर्यात गति इतनी तेज हुई कि इनके व्यापार का सरकारीकरण हो गया। इसका कारण यह था कि चीन को उपर्युक्त वस्तुओं के लिए बड़े पैमाने पर सिक्के और कीमती धातु देने पड़ते थे। अतः चीनी सरकार का चिन्तित होना स्वाभाविक था। अनेक चोलकालीन मूर्तियाँ हमें चीन में देखने को मिलती हैं।

चोलों के काल से ही हमें युद्ध शैली में बड़े पैमाने पर परिवर्तन की बात मिलती है। इस समय से अरब के सौदागरों से बड़े पैमाने पर यहाँ घोड़ों की खरीदारी शुरू हुई। घुड़सवारी और व्यापार बढ़ा।

चोलकालीन इस व्यापारिक उन्नति ने सामुद्रिक मार्ग और यातायात के साधन को बड़े पैमाने पर विकसित किया। नई तकनीक से जलयानों का निर्माण किया गया। कुछ जहाज लकड़ी के तख्ते और कुछ कीलों को जोड़कर बनाए जाते थे। नारियल की लकड़ी से सिलकर तख्ते जोड़े जाते और नाव बनाए जाते थे। व्यापारियों और व्यापारिक सामानों की रक्षा के लिए तथा साम्राज्य विस्तार के दृष्टिकोण से इस काल में नौसेना में काफी वृद्धि की गई।

12.17 धातुकला

धातु उद्योग और जौहरी की कला में इस काल में काफी प्रगति हुई। बहुमूल्य रत्नों से जड़ित अनेक प्रकार के आभूषण बनाए जाते थे। इस काल में समुद्री पानी से नमक बनाने का काम सरकारी नियन्त्रण में होता था। मन्दिर भी उपयोग के केन्द्र होते थे। यातायात के दृष्टिकोण से स्थल-मार्ग ज्यादा प्रचलित था। पतली सड़क **वडि** और चौड़ी सड़क **पेरुवलि** कहलाती थी। चौड़ी सड़क की चौड़ाई लगभग 24 फुट होती थी। व्यापारियों के कई निगमों जैसे नानादेशि, नगरम्, शुंगमद्ध आदि की जानकारी होती है।

12.18 शिक्षा

शिक्षा प्राप्ति के लिए वृक्षों की छाया या मन्दिरों और मठों के बरामदों में गाँव की पाठशालाएँ होती थीं, जिनके शिक्षकों को गाँव की भूमि की आय से वेतन दिया जाता था। साधारण शिक्षा *रामायण, महाभारत* आदि के आधार पर दी जाती थी। उच्च शिक्षा मठों और मन्दिरों से सम्बन्धित विद्यालयों में दी जाती थी जो प्रायः साम्प्रदायिक हुआ करती थी। पुस्तकालयों की भी चर्चा मिलती है।

12.19 साहित्य

साहित्यिक दृष्टि से इस काल में अनेक रचनाएँ की गईं। तमिल एवं संस्कृत भाषाओं में अनेक साहित्यिक रचनाओं की रचना हुई। कुछ साहित्य का सृजन पालि में भी हुआ जिसमें मुख्य योगदान इस काल के बौद्ध भिक्षुओं का रहा। *देवारम्* और *तिरुवाशगम्* तथा तमिल वैष्णव *आगम* के चार हजार स्तोत्र में से अधिकांश स्तोत्र इसी काल की रचनाएँ हैं। *पांडिक्कौवै, शूलामणि, नन्दिक्कलम्बकम्* और *पेरुदेवनार* के भारतवेण की रचना भी इसी युग में हुई। संस्कृत के क्षेत्र में कुमारिल और शंकर-जैसी विभूतियाँ इसी युग की देन हैं। जैन कवि तिरुतक्कदेवर, शैव कवि कल्लाडनार, जयंगोंदार, ओट्टक्कुत्तन, कम्बन, पुगलेंदि, गंडरादित्य आदि विद्वानों की उपस्थिति हम इसी काल में पाते हैं।

12.20 कला और स्थापत्य

पर्सीब्राउन ने चोलकालीन कला पर काफी प्रकाश डाला है। पांड्य और पल्लवकला को आगे बढ़ाते हुए बड़े पैमाने पर मन्दिरों का निर्माण इस काल में लंका, मैसूर, आन्ध्र प्रदेश आदि क्षेत्रों में हुआ। द्रविड़ शैली का विकास इसी काल में हुआ। मुख्य मूर्ति के ऊपर एक के बाद एक पाँच से सात तल्लों का निर्माण होता था। प्रत्येक तल्ला एक विशेष शैली में बनता था जिसे **विमान** कहते थे। प्रधान मूर्तिवाले कक्ष के सामने एक सपाट छत अनेक खम्भों पर आधारित होती थी जो एक विशाल हॉल के समान दिखाई देती थी जिसे **मंडप** कहते हैं। मंडप तथा प्रधान मूर्तिवाला **कक्ष** एक ऊँची और लम्बी दीवारों से घिरा रहता था। मन्दिर में भीतर जाने के लिए बड़े-बड़े दरवाजे होते थे जिसे **गोपुरम्** कहा जाता था।

इस काल की मन्दिर सादे, खाँचेदार और तोड़े से प्रभावित हैं। इनमें त्रिभुजाकार चोल जैसा उभार नहीं है। पहाड़ पर बना इस काल के एक मन्दिर को देखने से हमें स्वतन्त्रता की झलक मिलती है। इस मन्दिर के चारों ओर थोड़ा दूर हटकर मंडप बनाए गए थे ताकि समुद्री नमकीन हवा से इनकी विशिष्टता समाप्त न हो जाए। इस काल के मन्दिर शुरू में पत्थरों के बड़े-बड़े टुकड़ों द्वारा और बाद में पत्थर की सुडौल ईंटों से बनने लगे।

आरम्भिक काल में चोल मन्दिर पल्लव शैली से प्रभावित और आकार में छोटे होते थे। इनमें स्थित मूर्तियाँ काफी प्रफुल्लित होती थीं। बाद के मन्दिरों के आकार में वृद्धि हुई, जिसका ज्वलन्त उदाहरण परान्तक प्रथम से राजराज प्रथम के काल में निर्मित मन्दिर हैं। इस काल में नए मन्दिरों में विमान गर्भगृह ऊपर की ओर उड़ता हुआ चला गया है और ऊपर जाकर कलश के समान गोलाकार हो गया है। वर्गाकार खम्भों के निचले हिस्से में बनी पंखुड़ी की बनावट इसकी मुख्य विशेषता है। बाद में चलकर खम्भे का ऊपरी हिस्सा पतला हो गया है और निचले भाग में पंखुड़ी के अलावा अन्य चित्र भी बनाए जाने लगे। इस काल के निर्मित शिव मन्दिर और नन्दी के मन्दिर में हम उपर्युक्त कलात्मक उतार-चढ़ाव देख सकते हैं। दसवीं सदी से चोल कला में और बड़े पैमाने पर विकास हुआ। 1003 से 1006 ई. के बीच निर्मित तंजौर के मन्दिर का मुख्य भवन 180 फुट लम्बा और इसका विमान मन्दिर से 90 फुट ऊँचा है। 1009-1010 ई. में ताँबे के कलश को राजराज ने स्थापित किया। इस काल के मन्दिरों में हम स्तम्भों की एक लम्बी कतार पाते हैं, जिनके माध्यम से उप-मन्दिरें आपस में जुड़े हुए

हैं। ऐसे मन्दिरों के समान ही गंगकोड में चोलपुरम् का मन्दिर बना। इन मन्दिरों के अग्रभाग की त्रिकोणात्मक सुन्दरता में वृद्धि हुई।

राजा की मूर्ति देवताओं के रूप से स्थापित की गई। इस काल में देवी का पृथक् मन्दिर सर्वप्रथम राजेन्द्र प्रथम के काल में बना, जिसे दुर्गा का बताया जाता है।

गोपुर और मंडप का प्रयोग बड़े पैमाने पर बढ़ा। सामन्तवादी काल में विकसित देवदासी प्रथा से प्रभावित होते हुए इस काल के मन्दिरों में हमें बड़े-बड़े नृत्यमंडप दिखाई देते हैं। कुछ मंडप इतने बड़े होते कि राजा द्वारा यहाँ कचहरी लगा दी जाती थी। बड़े पैमाने पर गाँव दान देने की प्रथा हमें इस काल में देखने को मिलती है।

स्तम्भों में अनेक प्रकार की गाने-बजानेवाली और नर्तकियों की मूर्तियाँ बनीं।

सुदूर-पूर्व के देशों से व्यापारिक सम्बन्ध होने के कारण चोलकालीन मन्दिरों के समान अनेक मन्दिरें भारत के पूर्वी देशों में बनीं।

चोलकालीन मूर्तिकला का अपना एक विशिष्ट स्थान है। इस काल में मूर्तिकारों ने पत्थरों में खोदकर छोटे आकार की मूर्तियाँ बनाईं। शैव एवं वैष्णव धर्म के विकास के साथ-साथ पुराण-कथाओं का प्रसार दक्षिण भारत में बढ़ा। इन कथाओं से मूर्तिकार की कल्पना प्रभावित हुई और काल्पनिक देवताओं को मूर्ति के रूप में ये आकार देने लगे।

धातुओं की मूर्तियाँ बनने लगीं। तीन प्रकार की मूर्तियाँ बनती थीं। प्रथम प्रकार की मूर्ति राजाओं या ऐतिहासिक पुरुषों की बनती थी। दूसरे प्रकार की मूर्ति देवताओं की होती। और तीसरे प्रकार की मूर्ति दीवारों को सजाने के लिए बनाई जाती थी। इन मूर्तियों में ताजगी और मौलिकता चोल कला की मुख्य देन हैं। मूर्तियों की आँखें और मुख भारतीय कला के विशिष्ट उदाहरण माने जा सकते हैं।

मूर्तियाँ ढालकर बनाई जाती थीं। कुछ मूर्तियाँ ठोस और कुछ खोखली होती थीं। विश्व प्रसिद्ध कांस्य मूर्ति 'नटराज' इसी समय बनी।

चित्रकला के क्षेत्र में चोलों की देन भुलाई नहीं जा सकती है। चोलकाल में दीवारों पर चित्रकारी की गई। दीवारों पर महीन चूने की पुताई है। यह चूना सम्भवतः शम्भव या सीपी या चूना पत्थर का चूना है। चित्रों में काला, पीला, भूरा, लाल, हरा, नीला, केसरिया और आसमानी रंग प्रमुख हैं। नीले रंग के लिए नील का प्रयोग हुआ है। आसमानी रंग बनाने के लिए नील में चूना या बारीक बालू के कण मिलाए जाते थे। पीला, भूरा और लाल रंग बनाने के लिए गेरू और पीली मिट्टी मिलाए जाते थे। हरी मिट्टी का प्रयोग हरे रंग के लिए होता था। नीले और पीले रंग को मिलाकर केसरिया रंग बनाया जाता था। कलाकार इस मामले में काफी संवेदनशील रहता कि कौन रंग कितना गहरा और कौन कितना हल्का हो। चोल काल के भित्तिचित्रों को तंजौर के मन्दिर में देखने से कला की बारीकी की जानकारी होती है।

उपर्युक्त विशेषताओं के आधार पर भारत के अनेक हिस्सों से तुलना करने पर चोलकालीन उपर्युक्त देनें काफी महत्त्वपूर्ण साबित होती हैं। इसके साथ-साथ हमें यह भी ध्यान रखना चाहिए कि यह काल सामन्तवादी वातावरण से प्रभावित था। मन्दिरों का निर्माण प्रायः लूटे हुए धन से हुआ। चोल काल में प्रशासनिक इकाई ग्राम था जो केन्द्रीय शासन की कमजोरी का प्रतीक है। कला में उत्थान विलासमय जीवन से सम्बन्ध रखता है। सातवाहन,

मौर्य और कुषाणों की तुलना में व्यापारिक गतिविधि कम रही। स्वर्ण-सिक्के के प्रयोग की बात हम व्यापार में नहीं पाते हैं। इसके बावजूद चोलकाल के प्रशासनिक, व्यापारिक और कला एवं स्थापत्य में विकास तथा विस्तार की अनेक उपलब्धियों को अनदेखा नहीं किया जा सकता।

12.21 चोलों की देन

दक्षिण भारत में एक विशाल साम्राज्य स्थापित करने का श्रेय चोल शासकों को रहा। प्रशासन, कला और सामुद्रिक गतिविधियों के क्षेत्र में इनकी देन महत्त्वपूर्ण है।

प्रशासन का सर्वोच्च राजा था। साम्राज्य **मंडलम्** अर्थात् प्रान्तों में, प्रान्त वलनाडू और नाडु में बँटा था।

इस काल की सबसे महत्त्वपूर्ण स्थानीय इकाई ग्रामसभा या महासभा थी। इसमें गाँव के बालिग पुरुष रहते थे। आपसी झगड़ों को निबटाना इनका मुख्य काम था। इस निबटारे में वे आवश्यकतानुसार विद्वानों से विचार-विमर्श करते और राजा से भी सहयोग प्राप्त करने का अधिकार इन्हें प्राप्त था। राजा से मान्यताप्राप्त ग्रामसभा के अलावा समुदाय नामक एक अन्य सभा थी। मन्दिरों एवं व्यापार की देखभाल इस सभा का काम था। दुकानदारों द्वारा की गई खरीद-बिक्री में गड़बड़ियों के विरुद्ध मुकदमा करने का अधिकार दोनों स्थानीय सभाओं को प्राप्त था। **वलंजियर** और **मणिग्रामम्** जैसी व्यापारिक संगठन होते जिनका नामकरण प्रायः स्थान के नाम के आधार पर होता। धर्म से सम्बन्धित संगठनों की संख्या सर्वाधिक थी। कुछ विशेष संगठनों का निर्माण विशेष प्रकार की समस्याओं को सुलझाने के लिए होता और कुछ दिनों के पश्चात् पुनः समाप्त हो जाता था।

आवश्यकतानुसार खर्च के लिए ग्रामीण प्रशासनिक समुदायों को दान मिलता।

ग्रामसभा दो प्रकारों में बँटी थी। प्रथम प्रकार **ऊर** कहलाता। इस शब्द का प्रयोग गाँव और शहर दोनों के लिए होता था। अपने प्रतिनिधियों को दस्तावेजों के मसौदे बनाने और उन्हें खुदवाने का आदेश देना ऊर का मुख्य काम था। दूसरा प्रकार **सभा** कहलाता जिसका सम्बन्ध ब्राह्मण-ग्राम से होता था। अग्रहार के कारण ब्राह्मण-गाँवों की संख्या में काफी वृद्धि हो गई थी। स्थानीय मामलों को ब्राह्मण-सभा के माध्यम से सुलझाया जाता था।

नगरम् नामक सभा स्थानीय निवासियों की होती थी। यह व्यापारिक नगरों से सम्बन्धित थी। सार्वजनिक कार्यों को करना इसका मुख्य काम था। राजकर्मचारी द्वारा **नगरम्** की जाँच-पड़ताल कभी-कभी की जाती थी।

ग्राम-स्तर पर मन्दिरों को बनवाने, तालाबों को खुदवाने, सोने की जाँच-परख करने और सदस्यों की चुनाव-पर्चियाँ निकालने आदि के काम **वरियम** नामक स्थानीय सभा करती।

उपर्युक्त सभी ग्राम-सभाओं में आपसी सहयोग रहता था। चोलकाल में प्रथम बार हम पाते हैं कि ग्राम एक छोटा गणतन्त्र होता था जिसे स्वायत्तता प्राप्त थी। झगड़ों का निबटारा, कर लगाना, करों में छूट देना आदि कुछ प्रमुख अधिकार ग्राम-सभाओं को थे। इन्हें राजा से सार्वजनिक कार्यों में खर्च करने का अधिकार मिला हुआ था।

कला और स्थापत्य का बेमिसाल नमूना इस काल में पाते हैं। पूर्व राजवंशों द्वारा विकसित कला को आगे बढ़ाते हुए चोल शासकों ने **द्रविड़ शैली** में अनेक मन्दिरों का निर्माण किया। सर्वोच्च देव प्रतिमा के ऊपर एक के बाद एक पाँच से सात तल्लों का निर्माण होने लगा। प्रत्येक तल्ला विशेष शैली में बनता था जिसे **विमान** कहते थे। मुख्य प्रतिमावाले कक्ष के सामने एक सपाट छत बनाई जाती जो खम्भों पर टिकी रहती थी। दूर से देखने पर यह एक विशाल कमरे के समान दिखाई देती। इसके चारों तरफ ऊँची और लम्बी दीवारें बनाई जाती थीं और जिसे **मंडप** कहा जाता। मन्दिर में जाने के लिए बड़े-बड़े दरवाजे होते थे जिसे **गोपुरम्** कहा जाता था।

सादे, खाँचेदार और तोड़े से प्रभावित चोलकालीन मन्दिरों से स्वतन्त्रता की झलक मिलती है। मन्दिर के चारों ओर मंडप का निर्माण मन्दिरों को समुद्री नमकीन हवा से बचाने के लिए किया गया था। मन्दिर-निर्माण में सुडौल आकार की ईंटों का प्रयोग होने लगा।

चोल शासक राजराज प्रथम के काल में निर्मित मन्दिरों में गर्भगृह के ऊपर स्थित विमान और ऊपर उड़ते चला गया दिखाया गया है जो ऊपर में कलश के समान गोलाकार हो गया। खम्भों के निम्न हिस्से में बनी फूल की पंखुड़ियाँ इसकी मुख्य विशेषताएँ थीं।

1003 से 1006 ई. के बीच निर्मित तंजौर के मन्दिर का मुख्य भवन 180 फुट लम्बा बना। इसका विमान मन्दिर से 10 फुट ऊँचा है। ताँबे के कलश को राजराज ने स्थापित करना शुरू किया। शिव मन्दिर, नन्दी मन्दिर और गंगकोट में चोलपुरम् के मन्दिर उपर्युक्त शैलियों के उदाहरण हैं। मन्दिरों में राजा की मूर्ति देवताओं के रूप में स्थापित होने लगी। राजेन्द्र प्रथम ने प्रथम बार देवी की प्रतिमा को मन्दिरों में स्थापित किया।

मन्दिर में विशाल नृत्यमंडल इसी समय से दिखाई देने लगे। खम्भों में वाद्ययन्त्रों एवं नर्तकियों की मूर्तियाँ बनने लगीं। इस चोलशैली का विस्तार सुदूर-पूर्व के देशों में हुआ।

पत्थरों में खोदकर मूर्तियाँ बनाई जाने लगीं। शैव एवं वैष्णव धर्मकथाओं से मूर्तिकार की कल्पना प्रभावित हुई। काल्पनिक देव-प्रतिमाएँ बनने लगीं। धातु-मूर्तियाँ बनाने का यह प्रारम्भिक बिन्दु था। दीवारों को मूर्तियों से सजाया जाने लगा। इन मूर्तियों में ताजगी और मौलिकता है। इनकी आँखें और मुख पर मूर्तिकारों की विशेष कृपादृष्टि है। ठोस और खोखली मूर्तियाँ ढालकर भी बनाई जातीं। नटराज की विश्व-प्रसिद्ध कांस्य मूर्ति इसी काल में बनी।

इस काल में हम चित्रकला में विशेष उन्नति पाते हैं। दीवारों की पुताई महीन चूने से होती। सीप या पत्थर से चूना प्राप्त किया जाता। चित्रों में सर्वप्रथम काला, लाल, हरा, पीला, भूरा, नीला, केसरिया, आसमानी आदि रंगों का प्रयोग इसी काल से प्रारम्भ हुआ। नीला रंग नील से बनता। नील में चूना या बालू के कणों को मिलाकर आसमानी रंग बनाया जाता। पीली मिट्टी और गेरु मिलाकर लाल, भूरा और पीला रंग बनता। नीले और पीले रंग से केसरिया तथा हरी मिट्टी से हरा रंग बनाया जाता था। तंजौर के मन्दिर में बने चित्रों को देखकर कलाकारों द्वारा कला की बारीकी तथा कुशलता की जानकारी होती है।

इस काल की सामुद्रिक गतिविधियाँ इतिहास में महत्त्वपूर्ण स्थान रखती हैं। भारत के पूर्वी घाट में चीन, लंका, निकोबार आदि देशों के साथ चोलों का व्यापारिक सम्बन्ध था। समुद्री जहाज से भारतीय व्यापारी फारस में स्थित सिराफ जाते और कपड़ा, मसाला, औषधियाँ,

बहुमूल्य पत्थर, हाथीदाँत, कपूर, अगरु, चन्दन, सुगन्धित पदार्थ, आबनूस की लकड़ी आदि बेचते। वहाँ से सुन्दर रूमाल, कपड़े की गुड़िया और मोती लाते थे।

सैकड़ों वर्ष पश्चात् चोलकालीन भारत से चीन का सम्बन्ध पुनः मधुर हुआ। दसवीं शताब्दी के पश्चात् चीन से व्यापारिक सम्बन्ध स्थापित हुआ। चीन में भारतीय व्यापारियों को प्रोत्साहन मिला। बिना लाइसेंस प्राप्त किए भी भारतीय व्यापारी चीन में व्यापार करने जाते। दोनों देशों के बीच शिष्ट-मंडलों का आना-जाना होता था।

चीन के बाजारों में भारतीय व्यापारी औषधियाँ, बहुमूल्य रत्न, मसाला, सूती कपड़ा, अम्बर, गैंडे का सींग, मूँगा, आबनूस की लकड़ी, इत्र आदि बेचते थे। इन वस्तुओं के बदले चीन से उन्हें सिक्के और कीमती धातु प्राप्त होते थे। चीनी सरकार इससे चिन्तित हो गई और व्यापार का सरकारीकरण हो गया।

युद्ध-शैली में परिवर्तन हुआ और अरब से बड़े पैमाने पर घोड़े मँगाए जाने लगे। व्यापारिक उन्नति ने जल एवं स्थल-मार्ग को विकसित किया। जलयानों का निर्माण हुआ। लकड़ी के तख्ते और कुछ कीलों को जोड़कर नाव बनते थे। नौसेना में वृद्धि हुई।

धातु उद्योग में प्रगति हुई। रत्नजड़ित आभूषणों का प्रयोग बढ़ा। सरकारी नियन्त्रण में समुद्री जल से नमक तैयार किया जाता। मन्दिर उद्योग केन्द्र होने लगे। **शुगम्, नगरम्, नानादेशि** आदि व्यापारिक निगमों की जानकारी होती है।

मन्दिरों, मठों या पेड़ों की छाया में पाठशालाएँ होतीं। पुस्तकालय भी होते। **देवारम्** और तिरुवाशगम् तथा तमिल वैष्णव आगम के 4000 स्तोत्रों में से अधिकांश स्तोत्रों की रचना चोलकाल में हुई। *शूलामणि, नन्दिक्कलम्बकम्* और *पांडिक्कोवै* आदि ग्रन्थों की रचना इसी काल में हुई। कुमारिल और शंकर जैसे संस्कृतविद् इसी काल के थे। कल्लाडनार, जयंगोंदार, ओट्टक्कुत्तन, कम्बन, पुगलेन्दि, गंडरादित्य आदि शैव कवि और तिरुतक्केदेवर नामक जैनकवि इसी काल में थे।

सामन्तवादी वातावरण के बावजूद चोलकालीन उपर्युक्त उपलब्धियाँ, तुलनात्मक दृष्टि से अतिप्रशंसनीय कही जा सकती हैं। इसका सर्वाधिक प्रमुख कारण इस राज्य का बाह्य आक्रमणों से मुक्त होना बताया गया है। चोलकाल में भारत का पूर्वी क्षेत्र मुख्य रूप से प्रभावित रहा।

12.22 कला एवं संस्कृति

चोल शासक धार्मिक सहिष्णु, उदार, विद्यानुरागी तथा कलाप्रेमी थे। वे स्वयं शिवोपासक थे, किन्तु जैन तथा बौद्ध दोनों धर्मों के उन्नयन में उनका योगदान रहा। राजराज प्रथम के शासनकाल (985-1014 ई.) में तमिल के शैवधर्म ग्रन्थों को संकलित किया गया। इसी प्रकार नाथमुनि ने वैष्णव धर्म को प्रतिष्ठित किया। उनके पुत्र प्रसिद्ध वैष्णव शिरोमणि यामुनाचार्य (आलवन्दार) हुए। चोलयुगीन धार्मिक स्थिति के उन्नायक यामुनाचार्य के अनुज रामानुजाचार्य का भारतीय इतिहास में महत्त्वपूर्ण योगदान है। वे विशिष्टाद्वैतवादी वैष्णव दार्शनिक थे, किन्तु उन्होंने मन्दिरों की परम्परागत पूजा-विधि में नया सुधार कर यह व्यवस्था की कि वर्ष में एक दिन मन्दिरों को अन्त्यजों के प्रवेश के लिए खोल दिया जाए। रामानुज

के इस धार्मिक औदार्य का प्रभाव दक्षिण से उत्तर तक प्रसारित हुआ और उसकी परम्परा निरन्तर प्रशस्त होती रही।

चोलों के शासनकाल में वैष्णव, शैव, जैन और बौद्ध धर्मों के अतिरिक्त पाशुपत, कापालिक, कालमुख या कौलिक जैसे वाममार्गी तान्त्रिक सम्प्रदायों का भी अस्तित्व बना रहा। इन सम्प्रदायों ने विकृत एवं निकृष्ट उपासना पद्धतियों का प्रचलन किया।

चोल शासकों ने मन्दिरों के निर्माण में विशेष अभिरुचि प्रदर्शित की। चोल शासकों को भवन-निर्माण और मूर्ति-मन्दिर निर्माण का अद्भुत शौक था। उनके द्वारा निर्मित मन्दिरों में सर्वाधिक प्रसिद्ध एवं प्रभावोत्पादक राजराज प्रथम द्वारा तंजौर में निर्मित राजराजेश्वर का मन्दिर है। अपनी ऊँचाई एवं विशालता की दृष्टि से उसका विशेष महत्त्व है। उसकी भित्तियों पर अंकित चित्र बड़े महत्त्व के हैं। इस रूप में यह मन्दिर स्थापत्य, मूर्ति और चित्रकला के इन त्रिविध रूपों का सहज ही संगम बन गया है। इसी प्रकार राजेन्द्र प्रथम ने गंगैकोंडचोलपुरम (त्रिचनापल्ली) में गंगैकोंडचोलेश्वर मन्दिर का निर्माण कराया। यह मन्दिर भी अपनी विशालता एवं मूर्ति निर्माण की दृष्टि से उल्लेखनीय है। मन्दिरों के अतिरिक्त मूर्तियों के निर्माण में चोल युग का विशेष महत्त्व है। अजन्ता, वादामी, एलोरा और एलीफैंटा के निर्माण तथा पुनरुद्धार और वहाँ के स्थापत्य, मूर्तियों तथा चित्रों के उत्थान में चोलों का महत्त्वपूर्ण योगदान रहा। इस युग में पाषाण और धातु दोनों प्रकार की बहुमूल्य कलात्मक मूर्तियों का निर्माण हुआ। इस युग की कांस्य प्रतिमाएँ अपनी सुन्दरता के लिए विशेष रूप से उल्लेखनीय हैं। उनमें नटराज की मूर्तियाँ सर्वोत्कृष्ट हैं।

नटराज की नृत्य मूर्तियों के निर्माण में चोल राजाओं का शासनकाल स्वर्णयुग रहा है। इस युग में निर्मित चिदम्बरम् का नाम उल्लेखनीय है। इस विशाल एवं भव्य मन्दिर में नटराज के 108 नृत्यों का अंकन हुआ है। चोलकालीन नटराज की मूर्तियों में मद्रास संग्रहालय का संग्रह सर्वाधिक महत्त्वपूर्ण माना जाता है। इस संग्रहालय में सुरक्षित अधिकतर मूर्तियाँ नौवीं शती की हैं। इसके अतिरिक्त तिरुवरंगल से उपलब्ध और राष्ट्रीय संग्रहालय, नई दिल्ली तथा प्रिन्स ऑफ वेल्स म्युजियम, बम्बई के संग्रहालयों में सुरक्षित चोलकालीन नटराज की मूर्तियों का नाम उल्लेखनीय है। इन संग्रहों की अधिकतर मूर्तियाँ दसवीं शती की हैं। भारत के अतिरिक्त चोलकालीन नटराज की मूर्तियाँ श्रीलंका, एमस्टरडम, बैंकाक, पेरिस, बोस्टन, ब्रेकलेन और साउथ कैसिंगठन आदि विदेशी कला संग्रहालयों की शोभा बढ़ा रही है। ताल-लयबद्ध नटराज की ये मूर्तियाँ सत्-चित आनन्द की प्रतीक और अपने निर्माताओं के कौशल की अमर स्मृतियाँ हैं।

चोल शासकों के समय कांस्य मूर्तियों का व्यापक रूप से निर्माण हुआ। इस प्रकार की लगभग 294 कांस्य मूर्तियों का एक बृहत् संग्रह नागपट्टनम् से प्राप्त हुआ है, जो कि मद्रास संग्रहालय में सुरक्षित हैं। यह नागपट्टम दक्षिण भारत के पूर्वीय सागर तट पर एक बन्दरगाह था जिसका उल्लेख सोमेश्वर भूपति के 'मानसोल्लास' आदि ग्रन्थों में हुआ है। इस संग्रह में नटराज तथा अन्य ब्राह्मण देवी-देवताओं की मूर्तियों के अतिरिक्त बुद्ध, मैत्रेय, अवलोकितेश्वर, मंजुश्री और तारा आदि बौद्धधर्म से सम्बद्ध मूर्तियों का नाम विशेष रूप से उल्लेखनीय हैं। इस युग में निर्मित नटराज के अतिरिक्त शिव के विभिन्न रूपों ब्रह्मा, विष्णु, कृष्ण, राम, सीता, सप्तमातृकाएँ, लक्ष्मी और भू-देवी की अनेक भव्य मूर्तियों का निर्माण हुआ। यह परम्परा

लगभग सत्रहवीं शती तक बनी रही। चोलयुगीन ये मन्दिर धर्म प्रतिष्ठान, कला-केन्द्र और ज्ञान-केन्द्र थे। उनमें अनेक उच्च विषयों की शिक्षा दी जाती थी। उन्होंने संस्कृत अध्यापन के लिए ब्रह्मपुरी तथा घंटिका नाम से विद्यालयों की स्थापना की थी। चोल स्वयं संस्कृतज्ञ थे। त्योहारों और उत्सवों के समय वहाँ नाट्य गान आदि मनोरंजन के भी आयोजन हुआ करते थे। अनेक शिल्पियों एवं कलाकारों के वे आजीविका के केन्द्र थे। उनका शिल्प विशेष रूप से प्रशंसनीय है। उनके विमानों, स्तम्भों, प्रांगणों और गोपुरों की रचना-विधि सर्वथा अपूर्व एवं अनुपम है।

चोल युग तमिल-साहित्य के निर्माण का स्वर्ण युग माना जाता है। संस्कृत की भी अनेक महत्त्वपूर्ण कृतियाँ इस युग में निर्मित हुईं। दर्शन, पुराण और प्रबन्ध आदि अनेक विषयों की बहुसंख्यक कृतियों का निर्माण होकर चोलों के शासन की कीर्ति युग-युगान्तर के लिए अमर बनी। इस युग की रचनाओं में शेक्विलार का 'तिरुतोंडर पुराणम्' या *पेरियपुराणम्* का विशेष महत्त्व है। वैष्णव भक्ति साहित्य की प्रायः सभी उत्कृष्ट कृतियाँ संस्कृत में रची गईं। इस प्रकार से वैष्णवाचार्यों के नाथमुनि, यामुनाचार्य और रामानुज की रचनाओं का नाम उल्लेखनीय हैं। संस्कृत के टीका-ग्रन्थों का भी निर्माण हुआ। जैन-बौद्धों के साहित्य की भी उन्नति हुई। जैन कवि तिरुत्तक्कदेवर (दसवीं शताब्दी) का तमिल महाकाव्य *जीवकचिन्तामणि* इसी युग की रचना है। इस समय के प्रमुख तमिल ग्रन्थकारों में तोलामोलि, कल्लाडनार, राजकवि जयंगोंडा, राजकवि ओट्टकूत्तन का नाम उल्लेखनीय है। तमिल की प्रसिद्ध *रामायणम* या *रामावतारम्* की रचना महाकवि कम्बन ने कुलोत्तुंग तृतीय के शासनकाल में की थी। जैन विद्वान अमितसागर ने तमिल छन्दशास्त्र पर *याप्परुंगलम्* और बौद्ध बुद्धमित्र ने तमिल व्याकरण पर *वीरशोलियम* की रचना चोलों के राज्यकाल में ही की थी।

चोलों के शासनकाल की अनुपम देन बेंकट माधव का *ऋग्वेद भाष्य* है, जिसका निर्माण परान्तक प्रथम के शासनकाल में हुआ। इसी प्रकार केशवस्वामिन का *नानार्थाणव संक्षेप* नामक कोसल ग्रन्थ की रचना राजराज द्वितीय के आश्रय में हुई।

लगभग नौवीं से बारहवीं शती के अन्त तक श्रीलंका, नीकोवार द्वीप समूह, मूलय प्रायद्वीप, जावा, सुमात्रा, कम्बुज, पगान, बोरोबुदूर और अंगकोर द्वीपों तक तमिल साहित्य तथा भारतीय कला का प्रचार-प्रसार हुआ। चोलों के इस गौरवशाली रिक्थ ने सुदूर द्वीपान्तरों की संस्कृति, कला एवं धर्म को आगे की अनेक शतियों तक प्रभावित किया।

13

बादामी के चालुक्य

(Chalukyas of Badami)

चालुक्यों की प्रथम राजधानी वातापी (बादामी) थी। छठी शताब्दी में उन्होंने सारे दक्कन को एक राजनीतिक सूत्र में बाँध दिया। पल्लवों और हर्षवर्द्धन के विरोध के बावजूद, बीच के पन्द्रह वर्षों को छोड़कर, लगभग दो सौ वर्षों तक सारे दक्कन को उन्होंने अपने नियन्त्रण में रखा। इसी बीच चालुक्य वंश के राजकुमारों ने अपने अर्द्धस्वतन्त्र राज्यों की नींव गुजरात और वेंगी में डाली। वेंगी राज्य (आन्ध्रदेश) के चालुक्यों को पूर्वी चालुक्य कहा गया। पूर्वी चालुक्यों ने लगभग चार सौ वर्षों तक शासन किया। गुजरात में भी चालुक्य राज्य स्थापित हुआ जिसे चालुक्यों की पश्चिमी शाखा कहा गया। राष्ट्रकूटों के उदय के कारण चालुक्यों की पश्चिमी शाखा समाप्त हो गई। चोलों की सहायता से गुजरात प्रदेश में ये लोग किसी तरह अपनी स्वतन्त्रता बनाए रहे। ग्यारहवीं शताब्दी तक चालुक्यों का चोलों के साथ मधुर सम्बन्ध बना रहा। दसवीं शताब्दी के अन्तिम चरण में राष्ट्रकूटों का पतन हो गया। चालुक्यों की मुख्य शाखा दो सौ वर्षों के पश्चात् पुनः दक्कन में प्रबल हो गई। कल्याणीपुर को उन्होंने अपनी राजधानी बनाई। विन्ध्य पर्वत के दक्षिणी भू-भाग में उन्होंने चोलों से अपना हिस्सा बाँट लिया। इस सिलसिले में दोनों के बीच तनाव बढ़ा। चालुक्य युद्ध और राजनीति में कुशल तथा महान निर्माता थे। वास्तुकला के क्षेत्र में भारतीय संस्कृति चालुक्यों का ऋणी है। तेलुगु एवं कन्नड़ साहित्य में उन्होंने महत्त्वपूर्ण योगदान दिया। भारतप्रसिद्ध न्यायशास्त्री विज्ञानेश्वर चालुक्य शासक विक्रमादित्य षष्ठ के दरबार में था।

13.1 स्रोत

चालुक्यों के इतिहास जानने का मुख्य स्रोत अभिलेख हैं। इस काल के लेख ताम्रपट्टों, स्तम्भों एवं प्रस्तर शिलाओं पर उत्कीर्ण हैं। पश्चिमी दक्कन में इनके अभिलेख संस्कृत एवं कन्नड़ भाषाओं में हैं तथा पूर्वी दक्कन के अभिलेखों में संस्कृत और तेलुगु भाषाओं का प्रयोग हुआ है। बादामी के चालुक्यों के लेख कम और कल्याणी के चालुक्यों के लेखों की संख्या अत्यधिक है। बादामी के लेख ताम्रपट्टों पर ज्यादा हैं। कल्याणी के अधिकांश लेख पत्थरों पर खुदे हुए हैं। संख्या के आधार पर इन अभिलेखों का महत्त्व नहीं बताया जा सकता।

इतिहास के अध्ययन के लिए अभिलेखों का प्रामाणिक महत्त्व है। कालक्रम की सही जानकारी कभी-कभी अभिलेखों से नहीं हो पाती।

तत्कालीन साहित्य, पुरावशेष और सिक्कों का महत्त्व काफी है। महाराष्ट्र की जनता की जानकारी ह्वेनसांग के *यात्रा-विवरण* से होती है। ईरानी इतिहासकार टाबरी ने अजन्ता की गुफाओं में निर्मित अनेक मूर्तियों का सही परिचय दिया है। वेंगी शाखा के चालुक्यों के स्वर्ण एवं रजत सिक्के तत्कालीन इतिहास की ठोस जानकारी देते हैं।

13.2 नामकरण

सम्भवतः इस राजवंश का सही नाम **चलुक्य** था। इसी चलुक्य शब्द से चालुक्य या चौलुक्य बना है। सम्भवतः खन्द चलिकि का पुत्र रेम्मनक इतिहास में प्रथम चालुक्य सरदार था। इनका एक स्थानीय कुल था। उत्तर सातवाहनों के अधीन ये पहले नौकरी करते थे। वे कर्नाटक के थे और कन्नड़ बोलते थे। इन्हें इसीलिए कुन्तल भी कहा गया है।

13.3 पुलकेशिन प्रथम

बादामी के चालुक्य राजवंश की स्थापना पुलकेशिन प्रथम ने की। पुलकेशिन का अर्थ फ्लीट ने 'बाघ के बालोंवाला' बताया है। इसके पिता का नाम रणराग और दादा का नाम जयसिंह था। शासक बनने के साथ ही पुलकेशिन प्रथम ने बादामी नगर की किलेबन्दी कराई। राजधानी के रूप में बादामी का चुनाव सुरक्षात्मक दृष्टिकोण से हुआ था। मलप्रभा नदी से तीन मील भीतर काफी ऊँचाई पर यह नगर स्थित था। पूरबे में महाकूट पहाड़ी और पाँच मील आगे पट्टदकल नगर स्थित था। वातापी को राजधानी बनाने के पश्चात् पुलकेशिन प्रथम ने अश्वमेध यज्ञ कर आसपास के क्षेत्रों में अपनी प्रभुता की घोषणा की। उसने **हिरण्यगर्भदान** (सोने के अंडों का दान) दिया। उसकी मन्त्र-बुद्धि की प्रशंसा मंगलेश के नेरुर के दानलेख में की गई है। उसने *मानवधर्मशास्त्र, रामायण* तथा *महाभारत* का अध्ययन किया था। दंडनीति में वह दक्ष था। उसे अभिलेखों में **विष्णु** और **सत्याश्रय श्री पृथ्वीवल्लभ** कहा गया है। वह वृद्धजनों की सलाह मानने और ब्राह्मणों का आदर करनेवाला था। उसकी रानी दुर्लभदेवी बटपुरवंश की थी। वह कीर्तिवर्मन और मंगलेश नामक दो पुत्रों का पिता था जिन्होंने क्रमशः राज्य किया।

13.4 कीर्तिवर्मन प्रथम (566-67 ई.)

पुलकेशिन प्रथम के मरने के पश्चात् उसका पुत्र कीर्तिवर्मन प्रथम 566-67 ई. में गद्दी पर बैठा। उसे बादामी का प्रथम निर्माता और शत्रुओं का 'कालरात्रि' कहा गया है। कीर्तिवर्मन के शासनकाल में राजधानी बादामी को मन्दिरों आदि से अलंकृत किया गया। कदम्बों पर आक्रमण करने के बाद कीर्तिवर्मन ने बनवासी एवं अन्य क्षेत्रों पर अधिकार कर लिया। नलवाड़ी के शासक नलों को परास्त कर उसने बेल्लारी और कर्नूल को जीता। कोंकण के

शासक को हराकर राजधानी पुरी पर कीर्तिवर्मन प्रथम का अधिकार हो गया। **अग्निष्टोम** और **बहुसुवर्ण** यज्ञ करने के बाद उसे **पुरुरणपराक्रम** की उपाधि से विभूषित किया गया। वंग, अंग, कलिंग, वत्तूर, मगध, मद्रक, केरल, गंग, मूषक, पांड्य, द्रमिल, चोलिय, आलुक, वैजयन्ती आदि देशों के राजाओं को कीर्तिवर्मन प्रथम द्वारा हराने की चर्चा **महाकूट स्तम्भ लेख** में है किन्तु इन सभी विजयों को विद्वानों ने नहीं स्वीकारा है।

इसी समय कीर्तिवर्मन का छोटा भाई मंगलेश ने चट्टानें कटवाकर एक विष्णु मन्दिर का निर्माण करवाया था। कीर्तिवर्मन प्रथम की शादी सेन्द्रक वंश के राजा श्रीवल्लभ सेनानन्द की बहन से हुई थी।

13.5 मंगलेश (597-98 ई.)

कीर्तिवर्मन की मृत्यु के बाद 597-98 ई. में मंगलेश शासक बना क्योंकि कीर्तिवर्मन प्रथम का पुत्र सत्याश्रय अवयस्क था। मंगलेश कीर्तिवर्मन का सौतेला भाई था। सत्याश्रय जवान हुआ तो मंगलेश ने राज्य उसे दे दिया। जब तक मंगलेश शासक रहा, राज्य-विस्तार की नीति उसने चालू रखी। कलचुरियों के विरुद्ध उसने अभियान किया। मंगलेश के शासन के अन्तिम चरण में चालुक्यों की शक्ति दक्षिण के पश्चिमी भाग तक सीमित थी। महाकूट स्तम्भलेख के अनुसार उत्तर में मंगलेश ने बुद्धराज को हराया। कोंकण पर विजय का झंडा गाड़ने के लिए मंगलेश विशाल सेनाओं के साथ चला और सफल रहा। **रणविक्रम** और **परम भागवत** का विरुद धारण करनेवाले चालुक्य शासक मंगलेश ने गुफाओं को काटकर मन्दिर बनवाया जो अपनी उत्तम कारीगरी के लिए प्रसिद्ध है। इस विष्णु मन्दिर के खर्चे के लिए उसने प्रभूत दान दिया। धार्मिक मामलों में वह कट्टर नहीं था। मकुटेश्वर नामक शिव मन्दिर को भी उसने काफी दान दिया।

मंगलेश के राज्य का अन्त कैसे हुआ, इस सम्बन्ध में ऐहोल अभिलेख से पता चलता है कि मंगलेश के बड़े भाई का बेटा पुलकेशिन, जो नहुष के समान उदार था, ने जब देखा कि उसका चाचा (मंगलेश) उससे ईर्ष्या करता है तो उसने देश त्यागने का निर्णय लिया, लेकिन ऐसा न कर उसने मंगलेश को सभी तरफ से कमजोर कर दिया। मंगलेश अपने बेटे को चालुक्य शासक बनाना चाहता था लेकिन पुलकेशिन का दावा अधिक पुष्ट था। अतः राज्य से बाहर जाकर पुलकेशिन ने अपने चाचा मंगलेश के विरुद्ध शक्ति संग्रह की और मंगलेश पर आक्रमण कर दिया। मंगलेश मारा गया और राजसिंहासन पुलकेशिन को मिल गया।

13.6 पुलकेशिन द्वितीय

विजयनगर साम्राज्य से पहले दक्षिण भारत में जितने राजवंश हुए उनमें सर्वाधिक महत्त्वपूर्ण चालुक्य कहा गया। इस राजवंश की जानकारी के लिए मुख्य स्रोत अभिलेख हैं। इस राजवंश में जितने शासक हुए उनमें सबसे अधिक महत्त्वपूर्ण शासक पुलकेशिन द्वितीय था। 612 ई. के हैदराबाद ताम्रपत्राभिलेख के अनुसार पुलकेशिन द्वितीय 609-10 ई. में गद्दी पर बैठा।

मंगलेश के शासनकाल में चालुक्यों की स्थिति काफी खराब हो चुकी थी। पुलकेशिन को चालुक्य साम्राज्य का पूर्ण निर्माण करना था। वह एक महान सैनिक था। अपनी वीरता और सैनिक तथा प्रशासनिक कुशलता के बल पर पुलकेशिन चालुक्य राज्य को पूर्व गौरव प्रदान करवाने में सफल रहा। ईरान में खुसरो द्वितीय के दरबार में भी उसका सम्मान हुआ। **दक्षिणापथ** को अपने अधीन करने में वह सफल रहा।

शासक बनते ही पुलकेशिन ने सर्वप्रथम आप्पाथिक और गोविन्द को कुचला। चालुक्यों के आन्तरिक कलह से उत्पन्न अराजकता से लाभ उठाकर इन लोगों ने भीमरथी नदी के उत्तरी भाग में अपने को स्वतन्त्र घोषित कर दिया था। पुलकेशिन ने कदम्ब राज्य की धनी और शानदार राजधानी बनवासी पर आक्रमण किया। उसके डर से कदम्ब शासक भाग गया और पुलकेशिन विजयी रहा। बनवासी के पड़ोसी आलुपों और गंगों की रियासतों को हराकर पुलकेशिन ने वहाँ की एक कन्या से विवाह कर लिया जिसके संयोग से विक्रमादित्य प्रथम का जन्म हुआ। बम्बई के पास स्थित पुरी बन्दरगाह पर अधिकार करने के लिए पुलकेशिन ने लाट, मालवा और गुर्जर को बारी-बारी से हराया और अपने साम्राज्य का विस्तार माही तक किया। साहित्यों एवं अभिलेखों से पता चलता है कि पुलकेशिन ने उत्तर भारतीय प्रसिद्ध शासक हर्षवर्द्धन को हराया।

हर्ष के भारत से मुक्त होने के पश्चात् पुलकेशिन ने पश्चिमी दक्कन के अभियानों की सफल पूर्णाहुति की। 611 ई. के नन्नराज के तिवरखेड ताम्राभिलेख और रविकीर्ति के अनुसार पुलकेशिन ने 99000 गाँवोंवाले तीन महाराष्ट्रों का प्रभुत्व प्राप्त किया। इन तीनों महाराष्ट्रों पर राष्ट्रकूट सरदारों का आधिपत्य था। कोसल और कलिंग को अपनी अधीनता स्वीकार कराने के पश्चात् उसने गोदावरी जिला के पूर्वी समुद्र तट पर स्थित पीठापुरम या पिष्टपुरम् के किले को जीता। आन्ध्र प्रदेश के शक्तिशाली विष्णुकुंडिनों को हराकर पुलकेशिन ने वेंगी देश को जीता।

वेंगी के दक्षिण में स्थित पल्लवों का शक्तिशाली राज्य था। वहाँ के शासक महेन्द्रवर्मन प्रथम को हराने में पुलकेशिन सफल रहा। दोनों शक्तियों के बीच काफी दिनों तक युद्ध का वातावरण बना रहा। पल्लव और चालुक्य के बीच इस युद्ध के बाद यह बात लोकोक्ति जैसी बन गई कि कर्नाटक और तमिल देश के राजा एक-दूसरे को बर्दाश्त नहीं कर सकते। पुलकेशिन ने काँची जीतने का भी प्रयास किया, लेकिन असफल रहा। 617-20 ई. में पुलकेशिन दक्कन के अभियानों में व्यस्त रहा। 631 ई. में अपनी राजधानी में पुलकेशिन के उपस्थित होने की जानकारी मिलती है।

उपर्युक्त दिग्विजय के बाद पुलकेशिन बादामी लौटा और अपने छोटे भाई विष्णुवर्धन को उसने पूर्वी दक्कन भेजा, क्योंकि इस क्षेत्र को वह पूर्णतः विजित नहीं कर पाया था। 631 ई. तक विष्णुवर्धन ने पूर्वी दक्कन को जीत लिया। पुलकेशिन ने अपने छोटे भाई विष्णुवर्धन से खुश होकर उसे बराबर का दर्जा दिया। पूर्वी दक्कन का महाराजा अब विष्णुवर्धन बन गया और पिष्टपुरम् को उसने नई राजधानी बनाई।

अपनी स्थिति मजबूत करने के पश्चात् पुलकेशिन ने ईरान से सम्बन्ध स्थापित किया। ईरानी इतिहासकार टाबरी के अनुसार पुलकेशिन का दूत ईरान पहुँचा और ईरान के शासक खुसरो द्वितीय का राजदूत पुलकेशिन के दरबार में आया। कुछ विद्वानों के अनुसार अजन्ता

की गुफा संख्या 1 में चित्रों के दो पैनल हैं, एक तो गुफा की छत में, जिससे खुसरो और उसकी रूपसी रानी शीरी का चित्र है, दूसरा पार्श्व वीथी की दीवार पर बना है जिसमें पुलकेशिन ईरानी दूत से भेंट कर रहा है।

पुलकेशिन दूसरी बार दक्कन पहुँचा तो उसने देखा कि पल्लव शासक चालुक्यों के विरुद्ध काफी सक्रिय हैं। बाण राजा रणविक्रम भी पल्लवों के साथ हो गया था। पल्लव लेखों के अनुसार नरसिंहवर्मन ने पुलकेशिन को पस्यिल, मणिमंगल, शूरमार आदि के युद्धों में हरा दिया और पुलकेशिन को भागना पड़ा। नरसिंहवर्मन का साथ सिंहल राजकुमार मान्नवम्म ने दिया था। पुलकेशिन पल्लवों के साथ तीसरा युद्ध करने की तैयारी में लग गया।

इधर एक बहुत बड़ी सेना के साथ पल्लव राजा नरसिंहवर्मन ने चालुक्यों पर आक्रमण कर दिया। चालुक्यों की राजधानी वातापी की ओर वह तेजी से बढ़ा और नगर तथा किले पर अधिकार कर लिया। पल्लव-अभिलेखों के अनुसार, "जैसे अगस्त्य ऋषि ने वातापी (राक्षस) का संहार किया, उसी तरह नरसिंहवर्मन ने वातापी को नष्ट कर दिया।" नगर के मध्य में पुलकेशिन द्वारा निर्मित विजय स्तम्भ भी नरसिंहवर्मन के अधिकार में चला गया।

कीर्तिवर्मन प्रथम के समय से ही सामन्तों के विद्रोह होने लगे थे। पुलकेशिन द्वितीय के बाद सामन्तों के विद्रोह की संख्या बढ़ गई क्योंकि राजकुमार भी अपने-अपने शासन के इलाकों में अपना स्वतन्त्र राज्य बना लेने की कोशिश कर रहे थे। पुलकेशिन ने इतने परिश्रम से जो साम्राज्य बनाया वह टूटने लगा था।

सम्मुख भाग पर वराहवाले सिक्कों को सर्वप्रथम चालुक्य शासकों ने ही चलाया। इस चिह्न से युक्त मुद्राएँ पुलकेशिन द्वितीय के काल में अत्यन्त लोकप्रिय हुईं। वराह शब्द को सामान्य रूप से स्वर्णमुद्राओं का पर्याय माना जाने लगा। कुछ स्वर्ण सिक्के पुलकेशिन द्वितीय के काल के बताए जाते हैं।

कीर्तिवर्मन प्रथम के मरने के बाद उसका ज्येष्ठ पुत्र पुलकेशिन द्वितीय अवयस्क था। उसका चाचा मंगलेश उस समय तक राज्य करता रहा जब तक पुलकेशिन द्वितीय वयस्क नहीं हो गया। मंगलेश अपने बेटे को गद्दी पर बैठाना चाहता था लेकिन लोकमत पुलकेशिन द्वितीय के पक्ष में था। अतः शासक वही बना। प्रजा का प्रिय यह शासक अन्तिम समय तक चालुक्य साम्राज्य को मजबूत बनाए रखने और विस्तृत करने में सफल रहा। पूर्वी चालुक्य साम्राज्य की स्थापना इसी शासक के काल में हुई थी। प्रसिद्ध विद्वान रविकीर्ति को पुलकेशिन ने संरक्षण प्रदान किया था। ऐहोल की प्रशस्ति का रचयिता रविकीर्ति था। येवकेरि शिलालेख का रचयिता ईशान नामक विद्वान इस शासक के समय में ही था। साम्राज्य की आर्थिक स्थिति मजबूत करने के लिए अनेक करों के अलावा पुलकेशिन द्वितीय ने 'बाणराज्य विषय' को जीतकर उसके प्रत्येक गाँव पर तेरेपोन (सुवर्ण के रूप में) नामक कर लगाया। पुलकेशिन को ह्वेनसांग ने क्षत्रिय शासक बताया है। उसके अनुसार, "पुलकेशिन एक दयालु राजा था। उसका राज्य काफी विस्तृत था। सामन्त पूर्ण निष्ठा से उसकी सेवा करते थे। जनता अभिमानी और युद्धप्रिय, कृतज्ञ और बुराई चाहनेवालों का पक्का विरोधी और दीन-दुखियों के लिए आत्मत्याग करनेवाली थी। इस शासक के काल में

पैदल और घुड़सवार सेना को सावधानी से सजाया जाता। उसके सैनिक युद्ध के नियमों को बखूबी समझते और उनका पालन करते थे। पुलकेशिन जब भी किसी सेनापति को सैनिक अभियान पर भेजता तो चाहे उसकी पराजय हो अथवा सेना नष्ट हो जाए किन्तु उसे किसी प्रकार का शारीरिक दंड नहीं देता। पराजय अगर होती तो सेनापति को स्त्री-वस्त्र पहनने को दिया जाता जिसे पहनने से बेहतर वह आत्महत्या को समझता।''

पुलकेशिन द्वितीय के काल में राजधानी वातापी में चारों वेदों, छहों अंग और पुराण, मीमांसा, न्याय और धर्मशास्त्र की पढ़ाई होती थी। दर्शन, अर्थशास्त्र और राजनीति का अध्ययन कुछ विशेष विद्यार्थियों द्वारा किया जाता। उसका काल आर्थिक सम्पन्नता का था। उसके समय कारीगरों को विशेष सुविधाएँ मिलीं, फलतः वास्तुकला और शिल्पकला विकसित अवस्था में रही। मन्दिरों को केन्द्र बनाकर राज्य की सभी उपयोगी और ललित कलाओं का विकास हुआ। पुलकेशिन के काल में ह्वेनसांग के अनुसार, महाराष्ट्र में धार्मिक दृष्टि से कुछ लोग कट्टरपन्थी और कुछ धर्म के विरुद्ध आचरण करनेवाले थे। दूसरे शब्दों में कह सकते हैं कि पुलकेशिन के समय प्रजा पर किसी प्रकार का धार्मिक भार नहीं था। सैकड़ों बौद्ध विहार और हजारों भिक्षु उसके राज्य में रहते थे। पुलकेशिन स्वयं शैव एवं वैष्णव धर्मों का माननेवाला था। उसने वैदिक यज्ञ किया। विद्वान ब्राह्मणों को उसने संरक्षण प्रदान किया और **परम माहेश्वर** तथा **परम वैष्णव** की उपाधियाँ प्राप्त कीं। **जैनधर्म** का प्रचार करने में पुलकेशिन ने महत्त्वपूर्ण भूमिका निभाई। पुलकेशिन द्वितीय की आर्थिक सहायता से रविकीर्ति ने ऐहोल में जिन का मन्दिर बनवाया। संस्कृत साहित्य को विकसित करने की ओर पुलकेशिन ने ध्यान दिया। कीलहार्न बताते हैं कि रविकीर्ति ने पुलकेशिन द्वितीय की ऐहोल प्रशस्ति की रचना कालिदास-कृत रघुवंश में वर्णित रघु की 'दिग्विजय' के नमूने पर की। साहित्यिक दृष्टि से इस प्रशस्ति का काफी महत्त्व है। पुलकेशिन द्वितीय के श्वसुर और सामन्त गंगराज दुर्विनीत ने *शब्दावतार* नामक व्याकरण ग्रन्थ की रचना की और *किरातार्जुनीय* के सबसे कठिन पन्द्रहवें सर्ग पर टीका भी लिखी। गंगराज दुर्विनीत ने ही गुणाढ्य की *बृहत्कथा* का संस्कृत में अनुवाद किया। उस समय कन्नड़ जनभाषा थी। कन्नड़ भाषा के प्रसिद्ध ग्रन्थ *कविराजमार्ग* का लेखक पुलकेशिन द्वितीय का श्वसुर ही था।

निष्कर्ष के रूप में हम कह सकते हैं कि पुलकेशिन द्वितीय न केवल एक महान चालुक्य शासक था, बल्कि दक्षिण भारत में इसके समान शासकों की संख्या नगण्य है।

13.7 विक्रमादित्य प्रथम

634-35 ई. में विक्रमादित्य प्रथम चालुक्य शासक बना। शासक बनते ही उसने प्रजा को अपनी ओर आकर्षित करने का प्रयास किया। पुराने दानों को उसने पुनः चालू करवा दिया। सभी जिलों के शासकों को अपने अधीन कर उसने **परमेश्वर** की उपाधि धारण की। नेल्लोर, बेल्लारी, अनन्तपुर और कडप्पा के जिले को जीतने के पश्चात् उसने मन्दिर में देवप्रतिमा को स्थापित करवाया। ऐनांडु के तेलुगु चोल, जो महेन्द्रवर्मन प्रथम के सामन्त थे, अब विक्रमादित्य के अधीन प्रधान सामन्त हो गए। उसने धाराश्रय जयसिंहवर्मन की सहायता की। उसने

पल्लवों के राजवंश को अपने अधीन किया। विक्रमादित्य के काल में चालुक्यों की स्थिति ठीक नहीं रही। वातापी पर आक्रमण होने की चर्चा स्रोतों में है।

अपने शासनकाल के अधिकांश वर्षों में विक्रमादित्य दक्षिण में व्यस्त रहा। इस अवधि में विक्रमादित्य का पुत्र विनयादित्य और पौत्र विजयादित्य राजधानी में शासन करते रहे। पुत्र विनयादित्य और पौत्र विजयादित्य ने शिरूत्तोंडरे की सेनाओं को खदेड़ दिया। पल्लवों के बादामी पर आक्रमण उनके लिए भारी पड़े। बादामी में घुसकर पल्लवों ने काफी लूट मचाया।

13.8 विनयादित्य (681-696 ई.)

विनयादित्य का पिता विक्रमादित्य प्रथम था। राजकुमारावस्था से ही विनयादित्य शासन-कार्यों में भाग लेता रहा था। वह एक सफल शासक निकला। वह हमेशा राज्य में दौरा किया करता। 696 ई. में बादामी में उसने ब्रह्मा, विष्णु और महेश की प्रतिमाओं को स्थापित किया। अपने वीर पुत्र विजयादित्य के सहयोग से विनयादित्य ने उत्तर में अभियान किया। उसने कावेर, पारासिक, सिंहल आदि द्वीपों के राजाओं से कर वसूल किया।

13.9 विजयादित्य (696-733 ई.)

सबसे अधिक दिनों तक शासन करनेवाला विजयादित्य 696 ई. में शासक बना। उसका काल समृद्धिशाली और शान्तिपूर्ण था। उसने पल्लव नरेश परमेश्वरवर्मन द्वितीय को पराजित किया। उसने लोकपालेश्वर मन्दिर को दान दिया। उसने अपने राज्य का दौरा कई बार किया। एलोरा, हतमपुर और रक्तपुर में कुछ-कुछ दिनों तक वह ठहरा था। उसने **सत्याश्रय श्रीपृथ्वीवल्लभ महाराजाधिराज परमेश्वर भट्टारक** की उपाधि धारण की। उसे समस्त **भुवनाश्रय** भी कहा गया। पट्टदकल के विशाल शिव मन्दिर का उसने निर्माण कराया जिसका नाम उसी के नाम पर विजयेश्वर और बाद में संगमेश्वर पड़ा।

13.10 विक्रमादित्य द्वितीय (733-34 से 744 ई.)

अपने पिता के सिंहासन पर विक्रमादित्य द्वितीय 733-34 ई. में गद्दी पर बैठा। अरबों के आक्रमण का डर यहाँ बना हुआ था। सामन्तों की मदद से चालुक्य राज्य पर अरबों का आक्रमण टल गया।

विक्रमादित्य ने काँची के पल्लव राजा नन्दिवर्मन द्वितीय पर आक्रमण किया और तुंडाक प्रदेश तक पहुँच गया। विक्रमादित्य को हाथी, रत्न आदि प्राप्त हुए। तुंडाक प्रदेश के निवासियों को खुश करने के लिए उसने गरीबों को काफी दान दिया। काँची में स्थित मन्दिरों से विक्रमादित्य ने काफी सोना लूटा और पुनः लौटा दिया। मन्दिरों को उसने कोई क्षति नहीं पहुँचाई। पल्लवों पर पुनः आक्रमण विक्रमादित्य के पुत्र कीर्तिवर्मन द्वितीय ने किया और काफी धन लूटकर पिता विक्रमादित्य को दिया।

विक्रमादित्य की दो रानियाँ सगी बहनें थीं और हैहय (कलचुरि) वंश की राजकुमारियाँ थीं। दोनों रानियों द्वारा अनेक मन्दिर बनवाए और दान दिए गए। बड़ी रानी लोकमहादेवी ने लोकेश्वर के पत्थर से विशाल मन्दिर का निर्माण कराया। आज इसे विरुपाक्ष के मन्दिर के नाम से जाना जाता है। छोटी महारानी और कीर्तिवर्मन द्वितीय की माँ त्रैलोक्यमहादेवी ने त्रैलोक्येश्वर नामक पत्थर का एक विशाल मन्दिर बनवाया। इस काल में अन्य मन्दिरों का भी निर्माण हुआ।

13.11 कीर्तिवर्मन द्वितीय (744-45–लगभग 753 ई.)

विक्रमादित्य द्वितीय के मरने के पश्चात् उसका पुत्र कीर्तिवर्मन द्वितीय शासक बना। उसके काल में अनेक जैन मन्दिरों का निर्माण हुआ। अनेक सामन्त निष्ठापूर्वक उसकी सेवा में थे। कीर्तिवर्मन द्वितीय राजधर्म का ठीक से पालन करता था। वह राज्य का दौरा करता और स्कन्धावारों (सैनिक पड़ावों) में रहता था। वह अन्तिम बादामी चालुक्य शासक था। राष्ट्रकूटों से खतरा बढ़ता जा रहा था। दक्कन में छोटे-छोटे अनेक राज्यों की चर्चा मिलती है जिससे विशाल राज्य की कमजोरी का आभास मिलता है। छोटे-छोटे स्वतन्त्र राज्यों की स्थापना चालुक्य सामन्तों ने की थी।

मान्यखेट के राष्ट्रकूट राजवंश का संस्थापक दन्तिदुर्ग ने कीर्तिवर्मन को बुरी तरह पराजित किया। अपनी पराजय का आभास कीर्तिवर्मन को पहले ही हो चुका था। 753-57 ई. का एक अभिलेख बताता है कि भवगणा नामक चालुक्य राजकुमारी से दन्तिदुर्ग ने बलपूर्वक शादी कर ली। चालुक्य शासन की समाप्ति की जानकारी भी इससे होती है। 753 ई. के बाद भी कीर्तिवर्मन शासक बना रहा।

राष्ट्रकूटों के उदय के बाद लगभग दो सौ वर्षों के लिए चालुक्य इतिहास के मंच से गायब रहे। अनेक सरदार अपने को राजा घोषित कर यत्र-तत्र शासन करने लगे। 800 ई. के लगभग कट्टियार नामक चालुक्य शासक की जानकारी होती है जो धारवाड़ (कर्नाटक) के पास शासन कर रहा था। राष्ट्रकूट शासक कृष्ण तृतीय के अधीन कुछ चालुक्य सामन्तों की जानकारी मिलती है। नौवीं-दसवीं शताब्दी के एक मैसूर अभिलेख के अध्ययन से चालुक्य नरसिंह और उसकी पत्नी गाविलब्बरसि तथा एक महासामन्त गोग्गि अथवा गुग्ग की जानकारी मिलती है। इस तरह छोटे-छोटे चालुक्य राजाओं की जानकारी मिलती रहती है। एक शक्तिशाली चालुक्य सरदार मुदुगोंड (बारंगल जिला) में शासन कर रहा था। दूसरा शक्तिशाली चालुक्य सरदार बेमुलवाड (करीमनगर जिला) में शासन कर रहा था।

13.12 चालुक्य प्रशासन

चालुक्य शासन-पद्धति का मुख्य आधार **एकतन्त्र** था। राज्य के सभी कार्यों से राजा का प्रत्यक्ष सम्बन्ध होता था। सभा-मंडल से अधिकांश कार्यों को सँभालने के साथ-साथ राजा युद्ध में सेनाओं का नेतृत्व करता था। राज्य के विभिन्न भागों में दौरा कर राजा अपनी प्रजा से सम्पर्क

स्थापित करता था। राजा का पद वंशानुगत था। प्रायः सबसे बड़ा बेटा गद्दी पर बैठता था। संकटकाल में इस परम्परा में अस्थायी परिवर्तन हो सकता था। उदाहरण के लिए, चालुक्य शासक कीर्तिवर्मन प्रथम के मरने पर उसका छोटा भाई मंगलेश शासक बना क्योंकि कीर्तिवर्मन का बेटा पुलकेशिन द्वितीय अवयस्क था। मंगलेश बाद में चलकर पुलकेशिन द्वितीय को नहीं, बल्कि अपने पुत्र को गद्दी पर बैठाने की चाल चलने लगा। परन्तु लोकमत पुलकेशिन द्वितीय के पक्ष में था, अतः मंगलेश का बेटा चालुक्य शासक नहीं बन सका। पुलकेशिन द्वितीय ही राजगद्दी पर बैठा।

पुलकेशिन द्वितीय के मरने के बाद चालुक्य राज्य में अराजकता की स्थिति हो गई, क्योंकि राजधानी बादामी पर शत्रु का अधिकार हो गया। अराजकता की यह स्थिति कुछ समय तक बनी रही। मृत राजा के पुत्रों को अपनी-अपनी हिफाजत स्वयं करनी पड़ती थी। पुलकेशिन द्वितीय की पराजय के पश्चात् जहाँ जो राजकुमार थे वहीं उन्होंने अपने को स्वतन्त्र घोषित कर दिया। पुलकेशिन द्वितीय के सिंहासन पर बैठने से पूर्व और सिंहासन पर से हटने के बाद की घटनाओं पर अगर हम ध्यान दें तो पाते हैं कि सिंहासन पर उत्तराधिकारी का मुख्य अधिकार राजपरिवार में जन्म और शासक की योग्यता था।

13.13 उपाधियाँ

चालुक्य शासक पहले **सत्याश्रय श्री पृथ्वीवल्लभ महाराज** की उपाधि धारण करते थे। हर्ष से मुकाबला करने के पश्चात् पुलकेशिन द्वितीय ने **परमेश्वर** की उपाधि धारण की थी। विक्रमादित्य प्रथम के काल में सर्वोच्च उपाधियाँ **महाराजाधिराज** एवं **भट्टारक** थी। कुछ शासकों ने अपने को **परम भागवत** या **परममाहेश्वर** कहा।

13.14 राजकुमार

राजकुमारों को अनेक प्रकार की शिक्षाएँ दी जातीं। राजकुमारावस्था में पुलकेशिन प्रथम *मनुस्मृति, रामायण* और *महाभारत* का अध्ययन कर चुका था। मंगलेश को अनेक शास्त्रों का ज्ञान था। वह दंडनीति में काफी दक्ष था।

औपचारिक मन्त्रिपरिषद् की चर्चा स्रोतों में नहीं मिलती है। सारा प्रशासन राजपरिवार के सदस्यों में निहित था। इस स्थिति में राजकुमारों का शैक्षणिक प्रशिक्षण अतिआवश्यक था। राजकुमारों को उनकी योग्यता के आधार पर प्रशासन में नियुक्त किया जाता था। इस व्यवस्था से लाभ यह था कि राजा गम्भीर उत्तरदायित्वों को भी राजकुमारों को सौंपकर स्वयं धार्मिक एवं अन्य कार्यों में लग जाता था। परन्तु हानि यह थी कि राजकुमारों में आपसी तनाव कभी-कभी बढ़ जाते और इससे साम्राज्य में दरारें पड़ जातीं। इसीलिए चालुक्य साम्राज्य में विशेष केन्द्रीय शक्ति का अभाव पाया गया। अनेक राजकुमार छोटे-छोटे राज्यों के स्वतन्त्र राजा या सामन्त होते। सामन्तवादी स्थिति में यह बात केन्द्र के पक्ष में होती जब राजा अपने रिश्तेदारों को ही सामन्तों के पद पर रख देता। ये रिश्तेदार ज्यादा केन्द्र विरोधी वातावरण बनाने के पक्ष में नहीं रहते थे।

13.15 महारानियाँ

चालुक्य रानियाँ सार्वजनिक कार्यों में रुचि लेती थीं। दान देने का उन्हें अधिकार था। चन्द्रादित्य की रानी विजय भट्टारिका द्वारा दो ताम्रपत्राभिलेख जारी किए गए। वह रानी एक प्रसिद्ध कवयित्री थी। छोटी बहन कुंकुम देवी के कहने पर 705 ई. में राजा विजयादित्य ने एक विद्वान ब्राह्मण को ग्राम दान दिया। राजधानी बादामी में ब्रह्मा, विष्णु और महेश की प्रतिमाएँ विनयवती ने स्थापित करवाई। वह विजयादित्य की माँ थी। विक्रमादित्य की दो रानियों ने पट्टदकल में दो मन्दिरों का निर्माण करवाया।

13.16 मौखिक आदेश

अनेक चालुक्य राजा मौखिक आदेश देते थे जिन्हें उनके 'सचिव' लिखते थे। उन मौखिक आदेशों का औपचारिक रूप देकर अर्थात् पत्थर प्लेट या ताम्रप्लेट पर खुदवाकर सचिव सम्बद्ध अधिकारियों क्रे पास भेज देते थे। अभिलेखों के नीचे प्रायः औपचारिक रूप देनेवाले अधिकारियों का नाम होता। ये अधिकारी कभी-कभी **महासान्धिविग्रहिक** नामक उच्च पदवाले भी होते थे।

13.17 विभाग

कानून और व्यवस्था की रक्षा के लिए अनेक प्रशासनिक विभाग होते थे। प्रशासनिक दृष्टिकोण से सारे साम्राज्य में एकता नहीं थी। **धर्मशास्त्रों** के अनुसार विजयी प्रदेशों को यथापूर्व रहने दिया जाता था। वे शासक सम्राट को कर देते थे। युद्ध के समय उन्हें सम्राट को सैनिक सहायता देनी और युद्ध क्षेत्र में स्वयं सम्राट की ओर से उपस्थित रहना पड़ता था। अपने में वे स्वतन्त्र होते और सम्राट उनके कार्यों में प्रायः हस्तक्षेप नहीं करता था। सामन्तवादी-व्यवस्था का यह ज्वलन्त उदाहरण था। आलुपों, सिन्दों, सेन्द्रकों, गंगों, वाणों आदि सामन्तों की यही स्थिति थी। साम्राज्य राष्ट्र, विषय और नाडु में बँटा हुआ था। उसके आकार की सीमा निश्चित नहीं होती। साम्राज्य के प्रशासन में केन्द्राभिमुखता का अभाव था।

13.18 ग्राम

ग्राम शासन की सबसे छोटी इकाई होती थी। ग्रामाधिकारी **गामुंड** कहलाता। राजा और ग्रामीणों के बीच **गामुंड** कड़ी का काम करता था। उसे **ग्रामभोगिक** भी कहते जिसकी नियुक्ति केन्द्र करती। दो गाँवों के दो **गामुंडों** की जानकारी मिलती है जिन्होंने एक-एक जिनालय बनवाया। गाँवों में लेखापाल होते थे जिन्हें **करण** कहा जाता था। गाँव-प्रशासन की देखभाल **महाजन** करता। उसे **महत्तर** भी कहते थे। वह गाँव के सामाजिक एवं आर्थिक जीवन का नियमन करता था। गाँव का कोई खेत मन्दिर को दान दिया जाता तो उस गाँव के **महाजन** से अनुमति लेना आवश्यक होता।

नगर नामक संगठन उद्योग एवं व्यापार के हितों का प्रतिनिधि था। राज्य की आय का स्रोत कर था। गाँव से प्रत्येक वैशाख माह में कर वसूला जाता था। विभिन्न श्रेणियों से प्रत्येक कार्तिक माह में कर वसूला जाता था। **कंचगार श्रेणी** एवं **तैल्लिग श्रेणी** (तेलियों की श्रेणी) की चर्चा मिलती है। ये सारे संगठन गाँवों से सम्बन्धित थे।

13.19 कराधान

मकानों पर कर लगाए जाते थे। मकान-मालिकों से भी राजा कर वसूलता था। जिन्हें अपना मकान नहीं था उन्हें अपनी आर्थिक स्थिति के अनुसार प्रतिवर्ष 15, 10, 7 या 5 पण कर राजा को देना पड़ता था। पर्व-त्योहारों एवं शुभ अवसरों पर कर देना पड़ता था। जो गाँव दान दिए जाते उस पर कर नहीं लगता था। वहाँ **चाट** और **भट** (सैनिक) तथा **कुसीदास** (सूदखोर महाजन) नहीं जाते थे। **उद्रंग** (तहबाजारी) और **परिकर** (चुंगी) से केन्द्र को आय होती थी। **मारुंच आदित्यूंच, उंचमन्न, मरुमन्न** जैसे कुछ स्थानीय भूमि-कर वसूले जाते थे, जिनके बारे में विस्तृत जानकारी नहीं मिलती।

पुलकेशिन द्वितीय ने **तेरेपोन** (स्वर्ण के रूप में) नामक नया कर लगाया था ताकि युद्ध के खर्च का वहन किया जा सके। विशेष अवसरों पर और सार्वजनिक संस्थाओं को चलाने के लिए वस्तुओं के रूप में कर वसूले जाते थे। विजयादित्य के काल का एक लेख बादामी से प्राप्त हुआ है जिसके अध्ययन से पता चलता है कि अनेक करों और तेल, शर्करा आदि के रूप में प्रति दूकान से निश्चित मात्रा में मिलनेवाली आय के दान से त्रिमूर्ति के मन्दिर का खर्च चलता था। प्रति तेल मिल से **सोणिये** (एक कलछी भर) तेल मन्दिर में दीप जलाने के लिए दानस्वरूप लिया जाता था। ताम्बूल (पान का पत्ता) के प्रति पेड़ पर पचास पत्तियों के दान की चर्चा है। यह दान अप्रत्यक्ष कर के रूप में ताम्बूल के व्यापारी संघ द्वारा वसूला जाता था, जिसकी मंजूरी राजा ने दी थी। लोकेश्वर के मन्दिर के लिए विक्रमादित्य की रानी लोकमहादेवी ने 50 जिलों की उपज का प्रति मत्तर भूमि पर 2 कुल (अनाज का वजन) बाजरा देना निश्चित कर दिया था। यह दान से सम्बन्धित एक प्रकार का कर ही था। इसके साथ विशेष बात यह थी कि जो नहीं देगा उस पर जोर-जबरदस्ती करनेवाला व्यक्ति, अधिकारी या राजा का पुण्य क्षय होगा। सम्पूर्ण चालुक्य साम्राज्य में माप-तौल का मानक अलग-अलग था।

13.20 समाज

पुलकेशिन द्वितीय के समय ह्वेनसांग ने महाराष्ट्र की यात्रा की थी। पुलकेशिन को उसने क्षत्रिय बताया है। ह्वेनसांग बताता है कि पुलकेशिन द्वितीय एक दयालु राजा था। उसका राज्य काफी विस्तृत था। सामन्त उसकी सेवा निष्ठापूर्वक करते थे। यहाँ की जनता अभिमानी और युद्धप्रिय थी। किसी भी हालत में वह अपमान बर्दाश्त नहीं करती थी। युद्धक्षेत्र में युद्ध से पूर्व हाथियों को शराब पिलाई जाती थी। राजा की शक्ति का आधार सैनिक और हाथी थे।

13.21 स्थल और जलसेना

पुलकेशिन द्वितीय के पास विशाल सेना होने की चर्चा ह्वेनसांग ने की है जिसके बल पर हर्ष को उसने परास्त किया। चालुक्यों का आक्रमण रेवती द्वीप और पुरी पर हुआ था। इस आधार पर विद्वानों का विचार है कि चालुक्यों के पास छोटी-मोटी नौसेना भी थी। नौसेना की विस्तृत जानकारी नहीं मिल पाती। पैदल और घुड़सवार सैनिकों की संख्या काफी थी। सेना को युद्ध के नियमों की अच्छी जानकारी थी। पराजित सेनापति को शारीरिक रूप से राजा दंडित नहीं करता। अधिक-से-अधिक उसके वस्त्र उतरवाकर उसे जनाना कपड़े पहना दिए जाते थे। पराजित सेनापति इस अपमान से इतना लज्जित होता था कि स्वयं आत्महत्या कर लेता था।

13.22 शिक्षा

चालुक्य समाज में शिक्षा का महत्त्व था। राजकुमारों को राजा बनने से पूर्व कई विषयों की शिक्षा दी जाती थी। कुछ विद्वान थे जो रोटी-दाल के मायाजाल से अलग हटकर अध्ययन और अध्यापन करते थे। ये तत्कालीन-धर्म का पालन करते थे। राजा, रानी, सामन्त और प्रजा द्वारा इन्हें प्रभूत दान दिया जाता था। अनेक विद्याओं में निपुण सैकड़ों विद्वान बादामी के राजदरबार में रहते थे। ये विद्वान चौदह विद्याओं (चारों वेद, छहो अंग, पुराण, मीमांसा, न्याय और धर्मशास्त्र) में पारंगत थे। कन्नड़ लोकभाषा थी। स्रोतों से पता चलता है कि जनता में साक्षरता काफी थी। शिक्षित और कुशल कारीगर लम्बे-लम्बे संस्कृत अभिलेखों को पत्थरों या ताम्रपत्रों पर शुद्ध-शुद्ध खोद सकते थे। सार्वजनिक स्थलों जैसे मन्दिरों और किलों की दीवारों पर लेख खुदवाए जाते थे।

13.23 कला

तत्कालीन शिला-स्मारकों से विकसित वास्तुकला और शिल्पकला की जानकारी होती है। श्री गुंडन अनिवारिताचारि वह प्रधान कारीगर था जिसने अपनी कल्पना से लोकेश्वर मन्दिर का निर्माण कराया। अपनी वास्तुकला-पारंगता के कारण वह 'त्रिभुवनाचारि' कहलाया। उसकी कार्यकुशलता और कला-क्षमता से खुश होकर अनेक तत्कालीन श्रेष्ठ कारीगरों को आर्थिक छूट मिली। अनेक नगरों की योजना (निवेश) में अनिवारिताचारि की भूमिका सर्वाधिक महत्त्वपूर्ण थी। यह वास्तुकार **अनेकपुरवास्तु पितामह** कहलाया। उसे **वास्तु-प्रासाद-यान-आसन-शयन-मणिमुकुट चूड़ामणि** की उपाधि से विभूषित किया गया था। अनेक भवनों, सवारियों और उपस्करों (फर्नीचरों) की कुशल रचना का श्रेय उसी को था। सम्पूर्ण दक्षिण भारत में वह मशहूर था। विरुपाक्ष के मन्दिर में रामायण के दृश्यों को सविवरण अंकित करने का श्रेय उसी को है। कीर्तिवर्मनकालीन एक स्तम्भ लेख में वास्तुकारों और शिल्पियों की तीन पीढ़ियों के नामों की जानकारी होती है। ये शांडिल्य गोत्र के थे। पट्टदकल के मन्दिर का निर्माण इन्हीं लोगों ने किया था।

13.24 मन्दिरों की भूमिका

चालुक्यकालीन मन्दिरों का सम्बन्ध तत्कालीन अर्थव्यवस्था, समाज एवं संस्कृति से रहा। विकसित ललित कलाओं का मुख्य उद्देश्य देवता की सेवा था। कुशल कारीगरों एवं कलाकारों को मन्दिरों में रोजगार मिलता था। मन्दिरों से विद्वानों एवं भक्तों को मुफ्त भोजन मिलता था। गरीबों को भी मन्दिरों से भिक्षा मिलती थी। एक अभिलेख के अध्ययन से पता चलता है कि चालुक्य शासक ने एक नवीन विष्णुमन्दिर को लंजीश्वरम् नामक एक गाँव दान दिया ताकि संन्यासियों को श्राद्ध भोजन (नारायण बलि), प्रतिदिन सोलह ब्राह्मण को भोजन और परिव्राजकों को भोजन मिल सके। मन्दिरों में दान-शालाएँ होतीं। मन्दिरों में संगीतकार एवं नर्तकियाँ होतीं। नृत्य की भरत-नाट्यम् नामक नवीन शैली की चर्चा हम तत्कालीन स्रोतों में पाते हैं। मन्दिर के देवताओं को माला पहनाई जाती जिसे **मालाकार** तैयार करते। इस खर्च के लिए मन्दिरों द्वारा मालाकार को अक्षय निधि दी जाती थी।

13.25 धर्म

चालुक्यकालीन महाराष्ट्री धर्म के क्षेत्र में कट्टरपन्थी थे। धर्म के विरुद्ध आचरण करनेवाले लोगों की भी कमी नहीं थी। सैकड़ों बौद्ध विहारों में हजारों बौद्ध भिक्षु थे। हीनयान और महायान—दोनों सम्प्रदायों के माननेवाले महाराष्ट्र के क्षेत्रों में थे। नासिक में शैव मतों के लोग काफी थे। शरीर में ये भस्म लगाए रहते थे। अशोककालीन पाँच स्तूपों के अलावा अन्य स्तूप भी नासिक में थे। ह्वेनसांग ने अजन्ता की गुफाओं की चर्चा की है जिनमें से अनेक गुफाओं में बोधिसत्व की कथाओं का चित्रण था।

चालुक्य राजपरिवार शैव एवं वैष्णव धर्मों का विशेष आदर करते थे। इन लोगों ने शिव एवं विष्णु के अनेक मन्दिरों का निर्माण करवाया। जैन मन्दिरों को राजकीय संरक्षण प्राप्त था। पुलकेशिन प्रथम, कीर्तिवर्मन, मंगलेश और पुलकेशिन द्वितीय ने वैदिक यज्ञ किए थे। ब्राह्मणों का समाज में विशेष आदर था। सूर्यग्रहण एवं चन्द्रग्रहणों के अवसरों पर राजाओं, रानियों एवं अन्य लोगों द्वारा दान दिए जाते थे। पहाड़ कटवाकर मंगलेश ने विष्णुमन्दिर बनवाया। यज्ञ कराने के लिए पारिश्रमिक रूप में अनेक ब्राह्मणों को ग्राम दान दिए गए। मन्दिरों में अनेक अवसरों पर धार्मिकोत्सव मनाए जाते। कार्तिक पूर्णिमा के दिन **पैतामहि हिरण्यगर्भ महोत्सव** मनाया जाता। इस अवसर पर ब्राह्मणों को भारी दान प्राप्त होता। शैव मत का आपसी सम्बन्ध उत्तर तथा दक्षिण भारत के साथ था। ज्ञानशिवाचार्य नामक एक शैव, गंगा के उत्तरी किनारे से संगमेश्वर के मन्दिरों में आया और अर्चक का काम करने लगा। उसने 30 गद्याण की लागत से 30 निवर्त्तन भूमि की एक अक्षयनिधि स्थापित की। इस भूमि से प्राप्त आय से आचार्यों के व्यय, मन्दिर की पूजा और अन्य आवश्यकताओं की पूर्ति की व्यवस्था की गई।

जैन धर्म का प्रभाव चालुक्य प्रजा पर था। ऐहोल में जिन मन्दिर का निर्माण रविकीर्ति ने किया। पुलकेशिन द्वितीय के सहयोग से ऐहोल का मन्दिर बना था। अग्निगेरे में एक चैत्य

का निर्माण जेबुलगैरी के मुखिया कलियम्म जैन ने किया था। यह चैत्य कीर्तिवर्मन द्वितीय के काल में बना था। कीर्तिवर्मन गोसाईं ने प्रभुनाथ मन्दिर के सामने जैन मुनि की प्रतिमा स्थापित की।

13.26 साहित्य

संस्कृत भाषा में लिखित अनेक साहित्यों की रचना इस काल में हुई। उत्तर भारतीय शासक हर्षवर्द्धनकालीन अलंकृत गद्य से दक्षिण भारत काफी प्रभावित हुआ। दक्षिण भारतीय अभिलेखों में कौटिल्य द्वारा रचित *अर्थशास्त्र, वाल्मीकि रामायण,* कालिदास के *रघुवंश* से प्रभावित है। इसमें कालिदास और भारवि का नाम भी है। सामन्त गंगराज दुर्विनीत पुलकेशिन द्वितीय का श्वसुर था। *शब्दावतार* नामक व्याकरण ग्रन्थ की रचना उसी ने की थी। *किरातार्जुनीय* का सर्वाधिक कठिन सर्ग पन्द्रहवाँ था जिस पर भी एक टीका गंगराज दुर्विनीति ने लिखी। वह काफी विद्वान था। गुणाढ्य द्वारा रचित *बृहत्कथा* का संस्कृत में अनुवाद किया। रानी विजयभट्टारिका संस्कृत की एक प्रसिद्ध कवयित्री थी। राजशेखर का कहना है कि कालिदास के बाद वैदर्भी शैली को कर्णाट कवयित्री विजया ने ही संरक्षण प्रदान किया। आर्या छन्द में लिखित अचलद का पद्य नाट्यशास्त्र और कला के इतिहास के कभी नहीं भूलनेवाले अध्याय की याद दिलाता है। जैन मुनि पूज्यपाद ने संस्कृत के *जैनेन्द्र-व्याकरण* की रचना लगभग 729 ई. में की। प्रसिद्ध जैन लेखक सोमदेव सूरि ने दसवीं शताब्दी में यशस्तिलक चम्पू की रचना की। रातनीति के प्रसिद्ध ग्रन्थ *नीतिवाक्यामृत* के लेखक सोमदेव सूरि थे। *यशस्तिलकचम्पू* के माध्यम से जीव हिंसा के विरुद्ध प्रचार किया गया।

जनसाधारण की भाषा कन्नड़ थी। इस भाषा में सबसे प्राचीन ग्रन्थ *कविराजमार्ग* है। इस ग्रन्थ की रचना राष्ट्रकूट शासक नृपतुंग ने की थी। इस ग्रन्थ में पुलकेशिन द्वितीय का श्वसुर राजा गंग की विस्तृत चर्चा है। गंग राजा कन्नड़ और संस्कृत का विद्वान था। तुम्बलूराचार्य के नाम से मशहूर लेखक श्रीवर्धनदेव कन्नड़ का दूसरा प्रसिद्ध लेखक था। उसका जन्मस्थान तुम्बलर था। *तत्वार्थमहाशास्त्र* पर उसने एक बृहत् टीका लिखी जिसका नाम *चूड़ामणि* था। इसमें छन्दों की संख्या 17000 थी। चालुक्यकालीन लेखक श्यामकुन्दाचार्य प्राकृत, संस्कृत और कन्नड़ का प्रसिद्ध विद्वान था। वह तुम्बलूराचार्य का समकालीन था। 102 ई. में जन्मे विद्वान पम्प ने 32 वर्ष की आयु में ही कन्नड़ भाषा में दो ग्रन्थों की रचना की। *आदिपुराण* और *विक्रमार्जुनविजय* नामक इन दोनों साहित्यों को *वरेण्य काव्य* कहा जाता है। कन्नड़ का वह सर्वश्रेष्ठ कवि था।

13.27 चालुक्य-पल्लव संघर्ष

छठी शताब्दी के उत्तरार्द्ध से लेकर बाद के तीन शताब्दियों तक दक्षिण भारत का इतिहास तीन शक्तियों—बादामी के चालुक्य, काँची के पल्लव और मदुरा के पांड्य—के बीच आपसी संघर्ष का काल रहा है। पुलकेशिन प्रथम चालुक्य राज्यवंश का संस्थापक था। कलभ्रों की

घुसपैठ के बाद तमिल देश में जो राजनीतिक अव्यवस्था फैली उसका अन्त छठी शताब्दी के अन्तिम चरण में पल्लव राजा सिंहविष्णु तथा पांड्य राजा कडुंगोन के कार्यकलापों से हुआ। पल्लवों की राजधानी काँची थी। पल्लव नरेश सिंहविष्णु कलभ्रों का दमन करने के पश्चात् कावेरी तक के सम्पूर्ण प्रदेशों को जीत लिया। पांड्यों तथा श्रीलंका नरेश से भी उसकी टकराहट हुई। उसका पुत्र महेन्द्रवर्मन प्रथम (575-600) शासक बना और पल्लव राज्य का विस्तार उसने कृष्णा नदी और सम्भवतः विष्णुकुंडियों के राज्य सीमा तक की। विष्णुकुंडियों के पतन के पश्चात् पुलकेशिन द्वितीय से लोहा लेने की उसने योजना बनाई। पल्लव सेनाएँ जब काँची से केवल 15 मील आगे थी तो चालुक्यों ने उनका विरोध किया। घमासान लड़ाई हुई और महेन्द्रवर्मन अपनी राजधानी बचाने में सफल रहा, लेकिन अपने राज्य का उत्तरी भाग उसे खोना पड़ा। चालुक्य तथा पल्लव राजवंशों के बीच लम्बी अवधि तक चलनेवाले संघर्ष का यही प्रारम्भिक बिन्दु था। यह संघर्ष कई पीढ़ियों तक चला।

पुल्लूर की लड़ाई के बाद काँची पर घेरा डालने में सफल नहीं हो पाने के पश्चात् पुलकेशिन अपनी राजधानी बादामी लौट गया। दूसरी बार जब वह पूर्वी दक्कन में आया तो महेन्द्रवर्मन प्रथम का पुत्र नरसिंहवर्मन प्रथम पल्लव नरेश था। चालुक्यों को इससे खुशी हुई क्योंकि महेन्द्रवर्मन प्रथम अब शासक नहीं था। और चालुक्यों को विजय प्राप्त करने की आशा थी। इधर पल्लव चालुक्यों के विरुद्ध काफी सक्रिय थे। और अपनी राज्यसीमा में विस्तार करते जा रहे थे।

वाण राजा रणविक्रम पहले चालुक्यों के सामन्त थे, किन्तु अब उन्होंने पल्लवों की अधीनता स्वीकार की। पुलकेशिन द्वितीय ने वाणों के इलाके को जीत लिया। पल्लवों से संघर्ष के दूसरे दौर की शुरुआत यहीं से शुरू हुई। इन उपर्युक्त तथ्यों की जानकारी अभिलेखों से होती हैं।[1]

पल्लव स्रोतों के अनुसार चालुक्य-पल्लव संघर्ष में पल्लवों का पलड़ा भारी रहा। नरसिंहवर्मन ने पुलकेशिन को परियल, मणिमंगल, शूरमार आदि के युद्धों में मारकर भगा दिया। इसके बावजूद चालुक्यों ने पल्लवों की राजधानी काँचीपुरम के लिए खतरा पैदा कर दिया था। राजधानी को बचाने के लिए पल्लवों को उपर्युक्त अनेक भयंकर युद्ध करने पड़े थे। सिंहल का राजकुमार मानवम्म चालुक्यों के विरुद्ध पल्लवों का साथ दिया था। सिंहली वर्णनों के अनुसार इस सहायता के बदले नरसिंहवर्मन ने उसे सिंहल की गद्दी पर बिठाने में मदद की थी। अप्रत्यक्ष रूप से चालुक्यों का आक्रमण पल्लवों के लिए घातक सिद्ध हुआ। नरसिंहवर्मन समझ गया कि राजधानी काँचीपुरम को बचाने के लिए कुछ ठोस उपाय किए बिना चालुक्यों से बचाना मुश्किल था क्योंकि पच्चीस वर्षों में दो बार चालुक्य पल्लव राजधानी के लिए खतरा बन चुके थे। उधर पुलकेशिन को दुख था कि दूसरी बार भी पल्लवों के हाथों उसे मुँह की खानी पड़ी। अतः दोनों शक्तियों के बीच तनाव जारी रहा।

---

1. *इंडियन एंक्वैरी,* XIX, पृ. 144-45; *साउथ इंडियन इंशक्रिप्शंस,* IX (i) संख्या 46, पंक्तियाँ 66-67

अन्तिम निर्णय की तैयारी दोनों महायोद्धा करने लगे। इस दौरान चीनीयात्री ह्वेनसांग शान्तिपूर्वक नरसिंहवर्मन के राज्य की यात्रा कर पुलकेशिन के राज्य में चला गया। इस चीनीयात्री के जाने के साथ ही पूरी तैयारी के साथ पल्लव नरेश नरसिंहवर्मन ने चालुक्यों पर चढ़ाई कर दी। राजधानी वातापी (बादामी) तक पहुँच पल्लवों का अधिकार वहाँ के किले पर हो गया। पल्लवों का यह आघात काफी गहरा था। सम्भवतः इस युद्ध में पुलकेशिन द्वितीय की मृत्यु हो गई। वातापी में मल्लिकार्जुन मन्दिर के पिछले हिस्से में एक चट्टान पर पल्लवाक्षरों में नरसिंहवर्मन का एक खंडित लेख मिला है, जिसमें लिखा है कि अपने शत्रु की राजधानी वातापी पर अधिकार कर काँचीपुरम पर दो-दो बार चढ़ जाने का बदला पुलकेशिन से ले लिया। इस बात की निश्चित जानकारी नहीं मिल पाती कि पल्लवों का अधिकार चालुक्यों की राजधानी पर कितने दिनों तक रहा। पल्लव विजय से चालुक्यों के राज्य में एक खलबली-सी मच गई जिसका अन्त 654-55 ई. में विक्रमादित्य प्रथम के राज्यारोहण से हुआ। इस अवधि में चालुक्यों के सामन्त भी अपनी स्वतन्त्रता घोषित करने लगे थे। 643 ई. में विजयराज ने, जो लाट का शासक था, कैरावाला दानलेख जारी किया था। इस दानलेख में स्थानीय कलचुरि संवत् का प्रयोग हुआ है जो विजयराज चालुक्य वंश का था। पुलकेशिन ने इसे लाट वंश का शासक नियुक्त किया था, लेकिन विजयराज ने अपने दानाभिलेख में चालुक्य राजा का किसी प्रकार का उल्लेख नहीं किया है। अराजकता की इस अवधि की समाप्ति के आसपास का, सेन्द्रक राजकुमार पृथ्वीवल्लभ निकुम्भल्लशक्ति का 655 ई. का दानाभिलेख है जिससे पता चलता है कि सेन्द्रक राजकुमार पृथ्वीवल्लभ एक स्वतन्त्र शासक था। सेन्द्रक लोग कीर्तिवर्मन प्रथम के समय से ही चालुक्यों के बड़े राजभक्त सामन्त थे। इन विद्रोहों की अवधि में स्वयं पुलकेशिन के बेटों में उत्तराधिकार का युद्ध चलने लगा था। अपनी सुरक्षा की दृष्टि से ये चालुक्य राजकुमार अपने शासन के इलाकों में अपना स्वतन्त्र राज्य बना लेने की कोशिश करने लगे। इस तरह पुलकेशिन ने इतने परिश्रम से जो साम्राज्य बनाया वह टूट गया था। चालुक्यों की इस दुर्दशा का प्रारम्भ पल्लव राजा नरसिंहवर्मन के अचानक हमले और विजय से हुआ। इस अशान्ति की अवधि में चालुक्य नरेश विक्रमादित्य को अपने नाना गंग के राजा दुर्विनीत से सहायता मिली। 1077 ई. के एक अभिलेखानुसार गंग नरेश दुर्विनीत ने काँची नरेश को कैद कर अपने नाती को वहाँ शासक बना दिया।

धाराश्रय के नौसारी के ताम्रपट्टों[1] में विक्रमादित्य की केवल एक सफलता का उल्लेख है कि उसने पल्लवों को परास्त किया। इस बात की पुष्टि ऐसे होती है कि 670-71 ई. में विक्रमादित्य काँचीपुरम के पश्चिम में स्थित मल्लियूर के **महास्कन्धावार** में था। एक अन्य **विजय स्कन्धावार** से प्राप्त अभिलेख से विक्रमादित्य के पल्लव आक्रमण की अच्छी जानकारी होती है। इस उपर्युक्त अभिलेख के अनुसार श्रीवल्लभ ने नरसिंह की सेनाओं का मानमर्दन किया और महेन्द्रवर्मन को पराजित किया। काँची पल्लवों के हाथों से निकल गई। इस युद्ध में विजय प्राप्त करने में चालुक्यों को कठिन समस्याओं का सामना करना पड़ा था। पांड्य राजा अरिकेसरी ने पल्लवों के विरुद्ध चालुक्यों का साथ दिया था, अतः पल्लवों की हार के पश्चात् चालुक्यों और पांड्यों में मित्रता स्वाभाविक थी।

---

1. *इंडियन एंटिक्वैरी,* VII, पृ. 106

वास्तव में विक्रमादित्य ने नरसिंहवर्मन के विरुद्ध जो सफलताएँ प्राप्त की थीं, उसके बारे में विस्तृत जानकारी हमें नहीं मिल पाती लेकिन इतना निश्चित है कि चालुक्यों का हमला महेन्द्रवर्मन द्वितीय के काल में हुआ। पल्लव नरेश परमेश्वरवर्मन काँची से बचकर भाग गया और राज्य के अन्य भागों से सैनिक एकत्र किए। आक्रामक का ध्यान राजधानी से हटाने के लिए उसने शिरूत्तोंडर के सेनापतित्व में चालुक्यों के देश पर आक्रमण किया ताकि जो निर्णायक युद्ध हो उसमें शत्रु की सेनाएँ बँटी रहें। यह लड़ाई लगभग 674 ई. में त्रिचनापल्लि जिला में लालगुडि तालुक के पेरुवलनल्लूर में हुई। पल्लव राजा का उद्देश्य पूरा हो गया और चालुक्यों को काँची छोड़कर लौटना पड़ा। पल्लव कुछ समय के लिए पुनः अपने भाग्यविधाता रह गए।

पल्लव सम्भवतः वातापी तक आए और उन्होंने उसे लूट भी लिया था। विनयादित्य के बारे में कहा गया है कि उसने अपने पिता की आज्ञाओं का पालन कर काँचीश्वर की सेनाओं की बाढ़ को रोकने में सफल रहा। पल्लवों के आक्रमणों से चालुक्य राज्य में अव्यवस्था फैल गई। इधर पल्लवों पर आक्रमण करने के बाद चालुक्यों को कुछ भी हाथ नहीं लगा। दक्षिण में पल्लवों का आधिपत्य स्थापित रहा।

बाद के स्रोतों में विक्रमादित्य के शौर्य, उसकी उन पल्लवों पर विजय जिन्होंने चालुक्यों के वंश पर धब्बा लगा दिए और काँचीपुरम पर अधिकार, उसकी पांड्य, चोल, केरल, कलभ्र और अन्य राजाओं पर विजय की चर्चा है। विक्रमादित्य द्वारा प्राप्त इन उपलब्धियों पर विद्वानों ने शंका प्रकट की है। विक्रमादित्य के बाद उसका बेटा विनयादित्य चालुक्य राजसिंहासन पर लगभग 681 ई. में बैठा। उसने आलुपों और गंगों की भाँति पल्लवों को अपनी अधीनता स्वीकारने के लिए बाध्य कर दिया।

पल्लवों का राज्य बना रहा। विक्रमादित्य द्वितीय 733-34 में अपने पिता विनयादित्य के बाद चालुक्य नरेश बना। उसने काँची नरेश नन्दिवर्मन द्वितीय पल्लव मल्ल के विरुद्ध युद्ध छेड़ दिया। चालुक्य स्रोतों के अनुसार उसने तीन-चार बार काँची को रौंदा। पल्लव अभिलेखों में इस महत्त्वपूर्ण घटना का कोई उल्लेख नहीं है। प्रथम सफलता से उत्साहित होकर विक्रमादित्य द्वितीय ने पल्लवों को पूर्णतः कुचल देने का निर्णय किया और तुंडाक देश तक पहुँच गया। पल्लव नरेश नन्दिपोतवर्मन युद्ध में चालुक्य नरेश विक्रमादित्य द्वितीय से मुकाबला करने में असफल रहा और युद्ध क्षेत्र से भाग गया। इस विजय में चालुक्यों को युद्ध के अनेक उत्तम हाथी, मनों रत्न आदि प्राप्त हुए। काँची पर उनका अधिकार हो गया। काँची में चालुक्यों का एक विजय-स्तम्भ स्थापित किया गया। विक्रमादित्य द्वितीय ने काँची के प्रसिद्ध राजसिंहेश्वर मन्दिर में एक लेख लिखवाया।

कुछ समय पश्चात् विक्रमादित्य द्वितीय के बेटे कीर्तिवर्मन द्वितीय ने पल्लवों पर पुनः आक्रमण किया और पल्लव नरेश को आत्मसमर्पण करना पड़ा। युद्ध में जीते अनेक हाथियों और शत्रु से प्राप्त प्रभूत सोने और रत्नों के भंडार के साथ 'युवराज' कीर्तिवर्मन वापस आया। चालुक्यों का पल्लवों पर यह एक सफल धावा था। उस समय भी पल्लवों का राजा नन्दिवर्मन पल्लवमल ही था। पल्लवों पर यह तीसरा आक्रमण था।

विक्रमादित्य द्वितीय के मरने के पश्चात् 744-45 में उसका पुत्र कीर्तिवर्मन द्वितीय शासक बना। बादामी काल का वह अन्तिम चालुक्य नरेश था। उसे उखाड़ फेंकनेवाला

राष्ट्रकूट नरेश दन्तिदुर्ग था। अपनी पुत्री रेवा का विवाह पल्लव नरेश नन्दिवर्मन से कर दन्तिदुर्ग ने अपनी स्थिति मजबूत कर ली। कीर्तिवर्मन द्वितीय ने अपना बचाव करने के लिए अन्तिम बार कोशिश की, लेकिन असफल रहा। इस तरह पल्लव और चालुक्य शक्तियों के आपसी तनाव की समाप्ति राष्ट्रकूटों के कारण हो गई। एक तरफ चालुक्यों का अन्त राष्ट्रकूटों के कारण हुआ और दूसरी तरफ पल्लवों का पतन 775 ई. के आसपास पांड्यों के कारण हो गया।*

---

* उपर्युक्त तथ्यों की जानकारी *साउथ इंडियन इंशक्रिप्शंस* (IX [i] संख्या 45 और 1920 का 343), *एपिग्राफिया इंडिका* (IX पृ. 98-102), *इंडियन एंटिक्वैरी* (XI, 67, X, 100, VII, 163-64; VIII, 45-6), *एपिग्राफिया कर्णाटिका* (VIII, नागर 35); दुब्रील (*पल्लवाज,* पृ. 43) *एपिग्राफिया इंडिका* (X, 100), *साउथ इंडियन इंशक्रिप्शंस* (I, पृ. 22, छन्द 2; पृ. 148-49, पंक्तियाँ 23-41; पृ. 12, छन्द 5; II, पृ. 366, पंक्तियाँ 16-17) *मैसूर आर्कलॉजिकल रिपोर्ट* (1923, पृ. 83, संख्या 72) *इंडियन हिस्टॉरिकल क्वाटर्ली* (V, पृ. 325), *एपिग्राफिया इंडिका* (IX, 22; XIX, 62), *एपिग्राफिया कर्णाटिका* (XI, डिगि, 66), आदि से होती है।

14

कल्याणी के चालुक्य

(Chalukyas of Kalyani)

14.1 उत्पत्ति

कल्याणी के चालुक्य अपने को बादामी के चालुक्य नरेश विक्रमादित्य द्वितीय के एक भाई का वंशज बताते हैं, परन्तु इस तथ्य की जानकारी तत्कालीन अभिलेखों से नहीं होती। इस वंश का प्रथम शासन **तैल प्रथम** था। उसे पेर्ग्गडे महाराजन भी कहा गया है। उसके पिता गरीब थे, लेकिन माँ की तरफ से उसके पिता को अपार सम्पत्ति मिल गई थी। उसकी माँ राष्ट्रकूट-शासक कृष्ण द्वितीय की पुत्री थी अर्थात् कृष्ण द्वितीय तैल प्रथम का नाना था। चालुक्यों के सामन्त-वंश की प्रतिष्ठा बढ़ाने का श्रेय कृष्ण द्वितीय को है। तैल प्रथम को सम्भवतः विक्रमादित्य चतुर्थ कहा गया है। विक्रमादित्य चतुर्थ का विवाह चेदि शासक लक्ष्मणसेन की कन्या से हुआ। त्रिपुरी के चेदियों से वैवाहिक सम्बन्ध स्थापित कर विक्रमादित्य ने चालुक्य वंश का विकास और राष्ट्रकूटों का विनाश किया। चोलों से राष्ट्रकूट नरेश कृष्ण तृतीय का लम्बा संघर्ष जारी था। उसकी आक्रामक नीति ने राष्ट्रकूटों को ऊबा दिया। राज्य की आर्थिक स्थिति खराब हो गई। विकास-कार्य रुकने से प्रजा में असन्तोष बढ़ा। युद्ध-नीति ने राष्ट्रकूटों के दुश्मनों की संख्या बढ़ा दी। कृष्ण तृतीय के तुरन्त बाद ही राष्ट्रकूटों की बिगड़ी हुई स्थिति ने चालुक्यों को यह अवसर प्रदान किया कि वे अपना पुराना स्वप्न साकार कर सकें।

तैल प्रथम का पुत्र **तैल द्वितीय** 957 ई. में एक सामन्त के रूप में बीजापुर जिले में शासन कर रहा था। अभिलेखों में उसे **नाडु का सामन्त** और **महासामन्ताधिपति आहवमल तैल परस** और **चालुक्य राम** कहा गया है। कृष्ण तृतीय से उसे तर्दवाडि 1000 का जिला जागीरस्वरूप प्राप्त हुआ। तैल की हैसियत और शक्ति में पर्याप्त वृद्धि हुई। उसने 25 वर्षों तक शासन-कार्य चलाया। राष्ट्रकूटों का पूर्णतः अन्त इसी के काल में हुआ। मालवा के शासक ने मान्यखेट (मालखेड) को लूट लिया। 973 ई. में राष्ट्रकूटों पर तैल ने भी हमला किया। वहाँ का शासक कर्क्क द्वितीय मारा गया। चालुक्य-प्रभुता प्रतिष्ठित हो गई। तैल की विजय में कर्क्क-विरोधी राष्ट्रकूट राजकुमारों ने ही तैल का साथ दिया। पूर्णतः पराजित राष्ट्रकूट राज्य के सामन्त अब चालुक्य-शासक ने तैल द्वितीय की अधीनता स्वीकार कर ली। पहले के विरोधी सामन्त भी तैल का गुणगान करने लगे। तैल ने अनेक शानदार

उपाधियाँ धारण कीं। पंचालदेव को उसने मारा और नोलम्ब पल्लव पूरी तरह उसके अधीन हो गए। बनवासी जिले के सामन्त ने तैल की अधीनता स्वीकार की। तैल का सबसे बड़ा भक्त था सामन्त सोभनरस, जिसे तैल ने **गिरिदुर्गमल्ल** और **सामन्त चूड़ामणि** की उपाधियों से अलंकृत किया। बेलगाँव जिले के राष्ट्रकूट समर्थक सौन्दति के रट्टों ने अब तैल की प्रभुता स्वीकारी। उत्तरी कोंकण शिलाहार और संडंड देश के यादवों पर तैल की प्रभुता स्थापित हो गई। सेनापति बारप का दूसरा नाम चालुक्य था। उसने तैल के लिए लाट विजय की। गुजरात को छोड़ समस्त राष्ट्रकूट प्रदेश अब चालुक्य शासक तैल द्वितीय का हो गया। उत्तर के गुर्जरों को उसने हराया। मान्यखेट को राजधानी बनाकर तैल शासन-भार सँभाल रहा था।

राष्ट्रकूट शासन के अधीन जब तैल सामन्त था, उसी समय वह राष्ट्रकूटों की तरफ से मालवा के परमार और चोलों से टकराया था। इन दोनों शक्तियों से उसकी टकराहट पुनः हुई। परमार शासक उत्पल को उसने कैद किया था। हूणों, मारवाड़ के लोगों और चेदियों पर उसने चढ़ाई की। बेल्लारी जिला उसके राज्य का हिस्सा बन गया।

14.2 सत्याश्रय (997-1008 ई.)

तैल द्वितीय के दो पुत्र थे। बड़े बेटे का नाम सत्याश्रय और छोटे का दशवर्मन था। तैल के मरने के बाद 997 ई. में सत्याश्रय चालुक्य शासक बना। सत्याश्रय की रानी का नाम भाग्यवती था। अपने पिता की नीति को सत्याश्रय ने जारी रखा। उसके काल में चोल शासक राजराज का राजनीतिक प्रभाव दक्षिण भारत में बढ़ता जा रहा था। लंका तक चोलों का प्रसार हो गया था। तैल द्वितीय ने रेड्डा में चोलों को कुचला था। चालुक्यों के विरुद्ध वेंगी के शासक शक्तिवर्मन को सहायता देकर चोल अपनी शक्ति के विस्तार में लगे थे। चोलों की इस चाल से सत्याश्रम सावधान था। उसने वेंगी पर आक्रमण कर दिया। उसने गुंटूर जिले पर अधिकार कर वहाँ सैनिक पड़ाव (स्कन्धावार) डाल दिया। वेंगी को बचाने के लिए सत्याश्रय के विरुद्ध चोल शासक ने युवराज राजेन्द्र के नेतृत्व में चालुक्यों के गृह-प्रवेश में ही विशाल सेना भेजी। सत्याश्रय के लिए वेंगी का आक्रमण महँगा पड़ा। राजेन्द्र चोल ने चालुक्य राज्य को लूटा। स्त्रियाँ, बालक और बहुत-से ब्राह्मण मार दिए गए। सैकड़ों स्त्रियों का सतीत्व नष्ट कर दिया गया। चालुक्यों को काफी आर्थिक क्षति उठानी पड़ी। राजेन्द्र ने दोआब प्रदेश (इडैतुरै नाडु), बनवासी, सुल्लि और मण्णैक्कड़क्कम (मान्यखेट) पर अधिकार कर लिया। सत्याश्रय की हालत खराब रही।

14.3 विक्रमादित्य पंचम (1008-1015 ई.)

1008 ई. में सत्याश्रय का भतीजा विक्रमादित्य पंचम शासक बना। उसका राज्यकाल छह-सात वर्षों का रहा। तत्कालीन स्रोतों में उसे एक अच्छा राजा बताया गया है। उसकी बहन अक्कादेवी को लक्ष्मी का अवतार, अनेक दानों का वितरण करनेवाली, बुद्धिमती, सत्य और सच्चरित्रता की मूर्ति बताया गया।

14.4 अच्चन (1015 ई.)

विक्रमादित्य पंचम का छोटा भाई 1015 ई. में शासक बना। उसने सम्भवतः एक माह तक राज्य किया। उसके गद्दी पर बैठने की बात को ग्यारहवीं और बारहवीं शताब्दियों के दो अभिलेख प्रमाणित करते हैं।

14.5 जयसिंह (1015-1042 ई.)

विक्रमादित्य के पश्चात् जयसिंह शासक बना। उसके शासनकाल का पहला वर्ष 1015 ई. और अन्तिम वर्ष 1042 ई. बताया जाता है। उसके सम्बन्ध में विशेष जानकारी नहीं हो पाती।

14.6 जयसिंह द्वितीय

चालुक्य शासक जयसिंह ने काँटों से भरा ताज पहना। परमार राजा भोज ने उसके विरुद्ध युद्ध छेड़ा। कोंकण पर उसका अधिकार हो गया। नासिक में भोज का सामन्त यशोवर्मन शासन करने लगा। कर्णाट और लाट पर परमारों का अधिकार हो गया। 1019 ई. के एक अभिलेख में जयसिंह द्वितीय को **नृपति भोज कमलचन्द्र** कहा गया। जयसिंह ने सप्त मालवों को हराया। अभियान पर निकले जयसिंह द्वितीय ने कोंकणाधीशों के सभी प्रदेशों पर अधिकार कर लिया। शक्तिशाली सेनापति चावनरस के सहयोग से उसने परमार शासक से कोंकण को छीन लिया। चावनरस को कोंकणधूर्मकेतु और पन्नल का विध्वंसक कहा गया। कोंकण में कोल्हापुर से 12 मील उत्तर-पश्चिम में पन्नल का किला था। इस तरह जयसिंह ने उन सारे प्रदेशों को छीन लिया जिन्हें भोज ने अधिकृत किया था।

परमारों को कुचलने के पश्चात् जयसिंह द्वितीय ने चोल शासक राजेन्द्र की तरफ ध्यान दिया। राजेन्द्र चोल 1024 ई. जब उत्तर की दिग्विजय की योजना बना रहा था, जयसिंह उन्हें चालुक्य प्रदेश से बाहर कर देने में सफल रहा। इसके लिए 1020-21 ई. में मस्की (मुशंगी) और गंग तथा वेंगी प्रदेशों में चोल-चालुक्य भयंकर युद्ध हुए। 1015 से 1020 ई. के बीच चोल शासक राजेन्द्र दक्षिण में पांड्यों, केरलों और सिंहलों के साथ होनेवाले युद्धों में फँसा रहा। 1019 ई. में वेंगी के शासक विक्रमादित्य का मारना जयसिंह के पक्ष में रहा। वेंगी की गद्दी पर उसने अपनी इच्छानुसार राजा को बैठाने का अवसर पाया। वह नहीं चाहता था कि विक्रमादित्य का पुत्र राजराज वेंगी नरेश बने। राजराज की माता चोल राजकुमारी थी, अतः चोलों की सहानुभूति राजराज के लिए थी। शुरू-शुरू में जयसिंह की योजना सफल रही। रायचुर दोआब को प्राप्त कर उसने अपना राज्य-विस्तार तुंगभद्रा नदी के पार दक्षिण में बेल्लारी जिले तक कर लिया। गंगवाडि में भी उसे सफलता मिली। वेंगी के राजसिंहासन का वास्तविक हकदार राजराज था जिसे जयसिंह ने दो-तीन वर्षों तक गद्दी पर नहीं बैठने दिया। राजेन्द्र चोल पर जयसिंह की यह अप्रत्यक्ष विजय थी। लेकिन दक्षिण के युद्धों से राजेन्द्र चोल ने जब फुर्सत पा ली तो अपना ध्यान चालुक्यों की तरफ दिया। एक साथ दो-दो चोल-सेनाएँ युद्ध-क्षेत्रों में कूद पड़ीं। स्थिति बदल गई। सेना की एक टुकड़ी वेंगी नरेश राजराज के सहायतार्थ गईं। दूसरी सेना गंगवाडि, नोलंववाडि और रायचुर दोआब की ओर गई। वेंगी में

राजेन्द्र चोल की जीत हुई। राजराज का दुश्मन और चालुक्य नरेश जयसिंह का मित्र विजयादित्य सप्तम भाग गया और राजराज वेंगी नरेश बना। जयसिंह बुरी तरह हारा। वह तुंगभद्रा के पार भाग गया। राजेन्द्र चोल आगे नहीं बढ़ा और चोल-चालुक्यों की सीमा तुंगभद्रा हो गई।

चालुक्य नरेश जयसिंह के काल में साहित्य और ललित कलाओं का विकास हुआ। सामन्तों की भूमिका महत्त्वपूर्ण रही। जयसिंह की मृत्यु एक युद्ध में जिस स्थान पर हुई वहाँ एक मन्दिर की स्थापना की गई। जयसिंह ने मलेपों, बेडर और कुरुबर के विद्रोहों को दबाया। जयसिंह की बहन अक्कादेवी ने 1022 ई. से पूर्व अनेक युद्धों में भाग लिया। बनवासी 12000 पर अपने पति मयूरवर्मन के साथ अक्कादेवी ने शासन किया। अक्कादेवी के पुत्र का नाम तोमिमरस। था। **जगदेकमल्ल** के नाम से भी प्रसिद्ध जयसिंह की दो रानियाँ थीं। पहली रानी का नाम सुग्गलदेवी था, जिसके कहने पर जयसिंह ने जैनधर्म त्यागकर शैवधर्म अपना लिया। दूसरी रानी का नाम देवलदेवी था। वह नोलम्ब राजकुमारी थी। उदयादित्य-देव जयसिंह का साला और देवलदेवी का भाई था। जयसिंह की पुत्री का नाम हम्मा अथवा आवल्लदेवी था। उसकी शादी भिल्लभ तृतीय से हुई। भिल्लभ पहले जयसिंह का विरोधी था और बाद में जब उसने जयसिंह की प्रभुता स्वीकार कर ली, तब जयसिंह ने उसे अपना दामाद बना लिया।

चालुक्यों की राजधानी मान्यखेट थी, लेकिन राजेन्द्र चोल के समय शायद चालुक्यों का अधिकार मान्यखेट पर उतना नहीं रहा। चालुक्यों की अनेक उपराजधानियाँ भी थीं जहाँ जयसिंह बीच-बीच में जाया करता था।

14.7 सोमेश्वर

सोमेश्वर प्रथम जयसिंह का बेटा था। उसके अभिलेख 1042 ई. के बाद मिलने लगते हैं। उसने **आहवमल्ल** और **त्रैलोक्यमल्ल** की उपाधियों से अपने को अलंकृत किया था। इससे पूर्व कल्याणी एक स्थायी सैनिक पड़ाव था। कल्याणी में नवीन भवनों का निर्माण बड़े पैमाने पर हुआ। नागरिकों की सुविधाओं को ध्यान में रखते हुए इस नगर को सुसज्जित किया। कलिंग, मगध और अंग पर चढ़ाई कर सोमेश्वर ने वहाँ के शासकों को मार दिया। कोंकण प्रदेश उसके राज्य का हिस्सा बन गया। वेंगी और कलिंग के शासकों ने सोमेश्वर से मित्रता स्थापित की। ब्राह्मण सेनापति नागवर्म की युद्ध-कुशलता के बल पर उसने चोल शासक को पराजित किया। नागवर्म को **मारसिंहमदमर्दन, धारावर्षादर्पोत्पाटन, चक्रकूट-कालकूट** और **शिरच्छेदन** कहा गया। राजधानी धारा और उज्जयिनी नगर को आग लगाकर सोमेश्वर ने बर्बाद कर दिया। धारा छोड़कर भोज भाग गया। चालुक्य सैनिकों ने नर्मदा के दक्षिण के समस्त प्रदेशों पर सोमेश्वर के अधिकार को सुदृढ़ कर दिया। इस तरह चालुक्य राज्य पूर्व में मध्य प्रदेश के आधुनिक दक्षिणी जिलों से लेकर दक्षिण कोसल और कलिंग तक विस्तृत हो गया था। नागवंशी राजा के विरुद्ध भी चालुक्य सेनापति नागवर्म ने कदम उठाया। मारसिन्ध प्रभु सोमेश्वर की पत्नी का पिता था। उसने चालुक्यों के विरुद्ध आवाज उठाई जिसे सेनापति नागवर्म ने शान्त कर दिया। इसके पश्चात् चालुक्यों से अपना सम्बन्ध बनाए रखने की दृष्टि से उसने अपनी पुत्री लीलावती से सोमेश्वर का विवाह कर दिया।

सोमेश्वर के कोंकण और चक्रकूट के अभियानों में काकतीय वंश के प्रोल प्रथम ने सहयोग किया जिससे प्रसन्न होकर सोमेश्वर ने सदा के लिए उसे अन्नकोंड विषय की जागीर दे दी। प्रोल के पुत्र ने मालव और चोल के विरुद्ध सोमेश्वर का सहयोग किया था। सोमेश्वर ने काँचीपुरम में भी अपनी विजय पताका फहरा दी। इस तरह काकतीय सामन्त और चालुक्यों के बीच मधुर सम्बन्ध स्थापित था।

चालुक्य नरेश जयसिंह के समय से ही चालुक्यों के साथ चोलों की अनेक लड़ाइयाँ होती रहीं। सोमेश्वर ने चोल साम्राज्य के अनेक प्रदेशों पर अधिकार कर लिया था। चोलों के साथ युद्ध का वातावरण बना रहा। अन्त में चोल राजा ने स्वयं सेनाओं का नेतृत्व किया। उसने गंडरदिनकरन, नारायण, गणपति मधुसूदन-जैसे छोटे-छोटे राजाओं को भगा दिया या पकड़ लिया। इसके पश्चात् कंपिलि में स्थित चालुक्य राजभवन को उसने नष्ट कर दिया। यह युद्ध का दूसरा चरण था। तीसरे चरण में चोल और चालुक्यों के बीच कृष्णा नदी के किनारे स्थित प्रदेश पूंडि अथवा पूंडूर में घमासान युद्ध हुआ। चालुक्यों का साथ तेलुगु राजा विच्चय ने दिया क्योंकि उसके माता-पिता को चोलों ने बन्दी बना लिया था। पूंडूर के नगर को भी चोलों ने ध्वस्त कर दिया था और खँडहरों को गधों से जुतवाया। मणन्दिपै नगर को बर्बाद कर चोल आगे बढ़े और यादगिरि में विजय स्तम्भ स्थापित किया। जिन राजाओं ने रास्ते में अधीनता स्वीकार की उन्हें चोल राजा ने पुरस्कृत किया। अनेक सेनापतियों को हराने के बाद चोलों की सीधी टकराहट चालुक्य नरेश सोमेश्वर से हुई। चोलों का आक्रमण चालुक्य राजधानी कल्याणी पर हुआ फलस्वरूप यह नगर बर्बाद हो गया। चोल सैनिकों ने नगर को खूब लूटा। चोल नरेश के कल्याणीनगर की कब्र पर अपने को वीराभिषेक कराया। तेलुगु राजा विच्चय, जो चालुक्य सामन्त था, बुरी तरह हराया गया। उसकी राजधानी यादगिरि को भी चोलों ने बर्बाद कर दिया। चालुक्य समर्थन गुर्जर राजकुमार मार डाला गया। युद्ध में चोल शासक राजाधिराज भी मार डाला गया। 1054 ई. के आसपास चोलों ने कल्याणी छोड़ दिया लेकिन युद्ध की स्थिति बनी रही।

1055 ई. में सोमेश्वर ने मालवा की ओर ध्यान दिया क्योंकि वहाँ का शासक भोज मर गया था। वह मालवा पर कुछ दिनों तक अपना नियन्त्रण स्थापित करने में सफल रहा, लेकिन चोलों के कारण उसे लौटना पड़ा। सैनिक दृष्टि से चोलों ने चालुक्यों को पहले ही परास्त कर दिया था। चालुक्यों की धूल में मिली प्रतिष्ठा के उद्धार के लिए सोमेश्वर ने पहला काम यह किया कि उसने वेंगी पर अधिकार स्थापित करना चाहा। इसमें वह सफल रहा। सोमेश्वर की प्रभुता स्वीकारने के लिए वेंगी बाध्य हो गया। वेंगी के साथ चोलों की सहानुभूति थी, लेकिन वे अन्य समस्याओं में इतने उलझे हुए थे कि वेंगी अकेला पड़ गया। सोमेश्वर का दूसरा प्रयास था कोप्पम की हार का बदला चोलों से लेना। इसमें भी सोमेश्वर सफल रहा। कोप्पम की हार ने चोलों को विशाल सैनिक तैयारी करने को बाध्य कर दिया। चोल सेनाओं का भार सहन करने में चालुक्य सैनिक असमर्थ रहे। अन्ततः, अपने उद्देश्य में सोमेश्वर सफल नहीं रहा और 1068 ई. में उसने जलसमाधि ले ली।

चालुक्य शक्ति का पर्याप्त विस्तार करने के पश्चात् सोमेश्वर मरा था। वेंगी प्रायः उसके साम्राज्य का अंग बना रहा। परमार और प्रतिहार राज्यों पर उसका प्रभुत्व कुछ समय के लिए रहा। वह चोलों से लम्बा संघर्ष करने की क्षमता रखता था। चोलों से वह कई बार हारा लेकिन

पूर्णतः निराश कभी नहीं हुआ। अनेक शूरवीर सेनापतियों को उसने रखा जिन्होंने सोमेश्वर के लिए जान गँवा दी। इतने विशाल क्षेत्रों पर चालुक्यों के राजनीतिक विस्तार को देख सोमेश्वर की कुशलता झलकती है। उसने एक कुशल सैनिक की भूमिका हमेशा निभाई। उसकी कूटनीतिक सफलता का प्रमाण विजयादित्य से मित्रता और उसका उपयोग रहा। कल्याणीनगर को दुल्हन के समान अलंकृत करने का श्रेय सोमेश्वर को है। अपने प्रभुत्व का विस्तार उसने विन्ध्य से तुंगभद्रा नदी तक किया।

14.8 सोमेश्वर द्वितीय

मार्च, 1068 ई. को सोमेश्वर मरा और अप्रैल, 1068 ई. को सोमेश्वर द्वितीय शासक बना। सोमेश्वर का अभिषेक शौच और श्राद्ध के बाद हुआ था। सोमेश्वर द्वितीय ज्योंही नरेश बना, चोलों ने उस पर आक्रमण कर दिया। शक्तिशाली घुड़सवारों ने चोलों को पीछे धकेल दिया। चालुक्य राज्य की दक्षिणी सीमाओं पर सोमेश्वर द्वितीय ने चौकसी बढ़ा दी। अलग-अलग क्षेत्रों पर सैन्यदल के साथ अनेक सेनापतियों को नियुक्त कर दिया गया। अपने सबसे विश्वासी और स्वामिभक्त सेनापति लक्ष्मण दंडनायक को उसने बनवासी 12000 का शासक नियुक्त किया। इस तरह सोमेश्वर को एक तरफ बाहरी शक्तिशाली दुश्मन चोल से मुकाबले के लिए तैयार रहना था और दूसरी तरफ राजद्रोही सामन्तों और अन्य आन्तरिक दुश्मनों से भी मुकाबला करना था। सोमेश्वर का शासनकाल इस तरह आपत्तियों से भरा था। उसके भाई विक्रमादित्य ने शुरू से ही सोमेश्वर के विरुद्ध षड्यन्त्र रचना शुरू कर दिया था। उसने चोलों और विद्रोही सामन्तों को सोमेश्वर के विरुद्ध कान भरा।

प्रथम चरण में सोमेश्वर ने चोलों के आक्रमण को विफल कर दिया लेकिन इस आक्रमण के फलस्वरूप चालुक्य साम्राज्य दो हिस्सों में बँट गया। चोल राज्य से सटा भाग विक्रमादित्य को मिला। वीरराजेन्द्र की पुत्री से विवाह कर विक्रमादित्य ने चोलों से मैत्री कर ली। 1070 ई. में वीरराजेन्द्र मर गया और उसका पुत्र अधिराजेन्द्र, युवावस्था में ही गद्दी पर बैठा। अधिराजेन्द्र की राजनीतिक स्थिति ठीक नहीं थी, अतः विक्रमादित्य ने उसे चोल सिंहासन पर बनाए रखने के लिए अपनी शक्ति लगा दी। उसे अपने भाई सोमेश्वर द्वितीय के विरोध का भी सामना करना पड़ा। चोल-विरोधी कुछ समस्याओं को सुलझाकर और चोल राजधानी में एक माह रहने के पश्चात् वह तुंगभद्रा वापस आ गया। कुछ समय बाद, जनता के विद्रोह के परिणामस्वरूप, चोल राजा मारा गया और वेंगी शासक राजिग ने चोलों के खाली सिंहासन को ले लिया। कुलोत्तुंग ही राजिग या वेंगीनाथ था। कुलोत्तुंग के शासक बनने से विक्रमादित्य की स्थिति और खराब हो गई। कर्नाटक में उसका भाई और चोल प्रदेश में कुलोत्तुंग उसका दुश्मन था।

उपर्युक्त विकट स्थिति से छुटकारा पाने में विक्रमादित्य को 5-6 वर्ष (1070-76) लग गए। उसके भाई ने उसे गंगवाड़ी का राजा बनाया जिसका उसने भरपूर लाभ उठाया। चालुक्य-साम्राज्य की वृद्धि में उसे विश्वास था। वह जानता था कि अन्त में सोमेश्वर और कुलोत्तुंग मित्र बन जाएँगे, अतः अपनी स्थिति सुदृढ़ करने में वह लग गया। विक्रमादित्य और जयसिंह दोनों भाई सोमेश्वर के विरोधी थे। सोमेश्वर के विरुद्ध मित्रों की संख्या विक्रमादित्य

ने बढ़ाई। होयसल राजा विनयादित्य और उच्छंगी के पांड्य राजा को उसने अपने पक्ष में कर लिया। सुदूर की यादव राजा सेउण द्वितीय भी विक्रमादित्य के पक्ष में हो गया।

सोमेश्वर के लिए यह संकट की घड़ी थी। उसका भाई विक्रमादित्य उसका पक्का विरोधी हो गया। सोमेश्वर के पास विश्वासी सहायकों का अभाव था। उसका एकमात्र विश्वासी लक्षमण दंडनायक था। साम्राज्य के हृदय प्रदेश बेल्वोला 300 और पुरिगेर 300 का शासनभार सोमेश्वर ने लक्षमण दंडनायक को ही सौंप दिया।

चोल गद्दी से हटाने के लिए विक्रमादित्य ने कुलोत्तुंग पर आक्रमण कर दिया। विक्रमादित्य की स्थिति कमजोर करने के लिए कुलोत्तुंग ने चालुक्य नरेश सोमेश्वर द्वितीय से मित्रता कर ली। कुलोत्तुंग और सोमेश्वर की मित्रता को अभिलेख प्रमाणित नहीं करते। इतना निश्चित है कि कुलोत्तुंग और सोमेश्वर ने सम्मिलित रूप से विक्रमादित्य की सेनाओं से लोहा लिया। इस युद्ध के पश्चात् विक्रमादित्य चालुक्य शासक बना। अपने छोटे भाई जयसिंह को उसने बनवासी का उपराजा बना दिया। सोमेश्वर कैद में रहा। कुलोत्तुंग भाग गया।

14.9 विक्रमादित्य षष्ठ (1076-1127 ई.)

विक्रमादित्य के राज्यारोहण से 1076-77 में एक नया संवत् प्रारम्भ हुआ, जिसका प्रथम वर्ष **नल** अथवा **अनल** कहलाया। 11 फरवरी, 1076 ई. को पट्टबन्धमहोत्सव (अभिषेक महोत्सव) के अवसर पर शासक द्वारा धन और भूमि वितरण किए गए। शासक बनने से पूर्व विक्रमादित्य नडवियुप्पयण-वाडु में एक स्कन्धावार में था। नए संवत् का प्रयोग विक्रमादित्य के सम्पूर्ण शासनकाल में हुआ है।

सिंहासन पर बैठने से पूर्व विक्रमादित्य कई युद्धों में महत्त्वपूर्ण भूमिका निभा चुका था। लंका नरेश विजयबाहु से उसने मित्रता स्थापित की। विक्रमादित्य के समान लंका नरेश भी कुलोत्तुंग विरोधी था। कुलोत्तुंग के सभी दुश्मनों को विक्रमादित्य ने मित्र बनाने का प्रयास किया। कुलोत्तुंग को तभी तक पराजय का मुँह नहीं देखना पड़ा था। यह विक्रमादित्य के लिए चिन्ता की बात थी। जय-पराजय का निर्णय हुए बिना दोनों कई बार आपस में टकरा चुके थे।

विक्रमादित्य का पचास वर्षों का शासनकाल शान्तिपूर्ण रहा। उसके शासनकाल के अन्तिम चरण में कुलोत्तुंग के मरने से वेंगी पर आधिपत्य करने का अवसर मिला, लेकिन शान्ति की नीति अपनाने के कारण विक्रमादित्य ऐसा नहीं कर सका। पड़ोसियों पर अधिकार स्थापित कर राज्य-विस्तार की नीति से वह दूर रहा। भाई जयसिंह के विद्रोह और होयसलों को गलती से विक्रमादित्य के शासनकाल के अन्तिम चरण में संघर्षमय वातावरण बना रहा।

इस काल में विद्या की उन्नति हुई। कश्मीर का प्रसिद्ध कवि विल्हण स्थायी रूप से कल्याणी में बस गया। वह विक्रमादित्य के काल में कल्याणी आया था। प्रसिद्ध विद्वान विज्ञानेश्वर ने चालुक्यों की राजधानी कल्याणी की काफी प्रशंसा की है। उसके काल के अभिलेखों की संख्या काफी है। विक्रमादित्य अपना शासन-कार्य मात्र कल्याणी में बैठकर नहीं चलाता था, बल्कि वह राजधानी से ज्यादातर बाहर ही रहता था। बनवासी में भी उसने काफी समय बिताया। पोनुगुप्पे, एतगिरि, पोट्टलकेरे, अप्पयण्दकुप्प, बाल्लकुन् डे, मान्यखेट, कोल्लिपाके आदि अस्थायी सैनिक पड़ाव स्थानों में भी वह रहा।

1087 ई. में उसने 500 द्रविड़ ब्राह्मणों को एक गाँव दान दिया। उन्हीं 500 द्रविड़ ब्राह्मणों को पुनः दूसरा गाँव दान दिया। इससे विक्रमादित्य की ख्याति बढ़ी। अपने शासनकाल के 22वें वर्ष में उसने तुंगभद्रा के किनारे स्थित एक मन्दिर और एक अन्य संस्था को दान दिया। नर्मदा के किनारे उसने तुलापुरुष दान दिया। 1105 में उसने चन्द्रदेवी के तट पर दान दिया। इन दोनों से उसके धार्मिक प्रेम की जानकारी होती है। वामराशिदेव और अनन्तशिवदेव उसके दो राजगुरु थे। दोनों को विक्रमादित्य ने दो छोटे प्रदेशों का राजा बना दिया था। विक्रमादित्य के अधिकांश सेनापति ब्राह्मण थे। मुख्य सेनापति अनन्तपाल एक राजा के समान जीवन व्यतीत करता था। अनन्तपाल के पूर्वज और वंशज भी उच्च पदों पर नियुक्त रहे।

14.10 सोमेश्वर तृतीय (1126-1138 ई.)

अपने पिता विक्रमादित्य के बाद सोमेश्वर तृतीय चालुक्य नरेश बना और उसने **भूलोकमल्ल** और **सर्वज्ञ चक्रवर्ती** की उपाधि से अपने को अलंकृत किया। विक्रमादित्य द्वारा छोड़े गए साम्राज्य को सोमेश्वर ने बरकरार रखा। उसने भी **भूलोकमल्ल-वर्ष** नामक एक नवीन संवत् का प्रचलन किया। अपने सम्पूर्ण शासनकाल में वह मात्र एक बार दिग्विजय पर निकला। दिग्विजय के लिए राज ज्योतिषी नन्नय भट्ट ने मुहूर्त निकाला जिसके लिए उसे एक गाँव दान में मिला। सोमेश्वर का शासनकार्य कल्याणी से ही चलता रहा। उसका सामन्त बाचरस गुत्तिकल को राजधानी बनाकर सिन्दवाड़ी का शासन करता था। इस समय तेलुगु प्रदेश पश्चिमी चालुक्यों के साम्राज्य का अंग बना रहा। वेंगी का आधा प्रदेश तो विक्रमादित्य षष्ठ के काल में ही चोलों के अधीन हो गया था। गुंटूर जिला पर भी चोलों का स्वामित्व था। इस तरह सोमेश्वर तृतीय के काल में चोलों का प्रभुत्व बढ़ता जा रहा था। कुछ अन्य चालुक्य सामन्तों को परास्त करने में चोल सफल रहे।

होयसल नरेश विष्णुवर्धन काफी समय तक चालुक्य शासक सोमेश्वर तृतीय की अधीनता मानता रहा। लेकिन 1139 ई. के एक अभिलेख से पता चलता है कि होयसलदेव पर से सोमेश्वर तृतीय का प्रभुत्व समाप्त हो गया था। उसने चालुक्यों से गंगवाड़ी, नोलम्बवाड़ी और बनवासी छीन लिया।

सोमेश्वर बीजापुर जिले में स्थित कड़लेवाद, दक्षिण वाराणसी के स्वयंभू सोमनाथदेव के मन्दिर में दर्शन करने गया और **षोडश महादान** और मन्दिर को प्रभूत दान दिया। साहित्यप्रेमी सोमेश्वर ने *अभिलाषितार्थ चिन्तामणि* अथवा *मानसोल्लास* की रचना की। राज्य के अधिकारियों और सामन्तों में राजभक्ति की भावना भरने में वह सफल रहा। सोमेश्वर की रानी वर्मलदेवी दो पुत्रों की माँ थी।

14.11 जगदेकमल्ल द्वितीय (1138-1155 ई.)

सोमेश्वर तृतीय दो पुत्रों का पिता था। उसका बड़ा बेटा गद्दी पर बैठा। उसके नाम की जानकारी नहीं मिलती। अभिलेखों के माध्यम से वह जगदेकमल्ल के नाम से जाना जाता है। इतिहासकारों ने उसे जगदेकमल्ल द्वितीय कहा है क्योंकि जयसिंह को जगदेकमल्ल प्रथम कहा

गया है। उसने **प्रताप चक्रवर्त्तिन** की उपाधि धारण की थी। होयसल के कुछ अभिलेखों में जगदेकमल्ल द्वितीय को 'त्रिभुवनमल्ल' कहा गया है। 1141 ई. के एक चालुक्य अभिलेख में उसे 'त्रिभुवनमल्ल पेर्माडिदेव' कहा गया है। चित्तलद्रुग से प्राप्त 1124 ई. के एक अभिलेख के अध्ययन से पता चलता है कि उसने सम्राटों से सम्बन्धित सभी उपाधियाँ धारण की थीं। उसके एक सामन्त का नाम विजयपांड्य था जो उच्छांगी का शासक था। जगदेकमल्ल ने अपना एक नवीन संवत् चलाया जो उसके बाद नहीं चल सका।

जगदेकमल्ल के काल में होयसलों की शक्ति और राज्य-सीमा बढ़ती गई। होयसल नरेश विष्णुवर्धन स्वतन्त्र रूप से शासन करने लगा। धारवाड़ में स्थित बंकापुर को उसने अपनी राजधानी बनाई। होयसलों की दूसरी राजधानी द्वारसमुद्र थी जहाँ से विष्णुवर्धन का बेटा और सहायक नरसिंह शासन कर रहे थे। इस तरह जगदेकमल्ल के शासनकाल में चालुक्य साम्राज्य का बाह्य स्वरूप खंडित हो चुका था। जगदेकमल्ल ने चोलों और होयसलों की बढ़ती हुई शक्ति से परेशान होकर उन दोनों पर आक्रमण कर दिया। गुर्जर राजाओं को भी खदेड़ने में वह सफल रहा। उसने मालव और कलिंग को खदेड़ा। जगदेकमल्ल के सम्बन्ध में कही गई ये बातें अगर आधारहीन भी हैं तो इतना तो प्रमाणित हो ही जाता है कि उसकी सैन्य-कौशल और प्रशासनिक नीति से चालुक्य साम्राज्य बर्बाद नहीं हो सका। उसने लगभग 1155 ई. तक शासन किया।

14.12 तैलप तृतीय (1156-1163 ई.)

तैलप तृतीय जगदेकमल्ल द्वितीय का छोटा भाई था। वह त्रैलोक्यमल्ल के नाम से भी जाना जाता है। चालुक्य राजाओं के बीच मल्ल की उपाधि काफी लोकप्रिय हो गई थी। एक योग्य शासक के सभी गुण तैलप में नहीं थे। चालुक्य सामन्त होयसल, काकतीय और यादवों ने अपनी शक्ति का विस्तार कर लिया था। राजनीतिक योग्यता और सैनिक कुशलता के अभाव में तैलप चाहकर भी इन तीनों शक्तियों के विरुद्ध कुछ भी करने में असमर्थ था। चोलों, मालवों और गुर्जरों के विरुद्ध उसने कदम उठाया, लेकिन बिना मतलब का। तैलप के लिए सर्वाधिक खतरनाक साबित हुआ कलचुर्य बिज्जल। वह हेम्माडियरस का पुत्र था। हेम्माडियरस सोमेश्वर तृतीय के शासनकाल में तरद्दवाडी का शासक था। तरद्दवाडी चालुक्य साम्राज्य का मुख्य अंग था। इसी मंडल के महामंडलेश्वर के रूप में बिज्जल ने भी शासन करना शुरू किया था। बहुत ही कम समय में वह तैलप का विश्वासभाजन बनकर गुप्त रूप से अपनी शक्ति का विस्तार करने लगा। कुछ ही दिनों में वह ऊँचे पद पर पहुँच गया। वह इतना शक्तिशाली हो गया था कि यदि वह चाहता तो तैलप को गद्दी से उतारकर स्वयं शासक बन सकता था।

तैलपकालीन अभिलेखों की संख्या काफी कम है। उसके अभिलेखों में सामन्तों की संख्या नगण्य है। उसे बिज्जल क्षेणिपाल कहा गया है। मालवा, लाट, नेपाल और गुर्जरों के विरोध का मुकाबला शायद उसने किया। 1156-57 ई. के अभिलेखों में उसे सामन्त और बाद में पुनः शासक कहा गया है। उसका दंडनायक महादेवरस बनवासी का प्रधान हो गया। तैलप की कमजोर स्थिति की जानकारी इस बात से भी होती है कि उसके चार अधिकारियों को मिलाकर बिज्जल ने गुप्त रूप से सम्राट बनने का प्रयत्न किया और सफल हो गया। लगभग

1157 ई. में उसने **त्रिभुवनमल्लदेव** का 'विरुद' धारण किया। 1163 से 1168 ई. तक वह कल्याणी का शासक रहा। 1163 ई. में तैलप तृतीय मर चुका था।

14.13 सोमेश्वर चतुर्थ

अन्तिम चालुक्य शासक सोमेश्वर चतुर्थ त्रिभुवनमल्ल का पिता तैलप तृतीय था। उसके गद्दी पर बैठने के निश्चित वर्ष की जानकारी नहीं मिलती है। सम्भवतः 1177 से 1180 ई. के बीच किसी समय वह शासक बना। एक अन्य अभिलेख के अनुसार वह 1183 ई. में गद्दी पर बैठा। उसकी राजधानी पहले कल्याणी और बाद में जयन्तीपुर (बनवासी) थी। सोमेश्वर ने कलचुरियों के विद्रोह को दबाया। उसने **वीर नारायण** का विरुद धारण किया। प्रतापी ब्राह्मण महामन्त्री तेजिमय्य दंडनायक और मालप दंडनायक उसके प्रमुख सेनापति थे। 1186 ई. में मालप दंडनायक सिन्दवाड़ी 1000 का शासक था। होयसल शासक बल्लाल द्वितीय ने सोमेश्वर चतुर्थ की कमजोरियों से लाभ उठाने के लिए चालुक्यों पर आक्रमण किया और उत्पात मचाया। यादव पहले चालुक्यों के सामन्त थे, लेकिन अब स्वतन्त्र होने के प्रयास में लग गए। रट्टो, शिलाहारों, कदम्बों और पांड्यों ने अपनी स्वतन्त्रता घोषित कर दी। होयसलों ने सोमेश्वर को दक्षिण की ओर खिसका दिया। कल्याणी से चालुक्यों का सम्बन्ध प्रायः समाप्त हो गया। ये लोग बनवासी में सीमित हो गए। कल्याणी से उन्हें निकालने में यादव भिल्लभ की भूमिका भी महत्त्वपूर्ण रही। बल्लाल द्वितीय ने चालुक्य सेनापति ब्राह्मणदंडनायक से 70 हाथी छीन लिए। घुड़सवार सेना की मदद से बल्लाल विजयी रहा। अन्तिम पराजय ने सोमेश्वर को बर्बाद कर दिया। करीब दस वर्षों तक सोमेश्वर जान बचाने के लिए गुमनाम रहा। उसके परिवार के सम्बन्ध में ठोस जानकारी नहीं मिलती। चालुक्यों के पतन से काकतीय लोग भी लाभान्वित हुए।

14.14 प्रशासन

बादामी के चालुक्यों से अपनी वंश-परम्परा जोड़ने के उद्देश्य से कल्याणी के चालुक्य अपना इतिहास पुलकेशिन प्रथम से शुरू करते हैं। इस वंश के शासकों ने **समस्तभुवनाश्रम, सर्वलोकाश्रय, विष्णुवर्धन** और **विजयादित्य** जैसे विशेष नामों से अपने को अलंकृत किया तथा वराह के चिह्न का प्रयोग कर अपने को सम्पूर्ण पृथ्वी का रक्षक बताया। चालुक्यों के बीच **एकतन्त्र-प्रथा** प्रचलित थी। सामान्यतः, राजा का सबसे बड़ा बेटा गद्दी का उत्तराधिकारी होता था। विशेष स्थिति में राजा का भाई भी उत्तराधिकारी हो सकता था। गद्दी पर बैठने के अवसर पर राजाओं के अभिषेक होते थे।

पुत्र के बड़ा होने पर **युवराज** को किसी ऊँचे पद पर बहाल किया जाता था। युवराज पद का चिह्न एक कंठिका थी। **कंठिका** पहनाने की प्रथा चालुक्यों ने शुरू की। राजा की मुहर से ही कोई दस्तावेज पक्का माना जाता था। विजित प्रदेशों पर चालुक्य नियम चलाते थे। विजित राजाओं को फिर से प्रतिष्ठित करा दिया जाता और उन्हें चालुक्य सम्राट की अधीनता माननी पड़ती। सामन्तवादी व्यवस्था का यह परिपक्व रूप था। **वंश-ध्वज** और मुहरों का प्रयोग किया

जाता था। अपने-अपने क्षेत्रों में सामन्त एक स्वतन्त्र राजा होते थे। उनका भी अभिषेक (पट्टबन्ध) होता था। इनके अपने दरबार, मन्त्री और अधिकारी होते थे। कोई-कोई सामन्त तो पाँच मन्त्रियों को एक साथ रखता था।

कुशल शासक बनने के लिए राजकुमारों को दंडनीति, वेदों, आगमों और इतिहास की जानकारी रखना आवश्यक था।

14.15 राजा

राजा को सदा सावधान रहना पड़ता था। युद्ध और शान्ति से सम्बन्धित सभी बातों पर उसे निर्णय लेना पड़ता था। उसे सलाह देने के लिए योग्य और विश्वासी मन्त्री होते थे। प्रशासनिक कार्यों एवं युद्धकला में अनुभवशील व्यक्ति ही मन्त्री होते थे। मन्त्रियों द्वारा राजा को सलाह दी जाती थी, जिसे राजा को शान्तिपूर्वक सुनना पड़ता था। अन्तिम निर्णय राजा लेता था। आवश्यकता पड़ने पर वह पुरोहित से राय लेता था। दान से सम्बन्धित अनेक प्रकार की अर्जियों पर राजा स्वयं विचार करता था। राज्य में उपलब्ध जातियों, निगमों, सम्प्रदायों, गाँवों, मन्दिरों और शेष सभी वर्गों के बीच शान्ति और व्यवस्था बनाए रखना राजा का कर्तव्य था। राजा सभी धर्मों को एक नजर से देखता, ताकि राज्य में धार्मिक तनाव का वातावरण न बने। कर की दर निर्धारित करने का अधिकार पूर्ण रूप से राजा को नहीं था। सारे राज्य में एक ही दर से कर नहीं वसूला जाता था। सामन्तों और मन्दिरों द्वारा अलग-अलग कर लगाए जाते थे।

राजा न केवल प्रशासनिक प्रधान, बल्कि सर्वोच्च न्यायाधीश भी होता था। कुछ कठिन मामलों में विधि-मर्मज्ञों से विचार-विमर्श करने के बाद ही राजा अपना निर्णय देता था। न्याय-प्रदान के वास्तविक स्वरूप की जानकारी नहीं हो पाती।

14.16 अन्य अधिकारी

राजगुरु वे होते थे जो पुरोहित का काम करते थे। राजगुरुओं में कुछ जैन और कुछ शैव थे। राजा इनका काफी सम्मान करता था। राजगुरु ही राजा और राजपरिवार को आध्यात्मिक ज्ञान देते और उनका मार्गदर्शन करते थे।

प्रतिहार, खानसामा, मानस (रसोईघर का अधिकारी) आदि अधिकारी अन्तःपुर में होते थे। प्रमुख सेनापतियों और राजनीतिज्ञों की नियुक्ति **पुराध्यक्ष** या **अन्तःपुराधिकारी** के पद पर होती थी। इनके कर्तव्यों की ठोस जानकारी नहीं मिल पाती। राजकाज देखनेवाला अधिकारी **करणम्** कहलाता था। राजा के मौखिक आदेश को लिखकर करणम् उचित कार्यवाही के लिए भेज देता था। आधुनिक पार्षद और परिषद्-सचिव के समान **तन्त्रपाल** और **तन्त्रदसेनबोव** नामक अधिकारी होते थे। दूसरे राज्यों के साथ सम्बन्ध बनाए रखनेवाला अधिकारी **सन्धिविग्रहिक** कहलाता। **सन्धिविग्रहिक** अर्धस्वतन्त्र **मांडलिक** हुआ करते थे। इनका सम्बन्ध प्राचीन राजघरानों से होता था। इनकी अपनी सेनाएँ होतीं और अवसर पाते ही ये अपने को स्वतन्त्र घोषित कर देते थे। राजा के आन्तरिक और बाहरी मामलों से **मांडलिक** का गहरा

सम्बन्ध होता था। विदेश विभाग की गुप्तचर्चा का मन्त्री **हेरिग-सन्धि-विग्रहिक** कहलाता। अधीनस्थ कर्मचारी के ऊपर का अधिकारी **हेरि** कहलाता था। महान सेनापति को **पन्नायदधिष्टायक** और **अच्चुपन्नायधिष्टायक** कहा जाता था।

14.17 राजस्व

केन्द्रीय सरकार की आमदनी का मुख्य स्रोत **राजस्व** था। राजस्व दो प्रकार का **आय** और **शुंक** होता था। मार्गस्थ वस्तुओं से प्राप्त उगाही को **शुंक** कहते थे। शेष प्रकार की उगाही को **आय** कहते थे। **सिद्धाय** उस कर को कहते थे जो परम्परा से चला आता था। इस कर के लिए किसी नियम विशेष की आवश्यकता नहीं होती। यह सर्वमान्य था कि **सिद्धाय** की उगाही तो होगी ही। **पन्नाय** नामक कर की दरें समयानुसार निश्चित की जाती थीं। कुछ कर नकद या वस्तु के रूप में वसूला जाता था। जुर्माने से प्राप्त आय को **दंडाय** कहते थे। यह दोषी व्यक्तियों से वसूला जाता। शुंकों की वसूली के लिए प्रत्येक जिलों में **अभिकरण** थे।

पैदल सेना, गजसेना और अश्वसेना के अलग-अलग सेनापति होते थे। **अमात्य** 72 अधिकारियों का प्रधान होता था। दानों की प्रार्थनाएँ पहले राजा स्वयं देखता था। लेकिन, विक्रमादित्य षष्ठ के काल में इसके लिए एक अधिकारी नियुक्त किया गया।

विशिष्ट व्यक्तियों को राजा सम्मानित करता था। वही व्यक्ति सम्मानित किया जाता जो राजा का विश्वासपात्र हो और युद्ध या दरबार में जिसने कोई अतिमहत्त्वपूर्ण भूमिका निभाई हो। 'अपना ही पुत्र' कहकर विक्रमादित्य ने केशव को सम्मानित किया। सम्मानित व्यक्ति को श्वेतछत्र, स्वर्ण चँवर, ध्वज, दुदुम्भी और मयूरपंख का छत्र एवं अन्य राजचिह्न धारण करने की आज्ञा दी जाती थी। एक विभाग से दूसरे विभाग में स्थानान्तरण कम ही होता था। लेकिन इससे थोड़ी-बहुत केन्द्रीय शासन-व्यवस्था की जानकारी होती है।

14.18 सामन्ती स्वरूप

चालुक्य साम्राज्य में केन्द्रीय प्रशासन नहीं था। साम्राज्य इसी रूप में केन्द्रीय था कि सम्राट किसी की सलाह मानने को बाध्य नहीं था। सम्राट अपनी महत्ता साबित करने के लिए यह विश्वास दिलाने का सदा प्रयत्न करता कि वह दैवी सत्ता का अंग है। राज्य से प्राप्त सभी आय को राजा अपने नियन्त्रण में नहीं रख सकता था। आय का अधिकांश सार्वजनिक सेवाओं में जाता। विद्वानों, मन्दिरों, पाठशालाओं, तालाबों, सिंचाई आदि के लिए वह दान देता था। राजा के सम्मान का मुख्य आधार अधिकारियों और सामन्तों से प्राप्त सहायता और सहयोग था।

प्रशासन के अधिकारी काफी शक्तिशाली होते थे। राजा और मन्त्री में एकमात्र अन्तर यही था कि राजा सिंहासन पर बैठता और मन्त्री सेवक के रूप में बैठता। वास्तविक स्थिति यह थी कि मन्त्री की इच्छा के बिना राजा के लिए कुछ भी करना खतरे से खाली नहीं होता। मन्त्री का ही प्रत्यक्ष सम्बन्ध अधीनस्थ अधिकारियों, सैनिकों और सामन्तों से होता था। युद्ध-क्षेत्र में राजा से ज्यादा महत्त्वपूर्ण भूमिका मन्त्रियों की होती।

14.19 प्रशासनिक इकाइयाँ

इस काल में अनेक मंडलों के नामों के साथ संख्याओं का प्रयोग हुआ है जैसे; पसलिगे-12000। इसका अर्थ बताना मुश्किल है। संख्याओं के प्रयोग का सिलसिला राष्ट्रकूट काल से शुरू हुआ। मंडलों के अलावा **राष्ट्र, विषय, नाडु, कम्पन** और **ठाण** जैसे प्रशासनिक विभागों की जानकारी होती है। राष्ट्र से छोटी इकाइयाँ **विषय** और **नाडु** होतीं और कभी-कभी **विषय** और **नाडु** से छोटी इकाई **राष्ट्र**।

साम्राज्य में सबसे छोटी इकाई गाँव थी जिसका मुखिया **ग्राम-कूट** कहलाता था। सरकार और ग्राम के बीच का एकमात्र कड़ी **ग्राम-कूट** था। ग्राम-कूट को **ग्राम भोजक** और **ऊरेडिय** भी कहते थे। गाँव के कुछ प्रतिष्ठित लोगों को मिलाकर एक गुट बनता जिसे **महत्तर** कहते थे। गाँव से बड़ी इकाई **नाडु** कहलाती। नाडु को चलाने के लिए एक प्रशासनिक इकाई थी, जिसका अधिकारी **नाडरस** कहलाता। **नाडरस** की सहायता के लिए **नालगावंडु** होता था। नाडरस के काम सामान्य प्रकार के और सर्वव्यापी थे। मठ को नैष्ठिक स्थान अर्थात् ब्रह्मचारियों का निवास कहते थे। ब्रह्मचर्य के व्रत से च्युत ब्रह्मचारी को नाडरस निकाल बाहर कर सकता था। दानकर्म नाडरस और नालगावंडु की उपस्थिति में होती। नालगावंडु राजस्व की वसूली करता। आम प्रशासन की देख-रेख नाडरस करता। नाडरस को नालप्रभु भी कहा गया है।

नगर एवं गाँव को स्वायत्तता प्राप्त थी। वहाँ के वित्त का सम्बन्ध राज्य से था। नगर, पट्टन एवं पुर शब्द का प्रयोग नगरों के लिए होता। वहाँ आबादी अधिक होती थी। ऐहोल और डम्बल प्रसिद्ध व्यापारिक नगर थे। समुद्र के किनारे स्थित नगर **पट्टन** कहलाता। यहाँ बड़े-बड़े नगरसेठ होते थे। आर्थिक महत्त्ववाले नगरों में लोग पुश्त-दर-पुश्त रहते थे। नगरों में जमीन निजी सम्पत्ति थी जिसे खरीदा या बेचा जा सकता था। नगरों में महाजनों, गाउंडों आदि की बड़ी-बड़ी सभाएँ होतीं। सेट्टियों की भी सभा थी। नगर से सम्बन्धित अनेक समस्याओं का समाधान सभाओं द्वारा किया जाता था। सेट्टियों की सभा में सदस्यों की संख्या 500 तक होती। ये सभाएँ निगम के समान थीं, जिन्हें मुकदमा दायर करने का अधिकार था। असन्तुष्ट व्यक्ति इन पर भी मुकदमा दायर कर सकता था।

नगर-शासन के अपने संविधान होते। किसी गाँव की आबादी बढ़ जाती तो उसे **पुर** का दर्जा दे दिया जाता। पुर की मान्यता प्रशासन का अधिष्ठायक प्रदान करता था। पुर का दर्जा पाने के साथ ही से आन्तरिक शासन में विस्तृत अधिकार मिल जाते थे। राजनीतिक परिवर्तनों का प्रभाव स्थानीय प्रशासन पर नहीं पड़ता था।

इस तरह राजनीतिक दृष्टिकोण से कुछ अपवादों को छोड़कर चालुक्य साम्राज्य विदेशी आक्रमणों से बचा रहा। आन्तरिक संघर्ष का जहाँ तक प्रश्न है, सोमेश्वर द्वितीय और विक्रमादित्य के बीच गृह-युद्ध हुआ। विदेशी यात्रियों के यात्रा-विवरण नहीं मिलते। भारतीय साहित्यकारों ने वास्तविक घटनाओं पर प्रकाश नहीं डाला। विक्रमादित्य के राज्य को विल्हण ने **रामराज्य** बताया और लिखा[1] कि प्रजा घरों में ताला नहीं लगाती क्योंकि चोर थे ही नहीं। वास्तविक स्थिति यह थी कि कानून और शान्ति का खयाल किए बगैर चोर-डाकू शरीर और सम्पत्ति का अतिक्रमण कर जंगलों और पहाड़ों में छिप जाते। 975 ई. में एक गाउंड-पुत्र कल्लन का डाकुओं

1. *विक्रमांङ्गदेवचरित,* 17, छन्द 4, 6

ने वध कर दिया। गाँव की रक्षा लुटेरों से करते हुए मनिहार की जान चली गई।[1] *एपिग्राफिया इंडिका*[2] में उल्लिखित एक अभिलेख के अनुसार 1007 ई. में लुटेरों से संघर्ष में होट्टूर के 'तलारि' की मृत्यु हुई। लुटेरे गाँव में पशु चराने आए थे। 1016 ई. का एक अभिलेख[3] बताता है कि मुलगेरे गाँव से कुछ स्त्रियों का अपहरण किया जा रहा था। अपहरणकर्ताओं से स्त्रियों को जब कुम्भर बर्न ने मुक्त कराना चाहा तो लुटेरों ने उसका वध कर दिया। ऐसे ही संघर्ष में वीर माचल गाउंड मारा गया। उस समय बड़े पैमाने पर धन और जन की क्षति होती जब दो सामन्त आपस में लड़ते। केन्द्रीय शक्ति इतनी कमजोर थी कि सामन्तों पर नियन्त्रण करना सम्भव नहीं था। दिन-पर-दिन सामन्तों के बीच का संघर्ष बढ़ता गया। सामन्त ब्राह्मणों को भी मार डालते थे। इस तरह दैनिक जीवन अशान्त था। चोर-डाकुओं के हमले या सामन्तों के बीच हुए युद्ध के समय जनता अपनी रक्षा करने के लिए सदा तैयार रहती थी।

सेना में केवल क्षत्रियों को नहीं, बल्कि ब्राह्मणों, कारीगरों एवं व्यापारियों को भी भर्ती किया जाता था। पैदल सेना लाल पगड़ी पहनती जो ऊपर की ओर पतली होती जाती थी। वे गले में पकाई हुई मिट्टी के रंगीन दानों की माला पहनते थे। वे अपनी दाढ़ी कटवाए रहते थे। सैनिक लोहा से साँपनुमा मणिबन्ध धारण करते और कमर पर छुरा रखते थे। कपड़े कसे होते और अनेक प्रकार के अस्त्र-शस्त्र से सुसज्जित रहते। वीरगाथा गाने और बजानेवालों का झुंड आगे होता जो सैनिकों को युद्ध-स्थल में जाने की ओर उत्साहित करता। विजय या मृत्यु में चालुक्य सैनिकों का विश्वास था। युद्ध-क्षेत्र में मरनेवाले सैनिकों को योगी और स्वर्ग में स्थान् पानेवाला कहा गया है। सैनिकों के बीच हमेशा इस बात का प्रचार किया जाता कि मरने से डरना नहीं चाहिए क्योंकि जीवन क्षणभंगुर है।

14.20 सामाजिक अवस्था

सामाजिक जीवन का आधार पुरानी परम्परा थी। समाज अनेक जातियों में बँटा हुआ था। जन्म से जाति का गहरा रिश्ता था। समाज में आश्रम-व्यवस्था और गृहस्थाश्रम का महत्त्व था। पारिवारिक जीवन सर्वाधिक पवित्र जीवन माना जाता था। पारिवारिक पवित्रता के लिए ब्राह्मणों को दान, यज्ञ, देवपूजा और अतिथि-सत्कार को आवश्यक माना जाता था। पितरों को प्रसन्न करने के लिए धार्मिक अनुष्ठान किए जाते। इससे सामाजिक प्रतिष्ठा में वृद्धि होती थी। सामाजिक प्रतिष्ठा के लिए हजारों ब्राह्मणों को मुफ्त में भोजन और गायों को दान देने की चर्चा तत्कालीन अनेक अभिलेखों में है। विक्रमादित्य द्वारा राजचिह्नों से विभूषित केशिराज ने सोना, अन्न, गौ, भूमि, बैल और कन्याओं को देकर सज्जनों को खुश कर दिया था। उसने अपने नाम पर केशावेश्वर नामक एक शिवमन्दिर बनवाया। चालुक्य समाज में ऐसी मान्यता थी कि ब्राह्मणों को उनके इच्छानुसार दान नहीं देनेवाला पाप का भागी बनता था। नया कर लगानेवालों को पापी बताया गया है।

महापुरुषों, गुरुओं और सम्बन्धियों की याद में स्मारक बनाए जाते थे। स्मारकों को परोक्ष विनय कहा गया है। पितरों की याद में पिंडदान किया जाता। कुछ लोग अपना श्राद्ध मरने

1. *एपिग्राफिया कर्णाटिका,* VIII, एस बी, सं. 445, 530
2. *एपिग्राफिया इंडिका* XVI, 74.5
3. *एपिग्राफिया कर्णाटिका,* VII, संख्या, 307

से पूर्व स्वयं करते थे। आत्मवध प्रचलित था। असाध्य रोग से परेशान होकर चालुक्य नरेश सोमेश्वर ने जलसमाधि ले ली थी। अनेक जैनी अपना प्राणान्त अन्न-जल का परित्याग कर करते थे। अन्धविश्वास के कारण आत्मवध प्रचलित था। जमीन पर अपना अधिकार प्रमाणित करने के लिए दुश्मन, ब्राह्मणों एवं ग्रामाधिकारियों के समक्ष एक ग्रामीण ने पेट में छुरा भोंककर आत्मबलिदान कर लिया। शिमोगा जिले में ही सभ्यता प्रमाणित करने के लिए एक व्यक्ति शूलब्रह्म अर्थात् भाले की नोंक पर कूदकर अपने प्राण-त्याग दिए। सती प्रथा नहीं थी, लेकिन चालुक्य समाज इससे अपरिचित नहीं था। लगभग 1180 ई. में राजमल्ल प्रथम के मन्त्री बेचिराज की मृत्यु हुई तो उसके साथ दोनों पत्नियाँ—वैलियक्क और मत्यनियक्क—सती हुई थीं।

14.21 स्त्रियाँ

स्त्रियों की स्थिति अच्छी कही जा सकती है क्योंकि सार्वजनिक जीवन में भाग लेने का उन्हें अधिकार था। रानी अक्कादेवी युद्ध में भाग लेती थीं। विक्रमादित्य षष्ठ की रानी लक्ष्मीदेवी कल्याणी की गद्दी पर बैठकर शासनकार्य सँभालती। रानी सुन्दर, नवयौवना, सभी कलाओं में निपुण और धर्मपरायण थी। अपनी चातुरी के बल पर वह किसी महिला को नीचा दिखा सकती थी। इसका यह अर्थ कदापि नहीं कि चालुक्यकालीन सभी स्त्रियाँ रानी लक्ष्मीदेवी के समान चालाक और सुन्दर तथा अक्कादेवी के समान वीर थीं। प्रत्येक राजकुमार को शिक्षा देते समय स्त्रियों के दुर्गुणों के सम्बन्ध में अवश्य ही बताया जाता था। राजघराने की स्त्रियाँ संगीत कला से परिचित होती थीं। विक्रमादित्य की एक रानी केतल देवी संगीत और नृत्य में निपुण थी। सामन्त होयसल बल्लाल प्रथम की तीनों रानियाँ नृत्य और संगीत में बेमिशाल थीं। कलचुर्य सोविदेव की रानी अपने नृत्य एवं संगीत का सार्वजनिक प्रदर्शन करती थीं। उसका भाई ताल और लय का आचार्य था। रानी सावल देवी नामक इस नर्तकी ने अपनी कला से अन्तर्राष्ट्रीय नृत्य एवं संगीत-प्रेमियों को मुग्ध कर दिया था। स्त्रियों के लिए ललित शिक्षा का अच्छा प्रबन्ध था। इस काल में नृत्य और संगीत में निपुणता प्राप्त करनेवाली गणिकाओं की अच्छी-खासी संख्या थी। नृत्य और संगीत के सहारे शहरी जीवन को ये सरस बना देतीं। दैनिक पूजा के अवसर पर मन्दिरों में प्रतिदिन नृत्य और संगीत का कार्यक्रम होता, जिसमें पारंगत नर्तकियाँ भाग लेतीं। अन्य स्त्रियों की तुलना में नर्तकियों को ज्यादा स्वतन्त्रता प्राप्त थी। नीरस जीवन को सरस बनाने के लिए हजारों पुरुष इनके पास मँडराते रहते थे।

14.22 नृत्य-संगीत

मुगद में स्थित एक जैन-मन्दिर के परिसर में एक नाटकशाला 1045 ई. में बनी। बीजापुर जिले में स्थित एक मन्दिर में प्रतिदिन गीत एवं नृत्य के आयोजन की व्यवस्था की गई। इस उद्देश्य से मन्दिर में दिए गए दान का एक बड़ा हिस्सा एक बाँसुरी बजानेवाले, दो गीतकारों, दो नर्तकियों और चार अन्य गायिकाओं (वेश्याओं) और एक माला बनानेवाले को दिया गया। 1086 ई. में दो गायिकाओं और चार ढोलक बजानेवालों को 80 मत्तर भूमि दी गई। उन्हें प्रतिदिन तीन बार देवी-देवताओं के समक्ष नाचना और बजाना पड़ता था। कुछ नर्तकियाँ इतनी धनाढ्य थीं कि हाथों में स्वर्णदंड लेकर चलती थीं। बेल्लारी जिले में स्थित चिन्नतुम्बलम् के एक मन्दिर में गायिकाओं, नर्तकियों एवं ढोलकवादकों को 1086 में काफी दान दिया गया।

14.23 मन्दिर

कलाओं को प्रोत्साहित करने में मन्दिरों का योगदान महत्त्वपूर्ण रहा। इस समय मन्दिर समाज का एक महत्त्वपूर्ण केन्द्र हो गया था। उत्तम नर्तकियों, वादकों, गीतकारों आदि को मन्दिर ही संरक्षण प्रदान करता। उत्तम वस्तुओं का प्रधान उपभोगकर्ता मन्दिर था। सामाजिक एकता स्थापित करने में मन्दिरों की भूमिका कभी-कभी काफी महत्त्वपूर्ण हो जाती। पाँच फलों से तैयार पंचामृत मन्दिर का उत्तम प्रसाद होता। इसे भक्तों के बीच वितरित करते समय भक्तों की जाति, धन या व्यवसाय पर ध्यान नहीं दिया जाता था। मन्दिर में चन्दन का लेप तैयार होता। उसका वितरण बिना भेदभाव के सभी भक्तों के बीच किया जाता था।

दसवीं शताब्दी के स्रोतों के अध्ययन से पता चलता है कि मन्दिर में जो भोजन पकता वह ब्राह्मणी ही बना सकती थी। इसका अर्थ हुआ कि मन्दिरों में ऊँच-नीच का भेदभाव था। मन्दिरों को जब बड़े दान दिए जाते तो यह स्पष्ट कर दिया जाता कि किस मद पर कितना खर्च होगा। कलिदेव स्वामी के मन्दिर को 1018 ई. में अक्षय (जिसका क्षय या नाश नहीं हो) दान प्राप्त हुआ। इस दान में इसका स्पष्ट उल्लेख था कि देवता के पास जलनेवाले अमर दीप, 12 गायिकाओं को सारा खर्च, एक बाँसुरी बजानेवाले, एक सूलेवाल, एक नगाड़ेवाले, एक नर्तकी का सारा खर्च और बाहर से आनेवाले विद्यार्थियों के भोजन की व्यवस्था अक्षय दान से होगी। मन्दिर का व्यवस्थापक इसमें कोई गड़बड़ी या अक्षय दान का उपयोग अपने स्वार्थानुसार न करे, इसीलिए इसका स्पष्ट ब्योरा दिया रहता था। देवुर से शिव मन्दिर में कुछ विशेष व्यवस्था के लिए रानी सुग्गलदेवी ने 1029 ई. में दान दिया। शिक्षा मन्दिरों से जुड़ी हुई थी।

14.24 वास्तुकला और मूर्तियाँ

चालुक्यकालीन भवनों के अवशेष उपलब्ध नहीं हैं लेकिन मन्दिर हैं। इस काल में मन्दिर विकसित कला की जानकारी देते हैं। मन्दिरों की मूर्तियाँ प्रायः धातुओं की बनी होती थीं। मन्दिर निर्माण में व्यापक रूप से पत्थरों का प्रयोग किया गया। मन्दिरों में बड़े-बड़े कक्ष भी होते जिन्हें आकर्षक मूर्तियों से अलंकृत किया गया। कुछ विशाल मन्दिरों में नाट्यशालाएँ भी होतीं। एक अनुष्ठान भवन होता जहाँ कई सम्प्रदायों के संन्यासी एवं विद्वान शास्त्रार्थ और पूजा-पाठ करते थे। एक मठ था जहाँ वेदों का अध्ययन किया जाता। हलगोंदी में स्थित बालेश्वर मन्दिर 1090 ई. में निर्मित हुआ। वह 'विमान' अर्थात् उड़ते हुए रथ के आकार का था, जिसमें पहिए और घोड़े बने हुए थे। 1119 ई. में निर्मित मार्तंडेश्वर नामक शिव मन्दिर में एक बहुत बड़ा सभा मंडप था, जिसमें एक साथ काफी भक्त बैठ सकते थे। लक्ष्मेश्वर के दक्षिण में स्थित सोमेश्वर मन्दिर में 1147 ई. में एक धनी भक्त ने स्वर्ण कलश चढ़ाया। 1159 ई. में निर्मित केशवेश्वर के मन्दिर में जिन लकड़ियों एवं पत्थरों का प्रयोग हुआ वे अति आकर्षक नक्काशी एवं चित्रों से अलंकृत थे।

सूंडी में नागेश्वर का प्रसिद्ध मन्दिर शंकराचार्य ने बनवाया। उस पर एक कलश रखा गया जो कुशल कारीगरी का अद्भुत नमूना था। 1085 ई. के नागै अभिलेख के अनुसार, नागोज नामक एक कुशल शिल्पी ने यह अभिलेख उत्कीर्ण किया था। मधुसूदन का मन्दिर उसकी कल्पना का साकार रूप था। कुशल कारीगरी के कारण उसे कंडरण् विद्याधिराजम्

अर्थात् तक्षण-कला विद्या का मास्टर की उपाधि से अलंकृत किया गया। सवारी नामक एक और कुशल शिल्पी था जो खोदकर सुन्दर हाथी, तोता, शेर एवं प्राकृतिक दृश्यों को बना देता था। मन्दिर में स्थापित मूर्तियों को रत्नजड़ित आभूषणों से सजाया जाता। कंगन, कमरधनी, भुजदंड, पायल, मुकुट, केयूर, तीन लड़ियोंवाला हार, शंख, चक्र, गदा आदि देखकर स्वर्णकारों की कुशल कारीगरी की जानकारी होती है।

14.25 शिक्षा

उपर्युक्त कलाओं की शिक्षा पुश्तैनी होती थी। महीन काम करनेवाले कारीगर अपनी कारीगरी दूसरों को नहीं बताते थे। विद्यार्थी गुरु की देख-रेख में उसके गुणों को सीखता था।

प्राथमिक और उच्चतर शिक्षा के लिए पाठशालाएँ होतीं। प्रत्येक गाँव में अक्षर ज्ञान कराया जाता। अधिकांश गाँवों में शिक्षक को जमीन दान के रूप में मिली रहती थी। मन्दिर के समक्ष और मठों में पुराणों का पाठ किया जाता। पुराणों के पाठक ब्राह्मण होते, जिन्हें भूमि दान में मिलती थी। उच्च शिक्षा का माध्यम प्रायः संस्कृत थी और विषय वेद, दर्शन और व्याकरण था। उच्च शिक्षा के विद्यालय अलग होते थे। उच्च शिक्षा मन्दिरों में भी दी जाती। **ग्रन्थालयाध्यक्ष** की चर्चा मिलती है। मधुसूदन के मन्दिर में स्थित एक कॉलेज (घटिका या शाले) में वेद पढ़नेवाले छात्रों की संख्या 200 थी। शास्त्रों का अध्ययन 50 विद्यार्थियों द्वारा किया जाता। इसके लिए तीन अध्यापकों की नियुक्ति थी। पहला अध्यापक मीमांसा, दूसरा न्याय और तीसरा प्रभाकर पढ़ाते थे। इन सबके भोजन और वस्त्र का प्रबन्ध अक्षयदान की आमदनी से किया जाता। मीमांसा के अध्यापक को 35 मत्तर भूमि, न्याय दर्शन के अध्यापक को 45 मत्तर और प्रभाकर दर्शन के अध्यापक को 30 मत्तर, ग्रन्थालयाध्यक्ष को 30 मत्तर और टाइम कीपर को 30 मत्तर भूमि वेतन के रूप में अलग रखी गई थी।

ब्रह्मपुरियाँ स्थापित थीं, जिनका काम संस्कृत का ज्ञान देना एवं संस्कृत का प्रचार करना था। जैन अध्यापक अनन्तवीर्य मुनि व्याकरण, गणित, वात्स्यायन, अर्थशास्त्र, महाकाव्य, नाटक आदि का पंडित वेदों, पुराणों, मीमांसा, आगमों आदि का अध्ययन करते थे। शैव विद्वान और अध्यापक सोमेश्वर वैशेषिक, न्याय, सांख्य, शब्द-ज्ञान, मीमांसा, तप, चरित्र, आदि का ज्ञाता था। बड़े-बड़े राजा-महाराजा उसकी विद्वत्ता के कायल थे और उसका चरण-स्पर्श करते। इस तरह तत्कालीन समाज में शिक्षा का महत्त्व था। शिक्षा को जीवन के मार्गदर्शन के रूप में उपयोग किया गया।

14.26 आर्थिक स्थिति

आर्थिक-व्यवस्था का मुख्य आधार कृषि थी। कृषि जल पर निर्भर थी। सालोंभर पानी रहनेवाली नदियाँ अपवादस्वरूप थीं। अतः, सभी नदियों से नहर निकालकर सिंचाई की व्यवस्था करना सम्भव नहीं था। बरसाती जल का महत्त्व था जिसे इकट्ठा करने के लिए काफी मात्रा में तालाब बने थे। तालाबों के रख-रखाव पर काफी ध्यान दिया जाता था। तालाब-निर्माण के लिए जनता, मन्दिर, राजा एवं सामन्त तथा व्यापारी आर्थिक सहयोग देते

थे। कृषक भी स्वयं के प्रयास से तालाब बनाते। तालाबों का व्यापक उपयोग सिंचाई के लिए किया जाता।

सिंचाई की सुविधा ने अतिरेक में वृद्धि की और व्यापारिक फसलों की पैदावार बढ़ी। बगीचे लगाए जाते और कपास उगाई जाती। काली मिट्टी, लाल मिट्टी, सिंचित भूमि, उपवन भूमि और ऊसर भूमि की जानकारी तत्कालीन स्रोतों से होती है। बगीचों से ताम्बूल, सुपारी, फल और फूल पैदा किए जाते। शासकों द्वारा पशुओं के लिए चरागाह की व्यवस्था की जाती।

सुपारी, पान, रुई, घी, तेल, हरी अदरक, हल्दी, सोंठ, लहसुन, जीरा, काली मिर्च, नमक, 18 प्रकार के अनाज और फलों से सम्बन्धित उद्योगों की जानकारी होती है। बजाजों, सुनारों और कुम्हारों का पेशा विकसित था। स्वर्ण सिक्कों की परख के लिए सुनार परखाई लेता था। चर्मकार सैंडल बनाते थे।

रट्टराज् के खरेपटन के ताम्रपट्टों से पता चलता है कि ग्यारहवीं शताब्दी में समुद्र मार्ग से विदेशी व्यापार होता था। पूर्वी द्वीपों से आनेवाले जहाजों पर प्रति जहाज एक **गव्यान** सोना की उगाही होती थी। मलाया से इस काल में भारत का व्यापारिक सम्बन्ध था। कन्दमूलीय देश से आनेवाले माल की प्रति गाड़ी से एक धरण कर वसूला जाता था। आन्तरिक व्यापार प्रायः स्थलमार्गों से होता था। व्यापारी अपना माल गाड़ियों और जानवरों पर लादकर एक स्थान से दूसरे स्थानों को ले जाया करते थे। चोर-डाकुओं के भय से वे कारवाँ बनाकर व्यापार पर निकलते थे। मन्दिरों के पास लगनेवाले मेलों में दूर-दूर के व्यापारी अनेक प्रकार की वस्तुओं को बेचने के लिए आते थे। व्यापारियों के अपने नियम, परम्पराएँ एवं चिह्न होते थे।

व्यापारिक श्रेणियों की जानकारी अभिलेखों से होती है। इनके अपने नियम होते और ध्वज होते थे। ये सुन्दर हाथियों, अच्छी नस्ल के घोड़ों, बहुमूल्य रत्न जैसे; नीलम, चन्द्रमणि, मोती आदि तथा इलायची, लवंग, गुग्गुल, चन्दन, कर्पूर, कस्तूरी, केसर आदि मसालों और इत्रों का व्यापार करते थे। लड़ाई के औजार भी ये बेचा करते और ज्ञानी ब्राह्मणों एवं ऋषियों को दान देते थे। ये थोक और खुदरा व्यापार करते थे। गधों और भैंसों पर ये माल ढोते। शुंक की अदायगी ये नियमित रूप से करते। कुछ व्यापारी अत्यधिक धनाढ्य होते और राजा को इनसे काफी आर्थिक लाभ होता।

पूरे देश में व्यापारिक समूहों का अपना-अपना संघ था। इनके समूहों को तमिल प्रदेश में **नानादेशीय** कहा जाता था। व्यापारिक श्रेणियों का मुख्य उद्देश्य एक-दूसरे व्यापारियों के सहयोग से व्यापार में वृद्धि करना था। अनेक मन्दिरों को व्यापारिक श्रेणियों ने दान दिया। कई मन्दिरों ने अपने अधीन की भूमि में कृषि करने का अधिकार व्यापारिक समूह को दे दिया और बदले में तेल एवं अन्य आवश्यक वस्तुएँ प्राप्त करने लगे। ये व्यापारिक समूह मजदूरों से काम करवाते थे और अपने व्यापार की दृष्टि से खेतों में पैदावार करते थे। मन्दिर को जितनी वस्तुएँ देने की शर्त पर वे खेत लेते उतनी वस्तुएँ वे अलग से मन्दिरों को दे देते।

तेरीदाल नगर एक प्रसिद्ध जैन केन्द्र था। नेमिनाथ के प्रसिद्ध मन्दिर को 1182 ई. में वीर वणंजों (व्यापारिक समूह) ने दान दिया। तेरीदाल के नगर के पास स्थित खेतों में धान की खेती व्यापक रूप से होती थी। यहाँ फलों के बगीचे, झील और जलाशय थे। नगर के चारों ओर परिखाएँ थीं। यातायात के लिए यहाँ पक्की सड़कें और पक्के के छोटे-बड़े मकान थे।

सैनिकों, विद्वानों एवं भद्रजनों से नगर भरा था। नगर का प्रशासन गाउंडों द्वारा चलाया जाता था। वहाँ स्वर्णकारों की कई दूकानें थीं। खरीद-बिक्री में मुद्राओं का प्रयोग होता था। ब्याज पर रुपया देनेवाले सेठ भी रहते थे। वार्षिक आय का प्रतिशत 20 था। भूमि बन्धक रखनेवाला व्यापारी 10 प्रतिशत वार्षिक ब्याज लेता था।

चालुक्यों की मुद्राप्रणाली की जानकारी स्पष्ट नहीं है। **पोन** या **गव्यान** स्वर्ण सिक्का था। **पण का छोटा सिक्का** उसके दसवें भाग का था। वह रजत सिक्का होता था। पण का चौथाई भाग का सिक्का **पग** या **हग**, पाँचवाँ भाग **विस** और एक **विस** का चौथाई **कणि** कहलाता था। जयसिंह, जगदेकमल्ल और त्रैलोक्यमल्ल के कालों के कुछ स्वर्ण एवं रजत सिक्कों की जानकारी होती है। सिक्कों पर कन्नड़ भाषा में लेख उत्कीर्ण हैं। सारे साम्राज्य में सिक्कों के वजन एक नहीं थे।

14.27 धार्मिक स्थिति

धार्मिक सहिष्णुता का वातावरण था। शैव और वैष्णव प्रमुख हिन्दू सम्प्रदाय थे। शाक्त सम्प्रदाय की स्थिति अच्छी थी। इस सम्प्रदाय की देवी कोल्लापुर महालक्ष्मी थी। कार्त्तिकेय की पूजा कुमारियों के बीच विशेष रूप से प्रचलित थी। **बेल्लारी** जिले में स्थित कुडितनि **कार्त्तिकेय** पूजा का प्रधान केन्द्र था। जैन धर्म का प्रचार काफी था। इसके अनुयायियों की संख्या बहुत थी। लिंगायत सम्प्रदाय का विशेष प्रभाव था। लिंगायत सम्प्रदाय के जैनियों ने कन्नड़ साहित्य को विकसित करने में महत्त्वपूर्ण भूमिका निभाई।

भिन्न-भिन्न सम्प्रदायों के बीच शास्त्रार्थ होता और सभी धर्मों के बीच आपसी सामंजस्य था। शम्भु, वराह, सुब्रह्मण्य, विघ्नेश और सरस्वती तथा गणपति की पूजा होती थी। तारादेवी, सूर्यनारायण, लक्ष्मीनारायण, बुद्ध, रुद्र, अनन्त (विष्णु) की पूजा की जानकारी अभिलेखों से होती है। इन देवी-देवताओं के नाम पर प्रभूत दान राजा, रानी, अधिकारियों, सामन्तों एवं व्यापारियों द्वारा दिए जाते थे। गुडदबेडंगि में जिनालय और उसके भिक्षुओं तथा सूदी में शिवमन्दिर को चालुक्य रानी ने दान दिया। अपनी पत्नी की याद में एक गाउंड ने बसदि (परोक्ष विनय) का निर्माण किया। एक भक्त ने त्रिपुरुषदेव और बराहनारायण का मन्दिर और गरुड़स्तम्भ बनवाया। पेग्गंडे धोयिप्पय की पत्नी गुणब्बे जैन-संस्थाओं को दान देने में विशेष आनन्द का अनुभव करती थी। सोमेश्वर प्रथम ने जिन, विष्णु, ईश्वर और मुनिगण का मन्दिर बनवाया।

तत्कालीन धर्म परम्परा के अनुरूप था। अनेक राज-परिवार के लोग अपनी उत्पत्ति देवी-देवता से मानते और उनका मन्दिर बनवाते। व्यापारियों का सम्बन्ध जैन धर्म से था। व्यापारियों को खुश करने के लिए राजा ने जैन मन्दिर बनवाया। अपनी नीतियों को सफल बनाने के लिए राजाओं ने अनेक धर्मों को संरक्षण दिया। प्रजा में धार्मिक भावना प्रसारित और विरोधी भावना समाप्त करने के लिए राजा मन्दिर-निर्माण में सहयोग प्रदान करते।

राजपरिवार में **शैवमत** की प्रधानता थी। सोमेश्वर प्रथम की रानी **मैललदेवी** द्वारा **लक्षहोम** के अवसर पर पाशुपत ज्ञानराशि दान दी गई। इसका अर्थ यह था कि **पाशुपत** मत का ज्ञान प्रसार करने के लिए उसने दान दिया। पाशुपतों को **कालामुख** भी कहते थे। उनका प्रमुख

केन्द्र **बल्लिगावे** में स्थित था। कालामुख केन्द्र बौद्धों, मीमांसकों, लोकायन, सांख्य, अद्वैत और प्रतिद्वन्द्वी आगमों के खंडन का अगुवा था। वहाँ के शिक्षक हमेशा शास्त्रार्थ में लगे रहते थे। शैव धर्म और वेदों की श्रेष्ठता को चुनौती देनेवाला बौद्ध वर्ग था। कालामुख के समर्थक बौद्धमत को चुनौती देते थे। पुरोहितों के लिए ब्रह्मचर्य का पालन करना अतिआवश्यक था। स्थानीय या केन्द्रीय धार्मिक अधिकारियों द्वारा चरित्रहीन संन्यासी या पुरोहित को उसके स्थान से, जिसे **नैष्ठिक स्थान** कहते, निकाल दिया जाता था।

शाक्त और पाशुपत सम्प्रदायों के बीच बहुत अन्तर नहीं था। शाक्त सम्प्रदाय का कोल्हापुर **महालक्ष्मी** और अन्य देवियों की पूजा से घनिष्ठ सम्बन्ध था। ग्यारहवीं शताब्दी के अभिलेखों में महालक्ष्मी के 70 तीर्थस्थलों की चर्चा है। शाक्त सम्प्रदाय का कहना था कि इस देवी की पूजा ब्रह्मा भी करते थे। पाशुपत सम्प्रदाय के प्रधान इस देवी के भक्त थे। **ग्रामाधिदैवम्** नामक देवी की भी पूजा होती थी। बारहवीं सदी में कुछ अधिकारियों द्वारा भगवती और सप्तमातृकाओं की प्रतिष्ठा कराई गई। भगवती की आराधना अनेक स्थानों पर की जाती थी। महालक्ष्मी, विष्णु, विनायक, चंडी, हनुमान, हाटकेश्वर, मल्लिकार्जुन, नन्दी (साँढ), महाकाल, भैरव, दुर्गा, आदित्य और चन्द्र की पूजा चालुक्य काल में प्रचलित थी। दसवीं सदी में एक आदित्य मन्दिर का निर्माण हुआ।

कार्त्तिकेय या सुब्रह्मण्यम् के अनेक मन्दिरों की चर्चा मिलती है। यह देवता कुमारियों के बीच विशेष रूप से प्रसिद्ध था। इसका सम्बन्ध प्रजनन से था। कार्त्तिकेय को स्वामिदेव भी कहा जाता है जिसकी कृपा पर चालुक्यों को हमेशा विश्वास रहा। कार्त्तिकेय सम्प्रदाय द्वारा अनेक केन्द्र स्थापित किए गए। कार्त्तिकेय-तपोवन की जानकारी अभिलेखों से होती है।

वैष्णव धर्म का जहाँ तक प्रश्न है, विष्णु को त्रैपुरुष और द्वादश नारायण कहा गया, जिनका मन्दिर चालुक्य राज्य में स्थापित था। ग्यारहवीं शताब्दी में एक ब्राह्मण द्वारा विष्णु मन्दिर का जीर्णोद्धार कराया गया। एक सेनापति की पत्नी रेब्बलदेवी ने हूविन हडगल्लि में केशव मन्दिर बनवाया। बेल्लारी के **मैलर** नामक स्थान में 200 वैष्णव महाजनों ने अपने हाथ में एक मन्दिर का प्रबन्ध लिया। नागवावि का मधुसूदन मन्दिर एक प्रसिद्ध वैष्णव केन्द्र था।

जैनियों के बीच धल्ल की पुत्रवधू और नागदेव की पत्नी अत्तिमब्बे **दान-चिन्तामणि** के रूप में विख्यात थीं। वे चमत्कारिक कार्यों का प्रदर्शन करतीं। अनेक **बसदियों** (जैन मठ) का निर्माण इनके द्वारा किया गया। लोक्किगुंडि का **बसदि** काफी प्रसिद्ध है। इस बसदि को चालुक्य शासक द्वारा स्वर्ण कलश दान में दिया गया। गृहस्थों या पारिवारिक जीवन व्यतीत करनेवालों द्वारा आनन्द प्राप्त करने के लिए जैन मत का समर्थक बनना आवश्यक बताया गया। ग्यारहवीं शताब्दी के एक अभिलेख से पता चलता है कि चोलों ने अनेक जैन केन्द्रों को बिलकुल नष्ट कर दिया।

14.28 कन्नड़ साहित्य

इस काल में कन्नड़ साहित्य में प्रौढ़ता आई। कन्नड़ भाषा ग्रामीणों की भाषा मात्र बनकर न रह जाए, इस दृष्टिकोण से उसका सम्बन्ध संस्कृत भाषा से जोड़े रखने का प्रयास किया गया। संस्कृत व्याकरण, छन्द, साहित्यिक आदर्श आदि से कन्नड़ भाषा प्रभावित रही। संस्कृत से

प्रभावित सर्वाधिक कन्नड़ अभिलेख मैसूर एवं बैंगलूर में स्थित ऑर्कलाजिकल सर्वे ऑफ इंडिया के कार्यालय में संगृहीत हैं। तत्कालीन अनेक साहित्यकारों की चर्चा मिलती है जो संस्कृत और कन्नड़ दोनों भाषाओं की जानकारी एकसमान रखते थे। कर्नाटक विचरित एवं 1057 का कवियों का कवि और सखा मल्ल विरचित बेलतुरु अभिलेख इसका ज्वलन्त उदाहरण है। जैन कवि शान्तिनाथ शास्त्रार्थों में पटु था। वनवासी में वह अर्धाधिकारी था। एक योग्य न्यायाधीश, वर्धमान का शिष्य और जन्मजात **इस** कृति ने *सुकुमार-चरित* नामक एक चम्पू काव्य की रचना की। नागवर्माचार्य ने *चन्द्रचूड़ामणि शतक* की रचना सरल शैली में की। उसे **अद्वैत-गुणगल्ल** की उपाधि से अलंकृत किया गया।

चालुक्य काल में कन्नड़ साहित्य का प्रथम लेखक रण्ण था। विद्वानों ने रण्ण, पम्प और पोन्न को कन्नड़ का **रत्नत्रय** कहा है। कन्नड़ साहित्य को उन्नतिशील अवस्था में लाने का श्रेय इन्हीं विद्वानों को है। 949 ई. में चुड़िहारों के परिवार में जन्मे रण्ण ने अपने परिश्रम के बल पर तैलप के दरबार में **कवि-चक्रवर्ती** का पद प्राप्त किया। स्वर्णदंड, चमर, हाथी, छत्र आदि से सम्मानित रण्ण ने 993 ई. में *अजितपुराण* की रचना की। इस ग्रन्थ को *काव्य-रत्न* और *पुराण-तिलक* भी कहते हैं। दंडनायक नागवर्मन की पत्नी अत्तिमब्बे के कहने पर इस ग्रन्थ की रचना उसने की। 982 ई. में *साहसभीमविजय* अथवा *गदायुद्ध* रण्ण की द्वितीय महत्त्वपूर्ण रचना है। यह *महाभारत* की युद्धकथा पर आधारित है। इस कथा के माध्यम से चालुक्य शासक सत्याश्रय की प्रशंसा की गई है। *रन्नकन्द* नामक एक निघंटु का लेखक विद्वानों ने रण्ण को ही माना है। अपने आश्रयदाता गंग सेनापति चाउंडराय को मुख्य पात्र बनाकर उसने चक्रेश्वरचरिते नामक ग्रन्थ की रचना की। *परशुराम चरिते* का लेखक वही था।

अजितसेन का शिष्य और चाउंडराय का आश्रयदाता नागवर्मन प्रथम ने **छन्दोम्बुधि** नामक साहित्य की रचना की। कन्नड़ में छन्दशास्त्र का यह प्राचीनतम ग्रन्थ माना जाता है। वाण द्वारा रचित *कादम्बरी* को आधार बनाकर उसने *कर्नाटक-कादम्बरी* नामक दूसरे साहित्य की रचना की। महासन्धि-विग्रहि दुर्गसिंह ने *पंचतन्त्र* नामक चम्पू काव्य की रचना की, जिसमें भेद, परीक्षा, विश्वास, वचन और मित्रकार्य नामक पाँच अध्याय हैं। पोस-कन्नड़ में *मदन-तिलक* लिखा गया।

जैन ब्राह्मण कवि श्रीधराचार्य के कन्नड़ भाषा में *ज्योतिष* के प्रथम ग्रन्थ को लिखा। 1049 में उसने *जातक तिलक* की रचना की जिसमें उसने फलित ज्योतिष और गणित ज्योतिष पर प्रकाश डाला।

'अभिनव पम्प' के नाम से विख्यात नागचन्द्र एक महान लेखक था। बीजापुर में स्थित **मल्लिनाथजिनालय** का वह निर्माणकर्ता था। तीर्थंकर मल्लिनाथ पर उसने *मल्लिनाथ-पुराण* की रचना की। इस चम्पू में चौदह आश्वास हैं। *रामचन्द्रचरित पुराण* या *पम्प रामायण* उसकी सर्वोत्तम कृति है। इस काव्य के कारण नागचन्द्र को अभिनव पम्प की उपाधि से विभूषित किया गया। *पम्प रामायण* के अनुसार 'जिन' शिक्षा प्राप्त करने के पश्चात् राम ने 'निर्वाण' प्राप्त किया। लगभग 1112 ई. में नयसेन ने *धर्मामृत* लिखा, जिसमें जैन शिक्षाओं पर प्रकाश डाला गया है। नयसेन पहला विद्वान था जिसने कन्नड़ में संस्कृत के शब्दों के अति-प्रयोग का विरोध किया। वह शुद्ध कन्नड़ का समर्थक था। बाईसवें जैन तीर्थंकर को आधार बनाकर *नेमिनाथपुराण* की रचना लगभग 1145 ई. में कर्णपार्य ने की। 14 'आश्वास' या अध्यायवाली इस पुस्तक में कृष्ण और अर्जुन की कथा भी है। यह काव्य एक उच्चकोटि की साहित्यिक

रचना है। बारहवीं शताब्दी में नागवर्म द्वितीय ने *काव्यावलोकन* की रचना की। व्याकरण ग्रन्थ *कर्नाटक भाषा भूषण* का लेखक वही था। *वास्तुकोश* उसकी तीसरी रचना है। 800 श्लोकों के इस कोश में संस्कृत शब्दों के कन्नड़ पर्याय हैं।

धार्मिक कन्नड़ साहित्यों को विकसित करने में वीर शैवों की भूमिका महत्त्वपूर्ण रही। बसव और समसामयिक लेखकों के प्रयास से सरल गद्य में वचन साहित्य की रचना हुई। वीर शैव सम्प्रदाय की अनेक महिलाएँ प्रमुख लेखिका थीं। कवयित्री महादेवियक्का इसी सम्प्रदाय की थी। वीर शैव लेखक-लेखिकाओं की संख्या लगभग 200 थी। वीर शैव विद्वानों की शैली सूक्तियोंवाली, समान्तरवादी और सन्दर्भगर्भित है। इनकी रचनाओं में सांसारिक धन-दौलत और सुख-साधनों के परित्याग और शिव की शरण में जाने की बात बताई गई है। पंडितत्रय, श्रीपति पंडित, मल्लिकार्जुन, रेणुकाचार्य, मरुलसिद्ध, पंडितराध्य, एकोराभितन्दे, विश्वेश्वराचार्य आदि प्रसिद्ध शैव विद्वान थे।

कन्नड़ भाषा में ल के बदले र और प के बदले ह अक्षर को स्थान मिला। टेकवाले गीत—रगले का उदय हुआ। लिंगायत कवि हरिश्वर नरसिंह बल्लाल का समकालीन था। *पम्पाशतक* उसकी प्रसिद्ध रचना है। शिव और पार्वती के विवाह का इसमें वर्णन है। *शिवगण-दरगलेगलु* नामक दूसरे लिंगायत ग्रन्थ में हरिश्वर ने 63 शैव सन्तों एवं भक्तों का वर्णन किया है। हरिश्वर का भांजा राघवांक भी एक प्रसिद्ध शैव कवि था। हाम्पी में जन्मा और सम्पूर्ण जीवन वहीं बितानेवाला राघवांक ने प्रथम बार **षट्पदीछन्द** का प्रयोग किया। *हरिश्चन्द्र* नामक प्रसिद्ध काव्य की रचना उसी ने की थी। इस काव्य में व्याकरण के उल्लंघन की बात देखने को मिलती है। *सोमनाथ चरिते, सिद्धरामपुराण* और *हरिहरमहत्त्व* की रचना लिंगायत विद्वानों ने की। राघवंक ने *वीरेश्वर चरिते* और शरभचरित्र की रचना की। अनेक वैष्णवों को वाद-विवाद में पराजित करनेवाला शैव विद्वान पद्‌मरस ने *दीक्षाबोध* की रचना की। इसकी शैली 'रगले' है। इसमें शैव धर्म के तत्त्वों को समझाया गया है। पालकुरिकि सोमनाथ नामक विद्वान ने शैवमत से सम्बन्धित कई ग्रन्थों की रचना तेलुगु और कन्नड़ में की। शास्त्रार्थ में उसने अनेक वैष्णव विद्वानों को हराया। विद्वान सोमनाथ *बसव-पुराण* की रचना की। *शीलसम्पादने, सहसगणनाम* और *पंचरत्न* नामक कन्नड़ ग्रन्थों का लेखक सोमनाथ ही था। *रगले* और *बंचन* के अलावा *सोमेश्वरशतक* का लेखक वही माना जाता है। गणित से सम्बन्धित *व्यवहार गणित, क्षेत्र गणित* और *लीलावती* की रचना का श्रेय राजादित्य को है।

संस्कृत साहित्यों के लिए भी यह काल महत्त्वपूर्ण रहा। जयसिंह द्वितीय जगदेकमल्ल का दरबारी जैन कवि वादिराज ने संस्कृत ग्रन्थ *पार्श्वनाथ चरित, यशोधर चरित* और *एकीभावस्तोत्र* की रचना की। *राघव पांडवीय* का लेखक हेमसेन विद्या धनंजय था। 1000 ई. के लगभग लाट का निवासी कायस्थ विद्वान सिड्ढ़ल ने *उदयसुन्दरी कथा* नामक ग्रन्थ की रचना की। संस्कृत के सर्वोच्च काव्यों में स्थान पानेवाला *विक्रमांकदेवचरित* का लेखक विल्हण था। न्यायशास्त्री विज्ञानेश्वर ने *याज्ञवल्क्यस्मृति* पर *मिताक्षरा* नामक प्रसिद्ध टीका लिखी। धर्मशास्त्र के क्षेत्र में इस ग्रन्थ की प्रतिष्ठा आज भी है। अपरार्क ने बारहवीं शताब्दी में *याज्ञवल्क्य* पर एक दूसरी टीका लिखी। न्यायसार पर *त्रायमुक्तावली* नामक टीका का लेखक भी वही था। *मानसोल्लास* अथवा *अभिलषितार्थचिन्तामणि* को लिखने का श्रेय विद्वानों ने सोमेश्वर तृतीय को दिया है।

15

मालखेड के राष्ट्रकूट
(Rashtrakutas of Malkhed)

15.1 उत्पत्ति

राष्ट्रकूट उस भौगोलिक इकाई के शासक थे, जिसे 'राष्ट्र' कहते थे। 'ग्राम' के अधिकारी का अभिधान 'ग्रामकूट' था, वैसे ही 'राष्ट्र' के अधिकारी का अभिधान राष्ट्रकूट था। सातवीं और आठवीं शताब्दी के दक्कन के दानलेखों में ग्रामकूटों और राष्ट्रकूटों को हिदायत दी गई है कि वे दान-ग्रहीताओं के भोग में किसी प्रकार का हस्तक्षेप न करें। यही नहीं, 742 ई. के एक दानलेख में दन्तिदुर्ग, जो राष्ट्रकूट वंश का संस्थापक था, स्वयं अन्य राष्ट्रकूटों को हिदायतें देता है कि वे दान-ग्रहीता के भोग में किसी प्रकार का हस्तक्षेप न करें। राष्ट्रकूट 'राष्ट्र' का अधिकारी होता था। उसके अधिकार क्षेत्र आधुनिक दो या तीन जिलों से बड़े नहीं होते थे। कभी-कभी तो वे जिलों के और छोटे भाग यानी ताल्लुकों और तहसीलों के बराबर के इलाकों के अधिकारी होते थे। ये अधिकारी सदा केन्द्र के अधीन होते थे। यदि केन्द्र दुर्बल पड़ा तो ये उसके स्वतन्त्र या अर्धस्वतन्त्र शासक बन जाते थे और फिर वे छोटे सामन्त घरानों की स्थापना कर लेते थे।

छठी और सातवीं शताब्दियों में हम दक्कन के विभिन्न भागों में ऐसे अनेक सामन्त घरानों को शासन करते पाते हैं। होशंगाबाद जिले में मान्यपुर का अभिमन्यु ऐसा ही शासक था। उसने राष्ट्रकूट उपनाम धारण किया था। चालुक्यों के स्थान पर जिन राष्ट्रकूटों ने अपने वंश की स्थापना की थी उनका इन पूर्ववर्ती राष्ट्रकूटों से कोई ताल्लुक न था। वे हैदराबाद राज्य के उस्मानाबाद जिले के लट्टलूर, (आधुनिक लाटूर) नामक स्थान के मूल निवासी थे। लाटूर आज एक छोटा-सा कस्बा मात्र है। लट्टलूर कन्नड़भाषी इलाके में था और इन राष्ट्रकूटों की मातृभाषा भी कन्नड़ ही थी।

15.2 अमोघवर्ष (814-860 ई.)

अमोघवर्ष प्रथम के शासन में मान्यखेट (हैदराबाद का मानखेट), राष्ट्रकूटों की राजधानी बनी। इसके पहले राष्ट्रकूटों की राजधानी कहाँ थी, इस प्रश्न का सन्तोषजनक उत्तर अभी भी नहीं दिया जा सकता। कक्क और इन्द्र के समय में सम्भवतः अचलपुर, या बरार में एलिचपुर

राजधानी थी। जब दन्तिदुर्ग ने समूचे महाराष्ट्र पर अधिकार कर लिया तो उसने किसी केन्द्रीय स्थान में, सम्भवतः हैदराबाद में एलोरा के पास कहीं नई राजधानी बनाई। एलोरा की गुफा सं. 16 (दशावतार) की दीवार पर उसकी सबसे विस्तृत प्रशस्ति खुदी है। इसी स्थान से उसका सबसे पहला ताम्रपट्ट जारी हुआ था। यह दान राजा ने स्थानीय गुहेश्वर 'तीर्थ' में स्नान करने के बाद दिया था। कृष्ण प्रथम ने भी एलोरा की गुफा को ही काटकर एक स्मारक बनवाया था जो राष्ट्रकूटों का सबसे सुन्दर स्मारक है। इसलिए क्या यह सम्भव नहीं कि दन्तिदुर्ग और कृष्ण प्रथम के शासनकालों में राष्ट्रकूटों की राजधानी एलोरा के पास ही कहीं रही हो? विस्तृत राष्ट्रकूट साम्राज्य में यह स्थान अपेक्षाकृत मध्य में पड़ता था। एलोरा के पठार के ऊपर एक नगर के अवशेष हैं। वहाँ सूलूभुंजन नामक एक तालाब भी है। 790 ई. तक राष्ट्रकूटों की राजधानी यहीं रही होगी।

गोविन्द तृतीय की मृत्यु के बाद 814 ई. के पूर्वार्द्ध में शर्व गद्दी पर बैठा। अभिषेक के अवसर पर उसने 'अमोघवर्ष' की उपाधि ग्रहण की। वह अपने नाम शर्व की अपेक्षा अपनी उपाधि से ही अधिक ख्यात है। अतः हम भी उसका उल्लेख इसी नाम से करेंगे। उसकी अन्य उपाधियाँ थीं : 'नृपतुंग', 'रट्टमार्तंड', 'वीरनारायण', 'अतिशयधवल' आदि। राष्ट्रकूटों की साम्राज्य उपाधियाँ 'वल्लभ' और 'पृथ्वीवल्लभ' भी उसने धारण की थीं।

राज्यारोहण के समय अमोघवर्ष 13 या 14 वर्ष का बालक था। जैसा उसके पिता ने प्रबन्ध किया था, पहले प्रथम कुछ वर्षों में उसका चचेरा भाई कर्क्क अभिभावक के रूप में राज्य चलाता रहा। गोविन्द ने इसी कार्य के लिए उसे गुजरात से बुलाया था। कुछ वर्षों तक तो यह प्रबन्ध सुचारु रूप से चलता रहा। किन्तु उसके बाद राजनीतिक क्षितिज पर काले बादल मँडराने लगे और ऐसा प्रतीत होने लगा कि वे राष्ट्रकूटों के धवल यश को आच्छादित कर लेंगे। लगभग 817 ई. में बालक राजा के विरुद्ध भयंकर विद्रोह उठ खड़ा हुआ। कहीं भी इन विद्रोहियों का नामोल्लेख नहीं हुआ है और न ही यह ज्ञात हो सका है कि वे कहाँ के रहनेवाले थे। समसामयिक अभिलेखों में लिखा है कि दुष्ट शनि की वक्र दृष्टि से सामन्त, मन्त्री और सम्बन्धी जनों ने उन्मत्त होकर विद्रोह कर दिया और राजभक्त अधिकारियों की हत्या कर दी। ऐसी अराजकता की स्थिति उत्पन्न हो गई कि लोगों का जीवन और स्त्रियों का सम्मान खतरे में पड़ गया था। इन विद्रोहियों को प्रारम्भ में सफलता भी मिली। बालक राजा को देश छोड़कर भागना पड़ा और कुछ समय के लिए राष्ट्रकूटों की शक्ति का अन्त भी हो गया। यह 818-19 ई. की बात है। किन्तु राजा के अभिभावक उसके चचेरे भाई कर्क्क पातालमल्ल ने स्थिति सँभाल ली। उसने विद्रोहियों को हराकर राजा को अपने सिंहासन पर पुनः बैठा दिया। यह घटना मई 821 ई. से पूर्व की है।

इस समय हम इस विद्रोह के कारणों और घटनाक्रम का अनुमान ही कर सकते हैं। अमोघवर्ष का कोई सगा भाई न था जो सिंहासन पर उसके अधिकार को चुनौती देता। किन्तु कर्क्क के अतिरिक्त उसके अन्य चचेरे भाई भी थे। सम्भवतः गड़बड़ की शुरुआत उन्होंने ही की, क्योंकि समसामयिक अभिलेखों में स्पष्ट लिखा है कि ये विद्रोही राष्ट्रकूट ही थे। स्तम्भ के बेटे शंकरगण को गंगवाड़ी की जागीर नहीं मिल सकी थी। सम्भवतः वही विद्रोहियों का अगुआ रहा हो। स्तम्भ अमोघवर्ष से उम्र में तो बड़ा था ही, अमोघवर्ष के पिता के बड़े भाई का पुत्र होने के नाते प्रथम उत्तराधिकारी भी था। अतः कुछ राष्ट्रकूट अधिकारी

और मन्त्री गद्दी के लिए उसे अधिक उपयुक्त मानकर तथा उसके अधिकार के औचित्य को स्वीकार कर उसके साथ हो गए होंगे। मान्यखेट का एक वर्ग ऐसा भी रहा होगा जो गुजरात से बुलाकर अवयस्क राजा के अभिभावक के रूप में कर्क्क की नियुक्ति को पसन्द नहीं करता था। उन्होंने भी शंकरगण का साथ दिया होगा। फिर जो सामन्त असन्तुष्ट थे वे भी उनसे मिल गए होंगे। इनमें वेंगी का विजयादित्य द्वितीय सबसे प्रमुख और शक्तिशाली था। कुछ साल पहले गोविन्द ने उसे गद्दी से हटाकर उसके छोटे भाई भीम को वहाँ का शासक बना दिया था। विजयादित्य ने वेंगी के सिंहासन पर अधिकार कर भीम को पदच्युत कर दिया। भीम का मुख्य आसरा राष्ट्रकूट सम्राट का ही था। अमोघवर्ष प्रथम के सिंहासन पर आने से उसे यह समर्थन प्राप्त न हो सका तो विजयादित्य द्वितीय का काम आसान हो गया। विजयादित्य ने वेंगी में अपनी स्थिति मजबूत कर लेने के बाद राष्ट्रकूटों पर हमला कर दिया क्योंकि उसके दुर्भाग्य के मुख्य कारण वे ही थे। चालुक्य अभिलेखों से विदित होता है कि विजयादित्य ने रट्टों अर्थात् राष्ट्रकूटों से बारह वर्ष तक युद्ध किया था। उन्हें उसने 108 लड़ाइयों में हराया था और उनके राज्य को रौंद डाला था। राष्ट्रकूट अभिलेखों से स्पष्ट है कि अमोघवर्ष ने अपने वंश की लक्ष्मी का पुनरुद्धार किया था जो चालुक्यों के समुद्र में डूब गई थी। अतः स्पष्ट है कि अन्तिम चरणों में विद्रोह का नेता वेंगी का विजयादित्य ही था। उसकी सफलता के बाद अमोघवर्ष के विद्रोही सम्बन्धी और अधिकारी भी उसे साथ हो लिए। सम्राट को भागकर जान बचानी पड़ी थी।

किन्तु यह विद्रोह अधिक समय तक न टिक सका, क्योंकि मई 821 ई. से पूर्व कर्क्क पातालमल्ल ने तख्ता पलट दिया था, जिससे अमोघवर्ष फिर से सिंहासन पर प्रतिष्ठित हो गया था। साम्राज्य के पूर्वी और दक्षिणी जिलों को जीतने में कुछ साल लगे होंगे। अन्ततोगत्वा चालुक्यों के मुकाबले राष्ट्रकूटों का पलड़ा भारी रहा क्योंकि राष्ट्रकूटों के परवर्ती लेखों से विदित होता है कि अमोघवर्ष ने विंगवल्ली के रण में चालुक्यों को हराकर यम को विशाल भोज दिया था। कहा गया है कि चालुक्यों के भस्मसात हो जाने के बाद भी उसकी क्रोधाग्नि शान्त न हुई। अमोघवर्ष के चालुक्य शत्रु का नाम नहीं दिया गया है और न ही इन विजयों की तिथियों का ही उल्लेख है। अमोघवर्ष ने चौंसठ साल तक राज्य किया था और इस बीच एक के बाद दूसरे कुल चार चालुक्य राजाओं ने राज्य किया था, विंगवल्ली के युद्ध में पराजित चालुक्य राजा कौन था, यह कह पाना कठिन है। सम्भावना यही है कि वह विजयादित्य द्वितीय ही रहा होगा जिसे 830 ई. के आसपास अमोघवर्ष ने पराजित किया था क्योंकि चालुक्य अभिलेखों से यह पता चलता है कि विजयादित्य द्वितीय के पोते गुणग विजयादित्य ने 844 ई. में अपने राज्यारोहण के कुछ समय बाद वेंगी का उद्धार किया था। सम्भवतः विंगवल्ली के युद्ध के बाद राष्ट्रकूटों ने वेंगी पर अधिकार कर लिया था। चालुक्य गुणग ने उस पर पुनः कब्जा किया होगा।

इस प्रकार अमोघवर्ष दस-पन्द्रह वर्षों से अधिक वेंगी को अपने अधिकार में न रख सका था। चालुक्य विजयादित्य तृतीय के योग्य सेनापति पांडुरंग ने लगभग 845-46 ई. में वेंगी पर अधिकार किया था। इस समय अमोघवर्ष गुजरात के अपने चचेरे भाइयों से एक भयंकर युद्ध में फँसा था। इसलिए वह पांडुरंग के विरुद्ध वेंगी की रक्षा के लिए पर्याप्त कुमक न भेज सका। पांडुरंग या उसके स्वामी विजयादित्य तृतीय ने विजयादित्य द्वितीय की भाँति राष्ट्रकूट

राज्य पर हमला करना उचित न समझा था। वे वेंगी की राजधानी पर अधिकार कर लेने से ही सन्तुष्ट हो गए और अपने राज्य-विस्तार के लिए दक्षिण की ओर मुड़ गए। अमोघवर्ष के शासनकाल में सम्भवतः फिर चालुक्यों से उसका कोई संघर्ष न हुआ।

15.3 गंग-राष्ट्रकूट सम्बन्ध

राष्ट्रकूटों की विस्तारवादी नीतियों के कारण सबसे अधिक हानि गंगों की हुई थी। अतः मान्यखेट की शक्ति में ह्रास का लाभ उठाने की उन्होंने स्वाभाविक ही कोशिश की। गोविन्द ने शिवमार को गंगों के सिंहासन पर फिर से बैठा दिया। वह एक-दो वर्ष तक तो अमोघवर्ष के प्रति निष्ठावान रहा, किन्तु लगभग 816 ई. में उसने विद्रोह कर दिया। किन्तु इस बार भी भाग्य ने उसका साथ नहीं दिया। उसे स्थानीय राष्ट्रकूट अधिकारियों ने हरा दिया। तुमकुर जिले में कगिमोगेयुर नामक स्थान पर हुए युद्ध में वह मारा गया। उसके बाद उसका भतीजा राजमल्ल गद्दी पर बैठा। युद्ध में वह अधिक भाग्यशाली रहा। अभिलेखों में कहा गया है कि उसने राष्ट्रकूटों से अपने देश का वैसे ही उद्धार किया था जैसे विष्णु ने वराह रूप में नरक से पृथ्वी का उद्धार किया था। किन्तु राजमल्ल समूचे गंगवाड़ी प्रदेश का उद्धार न कर सका क्योंकि उत्तरी प्रदेश पर अमोघवर्ष के सफल सेनापति बंकेय का अधिकार बना रहा। बाद में बंकेय ने राजमल्ल पर आक्रमण कर काफी समय के लिए उसे कावेरी के पार खदेड़ दिया। किन्तु उत्तर के भयंकर विद्रोहों के शमन के लिए अमोघवर्ष ने उसे वापस बुला लिया। राजमल्ल ने इस अवसर का लाभ उठाकर अपने बहुत से प्रदेश पुनः जीत लिए। इन घटनाओं की तिथियाँ ठीक-ठीक नहीं बतलाई जा सकतीं। अधिक सम्भावना यह है कि ये घटनाएँ लगभग 830 से 835 ई. के बीच घटित हुई होंगी। अमोघवर्ष ने फिर गंगवाड़ी को जीतने का प्रयत्न नहीं किया। बाद में उसने अपनी बेटी चन्द्रोब्बलब्बा का विवाह राजमल्ल के पोते बूतुग से कर दिया। इससे दोनों राजघरानों के बीच चला आ रहा पुराना वैर समाप्त हो गया। इसके बाद ये राजवंश परस्पर सहयोग करने लगे।

830 ई. के आसपास अमोघवर्ष ने चालुक्यों और गंगों के झगड़ों से मुक्ति पा ली। किन्तु अधिक समय तक शान्ति उसके भाग्य में नहीं थी। इस बार गड़बड़ी एक अति अप्रत्याशित दिशा में हुई। गुजरात के उसके चचेरे भाइयों ने उसके विरुद्ध संघर्ष छेड़ दिया जो काफी समय तक चलता रहा। यह संघर्ष करीब 25 वर्षों तक चला।

817-20 ई. में अमोघवर्ष की अल्पवयस्कता के काल में उसके विरुद्ध भयंकर विद्रोह हुआ और वह राज्य से च्युत भी हो गया तो उसे सिंहासन पर बैठाने में कर्क्क ने महत्त्वपूर्ण भूमिका निभाई थी। कर्क्क कितने समय तक मान्यखेट में रहा, इसका पता नहीं। 822 ई. के आसपास विद्रोह शान्त हो चुका था। किन्तु सम्भवतः समय-समय पर अमोघवर्ष कर्क्क की सहायता लेता रहता था। इस अवधि में भी समय-समय पर उसका छोटा भाई राज्य का भार सँभालता रहा क्योंकि 827 ई. में उसके नाम से एक शासन पत्र जारी हुआ था।

कर्क्क के बाद उसका बेटा ध्रुव लगभग 830 ई. में शासक हुआ। लगभग 835 ई. तक वह अमोघवर्ष के सामन्त के रूप में बड़ी निष्ठा से काम करता रहा। इसके बाद ही हम गुजरात के राष्ट्रकूटों को वल्लभ नामक राजा के साथ दीर्घ युद्ध में लिप्त पाते हैं। इस शत्रु

की सेनाओं से युद्ध करते हुए ध्रुव प्रथम की मृत्यु हो गई। इस युद्ध में उसकी सेना के भी कुछ लोगों ने शत्रु का साथ दिया था। उसके पुत्र अकालवर्ष से सिंहासन छिन गया था जिसे उसने प्रयत्न कर पुनः प्राप्त कर लिया था। किन्तु उसकी विजय निर्णायक न थी क्योंकि उसके बेटे ध्रुव द्वितीय को बराबर संघर्ष करना पड़ा। स्थिति और भी खराब हो गई, क्योंकि एक बार तो उसे एक ओर गुर्जर सेना का और दूसरी ओर वल्लभ की सेनाओं का सामना करना पड़ा। उसका एक भाई भी शत्रु से मिल गया था, किन्तु उसका एक दूसरा भाई उसके साथ रहा और उसने उसकी इस संकट की स्थिति में मदद भी की। 867 ई. तक उथल-पुथल समाप्त हो गई और ध्रुव अपने पैतृक सिंहासन पर पूर्णतः प्रतिष्ठित हो गया।

गुर्जर शाखा के शत्रु वल्लभ का नाम कहीं नहीं दिया गया है, किन्तु इसमें किसी सन्देह की कोई गुंजाइश नहीं है कि वह अमोघवर्ष प्रथम ही था। मान्यखेट के सभी राष्ट्रकूट राजाओं की स्थायी उपाधि 'पृथ्वीवल्लभ' थी। प्रायः संक्षेप में इसे 'वल्लभ' ही कहते थे। अतः अमोघवर्ष का शासनकाल सैनिक दृष्टि से उसके पिता या पितामह की भाँति श्रेष्ठ न था। उसके पिता ने गंगवाड़ी को अपने राज्य में मिला लिया था जिसे अमोघवर्ष ने खो दिया। मालवा भी उसके हाथ से निकल गया। वेंगी के चालुक्यों ने तो एक बार राष्ट्रकूट साम्राज्य को समाप्त ही कर दिया था। बड़ी कठिनता से अमोघवर्ष उन्हें अपने राज्य से बाहर निकाल पाया। गुजरात जैसे छोटे से राष्ट्रकूट राज्य ने उसे बीस साल तक परेशान किया। इस प्रकार अमोघवर्ष के पास न तो समय था न योग्यता ही कि वह उत्तर या पूर्वी भारत पर आक्रमण कर सकता।

सच तो यह है कि शायद वह अपने पिता की भाँति जन्मजात सेनापति नहीं था और न अपने दादा की भाँति उसे युद्धों में रस ही आता था। अपने जीवन के उत्तरार्द्ध में वह जैन धर्म के प्रति आकृष्ट हो गया था। इससे यदि उसमें किसी प्रकार की सैनिक भावना रही भी हो तो वह जाती रही होगी। जीवन की संध्या में वह शान्ति, धर्म और साहित्य का आराधक बन गया था। कन्नड़ भाषा में काव्यशास्त्र का सबसे पुराना ग्रन्थ *कविराजमार्ग* है। इस ग्रन्थ का रचयिता अमोघवर्ष ही बताया जाता है। यदि यह न भी हो तो कम-से-कम इतना अवश्य है कि यह ग्रन्थ उसकी ही प्रेरणा से लिखा गया था। अमोघवर्ष विद्वानों का उदार आश्रयदाता था। उसके अभिलेखों के अनुसार वह गुप्त सम्राट साहसांक (चन्द्रगुप्त द्वितीय) से भी अधिक उदार था। नागवर्मन द्वितीय, केशिराज और भट्टकलंक जैसे परवर्ती कन्नड़ लेखकों ने उसके इस दावे की पुष्टि की है।

अमोघवर्ष ने जैन धर्म और दर्शन का गहन अध्ययन किया था। *आदिपुराण* के रचयिता जिनसेन ने लिखा है कि वह अमोघवर्ष का आचार्य था। जैन गणितज्ञ महावीराचार्य ने अपनी पुस्तक *गणितसार-संग्रह* में लिखा है कि अमोघवर्ष जैन था। इस प्रकार इसमें कोई सन्देह नहीं रह जाता कि अमोघवर्ष पर महावीर स्वामी की शिक्षाओं का गहरा असर था। किन्तु इसका यह अर्थ नहीं कि सनातन हिन्दू देवताओं पर से उसका विश्वास उठ गया था। वह महालक्ष्मी का अनन्य भक्त था। प्रजा को विपत्ति से बचा लेने के लिए एक अवसर पर उसने देवी को अपने बाएँ हाथ की अँगुली भी चढ़ा दी थी। अमोघवर्ष के संजन ताम्रपट्टों में उसके राजकवि ने इस घटना का वर्णन किया है। इसकी पुष्टि भट्टकलंक ने अपने *कर्नाटकशब्दानुशासन* में अमोघवर्ष की तुलना शिवि और दधीचि से की है, जिन्होंने दूसरों के हित के लिए अपने शरीर

के मांस और अस्थियों का दान दिया था। राजा तो दूसरों का रक्त बहाते हैं, पर दूसरों के लिए अपना रक्त बहानेवाले अमोघवर्ष जैसे राजा इतिहास में बहुत कम हुए हैं।

अमोघवर्ष ने धर्म की शिक्षाएँ सुनी ही न थीं, वह उन पर आचरण भी करता था। हिन्दू धर्म के अनुसार हरेक व्यक्ति को अपने जीवन की संध्या में संसार का परित्याग कर धार्मिक चिन्तन करना चाहिए। 'पुराणों' में ऐसे अनेक राजाओं का उल्लेख है जिन्होंने इस उपदेश का अक्षरशः पालन किया था। ऐतिहासिक राजाओं में अमोघवर्ष जैसे कुछ ही राजा हुए हैं जिन्होंने इस उपदेश का पालन किया। वह समय-समय पर राज-धर्म से अवकाश ले लेता था। उसकी साठ वर्ष की अवस्था के समय उसके राज्य में अपेक्षाकृत शान्ति थी। इसके बाद काफी समय के लिए वह राजकाज से अपने को अलग कर धार्मिक चिन्तन करता था। इन अवधियों में युवराज कृष्ण राजकाज देखता था। अवकाश बिताने के बाद राजा शासन की बागडोर फिर स्वयं सँभाल लेता था।

यद्यपि अमोघवर्ष सैनिक दृष्टि से तो उतना सफल न था तथापि एक शासक के रूप में वह निर्विवाद रूप से सफल रहा और भारतीय राजाओं में उसका ऊँचा स्थान है। उसने कोई चमत्कृत करनेवाली विजय तो प्राप्त नहीं की, किन्तु उसने अपने राज्य में शान्ति और व्यवस्था बनाए रखी और विदेशी आक्रमणों से उसने अपनी प्रजा की सदा रक्षा की। उसे विज्ञान और साहित्य से प्रेम था और उसने इनकी उन्नति में सहायता दी। सभी धर्मावलम्बियों के प्रति उसका व्यवहार समान था। अपने जीवन में उसने हिन्दू और जैन धर्मों के समन्वय की कोशिश की। वह अपने विश्वासों के अनुसार ही आचरण करता था। अधिकार के लोभ पर काबू पाकर समय-समय पर वह अवकाश ले लेता था और उन अवधियों में एकाग्र हो धार्मिक चिन्तन करता था। उसे प्रजा के सुख का सदा ध्यान रहता था। प्रजा पर आनेवाली विपत्तियों के निवारणार्थ उसने अपनी एक अँगुली भी महालक्ष्मी को चढ़ा दी थी।

मार्च 878 ई. अमोघवर्ष प्रथम की अन्तिम ज्ञात तिथि है। उसके बेटे और उत्तराधिकारी कृष्ण द्वितीय की प्रथम ज्ञात तिथि 883 ई. है। 878 में वह लगभग 78 वर्ष का था। इस प्रकार हम उसकी मृत्यु और उसके बेटे कृष्ण के राज्यारोहण की तिथि को 880 ई. में भली-भाँति रख सकते हैं।

उसके एकमात्र ज्ञात पुत्र का नाम कृष्ण द्वितीय था जो उसके बाद राजा हुआ था। उसकी दो पुत्रियों के नाम भी ज्ञात हैं। उनमें एक का नाम रेवकनिमडि था जो उसकी सम्भवतः सबसे बड़ी सन्तान थी। उसका विवाह एक गंग राजकुमार के साथ हुआ था। 837 ई. में हम उसे रायचुर दोआब में शासन करते पाते हैं। उसकी दूसरी पुत्री चन्द्रोब्बलब्बा कृष्ण से छोटी थी। उसका विवाह लगभग 860 ई. में एक दूसरे गंग राजकुमार गुणदुत्त रंग बूतुग से हुआ था।

15.4 कृष्ण तृतीय (लगभग 939-967 ई.)

कृष्ण तृतीय 939 ई. में ग्रीष्म के बाद कभी गद्दी पर बैठा। कृष्ण नामधारी अन्य राष्ट्रकूट राजाओं की भाँति उसने भी अभिषेक के अवसर पर 'अकालवर्ष' की उपाधि धारण की। 'वल्लभनरेन्द्र' और 'पृथ्वीवल्लभ' के रूप में भी उसका उल्लेख हुआ है। काँची और तंजौर

की विजय के बाद उसने कन्नड़ में 'काँचीयुमू तंजेयम कोंड' (काँची और तंजौर का विजेता) की उपाधि भी धारण की। उसके कन्नड़ और तमिल के अभिलेख में इस उपाधि का प्रयोग हुआ है।

कृष्ण का राज्यारोहण अत्यन्त शान्तिपूर्वक सम्पन्न हुआ। उसने स्थिति के अध्ययन और अपनी सेवाओं को सबल बनाने में कतिपय वर्ष व्यतीत किए। फिर वह दिग्विजय को निकल पड़ा। उसने सबसे पहले दक्षिण की ओर ध्यान दिया। इस समय गंगवाड़ी पर उसके बहनोई बूतुग का शासन सुप्रतिष्ठित हो चुका था। ये दोनों बड़े ही महत्त्वाकांक्षी राजा थे। इन्होंने चोल राजा परान्तक पर हमला करने की योजना बनाई। उन्होंने सम्भवतः 943 ई. में बिजली की तरह आगे बढ़कर दक्षिण पर आक्रमण किया और काँची और तंजौर के प्रसिद्ध नगरों को जीत लिया। वे समूचे चोल राज्य को अधिक समय तक अपने अधिकार में न रख सके, किन्तु कृष्ण तृतीय के पूरे शासनकाल तक तोंडैमंडल (जिसमें अर्काट, चिंगलेपुट और वेल्लोर के जिले शामिल थे) पर राष्ट्रकूटों का अधिकार रहा। इन इलाकों में कृष्ण तृतीय के बहुत से अभिलेख मिले हैं। उनकी तिथियाँ कृष्ण के राज्य के पाँचवें से सातवें वर्ष की हैं।

कुछ ही वर्षों में परान्तक ने सैन्यसंग्रह कर लिया और फिर उसने राष्ट्रकूटों को खदेड़ने के लिए एक प्रबल सेना भेजी। इसका नेतृत्व चोल युवराज 'राजादित्य' ने किया। उत्तरी अर्काट जिले के तक्कोलम नामक स्थान पर दोनों सेनाओं की मुठभेड़ हुई। राष्ट्रकूटों के लेखों के अनुसार चोल बड़ी वीरता से लड़े और थोड़े समय तक तो राष्ट्रकूट न तो उनका कुछ भी बिगाड़ सके और न ही प्रत्याक्रमण ही कर सके। किन्तु उनके सेनापति मणलेर और गंगराजा बूतुग ने अपनी सेनाओं को इकट्ठा कर लिया। बूतुग युवराज राजादित्य की ओर झपटा। उसने उसके हाथी को मार डाला और उसके हौदे पर चढ़कर राजादित्य को भी मौत के घाट उतार दिया। युवराज की मृत्यु से चोल सेना का हौसला पस्त हो गया और वह शीघ्र ही तितर-बितर हो गई। विजयश्री राष्ट्रकूटों के हाथ लगी। अपने बहनोई बूतुग के इस पराक्रम से प्रसन्न होकर कृष्ण ने उसे बनवासी 12,000, बेलवोल 300, पुरिगेरे 300 और किसुकड 70 का राज्यपाल बना दिया। इस प्रकार इस क्षेत्र में बम्बई के प्रायः सभी कर्नाटक जिले शामिल थे।

चोलों की इस करारी पराजय के बाद राष्ट्रकूटों को आगे बढ़ने से कोई नहीं रोक सकता था। कृष्ण ने आक्रमण जारी रखा। उसने आगे बढ़कर केरल और पांड्य राजाओं को भी हरा दिया। उसने कुछ समय के लिए रामेश्वरम् पर भी अधिकार कर लिया था और वहाँ अपनी 'कीर्तिकला स्थापित कर दी थी।' लंका का राजा भी भयभीत होकर उसके सम्मुख झुक गया। विजित प्रदेशों में कृष्ण ने अनेक मन्दिरों का निर्माण कराया। रामेश्वरम् में बने उसके दो मन्दिरों के नाम कृष्णेश्वर और गंडमार्तंडादित्य थे। वे वहाँ उसके 'यश के शैल की भाँति चमकते थे।' उसने काँची में कालप्रिय का भी एक मन्दिर बनवाया। मन्दिर होने के कारण कोई राजा इन्हें ध्वस्त न कर सकता था। इस प्रकार ये विजेता के कीर्तिस्तम्भ की भाँति युगों-युगों तक उसका यशोगान करते रहे।

कृष्ण चोल और पांड्य राज्यों पर अधिक समय तक अपना अधिकार न रख सका। अन्ततोगत्वा वह वापस उत्तर में आ गया। उसने सिर्फ तोंडैमंडलम को ही अपने कब्जे में रखने का फैसला किया। 959 ई. में हम उसे उत्तरी अर्काट जिले के मेलपदि नामक स्थान पर एक स्कन्धावार में पाते हैं। इस यात्रा का उद्देश्य 'दक्षिण के नृपतियों के राज्यों से अपने आश्रितों

के जीवन-यापन की व्यवस्था करना' बतलाया गया है। पेन्नार नदी के उत्तरी भाग तक का प्रदेश कृष्ण की मृत्यु तक राष्ट्रकूटों के अधिकार में बना रहा।

कृष्ण दक्षिण के अभियानों में फँसा रहा। इसलिए उत्तर में उसकी स्थिति पर बुरा असर पड़ा। इस बीच बुन्देलखंड में चन्देल शक्ति का उदय हो चुका था। 950 ई. के आसपास उन्होंने राष्ट्रकूटों को चित्रकूट और कालिंजर को सीमान्त चौकियों से खदेड़ दिया। इस समय कृष्ण चोलों के विरुद्ध दक्षिण में व्यस्त था। ये चौकियाँ रक्षा की दृष्टि से बड़े महत्त्व की थीं। 938 ई. के आसपास चेदियों पर हमला कर कृष्ण ने उन्हें भी नाराज कर दिया था। इसलिए राष्ट्रकूट चौकियों के हाथ से निकल जाने पर उन्होंने कुछ भी नहीं किया और वे मात्र मूकदर्शक रहे।

960 ई. के आसपास कृष्ण को दक्षिण से मुक्ति मिल चुकी थी। इसके बाद वह अपनी राजधानी में वापस आ गया। राष्ट्रकूटों की उत्तर में सैनिक प्रतिष्ठा फिर से स्थापित करने के लिए वह उत्तर में अभियान की योजना बनाने में लग गया। पर अभी योजना बन भी न पाई थी कि उसका बहनोई बूतुग द्वितीय, जो उसका मुख्य सहायक और मित्र था, मर गया। उसके बेटे मारसिंह के अभिषेक में शामिल होने के लिए कृष्ण गंगों की राजधानी गया था। नया राजा कृष्ण की बहन का बेटा न था, वह उसका सौतेला बेटा था। फिर भी मारसिंह राजभक्त बना रहा और उसने कृष्ण के उत्तरी अभियानों में बड़े उत्साह से भाग लिया। कृष्ण इसके लिए जो सेना तैयार कर रहा था, उसमें मारसिंह भी शामिल हो गया।

उत्तर में कृष्ण का यह दूसरा अभियान था जो सम्भवतः 963 ई. में हुआ। किन्तु इसके विस्तृत ब्यौरों का पता नहीं है। मैहर स्टेशन से करीब 12 मील दूर बुन्देलखंड से जूरा नामक स्थान में कन्नड़ भाषा का एक अभिलेख नितान्त अप्रत्याशित रूप में मिला है। इसमें कृष्ण की प्रशस्ति है और उसे काँची और तंजौर का विजेता कहा गया है। इससे स्पष्ट है कि कृष्ण की सेनाएँ उत्तर में बुन्देलखंड के रास्ते से आई थीं। इससे पहले भी वे इसी रास्ते से आई थीं जब वह युवराज था। सम्भवतः कृष्ण का उद्देश्य चित्रकूट और कालिंजर के किलों पर अधिकार करना था जिसे चन्देलों ने छीन लिया था। इसमें उसे सफलता मिली या नहीं, इसका ज्ञान हमें नहीं है। किन्तु शीघ्र ही कृष्ण को अपनी सेनाओं के साथ मालवा को कूच करना पड़ा। गंगों के राजा मारसिंह ने, जिसने इस अभियान में हिस्सा लिया था, 'गुर्जरराज' की उपाधि धारण की थी। उसके दो सहायक शूद्रकटय्य और गोग्गियम्म 'उज्जैनी भुजंग' अर्थात् उज्जैनी के विजेता के नाम से ख्यात थे। अतः यह स्पष्ट है कि इस अभियान में कृष्ण ने गुर्जर प्रतिहारों पर ही आक्रमण नहीं किया था, अपितु मालवा के परमारों पर भी आक्रमण किया था। परमारों का राजा सोयक कृष्ण के प्रति 949 ई. तक निष्ठावान रहा था। उसे उत्तरी गुजरात के शासन का भी भार सौंपा गया था। किन्तु सम्भवतः बाद में उसने विद्रोह कर दिया था। इसलिए उसे सजा देना आवश्यक हो गया था। मालवा का काफी भाग राष्ट्रकूटों के सीधे अधिकार में आ गया था। इस अभियान के बाद 964 ई. में राष्ट्रकूट सेनाएँ दक्षिण में वापस आ गई थीं।

कृष्ण तृतीय राष्ट्रकूटों के योग्यतम राजाओं में था। सम्भवतः वह अपने उत्तरी अभियान में उतना सफल नहीं रहा जितने कि ध्रुव, गोविन्द तृतीय और इन्द्र तृतीय रहे थे। पर इसमें कोई सन्देह नहीं कि वह सच्चे अर्थों में समूचे दक्कन का अधिपति (सफल दक्षिण दिगधिपति) था और इसका श्रेय उसके किसी भी पूर्ववर्ती राष्ट्रकूट राजा को नहीं था। गोविन्द तृतीय ने

काँची को जीत लिया था, किन्तु वह रामेश्वरम् तक नहीं पहुँच सका था, और न उसने द्रविड़ राजाओं की शक्ति ही चकनाचूर की थी। वेंगी हमेशा गोविन्द तृतीय को कष्ट देती रही। किन्तु कृष्ण तृतीय के शासन के उत्तरार्द्ध में वेंगी की गद्दी पर उसका समर्थनप्राप्त व्यक्ति बैठा जो उसके प्रति बराबर निष्ठावान बना रहा। कृष्ण तृतीय ने चोलों के राज्य के भी एक बड़े हिस्से को अपने अधिकार में ले लिया था जिसका शासन वह खुद करता था। रामेश्वरम् में उसके द्वारा बनाकर गए कृष्णेश्वर और गंडमार्तंडादित्य के मन्दिर दक्षिण प्रायद्वीप के धुर दक्षिण तक उसकी विजय की घोषणा करते थे। प्राचीन भारत में कोई भी ऐसा राजा नहीं हुआ जो इतने सच्चे अर्थों में समूचे दक्कन का अधिपति रहा हो जिस अर्थ में लगभग 965 ई. में कृष्ण तृतीय दक्षिणाधिपति था।

कृष्ण के सभी बेटों की मृत्यु उसके जीवनकाल में ही हो गई थी। इनमें एक का एक पुत्र, जिसका नाम इन्द्र था, इस समय इतनी कम उम्र का था कि वह इतने विशाल साम्राज्य के शासन की बागडोर नहीं सँभाल सकता था। कृष्ण के भाइयों में जगतुंग का उल्लेख उसके एक शासनपट्ट में 'प्रिय भ्राता' के रूप में हुआ है। यह लेख 940 ई. का है। सम्भवतः यह भाई भी उसके पहले ही मर चुका था। 967 ई. में जब कृष्ण तृतीय की मृत्यु हुई, तो उसके दो भाई जीवित थे जिनके नाम खोट्टिग और निरुपम थे। इनमें खोट्टिग बड़ा था। अब वही गद्दी पर बैठा। कृष्ण के पौत्र इन्द्र और इन्द्र के मामा, गंगों के राजा मारसिंह की भी सम्भवतः इसमें सहमति थी।

15.5 शासन प्रणाली

राष्ट्रकूट अभिलेखों से हमें प्रायः उनकी नागरिक शासन प्रणाली की झलक मिल जाती है। शासन के शीर्ष पर राजा होता था। राजा का पद आनुवंशिक था। उसके बाद प्रायः सबसे बड़ा बेटा राजा होता था। जब वह काफी सयाना हो जाता और उसे राज-काज का पर्याप्त अनुभव हो जाता था तो उसे विधिवत् 'युवराज' बना दिया जाता था। यदि राजा अवयस्क होता तो रानी के बजाय प्रायः दूसरे पुरुष सम्बन्धी राज-काज चलाते थे।

राजा यदि किसी अभियान आदि पर राजधानी से बाहर न होता तो वह नियमित रूप से राज-दरबार में आता था। आगन्तुकों से भेंट के समय एक विशाल साम्राज्य की शानशौकत का प्रदर्शन होता था। सम्राट की शक्ति के प्रदर्शन के लिए विजित राजाओं से छीने गए घोड़ों और हाथियों का भी वहीं प्रदर्शन होता था। राजा के प्रतिहार की स्पष्ट आज्ञा के बाद ही किसी व्यक्ति को दरबार में प्रवेश मिलता था। दर्शक जब पहुँचता था तो उसे राजा मूल्यवान वस्त्र और आभूषण धारण किए एक शानदार सिंहासन पर आसीन मिलता था। गणिकाएँ और अन्य भृत्य उसके अंगरक्षक के रूप से उपस्थित रहते थे। दरबार के प्रमुख व्यक्तियों में सामन्त, विदेशों के राजदूत, सेना व नागरिक शासन के उच्च पदाधिकारी, कवि, वैद्य, ज्योतिषी, महाश्रेष्ठी और निगमों के प्रतिनिधि होते थे।

राजा अनेक मन्त्रियों की सहायता से शासन करता था। मन्त्रिपरिषद् में प्रधानमन्त्री, विदेश मन्त्री, राजस्व, कोषाध्यक्ष, प्रधान न्यायाधीश, महासेनापति और पुरोहित होते थे। सामान्य योग्यता और सैनिक गुणों के कारण मन्त्रियों का चुनाव होता था। वे मन्त्री के

साथ-साथ सैनिक अधिकारी भी होते थे। राजा और मन्त्रियों के बीच आपस में सदा पूर्ण विश्वास रहता था।

सामन्तों और अधिकारियों को अपने कृत्याकृत्य की सफाई देने के लिए अक्सर राजधानी में ही तलब किया जाता था। समूचे साम्राज्य में गुप्तचर नियुक्त थे जो इन प्रान्तीय और छोटे अधिकारियों की मंशा और कार्यों की रपट राजधानी भेजते रहते थे।

राष्ट्रकूट साम्राज्य में कुछ इलाकों का प्रबन्ध सामन्त करते और कुछ का शासन सीधे केन्द्र करता था। सामन्तों के अधीन उनके भी उपसामन्त होते थे। इन उपसामन्तों को औपचारिक रूप में 'राजा' कहा अवश्य जाता था। उन्हें राजस्व की माफी या गाँवों के हस्तान्तरण से पूर्व मंजूरी लेनी होती थी। सामन्तों को राजा की आज्ञाओं का पालन करना पड़ता था। समय-समय पर राज-दरबार में उपस्थित होकर उन्हें राजभक्ति का परिचय देना पड़ता था और अपने कृत्याकृत की सफाई भी। उन्हें नियमित रूप में कर देना पड़ता था और सेना में एक निश्चित संख्या में सैनिक भी भेजने पड़ते थे। अपनी सेना लेकर वे सम्राट के साथ उसके अभियानों में भी जाते थे। उनके दरबार में राजा का प्रतिनिधि तैनात रहता था।

सीधे प्रबन्धवाले क्षेत्र 'राष्ट्र' और 'विषयों' में विभाजित थे। ये आधुनिक कमिश्नरी और जिलों के समान होते थे। एक 'विषय' में 1000 (जैसे, पूणक अर्थात् पूना) से लेकर 4000 गाँव (जैसे, कर हाटक अर्थात् आधुनिक कराउ) होते थे। **विषय** में अनेक **भुक्तियाँ** होती थीं। एक **भुक्ति** में 50 से 70 गाँव होते थे। उनके नाम उनके मुख्यालयों के नाम पर होते थे। भुक्तियों में 10 से 20 गाँवों के अलग-अलग समूह होते थे। गाँव शासन की सबसे छोटी इकाई थी।

15.6 राष्ट्रकूट

'राष्ट्र' का प्रधान शासक 'राष्ट्रपति' कहा जाता था। उसका कर्तव्य अपने राष्ट्र में शान्ति और व्यवस्था बनाए रखना होता था। छोटे सामन्तों और अधिकारियों पर नजर रखना भी उसका काम था। यदि सामन्त विद्रोह करते तो उनका दमन करना भी उसका काम था। अतः स्वाभाविक ही राष्ट्रपति को अपने अधीन पर्याप्त संख्या में सैनिक रखने पड़ते थे। वह स्वयं भी एक सैनिक अधिकारी होता था। प्रायः उसे सामन्त का पद और दर्जा प्राप्त होता था।

राष्ट्रपति राजस्व-प्रबन्ध के भी प्रधान होते थे। जमीन से लगान की वसूली का उत्तरदायित्व उन्हीं का होता था। राजा की आज्ञा के बिना वे राजस्व का हस्तान्तरण नहीं कर सकते थे।

जिलों के अधिकारी को विषयपति और तहसील के अधिकारी को भोगपति कहा जाता था। अपने इलाकों में इनके वे ही अधिकार और कर्तव्य थे जो राष्ट्रपति के होते थे। इन पदों पर नियुक्तियाँ या तो प्रशासनिक योग्यता के आधार पर या फिर युद्ध में वीरता के पुरस्कारस्वरूप की जाती थीं। यदि उक्त अधिकारी का पुत्र कुशल सैनिक या प्रशासक होता तो पिता के बाद उस पद पर पुत्र की नियुक्ति हो जाती थी। विषयपति और योगपति राजस्व सम्बन्धी कार्य नालगावुंडी या देश ग्रामकूटों की सहायता से करते थे। इन अधिकारियों को करमुक्त भूमि मिली होती थी।

गाँव का प्रशासन मुखिया और पटवारी के अधीन होता था। ये भी आनुवंशिक होते थे। मुखिया का कर्तव्य गाँव में शान्ति और व्यवस्था बनाए रखना था। वह गाँव में सैनिक भी रखता था जो समय पर उसकी सहायता करते थे। गाँव की शान्ति चोर या डाकुओं के कारण उतनी भंग नहीं होती जितनी सामन्तों के विद्रोह और पड़ोसी गाँवों से विवाद के कारण। ऐसे अवसरों पर मुखिया को सैनिक कर्तव्य भी निबाहने होते थे। ग्रामीण भाइयों की रक्षा में कभी-कभी उसे अपने प्राणों से भी हाथ धोना पड़ता था। पटवारियों को गाँव से लगान वसूल कर उसे सरकारी खजाने और धान्यागार में जमा कराना पड़ता था। उन्हें इन सेवाओं के बदले कुछ जमीन की माफी मिलती थी और गाँव से कुछ छोटे-मोटे कर भी जो पदार्थों के रूप में मिलते थे। जहाँ तक गाँव और नगरों के प्रशासन का प्रश्न है, जनमत काफी कारगर था। कर्नाटक और महाराष्ट्र के प्रत्येक गाँव में एक गाँव सभा होती थी, जिसमें हर घर का कोई वयस्क व्यक्ति सदस्य होता था।

ग्राम महाजन या ग्राम महत्तर अनौपचारिक रूप में मन्दिरों, स्थानीय पाठशालाओं, तालाबों और सड़कों आदि के प्रबन्ध के लिए उपसमितियाँ बनाते थे। ये अक्षय-निधियाँ भी ग्रहण करते थे और दाता की मंशा के मुताबिक उनका प्रबन्ध करते थे। ये उपसमितियाँ गाँव के मुखिया से निकट सम्पर्क रखती थीं और उसका सहयोग लेती थीं। जनता के कल्याण के विभिन्न कार्यों के लिए इन्हें गाँव के राजस्व का एक हिस्सा भी मिलता था। दीवानी के मुकदमों का फैसला भी ग्राम-सभाएँ करती थीं जिन्हें सरकार कार्यान्वित करती थी।

जिलों और प्रान्तों के मुख्यालयों में भी उस प्रकार की जनप्रतिनिधि संस्थाएँ होती थीं, जिनके कार्य सम्भवतः वे ही थे जो आधुनिक ग्राम-महत्तरों के होते थे।

राष्ट्रकूट प्रशासन के केन्द्र में जनता की कोई कारगर आवाज नहीं थी, किन्तु गाँवों में उसका बड़ा महत्त्व था। इन स्थानीय संस्थाओं में निर्णायक आवाज होने से जनमत प्रशासन पर कारगर नियन्त्रण रख सकता था।

राष्ट्रकूटों का सैनिकतन्त्र शक्तिशाली और कुशल था। उनके पास सदा एक विशाल सेना रहती थी जिसका पर्याप्त भाग राजधानी में रहता था। किन्तु एक सेना दक्षिण की भी थी जो वनवासी के उपराजा के अधीन रहती थी। एक उत्तर की सेना थी जो राजा के किसी पुत्र के अधीन रहती थी। ये सेनाएँ राज्य पर बाहरी आक्रमणों से रक्षा का काम करती थीं।

केन्द्रीय सरकार के निश्चय करने पर ये दूसरे राज्यों पर आक्रमण करती थीं। राष्ट्रकूटों की पैदल सेना काफी प्रसिद्ध थी यद्यपि उनकी घुड़सवार सेना कम कुशल न थी। कुछ जुल्म सैनिक जातियों के होते थे। इनकी प्रसिद्धि हरावल सेना की तरह थी। कुछ सैनिक जुल्म प्रान्तीय शासकों और सामन्तों के भी होते थे। जब महत्त्वपूर्ण अभियान होते तो ये बुला लिए जाते थे। सैनिक जातियों को उनके गाँवों में ही सैनिक प्रशिक्षण मिलता था। फिर वे सेना में भर्ती हो जाते थे। दूसरे सैनिकों की शिक्षा-दीक्षा भृतक सैनिकों की होती थी जिनके नेता किराए पर उन्हें लाते थे और केन्द्र सरकार से इसके लिए रकम पाते थे। सेना में सभी जातियों के लोग होते थे। ब्राह्मण और जैन भी सेना में थे। राष्ट्रकूटों के अनेक प्रसिद्ध सेनापति जैसे बंकेय श्री विजय, नरसिंह आदि जैन थे।

राज्य की आय सामन्तों से नजराने, सरकारी सम्पत्ति से और विभिन्न करों से होती थी। दूसरी श्रेणी में खानों, वनों और बंजरों से होनेवाली आमदनी सम्मिलित थी। इनका स्वामित्व

राज्य में निहित था। कृषि-भूमि का स्वामित्व व्यक्तियों और परिवारों का था। लगान न देने की स्थिति में राज्य उनकी जमीन जब्त कर सकता था।

भूमिकर को 'भागकर' या उद्रंग कहते थे। यह सर्वाधिक महत्त्व का कर था। प्रायः यह कर जिंसों के रूप में दो या तीन किस्तों में मिलता था। इसकी मात्रा काफी ऊँची थी क्योंकि राज्य फसल का 25 प्रतिशत लेता था। जो जमीनें मन्दिरों या ब्राह्मणों को दान दी गई थीं उन पर प्रायः इसका आधा कर लगता था। कभी-कभी वह भी माफ कर दिया जाता था।

15.7 धर्म

राष्ट्रकूट साम्राज्य में तीन धर्म प्रमुख थे—हिन्दू, जैन और बौद्ध। इनमें बौद्ध धर्म का प्रचार सबसे कम था। सातवीं सदी में दक्कन में 200 बौद्ध विहार थे, किन्तु राष्ट्रकूट काल में इनकी संख्या में काफी कमी हो गई थी। जैन धर्म इस काल में काफी प्रबल था और वह हिन्दू धर्म का एक शक्तिशाली प्रतिद्वन्द्वी था। राष्ट्रकूट राजाओं ने अमोघवर्ष प्रथम जैन धर्म का प्रबल संरक्षक था। गुणभद्र नामक प्रसिद्ध जैन आचार्य को अपने युवराज वृषा का अध्यापक नियुक्त किया और अनेक जैन विद्वानों को आश्रय दिया था। उसने अनेक जैन-विहारों को दान दिया था। उसके बेटे कृष्ण द्वितीय और उत्तराधिकारी इन्द्र तृतीय ने भी जैन संस्थाओं को प्रचुर दान दिए थे। वनवासी के उपराजा बंकेय और उसके बेटे लोकादित्य जैन धर्म के कट्टर अनुयायी थे। उस काल में अनेक गंग राजा भी जैन थे। अनेक राष्ट्रकूट सेनापति भी जैन थे। इन प्रतिद्वन्द्वी धर्मों के अनुयायियों में ईर्ष्या न थी। इन धर्मों के समर्थकों के बीच शास्त्रार्थ होते रहते थे, किन्तु इनमें कभी लाठी का सहारा नहीं लिया गया।

गुर्जर राष्ट्रकूट शाखा का राजा दन्तिवर्मन हिन्दू था, किन्तु उसने एक बौद्ध-विहार को भूमि दान में दी थी। ब्राह्मण भी जिन्हें धर्म का कट्टर प्रचारक होना चाहिए था, कभी-कभी जैन विहारों को दान देते थे।

इस्लाम के प्रति लोगों के मन में यही भाव था। इस काल में इस्लाम धर्म के कतिपय अनुयायी व्यापारियों के रूप में पश्चिम भारत के बन्दरगाहों में रहते थे। मुस्लिम इतिहासकारों ने भी माना है कि अरब प्रवासियों को बिना किसी बाधा के मस्जिद बनाने और अपने धर्म के अनुसार आचरण करने की सुविधा थी।

इस काल में हिन्दू सभ्यता के प्रचार के मुख्य केन्द्र हिन्दू मन्दिर थे। वहाँ लोग पूजा के लिए ही नहीं, बल्कि धार्मिक प्रवचन सुनने भी जाते थे। इन प्रवचनों में हिन्दू धर्म, नीतिशास्त्र और दर्शन का सार होता था। इस काल में हिन्दू मन्दिरों में उच्च शिक्षा का भी प्रबन्ध होने लगा था। अधिकांश मन्दिरों में गरीब विद्यार्थियों, विपत्रों और संन्यासियों को मुफ्त भोजन दिया जाता था। मन्दिर में पूजा के प्रसार से कला और वास्तुकला की समृद्धि हुई। अनेक कारीगरों और कलाकारों को इन मन्दिरों और उनके लिए प्रतिभाओं के निर्माण कार्य में रोजगार और अपनी कला के प्रदर्शन का अवसर मिलता था। मन्दिरों में संगीत और नृत्य कला को प्रश्रय मिलता था। पूजा के समय नृत्य आदि के लिए नर्तकियों की नियुक्ति होती थी। मन्दिरों के लिए इन सब कार्यों में धन व्यय करना इसलिए सम्भव होता क्योंकि राजा और अन्य धनी-मानी व्यक्ति उन्हें प्रचुर मात्रा में दान देते थे। इस काल में यह आदेश कि

दान से स्वर्ग की प्राप्ति होती है, अत्यन्त प्रचारित था। इस विश्वास के कारण अनेक धार्मिक और सामाजिक धार्मिक अनुष्ठानों को प्रचुर सहायता मिलती थी। इस विश्वास के कारण धनी-मानी व्यक्ति मन्दिर बनवाते थे, पाठशालाएँ चलाते, कुएँ और तालाब खुदवाते और लंगर चलाते थे जहाँ लोगों को मुफ्त भोजन मिलता था। ध्यान देने की बात है कि इनमें से अधिकांश दान उन पर्व-दिवसों पर दिए गए जो 'पुराणों' में शुभ माने गए हैं।

शंकराचार्य इसी युग में हुए जिन्होंने देश के विभिन्न भागों में मठ स्थापित किए। किन्तु ऐसा लगता है कि उनके आचार्य जनता के धार्मिक और सामाजिक जीवन का नियमन नहीं कर पाते थे। वस्तुतः राज्य अपने एक मन्त्री के जरिए यह कार्य करता था।

15.8 सामाजिक और आर्थिक दशा

तत्कालीन स्मृतियों और अरब लेखकों ने उस समय की जाति प्रथा की झाँकी दी है। चार वर्णों के अतिरिक्त अन्य सामाजिक वर्ग भी थे। क्षत्रियों में राजवंश एक उपजाति के रूप में था जिसे 'सत्क्षत्रिय' (अरब लेखकों का सब्कुफ्री) कहते थे। ये ब्राह्मणों से भी ऊँचे माने जाते थे। आम क्षत्रियों का स्थान थोड़ा नीचे था, किन्तु वे द्विजों के सभी अनुष्ठान करते थे। किन्तु अब वैदिक अध्ययन का उनका अभ्यास बराबर घटता जा रहा था। वैश्यों का स्थान गिरकर शूद्रों के बराबर हो गया था। अब वे वेदाध्ययन नहीं करते थे। वाकाटक-गुप्त युग में 'अनुलोम' विवाह कभी-कभी होते थे। किन्तु इस काल में उनका प्रचार बन्द हो गया। तत्कालीन स्मृतियों में अन्तर्जातीय खान-पान का अनुमोदन नहीं है। इस काल के हिन्दू समाज में उनका प्रचार भी बन्द हो गया था। ब्राह्मणों में कुछ तो अपने पारम्परिक कर्मों का पालन करते थे। वे अपने धार्मिक अनुष्ठान, दर्शनादि का उपदेश और धर्मशास्त्रों का अध्यापन करते थे। राजा की ओर से जिन ब्राह्मणों को दान मिलते थे उनमें अधिकांश के बारे में लिखा है कि वे इन कर्मों का पालन करते थे। वस्तुतः इसी के लिए राजा उन्हें पुरस्कार भी देता था। अन्य ब्राह्मण धर्मशास्त्र, काव्य, ज्योतिष आदि के अध्ययन में लगे रहते थे। वे राज्य के नागरिक विभागों में नियुक्त होते थे। इनमें कुछ पाठशालाएँ और विद्यापीठ भी चलाते थे। उन्हें सरकार और धनी-मानी व्यक्तियों की ओर से इसके लिए प्रचुर सहायता मिलती थी। तत्कालीन स्मृतियों में ब्राह्मणों को व्यापार और कृषि को अनुज्ञा दी गई है। हम यह मान सकते हैं कि कुछ ब्राह्मण इन व्यवसायों में भी रहे होंगे। निर्धन और विद्वान ब्राह्मणों से कर नहीं लिया जाता था। किन्तु जिन्हें भूमि के दान मिले थे, उन्हें सरकारी कर देने होते थे। हाँ, आम कृषकों की अपेक्षा उनके कर की दर कम होती थी।

शूद्रों की स्थिति में पर्याप्त सुधार हुआ। निस्सन्देह उन्हें वेदाध्ययन की मनाही थी, किन्तु 'स्मार्त' अनुष्ठानों की इजाजत थी। सेना में वे भर्ती किए जाते थे। अनेक शूद्र सेना में नायक होते थे। कुछ तो छोटे-मोटे राजा भी होते थे।

चमार, धरकार, मल्लाह और धोबियों का समाज में निरादर था। इन्हें अर्ध-अस्पृश्य मानते थे। मेहतर और चांडाल को भी अस्पृश्य मानते थे। ये गाँव और शहर के बाहर रहते थे।

दक्कन में सती प्रथा का प्रचार न था। पति की मृत्यु के बाद किसी रानी या सामान्य स्त्री के सती होने का सम्भवतः कोई उल्लेख नहीं है। समाज में बाल-विवाह आम बात हो गई थी। लड़कियों का विवाह आमतौर पर 12 वर्ष की उम्र से पहले ही कर दिया जाता था।

विवाह माता-पिता ही निश्चित करते थे। समाज के उच्च वर्गों में विधवा-विवाह का रिवाज तो न था, किन्तु पति की मृत्यु के बाद उसकी सम्पत्ति में विधवा के अधिकार को धीरे-धीरे मान्यता मिलने लगी थी। पर्दा प्रथा का अस्तित्व न था।

दक्कन में इस काल में धन का मुख्य साधन कृषि, खनिज और व्यापार था। कृषि की उपज में कपास गुजरात और बरार में; ज्वार और बाजरा महाराष्ट्र और कर्नाटक में; चावल, नारियल और सुपारी कोंकण में पैदा होते थे। मैसूर में, जिसके कुछ हिस्से विभिन्न समयों में राष्ट्रकूट साम्राज्य में थे, चन्दन, सागौन और आबनूस के जंगल थे। इनकी लकड़ियाँ अत्यन्त प्राचीनकाल से पश्चिम एशिया को निर्यात की जाती थीं।

इस बात के कुछ सबूत हैं कि कुडप्पा, बेल्लारी, बीजापुर, धारवाड़, चाँदा और बुल्डाना के जिलों में खानों से ताँबा निकाला जाता था, किन्तु सम्भवतः उसकी मात्रा कम थी। गोलकुंडा और कीडेड (बेल्लारी, अनन्तपुर और कडप्पा) जिलों में हीरों की खानें थीं। मालखेड इन जिलों से बहुत नजदीक था, अतः यहाँ जवाहरात का प्रसिद्ध बाजार रहा होगा।

वस्त्र उद्योग राष्ट्रकूट साम्राज्य का प्रसिद्ध उद्योग था। गुजरात, बरार और तैलंगाना वस्त्र के प्रसिद्ध केन्द्र थे। भारी मात्रा में वस्त्र विदेशों को भेजे जाते थे।

दक्कन की सड़कें पहाड़ी थीं। इसलिए सामान ढोने का मुख्य साधन बैल और घोड़े थे जिनकी पीठ पर रखकर सामान लाते, ले जाते थे। अचरज की बात यह है कि राष्ट्रकूटों ने अपना कोई सिक्का नहीं चलाया। इसलिए व्यापार या तो विनिमय के जरिए होता था या सोने या चाँदी के माध्यम से। कुछ अभिलेखों में सोने के सिक्कों या 'द्रम्मों' के उल्लेख हैं जिनका दान राजाओं ने किया था। किन्तु राष्ट्रकूटों का सोने का कोई सिक्का अभी तक नहीं मिला है।

विभिन्न व्यवसायों और उद्योगों के अपने संगठन थे। इनके संविधान या कार्यों का विस्तृत वर्णन उपलब्ध नहीं है। किन्तु इससे पहले और बाद के अभिलेखों में उनके उल्लेख मिलते हैं। अतः हम अनुमान कर सकते हैं कि राष्ट्रकूटों के समय में भी इनकी श्रेणियाँ अवश्य रही होंगी। इन श्रेणियों में लोग अक्षय-निधियाँ रख देते थे, जिन पर ये 12 प्रतिशत ब्याज देती थीं, जिनका व्यय निक्षेपक की इच्छानुसार किया जाता था।

तत्कालीन चोल अभिलेखों से पता चलता है कि उस समय एक रुपए का करीब 32 सेर चावल, 25 सेर दाल, 24 सेर दही, 3 सेर घी और 75 सेर नमक आता था। एक रुपए में एक गाय खरीदी जा सकती थी। भैंस करीब दो रुपए में मिलती थी।

अधिकांश लेन-देन विनिमय के जरिए होता था। सरकारी राजस्व जिंसों में मिलता था। गाँव के अधिकारियों का वेतन भी जिंसों में दिया जाता था। गाँव के पटवारी का वेतन 80 मन चावल प्रतिवर्ष था। बढ़ई को 60 मन मिलता था और मजदूर को 24 मन। मजदूर की दिहाड़ी करीब 3 सेर चावल प्रतिदिन हुई। अतः स्पष्ट है कि राष्ट्रकूटों के समय में गरीब आज की अपेक्षा अधिक आराम से रह सकते थे।

15.9 शिक्षा और साहित्य

उच्च संस्कृत शिक्षा का प्रबन्ध 'अग्रहारों' में होता था। अग्रहार उन गाँवों को कहते थे जहाँ राजा विद्वान ब्राह्मणों को बसा देता था। एक राष्ट्रकूट अभिलेख से विदित होता है कि

कर्नाटक के कलस नामक अग्रहार ग्राम के ब्राह्मण संस्कृत विद्या की विभिन्न शाखाओं की शिक्षा देते थे। गोविन्द चतुर्थ जब गद्दी पर बैठा तो उसने 400 अग्रहार ग्राम स्थापित किए (या चालू रखे)। इस प्रकार हम भली-भाँति अनुमान कर सकते हैं कि उस समय समाज में उच्च शिक्षा का काफी प्रचार रहा होगा। विद्यार्थियों से किसी प्रकार का शुल्क नहीं लिया जाता था। कई स्थानों पर तो उनके रहने और खाने-पीने का भी निःशुल्क प्रबन्ध था।

इस काल में मन्दिर भी उच्च शिक्षा के केन्द्र थे। (कर्नाटक में सलोतगी नामक स्थान में त्रयीपुरुष का मन्दिर था। इसमें एक विद्यापीठ चलता था। इसमें दूर-दूर से विद्यार्थी उच्च शिक्षा ग्रहण करने आते थे। इनके रहने के लिए सत्ताईस छात्रावासों की आवश्यकता होती थी। सम्भवतः अन्य मन्दिरों में भी इसी प्रकार उच्च शिक्षा की व्यवस्था थी, यद्यपि इसका कोई निश्चित प्रमाण नहीं है। जैन और बौद्ध विहार भी अपने अनुयायियों के लिए धार्मिक और साहित्यिक शिक्षा का प्रबन्ध करते थे। प्राचीन भारत में राजधानियों और तीर्थों में प्रायः उच्च शिक्षा की व्यवस्था होती थी। इसलिए हम यह मान सकते हैं कि शाही राजधानी मालखेड और पैठन, नासिक और करहाड़ भी, जो प्रसद्धि तीर्थ थे, उच्च शिक्षा के केन्द्र रहे होंगे। किन्तु इस सम्बन्ध में भी हमारे पास कोई निश्चित प्रमाण नहीं हैं।

ये सभी केन्द्र संस्कृत ज्ञान का प्रचार करते रहे होंगे। राष्ट्रकूटों के ताम्रपट्टों से विदित होता है कि उनके दरबार में पर्याप्त संख्या में विद्वान थे जो सुबन्धु और बाण जैसे लेखकों की शैली का सफलता से अनुगमन कर सकते थे। इन विद्वानों के गृह-स्थानों का तो पता नहीं है इसलिए यह बतलाना मुश्किल काम होगा कि इनमें कितने राष्ट्रकूट राज्य के मूल वासी थे। यह बात कुमारिल, वाचस्पति और लल्लम पर ही लागू नहीं है, अपितु परवर्ती स्मृतिकारों जैसे कात्यायन, अंगिरस और यम पर भी लागू हैं। ये सभी राष्ट्रकूट काल में हुए, किन्तु इनकी जन्मभूमि का ठीक-ठीक पता नहीं। राजशेखर (900 ई.) मूलतः महाराष्ट्र के थे, किन्तु उनके जीवन का अधिकांश भाग उत्तर भारत में बीता। *नलचम्पू* के लेखक त्रिविक्रम दसवीं शताब्दी के प्रारम्भ में हुए। इन्होंने बेगुम्रा के ताम्रपट्ट के लेख की रचना की थी। हलायुध कृष्ण तृतीय के दरबार में थे। उन्होंने *कवि-रहस्य* की रचना की थी। वस्तुतः यह तो धातुपाठ का एक ग्रन्थ है, किन्तु एक ही धातु के विभिन्न रूपों का प्रदर्शन करते हुए उन्होंने अपने आश्रयदाता की छन्दोबद्ध प्रशस्ति भी लिख डाली है।

राष्ट्रकूट दरबार में जैन धर्म को प्रश्रय मिलता था। इसलिए स्वाभाविक ही इस काल में जैन-साहित्य की पर्याप्त प्रगति हुई। अवलंक और विद्यानन्द ने इसी काल में आप्तमीमांसा पर *अष्टशती* और *अष्टसाहस्री* नामक टीकाएँ लिखीं। आठवीं शती के उत्तरार्द्ध में माणिक्यनन्दिन ने न्यायशास्त्र के प्रसिद्ध ग्रन्थ *परीक्षामुखशास्त्र* की रचना की, जिस पर पचास साल बाद प्रभाचन्द्र ने एक टीका लिखी थी। प्रभाचन्द्र ने *न्यायकौमुदी चन्द्रोदय* नामक एक स्वतन्त्र ग्रन्थ की भी रचना की थी। एक अन्य समकालीन जैन लेखक मल्लवादिन भी था। मजेदार बात है कि उसने एक बौद्ध विद्वान द्वारा रचे गए न्यायशास्त्र के एक अन्य ग्रन्थ की टीका भी लिखी थी जिसका नाम *न्यायबिन्दु* टीका है।

अमोघवर्ष के दरबार में अनेक दिग्गज जैन विद्वान थे। उसके गुरु हरिषेण ने 783 ई. में *हरिवंश* की रचना की थी। उसने अपने प्रसिद्ध ग्रन्थ *आदि-पुराण* का प्रारम्भ नौवीं शती में किया, किन्तु वह यह ग्रन्थ पूरा न कर सका। यह कार्य उसके शिष्य गुणचन्द्र ने 893 ई. में

किया। इस ग्रन्थ में अनेक जैन मुनियों की जीवनगाथा दी गई है। जिनसेन का *पार्श्वाभ्युदय* एक रुचिकर ग्रन्थ है। इसमें पार्श्वनाथ स्वामी का छन्दोबद्ध चरित वर्णन है। इस ग्रन्थ की अन्तिम पंक्तियाँ *मेघदूत* के क्रमानुसार छन्दों से ली गई हैं। यह कार्य काफी कठिन है, किन्तु कवि ने इसे बखूबी पूरा किया है। अमोघवर्ष प्रथम के ही शासनकाल में व्याकरण के प्रसिद्ध ग्रन्थ *अमोघवृत्ति* की रचना शकटायन ने और गणित के प्रसिद्ध ग्रन्थ *गणितसार-समुच्चय* की रचना वीराचार्य ने की थी। स्वयं अमोघवर्ष कन्नड़ में काव्य शास्त्र के प्रथम ग्रन्थ *कविराजमार्ग* के रचयिता के रूप में प्रसिद्ध हैं।

अगली शताब्दी में सोमदेव ने *यशस्तिलक चम्पू* की रचना की। उन्होंने राजनीति के प्रसिद्ध ग्रन्थ *नीति-वाक्यामृत* की भी रचना की थी। इस ग्रन्थ में प्रायः कौटिल्य द्वारा प्रतिपादित सिद्धान्तों का ही अनुगमन किया गया है।

कन्नड़ साहित्य में आज जितने ग्रन्थ उपलब्ध हैं उनमें सबसे पुराने राष्ट्रकूट काल के हैं। *कविराजमार्ग* में अमोघवर्ष ने श्रीविजय नामक एक कवि का उल्लेख किया है, वह सम्भवतः नौवीं शती के पूर्वार्द्ध में हुआ। इसकी रचना उदाहरणों के रूप में छिटपुट मिलती हैं। इसी प्रकार अमोघवर्ष के समकालीन गुणवर्मन प्रथम की भी छिटपुट रचनाएँ ही मिलती हैं। वे-मुलवाड के चालुक्यों के दरबार में भी अनेक कन्नड़ ग्रन्थों की रचना हुई। ये राष्ट्रकूटों के सामन्त थे। इन्हीं के दरबार में दसवीं सदी में पम्प हुआ जो कन्नड़ का आदि और सर्वश्रेष्ठ कवि माना जाता है। *आदिपुराण* और *विक्रमार्जुनविजय* उसकी प्रसिद्ध रचनाएँ हैं। इस दूसरे ग्रन्थ में उसने अपने आश्रयदाता अरिकेसरिन द्वितीय की तुलना अर्जुन से कर उसकी प्रशस्ति लिखी है। इस प्रकार उसने इन्द्र तृतीय के उत्तरी अभियान के बारे में कुछ बहुमूल्य सूचनाएँ दी हैं। इस युद्ध में अरिकेसरिन भी शामिल हुआ था। इसी काल का एक अन्य प्रसिद्ध कवि पोन्न हुआ है जो दसवीं सदी के उत्तरार्द्ध के प्रथम चरण में हुआ था। कृष्ण तृतीय ने उसे 'उभयकवि चक्रवर्त्ती' की उपाधि दी थी क्योंकि वह संस्कृत और कन्नड़ दोनों भाषाओं में समान रूप से रचना करता था। उसके प्रमुख ग्रन्थ का नाम *शान्तिपुराण* है। पोन्न ने दो अन्य कन्नड़ कवियों के भी उल्लेख किए हैं। किन्तु उनकी रचनाएँ अभी तक नहीं मिली हैं। इन कवियों के नाम हैं असंग और जिनचन्द्र। गंगवाडी के राजा मारसिंह द्वितीय के मन्त्री और जैन सेनापति चामुंडराज ने दसवीं सदी के तृतीय चरण में *चामुंडरायपुराण* नामक ग्रन्थ की रचना की थी। यह गद्य-रचना का एक अच्छा उदाहरण है। *अजितपुराण* और *गदायुद्ध* का रचयिता रण्ण उसका समकालीन था। इन लेखकों में अधिकांश जैन थे। वे अपने तीर्थंकर महावीर के इस उपदेश के प्रति सजग थे कि जनता में धर्म का प्रचार जनभाषा में ही करना चाहिए।

राष्ट्रकूटकाल के अन्तिम भाग में मराठी भाषा का भी उदय हो रहा था। किन्तु सम्भवतः तब तक इस भाषा में किसी ग्रन्थ की रचना नहीं हुई थी। मराठी राष्ट्रकूटों की मातृभाषा न थी। जैनधर्म, जिसने कर्नाटक में लोकभाषा की उन्नति में प्रेरणा दी, वह महाराष्ट्र में उतना प्रबल भी न था। इसलिए इसमें अचरज की कोई बात नहीं कि इस काल में मराठी में कोई ग्रन्थ नहीं रचा गया।

16

अरब एवं तुर्क
(Arabs and Turks)

16.1 अरबों के आक्रमण

अरब समाज की कुरीतियों को दूर करने के लिए इस्लाम धर्म का उदय हुआ। इस धर्म के प्रवर्तक मुहम्मद साहब थे। इस्लाम एक धार्मिक सम्प्रदाय ही नहीं, बल्कि एक राजनीतिक संगठन भी था। उमैय्यद तथा अब्बासी वंश के खलीफाओं के प्रयत्न से आठवीं शताब्दी में अरब के निवासियों ने एक विशाल साम्राज्य की स्थापना की। इसका विस्तार अफ्रीका, एशिया और यूरोप में हुआ।

इस्लाम के उदय के पूर्व ही अरब के व्यापारियों का भारत से व्यापारिक सम्बन्ध स्थापित हो चुका था। आर्थिक लाभ के कारण भारतीय नरेशों ने उन्हें व्यापारिक सुविधाएँ दी थीं। सातवीं शताब्दी में अपनी आन्तरिक स्थिति सुदृढ़ कर अरब के खलीफाओं ने अपने साम्राज्य का विस्तार करना प्रारम्भ किया। भारत में आनेवाले अरब व्यापारियों से खलीफाओं को भारत की अपार सम्पत्ति का पता लग चुका था। 636-37 ई. में खलीफा उमर का प्रथम आक्रमण भारत पर हुआ, लेकिन सफलता नहीं मिली। 643 ई. में अरब आक्रमणकारियों का दूसरा आक्रमण भारत पर हुआ और उन्होंने सीस्तान तथा मकरान पर कब्जा कर लिया। आक्रमणकारियों को खलीफा से मदद नहीं मिली, फलतः वे आगे नहीं बढ़ सके। आठवीं सदी में अरबों का तीसरा आक्रमण सिन्ध पर हुआ जिसके कारण और परिणाम काफी महत्त्वपूर्ण रहे।

इस्लाम धर्म के प्रवर्तक हजरत मुहम्मद के समय भारत में हर्षवर्द्धन का शासन था। हर्ष की मृत्यु के बाद भारत में विकेन्द्रीकरण की प्रवृत्ति आरम्भ हो गई तथा देश अनेक छोटे-छोटे राज्यों में बँटने लगा। हर्ष के बाद भारत के पश्चिमी छोर का जो राज्य सबसे पहले स्वतन्त्र हुआ वह सिन्ध था। अरब लोग भारत में अपने नवीन धर्म का प्रसार करना चाहते थे; क्योंकि वे समझ चुके थे कि भारत में उनका विरोध करनेवाली कोई शक्ति नहीं है। फलतः, इन्हीं अवस्थाओं से प्रेरित होकर वे भारत की ओर आकृष्ट हुए।

सातवीं सदी के मध्य में जब अरब खलीफाओं का उदय हुआ तब उन्होंने साम्राज्यवादी नीति का अवलम्बन करते हुए साम्राज्य-विस्तार का कार्य आरम्भ किया। चूँकि, खलीफा राज्य का प्रधान होने के साथ-साथ धर्म का भी प्रधान होता था, अतः साम्राज्य-विस्तार के साथ वह धर्म-प्रचार भी करना चाहता था। 637 ई. में खलीफा उमर के शासनकाल में

सबसे पहला आक्रमण अरबों का भारत पर हुआ किन्तु चालुक्यों ने उन्हें बुरी तरह पराजित किया।

अरबों का दूसरा आक्रमण 643 ई. में हुआ। यह आक्रमण सर्वाधिक महत्त्वपूर्ण था; क्योंकि इसमें अरबों को सिन्ध पर आक्रमण करने में पूरी सफलता मिली। इस आक्रमण का कारण यह था कि सिन्ध के सामुद्रिक इलाकों में देवल के किनारे अरब जहाजों को समुद्री डाकुओं ने लूट लिया था। लंका के राजा ने जिस जहाज पर अरब के खलीफा को उपहार भेजा था वही जहाज सिन्ध के बन्दरगाह देवल में लूट लिया गया। ऐसा भी कहा जाता है कि सिंहल (लंका) में कुछ अरब निवासियों की मृत्यु हुई थी। ये व्यापारी इराक के निवासी थे। लंका के राजा ने इन मृत व्यक्तियों की विधवाओं को एक जहाज पर बैठाकर इराक के गवर्नर हज्जाज के पास भेजा। जब यह जहाज भारतीय सीमा से गुजर रहा था तो डाकुओं ने जहाज लूट लिया। एक दूसरा मत है कि खलीफा ने दासियों तथा अन्य वस्तुओं को खरीदने के लिए अरब व्यापारियों को भारत भेजा जिन्हें समुद्री डाकुओं ने लूट लिया। परिणामस्वरूप हज्जाज क्रोधित हो गया और उसने सिन्ध में राजा दाहिर से उसकी वापसी की माँग की। दाहिर इस माँग को पूरा नहीं कर सका और उसने उत्तर दिया कि इन डाकुओं पर उसका कोई नियन्त्रण नहीं है। अरबों ने अब सिन्ध पर आक्रमण आवश्यक समझा।

हज्जाज ने अपने भतीजे और दामाद मोहम्मद बिन कासिम के नेतृत्व में जो केवल 17 वर्ष का था, एक विशाल सेना सिन्ध पर आक्रमण करने के लिए भेजी। कासिम एक कुशल सेनापति और साहसी पुरुष था।

अरबों की सेना 1500 थी, जिसकी तुलना में दाहिर की सेना बहुत कम थी। इसके अतिरिक्त दाहिर ने एक गलती यह की कि उसने अपने राज्य की सीमा पर आक्रमणकारियों को रोकने का प्रयास नहीं किया। 711-12 ई. में अरब सेना देवल (कराँची) पहुँची। यद्यपि देवल में केवल 400 भारतीय सैनिक थे; फिर भी उन्होंने वीरतापूर्वक शत्रुओं का सामना किया। अरब अन्त में विजयी हुए। इसके बाद मोहम्मद बिन कासिम और राजा दाहिर के बीच राजौर नामक स्थान पर भयंकर युद्ध हुआ, जिसमें मुस्लिम सेना खदेड़ दी गई। अरबों का साहस टूट गया। इस युद्ध में भारतीय सेना की जीत निश्चित थी, किन्तु ऐसी घटना घट गई कि पासा पलट गया। राजा दाहिर हाथी पर सवार होकर युद्ध का संचालन कर रहा था कि एक अग्निबाण के लगने से वह मारा गया। फलतः, हिन्दुओं की हिम्मत टूट गई और उनकी पराजय हो गई। दाहिर की पत्नी रानीबाई ने कुछ समय तक मुसलमानों की शक्ति को रोकने की कोशिश की, किन्तु वह असफल रही। बहमनाबाद पर कब्जा कर कासिम आलौर की ओर बढ़ा जो शीघ्र ही उसके अधिकार में आ गया। हालाँकि दाहिर का पुत्र जयसिंह बहमनाबाद और आलौर की सेना के साथ कासिम के विरुद्ध तैयार था, किन्तु उसी समय उसका मन्त्री कासिम से जा मिला। परिणामस्वरूप जयसिंह को नगर छोड़कर चित्तौड़ भाग जाना पड़ा। आलौर-विजय के बाद मोहम्मद बिन कासिम मुल्तान की ओर बढ़ा। मुल्तान के शासक ने बड़ी वीरता से शत्रु का मुकाबला किया, किन्तु अन्न के अभाव में उसे आत्मसमर्पण करना पड़ा। भारतीय सैनिकों की हत्या करवाकर उनकी स्त्रियों और बच्चों को गुलाम बना दिया गया। हिन्दू मन्दिरों को तोड़ा नहीं गया, किन्तु उनकी सम्पत्ति लूट ली गई।

16.2 अरबों की सफलता के कारण

अरब आक्रमण के समय सिन्ध विभिन्न छोटे-छोटे राज्यों में बँटा हुआ था। इन राज्यों के राजाओं में एकता का अभाव था।

सिन्ध के सामाजिक जीवन में अनेक दुर्बलताएँ आ गई थीं। इन दिनों सिन्ध में ब्राह्मण एवं बौद्ध सम्प्रदाय के लोग रहते थे, जिनमें परस्पर वैमनस्य चल रहा था। सिन्ध के उच्च वर्गों का व्यवहार निम्न वर्गों के लोगों के साथ सन्तोषजनक नहीं था। परिणाम यह हुआ कि निम्न वर्गों ने अपने देश के निवासियों के विरुद्ध आक्रमणकारी लोगों का साथ दिया। इन्हीं दिनों ज्योतिषियों ने यह भविष्यवाणी की थी कि भारत पर विदेशियों का शासन होगा। इस भविष्यवाणी ने भाग्यवादी भारतीयों को हतोत्साहित कर दिया। प्रान्तों का शासन अयोग्य व्यक्तियों के हाथों में था, जो अपना अधिकांश समय भोग-विलास में व्यतीत करते थे।

अरब-सेना का संगठन बहुत ही उच्चकोटि का था। कासिम की सेना में चुने हुए अनुभवी सैनिक थे। भारतीय सेना में इसका पूर्ण अभाव था। कासिम की सेना सिन्धु की सेना से अधिक विशाल थी। उसके पास युद्ध का बहुत अधिक सामान था। दाहिर की सेना में इन चीजों का अभाव था।

कासिम के सैनिक धार्मिक भावना से ओत-प्रोत थे और इस्लाम के प्रति सब कुछ कर सकते थे। इसके विपरीत भारतीय सेना किसी भावना से प्रेरित नहीं थी। सिन्ध में प्रवेश करते ही कासिम को विजय मिलने लगी और उसका उत्साह काफी बढ़ा। सैनिक भी प्रसन्नता से फूले न समाए। लगातार पराजित होने के कारण भारतीय सैनिकों का मनोबल टूट गया। सब कुछ होते हुए भी दाहिर विचारशील और दूरदर्शी शासक नहीं था। उसने जलसेना को मजबूत करने का कोई प्रयास नहीं किया। साथ ही उसने कासिम को बिना रोके सिन्ध पार करने दिया।

सिन्ध की भौगोलिक स्थिति कासिम की सफलता का दूसरा कारण बनी। बहुत दिनों से सिन्ध भारत से पृथक् हो चुका था। अतः इस संकटपूर्ण काल में उसे किसी भारतीय राज्य से सहायता नहीं मिली। सिन्ध एक रेगिस्तानी प्रदेश था और उसकी आबादी कम थी। आर्थिक दरिद्रता के कारण सिन्ध शासक विदेशी आक्रमण का मुकाबला नहीं कर सका।

16.3 प्रभाव

भारतीय इतिहासकारों का कहना है कि भारत में अरब आक्रमणकारी कोई स्थायी प्रभाव डालने में असमर्थ रहे। सर बुलो हेग का कहना है कि इस्लाम की लहर सिन्ध के ऊपर से बहकर पीछे की ओर हट गई और रेत के ऊपर कुछ चिह्न छोड़ गई। इसके विपरीत इतिहासकार टॉड का कहना है कि इस विजय का भारत पर बहुत अधिक प्रभाव पड़ा। इसके द्वारा सम्पूर्ण भारत में हलचल का वातावरण उपस्थित हो गया। यद्यपि सिन्ध-विजय का कोई महत्त्वपूर्ण परिणाम नहीं हुआ, फिर भी इस समय से मध्ययुग के अन्त तक सिन्ध पर निरन्तर मुसलमानों की सत्ता स्थापित रही। इस विजय के बाद अरबी यात्री, व्यापारी तथा धर्म-प्रचारक निरन्तर भारत में आते रहे और आगे चलकर तुर्कों को भारत पर विजय प्राप्त करने में बहुत बड़ी सफलता मिली।

अरब आक्रमण के सांस्कृतिक प्रभाव का जहाँ तक प्रश्न है, तत्कालीन भारतीय सभ्यता और संस्कृति के सम्मुख अरब असभ्य थे। अरबों पर भारतीय संस्कृति की छाप अंकित हो

गई और उन्होंने अपनी सांस्कृतिक पराजय को स्वीकार कर लिया। भारतीय विद्वानों को बगदाद बुलाकर अनेक सांस्कृतिक ग्रन्थों का अरबी भाषा में अनुवाद कराया गया। अरबों ने भारतीयों से भारतीय चित्रकला, भवन-निर्माण कला तथा विशेष युद्धकला सीखी। अरबी भाषा में ब्राह्मण सिद्धान्त और अन्य ग्रन्थों का अनुवाद किया गया। शतरंज का खेल अरबों ने भारतीयों से सीखा। अरबों ने भारत की इस सभ्यता एवं संस्कृति का प्रसार यूरोप में किया। दशमलव विद्या सबसे पहले भारत में ही आविष्कृत होकर अरब देश में पहुँची थी। इस प्रकार, सांस्कृतिक दृष्टिकोण से अरबों की सिन्ध-विजय एक युगान्तरकारी घटना थी। इसके कई सौ वर्षों पश्चात् यूरोप का पुनर्जागरण भी इससे प्रभावित हुआ।

अरबों के धर्म पर बौद्ध तथा अन्य भारतीय धर्मों का प्रभाव पड़ा। भारत पर इस्लाम धर्म का प्रभाव पड़ा। जब सिन्ध अरबों के अधिकार में चला गया तो बाध्य होकर वहाँ के लोगों ने इस्लाम धर्म को स्वीकार कर लिया। इसी समय भारतवर्ष में इस्लाम धर्म का बीजारोपण हुआ जो कालान्तर में अंकुरित और प्रस्फुटित हुआ। स्पष्ट है कि सिन्ध-विजय से भारतीयों की अपेक्षा अरबी लोग अत्यधिक प्रभावित हुए। जो अरबवाले जीविका चलाने के लिए आठवीं सदी में अरब न लौटकर भारत में ही बस गए, उनमें से कई अरबियों ने हिन्दू शासकों के यहाँ सेना में नौकरी कर ली और बाद में अरबों का आक्रमण हुआ तो नमकहलाली का ध्यान रखते हुए वे अरबों के विरुद्ध और हिन्दू राजाओं के पक्ष में होकर लड़े।

16.4 हिन्दुओं की पराजय और मुसलमानों की विजय के कारण

मुसलमानों के आक्रमण के समय भारत की वीर राजपूत जाति अपने बाहुबल तथा शौर्य में किसी भी देश की बर्बर-से-बर्बर जाति से कम न थी। उनका बल तथा वीरता विश्व इतिहास में एक अमर गाथा बन चुकी है। किन्तु, दुर्भाग्यवश भारत उस समय छोटे-छोटे राज्यों तथा वंशों में विभक्त था। यहाँ के सभी छोटे-छोटे राज्य पास्परिक द्वेष के कारण अपनी शक्ति खो बैठे थे। विदेशी आक्रमणकारियों के आक्रमणों को विफल बनाने में उनकी वीरता का उपयोग नहीं किया जाता था, बल्कि पारस्परिक झगड़ों में व्यय होती थी। उनमें एकता न थी, राष्ट्रीय एकता की भावना का सर्वथा अभाव था और सामाजिक संगठन बड़ा ही दोषपूर्ण था। इसी कारण उन्हें पग-पग पर पराजय का मुँह देखना पड़ा।

हिन्दुओं की पराजय का एक कारण उनकी मूर्तिपूजा थी। वे लोग अनेक देवी-देवताओं की उपासना किया करते थे। इसके लिए उन्होंने अपनी अतुल धनराशि लगा रखी थी। उनका विश्वास था कि मूर्तिपूजा से उनके उपास्य देव प्रसन्न होंगे और उन पर आई हुई सभी विपत्तियों को दूर कर देंगे। इस विश्वास से हिन्दू समाज की शारीरिक शक्ति का ह्रास होने लगा था। इसी विश्वास के कारण हिन्दुओं ने अपने सैनिक संगठन की ओर कोई विशेष ध्यान नहीं दिया। अतः वे अपने शत्रुओं का सफलतापूर्वक मुकाबला न कर सके।

हिन्दू धर्म के सिद्धान्तों के विपरीत इस्लाम धर्म कहीं सरल था। मुसलमान केवल एक अल्लाह को मानते थे। अतः उनमें धार्मिक एकता बहुत अधिक थी। इसके अतिरिक्त मुसलमान अपने धर्म के भी बड़े पक्के थे। वे इस्लाम के नाम पर सब कुछ बलिदान करने को तैयार रहते थे। अतः अपनी इस प्रबल धार्मिक प्रवृत्ति के कारण तथा सामाजिक एकता के फलस्वरूप वे भारत में अपना राज्य स्थापित करने में सफल हो गए।

विभिन्न मतान्तरों के साथ हिन्दू धर्म के कुछ सिद्धान्त भी ऐसे थे जिन्होंने भारतवर्ष की सैनिक-शक्ति को निर्बल बना दिया था। यद्यपि राजपूत लोग बड़े लड़ाकू थे; फिर भी सत्य, दया, पूजा-पाठ, निर्बलों पर अत्याचार न करना, शत्रु को धोखे से न मारना तथा शरण में आए हुए शत्रु पर प्रहार न करना वे अपना परम कर्तव्य समझते थे। इसके विपरीत मुसलमान युद्ध के समय किसी भी साधन के प्रयोग करने से न चूकते थे। वे इस सिद्धान्त पर विश्वास करते थे कि प्रेम और युद्ध में कोई नियम नहीं होता है। 'Every thing is fair in love and war.'

इस युग में भारतीय समाज में जाति प्रथा अत्यन्त कठोर और जटिल रूप धारण कर चुकी थी। समाज कई वर्गों में बँटा हुआ था। ब्राह्मण लोग अपने को सर्वोच्च मानते थे। उनमें अहंकार बहुत था। दूसरी ओर राजपूत लोग शासक-वर्ग के होने के कारण सब वर्गों पर अपना प्रभुत्व जमाना चाहते थे। अन्य वर्गों का समाज में कोई विशेष महत्त्व न था। अतः अन्य वर्गों के व्यक्ति राजपूत तथा ब्राह्मणों को सहयोग नहीं देते थे। इस प्रकार समाज में पारस्परिक द्वेष की भावना अधिक देखने को मिलती थी। वे एक-दूसरे से सहयोग नहीं करते थे। भिन्न-भिन्न पेशों के आधार पर समाज में अनेक वर्ग बनते चले जा रहे थे। छुआछूत का जोर बढ़ रहा था। इस प्रकार विभिन्न वर्गों में बँटा हुआ भारतीय समाज पारस्परिक द्वेष तथा विषमताओं की ओर बढ़ता हुआ मुस्लिम जाति का मुकाबला न कर सका।

हिन्दुओं की पराजय का एक कारण यह भी था कि वे सदा अपनी रक्षा के लिए युद्ध करते थे। उन्होंने कभी देश की सीमा को पार करके किसी विदेश पर आक्रमण नहीं किया। इस कारण उनमें साहस का बड़ा अभाव था। इसके विपरीत मुसलमान विजय प्राप्त करने, धन बटोरने तथा अपना राज्य स्थापित करने के लिए भारत पर आक्रमण करते थे। यह बात सर्वविदित है कि आक्रमणकारी सुरक्षा के लिए युद्ध करनेवालों से कहीं अधिक प्रबल हुआ करता है। अतः अपने आक्रमण एवं विजय-अभियान में मुसलमान सफल हुए और हिन्दू पराजित।

राजपूतों को अपनी वीरता, रणकुशलता, युद्धप्रियता तथा सैन्यशक्ति का घमंड हो चला था। एक राजपूत वंश दूसरे राजपूत वंश में अपनी कन्या का विवाह करना अपना अपमान समझता तथा एक-दूसरे के सामने नतमस्तक होने में अपने गौरव की समाप्ति समझता था। फलस्वरूप, पारस्परिक द्वेष, कलह एवं युद्ध अधिक बढ़ते चले जा रहे थे जिससे उनकी शक्ति का ह्रास होता जा रहा था।

राजपूतों की पराजय का एक बहुत बड़ा कारण उनका नैतिक पतन था। धीरे-धीरे उनमें हिन्दू धर्म के उच्च आदर्शों का अभाव होने लगा था। नाच-गाने, मुजरे, जलसे, कन्याओं का अपहरण, शराब पीना आदि उनके चरित्र के नैतिक पतन का परिचय दे रहे थे। उनके जीवन का अब कोई उच्च आदर्श नहीं रह गया था। रमणियों की सुन्दरता पर मुग्ध होकर पारस्परिक युद्धों में संलग्न होना उनकी वृत्ति बन गई थी। पृथ्वीराज द्वारा संयोगिता का अपहरण, आल्हा-ऊदल तथा मलखान के विवाहों की गाथाएँ आज भी राजपूत इतिहास का परिचय दे रही हैं और उनके नैतिक पतन की ओर संकेत कर रही हैं। ऐसी दशा में महमूद सरीखे तथा मोहम्मद के समान उच्च आदर्शोंवाले, सदाचारी और साहसी पुरुषों के सामने राजपूतों का नतमस्तक होना स्वाभाविक ही था।

राजपूतों की पराजय का एक कारण आर्थिक भी था। वे सदैव पारस्परिक युद्धों में संलग्न रहते थे। अतः उनका कोष खाली हो गया था। सेना के संगठनों के लिए धन की कमी थी, जिससे सैनिक शक्ति क्षीण हो गई थी।

इसके अतिरिक्त कोष का वह धन, जो राजनीतिक एवं सैनिक संगठन के लिए आवश्यक था, मन्दिरों में चला गया था। इस अभाव ने शत्रु के उत्साह और शक्ति दोनों को बढ़ा दिया। महमूद गजनी ने मन्दिरों को खूब लूटा और भारत को निर्धन बना दिया था। इससे मुहम्मद गोरी को भी भारत-विजय में बड़ी सहायता मिली।

मुसलमानों के विरुद्ध हिन्दुओं की पराजय का एक बहुत बड़ा कारण देश में राजनीतिक एकता का अभाव था। समस्त देश अनेक छोटे-छोटे तथा स्वतन्त्र राजपूत राज्यों में विभक्त था। इनमें कोई भी ऐसा राजा नहीं था, जो सब राज्यों को एक संगठित रूप दे सके। इतना ही नहीं, ये राज्य पारस्परिक द्वेष के कारण संकटकाल में भी एक-दूसरे की सहायता नहीं करते थे। कभी-कभी तो इनके राजा शत्रु से भी मिल जाते थे। ऐसी परिस्थिति में इनकी पराजय अवश्यम्भावी थी।

इस युग में सीमान्त प्रदेशों की सुरक्षा का कोई विशेष प्रबन्ध नहीं किया गया। यह जानते हुए भी कि इन मार्गों से कोई भी आक्रमणकारी आक्रमण कर सकता है, राजपूत राजाओं ने कोई ध्यान नहीं दिया। अतः मुसलमानों को देश में घुसने में किसी प्रकार की कठिनाई नहीं उठानी पड़ी।

राजपूतों की पराजय का एक कारण यह भी था कि उनमें उच्चतर नेतृत्व का अभाव रहता था। महमूद गजनी जैसा नेतृत्वकर्ता कोई भी न था। वह बहुत ही वीर, चतुर, साहसी तथा कुशल नेता था और तुर्क, अफगान, ईरानी आदि मुसलमानों का एक साथ नेतृत्व कर लेता था।

भारतीय नरेशों ने कभी भी विदेशों से अपना सम्पर्क नहीं रखा। अतः वे अन्य देशों की राजनीति तथा युद्धकला की प्रगति से सदा अनभिज्ञ रहे। मुसलमानों ने भारतीय राजाओं की इन सारी कमजोरियों का लाभ उठाया और वे सफल हुए और रणनीति में कुशल बन गए।

हिन्दुओं में इस समय राष्ट्रीय भावना का बहुत अभाव था। न किसी को देश से प्रेम था और न देश पर आई विपत्ति की चिन्ता। प्रत्येक राजपूत राजा तथा उसकी प्रजा केवल अपने छोटे-से राज्य की सुरक्षा करना ही अपना धर्म समझती थी, समूचे देश की रक्षा करना अपना कर्तव्य नहीं समझती थी। अतः उन्होंने कभी भी विदेशियों के आक्रमण को रोकने का सामूहिक प्रयत्न नहीं किया।

उस समय भारत की कोई संगठित सेना नहीं थी। जब सोमनाथ के मन्दिर पर महमूद गजनी ने आक्रमण किया तो मन्दिर के पुजारियों को युद्ध करना पड़ा था। इसके अतिरिक्त जो छोटी-छोटी सेना होती भी थी उसमें संगठन का बड़ा अभाव था।

हिन्दुओं की युद्ध-प्रणाली भी बड़ी दूषित थी। राजपूत राजा युद्ध में हाथियों का प्रयोग अधिक करते थे। इन हाथियों की गति बड़ी धीमी होती थी। जब ये लड़ाई के मैदान में घायल हो जाते थे तो बिगड़ जाते थे और अपने ही सैनिकों को कुचलने लगते थे तथा लड़ाई के मैदान से भाग निकलते थे। घोड़े बड़े तेज होते थे और सवार के इशारों पर काम करते थे। राजपूत लोग तलवार का जौहर दिखलाना तो खूब जानते थे, परन्तु युद्ध करना नहीं। वे शत्रु की दुर्बलता से लाभ उठाना नहीं जानते थे। इसके अतिरिक्त वे लड़ाई के मैदान में अपनी सेना को भी व्यवस्थित ढंग से खड़ा करना नहीं जानते थे। मुसलमान विजेता अग्रगामी एवं

सुरक्षित सेना भी रखते थे। इन दोनों सैनिक टुकड़ियों का प्रयोग वे उस समय करते थे, जब भारतीय सेना थक जाती थी।

राजपूतों ने अपने यहाँ कोई स्थायी तथा शक्तिशाली सेना रखने का प्रयास नहीं किया। ये राजा सामन्तों की सेना पर ही निर्भर रहते थे। सामन्तों में न सैनिक योग्यता ही थी और न साहस एवं उत्साह ही। अतः राजपूत राजाओं का सैनिक-संगठन बड़ा दूषित था।

हिन्दुओं की पराजय का एक कारण यह भी था कि भारत में युद्ध करनेवाले सैनिकों का बड़ा अभाव था। देश की रक्षा का भार केवल राजपूतों पर था। अन्य जाति के व्यक्ति देश की रक्षा करना अपना कर्तव्य नहीं समझते थे और राजपूतों की संख्या निरन्तर युद्धों के कारण घटती चली जा रही थी। इसके विपरीत मुसलमानों में प्रत्येक व्यक्ति सैनिक था और युद्ध करता था। अतः उनमें कभी भी लड़ाकुओं की कमी नहीं आने पाती थी।

राजपूतों की पराजय का एक कारण यह भी था कि उनमें कोई भी योग्य नेता नहीं था। भारतीय सेना का कोई भी सेनापति नहीं होता था। राजा स्वयं ही सेनापति का कार्य करता था और युद्ध-संचालन करता था। इसके अतिरिक्त प्रत्येक सेना अपने-अपने राजा के नेतृत्व में तो लड़ सकती थी, परन्तु अपने राजा की मृत्यु हो जाने या रणक्षेत्र से उसके भाग जाने पर वह सेना भी भाग खड़ी होती थी। कोई भी सेना दूसरे राजा के नेतृत्व में खड़ी रहकर युद्ध नहीं कर सकती थी। इसके विपरीत मुसलमानों में बड़ी सैन्य एकता थी। उनकी केवल एक सेना होती थी जिसका संचालन एवं संगठन योग्य सेनापतियों द्वारा होता था। सुल्तान अपने सेनापति की अधीनता में भी सेना को विजय करने के लिए भेज दिया करता था। सेनापति की पराजय अथवा मृत्यु पर सुल्तान स्वयं सैन्य-संचालन का कार्य करने लगता था। ये सब बातें राजपूतों की सेनाओं में नहीं थी। अतः उन्हें पराजय का मुँह देखना पड़ा।

निष्कर्ष के रूप में हम कह सकते हैं कि सामन्तवादी वातावरण में छोटे-छोटे शासकों के बीच एकता का अभाव पाया गया, जबकि लम्बी दूरी तय कर भारत पहुँचनेवाले मुसलमानों में काफी एकता रही। उत्तर भारत में धार्मिक दृष्टिकोण से आपसी मतभेद था, जबकि मुसलमानों में इस्लाम धर्म के नाम पर गहरी एकता थी। अभियान पर निकले हिन्दू सैनिक जब रास्ते में पड़ाव डालते तो भोजन, वस्त्र आदि वस्तुएँ गाँवों को लूटकर प्राप्त करते। दूसरी तरफ मुस्लिम सैनिक जब पड़ाव डालते तो पास के ग्रामीणों या व्यापारियों से आवश्यक वस्तुएँ खरीदते थे। परिणामस्वरूप, मुसलमानों का विरोध ग्रामीणों एवं व्यापारियों द्वारा प्रायः नहीं किया गया। अधिकांश हिन्दू शासकों के लिए मदिरा सर्वाधिक प्रिय पेय था, जबकि इस्लाम धर्म के पक्का समर्थक होने के कारण अधिकांश मुसलमान मदिरा से दूर रहे या उन्होंने इसका सेवन कभी-कभी किया। हिन्दुओं के बीच ऊँच-नीच का भेदभाव काफी था। इनके बीच छुआछूत काफी प्रचलित थी। इस स्थिति में हिन्दुओं में अनेकता व्याप्त थी। मुसलमानों में ऐसी भावनाएँ उस समय नहीं थीं। हिन्दुओं को भगवान में पूरा विश्वास था, जो प्रायः मन्दिरों में होता, कर्तव्य में नहीं। मुसलमानों का विश्वास खुदा के साथ-साथ कर्तव्य में भी था।

16.5 महमूद गजनी (999-1030 ई.) के आक्रमण

भारत की अच्छी आर्थिक स्थिति और खराब राजनीतिक स्थिति के कारण आठवीं शताब्दी के प्रारम्भिक चरण में भारत पर अरबों का आक्रमण हुआ। अनेक विदेशियों के समान मुसलमान

भी भारतीय संस्कृति का हिस्सा बन गए। भारतीय राजाओं में एकता स्थापित नहीं हो सकी। एक भारतीय राजा के लिए दूसरा भारतीय उतना ही बड़ा दुश्मन था, जितना बड़ा एक विदेशी आक्रमणकारी। उत्तर-पश्चिम सीमावर्ती क्षेत्रों में सुरक्षा की व्यवस्था नहीं हुई। उत्तर और दक्षिण भारतीय राजे गुटों में शामिल होकर आपसी संघर्ष में व्यस्त रहे।

अरब में स्थित गजना या गजनी में 933 ई. में अलप्तगीन नामक एक तुर्क ने स्वतन्त्र सत्ता कायम की। कमजोर उत्तराधिकारियों के कारण सुबुक्तगीन गजनी का शासक बन बैठा। शक्तिशाली सेना का निर्माण कर सुबुक्तगीन ने लमधान, ससिस्तान एवं खुरासान के प्रदेशों पर अधिकार कर लिया। ये सारे प्रदेश भारत जाने के रास्ते में पड़ते थे, अतः भारत-विजय की योजना सुबुक्तगीन ने बना डाली। कश्मीर से मुल्तान तक के प्रदेशों पर उसने विजय पा ली। इन प्रदेशों का शासक जयपाल था। उसने सुबुक्तगीन से सन्धि कर ली। सुबुक्तगीन लौटा तो उसके राजदूतों आदि की हत्या जयपाल ने कर दी। क्रोधी सुबुक्तगीन ने आक्रमण कर पुनः जयपाल को बुरी तरह पराजित किया। किसी भारतीय शासक ने जयपाल की मदद नहीं की; जबकि जयपाल ने अजमेर, कालिंजर, दिल्ली और कन्नौज से सहायता माँगी थी।

997 ई. में सुबुक्तगीन मर गया और उसका सबसे बड़ा बेटा महमूद 998 ई. में गजनी का सुल्तान बना। सुल्तान बनने से पूर्व ही महमूद प्रमाणित कर चुका था कि वह एक जन्मजात सैनिक और कुशल सेनापति है। भारत की खराब आन्तरिक स्थिति और राजनीतिक अनेकता की जानकारी महमूद गजनी को थी। इस स्थिति से लाभ उठाने के लिए उसने भारत पर आक्रमण करने की योजना बनाई।

1000 से 1026 ई. के बीच गजनी ने भारत पर सत्रह बार आक्रमण किया। (1) 1000 ई. में उसने कुछ सीमान्त किलों को जीता। (2) 1001 ई. में जयपाल को हराकर उसने पेशावर को जीत लिया। (3) 1006 ई. में करमाथी सम्प्रदाय के अनुयायी फतेह दाऊद को पराजित कर उसने मुल्तान पर अधिकार कर लिया। जयपाल ने आत्महत्या कर ली। (4) उसके पुत्र विद्रोही सुखपाल और दाऊद को युद्ध द्वारा गजनी ने कैद कर लिया। महमूद 1006 ई. में गजनी लौट गया और 1008 में पुनः भारत पहुँचा और (5) काँगड़ा घाटी को जीतकर काफी धन प्राप्त किया। (6) 1008-9 में महमूद गजनी ने शाही वंश के राजा आनन्दपाल को हराया। महमूद के विरुद्ध अनेक राजपूत शक्तियों ने आनन्दपाल की मदद की, लेकिन जीत महमूद की ही हुई; क्योंकि उसके सैनिक अधिक वीर और कुशल थे। लाहौर से बढ़कर महमूद गजनी नगरकोट पहुँचा। स्थानीय लोगों की मदद से ज्वालामुखी मन्दिर से उसे काफी धन मिला। पंजाब-विजय, भारत से प्राप्त धन और राजनीतिक अनेकता के कारण गजनी का आकर्षण भारत के प्रति बढ़ गया। (7) 1010 ई. में तालाबाड़ी पर आक्रमण कर उसने काफी धन प्राप्त किया। (8) 1011 ई. में गजनी से भारत आकर महमूद ने दाऊद पर पुनः आक्रमण कर मुल्तान को पूर्णतः जीत लिया। (9) 1012 ई. में महमूद ने प्रसिद्ध धनाढ्य शहर थानेश्वर पर आक्रमण किया और विजय हासिल की। वहाँ के राजा ने काफी धन, हाथी, रत्न और दास के रूप में हजारों लड़के-लड़कियों को देकर अपनी जान बचाई। (10) त्रिलोचन पाल को हराकर महमूद ने लाहौर को जीत लिया। त्रिलोचनपाल का बेटा भीमपाल कश्मीर भाग गया। सम्पूर्ण पंजाब पर महमूद गजनी का आधिपत्य हो गया। (11) भीमपाल को पकड़ने के लिए महमूद ने कश्मीर पर आक्रमण किया, परन्तु भीमपाल को पकड़ नहीं

सका और गजनी लौट गया ताकि वहाँ भी प्रशासनिक स्थिति ठीक-ठाक रहे। (12) कुछ ही दिनों में गजनी से लौटकर महमूद ने मध्य प्रदेश पर आक्रमण किया और बुलन्दशहर, मथुरा और कन्नौज पर अधिकार कर लिया। उसे काफी धन हाथ लगा। (13) 1019 ई. में महमूद का आक्रमण कलिंजर पर हुआ। वहाँ का शासक गन्द एक साहसी व्यक्ति था, लेकिन अचानक महमूद के भय से रात में ही वह भाग गया। फलतः, महमूद विजयी रहा। (14) 1020 ई. में महमूद ने पंजाब पर आक्रमण किया। पंजाब को केन्द्र बनाकर भारत पर शासन करने की उसकी योजना थी। पंजाब में उसने प्रान्तपतियों को नियुक्त किया। इस क्षेत्र के शासकों ने उसकी अधीनता स्वीकार की। लौहादाट पर महमूद का आक्रमण हुआ। किन्तु उसे जीतने में वह सफल नहीं हो सका। (15) 1022 ई. में उसने ग्वालियर तथा कलिंजर प्रान्तों पर चढ़ाई की और वहाँ के शासकों को अपने अधीन कर लिया। काफी धन उसे हाथ लगा। (16) उसका आक्रमण काठियावाड़ पर हुआ और वहाँ स्थित सोमनाथ के मन्दिर से उसे 20 लाख दीनार की सम्पत्ति मिली। (17) महमूद गजनी का अन्तिम आक्रमण मुल्तान पर हुआ। वहाँ के निवासी खोखरों ने महमूद के धन को लूट लिया था। उसने जाटों और खोखरों का कठोरतापूर्वक दमन किया और गजनी लौट गया। 1030 ई. में वह मरा लेकिन गजनी को राजकुमारी की तरह सजा-सँवारकर।

16.6 आक्रमण के कारण और परिणाम

1000 ई. से 1026 ई. अर्थात् मात्र 26 वर्षों में गजनी ने भारत पर 17 बार आक्रमण किया। अनेक विद्वानों ने महमूद के आक्रमण का मुख्य कारण धार्मिक कट्टरता माना है। इन विद्वानों ने सम्भवतः इस बात पर ध्यान देने का प्रयास नहीं किया है कि मात्र 1200 सैनिकों के बल पर तुर्क साम्राज्य की स्थापना करना केवल धार्मिक कट्टरता के बल पर सम्भव नहीं था। साम्राज्य स्थापित करने के उद्देश्य से तुर्कों ने यह महसूस किया कि एक जगह इकट्ठे भारतीय सैनिकों को हराकर उन्हें लूट लेना सम्भव है लेकिन उन पर शासन करना सम्भव नहीं। गजनी जानता था कि केन्द्र से लेकर स्थानीय स्तर तक उपस्थित प्रशासनिक हिन्दू कर्मचारियों का धर्म परिवर्तन या उन्हें पदच्युत कर शासन करना असम्भव है। इसीलिए, तुर्कों ने एक तरफ जहाँ शक्तिशाली राजाओं को परास्त किया वहाँ दूसरी ओर छोटे-छोटे हिन्दू राजाओं और जमींदारों से इस शर्त पर समझौता कर लिया कि न तो उनकी जमीन छीनी जाएगी और न पद। वार्षिक कर के रूप में एक निश्चित रकम वसूलने की शर्त पर तुर्कों ने हिन्दू शासकों को राजी कर लिया। आठवीं शताब्दी के आक्रमणकारी मुसलमान पुराने मुसलमान थे, अतः इतिहासकार सैयद हसन अस्करी के अनुसार, वे भारत में अपनी धाक जमाना नहीं चाहते थे। लेकिन उन्होंने भारत में इस्लाम धर्म फैला दिया। दूसरी ओर तुर्क लोग नए-नए मुसलमान बने थे और इस्लाम के प्रति उनमें काफी उत्साह था।

उपर्युक्त वातावरण में जब हम मूर्तिभंजक आक्रमणकारी महमूद की धन-प्राप्ति के उद्देश्य पर विचार करते हैं तो धार्मिक भावना की तुलना में आक्रमण का आर्थिक कारण ज्यादा ठोस लगता है। इस काल में भारतीय मन्दिरों में एकत्रित सोना-चाँदी, हीरे-जवाहरात और खजाना आदि की जानकारी महमूद को हो गई थी। अपनी शक्ति को अधिक

शक्तिशाली बनाने के लिए जिस धन की आवश्यकता महमूद ने महसूस की उसे प्राप्त करने के लिए जनसाधारण के बीच से लूटने की अपेक्षा मन्दिरों से धन प्राप्त कर लेना ज्यादा सुरक्षित महसूस किया। मन्दिरों को लूटकर धन प्राप्त करने की बात के आधार पर इसे धर्म-विरोधी कहना, विश्व की अनेक ऐतिहासिक घटनाओं को ध्यान में रखने पर, ठीक नहीं लगता है। क्योंकि बारहवीं सदी में कश्मीर के राजा हर्ष ने मन्दिरों को लूटने और वहाँ से धन प्राप्त करने का एक विभाग ही बनाया था। कई मुसलमान शासकों, जैसे अन्तिम मुगल बादशाह औरंगजेब ने मस्जिद में एकत्रित धन को प्राप्त करने के लिए उसे नष्ट कर दिया। इतना ही नहीं, अनेक यूरोपीय शासक चर्च में एकत्रित धन को छीनने से बाज नहीं आए।

अतः खजाना लूटने के सिलसिले में महमूद द्वारा मन्दिरों को नष्ट करना स्वाभाविक लगता है। क्योंकि शान्तिकाल में मुसलमानों द्वारा मन्दिरों को लूटने की बात हम नहीं पाते हैं। प्रो. हबीब और निजामी का कहना है कि इस्लामी कानून में विध्वंसक कार्य का कोई स्थान नहीं है। महमूद भारत में शासन स्थापित करने में कोई दिलचस्पी नहीं दिखा रहा था। प्राप्त किए धन के साथ वह हमेशा गजनी लौटकर अपनी आन्तरिक स्थिति को मजबूत करता रहा और गजनी को एक आकर्षक शहर बनाने में व्यस्त रहा। उसने पंजाब के इलाके को बहुत बाद में अपने साम्राज्य का अंग बनाया।

मुसलमान आक्रमणकारी सर्वप्रथम आक्रामक थे और सफलता पाने के लिए उन्होंने मुस्लिम राज्यों को भी वैसे ही ध्वस्त किया जैसे राजपूत राज्यों को। राजपूतों के हारने के कई कारणों में से दो महत्त्वपूर्ण कारणों की चर्चा मुदब्बीर ने *अदबउलहर्ब* में की है, जिसके अनुसार प्रथम कारण, तुर्की युद्ध-प्रणाली में गतिशील युद्ध तन्त्र के रूप में घुड़सवारों की भूमिका है और दूसरा, भारतीय पक्ष के सामन्ती ढाँचे की विशेष सैनिक दुर्बलता।

भारतीयों में जाति-पाँति एवं ऊँच-नीच का भेदभाव काफी था, जबकि मुसलमानों में भाईचारे की भावना और अल्लाह पर विश्वास था। ये लोग शराब पीना कुरान के अनुसार पाप समझते थे और खुदा के नाम पर मृत्यु भय से मुक्त होकर लड़ते थे। दूसरी ओर हिन्दू सैनिक शराब पीते और युद्ध-विजय के लिए एकता की बात नहीं सोचते थे।

मुसलमान सैनिक युद्ध पर निकलते तो अपने साथ खाने-पीने की सामग्री और सोना तथा सिक्का बनानेवाले कारीगरों को साथ लेकर निकलते थे और रास्ते में पड़ाव डालकर आसपास के व्यापारियों से सोना या अन्य धातुओं के सिक्कों के बदले आवश्यक वस्तुओं की खरीद करते थे, क्योंकि असल दुश्मन से लड़ने से पूर्व ही आसपास के किसानों को लूटकर दुश्मनों की संख्या बढ़ाना वे नहीं चाहते थे। दूसरी ओर हिन्दू सैनिक प्रायः अपने साथ रसद लेकर नहीं चलते थे। आसपास के गाँवों से आवश्यकता की वस्तुओं को छीन लेना इन लोगों के लिए साधारण बात थी। इसका परिणाम ठोस रूप में यह पड़ा कि साधारण किसान और व्यापारियों की सहानुभूति अप्रत्यक्ष रूप से मुसलमानों के साथ होती गई।

सामाजिक दृष्टिकोण से हम पाते हैं कि ग्यारहवीं-बारहवीं सदी में औरत, स्वर्णकार, ताम्रकार, बढ़ई, लोहार, कोइरी और अनेक प्रकार के व्यापारियों को शूद्र की श्रेणी में रख दिया गया था। फलतः, ब्राह्मणवादी-व्यवस्था के कारण सामाजिक तनाव बढ़ती जा रही थी। अरबों के साथ व्यापारिक सम्बन्ध के परिणामस्वरूप व्यापारी-वर्ग की आर्थिक अवस्था इतनी मजबूत

हो गई थी कि शूद्र की श्रेणी में रहना इनके लिए सम्भव नहीं था और हिन्दू कहलाने के लिए ये लोग मुसलमानों के साथ व्यापारिक सम्बन्ध भी नहीं तोड़ सकते थे। अतः धार्मिक तनाव ने सामाजिक तनाव को पैदा कर दिया।

धार्मिक दृष्टिकोण से अधिकांश भारतीय भगवान के नाम पर दुख सहने के आदी हो चुके थे और इस स्थिति में उनका भाग्यवादी बनना स्वाभाविक था। फलतः, उनमें एकता का प्रश्न ही नहीं उठता।

सैनिक दृष्टिकोण से मुस्लिम सेना घोड़े पर चढ़कर लड़ती थी और तीरंदाजी में निपुण थी। राजपूत प्रायः किले में रहकर लड़ाई करते थे क्योंकि किले के दीवारों को तोड़ना बहुत मुश्किल था। परन्तु तुर्कों के **मेजनिक** तथा **मरोदा** नामक यन्त्र किले कीं दीवारों को आसानी से तोड़ देते थे। हिन्दू सैनिक धन तथा पद के लालच में बहुत से भेद शत्रु को दे देते थे, जबकि मुसलमान तुर्क सैनिकों के साथ सम्भवतः ऐसी बात नहीं थी।

उपर्युक्त आक्रमणों का प्रभाव भारतीय संस्कृति पर तो नहीं पड़ा, लेकिन एक नए तत्त्व ने देश की सभ्यता में स्थान बना लिया। शुरू के शासकों को सुल्तान कहा गया, जो **सल्तनत** अर्थात् जीते हुए प्रदेश की रक्षा करनेवालों से बना है, और इसका वास्तविक मालिक खलीफा बगदाद में था। बाद में यहाँ के मुस्लिम शासक बादशाह कहलाए जो **पादशाह** शब्द से अर्थात् जीते हुए प्रदेश के मालिक से बना है। इससे पता चलता है कि भारत में स्थापित हुआ मुस्लिम राज्य शुरू में मुस्लिम धर्म से निर्देशित होता रहा, लेकिन बाद में चलकर यहीं की जनता की संस्कृति को ध्यान में रखते हुए मुसलमानों ने न केवल शासन करना शुरू किया, बल्कि खलीफा से इनका सम्बन्ध समाप्तप्रायः हो गया। इससे यह भी पता चलता है कि धर्म की तुलना में राजमुकुट का महत्त्व ज्यादा था।

तुर्की सफलता से भारत में सामन्तवाद का पतन हुआ और समाज में शूद्र कहे जानेवाले वर्गों की मान-प्रतिष्ठा बढ़ी। जमीन पर से निजी अधिकार समाप्त हुआ। राय, राणा, रावत, ठाकुर जैसे सरदारों की शान्ति बिलकुल समाप्त न करके तुर्कों ने उन्हें अपने अधीन कर लिया। ग्रामीणों पर से राजपूतों का नियन्त्रण समाप्त हुआ और **इक्तेदारों** का प्रभाव बढ़ गया।

आर्थिक दृष्टिकोण से नई तकनीक का विकास हुआ। व्यापार की वृद्धि हुई। नए-नए शहर बने। विभिन्न देशों से कारीगर और शिल्पकार यहाँ बुलाए गए। इसी समय से कालीन बुनने की प्रथा की शुरुआत हुई। जो बुनकर हिन्दूकाल में भूखों मर रहे थे, जुलाहे के रूप में उन्हें सामाजिक प्रतिष्ठा मिली और आर्थिक लाभ मिला। इरफान हबीब के अनुसार तुर्कों के साथ बारहवीं सदी में ईरान से चरखा आया और वस्त्र उत्पादन बढ़ा।

स्थापत्यकला के क्षेत्र में हमें चूना निकालकर दीवार जोड़ने के एक मिश्रित मशाले की जानकारी इसी काल में होती है। मस्जिद का निर्माण हुआ और इमारतों में मेहराब और गुम्बद बने, जिसका बड़े पैमाने पर प्रयोग इसी काल में शुरू हुआ। आभूषणों और मीनाकारी की तकनीक इसी काल में विकसित हुई। खुले-खुले भवनों का निर्माण इसी काल में बड़े पैमाने पर शुरू हुआ जिसमें फव्वारा और उसके चारों तरफ फूल लगाने की बात पाई जाती है। हरे रंग का प्रयोग बढ़ गया और चित्रकारी की दृष्टि से छोटे-छोटे फूल-पत्तियों से दरवाजों और भवनों को सजाया जाने लगा। इसका ज्वलन्त उदाहरण कुतुबमीनार में देखने को मिल सकता है। ढोलक और झाल बजाकर कीर्तन करने की बात सूफी-सन्तों से हिन्दुओं ने अपनाया।

16.7 मोहम्मद गोरी का आक्रमण

मोहम्मद गोरी के आक्रमण के समय भारत की राजनीतिक दशा पूर्ववत् डाँवाँडोल थी। भारत के उत्तर-पश्चिमी क्षेत्र में गजनी वंश के शासकों का अधिकार था। सिन्ध और मुल्तान भी मुस्लिम राज्य थे। उत्तरी भारत में राजपूतों के कई राज्य थे। इनमें से कुछ पुराने राजवंश थे, लेकिन अधिकांश नवीन थे। उदाहरणार्थ, दिल्ली में तोमर और अजमेर में चौहान वंश के शासकों का राज्य था। इनमें चौहान वंश का राजा पृथ्वीराज बड़ा प्रतापी राजा था। तोमरों पर उसने प्रभुत्व कायम कर लिया था। कन्नौज में राठौरवंशीय राजपूत शासन कर रहे थे। इस वंश का सुप्रसिद्ध राजा जयचन्द था। बुन्देलखंड में चन्देल और गुजरात में बघेल वंश का शासन था। बिहार और बंगाल में पाल वंश का पतन हो चुका था और उसकी जगह पर सेन वंश का उदय हो रहा था। मोहम्मद गोरी के आक्रमण के समय इस क्षेत्र पर लक्ष्मणसेन का शासन था। कश्मीर में एक हिन्दू राज्य था और यहाँ के राजाओं का लाहौर के गजनवी शासकों से संघर्ष हुआ करता था। उस समय कश्मीर में विजयदेव राज्य कर रहा था।

इन राज्यों में कुछेक राज्य बड़े ही शक्तिशाली थे। उनकी सैन्य-शक्ति भी कमजोर न थी, पर उनके साथ सबसे बड़ी दिक्कत यह थी कि वे आपस में लड़ते-झगड़ते रहते थे। पारस्परिक सहयोग, एकता, देशभक्ति एवं राष्ट्रीयता की भावना का उनमें सर्वथा अभाव था। वे राष्ट्र की अपेक्षा अपने वंश के गौरव को अधिक महत्त्व देते थे। वे देश की अपेक्षा अपने राज्य की सुरक्षा पर ही विशेष ध्यान देते थे। अतः संकट के समय भी सभी राजा मिलकर एक झंडे के नीचे काम नहीं कर सकते थे। पृथ्वीराज और जयचन्द में बड़ा ही कटु सम्बन्ध था। जयचन्द की इच्छा के विरुद्ध पृथ्वीराज ने उसकी कन्या संयोगिता का अपहरण कर लिया था। इससे जयचन्द की प्रतिष्ठा को गहरा आघात पहुँचा था और वह इसका बदला चुकाने के लिए मौके की ताक में रहने लगा। इन बड़े-बड़े राज्यों के अतिरिक्त अनेक छोटे-छोटे स्वतन्त्र राज्य भी थे। पर, वे भी आपस में निरन्तर लड़ते रहते थे। इस प्रकार, भारत की राजनीतिक स्थिति बिलकुल अराजक हो गई थी। उस समय भारत में कोई ऐसी सार्वभौम सत्ता नहीं थी, जो विदेशी हमले का सामना कर सकती थी। सामाजिक जीवन में भी अनेक बुराइयाँ विद्यमान थीं। पारस्परिक द्वेष और शत्रुता के कारण हिन्दू समाज की दृढ़ता पूर्णतयः समाप्त हो गई थी और उसका पूर्ण पतन हो गया था।

16.8 कारण और परिणाम

मोहम्मद गोरी ने कई कारणों से प्रेरित होकर भारत पर आक्रमण किया। सर्वप्रथम गोर साम्राज्य की रक्षा करना इस आक्रमण का एक उद्देश्य था। पंजाब में गजनी शासन कायम था और मोहम्मद गोरी को यह भय बना रहता था कि कहीं पंजाब से उसके साम्राज्य पर आक्रमण न हो जाए। ऐसे किसी भी खतरे के लिए वह पहले से ही सजग था। वह मुल्तान के इस्माइलिया शियाओं से भी शंकित रहता था। इसीलिए, गोर साम्राज्य की रक्षा के लिए इन दोनों राज्यों को समाप्त करना उसके लिए आवश्यक था।

अपने देश के गौरव की वृद्धि करने की भावना से मोहम्मद गोरी भारत पर आक्रमण करके विजय के द्वारा अपना नाम अमर कर देना चाहता था। मूर्ति-पूजक हिन्दुओं के विरुद्ध कार्य करके वह मुस्लिम जनता में प्रतिष्ठा प्राप्त करने का इच्छुक था।

मोहम्मद गोरी एक कट्टर मुसलमान था और वह इस्लाम धर्म का प्रसार करना चाहता था। इसलिए वह मूर्ति-पूजा का अन्त कर देना चाहता था। फिर भी मोहम्मद गोरी में धार्मिक प्रेरणा की अपेक्षा राजनीतिक महत्त्वाकांक्षा अधिक बलवती थी।

मोहम्मद गोरी ने धन-प्राप्ति की इच्छा से भी भारत पर आक्रमण किया था। वह जानता था कि भारत में प्रचुर सम्पत्ति है। उसका विचार था कि भारत में प्राप्त की हुई सम्पत्ति की सहायता से वह अपने वंश के पुराने शत्रुओं से युद्ध करेगा। इन्हीं सब उद्देश्यों से प्रेरित होकर उसने भारत पर आक्रमण किया।

मोहम्मद गोरी ने 1175 ई. में सिन्ध और झेलम नदियों के संगम पर स्थित कच्छ राज्य पर आक्रमण किया तथा उसे जीतकर अपने अधिकार में कर लिया। वह राजस्थान की मरुभूमि पार करके गुजरात पहुँचा। भीमदेव ने उसका सामना किया और बुरी तरह परास्त करके उसे वापस खदेड़ दिया। यह मोहम्मद गोरी की भारत भूमि पर पहली पराजय थी। परन्तु, मोहम्मद गोरी इस हार से हताश नहीं हुआ। उसने अपनी सैनिक तैयारियाँ पूरी करके दो वर्षों के पश्चात् पंजाब के गजनवी वंश के शासकों के प्रदेश छीनने में सफलता प्राप्त की। इस विजय से उत्साहित होकर उसने अगले वर्ष गजनी वंश की राजधानी लाहौर पर धावा बोल दिया। किन्तु, उसे वहाँ पराजित होकर वापस लौटना पड़ा। इसके पश्चात् पाँच वर्षों तक उसने युद्ध की तैयारियाँ की और गजनी देश के शत्रु कश्मीर के राजा विजयदेव को अपने पक्ष में करके उसकी सैन्य-शक्ति के सहारे उसने 1186 ई. में गजनी के शासक को पराजित करके लाहौर पर अधिकार जमा लिया।

1191 ई. में मोहम्मद गोरी ने दिल्ली पर चढ़ाई कर दी। उस समय दिल्ली पर चौहानवंशीय महाराजा पृथ्वीराज का शासन था। पृथ्वीराज को पहले ही यह पता चल गया था कि गोरी उसके राज्य पर आक्रमण करनेवाला है। अतः वह गोरी का मुकाबला करने की तैयारी करने लगा। उसने युद्ध के लिए कुछ भारतीय राजाओं को संगठित किया और गोरी से भिड़ने के लिए चौदह मील की दूरी पर तराईन के मैदान में जा पहुँचा। उधर गोरी भी पृथ्वीराज के सीमान्त नगर सरहिन्द पर अधिकार जमाता हुआ तराईन के मैदान में जा पहुँचा।

युद्ध आरम्भ होते ही राजपूतों ने भीषण वेग से गोरी की सेना पर आक्रमण किया। राजपूतों ने इस युद्ध में अपूर्व वीरता का प्रदर्शन किया और गोरी को अपार क्षति उठानी पड़ी। स्वयं गोरी युद्धभूमि में घायल हो गया। युद्ध का मैदान छोड़कर उसको भागना पड़ा। सरहिन्द पुनः पृथ्वीराज के कब्जे में आ गया।

तराईन की विजय के उपरान्त पृथ्वीराज ने भटिंडा के किले को घेर लिया, किन्तु उस पर अधिकार करने में उसको 19 महीने लग गए।

मोहम्मद अपनी हार कभी नहीं भूल सका। कहा जाता है कि वह कभी चैन से नहीं सोया और दिन-रात अपमान की अग्नि में जलता रहा। किन्तु, वह निराश होकर बैठा रहनेवाला व्यक्ति नहीं था। उसने मध्य एशिया के पहाड़ी प्रदेशों के बहादुर और खूँखार लोगों की एक विशाल सेना एकत्र की और दूसरे वर्ष पुनः भारत पर आक्रमण की तैयारी में जुट गया।

पृथ्वीराज को एक वर्ष का सुअवसर मिला, किन्तु उसने उससे लाभ नहीं उठाया। सम्भवतः विजय के गर्व में वह यह सोचने लगा था कि मोहम्मद को भारत पर दुबारा आक्रमण करने का साहस नहीं होगा। ऐसा लगता है कि तराईन के युद्ध के बाद उसने

मोहम्मद के इरादों और गतिविधियों के सम्बन्ध में समुचित जानकारी प्राप्त करने का प्रयत्न नहीं किया। उस समय पंजाब में मोहम्मद की स्थिति इतनी दुर्बल थी और वहाँ की जनता में इतना असन्तोष था कि यदि पृथ्वीराज डटकर प्रयत्न करता तो तुर्कों को उस प्रान्त से मार भगाता और पश्चिम के दर्रों के पास देश की रक्षा के लिए मजबूत किलेबन्दी कर सकता था। किन्तु, चौहान नरेश ने इस दृष्टि से देखने का प्रयत्न नहीं किया। यहाँ तक कि उसने भटिंडा के किले की, जो उसके राज्य की पश्चिमी सीमाओं की नाकेबन्दी करता था, रक्षा करने का भी प्रयत्न नहीं किया।

मोहम्मद ने दूसरे वर्ष (1192 ई.) एक बहुत बड़ी सेना लेकर पूरी तैयारी के साथ पृथ्वीराज के राज्य पर पुनः आक्रमण किया। भटिंडा के किले पर कुछ दिनों में बिना अधिक कठिनाई के उसका अधिकार हो गया। इस संकट को देखकर पृथ्वीराज ने अन्य राजपूत राजाओं से सहायता की अपील की। कहा जाता है कि 150 छोटे-बड़े राजपूत राजा विदेशियों का सामना करने के लिए पृथ्वीराज के झंडे के नीचे एकत्र हुए। इस प्रकार, हिन्दुओं ने एक बार पुनः एकता तथा देशभक्ति का परिचय दिया। केवल कन्नौज के राजा जयचन्द ने इस युद्ध में चौहानों का साथ नहीं दिया।

तराईन के मैदान में दोनों पक्षों के बीच घमासान युद्ध शुरू हुआ। राजपूतों ने मुसलमानी सेना को आगे बढ़ने से रोक दिया। तब गोरी ने अपनी सेना को पाँच हिस्सों में बाँटा और इस प्रकार उसने युद्ध-चातुरी से काम लिया। गोरी की चतुराई के सामने राजपूतों की वीरता व्यर्थ रही। उनकी हार हुई। पृथ्वीराज बन्दी हुआ और मार डाला गया। हो सकता है कि जयचन्द की गद्दारी के कारण पृथ्वीराज की ऐसी अवस्था हुई हो, परन्तु इस हार के बाद फिर बहुत दिनों तक राजपूत राजा एक झंडे के नीचे नहीं आ सके। उनकी हिम्मत टूट गई। सिरसुति, समाना और हाँसी आदि के किले पर बिना किसी रोक-टोक के गोरी ने कब्जा कर लिया। उसके बाद वह अजमेर पहुँचा और उसे भी लूटा। मन्दिरों के स्थान पर मस्जिदों का निर्माण हुआ। पृथ्वीराज के एक पुत्र को कर देने की शर्त पर अजमेर का शासक नियुक्त किया गया। उसके बाद तुर्क गुलाम कुतुबुद्दीन ऐबक ने दिल्ली पर अधिकार कर लिया और उसी को अपनी राजधानी बनाई।

तराईन के युद्ध का वह दिन जिस दिन पृथ्वीराज पराजित हुआ भारतीय इतिहास में निर्णायक और युग-परिवर्तनकारी सिद्ध हुआ। हिन्दुओं के गौरव का सूर्य सदा के लिए अस्त हो गया। भारत की विशाल राजनीतिक इमारत ढह गई और भारत के भाग्य का फैसला अन्तिम रूप से हो गया। अब भारत में मुस्लिम राज्य की स्थापना अवश्यम्भावी हो गई। पृथ्वीराज की पराजय से राजपूतों की शक्ति का पूरा दमन हो गया। अब इसकी पूर्ति असम्भव थी। पृथ्वीराज के बाद ऐसा कोई भारतीय नरेश नहीं बच सका था, जो मुस्लिम आक्रमणकारियों के विरुद्ध एक संयुक्त मोर्चा संगठित करके युद्ध चला सकता था। वास्तव में इसी युद्ध ने भारत में मुस्लिम सत्ता की नींव डाली।

तराईन विजय के उपरान्त मोहम्मद गोरी अपने देश लौट गया था, किन्तु विजित प्रदेशों की रक्षा का भार हिन्दुओं पर न छोड़कर उसने यहाँ पर अपना प्रतिनिधि नियुक्त कर दिया। कुतुबुद्दीन ऐबक, जो मोहम्मद गोरी का सबसे योग्य एवं प्रिय गुलाम था, गोरी के नाम पर भारत में राज्य करने लगा। उसकी सहायता के लिए गोरी एक विशाल सेना भी छोड़ गया था

जिसकी सहायता से कुतुबुद्दीन ने कोल तथा मेरठ के प्रदेशों पर अधिकार कर लिया। मोहम्मद गोरी के लौट जाने के कारण भारत में कुछ राजपूतों ने विद्रोह प्रारम्भ किए जिनका कुतुबुद्दीन ने अत्यन्त निर्दयतापूर्वक दमन किया तथा भारत में मुस्लिम राज्य की प्रतिष्ठा स्थापित की।

कन्नौज का शासक जयचन्द यही समझ बैठा था कि मोहम्मद गोरी भी अपने पूर्वज महमूद गजनी के समान लूटमार करके चला जाएगा और पृथ्वीराज चौहान की शक्ति का अन्त होने पर मैं ही भारत का सर्वशक्तिमान सम्राट बन जाऊँगा। परन्तु, जब उसने यह देखा कि गोरी यहाँ पर स्थायी राज्य स्थापित करना चाहता है तब उसे अपने देशद्रोह का आभास हुआ। मोहम्मद गोरी भी ऐसे व्यक्ति को जीवित नहीं छोड़ना चाहता था और 1194 ई. में पुनः एक विशाल सेना लेकर भारत आया और इस बार उसने कन्नौज पर आक्रमण किया। जयचन्द ने अत्यन्त वीरतापूर्वक युद्ध किया, परन्तु अन्त में वीरगति को प्राप्त हुआ तथा कन्नौज भी मुसलमानों के अधिकार में आ गया। इस प्रकार, पृथ्वीराज और जयचन्द के पारस्परिक वैमनस्य ने भारत का भाग्य ही बदल दिया। यदि वे दोनों सम्मिलित होकर मोहम्मद गोरी का विरोध करते तो उनको अवश्य सफलता मिलती, किन्तु जयचन्द ने गोरी की सहायता करने के लिए उसे भारत आमन्त्रित किया था जिसका फल गोरी से उसे मिल गया।

कन्नौज पर अधिकार स्थापित करके गोरी की शक्ति बहुत बढ़ गई तथा बनारस पहुँचकर उसने वहाँ के अनेक मन्दिरों को ध्वस्त किया तथा उनको लूटा। इस धन को लेकर वह स्वदेश लौट आया। कन्नौज कुछ काल तक राजपूतों के हाथ में रहा। 1191 ई. में मुसलमानों ने उस पर आधिपत्य स्थापित कर लिया।

मोहम्मद गोरी के लौट जाने के पश्चात् उसकी भारत-विजय के अपूर्ण कार्य को पूरा करने का भार कुतुबुद्दीन पर पड़ा। कुतुबुद्दीन ने एक विशाल सेना लेकर बियना, ग्वालियर, धौलपुर, अजमेर, बुन्देलखंड आदि प्रदेशों पर अधिकार कर लिया तथा राजपूतों के अनेक प्रसिद्ध दुर्ग मुसलमानों के हाथ में आए। मोहम्मद गोरी के एक अन्य सेनापति मोहम्मद बिन बख्तियार खिलजी ने बंगाल और बिहार पर आक्रमण करके वहाँ के सेनवंशीय शासक को हरा दिया तथा बंगाल और बिहार भी मुस्लिम साम्राज्य के अंग बन गए। इस प्रकार मोहम्मद गोरी के दो योग्य गुलामों ने सम्पूर्ण उत्तरी भारत पर आधिपत्य स्थापित कर लिया तथा इस प्रकार भारत में मुस्लिम युग का प्रारम्भ हो गया।

गजनी पहुँचने के उपरान्त मोहम्मद गोरी ने मध्य एशिया की ओर दृष्टिपात किया। इस समय तक उसके भाई गयासुद्दीन की मृत्यु हो चुकी थी तथा उसका शक्तिशाली प्रतिद्वन्द्वी ख्वारिज्म का शाह अपनी शक्ति बढ़ाने का प्रयास कर रहा था। गोरी ने उस पर आक्रमण किया, किन्तु शाह ने उसे बुरी तरह परास्त किया जिसके कारण उसकी शक्ति क्षीण होने लगी तथा उसके अधीन सरदार विद्रोह करने लगे। इन्हीं विद्रोहों का दमन करते हुए जब वह पंजाब से लौट रहा था तो खोखरों ने 1206 ई. में उसकी हत्या कर डाली। उसकी मृत्यु के उपरान्त कुतुबुद्दीन ने जो कि अभी तक अपने स्वामी के नाम पर राज्य कर रहा था, अपने को स्वतन्त्र सुल्तान घोषित कर दिया तथा भारत में गोरी द्वारा विजित प्रदेशों को अपने अधिकार में कर लिया। गोरी को कोई सन्तान नहीं थी। अतः उसके मरने के बाद उसके विशाल राज्य को उसके गुलामों ने आपस में बाँट लिया।

16.9 तुर्कों की सफलता के कारण और परिणाम

समकालीन इतिहासकार हसननिजामी, मिनहाजुस्सिराज, फरब्रेमुदब्बिर आदि विद्वानों ने भारत पर तुर्कों की विजय का प्रमुख कारण खुदा की कृपा माना है। आदबुलहर्ब ने भारतीय सामन्तों की आपसी दुश्मनी, और कमजोर भारतीय सेना, तुर्कों की एकता और कुशल तुर्क घुड़सवारों को तुर्क-विजय का प्रमुख आधार बताया है। कुछ इसी तरह का विचार एलफिस्टन महोदय ने भी दिया है। सर यदुनाथ सरकार ने तुर्कों की जीत का कारण उनकी धार्मिक एकता, सामाजिक संगठन और शराब से दूर रहना बताया है।

उपर्युक्त विचारों के आधार पर यही कहा जा सकता है कि भारतीय इस कारण हारे कि वे शान्ति पसन्द थे और युद्ध से उन्हें घृणा थी, परन्तु यह बात गलत है क्योंकि राजपूतों का पेशा युद्ध था।

तुर्क-विजय का कारण जब हम भारतीय परिप्रेक्ष्य में देखते हैं तो सामाजिक दृष्टिकोण से भारत घृणित वर्णात्मक वातावरण में था और इस कारण सैन्य-संगठन जर्जर और दुर्बल बन गया था। सामाजिक अनेकता ने राजनीतिक वातावरण को सीसे के समान कई टुकड़ों में बाँट दिया था जिसे एक करना असम्भव था।

भारतीय धर्म ने छूत और अछूतों के बीच कभी नहीं भरनेवाली एक खाई बना दी थी जिसके कारण अछूतों, जिनकी संख्या काफी थी, के दिल में हिन्दुओं के पक्ष में या तुर्कों के विरोध में किसी भावना का अभाव पाया गया।

तुर्कों से पूर्व ही गोरी आक्रमण से मुकाबला करने के लिए भारतीय शासकों के पास जनता को भड़काने के लिए देशभक्ति की भावना नहीं थी। शासकों के भाग्य या दुर्भाग्य पर जनता की आशा और भविष्य टिका था।

राजपूत राज्यों ने राजपूतों को ही सैनिक समतावाला समझा। राजपूतों को छोड़कर अन्य जाति के अधिकांश लोगों को सैनिक प्रशिक्षण प्राप्त करने का अवसर नहीं प्रदान किया गया। छुआछूत की भावना से प्रभावित होकर सैनिक न केवल युद्ध का काम करते, बल्कि उन्हें खाना बनाना, पानी भरना आदि भी करना पड़ता, जिसके कारण उनके श्रम का दुरुपयोग होता।

बारहवीं-तेरहवीं सदी में मध्य एशिया में युद्ध-कला में काफी विकास हुआ और वहाँ के योद्धाओं ने विश्व के कई कोने में सफलता पाई लेकिन भारतीय सामन्त इस विकास से दूर रहकर आपसी युद्ध और विलासमय जीवन के प्रति ज्यादा आकर्षित रहे। कामवासना से सम्बन्धित अनेक चित्रों से कोणार्क और खजुराहो के मन्दिर सजते रहे। स्वयं की सुरक्षा के लिए सामन्तों ने जिन सैनिकों को रखा उनके लिए निश्चित वेतन और प्रशिक्षण की व्यवस्था नहीं थी। इतना ही नहीं, काफी मात्रा में भाड़े के सैनिक होते जो बेकारी के दिनों में डकैती करते और लूटपाट मचाते।

तत्कालीन व्यस्त गतिशीलता के वातावरण में विश्व में सबसे तेज सवारी घोड़े का महत्त्व युद्ध की दृष्टि से सबसे ज्यादा था। विजयश्री प्रायः घुड़सवारों को मिलती। तुर्कों को तीव्र गति से आक्रमण करने की कला की जानकारी थी; जबकि राजपूतों की सेना विशाल और हाथीसवारों से भारी-भरकम होती। घुड़सवार तेजी से शत्रु पर बगल और पीछे से आक्रमण कर सकता था, लेकिन सजीले हाथी पर सवार सैनिकों के लिए ऐसा करना सम्भव नहीं था। तुर्क

आक्रमणकारियों और घोड़ों ने बैलगाड़ी, ऊँट और हाथियों पर सवार राजपूत सैनिकों पर सामरिक सफलता पाई। इतना ही नहीं, तुर्क कुशल तीरन्दाज थे। चलते घोड़ों पर से वे तीर-धनुष से अचूक निशाना लगा सकते थे, जिससे मन्द भारतीय सेनाओं की तुलना में उन्हें अधिक सफलता मिलती।

मुस्लिम सफलता का एक कारण यह भी बताया जाता है कि इनका उद्देश्य भारत में इस्लाम फैलाना था और इसीलिए मुसलमानों में ठोस एकता पाई गई, लेकिन इस बात को मात्र इस प्रामाणिक तथ्य से ही आधारहीन साबित किया जा सकता है कि जिस प्रकार हिन्दू-देश भारत पर मुसलमानों का आक्रमण हुआ उसी तरह मुस्लिम क्षेत्र फारस या मध्य एशिया में भी उन्होंने साम्राज्य-विस्तार के लिए युद्ध किया। व्यावसायिक सैनिक (लश्करी) किसी राजा, धर्म या देश के लिए नहीं, बल्कि वेतन के लिए लड़ता था। कुतुबुद्दीन की सेना में हिन्दू घुड़सवार तथा अनेक हिन्दू अधिकारी कार्यरत थे। **ताजुलमासिर** के अनुसार, कुतुबुद्दीन ऐबक ने अपने अनेक विजित क्षेत्रों में शान्ति और व्यवस्था बनाए रखने के लिए हिन्दू शासकों को नियुक्त किया। दिल्ली और अजमेर के शासन-प्रबन्ध में तुरन्त कोई परिवर्तन नहीं किया गया। अजमेर-विजय के बाद मुईजुद्दीन ने शासन-प्रबन्ध अपने हाथ में न लेकर पृथ्वीराज के पुत्र के हाथ में ही रहने दिया। अतः धार्मिक जोश या कट्टरता के उद्देश्य से प्रभावित होकर मुसलमानों ने आक्रमण नहीं किया। अगर उनकी कार्य धार्मिक प्रवृत्तियों से प्रेरित रहे तो भी यह अपवाद मात्र कहना ज्यादा तार्किक होगा।

तुर्कों के द्वारा भारत में विजय के परिणामस्वरूप भारत में अनेक देशीय प्रणालियों का अन्त हो गया। केन्द्रीय राजनीतिक संगठन प्रारम्भिक सुल्तानों का राजनीतिक आदर्श बन गया। सामन्तों का स्थानीय शासन समाप्त हो गया और इन्हें केन्द्र के नियन्त्रण में रखा गया। इसके लिए **इक्ता** प्रणाली का सहारा लिया गया। **इक्ता** वह भूमि कहलाती थी, जिसकी आय सेना के सरदारों को सेना रखने तथा उसके उचित प्रबन्ध करने के लिए दी जाती थी। सेना में कार्य करने के योग्य न होने पर यह भूमि इक्तेदारों से वापस ले ली जाती और दूसरों को दे दी जाती थी।

दिल्ली प्रमुख नगर बना। यहाँ और देश के अनेक भागों में विशाल भवन बने एवं मीनारें बनीं। कला, चित्रकला एवं स्थापत्य में नए आविष्कार हुए। हरे रंग एवं छोटे-छोटे फूल-पत्तियों को चित्रकारी में स्थान मिला। आभूषणों पर मीनाकारी शुरू हुई। वस्त्रों के पहनावे में परिवर्तन हुआ। कुर्ता-पाजामा समाज में प्रचलित पहनावा हो गया। सलवार और दुपट्टे का प्रयोग हिन्दू कन्याएँ करने लगीं।

सारे देश में नियुक्ति, तैनाती, स्थानान्तरण, पदोन्नति और पदच्युति का भार केन्द्र के सिर पर पड़ा। उत्तर और दक्षिण भारत के बीच पहले से आ रही अलगाव की स्थिति समाप्तप्रायः हो गई।

ऊँच-नीच का भेदभाव समाप्त करते हुए तुर्कों के काल में अनेक व्यापारिक नगरों की संख्या बढ़ी जिसकी जड़ पूर्व-तुर्ककाल में ही सामन्तवादी-व्यवस्था से असन्तुष्ट भारतीय व्यापारियों, कृषकों और मजदूरों द्वारा रोपी जा चुकी थी, जिसे लहलहाती हुई स्थिति में हम तुर्ककाल में पाते हैं। नगरों में पेशों के दृष्टिकोण से छूत-अछूत के बीच बिना भेदभाव के अनेक वर्गों का इकट्ठा होना शुरू हुआ।

सैनिक दृष्टि से सेनाओं के संगठन एवं स्वरूप पर राजपूतों का एकाधिकार समाप्त हो गया। सेना में नियुक्ति का आधार जाति या वर्ण न होकर योग्यता हो गई। युद्ध की कठिनाइयाँ सहनेवाला प्रत्येक व्यक्ति सेना में भर्ती हो सकता था। युद्धकला में परिवर्तन हुआ और घोड़े का प्रयोग बड़े पैमाने पर होने लगा। सुल्तान और अधिकारियों के भ्रमणों ने यातायात को विकसित किया।

पूर्व-तुर्ककाल में भारत में अनेक क्षेत्रीय भाषाएँ थीं जिनका एक-दूसरे से सम्बन्ध नहीं के बराबर था। तेरहवीं सदी से प्रचलित फारसी भाषा से प्रशासकीय भाषा में एकरूपता आई।

तुर्कों से पूर्व भारत में आए मुसलमानों से तुर्कों का विशेष तालमेल नहीं रहा, क्योंकि तुर्क बाद में मुसलमान बने थे। इसके अलावा पहले से आए मुसलमान हिन्दू राजाओं की सेनाओं में भर्ती थे और तुर्कों के विरुद्ध लड़े भी। लेकिन बाद में इन मुसलमानों और तुर्कों के बीच का सम्बन्ध काफी अच्छा हो गया। काफी संख्या में मुसलमानों को दुभाषिए के रूप में तुर्की प्रशासन में नौकरी मिली ताकि भारत में अनेक क्षेत्रों की सामाजिक-सांस्कृतिक जानकारी तुर्कों को हो सके।

निष्कर्ष रूप में हम कह सकते हैं कि भारत में छुआछूत एवं वर्ण-व्यवस्था की सीमा को बहुत हद तक तोड़ने का श्रेय तुर्क-विजेताओं को जाता है। यह सामाजिक विभेद सैकड़ों वर्षों से भारत के लिए अराजकता और राजनीतिक विषमता का स्रोत रहा है। तुर्की सफलता को एक पाठ के रूप में हिन्दुओं ने अगर लिया होता तो बाद में चलकर मुगल-साम्राज्य की स्थापना होती या नहीं होती यह अलग बात है, परन्तु उन्नीसवीं सदी के समाज-सुधार आन्दोलन की आवश्यकता नहीं पड़ती और राजा राममोहन राय, स्वामी विवेकानन्द, स्वामी दयानन्द आदि महापुरुषों द्वारा कुछ नया आविष्कार किया गया होता, जो भारत को और गतिशील बना सकता था।

16.10 भारत-अरब व्यापार

आर्थिक लाभ की दृष्टि से कुषाण-सातवाहन काल में भारत-रोम व्यापार भारत के पक्ष में रहा। भारत की व्यापारिक वस्तुओं से अरबवाले कुषाणकाल और उससे पूर्व सिन्धुघाटी सभ्यता के काल में ही परिचित थे। सिन्धुघाटी काल में भारत के व्यापारिक सम्बन्ध मिस्र और मेसोपोटामिया से थे।

इनसाइक्लोपीडिया ब्रिटानिका में 'अरब' नामक निबन्ध का लेखक लिखता है—"प्राचीनकाल में दक्षिण-पश्चिम अरब (हजरमौत और यमन) के सम्पन्न होने का सबसे बड़ा कारण यह था कि मिस्र और भारत के बीच व्यापारिक वस्तुएँ पहले समुद्र के मार्ग से यहाँ आती थीं और फिर स्थल मार्ग से पश्चिमी समुद्र तट पर जाती थीं। उस समय यह व्यापार बन्द हो गया, क्योंकि मिस्र के बतलीमूसी बादशाहों ने भारत से सिकन्दरिया तक एक सीधा मार्ग बना लिया।

भारत और अरब का दूसरा व्यापारिक मार्ग फारस की खाड़ी से होकर था। यह मार्ग सदा खुला रहता था। अरब के व्यापारी इस मार्ग और स्थल मार्ग से बंगाल और आसाम (कामरूप) होते हुए चीन चले जाते और वहाँ से व्यापार करके इन्हीं जल एवं स्थल मार्गों से लौट जाते थे।

अरब के व्यापारी छठी शताब्दी तक मिस्र से लेकर स्पेन तक छा गए। रुम सागर पर भी अरब व्यापारियों का अधिकार हो गया। बसरा शहर के पास स्थित उबला नामक शहर के अरब व्यापारियों का भारत से इतना गहरा व्यापारिक सम्बन्ध था कि अरब लोग उबला को भारत का ही एक हिस्सा समझते थे। भारत के व्यापार एवं पैदावार का अरब व्यापारियों की नजर में कितना महत्त्व था, इसका अनुमान इस बात से हो सकता है कि एक बार हजरत उमर ने एक अरब यात्री से पूछा था कि भारत के सम्बन्ध में उसका क्या विचार है तो उस यात्री ने कहा—"भारत की नदियाँ मोती हैं, पर्वत लाल हैं और वृक्ष इत्र हैं।"

सातवीं शताब्दी में बसरा और उबला के अलावा इराक प्रसिद्ध व्यापारिक केन्द्र था। इसी शताब्दी में अरबों का अधिकार सिन्ध पर हो गया। सिन्ध का प्रदेश अरब के व्यापारियों के आने-जाने का मुख्य केन्द्र बन गया। भारत के व्यापारियों के लिए फारस की खाड़ी का सबसे बड़ा बन्दरगाह **सैराफ** था। यह बड़े-बड़े जहाजों और व्यापारियों का प्रमुख अड्डा था। भारत और चीन के लिए सभी जहाज सैराफ से खुलते थे। कुछ दिनों पश्चात् भौगोलिक कारणवश सैराफ का पूर्व गौरव समाप्त हो गया और **कैस** नामक टापू प्रसिद्ध व्यापारिक केन्द्र हो गया। कैस नगर फारस की खाड़ी में **अमन** के पास स्थित था। इस शहर से चीन और भारत के व्यापारिक सम्बन्ध थे। फारस की खाड़ी के बाद अरब व्यापारियों के लिए बलूचिस्तान का **तेज** नामक बन्दरगाह और सिन्ध का **देवल** नामक बन्दरगाह काफी प्रमुख थे। थाना, खम्भात, सोपारा, जैमूर, कोलममली, मालाबार और कन्याकुमारी भारत के प्रसिद्ध व्यापारिक केन्द्र थे, जिनके साथ अरब का व्यापारिक सम्बन्ध था।

सुलैमान सौदागर लिखता है—"पहले बसरा और अमन से सभी व्यापारिक वस्तुएँ सैराफ पहुँचतीं और वहाँ सभी वस्तुओं को जहाज पर लादा जाता था। सैराफ से पीने का मीठा पानी भी साथ में रखा जाता था। जहाज वहाँ से मस्कत पहुँचता और पुनः पानी लादने के बाद भारत की ओर रवाना हो जाता था। अरब का यह व्यापारिक जहाज एक माह में मद्रास के पास कोलममली नामक बन्दरगाह पर पहुँचता था। कोलममली में जहाज बनाने एवं मरम्मत करने का कारखाना था। अरब व्यापारियों को जितना लाभ भारत और चीन के साथ व्यापार से था उतना अन्य देशों से नहीं था। काबुल और गजनी भारत के व्यापार के निकास के स्थान थे। असीवान नामक एक हिन्दू राज्य पंजाब में स्थित था जहाँ काफी संख्या में मुसलमान व्यापारी रहते थे।

जून माह में अरब से भारत की ओर आनेवाले जहाजों की संख्या काफी कम होती थी। उनमें कम वजन की व्यापारिक वस्तुएँ भारत लाई जातीं। वर्षा के दिनों में व्यापार नहीं के बराबर होते थे क्योंकि अधिकांश भारतवासी कृषि कार्य में ज्यादा व्यस्त रहते थे।

अरब के व्यापारी भारत से मोती, रत्न और सुगन्धित पदार्थों को खरीदकर ले जाते थे। हाथी दाँत, आबनूस, बेंत, जद, कपूर, लौंग, जायफल, बक्कम, चन्दन, तोता, मोर, कस्तूरी आदि भारतीय वस्तुओं की माँग अरब में काफी थी। कबाबचीनी, नारियल, सन के कपड़े, कालीमिर्च, विल्लौर, कुरूंड (रत्न साफ करने एवं चमकाने के लिए), सीसा, कुट एवं बाँस भी भारत से निर्यात किए जाते थे। काठियावाड़ का जूता काफी प्रसिद्ध था और इसका निर्यात होता था। थाणे (बम्बई) से कपड़ा निर्यात किया जाता था। ट्रावनकोर (तमिलनाडु) का बना बर्तन अरब के बाजारों में काफी बिकते थे। इसका महत्त्व चीनी मिट्टी के समान था।

रेवन्दचीनी और तेजपत्ता भारत से निर्यात किया जाता। इन दोनों का अरबवासी आँख के रोग को दूर करने के लिए प्रयोग में लाते थे। अरब के बाजारों में भारतीय इलायची की माँग बहुत अधिक थी।

अरब के व्यापारी मालद्वीप और सिंहलद्वीप से नारियल, बक्कम की लकड़ी और सोना ले जाते थे। इन द्वीपों से कपूर, सुगन्धित पदार्थ, लौंग, जायफल, कबाबचीनी, जावित्री और बड़ी इलायची का निर्यात होता था। इन टापुओं के लोग लोहा के बदले नारियल, गन्ना, केला आदि देते थे। अरब में भारत की बनी तलवारें प्रसिद्ध थीं और इसीलिए अरबी भाषा में तलवार को **हिन्दवाना** भी कहते थे। अरब के व्यापारियों की दृष्टि में नारियल काफी उपयोगी फल था। भारत में जहाँ नारियल होते थे, वहाँ बढ़ई का पेशा काफी चलता था। नारियल का पेड़ काटकर पहले सूखने के लिए छोड़ दिया जाता था। सूख जाने पर बढ़ई उसका तख्ता काट-काटकर बना लेते थे और नारियल के छाल से रस्सी बनाते थे। उसी रस्सी से तख्तों को सीकर नाव और उसका मस्तूल बनाते तथा पाल तैयार करते थे। फिर उन नावों में नारियल भरते और अमन लाते थे तथा बेचकर काफी धन कमाते थे।

सिन्ध के इलाकों में खट्टा लेमू काफी होता था। अरब के व्यापारी लेमू के अलावा आम भी खरीदकर अपने देश ले जाते और बेचते थे। अरब में आम के पेड़ भारत से ले जाकर लगाए गए, किन्तु उन आमों का स्वाद भारतीय आमों जैसा नहीं था। अलोरा एक व्यापारिक नगर था जो सिन्ध में स्थित था। कीजकानान नामक शहर अंगूर, अनार और ठंडे मेवे के लिए मशहूर था। मकरान का सबसे बड़ा व्यापारिक नगर कनजपुर गन्ना और छुहारा के लिए प्रसिद्ध था। कन्दाबील भारत के अनाजों की बड़ी मंडी थी। अखरोट और बादाम के लिए वैहिन्द नगर प्रसिद्ध था। कन्नौज शहर से केला निर्यात होता था। मुल्तान के व्यापारी सच बोलने के लिए काफी प्रसिद्ध थे। सन्दान से वस्त्र एवं चावल का निर्यात होता था। सिन्ध के बने कालीन, दवा, बारीक कपड़े, हाथी दाँत और नारियल अरब के लोगों को अति प्रिय थे। खम्भात का जूता प्रसिद्ध था। भारत से मोर इराक भेजे जाते और इराक में मोर की नस्ल तैयार की जाती, किन्तु भारतीय मोर के समान इराकी मोर में आकर्षण नहीं होता था।

अरबवासी भारतीय पान काफी पसन्द करते थे। पान में चूना और सुपारी मिलाकर खाने के बाद अरबों के दाँत अनार के दानों के समान लाल हो जाते थे। पान के पत्ते को अरब निर्यात करना सम्भव नहीं था। अतः भारत में आनेवाले अरब व्यापारी ही पान का मजा ले पाते थे। सुपारी का भारत से निर्यात काफी मात्रा में होता था। लोहा भी निर्यात किया जाता था।

भारत से उपर्युक्त वस्तुएँ बाहर भेजी जातीं। अरब से इन वस्तुओं के बदले क्या आता था? अरब से स्वर्ण सिक्का, मिस्र की बनी पन्ने की अँगूठी, मूँगा, दहज, मोती, रेशमी वस्त्र, समूर, पोस्तीन, गुलाबजल, तलवार आदि आता था।

भारत की ब्राह्मणवादी-व्यवस्था में हिन्दुओं को समुद्रयात्रा करने की मनाही थी, अतः भारत के हिन्दू व्यापारी प्रायः अरब नहीं जाते थे। विदेशियों को म्लेच्छ कहा गया, अतः अरबों का स्पर्श भी हिन्दू धर्मशास्त्र के अनुसार वर्जित था। इसके बावजूद गुजरात के हिन्दुओं का अरब देश आना-जाना होता था। उत्तर-पश्चिम भारत में रहनेवाले हिन्दू व्यापारियों को अरब-व्यापार से काफी आमदनी होती थी। अतः हिन्दू धर्मग्रन्थ के अनुसार सारा काम करना

उनके लिए उतना सम्भव नहीं था। समुद्र-यात्रा करके व्यापार करनेवाले हिन्दू व्यापारियों को कर देना पड़ता था।

अरब-भारत व्यापार से दोनों देशों को लाभ होता था। जावा द्वीप में दुकानों की संख्या असंख्य थी। वहाँ केवल 800 दुकानें सुनारों की थीं। अमन का दो मोती बगदाद के खलीफा ने दो लाख दरहम में खरीदा था। एक-एक व्यापारिक जहाज से छह लाख दीनार टैक्स लिया जाता था। भारतीय समुद्र-तट के राजाओं को अरब व्यापारियों से काफी लाभ होता था। इसीलिए वे अरब व्यापारियों का बहुत आदर करते थे। दक्षिण भारत के समुद्र-तटों के नगरों में जगह-जगह लिखा रहता था—ये हिन्दू राजा लोग अरब व्यापारियों को इसलिए अप्रसन्न नहीं करते थे कि उनके राज्य की आय का सबसे बड़ा स्रोत ये अरब व्यापारी थे। कालीकट और कोरोमंडल के राजा इस समुद्री व्यापार के कारण असीम सम्पत्ति के स्वामी थे। कोरोमंडल के राजा के मरने पर उसके एक मुसलमान कर्मचारी को जो सोना और रत्न मिला उनको उठाने के लिए सैकड़ों बैलों की आवश्यकता पड़ी थी। इसी कोरोमंडल को जब अलाउद्दीन खिलजी का सेनापति मलिक काफूर ने जीता तो वहाँ के राजकोष से और-और पदार्थों के अलावा 96 हजार मन सोना और 500 मन मोती और रत्न मिले। कोरोमंडल का सारा व्यापार अरब, इराक और फारस के समुद्र-तटों से होता था।

एक अरब व्यापारी ने भारत के बारे में अरबी में कविता लिखी जिसका अर्थ है—''मेरे मित्रों ने नहीं माना है ऐसी अवस्था में यह बात ठीक नहीं थी, जबकि भारत की और भारत के तीर की युद्ध में प्रशंसा की जा रही थी।''

''अपने प्राणों की सौगन्ध भारत वह भूमि है कि जब इसमें पानी बरसता है, तब उससे उन लोगों के लिए दूध, मोती और लाल उगते हैं जो शृंगार से रहित हैं।''

''भारत की मुख्य चीजों में कस्तूरी, कपूर, अम्बर, अगर और अनेक प्रकार के सुगन्धित पदार्थ उन लोगों के लिए हैं जो मैले हों।''

''और भाँति-भाँति के इत्र, जायफल, सम्बुल, हाथीदाँत, सागौन की लकड़ी, सुगन्धित लकड़ी और चन्दन हैं।''

''और इसमें तूतिया सबसे बड़े पर्वत की तरह है, और यहाँ शेर, बबर, चीते, हाथी और हाथी के बच्चे होते हैं।''

''यहाँ पक्षियों में कुलंग, तोते, मोर और कबूतर हैं और वृक्षों में यहाँ नारियल, आबनूस और कालीमिर्चों के वृक्ष हैं।''

''और हथियारों में तलवारें हैं, जिनको कभी सिकली की आवश्यकता नहीं होती, और ऐसे भाले हैं कि जब वे हिलें, तब उनसे सेना की सेना हिल जाए।''

''तो क्या मूर्ख के सिवा कोई और भी ऐसा है जो भारत के इन गुणों को अस्वीकार कर सकता है?''

शब्दावली
(Terminology)

अपोलोडोटस—अपोलोडोटस युक्रेटी दस का पुत्र और भारत का एक यवन राजा (175-176 ई.पू.)। उसने अपने पिता की हत्या करके उसके रक्त पर अपना रथ चलाया और उसके शव का अन्तिम संस्कार भी नहीं करने दिया। उसने अपने नाम के सिक्के चलाए। कुछ लोगों का कहना है कि अपोलोडोटस युक्रेटी दस का पुत्र नहीं वरन् उसका प्रतिद्वन्द्वी था।

अभिषेक—अभिषेक का अर्थ है जल छिड़कना। राजपद पर निर्वाचित होने पर राजा का अभिषेक आवश्यक माना जाता था। इस अवसर पर ब्राह्मण पुरोहित, निर्वाचित राजा का कोई निकट सम्बन्धी या भाई, एक मित्र नरेश और एक वैश्य उस पर 17 तीर्थों का पवित्र जल छिड़कते थे।

अभिसार—एक जनजाति, जो सिकन्दर के आक्रमण के समय कश्मीर के पूँछ तथा पड़ोस के कुछ जिलों में तथा उत्तर-पश्चिमी सीमा प्रान्त के हजारा जिले में निवास करती थी।

अभिसार—सिकन्दर के आक्रमण के समय अभिसार जनपद का राजा। वह बड़ा चतुर राजनीतिज्ञ था। जब सिकन्दर तक्षशिला पहुँचा तो उसने कहलाया कि मैं यवन आक्रमणकारियों के सामने आत्मसमर्पण करने को तैयार हूँ। इसके साथ ही वह पोरस से मिलकर सिकन्दर से लड़ने के लिए भी सन्धि-वार्ता चलाता रहा। यह वार्ता सफल नहीं हो सकी और अन्त में अभिसार जनपद के राजा को सिकन्दर के सामने आत्मसमर्पण करने के लिए बाध्य होना पड़ा।

अमात्य—गुप्त शासनकाल में उच्च प्रशासकीय अधिकारी का पद, जो मन्त्री के समकक्ष माना जाता था। मराठा छत्रपति शिवाजी ने भी इस पद को प्रचलित किया था। शिवाजी के समय में अमात्य का अर्थ वित्तमन्त्री था, जिसको सरकारी हिसाब-किताब की जाँच करके उस पर हस्ताक्षर करने पड़ते थे।

अमित्रघात—अमित्रघात का शाब्दिक अर्थ शत्रु-हन्ता है। यूनानी इतिहासकारों ने इस शब्द का अमित्रकाटस रूप लिखा है और चन्द्रगुप्त मौर्य के पुत्र बिन्दुसार को इस नाम से सम्बोधित किया है।

अश्वमेध—अश्वमेध का विधान *ऋग्वेद* में मिलता है। जब कोई विजयी राजा अपने को सार्वभौम राजा घोषित करना चाहता था तो वह अश्वमेध करता था। इस यज्ञ में एक घोड़ा छोड़ा जाता जो सालभर इच्छानुसार विचरण करता था। उस घोड़े के पीछे-पीछे सेना चलती थी जिसका नायकत्व अश्वमेध करनेवाला राजा अथवा उसकी ओर से नियुक्त कोई राजकुमार

करता था। जब अश्वमेध का घोड़ा किसी दूसरे राजा के राज्य में प्रवेश करता तो वह या तो युद्ध करता या बिना लड़े अधीनता स्वीकार कर लेता था।

असंग–प्रसिद्ध बौद्ध पंडित, भिक्षु और आचार्य जो गुप्तकाल में ईसा की चौथी शताब्दी में हुआ। वह प्रसिद्ध आचार्य बसुबन्धु का भाई था जो दूसरे गुप्त सम्राट समुद्रगुप्त (लगभग 330-360 ई.) का अमात्य था। उसने योगाचार्य भूमिशास्त्र की रचना की जो महायान सम्प्रदाय का आधारभूत ग्रन्थ माना जाता है।

अस्सकेनोई गण–अस्सकेनोई गण भारत पर सिकन्दर महान के आक्रमण के समय मलकन्द दर्रे के निकट स्वातघाटी के एक हिस्से में रहता था। उनके पास एक बड़ी सेना थी और मस्सग दुर्ग उनकी राजधानी थी। यह दुर्ग प्राकृतिक दृष्टि से दुर्भेद्य था और उसकी रक्षा के लिए एक ऊँची प्राचीर और गहरी परिखा का निर्माण किया गया था। अस्सकेनोई लोगों ने सिकन्दर से जमकर लोहा लिया और उनके एक तीर से सिकन्दर घायल भी हो गया। लेकिन अन्त में सिकन्दर की विजय हुई।

अस्सपेसिओई गण–अस्सपेसिओई गण भारत पर सिकन्दर महान के आक्रमण के समय पश्चिमोत्तर सीमा पर कुनड़ अथवा चित्राल नदी की घाटी में रहता था। इस गण ने यवन आक्रमणकारियों से डटकर मोर्चा लिया था। सिकन्दर को इन लोगों से दो लड़ाइयाँ लड़नी पड़ीं और उसके बाद ही वह इनका दमन कर सका।

आजीवक–आजीवक सम्प्रदाय की स्थापना गोशाल ने की थी जो गौतम बुद्ध का समकालीन था। उनके विचार *सामंज फल सूत* तथा *भगवतीसूत्र* में मिलते हैं। आजीवक पुरुषार्थ में विश्वास नहीं करते थे। वे नियति को मनुष्य को सभी अवस्थाओं के लिए उत्तरदायी ठहराते थे। उनके नियतिवाद में पुरुष के बल या वीर्य (पराक्रम) का कोई स्थान नहीं था। वे पाप या पुण्य का कोई हेतु या कारण नहीं मानते थे। आजीवकों का सम्प्रदाय कभी इतना विशाल नहीं हुआ कि राजनीति पर उसका कोई प्रभाव पड़ता, हालाँकि अशोक के काल में उनका समुदाय महत्त्वपूर्ण माना जाता था। अशोक के पोते ने गया के निकट बराबर पहाड़ियों में निर्मित तीन गुफा-मन्दिर आजीवकों को दान कर दिए थे।

आभीर–आभीर गण का प्रथम उल्लेख पतंजलि के *महाभाष्य* में मिलता है। वे सिन्धु नदी के निचले काँठे और पश्चिमी राजस्थान में रहते थे। *पेरिप्लस* नामक ग्रन्थ तथा टॉलेमी के भूगोल में भी उनका उल्लेख है। ईसा की दूसरी शताब्दी के उत्तरार्द्ध में आभीर राजा पश्चिमी भारत के शक शासकों के अधीन थे।

आर्कोशिया–आर्कोशिया नाम का प्रयोग यूनानी इतिहासकारों ने कन्दहार क्षेत्र के लिए किया है।

आर्यदेव–एक प्रसिद्ध बौद्ध आचार्य जो ईसा की दूसरी शताब्दी में हुआ। उसकी गणना बौद्ध धर्म की महायान शाखा के प्रवर्तकों में होती है।

आर्यावर्त–आर्यावर्त का अर्थ है *आर्यों* का वासस्थान। *मनुसंहिता* (200 ई.) में आर्यावर्त का प्रयोग हिमालय से विन्ध्य तक समस्त उत्तरी भारत के लिए किया गया है। आर्य लोग कब इस क्षेत्र में आए, इसका सही पता नहीं लगाया जा सकता है। *ऋग्वेद* (1500 ई.पू.) के काल में आर्य लोग अफगानिस्तान और पंजाब तक सीमित थे। पंजाब में बस जाने के बाद आर्यों को पूर्व की ओर बढ़ने तथा समस्त आर्यावर्त में फैलने में कई शताब्दियाँ लगाई होंगी।

आलवार–आलवार वैष्णव सम्प्रदाय के सन्त थे जिन्होंने ईसा की सातवीं-आठवीं शताब्दी में दक्षिण भारत में भक्तिमार्ग का प्रचार किया। इन सन्तों में नाथमुनि, यामुनाचार्य और रामानुजाचार्य प्रमुख थे। रामानुज ने विशिष्टाद्वैत सिद्धान्त का प्रतिपादन किया, जो शंकराचार्य के अद्वैतवाद का संशोधित रूप था।

इक्ष्वाकु–एक प्रसिद्ध पौराणिक राजा। रामायण के नायक रामचन्द्रजी के पिता तथा कोसल के राजा दशरथ उन्हीं के वंशज थे।

इत्सिंग–एक चीनी भिक्षु और यात्री, जो 675 ई. में सुमात्रा होकर समुद्र मार्ग से भारत आया। वह दस वर्षों तक नालन्दा विश्वविद्यालय में रहा और उसने वहाँ के प्रसिद्ध आचार्यों से संस्कृत तथा बौद्ध धर्म के ग्रन्थों को पढ़ा। उसने 691 ई. में अपना प्रसिद्ध ग्रन्थ *भारत* तथा *मलय द्वीपपुंज* में प्रचलित बौद्ध धर्म का विवरण लिखा।

इन्द्र–एक वैदिक देवता, जिसका प्रधान अस्त्र वज्र था। वैदिक देवताओं में इसका स्थान बहुत ऊँचा था।

इन्द्र–राष्ट्रकूट वंश में इस नाम के चार राजा हुए। इन्द्र प्रथम तथा इन्द्र द्वितीय के बारे में उनके नामों को छोड़कर और कुछ ज्ञात नहीं है। इन्द्र तृतीय (915-17 ई.) ने बहुत थोड़े समय तक राज्य किया। इतने ही समय में उसने कन्नौज पर आक्रमण कर अधिकार कर लिया। उसकी मृत्यु के बाद ही कन्नौज छिन गया। इन्द्र चतुर्थ, जिसकी मृत्यु 982 ई. में हुई, राष्ट्रकूट वंश का अन्तिम राजा था।

इन्द्रप्रस्थ–पांडवों की राजधानी। कौरवों के साथ उनकी लड़ाई *महाभारत* की मुख्य कथावस्तु है। इन नगर की पहचान दिल्ली के निकट इन्द्रपत गाँव से की जाती है।

उत्तरकुरू–भारतीय आर्यों का एक भाग, जिसका उल्लेख *ऐतरेय ब्राह्मण* में मिलता है। वे हिमालय के उस पार रहते थे।

उत्तर-मद–भारतीय आर्यों का गण, जो उत्तरकुरू की भाँति हिमालय के उस पार रहता था।

उदय (या उदायी)–ई.पू. 443 के लगभग मगध का एक शासक। यह अजातशत्रु का पौत्र एवं दर्शक का पुत्र था। इसने सोन नदी के तट पर स्थित पाटलिपुत्र से कुछ मील दूर गंगा के किनारे कुसुमपुर नगर की स्थापना की। बाद में कुसुमपुर वृहत्तर पाटलिपुत्र का भाग बन गया।

उपगुप्त–एक प्रसिद्ध बौद्ध भिक्षु जो वाराणसी के गुप्त नामक गन्धी का पुत्र था। वह अशोक का गुरु था। इससे प्रभावित होकर उसने बौद्ध धर्म अंगीकार कर लिया।

उपनिषद्–आर्यों के दार्शनिक विचारों की सूचना देनेवाले ग्रन्थ जो वैदिक संहिताओं के अन्तिम भाग के रूप में मिलते हैं। इनमें कर्मकांड अर्थात् यज्ञ-क्रियाओं की नहीं वरन् आध्यात्मिक चर्चा है। इनका प्रतिपाद्य विषय ब्रह्म और आत्मा है, जिनका ज्ञान मोक्ष प्राप्ति के लिए आवश्यक समझा जाता था।

उपवेद–आयुर्वेद, धनुर्वेद, गान्धर्ववेद (संगीतशास्त्र) और शिल्पशास्त्र आदि विधाएँ जिन्हें वेदों से निकली हुई समझा जाता था।

ऋग्वेद–चार वेदों में सबसे प्राचीन। कट्टर हिन्दू वेदों को अपौरुषेय मानते हैं और उनके अनुसार वैदिक ऋचाओं के साथ जिन ऋषियों के नाम मिलते हैं वे उनका दर्शन करनेवाले

(द्रष्टा) थे। *ऋग्वेद* शब्द ऋक (ऋचा अथवा मन्त्र) तथा वेद (विद् अर्थात् ज्ञान) के संयोग से बना है, जिसका शाब्दिक अर्थ है ज्ञान के सूक्त। ऋग्वेद भी अन्य तीन वेदों की भाँति चार भागों में विभाजित है : संहिता, ब्राह्मण, आरण्यक तथा उपनिषद्।

ऋषि–वेद मन्त्रों के द्रष्टा माने गए हैं। इन्हीं ऋषियों की परम्परा में व्यास हुए जिन्होंने वेदों का संग्रह व सम्पादन किया तथा *पुराण, महाभारत, भागवत* आदि हिन्दू धर्मग्रन्थों की रचना की। इसी परम्परा में अगस्त्य जैसे ऋषि थे।

एलारा–दक्षिण में प्राचीन चोल वंश का एक राजा, जो ईस्वी से पूर्व दूसरी शताब्दी में हुआ। कहा जाता है कि उसने श्रीलंका पर विजय प्राप्त की थी। वह अत्यधिक न्यायप्रिय था।

ऐलिफैंटा की गुफाएँ–बम्बई के निकट, पौराणिक देवताओं की अत्यन्त भव्य मूर्तियों के लिए विख्यात है। इन मूर्तियों में त्रिमूर्ति सर्वश्रेष्ठ है।

ओनेसि क्राइटोस–एक प्रसिद्ध ग्रीक इतिहासकार, जिसने भारत पर सिकन्दर के आक्रमण का वृत्तान्त लिखा है। वह सिकन्दर के साथ 326 ई.पू. में तक्षशिला तक आया था। यद्यपि उसके द्वारा लिखित इतिहास अब उपलब्ध नहीं है, तथापि उसके कुछ उद्धरण अन्य यूनानी इतिहासकारों की रचनाओं में उपलब्ध है।

कण्व (अथवा काण्वायन) वंश–लगभग 73 ई.पू. शुंग-वंश के बाद मगध का शासनकर्ता। इसका संस्थापक वासुदेव शुंग-वंश के अन्तिम राजा देवभूति का ब्राह्मण अमात्य था। कण्व-वंश में उसके संस्थापक सहित चार राजा हुए जिन्होंने पैंतालीस वर्ष तक राज्य किया। उसके अन्तिम राजा सुशमा को लगभग 28 ई.पू. में आन्ध्र वंश के संस्थापक सिमूक ने मार डाला।

कथावत्थु–पालि भाषा का एक प्रसिद्ध बौद्ध टीका ग्रन्थ। प्रो. रहाइस डेविस ने इसका रचनाकाल अशोक का राज्यकाल (लगभग 273-232 ई.पू.) माना है।

कदफिसस प्रथम–कदफिसस का पूरा नाम कुजल कर कदफिसस, कुषाण वंश का पहला राजा। वह सम्भवतः 40 ई. में गद्दी पर बैठा तथा लगभग 37 वर्ष तक राज्य किया। उसने अपने राज्य का विस्तार बैक्ट्रिया से आगे अफगानिस्तान तथा भारत के उत्तर-पश्चिम सीमा क्षेत्र में सिन्धु नदी के उस पार तक किया।

कदफिसस द्वितीय–कदफिसस प्रथम का पुत्र तथा उत्तराधिकारी। उसने कुषाण साम्राज्य का विस्तार सारे उत्तरी भारत में किया। बहुत से लोगों का विचार है कि उसी ने 78 ई. में अपने राज्यारोहण के उपलक्ष्य में शक संवत् प्रचलित किया।

कनिष्क–कदफिसस प्रथम द्वारा स्थापित कुषाण राजवंश का सबसे प्रसिद्ध राजा। कनिष्क का काल अत्यन्त विवादास्पद रहा है। कुछ विद्वानों के मतानुसार उसका शासनकाल 78 ई. में आरम्भ हुआ, जिस काल में शक संवत प्रचलित हुआ।

कपिलवस्तु–उत्तर प्रदेश राज्य के बस्ती जिले के उत्तर में नेपाल की तराई में स्थित। इसका शाब्दिक अर्थ है 'कपिल का स्थान'। परन्तु, यह पता नहीं है कि इस स्थान का क्या सांख्य दर्शन के प्रवर्त्तक कपिल से कोई सम्बन्ध था? ऐतिहासिक रूप से कपिलवस्तु बौद्ध धर्म के संस्थापक गौतम बुद्ध के जन्मस्थान के रूप में प्रसिद्ध है।

कर्क–एक प्रतिहार राजा, जिसने 873 ई. में मुंगेर में गौड़ राजा से युद्ध करते हुए ख्याति प्राप्त की।

कर्क द्वितीय–राष्ट्रकूट वंश का अन्तिम राजा, जिसे 973 ई. में तैल चालुक्य ने अपदस्थ कर दिया।

कर्कोटक वंश–कश्मीर में सातवीं शताब्दी में दुर्लभवर्धन के द्वारा स्थापित। इसने कश्मीर पर 855 ई. तक राज्य किया। इसके बाद उत्पल वंश ने इसे उखाड़ फेंका। इस वंश के तीन सबसे प्रसिद्ध राजा चन्द्रापीड़, मुक्तापीड़ ललितादित्य तथा जयापीड़ विनयादित्य हुए।

कर्णसुवर्ण–शशांक के राज्यकाल में गौड़ (बंगाल) की राजधानी। शशांक तथा उसके समसामयिक महाराजाधिराज हर्षवर्द्धन की मृत्यु के बाद कामरूप (असम) के राजा भास्कर वर्मा ने कर्णसुवर्ण को जीत लिया और कुछ समय तक अपने अधिकार में रखा। उसने निधानपुर का दानपत्र कर्णसुवर्ण में अपने विजय-शिविर में लिखवाया था। कर्णसुवर्ण को तर्कसंगत रीति से बंगाल में भागीरथी के तट पर स्थित मुर्शिदाबाद से की जाती है।

कर्तृपुर–समुद्रगुप्त (लगभग 330-380 ई.) के इलाहाबाद स्तम्भ लेख के अनुसार एक प्रत्यन्त (सीमान्त) राज्य, जिसका राजा दूसरे प्रत्यन्त राजाओं की भाँति समुद्रगुप्त का करद था। यह राज्य सम्भवतः आधुनिक कुमायूँ तथा गढ़वाल जिलों में विस्तृत था।

कामन्दक–राजशास्त्र का एक भारतीय लेखक। उसका **नीतिसार** अपने विषय का प्रामाणिक ग्रन्थ माना जाता है।

कारूवाकी (अथवा कालुवाकी)–अशोक मौर्य की दूसरी रानी तथा तिवल अथवा तिसर की माता थी। अशोक की रानियों में सिर्फ इसी रानी का नामोल्लेख उसके शिलालेखों में हुआ है। संस्कृत में उसका नाम चारूवाकी रहा होगा।

कुणाल–अशोक का पुत्र? उसका उल्लेख अशोक अथवा उसके किसी उत्तराधिकारी के शिलालेख में नहीं मिलता। उसको लेकर अनेक किंवदन्तियाँ प्रचलित हैं जो मन में करुणा उत्पन्न करती हैं। कहा जाता है कि वह अपनी सौतेली माँ तिष्यरक्षिता का कोपभाजन बन गया।

कुबेर–देवराष्ट्र का राजा। प्रयाग के स्तम्भ लेख के अनुसार समुद्रगुप्त ने उसे युद्ध में बन्दी बनाने के बाद मुक्त कर दिया था। देवराष्ट्र आन्ध्र प्रदेश के विजगापट्टम जिले में स्थित बाताया जाता है।

कुबेरनागा–चन्द्रगुप्त द्वितीय (लगभग 380-413 ई.) की एक रानी थी।

कुब्ज विष्णुवर्धन–चालुक्य राजा पुलकेशिन द्वितीय (लगभग 609-42 ई.) का छोटा भाई।

कुमारघोष–बंगाल का प्रसिद्ध बौद्ध भिक्षु, जो जावा के शैलेन्द्र राजवंश का गुरु हो गया। उसके आदेश से शैलेन्द्र राजा ने जावा में तारा का एक सुन्दर मन्दिर बनवाया।

कुषाण–युहारी कबीले के लोग, जो यायावर जीवन व्यतीत करते थे। बैक्ट्रिया में बस जाने के बाद इस कबीले ने यायावर जीवन व्यतीत करना त्याग दिया। ईस्वी सन् से पूर्व की पहली शताब्दी में उसके भारत पर हमले शुरू हो गए। इस कबीले की कई शाखाएँ थीं, जिनमें कुषाण भी थे।

कूणिक–अजातशत्रु को इस नाम से भी सम्बोधित किया जाता था।

कूना (जिसे सुन्दर नेड़भरन भी कहते हैं)–एक पांड्य शासक, जो सातवीं शताब्दी ई. में राज्य करता था। वह पहले जैन धर्मानुयायी था, बाद में शैव हो गया। शैव होने के बाद उसने जैनों पर भारी अत्याचार किए। कहा जाता है कि उसने 800 जैनों को सूली पर चढ़वा दिया था।

कृष्ण–विष्णु के अवतार के रूप में इनकी पूजा सारे भारत में होती है। *महाभारत* और *भागवतपुराण* में इनका वर्णन मिलता है।

कृष्ण–सातवाहन वंश का दूसरा राजा। उसका सम्भाव्य काल 235 ई.पू. है। उसने सातवाहन राज्य का विस्तार पश्चिम नासिक तक किया था।

केरलपुत्र–अशोक के द्वितीय शिलालेख के अनुसार उसके साम्राज्य के दक्षिणी सीमान्त प्रदेश के निवासी। उनके देश में आधुनिक ट्रावणकोर क्षेत्र सम्मिलित था।

कौंडिन्य–कम्बोडिया में सुरक्षित अनुश्रुतियों के अनुसार एक भारतीय ब्राह्मण जिसने कम्बुज देश के राज्य की स्थापना की। कम्बुज देश को ही अब 'कम्बोडिया' कहते हैं।

केटिरास–सिकन्दर के साथ पंजाब के अभियान में भाग लेने के लिए जो यूनानी सेनापति आए, उनमें सबसे वफादार और योग्य।

क्षत्रप–उत्तर भारत के कई भू-भागों पर राज्य करनेवाले शक शासकों की उपाधि।

क्षुद्रक–एक गण, जो पंजाब में झेलम और चिनाव नदियों के संगम के नीचेवाले भाग में निवास करता था।

खरोष्ठी–एक प्राचीन भारतीय लिपि जो ब्राह्मी लिपि के ठीक उलटे ढंग अर्थात् दाहिने से बाएँ लिखी जाती थी। अशोक ने अपने चतुर्दश शिलालेखों में से दो मानसेरा तथा शहवाजगढ़ी के शिलालेखों में खरोष्ठी लिपि का प्रयोग किया है। इससे मालूम पड़ता है कि तीसरी शताब्दी ई.पू. में भारत के उत्तर-पश्चिमी सीमा प्रान्तों में ब्राह्मी लिपि के बजाय खरोष्ठी लिपि प्रचलित थी।

गंगैकोंड–एक उपाधि, जिसे चोल नरेश राजेन्द्र चोलदेव प्रथम (1018-35 ई.) ने बंगाल के राजा महिपाल या गंग राजाओं पर विजय पाने के उपलक्ष्य में धारण किया। इस विजय के उपलक्ष्य में ही उसने गंगैकोंड-चोलपुरम के नाम से एक नया नगर भी बसाया था।

गुहा वास्तु–भारतीय प्राचीन वास्तुकला का एक बहुत ही सुन्दर नमूना। अशोक के शासनकाल से गुहाओं का उपयोग आवास के रूप में होने लगा। गया के निकट बराबर पहाड़ी पर ऐसी अनेक गुफाएँ विद्यमान हैं, जिन्हें सम्राट अशोक ने आवास योग्य बनाकर आजीवकों को दे दिया था।

गोपुरम्–दाक्षिणात्य शैली के मन्दिरों का एक विशेष शिखराकार अंग। खासतौर से चोल राजाओं द्वारा निर्मित मन्दिर विशाल गोपुर (उत्तंग शीर्षवाले द्वार) से मंडित होते थे। कालान्तर में कई-कई मंजिलों के गोपुरों का निर्माण किया जाने लगा, जिनकी वास्तु प्राकृति अत्यन्त भव्य होती थी। कुम्भकोणम् का गोपुरम् वास्तुकला की दृष्टि से अत्यन्त भव्य गिना जाता है।

गोशाला–बुद्ध और महावीर का समकालीन, जिसने आजीवक सम्प्रदाय की स्थापना की।

चरक–प्राचीन भारत का सुविख्यात चिकित्सक, जिसने चिकित्साशास्त्र और औषधि विज्ञान पर एक बहुत ही आधिकारिक ग्रन्थ लिखा, जिसका नाम उसके नाम पर ही *चरक संहिता* प्रसिद्ध हो गया।

चारूमती–मौर्य सम्राट अशोक (लगभग ईसा पूर्व 272-232) की पुत्री। उसने देवपाल क्षत्रिय से विवाह किया था लेकिन बाद में वह बौद्ध भिक्षुणी बन गई।

चार्वाक–भारतीय दर्शन की भौतिकवादी विचारधारा (लोकायत) का व्याख्याता। कट्टरपन्थी हिन्दू दार्शनिकों से सर्वथा विपरीत वेदों को प्रमाण नहीं माना, शरीर से परे अजर-अमर आत्मा

होने के सिद्धान्त का खंडन किया, ऐसे दर्शन का प्रतिपादन किया जिसका मूलतत्त्व है कि जब तक जिओ, खाओ, पिओ और मस्त रहो, क्योंकि एक बार शरीर के भस्म हो जाने पर आत्मा नाम की कोई चीज बाकी नहीं रह जाती है।

चूटू वंश–सातवाहनों की ही एक शाखा। इस वंश ने 225 ई. के लगभग सातवाहन साम्राज्य के एक भाग पर शासन किया था, जिसकी राजधानी उत्तरी तुंगभद्रा पर बनवासी में थी।

चेदि–गंगा और नर्मदा के बीच के क्षेत्र का नाम। प्राचीन बौद्ध धर्मग्रन्थों में इसका उल्लेख सोलह बड़े राज्यों (महाजनपदों) में हुआ है। बाद में इस क्षेत्र पर कलचुरियों ने शासन किया।

टाल्मी फिलेडेल्फस–मिस्र का यवन (यूनानी) राजा (285-247 ई.पू.)। उसने डायोनीसियस को अपना दूत बनाकर मौर्य सम्राट बिन्दुसार की राजसभा में भेजा था। उसका उल्लेख अशोक के शिलालेख संख्या 13 में हुआ है। अशोक ने धर्म विजय के लिए बौद्ध भिक्षुओं को उसके राज्य में भी भेजा था।

डफला–आसाम की पूर्वोत्तर सीमा (जो डफला पर्वतमाला से लेकर आधुनिक दारंग जिले के उत्तर तक फैली हुई है) में रहनेवाली एक जनजाति।

तमिलगम–तमिल देश, जिसके अन्तर्गत तीन प्राचीन राज्य पांड्य, चोल और चेर अथवा केरल स्थित थे।

तिस्म–लगभग 250 ई.पू. से 211 ई. तक सिंहलद्वीप (श्रीलंका) का राजा।

तुषास्प–अशोक के राज्यकाल में गुजरात और काठियावाड़ का महामात्य था। उसने राजा की उपाधि प्राप्त की।

दंडिन–छठी शताब्दी ई. में वर्तमान, जो संस्कृत का सरस कवि, साहित्य समालोचक और गद्य लेखक था। *काव्यादेश* संस्कृत पद्य में लिखा उसका काव्यशास्त्र का प्रसिद्ध ग्रन्थ है। उसके द्वारा लिखा *दशकुमारचरित* संस्कृत गद्य काव्य का सबसे प्रसिद्ध प्रेमाख्यान है।

दक्षिण–मूलरूप में दक्षिण अथवा दक्षिणापथ का प्रयोग उस क्षेत्र के लिए किया जाता था, जो उत्तर में विन्ध्य पर्वत और नर्मदा से लेकर दक्षिण में कन्याकुमारी तक विस्तृत है। बाद में दक्षिण का अर्थ वह क्षेत्र माना जाने लगा, जो उत्तर में नर्मदा तक, दक्षिण में तुंगभद्रा तथा कृष्णा नदी के बीच स्थित है, अर्थात् दक्षिणी पठार के मुख्य भाग को दक्षिण कहा जाने लगा, जिसके अन्तर्गत आजकल का मध्य प्रदेश, महाराष्ट्र तथा आन्ध्र प्रदेश आता है। कृष्णा और तुंगभद्रा के दक्षिण के क्षेत्र को कभी-कभी तमिलहम् अर्थात् तमिल देश कहा जाता था। यहाँ दक्षिण का अर्थ है नर्मदा और कृष्णा नदियों के बीच का दक्षिणी पठार। भूगर्भीय दृष्टि से सिन्धु और गंगा के मैदानों की अपेक्षा यह पठार बहुत प्राचीन माना जाता है।

दर्शक (लगभग 467-443 ई.पू.)–मगध के सम्राट अजातशत्रु (लगभग 494-467 ई.पू.) का पुत्र और उत्तराधिकारी। कदाचित् यह वही नरेश था, जिसका उल्लेख भास लिखित नाटक *स्वपनवासवदत्ता* में मिलता है।

दशरथ–अशोक मौर्य का पौत्र, जो लगभग 232 ई.पू. में गद्दी पर बैठा। उसने बिहार की नागार्जुनी पहाड़ियों की कुछ गुहाएँ आजीविकों को निवास के लिए दान कर दी थीं।

दास–वैदिक साहित्य में 'दास' शब्द आर्यों के शत्रु के लिए प्रयुक्त हुआ है, जिसके साथ उन्हें पंजाब में युद्ध करना पड़ा था। इन्हें दस्यु भी कहते हैं। दासों को श्याम वर्ण और चपटी नाकवाला बताया गया है।

दिगम्बर जैन–जैन धर्म का एक सम्प्रदाय, जिसके साधु वस्त्रहीन रहते हैं। इसके विपरीत श्वेताम्बर साधु श्वेत वस्त्र धारण करते हैं।

दिद्दा–कश्मीर नरेश क्षेमगुप्त की रानी, जिसने दसवीं शताब्दी में पहले अपने पति की ओर से शासन किया जो उसके हाथ की कठपुतली मात्र था। बाद में राजा के मरने पर वह स्वयं राजसिंहासन पर आरूढ़ हो गई। 1003 ई. में उसने अपने भतीजे संग्रामराज को राजमुकुट सौंप दिया, जिससे कश्मीर में लोहार राजवंश प्रचलित हुआ।

दिवोदास–एक प्रसिद्ध राजा, जिसका उल्लेख *ऋग्वेद* में हुआ है। उसने दासों के अनार्य राजा संवर से युद्ध किया था।

दीपवंश–सिंहल (श्रीलंका) के प्राचीन इतिहास का एक ग्रन्थ, जो चतुर्थ अथवा पंचम शताब्दी में लिखा गया।

दोआब–उत्तर भारत में गंगा और यमुना के बीच तथा दक्षिण भारत में कृष्णा और तुंगभ्रदा के बीच के ऐसे क्षेत्र, जो भारत के सर्वाधिक उपजाऊ भू-भाग माने जाते हैं। इन क्षेत्रों पर अधिकार करने के लिए आसपास के राजा बराबर प्रयत्नशील रहते थे।

द्रविड़ (देश)–तमिलनाडु का प्राचीन नाम, अर्थात् मद्रास से लेकर दक्षिण में कन्याकुमारी तक दक्षिण भारत का भू-भाग।

द्रविड़ (निवासी)–भारत में बसी हुई प्राचीनतम प्रजातियों में से एक, जो पहले उत्तर और दक्षिण दोनों भागों में फैली हुई थी। कालान्तर में उत्तर भारत के द्रविड़ मेसोपोटामिया (वर्तमान इराक) की ओर चले गए और रास्ते में बलूचिस्तान में अपनी ब्राहुई शाखा छोड़ गए जो आज भी द्रविड़ भाषा से मिलती-जुलती बोली बोलते हैं।

धंग (लगभग 950-99)–मध्य भारत के चन्देल वंश का सबसे अधिक शक्तिशाली राजा।

धनंजय–दक्षिण भारत के उत्तरी अर्काट जिले में स्थित कुस्थलपुर का राजा। प्रयाग के स्तम्भ लेख के अनुसार समुद्रगुप्त (चतुर्थ शताब्दी) ने अपने दक्षिणी अभियान में धनंजय को पराजित करने के बाद उदारपूर्वक मुक्त भी कर दिया।

धननन्द–नन्दवंशी राजाओं में अन्तिम, जो सिकन्दर के आक्रमण के समय शासन करता था। प्राचीन यूनानी लेखकों ने उसका नाम अग्रमस अथवा जैंडमस लिखा है।

धर्मशास्त्र–वेदों के बाद धर्मशास्त्रों को ही हिन्दुओं की सबसे अधिक मान्यता प्राप्त है। धर्मशास्त्रों में वैदिक धर्मसूत्रों के अतिरिक्त जिनमें उस युग की सामाजिक रीति-नीति और विधि-विधानों का विवरण है। *मनुस्मृति* आदि स्मृतियाँ भी शामिल की जाती हैं।

नम्बूद्री ब्राह्मण–इस वर्ग का निवास मलाबार (केरल) का भू-भाग है। इन लोगों ने वैदिक परम्परा और कर्मकांड के विपरीत परिस्थितियों में भी आत्मत्यागपूर्वक सुरक्षित रखा है।

नाग–नर्मदा नदी की घाटी के मूल निवासी। उनके एक शासक गणपति नाग का उल्लेख समुद्रगुप्त के प्रयाग स्तम्भ लेख में हुआ है।

नियार्कस–मकदूनिया के महान विजेता सिकन्दर का नौसेनाधिकारी।

पतंजलि–पाणिनि की प्रसिद्ध संस्कृत व्याकरण पुस्तक *अष्टाध्यायी* के ख्यातिनामा टीकाकार, जिनकी उक्त टीका *महाभाष्य* नाम से प्रसिद्ध है। विश्वास किया जाता है कि वे शुंग राजा पुष्यमित्र के समसामयिक थे, जो दूसरी शताब्दी ई.पू. में हुआ।

पतंजलि–एक महान दार्शनिक, जिन्होंने संस्कृत भाषा में *योगसूत्र* नाम से प्रसिद्ध दर्शन ग्रन्थ की रचना की। उनका काल अनिश्चित है, परन्तु वे प्रसिद्ध भाष्यकार पतंजलि से भिन्न थे।

परमार्थ (499-599 ई.)–एक प्रसिद्ध बौद्ध भिक्षु तथा विद्वान जिसने 546 तथा 569 ई. के बीच अपनी प्रसिद्ध पुस्तक *वसुबन्धुचरित* की रचना की है। इस पुस्तक में उसने कनिष्क के द्वारा आमन्त्रित बौद्धों की चौथी संगीति (महासभा) का विवरण लिपिबद्ध किया है।

परोपनिसदे–यूनानी इतिहासकारों के अनुसार अफगानिस्तान की राजधानी काबुल के आसपास का भू-भाग।

पाणिनि–प्रसिद्ध वैयाकरण। वे चौथी शताब्दी ई.पू. के पूर्व हुए। उनकी *अष्टाध्यायी* नामक रचना संस्कृत के व्याकरण ग्रन्थों में सर्वश्रेष्ठ मानी जाती है।

पाणिनि–एक संस्कृत कवि, जो वैयाकरण पाणिनि से भिन्न थे। संस्कृत कवियों में उनका नाम आदर से लिया जाता था और संस्कृत काव्य ग्रन्थों में उनकी कविताओं के उद्धरण मिलते हैं।

पानचाओ–एक चीनी सेनापति, जिसने 73 ई. और 102 ई. के बीच किसी समय खोतान में बढ़कर कदफिसस द्वितीय की आक्रमणकारी सेनाओं को खदेड़ दिया और उसे चीनी सम्राट होती (89-105 ई.) को कर देने के लिए विवश किया।

पारसी–जरथुस्त्र के अनुयायी एवं फारस देश के निवासियों का एक छोटा समुदाय। सातवीं शताब्दी ई. में जब अरब के मुसलमानों ने फारस देश को जीता, वे वहाँ से भाग आए और भारत में शरण ली।

पार्श्वनाथ–जैनों के तेईसवें तीर्थंकर (मार्गदाता), वे महावीर स्वामी से लगभग दो शताब्दी पहले बनारस के एक राजकुल में उत्पन्न हुए।

पितनिक–पितनिक लोगों का उल्लेख अशोक के शिलालेख संख्या 5 तथा 8 में मिलता है। ये लोग उसके साम्राज्य की पश्चिमी सीमाओं पर रहते थे।

पुराण–धार्मिक अनुश्रुतियों तथा प्राचीन ऐतिहासिक आख्यानों के भंडार। पुराण अठारह हैं, जिनमें से वायु, विष्णु, ब्रह्मांड, मत्स्य तथा भागवत आदि 14 पुराणों में राजाओं की वंशावलियाँ मिलती हैं जो अत्यन्त मूल्यवान हैं। पुराणों का काल-निर्णय कठिन है। पुराणों में भविष्य, ब्रह्मांड तथा मत्स्य पुराण सबसे प्राचीन हैं। परन्तु पुराणों में बहुत-से अंश बहुत बाद के काल तक जुड़ते रहे। पूर्वोक्त पुराणों के अतिरिक्त अन्य तेरह पुराण हैं–ब्रह्मा, पद्म, नारदीय मार्कण्डेय, आग्नेय, भविष्य, ब्रह्मवैवर्त, लिंग, वाराह, स्कन्द, वामन, कूर्म तथा गरुड़ पुराण।

पुरु–इस जन का उल्लेख वेदों में मिलता है। वे आर्यजाति के अन्तर्गत थे, फिर भी 'वैराकी भाषा' बोलते थे। आर्यों के अन्य जनों (कबीलों) से उनका युद्ध चलता रहता था। वे अन्य जनों के साथ सरस्वती नदी के तट पर रहते थे।

पुरु–यूनानी इतिहासकारों ने इसका नाम पोरस लिखा है। उनके वर्णनानुसार मकदूनिया के राजा सिकन्दर ने 326 ई.पू. में जब पंजाब पर आक्रमण किया, उसका राज्य झेलम और चिनाब नदियों के बीच में स्थित था। पुरु इस बात का उदाहरण प्रस्तुत करता है कि भारतीय क्षत्रिय राजा शूरवीर और स्वाभिमानी होते थे।

पुरुषपुर–आधुनिक पेशावर का प्राचीन नाम, महान कुषाण राजा कनिष्क की राजधानी थी।

पुष्यगुप्त–एक वैश्य, जिसे चन्द्रगुप्त मौर्य ने सौराष्ट्र में अपना राष्ट्रीय प्रतिनिधि नियुक्त किया था, जिसने वहाँ की एक नदी पर बाँध बनाकर प्रसिद्ध सुदर्शन झील का निर्माण कराया।

पूर्व मीमांसा–हिन्दू दर्शन का एक सम्प्रदाय। इस सम्प्रदाय में वेदविहित यज्ञ-यज्ञादि कर्मों पर बहुत बल दिया जाता है। मीमांसा दर्शन के प्रमुख प्रवक्ता शबरस्वामी, प्रभाकर तथा कुमारित थे जो चौथी-पाँचवीं शताब्दी में हुए।

प्राग्ज्योतिष–*महाभारत* में उल्लिखित आसाम के आधुनिक प्रान्त का पुराना नाम। कुछ लोग प्रागृज्योतिषपुर की पहचान दक्षिण आसाम की घाटी में स्थित गोहाटी नगर से करते हैं।

प्लिनी–एक प्राचीन यूनानी भूगोलवेत्ता। उसके *नेचुरल हिस्ट्री* नामक ग्रन्थ से प्रथम शताब्दी ईस्वी के भारत के बारे में काफी सूचनाएँ प्राप्त होती हैं। विश्वास किया जाता है कि उसका यह ग्रन्थ 77 ई. में प्रकाशित हुआ था।

फाहियान–एक चीनी तीर्थयात्री, जो भारत में 401 से 410 ई. तक रहा। वह *विनय-पिटक* की प्रामाणिक प्रति प्राप्त करने के उद्देश्य से आया था।

यूनान–कम्बुज राज्य का, जो अब कम्बोडिया कहलाता है, प्राचीन चीनी नाम, जहाँ एक भारतीय प्रवासी ब्राह्मण कौंडिन्य ने सम्भवतः ईसा की पहली शताब्दी में हिन्दू राज्य की स्थापना की थी। छठी शताब्दी में यूनान का पूरी तरह कम्बुज देश में विलय हो गया।

बन्धुपालित–*वायु पुराण* के अनुसार कुणाल का पुत्र और सम्राट अशोक का पौत्र। कहा जाता है कि वह अकेले पिता का उत्तराधिकारी हुआ था, किन्तु शिलालेखों अथवा अन्य सूत्रों से उसके बारे में कोई जानकारी उपलब्ध नहीं हैं।

बादरायण–ब्राह्मण ग्रन्थों के बाद सूत्रकाल के प्रसिद्ध मनीषी और लेखक। उन्हीं के ब्रह्मसूत्र के आधार पर शंकराचार्य ने अद्वैतवादी वेदान्त दर्शन की स्थापना की।

बिल्हण–कश्मीर में जन्मा कल्याणी के चालुक्य राजा विक्रमादित्य का दरबारी कवि। उसने *विक्रमांक चरित्र* नामक रचना में अपने संरक्षक के युद्धों और आखेट यात्राओं का वर्णन किया है।

बुद्ध–गुप्त राजवंश की मुख्य शाखा का अन्तिम सम्राट (476-95 ई.)।

बुद्धराज–कलचुरि वंश का एक राजकुमार। विश्वास किया जाता है कि राज्यवर्द्धन का समकालीन था।

बुद्धवर्मा–काँची का एक पल्लव नरेश, जिसने चोलों को पराजित किया।

बृहद्रथ–मगध का मौर्य वंश का अन्तिम राजा, जिसे लगभग 185 ई.पू. में ब्राह्मण मन्त्री पुष्यमित्र ने मार दिया था। फलस्वरूप मौर्य राजवंश का अन्त हो गया।

वृहस्पति–भारत का एक प्राचीन राजनयज्ञ एवं स्मृतिकार। उसकी कृति *वृहस्पति स्मृति* गुप्तकाल की रचना मानी जाती है। जो अभी तक अन्य ग्रन्थों में उद्धरण रूप में ही उपलब्ध है।

बौद्ध संगीति–बौद्ध संगीति का आयोजन चार बार हुआ। पहली संगीति (महासभा) गौतम बुद्ध के निर्वाण के बाद ही राजगृह (आधुनिक राजगिरि) में हुई। इसमें बौद्ध स्थविरों (थेरों) ने भाग लिया और बुद्ध के प्रमुख शिष्य महाकश्यप (महाकस्यप) ने उसकी अध्यक्षता की। चूँकि बुद्ध ने अपनी शिक्षाओं को लिपिबद्ध नहीं किया था, इसलिए संगीति में उनके तीन

शिष्यों महापंडित महाकश्यप, सबसे वयोवृद्ध उपालि तथा सबसे प्रिय शिष्य आनन्द ने उनकी शिक्षाओं का संगायन किया। तत्पश्चात् उनकी ये शिक्षाएँ गुरु शिक्षण परम्परा से मौखिक चलती रहीं। उन्हें लिपिबद्ध बहुत बाद में किया गया।

एक शताब्दी बाद बुद्धोपदिष्ट कुछ विनय-नियमों के सम्बन्ध में भिक्षुओं में विवाद उत्पन्न हो जाने पर वैशाली में दूसरी संगीति हुई। इस संगीति में विनय-नियमों की कठोर बनाया गया और जो बुद्धोपदिष्ट शिक्षाएँ अलिखित रूप में प्रचलित थीं उनमें संशोधन किया गया।

बौद्ध अनुश्रुतियों के अनुसार बुद्ध के परिनिर्वाण के 236 वर्ष बाद सम्राट अशोक के संरक्षण में तीसरी संगीति हुई, जिसकी अध्यक्षता प्रसिद्ध बौद्ध ग्रन्थ *कथावत्थु* के रचयिता तिस्स मोग्गलीपुत्र ने की। विश्वास किया जाता है कि इस संगीति में *त्रिपिटक* को अन्तिम रूप प्रदान किया गया। यदि इसे सही मान लिया जाए कि अशोक ने अपना सारनाथवाला स्तम्भ-लेख इस संगीति के बाद उत्कीर्ण कराया, तब यह मानना उचित होगा कि इस संगीति के निर्णयों को इतने अधिक बौद्ध भिक्षु-भिक्षुणियों ने स्वीकार नहीं किया कि अशोक को धमकी देनी पड़ी कि संघ में फूट डालनेवालों को कड़ा दंड दिया जाएगा।

चौथी और अन्तिम संगीति कुषाण सम्राट कनिष्क के शासनकाल (लगभग 120-144 ई.) में हुई। इस संगीति में त्रिपिटक का प्रामाणिक भाष्य तैयार किया गया, जिसे ताम्रपत्रों पर उत्कीर्ण कराकर कुंडल वन-विहार में स्तूप का निर्माण कराकर उसी में सुरक्षित रख दिया गया। इन ताम्रपत्रों को अभी तक उपलब्ध नहीं किया जा सका है।

ब्रह्म–परमात्मा की संज्ञा। ब्राह्मण दार्शनिकों ने परमात्मा को, जो अन्तर्यामी और घट-घट व्यापी पथ-दर्शक हैं, इस संज्ञा से सम्बोधित किया है। उपनिषदों और वेदान्त दर्शन में ब्रह्म-स्वरूप की चर्चा है। शंकाराचार्य ने अपनी रचनाओं में ब्रह्मवाद की विस्तार से व्याख्या की है।

ब्रह्मणस्पति–*ऋग्वेद* में वर्णित एक देवता, जो प्रार्थना का अधिपति है।

ब्रह्मा–एक हिन्दू देवता। विष्णु और शिव के साथ त्रिदेवों में इनकी गणना होती है। ये सृष्टि की रचना करते हैं और वेदों में इन्हें विधाता, हिरण्यगर्भ तथा प्रजापति कहा गया है।

ब्रह्मावर्त–इससे उस प्रदेश का बोध होता जो सरस्वती और दुष्ट्वती नदियों के बीच में स्थित था। सम्प्रति दोनों नदियाँ लुप्त हो चुकी हैं, अतः इस प्रदेश की सीमाओं की सही-सही पहचान नहीं हो सकती।

ब्राह्मण ग्रन्थ–वेदों का ही एक विवरणात्मक विभाग। मन्त्रभाग अथवा संहिताभाग जबकि पद्य में है, ब्राह्मण भाग गद्य है। दोनों को ही वेद कहा गया है और अपौरुषेय माना गया है। ब्राह्मण ग्रन्थों में यज्ञानुष्ठान के सम्बन्ध में विस्तृत विवरण, नाना विषयों के उपाख्यान तथा प्राचीन राजाओं और ऋषियों की गाथाएँ मिलती हैं।

ब्राह्मी लिपि–आधुनिक देवनागरी लिपि का प्राचीन रूप, जिसका प्रयोग संस्कृत तथा उत्तरी एवं पश्चिमी भारत की अन्य भाषाओं को लिखने में होता था। अशोक के शिलालेख, (पश्चिमोत्तर सीमा क्षेत्र के शिलालेखों को छोड़कर) ब्राह्मी लिपि में अंकित हैं।

भग्ग (भर्ग) गण–प्राक् मौर्यकाल में सुंसुमार गिरि पर निवास करता था।

भरहुत स्तूप–सर जान मार्शल की राय में शुंगकाल (185-73 ई.पू.) का सबसे प्राचीन अवशेष। भरहुत मध्य प्रदेश राज्य में विलीन रीवाँ रियासत के क्षेत्र में अवस्थित है। यह स्तूप

उस स्थान पर बनाया गया था, जहाँ **मगध** और प्रयाग के मार्ग मालवा और दक्षिण को जानेवाली सड़कों से मिलते थे। यह ईंट और पत्थर का बना हुआ है। इसके चारों तरफ एक-एक वैदिका थी, जिसमें चार तोरणद्वार थे। इसके दो तोरणद्वारों पर उत्कीर्ण अभिलेखों में डाहल के राजाओं की तीन पीढ़ियों का उल्लेख है, जो शुंगों के सामन्त थे। बौद्ध धर्म के लुप्त हो जाने पर पड़ोस के गाँवों के लोगों ने स्तूप को तोड़-फोड़ डाला।

भर्तृहरि–एक प्रसिद्ध संस्कृत कवि, जो ईसा की सातवीं शताब्दी में विद्यमान थे। उनकी सर्वाधिक प्रसिद्ध कृति शंतकत्रय के साथ ही भट्टि काव्य भी कही जाती है, जिसकी रचना उन्होंने मुख्यतः संस्कृत व्याकरण पढ़ाने के उद्देश्य से की थी।

भवभूति–संस्कृत का दाक्षिणात्य कवि तथा नाटककार, जिसकी प्रसिद्ध रचना *उत्तररामचरित* तथा *मालती माधव* है। कहा जाता है कि वह आठवीं शती के आरम्भ में कन्नौज पर शासन करनेवाले यशोवर्मा का दरबारी कवि था।

भाग–भूमि कर, जो कृषि उपज में से राजा के हिस्से के रूप में लिया जाता था और उपज का सामान्यतः षष्ठांश होता था। इसकी मात्रा में हेर-फेर भी होता रहा है। उदाहरणार्थ, अशोक ने महात्मा बुद्ध की जन्मस्थली लुम्बिनी ग्राम में इसे घटाकर मात्र आठवाँ भाग कर दिया था।

भागवत–एक वैष्णव सम्पद्राय, जिसके अनुयायी विष्णु, वासुदेव अथवा कृष्ण की पूजा करते हैं। इस सम्प्रदाय का प्रादुर्भाव उत्तर वैदिककाल में माना गया है।

भास–*अर्थशास्त्र* के लेखक कौटिल्य का पूर्ववर्ती संस्कृत नाटककार। विश्वास किया जाता है कि उसने *चारुदत्त, प्रतिमा* और *स्वप्न-वासवदत्ता* आदि तेरह नाटकों की रचना की थी।

भितरी–बनारस से पूर्व गाजीपुर जिले में स्थित। यहाँ पाँचवें गुप्त सम्राट स्कन्दगुप्त (455-67 ई.) ने एक स्तम्भ निर्मित कराया था, जिसके शीर्ष पर विष्णु की मूर्ति थी। मूर्ति अब लुप्त हो चुकी, लेकिन स्तम्भ अब भी खड़ा है और इस पर संस्कृत में एक विस्तृत अभिलेख अंकित है।

भिन्नमाल–उत्तर गुजरात के निकट पुरानी सिरोही रियासत में स्थित एक प्राचीन नगर। गुर्जर प्रतिहारों के काल (नौवीं शताब्दी) में यह शासन का प्रमुख केन्द्र था।

भिलसा–प्राचीन नगर विदिशा का आधुनिक नाम। इसके निकट कुछ स्तूपों के अवशेष हैं जिन्हें जनश्रुतियों के अनुसार अशोक द्वारा स्थापित बताया जाता है।

भीम–कैवर्त जाति में उत्पन्न और दिव्योक अथवा दिव्य का भतीजा एवं उत्तराधिकारी। उसने बंगाल के राजा महीपाल द्वितीय के विरुद्ध विद्रोह का नेतृत्व किया और उत्तरी बंगाल में स्वाधीन राज्य की स्थापना की।

भीम–उद्भांडपुर के हिन्दू शाहीय वंश का चौथा राजा। उसकी दोहित्री (पुत्री की पुत्री) कश्मीर की ख्यातिप्राप्त रानी दिद्दा थी।

भुक्ति–गुप्त साम्राज्य की एक प्रशासकीय इकाई। इसका प्रयोग सामान्यतः प्रान्त का बोध कराने के लिए होता था। एक भुक्ति को अनेक विषयों अथवा मंडलों में बाँटा जाता था। भुक्ति के शासक को 'उपरिक' अथवा 'उपरिक महाराज' कहते थे।

भृगु–एक ऋषि, जिन्हें मानव-धर्मशास्त्र अथवा मनुस्मृति की रचना का श्रेय दिया जाता है। इनका स्थितिकाल 200 ई.पू. से 200 ई. के बीच किसी समय में माना जाता है।

भोट विष्टि–एक तरह की बेगार, जो गुप्तों के शासनकाल में सीमावर्ती भोट देश में ली जाती थी।

मनु–एक ऋषि और हिन्दू धर्मशास्त्र के रचयिता। उनकी *मनुसंहिता* में हिन्दुओं के सभी धार्मिक तथा लौकिक कर्तव्यों का निरूपण है।

मनुसंहिता–हिन्दू धर्मशास्त्र का सबसे महत्त्वपूर्ण ग्रन्थ। इसमें सभी धार्मिक, सामाजिक, नैतिक कर्तव्यों का विवेचन है। अंग्रेजी में इसका अनुवाद सर विलियम जोंस ने *लाज ऑफ मनु* नाम से किया है। इसका रचनाकाल ईस्वी प्रथम शताब्दी के आसपास माना जाता है। सम्भवतः यह काल इससे पूर्व था, बाद में नहीं।

मरुद्धा–*ऋग्वेद* के नदी सूक्त में जिन दस नदियों के नाम आए हैं, उनमें से एक इसकी पहचान मरुवर्दवन नदी से की जाती है जो कश्मीर-जम्मू राज्य की मरुघाटी से बहती है और चिनाब में मिल जाती है। अन्य नौ नदियों के नाम हैं–गंगा, यमुना, सरस्वती, शुतुद्री (सतलज), परुष्णी (रावी), अश्विनी (चिनाब), वितस्ता (झेलम), आर्जीकीया (कांशी) तथा सुषोमा (सोहन)। अन्तिम दो नदियाँ रावलपिंडी जिले में हैं। मरुद्धा नदी के उल्लेख से प्रकट होता है कि ऋग्वेदकालीन आर्य कश्मीर तथा जम्मू के अन्तरंग भागों से परिचित थे।

महानन्दी–शैशुनाग वंश का अन्तिम राजा। उसका राज्यकाल पाँचवीं शताब्दी ई.पू. अन्तिम भाग अथवा चौथी शताब्दी ई.पू. का था। उसके राज्यकाल के बारे में कुछ अधिक ज्ञात नहीं है।

महापद्म–मगध के नन्द वंश का अद्यपुरुष। पुराणों के अनुसार वह शैशुनाग वंश के अन्तिम राजा महानन्दी का शूद्रादासी से उत्पन्न पुत्र था। उसने महानन्दी की हत्या करके मगध का सिंहासन छीन लिया। दासी-पुत्र होने के बावजूद महापद्म ने अपने को एक शक्तिशाली शासक सिद्ध किया।

मिताक्षरा–संस्कृत भाषा में धर्मशास्त्र का (याज्ञवल्क्य स्मृति का व्याख्यान रूप) प्रसिद्ध ग्रन्थ है। इसका प्रणयन विज्ञानेश्वर ने किया, जो चालुक्यों की राजधानी कल्याणी में विक्रमादित्य चालुक्य के राज्यकाल में रहता था। बंगाल तथा आसाम के अतिरिक्त शेष भारत में हिन्दू कानून के विषय में *मिताक्षरा* को प्रमाण माना जाता है। उत्तराधिकार के सम्बन्ध में इसमें यह आधारभूत सिद्धान्त प्रतिपादित किया गया है कि हिन्दू परिवार में समस्त पैतृक सम्पत्ति में पुत्र पिता का सहभागी होता है और उसे अपनी स्वीकृति के अतिरिक्त अन्य किसी रीति से उत्तराधिकारी से वंचित नहीं किया जा सकता।

मिथियातरु प्रथम–पार्थिया का राजा (लगभग 171 ई.पू.–136 ई.पू.)। उसने तक्षशिला का राज्य, जो सिन्धु तथा हाइवसपीस (झेलम) नदियों के बीच स्थित था, अपने राज्य में मिला लिया।

मिनांडर–एक यूनानी नाटककार। विंडिचर के सदृश कुछ यूरोपीय विद्वानों का मत है कि मिनांडर तथा उसकी भाँति के अन्य यूनानी नाटककारों ने भारतीय संस्कृत नाटकों को प्रभावित किया था, क्योंकि दोनों में सुस्पष्ट साम्य मिलता है। परन्तु यह प्रश्न विवादास्पद माना जाता है।

मुदगल–कृष्णा और तुंगभद्रा नदियों के दोआब में स्थित परकोटे से घिरा एक नगर।

मुद्राराक्षस–एक संस्कृत नाटक, जिसकी रचना विशाखदत्त ने की। विशाखदत्त का सही-सही काल ज्ञात नहीं है, किन्तु यह माना जाता है कि वह गुप्तकाल के उत्तरार्द्ध में हुआ।

मृच्छकटिक–राजा शूद्रक द्वारा लिखित संस्कृत साहित्य का एक नाटक। शूद्रक के बारे में हमें और कोई जानकारी प्राप्त नहीं है। *मृच्छकटिक* (मृतु शकटिक या मिट्टी की गाड़ी) में गुप्तकालीन उज्जयिनी का एक चित्र मिलता है। विश्वास किया जाता है कि इसकी रचना छठी शताब्दी ई. में की गई।

मेगस–इसका उल्लेख अशोक ने अपने शिलालेख में मक के नाम से किया है। उसका राज्य एंटियोकस (अन्तियोक) के राज्य के बाद था। मेगस माइरिनि का राजा था और उसने 300 ई.पू. से 250 ई.पू. तक राज्य किया। उक्त शिलालेख में बताया गया है कि अशोक ने उसके राज्य में धर्म विजय की अर्थात् बहुत-से लोगों को बौद्धधर्म का अनुयायी बनाया।

मेगस्थनीज–यूनानी (यवन) राजदूत, जिसे सेलेइकस निकेटर ने लगभग 302 ई.पू. पाटलिपुत्र में चन्द्रगुप्त मौर्य की राजसभा में भेजा था। उसने उत्तर-पश्चिमी सीमान्त से मगध के पाटलिपुत्र तक समस्त उत्तरी भारत की यात्रा की और जो कुछ देखा और सुना, उसका वर्णन अपने *इंडिका* नामक ग्रन्थ में किया।

मोअस–एक शक अथवा पार्थियन राजा, जो लगभग 90 ई.पू. में आर्कोशिया तथा पंजाब पर राज्य करता था। उसका नाम केवल सिक्कों से ज्ञात होता है।

मोग्गलिपुत्त तिसन–अर्थात् मोग्गलि (मोदगलायन) का पुत्र तिस्म (तिष्य), जिसने अशोक को बौद्ध धर्म में दीक्षित किया।

मौखरी वंश–ईशान वर्मा ने 554 ई. में अथवा उसके आसपास एक गुप्त राजा को परास्त कर इस वंश का आरम्भ किया तथा *महाराजाधिराज* की पदवी धारण की।

मौर्यवंश–322 ई.पू. में चन्द्रगुप्त मौर्य से इसका आरम्भ हुआ, जब मकदूनिया के राजा सिकन्दर की 323 ई.पू. में मृत्यु हो चुकी थी। उसने तक्षशिला के स्नातक आचार्य चाणक्य की सहायता से मगध शासक नन्द वंश के अन्तिम राजा का वध कर दिया। चन्द्रगुप्त की राजधानी भी पाटलिपुत्र हुई और उसने 298 ई.पू. तक राज्य किया।

यजुर्वेद–चार वेदों में से एक। *यजुर्वेद संहिता* में यज्ञ क्रियाओं के मन्त्र और विधियाँ संगृहीत हैं। इसमें केवल *ऋग्वेद* से लिए हुए मन्त्र ही नहीं मिलते, किन्तु यज्ञानुष्ठान में सम्पादित की जानेवाली समस्त क्रियाओं का विधान भी मिलता है। यजुर्वेद दो हैं, यथा–

(अ) कृष्ण यजुर्वेद

(आ) शुक्ल यजुर्वेद

तैत्तिरीय ब्राह्मण, मैत्रायणनी ब्राह्मण और काठक ब्राह्मण **कृष्ण यजुर्वेद** से सम्बन्धित हैं और वाजसनेय ब्राह्मण तथा शतपथ ब्राह्मण **शुक्ल यजुर्वेद** से सम्बद्ध हैं। निम्नलिखित उपनिषद् भी यजुर्वेद से सम्बद्ध हैं–तैत्तिरीय, कठ, श्वेताश्वर, बृहदारण्यक, ईश, प्रश्न मुंडक और मंडूक्य। यजुर्वेद में यज्ञों और कर्मकांड का प्राधान्य है।

यदु–यदु गण का उल्लेख *ऋग्वेद* में हुआ है। उत्तरकालीन साहित्य अनुश्रुतियों के अनुसार यदु लोग पश्चिमी भारत में प्रमास के निकट बस गए थे। कृष्ण, जिन्हें विष्णु का अवतार माना जाता है यदु गण के ही थे।

यम–एक वैदिक देवता, जिसके लोक में पितरों की आत्माओं का निवास माना जाता है। वह जीवों को उनके शुभाशुभ कर्मों के अनुसार पुरस्कार और दंड प्रदान करता है, इसलिए वह 'धर्मराज' भी कहलाता है।

यवन–हिन्दू लेखकों ने मूलतः यह शब्द विदेशी यूनानियों के लिए इस्तेमाल किया, किन्तु बाद में यह शब्द मुसलमानों के लिए भी प्रयुक्त होने लगा। व्युत्पत्ति की दृष्टि से यह 'योन' शब्दों से बना है, जो आयोनिया का पर्याय है और मूलतः उसका तात्पर्य आयोनिया के निवासियों से है।

यास्क–*निरुक्त* के प्राचीनकालीन ख्यातिप्राप्त रचयिता। *निरुक्त* की गणना छह वेदांगों में होती हैं। यास्क का काल अनिश्चित है, किन्तु वह यशस्वी वैयाकरण पाणिनि का पूर्वकालिक माना जाता है।

योग दर्शन–भारतीय षड्दर्शनों में से एक, जिसके प्रचारक पतंजलि माने जाते हैं। योगदर्शन व्यावहारिक आचरण का दर्शन है। यह चित्तवृत्तियों के निरोध का उपाय बतलाता है, जिससे मोक्ष की प्राप्ति होती है। यम, नियम, आन, प्राणायाम, प्रत्याहार, धारण, ध्यान और समाधि–ये लोग के आठ अंग हैं। योगदर्शन ईश्वर में विश्वास करता है जो सर्वापेक्षया उत्तम अर्थात् निरतिशय परमगुरु, सर्वज्ञ सर्वकर्ता है। योगी अभ्यास के द्वारा समाधिस्थ होने पर अनुभव करता है कि इस दृश्यमान जगत से परे भी ब्राह्मण हैं जो स्थूल इन्द्रियों से ग्राह्य नहीं हैं। इस प्रकार हम जिसे अलौकिक समझते हैं, वह योगी को सर्वथा स्वाभाविक अनुभूत होता है। योगी समाधिस्थ होकर परम सुख (ब्रह्मानन्द) में लीन हो जाता है। यही कारण है कि प्राचीनकाल से आज तक योगमार्ग मुमुक्षुओं को आकर्षित करता रहा है।

योन–अशोक ने अभिलेखों में उल्लिखित एक सीमावर्ती जनपद। इस जनपद के बहुत-से लोगों को अशोक ने बौद्ध धर्मानुयायी बनाया था। ये लोग मूलतः यूनानियों के वंशज थे और अशोक के साम्राज्यान्तर्गत होने के कारण उनका शिलालेख मिला है जो दो लिपियों में है। इससे भी इस बात की पुष्टि होती है कि उसके साम्राज्यान्तर्गत यवन (यवन) लोग भी बसते थे।

राक्षस–इस जाति का उल्लेख संस्कृत साहित्य में अनेकशः आया है। *रामायण* के अनुसार वे लंका के निवासी थे और रावण उनका राजा था। उनकी राजधानी लंका के वर्णन से स्पष्ट है।

राजतरंगिणी–इस सुप्रसिद्ध संस्कृत ग्रन्थ की रचना कश्मीर के विख्यात विद्वान कल्हण ने की, जो बारहवीं शताब्दी में हुआ था। इस ग्रन्थ में अति प्राचीनकाल से चले आ रहे कश्मीर के राजाओं का पद्यबद्ध इतिहास है।

राजन्य–प्राचीनकाल में इस शब्द का प्रयोग क्षत्रियों और राजपुत्रों के लिए होता था। सम्राट अशोक के अभिलेखों में भी राजन्य शब्द का प्रयोग हुआ है।

राढीय ब्राह्मण–जनश्रुतियों के अनुसार उन पाँच ब्राह्मणों की सन्तान हैं, जिन्हें राजा आदि शूर ने कन्नौज से ले जाकर राढ अर्थात् पश्चिम बंगाल के उस भू-भाग में बसाया था, जो आजकल बर्दवान, हुगली और बीरभूम जिलों के अन्तर्गत हैं।

रामानन्द–भक्तिमार्ग के उत्तरकालीन प्रचारकों में इनका स्थान महत्त्वपूर्ण है। वे चौदहवीं शताब्दी में हुए थे। उनका जन्म प्रयाग में हुआ और उन्होंने उत्तरी भारत के समस्त तीर्थस्थलों की यात्रा करके जीवन के अन्तिम वर्ष दक्षिण भारत में व्यतीत किए। वे श्रीराम के अनन्य भक्त थे और उन्होंने वर्ण, जाति आदि के भेदभाव से दूर रहकर जन-सामान्य की बोलचाल की भाषा हिन्दी में भक्तिमार्ग का उपदेश दिया। उनके बारह प्रमुख शिष्यों में कबीर के अतिरिक्त पद्मावती नामक महिला भी थी।

रामानुजाचार्य–इनकी गणना प्रख्यात दार्शनिकों और दक्षिण भारतीय वैष्णव सम्प्रदाय के महान आचार्यों में होती है। वे बारहवीं शताब्दी में हुए। उनकी शिक्षा-दीक्षा दक्षिण के प्रसिद्ध विद्या-केन्द्र काँची में हुई थी और तिरुचिरापल्ली (त्रिचनापल्ली) के निकट श्रीरंगम् उनका निवास-स्थल था। तिरुचिरापल्ली उन दिनों चोल शासक अधिराजेन्द्र के राज्य में था, जो कट्टर शैव था। चोल सम्राट के उत्पीड़न के कारण रामानुज स्वामी होयसल वंश के जैन धर्मावलम्बी शासक ब्रिटिश के राज्य में मैसूर चले आए और वहाँ उन्होंने बिट्टिग को वैष्णव धर्मावलम्बी बना लिया। बिट्टिग ने अपना नाम परिवर्तित करके विष्णुवर्द्धन रखा और अपने शासनकाल (1111-1141 ई. में) वेल्लूर तथा हलेबिड के भव्य मन्दिरों का निर्माण कराकर उनमें विष्णु की मूर्तियाँ प्रतिष्ठित कीं। कुछ समय के उपरान्त रामानुज स्वामी पुनः श्रीरंगम् वापस लौटे और वहीं उनका देहावसान हुआ। रामानुज शंकराचार्य के अद्वैतवाद के प्रमुख आलोचक थे और उनका मत विशिष्टाद्वैत मत के नाम से विख्यात है।

लिंगायत (अथवा वीर शैव) सम्प्रदाय–इस सम्प्रदाय की स्थापना बारहवीं शताब्दी के पूर्वार्द्ध में बासव ने की, जो विज्जल कलचूय का मन्त्री था। इस सम्प्रदाय के लोग शिवलिंग की पूजा करते हैं, इसलिए वे लिंगायत कहलाते हैं। वे वेदों को प्रमाण नहीं मानते, पुनर्जन्म के सिद्धान्त में विश्वास नहीं करते, बाल-विवाह के विरोधी तथा विधवा विवाह के समर्थक हैं। वे ब्राह्मणों की श्रेष्ठता को स्वीकार नहीं करते। लिंगायत सम्प्रदाय अब भी कन्नड़ देश में बहुत शक्तिशाली है।

वराहमिहिर–प्रसिद्ध हिन्दू खगोलवेत्ता, जो 507 से 587 ई. के मध्य हुआ। अनुश्रुति है कि वह उज्जैन के प्रसिद्ध राजा विक्रमादित्य के दरबार में था। उनके ग्रन्थों में बहुत-से यूनानी नाम मिलते हैं, जिससे पता चलता है कि वह यूनानी ज्योतिष सिद्धान्त से परिचित था।

वरुण–एक वैदिक देवता। आकाश अथवा द्यौः के देवताओं में उनका मुख्य स्थान था। ऋग्वेद तथा अथर्ववेद में वरुण की कई स्तुतियाँ मिलती हैं।

वासुदेव–एक देवता, जिसकी उपासना ईसा पूर्व चतुर्थ शताब्दी में पाणिनि के काल में प्रचलित होने के प्रमाण मिलते हैं। वासुदेव विष्णु के अवतार माने जाते हैं।

वासुदेव–पाटलिपुत्र के कण्ववंश का प्रवर्तक। कण्ववंशी राजा शुंगों के उत्तराधिकारी थे। वासुदेव ब्राह्मण था, जो अन्तिम शुंग सम्राट देवभूति अथवा देवभूमि का मन्त्री रहा। देवभूति की हत्या के बाद वह 73 ई.पू. में सिंहासनारूढ़ हुआ। उसके द्वारा प्रवर्तित राजवंश में चार राजा हुए, यथा वासुदेव, जिसने नौ वर्ष शासन किया, उसके बाद पुत्र भूमिमित्र, फिर उसका पुत्र नारायण और अन्त में नारायण का पुत्र सुशर्मा। 28 ई.पू. में सातवाहन वंश के प्रवर्तक सिमुक ने सुशर्मा को पदच्युत कर दिया।

विक्रम संवत्–ईसा पूर्व 58 और 57 के मध्य से प्रचलित एक वर्ष गणना। ऐसा माना जाता है कि इसकी स्थापना विक्रमादित्य नामक राजा ने की थी।

विज्ञानेश्वर–एक यशस्वी धर्म शास्त्रकार। ये विक्रमादित्य चालुक्य के शासनकाल (1076-1126 ई.) में चालुक्य की राजधानी कल्याणी में रहते थे। उनकी रचना *मिताक्षरा* बंगाल और आसाम को छोड़कर सारे भारतवर्ष में हिन्दू उत्तराधिकार नियम का सर्वाधिक प्रामाणिक ग्रन्थ माना जाता है जो *याज्ञवल्क्य स्मृति* का भाष्य है। बंगाल और आसाम में रघुनन्दन या 'प्दाय भाग' प्रचलित है।

विष्णु–हिन्दुओं का एक प्रधान देवता, जिनकी वैष्णव उपासना करते हैं। ब्रह्मा और महेश्वर (शिव) के साथ इनकी गणना हिन्दुओं के त्रिदेव में होती है।

वेदांग–वेदों के पूरक या सहायक अंग। ये ग्रन्थ सूत्र शैली में लिखे गए हैं और छह विषयों का निरूपण करते हैं, यथा–शिक्षा (ध्वनि शास्त्र), कल्प (धार्मिक आचार), व्याकरण, छन्द, निरुक्त (व्युत्पत्ति शास्त्र) तथा ज्योतिष।

वैष्णव मत–वैष्णव मत का प्रचार चार महान आचार्यों–निम्बाकाचार्य, रामानुजाचार्य, माधवाचार्य तथा वल्लभाचार्य ने किया। उनकी उपासना पद्धति भले ही भिन्न-भिन्न हो, परन्तु वे सभी एक ईश्वर में विश्वास करते हैं, जिसकी उपासना वे राम, कृष्ण अथवा वासुदेव के नाम से करने का उपदेश देते हैं। वे यज्ञादि के स्थान पर अपने उपास्य देव की भक्ति के द्वारा मुक्ति प्राप्त करने पर बल देते हैं। वे ईश्वर, जीव तथा प्रकृति में भेद करते हैं।

शंकराचार्य–उत्तर गुप्तकाल के सबसे महान दार्शनिक हैं। जन्म दक्षिण भारत के कालटी नामक ग्राम के एक ब्राह्मण परिवार में आठवीं शताब्दी में। वे उपनिषदों, भगवद्गीता तथा बादरायण के ब्रह्मसूत्रों पर रचे गए अपने भाष्य के लिए प्रसिद्ध हैं। उन्होंने बादरायण के ब्रह्मसूत्र के ही आधार पर अपने अद्वैत सिद्धान्त का प्रतिपादन किया।

शक–मध्य एशिया के निवासी यायावर जाति के लोग। दूसरी शताब्दी ई.पू. में युइशि कबीले के लोगों द्वारा मध्य एशिया से निष्कासित होने पर दक्षिण की ओर भागने के लिए विवश हुए। उन्होंने कई झुंडों में भारत में प्रवेश किया और प्रथम शताब्दी ई.पू. के अन्त तक वे गन्धार, पंजाब, मथुरा, कठियावाड़ और दक्षिण में महाराष्ट्र तक के भू-भागों में फैल गए। शक शासकों ने 'क्षत्रप' और 'महाक्षत्रप' की उपाधियाँ धारण कीं और प्रारम्भ में वे पार्थियन शासकों तथा उपरान्त कुषाणों की सार्वभौम सत्ता स्वीकार करते रहे।

शक संवत्–इसका प्रारम्भ 78 ई. माना जाता है। साधारणतया कुषाण शासक कनिष्क प्रथम को ही इस संवत् को चलाने का श्रेय प्राप्त है, पर कुछ विद्वानों ने इस मत की आलोचना की है और उसे किसी अन्य शासक द्वारा चलाया गया माना है।

शत्रुंजय–गुजरात का एक प्रसिद्ध नगर। यहाँ दसवीं और ग्यारहवीं शताब्दी में चालुक्य वंश के शासकों द्वारा निर्मित अनेक भव्य जैन मन्दिर हैं।

शाक्य मुनि–शाक्य मुनि का शाब्दिक अर्थ है शाक्य जाति में उत्पन्न मुनि अथवा तपस्वी, किन्तु इसका प्रयोग मुख्यतः गौतम बुद्ध के लिए होता है।

शिव–त्रिदेवों में से एक। उनकी उपासना कई नामों तथा रूपों में की जाती है, जिनमें शिवलिंग का पूजन सर्वाधिक प्रचलित है। शिवोपासना कितनी प्राचीन है यह निश्चयपूर्वक कहना कठिन है, क्योंकि लिंग पूजन के प्रमाण मोहनजोदड़ो के प्रागैतिहासिक सभ्यता के अवशेषों में प्राप्त हुए हैं। *ऋग्वेद* में उनका उल्लेख रुद्र के नाम से हुआ है और रुद्र की आकृति कतिपय कुषाणवंशी शासकों के सिक्कों पर पाई जाती है। गुप्तकाल में शैव मत निश्चय ही अत्यधिक प्रचलित था। मगध के पाल वंश के पाँचवें शासक नारायण पाल ने एक सहस्र शैव मन्दिरों का निर्माण कराया था।

शिवि–एक प्राचीन गण, जो झग जिले के रेचना दोआब में निवास करता था। ग्रीक इतिहासकारों के अनुसार ये चमड़े के वस्त्र पहनते थे तथा गदा से युद्ध करते थे। जब

मकदुनिया के राजा सिकन्दर ने उनके देश पर आक्रमण किया, तो उन्होंने यूनानियों की अधीनता स्वीकार कर ली।

शुंगवंश–इसका आरम्भ लगभग 185 ई.पू. में पुष्प मित्र (अथवा पुष्यमित्र) से हुआ, जो अन्तिम मौर्य राजा वृहद्रथ का प्रधान सेनापति था।

श्वेत हूण–हूणों की एक शाखा, जो पाँचवीं शताब्दी के मध्य में वक्षु (आक्सा) नदी की घाटी में आ बसी थी। इन लोगों ने 455 ई. में भारत के गुप्त साम्राज्य पर आक्रमण किया, लेकिन तत्कालीन सम्राट स्कन्दगुप्त (455-67 ई.) ने उन्हें खदेड़ दिया। 484 ई. में वे फारस को रौंदने में सफल हो गए और अगले वर्षों में उन्होंने काबुल और कन्धार पर अधिकार कर लिया। इतना ही नहीं, वे तोरमाण के नेतृत्व में आर्यावर्त तक घुस आए। उसके पुत्र मिहिरकुल ने छठी शताब्दी ई. के आरम्भ में गुप्त साम्राज्य को उखाड़ फेंका और पंजाब स्थित शाकल (सियालकोट) को राजधानी बनाकर उत्तरी भारत के एक भाग पर शासन करने लगा। हूणों का शासन अत्यन्त नृशंस और बर्बर था।

श्वेताम्बर जैन–जैनों का एक सम्प्रदाय। वर्धमान महावीर की शिक्षाओं के बावजूद इस सम्प्रदाय के साधु श्वेत वस्त्र धारण करते हैं।

षड्दर्शन–हिन्दू दर्शन के छह दार्शनिक सिद्धान्त, जो न्याय, वैशेषिक, सांख्य, योग, पूर्वमीमांसा और उत्तर मीमांसा अथवा वेदान्त कहलाते हैं, इन्हीं को सम्मिलित रूप से षड्दर्शन कहते हैं। इन दार्शनिक सिद्धान्तों के प्रतिपाद के क्रमशः गौतम, कणाद, कपिल, पतंजलि, जैमिनि और बादरायण थे।

संवत्, प्राचीन भारतीय–अनेक हैं, जिनमें से कोई भी किसी भी काल में सम्पूर्ण भारत में प्रचलित नहीं रहा। बहुत-से राजाओं ने अपने राज्याभिषेकों के उपलक्ष्यों में अपने नाम से नए संवत् प्रचलित किए। फलस्वरूप यह समझना कठिन है कि कौन संवत् ठीक-ठीक किस समय चला और किसने चलाया। फलतः किसी भी भारतीय संवत् की वास्तविक गणना तब हो पाती है जब उसमें उल्लिखित किसी घटना के सम्बन्ध में ईस्वी सन् का भी कहीं उल्लेख मिल जाता है। प्राचीन मुख्य संवत् ये थे–

1. कलियुग अथवा युधिष्ठिर संवत्, जो ईसा पूर्व 3102 से प्रारम्भ माना जाता है। यह संवत् प्रागैतिहासिक है और इसका प्रयोग केवल प्राचीन साहित्य में मिलता है।
2. विक्रम संवत्, जिसे सानन्द विक्रम संवत् अथवा संवत् विक्रम अथवा श्रीनृप विक्रम संवत् अथवा मालव संवत् भी कहा गया है और इसका प्रारम्भ 50 ईसा पूर्व से माना जाता है। इसका कौन प्रवर्तक था और किस घटना की स्मृति में चलाया गया, इस सम्बन्ध में निश्चित रूप से कुछ नहीं कहा जा सकता।
3. आनन्द विक्रम संवत् 33 ई. में किसी अज्ञात शासक द्वारा चलाया गया।
4. शक संवत् अथवा शकाब्द सम्भवतः कुषाण वंश के राजा कनिष्क प्रथम द्वारा 78 ई. में चलाया गया।
5. लिच्छवि संवत् 111 ई. में आरम्भ किया गया। इसके प्रवर्त्तक का नाम भी अज्ञात है।
6. चेदि अथवा त्रैकूटक कलचुरि संवत् 248 ई. में शुरू किया गया।
7. गुप्त संवत् को गुप्त वंश के संस्थापक चन्द्रगुप्त प्रथम ने अपने राज्याभिषेक की स्मृति में 319-20 ई. में प्रचारित किया।

8. हूण संवत् तोरमाण ने सन् 448 ई. में प्रारम्भ किया और अपने सिक्कों में प्रयुक्त किया।
9. हर्ष संवत् को महाराज हर्षवर्द्धन ने अपने राज्याभिषेक की स्मृति में 606 ई. में प्रचारित किया।
10. कालम अथवा मालाबार संवत् का आरम्भ 824 ई. से माना जाता है, जिसका प्रयोग चेरं अथवा केरल के राजा करते थे।
11. नेपाली संवत् का आरम्भ 879 ई. माना जाता है।
12. विक्रमांक चालुक्य संवत् को चालुक्य नरेश विक्रमांक ने अपने राज्याभिषेक की स्मृति में 1076 ई. में प्रचलित किया था।
13. लक्ष्मण संवत् को बंगाल के राजा लक्ष्मण ने 1190 ई. में प्रचलित किया था।

सती प्रथा–इसके अनुसार विधवा स्त्री अपने मृत पति के साथ चिता पर जलकर भस्म हो जाती थी। यह प्रथा वैदिक युग में अज्ञात थी, किन्तु गुप्तकाल के उपरान्त बाद इसका प्रचलन हुआ। *महाभारत* के अनुसार इसका प्रचलन प्राचीन राजपरिवारों में था।

सामवेद–चार वेदों में से एक। *ऋग्वेद* के उपरान्त इसी की रचना हुई मानी जाती है। इस वेद में कुल 1549 ऋचाएँ हैं, जिनमें से 75 को छोड़कर सभी *ऋग्वेद संहिता* से उद्धृत हैं। *सामवेद* की ऋचाओं का गान विविध वैदिक यज्ञों के अवसर पर होता था। *सामवेद* से सम्बन्धित पंचविश ब्राह्मण तथा जैमिनीय ब्राह्मण हैं। *सामवेद* की उपनिषद् छान्दोग्य अति प्राचीन मानी जाती है और केन उपनिषद् जैमिनीय ब्राह्मण का एक भाग है।

सायण–चारों वेदों का सर्वाधिक प्रसिद्ध मध्यकालीन भाष्यकार। वह महान राजनीतिज्ञ था और विजयनगर के शासक हरिहर द्वितीय का मन्त्री भी रहा। उसकी मृत्यु 1387 ई. में हुई।

सि–कुषाण सम्राट कदफिस द्वितीय का राज प्रतिनिधि। उसने पामीर पार करके चीन पर आक्रमण किया, किन्तु पराजित हो गया।

सीथियन–मध्य एशिया में स्थित सीथिया के निवासी साधारणतया सीथियन कहे जाते हैं। किन्तु भारतीय ऐतिहासिक शब्दावली में सीथियन शब्द का प्रयोग शक एवं कुषाण सरीखी उन विदेशी जातियों के लिए हुआ है, जो दूसरी शताब्दी ई.पू. से दूसरी शताब्दी ई. तक भारत में आती रही।

सूत्र–ग्रन्थों (कल्पशास्त्र) में वैदिक कर्मकांड तथा विविध लौकिक कर्तव्यों एवं नियमों का निरूपण मिलता है। वे अत्यन्त संक्षिप्त एवं सारवान शैली में लिखे गए हैं और टीकाओं तथा भाष्यों के बिना उनका अर्थ समझना कठिन हो जाता है। सूत्र तीन प्रकार के होते हैं– (1) श्रौत सूत्रों में यज्ञादि विषयक विधान और विवरण मिलता है। (2) ब्रह्मसूत्रों में गृहस्थ के कर्तव्यों तथा अनुष्ठानों का वर्णन मिलता है तथा (3) धर्मसूत्रों में विविध सामाजिक कर्तव्यों तथा विधि नियमों (कानूनों) का विवरण पाया जाता है।

स्ट्रैबो–एक यूनानी इतिहासकार। उसने सिकन्दर के आक्रमण के समय की भारत की दशा का वर्णन किया है और मेगस्थनीज की *इंडिका* से अनेक उद्धरण दिए हैं।

स्थानकवासी–श्वेताम्बर जैनों का एक सम्प्रदाय। इसकी उत्पत्ति आधुनिककाल में हुई है। मूर्ति पूजा में इसका विश्वास नहीं है।

हड़प्पा–सिन्धुघाटी सभ्यता का एक प्राचीन केन्द्र जो अब पश्चिमी पाकिस्तान के अन्तर्गत पंजाब के मांटगोमरी जिले में है। यह लगभग तीन मील परिधि का विशाल नगर था। पुरातत्त्व विभाग द्वारा की गई खुदाई के फलस्वरूप यहाँ सुनियोजित ढंग से बने नगर के ध्वंसावशेष मिले हैं। नगर में अनाज के गोदाम, श्रमिकों के निवासस्थान, परिखाप्राकार और द्वारों से युक्त दुर्ग तथा श्मशान भूमि के अवशेष मिले हैं। बहुत-सी मोहरें भी मिली हैं जिन पर अंकित लिपियों को अभी पढ़ा नहीं जा सका है। खुदाई में मिले अवशेषों से प्रकट होता है कि यहाँ पर उन्नत सभ्यता वर्तमान थी।

हर्ष–कामरूप का सकलसतम्ब वंशी राजा। वह आठवीं शताब्दी के मध्य भाग में राज्य करता था। उसने अपनी पुत्री राज्यमती का विवाह नेपाल राजा जयदेव से किया था।

हर्ष–हर्ष कश्मीर का एक राजा था, जिसने 1089 से 1101 ई. तक राज्य किया। वह बड़ा अत्याचारी था। उसके प्रशासन में मन्दिर लूट विभाग था। क्रूरता में उसकी तुलना रोम के सम्राट नीरो से की जाती है।

हर्षचरित–यह हर्षवर्द्धन के राजकवि बाण की रचना है। इसमें हर्ष का प्रारम्भिक जीवन वृत्तान्त मिलता है जो विन्ध्याचल के जंगलों में उसकी बहन राज्यश्री से भेंट होने के साथ समाप्त हो जाता है। इसमें हर्ष की राजसभा, सेना और उस काल के सामाजिक जीवन का विशद् चित्रण मिलता है।

हर्षवर्द्धन–कन्नौज और थानेश्वर का राजा (606-47 ई.)। वह थानेश्वर के राजा प्रभाकरवर्द्धन का दूसरा पुत्र था। बड़े भाई राज्यवर्द्धन की 606 ई. में मृत्यु हो जाने पर उसने राज्य का शासन भार सँभाला।

हर्ष संवत्–थानेश्वर और कन्नौज के महाराजाधिराज हर्षवर्द्धन के सिंहासनरूढ़ होने पर 606 ई. में प्रचलित हुआ।

हारमाओस–भारत के उत्तर-पश्चिमी क्षेत्र में राज्य करनेवाला अन्तिम यवन राजा। वह प्रथम शताब्दी में राज्य करता था। भारत में कुषाण साम्राज्य के संस्थापक कदफिसस प्रथम ने उसका राज्य छीन लिया।

हिन्दुस्तान–इसका अर्थ है हिन्दुओं का स्थान। इस शब्द का व्यवहार पेशावर से लेकर आसाम तक समस्त उत्तरी भारत के लिए किया जाता है। उत्तरी भारत पर मुसलमानों की विजय के बाद इसका प्रचलन हुआ। कभी-कभी इस शब्द का व्यवहार व्यापक अर्थ में सारे भारत के लिए भी किया जाता है।

हिन्दू–इसका अर्थ है हिन्दू धर्म को जाननेवाला। उसके लिए यह आवश्यक नहीं कि वह किसी विशेष मत-मतान्तर को माननेवाला हो। सामाजिक जीवन में हिन्दू की बाहरी पहचान सिर्फ इस बात से होती है कि वह जाति-व्यवस्था को मानता है। इस शब्द का प्रयोग अरबों द्वारा सिन्धु प्रदेश के निवासियों के लिए शुरू में आठवीं शताब्दी में किया गया था।

हीनयान–बौद्ध धर्म के पाश्चात्यकालीन महायान सम्प्रदाय से अन्तर दिखाने के लिए उसके प्रारम्भिक रूप को हीनयान कहते हैं। हीनयान के अनुसार बौद्धधर्म के संस्थापक गौतम बुद्ध महामानव थे, जो हमारे आदर और सम्मान के पात्र हैं। परन्तु महायान की तरह वह उन्हें अलौकिक व अमानव रूप नहीं प्रदान करता। हीनयान में भिक्षु का चरम लक्ष्य निर्वाण की

प्राप्ति माना जाता है और अष्टांगिक मार्ग पर आरूढ़ होकर चार आर्य सत्यों में विश्वास करते हुए उसकी प्राप्ति का प्रयत्न करना होता है।

ह्युएनत्सांग अथवा युवानच्वाङ् अथवा ह्वेनसांग (600-64 ई.)–एक चीनी बौद्ध भिक्षु और विद्वान जो बौद्ध धर्म के ग्रन्थों की खोज में 630 ई. में भारत आया। वह भारत में 630 से 643 ई. तक रहा। वह हर्षवर्द्धन के राज्य में आठ साल (635-43 ई.) रहा।

ह्वेनसांग बौद्ध धर्म के महायान सम्प्रदाय का अनुयायी था। वह भगवान् बुद्ध के शरीर की 150 धातुएँ, उनकी सोने, चाँदी तथा चन्दन की बहुत-सी मूर्तियाँ और 657 हस्तलिखित ग्रन्थ लेकर, जिनको ढोने के लिए बीस खच्चरों की आवश्यकता पड़ी थी, 645 ई. में चीन वापस लौटा। चीन में उसका शेष जीवन इन बौद्ध ग्रन्थों का चीनी भाषा में अनुवाद करने में बीता। वह 664 ई. के आसपास अपनी मृत्यु से पूर्व इनमें से 74 ग्रन्थों का अनुवाद पूरा कर चुका था।

अंकोरवट–कम्बोडिया, जिसे पुराने लेखों में कम्बुज कहा गया है और भारत के प्राचीन सम्बन्धों का शानदार स्मारक। यह मन्दिर अंकोरयोम नामक नगर में स्थित है जिसे प्राचीनकाल में यशोधरपुर कहा जाता था जो जयवर्मा द्वितीय के शासनकाल (1181-1205 ई.) में कम्बोडिया की राजधानी था। यह अपने समय में संसार के महान नगरों में गिना जाता था। इसका विशाल भव्य मन्दिर अंकोरवट के नाम से आज भी विख्यात है। इसका निर्माण कम्बुज के राजा सूर्यवर्मा द्वितीय (1049-66 ई.) ने कराया था। विष्णु को समर्पित यह मन्दिर एक ऊँचे चबूतरे पर स्थित है। इसमें तीन खंड तक पहुँचने के लिए सीढ़ियाँ हैं। प्रत्येक खंड पटी हुई दीर्घिका रूप में है। मन्दिर के चार कोणों में आठ गुम्बदें हैं जिनमें प्रत्येक 180 फीट ऊँची है। मुख्य मन्दिर तीसरे खंड की चौड़ी छत पर है। उसका शिखर 213 फीट ऊँचा है और पूरे क्षेत्र को गरिमामंडित किए हुए है। मन्दिर के चारों ओर पत्थर की दीवार का घेरा है जो पूर्व से पश्चिम की ओर दो-तिहाई मील और उत्तर से दक्षिण की ओर आधे मील लम्बा है। इस दीवार के बाद 709 फीट चौड़ी खाई है जिस पर एक स्थान पर 36 फीट चौड़ा पुल है। इस पुल से पक्की सड़क मन्दिर के पहले खंड के द्वार तक चली गई है। इस प्रकार की भव्य इमारत संसार के किसी अन्य स्थान पर नहीं मिलती है। भारत सम्पर्क के बाद दक्षिण-पूर्वी एशिया में कला, वास्तुकला तथा स्थापत्यकला का जो विकास हुआ, उसका यह मन्दिर चरमोत्कृष्ट उदाहरण है।

अजमेर–अजमेर नगर की स्थापना 1100 ई. में चौहान राजा अजयदेव ने की। 1192 ई. में तलवंडी की दूसरी लड़ाई में शहाबुद्दीन मुहम्मद गोरी के द्वारा पृथ्वीराज के पराजित होने पर इस नगर पर मुसलमानों का अधिकार हो गया और तब से यह बराबर मुसलमानी शासन में रहा। अकबर ने इसे अपने राज्य का एक सूबा बना दिया।

अह्निलवाड़–आठवीं शताब्दी से पन्द्रहवीं शताब्दी तक गुजरात का प्रमुख नगर (अब यहाँ पर पाटन नामक नगर है)। अह्निलवाड़ के राजा मूलराज ने 1178 ई. में शहाबुद्दीन मुहम्मद गोरी का आक्रमण विफल कर दिया। मूलराज की इस विजय से गुजरात मुसलमानी आधिपत्य से एक शताब्दी तक बचा रहा।

अफगानिस्तान–पाकिस्तान की पश्चिमोत्तर सीमा पर स्थित देश। पेशावर के आगे डूरंड रेखा से इसकी सीमा शुरू होकर हिन्दूकुश तक जाती है। अफगानिस्तान का सदियों से भारत

से सम्बन्ध रहा है। *महाभारत* के अनुसार कुरु नरेश धृतराष्ट्र ने गन्धार की राजकुमारी से विवाह किया था। गन्धार को आजकल कन्धार कहते हैं। सिकन्दर के हमले के पहले यह क्षेत्र तीन प्रान्तों में विभाजित था—परोपनिसदे, प्रसिया और आर्कोसिया जो आज के काबुल, हिरात और कन्धार प्रान्त हैं। सिकन्दर ने इस प्रदेश को जीता था। उसकी मृत्यु के बाद नए प्रदेश उसके सेनापति सेल्युकस निकेटर को मिला और सेल्युकस निकेटर को यह प्रदेश चन्द्रगुप्त मौर्य को समर्पण कर देना पड़ा। इस प्रकार अफगानिस्तान भारत का अभिन्न अंग बन गया। अभी हाल में जलालाबाद और कन्धार के पास जो अशोक स्तम्भ मिले हैं, उनसे प्रकट होता है कि अफगानिस्तान में भारतीय संस्कृति का कितना प्रभाव था। यह एशिया जानेवाले बौद्ध धर्म प्रचारकों के मार्ग पर पड़ता था और बौद्ध धर्म का केन्द्र था। यह प्रदेश कुषाण साम्राज्य का अंग था। कुषाणों के पतन के बाद यहाँ पारसियों का शासन हो गया। गुप्त शासनकाल में इसको गुप्त साम्राज्य में नहीं मिलाया जा सका और ईसा की आठवीं शताब्दी में पड़ोसी पश्चिमी और उत्तरी राज्यों की भाँति अफगानिस्तान में मुसलमानी शासन स्थापित हो गया। इस्लाम ने इस देश के लड़ाकू पर्वतीय लोगों में धर्मोन्माद पैदा कर दिया और भारत की सम्पदा ने उनके मन में लोभ भर दिया। इसके फलस्वरूप गजनी और गोर के मुसलमान शासकों ने भारत पर बार-बार आक्रमण किए। अन्त में शहाबुद्दीन मुहम्मद गोरी ने 1193 ई. में दिल्ली को जीत लिया और भारत में मुसलमानी शासन की नींव डाली।

अमरकोट–सिन्ध का एक नगर और राज्य, जहाँ 23 नवम्बर, 1542 ई. को अकबर का जन्म हिन्दू राजा राणा प्रसाद की शरण में हुआ। मार्च 1843 ई. में सर चार्ल्स ने पियर के नेतृत्व में भारत की अंग्रेजी सेना ने उस पर कब्जा कर लिया और उसके साथ ही पूरे सिन्ध पर अंग्रेजों का अधिकार हो गया। अब यह पाकिस्तानी क्षेत्र में है।

अमरावती–आन्ध्र प्रदेश के गुंटूर जिले का एक नगर, जो सातवाहन राजाओं के शासनकाल में हिन्दू संस्कृति का केन्द्र था। अशोक की मृत्यु के बाद करीब चार शताब्दी तक दक्षिण भारत में सातवाहन शासन रहा। अमरावती में कला, वास्तुकला और मूर्तिकला की स्थानीय मौलिक शैली विकसित हुई थी। अमरावती में मिली मूर्तियों की कोमलता और भाव-भंगिमा दर्शनीय है। प्रत्येक मूर्ति का अपना आकर्षण है और पेड़े-पौधों, फूलों, विशेष रूप से कमल के फूलों को बड़े सुन्दर ढंग से बनाया गया है। बुद्ध मूर्तियों को मानव आकृति के बजाय प्रतीकों के द्वारा गोदा गया है जिससे पता चलता है कि अमरावती-शैली मथुरा और गन्धार शैलियों से पहले की है। वह यूनानी प्रभाव से सर्वथा मुक्त है।

अमृतसर–पंजाब में सिखों का तीर्थस्थान। सिखों के चौथे गुरु रामदास को 1577 ई. में बादशाह अकबर (1556-1605 ई.) ने यह स्थान दिया था। बाद में इस नगर का विकास हुआ और सिखों के दान से स्वर्ण मन्दिर का निर्माण किया गया।

अरब–यहाँ के लोग इस्लाम का उदय होने के बाद संगठित और शक्तिशाली हो गए। वे लोग दूर-दूर तक समुद्र यात्राएँ और व्यापार करते थे। पश्चिमी भारत के समृद्ध बन्दरगाहों तथा पश्चिमोत्तर सीमावर्ती क्षेत्र की ओर उनकी आरम्भ से निगाह थी। सबसे पहले 637 ई. में अरबों ने बम्बई के निकट थाणे पर हमला किया, जिसको विफल कर दिया गया। लेकिन उसके बाद भड़ौंच, सिन्ध में देवल की खाड़ी और कलात पर उनके हमले हुए। सातवीं शताब्दी के अन्त में अरबों ने बलूचिस्तान के मकरान क्षेत्र को जीत लिया जिससे सिन्ध को जीतने के

लिए रास्ता साफ हो गया। सिन्ध के समुद्र तट पर कुछ समुद्री लुटेरों ने अरब सौदागरों के जहाज लूट लिए। लुटेरों ने सिन्ध के देवल में शरण ली। पीड़ित अरब सौदागरों ने अरब सूबेदार अल-हज्जाज से इसकी शिकायत की, जिसने सिन्ध पर कई बार हमले किए। उस समय सिन्ध में राजा दाहिर का राज्य था। प्रारम्भ में कुछ हमलों को विफल कर दिया गया, लेकिन 711 ई. में अल-हज्जाज के दामाद मुहम्मद-इब्न-कासिम के नेतृत्व में हमला हुआ। मुहम्मद-इब्न-कासिम ने 712 ई. में राजौर के युद्ध में राजा दाहिर को पराजित किया, जिसमें वह मारा गया। उसकी राजधानी आलोर पर अरबों का कब्जा हो गया। इसके बाद अरबों ने मुल्तान जीत लिया और सिन्ध में अरब राज्य स्थापित हो गया। अरबों ने भारत में अपने राज्य का प्रसार करने के लिए बहुत कोशिशें कीं। उन्होंने कच्छ, सौराष्ट्र अथवा काठियावाड़ और पश्चिमी गुजरात पर हमले किए। लेकिन उनका प्रसार सिन्ध के आगे नहीं हो सका। दक्षिण में चालुक्यों और पूर्व में प्रतिहारों और उत्तर में कर्कोटक राजाओं ने उनके बढ़ाव को रोका। इस प्रकार भारत में अरब राज्य सिन्ध तक ही सीमित रहा जिसे शहाबुद्दीन मुहम्मद गोरी ने 1175 ई. में सिन्ध पर कब्जा करके खत्म कर दिया और सिन्ध दिल्ली की सल्तनत के अधीन हो गया। सिन्ध में अरबों की विजय को निष्फल विजय की संज्ञा दी जाती है क्योंकि उसके बाद भारत पर इन लोगों की सत्ता स्थापित नहीं हुई।

अर्काट–कर्नाटक का एक नगर, जिसे कर्नाटक के नवाब अनवरुद्दीन (1743-48 ई.) ने अपनी राजधानी बनाया। दूसरे कर्नाटक युद्ध (1751-54 ई.) में इस नगर का महत्त्वपूर्ण स्थान था। यहाँ एक मजबूत किला था जो आम्बूर की (1749 ई.) लड़ाई में अनवरुद्दीन की हार और मौत के बाद चन्दा साहब के नियन्त्रण में चला गया। चन्दा साहब ने फ्रांसीसियों की मदद से त्रिचिनापल्ली का घेरा डाला, जहाँ अनवरुद्दीन के पुत्र मुहम्मद शर्की ने शरण ली थी। त्रिचिनापल्ली को राहत देने के लिए राबर्ट क्लाइव ने दो सौ अंग्रेज और तीन सौ देशी सिपाहियों की मदद से अर्काट पर अचानक कब्जा कर लिया। इसके बाद चन्दा साहब ने बहुत बड़ी सेना के साथ अर्काट का घेरा डाला और क्लाइव की सेना 56 दिन (23 सितम्बर से 14 नवम्बर तक) किले में घिरी रही। अन्त में क्लाइव ने चन्दा साहब की सेना का घेरा तोड़कर उसे पीछे ढकेल दिया। अर्काट के घेरे को तोड़ने में सफल होने के बाद राबर्ट क्लाइव की प्रतिष्ठा एक अच्छे सेनापति के रूप में हो गई और कर्नाटक अंग्रेजों के कब्जे में आ गया।

अलीगढ़–उत्तर प्रदेश का एक शहर जिसका आधुनिक भारतीय इतिहास में महत्त्वपूर्ण योगदान है। अलीगढ़ में एक मजबूत किला था जिसे दूसरे आंग्ल-मराठा युद्ध में अंग्रेजों ने 1803 ई. में मराठों से छीन लिया और इससे दिल्ली को जीतने में उन्हें बड़ी मदद मिली। सन् 1857 के सिपाही-विद्रोह का यह मुख्य केन्द्र रहा। नगर में मुसलमानों की आबादी अधिक है। 1857 ई. से यह नगर भारतीय मुसलमानों का सांस्कृतिक केन्द्र बन गया। जब सर सैयद अहमद खाँ के प्रयास से यहाँ एंग्लो-ओरिएंटल कॉलेज की स्थापना की गई, शीघ्र ही यह कॉलेज भारतीय मुसलमानों को अंगेजी शिक्षा देनेवाला प्रमुख केन्द्र बन गया। 1920 ई. में अलीगढ़ कॉलेज को विश्वविद्यालय बना दिया गया।

अलेक्जेंड्रिया–अलेक्जेंड्रिया नाम की दो बस्तियाँ सिकन्दर ने भारत पर अपने हमले के दौरान स्थापित की, जिनमें एक अफगानिस्तान में काबुल के निकट थी और दूसरी सिन्ध में चिनाब और सिन्धु के संगम के निकट। बाद में दोनों बस्तियाँ समाप्त हो गईं।

अलोर–सिन्ध के अन्तिम हिन्दू राजा दाहिर के समय सिन्ध की राजधानी। अरबों ने मुहम्मद बिन कासिम के नेतृत्व में उसे 712 ई. में जीतकर अपने कब्जे में कर लिया। इसके बाद सिन्ध पर मुसलमानों का अधिकार हो गया।

अवमुक्त–अवमुक्त नामक राज्य का उल्लेख समुद्रगुप्त के प्रयाग स्तम्भ लेख में आया है। उसका राजा नीलराज बताया गया है जिसे समुद्रगुप्त ने पराजित किया था, परन्तु बाद में उसे उसका राज्य लौटा दिया था। अवमुक्त दक्षिण में था लेकिन उसकी ठीक स्थिति का पता नहीं चलता है।

असबाल–अहमदाबाद की स्थापना के पूर्व पुराने नगर का नाम असबाल था। इसी नगर को केन्द्र बनाकर पन्द्रहवीं शताब्दी में गुजरात में मुसलमानी सल्तनत का विकास हुआ।

अहमदनगर–अहमदनगर निजामशाही सुल्तानों की राजधानी थी, जिन्होंने 1490 ई. में दक्खिन में बहमनी सल्तनत की एक नई शाखा की स्थापना की। अहमदनगर की स्थापना इस वंश के पहले सुल्तान अहमद निजामशाह ने की। अकबर ने जब इस पर हमला किया तो चाँद बीबी ने उसकी सेनाओं का डटकर मुकाबला किया, परन्तु अन्त में अकबर की विजय हुई। 1637 ई. में बादशाह शाहजहाँ ने अहमदनगर को मुगल साम्राज्य में मिला लिया और उसके बाद इस नगर का महत्त्व घट गया। यह अब भी एक बड़ा नगर है और इसी नाम के जिले का मुख्यालय है।

अहमदाबाद–अहमदाबाद नाम के दो नगर हैं, एक गुजरात में और दूसरा दक्षिण में। दोनों की स्थापना अहमद नामक सुल्तानों ने की थी। दक्षिण के अहमदाबाद की स्थापना नौवें बहमनी सुल्तान अहमदशाह एदेष (1422-45 ई.) ने की जो अपनी राजधानी गुलबर्गा से हटाकर बीदर ले आया और अपने नाम पर उसका नामकरण अहमदनगर किया। गुजरात के अहमदाबाद की स्थापना पुराने हिन्दू नगर असबाल के निकट गुजरात के सुल्तान अहमदशाह (1411-41 ई.) ने की। पन्द्रहवीं शताब्दी में अपनी स्थापना के बाद से अहमदाबाद लगातार गुजरात राज्य की राजधानी तब तक बना रहा, जब तक वह बम्बई प्रदेश में शामिल नहीं कर दिया गया। सुल्तानों के बाद वह मुगलों के अधिकार में चला गया। अकबर ने 1572 ई. में गुजरात को जीता और अपने राज्य में मिला लिया। 1758 ई. में गुजरात और अहमदाबाद पर मराठों का अधिकार हो गया और अन्त में वह भारत के ब्रिटिश साम्राज्य का हिस्सा बना लिया गया। अहमदाबाद अपनी भव्य इमारतों के लिए प्रसिद्ध है और एक समय इसकी गणना संसार के मुख्य नगरों में होती थी। इसकी आबादी 9 लाख थी। यहाँ बहुत-से करोड़पति रहते हैं। इस नगर की समृद्धि रेशम, सुनहरे तार और सूत के कारण है। इस समय यह नगर गुजरात राज्य की राजधानी है। सूती वस्त्र उद्योग का यह मुख्य केन्द्र है।

आन्ध्र–भारत के पूर्वी समुद्रतट पर गोदावरी के मुहाने से लेकर कृष्णा के मुहाने तक विस्तृत प्रदेश को कहते हैं। यहाँ के निवासी ज्यदातर तेलुगुभाषी हैं और इस क्षेत्र में प्राचीनकाल से बसे हुए हैं। ब्रिटिश शासनकाल में इस क्षेत्र को तमिल भाषी क्षेत्र से मिलाकर मद्रास प्रेसीडेंसी बना दिया गया था। स्वतन्त्रता-प्राप्ति के बाद यहाँ के निवासियों ने भाषायी आधार पर उनका क्षेत्र मद्रास से अलग करके पृथक् राज्य बनाने की माँग की। हिंसा और उपद्रव की अनेक घटनाएँ घटने के बाद यह माँग स्वीकार कर ली गई और हैदराबाद को राजधानी बनाकर पृथक् आन्ध्र राज्य की स्थापना कर दी गई। आन्ध्र राज्य भारत में भाषायी

राज्य की स्थापना का पहला उदाहरण है और उसके बाद अन्य राज्यों को भी भाषायी आधार पर तोड़ने के आन्दोलन चल पड़े।

आसाम—भारत का पूर्वोत्तर राज्य जिसका विस्तार पश्चिम में संकोष नदी से पूर्व में सदिया तक है। यह राज्य ब्रह्मपुत्र नदी की देन है। ब्रह्मपुत्र नदी के उत्तर में हिमालय और दक्षिण में आसाम की पहाड़ियों के बीच में बहते हुए एक उपजाऊ घाटी बना दी है जो आजकल आसाम कहलाती है। उसे *महाभारत* में प्रागृज्योतिष और पुराणों में कामरूप कहा गया है। मुसलमान इतिहासकारों ने उसे कामरूप लिखा है। जबसे इस क्षेत्र को अहोम लोगों ने जीतकर अपने अधिकार में कर लिया तबसे यह क्षेत्र आसाम के नाम से पुकारा जाने लगा है। इस क्षेत्र में चारों ओर से लोग आसानी से प्रवेश कर सकते हैं इसलिए सभी पड़ोसी क्षेत्रों के बुभुक्षित और साहसी लोग सभी युगों में यहाँ आकर बसते रहे। इसी कारण यहाँ की आबादी में बहुत अधिक रक्त का मिश्रण हुआ। यहाँ आस्ट्रिक, मंगोल और द्रविड़ जातियों के लोग भी मिलते हैं और आर्य जाति के लोग भी। आसाम की आधुनिक आबादी बहुत मिली-जुली है और वहाँ अनेक भाषाएँ और बोलियाँ बोली जाती हैं जिनमें असमी और बंगला भाषा की अपनी लिपियाँ हैं। दूसरी बोलियाँ और भाषाएँ रोमन लिपि में लिखी जाती हैं और उनका अपना कोई साहित्य नहीं है। आसाम का इतिहास मोटे तौर से चार कालों में विभाजित किया जा सकता है—पौराणिक काल, प्रारम्भिक काल, अहोम काल और आधुनिक काल। पौराणिक काल में आसाम में अनार्य लोगों का राज्य था जिन्हें दानव और असुर कहा जाता था। इसी काल में आर्य लोग उत्तर-पश्चिम के स्थल मार्ग से यहाँ आए। प्रारम्भिक काल ईसा की चौथी शताब्दी से आरम्भ होता है और आसाम का उल्लेख कामरूप के नाम से द्वितीय गुप्त सम्राट समुद्रगुप्त (330-80) के इलाहाबाद के स्तम्भ-लेख में आया है। यह काल तेरहवीं शताब्दी तक जारी रहा जब आसाम पर पूर्व की ओर से अहोम जाति का और पश्चिम की ओर से मुसलमानों का हमला हुआ। मुसलमानों के आक्रमणों को विफल कर दिया गया जिसके फलस्वरूप आसाम के इतिहास में मुसलमानी शासनकाल नहीं मिलता। अहोम लोगों ने इस क्षेत्र को जीत लिया और यहाँ करीब 600 वर्षों तक राज्य किया। उनके बाद बर्मा लोगों ने आसाम को जीत लिया और यहाँ थोड़े समय तक राज्य किया। 1826 ई. में आसाम को भारत के ब्रिटिश राज्य का हिस्सा बना लिया गया। उसके बाद आसाम के इतिहास का आधुनिक काल आरम्भ हुआ और वह राजनीतिक और प्रशासनिक दृष्टि से भारत का आन्तरिक भाग बन गया, हालाँकि सांस्कृतिक दृष्टि से वह सदैव भारत का एक अंग रहा। पौराणिक काल का सबसे अधिक विख्यात राजा नरकासुर था जिसके सम्बन्ध में कहा जाता है कि वह बिहार के मिथिला नगर से प्रागृज्योतिष में राज्य करने आया था, इसलिए यह माना जा सकता है कि इसके राज्यकाल से आसाम की गणना आर्य क्षेत्र में होने लगी। नरक का नाम आसाम के प्राचीन इतिहास से विशेष रूप से कामाख्या देवी की पूजा और गोहाटी के निकट नीलांचल पर उसके मन्दिर के निर्माण से जुड़ा हुआ है। नरकासुर का पुत्र भागदत्त महाभारत में महान योद्धा बताया गया है जिसने कुरुक्षेत्र युद्ध में कौरवों की ओर से भाग लिया और मारा गया। उसका उत्तराधिकारी वज्रदत्त था और कहा जाता है कि वज्रदत्त के उत्तराधिकारियों ने कामरूप पर तीन हजार वर्ष तक राज्य किया जो अतिशयोक्ति मालूम पड़ती है। ईसा की चौथी शताब्दी में कामरूप में पुष्यवर्मा राज्य करता था। पुष्यवर्मा

एक ऐतिहासिक व्यक्ति है जिसका उल्लेख भास्करवर्मा (604-649 ई.) के निधानपुर दानपत्र में 13 राजाओं के राजवंश के संस्थापक के रूप में हुआ है। इन 13 राजाओं में ससुद्रवर्मा, कल्याणवर्मा, गणपतिवर्मा, महेन्द्रवर्मा, नारायणवर्मा, महभूतिवर्मा, अथवा भूतिवर्मा, स्थितवर्मा, सुस्थितवर्मा, सुप्रतिष्ठितवर्मा, और भास्करवर्मा शामिल हैं। पुष्यवर्मा कामरूप का उस समय राजा था जब द्वितीय गुप्त सम्राट समुद्रगुप्त (330-380 ई.) ने वहाँ आक्रमण किया। इलाहाबाद के स्तम्भ-लेख के अनुसार पुष्यवर्मा ने समुद्रगुप्त के सामने आत्मसमर्पण कर दिया। भास्करवर्मा सम्राट हर्षवर्द्धन का समसामयिक था। इस बात का उल्लेख बाण के *हर्षचरित* में आया है और ह्वेनसांग के यात्रा-वर्णन से भी उसका पता चलता है। भास्करवर्मा का देहान्त 649 ई. में हर्ष की मृत्यु के कुछ वर्षों बाद हुआ। उसके बाद कामरूप राज्य सातवीं शताब्दी के मध्यकाल में राजा साल स्तम्भ के द्वारा स्थापित राजवंश के हाथ चला गया। वह अपनी राजधानी प्रागज्योतिषपुर (गोहाटी) से हटाकर ब्रह्मपुत्र के किनारे हरुपेश्वर नामक स्थान पर ले गया। यह स्थान आधुनिक तेजपुर के निकट था। इस राजवंश के 13 राजा हुए जिनमें विजय, पालक, कुमार, वज्रदत्त, हर्ष, बालवर्मा, चक्र, प्रालम्भ, हर्जर, वनमाल, जयमाल, बालवर्मा और त्याग सिंह शामिल हैं। इस रावजंश ने सातवीं शताब्दी के मध्य से दसवीं शताब्दी के मध्य तक राज्य किया। त्याग सिंह निःसन्तान मर गया। ब्रह्मपाल नामक एक व्यक्ति था जो अपने को नरकासुर का वंशज मानता था। उसे दसवीं शताब्दी के उत्तरार्द्ध में कामरूप का राजा चुन लिया गया। ब्रह्मपाल ने कामरूप में तीसरे हिन्दू राजवंश की स्थापना की। यह पाल राजवंश से भिन्न था और इसने यहाँ दसवीं शताब्दी के उत्तरार्द्ध से बारहवीं शताब्दी के आरम्भ तक राज्य किया। इस राजवंश के रत्नपाल, इन्द्रपाल, गोपाल, हर्षपाल और जयपाल आदि 6 राजा हुए। अन्तिम राजा जयपाल को बंगाल के राजा रामपाल ने गद्दी से हटा दिया और कामरूप में तिंग्य देव को अपना सामन्त राजा नियुक्त किया जिसने शीघ्र ही रामपाल के विरुद्ध विद्रोह कर दिया। अतएव बंगाल के राजा कुमारपाल का सेनापति वैद्यदेव वहाँ का राजा बनाया गया। लेकिन वैद्यदेव ने भी शीघ्र ही बंगाल के राजा के विरुद्ध विद्रोह कर दिया और उसके बाद करीब एक शताब्दी से अधिक समय तक कामरूप में अराजकता रही। इस काल में बंगाल का कोई सेनवंशी राजा जब-तब कामरूप पर चढ़ाई करके वहाँ के राजाओं को जीत लेता था। इसी बीच इख्तियारुद्दीन ने जो बख्तियार खिलजी के नाम से प्रसिद्ध है, बंगाल के सेनवंश का तख्ता उलट दिया। बख्तियार खिलजी के नेतृत्व में 1198 ई. में बंगाल पर मुसलमानों का पहला आक्रमण हुआ। उसने बंगाल की विजय के बाद 1205 ई. में आसाम पर भी चढ़ाई की। गोहाटी के निकट ब्रह्मपुत्र नदी के उस पार स्थित कनाड-बारसी वेर नामक गाँव में एक चट्टान पर संस्कृत में दो पक्तियों का एक लेख अंकित है जिसमें कहा गया है कि शक संवत् 1127 (1205 ई.) के चैत मास की त्रयोदशी को जिन तुर्कों ने कामरूप पर आक्रमण किया था उनको नष्ट कर दिया गया। इस शिलालेख में कामरूप के उस वीर योद्धा का नाम नहीं दिया है जिसने मुसलमानों के आक्रमण को विफल कर दिया। इसके बाद हमें कामरूप के इतिहास की विशेष जानकारी नहीं मिलती है और तेरहवीं शताब्दी से वहाँ का इतिहास अन्धकार में है। यदि मुसलमानों ने 1205 ई. में आसाम पर पश्चिम की ओर से एक विफल आक्रमण किया तो 1228 ई. में पूर्वी दिशा से अहोम लोगों ने उस पर हमला किया और उन्हें उस पर अपना

अधिकार जमाने में सफलता मिल गई। दोनों ओर से आक्रमण होने पर कामरूप का राज्य खंडित होकर अनेक छोटे-छोटे राज्यों में बँट गया। एकदम पश्चिम में कामतापुर राज्य करतोया से संकोष नदी तक विस्तृत था और उसके पूर्व में कामरूप राज्य ब्रह्मपुत्र के उत्तरी तट पर बर नदी से सुवर्णश्री तक विस्तृत था जिस पर बारह भुइयाँ (भूमिपति) राज्य करते थे। सुवर्णश्री के पूर्व में ब्रह्मपुत्र के उत्तरी तटवर्ती क्षेत्र में चुट्टियाँ राज्य था और दक्षिण तटवर्ती क्षेत्र में काचारी राज्य था। उसके दक्षिण-पश्चिम में खासी लोगों का जयन्तिया राज्य था। कामरूप का इस प्रकार छोटे-छोटे राज्यों में बँटा होने के कारण मुसलमानों और अहोम आक्रमणकारियों को उस पर अधिकार कर लेने में आसानी रही। उन लोगों ने करीब-करीब एक साथ पश्चिम तथा पूर्व दिशा से उन पर आक्रमण किया। पश्चिम में कामतापुर और कामरूप के राजाओं ने मुसलमानी आक्रमणों को 1498 ई. तक रोका। उस वर्ष बंगाल के हुसेनशाह ने कामतापुर और कामरूप राज्यों को वर नदी तक जीत लिया और अपने लड़के को विजित क्षेत्र का सूबेदार बनाकर वहाँ रख दिया। लेकिन सोलहवीं शताब्दी के आरम्भ में कोच जाति के विश्व सिंह नामक एक सरदार ने आधुनिक आसाम के पश्चिमी भाग में एक हिन्दू राज्य की स्थापना कर ली। उसने बारह भुइयों को परास्त कर अपनी राजधानी कूच बिहार में स्थापित की। उसने मुसलमानों को करतोया नदी के उस पार भगा दिया और आधुनिक आसाम के पश्चिमी भाग में जिनमें ग्वालपाड़ा, कामरूप और दारांग जिले आते हैं, हिन्दू राज्य की फिर से स्थापना की। कोच राजाओं ने बंगाल से आनेवाले मुसलमान आक्रमणकारियों से दीर्घकाल तक युद्ध किया। अन्त में 1596 ई. में उन्हें मुगल बादशाह अकबर का संरक्षण स्वीकार कर लेना पड़ा। इस प्रकार केवल ग्वालपाड़ा जिला ही नहीं वरन् कामरूप जिले का बहुत बड़ा भाग मुसलमानों के नियन्त्रण में आ गया। लेकिन अहोम राजाओं ने, जिन्होंने आसाम के पूर्वी क्षेत्र में अपना राज्य स्थापित कर लिया था, मुसलमानों से कामरूप जिला फिर से छीन लिया। प्रथम अहोम राजा सुकफ था जिसने 1228 ई. में आसाम पर आक्रमण किया और शिवसागर पर अधिकार करके वहाँ अपना राजवंश स्थापित किया। इस राजवंश ने ब्रह्मपुत्र घाटी में कामरूप जिले तक करीब छह शताब्दी (1228 ई. से 1824 ई.) तक राज्य किया। इस राजवंश के 39 अहोम राजा हुए जिनमें से सत्रहवें राजा सुसेंगफ ने अपना नाम संस्कृत में प्रतापसिंह रखा। उसके उत्तराधिकारियों ने भी संस्कृत नाम अपनाए और उनमें प्रमुख जयध्वज सिंह, चक्रध्वज सिंह, उदयादित्य सिंह, रामध्वज सिंह, गदाधर सिंह, रुद्र सिंह, शिव सिंह, प्रमत्त सिंह, राजेश्वर सिंह, लक्ष्मी सिंह, गौरीनाथ सिंह, कमलेश्वर सिंह, चन्द्रकान्त सिंह, पुरन्दर सिंह और जोगेश्वर सिंह थे। अहोम राजाओं की आपसी फूट, विशेष रूप से बड़ागुहाई (प्रधानमन्त्री) पूर्णानन्द और गोहाटी के बड़ फूकन (गवर्नर) बदनचन्द्र की आपसी फूट के कारण, बदनचन्द्र ने बर्मा सरकार को आसाम विजय के लिए अपनी सेना भेजने का निमन्त्रण दिया। 1816 ई. में बर्मा सेना आसाम में घुस आई, किन्तु वह 1819 ई. तक उस पर पूरी तरह कब्जा नहीं कर पाई और उसके बाद 1824 ई. तक आसाम में बर्मा शासन रहा। बर्मा शासकों ने बड़ी सख्ती बरती और अत्याचार किए जिससे अहोम सरदारों में असन्तोष फैल गया। भारत में अंग्रेज शासकों को भी यह पसन्द नहीं था कि उनके राज्य की सीमाओं पर बर्मा राज्य का विस्तार हो। उस समय के अहोम राजा चन्द्रकान्त ने कई बार बर्मी आक्रमणकारियों को आसाम से खदेड़ देने का प्रयास

किया, लेकिन उसे सफलता नहीं मिली और अन्त में वह बर्मी सेना द्वारा कैद कर लिया गया। इसके बाद भी बर्मा लोगों और भारत की अंग्रेजी सरकार के बीच युद्ध छिड़ गया। यह युद्ध केवल आसाम में ही नहीं वरन् बर्मा में भी हुआ, जिसमें अन्त में बर्मा लोगों की पराजय हुई। उन्हें अंग्रेजों से चन्द्रव की सन्धि (1826 ई.) करनी पड़ी जिसके द्वारा बर्मा लोगों ने आसाम और पड़ोस के कछार और मणिपुर जिलों से अपना शासन हटा लिया। दक्षिणी आसाम के कामरूप, दारांग और नवगाँव जिलों को भी अंग्रेजी राज्य में मिला लिया गया। इन क्षेत्रों को बंगाल में मिला लिया गया और उनका प्रशासन डेविड स्काट को सौंप दिया गया जो उस समय बंगाल के ग्वालपाड़ा और गारो पहाड़ी जिले का अधिकारी था। इस प्रकार बंगाल के दो जिले आसाम के साथ जुड़ गए। उत्तरी आसाम जिसमें आधुनिक शिवसागर जिला और नदिया और मटक को छोड़कर लखीमपुर जिला सम्मिलित था, पुराने अहोम राजवंश के वंशज पुरन्दर सिंह को सौंप दिया गया। लेकिन पुरन्दर सिंह शासक के रूप में विफल रहा, इसलिए उसके राज्य को अर्थात् शिवसागर और लखीमपुर जिलों को दक्षिणी आसाम के साथ जोड़कर 1839 ई. से अंग्रेजी शासन के अधीन कर दिया गया। सदिया और सटक को भी, जो पहले दो अहोम सरदारों को सौंप दिए गए थे, 1843 ई. में अंग्रेजी शासन में ले लिया गया और उसको आसाम के लखीमपुर जिले में मिला दिया गया। 1874 ई. तक आसाम का प्रशासन बंगाल प्रान्त के अधीन रहा। उस वर्ष आसाम के प्रशासन को सुधारने के उद्देश्य से उसे बंगाल प्रान्त से हटाकर चीफ कमिश्नर के अधीन अलग प्रान्त बना दिया गया। उसी समय सिलहट, कछार, ग्वालपाड़ा जिले और गारो पहाड़ियों का उत्तरी क्षेत्र आसाम राज्य में मिला दिया गया और काफी बड़ी संख्या में बंगालीभाषी लोगों को आसाम का नागरिक बना दिया गया। तब (1874 ई.) से आसाम नाम, जो पहले अहोम लोगों द्वारा शासित पाँच जिलों—कामरूप, दारांग, नवगरेव, शिवसागर और लखीमपुर के लिए प्रयुक्त होता था, सदिया से ग्वालपाड़ा तक सारे क्षेत्र के लिए प्रयुक्त होने लगा जिसमें खासी और जयन्तिया पहाड़ी क्षेत्र, सूरमा घाटी के सिलहट और कछार जिलों के अतिरिक्त बंगाल के गारो पहाड़िया तथा ग्वालपाड़ा जिले में सम्मिलित थे। इस प्रकार आसाम की मिली-जुली आबादी और अधिक मिश्रित हो गई और उस क्षेत्र के अन्तर्गत तुलनात्मक दृष्टि से अधिक पिछड़े पहाड़ी लोगों के साथ अधिक उन्नत बंगालीभाषी लोगों को भी कर दिया गया। आसाम में हाल में भाषा-सम्बन्धी जो उपद्रव हुए, उस विवाद की नींव उसी समय पड़ी थी। 1905 ई. में बंग विभाजन के समय बंगाल की ढाका, चटगाँव और राजशाही कमिश्नरियों को आसाम से मिलाकर पूर्वी बंगाल तथा आसाम नाम से एक नया प्रान्त बना दिया गया और उसका प्रशासन एक अलग लेफ्टिनेंट-गवर्नर के अधीन कर दिया गया। छह वर्ष बाद बंग-भंग रद्द कर दिया गया। पूर्वी बंगाल फिर से पश्चिमी बंगाल से जोड़ दिया गया और आसाम को फिर से चीफ कमिश्नर के अधीन अलग प्रान्त बना दिया गया और उसमें केवल खासी और जयन्तिया पहाड़ी जिलों को नहीं वरन् बंगाल के सिलहट, कछार, गारो पहाड़ी और ग्वालपाड़ा जिलों को शामिल रखा गया। 1912 ई. में आसाम को गवर्नर के अधीन प्रान्त बना दिया गया जिसकी सहायता के लिए कार्यकारिणी परिषद् और विधानसभा का गठन किया गया। स्वतन्त्रता-प्राप्ति के पश्चात् आसाम के गवर्नर के अधीन प्रान्त को अब राज्य कहा जाता है, किन्तु देश के विभाजन के परिणामस्वरूप

करीमगंज तहसील को छोड़कर बाकी सिलहट जिला आसाम से निकालकर पूर्वी पाकिस्तान में मिला दिया गया। इस प्रकार आसाम के वर्तमान भाषायी विवाद की शुरुआत बहुत कुछ इस प्रान्त को बनाने में अंग्रेजों द्वारा की गई गड़बड़ी से हुई है। अंग्रेजों ने शासन की सुविधा अथवा तात्कालिक आवश्यकताओं को ध्यान में रखकर इस प्रान्त का निर्माण किया, जिसमें अब यदि परिवर्तन करना सम्भव नहीं तो कठिन अवश्य हो गया है। राज्यों के पुनर्गठन के फलस्वरूप आसाम की सीमाओं में काफी उलटफेर हो गया है। नागा पहाड़ी जिले को, जो पहले आसाम प्रान्त का भाग था, अब नागालैंड नाम से अलग राज्य में शामिल कर दिया गया है। खासी तथा जयन्तिया पहाड़ी तथा गारो पहाड़ी जिलों को अब आसाम से अलग करके मेघालय नाम से अलग राज्य बना दिया गया है।

अब भारत के पूर्वांचल में निम्न राज्य हैं–आसाम, नागालैंड, मेघालय, मणिपुर, त्रिपुरा, मिजोरम एवं अरुणाचल प्रदेश (भूतपूर्व उत्तर-पूर्व सीमा एजेंसी) के केन्द्र शासित क्षेत्र।

इन्दौर–अठारहवीं शताब्दी के उत्तरार्द्ध में मल्हारराव होल्कर द्वारा स्थापित राज्य की राजधानी।

इलाहाबाद–गंगा और यमुना के संगम पर स्थित। यह स्थान सामरिक दृष्टि से बड़ा महत्त्वपूर्ण है। प्राचीन नाम प्रयाग है और यह तीर्थराज कहा जाता है। ईसा की चौथी और पाँचवीं शताब्दी में गुप्त वंश के राज्य में यह उनकी एक राजधानी भी रही है। सातवीं शताब्दी में सम्राट हर्षवर्द्धन, वहाँ पाँच-पाँच वर्षों के अन्तर, सत्र का आयोजन किया करता था। ऐसे एक सत्र में चीनीयात्री ह्वेनसांग ने 643 ई. में भाग लिया था। इलाहाबाद में सबसे प्राचीन ऐतिहासिक स्मारक अशोक (273-232 ई.पू.) के 6 स्तम्भ-लेखों में से एक है। इस पर गुप्त सम्राट समुद्रगुप्त (330-380 ई.) की कवि हरिषेण रचित प्रशस्ति है। इसमें उसके दिग्विजय का वर्णन है। इस स्थान के सामरिक महत्त्व को देखकर अकबर ने 1583 ई. में गंगा-यमुना के संगम पर किला बनवाया और प्रयाग के स्थान पर इसका नाम इलाहाबाद रखा। यह नगर इलाहाबाद सूबे की राजधानी बनाई गई। यह नगर बाद में उत्तर प्रदेश (संयुक्त प्रान्त आगरा अवध) की राजधानी रहा। यहाँ प्रसिद्ध विश्वविद्यालय भी है।

ओदन्तपुरी–ओदन्तपुरी को उड्यंतपुर भी कहते हैं, यह बिहार में स्थित है। आठवीं शताब्दी के मध्य में बंगाल और बिहार में पालवंश के संस्थापक गोपाल ने यहाँ एक महाविहार की स्थापना की थी। यह एक महत्त्वपूर्ण विद्या-केन्द्र बन गया। तेरहवीं शताब्दी के आरम्भ में बख्तियार के पुत्र मुहम्मद के नेतृत्व में मुसलमान आक्रमणकारियों ने इसे नष्ट कर दिया।

कनारा–पश्चिमी मैसूर में एक पतली पट्टी, जो उसे समुद्र तट से अलग करती है। 1799 ई. में इसे ब्रिटिश भारतीय साम्राज्य में मिला लिया गया।

कन्नौज–उत्तरी भारत का अत्यन्त प्राचीन और प्रसिद्ध नगर। इसका मूल नाम कान्यकुब्ज था, जो ब्राह्मणों का भी केन्द्रस्थल बन गया था। अब यह एक छोटा-सा नगर है और इसमें अधिकांश मुसलमान रहते हैं। *महाभारत* में इसका बार-बार उल्लेख किया गया है। पतंजलि ने भी, जो दूसरी शताब्दी ई.पू. में हुए, इसका संकेत किया है। जब चीनीयात्री फाहियान लगभग 405 ई. में इस नगर में आया तो यहाँ उसे केवल दो बौद्ध विहार मिले। यह उस समय उतना बड़ा नगर नहीं रह गया था जितना ह्वेनसांग के समय था।

कम्बोज–कश्मीर के दक्षिण-पश्चिम में स्थित प्राचीन जनपद। काफिरिस्तान का कुछ भाग भी उसमें सम्मिलित था। इस देश के निवासी भी 'कम्बोज' कहलाते थे। अशोक के शिलालेखों में कम्बोजों को उसकी प्रजा बताया गया है, जिनके बीच उसने बौद्ध धर्म का प्रचार किया।

कयाल–दक्षिण भारत में ताम्रपर्णी नदी के तट पर स्थित एक नगर। वेनिस का यात्री मार्कोपोलो इस नगर में दो बार आया था। उसने इसे विशाल नगर बताया है, जो वाणिज्य-व्यवसाय का केन्द्र था। इसके पोताश्रय (बन्दरगाह) में पश्चिमी तथा पूर्व के चीन जैसे सुदूर देशों के व्यापारियों की भीड़ रहती थी।

कलात–बलूचिस्तान का एक राज्य, जो अब पाकिस्तान में है। कलात के खान ने भारतीय ब्रिटिश सरकार से एक सन्धि करके अंग्रेजों को क्वेटा सौंप दिया, जो बोलन दर्रे की रक्षा का उपयुक्त स्थल है। 1892 ई. में उसने अपने वजीर को उसके पिता तथा पुत्र सहित मार डाला। इस अपराध के लिए ब्रिटिश सरकार ने उसे गद्दी छोड़ देने के लिए विवश किया। उसके लड़के को 'खान' बना दिया। कलात पाकिस्तान की स्थापना तक ब्रिटिश भारत का संरक्षित अधीनस्थ राज्य बना रहा। अब वह पाकिस्तान का अधीनस्थ राज्य है।

कलिंग–पूर्वी समुद्र तट पर महानदी और गोदावरी नदियों का मध्यवर्ती क्षेत्र। इसके अन्तर्गत आधुनिक उड़ीसा का राज्य आ जाता था। इसे अशोक मौर्य ने अपने राज्याभिषेक के आठवें वर्ष (लगभग 273-243 ई.पू.) में जीत लिया। कलिंग के लोगों ने अशोक की सेना का इतना डटकर प्रतिरोध किया कि इस युद्ध में कलिंग के एक लाख आदमी मारे गए, डेढ़ लाख कैद कर लिए गए तथा इनसे कई गुने अधिक आदमी बाद में मर गए।

कश्मीर–भारत का धुर उत्तरवर्ती सीमाप्रान्त। इसके पश्चिम में पाकिस्तानी सीमाप्रदेश, उत्तर-पश्चिम में अफगानिस्तान, उत्तर-पूर्व में चीन का सिकियांग प्रान्त तथा पूर्व में तिब्बत है। कश्मीर अपनी प्राकृतिक सुषमा तथा स्वास्थ्यप्रद जलवायु के लिए विख्यात है। सामरिक दृष्टि से भी इसकी स्थिति महत्त्वपूर्ण है। यह उत्तर-पश्चिम से भारत में आनेवाले मार्ग की रक्षा करता है। इसकी सीमाएँ अफगानिस्तान, तुर्किस्तान तथा चीन की सीमाओं से मिली हुई हैं। इसका 1006 ई. तक का इतिहास कल्हण की *राजतरंगिणी* में, 1006 ई. से 1420 ई. तक का जोनराज की रचना में, 1420 ई. से 1489 ई. तक का श्रीवर की रचना में तथा 1489 ई. से 1586 ई. तक का प्राज्ञ भट्ट की *राजाबलिपताका* में मिलता है। ये सभी ग्रन्थ संस्कृत में हैं। परम्परा से यह विश्वास प्रचलित है कि कश्मीर मूल रूप में एक सरोवर (झील) था तथा कश्यप मुनि के उद्योग से इस झील के पानी के लिए निर्गम बनाया गया और उन्होंने ही इस भूमि पर ब्राह्मणों को बसाया। *महाभारत* में 'काश्मीरज' के लोगों को क्षत्रिय बताया गया है। अशोक के द्वारा भेजे गए भिक्षुओं ने इस देश में बौद्ध धर्म का प्रचार किया और वह द्वितीय शताब्दी ई. में कुषाण राज्यकाल तक फलता-फूलता रहा। परन्तु, हिन्दू धर्म इस क्षेत्र का प्रधान धर्म बराबर बना रहा और सातवीं शताब्दी ई. में दुर्लभवर्द्धन ने कर्कोटक राजवंश की स्थापना की। 855 ई. में कर्कोटक वंश को उत्पल वंश ने उखाड़ फेंका। बाद में तन्त्री सैनिक नेताओं, यशस्कर तथा पूर्वगुप्त के वंशजों ने क्रमिक रीति से शासन किया। हेमगुप्त की विधवा रानी विद्धा ने 1003 ई. तक शासन किया। इसके बाद कश्मीर लाहौरवंशी राजाओं के अधीन आ गया।

काँगड़ा–हिमाचल प्रदेश में परकोटे से घिरा एक नगर। यह भटिंडा के राजा जयपाल के राज्य की पूर्वी सीमा था। 1399 ई. में तैमूर ने इसे लूटा, परन्तु इसके बाद भी इस नगर पर हिन्दू राजा शासन करते रहे। 1620 ई. में बादशाह जहाँगीर ने इस नगर को जीत लिया और यह मुगल साम्राज्य का अंग बन गया। मुगलों के संरक्षण में काँगड़ा के चित्रकारों ने अपनी अलग शैली विकसित की। 1811 ई. में यह नगर रणजीत सिंह के अधिकार में आ गया। 1848 ई. में उसका राज्य भारतीय ब्रिटिश साम्राज्य में मिला लिए जाने पर यह भी उसी का भाग हो गया।

काचार–आसाम प्रदेश का अब एक जिला, जिसका सदर मुकाम सिलचर है। इसका इतिहास पुराना है, जिसका पता अनेक शताब्दियों पूर्व से चलता है। यहाँ अनेक राजा ऐसे हो चुके हैं जो अपने को भीम, पाँच पांडवों में से द्वितीय के वंशज होने का दावा करते थे। ऐतिहासिक काल में यह अधिकतर अहोम राजाओं का अधीनस्थ एवं उनका संरक्षित राज्य रहा। तत्कालीन शासक राजा गोविन्दचन्द्र के साँठगाँठ से 1819 ई. में बर्मियों ने इसे रौंद डाला था, लेकिन शीघ्र ही अंग्रेजों ने बर्मियों को काचार से बाहर निकाल दिया और उन्होंने बदरपुर (मार्च 1824 ई.) की सन्धि द्वारा गोविन्दचन्द्र को काचार के राजा के रूप में पुनः शासनारूढ़ कर दिया। इसके बदले में उसने ईस्ट इंडिया कम्पनी की सत्ता को स्वीकार कर लिया और दस हजार रुपए वार्षिक खिराज के रूप में देने को राजी हो गया। किन्तु गोविन्दचन्द्र प्रशासन की दुर्व्यवस्था के कारण स्थानीय विद्रोहियों को दबा सकने में विफल रहा और प्रजा को भारी कर-भार से पीड़ित करने लगा। फलतः 1830 ई. में उसकी हत्या कर दी गई। उसका कोई उत्तराधिकारी नहीं था। अगस्त 1832 ई. की एक घोषणा के द्वारा काचार ब्रिटिश साम्राज्य में मिला लिया गया। तब से यह निरन्तर भारत का एक भाग है।

काठियावाड़ (सौराष्ट्र)–भारत के पश्चिमी भाग में स्थित। यह पहले मौर्य साम्राज्य के अन्तर्गत था। उसके बाद इस पर शक क्षत्रपों का शासन हुआ, जो कुषाण राजाओं को 'शाहों का शाह' मानते थे। बाद में काठियावाड़ गुप्त साम्राज्य का भाग रहा और हर्षवर्द्धन (606-47 ई.) ने भी इस पर राज्य किया। इसके बाद यह स्थानीय हिन्दू राजाओं के अधीन रहा। लगभग 712 ई. में मुहम्मद-इब्न-कासिम के नेतृत्व में अरबों ने इसे जीत लिया। फिर भी हिन्दू तीर्थयात्री यहाँ बड़ी संख्या में आते रहे। विशेष रूप से सोमनाथ के शिव मन्दिर में पूजा करने के लिए बहुत-से हिन्दू आते थे। 1026 ई. में सुल्तान महमूद ने सोमनाथ के प्रसिद्ध मन्दिर पर अधिकार कर लिया और उसे नष्ट कर डाला। धीरे-धीरे काठियावाड़ मुसलमानों के नियन्त्रण में चला गया। तीसरे मराठा-युद्ध के बाद यह ब्रिटिश भारतीय साम्राज्य में शामिल कर लिया गया।

कादियान–पंजाब का एक कस्बा। मिर्जा गुलाम अहमद (1838-1908 ई.), जिन्होंने मुसलमानों में सुधार आन्दोलन चलाया, यहीं रहते थे। उनके अनुयायी उनके निवास स्थान के नाम पर 'कादियानी' कहलाते हैं। कट्टर मुसलमान कादियानी लोगों को विधर्मी मानते हैं, क्योंकि वे मिर्जा गुलाम अहमद के पैगम्बर होने का दावा करते हैं।

कानपुर–उत्तर प्रदेश में गंगा तट पर स्थित एक पुराना नगर। ब्रिटिश शासन के प्रारम्भिक दिनों से ही यह नगर भारत का प्रमुख सैनिक-केन्द्र रहा है। 1857 ई. के स्वतन्त्रता संग्राम (जिसे अंग्रेजों ने 'सिपाही-विद्रोह' या 'गदर' कहकर पुकारा) में इसने

प्रमुख भूमिका अदा की। जिस समय स्वाधीनता-संग्राम छिड़ा, कानपुर के निकट बिठूर में भूतपूर्व पेशवा बाजीराव के पुत्र नाना साहब रहते थे। उन्होंने अपने को 'पेशवा' घोषित किया और कानपुर स्थित विद्रोही सिपाहियों का नेतृत्व अपने हाथ में ले लिया। 8 जून, 1857 ई. को ब्रिटिश फौजी अड्डे को घेर लिया गया और 27 जून को ब्रिटिश नागरिकों ने इस आश्वासन पर आत्मसमर्पण कर दिया कि उन्हें इलाहाबाद तक सुरक्षित जाने दिया जाएगा। किन्तु ब्रिटिश सेना जिस समय नौकाओं के जरिए इस स्थान से रवाना होने की तैयारी कर रही थी, उस पर प्राणघाती गोलाबारी शुरू कर दी गई। चार को छोड़कर सारे ब्रिटिश सैनिक मारे गए। इस कत्लेआम ने अंग्रेजों के दिमाग में बदले की जबरदस्त भावना पैदा कर दी। नील और हैबलक के नेतृत्व में अंग्रेजी सेना ने कानपुर शहर पर फिर कब्जा कर लिया और देशवासियों पर भारी अत्याचार किए। नवम्बर के अन्त में नगर पर विद्रोही ग्वालियर टुकड़ी का कब्जा था, लेकिन दिसम्बर 1857 ई. के शुरू में उस पर सर कोलिन कैम्पबेल ने अधिकार कर लिया। आजकल कानपुर प्रमुख औद्योगिक केन्द्र है। 1931 ई. में यहाँ भयानक साम्प्रदायिक दंगा हुआ, जिसमें विख्यात कांग्रेस-नेता श्री गणेश शंकर विद्यार्थी शहीद हो गए।

काबुल–एक नगर का नाम और उस नदी का भी नाम, जिसके किनारे यह नगर बसा हुआ है। यह नगर आधुनिक अफगानिस्तान की राजधानी है। काबुल नदी, जिसे प्राचीनकाल में 'कुंभा' भी कहते थे, सिन्धु में आकर मिल जाती है। मौर्यवंश के पतन के बाद काबुल पर कई यवन राजाओं का शासन हुआ। यह कुषाणों के भारतीय साम्राज्य का एक भाग था, परन्तु बाद में बाबर के समय तक यह प्रदेश भारत के अधीन नहीं रहा। बाबर काबुल का शासक था और 1526 ई. में उसने दिल्ली को जीत लिया। उसके बाद नादिरशाह के समय तक यह भारतीय साम्राज्य का भाग रहा। नादिरशाह ने अफगानिस्तान जीत लिया और उसके मरने पर अहमदशाह अब्दाली उसका शासक हुआ। उसके बाद से अफगानिस्तान स्वतन्त्र राज्य हो गया है।

कामतापुर–आधुनिक कूच बिहार के कुछ मील दक्षिण में स्थित। कामरूप या कामतापुर राज्य के ह्रासकाल में खेन नामक जनजाति ने वहाँ अपना राज्य स्थापित किया और कामतापुर को राजधानी बनाया। उन्होंने लगभग 75 वर्षों तक इस राज्य पर शासन किया। लगभग 1498 ई. में बंगाल के अलाउद्दीन हुसेनशाह ने इस राज्य को जीत लिया।

काराजाल–भारत और चीन के बीच का एक क्षेत्र। सुल्तान मुहम्मद तुगलक ने उसे जीतने के लिए फौज भेजी, परन्तु वह इस कार्य में बुरी तरह विफल हुआ। पूर्ववर्ती इतिहासकारों ने इस क्षेत्र को चीन समझ लिया और गलत तरीके से यह मत व्यक्त किया कि सुल्तान ने अपनी सनक में चीन पर चढ़ाई की, जिसमें उसकी फौज नष्ट हो गई।

कालसी–उत्तर प्रदेश में देहरादून जिले का एक गाँव। यहाँ पर एक विशाल शिला पर अशोक के चौदह शिलालेख ब्राह्मी लिपि में उत्कीर्ण मिले हैं।

कालीकट–पन्द्रहवीं शताब्दी का मालावार तट पर सर्वाधिक महत्त्वपूर्ण बन्दरगाह। 27 मई, 1498 ई. में पुर्तगाली अन्वेषक एडमिरल वास्कोडिगामा तीन जहाजों के साथ इस बन्दरगाह पर उतरा। यहाँ के हिन्दू राजा ने, जो 'जमोरिन' कहलाता था, उसका स्वागत किया। इस घटना ने समुद्र मार्ग से आनेवाले साहसी यात्रियों के लिए देश का द्वार खोलकर

भारतीय इतिहास की धारा बदल दी। इससे भारत में ब्रिटिश साम्राज्य की स्थापना का मार्ग प्रशस्त हो गया।

काशगर–मध्य तुर्किस्तान का एक राज्य, जो पहले चीन के नियन्त्रण में था। कुषाण सम्राट कनिष्क ने उसे अपने अधीन कर लिया। चीनीयात्री ह्वेनसांग के यात्रा-विवरण से प्रकट होता है कि सातवीं शताब्दी में काशगर में बौद्ध धर्म का व्यापक प्रभाव था। पुरातात्त्विक अनुसन्धानों से प्रकट हुआ है कि इस क्षेत्र में भारतीय संस्कृति का प्रचार-प्रसार विशेषरूप से था।

कासिम बाजार–पश्चिमी बंगाल के मुर्शिदाबाद जिले में भागीरथी के तट पर स्थित। मुर्शिदाबाद नगर बंगाल के नवाबों की राजधानी था और कासिम बाजार का उसके अत्यधिक निकट होना फिरंगी व्यापारियों के लिए विशेष आकर्षण की बात थी। ब्रिटिश, फ्रांसीसी और डच, सभी लोगों ने यहाँ पर अपने कारखाने स्थापित किए। 1686 ई. में बंगाल के नवाब ने पहले तो ब्रिटिश कारखाने को जब्त कर लिया, बाद में 1690 ई. में उसे लौटा दिया। नवाब सिराजुद्दौला ने 1756 ई. में उस पर फिर कब्जा कर लिया और रेजीडेंट तथा उसके सहायक (वारेन हेस्टिंग्स) को मुर्शिदाबाद में बन्दी बना लिया गया। लेकिन पलासी युद्ध के बाद कम्पनी ने उसे सिराजुद्दौला के हाथों से वापस छीन लिया। इसके बाद 1770 ई. तक इस कस्बे की सम्पन्नता बराबर बढ़ती रही। किन्तु 1770 ई. में भीषण अकाल पड़ा, जिससे कासिम बाजार के आसपास बहुत-से खेत वीरान हो गए। 1813 ई. में भागीरथी की धारा भी हटकर शहर से तीन मील दूर चली गई। फलतः व्यापारिक क्षेत्र के रूप में कासिम बाजार की पुरानी महत्ता समाप्त हो गई।

की-पिन–इसकी पहचान कश्मीर से और गन्धार से भी की जाती है। गन्धार से इसकी पहचान अधिक युक्तिसंगत प्रतीत होती है। इतना निश्चित है कि यह प्रदेश अफगानिस्तान और पंजाब के बीच में स्थित था और तक्षशिला भी इसी के अन्तर्गत थी। इस पर शकों का अधिकार था। बाद में इस पर कुषाण राजा कदफिसस प्रथम (लगभग 40-78 ई.) का अधिकार हो गया।

कुर्ग–अब मैसूर (कर्नाटक) राज्य का एक जिला। वह पश्चिमी घाट के पठार पर प्रायद्वीप के दक्षिण में स्थित है। इस जिले की पुरानी राजधानी मरकारा और अब यहाँ की राजभाषा कन्नड़ है। यहाँ चावल और कॉफी की पैदावार बहुतायत से होती है। यहाँ की कॉफी ने खासतौर से अंग्रेजों का ध्यान इस जिले की ओर आकर्षित किया। इस जिले का नाम कुर्ग नामक कबायलियों के आधार पर पड़ा, जो मूल रूप से यहाँ के निवासी थे। इस जिले का इतिहास नौवीं और दसवीं शताब्दी के बाद से ही मिलता है। जब इसका शासन गंग राजाओं के हाथों में था। ग्यारहवीं शताब्दी में गंगवंशी राजाओं के पदच्युत कर दिए जाने पर इसका शासन क्रमशः चोल और होयसलों के हाथ में आ गया। इसके बाद यह विजयनगर साम्राज्य का अंग बन गया। विजयनगर का पतन होने पर राजपरिवार के एक राजकुमार ने इस क्षेत्र पर अपना शासन स्थापित किया और उसके वंशज तब तक यहाँ शासन करते रहे, जब तक वह 1834 ई. में ब्रिटिश भारतीय साम्राज्य में मिला नहीं लिया गया। मैसूर के हैदरअली और उसके पुत्र टीपू सुल्तान ने इस पर अपने प्रभुत्व का दावा किया, यद्यपि कुर्ग बार-बार मुस्लिम शासन के खिलाफ विद्रोह करते रहे। 1788 ई. में जब लार्ड कार्नवालिस ने टीपू सुल्तान से

युद्ध छेड़ा तो उसने वीर राजा के साथ एक सन्धि की, जो अपने को कुर्ग का शासक कहता था। बाद को मार्च 1892 ई. में टीपू सुल्तान ने भी ईस्ट इंडिया कम्पनी के साथ सन्धि की, जिसके अनुसार टीपू ने कुर्ग कम्पनी को दे दिया और कम्पनी वीर राजा को कुर्ग के स्वतन्त्र शासक के रूप में मान्यता दी। 1809 ई. में वीर राजा की मृत्यु हो गई और 1820 ई. में वीर राजा द्वितीय उत्तराधिकारीं बना। वह बहुत ही निर्दय और भ्रष्ट था। अत गवर्नर-जनरल लॉर्ड विलियम बेंटिक ने 1843 ई. में उसे अपदस्थ कर कुर्ग को ब्रिटिश भारतीय साम्राज्य में मिला लिया। इसके बाद जब तक भारत में ब्रिटिश शासन रहा, कुर्ग का प्रशासन बराबर पृथक् राज्य के रूप में चीफ कमिश्नर (मुख्य आयुक्त) द्वारा चलाया जाता रहा। 1951 ई. में इसका विलय भारतीय गणतन्त्र में हो गया और अब यह मैसूर राज्य का एक जिला है।

कूच बिहार–भारत के बंगाल प्रान्त का एक नगर और जिला। यह तोरसा नदी के किनारे स्थित है और तिस्ता तथा संकोश नदियाँ ब्रह्मपुत्र में मिलने से पहले इस जिले से होकर गुजरती हैं। इसका नाम कोच नामक कबायलियों के आधार पर पड़ा है, जिन्हें बाद को, खासकर उनके राजाओं को क्षत्रिय समझा जाने लगा। यह जिला कामरूप (आसाम) के प्राचीन हिन्दू शासकों के राज्य का अंग था। भास्करवर्मा (लगभग 600-650 ई.) के काल में यह राज्य करतोया तक फैला हुआ था। लेकिन सोलहवीं शताब्दी के आरम्भ में वह कामरूप से अलग हो गया और स्थानीय कोच लोगों के मुखिया विश्वसिंह द्वारा स्थापित नए राज्य की राजधानी कूच बिहार बन गई। इस वंश का सबसे बड़ा राजा विश्वसिंह का पुत्र और उसका उत्तराधिकारी नरनारायण (1540-84) हुआ। उसने आसाम का काफी बड़ा भू-भाग अपने अधीन कर लिया और आधुनिक रंगपुर जिले के दक्षिणी अंचल तक अपनी शक्ति का विस्तार किया। वह हिन्दुत्व, कला और साहित्य का बहुत बड़ा पोषक था। उसने गोहाटी के निकट कामाख्या देवी के मन्दिर का फिर से निर्माण कराया। यह मन्दिर काला पहाड़ नामक मुस्लिम हमलावर द्वारा ध्वस्त कर दिया गया था। वह आसाम में वैष्णव धर्म में महान संस्थापक शंकरदेव का संरक्षक था।

कूचा अथवा कुची–तुर्किस्तान का एक नगर। ईस्वी सन् की प्रारम्भिक शताब्दियों में यह भारतीय संस्कृति, सभ्यता और बौद्ध धर्म का महान केन्द्र था। प्रसिद्ध बौद्ध भिक्षु कुमारजीव को इसी नगर से बन्दी बनाकर चीन ले जाया गया था, जहाँ उसने बौद्ध धर्म के प्रचार-प्रसार में अपना जीवन लगा दिया।

कोचीन–मालाबार समुद्र तट पर स्थित। सोलहवीं शताब्दी के आरम्भ में यह हिन्दू राज्य था लेकिन कालीकट के पड़ोसी हिन्दू राज्य से इसके सम्बन्ध अमैत्रीपूर्ण हो रहे थे। इसने पुर्तगाली यात्री कैब्राल को आश्रय दिया और पुर्तगालियों के साथ व्यापारिक सम्बन्ध स्थापित किए। पुर्तगालियों ने कोचीन में अपनी एक कोठी स्थापित की। कुछ ही समय में पुर्तगालियों ने हिन्दू राजाओं को शक्तिहीन बना दिया। 1662 ई. में डच लोगों ने पुर्तगालियों को कोचीन से खदेड़ भगाया। अठारहवीं शताब्दी में कोचीन का राजा मैसूर के हैदरअली का सामन्त बन गया। किन्तु टीपू सुल्तान की पराजय के बाद यह ब्रिटिश आधिपत्य में आ गया और अंग्रेजों ने इसे भारत में अपनी एक संरक्षित रियासत बना लिया।

कोट, नगर तथा राज्य–दिल्ली से 250 मील की दूरी पर, राजपूताना में चम्बल के दाहिने तट पर स्थित। इस राज्य की स्थापना 1625 ई. में बादशाह शाहजहाँ ने की। गद्दी पर बैठने

से पूर्व जब अपने पिता जहाँगीर के विरुद्ध विद्रोह किया था, तब बूँदी के छोटे राजकुमार ने उसकी मदद की थी। इसके पुरस्कार में शाहजहाँ ने उसे कोटा दे दिया। मार्च, 1948 ई. में कोटा रियासत का विलयन राजस्थान संघ में कर दिया गया।

कोर्के–ईस्वी सन् की प्रारम्भिक शताब्दियों में तिन्नेवेल्ली तट पर एक प्रमुख बन्दरगाह। मोतियों के व्यापार का यह मुख्य स्थान था। समुद्रतट में परिवर्तन हो जाने से दीर्घ काल से यह स्थान चारों ओर स्थल से घिर गया है। यहाँ पर अनेक जैन मन्दिर हैं।

कोल्लम–त्रावणकोर के क्विलोन नगर का पुराना नाम। खयाल किया जाता है कि कोल्लम नगर की स्थापना पर कोल्लम संवत् चलाया गया, जो 824-25 ई. में प्रचलित हुआ। प्राचीन चेर के कई अभिलेखों में इस संवत् का प्रयोग किया गया।

कौराल–दक्षिण का एक राज्य, जिसका उल्लेख समुद्रगुप्त के इलाहाबाद स्तम्भ-लेख में है। उसका राजा मन्त्र राजगुप्त सम्राट द्वारा पराजित हुआ। बाद में समुद्रगुप्त ने उसे फिर गद्दी पर बैठा दिया। कौराल राज्य कहाँ था, यह अभी तक निश्चित रूप से पता नहीं चल सका है।

कौस्थलपुर–दक्षिण भारत का एक राज्य, जिसके राजा धनंजय को समुद्रगुप्त ने सिंहासन से उतार दिया। बाद में समुद्रगुप्त ने उसका राज्य उसे लौटा दिया। यह सम्भवतः उत्तरी आर्काट जिले में स्थित था।

खजुराहो–चन्देलों की धार्मिक राजधानी, जो बुन्देलखंड में छतरपुर से 27 मील पूर्व में स्थित है। खजुराहो में अनेक मन्दिर बने हुए हैं जो चन्देलों के ऐश्वर्य और उनके कला, मूर्तिकला तथा वास्तुकला-प्रेम की साक्षी देते हैं। दसवीं और ग्यारहवीं शताब्दी में उत्तरी भारत में मन्दिरों का निर्माण किया गया, उनमें यहाँ के मन्दिर सबसे भव्य माने जाते हैं। खजुराहो के मन्दिरों में कंडरिया महादेव का मन्दिर सबसे विशाल और सबसे सुन्दर है।

गजनी–अफगानिस्तान का एक पहाड़ी नगर, जो काबुल से दक्षिण-पश्चिम में 78 मील पर स्थित व्यापारिक केन्द्र है। मध्य युग में यह किले के रूप में था। दसवीं शताब्दी में अलप्तगीन नामक तुर्क ने यहाँ एक छोटे से राज्य की स्थापना कर गजनी को राजधानी बनाया। अलप्तगीन की मृत्यु 963 ई. में हुई। उसका पुत्र सुबुक्तगीन और पौत्र सुल्तान महमूद (997-1030 ई.) था जो महमूद गजनवी के नाम से प्रसिद्ध हुआ। गजनी नगर बड़े-बड़े भवनों, चौड़ी सड़कों और संग्रहालयों से परिपूर्ण था, लेकिन सन् 1151 में गोर के अलाउद्दीन हुसेन ने इस नगर को जलाकर खाक कर दिया। इसके लिए उसे जहाँसोज की उपाधि मिली। बाद में शहाबुद्दीन गौरी ने इस नगर का उद्धार किया और इसे अपना सदर-मुकाम बनाया। यही गोरी बाद में भारत का मुस्लिम विजेता बना। यह नगर आधुनिक काल तक महत्त्वपूर्ण सामरिक अड्डा बना रहा। प्रथम अफगान-युद्ध के दौरान ब्रिटिश जनरल नाट ने इस नगर की किलेबन्दी को नष्ट कर दिया।

गढ़ कटवा–गोंडवाना के अन्तर्गत आधुनिक मध्य प्रदेश के उत्तरी जिलों में कहीं पर स्थित था। 1564 ई. में जब इसका प्रशासन रानी दुर्गावती अपने अल्पवयस्क पुत्र वीर-नारायण की अभिभाविका के रूप में चला रही थी, मुगल सम्राट अकबर ने उस पर हमला किया और उसे अपने साम्राज्य में मिला लिया।

गढ़गाँव–अहीम राजाओं (1228-1824 ई.) के शासनकाल में आसाम की राजधानी थी। यह आधुनिक शिवसागर जिले में दीडू नदी के तट पर स्थित है। 1662-63 ई. में मुगल सम्राट

औरंगजेब के सेनानायक मीर जुमला ने इस शहर पर आक्रमण कर अधिकार कर लिया। शहाबुद्दीन ने गढ़गाँव पर मीर जुमला के विजय अभियान का विस्तार से वर्णन किया है। गढ़गाँव की शक्ति और वैभव से प्रभावित होकर वह लिखता है कि इस शहर के चार द्वार थे जो पत्थर और गारे से बनाए गए थे। चारों द्वारों से मार्ग राजप्रासाद की ओर जाता था, जो तीन किलोमीटर (दो मील) की दूरी पर था। नगर के चारों ओर प्राचीर के स्थान पर दो कोस या उससे कुछ अधिक चौड़ाई में उगाया गया बाँसों का घना और अभेद्य झुरमुट था। राजप्रासाद के चतुर्दिक कई पुरुसा गहरे पानी से भरी खाई थी। राजप्रासाद 66 स्तम्भों पर खड़ा था। प्रत्येक स्तम्भ की गोलाई 6 फुट थी। सभी स्तम्भ अत्यधिक चिकने और चमकदार थे। शहाबुद्दीन के विचारानुसार राजप्रासाद की काष्ठकला इतनी भव्य और रमणीक थी कि दुनिया में उसके जोड़ की नक्काशी मिलना मुश्किल है। आसाम ने 1667 ई. में मुगल शासन का जुआ उतार फेंका और गढ़गाँव 1824 ई. में अंग्रेजों की विजय तक अहोम राजाओं की राजधानी बना रहा।

गिरनार–काठियावाड़ प्रायद्वीप में जूनागढ़ के निकट स्थित पर्वत। यहाँ एक चट्टान पर मौर्य सम्राट अशोक (लगभग 273 ई.पू. से 232 ई.पू.) का चतुर्दश शिलालेख अंकित है। इसी चट्टान के दूसरी ओर शक क्षत्रप रुद्रदमन (लगभग 150 ई.) का अभिलेख है, जिसमें प्रथम मौर्य सम्राट चन्द्रगुप्त (लगभग 322 ई.पू. से 298 ई.पू.) के आदेश से यहाँ पर सुदर्शन झील के निर्माण का उल्लेख है। इन दोनों महत्त्वपूर्ण ऐतिहासिक अभिलेखों के अलावा गिरनार में अनेक भव्य मन्दिर बने हुए हैं, जिन्हें गुजरात के चालुक्य राजाओं ने बनवाया था।

गिरिब्रज–पटना के समीप राजगीर नामक आधुनिक कस्बे का प्राचीन नाम। इस नगर को सम्राट बिम्बिसार (लगभग 550 ई.पू.) ने बनवाकर इसका नाम राजगृह रखा और अपनी राजधानी बनाया। महात्मा बुद्ध के बाद राजगृह में ही प्रथम बौद्ध संगीति (धर्मसभा) 486 ई. पू. में हुई, जहाँ अभिधर्म और विनय पिटकों की रचना की गई। गिरिब्रज अथवा राजगृह बहुत काल तक विभिन्न प्रकार से बौद्ध धर्म से सम्बन्धित रहा। आजकल राजगीर गरम पानी के झरनों के कारण अच्छे स्वास्थ्य केन्द्र के रूप में प्रसिद्ध है।

गुजरात–पश्चिमी भारत का एक प्रदेश। गुजराती भाषा बोलनेवाले सम्पूर्ण क्षेत्र को 'गुजरात' कहा जाता है, जिसमें पुराने बम्बई सूबे के अहमदाबाद, भड़ौंच, पंचमहल, खैरा तथा सूरत जिले, भूतपूर्व बड़ौदा राज्य का क्षेत्र तथा सौराष्ट्र एवं कच्छ की रियासतें शामिल थीं। अन्य प्रदेशों की अपेक्षा गुजरात कम प्राचीन जान पड़ता है, क्योंकि अशोक अथवा रुद्रदमन के शिलालेखों में इसका विवरण नहीं मिलता। पाँचवीं शताब्दी ईस्वी में जब हूणों ने भारत पर हमला किया तब से यह नाम प्रचलित हुआ। यह नाम गुर्जर लोगों से उद्‌भूत प्रतीत होता है। गुर्जर लोग विदेशी थे, जो पाँचवीं शताब्दी में पश्चिमोत्तर दिशा में भारत में अन्हिलवाड़ व भिन्नमाल आए और क्रमशः वहाँ बस गए। इसके बाद दो शताब्दियों में गुजरात राज्य बन गया, जिसमें राजपूताना का भी कुछ भाग सम्मिलित था। आरम्भ में इसकी राजधानी अन्हिलवाड़ थी जो बाद में भिन्नमाल में स्थापित हुई। गुर्जर प्रतिहार राजाओं के समय में गुजरात बहुत विख्यात हुआ। 1024 ई. में महमूद गजनवी के आक्रमण से इस राज्य की शक्ति घटने लगी और इसकी प्रतिष्ठा नष्ट हो गई। इसी आक्रमण में महमूद गजनवी ने सोमनाथ मन्दिर लूटा था। फिर भी यह 1298 ई. तक स्वतन्त्र रहा, जबकि अलाउद्दीन खिलजी ने इसे

अपने अधिकार में कर लिया। 1401 ई. में गुजरात का हाकिम जाफर खाँ अपने को स्वतन्त्र घोषित कर नसीरुद्दीन मुहम्मद शाह के नाम से गुजरात का सुल्तान बन गया। उसके वंश ने 1572-73 ई. तक शासन किया। नसीरुद्दीन मुहम्मद शाह के वंश में अहमदशाह (1411-41), महमद बधर्रा (1459-1511) तथा बहादुरशाह (1526-37) प्रमुख शासक हुए। 1537 ई. में पुर्तगालियों ने धोखा देकर बहादुरशाह को उस समय मार डाला, जब डच्चू नामक बन्दरगाह में जहाज पर पुर्तगाली गवर्नर डीकुन्हा से मिलने के लिए गया था। बहादुरशाह की मृत्यु के बाद लगभग 40 वर्षों तक गुजरात में अराजकता की स्थिति रही। बाद में इस पर अकबर ने कब्जा कर लिया। औरंगजेब के मरने के बाद बाजीराव प्रथम (द्वितीय पेशवा) (1720-40) के जमाने में यह राज्य मराठों के अधिकार में आ गया, जिसे गायकवाड़ों को शासन के लिए दे दिया गया, जिन्होंने बड़ौदा को राजधानी बनाया।

गुलबर्ग (अथवा कुलबर्ग)–दक्षिण के बहमनी वंश के संस्थापक सुल्तान अलाउद्दीन ने इसे 1347 ई. में अपनी राजधानी बनाया। उसने इसका नाम इस्लामाबाद रखा। 1425 ई. तक यह इस राज्य की राजधानी रहा, जबकि नौवें सुल्तान (1422-36) ने इसे त्यागकर बीदर को राजधानी बनाया। बहमनी सुल्तानों और उनके दरबारियों ने गुलबर्ग में बहुत इमारतें बनवाई थीं। ये इमारतें इतनी बड़ी और कमजोर थीं कि अब उनके ध्वंसावशेष ही देखे जा सकते हैं।

गोंडवाना–गोंडों का राज्य, जो वर्तमान मध्य प्रदेश के उत्तरी भाग में था। उसे गढ़कटंगा भी कहते थे। अकबर ने 1564 ई. में इस पर विजय प्राप्त की और अपने राज्य में मिला लिया।

गोलकुंडा–दक्षिण भारत में हैदराबाद के निकट एक और ध्वस्त नगर। गोदावरी और कृष्णा नदियों के बीच का इलाका भी जो बंगाल की खाड़ी तक फैला हुआ था, गोलकुंडा के नाम से प्रसिद्ध था। पहले यह वरमंगल (वारंगल) के काकतीय साम्राज्य के अन्तर्गत था। इस पर बाद में अलाउद्दीन खिलजी (1310 ई.) ने विजय प्राप्त की। फिर वह एक स्वतन्त्र राज्य के रूप में 1424-25 ई. तक बना रहा और बाद में बहमनी सल्तनत में मिला लिया गया।

गोविन्दपुर–पास-पास बसे उन तीन गाँवों में से एक जिनके स्थान पर कलकत्ता बसाया गया था। अन्य दो गाँवों के नाम सूतानटूटी और कालीकौठा था। कलकत्ता की नींव जाब चारनाक ने 1690 ई. में रखी थी। ईस्ट इंडिया कम्पनी को इस पर जमींदारी अधिकार 1698 ई. में प्राप्त हुआ था।

गोहाटी–ब्रह्मपुत्र के बाएँ या दक्षिणी तट पर स्थित आसाम का सबसे विशाल नगर। इसका इतिहास बहुत पुराना है। यह प्राचीन कामरूप राज्य की राजधानी थी और उस समय इसका नाम प्रागृज्योतिषपुर था। आधुनिक गोहाटी नगर के निकट ही नीलांचल पहाड़ी पर कामाख्या देवी का मन्दिर स्थित है। नगर का नाम प्रागृज्योतिषपुर से बदलकर गोहाटी कब पड़ा, यह ठीक तौर से नहीं कहा जा सकता, किन्तु ऐसा अनुमान है कि इसका नाम बारहवीं शताब्दी के मध्य में कामरूप के प्राचीन हिन्दू राज्य के पतन के बाद और सोलहवीं शताब्दी के प्रारम्भ में मुगलों की विजय के बीच रखा गया। 1637 ई. में मुगल शासक ने जब दक्षिणी आसाम में इस नगर को अपना सदर मुकाम बनाया तब इसका नाम गुवा-हाटी सुपारी का बाजार या गोहाटी था। तीस वर्ष बाद अहोम राजा चक्रध्वज सिंह (1663-69) ने इस नगर को मुगलों के आधिपत्य से मुक्त करा लिया और अपने एक प्रतिनिधि (बार फूकन) की

नियुक्ति की। किन्तु 1679 ई. में मुगलों के सेनानायक मीर जुमला ने इस पर पुनः कब्जा कर लिया। 1682 ई. में अहोम राजा गदाधर सिंह (1681-96) ने इसे फिर मुगलों के हाथ से छीन लिया। 1786 ई. में अहोम राजा गौरीनाथ सिंह (1780-94) ने गोहाटी को अपनी राजधानी बनाया।

गौड़ नगर–पश्चिमी बंगाल के आधुनिक मालदा जिले में स्थित। यह सेन राजाओं (ग्यारहवीं और बारहवीं शताब्दी) के शासनकाल में बंगाल की राजधानी थी। 1203 ई. में इस पर मल्लिक इख्तियारुद्दीन मुहम्मद बख्तियार ने कब्जा कर लिया। 1220 ई. में गयासुद्दीन ईवाज ने इसे बंगाल की राजधानी बनाया। 1538 ई. में इसे शेरशाह ने लूटा और जला दिया। हुमायूँ ने इसका पुनर्निर्माण कराया। 1570 ई. में सम्राट अकबर ने विशाल फौज भेजकर गौड़ पर कब्जा कर लिया। इस कब्जे के बाद शहर में एक भीषण महामारी का प्रकोप हुआ, जिससे इसकी आबादी बहुत कम हो गई। जब गंगा नदी अपनी धारा बदलकर शहर से दूर जा पहुँची, तब इसका पूरी तरह से पतन हो गया। अब तो यह ध्वंसावशेषों का ढेर और बीहड़ जंगल है। समृद्धि के दिनों में गौड़ नगर साढ़े सात मील लम्बे और दो मील चौड़े क्षेत्र में फैला हुआ था। इसके चारों ओर सुदृढ़ प्राचीर था। इस नगर की अपनी विशिष्ट स्थापत्य शैली थी। इस शैली की प्रमुख विशेषता पत्थर के छोटे किन्तु भारी-भरकम खम्भों पर टिकी ईंटों की बनी नुकीली मेहराबें और गुम्बद हैं। गौड़ में स्वर्ण मस्जिद (1526), छोटी स्वर्ण मस्जिद, लोटन मस्जिद और कदम रसूल मस्जिद के अवशेष अब भी विद्यमान हैं। इनमें कदम रसूल मस्जिद के अवशेष काफी अच्छी हालत में हैं।

ग्वालियर–मध्य प्रदेश का एक नगर। पहले इस नाम की देशी रियासत भी थी। यहाँ एक प्रसिद्ध किला नगर के बाहर लगभग 300 फीट ऊँची पहाड़ी पर बना हुआ है। इसकी दीवारें बहुत ऊँची हैं और बहुत दिनों तक इसे अभेद्य माना जाता रहा। इसे किस राजा ने बनवाया, इसका पता नहीं, किन्तु यह निश्चित है कि यह 525 ई. के पूर्व बना। ऐसी जनश्रुति प्रचलित है कि जिस सूरज नामक राजा ने इस नगर की स्थापना की, वह कुष्ठ रोग से पीड़ित था और ग्वालिया नामक एक सन्त की कृपा से रोगमुक्त हुआ। नगर का ग्वालियर नाम इसी सन्त के नाम पर पड़ा। शिलालेखों से पता चलता है कि किले का आरम्भिक नाम गोपशिरि या गोपाद्रि था जिसे बाद में ग्वालियर कहा जाने लगा। ऐतिहासिक प्रमाणों के अनुसार हूण सरदार तोरमाण तथा उसके पुत्र मिहिरकुल ने छठी शताब्दी ई. में इस पर अधिकार कर लिया। नौवीं शताब्दी में यह किला कन्नौज के गुर्जर प्रतिहार राजा भोज के अधिकार में आया। 1021 ई. में महमूद गजनवी के आक्रमण तक यह राजपूतों के अधिकार में रहा। 1196 ई. में सुल्तान कुतुबुद्दीन ऐबक ने इस पर अधिकार कर लिया। 1210 ई. में सुल्तान इल्तुतमिश ने पुनः इस पर कब्जा कर लिया। 1398 ई. में यह तोमर (तँवर) राजपूतों के अधिकार में आया और 1518 ई. तक रहा। इस वंश का सर्वप्रसिद्ध राजा मानसिंह तोमर (1486-1517) हुआ। जिसने इस किले में विशाल महल और बड़े-बड़े फाटक बनवाए। उसकी रानी मृगनैनी के कारण ग्वालियर संगीत विद्या का केन्द्र बना। तानसेन जैसा विख्यात संगीतज्ञ इसी ग्वालियर की देन है। यहीं पर उसकी कब्र बनी हुई है। 1518 ई. में इब्राहीम लोदी ने इस किले पर कब्जा जमा लिया। 1526 ई. में यह शेरशाह सूरी के कब्जे में आया। लेकिन 1558 ई. में अकबर ने पुनः इसे मुगल साम्राज्य में मिला लिया। मुगल बादशाहों ने इस किले को मुख्यतः शाही कैदखाने

के रूप में इस्तेमाल किया, जिसमें राजबन्दी रखे जाते थे। 1751 ई. से मराठों ने इस पर कब्जा कर लिया। 1717 ई. में मराठा सरदार शिन्दे ने इसे अपनी राजधानी बनाई। 1781 ई. में अंग्रेजी सेना ने पोफम के नेतृत्व में इस पर अचानक कब्जा कर लिया, लेकिन बाद में अंग्रेजों ने इसे शिन्दे को लौटा दिया। 1857 ई. के स्वाधीनता संग्राम में यहाँ की फौजों ने विद्रोह किया और शिन्दे के शासन को समाप्त कर दिया, लेकिन सर ह्यूम रोज के नेतृत्व में अंग्रेजी फौज ने विद्रोह को दबाकर इस पर कब्जा कर लिया। 1886 ई. तक इस पर अंग्रेज काबिज रहे। बाद में उन्होंने इसे शिन्दे को लौटा दिया। 1947 ई. में भारत के स्वाधीन होने के बाद यह राज्य भारतीय गणतन्त्र में विलीन हो गया। इस नगर में तथा आसपास बहुत-से ऐतिहासिक स्मारक हैं। नगर में 8 बड़े तालाब तथा 6 बड़े महल हैं। प्राचीन उज्जैनी, भिलसा (विदिशा), बेसनगर, उदयगिरि तथा बाघ की प्रसिद्ध बौद्ध गुहाओं के अवशेष आज भी इस राज्य में विद्यमान हैं। चन्देरी, मन्दसौर और गोहद में भी, जो इसी राज्य के अंग थे, प्राचीन अवशेष पाए जाते हैं।

चन्द्रनगर–बंगाल का वह स्थान, जहाँ फ्रेंच ईस्ट इंडिया कम्पनी ने व्यापारिक केन्द्र की स्थापना की। फ्रांसीसियों को यह स्थान 1674 ई. में नवाब शाइस्ता खाँ ने दिया था और कारखाने का निर्माण 1690-92 ई. में हुआ। 1757 ई. में क्लाइव और याटसन के नेतृत्व में अंग्रेजों ने इस नगर पर कब्जा कर लिया। छह वर्ष बाद 1763 ई. में चन्द्रनगर फ्रांसीसियों को इस हिदायत के साथ फिर लौटा दिया गया कि व्यापारिक केन्द्र के अलावा किसी और रूप में इसका विकास न हो। चन्द्रनगर 1950 ई. में भारतीय गणतन्त्र की स्थापना तक फ्रांसीसियों के अधिकार में रहा। इसके बाद इसका विलय भारतीय गणतन्त्र में हो गया।

चित्तौड़–मेवाड़ के राणाओं की राजधानी। यह राजपूताना का सबसे मजबूत गढ़ था। इसकी किलेबन्दी पर मेवाड़ को गर्व था और इसी के कारण सदियों तक मुस्लिम आक्रमणकारी इस पर कब्जा न कर सके। 1303 ई. में अलाउद्दीन खिलजी के आक्रमण के फलस्वरूप इसका पतन हो गया। 1311 ई. में गुजरात के सुल्तान बहादुरशाह ने इस पर तूफानी हमला किया, किन्तु राणा ने शीघ्र ही सुल्तान के कब्जे से छुड़ा लिया। 1567 ई. में अकबर ने चित्तौड़ का प्रसिद्ध घेरा डाला। किले के सेनापति जयमल और पत्तपा (फत्ता) के कुशल नेतृत्व ने चार महीने तक मुगल सेनाओं का मुकाबला किया। अन्त में अकबर चित्तौड़ के दुर्ग पर विजय प्राप्त करने में सफल हो गया। जब-जब चित्तौड़ का पतन हुआ, महल की सभी रानियाँ, दासियों सहित अपनी लाज बचाने के लिए दुर्ग के भीतर चिता जलाकर सती हो गईं। चित्तौड़ पर विजय प्राप्त करने के बाद अकबर उस दुर्ग के फाटक और विशाल नगाड़े जो मीलों दूर तक राजा के आगमन और प्रस्थान की सूचना देते तथा देवी के मन्दिर को प्रकाशित करनेवाले विशाल दीपदान को अपने साथ आगरा ले गया। इस प्रकार चित्तौड़ को वीरान बना दिया गया। उसके प्राचीर को बाद में राणा जगत सिंह ने फिर बनवाया लेकिन शाहजहाँ के आदेश पर 1654 ई. में वह ढाह दिया गया।

जोधपुर–राजस्थान का एक नगर एवं राज्य, जो मारवाड़ के नाम से अधिक प्रसिद्ध रहा। वहाँ के व्यवसायी धनी हैं। इस नगर की स्थापना 1459 ई. में राव जोधा ने की जो कन्नौज के राजा जयचन्द का वंशज था। इस राज्य की स्थापना इससे काफी पहले रायचन्द ने की थी, जो जयचन्द की पीढ़ी में बारहवाँ राजा था। 1561 ई. में जोधुपर राज्य को बादशाह अकबर

की अधीनता स्वीकार करनी पड़ी और मुगलों के यहाँ डोला भेजना पड़ा। 1678 ई. में राजा जसवन्त सिंह के देहावसान पर औरंगजेब ने उसके लड़के को मुसलमान बनाने और जोधुपर को मुगल साम्राज्य में मिला लेने की योजना बनाई। इसके विरोध में जोधपुर तथा उदयपुर में मुगल साम्राज्य का जुआ उतार फेंकने की एक सन्धि हुई। इसके फलस्वरूप राजपूत-युद्ध छिड़ गया, जिसका अन्त मुगलों द्वारा राजपूतों को कुछ सुविधाएँ दिए जाने से हुआ।

जौनपुर–उत्तर प्रदेश का एक नगर जो पहले एक राज्य था। इस नगर की स्थापना सुल्तान फिरोजशाह तुगलक ने की थी। उसने इसका नामकरण अपने पूर्वाधिकारी मुहम्मद तुगलक के नाम पर किया, जिसे जूना खाँ भी कहते थे। तैमूर के हमले के समय इसका शासन ख्वाजाजहाँ के हाथ में था, जिसने दिल्ली के सुल्तानों की बहुमूल्य सेवा की थी। तैमूर के हमले के फलस्वरूप सल्तनत में जो अव्यवस्था फैली, उससे लाभ उठाकर ख्वाजाजहाँ ने अपने को स्वतन्त्र कर लिया। अन्त में सुल्तान बहलोल लोदी ने उसकी स्वतन्त्रता का अन्त कर दिया। शकवंश के राज्यकाल में जौनपुर कला और संस्कृति का महान केन्द्र बन गया। उसने वास्तुकला की अपनी विशिष्ट शैली विकसित की, जिसका शानदार नंमूना अटाला मस्जिद है। यह तीसरे सुल्तान इब्राहीम के राज्यकाल में 1408 ई. में पूरी हुई।

टोपरा–पंजाब में अम्बाला के निकट स्थित। यहाँ अशोक का एक स्तम्भ था, जिस पर उसके सप्त शिलालेखों की एक प्रति उत्कीर्ण थी। इस स्तम्भ को सुल्तान फिरोजशाह तुगलक दिल्ली उठवाकर ले आया, जहाँ यह अब भी विद्यमान है और फिरोजशाह की लाट के नाम से प्रसिद्ध है।

ढाका–बांगलादेश की राजधानी। यह नगर ब्रह्मपुत्र और गंगा (पद्मा) को जोड़नेवाली बूढ़ी गंगा नदी के तट पर बसा हुआ है। ढाका 1608 ई. में मुगलों के सूबा बंगाल का मुख्यालय था और उसका नाम बादशाह जहाँगीर के नाम पर जहाँगीर नगर कर दिया गया था। आसाम पर मुगलों का पहला हमला ढाका से ही किया गया था जब मीर जुमला वहाँ से बढ़ता हुआ उत्तरी आसाम में अहोम राज्य की राजधानी तक पहुँच गया था। वहाँ से मीर जुमला ढाका वापस लौट आया और कुछ समय बाद वहीं उसकी मृत्यु हो गई। मीर जुमला के उत्तराधिकारी शाइस्ता खाँ ने 1663 ई. से तीस वर्षों तक बंगाल का शासन ढाका से ही किया। इंग्लैंड की ईस्ट इंडिया कम्पनी से महीन बढ़िया सूती वस्त्रों, विशेष रूप से मलमल का, जिसको बनाने में ढाका के बुनकरों का बड़ा नाम था, व्यापार करने के लिए ढाका में एक कोठी स्थापित की। 1705 ई. में जब मुर्शिद कुली खाँ बंगाल का सूबेदार बना तो वह मुख्यालय ढाका से हटाकर मुर्शिदाबाद ले गया। इसके बाद दो सौ वर्षों तक ढाका उपेक्षित रहा। 1905 ई. में वह पूर्वी बंगाल और आसाम प्रान्त का सदर मुकाम बना दिया गया।

देवगढ़–उत्तर प्रदेश के झाँसी जिले में स्थित, जहाँ गुप्तकाल (300-450 ई.) के अनेक सुन्दर मन्दिर विद्यमान हैं। यहाँ के दशावतार मन्दिर में शिव, विष्णु तथा अन्य देवी-देवताओं की अत्यन्त कलापूर्ण मूर्तियाँ मिलती हैं, जो मुसलमानों की तोड़-फोड़ से बच गईं।

देदराष्ट्र–एक प्रदेश, जिसके राजा कुबेर को सम्राट समुद्रगुप्त (लगभग 330 से 375 ई.) ने अपने दक्षिणापथ अभियान में पराजित करने के बाद उसके अपहृत राज्य को उसे लौटा दिया। इतिहासकार स्मिथ के अनुसार यह राज्य महाराष्ट्र प्रदेश में था, किन्तु नई खोजों के अनुसार यह भारत के पूर्वी तट पर विजागापट्टम जिले में स्थित था।

दौलताबाद–दक्षिण के यादववंशी राजाओं की राजधानी देवगिरि का सुल्तान मुहम्मद तुगलक द्वारा रखा गया नाम। यह गोदावरी नदी की उत्तरी घाटी में स्थित है और भौगोलिक दृष्टि से भारत का केन्द्रीय स्थल कहा जा सकता है। इस नगर ने इतिहास में बहुत बार उत्थान और पतन देखा। यह 1318 ई. तक यादवों की राजधानी रहा। 1294 ई. में अलाउद्दीन खिलजी ने इसे लूटा। बाद में खिलजी की फौजों ने दुबारा 1318 ई. में यादव राजा हरपाल देव को पराजित कर मार डाला। उसकी मृत्यु से यादव वंश का अन्त हो गया और नगर दिल्ली सल्तनत के अन्तर्गत आ गया। बाद में जब सुल्तान मुहम्मद तुगलक गद्दी पर बैठा, उसे देवगिरि की केन्द्रीय स्थिति बहुत पसन्द आई। उस समय मुहम्मद तुगलक का शासन पंजाब से बंगाल तक तथा हिमालय से लेकर कन्याकुमारी तक फैला हुआ था।

सुल्तान ने देवगिरि का नाम दौलताबाद रखा। उसने इस नगर में बड़े-बड़े भवन और सड़कें बनवाईं। एक सड़क दौलताबाद से दिल्ली तक बनाई गई। 1327 ई. में सुल्तान दिल्ली से राजधानी हटाकर दौलताबाद ले गया। दिल्ली के नागरिकों ने दौलताबाद जाना पसन्द नहीं किया। इस स्थानान्तरण से लाभ कुछ नहीं हुआ, उल्टे परेशानियाँ बढ़ गईं। फलतः राजधानी पुनः दिल्ली ले आई गई। लेकिन इससे दौलताबाद का महत्त्व नहीं घटा। दक्षिण में जब बहमनी राज्य टूटा, तब अहमदनगर राज्य में दौलताबाद का गढ़ अत्यन्त शक्तिशाली माना जाता रहा। 1631 ई. में सम्राट शाहजहाँ इस गढ़ को सर न कर सका और किलेदार फतेह खाँ को घूस देकर ही उस पर कब्जा कर सका। मुगल शासन के अन्तर्गत दौलताबाद प्रशासन का मुख्य केन्द्र बना रहा। इसी नगर से औरंगजेब के आदेश से गोलकुंडा का अन्तिम शासक अब्दुल हसन दौलताबाद के गढ़ में कैद किया गया था। 1707 ई. में बुरहानपुर में औरंगजेब की मृत्यु होने पर उसके शव को दौलताबाद में ही दफनाया गया।

द्वारसमुद्र–आधुनिक हैलविड् का प्राचीन नाम। यह होयसल राजाओं की राजधानी थी जो वर्तमान कर्नाटक क्षेत्र पर शासन करते थे। इस राजधानी की स्थापना बिहिग ने की, जो बाद में विष्णुवर्धन (लगभग 1111-14 ई.) के नाम से विख्यात हुआ। यह नगर वैष्णव धर्म का केन्द्र बना। विख्यात वैष्णव सन्त रामानुज को विष्णुवर्धन की ही संरक्षता प्राप्त थी। इस राजा ने कई भव्य विष्णु मन्दिर बनवाए। द्वारसमुद्र में बना विष्णु मन्दिर अपने सौन्दर्य और कला के लिए बहुत विख्यात हुआ। किसी समय द्वारसमुद्र का राज्य देवगिरि तक फैला हुआ था। 1326 ई. में सुल्तान मुहम्मद तुगलक की मुस्लिम सेना ने इस नगर को लूट-पाटकर बर्बाद कर डाला।

धौली–उड़ीसा के पुरी जिले में स्थित, जहाँ अशोक के चतुर्दश शिलालेखों की एक प्रति प्राप्त हुई है। जौगढ़ की भाँति यहाँ भी संख्या 11, 12 तथा 13 के लेख नहीं मिलते। उनके स्थान पर दो अन्य लेख मिले हैं, जो विशेष रूप से कलिंग के लिए उत्कीर्ण कराए गए थे।

नालन्दा–सातवीं शताब्दी का एक विश्वविख्यात बौद्ध विद्यापीठ। नालन्दा दक्षिणी बिहार में राजगिरि (राजगृह) के निकट स्थित है और उसके ध्वंसावशेष बड़गाँव नामक ग्राम में दूर तक बिखरे पड़े हैं। यह निश्चयपूर्वक नहीं कहा जा सकता कि अब और किसने नालन्दा महाविहार की नींव डाली। फाहियान ने, जिसने पाँचवीं शताब्दी में पाटलिपुत्र और आसपास के क्षेत्रों में भ्रमण किया था, इसका उल्लेख नहीं किया है, किन्तु सातवीं शताब्दी के पूर्वार्द्ध

में भारत भ्रमण करनेवाले चीनीयात्री ह्वेनसांग ने इसकी भूरि-भूरि प्रशंसा की है। इस प्रकार नालन्दा महाविहार ने, विश्वविद्यालय के रूप में पाँचवीं और छठी शताब्दियों में विशेष कीर्ति अर्जित कर ली थी। वस्तुतः ह्वेनसांग का कथन है कि गुप्त सम्राट नरसिंहगुप्त बालादित्य (लगभग 470 ई.) ने नालन्दा में एक सुन्दर मन्दिर का निर्माण कराया और उसमें 80 फीट ऊँची ताँबे की बुद्ध प्रतिमा की स्थापना की। जिन दिनों ह्वेनसांग नालन्दा विश्वविद्यालय में शिक्षा प्राप्त कर रहा था, उस समय शीलभद्र नामक बंगाली बौद्ध भिक्षु वहाँ का महास्थविर था। प्रायः इसी काल में शैलेन्द्र शासक बाल-पुत्रदेव ने मगध के तत्कालीन शासक देवपाल की अनुमति से नालन्दा में एक नए विहार का निर्माण इस आशय से कराया कि जावा से नालन्दा शिक्षा प्राप्त करनेवाले भिक्षुओं को निवास की सुविधा प्राप्त हो सके।

वास्तव में नालन्दा विहार अन्तर्राष्ट्रीय ख्याति-प्राप्त विश्वविद्यालय था। केवल भारत से नहीं, बल्कि सुदूर तिब्बत, चीन, जावा और लंका से अनेकानेक विद्यार्थी और विद्वान आते रहते थे। यद्यपि वहाँ सभी प्रकार की शिक्षा दी जाती थी तथापि बौद्ध धर्म की महायान शाखा का अध्ययन-अध्यापन विशेष रूप से होता था। वहाँ हस्तलिखित ग्रन्थों का एक विशाल पुस्तकालय, जो तीन विशाल भवनों में, जिनमें से एक नौ खंडों (मंजिलों) का था, स्थापित था। आज के किसी भी भारतीय विश्वविद्यालय को यह श्रेय प्राप्त नहीं है। वहाँ का अनुशासन कठोर था और समय की सूचना जलघड़ी द्वारा विधिवत् दी जाती थी। सभी प्रश्नों एवं समस्याओं पर खुलकर वाद-विवाद होते थे। शिक्षा के महान केन्द्रों का कब और कैसे विनाश हुआ, यह निश्चयपूर्वक ज्ञात नहीं, किन्तु ध्वंसावशेषों के अध्ययन से प्रतीत होता है कि एक भयंकर अग्निकांड इसका कारण था।

नासिक–महाराष्ट्र प्रदेश में गोदावरी तीरवर्ती एक प्राचीन नगर तथा हिन्दुओं का पवित्र धर्मस्थल। यह नगर कदाचित् शक क्षत्रप नहपान की राजधानी थी। चालुक्य सम्राट पुलकेशिन द्वितीय और प्रारम्भिक राष्ट्रकूट शासकों के काल में इस नगर की महत्ता बनी रही, परन्तु राष्ट्रकूट शासक अमोघवर्ष द्वारा मान्यखेट (आधुनिक मालखेड) को राजधानी बना लेने पर इसका महत्त्व कम हो गया। नासिक और उसके समीपवर्त्ती क्षेत्र हिन्दू, बौद्ध और जैन अवशेषों के लिए प्रसिद्ध हैं।

पांडिचेरी–मद्रास से कुछ मील दक्षिण भारत के पूर्वी तट पर स्थित एक बन्दरगाह। इसकी स्थापना 1674 ई. में फ्रांकोइस मनि ने की, जो फ्रांसीसी ईस्ट इंडिया कम्पनी का कर्मचारी था। 1693 ई. इस पर डच लोगों ने अधिकार कर एक मजबूत किला बनाया। 1699 ई. में यह फ्रांसीसी लोगों को किले के साथ वापस मिल गया। मार्टिन ने समृद्ध नगर के रूप में इसका विकास किया और यह भारत में फ्रांसीसी साम्राज्य की राजधानी बना दिया गया। फ्रांसीसी लोगों के पास बंगाल में चन्द्रनगर, मालाबार में माहे तथा कोरोमंडल तट पर कारिकल की बस्तियाँ थीं। अंग्रेजों ने 1745 ई. और पुनः 1747 ई. में पांडिचेरी पर कब्जा करने की कोशिश की, परन्तु सफल नहीं हुए। अन्त में उन्होंने 1761 ई. में इस पर अधिकार कर लिया। इसके छिन जाने से भारत में फ्रांसीसी साम्राज्य का अन्त हो गया। 1763 ई. में इसे फ्रांसीसी लोगों को लौटा दिया गया, किन्तु इसकी किलेबन्दी तोड़ दी गई और यहाँ पर रखी जानेवाली सेना की संख्या पर कड़ी पाबन्दी लगा दी गई। इसके बाद से यह भारत में फ्रांसीसी बस्तियों की राजधानी बना रहा।

पाकिस्तान–यह नाम 1933 ई. में चौधरी रहमत अली ने गढ़ा। अंग्रेजी में पंजाब 'पी' से, अफगान (सीमा प्रान्त) 'ए' से, कश्मीर 'के' से तथा सिन्ध 'एस' से लिखा जाता है। अतएव इन चारों प्रान्तों के प्रथम अक्षरों को मिलाकर अंग्रेजी में...(पाक्स) शब्द बनता है। इसमें स्तान (स्थान) प्रत्यय लगाकर उसने पाकिस्तान शब्द बनाया, जिसका अर्थ उसने किया 'पाक देश'। यहाँ पर स्मरण रखना चाहिए कि पाकिस्तान का निर्माण करने के लिए जिन चार प्रान्तों को चुना गया था, वे सभी मुस्लिम बहुमतवाले प्रान्त थे। 1930 ई. में सर मुहम्मद इकबाल ने भारत संघ के अन्तर्गत उत्तर-पश्चिमी सीमा प्रान्त, बलूचिस्तान, सिन्ध तथा कश्मीर के प्रान्तों का एक अलग मुस्लिम राज्य बनाने का सुझाव दिया था।

पुरी–हिन्दुओं का पवित्र तीर्थस्थान, जो उड़ीसा के समुद्रतट पर स्थित है। यहाँ जगन्नाथजी का विशाल मन्दिर है, जिसे उड़ीसा के राजा अवन्तीवर्मा चोल गंग (1076-1148 ई.) ने बनवाया।

पूना–महाराष्ट्र का प्रमुख नगर, जो शिवाजी तथा उनके पुत्र एवं उत्तराधिकारी शम्भुजी की राजधानी थी। शाहू अपनी राजधानी यहाँ से उठाकर सतारा ले गया, परन्तु 1749 ई. में उसकी मृत्यु के बाद पेशवा बालाजी बाजीराव ने इसे फिर मराठा राज्य की राजधानी बना दिया। अन्तिम पेशवा बाजीराव द्वितीय के हार जाने तथा अपदस्थ कर दिए जाने के बाद इसका मान घट गया। पूना अब भी महत्त्वपूर्ण नगर है और यहाँ एक विश्वविद्यालय स्थित है। गांधीजी ने ब्रिटिश प्रधानमन्त्री रैमजे मैकडोनाल्ड का साम्प्रदायिक निर्णय रद्द कराने के लिए 1932 ई. का प्रसिद्ध उपवास पूना में ही किया था।

पेप्सू–अंग्रेजी भाषा में पटियाला तथा पूर्वी पंजाब राज्य संघ का संक्षेप नाम। इस राज्य संघ का निर्माण सतलज के किनारे स्थित उन सिख रियासतों को मिलाकर किया गया था, जिन्होंने 1809 ई. में अमृतसर की सन्धि के द्वारा ब्रिटिश संरक्षण स्वीकार कर लिया था।

पैठन–उत्तर गोदावरी घाटी में स्थित एक नगर। इसे पहले 'प्रतिष्ठान' कहते थे, जो प्रारम्भिक आन्ध्र राजाओं की राजधानी था।

फतेहपुर सीकरी–आगरा से 23 मील पश्चिम में स्थित। यहाँ प्रसिद्ध मुस्लिम फकीर शेख सलीम चिश्ती रहता था। सम्राट अकबर, जो सन्तान के लिए अधीर था, अपनी मुराद पूरी होने के लिए चिश्ती से दुआ माँगने गया। 1569 ई. में जब उसकी पहली हिन्दू बेगम जोधाबाई ने सीकरी में पुत्र (भावी सम्राट जहाँगीर) को जन्म दिया, कृतज्ञ सम्राट ने शेख के नाम पर उसका नाम सलीम रखा और सीकरी को राजधानी बनाने का निश्चय किया ताकि वह स्वयं वहाँ रह सके। सीकरी का निर्माण 1570 ई. में आरम्भ हुआ और पूरा नगर अनेक आलीशान इमारतों के साथ कुछ ही वर्षों में बनकर तैयार हो गया। अकबर ने 1573 ई. में सीकरी से ही गुजरात को फतह करने के लिए कूच किया था। इसलिए इसकी सफलता के उपलक्ष्य में उसने सीकरी का नाम फतेहपुर (विजयनगरी) रखा। तभी से सीकरी 'फतेहपुर सीकरी' के नाम से प्रसिद्ध हो गई। लगभग 15 वर्षों तक यह अकबर की राजधानी बनी रही।

फिरोजाबाद–एक नगर, जिसे सुल्तान फिरोजशाह तुगलक (1351-88) ने अपनी राजधानी दिल्ली से दस मील की दूरी पर बसाया था। यही नाम सुल्तान ने 1353-54 ई. में बंगाल की चढ़ाई के दौरान वहाँ के पहुँचानगर को भी दिया था।

बदरीनाथ–उत्तर प्रदेश के पर्वतीय भू-भाग गढ़वाल में स्थित हिन्दुओं का प्रसिद्ध तीर्थ-स्थान। यहाँ नर-नारायण की प्रतिमा बदरी नारायण के नाम से पूजी जाती है। यहाँ से कुछ दूर पर आद्य शंकराचार्य द्वारा स्थापित 'ज्योतिषपीठ' मठ है। प्रतिवर्ष यहाँ हजारों तीर्थयात्री आते हैं।

बराड़ (बरार)–प्राचीन राज्य विदर्भ का आधुनिक नाम। यह वर्धा नदी की घाटी में स्थित है। मौर्यों के साम्राज्य का यह एक भाग था। पुष्यमित्र शुंग के शासनकाल में इसने साम्राज्य से पृथक् हो जाने का विफल प्रयास किया। बाद में यह चालुक्यों के अधीन हो गया, जिनसे इसे अलाउद्दीन खिलजी ने जीत लिया। फिर यह मुहम्मद तुगलक के राज्य में सम्मिलित हो गया तथा बहमनी राज्य की स्थापना पर उसका अंग बन गया। यह 1484 ई. में उस समय तक उसका भाग बना रहा जब इमादुल मुल्क ने यहाँ एक स्वतन्त्र राज्य कायम किया। उसने इमादशाही राजवंश चलाया, जो 1574 ई. तक शासक रहा, तदनन्तर बरार को अहमद नगर ने आत्मसात् कर लिया। 1596 ई. में यह बादशाह अकबर को सौंप दिया गया जिसने इसको अलग सूबा बना दिया।

बाघ–मध्य भारत में ग्वालियर के निकट स्थित यह स्थान शैलगृहों में उत्कीर्ण भित्ति-चित्रों के लिए प्रसिद्ध है। ये भित्ति-चित्र अजन्ता शैली के हैं, परन्तु स्थान की दुर्गमता के कारण उतने प्रसिद्ध नहीं हैं।

बादामी–बीजापुर जिले के वातापी नामक प्राचीन नगर का आधुनिक नाम। यह चालुक्य राजाओं की राजधानी थी। यहाँ अनेक गुप्त मन्दिर तथा पाषाण मन्दिर हैं, जो अपनी वास्तुशैली तथा भव्य मूर्तियों के लिए प्रसिद्ध हैं।

बीकानेर–राजस्थान का एक नगर तथा पुरानी रियासत। इसे राठौर सरदार बीकाजी ने स्थापित किया था। दिल्ली से यह ढाई सौ मील दूर थार रेगिस्तान की सीमा पर स्थित है। 1570 ई. में यह राज्य सम्राट अकबर की अधीनता में आया और 1818 ई. में अंग्रेजों का आश्रित बनने तक मुगल साम्राज्य का हिस्सा रहा।

बीदर–दक्षिण (आन्ध्र) का एक पुराना नगर, जो आधुनिक हैदराबाद नगर से ज्यादा दूर नहीं है। यह प्राचीन हिन्दू राज्य वारंगल के अन्तर्गत था। इसे पहले अलाउद्दीन खिलजी ने रौंद डाला और बाद में सुल्तान गयासुद्दीन तुगलक के शासनकाल में उसके पुत्र जूना खाँ ने इसे दिल्ली की सल्तनत के अधीन कर दिया। 1347 ई. में बहमनी सल्तनत की स्थापना होने पर बीदर उसका अंग बन गया और नौवें सुल्तान अहमदशाह के शासनकाल में उसकी राजधानी हो गया। 1492 ई. में बहमनी सल्तनत के छिन्न-भिन्न होने पर जब कासिम बरीद ने स्वतन्त्र बीदर सल्तनत की स्थापना की, तब यह उसकी राजधानी बनाया गया। 1565 ई. में विजयनगर के विरुद्ध बीजापुर, अहमदनगर और गोलकुंडा के सम्मिलित अभियान में यह भी शामिल था।

भारतवर्ष–वह देश जहाँ राजा भरत के वंशज रहते हैं। यह उत्तर में हिमालय से लेकर दक्षिण में हिन्द महासागर तक विस्तृत है।[1] इसका आधुनिक नाम भारत है।

भीतरगाँव–उत्तर प्रदेश के कानपुर जिले में अवस्थित, जहाँ गुप्तकाल का एक मन्दिर है। इसे चन्द्रगुप्त द्वितीय के काल का बताया जाता है। इस मन्दिर की पकाई मिट्टी की मूर्तियाँ दृष्टव्य हैं। यह मन्दिर गुप्तकालीन कला और वास्तु रचना की भव्यता का उत्कृष्ट नमूना है।

---

1. विष्णुपुराण, खंड 1, 2, 3

भुवनेश्वर–उड़ीसा का एक प्राचीन नगर, जो अब इसकी राजधानी है। यहाँ प्रारम्भिक कलिंग शैली के मन्दिर–वास्तु के कुछ उत्कृष्ट नमूने मिलते हैं, उदाहरणार्थ लिंगराज और राजरानी के मन्दिर, जिन्हें कड़ा अथवा केसरीवंश के राजाओं ने बनवाया था।

मन्दसौर–मालवा का प्राचीन नगर, जो प्रसिद्ध पुरानी राजधानी उज्जयिनी से अधिक दूर नहीं है। सम्भवतः महाकवि कालिदास का निवास इसी नगर में था। राजा यशोवर्मा (लगभग 53 ई.) की राजधानी यहीं थी। यशोवर्मा ने हूण राजा मिहिरकुल को परास्त किया और आसाम तक के प्रदेशों को जीता।

मअवर–मुसलमान इतिहासकारों द्वारा दिया गया कोरोमंडल तट का नाम। इसे अलाउद्दीन खिलजी ने जीता, परन्तु 1334 ई. में यह अहसानशाह के अधीन स्वतन्त्र राज्य बन गया।

मदुरा–दक्षिण भारत का एक बहुत प्राचीन नगर, जो प्रथम शताब्दी में पांड्य राज्य की राजधानी था। कौटिल्य के अर्थशास्त्र में मदुरा के सुन्दर सूती कपड़ों तथा मोतियों का उल्लेख है। इस नगर की सम्पन्नता का प्रमाण 1311 ई. में मिलता है, जब सुल्तान अलाउद्दीन खिलजी की मुसलमान सेना ने इस पर दखल किया और इसे लूटा। उसका विजयी सेनापति यहाँ से 512 हाथी, पाँच हजार घोड़े तथा पाँच सौ मन हीरे, मोती, पन्ना, माणिक आदि रत्न लूट ले गया। बाद में यह विजयनगर साम्राज्य का भाग बन गया। उसके पतन पर यह नायक राजवंश की राजधानी बना। इस नगर में अनेक भव्य देव मन्दिर हैं जिनमें सुन्दरेश्वर तथा मीनाक्षी के मन्दिर सबसे प्रमुख हैं। मदुरा के सूती कपड़े अब भी विख्यात हैं।

मध्य प्रदेश–सम्प्रति उस प्रदेश का नाम जो ब्रिटिश शासनकाल में मध्य प्रान्त तथा बरार कहलाता था। हिन्दू राज्यकाल में यह क्षेत्र जैजाकभुक्ति अथवा जुझौती राज्य के अन्तर्गत था। खजुराहो, महोबा तथा कालंजर के प्राचीन नगर इसी प्रदेश में हैं। इन नगरों में वास्तुकला की जो कृतियाँ मिलती हैं, उनसे चन्देल राजाओं के उत्कर्ष का प्रमाण मिलता है।

मध्य भारत–उत्तर में चम्बल, दक्षिण में नर्मदा, पश्चिम में गुजरात तथा पूर्व में बुन्देलखंड के बीच का क्षेत्र है। यहाँ अतीतकाल में अनेक प्रसिद्ध हिन्दू राज्य विकसित हुए। इसकी उज्जयिनी, धारा आदि नगरियाँ प्रसिद्ध थीं। पाँचवीं शताब्दी में जब चीनीयात्री फाहियान आया यहाँ खूब समृद्धि थी। इसके बाद का इतिहास गुर्जर प्रतिहारों के इतिहास से जुड़ा मिलता है।

मलय–आधुनिक मलय प्रायद्वीप, जिसका भारत से दीर्घकालीन सम्बन्ध रहा है। इसके नाम से प्रतीत होता है कि इसका कोई सम्बन्ध प्रसिद्ध मालव गण से रहा है, किन्तु इस विषय में कोई सूचना उपलब्ध नहीं है। बौद्ध जातक कथाओं तथा टॉलेगी के भूगोल से संकेत मिलता है कि भारतीयों में यह स्वर्णद्वीप अथवा स्वर्णभूमि के रूप में विख्यात था और मलय भारत के बीच खूब व्यापार होता था। मलय प्रायद्वीप तथा कम्बोडिया में प्रारम्भिक पाँचवीं शताब्दी के संस्कृत शिलालेख प्राप्त हुए हैं। दक्षिण-पूर्व एशिया में शैलेन्द्र वंश के राजाओं ने जिस विशाल साम्राज्य की स्थापना की, उसमें मलय भी सम्मिलित था। इन राजाओं का बंगाल तथा भारत से निकट सम्पर्क था। तेरहवीं शताब्दी में, जब भारत में मुसलमानी शासन की स्थापना हुई, मलय और भारत के सांस्कृतिक सम्बन्ध टूट गए।

मसुलीपट्टम–भारत के पूर्वी समुद्र तट का एक नगर तथा बन्दरगाह। ईस्ट इंडिया कम्पनी ने 1611 ई. में यहाँ एक कोठी स्थापित की। फ्रांसीसी ईस्ट इंडिया कम्पनी ने भी 1669 ई. में यहाँ अपनी कोठी स्थापित की। पहले कर्नाटक युद्ध में फ्रांसीसियों ने इस पर

अधिकार कर लिया, परन्तु तीसरे कर्नाटक-युद्ध में कर्नल फोर्ड ने इसे छीन लिया। 1759 ई. में यह अग्रेजों को सौंप दिया गया।

मांडू–मालवा का एक नगर। मालवा के गोरीवंश के सुल्तान बुशंगशाह (1405-35 ई.) ने इसे अपनी राजधानी बनाया। यह पहाड़ी की चोटी पर स्थित दुर्ग था, जिसका परकोटा लगभग 25 मील लम्बा था। इस दुर्ग-नगर में अनेक सुन्दर मस्जिदों तथा महलों–जैसे, जामा मस्जिद, हिंडोला महल, जहाजमहल, बाज-बाहदुर और रूपमती के महल के ध्वंसावशेष मिलते हैं। बाजबहादुर और रूपमती के महल बलुआ पत्थर और संगमरमर के बने हैं। बादशाह जहाँगीर को यह नगर बड़ा पसन्द आया और वह 1617 ई. में यहाँ ठहरा। उसने यहाँ की कुछ इमारतों की मरम्मत भी कराई थी।

मामल्लपुरम्–नगर की स्थापना पल्लव राजा नरसिंह वर्मा (लगभग 625-45 ई.) ने की। इसे अब महाबलिपुरम् कहते हैं। नगर की सबसे आश्चर्यजनक कृति सात रथ हैं, जो चट्टानों को तराशकर बनाए गए हैं। प्रत्येक रथ पर शिल्पकला के सुन्दर नमूने देखने को मिलते हैं। सम्भवतः दक्षिण-पूर्व एशिया के चम्पा, कम्बोडिया आदि देशों में वास्तुकला की जो कृतियाँ मिलती हैं, उनकी प्रेरणा मामल्लपुरम् कृतियों से ली गई थी।

मास्की–आन्ध्र प्रदेश के रायचूर जिले में एक छोटा-सा गाँव। सम्राट अशोक के प्रथम लघु शिलालेख की एक प्रति 1919 ई. में मास्की में मिली थी। अशोक का मास्की शिलालेख इसलिए महत्त्वपूर्ण है कि यह एकमात्र शिलालेख है जिसमें दूसरे शिलालेखों की भाँति उसका नाम देवानांप्रिय के साथ-साथ अशोक भी दिया हुआ है। इस शिलालेख से प्रमाणित हो जाता है कि राज देवानांप्रिय प्रियदर्शी तीसरा मौर्य सम्राट अशोक था। जार्ज टर्नोर ने 1837 ई. में केवल अनुमान से देवानांप्रिय प्रियदर्शी की पहचान अशोक से की थी।

मिदनापुर–पश्चिम बंगाल का एक नगर तथा जिला। इसका कुछ भाग बंगाल की खाड़ी के तट पर स्थित है। प्राचीन ताम्रलिप्ति जलपट्टम, जहाँ से चीनीयात्री फाहियान पोत पर सवार होकर चीन वापस गया, अब तामलक नगर कहलाता है और मिदनापुर जिले में समुद्र तट से 60 मील की दूरी पर स्थित है। 1760 ई. में नवाब मीरकासिम (1763 ई.) ने बंगाल का नवाब बनाए जाने पर मिदनापुर जिले के साथ-साथ वर्धवान तथा चटगाँव जिला ईस्ट इंडिया कम्पनी को दे दिया था।

मुर्शिदाबाद–बंगाल में भागीरथी नदी के तट पर स्थित नगर। इसकी नींव 1704 ई. के प्रारम्भ में मुर्शिदकुली जाफर खाँ ने डाली। प्रारम्भ में यह नगर केवल दीवान का मुख्य कार्यालय था। किन्तु जब मुर्शिदकुली खाँ क्रमशः पदोन्नति करके दीवान से बंगाल का नवाब बन गया, तब मुर्शिदाबाद भी उन्नति करके बंगाल की राजधानी रहा। बाद में उसका यह गौरव कलकत्ता ने छीन लिया।

मुल्तान–आधुनिक पाकिस्तान में चिनाब नदी के तट पर स्थित पश्चिमी पंजाब का एक महत्त्वपूर्ण नगर। यह सिन्धु से पंजाब जानेवाले राजमार्ग पर है। सैनिक दृष्टि से इसकी स्थिति अत्यन्त महत्त्वपूर्ण है। सुल्तान मुहम्मद (गजनी) ने उसे जीतकर अपने राज्य में मिला लिया था। उपरान्त उसे शहाबुद्दीन गोरी ने गजनवियों से छीन लिया, जो शताब्दियों तक दिल्ली साम्राज्य का एक भाग रहा। अहमदशाह अब्दाली ने उसे जीतकर अफगानिस्तान में सम्मिलित कर लिया, परन्तु 1818 ई. में महाराजा रणजीतसिंह ने उसे अफगानों से छीन लिया।

रायगढ़–महाराष्ट्र का प्रसिद्ध दुर्ग, जिसका निर्माण छत्रपति शिवाजी ने कराया था। 1674 ई. में शिवाजी का स्वतन्त्र शासक (छत्रपति) के रूप में इसी दुर्ग में विधिवत् राज्याभिषेक हुआ था। 1689-90 ई. में औरंगजेब ने इस पर अधिकार कर लिया।

रायचूर–अति प्राचीनकाल से ही कृष्णा और तुंगभद्रा नदियों के बीच का उपजाऊ भू-भाग रायचूर दोआब के नाम से प्रसिद्ध रहा है और रायचूर का नगर इन्हीं दोनों नदियों के बीच एक दुर्ग द्वारा सुरक्षित है। सामरिक महत्ता के कारण यह नगर शताब्दियों तक बहमनी और विजयनगर के राज्यों के बीच संघर्ष का कारण रहा। अधिकांशतया इस पर बहमनी वंश का ही अधिकार रहा, पर 1520 ई. में विजयनगर के प्रसिद्ध शासक कृष्णदेव राय ने बीजापुर के शासक इस्माइल आदिलशाह को परास्त करके रायचूर पर अधिकार कर लिया। तब से लेकर 1565 ई. में विजयनगर राज्य के नष्ट होने तक इस पर विजयनगर का अधिकार रहा।

लाहौर–रावी के दाहिने तट पर बसा, पुराने पंजाब की राजधानी। यह प्राचीन नगर है और हिन्दू अनुश्रुतियों के अनुसार इसे *रामायण* के नायक राम के पुत्र लव ने बसाया था। इस नगर को सम्भवतः ईस्वी सन् की प्रारम्भिक शताब्दियों में बसाया गया था और सातवीं शताब्दी ई. में यह इतना महत्त्वपूर्ण था कि उसका उल्लेख चीनीयात्री ह्वेनसांग ने किया है। इस पर पहले गजनी और फिर गोर के शासकों ने और फिर दिल्ली के सुल्तानों ने अधिकार कर लिया। मुगलकाल में यह महत्त्वपूर्ण नगर हो गया और शाही निवासस्थान बन गया। अकबर, जहाँगीर और शाहजहाँ सभी को इस नगर में रहना अच्छा लगता था, इससे यह सुन्दर नगर बन गया था, जहाँ किला और अनेक खूबसूरत बाग थे। इसका शाहदरा बाग जहाँगीर ने और शालीमार बाग शाहजहाँ ने लगवाया। 1707 से 1799 ई. के बीच इस नगर पर बार-बार हमले हुए।

वनवासी (जिसे जयन्ती अथवा वैजयन्ती भी कहते हैं)–बम्बई राज्य के दक्षिणी भाग में तुंगभद्रा के उत्तरी तट पर स्थित प्रसिद्ध नगर। तीसरी शताब्दी के मध्य में सातवाहनों की शक्ति क्षीण होने के बाद इस नगर का उत्कर्ष हुआ और कदम्ब राजवंश की राजधानी के रूप में सुविख्यात हुआ, जिन्होंने इस क्षेत्र में तीसरी शताब्दी से लेकर छठी शताब्दी तक शासन किया। यह नगर जयन्ती अथवा वैजयन्ती के नाम से भी जाना जाता है। कदम्ब वंश के पतन के बाद इसकी भी अवनति हो गई।

वातापी–(अथवा बादामी)–चालुक्य वंश की राजधानी पुलकेशिन प्रथम ने छठी शताब्दी में डाली। यह आधुनिक बम्बई राज्य में स्थित था।

वारंगल–एक नगर और राज्य का भी नाम, जिसकी यह राजधानी थी। यह काकतीय वंश के राजाओं के शासनाधीन था और 1310 ई. में अलाउद्दीन खिलजी ने इस पर चढ़ाई की और अन्ततः इसे दिल्ली सल्तनत में मिला लिया।

विक्रमशिला–प्रसिद्ध बौद्ध विद्यापीठ। यह बिहार में भागलपुर जिले के पठारघाट नामक स्थान में स्थित था। पाल राजा देवपाल ने विक्रमशिला में पहले महाविहार की स्थापना की जो क्रमशः विद्या का प्रमुख केन्द्र बन गया। यहीं से प्रख्यात बौद्ध भिक्षु अतिश (दीपंकर श्रीज्ञान) 1038 ई. में तिब्बत गया था।

विजय नगर–एक नगर, साथ ही एक राज्य का भी नाम, जिसकी नींव दक्षिणी भारत में तुंगभद्रा नदी के पार लगभग 1336 ई. में संगम के पुत्र हरिहर और बुक्का ने रखी। नगर का

निर्माण 1343 ई. में पूरा हुआ और दस वर्ष में ही राज्य का विस्तार दक्षिण भारत के पूर्वी समुद्र से पश्चिमी समुद्र तक हो गया। हरिहर प्रथम ने अपनी मृत्युपर्यन्त (1354-55 ई. तक) शासन किया। इसके बाद उसके भाई बुक्का प्रथम ने बाईस वर्ष (1355-77 ई.) तक शासन-संचालन किया। इन शासकों में से किसी ने भी राजपदवी धारण नहीं की। बुक्का प्रथम के पुत्र और उत्तराधिकारी हरिहर द्वितीय ने 1377 ई. से महाराजाधिराज की पदवी के साथ 1404 ई. तक शासन किया।

श्रीरंगम्–त्रिचनापल्ली के निकट स्थित। प्रसिद्ध वैष्णव आचार्य रामानुज बीच में कुछ समय को छोड़कर मृत्युपर्यन्त यहीं रहे।

श्रीविजय–मलय द्वीपपुंज में भारतीयों ने जो राज्य स्थापित किया था, उसका भी नाम और उसके एक नगर का भी नाम। इसकी पहचान अब सुमात्रा के पलेमबाँग नगर से की जाती है।

हुगली–कलकत्ता से कुछ मील उत्तर, हुगली नदी के तट पर स्थित एक कस्बा। इसके उत्तर में सतगाँव (सत्यग्राम) स्थित था जो सोलहवीं शताब्दी में बंगाल की एक मंडी था। पुर्तगाली लोग 1559 ई. के आसपास हुगली में आकर बस गए। 1632 ई. में मुगलों ने हुगली की पुर्तगाली बस्ती को घेरकर उस पर कब्जा कर लिया। इसके बाद हुगली नगरी की अवनति होने लगी। इसी के पास बाद में डेनमार्कवालों ने श्रीरामपुर, डच लोगों ने चिनसुरा तथा फ्रेंच लोगों ने चन्द्रनगर की बस्तियाँ बनाईं।

हेरात–अफगानिस्तान का प्रान्तीय नगर। यह जिस प्रान्त की राजधानी थी, उसे ग्रीक लोग एरिया कहते थे। यह प्रदेश हिन्दूकुश के ठीक पूर्व में और सामरिक दृष्टि से अत्यन्त महत्त्वपूर्ण है। उत्तर-पश्चिम में इसे भारतवर्ष की प्राकृतिक सीमा माना जाता है। ईस्वी पूर्व छठी शताब्दी में यह फारस के साम्राज्य के अन्तर्गत था। ईस्वी पूर्व चौथी शताब्दी में सेल्युकस ने यह प्रदेश चन्द्रगुप्त मौर्य को दे दिया और मौर्य साम्राज्य के अन्त तक उसके अधीन रहा। इसके बाद ईस्वी सन् की प्रारम्भिक शताब्दियों में इस उत्तर-पश्चिमी क्षेत्र पर यवन और पार्थियन राजाओं का राज्य हो गया। इसके बाद हेरात कभी भारतीय साम्राज्य के अन्तर्गत नहीं रहा। फारस और अफगानिस्तान के बीच इस प्रदेश के लिए बराबर लड़ाइयाँ होती रहीं। अन्त में 1863 ई. में दोस्त मुहम्मद ने इसे अपने राज्य में मिला लिया।

पूर्वमध्यकालीन नगर

कन्नौज–600 ई. से 1200 ई. तक कन्नौज उत्तर भारत का प्रमुख नगर था। इस समय कन्नौज ने पाटलिपुत्र का स्थान ग्रहण कर लिया। इस युग में अशोक तथा गुप्त सम्राटों की राजधानी पाटलिपुत्र नगण्य हो गया था। हर्ष तथा गुर्जर प्रतिहारों की राजधानी प्राप्त होने का गर्व इसी कन्नौज को है। पश्चिम से गुर्जरों ने इसे जीतकर हर्ष के बाद समस्त उत्तर भारत में एक प्रकार साम्राज्य स्थापित किया था। यही कारण है कि कन्नौज को जीतने के लिए पूर्वमध्यकाल में होड़ लगी रहती थी। चीनीयात्री ह्वेनसांग के अनुसार गंगा के तट पर स्थित कान्यकुब्ज तीन मील लम्बा तथा एक मील चौड़ा था। उसके अनुसार नगर के चतुर्दिक परिखा

एवं सुदृढ़ प्राकार विद्यमान थे। नगर के भीतर अनेक उपवन, विशाल सरोवर और अट्टालिकाएँ थीं। मुसलमान यात्री अलबरूनी ने भी इस नगर के ऐश्वर्य की प्रशंसा की है। इसी युग के एक अन्य विदेशी यात्री अलउत्वी ने इस नगर को गंगा के तट पर स्थित तथा सात पृथक् दुर्गों का समूह कहा है। नगर की सम्पन्नता के विषय में चीनीयात्री ह्वेनसांग कहता है कि यहाँ के लोग धन-धान्य से सम्पन्न, सभ्य, सुसंस्कृत, धर्मनिष्ठ तथा सरल थे। राजशेखर ने लिखा है कि कान्यकुब्ज की ललनाओं का केश विन्यास, अलंकार, प्रसाधन, वेशभूषा एवं भाषा सम्पूर्ण भारत में आदर्श मानी जाती थी।

धारा–धारा नगर का उल्लेख *महाभारत* में एक पवित्र तीर्थ के रूप में हुआ है। जौनपुर प्रस्तर में मौखरि शासक ईश्वरवर्मन के समय इस नगर का विवरण मिलता है। परमार शासक के समय धारा नगर का उत्थान हुआ था। मालवा देश के प्रारम्भिक शासक जो माही नदी के तट पर शासन करते थे, मालव कहलाते थे। वाकपति प्रथम एवं वाकपति मुंजराज के पितामह एक राष्ट्रकूट शासन के सामन्त थे। वाकपति प्रथम गुजरात में माहधारी के निकट खेटक प्रदेश के प्रशासक थे। ह्वेनसांग ने उसे मालवा कहा है। अपूर्ण अभिलेख (1080 ई.) के वाकपति द्वितीय के पिता हर्ष सियाक को मालवा का राजा कहा गया है। वाकपति द्वितीय ने उज्जयिनी नगर को राजकीय निवास (975 ई.) बनाया। धारा नगर का राजनीतिक उत्थान परमारों द्वारा पश्चिम मालवा पर अधिकार स्थापित करने के पश्चात् दशवीं शताब्दी के उतरार्द्ध में हुआ। पश्चिम मालवा का नाम अवन्ति या उज्जयिनी क्षेत्र था। भोज प्रथम (1010-1055) के समय धारा नगर साम्राज्य का राजधानी नगर बना। यह नगर मध्य युग के उत्तरकाल में विद्या का केन्द्र भी था। राजा भोज की विद्वान मंडली इस नगर में एकत्र हुआ करती थी। भोज के शासनकाल में यहाँ साहित्य का प्रचार प्रचुर मात्रा में हुआ। भोज चालुक्य शासक सोमेश्वर से पराजित हुआ, जिसने उज्जयिनी और मंडप को उजाड़ डाला एवं धारा पर आक्रमण किया जहाँ से भोज को भागना पड़ा।

इन्द्रप्रस्थ–चहमान शासक पृथ्वीराज तृतीय की यह राजधानी थी। यह नगर मध्यकाल के उत्तरकाल में उत्तर भारत का प्रमुख नगर बन गया था। पृथ्वीराज तृतीय को पराजित करने के पश्चात् मुसलमान शासकों ने इसे अपनी राजधानी बनाया। उत्तर-पश्चिम में शत्रुओं के प्रवाह को रोकने का यह एक प्रमुख क्षेत्र था। बाद में एक-दूसरे राजवंश ने इसे अपनी राजधानी बनाए रखा।

खर्जुरवाहक–इस नगर का उल्लेख खजुराहो के प्रस्तर लेख में हुआ था। नगरों के द्वारों और दीवाल पर दोनों ओर सुनहले खजूर वृक्ष बने थे। नगर में पच्चीस मन्दिर थे। चन्देलों ने इसे प्रसिद्ध नगर बनाया। यहाँ चन्देलों की राजधानी थी। अरबयात्री अबुरीहन के अनुसार मुल्तान से पश्चिम पचास पारसग उत्तर-पश्चिम में स्थित था। चन्देलों का राज्य जैजाकभुक्ति के नाम से प्रसिद्ध था। चन्देल गुर्जर प्रतिहारों के सामन्त थे जो नौवीं शताब्दी में स्वतन्त्र हो चुके थे। अलबरूनी ने 1031 ई. में इस नगर का वर्णन किया और इसे जैजाकभुक्ति का नगर राजधानी बताया है। मुसलमान यात्री इब्नबतुता 1335 ई. में इस नगर में गया था। उसने इसका नाम कजुरा लिखा है। उसने इस बात का उल्लेख किया है कि इस नगर में एक झील थी, जिसकी लम्बाई एक मील थी। उसके समीप एक मन्दिर था जहाँ योगियों की जाति रहती थी जो लम्बे और जट्टा बाल रखते थे। अनेक मुसलमान भी उनसे जादू सीखते थे। अनेक

मन्दिरों का यह नगर चन्देलों का धार्मिक नगर भी था। नगर में कंडरिया एवं लक्ष्मण मन्दिर प्रसिद्ध थे जिनके शिखर हिमालय के चोटी के समान ऊँचे थे।

त्रिपुरी–*स्कन्दपुराण* के अनुसार अवन्तिपुर के महाकाल ने, जो अवन्ति के सर्वोच्च देवता थे, त्रिपुरी के राक्षस त्रिपुरा पर विजय प्राप्त की। इस विजय के उपलक्ष्य में अवन्तिपुर का नाम उज्जयिनी रखा गया। त्रिपुरी का विनाश शैवों द्वारा बौद्धों के निष्कासन का द्योतक है। नगर का विवरण *महाभारत* में कौशल के साथ हुआ है। कलचुरि काल के साहित्य में इसे नगरी कहा गया है। *मत्स्यपुराण* के अनुसार त्रिपुरी बणराज की राजधानी थी जिसकी पुत्री उषा का अपहरण अनिरुद्ध ने किया था। अतः त्रिपुरी शोणितपुर के नाम से भी प्रसिद्ध है। त्रिपुरी से कुछ सिक्के मिले हैं। जिन पर ब्राह्मी अक्षर से लिखे हैं। सातवाहन शासक श्री सातकर्णी के सिक्के यहाँ से मिले हैं। कलचुरि शासकों ने त्रिपुरी को दाहल मंडल का राजधानी नगर बनाया। परमार नखर्मक (1097-1111) की नागपुर प्रशस्ति में लिखा है कि परमार शासक लक्ष्मणदेव ने त्रिपुरी को विनष्ट कर दिया और नर्मदा नदी के किनारे कलचुरि शासक यशकर्ण के समय सैन्य छावनी स्थापित की थी। मध्यकाल में यह नगर चेदी नगरी तथा चेदीकुल राजधानी नामों से प्रसिद्ध हुई। अलबरूनी ने इस नगर को डाहलराज गांगेल की राजधानी कहा है।

उज्जयिनी–उज्जयिनी से प्राप्त एक सिक्के में ब्राह्मी अक्षरों में उज्जयिनी नाम उल्लिखित है। *स्कन्धपुराण* के अनुसार इस नगर के छह नाम–स्वर्ण-सिंगार, कुशस्थली, अवन्तिका, अमरावती, चूड़ामणि एवं पद्मावती थे। सोमदेव ने इस नगर को पद्मावती, भोगवती और हिरण्यवती लिखा है। *अभिज्ञानचिन्तामणि* ने इस नगर का नाम पुण्य करांडनी लिखा है अर्थात् कुलों का उद्यान। चीनीयात्री ह्वेनसांग के अनुसार यह नगर 30 ली अर्थात् 5 मील की परिधि में था। यह एक समृद्धशाली केन्द्र था। नगर में मन्दिरों की संख्या अधिक थी। यह प्रतिहार शासक मार्ग भट्ट द्वितीय की राजधानी थी। दन्तिदुर्ग नामक राष्ट्रकूट शासक ने नागभट्ट को हराकर 871 ई. में इस नगर पर अधिकार कर लिया था। वाकपति द्वितीय मुलराज ने 975 ई. में इस नगर को पुनः राजधानी बनाया। चहमान शासक विग्रहराज ने इस नगर पर आक्रमण कर इस पर विजय प्राप्त की थी। यह नगर पूर्वमध्य युग का सुन्दर एवं समृद्ध नगर था। तत्कालीन साहित्य में इस नगर की शोभा एवं समृद्धि की चर्चा है। बाण ने अपनी पुस्तक *कादम्बरी* में इस नगर के विषय में लिखा है कि महानदी शिप्रा नदी के तट पर यह स्थित था तथा तीनों लोकों में प्रसिद्ध था। दसवीं शताब्दी में पद्मगुप्त ने *नवसाहसांकचरित* की रचना की। उसने इस पुस्तक में इस नगर के सौन्दर्य का वर्णन किया है। उसके अनुसार इस नगर के सौन्दर्य को देखकर देवपुरी अमरावती लज्जित हो गई थी।

विजयपुर–बंगाल के सेन राजाओं की राजधानी विजयपुर में प्रतिष्ठित थी। नगर में विशाल भवन थे। नगर के मध्य पुरवासियों द्वारा आरोपित तरुओं का उल्लेख है। इस प्रकार विजयपुर एक समृद्ध नगर था। इसका सम्बन्ध उस नवद्वीप से स्थापित किया गया है, जिसे समकालीन मुसलमान लेखकों ने राम लखमनिया की राजधानी बतलाया है। यह नगर हुगली जिला के उत्तरी भाग में त्रिवेणी के क्षेत्र में स्थित था।

अन्हिलवाड़–यह गुजरात के चालुक्यों की राजधानी थी जिसे आजकल पट्टन कहते हैं। यह नगर अहमदाबाद से कुछ मील उत्तर की ओर है। मुसलमान शासकों ने इसका उल्लेख

नहरवाल के नाम से किया है। यह नगर सोलंकी एवं मुसलमानों की राजधानी के अन्दर आता था। यह समृद्ध एवं घनी आबादी तथा व्यापार का मुख्य केन्द्र था।

अलोर–अलोर नगर का उल्लेख मुसलमान लेखकों ने किया है। यह बहुत दिनों तक राजधानी थी। यह नगर अपर सिन्ध का शक्तिशाली साम्राज्य था। फल के पैदावार के लिए प्रसिद्ध था। साथ-ही-साथ यहाँ गन्ना अधिक होता था जिससे चीनी तैयार किया जाता था।

तक्षशिला–इस नगर के दिषय में ह्वेनसांग कहता है कि नदी के किनारे होने के कारण यहाँ चावल और गेहूँ अधिक मात्रा में पैदा होता था। यह चाँदी, सोना, ताँबा और लोहा के उत्पादन का भी केन्द्र था।

मथुरा–यह नगर धारीदार सूती कपड़े तथा सोने के उत्पादन के लिए प्रसिद्ध था।

तंजौर–यह नगर धातु एवं आभूषण के उद्योग के लिए प्रसिद्ध था।

मालवा–यह गन्ने के उत्पादन का प्रमुख केन्द्र था।

बंगाल–नौवीं शताब्दी में बंगाल के अनेक नगरों में कपड़ा उद्योग स्थापित था जहाँ से सुन्दर कपड़ा दूसरे देश को निर्यात होता था। मार्कोपोलो ने अपनी *यात्रा-विवरण* में लिखा है कि बंगाल के नगरों में कपड़ा उद्योग प्रगति पर था।

बनारस–दसवीं शताब्दी से लेकर बारहवीं शताब्दी तक यह नगर प्रमुख व्यापारिक नगर था। *तारिस्सुककतिगि* से पता चलता है कि 1033 में बनारस के बजाजा, जौहरी और गन्धी बाजार बहुत ही प्रसिद्ध थे।

सोमनाथ–समुद्र तट पर स्थित होने के कारण यह नगर व्यापार एवं वाणिज्य का केन्द्र था।

आहाड़–यह नगर व्यापारिक दृष्टिकोण से अधिक महत्त्व का था। यहाँ पर दूर-दूर के व्यापारी आते एवं अनेक वस्तुओं का क्रय-विक्रय करते थे। नगर में विशेषतः मिष्टान्न बनानेवाले, तेल बेचनेवाले, स्वर्णकार एवं फल विक्रेता रहते थे। नगर के मध्य इनकी सुन्दर एवं व्यवस्थित दुकानें थीं।

विनीता–यहाँ अनेक प्रकार की दुकानें थीं। *कुवलयमालाकहा* में इस नगर की दुकानों का वर्णन है। इस नगर के प्रत्येक भाग में अलग-अलग वस्तुओं की दुकानें थीं।

कान्यकुब्ज–यह नगर दुर्लभ वस्तुओं के लिए प्रसिद्ध था जहाँ दूरवर्ती प्रदेशों के व्यापारियों का आना-जाना होता रहता है।

थानेश्वर–इस नगर के व्यापारी दूसरे देशों से सामान लाकर बेचते थे। बाण के अनुसार यह नगर व्यापारियों के लिए लालभूमि थी। यहाँ के निवासी अधिकतर व्यापारी थे जो विभिन्न वस्तुओं का व्यापार करते थे।

कमन–यह नगर आठवीं एवं नौवीं शताब्दी में व्यापार का प्रमुख केन्द्र था। यहाँ व्यवसायी, व्यापारी, माली, कुम्भकार एवं शिल्पी आदि रहते थे। यहाँ व्यापार एवं उद्योग से सम्बन्धित लोग श्रेणी में संगठित थे। मध्यकाल के पूर्व–उत्तर भारत में तीर्थ नगरों के रूप में इसका बड़ा महत्त्व था। इस युग के अनेक नगर मन्दिरों एवं तीर्थों के कारण प्रसिद्ध थे।

वाराणसी–आज भी यह प्रमुख तीर्थ नगर है। दामोदर गुप्त ने अपनी पुस्तक में लिखा है कि यह ब्रह्मा द्वारा स्थापित दूसरी अमरावती थी। इसमें नन्दनवन था। यहाँ बड़े-बड़े विद्वान रहते थे। यहाँ नाकवाहिनी गंगा है। अतः यह दूसरी अमरावती बनी हुई है। *मत्स्यपुराण* में इस

नगर को सभी प्राणियों को मोक्ष प्रदान करनेवाला पूज्य उल्लेख किया गया है। इस नगर में तीर्थयात्रियों की अपार भीड़ होती थी। नगर के महल में अनेक मन्दिर थे। *कुवलयमालाकहा* में नगर के धार्मिक महत्त्व पर प्रकाश डाला गया है। इस जैन ग्रन्थ में कहा गया है कि नगर में जाने से कोढ़ रोग दूर हो जाता था। नगर में ऊँचे-ऊँचे मन्दिर थे जिन पर पताकाएँ लगी रहती थीं। मुसलमान इतिहासकार अलबरूनी लिखता है कि हिन्दुओं के कुछ स्थान ऐसे थे जो उनके लिए धर्म एवं विधि के कारण पूजित थे। तपस्वी लोग वहाँ भ्रमण के लिए आते थे और सदा के लिए निवास करने लगते थे। वे वहाँ शरीरान्त तक रहना चाहते थे जिससे मृत्यु के बाद उनका परिष्कार उत्तम् हो जाए। अलबरूनी के इस कथन से स्पष्ट है कि वाराणसी का महत्त्व इस युग में अधिक था। बारहवीं सदी तक यह नगर भारत का प्रधान तीर्थ बन चुका था। गाहड़वाल दानपत्रों में काशी में स्नान करने का उल्लेख हुआ है।

स्थानीश्वर–इस नगर का महत्त्व *महाभारत* काल से ही तीर्थ के रूप में रहा है। अलबरूनी ने लिखा है कि लोग इस नगर की यात्रा किया करते थे। इस प्रकार का दूसरा स्थान रामेश्वर है। कुरुक्षेत्र भी इस नगर को कहा जाता है अर्थात् कुरु की भूमि, जो कृषक था, धार्मिक एवं पुण्यात्मा था जो दैवी शक्ति से लौकिक कर्म करता था। इस तरह उसके बाद देश उसके नाम पर कहलाया और उसके कारण पूजा गया। इसके अतिरिक्त थानेश्वर भारत और दुष्टों के विनाश के युद्धों में वासुदेव के विक्रमों का रंगमंच है। यही कारण है कि लोग उस स्थान की यात्रा करते थे। इस नगर की समृद्धि एवं सौन्दर्य का वर्णन *हर्षचरित* में हुआ है। यह नगर स्वर्ण की भाँति सुन्दर एवं कुबेर की नगरी अलका का बदला हुआ रूप प्रतीत होता है।

मथुरा–इस नगर का वैष्णव तीर्थ स्थानों में प्रमुख स्थान था। इस नगर के धार्मिक महत्त्व का उल्लेख *पद्मपुराण* एवं *बराहपुराण* में हुआ है। *बराहपुराण* में इसे पाप को नष्ट करनेवाला कहा गया है। यहाँ रहनेवालों को मोक्ष प्राप्त होता था। ग्यारहवीं सदी के अन्त में यहाँ हजारों मन्दिरें थीं। अलबरूनी ने इस नगर को मादुर लिखा है। उसने मथुरा तीर्थ के विषय में कहा है कि मादुर ब्राह्मणों से भरा हुआ एक तीर्थ स्थान है। वह इसलिए प्रसिद्ध है कि वासुदेव वहाँ पैदा हुए थे और नन्द गोपाल नामक पड़ोसी के स्थान पर लाए गए थे। बारहवीं सदी के आरम्भ में लिखे गए ग्रन्थ *कृत्यकल्पतरु* के तीर्थ विवचेन कांड में लक्ष्मीधर ने *बराहपुराण* के आधार पर इस नगर का विशद् वर्णन किया है। दसवीं एवं ग्यारहवीं सदी में यह प्रधान तीर्थ नगर था। यह नगर अपने कला मन्दिरों की विशालता, कारीगरी और सौन्दर्य के कारण प्रसिद्ध था जिससे महमूद गजनवी को इस नगर की ओर आकर्षित होना पड़ा। महमूद गजनवी ने स्वयं नगर के बारे में कहा है कि मथुरा नगर के बीच में स्थित बड़े मन्दिरों की तुलना की अन्य वस्तु यदि कोई निर्मित करना चाहता हो तो उसे काम पर सर्वाधिक अनुभवी कारीगरों को लगाने पर भी एक लाख सोने की दीनार खर्च करनी पड़ती तथा दो सौ वर्ष लगाने होते।

प्रयाग–इस नगर की महत्ता अत्यन्त प्रारम्भिककाल से ही हिन्दुओं के एक धार्मिक तीर्थ के रूप में रही है। प्राचीन ग्रन्थों के अनुसार यह पवित्र तीर्थ था। नगर के धार्मिक जीवन में वैदिक यज्ञों के अनुष्ठान का प्राधान्य था। *महाभारत* के अनुसार ब्रह्मा ने स्वयं यहीं पर कई यज्ञों का अनुष्ठान किया था। इस ग्रन्थ में इसे भजनभुजी कहा गया है। इस नगर में दान का

माहात्म्य विशेष रूप से माना जाता था। प्रयाग के पंचवर्षीय दान वितरणोत्सव का वर्णन करते हुए चीनीयात्री ह्वेनसांग लिखता है कि राजाज्ञा का पालन कर श्रवण, ब्राह्मण, निर्गन्थ, निर्धन तथा अनाथ दान ग्रहण के लिए यहाँ एकत्रित होते थे। संगम पर एक वर्गाकार हाता बनवाया गया था जो हजार फुट लम्बा और हजार फुट चौड़ा था। बीच-बीच में झोंपड़ियाँ बनी थीं जिनके अन्दर दान की वस्तुएँ सोना, चाँदी इन्दलील तथा महानील जैसे सुन्दर मोती आदि बहुमूल्य कोष जमा थे। *मत्स्यपुराण* में इसका धार्मिक महत्त्व बतलाया गया है। बिल्हण ने लिखा है कि गंगा-यमुना के संगम पर जिसे तीर्थराज कहा गया है, इस प्रयाग नगरी में दान दिया जाता था। गंगदेव चेदि की प्रशस्ति में है कि चेदि राजा ने अपनी रानियों के साथ प्रयाग के जल में डूबकर स्वर्ग प्राप्त किया था।

सोमनाथ–गुजरात के सोमनाथ तीर्थ के प्रति भारतीयों की प्राचीनकाल से ही अनुपम श्रद्धा एवं भक्ति रही है। इसलिए मन्दिर के पूजन के निमित्त नित्य कश्मीर से फूलों की टोकरी और जाटखी से अलका घड़ा आता था। लोगों का विश्वास था कि सोमनाथ का लिंग प्रत्येक क़न्दमूल व्याधि को शान्त करता है और साथ-ही-साथ असाध्य रोग को समाप्त कर देता है। मुसलमान लेखक इब्नअसीर के अनुसार यहाँ पर असंख्य यात्री आते थे। अलबरूनी लिखता है कि तीन सौ नाई यात्रियों के बाल एवं दाढ़ी बनाने के लिए नियुक्त थे तथा एक हजार ब्राह्मण मूर्ति के पूजन में संलग्न रहते थे।

मुल्तान–यह हिन्दुओं का प्रसिद्ध तीर्थस्थान था। बहुत-से हिन्दू स्नान एवं पूजन के निमित्त वहाँ की यात्रा करते थे। वहाँ एक विशाल सूर्यकुंड था और एक अत्यन्त दिव्य सूर्य मन्दिर था। अलबरूनी लिखता है कि मुल्तान में एक तालाब था जिसमें हिन्दू स्नान करते थे। सातवीं सदी में ह्वेनसांग ने वहाँ स्वर्ग का सूर्य मन्दिर देखा था। एक अरब लेखक ने अपने ग्रन्थ *हुदुदअलअमला* में लिखा है कि मुल्तान बहुत बड़ा नगर है, उसमें एक मूर्ति है। लोग उसकी पूजा के लिए यहाँ की यात्रा करते थे। किन्तु मुसलमानों ने उसे तोड़कर उसे नष्ट कर दिया। अलबरूनी के अनुसार मूर्ति मन्दिर के विनाश के पूर्व तक लोग मुल्तान की यात्रा करते थे। तत्कालीन विशिष्ट नगरों में इस नगर की गणना होती है।

कश्मीर–यहाँ पर शारदा देवी की एक मूर्ति थी जिसके कारण यहाँ सुदूरवर्ती दर्शनार्थियों की अपार भीड़ होती थी। अलबरूनी लिखता है कि हिन्दू कश्मीर की यात्रा करते थे। शारदा देवी मूर्ति के विषय में वह कहता है कि कश्मीर के भीतर राजधानी से करीब दो या तीन दिनों की यात्रा के बाद बोलोर पर्वतों की दिशा में कहलानेवाली लकड़ी की मूर्ति है जो यात्रियों द्वारा अत्यधिक आदरित एवं सम्मानित है। कश्मीर के कवि कल्हण ने भी शारदा मन्दिर का विवरण दिया है।

समुद्रतटीय नगर–समुद्र के तट पर स्थित नगर को प्राचीन ग्रन्थों में पत्तन कहा गया है। *मानसार* के अनुसार पत्तन वह नगर कहलाते जो समुद्र तट अवस्थित प्रदेश पर स्थित थे जिनमें विशेषकर बनिए (बणिन्जतिये राकजोम्) रहते और वस्तुएँ सदा खरीदी तथा बेची जाती थीं तथा जो बाहरी देशों से विक्रय के निमित्त लाई गई सामग्री से परिपूर्ण हों। *अमरकोष* पर थीरस्वामी द्वारा लिखित टीका में पत्तन शब्द की व्याख्या करते हुए कहा गया है कि पत्तन वह केन्द्र है जहाँ चारों दिशाओं का सामान आता था।

कर्णसुवर्ण–यह नगर समुद्र के किनारे स्थित था। वह शशांक राजा की राजधानी था।

ताम्रलिप्ती–चीनीयात्री ह्वेनसांग के अनुसार यह नगर समुद्र के किनारे बसा हुआ था। नगर के मध्य क्षेत्र में मठ अवस्थित थे। चीन से समुद्र मार्ग के द्वारा भारत आनेवाले यात्री ताम्रलिप्ती के बन्दरगाह पर उतरते और वहाँ से सब देश वापस जाते थे। इस नगर का उल्लेख *दसकुमारचरित* में भी हुआ है। इस ग्रन्थ के अनुसार यहाँ के व्यापारी जहाजों में बैठकर सिंहल, यूनान, जावा तथा चीन को प्रस्थान करते थे।

सोपारक–यह नगर प्रसिद्ध बन्दरगाह के साथ-साथ स्थानीय एवं विदेशी व्यापार का बहुत बड़ा केन्द्र था। पेरिप्लस के अनुसार यहाँ सुदूर देशों के व्यापारी आते थे। यहाँ बहुत-से व्यापारियों का निवास-स्थान था।

गोविसान–यह नगर पर्वत दुर्ग के समान था। नगर की परिधि चौदह-पन्द्रह ली अर्थात् लगभग तीन किलोमीटर थी। नगर की जनसंख्या कम थी। सर्वत्र पल्लव, अरण्य और तड़ागा थे।

गिरिनगर–इस नगर का यह नाम पड़ने का कारण इसका एक सुन्दर पर्वत के समीप स्थित होना था। चीनीयात्री ह्वेनसांग के अनुसार यह नगर उपकंठ के समीप स्थित था। नौवीं शताब्दी तक यह नगर चूडाश्म वंश की राजधानी था। बारहवीं शताब्दी में सिद्धराज जयसिंह के राजपाल सज्जन द्वारा नगर में नेमिनाथ का भव्य मन्दिर निर्मित किया गया था। इस मन्दिर में चतुर्दिक सीढ़ियों का निर्माण कुमारपाल के मन्त्री उदयन के पुत्र अम्बर ने करवाया था।

सिंहपुर–यह एक गिरिदुर्ग नगर था। चीनीयात्री ह्वेनसांग के अनुसार यह नगर तक्षशिला से दक्षिण-पूर्व की दिशा में 150 मील की दूरी पर स्थित था। इस नगर की परिधि तीन मील के लगभग थी।

भीमनगर–विदेशी लेखकों के अनुसार यह नगर गिरिशिखर पर स्थित था। इसमें देश की अतुल धनराशि सुरक्षित थी।

मुंगेर–इस नगर की परिधि लगभग 20 ली. (लगभग 4 किलोमीटर) थी। इसके उत्तर की ओर गंगा नदी थी। नगर के पार्श्व में गंगा के समीप हिरण्य पर्वत था जिससे निसृत होनेवाले धुएँ और भाप से सूर्य एवं चन्द्रमा की रोशनी मन्द पड़ जाती थी। नगर के दक्षिण में एक स्तूप था।

चित्तौड़–यह एक प्रसिद्ध दुर्ग था जो कि मोरी राजपूतों की राजधानी थी। चित्तौड़ का किला कहा जाता है कि मौर्य शासक चित्रांगद ने बनवाया था।

प्रवरपुर–इस नगर की स्थापना कश्मीर के शासक प्रवरसेन द्वितीय ने की थी। इसी कारण नाम प्रवरपुर पड़ा। इसका संक्षिप्त नाम प्रवरपुर था। इस नगर का इतिहास छठी शताब्दी के उतरार्द्ध से आरम्भ होता है। कल्हण ने इस नगर को कश्मीर का प्रधान नगर कहा है।

कोशाम्बी–इस नगर का प्रथम उल्लेख *वैदिक साहित्य* में मिलता है। *गोपथ ब्राह्मण* से ज्ञात होता है कि प्राचीनकाल में यह नगर विद्या का केन्द्र था। वर्द्धनों के उपरान्त यह नगर चिरकाल तक कान्यकुब्ज साम्राज्य में सम्मिलित था। कान्य कुब्जपति त्रिलोचनपाल के एक लेख में इसका उल्लेख मिलता है। इससे स्पष्ट है कि ग्यारहवीं सदी तक यह नगर कान्यकुब्ज के अन्तर्गत विद्यमान था।

अजमेर–यह नगर पुष्कर क्षेत्र में स्थित था, जहाँ चाहमान शासन करते थे। अजयराज चाहमान शासक ने इस नगर की स्थापना की थी।

नागोर–बारहवीं सदी में यह चाहमान की नगरी थी।

कर्णावती–इन नगर का निर्माण गुजरात के चालुक्य शासक ने ग्यारहवीं सदी में किया था।

बाहुलोरनगर–यह नगर सोमनाथ मन्दिर जाते समय पड़ता था जहाँ पर तीर्थ यात्रियों से तीर्थ-कर वसूल किया जाता था। जयसिंह सिद्धिराज ने अपनी माँ के कहने पर तीर्थ-कर लेना छोड़ दिया था।

पुष्पपुरी–इस नगर की शोभा अद्वितीय थी। *दसकुमारचरित* में नगर को इन्द्रपुरी की सुन्दरता जीतनेवाला बतलाया गया है।

महीपुर–यह नगर पाल नरेश महिपाल प्रथम द्वारा बसाया गया था।

विक्रमपुर–यह नगर वर्मन वंश के राजाओं की राजधानी था।

रामावती–यह पालवंश के राजा रामपाल की राजधानी रही। नगर में हिन्दू तथा बौद्ध देवताओं की मूर्तियाँ थीं।

आदि नगर–यह नगर उड़ीसा में स्थित था। यह चन्द्रवंशी राजा इन्द्ररथ की राजधानी था।

श्रुधन–यह नगर यमुना के पश्चिमी तट पर बसा हुआ था। नगर घेरावाला था। नगर में एक सौ देव-मन्दिर थे। बौद्ध एवं पितर जनों की संख्या बहुत थी।

भोजपुर–ग्यारहवीं शताब्दी में यह नगर परमार शासक भोज द्वारा बसाया गया था। यहाँ पर उसने एक विशाल भोजपुर झील का निर्माण करवाया था।

उदयपुर–इस नगर की स्थापना ग्यारहवीं शताब्दी में परमार शासक उदयादिव्य द्वारा की गई थी।

बारी–महमूद से हारने के पश्चात् त्रिलोचनपाल ने अपनी राजधानी कन्नौज छोड़कर बारी में स्थापित की।

आनन्दपुर–चीनीयात्री ह्वेनसांग के अनुसार यह नगर बल्लभी से एक सौ चालीस मील उत्तर-पश्चिम में स्थित था। नगर की परिधि लगभग चार मील थी। इसके निवासी धनधान्य से परिपूर्ण थे।

पुरुषपुर–कुषाणकालीन इस नगर की पूर्वकालीन प्रतिष्ठा बाद में भी विद्यमान थी। मुसलमान यात्री अलबरूनी के अनुसार यह नगर उत्तर-पश्चिम भारत का एक विशिष्ट केन्द्र था। कालान्तर में इसके उत्कर्ष का दूर तक विस्तार हुआ।

बल्लभी–यह नगर पश्चिमी भारत का एक प्रसिद्ध राजनीतिक, व्यापारिक एवं बौद्धिक केन्द्र था। इत्सिंग के अनुसार सातवीं सदी में बल्लभी की ख्याति नालन्दा के समान थी।

राजपुर–*यशस्तिलकचम्पु* में इस नगर को समृद्ध एवं अत्यधिक मनोरम बताया गया है। नगर के दरवाज़े मणियुक्त थे।

मातिपुर–यह नगर इसी नाम के जनपद की राजधानी था। नगर का घेरा बीस ली (लगभग 4 किलोमीटर) था। नगर में देव मन्दिरों की संख्या पचास से भी अधिक थी। यहाँ की जलवायु सुहावनी थी। कनिंघम ने इस नगर को बिजनौर के पास पश्चिमी रुहेलखंड के भदावार या मन्दावार नगर से मिलाया है।

अहिछत्रपुर–चीनीयात्री ह्वेनसांग के अनुसार इस नगर का घेरा सत्रह या अठारह ली था।

कपिल–नगर का घेरा बीस ली था। इसमें चार बौद्ध विहार थे। देव मन्दिरों की संख्या दस थी। नगरवासी शैव धर्म को माननेवाले थे।

नवदेवकुल–यह नगर कान्यकुब्ज के दक्षिण-पूरब में सौ ली की दूरी पर गंगा के पूर्वी तट पर स्थित था। नगर का घेरा बीस ली था, मगर फूलों के कुंजों तथा सरोवर से पूर्ण था। कनिंघम ने इस नगर को वर्तमान नौबतपुर से मिलाया है।

जयपुर–नौवीं शताब्दी में यह नगर कश्मीर का एक विशिष्ट केन्द्र था। कश्मीर के शासक जयापीड ने इस नगर की नींव डाली थी। *राजतरंगिणी* में इस नगर का विस्तृत विवरण मिलता है।

अवन्तिपुर–नौवीं शताब्दी से बारहवीं शताब्दी तक यह नगर कश्मीर का प्रमुख नगर था। *राजतरंगिणी* में इसकी स्थापना का प्रमुख श्रेय कश्मीर के शासक अवन्ति वर्मा को दिया गया है।

कल्याणपुर–जयापीड शासक की भार्या कल्याण देवी ने पति की विजय के उपलक्ष्य में इस नगर का निर्माण कराया था।

गरजपुर–इस नगर का घेरा दस ली था। नगर के उत्तर-पश्चिम में अशोक राजा का बनवाया एक स्तूप था।

गया–चीनीयात्री ह्वेनसांग के अनुसार इस नगर की आबादी विरल थी। नगर में ब्राह्मणों के लगभग एक हजार परिवार थे। नगर में उत्तर की ओर लगभग तीस मील की दूरी पर एक निर्मल जल का झरना है। भारतीय उसे पवित्र जल मानते थे और उनका विश्वास था कि उसमें जो स्नान करते हैं या उसका पानी पीते हैं उनके सभी पाप विमोचित हो जाते हैं। नगर के दक्षिण-पश्चिम में पाँच-छह मील की दूरी पर गया पर्वत था जिसकी घाटी एवं नाले सुलभ थे। भारतीय उसे आध्यात्मिक शैल कहते हैं।

मन्दौर–यह नगर मारवाड़ की प्राचीन राजधानी था। यह जोधपुर से आठ किलोमीटर की दूरी पर स्थित है।

शेरगढ़–यह नगर धनी आबादीवाला था। यहाँ प्रत्येक वर्ग के लोग यथा, भूमिपति, व्यवसायी, कर्मचारी, तेल बेचनेवाले आदि रहते थे, जो एक समूह में संगठित थे।

बसन्तगढ़–इस नगर का उल्लेख पुरनपाल के अभिलेख में हुआ है। यह नगर सरस्वती नदी के तट पर स्थित था। वह पींडवार नगर के दक्षिण में आठ किलोमीटर की दूरी पर स्थित था।

परिहासपुर–इस नगर की स्थापना कश्मीर के शासक ललितादित्य नामक शासक ने की थी। कल्हण की काव्योक्ति के अनुसार इस नगर ने सौन्दर्य के क्षेत्र में इन्द्रपुरी को भी लज्जित कर दिया था। *राजतरंगिणी* में इस नगर का विवरण मिलता है।

पुष्कलवाती–*रामायण* में इस नगर की स्थापना का श्रेय भरत को दिया गया है। उन्होंने इसका नाम अपने पुत्र पुष्क के नाम पर रखा था। यह पश्चिमी गन्धार का प्रधान नगर था। इसका उल्लेख पालिग्रन्थों में यत्र-तत्र मिलता है। पेरिप्लस के अनुसार यह नगर प्रसिद्ध व्यापारिक मार्गों पर स्थित था। टॉलेमी एवं एरियन ने इसे विशाल तथा घनी आबादीवाला नगर कहा है। यह नगर समय-समय पर शकों तथा कुषाणों के आक्रमण का भी शिकार हुआ जिसके फलस्वरूप इसकी प्राचीन समृद्धि विलीन हो गई।

तक्षशिला–तक्षशिला उत्तर-पश्चिम भारत का एक प्रसिद्ध नगर था। यहाँ प्रारम्भ में पूर्वी गन्धार की राजधानी थी। *रामायण* में इस नगर की स्थापना का श्रेय भरत के पुत्र तक्ष को दिया गया है। *महाभारत* के अनुसार परीक्षित के ज्येष्ठ पुत्र जनमेजय का नागयज्ञ यहीं पर हुआ था। कुछ लोग इसके नाम का सम्बन्ध शक्तिशालिनी तक की जाति से मानते हैं जो सिन्धु और चिनाब **नदियों** के बीच रहा करती थी। फाहियान ने अपने *यात्रा-विवरण* में इसे चु-शु-शि-लो कहा है, जिसका अर्थ चीनी भाषा में कटा सिर होता है।

बौद्धग्रन्थ के अनुसार इस नगर की विशेष ख्याति बौद्धिक क्षेत्र में थी। देश के सुदूर देशों के विद्यार्थी यहाँ अध्ययन के निमित्त बहुसंख्या में एकत्रित होते थे। चौथी शताब्दी ई.पू. में विदेशी विवरण से ज्ञात होता है कि यह नगर बहुत उन्नति पर था। एरियन ने इसे बहुत शक्तिशाली और जनाकीर्ण नगर बताया है। स्ट्रैबों के अनुसार तक्षशिला विशाल एवं धनधान्य से सम्पन्न था।

मौर्यों के शासनकाल में यह नगर उनके उत्तर-पश्चिम प्रान्त का प्रधान केन्द्र था। बिन्दुसार के राज्यकाल में अशोक तक्षशिला का राज्यपाल था। इस स्थान से एक लेख मिला है जिसमें अशोक का नाम प्रियदर्शी दिया गया है। मौर्यों के उपरान्त यह नगर इंडो बैक्ट्रियन राज्य के अधःपतन के उपरान्त शकों एवं कालान्तर में प्रणव राजाओं के अधीन था। पाँचवीं सदी में इस नगर के ऊपर हूणों के आक्रमण हुए। ये स्वभाव से ही बहुत बर्बर एवं ध्वंसकारी थे। इन लोगों ने नगर के भीतर वर्तमान मठों और विहारों को भी काफी क्षति पहुँचाई। जिस समय सातवीं शताब्दी के प्रारम्भिक भाग में ह्वेनसांग इस नगर में पहुँचा उस समय इसकी शोभा क्षीण हो चुकी थी।

शाकल–इसे **ब्राह्मण ग्रन्थों** में शाकल, **बौद्ध साहित्य** में सागल तथा यूनानी लेखों में सगल कहा गया है। इसका प्रथम उल्लेख *महाभारत* में मिलता है। इस ग्रन्थ के अनुसार यहाँ पर मद्र देश की राजधानी विद्यमान थी। एरियन, कर्टियस तथा डियोडोरस ने इस नगर की काफी प्रशंसा की है। इस नगर का उल्लेख ह्वेनसांग के *यात्रा-विवरण* में मिलता है। इसके आगमन के समय यह उजड़ चुका था।

थानेश्वर–इसका प्राचीन नाम स्थानीश्वर था। इस नगर के बहुमुखी विकास का मनोरम विवरण *हर्षचरित* की पंक्तियों में उपलब्ध होता है। ह्वेनसांग के विवरण में इस नगर का नामोल्लेख हुआ है। अलबरूनी लिखता है कि समीपस्थ कुरुक्षेत्र के कारण यह नगर धर्म का एक प्रतिष्ठित केन्द्र माना जाता था। इसके दर्शनार्थ लोग प्रभूत संख्या में एकत्र होते थे।

इन्द्रप्रस्थ–इस नगर का निर्माण पांडवों ने किया था। इस स्थान पर पहले एक वन था जिसको *महाभारत* में खंडन कहा गया है। इसको काटकर इन्द्रप्रस्थ की स्थापना की गई है। धन प्राप्ति की इच्छा से वहाँ पर विभिन्न दिशाओं के वणिक आते थे। इस नगर में प्रायः सभी प्रकार के कारीगर वर्तमान थे। इन उल्लेखों से स्पष्ट है कि यह नगर इस समय एक प्रतिष्ठित केन्द्र था।

हस्तिनापुर–यहाँ भी प्राचीन भारत का एक प्रतिष्ठित केन्द्र था। पाणिनि ने *अष्टाध्यायी* में हस्तिनापुर कहा है। इस पुर का विशद् वर्णन *महाभारत* की पंक्तियों में उपलब्ध होता है। इस ग्रन्थ के अनुसार हस्तिन नामक व्यक्ति ने इस नगर की नींव डाली थी। **पुराण** में भी इसे

हस्तिन के द्वारा बसाया हुआ नगर कहा गया है। **पुराणों** में इस नगर के विनाश का कारण गंगा की बाढ़ को बताया गया है।

मथुरा–भारतवर्ष का एक प्राचीन नगर था। पाणिनि ने *अष्टाध्यायी* में इसका उल्लेख किया है। परम्परा के अनुसार इस नगर के संस्थापक राम के छोटे भाई शत्रुघ्न थे। उन्होंने मधुबन को काटकर इस नगर का निर्माण किया था। मधुबन में मधु नामक एक राक्षस राज्य करता था। मथुरा को बसाने के पूर्व शत्रुघ्न को इस राक्षस का संहार करना पड़ा था। यही कारण है कि यह नगर मथुरा तथा मधुपुरी आदि नामों से विख्यात है। प्राचीन ग्रन्थों में इस नगर का निर्माण एक समृद्धिशाली नगर के रूप में मिलता है। यहाँ के वणिक बड़ी नावों में अपने मालों को भरकर विक्रय के निमित्त पाटलिपुत्र चले जाते थे। पाटलिपुत्र से भी यहाँ पर व्यापारिक वस्तुओं से भरी अरब से नावें आया करती थीं। द्वितीय शताब्दी ई.पू. में मथुरा भारत का एक विशिष्ट सांस्कृतिक केन्द्र माना जाता था। इस समय यह नगर शुंगों के राज्य में सम्मिलित था। शुंगों के अधःपतन के उपरान्त प्रथम शताब्दी ईस्वी में मथुरा में शक क्षत्रपों का अभ्युदय हुआ। इनके तीन अभिलेख तथा कुछ मुद्राएँ यहाँ से प्राप्त हुईं। समुद्रगुप्त के काल में मथुरा में गणपति नाग नामक नरेश राज्य कर रहा था। मथुरा का सबसे प्रधान व्यवसाय मूर्ति निर्माण था। यह नगर प्राचीन भारत का एक विख्यात धार्मिक केन्द्र भी था। विभिन्न धर्मों से सम्बन्धित होने के कारण मथुरावास का माहात्म्य बढ़ने लगा।

कौशाम्बी–*महाभारत* के अनुसार उपरिचरवसु नामक कुरु राजवंश के शासक के कुशाम्ब नामक पुत्र ने इसकी नींव डाली थी। *रामायण* में कौशाम्बी की स्थापना का श्रेय कुश के कुशाम्ब नामक पुत्र को दिया गया था। कौशाम्बी की विशेष प्रसिद्धि उदयन के काल से प्रारम्भ होती है। इस समय यहाँ पर वत्स राज्य की राजधानी थी। मथुरा, पाटलिपुत्र, राजगृह, चम्पा, वाराणसी आदि नगरों के साथ इसका घनिष्ठ व्यापारिक सम्बन्ध था।

बौद्ध काल में कौशाम्बी की महत्ता धार्मिक क्षेत्र में भी विशेष थी। यहाँ पर गौतम बुद्ध ने अनेक व्याख्यान दिए थे। इसके कारण इस नगर में उनके अनुयायियों की संख्या बढ़ गई थी। मौर्यों के शासनकाल में यह नगर प्रसिद्ध राजनीतिक, धार्मिक और व्यापारिक केन्द्र था। मौर्यों के अधःपतन के उपरान्त यह नगर मित्रनामधारी राजाओं का प्रादेशिक राजनीतिक केन्द्र था। चौथी शताब्दी के पूर्वार्द्ध में समुद्रगुप्त की विजयों के कारण यह नगर गुप्त साम्राज्य में सम्मिलित हो गया। गुप्तों के अधःपतन के उपरान्त कौशाम्बी की समृद्धि क्रमशः क्षीण होने लगी। सातवीं शताब्दी का चीनीयात्री ह्वेनसांग यहाँ आया था। वह लिखता है कि नगर के अधिकांश विहार ध्वस्त हो चुके थे। कौशाम्बी के आधुनिक उत्खनन के द्वारा चीनीयात्री के इस साक्ष्य का समर्थन हो चुका है।

प्रयाग–हिन्दुओं के एक धार्मिक तीर्थ के रूप में प्रयाग की महत्ता अत्यन्त प्रारम्भिक काल से ही चली आ रही है। *महाभारत* में इसे तीनों लोकों में सर्वश्रेष्ठ तीर्थ कहा गया है। प्रयाग नाम की उत्पत्ति 'यज्ञ' धातु से हुई है जिसका अर्थ यज्ञ करना होता है। *महाभारत* के अनुसार यहाँ पर ब्रह्मा ने यज्ञ किया था, अतएव इसका नाम प्रयाग पड़ा। पुराणों के अनुसार प्रयाग 'प्र' तथा 'याग' शब्दों के संयोग से बना हुआ है। 'प्र' शब्द का अर्थ–उत्कृष्ट होता है। पुराणों में 'प्र' शब्द की व्याख्या करते हुए कहा गया है कि सम्पूर्ण तीर्थों में प्रयाग अधिक श्रेष्ठ है। इनमें 'याग' शब्द को स्पष्ट करते हुए कहा गया है कि यहाँ पर यज्ञों के अनुष्ठान द्वारा महान

धार्मिक फलों की प्राप्ति होती है। प्रयाग को तीर्थराज इसलिए कहा जाता था कि यह सभी तीर्थों में श्रेष्ठ था।

साकेत–यह कोसल का एक प्रसिद्ध नगर था। सुप्रसिद्ध व्यापारिक केन्द्र होने के कारण समकालीन नगरों के साथ इसका घनिष्ठ व्यापारिक सम्बन्ध था। धार्मिक क्षेत्र में भी इसकी ख्याति प्रतिपादित हो चुकी थी। धर्म प्रचार के उद्देश्य से गौतम बुद्ध कई बार इस नगर में आए थे।

श्रावस्ती–यह कोसल का प्रधान नगर था। प्राचीन ग्रन्थों में इसके लिए सावत्थी, चन्द्रपुरी तथा चन्द्रिकापुरी नाम भी आते हैं। इसके नाम की व्युत्पत्ति के विषय में तीन वर्णन उपलब्ध होते हैं :

(i) पहला वर्णन बौद्ध ग्रन्थों से प्राप्त होता है। इसके अनुसार यहाँ पर पहले सवस्थ नामक एक ऋषि रहते थे। पुराणों में इस नगर के संस्थापक का नाम श्रावस्तक के स्थान पर श्रावस्त मिलता है। *पंचसुदी* में कहा गया है कि मनुष्य के प्रतिदिन के जीवन में काम में आनेवाली सभी प्रकार की वस्तुएँ यहाँ पर बहुसंख्यक में प्राप्त होती थीं। यही कारण है कि इसका नाम सावस्थी पड़ा। श्रावस्ती अचिरावती नदी के तट पर बसा हुआ था, जिसकी पहचान आधुनिक राप्ती से की जाती थी। *महापरिनिब्बानसुत* में कहा गया है कि इसकी गणना तत्कालीन 6 सुप्रसिद्ध नगरों में होती थी। इसमें धनिक ब्राह्मण, क्षत्रिय तथा वैश्य रहते थे जिनकी बौद्ध धर्म में असीम निष्ठा थी। *ललित विस्तार* में इसे कोसल का सबसे प्रधान नगर कहा गया है। इस नगर में तीन प्रसिद्ध स्थान थे : (1) जेतवन, (2) पूर्वाराम तथा (3) मल्लिका राम। श्रावस्ती का अधःपतन कोसल साम्राज्य के अधःपतन के साथ प्रारम्भ होता है। पाँचवीं शताब्दी तक इसकी शोभा अत्यधिक विलीन हो चुकी थी। इस समय का चीनीयात्री फाहियान अपने *यात्रा-विवरण* में लिखता है कि यहाँ के नागरिकों की संख्या पहले की समता में अत्यल्प थी। सातवीं सदी में चीनीयात्री ह्वेनसांग ने तो इसे पूर्ण रूप से विनष्ट एवं उजड़े हुए नगर के रूप में चित्रित किया है। इस नगर की पहचान राप्ती नदी के तट पर स्थित आधुनिक सहेठ महेठ से की जाती है।

वाराणसी–प्राचीनकाल में काशी एवं वाराणसी पृथक् नाम माने जाते थे। काशी राष्ट्र का नाम था। इसकी राजधानी का नाम वाराणसी था। छठी शताब्दी ईसा पूर्व के लगभग इसकी गणना कोसल साम्राज्य के सुप्रसिद्ध नगर में होती थी। छठी शताब्दी ईसा पूर्व से लेकर नन्दों के अभ्युदय काल तक के इस नगर के राजनीतिक इतिहास में कई परिवर्तन हुए। राजनीतिक क्षेत्र के अतिरिक्त इस नगर की प्रसिद्धि व्यापारिक, बौद्धिक तथा धार्मिक क्षेत्रों में भी थी। प्रारम्भ से ही यह शिल्प एवं व्यवसाय का एक प्रतिष्ठित केन्द्र माना जाता था। वाराणसी रूपों के लिए प्रसिद्ध माना जाता था। जातकों से विदित होता है कि वाराणसी के बहुमूल्य रंगीन सुगन्धित सुवासित अनुलेपयुक्त पतले तथा चिकने कपड़े विक्रय के लिए सुदूर भागों में भेजे जाते थे। वाराणसी काष्ठ व्यवसाय का भी केन्द्र था। इस नगर के उपकंठ पर बसे हुए एक ग्राम में पाँच सौ बढ़ई रहते थे। पुराणों में वाराणसी को शिवपुरी कहा गया है। इसकी गणना भारत की सात मोक्षदायिका पुरियों में की गई है।

कपिलवस्तु–कपिलवस्तु बौद्धकाल का एक समृद्धिशाली नगर था। यहाँ पर शाक्य नृपति शुद्धोधन की राजधानी थी। जिस स्थान पर यह नगर विद्यमान था वहाँ पर महर्षि

कपिल की तपोभूमि थी। पाणिनि के अनुसार रहनेवाले के नाम के आधार पर उसके निवास-स्थान का नाम पड़ना चाहिए। इससे स्पष्ट है कि इस नगर का नाम कपित के नाम के आधार पर पड़ा। इसके कतिपय अन्य नाम भी थे। उदाहरणार्थ कपिलपुर, कपिलाहदपुर तथा कपिलवस्तु। यह नगर हिमालय पर्वत के समीप स्थित था। इस नगर के भीतर एक संस्थागार था जो शाक्यों का परिषद् भवन था। गौतम बुद्ध इस नगर में कई बार आए थे। गौतम बुद्ध के काल में इस नगर की व्यापारिक महत्ता भी अधिक थी। *महावस्तु* के अनुसार यहाँ के नागरिक वाणिज्य के अत्यन्त प्रेमी थे। कपिलवस्तु के विषय में *ललितविस्तर, सौन्दरनन्दकाव्य* तथा *बुद्धचरित* के द्वारा परिचय प्राप्त होता था। शाक्य गणराज्य के अधःपतन के कारण इस नगर की राजनीतिक महत्ता समाप्त हो गई। इसकी ख्याति अब केवल एक धार्मिक केन्द्र के रूप में ही अवशिष्ट थी। पाँचवीं शताब्दी में चीनीयात्री फाहियान आया था। सातवीं शताब्दी के चीनीयात्री ह्वेनसांग ने इस नगर को किल पिलोकस्तेति कहा है। वह लिखता है कि गौतम बुद्ध के परिनिर्वाण के उपरान्त कपिलवस्तु में कई स्तूपों तथा विहारों का निर्माण किया गया था।

कुशीनगर–महत्ता के क्षेत्र में मल्लों की राजधानी तथा गौतम बुद्ध की निर्वाणभूमि कुशीनगर की गणना कपिलवस्तु तथा पावा के साथ की जा सकती है। साँची अमरावती की कला में इस नगर की दिवाल परिवार तथा प्रधान नगर द्वार का अंग मिलता है। यह धार्मिक तथा राजनीतिक केन्द्र भी था। फाहियान के आगमन के समय यह नगर उजड़ चुका था। वह लिखता है कि शालवन तथा हिरण्यवती नदी के तट पर स्थित था। इस पर जंगली जानवरों के हमले का भय बराबर बना रहता था। इस चीनीयात्री के आगमन के समय नगर प्राकार गिर चुका था। इसके भीतर आबादी बहुत थोड़ी रह गई थी। घरों के खँडहर तथा उनकी ईंट की नावें साफ दृष्टिगोचर होती थीं। उसके अनुसार नगर की परिधि दो मील के लगभग थी।

पावा–कुशीनगर की समकक्षता में इसके समीपस्थ नगर पावा का नाम लिया जा सकता है। राजनीतिक, धार्मिक तथा व्यापारिक केन्द्र होने के कारण पालि ग्रन्थों ने अपने समय के प्रसिद्ध नगरों की तालिका में इसे भी स्थान दिया है। इस नगर की समृद्धि बौद्धकाल के उपरान्त क्षीण होने लगी। फाहियान के आगमन के समय तक यह काफी नष्ट हो चुका था।

वैशाली–यह भारत का एक प्रसिद्ध नगर था। इसका एक दूसरा नाम विशाल भी था। इस नगर का क्रमबद्ध इतिहास गौतम बुद्ध के काल से उपलब्ध होता है। वैशाली में लिच्छवियों की राजधानी थी। यह नगर बौद्ध एवं जैन धर्मों के साथ विशेष रूप में सम्बन्धित था। गौतम बुद्ध के काल में उत्तर-पूर्व भारत की महान शक्तियों में वैशाली के लिच्छवियों की गणना होती थी। वैशाली नन्दों, मौर्यों तथा शुंगों के राज्य में सम्मिलित था। सातवीं सदी में चीनीयात्री ह्वेनसांग भी वैशाली आया था। उसकी यात्रा के विवरण में इस नगर के लिए फेशीली का नाम आता है। उसने लिखा है कि वैशाली देश की परिधि लगभग एक हजार मील थी। यह एक बहुत उपजाऊ क्षेत्र था। विशेष रूप से यहाँ पर आम, केले तथा अन्य विभिन्न प्रकार के फल प्रचुर मात्रा में उपलब्ध होते थे। इस क्षेत्र के निवासी सच्चे, ईमानदार, अच्छे काम में व्यसन रखनेवाले, शिक्षा के प्रेमी तथा धार्मिक हुआ करते थे। इसके अनुसार वैशाली की परिधि लगभग 14 मील थी।

पाटलिपुत्र–पाटलिपुत्र भारतवर्ष का एक प्रधान नगर था। प्राचीन ग्रन्थों में इसके लिए कतिपय अनेक नाम दिए जाते हैं। उदाहरणार्थ कुसुमपुर, पुष्पपुरा पुष्यवती, पुष्यालयपुर, पुष्पपुरी, पाटलिपुत्र, पालिबोथा, पोलिबेल, पाल्मिवोथ, तथा पलियेनफु। ह्वेनसांग के *यात्रा-विवरण* में पालिबथर नाम की व्युत्पत्ति के विषय में एक आख्यानात्मक विवरण उपलब्ध होता है। यह विवरण उसे भारतीय परम्परा के द्वारा प्राप्त हुआ होगा। इस विवरण के अनुसार कुछ नवयुवक छात्र वहाँ पाटलिपुत्र क्षेत्र के बीच अपने एक मित्र के मिथ्या विवाह करने के निमित्त एकत्र हुए। इस वृक्ष का स्त्री नाम होने के कारण इसे उसकी काल्पनिक भार्या भी बनाया गया। विवाह समाप्त हाने के उपरान्त इस मित्र को छोड़कर अन्य सभी छात्र अपने-अपने घर चले गए। वह पाटलिवृक्ष के नीचे रुक गया। संध्या होने पर इस वृक्ष का देवता अवतरित हुआ। उसने इसे एक परम सुन्दरी कन्या भार्या के रूप में प्रदान किया। कालान्तर में इससे एक पुत्र उत्पन्न हुआ जिसके लिए पाटलिवृक्ष ने एक सुन्दर भवन का निर्माण किया। यही भवन आगे चलकर नगर का राजप्रासाद हुआ। राजप्रासाद के प्रांगण में बहुत से पुष्प खिले थे। इसी कारण यह नगर कुसुमपुर नाम से भी विख्यात था। पाँचवीं शताब्दी ईसा पूर्व से लेकर, छठी शताब्दी के उत्तरार्द्ध तक यह नगर भारतवर्ष के विभिन्न राजनीतिक, सांस्कृतिक कार्यकलापों के साथ अविच्छिन्न रूप से सम्बन्धित था। स्थापना के काल से ही इस नगर का सर्वांगीण विकास बड़ी शीघ्रता के साथ प्रारम्भ हुआ। मौर्यों के काल में यह नगर अपने अभ्युदय की पराकाष्ठा पर पहुँच चुका था। इसके विषय में परिचय यूनानी लेखक मेगस्थनीज की पंक्तियों द्वारा उपलब्ध होता है। वह लिखता है कि पाटलिपुत्र भारतवर्ष का सबसे प्रधान नगर है। उसने सोन, गंगा के संगम पर इसके सन्निवेश को स्वीकार किया है तथा इसे साढ़े नौ मील लम्बा तथा पौने दो मील चौड़ा बताया है। अशोक ने बौद्ध धर्म के प्रति श्रद्धा के कारण इस नगर में कुछ निर्माण भी करवाया था, जिसका उल्लेख ह्वेनसांग ने किया है। मौर्यों के अधःपतन के उपरान्त शुंगों ने पाटलिपुत्र में अपनी राजधानी स्थापित की थी। पुष्यमित्र शुंग के समकालीन लेखक पतंजलि ने इस नगर के प्राकारों एवं प्रासादों का उल्लेख किया है। शुंगों के अधःपतन के उपरान्त इस नगर को कुछ काल तक राजधानी बनने का गौरव नहीं प्राप्त हुआ। इस समय शुंगों की विभिन्न शाखाओं में मथुरा एवं उज्जयिनी तक कुषाणों ने पुरुषपुर में अपनी राजधानी स्थापित की। इस राजनीतिक परिवर्तन के कारण पाटलिपुत्र की महानता पर कुठाराघात हुआ।

गया–प्रयाग के समान गया भी मूलतः धर्म का केन्द्र माना जाता था। *महाभारत* में इसका वर्णन एक धार्मिक केन्द्र के रूप में किया गया है। इस नगर के धार्मिक जीवन का सबसे महत्त्वपूर्ण अंग श्राद्धदान था। लोगों का विश्वास था कि गया में श्राद्ध के द्वारा पापी व्यक्ति ब्रह्महत्या, सुरापान, स्तेय, गुरु भार्यागमन तथा अनेक कठोर अपराधों से मुक्त हो जाता है। यह नगर बौद्ध धर्म का एक विशिष्ट केन्द्र माना जाता था। चीनीयात्री फाहियान बौद्ध तीर्थों का पर्यटन करता हुआ यहाँ आया था। वह लिखता है कि उस समय यह नगर उजड़ चुका था।

चम्पा–प्राचीन बिहार की समृद्धिशालिनी नगरी चम्पा अंग जनपद की राजधानी थी। अंग के नाम की व्युत्पत्ति के विषय में *रामायण* में एक आध्यात्मिक वर्णन मिलता है। इसके अनुसार शिव की क्रोधाग्नि से बचने के निमित्त कामदेव यहाँ आया तथा अपने अंग का

परित्याग कर अलग हो गया। इस घटना के कारण यह क्षेत्र अंग के नाम से प्रख्यात हुआ। *विनयपिटक* के अनुसार अंग देश में अस्सी हजार ग्राम थे। चम्पा के कतिपय अन्य नाम भी थे, उदाहरणार्थ चम्पावती, चम्पानगर, चम्पापुरी तथा चम्पामालिनी। *दीधिनिकाय* के अनुसार इस पुरी की योजना महागोविन्द ने बनवाई थी। इस नगर का यह नाम पड़ने का एक सम्भावित कारण हो सकता है कि इसमें चम्पक वृक्षों का बाहुल्य था। यह नगर महावीर तथा गौतम बुद्ध की कृतियों से सम्बन्धित था। चम्पा में गौतम बुद्ध के जीवन से सम्बन्धित होने के कारण यहाँ बौद्धयात्री यात्रा करते थे। चीनीयात्री फाहियान भी तीर्थों का भ्रमण करता हुआ चम्पा आया था। वह लिखता है कि यह नगर पाटलिपुत्र से 18 योजन की दूरी पर स्थित था। उसके अनुसार यह गंगा नदी के दक्षिण तट पर बसा हुआ था। उसके आगमन के समय इस नगर की विनाशोन्मुखी क्रिया प्रारम्भ हो गई थी।

मिथिला–बिहार की ललायुति नगरी मिथिला विदेह की राजधानी थी। *शतपथ ब्राह्मण* के अनुसार माधव विदेह ने इस प्रदेश को बसाया। अतएव इसका नाम विदेह पड़ा।

ताम्रलिप्ति–यह नगर पूर्वी समुद्र तट का सबसे बड़ा बन्दरगाह था। बौद्ध ग्रन्थों में इसे तामलित कहा गया है। टॉलेमी के अनुसार यह गंगा के मुहाने पर स्थित था। *विष्णुपुराण* में इसे समुद्र तट पर स्थित पुरी कहा गया है। फाहियान चम्पा से पचास योजन की दूरी तय करता हुआ ताम्रलिप्ति आया था। इस नगर तथा इसके आसपास 22 मठ थे, जिनमें रहनेवाले भिक्षु बौद्धग्रन्थों का अध्ययन करते थे। इस नगर का वातावरण बौद्ध धर्म से काफी प्रभावित था। बौद्ध सूत्रों की प्रतिलिपि करने के निमित्त वह इस नगर में दो वर्ष रुका हुआ था। उसके अनुसार उस समय यह एक समृद्धिशाली बन्दरगाह था। ग्रन्थों से विदित होता है कि व्यापार के क्षेत्र में महान प्रगति के कारण यह नगर चिरकाल तक वैभवपूर्ण केन्द्र के रूप में विद्यमान था। ताम्रलिप्ति की पहचान आधुनिक तामलुक से की जाती है।

प्रागूज्योतिषपुर–यह कामरूप का प्रधान नगर था। *कालिका पुराण* के अनुसार प्रागूज्योतिष का द्वितीय नाम कामाख्या था। यह कामाख्या देवी के मन्दिर के लिए विख्यात था। शासक इस मन्दिर को श्रद्धात्मक दृष्टि से देखते थे। ह्वेनसांग तथा कामरूप नरेश भास्कर वर्मा के बीच जो संवाद हुआ उसके अनुसार इस समय इस नगर में एक चीनी गीत लोकप्रिय था। विद्वानों का ऐसा अनुमान है कि प्राचीन प्रागूज्योतिषपुर के स्थान पर आधुनिक गोहाटी नगर बसा हुआ था।

विदिशा–इस नगर की गणना भारतवर्ष की प्रसिद्ध प्राचीन पुरियों में की जाती थी। पालि ग्रन्थों में इसे वेदिस, वेदिसा और वेदिवसनगर कहा गया है। यह नगर पाटलिपुत्र से दस योजन की दूरी पर स्थित था। इस नगर का प्रथम उल्लेख *महाभारत* में उपलब्ध होता है। *रामायण* के अनुसार रामचन्द्र ने इस नगर को शत्रुघ्न को दिया था। विदिशा हाथी दाँत के व्यवसाय का एक केन्द्र रहा होगा। *जातकों* में भी दशार्ण जनपद का उल्लेख हुआ है। उनके अनुसार यहाँ तेज धार की तलवारें बनाई जाती थीं। गुप्तों के काल में यह नगर एक प्रसिद्ध केन्द्र माना जाता था। विदिशा उनके साम्राज्य की पश्चिमी राजधानी थी, इस नगर का वर्णन पुराणों में भी आता है। इससे निष्कर्ष निकलता है कि इसका धार्मिक वातावरण ब्राह्मण धर्म से भी प्रभावित था। इस नगर की पहचान आधुनिक वेसनगर से की जाती है।

उज्जयिनी–उज्जयिनी भारतवर्ष का एक प्रधान नगर था। यह अवन्ति का सबसे समृद्धशाली नगर था। यही कारण है कि इसे अवन्ति, अवन्तिपुरी तथा अवन्तिका भी कहा जाता था। इसके कतिपय अन्य कारण भी थे, उदाहरणार्थ विशाल पद्मावती, भोगवती एवं हिरण्यवती। इसकी प्रसिद्धि सर्वप्रथम महाजनपद काल से शुरू हुई। इस समय यहाँ पर अवन्ति के प्रद्योत देश की राजधानी वर्तमान थी। *जातक* के अनुसार उज्जयिनी एवं वाराणसी के व्यापारियों के बीच एक बहुत बड़ी व्यापारिक एवं सांस्कृतिक प्रतियोगिता विद्यमान थी। गौतम बुद्ध ने इस नगर में कई अवसरों पर प्रवचन दिया, जिससे प्रभावित होने के कारण, यहाँ के नागरिकों ने उनके द्वारा प्रवर्त्तित धर्म को अगाध श्रद्धा के साथ स्वीकार कर लिया। मौर्यों के शासनकाल में वह प्रान्त अधिष्ठान था। बिन्दुसार के शासनकाल में अशोक यहाँ राज्यपाल के रूप में रहता था। इसी समय यहाँ पर महेन्द्र तथा संघमित्र का जन्म हुआ था। अशोक के शासनकाल में ही यहाँ पर मौर्य राजकुमार राज्यपाल का कार्य करता था। प्रथम शताब्दी ईसा पूर्व के लगभग इसे विक्रम संवत् के प्रवर्तक शकारि विक्रमादित्य की राजधानी बनने का सुअवसर प्राप्त हुआ। प्रथम शताब्दी के उत्तरार्द्ध से लेकर चतुर्थ शताब्दी तक यहाँ पर शकों की राजधानी थी। टॉलेमी के विवरण में इस नगर के लिए ओजेन शब्द आता है। पेरिप्लस के *यात्रा-विवरण* में भी इसके लिए ओजन शब्द का प्रयोग हुआ है। उसके अनुसार यह एक प्रसिद्ध व्यापारिक केन्द्र था। यहाँ के नागरिकों का वाणिज्य सम्बन्ध, भृगुकच्छ, शुर्परिक, वाराणसी, पाटलिपुत्र, कौशाम्बी तथा मथुरा आदि नगरों के साथ था। पेरिप्लस के अनुसार यहाँ से बहुमूल्य पत्थर, मखमल तथा सूती कपड़े भृगुकच्छ के बन्दरगाह के द्वारा पश्चिमी देशों को भेज दिए जाते थे। पाँचवीं शताब्दी के प्रारम्भ में चन्द्रगुप्त द्वितीय ने उज्जयिनी को गुप्त साम्राज्य में सम्मिलित किया। गुप्तों के अधःपतन के उपरान्त भी उज्जयिनी की गणना भारतवर्ष के समृद्धिशाली नगरों में होती रही। सातवीं सदी का चीनीयात्री ह्वेनसांग उज्जयिनी गया था। वह लिखता है कि इस नगर की परिधि लगभग 30 ली थी। यह एक शक्तिशाली एवं जनकर्ण केन्द्र था। उज्जयिनी का वर्णन कालान्तर के ग्रन्थों में भी मिलता है। उदाहरणार्थ *नवसार साकचरित*। इस ग्रन्थ की रचना पद्मगुप्त ने दसवीं शताब्दी में की थी। अलबरूनी ने भी अपने *यात्रा-विवरण* में इस नगर का उल्लेख किया है। उसके अनुसार उसकी परिधियाँ सुशोभित थीं। इसके बाजारों में वणिक की दुकानें थीं जिनमें विभिन्न भांड विक्रय के निमित्त केन्द्रित किए गए थे। सड़कों के दोनों ओर प्रासादों का वितरण किया गया था जिसके कारण पुर की शोभा दर्शनीय थी। गह नगर धर्म का भी एक केन्द्र माना जाता था। भारत की सात मोक्षदायिका पुरियों में इसकी गणना होती थी। यहाँ पर प्रधान रूप से शिव की पूजा मध्यकाल में होती थी।

दसपुर–यह गुप्तकाल का एक प्रसिद्ध नगर था। इसका अत्यन्त मनोरम तथा रमणीय वर्णन मन्दसौर की प्रशस्ति में उपलब्ध होता है। कुमारगुप्त प्रथम के राज्यपाल विश्ववर्मा का यह नगर प्रधान अधिष्ठान था। यह राजनीतिक कारण उसकी समृद्धि का मूल कारण प्रतीत होता है। मन्दसौर के अभिलेख से विदित होता है कि यह नगर व्यावसायिक केन्द्र भी था। इसके अनुसार लाह प्रदेश समिति के लोग इस प्रदेश में आए। वे पहले अकेले तथा तत्पश्चात् परिवार सहित वहाँ आए थे। वे बुनने के कार्य में दक्ष थे। इसके अतिरिक्त वे अन्य कलाओं को भी जानते थे। उनमें से कतिपय धनुर्विद्या में पारंगत थे।

बलभी–एक वैभवशाली नगर के रूप में बलभी का प्रथम आविर्भाव गुप्तकाल में हुआ। इस नगर की स्थापना भट्टारक ने की थी। इसमें मैत्रिकों की राजधानी प्रतिष्ठित थी। ह्वेनसांग ने अपने विवरण में बलभी का उल्लेख किया है। उसके अनुसार बलभी राज्य की परिधि लगभग 1200 मील तथा नगर की परिधि 6 मील थी। वह लिखता है कि यहाँ की जमीन उपजाऊ तथा निवासियों की वेशभूषा एवं जीवनविधि मालवा के तुल्य थी। यह एक उर्वर तथा सम्पन्न क्षेत्र था। बलभी राज्य में लगभग 100 बौद्ध मठ वर्तमान थे। यह नगर नालन्दा का प्रतिद्वन्द्वी पश्चिमी शिक्षा केन्द्र था। ह्वेनसांग लिखता है कि बलभी के मठों में हीनयान पुजारी रहते थे।

भृगुकच्छ–भृगुकच्छ एक प्रसिद्ध प्राचीन भारतीय नगर था। यह कई अन्य नामों से भी प्रसिद्ध था। उदाहरणार्थ भृगुसर, भरुकच्छ तथा भृगुतीर्थ। विदेशी लेखों में इस नगर को वैरूगाजा, बैरी गाजा तथा बैगासा कहा गया है। भृगु के साथ इसके नाम के सम्बन्ध के ऊपर पुराणों में प्रकाश डाला गया है। इनके अनुसार भृगु ने यहाँ पर तपश्चर्या की थी। नासिक के एक गुण लेखा से स्पष्ट होता है कि क्षत्रप नहपान के दामाद उषवदात ने इस समय भृगुकच्छ में यात्रियों के विश्राम एवं सुविधा के निमित्त शालगृह तथा कुएँ और तालाब इत्यादि का निर्माण किया था। भृगुकच्छ की प्रसिद्धि वाणिज्य के क्षेत्र में और भी अधिक थी। इसका कारण समुद्र तट पर इसका सन्निवेश था। पश्चिमी तट का यह सबसे बड़ा बन्दरगाह था। प्रथम शताब्दी में उत्तर तथा मध्य भारत का समस्त आयात और निर्यात यहीं से होता था। *सुपारक जातक* में भृगुकच्छ के वणिकों की नौका यात्रा का उल्लेख मिलता है। *सुसोंदि जातक* में इस नगर के व्यापारियों के द्वारा जलमार्गों से स्वर्गभिक्षी जाने का वर्णन उपलब्ध होता है। व्यापारिक केन्द्र के रूप में पेरिप्लस में वैरीगाजा का उल्लेख विशेष रूप से मिलता है। राजा के लिए बहुमूल्य बर्तन, संगीत निपुण बालक, सुन्दर युवतियों तथा अनुलेप आदि का आयात भड़ौच के बन्दरगाह से होता था। ताँबा, राँगा, मूँगा, पोखराज, संखिया, सुरमा तथा अच्छे-से-अच्छे काम भी यहाँ आते थे। यहाँ से बाहर जानेवाली वस्तुओं में हाथी दाँत, रेशमी तथा सूती वस्त्र, मिर्च, बहुमूल्य पत्थर एवं मलमल उल्लेखनीय हैं। जटामासी, कुंठ गुगुल, अकीक, लोहितांक, लिसिम एवं क्षोम वस्तु आदि का भी निर्यात होता था। प्लिनी के अनुसार भारतवर्ष के व्यापारी इस बन्दरगाह से रोम में विलास की अगणित सामग्री भेजते थे। जातकों के अनुसार इस नगर के सामुद्रिक व्यापार के ऊपर अरबी डाकुओं की लूट के कारण महान क्षति पहुँचाई गई। सातवीं शताब्दी में इस नगर में एक स्थानीय राजवंश की राजधानी थी। इसके शासक दह द्वितीय के एक दानपत्र में इस नगर के प्राकार का उल्लेख है।

प्रभास–प्रभास की गणना भारतवर्ष के धार्मिक नगरों में की जाती है। इसका प्रथम उल्लेख भारतवर्ष में मिलता है। यह सौराष्ट्र का देवनगर माना जाता था। इससे प्रतीत होता है कि धार्मिक क्षेत्र में इसकी महत्ता के कारण समुद्र तट पर इसकी विशेष ख्याति थी। यहाँ लोग तपश्चर्या के साधन के निमित्त आया करते थे। प्रभास का उल्लेख नहपान के नासिक गुण लेखों में मिलता है। इसके अनुसार नहपान ने ब्राह्मणों को द्विज कन्याओं को दान दिया था। कालान्तर में यही नगर सोमनाथ के नाम से विख्यात हुआ। सर्वप्रथम *अग्नि पुराण* में प्रभास का दूसरा नाम सोमनाथ दिया गया। इससे कहा जा सकता है कि लगभग तृतीय शताब्दी में इसका यह नाम पड़ चुका था। *कूर्मपुराण* के अनुसार यहाँ पर एक शिव मन्दिर

विद्यमान था। मुसलमान यात्रियों के लेखों से विदित होता है कि इस धार्मिक भवन में देश की अतुल धनराशि सज्जित थी। इनमें सुवर्ण जटित खम्भे वर्तमान थे, जिनसे लगी हुई सोने की एक जंजीर थी। इसकी तौल 200 मन के लगभग थी। महमूद के द्वारा इस मन्दिर से लूट से प्राप्त हुई सम्पत्ति का मूल्य 2 अरब दीनार के लगभग था। समुद्र तट पर स्थित होने के कारण यह नगर व्यापार एवं वाणिज्य का भी एक प्रतिष्ठित केन्द्र था। अलबरूनी के अनुसार यह ऐसा बन्दरगाह था जहाँ पर जहाज बहुत सरलता के साथ लग सकते थे। बन्दरगाह होने के कारण इसके नाम में पट्टन शब्द जुड़ गया। शिल्प शास्त्रों के अनुसार पत्तन उस नगर को कहते हैं जो कि समुद्र तट पर स्थित हो तथा जहाँ पर विदेशों से माल आता हो। पुरातत्त्ववेत्ताओं ने सोमनाथ की समता आधुनिक बेरावल से की है।

गिरिनगर–गिरिनगर सौराष्ट्र का एक प्रसिद्ध प्राचीन नगर था। इसका यह नाम पड़ने का कारण एक सुन्दर पर्वत के समीप इसकी स्थिति थी। इस पर्वत के दो नाम थे–(1) उज्जयन्त और (2) रैवतक। ये दोनों नाम स्कन्दगुप्त के जूनागढ़ के लेख तथा *कीर्ति कौमुदी* में आते हैं। *महाभारत* में उज्जयन्त को सुराष्ट्र का पुण्यगिरि कहा गया है। अशोक के काल के यहाँ पर आठ लेख प्राप्त हुए हैं। इस समय से बौद्ध लोग भी इसे पवित्र मानने लगे। मौर्यों के काल में यहाँ पर सौराष्ट्र प्रान्त की राजधानी थी। चन्द्रगुप्त मौर्य के राज्यपाल पुष्यगुप्त तथा अशोक के काल में यवनराज तुषास्क वहाँ राज्यपाल के रूप में रहते थे। जब ईश्वर दत्त आभीर ने पश्चिमी क्षत्रपों से उज्जयिनी को छीन लिया उस समय इन लोगों ने अपनी राजधानी गिरिनगर में स्थापित की। इस नगर की पहचान आधुनिक जूनागढ़ से की जाती है।

द्वारिका–*महाभारत* तथा *हरिवंश* में कृष्ण को इस नगर का संस्थापक माना गया है। यह नगर समुद्र तट पर स्थित था। नगर के भीतर अप्सराओं के समान सुन्दर रमणियाँ झरोखों एवं अटारियों में बैठकर विहार करती थीं। बाजारों में ढेरी के रूप में सामग्रियाँ रखी गई थीं। दर्पण की भाँति स्वच्छ समुद्र के जल में नगर की अनुपम छटा की छाया पड़ रही थी। कृष्ण के द्वारा निर्मित तथा समुद्र के तट पर अवस्थित होने के कारण यह नगर धर्म का एक प्रतिष्ठित केन्द्र बन गया। इसके धार्मिक माहात्म्य का वर्णन पुराणों में विशेष रूप से मिलता है। *स्कन्द पुराण* के लेखक ने कहा है कि–द्वारिकावासी को सैकड़ों राजसूय यज्ञों की प्राप्ति होती है। *वराह पुराण* के अनुसार इस नगर के धार्मिक जीवन में वैष्णव धर्म का प्राधान्य था।

कल्याण–यह दक्षिण भारतवर्ष का एक प्रसिद्ध नगर था। पेरिप्लस ने इसे कल्लियेन कहा है। उसके अनुसार दक्षिणावेश का व्यापारिक नगर था। उसके आगमन के समय यहाँ पर विदेशी व्यापार निषिद्ध था। यहाँ लंगर डालनेवाले विदेशी जहाजों को भड़ौच भेज दिया जाता था जो कि इसका समीपवर्ती बन्दरगाह था। पेरिप्लस के समय में कल्याण में व्यापार निषेध का एक विशेष कारण था। इस समय शक दक्षिणी भारतवर्ष में सातवाहनों को दबाते जा रहे थे। अतएव उनके राज्य को आर्थिक क्षति पहुँचाने के लिए कल्याण जानेवाले विदेशी जहाजों को लूटना प्रारम्भ किया होगा। वे उन्हें पकड़कर भड़ौच ले जाते होंगे। उस समय भड़ौच पर शकों का आधिपत्य था। इस व्यापार निषेध के कारण कल्याण की व्यापारिक महत्ता क्रमशः क्षीण होने लगी। छठी शताब्दी का लेखक कास्मस इंडिको प्लाइस्टस लिखता है कि कल्याण उस समय भारतवर्ष के छह प्रसिद्ध व्यापार केन्द्रों में था। इस नगर की चालुक्यकालीन समृद्धि का वर्णन *विक्रमांकदेवचरित* में हुआ।

काँची—यह दक्षिण भारत का एक विशिष्ट नगर था। इसकी विशेष उन्नति पल्लवों के काल में हुई। प्रयाग की प्रशस्ति में काँची के पल्लव नरेश विष्णुगोप का उल्लेख हुआ है। ह्वेनसांग के *यात्रा-विवरण* में इस नगर का नाम काँचीपुर आता है। उसके अनुसार इस नगर की परिधि 5 मील थी। इसके नागरिक उत्साहयुक्त विश्वासपात्र एवं जनसेवक तथा विद्या के अनुरागी थे। उनकी भाषा एवं लिपि मध्य प्रदेश की भाषा एवं लिपि से भिन्न थी।

ह्वेनसांग के आगमन के अवसर पर इसमें एक सौ बौद्ध मठ विद्यमान थे। इसमें अन्य धर्मों से सम्बन्धित मन्दिरों की संख्या 80 के लगभग थी।

ह्वेनसांग लिखता है कि इस नगर में गौतम बुद्ध कई बार आ चुके थे। वहाँ जिन स्थानों पर उन्होंने अपना व्याख्यान दिया था, वहाँ अशोक ने स्तूपों का निर्माण किया था। ह्वेनसांग की जीवनी के अनुसार काँचीपुर दक्षिण भारत का एक बन्दरगाह था। नगर के विभिन्न भाग, जाति तथा व्यवसाय के अनुसार बसाए गए थे। ब्राह्मण, वैश्य, क्षत्रिय, तथा शूद्र पृथक् भागों में रहते थे। घरों के निर्माण में लाल ईंटों का प्रयोग किया गया था। काँची के पल्लव नरेश वैष्णव तथा शैव के अनुयायी थे। उनके काल में इन धर्मों का महान विकास हुआ। यह नगर विद्या केन्द्र भी था। दक्षिण भारत के नागरिक शिक्षार्थ काँची आया करते थे। सुप्रसिद्ध विद्वान दिग्नाग के जीवन का अधिकांश भाग विद्याध्ययन के निमित्त काँची में ही व्यतीत हुआ था। कदम्बवंश के संस्थापक मयूर वर्मा की शिक्षा काँची में सम्पादित हुई थी। यह नगर कला का भी एक प्रतिष्ठित केन्द्र था। कला-प्रेमी काँची नरेशों में महेन्द्रवर्मन, नरसिंहवर्मन प्रथम, नरसिंहवर्मन द्वितीय, नन्दिनवर्मन आदि उल्लेखनीय हैं।

कावेरीपत्तन—यह दक्षिणी भारतवर्ष के उन नगरों की ही कोटि में आता था, जो पूर्व निर्धारित सुव्यवस्थित योजना के अनुसार बसाए गए थे। तमिल ग्रन्थों में इसे कावेरीपटणम् कहा गया। पट्टीणम् नामांश इसका समुद्री बन्दरगाह होना प्रमाणित करता है। यह 10 मील लम्बा तथा 10 मील चौड़ा एक वर्गाकार नगर था। यहाँ पर नरेशों की राजधानी थी। इसकी भूमि प्राकृतिक साधनों से युक्त एवं उर्वरा शक्ति से सम्पन्न थी। नदी एवं समुद्र तट की सुविधा देखकर चोलों ने इसे अपना प्रधान नगर बनाया होगा। *शिल्पदिकारम्* में इस नगर का एक दूसरा नाम पुहार दिया गया है। इस नगर में दो भाग थे—(1) पट्टिन पाक्कम् और (2) मरुवरापाक्कम्। पाक्कम् शब्द से तात्पर्य उस स्थान से है, जो समुद्र तट के समीप स्थित होता है। पट्टिनापाक्कम समुद्र तट के समीपवाले भाग को कहते हैं। पट्टिनपाक्कम् वाला भाग इसके पश्चिम में स्थित था। इन दोनों भागों के बीच एक खुली चौड़ी जमीन थी, जिसमें बाजार लगता था। यह नगर का केन्द्रीय बाजार था। इसकी दुकानों में विविध वस्तुओं का विक्रय किया जाता था। प्रत्येक दुकान के सामने एक पताका फहरती रहती थी जिसके ऊपर विक्रय के निमित्त सुसज्जित वस्तुओं के नाम लिखे रहते थे। *शिल्पदिकारम्* के अनुसार वहाँ के व्यापारियों की अतुल धनराशि महान सम्राटों के लिए भी आकर्षण का स्रोत सिद्ध होती थी। हालसी के काबेरी के बन्दरगाह से तात्पर्य कावेरीपत्तन से है।

वज्जी—चेरों की राजधानी वज्जी की गणना दक्षिणी भारत की उन प्राचीन पुरियों में होती है, जो पूर्व निर्धारित योजना के अनुसार बसाई गई थीं। इस नगर का प्राकार शास्त्रीय नियमों के अनुसार निर्मित किया गया था। इसकी नींव काफी गहरी कर दी गई थी। अपनी अधिक चौड़ाई तथा प्रस्तर निर्मित होने के कारण यह शत्रुओं के द्वारा अभेद्य था। यह इतना ऊँचा

था कि इसे पार करना एक कठिन समस्या थी। प्राकार की चोटी पर युद्ध यन्त्र लगाए गए थे। नगर पर जब बाहरी आक्रमण होता उस समय सैनिक ऊपर से ही इन यन्त्रों द्वारा नीचे की शत्रु सेना पर आघात करते थे। इस प्रकार की प्रथा उत्तरी भारतवर्ष में प्रचलित थी।

दिल्ली–दिल्ली एक प्राचीन नगर है। 1638 ई. में शाहजहाँ अपनी राजधानी आगरा से दिल्ली ले आया। यहाँ उसने लाल किले का निर्माण कराया और एक नया नगर बसाया जो शाहजहानाबाद के नाम से प्रसिद्ध हुआ। इसकी उसने चहारदीवारी तैयार कराई। राजनीतिक महत्त्व मिलने के साथ-साथ दिल्ली का व्यापारिक महत्त्व बढ़ गया। दिल्ली स्थानीय और विदेशी व्यापारियों का स्थल बन गया। ये व्यापारी विभिन्न श्रेणियों के थे, जिनमें बड़े व्यापारी से लेकर साधारण दुकान तक शामिल किए जा सकते हैं। यहाँ व्यापारी मुख्य बाजारों में अपना माल बेचते थे। दिल्ली के बाजारों में हर माल की खपत थी। यहाँ जो भी माल आता बिक जाता था। बाजार व्यापारियों के ही स्थल न थे, बल्कि यहाँ दुकानों में कारीगर भी काम करते और सर्राफ भी अपने कार्य में रहते थे। रात्रि के समय व्यापारी अपना माल गोदामों में रख देते थे। गोदामों की ऊपरी मंजिल में उनके निवास के लिए मकान बने हुए थे। यह मकान बाहर से देखने में सुन्दर और अन्दर के हवादार होते, परन्तु धनी व्यापारी अपने व्यापार स्थल से दूर रहते थे। उनके मकान महल के द्वार के समीप बने थे।

दिल्ली शाहदरा–सत्रहवीं शताब्दी में शाहदरा का व्यापारिक महत्त्व राजधानी दिल्ली के साथ बढ़ गया। जैसा कि नाम से विदित होता है, शाह+दरा। शाहदरा राजधानी दिल्ली के लिए प्रवेशद्वार था। राजधानी दिल्ली को खाद्यान्न की पूर्ति दोआब से होती थी और यह मार्ग शाहदरा होते हुए था। शाहदरा स्वयं एक अनाज की मंडी था। शाहदरा के वर्तमान मोहल्ले दलयाई, गुडयाई, तेलीबाग के पुराने व्यापारिक गौरव की याद दिलाते हैं। शाहजहाँ ने दिल्ली में एक अधिकारी की नियुक्ति की जिसका कार्य दिल्ली में अनाज की पूर्ति की देखभाल करना था और बादशाह को बाजार में बिकनेवाली वस्तुओं के प्रचलित मूल्यों से सूचित करता था। खाद्यान्न की यह पूर्ति बड़ी मात्रा में शाहदरा से दिल्ली होती थी।

पटना (पाटलिपुत्र)–पटना एक प्राचीन नगर है। मौर्यकाल में यह पाटलिपुत्र के नाम से प्रसिद्ध था और चन्द्रगुप्त मौर्य की राजधानी। मुगलकाल में पटना व्यापार का एक प्रमुख केन्द्र था। आगरा, दिल्ली, सूरत आदि से बंगाल जानेवाला माल पटना होते हुए जाता था। पटना से बंगाल माल न केवल सड़क द्वारा जाता, बल्कि गंगा नदी द्वारा भी जाता था। मनूची पटना से बंगाल नाव द्वारा नदी मार्ग से गया था। पटना के बाजार स्थानीय और विदेशी व्यापारियों से भरे रहते थे। अंग्रेज और डचों के अतिरिक्त पटना के बाजारों में भारतीय, पुर्तगाली, अरब और फारस के व्यापारी नजर आते थे। इन व्यापारियों में माल की खरीद के लिए होड़ लगी रहती थी। पटना में अंग्रेज और डचों की फैक्ट्रियाँ (गोदाम) स्थापित थीं। पटना में सूती और सिल्क का कपड़ा बुना जाता था। यह कपड़ा सूरत के बन्दरगाह से निर्यात होता था। पटना प्रमुख रूप से शोरे के लिए प्रसिद्ध था। शोरा बारूद बनाने के काम में आता था। इस कारण इसकी बड़ी माँग थी। सरकारी माँग की पूर्ति के साथ-साथ शोरे का बड़ी मात्रा में विदेशों में निर्यात होता था। अंग्रेज और डच पटना से शोरा खरीदकर यूरोप भेजते थे। डचों ने शोरा को साफ रखने के लिए पटना से 10 कोस की दूरी पर छपरा में अपनी फैक्ट्री स्थापित की। कपड़े और शोरे के अतिरिक्त पटना मिट्टी के बर्तनों के लिए प्रसिद्ध था। यहाँ मिट्टी के बड़े सुन्दर

बर्तन बनते थे जो इतने पतले थे कि कागज से मोटे प्रतीत नहीं होते। शाही परिवार और सामन्तों के परिवार में इनका प्रयोग था।

कासिम बाजार–ढाका के अतिरिक्त यह बाजार सिल्क के लिए बड़ा प्रसिद्ध था। यहाँ से लगभग 20,000 गाँठें रेशम का प्रतिवर्ष विदेशों को निर्यात होता था। डच कम्पनी प्रतिवर्ष 6,000 से 7,000 तक गाँठें जापान और नीदरलैंड को निर्यात करती थीं। भारत के विभिन्न भागों में मुख्यतः अहमदाबाद और सूरत में सिल्क की बड़ी माँग थी, जिससे वहाँ वस्त्र बनाया जाता था। कासिम बाजार की सिल्क नीले रंग की होती, परन्तु धोकर उसे सफेद कर दिया जाता था।

सूरत–ताप्ती नदी के तट पर बना हुआ यह नगर सत्रहवीं शताब्दी में संसार का एक महान व्यापारिक केन्द्र था। यह मुगल साम्राज्य का प्रसिद्ध बन्दरगाह था जहाँ से भारतीय माल विदेशों के लिए निर्यात होता था। सूरत में धनी व्यापारी वर्ग रहता जिसका देश के व्यापार में महत्त्वपूर्ण योगदान था। इनमें वीरजी बोस जैसे करोड़पति व्यापारी थे। सूरत के बाजारों में स्थानीय और विदेशी व्यापारी भरे रहते थे। सूरत में अंग्रेजों ने 1612 ई. में, डचों ने 1618 ई. में और फ्रांसीसियों ने 1668 ई. में अपनी-अपनी फैक्टरियाँ स्थापित कीं। इन व्यापारियों के आने से सूरत का व्यापारिक महत्त्व बढ़ गया। भारत के विभिन्न भागों से माल सूरत आने लगा। सूरत स्वयं वस्त्र उद्योग के लिए प्रसिद्ध था। यहाँ सूती, सिल्क और सोना, चाँदी के तारों से बुना कपड़ा बनता था। सिल्क बंगाल से आता था। नील सरखेज रो आता था। सूरत निश्चित स्थल मार्गों द्वारा भिन्न-भिन्न भागों से जुड़ा हुआ था। तटीय व्यापार के लिए बम्बई, गोवा, डच, मालाबार तट, कोरोमंडल तट और बंगाल से सूरत जुड़ा हुआ था। सूरत में जहाज निर्माण का भी उद्योग था। इंगलिश कम्पनी अपने जहाजों की मरम्मत सूरत में कराती थी। सत्रहवीं शताब्दी में सूरत का जो महत्त्व था वह अठारहवीं शताब्दी में कम हो गया। इसके लिए मुगल साम्राज्य की अस्थिर राजनीतिक स्थिति उतरदायी थी। सूरत का स्थान बम्बई ने ले लिया और इंगलिश ईस्ट इंडिया कम्पनी ने सूरत के स्थान पर बम्बई को अपने व्यापार का मुख्य केन्द्र बनाया।

भड़ौच–नर्मदा नदी के तट पर बसा भड़ौच नगर वस्त्र उद्योग के लिए प्रसिद्ध था। नर्मदा नदी का पानी कपड़े की धुलाई के लिए उपयोग किया जाता और मुगल साम्राज्य के विभिन्न भागों से कपड़ा यहाँ धुलाई के लिए लाया जाता था। यह नगर सूती कपड़ा बनाता, छींट और डुंगरी के निर्माण का केन्द्र था। डच व्यापारी यहाँ से वस्त्र खरीदकर सूरत लाते थे। सूरत से वह कपड़ा यूरोप और एशिया के विभिन्न भागों से निर्यात होता था।

कैम्बे–सोलहवीं शताब्दी में कैम्बे वस्त्र-निर्माण का महत्त्वपूर्ण केन्द्र था। सूती कपड़ा, सिल्क और सोने-चाँदी के तारोंवाले जरी के कपड़े के लिए यह नगर प्रसिद्ध था। नगर के मध्य में बाजार थे जो व्यापारियों से भरे रहते थे। सड़कें चौड़ी और पक्की थीं। नगर की सुरक्षा के लिए चहारदीवारी थी, परन्तु सत्रहवीं शताब्दी में सूरत के व्यापारिक महत्त्व में वृद्धि होने के साथ-साथ कैम्बे का पतन होने लगा। अंग्रेज और डच व्यापारियों ने सूरत को अपने व्यापार का केन्द्र बनाया। अठारहवीं शताब्दी में कैम्बे वस्त्र निर्माण के स्थान पर कच्चा माल जैसे, रुई और सूती धागा खरीदने का केन्द्र बन गया। सूती धागा बम्बई जाता था, जहाँ इससे कपड़ा बुना जाता और यूरोप को निर्यात किया जाता था।

बम्बई–बम्बई का द्वीप चार्ल्स द्वितीय को पुर्तगाल के सम्राट से दहेज में प्राप्त हुआ था। चार्ल्स द्वितीय ने इस द्वीप को 10 पौंड वार्षिक के साधारण किराए पर 1668 ई. में ईस्ट इंडिया कम्पनी को दे दिया। इंगलिश ईस्ट इंडिया कम्पनी ने सर जॉर्ज आर्किसंडन को बम्बई का गवर्नर और कमांडर इन चीफ बनाया। कम्पनी ने बम्बई का विकास किया। जुलाहों को बम्बई में बसने के लिए प्रोत्साहित किया। कम्पनी ने उन्हें हर सुविधा देने का वचन दिया। बहुत-से जुलाहे कम्पनी के प्रोत्साहन पर बम्बई में आकर बस गए। अठारहवीं शताब्दी में बम्बई सूरत के पतन के बाद वस्त्र उद्योग का केन्द्र बन गया।

अरस्तू–अरस्तू (384-320 ई.पू.) ने प्लेटो के समान अपना सम्पूर्ण जीवन राज्य एवं मानव के दर्शनशास्त्र को समझने में लगा दिया। वह विश्वविजेता सिकन्दर का गुरु था। सिकन्दर एवं उसके अधिकारियों ने जिन-जिन देशों, प्रदेशों पर आक्रमण किए, वहाँ के निवासियों, वनस्पतियों एवं प्राणियों इत्यादि के ब्यौरे लाकर दिए। उसने अनेक पुस्तकें लिखीं, जिनमें कुछ प्राणियों के शरीर के भाग, उनके प्रजनन तथा उनके इतिहास के बारे में है। वह लीनियस से पूर्व का प्रथम जीवविज्ञानी कहा जा सकता है। उसने सर्वप्रथम कहा कि मानव का अन्य प्राणियों के समान वर्गीकरण किया जाना चाहिए। उसे प्राकृतिक वरण का कुछ ज्ञान था। उसने कहा कि मनुष्य अन्य प्राणियों की अपेक्षा अधिक विकसित प्राणी है, उसका मस्तिष्क अन्य प्राणियों की अपेक्षा अधिक बड़ा है और वह द्विपद है।

आदत–किसी क्रिया को यदि इतनी बार दुहराया जाए कि वह बिना किसी प्रयास के स्वयं होने लग जाए, यानी स्वचालित बन जाए, तो उसे आदत कहा जाता है। कपड़े पहनने, खाने-पीने, काम करने और इसी तरह के अन्य दैनिक कामों की आदत पड़ जाने से हमारी बहुत-सी शक्ति बच जाती है, जो छोटे-छोटे काम करने के लिए भी व्यर्थ सोचने-विचारने में खर्च होती और हम उस शक्ति को अन्य उपयोगी दिशाओं में लगा सकते हैं।

जिस काम की आदत पड़ जाए, उसमें लगे रहने पर भी हम अपना ध्यान अन्यत्र लगा सकते हैं। कार चलाने की आदत पड़ जाने पर हम कार चलाते-चलाते बातें कर सकते हैं या बाहर के दृश्य देख सकते हैं। किन्तु किसी विषम या नई स्थिति के आ जाने पर कुछ समय तक आदत की उपयोगिता नहीं रहती।

आदत शब्द को अधिकतर अप्रिय व्यवहार के लिए ही प्रयुक्त किया जाता है, लेकिन वास्तव में आदत अच्छी या बुरी क्रिया नहीं, बार-बार दुहराने से अच्छी तरह सीख ली जानेवाली क्रिया होती है। यह और बात है कि उस क्रिया का मूल्यांकन व्यक्ति या समाज किस रूप में करता है। जो आदत एक समाज में अच्छी या स्वाभाविक मानी जाती है, वही दूसरे समाज में बुरी या अस्वाभाविक मानी जा सकती है। अधिकांश आदतों का प्रायः मनुष्य का सामान्य व्यवहार माना जाता है और उन पर कोई ध्यान नहीं दिया जाता, जैसे खाना, पीना, उठना, हँसना आदि को आदत नहीं कहा जाता, जबकि होती ये सब आदतें ही हैं। इस प्रकार आदतों की परिभाषा बदल जाती है, और उन विशिष्ट क्रियाओं को आदत कहा जाने लगता है, जो दैनन्दिन औसत व्यवहार से अतिरिक्त बार-बार दुहराई जाती हैं, जैसे देर-देर तक घूमना, भजन-पूजन करना, काम करते हुए गाना या गप्प लड़ाना, शराब या सिगरेट पीना। इन अतिरिक्त और आवर्ती क्रियाओं में से कुछ को सामाजिक अनुमति मिलती है और कुछ को असहमति। समाज जिन क्रियाओं की आलोचना करता है, व्यक्ति उन्हें छोड़ने के लिए प्रयत्नशील रहता है।

आदतों को छोड़ने के कई उपाय हो सकते हैं। एक उपाय यह है कि व्यक्ति जिस आदत को छोड़ना चाहे, उसे सामाजिक अनुमोदन प्राप्त बात न मानकर अपनी प्रतिष्ठा पर धब्बा लगानेवाली चीज समझे। ऐसा शर्त बदलकर भी किया जा सकता है कि यदि कोई मुझे अमुक कार्य करते देख लेगा, तो मैं शर्त हार जाऊँगा।

चूँकि आदत अच्छी तरह से सीख ली गई क्रिया होती है, इसलिए उसे अनुबन्धित प्रतिक्रिया द्वारा भी छुड़ाया जा सकता है। कुत्ते से डरनेवाले बच्चे को कुत्ते से न डरना सिखाने के लिए उसका अनुबन्धन धीरे-धीरे खिलौने के कुत्ते से करवाया जा सकता है, जिसके बाद में खिलौने के कुत्ते के प्रति बनी उसकी भावनाओं का सामान्यीकरण वास्तविक कुत्ते पर भी हो सके और उसका डर मिट जाए।

आविष्कार–प्राकृतिक और सामाजिक तत्त्वों का किसी नए रूप में किया गया सक्रिय संघटन आविष्कार कहलाता है। मानवविज्ञान के अध्ययन में आविष्कारों का अध्ययन बहुत महत्त्वपूर्ण होता है। मनुष्य को आहार और आवास उपलब्ध करानेवाली जितनी भी विधियाँ हो सकती हैं, सब आविष्कारों पर निर्भर हैं। मनुष्य की प्राचीनतम कला हमें पत्थरों को काट-छाँटकर मारने, तोड़ने और छीलने लायक हथियारों को बनाने में दिखाई देती है। अनगढ़ पत्थरों की यह कटाई-छँटाई कालान्तर में अधिकाधिक कलात्मक और विशिष्ट होती गई। पत्थर के औजारों को घिसकर तेज किया जाने लगा, उनमें सूराख करके लकड़ी के हत्थे लगाए जाने लगे, और उन्हें ऐसे आकार दिए जाने लगे कि काम करने में उनमें अधिकतम सुविधा रहे। इसी प्रकार पूर्वपाषणकाल में मनुष्य ने आग उत्पन्न करने का आविष्कार किया और ठंड से बचने तथा भोजन पकाने के लिए उसका उपयोग करने लगा। आरम्भ में आग पैदा करना कठिन था, इसलिए आग को बचाए रखने के लिए कई उपाय किए जाते थे—जैसे, बड़े-बड़े लक्कड़ों को हमेशा सुलगाए रखना। आग पर भोजन पकाने का आविष्कार कैसे हुआ होगा, यह आश्चर्य की बात है। मानवविज्ञानियों का विचार है कि शायद मनुष्य ने पहले-पहल प्राकृतिक रूप से जंगल में लगी आग में जल-भुनकर मरे हुए पशुओं को देखा होगा और उन पशुओं के भुने हुए मांस की गन्ध और स्वाद ने उसे भोजन पकाने के लिए प्रेरित किया होगा। लेकिन इससे भी अधिक आश्चर्य की बात यह है कि मनुष्य ने उबालना कैसे सीखा। आज भी कुछ आदिम जातियों में पानी को उबालने के लिए खूब गर्म किए हुए पत्थर पानी में डालने की प्रथा पाई जाती है। सम्भवतः पानी को उबालने की आरम्भिक विधि यही रही होगी। और यह आविष्कार मनुष्य ने बहते हुए लावे को किसी जलाशय में गिरते और उसके ताप से पानी को खौलते तथा जलीय जीवों को पकते देखकर किया होगा। लेकिन एक आविष्कार पर दूसरा आविष्कार अवश्य होता है। उबालने का आविष्कार करने के बाद मनुष्य को ऐसे पात्रों का आविष्कार करना पड़ा, जिनमें पानी खौलाया जा सके और आहार को उबाला जा सके। इस प्रकार पत्थर और लकड़ी के बर्तन बनाने का आविष्कार हुआ।

मिट्टी के बर्तन बनाने का आविष्कार निश्चय ही बाद में हुआ होगा, जब मनुष्य ने घर बनाकर रहना सीख लिया होगा। कारण यह है कि स्थायी रूप से किसी स्थान पर निवास न करनेवाले लोगों के मिट्टी के बर्तन एक स्थान से दूसरे स्थान तक ले जाना सरल नहीं हो सकता; क्योंकि ले जाए जाने में उनके टूटने का डर भी रहता है। मानव-सभ्यता के विकासक्रम में दो चीजों को आपस में जोड़ने का आविष्कार भी बहुत महत्त्वपूर्ण है। पत्थर के

औजारों में लकड़ी का हत्था लगाने के बाद आदमी का दिमाग इस दिशा में तेजी से चला और उसने अनेक आविष्कार कर डाले—जैसे, सीना-पिरोना, बुनना, बाँधना, चिपकाना आदि। मिट्टी के बर्तन बनाने से पहले मनुष्य ने टोकरियाँ बुनने का आविष्कार किया होगा और अलग-अलग चीजों को जोड़ने के प्रयत्न में ही उसने अपने लिए घर बनाना भी सीखा होगा। बाद में टोकरियाँ बुनने से ही उसे कपड़ा बुनने की प्रेरणा मिली होगी।

आदिम सभ्यता से औद्योगिक विकास तक आने के दौरान मनुष्य ने छोटे-बड़े असंख्य आविष्कार किए, जैसे, धातुओं का प्रयोग, धातु से बने काटने, छीलने, खोदने आदि के औजार, वन्य पशुओं को पकड़ने के लिए जाल-फन्दों की युक्तियाँ, मकान बनाने के लिए सरल यान्त्रिक उपकरण, मकान बनाने के लिए पत्थर और लकड़ी आदि ढोने के लिए परिवहन के साधनों का आविष्कार, परिवहन के लिए वन्य पशुओं को पालतू बनाना, पशुओं और मनुष्यों के एक ही मार्ग पर चलने से बनी पगडंडियों से प्रेरित होकर सड़कों का निर्माण, नदियाँ पार करने के लिए नौकाओं और पुलों का आविष्कार, आहार के लिए मांस के अतिरिक्त दूध, अन्न, फल, कन्द आदि खाने की शुरुआत और इसके लिए खेती, बागवानी, पशुपालन आदि के आविष्कार। धीरे-धीरे पहिया, बिजली, भाप आदि के आविष्कार हुए और मनुष्य आधुनिक युग में पहुँचा। इस प्रकार मानवविज्ञान आविष्कारों के अध्ययन को अत्यन्त महत्त्वपूर्ण मानता है।

मानवविज्ञानी यह मानते हैं कि प्रत्येक समाज में मनुष्य की कुछ निश्चित स्थितियाँ और आदतें होती हैं, जो आविष्कारों के कारण बदलती हैं। आविष्कार की प्रक्रिया यह है कि मानव-समाज की प्रगति हमेशा नई-नई समस्याएँ और आवश्यकताएँ पैदा करती रहती हैं और उन समस्याओं के समाधान तथा आवश्यकताओं की पूर्ति के लिए मनुष्य आविष्कारों के द्वारा सामाजिक जीवन को पुनर्व्यवस्थित करता है। आविष्कार हमेशा भौतिक ही नहीं होते, वैचारिक भी होते हैं। मनुष्य की भौतिक स्थितियाँ बदलने लगती हैं, तो उसका जीवन-दर्शन भी बदलना आवश्यक हो जाता है। इसलिए प्रत्येक युग में और प्रत्येक समाज में दार्शनिक, नैतिक, राजनीतिक धारणाएँ एवं आर्थिक-सामाजिक व्यवस्थाएँ बदलती रहती हैं। इस प्रकार नई नैतिक धारणाएँ, राजनीतिक विचारधाराएँ, नई सामाजिक संस्थाएँ आदि भी आविष्कार मानी जाती हैं।

इब्न बतूता—प्रसिद्ध मुस्लिम यात्री जो मुहम्मद तुगलक (1325-1250) के शासनकाल में भारत आया था। उसके वर्णनों से तुगलककालीन भारत का विस्तृत वर्णन प्राप्त होता है। 24 फरवरी, 1304 ई. में इसका जन्म टेंजियर में हुआ था। 21 वर्ष की उम्र में विदेश-यात्रा पर चल पड़ा। अफ्रीका और एशिया महाद्वीप के भागों से होते हुए 1333 ई. में भारत पहुँचा। मोहम्मद तुगलक ने उसको दिल्ली का काजी बनाया। 1342 ई. में मोहम्मद तुगलक ने उसे राजनीतिक मिशन के लिए चीन भेजा। पर वह अपना काम पूरा नहीं कर सका। 8 नवम्बर, 1349 ई. में वह अपने देश पहुँच गया। लौटने के बाद उसने अपने अनुभवों और पर्यवेक्षकों के बारे में विस्तार से लिखा। 1355 ई. में उसने यह काम पूरा किया। 1377 ई. में उसकी मृत्यु हो गई। उसने मोहम्मद तुगलक के पहले के इतिहास का वर्णन किया है। उसने उत्तर-पश्चिमी अफ्रीका, एशिया और सुदूर पूर्व की यात्राएँ कीं और उनका विशद् वर्णन किया है (1325-1354 ई.)।

उत्सव–विश्व के प्रायः सभी समुदायों अथवा संस्कृतियों में त्योहार और उत्सव मनाने की प्रथा बहुत प्राचीनकाल से चली आ रही है। न केवल जनजातीय समुदाय अपितु सभ्य नागरिक समुदाय भी उत्सवों को मनाते हैं। अधिकतर उत्सव धार्मिक और सांस्कृतिक प्रसंगों से सम्बन्धित होते हैं। लेकिन राजनीतिक, आर्थिक व संस्थात्मक कारकों से सम्बन्धित उत्सव भी मनाए जाते हैं। इन सभी प्रकार के उत्सवों में इनका संगठन करनेवाले विशिष्ट व्यक्ति अपने रिश्तेदारों, मित्रों, समुदाय के अन्य सदस्यों तथा संस्था के अन्य व्यक्तियों को उनमें भाग लेने के लिए आमन्त्रित करते हैं तथा सामाजिक कार्यक्रमों जैसे, सामूहिक गायन, सामूहिक पूजा-पाठ, सामूहिक भोज, सामूहिक मनोरंजन आदि का आयोजन किया जाता है। फ्रांसीसी समाजशास्त्री एमाइल दुर्खीम के अनुसार धार्मिक उत्सवों के पीछे सामूहिक प्रतिनिधित्व की भावना विद्यमान रहती है। ऐसे अवसर व्यक्तियों को आश्वस्त कर देते हैं कि वे वस्तुतः इस जगत में अकेले नहीं हैं, अपितु वे अपने रिश्तेदारों, मित्रों, जाति या समुदाय, भाइयों के एक बहुत बड़े सामाजिक संगठन के ही अंग हैं। एक समुदाय की संस्कृति को अक्षुण्ण बनाए रखने में तथा उसके सदस्यों का समाजीकरण करने में उत्सवों का बहुत महत्त्व होता है।

जन्म दिवस, निर्वाण दिवस, राष्ट्रीय दिवस, धार्मिक त्योहार आदि का आयोजन समुदाय-विशेष को उसके पूर्वजों के महान कार्यों की याद दिलाता है तथा उनमें वांछित सामाजिक गुणों को उत्पन्न करता है। जिस संस्कृति में अधिकाधिक उत्सव मनाए जाते हैं वह निस्सन्देह बहुत धनी और प्रभावपूर्ण होती है। भारतीय समाज के धार्मिक त्योहारों के पीछे प्रायः हमारी कृषि सम्बन्धी व्यवस्थाएँ रही हैं।

एरिअन–एरिअन द्वितीय शती ई. का प्रसिद्ध ग्रीक लेखक था जिसने अपने वृत्तान्त में तत्कालीन भारत के विषय में जानकारी दी है। यद्यपि यह वृत्तान्त मुख्य रूप से मेगस्थनीज की *इंडिका* पर आधारित है तथापि एरिअन ने कुछ नई महत्त्वपूर्ण जानकारी भी दी है। उदाहरण के लिए वह लिखता है कि भारत में हाथियों का सर्कस अत्यन्त लोकप्रिय था। एरिअन ने तत्कालीन भारत में स्वायत्तशासी नगरों का स्पष्ट रूप से वर्णन किया है।

एलोरा–एलोरा की शैलकृत गुफाएँ महाराष्ट्र प्रदेश में अजन्ता के 40 मील दक्षिण-पश्चिम में स्थित है। इन गुफाओं का सर्वप्रथम उल्लेख फ्रांसीसी यात्री थेविनेट ने सत्रहवीं शताब्दी में किया था। यहाँ पर कुल मिलाकर 35 गुफाएँ हैं। इनमें मूर्तिकारी भी पहाड़ के भीतरी भाग को काटकर की गई है। मुख्य रूप से बौद्ध और हिन्दू गुफाएँ ही हैं। जैन गुफाएँ बहुत थोड़ी हैं। एलोरा की प्राचीनतम गुफाएँ बौद्धों की हैं। इनका निर्माण काल 550 ई. से 750 ई. तक है। बौद्ध गुफाओं की संख्या 12 है। बौद्ध गुफाओं में सबसे प्रसिद्ध विश्वकर्मा गुफा (संख्या-10) है। इसमें एक चैत्य है। वहाँ पर दो मंजिली और तीन मंजिली गुफाएँ भी हैं, जिन्हें 'दो थल' तथा 'तीन थल' नाम दिया गया है। इन गुफाओं के अन्दर बुद्ध की बहुत सुन्दर प्रतिमाएँ बनी हुई हैं।

हिन्दू गुफाओं के निर्माण सातवीं से आठवीं शती के मध्य हुआ होगा। कुल मिलाकर 17 हिन्दू गुफाएँ हैं। इन गुफाओं में सबसे प्रसिद्ध कैलाश मन्दिर है। मन्दिर की दीवारें, स्तम्भ तथा वीथियाँ सुन्दर मूर्तियों से भरी पड़ी हैं। हिन्दू मन्दिरों में वास्तुकला की दृष्टि से उल्लेखनीय दशावतार, देववाडा, लम्बेश्वर तथा नीलकंठ उल्लेखनीय हैं।

जैन मन्दिरों का निर्माण एलोरा में नौवीं शताब्दी ई. में हुआ। इनमें सबसे प्रसिद्ध 'इन्द्रसभा' है। इसके सौन्दर्य के कारण ही लोगों ने इसे छोटे कैलाश की संज्ञा दी है। तीर्थंकरों की अनेक प्रतिमाओं से मन्दिर सुसज्जित है।

कल्पना—कल्पना सोचने की क्रिया का ही एक प्रकार है, जिसमें स्मृति-प्रतिमाओं की प्रधानता रहती है। स्मृति-प्रतिमा-प्रधान सोचने की क्रिया को कल्पना कहा जाता है। आप अपने विगत अनुभव, सैर-सपाटे या किसी से मिलने के विषय में सोच सकते हैं। विगत अनुभवों को सोचने से आपके सामने उन अनुभवों की स्मृति-प्रतिमाएँ आती हैं। सैर-सपाटे में आप जिन-जिन स्थानों पर गए थे, जो-जो दृश्य देखे थे, जिन-जिन लोगों से मिले थे—उनकी स्मृति-प्रतिमाओं का एक-एक करके मानस-पटल पर आना ही कल्पना है।

कल्पना भविष्य-विषयक भी हो सकती है। आप कल्पना कर सकते हैं कि अगली छुट्टियाँ कहाँ और कैसे बिताई जाएँ। भविष्य-विषयक कल्पना करने में आप भविष्य से अपनी स्मृति-प्रतिमाओं का सम्बन्ध नए ढंग से जोड़ते हैं। स्मृति-प्रतिमाएँ अनुभव का पुनरावर्तन मात्र होती हैं, सृजनात्मक नहीं। कल्पना सृजनात्मक प्रतीकात्मक क्रिया में सहायक बनती है; क्योंकि सृजनात्मक क्रिया में स्मृति-प्रतिमाओं के आधार पर कोई नया प्रतीकात्मक संगठन सम्भव हो सकता है।

कुंठा—प्रावरोध के कारण किसी भी तीव्र प्रेरक की इच्छा की पूर्ति या किसी ध्येय की प्राप्ति न होने पर मन की विचित्र-सी क्षुब्धावस्था को कुंठा कहा जाता है। कुंठा का मानसिक विकास और व्यवहार पर विशेष प्रभाव पड़ता है। कुंठा के कारण व्यक्ति में हीनता-मनोग्रन्थि पैदा हो सकती है। कुंठाग्रस्त व्यक्ति सदा तनाव का अनुभव करता रहता है। उसका व्यवहार विद्रोहात्मक बन सकता है। इसके विपरीत कुंठाग्रस्त व्यक्ति अन्वेषक बनकर वैज्ञानिक और कलात्मक सृजन भी कर डालते हैं। कुंठा के प्रति कोई व्यक्ति किस प्रकार की प्रतिक्रिया करेगा—यह उसकी व्यक्तिगत विशेषताओं पर निर्भर होता है।

कुंठा के कई कारण हो सकते हैं, जैसे, परिवेश, अपनी शारीरिक सीमाएँ, मानसिक अवस्था इत्यादि। समाज के नियम और बन्धन पारिवेशिक कारण हैं। इन्द्रियों में दोष होना शारीरिक कारण और स्वभाव सम्बन्धी विशेषताएँ मानसिक कारण हैं।

क्लियोपैट्रा—मिस्र की सात रानियों के नाम जिसमें क्लियोपैट्रा षष्टम् (69-30 ई.पू.) सर्व प्रसिद्ध है। 51 ई.पू. में उसने टॉलेमी ग्यारहवें के उपरान्त अपने छोटे भाई टॉलेमी द्वादश के साथ संयुक्त रूप में मिस्र पर शासन किया जिससे उसने विवाह कर लिया (यह मिस्री प्रथा थी)। पर तीन वर्ष उपरान्त भाई के अभिभावक ने इसको सीरिया में निष्कासित कर दिया। पर जूलियस सीजर ने इसे पुनः सिंहासन प्राप्त करने में सहायता दी थी। इसके सम्बन्ध में अनेक रूमानी कथाएँ प्रचलित हैं। यह असाधारण रूपवती थी। सीजर से इसका एक पुत्र भी हुआ था जो बाद में टॉलेमी चौदहवाँ हुआ। सीजर की मृत्यु के बाद यह रोम से पुनः मिस्र वापस आई और मार्क एंटोनी से भी उसके प्रेम-सम्बन्ध रहे। आक्टोवियन ने 32 ई.पू. में क्लियोपैट्रा के विरुद्ध एक्टियन का युद्ध किया। और 30 ई.पू. में आक्टोवियन की बन्दी होने से बचने के लिए उसने स्वयं को साँप से कटाकर आत्महत्या कर ली। उसकी सहायता के लिए एंटोनी जल सेना लेकर आया, पर उनकी संयुक्त सेनाएँ पराजित हुईं।

खजुराहो–खजुराहो जिला छतरपुर, मध्य प्रदेश में स्थित है। यह स्थान अपने कलापूर्ण मन्दिरों के लिए विख्यात है। उड़ीसा के मन्दिरों की तरह खजुराहो के मन्दिरों का विकास-क्रम एक लम्बे काल तक नहीं चलता रहा, वरन् इस समस्त मन्दिरों का निर्माण सौ वर्ष से भी कम समय में समाप्त हो गया। 950 ई. से 1050 ई. तक खजुराहो के समस्त मन्दिर बन चुके थे। ये मन्दिर चन्देल शासकों ने उस समय निर्मित किए जब वे अपनी उन्नति के चरमोत्कर्ष पर थे। खजुराहो चन्देल शासकों की राजधानी थी। मुसलमानों के आक्रमण के समय यहाँ के बहुत से भवन नष्ट हो गए। यहाँ पर जैन, वैष्णव तथा शैव धर्म के अनुयायियों ने देवालयों का निर्माण किया। खजुराहो में तीस प्राचीन मन्दिर आज भी विद्यमान हैं। इनमें आठ जैन मन्दिर हैं। जैन तीर्थंकर पार्श्वनाथ का मन्दिर जैन मन्दिरों में सबसे विशाल है।

खजुराहो के हिन्दू मन्दिरों में सर्वश्रेष्ठ कंडरिया महादेव का मन्दिर है। मन्दिर के 6 कोष्ठ हैं जिनमें अर्धमंडप, मंडप, वक्राकार भाग, अन्तराल, गर्भगृह तथा प्रदक्षिणा पथ हैं। खजुराहो के मन्दिरों के शिखर के प्रत्येक भाग में उच्च-कोटि का तक्षण-कर्म किया गया है। मन्दिर के प्रत्येक भाग में अनगिनत मूर्तियाँ बनी हुई हैं। यहाँ पर विश्वनाथ का शिवमन्दिर तथा चतुर्भुज के वाराह मन्दिर की योजना कंडरिया महादेव के मन्दिर जैसी है। पर ये छोटे हैं।

कई वैष्णव मन्दिर जगदम्बा और सूर्य मन्दिर भी हैं। जैन-मन्दिरों में गवाक्ष नहीं बने हैं। प्रसिद्ध चीनीयात्री युवानच्वांग (606-664 ई.) ने इस स्थान को देखा था। उसके वर्णनों से मालूम होता है कि उस समय यहाँ पर अनेक मन्दिर थे। खजुराहो के मन्दिरों की दीवारों पर काम-क्रीड़ारत मूर्तियों का प्राचुर्य है। इस नग्न सौन्दर्य में कलाकारों ने मानव-शरीर की बारीकियों का सूक्ष्म चित्रण किया है, जो कला की पराकाष्ठा है।

गुहा वास्तु–भारतीय प्राचीन वास्तुकला का एक बहुत ही सुन्दर नमूना। अशोक के शासनकाल से गुहाओं का उपयोग आवास के रूप में होने लगा। गया के निकट बराबर पहाड़ी पर ऐसी अनेक गुफाएँ विद्यमान हैं, जिन्हें सम्राट अशोक ने आवास-योग्य बनाकर आजीवकों को दे दिया था। अशोककालीन गुहाएँ सादे कमरों के रूप में होती थीं, लेकिन बाद में उन्हें आवास एवं उपासनागृह के रूप में स्तम्भों एवं मूर्तियों से अलंकृत किया जाने लगा। यह कार्य विशेष रूप से बौद्धों द्वारा किया गया। भारत के विभिन्न भागों में सैकड़ों गुहाएँ बिखरी पड़ी हैं। इनमें जो गुहाएँ बौद्ध विहारों के रूप में प्रयुक्त होती थीं, वे सादी होती थीं। उनके बीचोबीच एक विशाल मंडप तथा किनारे-किनारे छोटी-छोटी कोठरियाँ होती थीं। पूजा के लिए प्रयुक्त गुहाएँ 'चैत्यशाला' कहलाती थीं, जो सुन्दर कला-कृतियाँ होती थीं। चैत्य में एक लम्बा आयताकार मंडप होता था, जिसका अन्तिम भाग गजपृष्ठाकार होता था। स्तम्भों की दो लम्बी पंक्तियाँ इस मंडप को मुख्यकक्षा और दो पार्श्वबीथिकाओं में विभक्त कर देती थीं। गजपृष्ठ में एक स्तूप होता था। द्वारमुख खूब अलंकृत होता था। उसमें तीन दरवाजे होते थे। बीच का द्वार मध्यवर्ती कक्ष में प्रवेश के लिए तथा अन्य दो द्वार पार्श्ववीथियों के लिए होते थे। चैत्य के ठीक सामने द्वारमुख के ऊपर अश्वपादत्र (घोड़े की नाल) के आकार का चैत्यगवाक्ष होता था। ऐसी अनेक गुहाएँ महाराष्ट्र के नासिक, भाजा, भिलसा, कार्ले और अन्य स्थानों पर पाई गई हैं। कार्ले की गुहाएँ सर्वोत्कृष्ट मानी जाती हैं। इनका निर्माण ईसा पूर्व 200 से ईसा बाद 320 की अवधि में हुआ था।

गोपुरम्–दाक्षिणात्य शैली के मन्दिरों का एक विशेष शिखराकार अंग। खासतौर से चोल राजाओं (दे.) द्वारा निर्मित मन्दिर विशाल गोपुर (उत्तुंग शीर्षवाले द्वार) से मंडित होते थे। कालान्तर में कई-कई मंजिलों के गोपुरों का निर्माण किया जाने लगा, जिनकी वास्तु-प्राकृति अत्यन्त भव्य होती थी। कुम्भकोणम् का गोपुरम् वास्तुकला की दृष्टि से अत्यन्त भव्य गिना जाता है।

जंगल का महत्त्व–भारत की जनजातियों में जंगल का आर्थिक दृष्टि से बड़ा ही महत्त्वपूर्ण स्थान है। इसका प्रमुख कारण यह है कि जनजातियाँ अधिकतर जंगलों तथा पहाड़ों में निवास करती हैं। कुछ जनजातियाँ पूरी तरह से जंगलों पर ही निर्भर हैं तथा कुछ जनजातियाँ आंशिक रूप से। शायद ही कोई ऐसी जनजाति हो, जो जंगलों से सम्बन्धित न हो। जंगलों से जनजातियों को निम्नलिखित लाभ हैं–

(1) अस्थायी खेती के लिए भूमि।
(2) शिकार की सुविधा।
(3) मछली मारने की सुविधा।
(4) चरागाह के लिए उपयुक्त जमीन।
(5) अच्छी जलवायु।
(6) घर बनाने की सामग्री जंगलों से ही उपलब्ध होती है।
(7) गृह-उद्योग-धन्धों के लिए कच्चा माल जंगलों से प्राप्त होता है, जैसे बाँस एवं तेल।
(8) मछली मारने का सामान तथा वाद्ययन्त्रों को बनाने की सामग्री जंगलों में मिलती है।
(9) जंगली जड़ी-बूटियाँ औषधियों के काम में आती हैं।
(10) फल-फूल इत्यादि जंगलों से उपलब्ध होते हैं।
(11) जंगलों से महुआ प्राप्त होता है, जो शराब बनाने के काम में भी आता है।

जयदेव–एक प्रसिद्ध कवि, जो बंगाल के राजा लक्ष्मण सेन (लगभग 1180-1202 ई.) का समसामयिक था। वह *गीतगोविन्द* का रचयिता है, जो आज भी अत्यन्त लोकप्रिय भक्तिमय गीतिकाव्य है।

टाड, कर्नल जेम्स–प्रसिद्ध अंग्रेज इतिहासकार। जन्म 1782 ई. में इंग्लैंड के इस्लिंगटन नामक स्थान में हुआ था। सत्रह वर्ष की उम्र में कलकत्ता में 'ईस्ट इंडिया कम्पनी' की सेना में भर्ती हुआ। 1801 ई. में दिल्ली के पास पुरानी नहर के सर्वेक्षण का काम किया। 1866 ई. में एक अंग्रेज राजदूत के साथ उदयपुर चला गया। राजस्थान के इतिहास के संग्रह का काम उसने यहीं से शुरू किया। कर्नल टाड ने रियासतों की सेनाओं को युद्ध में परास्त किया। पिंडारियों और मराठों का दमन करने के लिए उसने राजस्थान के देशी राज्यों से सन्धि की। वह कई रियासतों का राजनीतिक प्रतिनिधि (पोलिटिकल एजेंट) रहा। अपने इन कार्यों के साथ उसने राजस्थान के शिलालेखों, जनश्रुतियों, ताम्रपत्रों तथा प्राचीन पांडुलिपियों का गहन अध्ययन किया। 1829 ई. में उसने राजस्थान के इतिहास का पहला खंड प्रकाशित किया। दूसरा खंड 1832 ई. में प्रकाशित किया। उसने चन्दबरदाई कृत 'पृथ्वीराज रासो' का अंग्रेजी भाषा में अनुवाद किया। राजस्थान के इतिहास पर लिखा गया इसका ग्रन्थ आज भी प्रामाणिक माना जाता है।

टायनबी, जै. आर्नाल्ड–प्रसिद्ध अंग्रेजी इतिहासकार। प्रसिद्ध समाजसेवी अर्नाल्ड टायनबी का भतीजा। इसका जन्म 14 अप्रैल, 1889 ई. में हुआ था। शिक्षा विंचेस्टर तथा वेलिओल कॉलेज, ऑक्सफोर्ड में हुई थी। 1918 ई. में विदेश मन्त्रालय के गुप्तचर विभाग में भर्ती हुआ। प्रथम विश्वयुद्ध के बाद पेरिस शान्ति सम्मेलन के मध्य-पूर्वी भाग का सदस्य रहा। 1919 ई. से 1924 ई. तक लन्दन विश्वविद्यालय के इतिहास विभाग का प्रोफेसर रहा। 1925 ई. के उपरान्त 'रॉयल इंस्टीट्यूट ऑफ इंटरनेशनल अफेयर्स' का निदेशक तथा लन्दन विश्वविद्यालय में अन्तर्राष्ट्रीय इतिहास के शोध प्रोफेसर का पद भार सँभाला। इसकी विश्वप्रसिद्ध पुस्तकें निम्नलिखित हैं–

'ग्रीक हिस्टोरिकल थाट' (1924 ई.), 'दी वर्डवार ऑफ्टर दी पीस कॉन्फ्रेंस' (1925 ई.), 'क्रिसचिएनिटी एंड सिवीलिजेशन' (1940 ई.), तथा 'ए जर्नी टू चायना' (1931 ई.)। यह 'ब्रिटिश कामनवेल्थ रिलेशंस' का सम्पादक रहा। इसकी प्रसिद्धि मुख्यतया अपनी पुस्तक 'ए स्टडी ऑफ हिस्ट्री' के कारण है। यह पुस्तक 10 खंडों में 20 वर्षों के अकथनीय परिश्रम के बाद 1954 में प्रकाशित हुई। इस पुस्तक में खासतौर से इस बात पर बल दिया गया है कि इतिहास का विकास सभ्यताओं के विकास और पतन के साथ होता है। उसका मत है कि कोई सभ्यता स्थिर रह सकती है या नहीं यह इस बात पर निर्भर करता है कि वह चतुर्मुखी भौतिक रूप तथा आत्मिक चुनौतियों को किस प्रकार झेलती है।

टासिटस, पब्लिस कार्नेलियस–रोम का प्रसिद्ध इतिहासकार। इसका जन्म सम्भवतः 55 ई. में हुआ था। ब्रिटिश राजा जूलियस अग्रिकोला की पुत्री से इसका विवाह हुआ। चार वर्ष तो डोमिशियन राज्य का मजिस्ट्रेट रहा। उसका प्रसिद्ध ऐतिहासिक ग्रन्थ 'डायलाग्स दी आरेटोरिबस' था। 'एनेल्स' नामक पुस्तक में उसने ट्राजनों का वर्णन किया है। 'अग्निकोला', 'जर्मेनिया' तथा 'हिस्ट्रीज' उसकी अन्य प्रसिद्ध पुस्तकें हैं जिनसे उस काल के इतिहास का ज्ञान प्राप्त होता है। रोम का तत्कालीन वर्णन करनेवाली आज तक जितनी पुस्तकें हैं उसका आधार 'एनेल्स' ही रहा है।

तक्षशिला–भारत के उत्तर-पश्चिम सीमान्त पर वैदिक शिक्षा का प्रसिद्ध विद्यानगर था। कहा जाता है कि इसे भरत के पुत्र तक्ष ने बसाया था। यह गन्धार राज्य की राजधानी था। यहीं जनमेजय ने प्रसिद्ध नागयज्ञ भी किया था। वर्तमान रावलपिंडी के पास आज भी उसके भग्नावशेष प्राप्त होते हैं। यहाँ पर कोई सुसंगठित विद्यालय तो न था, किन्तु आचार्य लोग पारिवारिक प्रणाली से छात्रों को शिक्षा दिया करते थे। एक-एक आचार्य के पास पाँच-पाँच सौ छात्र तक होते थे। आचार्य ही उनके भोजन और निवास का प्रबन्ध करते थे। कुछ विद्यार्थी तो अपने गुरुओं के घर पर रहकर ही पढ़ते थे। कुछ धनी छात्र किराए पर भवन लेकर वहाँ रहते थे। विक्रम संवत् से सात सौ वर्ष पूर्व से लेकर तीसरी विक्रमी शताब्दी तक यह शिक्षा-प्रणाली विद्यमान रही। यहाँ चारों ओर दिन-रात पठन-पाठन का वातावरण रहता था। छात्रों के समूह के समूह अध्ययन करते, परस्पर पाठ पढ़ते और शास्त्रार्थ करते दिखाई देते थे। यहाँ के आचार्य अपनी योग्यता एवं विद्वता के लिए दूर-दूर तक प्रसिद्ध थे। भारत के कोने-कोने तथा विदेशों तक से छात्र यहाँ विद्या ग्रहण के लिए आते थे। महावैयाकरण पाणिनि, महान राजनीतिज्ञ चाणक्य (विष्णुगुप्त), भगवान बुद्ध के व्यक्तिगत चिकित्सक जीवक और सम्राट चन्द्रगुप्त आदि यहीं के छात्र थे।

यहाँ पर सोलह वर्ष की आयु में छात्र प्रवेश पाते थे। शिक्षा-शुल्क के विषय में दो प्रकार की व्यवस्था थी। एक तो यह कि छात्रों को एक सहस्र स्वर्ण-मुद्राएँ देनी पड़ती थीं। यदि प्रवेश के समय ऐसा सम्भव न हो, तो छात्र शिक्षा-समाप्ति के बाद कमाकर देने का वचन दे सकता था। और दूसरे, छात्र दिन में सेवा-कार्य करते और उसके बदले रात्रि को गुरुओं से पढ़ते थे। परिणामस्वरूप कोई भी योग्य विद्यार्थी निराश नहीं लौटता था। पाठ्य विषयों में वेद, व्याकरण, शल्यशास्त्र, धनुर्विद्या, युद्धविद्या, ज्योतिष, गणित, वाणिज्य, कृषि, यानविद्या, तन्त्र-मन्त्र (जादू), गारुड़ी विद्या, संगीत, नृत्य तथा चित्रकला यहाँ सिखाए जाते थे। किन्तु दर्शन और आयुर्वेद के लिए तक्षशिला की विशेष प्रसिद्धि थी। धीरे-धीरे यहाँ बौद्धों के विहार बनने लगे। पाँचवीं शताब्दी में हूणों के सरदार तोरमाण के पुत्र मिहिरकुल ने अपने आक्रमण से इस विद्या केन्द्र को सदा के लिए समाप्त कर दिया।

नर्सरी स्कूल–बालक के जन्म से लेकर उसके पाँच या छह वर्ष की अवस्था तक की शिक्षा नर्सरी के अन्तर्गत आती है। वैसे इस शिक्षा का प्रचलन यूरोप की कामकाजी माताओं को सुविधा देने के लिए किया गया था, परन्तु जब यह देखा गया कि बालकों के बौद्धिक विकास को बढ़ावा दिया जा सकता है, उनको अच्छी आदतें आसानी से सिखाई जा सकती हैं, और उन्हें भविष्य में पढ़ने के लिए अभिरुचि प्रदान की जा सकती है, तो इसका विकास बड़ी जल्दी हुआ। आज तो यह साम्यवादी देशों में ही नहीं अन्यत्र भी काफी मान्यता प्राप्त शिक्षा-व्यवस्था है। परन्तु इसकी प्रगति अलग-अलग देशों में अलग-अलग ढंग से हुई है। कहीं यह सुविधा राज्य द्वारा प्रदान की गई है, तो कहीं इसके लिए नागरिकों को स्वयं प्रबन्ध करना पड़ता है। इस प्रकार इसका विकास नगर और ग्रामों में अलग-अलग ढंग से हुआ है। परन्तु उसमें किसी को मतभेद न होगा कि यह शिक्षा अपने में काफी महत्त्वपूर्ण है।

स्वयं नर्सरी शिक्षा को क्रेश, इन्फेंट तथा नर्सरी जैसी अवस्थाओं में बाँटा गया है। अब केवल कामकाजी माताएँ ही नहीं वरन् सभी उच्चवर्गीय लोग अपने बच्चों को यहाँ भेजना चाहते हैं। भारत में यह काम कई संस्थाएँ कर रही हैं, जैसे, बालकनजी बाड़ी, सरस्वती शिशु मन्दिर आदि। परन्तु यह सुविधा आज भी नगरों तक ही सीमित है। ग्रामों में इसका प्रसार तब तक सम्भव नहीं होगा जब तक सरकार इसे अपने हाथों में न ले ले। कोठारी आयोग ने इस काम को फिलहाल निजी क्षेत्र के लिए छोड़ने की सिफारिश की है। फलस्वरूप ये संस्थाएँ खाली बैठे लोगों के लिए रोजगार का साधन ही नहीं बहुतों के लिए धन कमाने का जरिया भी बन गई हैं। इसलिए इन्हें 'शिक्षा की दुकानों' की संज्ञा भी दी गई है।

नागवंश–प्राचीन भारत में सिन्धु नदी घाटी की सभ्यता के समय से ही अनार्य लोगों में सर्प, शेषनाग अथवा शेशनाग की पूजा प्रचलित थी। यह मुमकिन है कि नाग पूजा को बढ़ावा देनेवाले जारा लोगों को नागवंश का माना जाता हो। कुछ विद्वानों की यह भी राय है कि नाग जाति द्रविड़ों की ही एक शाखा थी जो आर्यों के भारत में आने से पूर्व देश के सभी भागों में निवास करती थी। आर्यों ने पुरानी अनेक जातियों की भाँति नाग जाति पर भी धीरे-धीरे प्रभुत्व कायम कर लिया। इसी जाति के अवशेष आगे चलकर दुबारा शक्तिशाली हो गए और उन्होंने देश में कई स्थानों पर अपने राज्य भी कायम किए। यह भी सम्भव है कि नागजाति द्रविड़ों से भिन्न रही हो। पुराणों के आधार पर हम यह भी कह सकते हैं कि नाग राजवंश

की दो प्रमुख शाखाएँ थीं। एक शाखा मथुरा (उत्तर प्रदेश) तथा दूसरी विदिशा और पद्मावती (मध्य प्रदेश) में बसी हुई थी। विष्णु तथा वायु पुराणों के अनुसार विदिशा या पद्मावती में नौ नाग राजा शासन करते थे। पद्मावती के नाग राजाओं में सबसे प्रसिद्ध राजा भवनाग था। इस वंश के आखिरी नरेश नागसेन को प्रयाग प्रशस्ति के अनुसार समुद्रगुप्त ने हराया था। शायद मथुरा के नाग शासक कुषाण सम्राट कनिष्क के सामन्त थे। मथुरा से प्राप्त सिक्कों से सूर्य-मित्र विष्णुमित्र आदि नाग शासकों का पता चलता है। पद्मावती के नाग शासकों के समान ही मथुरा प्रदेश के शासकों को भी समुद्रगुप्त ने हरा दिया। लेकिन नागवंश की शक्ति पूर्ण रूप से समाप्त नहीं हुई, क्योंकि समुद्रगुप्त ने अपने पुत्र चन्द्रगुप्त द्वितीय का विवाह नाग कन्या कुबेर नागा से किया।

ऐसा लगता है कि समुद्रगुप्त द्वारा हराए जाने के बाद नागवंश के शासक गुप्त राजाओं के सामन्त बनकर शासन करते रहे और गुप्त सम्राट भी मैत्री के सम्बन्ध बनाए रहे। पाँचवीं शताब्दी के एक अभिलेख से बर्व्वनाग नामक गुप्तकालीन नाग सामन्त शासक का पता चलता है। गुप्तकाल के पश्चात् नाग वंश का इतिहास लगभग नहीं मिलता।

पंचशील–यह पृथक्-पृथक् आर्थिक-व्यवस्थाओं से युक्त देशों के बीच शान्ति और सुरक्षा को बनाए रखने के लिए उनके पारस्परिक सम्बन्धों को प्रतिपादित करनेवाले पाँच सूत्रों का प्रचलित सम्मिलित नाम है।

तिब्बत पर चीन की सार्वभौमिकता की मान्यता स्वीकारते हुए भारत के प्रधानमन्त्री के साथ किए गए समझौते की भूमिका में ये सूत्र स्थापित हुए हैं–

1. पारस्परिक रूप से प्रादेशिक अखंडता और सम्पूर्ण अधिकार को मान्यता देना,
2. एक के क्षेत्र पर दूसरे का आक्रमण न करना,
3. एक के आन्तरिक व्यवहारों में दूसरे का हस्तक्षेप न करना,
4. पारस्परिक हित को दृष्टि में रखकर बराबरी की भावना से प्रयास करना, और
5. शान्तिपूर्ण सह-अस्तित्व को बनाए रखना।

प्राथमिक शिक्षा–प्रारम्भिक और प्राथमिक दोनों ही शब्दों को आजकल प्रायः पर्याय के रूप में प्रयुक्त किया जाने लगा है, किन्तु इन दोनों के पीछे काफी सामाजिक भेद छिपे हैं, पहले प्रारम्भिक शिक्षा निर्धनों की पूर्ण शिक्षा की इकाई का नाम था। इसे अंग्रेजी में 'एलीमेंटरी एजूकेशन' कहते हैं। इंग्लैंड में 1870 में बने प्रथम शिक्षा कानून में इसी की व्यवस्था की गई थी। पर जब माध्यमिक शिक्षा आई तो उससे जोड़ने के लिए एक निचली कड़ी की तलाश करनी पड़ी। यह कड़ी प्राथमिक शिक्षा की थी। पहले तो यही काफी विवादास्पद मामला था कि निर्धनों को शिक्षा दी जाए या नहीं, लेकिन अब 'माध्यमिक शिक्षा सबके लिए' की धूम है। अमेरिका में तो अब 'विश्वविद्यालय शिक्षा सबके लिए' की व्यवस्था हो चुकी है। ऐसी दशा में 'प्रारम्भिक शिक्षा' कहने पर एक तो सारी सामाजिक पृष्ठभूमि फिर से दोहराई जाएगी, दूसरे उसे माध्यमिक शिक्षा से जोड़ना भी कठिन हो जाएगा।

भारत में निर्धनता तथा उससे सम्बन्धित कारणों से अभी तक प्राथमिक शिक्षा भी सफल नहीं हो पाई है। अधिकांश बच्चे अभी भी एक या दो वर्ष पढ़कर ही स्कूल जाना बन्द कर देते हैं और निरक्षरता की ओर बढ़ने लगते हैं। इसलिए इस बात की बड़ी आवश्यकता है कि प्राथमिक शिक्षा को कानूनी रूप से अनिवार्य बनाया जाए और साथ ही उसे अधिक रोचक

और अर्थपूर्ण बनाकर इसका अधिक-से-अधिक प्रसार किया जाए। अनिवार्य शिक्षा का कानून तो है, पर इसे लागू करना आसान नहीं है। दिल्ली नगर में 1972 में भी 80 प्रतिशत बच्चे कभी स्कूल नहीं जाते, और यदि जाते भी हैं तो पढ़ते नहीं। ऐसी स्थिति में अन्य स्थानों की शिक्षा-व्यवस्था की कल्पना भी कठिन है। इस सन्दर्भ में इंग्लैंड की प्लाउडन समिति की रिपोर्ट द्रष्टव्य है, जो विकासशील देशों में इस अवस्था की शिक्षा की दशा का ज्ञान कराती है।

फरिश्ता (1570-1612 ई.)–फरिश्ता अकबर के समय का प्रमुख इतिहासकार था। वह अपने पिता के साथ ईरान से भारत आया था और अहमदनगर में बस गया था। 1589 ई. में वह बीजापुर चला गया जहाँ सुल्तान इब्राहीम आदिलशाह द्वितीय ने उसे संरक्षण प्रदान किया। आदिलशाह के प्रोत्साहन से 1609 ई. में उसने अपना प्रसिद्ध ऐतिहासिक ग्रन्थ *तारीख-ए-फरिश्ता* लिखा। इस ग्रन्थ में फरिश्ता ने सल्तनत काल से लेकर अकबर के समय तक मुस्लिम शासन का विशद् वर्णन किया है। *तारीख-ए-फरिश्ता* अबुल फजल के *आइने-ए-अकबरी* के समान ही अकबरकालीन भारतीय इतिहास जानने का प्रमुख साधन है। इसके अलावा दक्षिण के बहमनी, मुस्लिम राज्य के सम्बन्ध में भी इस ग्रन्थ में अमूल्य सामग्री है। फरिश्ता ने एक निष्पक्ष इतिहासकार की दृष्टि से विभिन्न घटनाओं का अवलोकन किया है। ब्रिग्ज के अनुसार जिसने फरिश्ता की पुस्तक का अंग्रेजी में अनुवाद किया है, 1612 ई. में बीजापुर में फरिश्ता की मृत्यु हुई थी।

फैशन–फैशन एक ऐसे व्यवहार का नाम है, जो कुछ समय के लिए बहुत तेजी से अधिकतम व्यक्तियों द्वारा अपनाया जाता है। यह प्रायः संकेतों और आकृतियों की वस्तुओं के रूप में प्रकट होता है। व्यक्तियों में सदैव नवीन वस्तुओं को पाने या अपनाने की इच्छा होती है। अतः जब भी नई आकृति की वस्तुएँ बाजारों में बिकने जाती हैं और कुछ उच्च वर्गों के व्यक्ति उन्हें अपनाने लगते हैं, तो सामान्य जन भी उन्हें अपनाने के लिए लालायित हो उठते हैं। पुरानी वस्तुएँ या व्यवहार के प्रतिमान भी कुछ समय के बाद पुनः प्रचलन में आ सकते हैं और इस प्रकार कई बार फैशन लहरों की भाँति ऊपर चढ़ते और नीचे उतरते रहते हैं। अधिकतर व्यक्ति इसीलिए फैशन करते हैं, जिससे वे उच्च वर्गों के समझे जाने लगे।

सामाजिक मनोविज्ञानियों के अनुसार फैशन कई मनोवैज्ञानिक कारकों के फलस्वरूप उत्पन्न होता है, यथा, भिन्न लिंग के व्यक्ति को आकर्षित करने के लिए, अहम की अभिव्यक्ति करने के लिए, अन्य व्यक्ति के समरूप बनने की इच्छा के कारण, अनुकरण और विपरीत अनुकरण की प्रवृत्तियों के कारण, हीनता की भावना के परिवर्तित होने पर, प्रतिष्ठात्मक सुझाव के फलस्वरूप, जीवनोपयोगी वस्तुओं को प्रयोग में लाने की भावना के कारण, अफवाहों के प्रसार आधुनिक विज्ञान और कला आदि से। आजकल प्रसारण के साधनों, जैसे, रेडियो, पत्र-पत्रिकाएँ, टेलीविजन आदि के प्रयासों से विविध प्रकार के नए फैशन सामने आते जाते हैं। पश्चिमीकरण, संस्कृतीकरण और बढ़ती हुई आर्थिक समृद्धि ने भारत में फैशन के द्रुत विकास को बहुत अधिक प्रभावित किया है।

बहार खाँ लोहानी–सोलहवीं शताब्दी के प्रथम चतुर्थांश में बिहार का स्वतन्त्र अफगान शासक। उसने फरीद खाँ को 1522 ई. में अपनी सेवा में नियुक्त किया, जो बाद में शेरशाह के नाम से प्रसिद्ध हुआ। बहार खाँ ने फरीद खाँ को 'शेर खाँ' का खिताब दिया था, क्योंकि

उसने बिना किसी हथियार के शेर को मार डाला था। बहार खाँ ने शेर खाँ को अपना नायब बनाया और अपने नाबालिग लड़के जलाल खाँ का उस्ताद भी नियुक्त किया। इस प्रकार बहार खाँ ने शेर खाँ के भावी उत्कर्ष का पथ प्रशस्त कर दिया।

भारत में शिक्षा—शिक्षा का इतिहास मानव-प्रगति का इतिहास है। यह मानव की उन इच्छाओं का परिणाम है, जिनसे वह प्रकृति पर अपना नियन्त्रण स्थापित करना चाहता था। शिक्षा का इतिहास मनुष्य की ज्ञान-पथ की यात्रा की दूरी बताता है कि वह कहाँ से चलकर कहाँ पहुँच गया है। यही उसके मनुष्यत्व का पशुओं से विभेद भी स्थापित कराता है। इसके इतिहास में सबसे अधिक योगदान भारत, चीन, जापान, यूनान और मिस्र ने दिया था। इन्हीं देशों ने मनुष्य के ज्ञान की प्रथम सीमाओं को नापा, उसे एक से दूसरे तक पहुँचाने का प्रयत्न किया और आज के युग की समस्त उपलब्धियों को इस रूप में पहुँचाने के लिए यह समझ लेना आवश्यक है कि मनुष्य निरन्तर प्रगति करता रहा है। वह कभी-कभी अवनति के गढ़े में भी गिरा है, लेकिन पुनः उठकर चला है। इसका यह अर्थ नहीं कि हम कभी क्रमबद्ध तरीके से बढ़े हैं या गिरना और उठना स्वयं अपने में एक वैज्ञानिक सिद्धान्त है। इसी प्रकार किसी भी देश को मानव की अधिकांश उपलब्धियों के लिए जिम्मेदार ठहराना घोर भ्रामक होगा। यदि हम इस बात को मानते हैं, या समझ गए हैं, तो यह भी समझना सहज होगा कि इतिहास राजाओं की जीवनगाथा ही नहीं, मानव-समाज की उपलब्धियों का और उसकी प्रगति का लेखा-जोखा है।

भारत में शिक्षा आज से सहस्रों वर्ष पूर्व आरम्भ हो गई थी और उसका जो स्वरूप हम तक आ पाया है, वह आश्चर्यजनक रूप में काफी विकसित है। वैसे मोहनजोदड़ो और हड़प्पा-युग में भी शिक्षा की व्यवस्था रही ही होगी, अन्यथा नगर जीवन का इतना विकास कभी भी सम्भव न होता। वैदिकयुगीन शिक्षा, जो 2,000 वर्ष ई.पू. से लेकर 1,000 ई.पू. तक के काल की चीज है, काफी हद तक धार्मिक ही रही होगी। इस शिक्षा का उद्‌देश्य वेदों को जीवित रखने की परम्परा के अतिरिक्त समाज को कार्यों के नियमों तथा आचार-विचारों में ढालना भी रहा होगा। पर यह उद्‌देश्य केवल अटकल की बात है, हम सुनिश्चित ढंग से उसके विषय में कुछ भी नहीं कह सकते। विद्वानों का कथन है कि उस समय तक संस्कृत भाषा की कोई लिपि भी नहीं थी। इसलिए अध्यापन कार्य मौखिक ही रहा होगा और शायद कविता में वेदों का लिखा या कहा जाना भी इसी ओर संकेत करता है।

जैसे-जैसे ज्ञान का विकास हुआ, वेदों की व्याख्या आरम्भ हो गई तथा अन्य विषयों की उत्पत्ति हुई, पठन-पाठन का कार्य काफी औपचारिक ढंग से होने लगा। नगरों से दूर गुरुकुलों की स्थापना हुई और वेद-शिक्षण पारिवारिक परम्परा के रूप में बदल गया। इसका एक और भी परिणाम हुआ—आर्य जाति-व्यवस्था की ओर मुड़ने लगे। यह लगभग निश्चित है कि वेदों में जाति या वर्ण-व्यवस्था का केवल वर्णन ही है, उस पर अमल तो शताब्दियों बाद प्रारम्भ हुआ होगा। प्राचीन शिक्षक या गुरु अपने जीवन-यापन के लिए राजाओं पर आश्रित रहते होंगे; क्योंकि इन लोगों का राजदरबारों में जाना तथा राजाओं का गुरुकुलों में जाना दोनों ही बातें काफी प्रचलित रही हैं और प्राचीन साहित्य इस बात की पुष्टि में अनेक उदाहरण प्रस्तुत करता है। वस्तुतः ब्राह्मण-ग्रन्थों की रचना के समय आरण्यक लोग काफी व्यवस्थित हो गए होंगे और मनु को सामाजिक जीवन के नियम बनाने की आवश्यकता पड़ी होगी। तब उसी

समाज में उन नियमों का प्रतिरोध उत्पन्न हुआ होगा, जिसके फलस्वरूप बौद्ध और जैन धर्मों का जन्म हुआ। प्राच्य साहित्य के कई विद्वानों का मत है कि ये धर्म केवल जन-साधारण के विरोध के कारण नहीं वरन् इसलिए सामने आए कि क्षत्रिय लोग बौद्धिक कार्यों पर से ब्राह्मणों का एकाधिकार समाप्त कर देना चाहते थे। इन दोनों धर्मों के प्रवर्तक क्षत्रिय थे और लगभग समकालीन थे। और यह तो निश्चित है कि मनु के नियमों ने समाज में समानता नहीं, असमानता पैदा की और धार्मिक पाखंड तथा रूढ़िवादिता पर मुहर लगाकर शोषणकारी समाज-व्यवस्था को मजबूत किया। मनु ने समाज में ब्राह्मणों को प्राथमिकता दी और अन्य जातियों या वर्णों को हेय घोषित किया। यहाँ तक कि अलग-अलग वर्णों के लिए उन्होंने अलग-अलग वस्त्र और मेखला पहनने की परिपाटी चलाई, और एक प्रकार से समाज में ब्राह्मणों की प्राथमिकता को बढ़ावा देने के लिए उन्होंने अनुशासनहीनता के बीज भी बोए। उदाहरण के लिए, उन्होंने कहा कि आपत्ति काल में ब्राह्मण किसी अब्राह्मण से शिक्षा तो ग्रहण कर सकता है, परन्तु शिक्षा की समाप्ति पर आदर ब्राह्मण को ही मिलेगा, अब्राह्मण अध्यापक को नहीं। और स्त्रियों के लिए कहा कि पति की सेवा ही उनकी शिक्षा है। इस प्रकार के नियमों का पालन न सम्भव था और न हुआ। इसलिए हमें प्राचीनकाल में विदुषी स्त्रियों के नाम सुनने को मिलते हैं और अन्य वर्णों के अध्यापकों की कथाएँ भी।

अनेक प्राचीन ग्रन्थों में से उस समय की विद्याओं की सूची मिलती है और *रामायण* तथा *महाभारत* तो इन सब बातों के अगाध भंडार हैं। *रामायण* की अयोध्या विद्वानों के लिए प्रसिद्ध थी और *महाभारत* के राजदरबार वाक्चातुर्य और विद्वानों की श्रद्धा के लिए श्रेष्ठ माने जा सकते हैं। *महाभारत* में तो कण्व ऋषि के आश्रम का भी वर्णन है, जो मालिनी नदी के तट पर बना था, जिसमें अनेक विषयों और विद्याओं की पढ़ाई होती थी, और जहाँ पर राजाओं के विश्राम के लिए प्रबन्ध भी था। ऐसा आश्रम, जिसमें अनेक विषय पढ़ाए जाते हों तथा शोध होता हो, आज के किसी अच्छे विश्वविद्यालय से कम नहीं होगा। *महाभारत* का समाज, नगर, कलाएँ और कौशल आदि किसी उच्च शिक्षा के प्रबन्ध के बिना जीवित नहीं रह सकते थे। इस विषय पर अनेक शोध-पत्र उपलब्ध हैं। यदि यह मान भी लिया जाए कि यह युग इन महाकाव्यों के आधार पर वर्णित होने के कारण केवल कल्पित ही है, तब भी उसका इतना सजीव वर्णन किसी-न-किसी वास्तविकता की ओर इशारा अवश्य करता है।

बौद्ध युग 600 ई.पू. के लगभग का है। उस समय तक तो न केवल ऐतिहासिक नगरों की स्थापना ही हो चुकी थी वरन् कई विश्वप्रसिद्ध विश्वविद्यालय भी बन गए थे। नालन्दा, तक्षशिला तथा विक्रमशिला, वल्लभी आदि विश्वविद्यालय उसी युग के गौरव की यशोगाथा गाते हैं। इसमें प्रायः प्रवेश के समय परीक्षा ली जाती है और अध्यापन बोलचाल की भाषा में होता है। यहाँ तर्क का विकास किया गया और संघ तथा विहार, जो बाद में अपने सामाजिक स्तर से गिर गए, बौद्ध शिक्षा के केन्द्र बने। महात्मा बुद्ध के जीवन से सम्बन्धित जातक कथाएँ उस युग के सामान्य जीवन का बड़ा ही सजीव चित्र पेश करती हैं।

बौद्ध युग ने भारतीय शिक्षा के क्षेत्र में कुछ महत्त्वपूर्ण योगदान दिए हैं, जैसे (1) मातृ-भाषा में शिक्षण, (2) शिक्षा को जन साधारण तक पहुँचाना, (3) तर्क से आस्था पर विजय पाना, (4) विश्वविद्यालय और (5) शाकाहारी भोजन। इसी समय भारत में अनेक बौद्ध

विद्वानों का जन्म हुआ, अध्यापकों को कोटियों में बाँटा गया और पढ़ाने के लिए जीवन-भर पढ़ते रहने की परम्परा डाली गई। कई अर्थों में मध्ययुगीन चर्च यूरोप में जो न कर पाए, वह इन्होंने कर दिखाया। यह भी कहा जा सकता है कि यह काल भारत का रिनेसा (पुनर्जागरण) और सुधार का काल था। परन्तु जब इस व्यवस्था का पतन हुआ, जिसमें उसे लगभग 700 वर्ष लगे, तब फिर उसके उत्थान की सम्भावनाएँ भी पूर्णरूपेण समाप्त हो गईं।

बौद्धकाल में ब्राह्मण-शिक्षा और धर्म को केवल धक्का ही लगा था, समाप्त नहीं हुए थे, इसलिए अवसर पाते ही वे फिर उभर आए। एक बार पुनः संस्कृत भाषा की स्थापना हुई, ब्राह्मण धर्म उभरा और बौद्ध धर्म धीरे-धीरे लुप्त होता चला गया। ब्राह्मण युग का पुनर्जीवन और उत्थान तथा भारत का लगभग 600 वर्ष का शान्तिकाल अपनी धरोहर के रूप में अनेक विशिष्टताएँ प्रदान कर गया। ऐसा नहीं कि यह काल पूरी तरह शान्त ही रहा; क्योंकि इसमें कई विदेशी आक्रमण भी हुए, परन्तु उन सबमें भारत का ही पलड़ा भारी रहा। इसलिए भी ब्राह्मणों को एक और अवसर मिला कि वे भारत को अपनी कुछ देन दे जाएँ। उनकी देन है—साहित्य का विकास, शास्त्रों का जन्म, भाषा का लेखन, नए नगरों की स्थापना, व्याकरण का अध्यापन, वेदपाठ की परम्पराएँ, गुरुकुल आदि। ऐसा नहीं है कि इस युग में सभी कुछ अच्छा ही हुआ, ब्राह्मणों ने कई भूलें भी कीं, पर कुल मिलाकर यह युग भारत के लिए काफी रचनात्मक रहा।

इतिहास के अध्यापन में जो याद रखने की बात है, वह है समाज की निरन्तरता और राजनीतिक जीवन से उसका बाह्य सम्बन्ध। यदि समाज का रूप बदल भी जाए, तब भी उसका आन्तरिक रूप लगभग अपरिवर्तित रहता है। इसलिए भारतीय इतिहास ने मुस्लिम आक्रमणों के समय से जो मोड़ लिया, वह काफी अंशों तक बाह्य परिवर्तन था; क्योंकि भारतीय जीवन अन्तरतम में उन्हीं पुरानी परम्पराओं के अनुरूप अबाधगति से चलता रहा, जैसे पहले चलता था। यह बात शिक्षा-इतिहास के विद्यार्थी को नहीं भूलनी चाहिए।

मुस्लिम युग, जो साथ-साथ शायद राजपूत युग भी कहा जा सकता है; क्योंकि इसमें एक के उत्थान और दूसरे के पतन की कहानी छिपी है, शिक्षा की दृष्टि से सबसे अधिक महत्त्वपूर्ण माना जाना चाहिए। मुसलमानों के आगमन से दो विदेशी भाषाएँ—अरबी और फारसी आईं। विदेशी विद्वानों का भारत में सम्मान बढ़ा तथा संस्कृत और ब्राह्मण पृष्ठभूमि में डाल दिए गए। इस्लाम के साथ दो प्रकार के स्कूल भी आए—प्राथमिक शिक्षा के लिए मकतब और उच्च शिक्षा के लिए मदरसे। मकतबों में शिक्षा मुल्ला देता था, जो बालक के चार वर्ष चार माह चार दिन के होने पर प्रारम्भ होती थी। यह खासी धार्मिक शिक्षा होती थी। मदरसों में धार्मिक ग्रन्थों के अतिरिक्त (अर्थात् हदीस, कुरान शरीफ आदि के अलावा) कानून, यूनानी हिकमत आदि की भी शिक्षा दी जाती थी। ये मदरसे काफी मशहूर थे और इनमें बड़ी दूर-दूर से लोग पढ़ने और पढ़ाने आते थे। राजा तथा अमीर (राजघराने तथा उच्च वर्ग के लोग) इन मदरसों को पैसा देकर सहायता करना अच्छा काम समझते थे। परन्तु, चूँकि मुसलमान नगरवासी थे और इन मदरसों में विदेशी भाषा के माध्यम से इस्लाम की भी अनेक बातें पढ़ाई जाती थीं और विदेशी विद्वानों को ही अधिक प्रश्रय मिलता था, हिन्दू इस व्यवस्था से दूर हट गए। हर राजा अपना अलग मदरसा खोलता था, इसलिए पुराने के स्थान पर नया मदरसा बनना एक साधारण बात बन गई थी। अर्थात् राज्य शिक्षा के लिए पैसे तो खर्च करता था,

पर उसका न स्थायी प्रबन्ध था और न जन कल्याण जैसे उद्‌देश्य ही। काफी हद तक इसका उद्‌देश्य राजाओं के अहम की सन्तुष्टि था।

इस युग में हिन्दू विद्वानों को प्रश्रय राजपूत राजाओं ने दिया, परन्तु वह उन्हें केवल जीवित रखने के लिए तो ठीक था, उस शिक्षा-व्यवस्था को स्थायित्व दिलाने या चलाने के लिए अपूर्ण था। फिर कुछ समय बाद स्वयं राजपूतों ने अरबी और फारसी सीखनी प्रारम्भ की और आवश्यकतावश वे भी शिक्षा की ओर मुड़ गए।

अनेक विदेशी विद्वानों का मत है कि मुस्लिम युग शिक्षा के लिए बहुत अच्छा युग नहीं कहा जा सकता। इसमें नई व्यवस्था तो आई, परन्तु इसमें पहले जैसी व्यापकता तथा औदार्य की कमी थी। फिर राजकुमारों तक के अध्यापकों को भूगोल और राजनीति का ज्ञान नहीं होता था। इससे यह निष्कर्ष निकाला गया कि जब राजाओं के अध्यापक ही ऐसे थे, तो अन्य अध्यापक तो और ही खराब रहे होंगे। सम्भव है, यह निष्कर्ष सही हो, परन्तु हम उस युग की आज के युग से तुलना नहीं कर सकते और उस समय की खराबियों को केवल इसलिए बुरा नहीं कह सकते कि हम उन्हें आज बुरा समझते हैं। वैसे यह सही है कि वह शिक्षा वेदकालीन स्थिति से खराब रही हो, परन्तु उस युग की शिक्षा-व्यवस्था अपने युग की आवश्यकताओं को देखते हुए पर्याप्त थी। कला-कौशल दिखाने के लिए कारखाने थे और विद्वता का प्रदर्शन करने के लिए राजदरबार थे। फिर हमें यह भी सोचना चाहिए कि विदेशी शासक को विजित राष्ट्र का नागरिक बनने में कितना समय लगता है। निस्सन्देह मुसलमानों ने इस काम में कम समय लिया और अकबर के काल में तो हिन्दू भी इस शिक्षा की ओर बढ़ गए।

अंग्रेजों के आगमन से पूर्व भारत की राजनीतिक स्थिति काफी खराब हो गई थी। मराठों के आक्रमण, विदेशियों की लूट, नादिरशाह तथा अब्दाली के अत्याचार भारत को पूरी तरह से तो कमजोर नहीं कर पाए, पर स्थानीय राजतन्त्र के दुर्बल होने पर भारत की नींव जरूर हिल गई। फलस्वरूप एक बार फिर भारत ने विदेशी शासन स्वीकार कर लिया, परन्तु यह विदेशी सभी भारतीय नहीं बन पाए और उनका शासनकाल भारत के लिए निरन्तर शोषण, अत्याचार और उत्पीड़न का ही रहा।

अंग्रेजों के आगमन से भारत में शिक्षा का एक नया युग शुरू हुआ। अंग्रेज भारत में इसलिए आए कि उन्हें व्यापार करना था। उनके मार्ग में स्पेन और पुर्तगाल बाधक थे, जो उन्हें यूरोप तक के व्यापार में पछाड़ देते थे। दूसरी बात यह थी कि उस समय इंग्लैंड में आबादी की समस्या थी और इस समस्या का हल केवल विस्तार था। तीसरी बात यह थी कि यूरोप में, विशेष रूप से इंग्लैंड में, सोने की कमी थी और इस समय अंग्रेज व्यापारी बिना बुलियन के काफी कष्ट में था। सोने की प्राप्ति के लिए वह तस्करी को बढ़ावा दे सकता था और राजा या रानी की आज्ञाओं तक की अवहेलना कर सकता था। चौथी बात यह कही जाती है कि उन्हें मुसलमानों (मूर) से घृणा थी और वे उन्हें बरबाद करना चाहते थे। शेष बातें इतिहास की हैं, शिक्षा के इतिहास की नहीं।

अंग्रेजों ने भारत का शासन अपने हाथों में लेने के बाद एक नई शिक्षा-प्रणाली को जन्म दिया। यह शिक्षा-प्रणाली अंग्रेजी भाषा में पनपी (जैसे हर शासक की भाषा पनपती है) और मूल भारतीय विश्वविद्यालयों से भिन्न कॉलेज और विश्वविद्यालय बने, जिनमें साहित्य,

विज्ञान, कृषि, वकालत और डॉक्टरी की पढ़ाई की व्यवस्था हुई। शासन को मजबूत करने के लिए भारत में रेल आई और उसके फलस्वरूप हमारे यहाँ इंजीनियरिंग की शिक्षा पनपी। मजदूर-वर्ग उत्पन्न हुआ और मध्यवर्ग के बाबुओं की जमात भी उठ खड़ी हुई। यह अलग बात है कि अधिकांश बाबू कायस्थ या ब्राह्मण ही थे; क्योंकि मुसलमान काल में ये ही लोग राज्य के छोटे-मोटे कारोबार देखा करते थे। राजनीतिक आन्दोलनों ने लोगों को उकसाया और राष्ट्रीय भावना को उभारा। तब राष्ट्रीय शिक्षा की भी बात चली और लोकमान्य तिलक ने राष्ट्रीय स्कूल प्रारम्भ किए।

इस काल की शिक्षा की सबसे विशेष बात है कि इस शिक्षा के प्रचार-प्रसार में स्वयं भारतीयों ने योग दिया। स्वयं भारतीयों ने चन्दे से स्कूल खोले, अंग्रेजी पढ़ी और नए जीवन की ओर कदम बढ़ाए। यदि इस कार्य को अंग्रेजों ने मान्यता प्रदान की, तो श्रेय उन्हें नहीं, भारतीयों को ही मिलना चाहिए। इस समय की कई भ्रामक बातें भारतीय शिक्षा के इतिहास में घर कर गई हैं, जैसे–

(1) यदि मैकाले अंग्रेजी के लिए अपनी वकालत न करता, तो अंग्रेजी न आती।
(2) अंग्रेजों ने भारत को औद्योगिक शिक्षा नहीं दी।
(3) भारत के आधुनिकीकरण के लिए अंग्रेजों का आगमन बड़ा ही हितकारी रहा।
(4) यदि अंग्रेज यहाँ न आते, तो भारत कभी भी एक प्रभुसत्तापूर्ण स्वतन्त्र राष्ट्र नहीं बन सकता था।
(5) वर्तमान भारतीय शिक्षा का मूल अंग्रेजों की शिक्षा-व्यवस्था है।
(6) अंग्रेजों ने भारत को अपने प्राचीन गौरव की ओर उन्मुख किया।
(7) उन्होंने हमें इतिहास को लिखने के वैज्ञानिक आधार दिए।
(8) उन्होंने एक 'डाउन फिल्ट्रेशन' नामक सिद्धान्त को जन्म दिया, जिसके अनुसार यदि भारतीय उच्च वर्ग को शिक्षा दे दी जाए, तो निम्न वर्ग उनसे खुद ही शिक्षा ग्रहण कर लेगा आदि।

वस्तुस्थिति यह है कि यदि अंग्रेज भारत पर अपना शासन न करते, तो जापान और थाईलैंड की भाँति वह स्वतन्त्र रहकर अति शीघ्रता से आधुनिक हो सकता था। अंग्रेजी शासन का विकल्प पुर्तगाल या फ्रांस का शासन नहीं, स्वतन्त्रता है। शिक्षा के इतिहास के लेखक शिक्षा के विकास में भारतीयों के योगदान को कम महत्त्व देते हैं। वे भूल जाते हैं कि जिस उच्च बुद्धिजीवी वर्ग (ब्राह्मण और कायस्थ) ने हिन्दुओं की ओर से मुगलों के शासनकाल तक में मान्यता प्राप्त कर ली, अपने भीतरी और बाह्य मूल्यों में भेद कर डाला, वह अंग्रेजों के काल में भी पीछे नहीं रहा। यदि अंग्रेज उनके लिए स्कूल नहीं खोल पाए तो उन्होंने स्वयं खोल लिए। उनकी अपनी जातिगत शिक्षा पर निर्भरता एक और कारण से भी थी कि उनका न तो व्यापार से कोई सम्बन्ध था और न खेती से ही। उन्हें पढ़ना था वे पढ़ गए। उसमें न अंग्रेजों ने कोई योगदान दिया और न वे उनकी कृपा पर ही रहे। स्मरण रहे, अंग्रेजी शासनकाल में सरकारी स्कूलों की संख्या से कई गुणी संख्या प्राइवेट या निजी स्कूलों की थी। उन्हें सरकार ने मान्यता दी थी और थोड़ी-सी आर्थिक सहायता। शेष काम उनका अपना था। हिन्दू और मुस्लिम पुनर्जागरण के नाम पर बनी ये संस्थाएँ शिक्षा में विशेष रूप से रुचि भी रखती थीं।

उपनिवेशवाद की विशेषता है कि वह शिक्षा को तब तब पनपने नहीं देता जब तक मजबूरी ही न हो जाए। यह प्रत्येक उपनिवेश के इतिहास में देखा जा सकता है। फलस्वरूप जब भारत में राजनीतिक गतिविधियाँ प्रारम्भ हुईं, मजदूर वर्ग आया और विशेष रूप से तिलक और उनके बाद गांधीजी जब राजनीति के मंच पर आए, शिक्षा के प्रति उनकी व्यापक सहानुभूति होनी स्वाभाविक ही थी। इस प्रकार राष्ट्रीय शिक्षा के लिए जो आन्दोलन हुआ, वह होना ही था। इसमें कहीं भी अंग्रेजों की कृपा दिखलाई नहीं पड़ती। उन्होंने तो केवल बाधाएँ उत्पन्न कीं। मुसलमानों को उकसाकर, उनके लिए राजतन्त्र में विशेष सुविधाएँ देकर तथा उनकी स्कूली शिक्षा में खासा योगदान देकर उन्होंने उनकी आबादी की अपेक्षा अधिक पढ़ाया। हिन्दुओं ने अपनी शिक्षा की व्यवस्था लगभग स्वयं ही की और मुहम्मद अली जिन्ना ने तो यहाँ तक कहा कि गांधीजी की शिक्षा केवल हिन्दुओं के लिए है, हिन्दुओं की जड़ मजबूत करने और इस्लाम की संस्कृति को समाप्त करने के लिए है।

आधुनिक भारतीय शिक्षा का सारा श्रेय अंग्रेजों को देनेवालों को यह देखना चाहिए कि जब अंग्रेज भारत से गए, वे यहाँ केवल 11 विश्वविद्यालय तथा 8 प्रतिशत साक्षरता छोड़ गए थे। केवल मैसूर, बड़ौदा और कुछ अंश में हैदराबाद राज्यों को छोड़कर भारत के देशी राजाओं के राज्यों में शिक्षा की दशा घोर निराशाजनक थी। अंग्रेज शिक्षा के नाम पर हमें नौकरशाही और औपनिवेशिक गुलामी की मानसिकता दे गए। साथ ही उन्होंने अपनी शिक्षा के साथ ईसाई धर्म की जड़ें भी जमाने की कोशिश की। भारत को हमेशा गुलाम बनाए रखने के लिए उन्होंने जन-सामान्य की शिक्षा की ओर बहुत कम ध्यान दिया।

स्वतन्त्र भारत में शिक्षा

सार्जेंट प्लान और वुड एबट रिपोर्ट की पृष्ठभूमि को ध्यान में रखकर नए भारत ने शिक्षा की ओर अपने कदम बढ़ाए। योजनाएँ बनीं और शिक्षा-प्रणाली में सुधार करने के लिए कई बड़े महत्त्वपूर्ण आयोग नियुक्त किए गए, जैसे मुदालियर आयोग और डॉक्टर राधाकृष्णन आयोग—पहला माध्यमिक शिक्षा के लिए और दूसरा विश्वविद्यालयी शिक्षा के लिए। योजना आयोग ने शिक्षा को राष्ट्रीय उत्पादन और आधुनिकता से जोड़ा और भारतीय संविधान में एक निश्चित अवधि में अनिवार्य तथा निःशुल्क शिक्षा देने की व्यवस्था की। इस प्रकार भारत ने शिक्षा को एक नया मोड़ दिया। विश्वविद्यालयों की शिक्षा को ठीक करने के लिए विश्वविद्यालय अनुदान आयोग बनाया और माध्यमिक शिक्षा तक के सुधार और विकास के लिए राष्ट्रीय शैक्षणिक प्रशिक्षण एवं अनुसन्धान परिषद् की स्थापना की, जिसका प्रमुख काम अच्छे अध्यापक तैयार करना, अच्छी पाठ्य-पुस्तक बनाना और पढ़ने के लिए अच्छी सहायक सामग्री का उत्पादन करना आदि है। अध्यापकों तक नया ज्ञान पहुँचाने तथा शिक्षा में शोध-कार्य करने के लिए भी यही संस्था उत्तरदायी है।

स्वातन्त्र्योत्तर शिक्षा की विशेषताएँ निम्नलिखित हैं :

(1) हरिजनों की शिक्षा पर विशेष ध्यान दिया गया। उन्हें पढ़ाने के लिए विशेष प्रबन्ध किया गया तथा आर्थिक सहायता भी दी गई।

(2) प्रौढ़ शिक्षा के लिए भारी मात्रा में आर्थिक अनुदान की व्यवस्था की गई।
(3) माध्यमिक शिक्षा के पाठ्यक्रम में सुधार किए गए तथा उसमें वैविध्य लाने का प्रयत्न किया गया।
(4) शिक्षक-प्रशिक्षण का सुधार और विकास किया गया तथा भाषा (अंग्रेजी और हिन्दी) के अध्यापकों के लिए अलग संस्थाएँ खोली गईं।
(5) अल्पसंख्यकों के स्कूलों को विशेष सुरक्षा एवं अनुदान आदि प्रदान किया गया।
(6) अनेक राज्यों में निःशुल्क तथा अनिवार्य प्राथमिक शिक्षा लागू की गई और लड़कियों की शिक्षा को भी निःशुल्क किया गया।

शिक्षा में कई प्रयोग भी हुए, जैसे, बहुउद्देश्यीय स्कूल खोलना, माध्यमिक शिक्षा को उच्चतर माध्यमिक बनाना, बी.ए. को तीन वर्ष का करना, परीक्षा में सुधार आदि। राष्ट्रीय स्तर पर अनेक संस्थाओं को जन्म दिया गया, ताकि वे वह काम कर पाएँ, जो विश्वविद्यालय नहीं कर सकते, जैसे अनेक विषयों में शोध-कार्य, जो विशेष रूप से व्यावहारिक हो और जिनमें आदमियों और धन—दोनों की ही काफी आवश्यकता हो। इन संस्थाओं के नाम हैं इंडियन इंस्टीट्यूट ऑफ मैनपावर रिसर्च, कौंसिल ऑफ इंडस्ट्रियल साइंटिफिक रिसर्च, इंडियन इंस्टीट्यूट ऑफ मास कम्यूनिकेशन आदि। सर्वोच्च स्तर पर कुछ संस्थाएँ संसद के काम, अन्तर्राष्ट्रीय सम्बन्ध, विदेशी भाषाओं का शिक्षण, उच्चस्तरीय शोध, आँकड़ों का संकलन आदि कर रही हैं। उनमें जवाहरलाल नेहरू विश्वविद्यालय का नाम प्रमुख है और बहुत कुछ यही हो भी रहा है।

परन्तु इसका यह अर्थ नहीं कि हमने सभी कुछ करा लिया है, जो करना था। अभी भी कई समस्याएँ हैं, जिनमें कुछ इस प्रकार हैं—

(1) निःशुल्क शिक्षा पूरी तरह से लागू नहीं हो पाई है और उसकी सफलता में अनेक बाधाएँ हैं जिन्हें सरकार बिना सामाजिक सहयोग के दूर नहीं कर सकती।
(2) प्रौढ़-शिक्षण का कार्य काफी पिछड़ा हुआ है और यह केवल वृद्ध योजना तथा जन-आन्दोलन द्वारा ही सफलता प्राप्त कर सकता है। कई राज्यों में इसको सफलता भी मिली है, परन्तु हर स्थान पर नहीं।
(3) भारतीय अध्यापक का वेतनमान बढ़ गया है, पर शैक्षिक स्तर काफी गिरा हुआ है। इसके लिए भी व्यापक कदम उठाने की आवश्यकता है।
(4) माध्यमिक शिक्षा का वैविध्य सफल नहीं हो पाया है, अभी भी एक ही प्रकार की शिक्षा-व्यवस्था है और धनी परिवारों के बच्चे ही हर प्रकार की सुविधा का लाभ उठा पाते हैं और वे ही सफलता पा रहे हैं।
(5) हरिजन अपनी सुविधाओं का लाभ नहीं उठा पा रहे हैं। उन्हें अभी भी बहुत कुछ करना है, जिसे सरकार नहीं कर सकती। शताब्दियों के अन्धकार से उनका निकल पाना साधारण काम नहीं है। इसमें उन्हें ही काफी कुछ करना पड़ेगा।
(6) भाषा-विवाद का सही हल संवैधानिक नहीं है, इसलिए यह समस्या अभी भी बनी हुई है। अंग्रेजी का प्रचार उसमें निहित गुणों के कारण नहीं, वर्ग-भेद की भावना को बनाए रखने तथा उससे अनजान लोगों के विरुद्ध हथियार की भाँति उठाने के लिए हुआ है।

(7) शिक्षा केवल नौकरी प्राप्त करने का साधन नहीं है, वह समाज का मानसिक स्तर ऊपर उठाती है और मनुष्य का जीवन भी अधिक आनन्ददायक और सुरुचिपूर्ण बनाती है। लेकिन इस बात को अभी हमारे यहाँ समझा नहीं गया है।

शारीरिक शिक्षा–स्वतन्त्रता के पश्चात् सरकार ने शारीरिक शिक्षा की ओर भी ध्यान दिया। इसके कई कारण थे। सामान्य छात्र अपौष्टिक आहार के कारण अपने शरीर की ओर कम ही ध्यान दे पाते हैं। विश्व के शारीरिक स्तरमान से भारतीय काफी पिछड़े हुए हैं। विश्व खेलकूद में हॉकी को छोड़कर हमारा कहीं कोई अन्य स्थान नहीं है। इसलिए अच्छे खिलाड़ी को प्रोत्साहन से लेकर प्रशिक्षण तक की सुविधा का प्रबन्ध भी राज्य-स्तर पर करना आवश्यक है। केन्द्र तथा राज्य सरकारों ने स्पोर्ट्स कौंसिल की स्थापना करके इस दिशा में पहला कदम उठाया। छात्र-छात्राओं के लिए एन.सी.सी. (तीनों प्रकार की नभ, जल, थल) का व्यापक प्रबन्ध करके उन्हें अनुशासित करने का प्रयत्न किया गया। केन्द्र तथा प्रत्येक राज्य में अपना स्टेडियम बनाकर खेलों को प्रोत्साहन दिया गया है और राज्यों ने आपसी प्रतियोगिताएँ कराकर इस दिशा में महत्त्वपूर्ण योगदान दिया गया है। पटियाला में शारीरिक शिक्षा का काफी अच्छा प्रबन्ध है। प्रत्येक वर्ष के सर्वश्रेष्ठ खिलाड़ियों को अर्जुन पुरस्कार देकर खेलों को प्रतिष्ठित किया गया है। राष्ट्रीय तथा राज्यों के स्तर पर ही अनेक निजी क्लबों को सहायता देकर भी सरकार ने इस ओर कुछ प्रयत्न किया है। इसमें काफी धनराशि लगाई जाती है। विदेशों से अच्छे-अच्छे सिखानेवाले बुलाए जाते हैं तथा भारतीयों को विदेशों में खेलने का अवसर भी दिया जाता है। भारत ने क्रिकेट, बिलियर्ड, हॉकी, पोलो और टेनिस में काफी नाम कमाया है। परन्तु अभी भी शारीरिक प्रशिक्षण या अन्तर्राष्ट्रीय खेलकूद के स्तर से हम काफी दूर हैं। इस क्षेत्र को यदि कुछ लोग अपने हितों का अड्डा या साधन न बनाएँ, तो भारत भी नए कीर्तिमान स्थापित करने की स्थिति में आ गया है।

भास्कराचार्य–ख्यातिप्राप्त गणितज्ञ और ज्योतिषाचार्य, जन्म 1114 ई. में दक्षिण देशवर्ती सह्याद्रि शृंखला के पादमूल में स्थित बीजापुर में। उनके पिता चूड़ामणि महेश्वर भी ज्योतिषी थे, जिनसे उन्होंने गणित और खगोल-शास्त्र सीखा। छत्तीस वर्ष की अल्पावस्था में उन्होंने अपनी प्रसिद्ध रचना *सिद्धान्तशिरोमणि* लिखी। यह पुस्तक दो भागों में विभाजित है–अंकगणित तथा बीजगणित, प्रथम भाग को लीलावती भी कहते हैं। यह पुस्तक पद्यमय है और दर्शाती है कि गणित विज्ञान में हिन्दुओं ने कितनी उन्नति की थी।

भीमदेव द्वितीय–गुजरात के सोलंकी अथवा चालुक्य वंश का पाश्चात्यकालीन राजा, जिसने 1178 ई. में शहाबुद्दीन मुहम्मद गोरी के आक्रमण को विफल कर दिया। इस विजय के फलस्वरूप पूरा गुजरात एक शताब्दी से अधिक समय तक मुसलमानों के अधिकार में जाने से सुरक्षित रहा। इतने पर भी भीमदेव की राजधानी अन्हिलवाड़ पर कुतुबुद्दीन ने 1197 ई. में आक्रमण और लूटमार कर ही डाली। भीमदेव द्वितीय उन गिने-चुने हिन्दू राजाओं में से एक था जो कुछ समय तक भारत में मुसलमानों की प्रगति रोकने में समर्थ हुए थे।

भोटविष्टि–एक तरह की बेगार, जो गुप्तों के शासनकाल में सीमावर्ती भोट देश में ली जाती थी।

माध्यमिक शिक्षा–किसी भी राष्ट्र के लिए माध्यमिक शिक्षा सम्पूर्ण शिक्षा-व्यवस्था की सबसे अधिक महत्त्वपूर्ण कड़ी है। इसी शिक्षा-स्तर से उसे मध्यम श्रेणी के कुशल कामगर,

टेकनीशियन, क्लर्क आदि मिलते हैं, और इसी शिक्षा से विश्वविद्यालयों को योगय विद्यार्थी भी मिलते हैं। यह विषय काफी चर्चा का रहा है कि माध्यमिक शिक्षा को क्या केवल विश्वविद्यालय की पहले की सीढ़ी माना जाए, या इसे स्वतन्त्र मानकर अधिकांश छात्रों के लिए इसे अन्तिम शिक्षा की संज्ञा दी जाए? यदि ऐसा है तो क्या एक ही प्रकार के माध्यमिक स्कूल हों या अनेक प्रकार के? यदि अनेक प्रकार के हों तो उनके अनेक प्रकार के छात्रों को भर्ती करने की छूट किसे दी जाए—व्यक्ति को या सरकार को? फिर समस्या यह भी है कि माध्यमिक शिक्षा कितने वर्षों की है; क्योंकि अधिकांश छात्र यहीं से पढ़ना बन्द कर देंगे, तो उन्हें किसी-न-किसी प्रकार का कौशल देना आवश्यक है और वह तीन वर्ष से कम में नहीं दिया जा सकता, अर्थात् माध्यमिक स्कूल उच्चतर माध्यमिक हो या फिर दो वर्ष हाई स्कूल और दो वर्ष इंटरमीडिएट रखा जाए, ताकि इंटरमीडिएट अवस्था में विशेष प्रकार की ट्रेनिंग आदि दी जा सके। परन्तु कम-से-कम भारत में अभी इसका कोई हल नहीं हुआ है। कई राज्य हाई स्कूल और इंटरमीडिएट-व्यवस्था रखे हुए हैं—वहाँ पर बी.ए. की शिक्षा दो वर्ष की है जैसे उत्तर प्रदेश में। कुछ राज्यों में हायर सेकेंडरी के बाद एक वर्ष प्री यूनिवर्सिटी तथा तीन वर्ष बी.ए. की व्यवस्था है। कई राज्यों में दोनों व्यवस्थाएँ हैं।

इंग्लैंड जैसे देश में तो मिश्रित-व्यवस्था के कारण काफी वाद-विवाद है। कारण स्पष्ट है कि यदि एक प्रकार के स्कूल में पढ़ने के बाद एक छात्र विश्वविद्यालय जा सकता है और दूसरा नहीं, तो प्रवेश की समस्या लेकर काफी झंझट होते हैं, और वे हैं भी।

भारत में इस समस्या को लेकर मुदालियर आयोग बैठाया गया था और उसकी सिफारिश मानकर इस व्यवस्था में सुधार भी किए गए थे, पर 'मल्टी-परपज' या बहुउद्देश्यीय स्कूल चले नहीं। अनेक कारणों में से एक कारण यह भी है कि इनमें पढ़नेवालों को कोई विशेष सम्मान प्राप्त नहीं हुआ। कोठारी आयोग ने इसमें सुधार के कई सुझाव रखे। उनमें से एक तो उच्चतर माध्यमिक स्कीम थी। पर उसमें भी आशानुरूप सफलता नहीं मिली है।

इस शिक्षा की असफलता का सबसे बड़ा कारण यह है कि इसमें पढ़ने के बाद जीवन के कार्यक्षेत्र में जीने और आजीविका के उद्यम के प्रवेश के लिए मार्ग नहीं है। वैसे उसका दोष शिक्षा को नहीं, देश की आर्थिक-व्यवस्था को देना चाहिए, जिसके कारण शिक्षा बदनाम होती है।

राजशेखर—संस्कृत भाषा का प्रसिद्ध कवि और नाटककार। जन्म दक्षिण भारत में। कन्नौज के गुर्जर प्रतिहार शासकों का राजाश्रय प्राप्त था। वह प्रतिहार शासक महेन्द्रपाल (लगभग 890-910 ई.) का गुरु था। यद्यपि उसने कई ग्रन्थों की रचना की, तथापि चार नाटक—*बालरामायण, विद्धशाला भंजिका, बाल भारत* (उपनाम प्रचंड पांडूय) तथा *कर्पूरमंजरी* ही उपलब्ध हैं। *कर्पूरमंजरी* प्राकृत भाषा में है। काव्य-शास्त्रीय प्रसिद्ध ग्रन्थ *काव्यमीमांसा* राजशेखर की उत्तम कृति है। इनके अतिरिक्त *भुवनकोष* की भी उसने रचना की, परन्तु यह ग्रन्थ उपलब्ध नहीं। उसके *हर-विलास* नामक एक अन्य ग्रन्थ का भी उल्लेख मिलता है, पर वह भी अप्राप्य है। उसका विवाह चाहमान वंश की राजकुमारी अवन्ति सुन्दरी से हुआ था, जो स्वयं विदुषी महिला थी।

रामानन्द—भक्तिमार्ग के उत्तरकालीन प्रचारकों में इनका स्थान महत्त्वपूर्ण है। वे चौदहवीं शताब्दी में हुए थे। उनका जन्म प्रयाग में हुआ और उन्होंने उत्तरी भारत के समस्त तीर्थस्थलों

की यात्रा करके जीवन के अन्तिम वर्ष दक्षिण भारत में व्यतीत किए। वे श्रीराम के अनन्य भक्त थे और उन्होंने वर्ण, जाति आदि के भेदभाव से दूर रहकर जन-सामान्य की बोलचाल की भाषा हिन्दी में भक्तिमार्ग का उपदेश दिया। उनके बारह प्रमुख शिष्यों में कबीर के अतिरिक्त पद्मावती नामक महिला भी थी।

रामानुजाचार्य–इनकी गणना प्रख्यात दार्शनिकों और दक्षिण भारतीय वैष्णव सम्प्रदाय के महान आचार्यों में होती है। वे बारहवीं शताब्दी में हुए। उनकी शिक्षा-दीक्षा दक्षिण के प्रसिद्ध विद्या-केन्द्र काँची में हुई थी और तिरुचिरापल्ली (त्रिचनापल्ली) के निकट श्रीरंगम् उनका निवास-स्थल था। तिरुचिरापल्ली उन दिनों चोल शासक अधिराजेन्द्र के राज्य में था जो कट्टर शैव था। चोल सम्राट के उत्पीड़न के कारण रामानुज स्वामी होयसल वंश के जैन धर्मावलम्बी शासक बिट्टिग के राज्य में मैसूर चले आए और वहाँ उन्होंने बिट्टिग को वैष्णव धर्मावलम्बी बना लिया। बिट्टिग ने अपना नाम परिवर्तित करके विष्णुवर्धन रखा और अपने शासनकाल (1111-1141 ई.) में बेल्लूर तथा हलेबिड के भव्य मन्दिरों का निर्माण कराकर उनमें विष्णु की मूर्तियाँ प्रतिष्ठित कीं। कुछ समय के उपरान्त रामानुज स्वामी पुनः श्रीरंगम् वापस लौटे और वहीं उनका देहावसान हुआ। रामानुज शंकराचार्य के अद्वैतवाद के प्रमुख आलोचक थे और उनका मत विशिष्टाद्वैत मत के नाम से विख्यात है।

राष्ट्रीय शैक्षिक अनुसन्धान और प्रशिक्षण परिषद्–इस परिषद् की स्थापना भारत सरकार द्वारा 1 सितम्बर, 1961 को हुई। यह एक स्वायत्त संगठन है। इसका उद्देश्य देश में शिक्षा-अनुसन्धान को सुसंगठित रूप में बढ़ावा देना, स्वयं शोध करना, शोधकर्ताओं को प्रशिक्षण देना और क्षेत्रीय सेवा-कार्य करना है। यह परिषद् विश्वविद्यालय और कॉलेजों को भी शोध के लिए अनुदान देती है तथा शोध-ग्रन्थों का प्रकाशन भी करती है। शिक्षा-अनुसन्धान में दूसरे राष्ट्रों से सहयोग करके भी यह शोधकार्य को बढ़ावा देती है। 1963 में इसने अमेरिका के शिक्षा-विभाग से सहयोग करके अनेक महत्त्वपूर्ण अनुसन्धान किए। आदर्श पाठ्यपुस्तकें तैयार करने का काम भी यह परिषद् करती है। परिषद् अपने कार्य को राष्ट्रीय शिक्षा संस्थान और क्षेत्रीय शिक्षा कॉलेजों द्वारा पूरा करती है। केन्द्रीय शिक्षा संस्थान में सेंट्रल ब्यूरो ऑफ द टेक्स्ट बुक रिसर्च, सेंट्रल ब्यूरो ऑफ एजूकेशन एवं वोकेशनल गाइडेंस, केन्द्रीय बेसिक शिक्षा संस्थान, राष्ट्रीय मूल शिक्षा केन्द्र, राष्ट्रीय दृश्य-श्रव्य संस्थान और माध्यमिक विद्यालय स्तर की सेवाएँ सम्मिलित हैं।

इसके अतिरिक्त शिक्षा के सम्बन्धित अनेक नए विभाग इसके अन्तर्गत कार्य करते हैं। कुछ प्रमुख विभाग ये हैं–

(1) पाठ्यचर्या पाठ्य-पुस्तक एवं पाठ्यविधि।

(2) शैक्षिक प्रशासन।

(3) शिक्षा-मनोविज्ञान, इसके अन्तर्गत व्यावसायिक निर्देश, केन्द्रीय शिक्षा संस्थान का मनोविज्ञान विभाग, बालक अध्ययन यूनिट और साइकोमीटरिक यूनिट काम करते हैं।

(4) तुलनात्मक शिक्षा तथा सामाजिक एवं दार्शनिक शिक्षा।

(5) शिक्षा-प्रशिक्षण।

(6) विज्ञान-शिक्षा।

(7) बुनियादी और प्राथमिक शिक्षा।

(8) दृश्य-श्रव्य।
(9) मूल शिक्षा तथा
(10) अनुदेश।

इन सभी विभागों का कार्य शोध, प्रशिक्षण एवं विस्तार, और क्षेत्र सेवाएँ हैं। शोध का काम एम.ए., पी-एच.डी., विद्यार्थी एवं अध्यापक वर्ग के व्यक्ति एवं समूह, विभाग एवं अन्तर्विभाग सभी स्तरों पर होता है। शोध के कार्यों को सुसंगठित करने के लिए इसकी दो स्थायी समितियाँ हैं, जो परिषद् की योजना, अनुदान, कार्य-समन्वय आदि सभी की देखभाल करती हैं और अनुसन्धान को प्रोत्साहन देती हैं।

परिषद् की दूसरी एजेंसी क्षेत्रीय शिक्षा कॉलेज है। ये अजमेर, भुवनेश्वर, भोपाल एवं मैसूर में स्थापित किए गए हैं। इनमें चार वर्षीय संकलित पाठ्यक्रम के माध्यम से शिक्षक-प्रशिक्षण के साथ-साथ शोध-कार्य भी सम्पन्न होता है। इन कॉलेजों का लक्ष्य बहुउद्देश्यीय स्कूलों के लिए शिक्षक तैयार करना है।

रेड इंडियन–मंगोलकल्प वर्ग की अमेरिकी शाखा। कुछ मानवविज्ञानी इन्हें श्वेतकल्प (यूरोपाइड) वर्ग की एक शाखा मानते हैं। वस्तुतः रेड इंडियनों में दोनों वर्ग की शारीरिक विशिष्टताएँ सम्मिलित हैं। इनके बाल सीधे, सख्त और काले होते हैं। शरीर के अन्य भागों में बालों का विकास नहीं के बराबर ही होता है। इनका वर्ण भूरा-पीला, चेहरा विशाल, मस्तक सपाट, आँखें खिंची हुई और लम्बी, नासिका सेतु उठा हुआ, ओंठ मध्यम आकार के व मोटे भी तथा जबड़े की हड्डियाँ कम उठी हुई होती हैं। रेड इंडियनों में सभी तरह के कद पाए जाते हैं तथा इनके सिर के आकार भी सभी तरह के होते हैं।

ये अमेरिका कब और कैसे पहुँचे, इसके विषय में विद्वानों की अनेक धारणाएँ हैं। श्वेतकल्प वर्ग के अमेरिका में पदार्पण करने से पूर्व पेरु, मेक्सिको और युकातान प्रदेशों में रेड इंडियनों ने सभ्यता का पर्याप्त रूप से विकास कर लिया था। शेष अन्य स्थानों में वे अधिकतर कबीलों में ही घूमते-फिरते थे। श्वेत जातियों के आगमन के पश्चात् उन्हें अमेरिका के उपजाऊ भागों से या तो खदेड़ दिया गया, या नष्ट कर दिया गया। श्वेत मानवों के इस प्रकोप के फलस्वरूप रेड इंडियन उत्तरी अमेरिका में नाम मात्र को ही बच सके। दक्षिणी अमेरिका के रेड इंडियनों में भी स्पेनी तथा अन्य यूरोपीय जातियों का पर्याप्त सम्मिश्रण हुआ है। फिर भी दक्षिणी अमेरिका के अविकसित भागों में रेड इंडियनों के कुछ प्रदेश अब भी ऐसे मिल जाते हैं, जो आधुनिक सभ्यता के प्रभाव से अभी तक अछूते हैं।

लिंगायत (अथवा वीर शैव) सम्प्रदाय–स्थापना बारहवीं शताब्दी के पूर्वार्द्ध में बासव ने की जो विज्जल कलचूर्य का मन्त्री था। इस सम्प्रदाय के लोग शिवलिंग की पूजा करते हैं, इसलिए वे लिंगायत कहलाते हैं। वे वेदों को प्रमाण नहीं मानते, पुनर्जन्म के सिद्धान्त में विश्वास नहीं करते, बाल-विवाह के विरोधी तथा विधवा विवाह के समर्थक हैं। वे ब्राह्मणों की श्रेष्ठता को स्वीकार नहीं करते। लिंगायत सम्प्रदाय अब भी कन्नड़ देश में बहुत शक्तिशाली है।

लोक-कलाएँ–अशिक्षित जनजातियों, पिछड़े समुदायों और सामाजिक रूप से निम्न स्तर के व्यक्तियों की संस्कृति में कई प्रकार की लोक-कलाएँ देखने में आती हैं, यथा, चित्रकारी, पच्चीकारी, मूर्ति बनाना, माँडने बनाना, संगीत-रचना करना, भाँति-भाँति के नृत्य करना, सजावट करना, खिलौने बनाना, नृत्य के लिए कौड़ियों, पंखों, सींगों आदि से बने हुए मुकुट, मुखौटे,

वस्त्र आदि का निर्माण आदि। उनके प्राकृतिक पर्यावरण में जो-जो वस्तुएँ उपलब्ध होती हैं, यथा, बाँस, सींकें, घास, लकड़ी, पत्थर, चिकनी मिट्टी, शंख, मछली, हड्डियाँ, पक्षी विशेष आदि, उनसे भाँति-भाँति की वस्तुएँ निर्मित की जाती हैं। इनका न केवल मनोरंजनात्मक महत्त्व होता है, अपितु आर्थिक मूल्य भी होता है; क्योंकि इनका क्रय-विक्रय किया जाता है जिस पर उनका जीवन निर्भर होता है। गुजरात, राजस्थान, तमिलनाडु, उड़ीसा आदि की लोक-कथाएँ अत्यन्त मनोहारी और रोचक होती हैं और अब तो उनकी माँग न केवल भारत में, अपितु विदेशों में भी बढ़ रही है और उससे भारत विदेशी मुद्रा कमाने लगा है। इन कलाओं के माध्यम से देश की विभिन्न संस्कृतियाँ अजर-अमर बनी हुई हैं। लेकिन अब इनका पतन होने लगा है; क्योंकि ये आधुनिक युग के मनोरंजन के साधनों की प्रतिस्पर्धा के आगे नहीं टिक पा रही हैं।

लोक-क्रीड़ाएँ–जनजातियों व पिछड़े समुदायों में कई प्रकार की लोक-क्रीड़ाएँ अथवा खेल-कूद प्रचलित रहे हैं, जिनका आजकल लोप हो रहा है। भारत में एलविन वैरीयर, डी. एन. मजुमदार तथा अनेक सामाजिक मानवविज्ञानियों ने अपने अमूल्य शोध-अध्ययनों से पता लगाया है कि विभिन्न समुदायों में किन-किन अवसरों पर कौन-कौन-से खेल किन-किन समूहों द्वारा खेले जाते हैं। कई खेलों में केवल बालक ही भाग लेते हैं, किन्हीं में केवल स्त्रियाँ, तो किन्हीं में केवल अविवाहित व्यक्ति। इन लोक-क्रीड़ाओं का आयोजन धार्मिक अनुष्ठानों, विवाहों, पंचायत और सामाजिक मेल-मिलाप के अवसरों पर होता है। भारतीय ग्रामों में कुश्ती, कबड्डी, गिल्ली-डंडा खेलना, बैलगाड़ियों, घोड़ों व रथों को दौड़ाना, मुर्ग, बटेर और भेड़ों को लड़ाना, कबूतर उड़ाना आदि विशेष रूप से प्रचलित रहे हैं। नीलगिरि की टोड़ा जनजातियों में भैंसों से सम्बन्धित कई खेल-कूदों के आयोजन किए जाते हैं। लोक-क्रीड़ाओं का उद्देश्य व्यक्तिगत मनोरंजन तो होता ही है, लेकिन इससे भी बड़ा उद्देश्य है सामूहिक एकता और उल्लास को प्रदर्शित करना। भारत में अभी तक इस पक्ष पर कोई विशेष उल्लेखनीय शोध-अध्ययन नहीं हुए हैं।

लोक-गाथा–प्रत्येक मानव समुदाय का अपना लोक-साहित्य होता है। जनजातियाँ और पिछड़े समूह चूँकि प्रायः अशिक्षित होते हैं, इसलिए उनका लोक-साहित्य प्रायः मौखिक अथवा अलिखित होता है। भारतीय लोक-साहित्य बहुत समृद्ध है। भारतीय जनजातियों के लोक-साहित्य के कई रूप देखने में आते हैं, यथा, (1) दोहे, (2) छन्द या चौपाई, (3) लोकगीत, (4) लोककथाएँ, (5) पहेली, (6) कहावतें और (7) पौराणिक कथाएँ। इनमें विभिन्न प्रकार की ऐतिहासिक, धार्मिक, सामाजिक और सांस्कृतिक मान्यताओं, नैतिकता तथा आकांक्षाओं और भयों की स्पष्ट झाँकी देखने में आती है।

लोकगीतों और लोककथाओं के कथानक इन विभिन्न प्रकार के प्रसंगों से सम्बन्धित होते हैं। भारत में देवेन्द्र सत्यार्थी ने देश के लाखों लोकगीत एकत्र किए हैं। एलविन वैरीयर नामक मानवविज्ञानी ने मध्य प्रदेश और नागालैंड में बहुत लोक-साहित्य एकत्र किया था। राजस्थान में डॉ. के.एल. सहगल, लक्ष्मीबाई चूंडावत, गोविन्द अग्रवाल, नरोत्तम स्वामी, सूर्यकरण पारीक, डॉ. सत्यपाल रुहेला आदि कई शोधकर्ताओं ने बहुमूल्य लोक-साहित्य एकत्र किया है। उत्तर प्रदेश के पर्वतीय क्षेत्रों के लोक-साहित्य, गीत और कथाओं के संकलन में मोहन उप्रेती, जीवनलाल साह और ब्रजेन्द्र ने महत्त्वपूर्ण काम किया है।

लोहानी–एक अफगान कबीला, जो दरिया खाँ लोहानी के नेतृत्व में बिहार में बस गया। सुल्तान इब्राहीम लोदी (1517-26 ई.) के राज्यकाल में उसके साथ इतना निष्ठुरतापूर्ण व्यवहार

किया गया कि उसने दिल्ली के खिलाफ बग़ावत कर दी और बिहार में अपना स्वतन्त्र राज्य स्थापित कर लिया। बाद में बाबर (1526-30 ई.) ने उसे 1529 ई. में घाघरा की लड़ाई में हराकर अपने अधीन किया।

वास्कोडिगामा–पहला पुर्तगाली, बल्कि पहला यूरोपीय नाविक, जो उत्तमाशा अन्तरीप को पार कर मई 1498 ई. में कालीकट पहुँचा। तत्कालीन हिन्दू राजा जमोरिन ने उसका अच्छा सत्कार और स्वागत किया, यद्यपि तुर्की और अरब व्यापारियों ने उसका यथाशक्ति विरोध किया। इसके बावजूद वास्कोडिगामा कोचीन और कन्नौर की यात्रा करने में सफल हुआ। अगस्त 1499 ई. में वह समुद्र के रास्ते सकुशल लिस्बन वापस पहुँच गया। इस प्रकार उसने यूरोप और भारत के बीच सीधे समुद्री मार्ग का आविष्कार किया।

विज्ञानेश्वर–एक यशस्वी धर्म शास्त्रकार। ये विक्रमादित्य चालुक्य के शासनकाल (1076-1126 ई.) में चालुक्यों की राजधानी कल्याणी में रहते थे। उनकी रचना *मिताक्षरा* बंगाल और आसाम को छोड़कर सारे भारतवर्ष में हिन्दू उत्तराधिकार नियम का सर्वाधिक प्रामाणिक ग्रन्थ माना जाता है जो याज्ञवल्क्य स्मृति का भाष्य है। बंगाल और आसाम में रघुनन्दन का *दायभाग* प्रचलित है।

वेश्या–विश्व के सबसे पुराने व्यवसायों या धन्धों में वेश्यावृत्ति भी एक रही है। पुरातन मिस्र, बैबीलोनिया, यूनान, भारत आदि देशों में वेश्याएँ होती थीं। सिन्धुघाटी सभ्यता में भी वेश्याएँ होती थीं। *ऋग्वेद, कामसूत्र, महाभारत,* और *वाल्मीकि रामायण* में वेश्याओं के उल्लेख आए हैं। आदि पर्व में उल्लेख आता है कि गान्धारी के गर्भवती होने पर धृतराष्ट्र ने अपनी वासना-तुष्टि के लिए एक वेश्या रख ली थी। उद्योग पर्व में कौरवों की वेश्याओं को युधिष्ठिर द्वारा नमस्कार करने का वर्णन आता है। नौवीं-दसवीं शताब्दियों के अभिलेखों से पता चलता है कि उस समय मन्दिरों में देवताओं को प्रसन्न करने के लिए नर्तकियाँ दान में दी जाती थीं, उदाहरणार्थ, सोमदेव के मन्दिर में ऐसी स्त्रियों के होने का वर्णन मिलता है। तब भी कुट्टनियाँ होती थीं, जो दलाली करके पर-पुरुषों के साथ इन नर्तकियों का यौन-सम्बन्ध स्थापित करवाती थीं। स्मृतियों के काल में वेश्यावृत्ति को धनिकों और राजघरानों में बहुत प्रश्रय मिला था। बौद्ध साहित्य में सास-ससुर तथा पति द्वारा तंग की गई कई स्त्रियों के वेश्या बनने के उल्लेख आते हैं। कई वेश्याएँ भिक्षुणी बनी थीं। मुसलमान काल में रखैलों को रखने की प्रवृत्ति को बहुत प्रोत्साहन मिला। अनेक सामाजिक और धार्मिक रीति-रिवाजों और परम्पराओं के फलस्वरूप भी हिन्दू समाज में वेश्यावृत्ति प्रचलित रही है, यथा, महाराष्ट्र, हैदराबाद और मैसूर में देवदासी प्रथा, बंगाल में कुलीन प्रथा आदि। आधुनिक काल में निर्धनता, फैशन, नगरीकरण, यौन-स्वतन्त्रता, यौन वैचित्र्य की इच्छा, वर्ग-संघर्ष, पारिवारिक तनावों आदि के फलस्वरूप वेश्यावृत्ति को बढ़ावा मिला है।

कई देशों की वेश्याओं के समाजशास्त्रीय और मनोवैज्ञानिक अध्ययनों से ज्ञात हुआ है कि वेश्यावृत्ति धनप्राप्ति के लिए किया गया यौन सम्बन्ध होता है, जिसमें भावनात्मक उदासीनता रहती है। अधिकांश वेश्याएँ बदसूरत, अल्प बुद्धि तथा नैतिक, यौन और मानसिक रोगों से पीड़ित पाई गई हैं।

भारत में सर्वप्रथम 1718 में बम्बई और कलकत्ता में अंग्रेजों की सहायता से वैध अनाथों और अवैध बच्चों के लिए रक्षा-गृह खोले गए थे। भारत के कई नगरों में आजकल इस प्रकार

के गृह खोले गए हैं। भारत ने संयुक्त राष्ट्र संघ के वेश्यावृत्ति-उन्मूलन कन्वेंशन पर हस्ताक्षर किए हैं तथा उसके अनुसार इस देश में भी वेश्यावृत्ति उन्मूलन कानून बना है। बम्बई के कुछ क्षेत्रों को छोड़कर अब भारत में कहीं भी खुलेआम वेश्यावृत्ति नहीं हो रही है।

टाटा इंस्टीट्यूट ऑफ सोशियल साइंसेज, बम्बई द्वारा कराए गए एक अध्ययन में बम्बई की वेश्याओं के नैराश्यपूर्ण जीवन का सजीव विवरण मिलता है। यद्यपि औपचारिक रूप से वेश्यावृत्ति समाप्त की गई, तथापि बम्बई, कलकत्ता जैसे बड़े-बड़े नगरों में दफ्तरों, दुकानों, होटलों आदि में काम करनेवाली पढ़ी-लिखी व उच्च घरानों तक की कई लड़कियाँ अनेकानेक कारणों से छिपे रूप में वेश्यावृत्ति में संलग्न पाई जाती हैं।

सामाजिक तथा धार्मिक सुधारकों ने तथा स्वैच्छिक समाजसेवी संस्थाओं ने वेश्यावृत्ति को रोकने तथा इसका उन्मूलन करने की बहुत कोशिशें कीं; किन्तु यह समस्या इतनी बड़ी और जटिल है कि स्वार्थरत तत्त्वों से पार पाना गैरसरकारी स्वैच्छिक संस्थाओं के वश की बात नहीं है।

भारतीय दंड विधान के अनुसार वेश्यावृत्ति के लिए लड़कियों एवं महिलाओं का क्रय-विक्रय अपराध है। प्रायः सभी राज्यों ने इस सम्बन्ध में कानून बनाए हैं। इन कानूनों के बावजूद न तो वेश्यावृत्ति का उन्मूलन हुआ और न इस समस्या पर कारगर तरीके से काम ही किया जा सका। भारत सरकार ने 1956 में अनैतिक व्यापार निषेध अधिनियम पास किया जो 1 मई, 1958 से पूरे देश में लागू हो गया।

शिक्षा, भारत में इंजीनियरी–बम्बई में सन् 1824 में 'बाम्बे नेटिव एजूकेशन सोसाइटी' ने इंजीनियरी की कक्षाएँ प्रारम्भ कीं। इन कक्षाओं में मातृभाषा ही शिक्षा का माध्यम थी। सन् 1854 में पूना में इंजीनियरी की कक्षाएँ खोली गईं। उधर मद्रास में 1793 से ही पैमाइश स्कूल में इस प्रकार की शिक्षा चल रही थी, जिसे 1858 में मद्रास विश्वविद्यालय से सम्बन्धित कर दिया गया। 1847 में रुड़की इंजीनियरी कॉलेज की स्थापना की गई। 1857 के स्वाधीनता-संग्राम के बाद देश में रेलों, सड़कों और नहरों का निर्माण-कार्य आरम्भ किया गया, मिलों की स्थापना होने लगी और औद्योगिक विकास की ओर ध्यान दिया जाने लगा। अतः इंजीनियरों की आवश्यकता थी, लेकिन इस प्रकार की शिक्षा प्रदान करनेवाली संस्थाओं की संख्या सीमित थी और यह शिक्षा महँगी भी होती थी। इसलिए केवल उच्च वर्ग और धनी परिवारों के व्यक्ति ही यह शिक्षा प्राप्त कर सकते थे। शिक्षा समाप्ति के बाद उनको बड़े अच्छे-अच्छे पद मिल जाते थे।

1902 तक भारत में 4 इंजीनियरी कॉलेज रुड़की, शिवपुर, पूना तथा मद्रास में खुल गए थे। तदुपरान्त इस क्षेत्र में और अधिक विकास हुआ। जादवपुर, पटना, बनारस, कराची तथा लाहौर में इंजीनियरी कॉलेजों की स्थापना की गई। इस तरह बढ़ते-बढ़ते स्वतन्त्रता प्राप्ति के समय तक भारत में इंजीनियरी कॉलेजों की संख्या 17 हो गई। भारत में पंचवर्षीय योजनाएँ प्रारम्भ की गईं, तो इंजीनियरी की शिक्षा को और भी बढ़ावा दिया गया। अनेक नई संस्थाएँ खोली गईं। 1955 में 18 इंजीनियरी कॉलेजों तथा 62 पोलिटेकनिकों की स्थापना की सिफारिश की गई। तृतीय पंचवर्षीय योजना-काल में इंजीनियरी शिक्षा पर 142 करोड़ रुपया खर्च किया गया। चंडीगढ़ में कॉलेज ऑफ कार्किटेक्टर खोला गया और अहमदाबाद में इंस्टीट्यूट ऑफ मैनेजमेंट की स्थापना की गई।

इन प्रयासों के कारण भारत में इंजीनियरों की संख्या बहुत बढ़ गई है और अब निर्माण-कार्यों की उचित योजना न होने के कारण बहुत-से इंजीनियर बेकार हैं। यद्यपि हमारे देश की विशालता को देखते हुए इंजीनियरों की संख्या बहुत कम है, फिर भी उन्हें काम में लगाने की कोई उपयुक्त योजना न होने के कारण उनकी बेकारी का प्रश्न भी बहुत जटिल है।

शिक्षा, भारत में कानून की–उन्नीसवीं शताब्दी में भारत में कुछ ही स्थानों पर कानून की शिक्षा का प्रबन्ध था। जब कम्पनी सरकार को न्यायालयों के लिए न्यायाधीशों और वकीलों की आवश्यकता हुई, तो उसने कलकत्ता तथा बनारस में इसकी शिक्षा आरम्भ की। यहाँ पर हिन्दू और मुस्लिम कानूनों का ही अध्ययन कराया जाता था। 1842 में हिन्दू कॉलेज में कानून की शिक्षा का प्रबन्ध किया गया। कलकत्ता, मद्रास तथा बम्बई में विश्वविद्यालयों की स्थापना के बाद कानून की नियमित शिक्षा की व्यवस्था प्रारम्भ हुई।

1854 में एक घोषणा पत्र प्रकाशित हुआ, जिसमें कानून की शिक्षा को प्रोत्साहन दिया गया। वकील तथा न्यायाधीश का व्यवसाय आर्थिक दृष्टि से लाभप्रद था। अतः उच्च वर्ग के लोगों में यह शिक्षा बहुत लोकप्रिय हुई। यों यह शिक्षा आम कॉलेजों में दी जाती थी, लेकिन बम्बई, मद्रास तथा पंजाब में कानून के विशेष कॉलेजों में यह शिक्षा दी जाती थी। कानून की शिक्षा का नियन्त्रण शिक्षा-विभाग, विश्वविद्यालयों तथा न्यायालयों के अधीन था। विश्वविद्यालय पाठ्यक्रम निर्धारित करके परीक्षा लेते थे। शिक्षा-विभाग उनकी देख-रेख करता। कानून के व्यवसाय को अपनानेवाले को न्यायालय की शर्त पूरी करनी पड़ती थी तथा उच्च न्यायालय की परीक्षा देनी होती थी। एल.एल.बी. का पाठ्यक्रम कहीं पाँच वर्ष का था और कहीं तीन वर्ष का था। कुछ प्रादेशिक सरकारें हाई स्कूल पास करनेवालों के लिए प्लीडर तथा मुख्तार की परीक्षाओं का भी आयोजन करती थीं।

लाभप्रद होने से कानून की शिक्षा बड़ी लोकप्रिय हुई। इसके फलस्वरूप सन् 1902 में कानून के स्नातकों की संख्या में बड़ी वृद्धि हो गई। अतः वकीलों में भ्रष्टाचार फैल गया। बाद में विद्यार्थियों की संख्या कम हो गई। स्वतन्त्रता-प्राप्ति के बाद कानून के कॉलेजों की संख्या में पर्याप्त वृद्धि हुई है। अतः अब विधि-व्यवसाय पर अंकुश की आवश्यकता है।

शिक्षा, भारत में कृषि की–कृषिप्रधान देश होते हुए भी भारत में उन्नीसवीं शताब्दी के मध्य तक कृषि के लिए कोई प्रयत्न नहीं किया गया था। दुर्भिक्ष आयोग ने सन् 1880 में कृषि-शिक्षा के प्रसार के लिए सिफारिश की, परन्तु इस सिफारिश पर कोई ध्यान नहीं दिया गया। दस वर्ष पश्चात् डॉ. पाइलकर के सहयोग से भारत सरकार ने कृषि-शिक्षा के लिए निर्णय लिया। उसमें यह तय किया गया कि कला, विज्ञान आदि विषयों की तरह कृषि का भी एक पाठ्यक्रम होना चाहिए, डिग्री स्तर तक शिक्षा का प्रबन्ध होना चाहिए और अध्यापकों तथा विद्यार्थियों के लिए कृषि की व्यावहारिक शिक्षा अनिवार्य होनी चाहिए। बम्बई, कलकत्ता, मद्रास तथा उत्तर प्रदेश में कृषि संस्थाओं की स्थापना के लिए निर्णय लिया गया। बीसवीं शताब्दी के प्रारम्भ तक पूना, शिवपुर, कानपुर, नागपुर तथा सैयदापेठ में कृषि संस्थाओं की स्थापना हो गई, परन्तु अनुसन्धान और व्यावहारिक शिक्षा का अभाव रहा।

बीसवीं शताब्दी के प्रारम्भ में सरकार ने इस दिशा में ध्यान देना प्रारम्भ किया। सरकार ने 1905 से 20 लाख रुपए वार्षिक कृषि-अनुदान देना शुरू किया और यह धन अनुसन्धान तथा प्रयोग के काम में लाया जाता था। पूसा, कोयम्बटूर, लायलपुर और कानपुर में कृषि

कॉलेज खोले गए। नैनी में अमेरिकी मिशन ने कृषि-कॉलेज का समारम्भ किया। 1928 में एक कृषि आयोग की नियुक्ति हुई और उसने गाँव तथा कृषि की अवस्था में सुधार के लिए सिफारिश की। इन सिफारिशों के आधार पर 'इम्पीरियल काउंसिल ऑफ एग्रीकल्चरल रिसर्च' की स्थापना हुई। प्राथमिक शिक्षा के पाठ्यक्रम में भी कृषि-पाठ्यक्रम शुरू किया गया।

स्वतन्त्रता-प्राप्ति के बाद कृषि-शिक्षा में काफी उन्नति हुई है। प्रत्येक राज्य में प्राथमिक से उच्च स्तर तक कृषि शिक्षा दी जाती है। कृषि-कॉलेजों की संख्या भी बढ़ती जा रही है। पंचवर्षीय योजनाओं में भी कृषि को काफी महत्त्व दिया गया है।

शिक्षा, भारत में चिकित्सा की–भारत में बहुत पहले से ही आयुर्वेद तथा यूनानी चिकित्सा पद्धतियाँ प्रचलित थीं। अंग्रेजों ने यूरोपीय चिकित्सा पद्धति का सूत्रपात अंग्रेजी माध्यम से किया, जिसे एलोपैथिक औषधि-विज्ञान कहा जाता है। बाद में मैकाले तथा विलियम बेंटिक ने इसके विकास के लिए प्रयत्न किया और कलकत्ता, मद्रास तथा बम्बई में सर्वप्रथम इस दिशा में काम शुरू हुआ। सन् 1882 में कलकत्ता में देशी चिकित्सा संस्था की स्थापना हुई। कालान्तर में कलकत्ता संस्कृत कॉलेज तथा कलकत्ता मदरसा में चिकित्सा की शिक्षा देने का प्रबन्ध किया गया। आरम्भ में तो इन कॉलेजों में आयुर्वेद तथा यूनानी चिकित्सा की शिक्षा दी जाती थी, परन्तु 1835 के उपरान्त इनका शिक्षण समाप्त कर दिया गया।

सन् 1826 में बम्बई में नेटिव मेडिकल स्कूल और 1836 में पूना कॉलेज में चिकित्सा कक्षा की स्थापना की गई। 1845 में जनता के सहयोग से ग्रांड मेडिकल कॉलेज की स्थापना गवर्नर रॉबर्ट के नाम पर की गई, जिसे 1855 में इंग्लैंड के रॉयल कॉलेज ऑफ सर्जन्स ने मान्यता प्रदान की। इस कॉलेज में अंग्रेजी और प्रान्तीय भाषा में शिक्षा दी जाती थी। इस कॉलेज को आगे चलकर बम्बई विश्वविद्यालय में मिला दिया गया। मद्रास में सबसे पहले 1835 में मेडिकल कॉलेज स्थापित हुआ। कालान्तर में इसे भी मद्रास विश्वविद्यालय में मिला दिया गया। यहाँ शिक्षा का माध्यम अंग्रेजी था।

1858 से 1902 के बीच चिकित्सा की शिक्षा में विकास हुआ। इस दौरान पशु-चिकित्सा की ओर भी लोगों का ध्यान गया। चिकित्सा-शिक्षा प्राप्त व्यक्तियों को सरकारी तथा स्थानीय सरकारों के अस्पतालों तथा कारखानों में नौकरी मिल जाती थी। कुछ लोगों ने चिकित्सा को अपना व्यक्तिगत व्यवसाय भी बनाया। लाहौर में सन् 1860 में एक मेडिकल कॉलेज तथा सरकारी तथा गैरसरकारी मिलाकर 22 मेडिकल कॉलेज थे। 1902 में चिकित्साशास्त्र का अध्ययन करनेवाले 4,200 विद्यार्थी थे, जिनमें 242 महिलाएँ थीं। 1903 से 1947 तक की अवधि में न केवल मेडिकल कॉलेजों की संख्या में वृद्धि हुई, अपितु आयुर्वेदिक, होम्योपैथी तथा यूनानी चिकित्सा के कॉलेजों की भी स्थापना की गई।

सन् 1913 में मेडिकल काउंसिल कानून पास हुआ और उसके अनुसार भारतीय मेडिकल काउंसिल की स्थापना हुई, जिसके परिणामस्वरूप 1947 तक सम्पूर्ण भारत में 26 मेडिकल कॉलेज तथा 25 मेडिकल स्कूल बने। इसी दौरान मद्रास, पटना तथा जबलपुर में पशु चिकित्सा कॉलेज खोले गए। 1948 के उपरान्त तो चिकित्सा की शिक्षा में बहुत ही प्रगति हुई। अब मेडिकल कॉलेजों की संख्या प्रतिवर्ष प्रत्येक राज्य में बढ़ती जा रही है। प्रतिवर्ष विद्यार्थियों को विशेष प्रशिक्षण के लिए विदेश भी भेजा जाता है। इंडियन काउंसिल ऑफ मेडिकल रिसर्च, चिकित्सा विज्ञान की प्रगति के लिए लगातार अनुसन्धान कर रही है।

भारत में स्त्री शिक्षा–प्राचीन भारत में स्त्री जाति के लिए सबसे बड़े गौरव की बात यह थी कि उसे भी पुरुषों के समान शिक्षा प्राप्त करने के अधिकार प्राप्त थे। वैदिककाल में वह धार्मिक और दार्शनिक शास्त्रार्थ में भाग लेती थी। वेदों में भी उसकी पूरी पहुँच थी। यहाँ तक कि स्त्रियों ने अनेक वैदिक मन्त्रों की रचना भी की। गार्गी तथा मैत्रेयी ऐसी ही नारियाँ थीं। किन्तु भारतीय समाज में सामाजिक, आर्थिक और राजनीतिक परिवर्तनों के साथ-साथ धीरे-धीरे उसका गौरव घटता चला गया। उससे शिक्षा का अधिकार छीन लिया गया। पर्दा, बाल-विवाह, वैधव्य, सती जैसी कुरीतियों का उसके जीवन में प्रवेश हुआ। कालान्तर में उसके आचरण के लिए ऐसे सामाजिक नियमों की रचना हुई कि सम्पत्ति, विवाह और तलाक तक के अधिकार उससे छीन लिए गए। इसके फलस्वरूप अठारहवीं शताब्दी के अन्त में ही स्त्री का कार्यक्षेत्र घर की चाहरदीवारी के भीतर सीमित हो गया। सम्पन्न परिवारों की ही लड़कियाँ घर में थोड़ा-बहुत पढ़-लिख लेती थीं। घर से बाहर उनकी शिक्षा की कोई व्यवस्था नहीं थी। ऐसी सामाजिक-व्यवस्था में सरकार भी एक हद तक निष्क्रिय रहना चाहती थी।

आधुनिक शिक्षा का प्रारम्भ 1813 ई. के ईस्ट इंडिया कम्पनी चार्टर एक्ट से हुआ। इसी एक्ट में ईस्ट इंडिया कम्पनी ने भारतीयों की शिक्षा के उत्तरदायित्व को ग्रहण किया, किन्तु कम्पनी भी स्त्री-शिक्षा के दायित्व से दूर ही रही। इस कमी को विदेशी मिशनरियों, आध्यात्मिक नेताओं और समाज-सुधारकों ने पूरा किया। लड़कियों के लिए सबसे पहले स्कूल मिशनरियों ने ही चलाए। ये स्कूल उन लड़कियों के लिए होते थे जिन्हें वे अपने धर्म में परिवर्तित कर लेते थे। इसमें सफलता प्राप्त होने के बाद उन्होंने गैरईसाई लड़कियों के लिए भी स्कूल खोले, किन्तु भारतीय अपनी लड़कियों को वहाँ भेजना निषिद्ध मानते थे। इस क्षेत्र में अंग्रेजों ने भी महत्त्वपूर्ण कार्य किया। डेविड हेर ने कलकत्ता में लड़कियों के लिए एक स्कूल खोला। एल्फिंस्टन कॉलेज के प्रोफेसर पेटन ने भी अपने खर्च से 1848 में बम्बई में कुछ स्कूल खोले। ऐसा ही प्रयास गवर्नर जरनल की कौंसिल के एक सदस्य जे.ई.डी. मैथ्यू ने 1851 में कलकत्ता में एक स्कूल की स्थापना की। बाद में इसको अपने ही व्यय पर लार्ड डलहौजी ने चलाया।

स्त्री-शिक्षा के विरुद्ध सामाजिक प्रतिरोध को तोड़ने का काम, सती प्रथा को समाप्त करानेवाले, अपने युग के महान समाज-सुधारक, राजा राममोहन राय ने किया। यही काम ईश्वरचन्द्र विद्यासागर ने बंगाल में लड़कियों के लिए कई स्कूलों की स्थापना करके किया। 1854 ई. में वुडडिस्पेच तक लड़कियों के स्कूलों की संख्या मद्रास में 254, बम्बई में 65, बंगाल में 388 और उत्तर भारत में 17 हो गई थी। यह देखकर सरकार ने अपने उत्तरदायित्व को समझकर अनुदान देने का वचन दिया। फिर भी 1882 के भारतीय शिक्षा आयोग के अनुसार स्त्री-शिक्षा पिछड़ी हुई थी और उसके प्रोत्साहन की बड़ी आवश्यकता थी; क्योंकि वह अभी तक पारसी, ईसाई और ब्रह्मसमाज जैसे पाश्चात्य विचारधारा से प्रभावित समूहों तक ही सीमित थी। 1901 और 1902 में सारे देश में लड़कियों के लिए 12 कॉलेज, 467 माध्यमिक स्कूल और 5,628 प्राइमरी स्कूल थे, जिनमें 44,74,770 लड़कियाँ भी विद्यालय कर पाती थीं।

बीसवीं शताब्दी के पहले के दो दशकों में समाज-सुधार के कार्यक्रमों से स्त्री-शिक्षा का विस्तार हुआ। अभिभावक लड़कियों की शिक्षा की आवश्यकता अनुभव करने लगे थे।

पढ़ी-लिखी पत्नियों की माँग बढ़ने लगी थी। शिक्षा-विभाग ने भी इसमें रुचि ली। लड़कियों के लिए अलग स्कूल खोले गए। उन्हें स्कूल लाने और ले जाने का प्रबन्ध किया जाने लगा, महिला इंसपेक्टरों की नियुक्तियाँ की गईं, पारितोषिक दिए जाने लगे, फीस माफी की व्यवस्था हुई, प्राइवेट स्कूलों को अनुदान दिया गया और लड़कों के स्कूलों में लड़कियों को लाने के लिए इनाम दिया जाने लगा। इस प्रकार स्त्री-शिक्षा को प्रोत्साहित किया गया। शिक्षा कमेटियों में महिलाओं को स्थान मिला। शिक्षा के स्तर में भी वृद्धि हुई। बनारस में ऐनी बेसेंट केन्द्रीय हिन्दू कन्या विद्यालय खोला गया। 1916 में दिल्ली में लेडी हार्डिंग मेडिकल कॉलेज की स्थापना हुई और बम्बई में लड़कियों का विश्वविद्यालय (एस.एन.डी.टी.) स्थापित हो गया।

संक्षेप में स्वतन्त्रता-प्राप्ति से पूर्व सारे देश में जो आर्थिक और सामाजिक जागृति फैली, उसका प्रभाव स्त्री-शिक्षा पर भी पड़ा। दोनों महायुद्धों का भी प्रभाव इस पर पड़ा। यूरोप और अमेरिका में जो नारी-आन्दोलन चले, उन्होंने भी भारतीय नारी को प्रभावित किया। 'वीमेन्स इंडियन एसोसिएशन' (1917) और 'नेशनल काउंसिल ऑफ वीमेन' (1926) जैसी संस्थाएँ स्त्रियों में चेतना भरने और अपनी पिछड़ी सामाजिक दशा के सुधार के लिए स्थापित की गईं। स्त्रियों में जागृति लाने का सबसे बड़ा काम महात्मा गांधी के नेतृत्व में राष्ट्रीय आन्दोलन ने किया। हजारों स्त्रियाँ पर्दे से बाहर आईं, पुरुषों की तरह उन्होंने पुलिस के अत्याचार को सहन किया और जेल भी गईं। बाल-विवाह को रोकने के लिए शारदा अधिनियम बना। इन कार्यों ने स्त्री-शिक्षा के विकास में महत्त्वपूर्ण योगदान दिया।

स्वतन्त्रता के बाद स्त्री-शिक्षा के क्षेत्र में बहुत विकास हुआ। आज विश्वविद्यालय स्तर पर स्त्रियों के लिए शोध, स्नातकोत्तर, स्नातक, पेशे की माध्यमिक, प्राइमरी, व्यावसायिक एवं विशेष शिक्षा आदि सभी स्तरों पर अत्यधिक प्रगति हुई है। फिर भी लड़कियों की शिक्षा पिछड़ी हुई है। प्राइमरी स्तर पर 40 प्रतिशत लड़कों की तुलना में लड़कियाँ 17 प्रतिशत ही हैं। माध्यमिक स्तर पर 1901 में लड़कियों की संख्या दो लाख थी। 1961 में यह संख्या बढ़कर 55.2 लाख हो गई। लेकिन अनुपात की दृष्टि से लड़कियों की यह संख्या लड़कों के मुकाबले केवल पाँचवाँ भाग ही रही। तीसरी पंचवर्षीय योजना के अन्त में लड़कों की 24 प्रतिशत संख्या की तुलना में लड़कियाँ केवल 7 प्रतिशत ही रहीं। इस प्रकार लड़के-लड़कियों की भरती की यह असमानता शिक्षक, नर्स, ग्राम सेविका, समाज सेविका जैसे अन्य व्यवसायों में भी पुरुषों के अनुपात पर असर डालती है। इस कमी को दूर करने के लिए शिक्षामन्त्रियों के सम्मेलन में निम्नलिखित सुझाव दिए गए—

(1) स्त्री-शिक्षकों के लिए निवास क्वार्टरों का निर्माण, (2) प्रशिक्षण सुविधाओं में सुधार, (3) स्त्री शिक्षकों की भरती, (4) गाँव में लड़कियों के लिए छात्रावास, (5) प्रौढ़ स्त्रियों की पार्ट टाइम सेवाओं का उपयोग, (6) माध्यमिक स्तर पर लड़कियों की निःशुल्क शिक्षा और (7) विद्यार्थियों को उपयुक्त प्रेरणा।

स्त्री-शिक्षा में गतिरोध आने का एक कारण शिक्षा-प्रशासन की त्रुटियाँ भी हैं। सबसे बड़ी त्रुटि यह है कि पुरुष ही इन योजनाओं को बनाते हैं और उनके ही हाथ में उसका प्रशासन भी होता है। इस त्रुटि को दूर करने के नेशनल कौंसिल फार वीमेन्स एजूकेशन (1958) की स्थापना हुई। हर राज्य में इसकी शाखाएँ हैं और इसका काम लड़कियों की शिक्षा के कार्यक्रम को कार्यान्वित करना है। दूसरी त्रुटि यह है कि अभिभावक लड़कियों की शिक्षा को महत्त्व

नहीं देते हैं। तीसरे, लड़कियाँ पूरे समय स्कूल में नहीं ठहर पाती हैं। अभी भी घर के अन्दर उन्हें उपयोगी समझा जाता है। अधिकतर लड़कियाँ लड़कों के साथ ही पढ़ रही हैं। यद्यपि उनके स्कूल अलग खुल रहे हैं। उनका पाठ्यक्रम उस स्तर पर लड़कों के समान ही होता है, परन्तु संगीत, चित्रकला, सीना-पिरोना, पाकविज्ञान आदि को भी उसमें स्थान दिया जा रहा है। माध्यमिक स्तर पर स्कूलों में लड़कियों की तादाद बढ़ी है, किन्तु वे अधिकतर मिडिल से आगे नहीं आती हैं, अतः आवश्यक है कि उनके पाठ्यक्रम में गृह-विज्ञान के अतिरिक्त व्यवसाय सम्बन्धी विषय भी ऐच्छिक विषयों के रूप में शामिल किए जाएँ, जिससे वे ग्रामसेविका, बालसेविका, समाज-सेविका, दाई, स्वास्थ्य निरीक्षक, शिल्प शिक्षक आदि कार्यों को अपना सकें। मिडिल स्कूल पाठ्यचर्या में गृह-शिल्प शिक्षक आदि के साथ-साथ व्यवसायपूर्व का पाठ्यक्रम भी होना चाहिए। उच्च माध्यमिक स्तर पर भी ऐसे ही शिक्षा-उद्योग आदि क्षेत्रों में जाने के लिए उपयोगी व्यवसाय के ऐच्छिक विषय शामिल किए जाएँ। कॉलेज स्तर पर स्त्रियों की भरती 17.6 प्रतिशत है, किन्तु पाठ्यचर्या अभी भी लड़कों के समान ही है। एस.एन.डी.टी. महिला विश्वविद्यालय, प्रयाग महिला विद्यापीठ और आर्य कन्या महाविद्यालय ही ऐसी संस्थाएँ हैं, जिनमें स्त्रियों की आवश्यकता के अनुसार ही पाठ्यचर्या भी गठित है। चौबीस विश्वविद्यालयों में गृह-विज्ञान का पाठ्यक्रम है। इसके अतिरिक्त स्त्रियों की अकादमीय अभिरुचियों और व्यवसाय एवं अधिकारों की रक्षा के लिए 'इंडियन फेडरेशन ऑफ यूनिवर्सिटी वीमेन' की भी स्थापना हुई है।

व्यवसाय और तकनीकी शिक्षा में स्त्रियों को अनेक सुविधाएँ प्राप्त हैं, किन्तु कृषि, वाणिज्य, इंजीनियरी, तकनीकी एवं औद्योगिक, कला तथा शिल्प, पशु चिकित्सा आदि के प्रशिक्षण में अभी उनके लिए वांछनीय सुविधाएँ नहीं हैं। रोगी की परिचर्या में (नर्सिंग) स्त्रियों का अवश्य एकाधिकार है। दिल्ली में इसके लिए स्नातकोत्तर कॉलेज है। देश के बँटवारे के बाद विधवाओं, विस्थापित एवं अनाथ स्त्रियों के लिए भी सरकार ने हर राज्य में सीना-पिरोना और बुनाई के उत्पादन एवं प्रशिक्षण केन्द्र स्थापित किए। इनमें से कुछ केन्द्रों में प्रशिक्षण स्कूलों की सुविधाएँ उपलब्ध हैं और इनमें सार्टिफिकेट पाठ्यक्रम की सुविधाएँ भी होती हैं। इसी प्रकार मद्रास के स्त्री सुधार विभाग द्वारा विधवाओं एवं दलित स्त्रियों को आठवीं कक्षा तक सामान्य शिक्षा के साथ-साथ कातने, बुनने, सीने-पिरोने, जिल्दसाजी और दफ्तर के काम का प्रशिक्षण दिया जाता है। कस्तूरबा गांधी ट्रस्ट में भी सामुदायिक विकास केन्द्रों के लिए प्रशिक्षण का प्रबन्ध है। केन्द्रीय श्रम और रोजगार मन्त्रालय की प्रशिक्षण संस्थाओं में स्त्रियों को कातना, कपड़े सीना, कसीदाकारी आदि कामों का प्रशिक्षण दिया जाता है।

भारत सरकार द्वारा स्थापित पोलिटेकनीक स्त्री-शिक्षा के विकास में सबसे महत्त्वपूर्ण काम है। ऐसे संस्थानों में मैट्रिक या हायर सेकेंडरी पास करने के बाद प्रवेश प्राप्त किया जाता है। इनमें इलेक्ट्रॉनिक्स, फार्मेसी, आशुलिपि और व्यावसायिक अभ्यास, वास्तुकला, नक्शानवीसी सिविल इंजीनियरिंग, वाणिज्य, कलाएँ, औषध प्रयोगशाला तकनीक, संस्थान प्रबन्ध, आन्तरिक सज्जा, पुस्तकालय विज्ञान आदि का प्रशिक्षण दिया जाता है। ऐसा पहला पोलीटेकनीक दिल्ली में खुला है। सामुदायिक विकास केन्द्रों में भी स्त्रियों के प्रशिक्षण की व्यवस्था है। प्रत्येक ब्लॉक में मुख्य सेविका, ग्रामसेविका, और दाइयों को प्रशिक्षण दिया जाता है। इस समय देश में लगभग ऐसे दस प्रशिक्षण केन्द्र हैं। केन्द्रीय शिक्षा मन्त्रालय की योजना है कि राष्ट्रीय स्तर

पर प्रबन्ध-व्यवस्था और प्रशासन संस्थान खोले जाएँ। स्त्रियों के लिए प्रौढ़ शिक्षा केन्द्रों की स्थापना भी हुई है। आज लगभग देश में ऐसे 13 हजार प्रौढ़ शिक्षा के केन्द्र हैं, जिनमें दो लाख स्त्रियाँ शिक्षा प्राप्त करती हैं।

इस प्रकार पिछली अर्ध शताब्दी में भारत में स्त्री-शिक्षा का पर्याप्त विकास हुआ है। इससे नारी जाति में चेतना फैली है। वह अन्तर्राष्ट्रीय मामलों तक में अपना प्रभाव डाल रही है। फिर भी पुरुषों की तुलना में उसकी शिक्षा अब भी पिछड़ी हुई है। पुरुष निर्मित आदर्शों एवं सभ्यता के भीतर ही उसके जीवन की परिणति है। आवश्यक है कि वह अपने प्रभाव से भारत के घरों को सुधारे और भारत के सामाजिक एवं राष्ट्रीय जीवन के ताने-बाने को सुदृढ़ नींव पर स्थिर करे।

सबातजंग–फारसी भाषा की एक उपाधि, जिसका अर्थ 'युद्ध में अनुभव-प्राप्त' अथवा 'युद्ध-निपुण' होता है। नवाब मीरजाफर ने तत्कालीन मुगल सम्राट से राबर्ट क्लाइव को 1757-60 ई. के मध्य उक्त उपाधि प्रदान कराई थी।

सलीम चिश्ती, शेख–प्रसिद्ध मुसलमान सूफी सन्त, जो आगरा के निकट सीकरी की सूखी चट्टानों पर निवास करता था। बादशाह अकबर पुत्र की लालसा से उसके चरणों पर जा गिरा। शेख ने उसको तीन पुत्रों का आशीर्वाद दिया। यह भविष्यवाणी सिद्ध हुई और अकबर ने अपने ज्येष्ठ पुत्र का नाम शेख के नाम पर सलीम रखा। अकबर को विश्वास हो गया कि शेख के चरणों के निकट का स्थल उसके लिए भाग्यशाली सिद्ध होगा और इसी कारण उसने सीकरी में एक भव्य मस्जिद तथा नए नगर का निर्माण कराया। उसने इस स्थल का नाम फतेहपुर सीकरी रखा और उसे ही अपनी राजधानी बनाया।

सर्वोच्च न्यायालय–1949 ई. के भारतीय संविधान अधिनियम के अन्तर्गत इसकी स्थापना की गई तथा 26 जनवरी, 1950 ई. को इसका कार्य प्रारम्भ हुआ। भारत का प्रधान न्यायाधीश (सर हरिलाल कानिया भारत का पहला प्रधान न्यायाधीश था) इसका अध्यक्ष होता है। इसकी सहायता के लिए कई अन्य न्यायाधीशों की नियुक्ति की जाती है जो 65 वर्ष की अवस्था तक पदासीन रहते हैं। इस न्यायालय में सीधे मुकदमे भी दायर होते हैं और अपीलें भी की जाती हैं। यह भारत की सबसे बड़ी अपील अदालत है और इसके निर्णयों पर कोई अपील नहीं की जा सकती। यह न्यायालय भारतीय संविधान में निरूपित किसी मूलभूत अधिकार का परिपालन कराने के लिए भी आदेश जारी कर सकता है।

सुकरात–सुप्रसिद्ध यूनानी दार्शनिक सुकरात का जन्म एथेंस में एक गरीब परिवार में हुआ। शिक्षा का प्रबन्ध न होने के कारण उन्हें मूर्तिकार का व्यवसाय अपनाना पड़ा। उसमें उन्हें कोई विशिष्टता भी हासिल न थी, लेकिन उनमें ज्ञान-प्राप्ति की लगन थी। कई बच्चों के पिता बनने पर भी वे अपने व्यवसाय में तथा बच्चों में रुचि नहीं लेते थे। वे विद्वानों से मिलते और अपने को पूर्ण अज्ञानी मानकर प्रश्न करते और उनका निराकरण कराते थे। इसी के आधार पर सुकराती प्रणाली का विकास हुआ।

सुकराती प्रणाली में बालकों को निष्कर्ष न देकर वाद-विवाद और तर्क से निष्कर्ष प्राप्त करवाया जाता था। सुकरात अपने शिष्यों से प्रश्न करते और उस विषय पर वाद-विवाद और तर्क करके उनको निष्कर्ष निकालने की प्रेरणा देते थे। अपनी इस विचारधारा के द्वारा पहले तो वे लोगों के भ्रम को दूर करते, फिर विचारों द्वारा वे निष्कर्ष पर पहुँचते। उनकी इस प्रणाली

में भाषण का कोई स्थान न था। पुराने विचारों के लोग उनकी प्रणाली का विरोध करते थे। उन्होंने यह भ्रान्ति फैला दी कि सुकरात नवयुवकों को गुमराह कर रहा है। इस प्रकार उन्होंने राज्य की ओर से सुकरात को अपराधी घोषित कराया। इसके फलस्वरूप सुकरात को मृत्युदंड दिया गया। मृत्यु के समय उनकी आयु सत्तर वर्ष की थी। उनका शिष्य प्लेटो उस समय अट्ठाईस वर्ष का था। प्लेटो को इस घटना से बहुत दुख हुआ। उन्होंने सोफिस्टों के कारण उत्पन्न नैतिक पतन को रोकने का प्रयास किया।

सर परसी नन (1870-1944)–प्रसिद्ध अंग्रेज शिक्षाशास्त्री। वे 1913 में लन्दन विश्वविद्यालय में शिक्षा के प्रोफेसर के रूप में नियुक्त हुए। 1936 तक वे लन्दन शिक्षा संस्था (इंस्टीट्यूट) के अध्यक्ष भी रहे। *एजूकेशन, इट्स डाटा एंड फर्स्ट प्रिंसिपल* (1920) उनकी प्रसिद्ध रचना है। इसमें उन्होंने अपनी शिक्षा सम्बन्धी थीसिस को स्थापित किया है। उनके विचार में समस्त शिक्षा यत्नों का प्राथमिक उद्देश्य लड़कों और लड़कियों से जन सेवा और समाज सेवा की माँग किए बिना उनकी रुचि और योग्यता के अनुसार काम करते हुए, उनके सम्पूर्ण व्यक्तित्व के विकास में सहायक होना है। शिक्षा व्यक्तित्व के सर्वांगीण विकास की एक प्रक्रिया मात्र है। आधुनिक शिक्षण विधियाँ और विकास नन की इस मान्यता के अनुकूल हैं। बुद्धिलब्धि को भी नन ने महत्त्वपूर्ण स्थान दिया है। शिक्षा-जगत् की ऐसी शायद ही कोई समस्या हो, जिस पर नन ने मौलिक रूप से विचार न किया हो।

हिजरी सन्–मुसलमानी संवत्सर, जिसका प्रारम्भ 622 ई. में मुहम्मद साहब की हिजरत से हुआ, जब वे मक्का छोड़कर मदीना जा बसे थे। यह चन्द्र वर्ष पर आधारित है जो 354 दिन का होता है और इसमें सौर वर्ष से 11 दिन कम होते हैं।

हेरोडोटस–हेरोडोटस (480 से 425 वर्ष ई.पू.) को विश्व का सर्वप्रथम मानवविज्ञानी कहा जा सकता है। उसने छठी एवं सातवीं शताब्दी की यात्राओं के वर्णन का संकलन किया और स्वयं भी अनेक देशों की यात्रा की। उसने लीबिया, मिस्र, यूनान, एशिया माइनर, इथोपिया तथा सीरिया के निवासियों का भी वर्णन किया है। उसकी लिखित पुस्तकों में विकसित एवं अविकसित सभ्यताओं का वर्णन मिला है। उसने कहा कि मिस्र के निवासियों का सिर ईरानी लोगों के सिर की तुलना में अधिक मोटा है। यह अन्तर परिस्थिति के कारण हो सकता है। हेरोडोटस के विचार में राष्ट्र की परिभाषा "एक रक्त, एक भाषा, एक ईश्वर तथा समान रहन-सहन" पर आधारित है। ईरान के राजवैद्य स्टैशियस (404-358 ई.पू.) ने भारत के निवासियों का वर्णन किया है। उसने भारतीयों को नाटे कद, लम्बे केश, श्यामवर्णी त्वचा एवं चिपटी नाकवाले कहा है। इस प्रकार के लोगों को क्वाटर फूजिस ने उन्नीसवीं शताब्दी में नीग्रोटोज के नाम से पुकारा। हिप्पोक्रेट (462-372 ई.पू.) हेरोडोटस का समकालीन था। उसने सर्वप्रथम चिकित्सा को जादू-टोने से पृथक् किया। उसने प्रभाव के प्राकृतिक कारणों की खोज की। हेरोडोटस का विचार था कि शारीरिक तथा मानसिक विशेषक जलवायु एवं वातावरण पर निर्भर हैं। वह इस निश्चय पर पहुँचा कि पर्वतों में रहनेवाले लम्बे कद के तथा क्रियाशील होते हैं और घाटियों में रहनेवाले छोटे, मोटे एवं श्याम केशवाले होते हैं।

●●●